Manual de

PROCESSO DO TRABALHO

VALTON PESSOA

Mestre e Doutor em Direito do Trabalho pela PUC/SP.
valton@pessoaepessoa.com.br

Manual de PROCESSO DO TRABALHO

8ª EDIÇÃO
revista, ampliada e atualizada

2023

EDITORA JusPODIVM
www.editorajuspodivm.com.br

EDITORA *Jus*PODIVM
www.editorajuspodivm.com.br

Rua Canuto Saraiva, 131 – Mooca – CEP: 03113-010 – São Paulo – São Paulo
Tel: (11) 3582.5757
• Contato: https://www.editorajuspodivm.com.br/central-de-relacionamento

Diagramação: Luiz Fernando Romeu *(lfnando_38@hotmail.com)*

Capa: Ana Caquetti

P475m Pessoa, Valton
Manual de Processo do Trabalho / Valton Pessoa – 8.ed., rev., ampl. e atual. – São Paulo: Editora JusPodivm, 2023.
736 p.

Inclui Bibliografia
ISBN: 978-85-442-4437-1

1. Direito Processual do Trabalho. I. Pessoa, Valton. II. Título.

CDD 342.68

BIBLIOTECÁRIA RESPONSÁVEL
Ana Carolina Ribeiro Mois – CRB7 – RJ 007348/0

Sem a ajuda, incentivo e compreensão de algumas pessoas, a conclusão deste trabalho não seria possível.

Agradeço inicialmente a meu pai, que foi o responsável pelo meu ingresso no magistério e pelo exemplo e conduta ética de profissional.

Aos meus alunos, pois cada capítulo deste livro nasceu do conteúdo estudado para proferir minhas aulas.

À Renata Suñé, Daiana Almeida e Thaís Mendonça pela inestimável ajuda na elaboração desta obra.

Ao meu editor, Ricardo Didier, pois, sem seu incentivo e, principalmente, sem as suas constantes cobranças, talvez não tivesse concluído este livro.

Finalmente, à minha família, Alessandra, minha esposa e grande companheira, pela sua compreensão, e minhas filhas, Júlia e Letícia, que são a razão de ser e de tudo que faço na vida.

NOTA DO AUTOR À 8ª EDIÇÃO

Nesta oitava edição fizemos imprescindíveis ajustes em alguns capítulos, decorrentes da necessária evolução da doutrina e da jurisprudência Trabalhista acerca de conteúdos importantes, como as significativas mudanças - agora consolidadas - trazidas pela Reforma Trabalhista promovida pela Lei n. 13.467/2017.

Nesse período, decisões do STF também influenciaram a evolução e atualização de temas trabalhistas relevantes, como terceirização, *pejotização* e validade das transações extrajudiciais.

Agradeço aos colegas e alunos que mandam e-mails apontando os equívocos e divergência de entendimentos, pois, só assim, será possível aperfeiçoar esta obra.

Nesta árdua tarefa de atualização, contei, dessa vez, com a valorosa e inesquecível ajuda de Letícia Lovo.

PREFÁCIO

Valton é meu amigo, vizinho, sócio e parceiro em diversas empreitadas.

Fiz o prefácio da primeira edição desse livro, em 2006.

Treze anos depois, houve a necessidade de um novo prefácio.

Duas são as principais razões.

Primeiro, a criação dos recursos de revista repetitivos, o CPC-2015 e a reforma trabalhista alteraram substancialmente o processo do trabalho. Há um novo processo do trabalho, e não há dúvidas quanto a isso.

Segundo, Valton transformou-se, nesse período, quando também se doutorou, em um dos maiores advogados brasileiros, como atestam as inúmeras publicações especializadas dos últimos anos.

O livro mantém as suas qualidades, mas agora vem com um aprofundamento maior das ideias.

Continua sendo uma bela contribuição às letras jurídicas brasileiras.

Parabéns ao autor e à Editora.

Fredie Didier Jr.

SUMÁRIO

6

7

13

INTRODUÇÃO

O Processo do Trabalho compreende o conjunto de regras que objetiva disciplinar os conflitos decorrentes das relações de trabalho.

Antes de iniciar nosso propósito de estudar essas normas e princípios, é importante resgatar, brevemente, algumas noções que envolvem as relações jurídicas de direito material, para que possamos analisar sua influência na relação processual.

Entendemos que é importante, antes de estudar qualquer disciplina jurídica, compreender a sua realidade, pois, assim, podemos interpretar e aplicar as regras jurídicas de acordo com "fins sociais a que ela se dirige e às exigências do bem comum" – Art. 5º da LINDB: "na aplicação da lei, o juiz atenderá aos fins sociais a que ela se dirige e às exigências do bem comum."[1].

O contrato de trabalho é um negócio jurídico com algumas peculiaridades, mas a principal característica responsável por classificá-lo como um ramo autônomo e especializado é o desequilíbrio entre os sujeitos do contrato, fator que justifica a necessária proteção dispensada pelo legislador ao empregado.

A proteção ao empregado está pautada em três pilares fundamentais: o desequilíbrio econômico, o estado de dependência econômica (percepção de salário) e de subordinação. Esses fatores interferem em um elemento fundamental à validade de todo e qualquer negócio jurídico: a vontade.

Poucos empregados deixariam de aceitar as condições propostas por ocasião da contratação, ou mesmo durante o vínculo, em razão do receio em obter ou manter o emprego, muitas vezes responsável pela subsistência própria ou da família. Assim, salvo nas raras hipóteses de executivos, essa imposição socioeconômica pode, sem dúvida, interferir no livre consentimento do empregado.

Isso explica as regras dos arts. 9º e 468 da CLT[2], que tornam nulos de pleno direito todo e qualquer ajuste ou alteração contratual que tenha por

---

1. Art. 5º da LINDB: "na aplicação da lei, o juiz atenderá aos fins sociais a que ela se dirige e às exigências do bem comum."

2. Art. 9º da CLT – Serão nulos de pleno direito os atos praticados com o objetivo de desvirtuar, impedir ou fraudar a aplicação dos preceitos contidos na presente Consolidação. Art.

objetivo obstar a aplicação dos direitos assegurados nas normas trabalhistas ou que implique o prejuízo direto ou INDIRETO aos empregados.

Isso não quer dizer que não possamos admitir a celebração de nenhum negócio jurídico, principalmente aqueles celebrados após o rompimento contratual, pois, como já sustentava Ripert[3] "não é a desigualdade dos contratantes só por si que torna o contrato suspeito, é o abuso possível emergido desta desigualdade".

Importante ressaltar também que o legislador permitiu que os sujeitos pudessem gerir seus contratos – art. 444 da CLT[4], e orientou que os aplicadores do direito priorizassem, na aplicação e interpretação da lei, o interesse público sobre o particular – art. 8º da CLT[5].

Essas importantes regras precisam ser aplicadas em conjunto para que o excesso de proteção não acarrete consequências negativas para o próprio beneficiário da norma: o empregado.

De qualquer modo, importante destacar que, quando se forma a relação processual, já houve, via de regra, o término da relação laboral, e, neste caso, desaparecem duas características marcantes e que influenciam muito na interpretação das normas que regulamentam o direito material: a subordinação e a dependência econômica.

Assim, o contexto que envolve a relação processual é diferente daquele cenário existente por ocasião da celebração e vigência do contrato, realidade que não pode ser desprezada por aqueles que se dedicam a estudar o Processo do Trabalho, pois, como já advertia Ripert[6] "quando a lei ignora a realidade, a realidade se vinga, ignorando a lei".

---

468. Nos contratos individuais de trabalho só é lícita a alteração das respectivas condições por mútuo consentimento, e ainda assim desde que não resultem, direta ou indiretamente, prejuízos ao empregado, sob pena de nulidade da cláusula infringente desta garantia. § 1° Não se considera alteração unilateral a determinação do empregador para que o respectivo empregado reverta ao cargo efetivo, anteriormente ocupado, deixando o exercício de função de confiança.

3. Apud Transação extrajudicial nas relações individuais do trabalho – LTr, 2003 – mensagem.

4. Art. 444 da CLT – As relações contratuais de trabalho podem ser objeto de livre estipulação das partes interessadas em tudo quanto não contravenha às disposições de proteção ao trabalho, aos contratos coletivos que lhes sejam aplicáveis e às decisões das autoridades competentes.

5. Art. 8º da CLT – As autoridades administrativas e a Justiça do Trabalho, na falta de disposições legais ou contratuais, decidirão, conforme o caso, pela jurisprudência, por analogia, por equidade e outros princípios e normas gerais de direito, principalmente do direito do trabalho, e, ainda, de acordo com os usos e costumes, o direito comparado, mas sempre de maneira que nenhum interesse de classe ou particular prevaleça sobre o interesse público. Parágrafo único – O direito comum será fonte subsidiária do direito do trabalho, naquilo em que não for incompatível com os princípios fundamentais deste.

6. Apud Transação extrajudicial nas relações individuais do trabalho – LTr, 2003 – p. 24.

Importante ainda ressaltar que, a partir da vigência da lei n. 13.467/2017, houve significativa mudança nas normas que disciplinam o direito material e processual do trabalho.

Se por um lado permaneceu o tratamento protecionista acima referido no que concerne a relação jurídica de direito material (arts. 9º e 468 da CLT), na esfera processual houve um nítido propósito de, ao menos, minorar o tratamento jurídico desigual que existia nas normas que regulavam o processo do trabalho.

Foram, assim, mitigados os efeitos da revelia, estabelecida possibilidade de exceção de suspeição antes da audiência, dentre outras alterações, que, sem prejudicar o trabalhador ou o processo, proporcionaram um maior equilíbrio na relação jurídica processual.

Capítulo

1

FLEXIBILIZAÇÃO

Sumário • 1.1. Definição – 1.2. Flexibilização da norma – 1.3. Flexibilizar a interpretação e a aplicação da norma – 1.3.1. Pejotização. Inversão do ônus da prova. Autonomia de vontade do trabalhador hipersuficiente. Posicionamento do STF – 1.4. Flexibilização legal – imposta pela via legislativa – 1.4.1. Do Empregado Hipersuficiente.

Neste livro, antes mesmo da reforma introduzida pela 13.467/17 ocorrida no ano de 2017, já sustentávamos a necessária flexibilização pela qual precisava passar a legislação trabalhista em alguns pontos, o que inclui, como não poderia deixar de ser, as regras/processuais.

Diversos artigos foram alterados, excluídos ou incluídos pelo legislador na Consolidação das Leis do Trabalho com o objetivo de atualizar o direito material e processual a partir do viés da flexibilização.

Assim, para uma melhor compreensão de nosso trabalho, bem como da importância das mudanças realizadas, necessário definir a flexibilização e a sua relevância para a evolução do Processo do Trabalho.

1.1. DEFINIÇÃO

Flexibilizar significa ser maleável, adaptar-se às mudanças, romper barreiras e preconceitos.

Flexibiliza-se na economia, na religião, na política, na medicina e, até na nossa vida pessoal, precisamos ser flexíveis para nos adaptarmos às mudanças sociais e econômicas impostas pelo mundo globalizado.

Só no direito que a flexibilização é mais complicada.

No direito, flexibilizar significa, apenas, adaptar as leis à realidade socioeconômica atual – à nova realidade em que se travam as relações de trabalho.

A flexibilização está prevista no art. 5º da Lei de Introdução às normas do Direito Brasileiro, ao estabelecer que "na aplicação da lei, o juiz atenderá aos fins sociais a que ela se dirige e às exigências do bem comum".

Flexibilizar significa, na linguagem jurídica, adaptar o direito à realidade, ou, como conceitua o Professor Rodrigues Pinto, possibilita "**o necessário ajuste da norma jurídica à realidade social**".

Esse fenômeno, necessário em qualquer ordenamento jurídico, sempre encontrou resistência na seara trabalhista em razão de falsas ideias sustentadas por parte da doutrina e da jurisprudência.

A flexibilização é diferente de desregulamentação – que implica no total afastamento do Estado na solução dos conflitos.

Também não é correto dizer que flexibilizar implica, sempre, privilegiar o negociado sobre o legislado. A flexibilização não tem por objetivo permitir que as partes alterem, em qualquer situação, as normas legais, atendendo a sua conveniência. As garantias previstas em lei somente podem ser flexibilizadas em situações excepcionais, desde que cercadas dos mecanismos de segurança legalmente exigidos. Por fim, a flexibilização também não pode servir de pretexto para suprimir direitos dos empregados, mas, ao contrário, o seu propósito é justamente evitar prejuízo àquele que é o destinatário da norma trabalhista.

E qual a necessidade de se adaptar o direito à realidade?

A resposta consagrada na doutrina é apresentada pelo jurista francês Ripert, que, há muito tempo, já defendia que "quando a lei ignora a realidade, a realidade se vinga, ignorando a lei.[1]"

Para adaptar o direito à realidade, é necessário investigar as mudanças efetivamente existentes, o que é muito importante também para o estudo de qualquer ramo do direito.

O **empregador** mudou – as empresas já estão mais conscientes de que devem respeitar os direitos e garantias dos empregados, deixando de lado, na maioria das vezes, o papel de explorador e autoritário. Atualmente, a mentalidade que prevalece, até mesmo pela busca de uma maior competitividade, é da união de esforços para o crescimento da empresa e manutenção dos postos de trabalho.

As empresas, hoje, têm uma reconhecida e relevante finalidade social.

De fato, o seu papel social na geração de empregos e, por via de consequência, sua importância no crescimento econômico ganharam status legal, como se infere através dos arts. 154 e 116, parágrafo único, da Lei 6.404/76 e 5º, XXIII, da Constituição Federal. (tratamos deste tema com mais profundidade no item. 14.11.1.1 – O Convênio Bacen-Jud e o princípio da razoabilidade).

1. Apud. Pessoa, Valton. In *Transação extrajudicial nas relações individuais do trabalho*. São Paulo: LTr, 2003. p. 24.

Os **empregados** estão cada dia mais conscientes e bem informados de seus direitos.

Os **sindicatos** estão cada vez mais aparelhados e eficientes na defesa dos interesses dos membros de sua categoria.

O **foco de proteção** do legislador também mudou. Hoje em dia, além do empregado, é preciso **preocupar-se com o emprego:** sua manutenção e aumento de oferta, para atender a crescente demanda, em busca de um necessário crescimento econômico capaz de garantir a subsistência de inúmeras famílias.

Ao lado disso, **o desemprego aumentou**, **o trabalho informal** cresce a cada dia e a Justiça do Trabalho não consegue atender, satisfatoriamente, as demandas que se multiplicam todo ano.

Assim, é importante pensar que o direito e as normas jurídicas precisam acompanhar as mudanças sociais e econômicas, **sob pena de se tornarem ineficazes e ultrapassadas.**

Esta necessária flexibilização pode se concretizar de três modos distintos.

1.2. FLEXIBILIZAÇÃO DA NORMA

Objetiva-se, com isso, retirar sua rigidez. Isso pode ser possível de duas formas diferentes. Como regra, no direito material, deverá ser realizada com a **participação do sindicato**, através de negociação coletiva[2]. Depois

---

2. Art. 611-A da CLT – A convenção coletiva e o acordo coletivo de trabalho, observados os incisos III e VI do *caput* do art. 8º da Constituição, têm prevalência sobre a lei quando, entre outros, dispuserem sobre:

I – pacto quanto à jornada de trabalho, observados os limites constitucionais;

II – banco de horas anual;

III – intervalo intrajornada, respeitado o limite mínimo de trinta minutos para jornadas superiores a seis horas;

IV – adesão ao Programa Seguro-Emprego (PSE), de que trata a Lei no 13.189, de 19 de novembro de 2015;

V – plano de cargos, salários e funções compatíveis com a condição pessoal do empregado, bem como identificação dos cargos que se enquadram como funções de confiança;

VI – regulamento empresarial;

VII – representante dos trabalhadores no local de trabalho;

VIII – teletrabalho, regime de sobreaviso, e trabalho intermitente;

IX – remuneração por produtividade, incluídas as gorjetas percebidas pelo empregado, e remuneração por desempenho individual;

X – modalidade de registro de jornada de trabalho;

XI – troca do dia de feriado;

XII – enquadramento do grau de insalubridade e prorrogação de jornada em locais insalubres, incluída a possibilidade de contratação de perícia, afastada a licença prévia das autoridades competentes do Ministério do Trabalho, desde que respeitadas, na integralidade, as normas de

da reforma já anunciada, também admite-se a relativização das regras para trabalhadores que possuam diploma de nível superior e percebam salário mensal em valor igual ou maior que o dobro do teto dos benefícios do INSS, por acordo individual[3]. Em ambas as situações devem ocorrer **exclusivamente em relação às normas imperativas**, ou seja, aquelas que não são de ordem pública.

Precisamos fazer um parêntese para explicar, melhor, esta afirmação.

Magano[4] apresenta uma classificação muito interessante para as normas trabalhistas. Para ele, em sua maior parte, as normas trabalhistas são **meramente imperativas (ordem pública relativa), pois, embora encerrem uma ordem, podem ser flexibilizadas, deixando de prevalecer em determinadas circunstâncias.**

A mesma distinção é feita por Orlando Gomes[5], da seguinte forma:

> "A identidade formal tem concorrido para difundir a confusão entre *lei imperativa* e *lei de ordem pública.* Mas o conhecimento do sentido em que evolui o princípio da autonomia da vontade ajuda a dissipar essa confusão na esfera em que a imperatividade das leis se apresenta, nem mais, nem menos, do que como simples processo técnico para corrigir desigualdades [...]". (destaques nossos).

---

saúde, higiene e segurança do trabalho previstas em lei ou em normas regulamentadoras do Ministério do Trabalho;

XIV – prêmios de incentivo em bens ou serviços, eventualmente concedidos em programas de incentivo;

XV – participação nos lucros ou resultados da empresa.

§ 1º No exame da convenção coletiva ou do acordo coletivo de trabalho, a Justiça do Trabalho observará o disposto no § 3º do art. 8º desta Consolidação.

§ 2º A inexistência de expressa indicação de contrapartidas recíprocas em convenção coletiva ou acordo coletivo de trabalho não ensejará sua nulidade por não caracterizar um vício do negócio jurídico.

§ 3º Se for pactuada cláusula que reduza o salário ou a jornada, a convenção coletiva ou o acordo coletivo de trabalho deverão prever a proteção dos empregados contra dispensa imotivada durante o prazo de vigência do instrumento coletivo.

§ 4º Na hipótese de procedência de ação anulatória de cláusula de convenção coletiva ou de acordo coletivo de trabalho, quando houver a cláusula compensatória, esta deverá ser igualmente anulada, sem repetição do indébito.

3. Art. 444 da CLT – As relações contratuais de trabalho podem ser objeto de livre estipulação das partes interessadas em tudo quanto não contravenha às disposições de proteção ao trabalho, aos contratos coletivos que lhes sejam aplicáveis e às decisões das autoridades competentes.

   Parágrafo único. A livre estipulação a que se refere o caput deste artigo aplica-se às hipóteses previstas no art. 611-A desta Consolidação, com a mesma eficácia legal e preponderância sobre os instrumentos coletivos, no caso de empregado portador de diploma de nível superior e que perceba salário mensal igual ou superior a duas vezes o limite máximo dos benefícios do Regime Geral de Previdência Social.

4. *Revista LTr*, v. 59, n. 12, p. 1.600.

5. *Revista Forense*, p. 44.

Assim, o caráter imperativo pode ser identificado no espírito da lei e no interesse protegido, pois, se o objetivo consiste em corrigir desigualdades entre as partes, a hipótese é de interesse privado e só por isso não pode adquirir a natureza de norma de ordem pública.

Daí porque, à medida que as desigualdades vão diminuindo, o que acontece, por exemplo, com o fortalecimento das entidades sindicais, a imperatividade vai perdendo a eficácia e força até que venha a desaparecer. Tal não ocorre, entretanto, com as normas de ordem pública, pois exprimem direitos insuscetíveis de renúncia e transação, prevalecendo até contra a vontade das partes.

Costumávamos utilizar como exemplo desta natureza imperativa o art. 7º, VI, da CF/88[6]. Aqui, permitiu-se expressamente a flexibilização da norma, diminuindo-lhe a força obrigatória, em decorrência da compensação das desigualdades sociais e econômicas das partes, através da participação das entidades sindicais.

No mesmo sentido, foi reconhecida pelo STF a seguinte tese: "são constitucionais os acordos e as convenções coletivas que, ao considerarem a adequação setorial negociada, pactuam limitações ou afastamentos de direitos trabalhistas, independentemente da explicitação especificada de vantagens compensatórias, desde que respeitados os direitos absolutamente indisponíveis"[7]. Desta forma, os acordos ou convenções coletivas de trabalho que limitam ou suprimem direitos trabalhistas são considerados válidos, desde que seja assegurado um patamar civilizatório mínimo ao trabalhador.

Ora, se o Constituinte permitiu que o maior patrimônio do empregado, que garante a subsistência de sua família, fosse objeto de negociação, é certo que também poderiam sê-lo os bens acessórios, como o pagamento de férias e 13º salários.

Podemos citar, em reforço a nossa posição, uma máxima de experiência que é costumeiramente aplicável no estudo dos institutos jurídicos.

Referimo-nos a uma autorização implícita decorrente da máxima de que: "quem pode o mais pode o menos".

Maria Helena Diniz[8] classifica esta regra como "argumento *a fortiori*", que permite ao "**magistrado a aplicar a norma aos casos não regulados,**

---

6. Art. 7º da CF/88 – São direitos dos trabalhadores urbanos e rurais, além de outros que visem à melhoria de sua condição social: [...] VI – irredutibilidade do salário, salvo o disposto em convenção ou acordo coletivo;

7. ARE 1121633 – REP. GERAL TEMA: 1046 – nº 0000967-13.2014.5.18.0201 – Recurso Extraordinário com Agravo – Origem: Go – Goiás – Relator: Min. Gilmar Mendes – 02.06.2022.

8. *Compêndio de Introdução à Ciência do Direito.* 12ª ed. São Paulo: Saraiva, 2000, p. 452.

nos quais se encontra a razão suficiente da hipótese explícita, mais forte", ou seja, "se a lei autoriza o mais, implicitamente permite o menos".

Pensar diferente seria admitir a esdrúxula situação em que, para preservar postos de trabalho de determinada empresa em dificuldade, determinado sindicato não poderia autorizar o parcelamento do 13º salário, mas, em prejuízo dos empregados, poderia permitir a redução dos salários.

Assim, sempre entendemos ser perfeitamente possível, a flexibilização das normas imperativas que regulam os contratos de trabalho, o que veio a ser consolidado agora com o art. 611-A da CLT.

Estariam fora desta regra as normas de ordem pública, que são indisponíveis e não podem ser alteradas ou adaptadas pela vontade dos seus destinatários.

E quais seriam elas?

Para Magano[9], que estabelece uma gradação na conceituação de ordem pública, diz-se absoluta quando "visa a assegurar o bom funcionamento das instituições indispensáveis à sociedade". Relativas são as demais, sejam *supletivas*, que se aplicam quando os interessados não pactuam de forma diversa, ou *meramente imperativas*, as quais, conquanto encerrem uma ordem, podem ser flexibilizadas, deixando de prevalecer em determinadas circunstâncias.

As leis de ordem pública, nas palavras de Orlando Gomes[10], são aquelas que "preservam, resguardam e defendem interesses políticos, vale dizer básicos para a organização social".

A imperatividade de certos preceitos não se confunde com a natureza de normas de ordem pública. Como já ressaltamos linhas acima, aqueles visam a corrigir desigualdades das partes, sociais ou econômicas, a fim de equilibrar as relações que antes eram regidas exclusivamente pela autonomia da vontade. Estas, por sua vez, tutelam direitos inderrogáveis, irrenunciáveis, que extrapolam os interesses particulares para dizerem respeito a toda coletividade.

O Professor Celso Antônio Bandeira de Mello[11] leciona que "a indisponibilidade dos interesses públicos significa que sendo interesses qualificados como próprios da coletividade (...) não se encontram à livre disposição de quem quer que seja".

Os interesses tutelados pelas normas de ordem pública são políticos, essenciais para a organização social, e, via de consequência, indisponíveis

9. In *Revista LTr* – 59-12/1600, Vol. 59, nº12, dezembro de 1995.

10. In *Revista Forense*, "Nulidades do Direito Contratual do Trabalho", p.42/51.

11. In *Curso de Direito Administrativo*, 6ª ed. ver. atual. ampl., São Paulo: Malheiros Editores Ltda., 1995, p. 23.

por excelência, como é o caso das regras atinentes às condições insalubres e periculosas de labor, que visam a preservar a saúde e integridade física do obreiro, proteção à criança e ao adolescente, "ficando as demais regras legais sujeitas à perda ou diminuição de eficácia".[12]

Ciente dessa realidade, o legislador inseriu na Consolidação das Leis do Trabalho o rol de direitos que não podem se suprimidos ou reduzidos mediante negociação coletiva ou individual por serem normas de ordem pública, como, por exemplo, o valor do salário mínimo e dos depósitos de FGTS, número de dias de férias, aviso prévio proporcional, dentre outros.

Esta onda de flexibilização atingiu também as regras processuais, com a vigência do art. 190 do CPC[13], que instituiu a partir de 2016, o negócio jurídico processual, que permite as partes convencionarem os prazos e procedimentos previstos nos diplomas processuais.

No que diz respeito a sua aplicação subsidiária no processo do trabalho, em que pese a posição não vinculante do TST[14]), entendemos perfeitamente compatível com o procedimento e a prática processual trabalhista.

1.3. FLEXIBILIZAR A INTERPRETAÇÃO E A APLICAÇÃO DA NORMA

Existem normas que permitem diversas interpretações e compete ao intérprete, ao aplicador do direito, aplicá-las, levando em consideração a realidade socioeconômica, viabilizando que o direito atinja sua maior finalidade: a pacificação social.

Essa ideia está atrelada ao caráter dinâmico do direito, que não pode ser estático – deve acompanhar as mudanças sociais.

Miguel Reale[15], com seu brilhantismo peculiar e natural, nos ensina que:

---

12. Magano, *Op. cit.* p. 59-12/1600.
13. Art. 190 do CPC – Versando o processo sobre direitos que admitam autocomposição, é lícito às partes plenamente capazes estipular mudanças no procedimento para ajustá-lo às especificidades da causa e convencionar sobre os seus ônus, poderes, faculdades e deveres processuais, antes ou durante o processo.

    Parágrafo único. De ofício ou a requerimento, o juiz controlará a validade das convenções previstas neste artigo, recusando-lhes aplicação somente nos casos de nulidade ou de inserção abusiva em contrato de adesão ou em que alguma parte se encontre em manifesta situação de vulnerabilidade.
14. Instrução Normativa n. 39 do TST – Art. 2° Sem prejuízo de outros, não se aplicam ao Processo do Trabalho, em razão de inexistência de omissão ou por incompatibilidade, os seguintes preceitos do Código de Processo Civil:

    (...)

    II – art. 190 e parágrafo único (negociação processual);
15. Filosofia do Direito, p. 574.

> "se a regra jurídica não pode ser entendida sem conexão necessária com as circunstâncias de fato e as exigências axiológicas, é essa complexa condicionalidade que nos explica porque uma mesma norma de direito, sem que tenha sofrido qualquer alteração, nem mesmo de uma vírgula, adquire significados diversos com o volver dos anos, por obra da doutrina e da jurisprudência".

No Direito do Trabalho não pode ser diferente e ninguém melhor do que Plá Rodrigues[16] para dizer que "o direito do trabalho, como todo ramo jurídico, não deve ser estático, nem ser congelado. O Direito do Trabalho já está em estreito contato com a vida real, e, por conseguinte, é particularmente sensível às exigências do mundo dos fatos".

A flexibilização, neste segundo contexto, está ligada ao caráter dinâmico do direito, que permite interpretar a norma de modo compatível com a realidade social e econômica do País.

Essa é a tarefa mais importante do moderno aplicador do direito, que deve procurar, através da ferramenta disponível – o processo – concretizar as mudanças necessárias, em busca da paz social, ajustando a norma jurídica à realidade.

Em diversas passagens deste livro adotamos esta posição, quando, por exemplo, no capítulo 6, defendemos a transação extrajudicial como meio válido e eficaz na solução dos conflitos trabalhistas e a possibilidade de sua homologação na Justiça do Trabalho (item 6.4.6.4, letra a), o que veio se concretizar com a reforma trabalhista, que, através do art. 855-B da CLT[17], permite que as partes submetam ao poder judiciário a homologação de acordos extrajudiciais; no mesmo capítulo, item 6.4.6.7, sustentamos a possibilidade de execução dos títulos executivos extrajudiciais estabelecidos no art. 784 do CPC[18]; ou ainda quando admitimos

---

16. Princípios de Direito do Trabalho, p. 82.

17. Art. 855-B da CLT – O processo de homologação de acordo extrajudicial terá início por petição conjunta, sendo obrigatória a representação das partes por advogado.
§ 1º As partes não poderão ser representadas por advogado comum.
§ 2º Faculta-se ao trabalhador ser assistido pelo advogado do sindicato de sua categoria.

18. Art. 784 do CPC - São títulos executivos extrajudiciais:
I – a letra de câmbio, a nota promissória, a duplicata, a debênture e o cheque;
II – a escritura pública ou outro documento público assinado pelo devedor;
III – o documento particular assinado pelo devedor e por 2 (duas) testemunhas;
IV – o instrumento de transação referendado pelo Ministério Público, pela Defensoria Pública, pela Advocacia Pública, pelos advogados dos transatores ou por conciliador ou mediador credenciado por tribunal;
V – o contrato garantido por hipoteca, penhor, anticrese ou outro direito real de garantia e aquele garantido por caução;
VI – o contrato de seguro de vida em caso de morte;
VII – o crédito decorrente de foro e laudêmio;

que o procedimento prévio de liquidação (art. 879 da CLT[19]) não é facultativo.

1.3.1. **Pejotização.** ***Inversão do ônus da prova. Autonomia de vontade do trabalhador*** **hipersuficiente.** ***Posicionamento do STF***

A expressão *pejotização* foi criada por parte dos operadores do Direito do Trabalho para definir um mecanismo de fraude na contratação de empregados por meio de suas pessoas jurídicas, com objetivo de simular relação de emprego e precarizar direitos trabalhistas.

Com efeito, constatada no caso concreto a existência dos elementos da relação de emprego (pessoalidade, habitualidade, onerosidade e subordinação), a jurisprudência trabalhista[20] tem se posicionado no sentido de

---

VIII – o crédito, documentalmente comprovado, decorrente de aluguel de imóvel, bem como de encargos acessórios, tais como taxas e despesas de condomínio;

IX – a certidão de dívida ativa da Fazenda Pública da União, dos Estados, do Distrito Federal e dos Municípios, correspondente aos créditos inscritos na forma da lei;

X – o crédito referente às contribuições ordinárias ou extraordinárias de condomínio edilício, previstas na respectiva convenção ou aprovadas em assembleia geral, desde que documentalmente comprovadas;

XI – a certidão expedida por serventia notarial ou de registro relativa a valores de emolumentos e demais despesas devidas pelos atos por ela praticados, fixados nas tabelas estabelecidas em lei;

XII – todos os demais títulos aos quais, por disposição expressa, a lei atribuir força executiva.

19. Art. 879 da CLT – Sendo ilíquida a sentença exequenda, ordenar-se-á, previamente, a sua liquidação, que poderá ser feita por cálculo, por arbitramento ou por artigos.

20. "**OBRIGAÇÃO DE ABSTER-SE DE CONTRATAR E MANTER TRABALHADORES PESSOALMENTE SUBORDINADOS POR MEIO DO DENOMINADO PROCESSO DE PEJOTIZAÇÃO. DANO MORAL COLETIVO. CONFIGURADO.** O conceito de subordinação jurídica possui inegável abertura semântica e reduzi-lo à percepção tradicional de que somente se caracteriza pela existência de uma relação na qual o trabalhador submete-se às ordens diretas e ao poder disciplinar do empregador (controle verticalizado), não se coaduna com o próprio ordenamento jurídico brasileiro, que reconhece outras formas de arranjo nas quais não há a presença direta desses elementos. [...] Assim, considerando a extensão da lesão, a natureza do bem jurídico lesado, o grau de reprovabilidade da conduta, o porte econômico do ofensor, dentre outros parâmetros para quantificação, e, ainda, a razoabilidade e a proporcionalidade, entendo que a indenização deve ser arbitrada em R$ 300.000,00 (trezentos mil reais), mormente diante da estimativa do número de empregados atingidos e da duração da lesão, desde pelo menos 2005." (TST – AIRR: 7021820195120002, Relator: Claudio Mascarenhas Brandao, 7ª Turma, Data de Publicação: 23/05/2022)

"**AGRAVO DE INSTRUMENTO DA RECLAMADA QUALICORP ADMINISTRADORA DE BENEFÍCIOS S.A. RECURSO DE REVISTA. INTERPOSIÇÃO SOB A ÉGIDE DA LEI Nº 13.467/2017. NEGATIVA DE PRESTAÇÃO JURISDICIONAL. RESPONSABILIDADE SOLIDÁRIA** – GRUPO ECONÔMICO – CARACTERIZAÇÃO. vínculo de emprego – unicidade contratual – caracterização – serviço autônomo – não configuração – fraude trabalhista [...] o processamento do recurso de revista na vigência da Lei nº 13.467/2017 exige que a causa apresente transcendência com relação aos aspectos de natureza econômica, política, social ou jurídica (artigo 896-A da CLT). Ocorre que, pelo prisma da transcendência, o recurso de revista não atende a nenhum dos requisitos referidos. Agravo de instrumento a que se nega provimento [...] tempo de prestação de serviços e a

reconhecer a fraude e a aludida relação de emprego, aplicando a diretriz do artigo 9º da CLT[21], concedendo, inclusive, indenização por dano moral coletivo ou individual.

Nessas demandas, os Tribunais Trabalhistas conferem ao empregador o ônus da prova em relação à demonstração da **inexistência** dos requisitos estabelecidos pelos artigos 2º e 3º da CLT[22].

Entretanto, quando essa modalidade contratual envolver trabalhadores, profissionais liberais *hipersuficientes*, o STF[23], em diretriz

---

extensão do dano causado, fixo em R$ 5.000,00 (cinco mil reais) o valor da indenização por dano moral" (TST – AIRR: 18094420165100007, Relator: Renato De Lacerda Paiva, Data de Julgamento: 01/12/2021, 7ª Turma, Data de Publicação: 11/02/2022).

21. **Art. 9º CLT** – Serão nulos de pleno direito os atos praticados com o objetivo de desvirtuar, impedir ou fraudar a aplicação dos preceitos contidos na presente Consolidação.

22. Art. 2º CLT – Considera-se empregador a empresa, individual ou coletiva, que, assumindo os riscos da atividade econômica, admite, assalaria e dirige a prestação pessoal de serviço.

§ 1º Equiparam-se ao empregador, para os efeitos exclusivos da relação de emprego, os profissionais liberais, as instituições de beneficência, as associações recreativas ou outras instituições sem fins lucrativos, que admitirem trabalhadores como empregados.

§ 2º Sempre que uma ou mais empresas, tendo, embora, cada uma delas, personalidade jurídica própria, estiverem sob a direção, controle ou administração de outra, ou ainda quando, mesmo guardando cada uma sua autonomia, integrem grupo econômico, serão responsáveis solidariamente pelas obrigações decorrentes da relação de emprego.

§ 3º Não caracteriza grupo econômico a mera identidade de sócios, sendo necessárias, para a configuração do grupo, a demonstração do interesse integrado, a efetiva comunhão de interesses e a atuação conjunta das empresas dele integrantes.

Art. 3º CLT – Considera-se empregado toda pessoa física que prestar serviços de natureza não eventual a empregador, sob a dependência deste e mediante salário.

23. [...] 10. No caso em tela, verifico que a decisão reclamada afirmou presente relação de emprego, atribuindo à empresa reclamante o ônus de provar a inexistência desse vínculo, conforme se verifica da ementa do acórdão impugnado: "I – VÍNCULO EMPREGATÍCIO. ÔNUS DA PROVA. Tendo admitido que o reclamante lhe prestava serviços como autônomo, a recorrente atraiu o ônus da prova, a teor do disposto no artigo 818 da CLT e no artigo 373, inciso II, do CPC, do qual não se desincumbiu. Recurso improvido. II – HORAS EXTRAORDINÁRIAS. ÔNUS DA PROVA. É do reclamante o ônus da prova do fato constitutivo de seu direito, nos termos dos arts. 818 da CLT e 373, inc. I, do CPC. Entretanto, ao ter a reclamada apontado jornada diversa da referida pelo autor, atraiu o ônus de comprovar suas alegações, do qual não se desincumbiu. Recurso improvido." (e-doc. 27). 11. Em exame preambular, percebe-se que, a despeito da existência de contratos de prestação de serviços na área de engenharia civil, firmados entre as partes do processo originário, foi reconhecida a relação de emprego, em aparente desconformidade com o conjunto de decisões emanadas desta Corte, as quais não hesitam em admitir a validade constitucional de terceirizações ou qualquer outra forma de divisão do trabalho — inclusive parcerias —, firmadas para a consecução de objetivos comuns, sem prejuízo de o Poder Público reconhecer, fundamentadamente, eventual ocorrência de fraude à legislação trabalhista. 12. A decisão reclamada, contudo, reconheceu a prestação de serviços, mas não examinou se tal prestação foi feita escorada em regular contratação de profissional autônomo, como aparentam indicar os diversos instrumentos de parceria firmados entre as partes, ou em fraude à legislação trabalhista, nem sequer analisando a regularidade ou irregularidade dos contratos de prestação de serviços. (STF – Rcl:

oposta à jurisprudência trabalhista, tem reconhecido a validade desse regime, independente da (in)existência dos citados requisitos, invertendo ainda o ônus da prova de eventual vício de consentimento.

Vejamos.

A condição de *hipersuficiência*[24] foi estabelecida pela própria CLT, permitindo, inclusive, aos empregados (regime CLT) uma flexibilidade negocial – artigo 444 parágrafo único[25].

Nessa mesma diretriz, algumas decisões recentes do Supremo Tribunal Federal[26] tem admitido que o trabalhador *hipersuficiente*, profissional liberal, goze de autonomia para eleger a sua modalidade contratual e, salvo na hipótese de alegado e provado o vício de consentimento, não poderá, posteriormente, postular reconhecimento de vínculo de emprego.

Esse entendimento, respaldado pela decisão plenária e vinculante do STF, que considerou lícita a terceirização de atividade-fim[27], reconhece que é possível a prestação de serviço em regime distinto do clássico modelo celetista, conferindo maior autonomia às partes para pactuarem livremente o modelo contratual que melhor lhes convir.

Dessa forma, seguindo a diretriz da Suprema Corte, é possível e presumidamente lícita a *pejotização*, classificada como uma espécie legítima de

---

55147 PA, Relator: ANDRÉ MENDONÇA, Data de Julgamento: 29/08/2022, Data de Publicação: PROCESSO ELETRÔNICO DJe-s/n DIVULG 29/08/2022 PUBLIC 30/08/2022)

24. **Pessoa com diploma de nível superior e que perceba salário mensal igual ou superior a duas vezes o limite máximo dos benefícios do Regime Geral de Previdência Social.**

    Art. 444, CLT – As relações contratuais de trabalho podem ser objeto de livre estipulação das partes interessadas em tudo quanto não contravenha às disposições de proteção ao trabalho, aos contratos coletivos que lhes sejam aplicáveis e às decisões das autoridades competentes.

    Parágrafo único. A livre estipulação a que se refere o caput deste artigo aplica-se às hipóteses previstas no art. 611-A desta Consolidação, com a mesma eficácia legal e preponderância sobre os instrumentos coletivos, no caso de empregado portador de diploma de nível superior e que perceba salário mensal igual ou superior a duas vezes o limite máximo dos benefícios do Regime Geral de Previdência Social. (Incluído pela Lei nº 13.467, de 2017)

25. **Art. 444 CLT** – As relações contratuais de trabalho podem ser objeto de livre estipulação das partes interessadas em tudo quanto não contravenha às disposições de proteção ao trabalho, aos contratos coletivos que lhes sejam aplicáveis e às decisões das autoridades competentes.

    Parágrafo único. A livre estipulação a que se refere o caput deste artigo aplica-se às hipóteses previstas no art. 611-A desta Consolidação, com a mesma eficácia legal e preponderância sobre os instrumentos coletivos, no caso de empregado portador de diploma de nível superior e que perceba salário mensal igual ou superior a duas vezes o limite máximo dos benefícios do Regime Geral de Previdência Social.

26. STF – Rcl: 53899 MG 0121203-68.2022.1.00.0000, Relator: DIAS TOFFOLI, Data de Julgamento: 30/06/2022, Data de Publicação: 01/07/2022.

27. ADPF: 324; RE: 958252. Disponível em: < https://portal.stf.jus.br/processos/detalhe.asp?incidente=4952236> <https://portal.stf.jus.br/jurisprudenciaRepercussao/tema.asp?num=725> Acesso em: nov. 2022.

terceirização, na qual a prestação dos serviços é realizada pelo(s) sócio(s) de uma pessoa jurídica contratada, na condição de trabalhador ou trabalhadores *hipersuficientes*.

O Ministro Roberto Barroso foi especialmente enfático no julgamento da RCL 39351, em que se discutia a impossibilidade de contratação de médicos através de pessoas jurídicas na Bahia:

> "(...) tanto a terceirização da atividade-fim, genericamente, quanto a própria chamada pejotização, no caso particular, são toleradas pela legislação brasileira. Há aqui a essência da jurisprudência do Supremo Tribunal Federal, em dois casos já reiteradamente citados."[28]

O Min. Alexandre de Moares (RCL 47.843), citando decisão da Ministra Rosa Weber, no julgamento da RCL 39351 e da ADPF 324 (Ministro Roberto Barroso) e no RE 958.252 (FUX), em 08/02/202229, também reconheceu **"ser lícita a terceirização por *pejotização*, não havendo falar em irregularidade na contratação de pessoa jurídica formada por profissionais liberais para prestar serviços terceirizados na atividade-fim da contratante".**[30]

Assim, o próprio Supremo tem flexibilizado a interpretação da norma – artigos 2º e 3º da CLT, baseando-se na autonomia do trabalhador e no seu livre consentimento. À luz dessa nova diretriz, a *pejotização* pode ser definida como uma modalidade lícita de terceirização de serviços prestados por profissionais liberais *hipersuficientes*, por meio de suas respectivas pessoas jurídicas, revestindo-se de presunção de legalidade.

1.4. FLEXIBILIZAÇÃO LEGAL – IMPOSTA PELA VIA LEGISLATIVA

Em determinadas situações, o Estado, através do Poder Legislativo, procura fazer o "necessário ajuste da norma jurídica à realidade social", com o propósito de flexibilizar as normas em vigor.

Isso também acontece com a legislação trabalhista, quando, por exemplo, estabeleceu o banco de horas (art. 59 da CLT), as Comissões de Conciliação Prévia (arts. 625-A a 625-H da CLT), assim como o "lay-off" (art. 2º da Lei 4923/65 e art. 476-A da CLT) e o Programa de Proteção ao Emprego – PPE (Medida Provisória 680/2015).

---

28. **STF – Rcl: 39351** RJ – RIO DE JANEIRO 0086945-03.2020.1.00.0000, Relator: Min. ROSA WEBER, Data de Julgamento: 13/03/2020, Data de Publicação: DJe-062 18/03/2020.
29. Disponível em: <https://portal.stf.jus.br/noticias/verNoticiaDetalhe.asp?idConteudo=481399&ori=1> Acesso em: out. 2022.
30. **STF – Rcl: 47843** AC 0055865-84.2021.1.00.0000, Relator: CÁRMEN LÚCIA, Data de Julgamento: 21/06/2021, Data de Publicação: 30/06/2021.

Com efeito, antes da edição da Lei 9.601/98, somente se admitia compensação de jornada dentro da mesma semana.

Depois de sua edição, que alterou o art. 59 da CLT, ampliou-se o prazo para realizar a compensação, passando para 120 dias.

Este prazo foi novamente majorado, em decorrência da edição da MP 2164-41 de 2001, para 12 meses, permanecendo tal diretriz em vigor por força da Emenda Constitucional 32 de 2001 (art. 2º)[31].

Com a reforma trabalhista e a medida provisória 808/2017, possibilitou-se a celebração de acordo individual de compensação de jornada, que deve ser escrito quando a compensação ocorra no período máximo de seis meses. Mas que também pode ser realizado de forma tácita se a compensação for realizada no mesmo mês[32].

Com relação à criação das Comissões de Conciliação Prévia, permitiu-se, de modo expresso, incentivar o entendimento direto entre os sujeitos do contrato de trabalho para propiciar a solução extrajudicial dos conflitos – trataremos deste tema no item 6.4.6.6, letra b.

Assim, esperamos ter oferecido informações e argumentos importantes para compreensão de nosso trabalho e principalmente de algumas posições inovadoras que adotaremos ao longo da elaboração deste livro.

1.4.1. Do Empregado Hipersuficiente

Outra hipótese de flexibilização promovida pelo legislador está no parágrafo único do art. 444 da CLT, quando criou a figura do empregado *hipersuficiente*: sujeito portador de diploma de nível superior e que aufere salário mensal igual ou superior a duas vezes o limite máximo dos benefícios do Regime Geral da Previdência Social, permitindo-lhes uma autonomia negocial quanto as matérias previstas no art. 611-A, CLT[33]. Nesse sentido, explica o professor Bezerra Leite:

---

31. Art. 2º da EC 32/2001 – As medidas provisórias editadas em data anterior à da publicação desta emenda continuam em vigor até que medida provisória ulterior as revogue explicitamente ou até deliberação definitiva do Congresso Nacional.

32. Art. 59 da CLT – A duração diária do trabalho poderá ser acrescida de horas extras, em número não excedente de duas, por acordo individual, convenção coletiva ou acordo coletivo de trabalho.

    § 5º O banco de horas de que trata o § 2º deste artigo poderá ser pactuado por acordo individual escrito, desde que a compensação ocorra no período máximo de seis meses.

    § 6º É lícito o regime de compensação de jornada estabelecido por acordo individual, tácito ou escrito, para a compensação no mesmo mês.

33. **Art. 611-A. A convenção coletiva e o acordo coletivo de trabalho têm prevalência sobre a lei quando, entre outros, dispuserem sobre:**

    I – pacto quanto à jornada de trabalho, observados os limites constitucionais;

    II – banco de horas anual;

De qualquer modo, a expressão empregado *hipersuficiente* passou a ser utilizada para apanhar esse cenário de pessoa com maior escolaridade e maior remuneração do que a média nacional e, ato contínuo, proporcionar que seu contrato individual de trabalho possa conter cláusulas de igual ou maior densidade do que a própria negociação coletiva com entidade sindical – convenção coletiva ou acordo coletivo. Provavelmente o termo *hipersuficiente* foi cunhado pela doutrina em contraponto à clássica expressão hipossuficiente, representativa do padrão dos empregados com baixa escolaridade e rendimentos reduzidos, servindo como exemplo as controvérsias sobre concessão de benefícios da gratuidade de acesso ao Poder Judiciário, entre outras.[34]

Com efeito, a referida flexibilização legislativa proporciona um cenário ampliado nas relações de trabalho, permitindo que o empregado *hipersu-*

III – intervalo intrajornada, respeitado o limite mínimo de trinta minutos para jornadas superiores a seis horas;

IV – adesão ao Programa Seguro-Emprego (PSE), de que trata a Lei no 13.189, de 19 de novembro de 2015;

V – plano de cargos, salários e funções compatíveis com a condição pessoal do empregado, bem como identificação dos cargos que se enquadram como funções de confiança;

VI – regulamento empresarial;

VII – representante dos trabalhadores no local de trabalho;

VIII – teletrabalho, regime de sobreaviso, e trabalho intermitente;

IX – remuneração por produtividade, incluídas as gorjetas percebidas pelo empregado, e remuneração por desempenho individual;

X – modalidade de registro de jornada de trabalho;

XI – troca do dia de feriado;

XII – enquadramento do grau de insalubridade;

XIII – prorrogação de jornada em ambientes insalubres, sem licença prévia das autoridades competentes do Ministério do Trabalho;

XIV – prêmios de incentivo em bens ou serviços, eventualmente concedidos em programas de incentivo;

XV – participação nos lucros ou resultados da empresa.

§ 1º No exame da convenção coletiva ou do acordo coletivo de trabalho, a Justiça do Trabalho observará o disposto no § 3o do art. 8o desta Consolidação.

§ 2º A inexistência de expressa indicação de contrapartidas recíprocas em convenção coletiva ou acordo coletivo de trabalho não ensejará sua nulidade por não caracterizar um vício do negócio jurídico

§ 3º Se for pactuada cláusula que reduza o salário ou a jornada, a convenção coletiva ou o acordo coletivo de trabalho deverão prever a proteção dos empregados contra dispensa imotivada durante o prazo de vigência do instrumento coletivo.

§ 4º Na hipótese de procedência de ação anulatória de cláusula de convenção coletiva ou de acordo coletivo de trabalho, quando houver a cláusula compensatória, esta deverá ser igualmente anulada, sem repetição do indébito.

§ 5º Os sindicatos subscritores de convenção coletiva ou de acordo coletivo de trabalho deverão participar, como litisconsortes necessários, em ação individual ou coletiva, que tenha como objeto a anulação de cláusulas desses instrumentos.

34. LEITE, Carlos Henrique Bezerra. **Curso de direito do trabalho**. São Paulo: Saraiva, 2022. p. 101.

ficiente e o empregador estejam equiparados em capacidade formal de negociação e possam, dessa forma, celebrar acordos com maior autonomia, mediante livre manifestação e liberdade – na prática, portanto, haveria a prevalência do negociado sobre o legislado na esfera individual.

Importante destacar que esta mesma diretriz é reconhecida por julgados recentes do Supremo Tribunal Federal[35], a exemplo da decisão proferida pelo Ministro Luis Roberto Barroso na Reclamação Constitucional nº 56132[36], em que foi reconhecido que profissionais com remuneração expressiva são capazes "de fazer escolha esclarecida sobre sua contratação".

Para parte da doutrina, a *hipersuficiência* do empregado e a amplitude negocial seriam responsáveis pela mitigação de alguns princípios, como o da proteção e o da irrenunciabilidade. Nas palavras de Homero Batista "a figura do empregado *hipersuficiente*, assim entendido aquele que possui renda e escolaridade superiores à média nacional, não obteve o consenso esperado pelo legislador e depende de amadurecimento de longo prazo."[37]

De nossa parte, defendemos que os trabalhadores com remuneração elevada e nível superior tem, em tese, autonomia para estabelecer suas condições de trabalho, obviamente respeitados os direitos indisponíveis estabelecidos no art. 7º da CF e delineados no art. 611-B da CLT.

Nesse sentido, tem se firmado a jurisprudência, a exemplo do julgado do TST que reconheceu a capacidade de livre estipulação das relações de trabalho envolvendo empregado *hipersuficiente*, conforme trecho do Acórdão proferido pela 6ª turma:

> A CLT surgiu em 1943 trazendo ao ordenamento jurídico normas para proteger um tipo específico de trabalhador, dito hipossuficiente por não ter condições de se impor diante da empresa e do capital. Em verdade, àquele tempo, a maioria esmagadora da população brasileira era constituída por rurais, analfabetos ou semi-analfabetos. **Porém, há um grande equívoco em estender este conceito a todo e qualquer trabalhador, incluindo aí aqueles qualificados, que recebem alta remuneração, bem como aqueles ligados a novas formas de trabalho que surgiram com o avanço tecnológico. Estes, muitas vezes,**

35. Disponível em: <https://portal.stf.jus.br/noticias/verNoticiaDetalhe.asp?idConteudo=488269&ori=1#:~:text=A%20tese%20fixada%20foi%20a,desde%20que%20respeitados%20os%20direitos>. Acesso em: nov. 2022.

36. Reclamação Constitucional nº 56132 de 30/11/22 "[...] observa-se, em primeiro lugar, que não estamos diante de trabalhador hipossuficiente, cuja tutela estatal é justificada para garantir a proteção dos direitos trabalhistas materialmente fundamentais. Trata-se de profissional com remuneração expressiva, capaz, portanto, de fazer uma escolha esclarecida sobre sua contratação. Além disso, inexiste na decisão reclamada qualquer elemento de que tenha havido coação na contratação celebrada." Disponível na integra em: <https://portal.stf.jus.br/processos/downloadPeca.asp?id=15355053808&ext=.pdf>. Acesso em dez. de 2022.

37. BATISTA, Homero. **Direito do trabalho aplicado**. v. 1. São Paulo: Revista dos Tribunais, 2021. p. 207.

> **tem amplo poder de negociar a forma como irão trabalhar e inclusive de impor ajustes individuais. Enxergar estas relações agarrando-se à ótica que imperava em meados do século passado é ignorar o dinamismo das relações de trabalho, desprezando as enormes variações no equilíbrio de forças que regem as mais diversas relações de trabalho** [...] mais do que isso, não se pode desconsiderar que trabalhadores altamente qualificados têm plenas condições de avaliar a conveniência de prestar serviços a outrem fora dos moldes da típica relação de emprego. **Nestes casos, não se pode presumir vício de vontade. Aliás, a figura do empregado *hipersuficiente* e sua capacidade de livre estipulação das relações de trabalho acabou sendo materializada pelo legislador no parágrafo único art. 444 da CLT através da Lei nº 13.467/2017, superando o entendimento anacrônico adotado em boa parte da jurisprudência trabalhista** [...] (TST – Ag: 100336920195030165, Relator: Lelio Bentes Correa, Data de Julgamento: 23/03/2022, 6ª Turma, Data de Publicação: 01/04/2022 – grifos nossos)

É no mesmo sentido o entendimento do Regional da 10ª região, em decisão ao Recurso Ordinário nº 00010981520205100002:

> PLR. ACORDO INDIVIDUAL. POSSIBILIDADE. **A Lei nº 13.467/17 trouxe no art. 444, parágrafo único, da CLT disposição especial (e portanto prevalente) sobre o critério geral anterior (art. 2º da Lei nº 10.101/00),** possibilitando expressamente uma hipótese nova de negociação individual de PLR, no caso de empregado dito 'hipersuficiente'. **De modo que não há sequer falar em antinomia normativa, mas mero exercício regular do poder regulamentar do legislador, à vista do art. 7º , XI, da CF.** (TRT-10 – ROT: 00010981520205100002 DF, Data de Julgamento: 27/04/2022, Data de Publicação: 30/04/2022 – grifos nossos)

Assim, a flexibilidade imposta pela Reforma Trabalhista em verdade consolidou um entendimento já estabelecido pela doutrina e jurisprudência trabalhista, que conferia aos altos empregados certa autonomia para estabelecer suas condições de trabalho, o que está alinhado com a atual jurisprudência do Supremo Tribunal Federal.

Capítulo

2

DIREITO PROCESSUAL DO TRABALHO

Sumário • 2.1. Direito Processual – 2.2. Direito Processual do Trabalho: 2.2.1. Conceito; 2.2.2. Autonomia.

2.1. DIREITO PROCESSUAL

Antes de estudarmos a disciplina proposta, é necessário apresentar uma ideia de processo e do ramo do direito que o estuda e interpreta.

Processo significa, em resumo, o complexo de atos, previstos no ordenamento jurídico, que se desenvolvem para permitir o exercício da atividade jurisdicional.

Neste sentido, como bem sintetiza Alexandre Câmara, o "direito processual pode ser definido como o ramo da ciência jurídica que estuda e regulamenta o exercício, pelo Estado, da função jurisdicional".[1]

Concordamos com Fredie Didier quando conclui que "existe uma Teoria Geral do Processo, que tem por conteúdo a definição dos conceitos lógico-jurídicos dos institutos fundamentais do processo, aplicáveis a qualquer dos ramos do direito processual, como: jurisdição, ação, processo, competência, norma processual, decisão, cognição, procedimento, recurso, lide, tutela jurisdicional, mérito, demanda, objeto litigioso, causa de pedir, pedido, parte, terceiro, pressupostos processuais, condição da ação, etc.".[2]

Mas, como também observa o mesmo autor, "obviamente isso não impede que cada ramo do processo, diante de suas peculiaridades, tenha re-

1. In *Lições de Direito Processual Civil*, Lúmen Júris, 7 ed., Vol. I, p. 05.
2. In *Direito Processual Civil – Tutela Jurisdicional Individual e Coletiva*, 5 ed., Salvador: Juspodivm, p. 22.

gras próprias em relação a cada um destes institutos, mas o conceito deles é invariável".

Nosso propósito neste manual é apresentar e estudar "as regras próprias" do Processo do Trabalho, sem perder de vista os institutos jurídicos processuais gerais e comuns a todos os ramos processuais.

2.2. DIREITO PROCESSUAL DO TRABALHO

2.2.1. Conceito

É o ramo do direito que estuda e interpreta os princípios e normas jurídicas que disciplinam a solução dos conflitos decorrentes da relação de trabalho.

Para Rodrigues Pinto, o Direito Processual do Trabalho é "o conjunto de princípios, doutrina e normas jurídicas destinadas a regular a atividade dos órgãos jurisdicionais do Estado na solução dos dissídios, individuais ou coletivos, entre empregadores e empregados".[3]

Diante dos conceitos apresentados, podemos concluir que o Processo do Trabalho tem por finalidade viabilizar o exercício da atividade jurisdicional, para a solução dos conflitos oriundos das relações de trabalho.

2.2.2. Autonomia

Se, por um lado, o Direito Processual do Trabalho tem legislação própria, um Poder Judiciário especializado, a Justiça do Trabalho, uma diversificada doutrina e um vasto acervo jurisprudencial que justificam sua autonomia jurisdicional e científica, não podemos deixar de reconhecer que temos uma legislação processual incompleta e um pouco defasada.

As regras processuais inseridas na CLT foram inspiradas na Legislação Processual Civil de 1939 e adaptadas à realidade que envolve os conflitos trabalhistas, com base nos princípios que norteiam o Processo do Trabalho.

Reconhecemos que a CLT oferece poucas regras processuais, mas, para suprir esta carência, transferiu para o Direito Processual Civil e para a Lei de Executivos Fiscais (Lei nº 6.830/1980) a aplicação supletiva nas hipóteses de lacunas procedimentais – arts. 769 e 889 da CLT[4].

---

3. In *Processo Trabalhista de Conhecimento*, 5 ed., São Paulo: LTr, 2000, p. 32.

4. Art. 769 da CLT. Nos casos omissos, o direito processual comum será fonte subsidiária do direito processual do trabalho, exceto naquilo em que for incompatível com as normas deste Título.

   Art. 889 da CLT. Aos trâmites e incidentes do processo da execução são aplicáveis, naquilo em que não contravierem ao presente Título, os preceitos que regem o processo dos executivos fiscais para a cobrança judicial da dívida ativa da Fazenda Pública Federal.

O que deveria ser uma exceção é, na prática, uma regra, pois os conflitos trabalhistas cresceram em quantidade e complexidade e, na grande maioria dos processos, os operadores do direito têm que se valer dos dois outros diplomas eleitos pelos arts. 769 e 889 da CLT.

A aplicação da legislação processual civil no processo do trabalho ganhou novos contornos com o novo CPC (Lei n. 13.105/15), aprovado e sancionado em 2015, com vigência iniciada em 18 de março de 2016. É que seu art. 15[5] inovou ao prever que as disposições processuais civis se aplicam de forma supletiva e subsidiária na ausência de normas que disciplinem o processo do trabalho.

Surgiram então intensos debates acerca da aplicabilidade do dispositivo ao processo trabalhista, uma vez que, conforme dito anteriormente, o art. 769 da CLT já estabelecia de forma expressa que o direito processual comum somente seria aplicável ao do trabalho quando este fosse omisso e desde que o regramento fosse compatível com os seus princípios e particularidades.

Entendemos que a interpretação apta a harmonizar os arts. 769 da CLT e 15 do CPC é àquela que compreende que o Código de Processo Civil se aplica supletiva e subsidiariamente ao processo trabalhista, desde que não seja incompatível com os princípios que regem o direito processual do trabalho (item 3.1.3.3.).

Compartilhando desse mesmo entendimento, Mauro Schiavi defende que "conjugando-se o art. 15 do CPC com os arts. 769 e 889 da CLT, temos que o Código de Processo Civil se aplica ao processo do trabalho da seguinte forma: supletiva e subsidiariamente, nas omissões da legislação processual trabalhista, desde que compatível com os princípios e singularidades do processo do trabalho[6]".

Entretanto, também não podemos esquecer que o Direito Processual do Trabalho deve se submeter aos princípios g erais e constitucionais de processo, de forma que a sua autonomia não pode servir de pretexto para violar conceitos ou a natureza jurídica de determinados institutos.

A doutrina não é pacífica quanto à questão da autonomia do Direito Processual do Trabalho, havendo duas teorias sobre o tema.

De um lado, a teoria monista defende a existência de um único direito processual, concluindo que o Direito Processual do Trabalho seria um mero apêndice do Direito Processual Comum.

---

5. Art. 15 do CPC - Na ausência de normas que regulem processos eleitorais, trabalhistas ou administrativos, as disposições deste Código lhes serão aplicadas supletiva e subsidiariamente.

6. SCHIAVI, Mauro. *Manual de Direito Processual do Trabalho*. São Paulo: Editora LTr, 2018, p. 157.

Do outro lado, sustentam aqueles que defendem a teoria dualista uma autonomia relativa do Direito Processual do Trabalho, de maneira que este ramo do direito possuiria regras próprias, unicamente complementadas, de forma subsidiária, pelo Direito Processual Comum.

Defendendo a autonomia do Direito Processual do Trabalho, Sérgio Pinto Martins afirma que "tem o processo do trabalho princípios distintos que visam o conhecimento da matéria que é objeto de sua investigação. Tem também instituição própria, que é a Justiça do Trabalho. Logo, pode-se dizer que é autônomo do Processo Civil, embora ligado ao Direito Processual, que é o gênero[7]".

Esta é a corrente que prevalece na doutrina e à qual nos filiamos, mas sem perder de vista que, como já advertimos no item 2.1, existe uma Teoria Geral de Processo que não pode ser desrespeitada em nome desta autonomia.

7. MARTINS, Sérgio Pinto, *Direito Processual do Trabalho*, 23 ed., São Paulo: Atlas, 2005, p. 56.

Capítulo

3

PRINCÍPIOS, PECULIARIDADES E TÉCNICAS DE DIREITO PROCESSUAL DO TRABALHO

3.1. PRINCÍPIOS

Princípios são regras formadoras do ordenamento jurídico. São, como nos ensina Américo Plá Rodriguez, "linhas diretrizes que informam algumas normas e inspiram direta ou indiretamente uma série de soluções, pelo que, podem servir para promover e embasar a aprovação de novas normas, orientar a interpretação das existentes e resolver os casos não previstos".

Para Humberto Ávila, tanto os princípios quanto as regras são considerados como normas jurídicas; as regras são entendidas como normas imediatamente descritivas de comportamentos devidos ou atributivas de poder; e os princípios "são normas imediatamente finalísticas, primariamente prospectivas e com pretensão de complementariedade e de parcialidade [...]".

A doutrina aponta três funções fundamentais aos princípios e que ajudam a identificá-los, distinguindo-os das peculiaridades e técnicas.

Os princípios têm, assim, função normativa, informadora e interpretativa que, em nenhum contexto podem ser desprezados ou violados pelos operadores do direito.

Pela sua função normativa, o princípio atua como fonte supletiva, como forma de preencher lacunas. Neste papel, concebe-se o princípio como norma de aplicabilidade direta, ante a ausência de uma regra que sirva para regular a situação concreta. Esta função está expressamente prevista na norma trabalhista – inteligência do art. 8º consolidado.

Como bem explica Mozart Victor Russomano, "o Direito do Trabalho, como todas as ciências jurídicas, é constituído de **princípios** doutrinários e **normas** de direito positivo, estas, quase sempre, derivadas daqueles e, portanto, atuando na ordem social, como consequência ou aplicação do Direito em sua forma científica".

Na sua função informadora, o princípio informa o legislador, servindo como verdadeiro fundamento para o ordenamento jurídico. Ou seja, nesta função, o princípio influencia a criação de novas normas, com ele expressamente condizentes.

No que concerne à função interpretativa, os princípios atuam como fonte de interpretação das regras. Destarte, baseados nos seus preceitos, os aplicadores do direito interpretarão as regras vigentes no ordenamento, dando-lhes o sentido mais condizente com a justiça para o caso concreto.

3.1.1. Princípios Constitucionais e Gerais de Processo

No ramo processual existem princípios gerais que se aplicam em qualquer disciplina jurídica e, dada a sua importância, alguns chegaram a ganhar *status* constitucional. São princípios gerais de direito processual que, em alguns casos, galgam a característica de direito fundamental – aplicáveis, portanto, sempre de forma imediata.

Faremos um breve resumo de alguns, que reputamos mais importantes.

3.1.1.1. Princípio da inafastabilidade do controle jurisdicional

O primeiro deles é o direito fundamental à inafastabilidade do controle jurisdicional – também denominado de princípio da proteção judiciária. De acordo com este princípio, consagrado pelo art. 5º, inciso XXXV da Constituição Federal, caberá ao Estado a resolução de toda lesão ou ameaça de lesão a direito que lhe é posta. Destarte, é o princípio consagrador do monopólio jurídico Estatal.

3.1.1.2. Princípio da isonomia

Este princípio é de fundamental aplicação no Processo do Trabalho, eis que, em alguns momentos, os intérpretes e aplicadores do direito, influenciados pelo princípio protetor, acabam por conferir um tratamento privilegiado ao autor da ação (reclamante). Tal, entretanto, não pode ocorrer, pois, quem tem o papel e o dever de proteger o empregado é o legislador e não o juiz, a quem compete tratar as partes de modo igual no curso do processo, o que está assegurado pelo art. 5º, *caput*, da Constituição Federal.

Antônio Carlos Araújo Cintra apresenta a seguinte definição:

> "A igualdade perante a lei é premissa para a afirmação da igualdade perante o juiz: da norma inscrita no art. 5º, *caput*, da Constituição, brota o princípio da igualdade processual. As partes e os procuradores devem merecer tratamento igualitário, para que tenham as mesmas oportunidades de fazer valer em juízo as suas razões. [...] E hoje, na conceituação positiva da isonomia [...], realça-se o conceito realista que pugna pela igualdade proporcional, a qual significa, em síntese, tratamento igual aos substancialmente iguais".

A afirmação deste princípio é muito importante no Processo do Trabalho, pois, também aqui, em que pese a desigualdade econômica muitas vezes existente entre os sujeitos que integram a Relação Jurídica Processual, o Juiz é obrigado a dispensar, no curso do processo, tratamento igualitário às partes.

Quem tem a missão de proteger, oferecendo tratamento diferenciado, é o legislador; compete ao magistrado, condutor do processo, a necessária imparcialidade para alcançar a solução do conflito.

Deste princípio maior decorrem outros, como o do tratamento igualitário das partes, (conforme consagrado no art. 139 do CPC), e da imparcialidade do Juiz.

Vale salientar que agir com imparcialidade (dever do magistrado na condução do processo) difere de atuar com neutralidade, uma vez que ser imparcial significa manter-se equidistante das partes, dando-lhe as mesmas oportunidades processuais, de forma a preservar a observância do princípio da isonomia em seu tratamento (ainda que para mantê-la, tenha que considerar as desigualdades decorrentes da própria relação jurídica em questão, observado o princípio da legalidade), ao passo que ser neutro impõe abstração de todos os valores e conceitos que formam a essência do ser humano (subjetividade crítica), elemento de presença inevitável no desempenho da função de julgar.

De acordo com Antônio Carlos Cintra, na esteira deste último princípio, "o juiz coloca-se entre as partes e acima delas: esta é a primeira condição para que possa exercer sua função dentro do processo. A imparcialidade do juiz é pressuposto para que a relação processual se instaure validamente".

Assim, mesmo no Processo do Trabalho, devem ser asseguradas, às partes, as mesmas oportunidades e idêntico tratamento.

3.1.1.3. Princípio da ampla defesa e do contraditório

A CF de 1988 consagrou, no art. 5º, inciso LV, o princípio da ampla defesa e do contraditório.

Importante esclarecer que o contraditório é mais que um princípio. Trata-se de direito fundamental da parte no processo, por vontade expressa do legislador constituinte que o incluiu no título II da Constituição Federal, que disciplina os direitos e garantias fundamentais.

Diante desse quadro, o contraditório assume o *status* de cláusula pétrea, não sendo passível de reforma via Emenda Constitucional. Além disso, ao contraditório se aplicam as regras da máxima efetividade e da aplicação imediata, independente de regulamentação.

Por outro lado, destaca-se que, embora entrelaçados, os princípios apresentam ideias distintas. Delosmar Mendonça esclarece-nos que "são figuras conexas, sendo que a ampla defesa qualifica o contraditório. Não há contraditório sem defesa. Igualmente é lícito dizer que não há defesa sem contraditório. O contraditório é o instrumento de atuação do direito de defesa, ou seja, essa se realiza através do contraditório".

A doutrina especializada esclarece que o contraditório é "decomposto em duas garantias: participação (audiência; comunicação; ciência) e **possibilidade de influência na decisão**". Existe, assim, o elemento formal, que consiste na garantia de ser comunicado, de poder falar no processo, ou seja, de "participar", e o elemento substancial que consiste no "**poder de influenciar**".

Os ideais de celeridade e informalidade que norteiam o Processo do Trabalho não podem servir de pretexto para impedir o direito fundamental das partes à ampla defesa e ao contraditório.

3.1.1.4. Princípio da motivação das decisões – art. 93, IX da CF/88 e art. 11 do CPC

Este princípio também foi incluído no texto da Constituição de 1988 e assegura às partes que o Magistrado apresente "as razões, de fato e de direito, que o convenceram a decidir a questão daquela maneira. A fundamentação tem implicação substancial e não meramente formal, donde é lícito concluir que o Juiz deve analisar as questões postas a seu julgamento, exteriorizando a base fundamental de sua decisão".

O Código de Processo Civil de 2015 também passou a dispor, em semelhança ao que prevê a Constituição Federal, que todas as decisões precisam ser públicas, sob pena de nulidade[1].

1. Art. 11 do CPC – Todos os julgamentos dos órgãos do Poder Judiciário serão públicos, e fundamentadas todas as decisões, sob pena de nulidade.

Esse princípio é reforçado ainda mais na redação do art. 489 do CPC[2], em nítido aprofundamento no campo da motivação de decisões, considerando o detalhamento dos critérios que devem ser observados pelos magistrados quando da prolação de quaisquer decisões, sejam elas interlocutórias, sentenças ou acórdãos.

3.1.1.5. Princípio do devido processo legal – art. 5º, LIV

Em outro momento, consagra o texto constitucional o princípio do devido processo legal. Decerto, trata-se de um direito fundamental cuja conceituação não se afigura tão simples. Nos dias atuais já se tem em mente ser despicienda uma conceituação precisa e concreta do aludido princípio. Por conseguinte, o que se deve considerar é a garantia por ele proporcionada: tratamento igualitário entre as partes, vinculação ao preceito de lei, bem como a observância dos demais preceitos fundamentais constantes da Constituição, referentes ao processo em geral.

Especificamente nesse campo, Calmon de Passos aponta, para a configuração do devido processo legal, a imprescindibilidade da presença de três condições essenciais, consistentes na presença do Juiz imparcial e independente, no acesso ao judiciário e no contraditório.

---

2. Art. 489 do CPC – São elementos essenciais da sentença:

I – o relatório, que conterá os nomes das partes, a identificação do caso, com a suma do pedido e da contestação, e o registro das principais ocorrências havidas no andamento do processo; II – os fundamentos, em que o juiz analisará as questões de fato e de direito;

III – o dispositivo, em que o juiz resolverá as questões principais que as partes lhe submeterem.

§ 1º Não se considera fundamentada qualquer decisão judicial, seja ela interlocutória, sentença ou acórdão, que:

I – se limitar à indicação, à reprodução ou à paráfrase de ato normativo, sem explicar sua relação com a causa ou a questão decidida;

II – empregar conceitos jurídicos indeterminados, sem explicar o motivo concreto de sua incidência no caso;

III – invocar motivos que se prestariam a justificar qualquer outra decisão;

IV – não enfrentar todos os argumentos deduzidos no processo capazes de, em tese, infirmar a conclusão adotada pelo julgador;

V – se limitar a invocar precedente ou enunciado de súmula, sem identificar seus fundamentos determinantes nem demonstrar que o caso sob julgamento se ajusta àqueles fundamentos;

VI – deixar de seguir enunciado de súmula, jurisprudência ou precedente invocado pela parte, sem demonstrar a existência de distinção no caso em julgamento ou a superação do entendimento.

§ 2º No caso de colisão entre normas, o juiz deve justificar o objeto e os critérios gerais da ponderação efetuada, enunciando as razões que autorizam a interferência na norma afastada e as premissas fáticas que fundamentam a conclusão.

§ 3º A decisão judicial deve ser interpretada a partir da conjugação de todos os seus elementos e em conformidade com o princípio da boa-fé.

Consiste, em decorrência da sua abrangência, num princípio de extrema importância.

3.1.1.6. Princípio da legalidade

Este princípio, consagrado através do art. 5º, inciso II da Constituição Federal, estabelece a importante diretriz de que "ninguém está obrigado a fazer ou deixar de fazer alguma coisa senão em virtude de lei".

Assim, no curso do processo, não pode ser exigida das partes nenhuma conduta que não encontre expressa previsão legal.

3.1.1.7. Princípio da duração razoável do processo – art. 5º, inc. LXXVIII, da CF e art. 4º do CPC

A Constituição Federal de 1988 também consagrou, no art. 5º, LXXVIII, o princípio da duração razoável do processo, que assegura as partes, seja no âmbito judicial ou administrativo, a resolução da questão sem prolongamentos indevidos[3].

No mesmo sentido, o Código de Processo civil também passou a dispor em seu art. 4º que "as partes têm o direito de obter em prazo razoável a solução integral do mérito, incluída a atividade satisfativa".

Importante esclarecer que o princípio da duração razoável do processo não pode ser utilizado pelos operadores do direito como forma de violar o princípio do devido processo legal e do contraditório. Fredie Didier Jr. nos esclarece que "a exigência do contraditório, os direitos à produção de provas e aos recursos certamente atravancam a celeridade, mas são garantias que não podem ser desconsideradas ou minimizadas. É preciso fazer o alerta, para evitar discursos autoritários, que pregam a celeridade como valor[4]". Dessa forma, conforme foi dito anteriormente, os ideais de celeridade e informalidade que norteiam o Processo do Trabalho não podem servir de pretexto para impedir o direito fundamental das partes à ampla defesa e ao contraditório.

3.1.1.8. Princípio da boa-fé processual – art. 5º do CPC e 793-A da CLT

Este princípio é novidade incluída pelo Código de Processo Civil de 2015 e estabelece que todos que atuarem no processo, seja como partes ou não, devem atuar de acordo com a boa-fé[5]. De acordo com Fredie Didier Jr.:

---

3. Art. 5º, inciso LXXVIII, da CF: "A todos, no âmbito judicial e administrativo, são assegurados a razoável duração do processo e os meios que garantam a celeridade de sua tramitação".
4. DIDIER JR., Fredie. Curso de direito processual civil: introdução ao direito processual civil, parte geral e processo de conhecimento. Salvador: Editora Juspodivm, 19. ed., 2017, p. 111.
5. Art. 5º do CPC – Aquele que de qualquer forma participa do processo deve comportar-se de acordo com a boa-fé.

"o direito ao contraditório não pode ser exercido ilimitadamente: o respeito à boa-fé objetiva é exatamente um desses limites"[6].

Embora o princípio em referência, no nosso entendimento, já fosse aplicável de forma subsidiária a seara trabalhista em razão da ausência de disposição específica acerca do assunto, a reforma trabalhista veio para consolidar de uma vez essa diretriz.

É que de acordo com o art. 793-A da CLT respondem por perdas e danos aqueles que litigarem de má-fé como reclamante, reclamado ou interveniente, de modo que todos devem atuar com boa-fé no curso do processo trabalhista[7]. Dentre as condutas listadas pelo legislador como de má-fé podemos citar a alteração da verdade dos fatos ou opuser resistência injustificada ao andamento do processo[8].

3.1.2. Princípios peculiares do Direito Processual do Trabalho

Por outro lado, existem alguns princípios que são peculiares de cada disciplina jurídica, diante das características próprias da realidade que envolve cada relação jurídica processual.

No Processo do Trabalho não é diferente e existem alguns princípios próprios e peculiares.

A doutrina é bastante controvertida neste particular, haja vista a inexistência de unanimidade quanto aos conceitos de princípios peculiares e peculiaridades. Rodrigues Pinto apresenta-nos as diferenças.

Para este autor, os princípios, peculiaridades e técnicas de Direito Processual do Trabalho devem ser distinguidos entre si. Conforme o seu entendimento, "os *princípios* estruturam o tronco comum do processo, dizendo respeito a *todos os sistemas processuais*, as *peculiaridades* apenas os contemplam com vistas a *cada sistema*, responsabilizando-se por dar identidade própria a cada ramo interno do processo". Assim, não há diferen-

---

6. DIDIER JR., Fredie. Curso de direito processual civil: introdução ao direito processual civil, parte geral e processo de conhecimento. Salvador: Editora Juspodivm, 19. ed., 2017, p. 123.

7. Art. 793-A da CLT – Responde por perdas e danos aquele que litigar de má-fé como reclamante, reclamado ou interveniente.

8. Art. 793-B da CLT – Considera-se litigante de má-fé aquele que:
I – deduzir pretensão ou defesa contra texto expresso de lei ou fato incontroverso;
II – alterar a verdade dos fatos;
III – usar do processo para conseguir objetivo ilegal;
IV – opuser resistência injustificada ao andamento do processo;
V – proceder de modo temerário em qualquer incidente ou ato do processo;
VI – provocar incidente manifestamente infundado;
VII – interpuser recurso com intuito manifestamente protelatório.

ça de função entre eles, apenas de dimensão. Já a técnica é definida como sendo "*uma postura de aplicação do princípio ou da norma*, servindo tão-só para acomodar com absoluto rigor funcional o processo em movimento [...]", portanto distinto dos dois outros conceitos.

Sérgio Pinto Martins, em posição similar, aponta a distinção entre princípios e peculiaridades, conceituando os princípios como sendo gerais, orientadores dos preceitos legais e fornecedores de organicidade a institutos e sistemas processuais; e as peculiaridades como sendo restritas a poucos preceitos ou momentos processuais e voltadas ao âmbito dos procedimentos.

O citado autor ainda ressalta o fato de haver apenas um princípio no Direito Processual do Trabalho – princípio da proteção – os demais princípios apontados pela doutrina seriam particularidades ou peculiaridades, *v.g.*, o *jus postulandi*, anunciado como simples meio de facilitar o acesso do trabalhador à Justiça do Trabalho.

O princípio protetor, como único princípio do Processo do Trabalho, englobaria, pois, diversas peculiaridades que buscam beneficiar o empregado e assim compensar a sua inferioridade econômica.

Wagner Giglio, considerando o complexo de princípios regentes do Direito Processual do Trabalho como um conjunto denominado de "fundamentos de Direito Processual do Trabalho", os divide em dois grandes grupos, a saber: os princípios próprios – compostos pelos princípios protecionista, jurisdição normativa, despersonalização do empregador e simplificação procedimental – e princípios ideais – consistentes nos princípios da extra petição, da iniciativa extra parte e da coletivização das ações individuais.

Utilizando como critério as funções apresentadas linhas acima, entendemos que apenas existem, no Direito Processual do Trabalho, 3 princípios peculiares. São eles:

3.1.2.1. Conciliabilidade

Este princípio inspirou mais especificamente os arts. 846 e 850 consolidados, cuja disciplina determina que todo o Processo Trabalhista deverá ser informado pela busca de solução amigável do litígio.

Com a reforma trabalhista, a conciliabidade ganhou ainda mais força em função da regulamentação da possibilidade de homologação na Justiça do Trabalho da transação extrajudicial como meio válido e eficaz na solução dos conflitos[9].Tal se deve, sobretudo, à natureza alimentar do crédito

9. Art. 855-B da CLT – O processo de homologação de acordo extrajudicial terá início por petição conjunta, sendo obrigatória a representação das partes por advogado.

§ 1º As partes não poderão ser representadas por advogado comum.

trabalhista, que acentua a sua ocorrência neste ramo específico do direito. Diante disso, é preciso ter em mente que, quanto mais célere a solução do litígio, mais rapidamente serão atendidas as necessidades do litigante hipossuficiente.

Daí se tem a obrigatoriedade da proposta conciliatória, no início do processo e ao final da instrução, sob pena de nulidade absoluta, a ser declarada *ex officio* pelo juiz. Rodrigues Pinto explica tal consequência em função do relevante interesse social da conciliação no âmbito trabalhista. Ressalta que, malgrado a falta de qualquer uma das tentativas devesse acarretar a nulidade, a jurisprudência evoluiu corretamente no sentido de considerar como causa de nulidade apenas a ausência da segunda tentativa de conciliação, com vista à economia e à celeridade processual.

Nesse sentido tem se manifestado a jurisprudência pátria:

> CONCILIAÇÃO. AUSÊNCIA DE ENCERRAMENTO DA INSTRUÇÃO E DE RENOVAÇÃO DA PROPOSTA DE CONCILIAÇÃO. NULIDADE PROCESSUAL. ARGUIÇÃO EX OFFICIO. No presente caso a sentença foi prolatada sem o encerramento da instrução, bem não foi realizada, portanto, a segunda proposta de conciliação, tendo como consequência a nulidade do processo por descumprimento da norma pertinente. Nulidade arguida de ofício, acolhida por unanimidade (TRT-24 00013415020125240001, Relator: JOÃO DE DEUS GOMES DE SOUZA, Data de Julgamento: 21/08/2013, 2ª TURMA).

O objetivo do princípio da conciliabilidade é, pois, a satisfação mais célere do crédito trabalhista, considerando a sua natureza alimentar.

3.1.2.2. Tolerância processual

Tolerar significa, de acordo com o dicionário Houaiss da Língua Portuguesa, suportar com indulgência; aceitar; consentir; permitir tacitamente; não impedir; permitir, por dispositivo legal, o livre exercício de outros cultos que não os da religião do Estado; demonstrar capacidade de suportar, de assimilar; suportar-se reciprocamente.

O Processo do Trabalho permite que os sujeitos do contrato de emprego – empregado e empregador – tenham o direito de se dirigir ao Juiz diretamente, ainda que não representados por advogado, por força do art. 791 da CLT.

Nessa esteira, a CLT dá ao magistrado um maior poder de tolerância na análise das formalidades dos atos processuais, a exemplo do que preveem os arts. 840 e 899, esse último admitindo, inclusive, a interposição de recurso por simples petição.

Assim é que, de acordo com a redação do art. 840 da CLT, os requisitos para a petição inicial da reclamação trabalhista são mais brandos do que aqueles previstos no art. 319 do CPC de 2015 (art. 282 do CPC/73). Observe-se, a título exemplificativo, que o primeiro diploma aduz ser necessário apenas *uma breve exposição dos fatos de que resulte o dissídio*, ao passo que o segundo requer uma verdadeira exposição dos fatos e do direito que embasa o pleito formulado, com causa de pedir e fundamentos jurídicos do pedido.

3.1.2.3. Proteção

Alguns doutrinadores, a exemplo de Rodrigues Pinto, resistem em incluir no rol dos princípios próprios do Processo do Trabalho o da proteção – o mais importante no direito material – no campo da relação jurídica processual.

Entretanto, não é difícil perceber sua influência na criação das regras processuais trabalhistas, nas quais o legislador buscou, em diversas situações, proteger e beneficiar o autor (na maioria absoluta dos casos: o empregado), se a comparamos com o diploma processual civil. O tratamento especial está consubstanciado nas disposições legais, a exemplo dos arts. 840, 843, 844 e 853 da CLT.

Vejamos.

Enquanto no Código de Processo Civil a regra geral é que o foro para ajuizamento da ação é fixado pelo domicílio do réu (art. 46 do CPC/2015 – art. 94 do CPC/73), no Processo do Trabalho é definido pelo local da prestação do serviço (art. 651, CLT). Ainda divergindo do Diploma Processual Civil, a CLT permite que o Juiz inicie a execução nos casos em que as partes não estiverem representadas por advogado (art. 878, CLT).

Essa missão de proteger o hipossuficiente é, contudo, do legislador. O juiz, ao conduzir o processo e proferir suas decisões, deve estar pautado nos princípios da imparcialidade e do tratamento igualitário às partes, o que acaba por impedir sua atuação em defesa do empregado.

Todavia, não podemos deixar de reconhecer que o princípio protetor, que impera no direito material, também influencia e é aplicado no Direito Processual do Trabalho, só que com um grau muito menor do que no Direito Material.

Isso porque, via de regra, quando o processo está em curso, não existe mais a relação de emprego, desaparecendo, portanto, os traços justificadores da intensa proteção no corpo da relação jurídica de direito material: o estado de subordinação e de dependência econômica.

De qualquer modo, mesmo que moderado, o princípio protetor tem influenciado o legislador e deve ser aplicado pelo julgador como fonte interpretativa e de direito, com o intuito de suprir eventuais dúvidas ou lacunas na legislação.

Assim, podemos concluir que o caráter tutelar implícito no Direito Material do Trabalho se reflete também no Direito Processual do Trabalho, ainda que seja importante reconhecer que a reforma introduzida pela lei 13.467/2017 trouxe modificações que em boa hora procuraram atenuar o tratamento excessivamente rigoroso conferido ao réu no processo trabalhista, a exemplo da mitigação dos efeitos da revelia (art. 844, §4º, da CLT[10]), da imposição de custas ao reclamante que falta injustificadamente a primeira audiência (art. 844, § 2º, da CLT) e da possibilidade de apresentação de exceção de incompetência territorial antes da audiência via sistema PJE, evitando muitas vezes o desnecessário e custoso deslocamento da reclamada (art. 800 da CLT).Isto porque é possível manter um tratamento que implique em proteção ao autor-trabalhador sem necessariamente impor à ré-empregadora ônus desnecessário.

3.1.3. Peculiaridades

Diferente dos princípios, as peculiaridades não têm o papel informador, normativo ou interpretativo, resumindo-se a características próprias do Diploma Processual Trabalhista.

Tratam-se, em verdade, de hipóteses excepcionalíssimas, características peculiares da legislação trabalhista, que não podem ser confundidas com princípios, vez que esses últimos transmitem ideias e regras de caráter universal.

Faremos um resumo de cada uma das peculiaridades, sem prejuízo de estudo mais aprofundado no decorrer desta obra.

3.1.3.1. Jus Postulandi – dos sujeitos da relação de emprego

Jus postulandi significa o direito de provocar a jurisdição, praticando os atos necessários para o desenvolvimento do processo. É, em suma, a

---

10. Art. 844 da CLT – O não-comparecimento do reclamante à audiência importa o arquivamento da reclamação, e o não-comparecimento do reclamado importa revelia, além de confissão quanto à matéria de fato.

§ 1º Ocorrendo motivo relevante, poderá o juiz suspender o julgamento, designando nova audiência.

§ 2º Na hipótese de ausência do reclamante, este será condenado ao pagamento das custas calculadas na forma do art. 789 desta Consolidação, ainda que beneficiário da justiça gratuita, salvo se comprovar, no prazo de quinze dias, que a ausência ocorreu por motivo legalmente justificável.

§ 3º O pagamento das custas a que se refere o § 2º é condição para a propositura de nova demanda.

§ 4º A revelia não produz o efeito mencionado no **caput** deste artigo se:

I – havendo pluralidade de reclamados, algum deles contestar a ação;

II – o litígio versar sobre direitos indisponíveis;

III – a petição inicial não estiver acompanhada de instrumento que a lei considere indispensável à prova do ato;

IV – as alegações de fato formuladas pelo reclamante forem inverossímeis ou estiverem em contradição com prova constante dos autos.

§ 5º Ainda que ausente o reclamado, presente o advogado na audiência, serão aceitos a contestação e os documentos eventualmente apresentados.

capacidade postulatória. Vale mencionar que, em decisão recente do TST, o *jus postulandi* foi considerado, historicamente, "uma das características que mais singularizam, em essência, a jurisdição trabalhista".[11]

Fugindo à regra geral do art. 103 do CPC, o art. 791 da CLT estendeu aos sujeitos do contrato de emprego, a capacidade postulatória, ou seja, a capacidade de se dirigir ao juiz e praticar atos processuais, o que permitia, até a edição da Súmula 425, do TST, que tais sujeitos pudessem acompanhar, sem a intermediação de um advogado, todas as etapas do processo, sobre cuja recente limitação trataremos mais adiante.

a) Limites

Como o referido dispositivo faz referência expressa a "empregados e empregadores", entendemos que esta capacidade é **exclusiva** dos sujeitos do contrato de trabalho *stricto sensu*, nos moldes delineados pelos arts. 2º e 3º da CLT.

Isto porque, como a regra do art. 791 da CLT é excepcional, deve ser interpretada restritivamente, não sendo possível, portanto, se conferir a ela interpretação extensiva.

Esse debate ganhou maior relevância depois da Emenda Constitucional 45/04, que ampliou a competência pessoal da Justiça do Trabalho, permitindo que o polo da lide seja composto por sujeitos que não travem uma relação subordinada. Estes, o trabalhador autônomo e seu tomador de serviço, devem, obrigatoriamente, contratar advogados para representá-los no acompanhamento do processo.

Sobre a matéria, foi editada a Instrução Normativa nº 27 do TST, que dispõe sobre as normas procedimentais aplicáveis às novas ações de natureza cível que passaram à competência da Justiça do Trabalho, após a Emenda Constitucional 45/04. Ao prever, no seu art. 5º, a aplicação do princípio da sucumbência recíproca, o Tribunal ratificou o entendimento de que o *jus postulandi* restringe-se aos sujeitos da relação de emprego, por força da aplicação da CLT exclusivamente neste tipo de relação, mesmo após a EC 45/04.

De logo, é possível concluir que todos aqueles que integrem a demanda e não sejam sujeitos da relação de emprego, não gozam desta faculdade, fazendo-se necessária a assistência do advogado, na forma do art. 103 do CPC.

O segundo aspecto diz respeito à existência de limites no que tange ao exercício do *jus postulandi*. Após um longo debate jurisprudencial acerca da aplicabilidade da referida capacidade postulatória na fase recursal, o

---

11. TST – RR: 10006775320205020447, Relator: Alberto Bastos Balazeiro, Data de Julgamento: 28/09/2022, 3ª Turma, Data de Publicação: 30/09/2022.

Tribunal Superior do Trabalho pôs termo à controvérsia ao editar recentemente a Súmula 425, vazada nos seguintes termos:

> SÚMULA 425. *JUS POSTULANDI* NA JUSTIÇA DO TRABALHO. ALCANCE (Res. 165/2010, DEJT divulgado em 30.04.2010 e 03 e 04.05.2010).
>
> O *jus postulandi* das partes, estabelecido no art. 791 da CLT, limita-se às Varas do Trabalho e aos Tribunais Regionais do Trabalho, não alcançando a ação rescisória, a ação cautelar, o mandado de segurança e os recursos de competência do Tribunal Superior do Trabalho.

Entretanto, consoante anotado em edições anteriores desta mesma obra, discordamos da posição atualmente consolidada pelo Colendo TST, uma vez que não admitimos limitações à referida peculiaridade do Processo do Trabalho, salvo na excepcional hipótese do processo se deslocar da jurisdição trabalhista (recurso extraordinário para o Supremo Tribunal Federal, por exemplo).

A autorização, embora excepcional, é bastante clara ao permitir, na "Justiça do Trabalho", o acompanhamento "das reclamações até o final" e, onde o legislador não limitou, não cabe ao intérprete fazê-lo.

Ora, se é **até o final,** não há como se cogitar qualquer limitação ao exercício do *jus postulandi* **enquanto o processo estiver no Judiciário Trabalhista**.

Não fosse assim, o legislador não teria admitido, no art. 899 da CLT, o recurso "por simples petição", o que foi permitido, sem dúvida, para possibilitar a apresentação deste remédio jurídico por quem não tem formação jurídica.

b) Vigência

Em dois momentos distintos a doutrina e a jurisprudência debateram a respeito da vigência do *jus postulandi*.

Inicialmente, após a promulgação da CF de 1988, o seu art. 133 considerou o advogado "indispensável à administração da Justiça". Com isso, logo surgiu a ideia, afastada tempos depois pela Súmula 219 do TST, que, se o advogado é indispensável e a Justiça do Trabalho é órgão do Poder Judiciário, o *jus postulandi* permitido pelo art. 791 da CLT teria acabado.

Depois disso, em 1994, após a edição da Lei 8.906/94 (Estatuto da Advocacia), surgiu novo debate. Desta vez, não havia, porém, controvérsia, já que o art. 1º do referido diploma legal era enfático ao indicar que o advogado era indispensável, mesmo na Justiça do Trabalho.

Contudo, o que parecia ser o fim do *jus postulandi*, não ocorreu, em razão da ADIN 1127-8, proposta pela Associação dos Magistrados Brasileiros, que foi julgada no STF, por maioria, procedente quanto à discussão do termo "qualquer" constante da antiga redação do dispositivo supra.

Com a nova redação, está em vigor o *jus postulandi* dos sujeitos do contrato de emprego.

Além disso, importante esclarecer que, mesmo com a implantação do processo judicial eletrônico (PJe), o jus postulandi encontra-se em vigor. Com efeito, a Resolução 185/2017 do Conselho Superior da Justiça do Trabalho esclarece que, apesar de ser obrigatória a utilização da assinatura digital, conforme será abordado nos capítulos que se seguem, nos casos em que a parte fizer uso da faculdade prevista no art. 791 da CLT, seus atos serão materializados por intermédio de servidor responsável pela redução a termo. Veja-se o art. 4º da mencionada Resolução:

> **Art. 4º** As partes ou terceiros interessados desassistidos de advogado poderão apresentar peças processuais e documentos em papel, segundo as regras ordinárias, nos locais competentes para recebê-los, que serão inseridos nos autos eletrônicos pela unidade judiciária, em arquivo eletrônico que utilize linguagem padronizada de marcação genérica.

Sendo assim, conclui-se que também não cabe falar em condenação em honorários advocatícios, tendo em vista que não se pode afirmar ter sido extinto o *jus postulandi* no sistema do PJe.

c) Honorários de Sucumbência

Esta característica peculiar do *jus postulandi* trazia até a edição da lei 13.467/2017, como consequência jurídica prejudicial a inexistência de condenação da parte vencida nos honorários de sucumbência, assim como contribuía para o aumento do número de reclamações trabalhistas.

Explicamos.

No processo civil, como qualquer das partes é obrigada a contratar um advogado para representá-la no processo, fica a parte vencida obrigada a ressarcir a vencedora dos honorários que foi compelida a pagar para ajuizar ou defender-se de uma demanda judicial.

Como no Processo Trabalhista a contratação do advogado é facultativa para cada parte, independente do sucesso ou derrota na lide, o litigante deverá arcar com o pagamento dos honorários de seu advogado. Este era o posicionamento já consolidado do TST, através das Súmulas 219 e 329, *in verbis*:

> HONORÁRIOS ADVOCATÍCIOS. CABIMENTO (incorporada a Orientação Jurisprudencial nº 305 da SBDI-1 ao item I) – Res. 197/2015, DEJT divulgado em 14, 15 e 18.05.2015
>
> I – Na Justiça do Trabalho, a condenação ao pagamento de honorários advocatícios, nunca superiores a 15% (quinze por cento), não decorre pura e simplesmente da sucumbência, devendo a parte, concomitantemente: a) estar assistida por sindicato da categoria profissional; b) comprovar a percepção de salário in-

> ferior ao dobro do salário mínimo ou encontrar-se em situação econômica que não lhe permita demandar sem prejuízo do próprio sustento ou da respectiva família. (art.14, § 1º, da Lei nº 5.584/1970). (ex-OJ nº 305da SBDI-I)
>
> II – É cabível a condenação ao pagamento de honorários advocatícios em ação rescisória no processo trabalhista.
>
> III – São devidos os honorários advocatícios nas causas em que o ente sindical figure como substituto processual e nas lides que não derivem da relação de emprego.
>
> HONORÁRIOS ADVOCATÍCIOS. ART. 133 DA CF/1988 (mantida) – Res. 121/2003, DJ 19, 20 e 21.11.2003
>
> Mesmo após a promulgação da CF/1988, permanece válido o entendimento consubstanciado na Súmula nº 219 do Tribunal Superior do Trabalho.

Essa regra comportava, contudo, algumas exceções previstas na própria súmula. A primeira, por óbvio, diz respeito às lides em que a parte não ostente a condição de empregado ou empregador, não incidindo, portanto, a regra do art. 791 da CLT.

A segunda consagra a aplicação do princípio protetor também no Processo do Trabalho, embora com as ressalvas apontadas no item 3.1.2.3 desta obra.

Estabelece o referido dispositivo que se o empregado estiver assistido pelo sindicato que representa sua categoria profissional, valendo-se da assistência judiciária gratuita prevista pelo art. 14 desta mesma lei, o réu será condenado no pagamento de honorários que serão revertidos para o sindicato.

Para essa condenação, nunca superior a 15%, o empregado deve estar assistido pelo seu sindicato e comprovar que recebe salário inferior ao dobro do salário mínimo ou declarar que tal pagamento compromete o seu sustento próprio ou de sua família. Estas condições estão previstas no art. 14, §§1º a 3º, da Lei 5.584/70.

Também eram devidos honorários em ação rescisória, diante da inaplicabilidade do *jus postulandi* nesse tipo de demanda e nas causas que o sindicato atue como substituto processual.

Além disso, a OJ 421, da SDI-I do TST estabelecia uma hipótese de cabimento de honorários no processo trabalho: ação ajuizada na justiça comum e que, por força da EC 45/04, tenha sido remetida para a Justiça do Trabalho. Ou seja, diz respeito àquelas matérias que antes da referida Emenda eram de competência da Justiça Comum, e somente para a hipótese de ter sido ajuizada a ação nessa Justiça, não se aplicando, portanto, quando a ação já foi proposta na Justiça do Trabalho. Vejamos:

> OJ Nº 421.HONORÁRIOS ADVOCATÍCIOS. AÇÃO DE INDENIZAÇÃO POR DANOS MORAIS E MATERIAIS DECORRENTES DE ACIDENTE DE TRABALHO OU DE DOENÇA PROFISSIONAL. AJUIZAMENTO PERANTE A JUSTIÇA COMUM ANTES

DA PROMULGAÇÃO DA EMENDA CONSTITUCIONAL Nº 45/2004. POSTERIOR REMESSA DOS AUTOS À JUSTIÇA DO TRABALHO. ART. 20 DO CPC. INCIDÊNCIA. (DEJT divulgado em 01, 04 e 05.02.2013)

A condenação em honorários advocatícios nos autos de ação de indenização por danos morais e materiais decorrentes de acidente de trabalho ou de doença profissional, remetida à Justiça do Trabalho após ajuizamento na Justiça comum, antes da vigência da Emenda Constitucional nº 45/2004, decorre da mera sucumbência, nos termos do art. 20 do CPC, não se sujeitando aos requisitos da Lei nº 5.584/1970.

Vale ressaltar que, em razão da entrada em vigor do CPC, conforme entendimento explicitado pelo TST na IN n° 39 (Resolução n° 203 de 15/03/2016), que regulamenta pontos do CPC relativos ao processo do trabalho, no sentido de que há plena compatibilização entre os arts. 769 e 889 da CLT e o art. 15 do CPC, bem como considerando a IN n° 40 do TST (Resolução n° 204 de 15/03/2016), a redação da Súmula 219, acima comentada, foi alterada, passando a vigorar com a seguinte redação (grifos nossos):

HONORÁRIOS ADVOCATÍCIOS. CABIMENTO. (alterada a redação do item I e acrescidos os itens IV a VI na sessão do Tribunal Pleno realizada em 15.3.2016)

I – Na Justiça do Trabalho, a condenação ao pagamento de honorários advocatícios não decorre pura e simplesmente da sucumbência, devendo a parte, concomitantemente: a) estar assistida por sindicato da categoria profissional; b) comprovar a percepção de salário inferior ao dobro do salário mínimo ou encontrar-se em situação econômica que não lhe permita demandar sem prejuízo do próprio sustento ou da respectiva família (art.14, § 1º, da Lei nº 5.584/1970). (ex-OJ nº 305 da SBDI-I).

II – É cabível a condenação ao pagamento de honorários advocatícios em ação rescisória no processo trabalhista.

III – São devidos os honorários advocatícios nas causas em que o ente sindical figure como substituto processual e nas lides que não derivem da relação de emprego.

IV – Na ação rescisória e nas lides que não derivem de relação de emprego, a responsabilidade pelo pagamento dos honorários advocatícios da sucumbência submete-se à disciplina do Código de Processo Civil (arts. 85, 86, 87 e 90).

V – Em caso de assistência judiciária sindical ou de substituição processual sindical, excetuados os processos em que a Fazenda Pública for parte, os honorários advocatícios são devidos entre o mínimo de dez e o máximo de vinte por cento sobre o valor da condenação, do proveito econômico obtido ou, não sendo possível mensurá-lo, sobre o valor atualizado da causa (CPC de 2015, art. 85, § 2º).

VI – Nas causas em que a Fazenda Pública for parte, aplicar-se-ão os percentuais específicos de honorários advocatícios contemplados no Código de Processo Civil.

Com a reforma, em que pese a manutenção do *jus postulandi*, previsto no art. 791 da CLT, foram ampliadas as hipóteses de cabimento dos honorários de sucumbência na Justiça do Trabalho através da inclusão do art. 791-A na CLT[12].

De acordo com o dispositivo citado, os honorários de sucumbência deverão ser fixados em todos os processos, ainda que o advogado atue em causa própria, que a parte esteja assistida ou substituída pelo sindicato da sua categoria ou propostas contra a Fazenda Pública, bem como nas reconvenções.

O juiz deverá arbitrar o montante devido entre 5% e 15% sobre o valor que resultar da liquidação da sentença, do proveito econômico obtido ou, quando não for possível determiná-lo, sobre o valor atualizado da causa.

A fixação dos honorários de sucumbência, entretanto, não pode ser realizada de forma aleatória, devendo o magistrado analisar o trabalho desenvolvido pelo advogado no curso do processo a partir de quatro parâmetros: o grau de zelo do profissional; o lugar de prestação do serviço; a natureza e a importância da causa; e, o trabalho realizado pelo advogado e o tempo exigido para o seu serviço.

O grau de zelo do profissional diz respeito ao esforço empreendido pelo advogado ao longo da reclamação trabalhista, auferível, por exemplo, através da apresentação tempestiva e adequada dos atos processuais. O lugar da prestação do serviço, por sua vez, está relacionado às adversidades enfrentadas pelo profissional em razão do local em que tramita o processo,

---

12. Art. 791-A. Ao advogado, ainda que atue em causa própria, serão devidos honorários de sucumbência, fixados entre o mínimo de 5% (cinco por cento) e o máximo de 15% (quinze por cento) sobre o valor que resultar da liquidação da sentença, do proveito econômico obtido ou, não sendo possível mensurá-lo, sobre o valor atualizado da causa.

    § 1º Os honorários são devidos também nas ações contra a Fazenda Pública e nas ações em que a parte estiver assistida ou substituída pelo sindicato de sua categoria.

    § 2º Ao fixar os honorários, o juízo observará:

    I – o grau de zelo do profissional;

    II – o lugar de prestação do serviço;

    III – a natureza e a importância da causa;

    IV – o trabalho realizado pelo advogado e o tempo exigido para o seu serviço.

    § 3º Na hipótese de procedência parcial, o juízo arbitrará honorários de sucumbência recíproca, vedada a compensação entre os honorários.

    § 4º Vencido o beneficiário da justiça gratuita, desde que não tenha obtido em juízo, ainda que em outro processo, créditos capazes de suportar a despesa, as obrigações decorrentes de sua sucumbência ficarão sob condição suspensiva de exigibilidade e somente poderão ser executadas se, nos dois anos subsequentes ao trânsito em julgado da decisão que as certificou, o credor demonstrar que deixou de existir a situação de insuficiência de recursos que justificou a concessão de gratuidade, extinguindo-se, passado esse prazo, tais obrigações do beneficiário.

    § 5º São devidos honorários de sucumbência na reconvenção.

isso ocorre, por exemplo, quando há deslocamento da ação para outro juízo e o advogado precisa dispor de maior parte do seu tempo para acompanhar de forma adequada o seu cliente.

A natureza e a importância da causa trata-se de critério vinculado à própria complexidade do processo, que, de forma intrínseca, demanda um empenho maior por parte do advogado, como é caso, por exemplo, das ações rescisórias e anulatórias.

Por último, o trabalho realizado pelo advogado e o tempo exigido para o seu serviço, embora diretamente relacionados com os critérios anteriormente expostos, foi colocado de forma autônoma pelo o legislador. Diz respeito ao serviço prestado pelo advogado ao seu cliente no curso da reclamação trabalhista, bem como está vinculado à duração do processo.

Outro ponto de destaque acerca da nova disciplina de honorários de sucumbência estabelecida pela reforma é a sucumbência recíproca. Com efeito, o §3º do art. 791-A da CLT prevê que, na hipótese de procedência parcial, o juízo arbitrará honorários de sucumbência recíproca, vedada a compensação entre os honorários.

Além disso, o §4º do mesmo artigo supracitado ainda estabelece que, uma vez vencido o beneficiário da justiça gratuita, desde que não tenha obtido em juízo, ainda que em outro processo, créditos capazes de suportar a despesa, as obrigações decorrentes de sua sucumbência ficarão sob condição suspensiva de exigibilidade e somente poderão ser executadas se, nos dois anos subsequentes ao trânsito em julgado da decisão que as certificou, o credor demonstrar que deixou de existir a situação de insuficiência de recursos que justificou a concessão de gratuidade, extinguindo-se, passado esse prazo, tais obrigações do beneficiário.

Sobre essa obrigatoriedade de pagamento de honorários de sucumbência pelo beneficiário da justiça gratuita, a Procuradoria-Geral da República (PGR) ajuizou Ação Direita de Inconstitucionalidade (ADI) 5766 questionando a constitucionalidade do referido dispositivo trazido pela reforma trabalhista – lei n. 13.467/2017.

O ministro Luís Roberto Barroso, relator do processo, votou pela ausência de inconstitucionalidade do §4º do art. 791-A sob o fundamento de que a limitação legal tem como objetivo restringir a judicialização excessiva das relações de trabalho.

Por outro lado, o ministro Edson Fachin suscitou divergência e posicionou-se pela procedência do pedido ao argumentar que o referido dispositivo restringiu os direitos constitucionalmente assegurados de assistência judicial gratuita e acesso à justiça.

Após o voto divergente, o ministro Luiz Fux pediu vista do processo, razão pela qual a ADI encontra-se com o julgamento suspenso no momento.

c.1) honorários de sucumbência e o princípio da segurança jurídica – teoria do cálculo do risco da demanda.

Uma questão polêmica acerca desse tema diz respeito a condenação de honorários de sucumbência para as ações ajuizadas antes da entrada em vigor da lei 13.467/2017, uma vez que a regra geral é de que a lei que deve ser aplicada é aquela que encontrar-se em vigor no momento em que for prolatada a decisão.

Apesar dessa realidade, a maior parte dos magistrados trabalhistas se posicionaram de forma contraria a possibilidade de condenação em honorários de sucumbência nas ações ajuizadas antes de 11 de novembro de 2017. Com efeito, a Associação Nacional dos Magistrados da Justiça do Trabalho – ANAMATRA editou enunciado[13] acerca da matéria em que afirma que a inaplicabilidade dos honorários nos processos em curso antes da vigência da lei está baseada na regra que veda a decisão surpresa prevista no art. 10 do CPC/15, de aplicação subsidiária no processo do trabalho, com o aval do art. 769 da CLT, e no *princípio da causalidade*, que traduz a acertada ideia de que "a expectativa de custo é aferida no momento da propositura da ação". Essa linha de intelecção, no nosso entendimento, é a única apta a encontrar sintonia com o princípio da segurança jurídica, um dos vetores da realização da reforma trabalhista. Com efeito, não se pode, sob pena de violar o princípio da segurança jurídica, impor à parte que sucumbiu um ônus financeiro que não poderia prever quando ajuizou a reclamação.

Sob essa ótica, a tese de que a expectativa de custo do processo deve ser aferida no momento da propositura da ação corresponde à teoria do cálculo do risco da demanda, que, por sua vez, encontra alicerce no caro princípio da segurança jurídica e no direito adquirido processual da parte de que o ato praticado sob o regime da lei antiga seja apreciado de acordo com os preceitos então vigentes, imunizando-o com relação ao direito superveniente.

Humberto Ávila, na sua clássica obra da Teoria da Segurança Jurídica, enfrenta o tema do cálculo do risco da demanda, sob duas concepções. Previsibilidade e calculabilidade. A primeira lição significa que "a segurança jurídica garante o direito de o particular, com exatidão, conhecer, hoje, o Direito de amanhã, antecipando o conteúdo da decisão futura que irá qualificar juridicamente o ato hoje praticado"[14].

---

13. HONORÁRIOS DE SUCUMBÊNCIA. INAPLICABILIDADE AOS PROCESSO EM CURSO. EM RAZÃO DA NATUREZA HÍBRIDA DAS NORMAS QUE REGEM HONORÁRIOS ADVOCATÍCIOS (MATERIAL E PROCESSUAL), A CONDENAÇÃO À VERBA SUCUMBENCIAL SÓ PODERÁ SER IMPOSTA NOS PROCESSOS INICIADOS APÓS A ENTRADA EM VIGOR DA LEI 13.467/2017, HAJA VISTA A GARANTIA, DE NÃO SURPRESA, BEM COMO EM RAZÃO DO PRINCÍPIO DA CAUSALIDADE, UMA VEZ QUE A EXPECTATIVA DE CUSTOS E RISCOS É AFERIDA NO MOMENTO DA PROPOSITURA DA AÇÃO.

14. ÁVILA, Humberto. Teoria da Segurança jurídica. São Paulo: Editora Malheiros, 4a edição, 2016, p. 143.

A calculabilidade, como o nome sugere, traduz a capacidade de se calcular as consequências jurídicas de um comportamento humano, ou seja, à "capacidade de o cidadão prever, em grande medida, os limites da intervenção do poder público sobre os atos que pratica, conhecendo antecipadamente o âmbito de discricionariedade existente para os atos estatais"[15].

Ainda sob a influência da segurança jurídica, pode-se afirmar que a condenação em análise violaria ainda o princípio da proteção da confiança, que, de acordo com Fredie Didier, constitui a dimensão subjetiva do conteúdo do princípio da segurança jurídica[16]. Nesse prisma, deve-se tutelar a confiança daquele que praticou um ato à luz do direito vigente.

Ao discorrer sobre a aplicação do princípio da confiança no âmbito processual, Didier destaca a posição de Humberto Àvila, para quem "sua extensão engloba também os atos, concluídos ou iniciados, praticados com base em atos normativos que se revestiam de legalidade meramente aparente, ou nem isso, e cuja anulação desde o início causaria frustração da expectativa individual sobre eles lançada"[17].

Desse modo, impor a parte um ônus que não poderia prever quando ajuizou o processo implica, sob última análise, na quebra da confiança que legitimamente depositava nas normas que vigoravam na ocasião em que praticou esse ato processual.

Assim, a condenação de honorários de sucumbência nos processos derivados da relação de emprego aforados antes de 11/11/2017 violaria os princípios da confiança e da segurança jurídica, que, como visto, está calcado na previsibilidade e/ou calculabilidade do ato praticado na demanda judicial.

Seguindo esse entendimento, o Tribunal Superior do Trabalho, por meio do art. 6º da Instrução Normativa n. 41[18], que versa sobre a aplicação das normas processuais alteradas pela lei n. 14.467/2017, definiu que a condenação em honorários advocatícios sucumbenciais prevista no art. 791-A da CLT somente se aplica aos processos ajuizados após 11/11/2017.

---

15. Ob. cit., p. 144.

16. O princípio da segurança jurídica e o princípio da confiança são, pois, facetas que se complementam semanticamente: a segurança é a faceta geral da confiança; a confiança, a face particular da segurança – DIDIER, Fredie. Pareceres. Editora Juspodivm, 2014, p. 134.

17. ÁVILA, Humberto. *Segurança jurídica*. Entre permanência, mudança e realização no Direito Tributário. São Paulo: Editora Malheiros, 2011, p. 42.

18. Art. 6º da Instrução Normativa n. 41 do TST – Na Justiça do Trabalho, a condenação em honorários advocatícios sucumbenciais, prevista no art. 791-A, e parágrafos, da CLT, será aplicável apenas às ações propostas após 11 de novembro de 2017 (Lei nº 13.467/2017). Nas ações propostas anteriormente, subsistem as diretrizes do art. 14 da Lei nº 5.584/1970 e das Súmulas nºs 219 e 329 do TST.

c.2) pagamento de indenização pelas despesas com a contratação de advogado

Ao lado dos honorários sucumbenciais, o Código Civil, em seus arts. 389, 395 e 404, estabelece que a parte vencedora da demanda seja ressarcida pelas despesas gastas com a contratação de advogado particular. Trata-se da consagração do princípio da reparação integral, que defende que o devedor assuma todas as despesas do processo, inclusive os honorários contratuais.

Ora, não pode a parte, que se viu obrigada a ajuizar uma demanda judicial – tendo em vista a inadimplência da parte devedora –, a qual teve desfecho a seu favor, arcar com os honorários devidos ao profissional contratado para fazer a defesa de seus interesses. Sobre o tema, vejam-se as lições de Chiovenda:

> "A necessidade de servir-se do processo para obter razão não pode reverter em dano a quem tem razão, pois, a administração da justiça faltaria ao seu objeto, e a própria seriedade dessa função do Estado estaria comprometida se o mecanismo organizado para o fim de atuar a lei tivesse de operar como prejuízo de quem tem razão."

Resta claro, portanto, que o Código Civil associou os honorários advocatícios não apenas à sucumbência processual, mas também à mora e ao inadimplemento das obrigações.

Sendo assim, os honorários mencionados pelos referidos artigos são os honorários contratuais, pois os sucumbenciais relacionam-se com o processo e constituem crédito autônomo do advogado, não importando em decréscimo patrimonial do vencedor da demanda.

Os honorários ressarcitórios, convencionais ou arbitrados, representam dispêndio do credor e, por essa razão, perdas e danos decorrentes do inadimplemento das obrigações, notadamente em razão da necessidade de contratação de advogado para efetivar o direito de receber o objeto da prestação da relação jurídica obrigacional.

Pelo princípio da restituição integral, portanto, os honorários pagos pelo credor não podem ser por ele suportados sem qualquer ressarcimento pelo devedor, que a eles deu causa.

Importante deixar claro que os artigos do Código Civil supramencionados são perfeitamente aplicáveis no âmbito trabalhista, por força do art. 8º, parágrafo único, da CLT.

O Superior Tribunal de Justiça decidiu acerca da matéria, entendendo haver a obrigação da parte vencida de indenizar a parte vencedora por perdas e danos, em razão da contratação de advogado particular.

> DIREITO CIVIL E PROCESSUAL CIVIL. PREQUESTIONAMENTO. AUSÊNCIA. SÚMULA 211/STJ. DISSÍDIO JURISPRUDENCIAL. COTEJO ANALÍTICO E SIMILI-

> TUDE FÁTICA. AUSÊNCIA. VIOLAÇÃO DA COISA JULGADA. RECLAMAÇÃO TRABALHISTA. HONORÁRIOS CONVENCIONAIS. PERDAS E DANOS. PRINCÍPIO DA RESTITUIÇÃO INTEGRAL. APLICAÇÃO SUBSIDIÁRIA DO CÓDIGO CIVIL.
>
> 1. A ausência de decisão acerca dos dispositivos legais indicados como violados, não obstante a interposição de embargos de declaração, impede o conhecimento do recurso especial.
>
> 2. O dissídio jurisprudencial deve ser comprovado mediante o cotejo analítico entre acórdãos que versem sobre situações fáticas idênticas.
>
> 3. A quitação em instrumentos de transação tem de ser interpretada restritivamente.
>
> 4. Os honorários convencionais integram o valor devido a título de perdas e danos, nos termos dos arts. 389, 395 e 404 do CC/02.
>
> 5. O pagamento dos honorários extrajudiciais como parcela integrante das perdas e danos também é devido pelo inadimplemento de obrigações trabalhistas, diante da incidência dos princípios do acesso à justiça e da restituição integral dos danos e dos arts. 389, 395 e 404 do CC/02, que podem ser aplicados subsidiariamente no âmbito dos contratos trabalhistas, nos termos do art. 8º, parágrafo único, da CLT.
>
> 6. Recurso especial ao qual se nega provido. (STJ – REsp 1027797/MG – 3ª T. Relatora: Ministra Nancy Andrighi – DJe 23. 02. 2011)

No âmbito trabalhista, contudo, o TST apresenta entendimento diverso, como se depreende da decisão abaixo:

> RECURSO DE REVISTA. INDENIZAÇÃO. RESSARCIMENTO DAS DESPESAS COM OS HONORÁRIOS ADVOCATÍCIOS. INAPLICABILIDADE DOS ARTIGOS 389 E404 DO CÓDIGO CIVIL. INEXISTÊNCIA DE ASSISTÊNCIA SINDICAL. Entendimento pessoal desta relatora no sentido do cabimento na Justiça do Trabalho de condenação em honorários advocatícios tanto pela mera sucumbência como a título de perdas e danos, seja na relação de emprego, amparada pela CLT, seja na relação de trabalho, protegida pela legislação ordinária, por ser posição que melhor se coaduna com o princípio constitucional da igualdade, regendo uniformemente o assunto para todos os jurisdicionados da seara laboral. Todavia, em homenagem ao caráter uniformizador da jurisprudência do TST, é necessário curvar-me ao posicionamento no sentido de que os artigos 389 e 404 do CPC são inaplicáveis no processo do Trabalho. No caso, a reclamante não está assistida pelo sindicato da sua categoria profissional, devendo a reclamada ser absolvida da condenação ao pagamento de indenização pelo ressarcimento das despesas com os honorários advocatícios, os quais são também indevidos nos termos das Súmulas 219 e 329 do TST. Recurso de revista conhecido e provido. TST – RECURSO DE REVISTA RR 7072020115080006 707-20.2011.5.08.0006 (TST) Data de publicação: 14/06/2013

Desse modo, a jurisprudência trabalhista não acolhe a tese sustentada nesse tópico, não prevalecendo o entendimento que no processo do trabalho deve a parte vencedora ser indenizada pelas despesas gastas com a contratação de advogado particular, mesmo não sendo razoável que seu crédito trabalhista seja reduzido em razão da inadimplência da parte devedora, que a obrigou a recorrer ao Judiciário.

d) Assistência Judiciária Gratuita e Benefícios da Justiça Gratuita

A Assistência Judiciária Gratuita não se confunde com os benefícios da justiça gratuita. Com efeito, aquela consiste, em linhas gerais, no direito da parte de ser assistida gratuitamente por um profissional do Direito, enquanto que esta é a dispensa do adiantamento das despesas processuais, exigidos a tramitação de um processo judicial, requerimento da parte interessada e o deferimento do juízo perante o qual o processo tramita.

No direito do trabalho, a concessão da assistência judiciária gratuita é regulamentada pela lei 5.584/70, que no *caput* do seu art. 14 estabelece que "a assistência judiciária gratuita a que se refere a Lei 1.060/50, será prestada pelo sindicato profissional que pertencer o trabalhador".

Por sua vez, o §2º do dispositivo citado exige, para a concessão da assistência judiciária gratuita àqueles que recebem mais de dois salários mínimos, a "comprovação" da situação econômica (impossibilidade financeira de suportar as despesas processuais sem comprometer a subsistência da família) através de declaração da Delegacia Regional do Trabalho ou, sucessivamente, da Delegacia de Polícia.

Trata-se, portanto, de prerrogativa exclusiva de sindicato, beneficiando, **apenas**, os trabalhadores que integram a respectiva categoria profissional, ainda que não sejam associados do respectivo Sindicato (art. 18 da Lei 5584/70).

De outro lado, o benefício da justiça gratuita é a dispensa do adiantamento das despesas processuais, exigidos a tramitação de um processo judicial, requerimento da parte interessada e o deferimento do juízo perante o qual o processo tramita.

Conforme a redação atual do art. 790, §4º, da CLT conferida pela reforma trabalhista – lei n. 13.467/2017, "o benefício da justiça gratuita será concedido à parte que comprovar insuficiência de recursos para o pagamento das custas do processo".

Como consequência, entendemos que resta superada a discussão acerca da possibilidade ou não de concessão do benefício da justiça gratuita aos empregadores. Isto porque, conforme se vê, o dispositivo não faz distinção entre as partes do processo, razão pela qual não há que se falar em restrição na sua concessão.

Nesse sentido já se manifestou o TST:

> AGRAVO DE INSTRUMENTO EM RECURSO DE REVISTA INTERPOSTO SOB A ÉGIDE DA LEI 13.015/2014. DESERÇÃO DO RECURSO DE REVISTA INTERPOSTO ANTES DA REFORMA TRABALHISTA. BENEFÍCIO DA JUSTIÇA GRATUITA. PESSOA JURÍDICA. AUSÊNCIA DE RECOLHIMENTO DO PREPARO RECURSAL. INSU-

FICIÊNCIA ECONÔMICA NÃO COMPROVADA. O entendimento desta Corte é de que o benefício da justiça gratuita pode ser concedido à pessoa jurídica, desde que comprovada a sua insuficiência econômica de forma inequívoca, nos moldes do item II da Súmula 463 do TST. Prevalece, ainda, o entendimento de que a concessão pretendida limita-se à isenção de custas processuais, não ensejando, por conseguinte, a dispensa do recolhimento prévio do depósito recursal, cuja natureza é de garantia do juízo nos termos do art. 899, § 1º, da CLT. Julgados. Agravo de instrumento a que se nega provimento (TST – AIRR: 105925720155030006, Relator: Márcio Eurico Vitral Amaro, Data de Julgamento: 26/09/2018, 8ª Turma, Data de Publicação: DEJT 28/09/2018).

De acordo com o §3º do art. 790 da CLT, o benefício da justiça gratuita será concedido "àqueles que perceberem salário igual ou inferior a 40% (quarenta por cento) do limite máximo dos benefícios do Regime Geral de Previdência Social".

Trata-se, em nosso entendimento, de presunção relativa de vulnerabilidade econômica do reclamante, de modo que é possível que àquele que perceba salário superior ao previsto no dispositivo faça jus à concessão do benefício, desde que comprove no processo sua condição de miserabilidade, com base no §4º citado anteriormente.

Seria o caso, por exemplo, de trabalhador que aufere renda superior, mas que comprova que todo o seu salário está comprometido com as necessidades básicas de sua família, como, por exemplo, pagamento da escola dos filhos.

Importante ressaltar que, em se tratando de pessoa jurídica, não há parâmetros estabelecidos na legislação como aptos a demonstrar a insuficiência de recursos, de modo que a comprovação exigida pelo art. 790, §4º, da CLT poderá ser realizada, por exemplo, com a apresentação de balanço contábil apto a atestar a dificuldade econômica da empresa e a falta de condição de suportar as despesas processuais.

e) Atuação do Estagiário

Consagrando a regra hermenêutica do argumento *a fortiori*, que traz a ideia de que se a lei autoriza o mais, implicitamente, permite o menos, o legislador trabalhista permitiu, no §1º do art. 791 da CLT, a representação da parte por "solicitador ou provisionado inscrito na Ordem dos Advogados do Brasil".

Se a parte pode postular sem advogado, por que não poderia estar acompanhada de um estudante de Direito com carteira provisória da OAB? Em razão disso, entendemos que o legislador foi feliz ao permitir tal representação, o que também foi feito no art. 15 da Lei 5.584/70.

A atuação do estagiário em Processos Trabalhistas, especialmente no acompanhamento das partes em audiência, era, em razão disso, admitida e muito comum. Contudo, após a edição da Lei 8.906/94, a questão passou a ser bastante controvertida.

Isso em razão do art. 3º do referido diploma, que somente admite a atuação do estagiário quando acompanhado de um advogado regularmente inscrito da OAB.

Depois disso, parte da doutrina e da jurisprudência passou a entender que a autorização para o estagiário inscrito na OAB representar a parte não mais existia, em razão do art. 3º da Lei 8.906/94, por ser norma posterior e específica para a carreira da advocacia.

Não pensamos assim.

Se o *jus postulandi* dos sujeitos do contrato ainda permanece em vigor, não há razão para não se permitir a representação pelo estagiário. Aplica-se, nesta hipótese, o argumento a *fortiori*, pois, por óbvio, quem pode o mais, pode o menos.

Ademais, o art. 3º da Lei 8.906/94 não pode ser invocado no Processo do Trabalho, tendo em vista a modificação do art. 1º do mencionado diploma legal, em razão do julgamento da **ADIN nº 1127-8.**

Com a nova redação, mantém-se claramente o *jus postulandi* na Justiça do Trabalho e, desta forma, se o advogado continua dispensável no Processo Trabalhista, não há razão de se impedir a atuação do estudante inscrito na OAB.

Por fim, vale salientar que o art. 791, §1º, ainda continua em vigor e é, no Processo do Trabalho, o diploma mais específico.

De qualquer modo, não é recomendável a representação pelo estagiário. Primeiro, porque pode causar grave prejuízo à parte, já que, se for aplicado o art. 3º da Lei 8.906/94, o ato processual será reputado como inexistente. Depois, porque o estagiário, por maior capacidade técnica e inteligência que tenha, ainda não reuniu as condições mínimas necessárias para a plena defesa dos direitos do cliente.

f) Análise Crítica

Não podemos deixar de apresentar nossa posição inteiramente contrária ao *jus postulandi* na seara Trabalhista, que somente traz malefícios ao processo, ao jurisdicionado e à própria Justiça.

A justificativa legislativa para a extensão da capacidade postulatória aos sujeitos do contrato de trabalho está na possível falta de interesse de profissionais do direito para patrocinar ações de pequeno valor.

Ledo engano. Imaginar que causas de pequeno valor poderiam não interessar a profissionais do Direito não é suficiente para sustentar esta autorização excepcional. Estas ações poderiam ser patrocinadas pelos sindicatos, que, por força do art. 14 da Lei 5.584/70, devem prestar assistência judiciária gratuita a todos os membros da categoria que representa, sem prejuízo das instituições que, por dever cívico ou institucional, prestam esta assistência (Defensoria Pública, OAB, Faculdades de Direito etc.).

Na prática, percebemos que a falta de acompanhamento profissional adequado implica prejuízo para o empregado, que é quem mais se utiliza desta prerrogativa.

Afirma-se isso porque, não tendo o empregado condições de defender seus direitos de modo satisfatório, acaba por se tornar o processo lento e favorável à parte reclamada, que, normalmente acompanhada de advogado, pode se valer da ignorância legal do autor para protelar o feito e até obter vantagens.

Além disso, em que pese a possibilidade de condenação de honorários de sucumbência após a vigência da lei 13.467/2017, a existência do *jus postulandi* ainda pode acarretar o ajuizamento desnecessários de algumas demandas, diante do despreparo técnico daqueles que demandam seus direitos sem o aconselhamento de um advogado.

O *Jus Postulandi* poderia ser uma opção para causas de pequeno valor e até o momento da sentença, como ocorre nos juizados especiais (nas causas com valor de até 20 salários mínimos); tal restrição seria salutar, visto que a prática forense demonstra que, na grande maioria das vezes, os empregados não têm capacidade técnica para elaborar petições e conhecer seus direitos e, não raras vezes, encontram, no lado oposto, profissionais contratados pelas empresas para defendê-las.

3.1.3.2. Poder Normativo – dos Tribunais Trabalhistas

É o poder conferido aos Tribunais Trabalhistas para criar Normas Jurídicas, com prazo de vigência limitado, com força de lei para as categorias de empregados e empregadores que foram representados pelos sindicatos que participaram do dissídio coletivo.

De acordo com o Professor Amauri Mascaro Nascimento, "deu-se o nome de "poder normativo" à competência constitucional dos tribunais do trabalho para proferir decisões nos processos de dissídios coletivos econômicos, criando condições e normas de trabalho com força obrigatória".

Desde a Carta Magna de 1967, embora ainda a ser regulamentada, mas já havia a expressa autorização para que os Tribunais Trabalhistas, nos julgamentos dos Dissídios Coletivos, criassem, através de sentenças normativas, normas jurídicas específicas para determinadas categorias profissionais, com prazo de vigência limitado.

Entende-se por dissídio coletivo o processo cuja pretensão envolve interesses coletivos de uma categoria *versus* o interesse defendido pelo empregador, ou seja, citando as palavras de Bezerra Leite: "os dissídios coletivos são, portanto, ações destinadas à defesa de interesses gerais e abstratos da categoria, profissional ou econômica, que têm por objeto, via de regra, a criação de novas normas ou condições de trabalho mais benéficas que as previstas em lei".

As soluções heterocompositivas dos conflitos trabalhistas são aquelas apresentadas por um terceiro, já que as partes não resolveram diretamente aquele conflito.

Na mesma direção da Constituição de 1967, o art. 114, §2º, da Constituição Federal de 1988, em seu texto original, autorizou os Tribunais Trabalhistas, nos julgamentos dos dissídios coletivos, a "estabelecer normas e condições, respeitadas as disposições convencionais e legais mínimas de proteção ao trabalho".

A CLT cuidou de regulamentar, nos art. 860 a 875, o procedimento dos Dissídios Coletivos e das Sentenças Normativas – decisões dos Tribunais, nos julgamentos dos dissídios coletivos que tem prazo de vigência máximo de 04 anos – art. 868, Parágrafo único, da CLT.

Assim, era inconteste, ao menos até a reforma inserta com a Emenda Constitucional 45/04, que os Tribunais Trabalhistas, em caráter de exceção, podiam formular normas que passariam a viger entre as partes que integravam os polos do dissídio coletivo.

Em outras palavras, de acordo com esta autorização excepcional, era possível aos Tribunais Trabalhistas, em situações extraordinárias, criar normas jurídicas de vigência limitada.

Essas normas jurídicas têm o propósito de normatizar situações que envolvem os sujeitos do contrato de trabalho, apenas nos casos de vazio legislativo, como já decidiu o STF, no julgamento do RE 114836/MG.

O TST também tem apresentado posição na mesma direção, o que reforça nossa opinião no sentido de afirmar que o Poder Normativo encontra os seus limites na Constituição Federal e na legislação ordinária.

Ora, se por um lado os Tribunais estão autorizados a "estabelecer normas e condições" em sede de julgamento de Dissídio Coletivo, a nossa Constituição Federal de 1988 teve como premissa fundamental a separação entre os Poderes Executivo, Legislativo e Judiciário, como se infere pela redação do art. 2º da Carta Magna em vigor.

A intenção foi realmente assegurar a independência, através da divisão clara e precisa de atribuições afetas a cada Poder, permitindo que cada um executasse um papel único e exclusivo.

Celso Bastos esclarece que "ao contemplar tal princípio o constituinte teve por objetivo – tirante as funções atípicas constante na própria constituição – **não permitir que um dos poderes se arrogue o direito de in-**

terferir nas competências alheias, portanto não permitindo, por exemplo, que o executivo passe a legislar [...]".

Ora, permitir que os Tribunais Trabalhistas possam criar normas jurídicas em qualquer contexto seria admitir um poder legislativo concorrente, o que contraria expressamente o Princípio Constitucional da separação dos Poderes.

Na verdade, a autorização Constitucional restringe-se às hipóteses de vazio legislativo, sendo, portanto, vedada qualquer manifestação com o propósito de alterar, para mais ou para menos, as condições já previstas em lei.

De igual modo, não têm os Tribunais Trabalhistas competência para deferir cláusulas que sejam contrárias à Constituição Federal ou que estejam condicionadas à regulamentação legal, sob pena de violar o art. 5º, II, da nossa Constituição.

Como bem asseverou o Ministro Octávio Galotti,

> Em que pese o inegável alargamento dessa competência normativa pela Constituição de 1988, em comparação com a regra correspondente da Carta revogada (art. 142, §3º) torna-se, sem dúvida, mister definir e delimitar o conteúdo da nova disposição, **que jamais poderá ser alçada, no contexto do nosso regime político, ao grau de um poder irrestrito de legislar, atribuído a órgão do Judiciário** (grifo nosso).

Assim, não pode ser conferido aos Tribunais Trabalhistas um poder maior do que aquele efetivamente conferido pelo legislador constituinte no art. 114, §2º, da CF.

Portanto, conforme foi delimitado pelo STF no julgamento do RE 197.911-PE, a sentença normativa é "fonte formal de direito objetivo [...], porém, somente suscetível de operar no vazio legislativo, como regra subsidiária ou supletiva, subordinada à supremacia da lei".

Assim, o julgamento das cláusulas normativas, quando realizado pelo Tribunal, no uso do seu poder normativo, deve ser norteado pelas limitações acima retratadas, alinhando-se ao entendimento já fixado pelo STF e em respeito aos dispositivos constitucionais declinados.

Quando a controvérsia acerca dos limites do Poder Normativo estava se findando, em dezembro de 2004, a Emenda Constitucional 45 alterou, substancialmente, a redação do §2º do art. 114 da Constituição Federal de 1988.

Enquanto a redação original estabelecia que podia a "Justiça do Trabalho estabelecer normas e condições", a redação atual apenas menciona que pode a "Justiça do Trabalho decidir o conflito, respeitadas as disposições mínimas legais de proteção ao trabalho, bem como as convencionadas anteriormente".

A Emenda é alvo de uma ADIN nº 3431, mas, permanecendo esta redação, entendemos que não mais existe o Poder Normativo dos Tribunais Trabalhistas.

Isso porque, com a nova redação, foi excluída do texto, justamente, a autorização conferida aos Tribunais para "criar normas e condições".

Rodrigues Pinto reconhece que "ali está dito que a Justiça do trabalho pode *decidir o conflito*, em lugar de *estabelecer normas e condições*".

Alguns doutrinadores continuam a defender a permanência do Poder Normativo diante da possibilidade, assegurada pelo novel texto Constitucional, dos Tribunais decidirem o conflito com base nas disposições "convencionadas anteriormente", mas, neste caso, o poder normativo estaria bastante restrito e limitado ao que está previsto em lei ou em Instrumentos Normativos anteriores.[19]

3.1.3.3. Subsidiariedade e Supletividade

Esta peculiaridade está relacionada com a incompletude do diploma processual trabalhista.

Com efeito, a CLT foi bastante econômica ao tratar de regras processuais, o que somente ocorreu através dos arts. 763 e 910, enquanto que no CPC existem 1072 artigos (no CPC/73 existiam 1220 artigos) que disciplinam as regras processuais a serem observadas na solução dos conflitos.

Várias leis ordinárias foram editadas, ao longo dos anos, para suprir essa carência, mas, até hoje, é comum a aplicação supletiva de outros diplomas processuais para assegurar a solução do conflito.

A lei mais importante, depois do Decreto-Lei 5.452/43, que criou a CLT, foi a 5.584/70, que disciplina, dentre outros temas, o procedimento de alçada, estabelecendo, ainda, o procedimento para a perícia técnica, prazos recursais e a assistência judiciária gratuita.

Ciente dessa lacuna, o legislador trabalhista cuidou de indicar, na própria CLT, quais os diplomas processuais que seriam aplicados. Assim, através do art. 769, estabeleceu que, no processo de conhecimento, aplicar-se-ia o CPC e, no art. 889, elegeu, para execução, a Lei 6.830/80, que regulamenta as execuções fiscais da Fazenda Pública.

---

19. Neste sentido, é o entendimento recente do STF: "[...] de maneira geral, a fixação de cláusula que reproduza ou complemente um comando legal já existente, **desde que não invada o espaço do Poder Legislativo (não crie obrigação nova destinada à reserva legal), está dentro dos limites do poder normativo da Justiça do Trabalho.** Nessas situações, além de a cláusula ratificar e intensificar o dever jurídico, ou delimitar o campo de sua atuação no âmbito específico das relações de trabalho abrangidas pela sentença normativa, também sujeita o descumprimento do preceito à sanção especial proveniente da própria norma coletiva. **Amplia-se a segurança jurídica sem extrapolar os limites do poder normativo ou inovar legislativamente**. (STF – ARE: 1400750 DF, Relatora: Ministra Rosa Weber, Data de Julgamento: 15/09/2022 – grifos nossos).

A aplicação supletiva dos referidos diplomas processuais fica condicionada, entretanto, à observância de dois requisitos exigidos pelo art. 769 da CLT: omissão e compatibilidade.

A omissão implica verdadeira lacuna da lei trabalhista. É dizer, para que se possa cogitar a aplicação do Direito Processual Civil, é necessário que a CLT tenha se mostrado lacunosa naquele ponto particular.

Sobre o tema, válida a explanação de Norberto Bobbio:

> Especificando melhor, a incompletude consiste no fato de que o sistema não compreende nem a norma que proíbe um certo comportamento, nem a norma que o permite.

Destarte, diante da incompletude do sistema, cabe ao aplicador do direito supri-la, haja vista que não pode invocar a inexistência de norma, sob pena de incorrer na negativa de prestação da tutela jurisdicional, direito fundamental assegurado no art. 5º, XXXV, da Constituição Federal e, para evitar discussões, cuidou o legislador de indicar a fonte processual subsidiária.

Deste modo, somente se admite a aplicação das regras processuais do Código de Processo Civil ou da Lei de Execuções Fiscais quando inexistir dispositivo próprio na legislação trabalhista.

Além da omissão, exigiu sabiamente o legislador a compatibilidade, que implica na exclusão de regras que, porventura, se choquem com as demais normas trabalhistas e com os princípios que regem o Processo do Trabalho.

É importante mencionar, ainda, que em determinados casos, será necessária uma adaptação das regras e procedimentos extraídos do CPC, compatibilizando-os com os princípios e procedimentos trabalhistas.

Esses dois requisitos, realmente necessários para preservar a independência do Direito Processual do Trabalho, são, via de regra, fatores de acirradas discussões e controvérsias.

Com relação ao primeiro deles, problema muito frequente decorre da enumeração taxativa ou exemplificativa de determinadas situações, a exemplo das poucas hipóteses de suspeição elencadas no art. 801 consolidado, comparadas com o rol trazido pelos arts. 144 a 148 do CPC.

Nestes casos, é preciso ter bom senso, aplicando-se subsidiariamente as regras processuais civis nas situações não tratadas inteiramente pelo legislador trabalhista. É preciso ter em mira, nesta tarefa, os princípios gerais e constitucionais que regem o processo que, em nenhuma hipótese, poderão ser contrariados.

Assim, por exemplo, para se preservar o princípio da imparcialidade, é necessário ampliar o rol apresentado pelo art. 801 da CLT, para incluir todas hipóteses de impedimento, assim como as demais situações de suspeição previstas pelos arts. do CPC, *v.g.*, a proibição de o juiz atuar em processo no qual funcionou como membro do Ministério Público.

De outra banda, a exigida compatibilidade traz inúmeras confusões, especialmente no que diz respeito à utilização de ações sem qualquer previsão na Legislação Processual Trabalhista, como, p. ex., a ação de consignação em pagamento, a ação rescisória e o mandado de segurança.

Para amenizar esse problema, nos arriscamos a fixar um critério, facilitando o papel dos operadores do direito. Se a ação aplicada supletivamente tiver sido ajuizada perante as Varas do Trabalho, o procedimento deve ser adaptado ao rito trabalhista. Esta regra atende ao requisito da compatibilidade expressamente declinado pelo art. 769 da CLT, já que o rito processual trabalhista é mais ágil e benéfico ao empregado e, por conseguinte, alinha-se ao princípio da celeridade e da proteção que norteiam o Processo do Trabalho.

Por outro lado, se as ações (de natureza individual) forem conhecidas originariamente pelos órgãos de instância superior, como, p.ex., a ação rescisória e o mandado de segurança, aplica-se o rito indicado no diploma processual civil, já que não existe na CLT procedimento próprio para os dissídios individuais de competência originária dos Tribunais.

Assim, enquanto o réu deve ser notificado (através da via postal) para apresentar defesa em audiência, em uma ação de consignação em pagamento, acompanhando a diretriz processual trabalhista (arts. 841 e 847 da CLT), na ação rescisória oferecida perante a Justiça do Trabalho, o réu deve ser pessoalmente citado por oficial de justiça para apresentar sua defesa na forma do art. 242 do CPC.

Noutro passo, não se pode perder de vista que a Resolução nº 126/2005 do Egrégio TST, que editou a Instrução Normativa n° 27, estabeleceu que as ações de natureza civil, ajuizadas na Justiça do Trabalho, seguirão, em decorrência da Emenda Constitucional nº 45/04, os ritos processuais previstos na CLT, à exceção daqueles especificados naquela norma. É o que dispõe o art. 1º da referida Resolução, na seguinte redação:

> **Art. 1º.** As ações ajuizadas na Justiça do Trabalho tramitarão pelo rito ordinário ou sumaríssimo, conforme previsto na Consolidação das Leis do Trabalho, excepcionando-se, apenas, as que, por disciplina legal expressa, estejam sujeitas a rito especial, tais como o Mandado de Segurança, *Habeas Corpus*, *Habeas Data*, Ação Rescisória, Ação Cautelar e Ação de Consignação em Pagamento.

O melhor seria que o Poder Legislativo apresentasse um projeto de lei para a criação de um Código de Processo do Trabalho, já que a aplicação supletiva ou subsidiária de outros diplomas processuais é, quase sempre, motivo de acirradas discussões, comprometendo a necessária celeridade dos processos.

Por fim, interessante abordar uma questão, que gerou muita polêmica, trazida com a entrada em vigor do CPC: teria o art. 15 do referido diploma – que assim reza "na ausência de normas que regulem processos eleitorais, trabalhistas ou administrativos, as disposições deste Código lhes serão aplicadas supletiva e subsidiariamente" – revogado o art. 769 da CLT?

Há quem entenda na linha da revogação do art. 769 da CLT, pois o CPC, em seu art. 15, teria regulado a questão ao determinar a aplicação supletiva e subsidiária das normas processuais civis em caso de ausência de normas que regulem processos trabalhistas em determinadas matérias.

Discordamos de tal entendimento, primeiro por entendermos que o CPC não poderia, ainda que tacitamente, revogar disposição de diploma específico que trata de matéria trabalhista (CLT), considerando a reconhecida autonomia do direito processual do trabalho em nosso ordenamento jurídico e, portanto, a sua especialidade (regra especial prevalece sobre regra geral – solução de antinomia aparente).

Nossa discordância ainda se justifica porque entendemos que a referida disposição nada mais fez do que ratificar disposição já constante da CLT no particular (art. 769), que, inclusive, a nosso ver, é mais completa, já que dispõe que "nos casos omissos, o direito processual comum será fonte subsidiária do direito processual do trabalho, exceto naquilo em que for incompatível com as normas deste Título", contemplando a necessidade, para aplicação subsidiária de normas processuais civis ao processo do trabalho, não só da ausência de normas trabalhistas específicas (subsidiariedade em casos de lacuna total na lei, ou seja, necessidade de integração total em razão de completa ausência de previsão normativa no particular), mas igualmente da existência de compatibilidade destas normas, subsidiariamente aplicadas, com os princípios que regem o direito processual trabalhista.

Há que registrar, ainda, que a referência à aplicação supletiva, e não somente subsidiária, destas mesmas normas processuais civis ao processo do trabalho, nos termos do citado art. 15 do CPC, não compromete o raciocínio que ora defendemos.

Isso porque a aplicação supletiva nada mais significa do que, formalmente, validar/legitimar a aplicação de normas processuais civis ao processo trabalhista nos casos em que, embora haja norma trabalhista prevista a respeito de determinada matéria (não se podendo falar em lacuna normativa propriamente dita), essa possa ser complementada (casos de lacuna parcial da lei) para ter um alcance mais eficaz e justo ao caso concreto, podendo ser citado como exemplo a aplicação supletiva do art. 447 do CPC ao processo do trabalho, complementando o alcance do quanto disposto no art. 829 da CLT (causas impeditivas para ouvida de testemunhas).

Vale aqui ainda ponderar que, a nosso ver, a supletividade deve ser entendida, no contexto do CPC, como determinante de que as regras passam a integrar a estrutura do processo trabalhista em complemento ao que lhe falta e não simplesmente a possibilidade de se "pegar emprestada" determinada regra.

O art. 769 da CLT, portanto, não estaria revogado pelo art. 15 do CPC porque o conceito de supletividade em nada macula o entendimento de compatibilidade, uma vez que sua compreensão e aplicação passam pela verificação da existência de omissão que mereça complemento e se a ausência de regra específica não é propositadamente característica do modelo processual, aí incluída também a necessária aderência aos princípios norteadores do processo do trabalho.

Vale ressaltar também, no contexto desta discussão, que essa previsão do art. 15 do CPC, na opinião de alguns doutrinadores, no que concerne à acepção da expressão supletivamente, igualmente teria vindo para legitimar a prática, cada vez mais usual, de solução para suprir a existência das chamadas lacunas axiológicas (a norma existe, mas não implica solução justa ou satisfatória ao caso concreto) e ontológicas (a norma existe, mas não mais corresponde à realidade social – norma desatualizada, incompatível com os fatos sociais) da lei. Desta forma, concluímos no sentido de que, em que pesem as discussões a respeito, entendemos que a entrada em vigor do CPC em nada altera a vigência do art. 769 da CLT, sendo perfeitamente compatíveis as suas disposições com o quanto previsto no art. 15 do CPC.

Tal entendimento acabou por ser confirmado pelo TST, como se depreende dos termos da IN n° 39 (Resolução n° 203 de 15/03/2016), que regulamenta pontos do CPC relativos ao processo do trabalho, ao incluir, em seus considerandos as seguintes conclusões: "que as normas dos arts. 769 e 889 da CLT não foram revogadas pelo art. 15 do CPC de 2015, em face do que estatui o art. 2º, § 2º da Lei de Introdução às Normas do Direito Brasileiro, bem como que há plena possibilidade de compatibilização das normas em apreço", bem como em seu art. 1º:

> Art. 1º Aplica-se o Código de Processo Civil, subsidiária e supletivamente, ao Processo do Trabalho, em caso de omissão e desde que haja compatibilidade com as normas e princípios do Direito Processual do Trabalho, na forma dos arts. 769 e 889 da CLT e do art. 15 da Lei nº 13.105, de 17.03.2015.
>
> § 1º Observar-se-á, em todo caso, o princípio da irrecorribilidade em separado das decisões interlocutórias, de conformidade com o art. 893, § 1º da CLT e Súmula nº 214 do TST.
>
> § 2º O prazo para interpor e contra-arrazoar todos os recursos trabalhistas, inclusive agravo interno e agravo regimental, é de oito dias (art. 6º da Lei nº 5.584/70 e art. 893 da CLT), exceto embargos de declaração (CLT, art. 897-A).

3.1.3.4. Impulso **ex officio** *do processo*

Enquanto o diploma processual civil de 1973 determinava, em seu art. 2º, que "nenhum juiz prestará a tutela jurisdicional senão quando a parte ou o interessado a requerer, nos casos e forma legais", o CPC de 2015 passou a considerar, em seu art. 2º, que, a partir do momento em que o cidadão recorre ao Poder Judiciário, exercendo o seu direito de iniciar a movimentação da máquina judiciária, delimitando o objeto do litígio proposto, passa a ser competência do Estado colocar em andamento o processo ("art. 2º – O processo começa por iniciativa da parte e se desenvolve por impulso oficial, salvo exceções previstas em lei"), compatibilizando, assim, os princípios da inércia e do impulso oficial, que se complementam.

A legislação trabalhista (art. 4º da Lei 5584/70), por sua vez, permite que "nos dissídios de alçada exclusiva das varas e naqueles em que os empregados ou empregadores reclamarem pessoalmente, o processo poderá ser impulsionado de ofício pelo Juiz".

Na execução, o CPC estabelece em seu art. 513, §1º (art. 475-I do CPC/73), que o cumprimento da sentença se dará a requerimento do exequente (execução de título judicial), assim como dispõe em seu art. 778 (arts. 566 e 567 do CPC/73) que a promoção da execução forçada cabe ao credor a quem a lei confere título executivo (disposições gerais da execução, que regem o procedimento da execução de títulos extrajudiciais, aplicáveis, no que couber, aos procedimentos especiais de execução e atos executivos referentes ao procedimento de cumprimento de sentença, nos termos do art. 771 do CPC).

Vale ressaltar, ainda, recente decisão que consignou, de ofício, a declaração de prescrição intercorrente em fase de execução – possibilitada pela aplicação supletiva do CPC, nos seguintes termos:

> [...] se pela alteração a prescrição pode ser declarada de ofício na fase de execução, quando o crédito já está constituído, não resta mais qualquer dúvida que poderá também ser declarada na fase de conhecimento. Esse Juízo já adotava tal entendimento antes mesmo da reforma trabalhista. Isso, porque, consoante o disposto no art. 769 da CLT, as normas do Código de Processo Civil e art. 15 do NCPC, à falta de regulamentação na Consolidação das Leis do Trabalho, são aplicáveis nas lides trabalhistas de forma supletiva. Desse modo, apesar de haver divergências doutrinárias e jurisprudenciais sobre a incidência do instituto da prescrição de ofício no direito processual do trabalho, entende-se que estão presentes os pressupostos necessários à aplicação subsidiária do CPC, quais sejam, a omissão legislativa e a sua compatibilidade.[20]

20. TRT17 • Ação Trabalhista - Rito Ordinário • 0001420-38.2020.5.17.0132 • 2ª Vara do Trabalho de Cachoeiro de Itapemirim do Tribunal Regional do Trabalho da 17ª Região • 30 de setembro de 2022.

No Processo do Trabalho, o art. 878 da CLT permite que também o Juiz, de ofício, exija do devedor o cumprimento da obrigação prevista no título executivo judicial (sentença), desde que as partes não estejam acompanhadas de advogado, estando autorizado ainda, em alguns casos, até a liquidar a sentença – art. 879 da CLT.

É bom que se diga que o referido dispositivo consolidado não traz uma obrigação para o Magistrado, na medida em que apenas facultou a iniciativa, por certo pensando nas hipóteses de acompanhamento do processo pela própria parte, graças ao *jus postulandi*.

Essa última peculiaridade trazida pela Legislação Trabalhista decorre, ao nosso ver, da influência do princípio da proteção na elaboração das regras processuais.

3.1.4. Técnicas

Representam o estágio dinâmico do processo – meio destinado a obter resultados no processo e concretização dos princípios. Ele não representa uma verdade absoluta ou axiomática e normalmente apresenta procedimentos alternativos.

Nas lições de Rodrigues Pinto, "Técnica é uma postura de aplicação do princípio ou da norma, servindo tão-só para acomodar com absoluto rigor funcional o processo em movimento (ou *procedimento*) aos preceitos fundamentais do próprio processo".

Diante de sua clareza e objetividade, adotaremos as definições apresentadas pelo referido autor:

a) **Inquisitoriedade:** "*técnica* voltada a proporcionar ao juiz maior liberdade de impulso processual e de direção do desenvolvimento da lide, em concreto, contrapondo-se à *dispositividade*, técnica mediante a qual se dá ao órgão jurisdicional uma posição mais estática e dependente dos impulsos provocados pelas partes interessadas na prestação jurisdicional" (CLT, arts. 848, 879, 884, §2º).

b) **Instrumentalidade do processo**: "prende-se à ideia de que mais interessa aos atos praticados atingir o fim para o qual foram previstos do que satisfazer a forma que deve revesti-los".

c) **Oralidade:** "técnica visceralmente vinculada a um princípio geral de processo, a celeridade, não podendo deixar de, como tal, ser dotada pela nossa lei de rito trabalhista".

Como exemplo, temos que a **celeridade** é um princípio e a **oralidade** é a técnica utilizada para concretizá-lo. Ela admite uma alternativa: o processo escrito. Já a celeridade é incontestável, pois não se admite a possibilidade de um processo propositadamente lento.

d) **Concentração de atos:** Esta técnica "se caracteriza na audiência, que abraça praticamente todos os atos necessários ao desenvolvimento do processo, só deixando escapar, nos dissídios individuais de conhecimento, os de postulação do autor e os intermediários dos órgãos auxiliares [...]".

As técnicas objetivam, assim, concretizar a aplicação dos princípios e facilitar a condução do processo. Podemos notar, por exemplo, que as técnicas citadas objetivam assegurar o exercício do *jus postulandi* pelas partes e a celeridade e a conciliabilidade, características e princípios inerentes ao Processo do Trabalho.

Capítulo

4

ORGANIZAÇÃO DA JUSTIÇA DO TRABALHO

A Justiça do Trabalho passou a integrar o Poder Judiciário a partir da Constituição de 1946, quando, em seu art. 94, inciso V, estabeleceu que "O Poder Judiciário é exercido pelos seguintes órgãos: [...] V – Juízes e tribunais do trabalho".

A atual Constituição Federal, de 1988, através dos arts. 111 a 116, e a CLT, nos arts. 643 a 735, disciplinam a sua composição, competência e funcionamento.

Cumpre salientar que a Justiça do Trabalho é uma Justiça Federal Especializada, composta pelos órgãos abaixo identificados:

4.1. VARAS DO TRABALHO E JUÍZOS DE DIREITO

As Varas do Trabalho são os órgãos de 1º grau de jurisdição trabalhista e são representadas por um Juiz que ingressou na carreira após, no mínimo, três anos de atividade jurídica, através de concurso público de provas e títulos, com a participação da Ordem dos Advogados do Brasil[1] em todas as fases. Detém, assim, as garantias da irredutibilidade de subsídios, da inamovibilidade e da vitaliciedade, asseguradas pelo art. 95 da CF/88[2].

---

1. Art. 93 da CF/88 - Lei complementar, de iniciativa do Supremo Tribunal Federal, disporá sobre o Estatuto da Magistratura, observados os seguintes princípios:

   I - ingresso na carreira, cujo cargo inicial será o de juiz substituto, mediante concurso público de provas e títulos, com a participação da Ordem dos Advogados do Brasil em todas as fases, exigindo-se do bacharel em direito, no mínimo, três anos de atividade jurídica e obedecendo-se, nas nomeações, à ordem de classificação.

2. Art. 95 da CF/88 – Os juízes gozam das seguintes garantias;

   I – vitaliciedade, que, no primeiro grau, só será adquirida após dois anos de exercício, dependendo a perda do cargo, nesse período, de deliberação do Tribunal a que o juiz estiver vinculado, e, nos demais casos, de sentença judicial transitada em julgado;

Até 1999, antes da Emenda Constitucional 24, além do Juiz de carreira, formado em Direito, o órgão de 1º grau era composto ainda por dois outros Juízes, sem a necessária formação jurídica, denominados de "classistas".

Em razão disso, o órgão de 1º grau, que antes era conhecido como Junta de Conciliação e Julgamento, considerando que era formado por 3 Juízes, atualmente passou a ser denominado Vara do Trabalho e é composto por um Juiz singular, denominado Juiz do Trabalho.

Em alguns casos, excepcionais, quando inexistir, no raio de 100 km de distância de uma determinada cidade, uma Vara do Trabalho ou, mesmo que exista, se não houver meio de transporte ou comunicação regulares, será competente para apreciar a reclamação trabalhista o Juiz Cível de Direito da referida comarca.

Como ainda não existem Varas do Trabalho em todas as cidades brasileiras, para viabilizar o exercício do direito de ação, a CF, art. 112[3], e a CLT, art. 668[4] conferem aos Juízes estaduais a jurisdição trabalhista.

Entretanto, advirta-se, de logo, que, havendo recurso contra a decisão proferida, o processo seguirá ao Tribunal Regional do Trabalho da respectiva região.

4.2. TRIBUNAIS REGIONAIS DO TRABALHO

Como órgãos de 2º grau, existem os Tribunais Regionais do Trabalho.

Atendendo a exigência do art. 112 da CF, antiga redação, deveria existir, pelo menos, um Tribunal para cada Estado.

Porém, atualmente, com o advento da EC n. 45/2004, que deu nova redação ao art. 112 da CF[5], esta obrigatoriedade foi excluída da Carta Maior.

Pode-se citar o Acre, Tocantins, Roraima e Amapá como Estados que nunca tiveram um Tribunal Regional do Trabalho no âmbito de seu território.

II – inamovibilidade, salvo por motivo de interesse público, na forma do artigo 93, VIII;

III – irredutibilidade de subsídio, ressalvado o disposto nos artigos 37, X e XI, 39, §4º, 150, II, 153, III, e 153, §2º, I.

3. Art. 112 da CF/88 – Antes da EC 45/2004 – Haverá pelo menos um Tribunal Regional do Trabalho em cada Estado e no Distrito Federal, e a lei instituirá as Juntas de Conciliação e Julgamento, podendo, nas comarcas onde não forem instituídas, atribuir sua jurisdição aos juízes de direito.

4. Art. 668 da CLT – Nas localidades não compreendidas na jurisdição das Varas do Trabalho, os Juízes de Direito são os órgãos de administração da Justiça do Trabalho, com a Jurisdição que lhes for determinada pela lei de organização judiciária local.

5. Art. 112 da CF/88 – Depois da EC 45/2004 – A lei criará varas da Justiça do Trabalho, podendo, nas comarcas não abrangidas por sua jurisdição, atribuí-la aos juízes de direito, com recurso para o respectivo Tribunal Regional do Trabalho.

Uma inovação trazida pelo §1º do art. 115 da CF /1988[6] foi a criação da **justiça itinerante,** local onde se realiza audiência e outras funções de atividade jurisdicional, composta de equipamentos públicos e comunitários.

A criação desta justiça itinerante ensejou aos usuários um enorme benefício, pois facilitou o acesso ao Poder Judiciário, especialmente para as pessoas que residem distante dos centros urbanos.

Outra novidade foi que o §2º do art. 115 da CF/1988[7] passou a estabelecer que os Tribunais Regionais poderão funcionar de forma descentralizada, formando **Câmaras Regionais,** as quais terão a função de assegurar o pleno acesso do jurisdicionado à justiça em todas as fases do processo.

Frise-se que essas Câmaras Regionais deverão atuar de maneira oportuna e efetiva naqueles Estados onde não há um TRT instalado.

A Bahia teve o privilégio de ser o 5º Tribunal Regional instalado e atualmente é composto por 29 desembargadores, distribuídos nos seguintes órgãos: Tribunal Pleno, Juizado de Conciliação de 2ª Instância, Órgão Especial, Seção Especializada em Dissídios Coletivos, Seção Especializada em Dissídios Individuais I, Seção Especializada em Dissídios Individuais II e cinco Turmas Recursais.

Cumpre frisar que 1/5 deste quadro é oriundo da advocacia e do Ministério Público do Trabalho, graças à exigência contida no art. 115 da CF[8], que assegura o "quinto constitucional" em alguns órgãos do Poder Judiciário.

Os Tribunais são subdivididos em órgãos colegiados, de acordo com as regras da LOMAN (Lei Orgânica da Magistratura) e do Regimento Interno de cada Tribunal.

O Pleno, composto por todos os Juízes do Tribunal, além de tratar das questões administrativas, cuida da Uniformização da Jurisprudência e, em

6. Art. 115 da CF/88, §1º – Os Tribunais Regionais do Trabalho instalarão a justiça itinerante, com a realização de audiências e demais funções de atividade jurisdicional, nos limites territoriais da respectiva jurisdição, servindo-se de equipamentos públicos e comunitários.

7. Art. 115 da CF/88, §2º – Os Tribunais Regionais do Trabalho poderão funcionar descentralizadamente, constituindo Câmaras regionais, a fim de assegurar o pleno acesso do jurisdicionado à justiça em todas as suas fases do processo.

8. Art. 115 da CF /88 – Os Tribunais Regionais do Trabalho compõem-se de, no mínimo, sete juízes, recrutados, quando possível, na respectiva região, e nomeados pelo Presidente da República dentre brasileiros com mais de trinta e menos de sessenta e cinco anos, sendo:

I – um quinto dentre advogados com mais de dez anos de efetiva atividade profissional e membros do Ministério Público do Trabalho com mais de dez anos de efetivo exercício, observado o disposto no art. 94;

II – os demais, mediante promoção de juízes do trabalho por antiguidade e merecimento, alternadamente.

alguns Estados, que não optaram pela criação das seções especializadas, ainda julga as ações de competência originária dos Tribunais, seja de natureza individual (Mandado de Segurança, Ação Rescisória), seja de natureza coletiva (dissídios coletivos).

O órgão judicial, de criação facultativa, divide com o Tribunal Pleno as questões de natureza coletiva e, além disso, decide as questões relativas às arguições de inconstitucionalidade e de conflito de competência.

As Turmas Recursais são responsáveis pelo julgamento dos recursos apresentados contra as decisões proferidas pelos Juízes de 1º grau. Trata-se da competência derivada dos Tribunais.

Existem, ainda, em alguns Tribunais, as seções especializadas em dissídios individuais e as seções especializadas em dissídio coletivo – aqui o Tribunal aprecia as ações de sua competência originária. Sua criação depende do número de turmas. Portanto, nos Tribunais com 4 ou mais turmas pode ser deliberado que exista uma seção especializada em dissídios coletivos; porém, nos Tribunais não divididos em turmas, os dissídios coletivos são julgados pelo Pleno.

Por fim, a Mesa Diretora, composta pelo Presidente, Vice-Presidente, Corregedor Regional e Vice-Corregedor Regional. Estes Desembargadores, no período de duração do mandato, ficam afastados da atividade jurisdicional, dedicando-se exclusivamente à administração do Tribunal.

Compete ao presidente do Tribunal, além de outras atribuições, dar posse, férias e licença aos juízes, removê-los, presidir as sessões do Tribunal e as audiências de conciliação dos dissídios coletivos, convocar, quando for o caso, substitutos para os juízes do Tribunal e Juízes das Varas do Trabalho, despachar recursos, designar relatores e assinar folhas de pagamento[9].

O presidente do Tribunal terá somente voto de desempate. Nas questões sobre a constitucionalidade de leis ou de atos do Poder Público e administrativas terá voto como qualquer outro Juiz.[10]

Já o Corregedor Regional, se este cargo existir no TRT em análise, tem como funções, a partir da leitura do art. 682, XI, da CLT, "exercer correição, pelo menos uma vez por ano, sobre as Juntas, ou parcialmente, sempre que se fizer necessário, e solicitá-la quando julgar conveniente, ao Presidente do Tribunal de Justiça, relativamente aos Juízes de Direito investidos na administração da Justiça do Trabalho".

---

9. GIGLIO, Wagner D. *Direito Processual do Trabalho.* 12ª Edição. São Paulo: Saraiva, 2002, p. 13 e 14.

10. MARTINS, Sérgio Pinto. *Direito Processual do Trabalho.* 25ª Edição. São Paulo: Atlas, 2006, p. 83.

4.3. TRIBUNAL SUPERIOR DO TRABALHO

O Tribunal Superior do Trabalho é a última instância de jurisdição trabalhista e deve ser composto por 27 ministros.

A sua divisão, em órgãos, ocorre da mesma forma retratada para os Tribunais Regionais do Trabalho.

Está regulamentado pelos arts. 693 a 709 da CLT, 111-A da CF/88[11] e pelo seu regimento interno.

Julga recursos de revista, recursos ordinários e agravos de instrumento contra decisões dos Tribunais Regionais e dissídios coletivos de categorias organizadas em nível nacional, além de mandados de segurança, embargos opostos a suas decisões e ações rescisórias.

Além disso, o Tribunal Superior do Trabalho possui competência para editar súmulas e enunciados de jurisprudência. Esta aptidão, entretanto, encontra-se limitada pelo § 2º, do art. 8º, da CLT, ao estabelecer que não poderá ser realizada a restrição de direitos e a criação de obrigações não previstas na legislação e de acordo com o procedimento e requisitos estabelecidos pelo art. 702, inciso I, alínea f, da CLT.

4.4. CONSELHO SUPERIOR DA JUSTIÇA DO TRABALHO

Este novo órgão foi criado pela EC 45/04, que acrescentou o art. 111-A, §2º, II, na Constituição Federal. De acordo com Rodrigues Pinto[12], este Conselho terá por objetivo a "**centralização de controle das ações administrativas, da execução orçamentária, da atividade financeira e do acervo patrimonial. Podem ser novidades no interior do Poder Judiciário**, mas sua ideia e prática é antiga no interior da Administração pública". (grifos do autor).

---

11. Art. 111-A da CF/88 – O Tribunal Superior do Trabalho compor-se-á de vinte e sete Ministros, escolhidos dentre brasileiros com mais de trinta e cinco e menos de sessenta e cinco anos, nomeados pelo Presidente da República após aprovação pela maioria absoluta do Senado Federal, sendo:

    I – um quinto dentre advogados com mais de dez anos de efetiva atividade profissional e membros do Ministério Público do Trabalho com mais de dez anos de efetivo exercício, observado o disposto no art. 94;

    II – os demais dentre juízes dos Tribunais Regionais do Trabalho, oriundos da magistratura da carreira, indicados pelo próprio Tribunal Superior.

    §1º A lei disporá sobre a competência do Tribunal Superior do Trabalho.

    §2º Funcionarão junto ao Tribunal Superior do Trabalho:

    I – a Escola Nacional de Formação e Aperfeiçoamento de Magistrados do Trabalho, cabendo-lhe, dentre outras funções, regulamentar os cursos oficiais para o ingresso e promoção na carreira;

    II – o Conselho Superior da Justiça do Trabalho, cabendo-lhe exercer, na forma da lei, a supervisão administrativa, orçamentária, financeira e patrimonial da Justiça do Trabalho de primeiro e segundo graus, como órgão central do sistema, cujas decisões terão efeito vinculante.

12. In *Revista da Associação dos Magistrados da Justiça do Trabalho da 5ª Região.* v. I. nº. 5. 2005.

Capítulo

5

COMPETÊNCIA DA JUSTIÇA DO TRABALHO

Antes de abordamos a questão da competência, importante relembrar a noção de Poder Jurisdicional.

O Estado detém o monopólio da função jurisdicional, ou seja, cabe a ele dizer o direito, solucionar o conflito e assegurar o cumprimento de suas decisões.

Para executar essa função foram criados os órgãos que integram o Poder Judiciário e o Estado delegou aos seus membros – os Juízes – o poder de dizer o direito, aplicando a lei ao caso concreto com o objetivo de solucionar os conflitos e preservar a paz social.

Assim, todos os juízes têm jurisdição, que é o poder delegado pelo Estado para aplicar a lei na solução dos litígios submetidos à sua apreciação.

É por meio do exercício da jurisdição que o Estado busca a preservação da ordem jurídica e manutenção da paz social.

Diante da diversidade de conflitos e da amplitude da função jurisdicional, tornou-se necessário, para garantir maior eficiência e efetividade nesta importante tarefa estatal, fracionar a jurisdição, conferindo maior especialização àqueles investidos na função.

Dessa divisão e organização da jurisdição surgiu o que podemos definir de competência.

Trata-se de uma relação de gênero para espécie: todo juiz tem jurisdição, mas nem sempre tem competência para julgar determinada causa.

5.1. COMPETÊNCIA ABSOLUTA X COMPETÊNCIA RELATIVA

A competência é a divisão do Poder – consubstanciado na jurisdição – apresentada pelo Estado para delimitar o exercício da atividade jurisdicional. Em outras palavras, "a competência nada mais é do que uma parcela da jurisdição que pode ser efetivamente exercida por um órgão ou grupo de órgãos do Poder Judiciário".

A competência, de acordo com a definição dada por Bezerra Leite, "é a medida da jurisdição de cada órgão jurisdicional. É a competência que legitima o exercício do poder jurisdicional".

A competência pode ser compreendida, deste modo, como uma autorização legal para dizer o direito em determinado caso concreto, levando-se em consideração a matéria, as partes, as atribuições dos órgãos e o local do ajuizamento da ação.

Assim, o Estado elegeu, como principais critérios para distribuição da competência, a matéria, os sujeitos, os órgãos e o território. Daí o uso corrente das expressões quando decorrentes da matéria (*ratione materiae*), em razão das pessoas (*ratione personae*), em razão da função de cada órgão ou em razão do território (*ratione loci*).

Aos critérios principais, somam-se outros, tal qual a competência internacional. Essa competência é uma noção própria do direito internacional privado. Sua função é designar a aptidão dos tribunais de um determinado país para julgar um processo que apresenta conflito internacional.

Este tipo de litígio ocorre, por exemplo, quando as partes são de nacionalidades distintas ou quando não residem no mesmo país. Nesse caso, os tribunais de diversos países poderão ser competentes para julgar a causa, surgindo, daí, um "conflito de competência", que será solucionado através das regras de competência internacional.

Quando a distribuição e a organização desse poder são feitas levando em consideração preponderantemente o interesse das partes, ela é relativa e, nos demais casos, sendo maior o interesse público – voltado para o perfeito exercício da jurisdição, como um poder-dever do Estado – a competência é classificada como absoluta.

Dessa divisão da competência em absoluta e relativa decorrem consequências diversas e que podem ser delimitadas da seguinte forma:

Absoluta	Relativa
Atribuída em razão de maior interesse público.	Atribuída em razão de preponderante interesse das partes.
É inderrogável pela vontade das partes, sendo, ainda, improrrogável.	As partes podem alterar as regras desta competência pela não apresentação de exceção de incompetência como preliminar na contestação (art. 64, *caput*, do CPC).

Absoluta	Relativa
Pode ser alegada a qualquer tempo, devendo ser reconhecida de ofício pelo juiz (art. 64, § 1º, do CPC).	Não pode ser conhecida de ofício – (Súmula 33, STJ).
Pode ser arguida por qualquer das partes.	Só pode ser arguida pelo réu, vez que o autor, tendo dado causa ao seu advento, não possui interesse processual.
Pode ser alegada a qualquer tempo.	Só pode arguida pelo réu, na resposta, em peça específica, no prazo assinalado para tal (preclusão temporal).

Das espécies de competência que nos dedicaremos a estudar – material, pessoal, funcional e territorial – apenas a última é relativa.

A competência, nos termos do art. 43 do CPC[1], é determinada no momento da distribuição da petição inicial, independentemente de modificações do estado de fato ou de direito ocorridas no curso do processo. Tal regramento, entretanto, comporta duas exceções: a supressão do órgão judiciário e a modificação da competência absoluta.

De acordo com a leitura conjunta dos artigos 284[2] e 285[3] do CPC, a distribuição do processo será realizada, de forma alternada e aleatória, sempre que houver mais de um juiz competente para o seu julgamento. Quando o Juiz, embora tendo o poder de dizer o direito, não tem autorização legal para conhecer determinada causa, será considerado *incompetente* e todos os atos praticados no processo serão ineficazes, independente da vontade das partes, salvo nos casos de competência relativa.

Neste último caso, mesmo que o autor ajuíze uma ação fora do foro competente, indicado no art. 651[4] da CLT, não pode o Juiz, de ofício, de-

---

1. Art. 43 do CPC – Determina-se a competência no momento do registro ou da distribuição da petição inicial, sendo irrelevantes as modificações do estado de fato ou de direito ocorridas posteriormente, salvo quando suprimirem órgão judiciário ou alterarem a competência absoluta.

2. Art. 284 do CPC – Todos os processos estão sujeitos a registro, devendo ser distribuídos onde houver mais de um juiz.

3. Art. 285 do CPC – A distribuição, que poderá ser eletrônica, será alternada e aleatória, obedecendo-se rigorosa igualdade.

4. Art. 651 da CLT – A competência das Juntas de Conciliação e Julgamento é determinada pela localidade onde o empregado, reclamante ou reclamado, prestar serviços ao empregador, ainda que tenha sido contratado noutro local ou no estrangeiro.

   § 1º – Quando for parte de dissídio agente ou viajante comercial, a competência será da Junta da localidade em que a empresa tenha agência ou filial e a esta o empregado esteja subordinado e, na falta, será competente a Junta da localização em que o empregado tenha domicílio ou a localidade mais próxima.

   § 2º – A competência das Juntas de Conciliação e Julgamento, estabelecida neste artigo, estende-se aos dissídios ocorridos em agência ou filial no estrangeiro, desde que o empregado seja brasileiro e não haja convenção internacional dispondo em contrário.

clinar sua competência. Essa é a diretriz estabelecida pelo art. 65 do CPC, aplicável ao Processo do Trabalho, mesmo diante da redação atécnica do §1º do art. 795 da CLT.

Faremos aqui um importante e necessário parêntese, para abordar o §1º do art. 795 da CLT, pois uma interpretação literal poderia sugerir sentido oposto ao que acabamos de defender.

Em verdade, o artigo consolidado traz previsão de competência material. O "foro" mencionado naquele dispositivo estaria se referindo mais propriamente à jurisdição trabalhista, que não pode ser objeto de escolha das partes, e não à disposição territorial das Varas do Trabalho.

No mesmo sentido temos a posição de Valentin Carrion, para quem "a *incompetência* de foro do texto legal não é a incompetência territorial ou em razão do local [...] o legislador teve em mente a incompetência em razão da matéria, que é sempre improrrogável; usou o 'foro' no sentido impróprio de foro trabalhista, distinguindo-o de foro comum, foro criminal etc.".

Rodrigues Pinto acredita que o legislador errou ao permitir o reconhecimento *ex officio* pelo Juiz, visto se tratar de incompetência relativa. Para o notável professor, "os atos praticados por Juízo *relativamente incompetente* (em razão do *foro* ou do *território*) serão rigorosamente válidos se contra sua atuação no processo não tiver sido oposta, *no momento da defesa*, a exceção *declinatoria fori* [...]".

Estevão Mallet também reconhece que a "regra do art. 795, §1º, da CLT dirige-se apenas à hipótese de incompetência absoluta".

Se a interpretação não fosse essa, seríamos obrigados a admitir, a *contrario sensu*, que as incompetências absolutas, como a material, por exemplo, não poderiam ser declaradas de ofício, o que seria inadmissível do ponto de vista jurídico e legal.

Assim, não há como se admitir, mesmo com a redação inadequada do artigo citado, que a incompetência territorial possa ser declarada de ofício.

5.2. COMPETÊNCIA MATERIAL

5.2.1. Conceito

A competência material é a divisão da jurisdição, considerando-se a natureza da causa a ser atribuída ao Magistrado. Depende, pois, da natureza da relação jurídica de direito material posta em litígio.

---

§ 3º – Em se tratando de empregador que promova realização de atividades fora do lugar do contrato de trabalho, é assegurado ao empregado apresentar reclamação no foro da celebração do contrato ou no da prestação dos respectivos serviços.

Esta divisão de jurisdição é bastante salutar, posto que propicia uma especialização dos Juízes em relação a determinadas matérias, proporcionando decisões mais céleres e bem elaboradas.

5.2.2. Objeto

Até o advento da Constituição Federal de 1988, a competência da Justiça do Trabalho encontrava-se delimitada pelo art. 652 da CLT.

Estabelecia a legislação trabalhista, como regra geral, que apenas os dissídios que tivessem como objeto matéria trabalhista poderiam ser apreciados pela Justiça do Trabalho. A única exceção a esta regra encontrava-se elencada no inciso III do art. 652 da CLT, que autorizava o juiz do trabalho, excepcionalmente, a julgar "os dissídios resultantes de contratos de empreitadas em que o empreiteiro seja operário ou artífice" (art. 652, III, da CLT).

Assim, apenas as ações promovidas pelos sujeitos de uma relação de emprego e que tivessem como objeto matéria trabalhista, regulamentada pela CLT (férias, horas extras, equiparação salarial etc.) seriam apreciadas pela Justiça do Trabalho.

Com a Constituição Federal de 1988, ocorreu a primeira ampliação da competência material da Justiça do Trabalho, quando, passaram a ser admitidas ações de natureza civil, desde que decorressem do contrato de trabalho. Tal avanço foi inserido no *caput* do art. 114, que, à época da promulgação, contava com a seguinte redação:

> Art. 114. Compete à Justiça do Trabalho conciliar e julgar os dissídios individuais e coletivos entre trabalhadores e empregadores, abrangidos os entes de direito público externo e da administração pública direta e indireta dos Municípios, do Distrito Federal, dos Estados e da União, e, na forma da lei, outras controvérsias decorrentes da relação de trabalho, bem como os litígios que tenham origem no cumprimento de suas próprias sentenças, inclusive coletivas.

Neste contexto, em 1988, houve apenas a ampliação da competência em razão da matéria, já que a competência pessoal continuou restrita aos sujeitos da relação de emprego, salvo os casos expressamente previstos em lei.

Durante alguns anos, discutiu-se a interpretação do *caput* deste dispositivo constitucional, considerando-se que alguns juristas ainda sustentavam que era necessária expressa autorização legal para permitir ao judiciário trabalhista conhecer de conflitos de natureza civil, ainda que decorrentes da relação de trabalho.

Tal celeuma foi sepultada após o julgamento do RE 345486/SP – SÃO PAULO, pela Segunda Turma do STF, que, de modo enfático e unânime, declarou expressamente que "esta Suprema Corte tem assentado não importar, para a fixação da competência da Justiça do Trabalho, que o deslinde da controvérsia dependa de questões de direito civil, bastando que o pedido esteja lastreado na relação de emprego (CJ 6.959, rel. Min. Sepúlveda Pertence, RTJ 134/96)".

Assim, antes da Constituição Federal de 1988, se o empregador ofendesse moralmente, em razão do trabalho, seu empregado, este conflito seria julgado na Justiça Comum Estadual. Depois da Constituição, estes conflitos, de natureza civil, *v.g.*, ação de indenização por dano moral, passaram para a competência da Justiça do Trabalho. O Tribunal Superior do Trabalho, ratificando a posição do STF sobre o tema, editou a OJ 327 da SDI-1, convertida, em 2005, na Súmula 392.

Depois disso, em 1998, a Emenda Constitucional nº 20 ampliou, mais uma vez, a competência material da Justiça do Trabalho, permitindo a execução *ex officio* dos débitos previdenciários, "decorrentes da sentença que proferir".

Em 2004, nova ampliação da competência material foi apresentada pela Emenda Constitucional nº 45, mas, desta vez, por via reflexa ou indireta.

Isto porque houve, em verdade, com a EC 45, uma verdadeira ampliação da competência pessoal e, com isso, acabou-se por aumentar, também, o rol de matérias que serão apreciadas pelo Juiz do Trabalho.

Com efeito, antecipando um pouco o que será abordado no tópico seguinte, depois da EC 45/04, a Justiça do Trabalho passou a julgar ações que não têm, como partes, só os sujeitos da relação de emprego, mas, agora, qualquer conflito que decorra de uma relação de trabalho, incluídos aí os trabalhadores autônomos, corretores de imóveis, representantes comerciais etc., com exceção da cobrança de honorários, por profissionais liberais, na forma da Súmula 363 do STJ[5].

Tal situação implica, sem dúvida, numa ampliação da competência material, já que estes conflitos não terão como fonte de aplicação a matéria trabalhista tratada pela CLT.

Com isso, o juiz do trabalho terá que julgar estas ações de acordo com a lei especial aplicável a cada profissão ou, genericamente, de acordo com os arts. 593 a 609 do Código Civil, que regulam os contratos de prestação de serviços autônomos.

É importante destacar, de logo, que a ampliação operada com a Emenda foi do foro, ou seja, não foram conferidos direitos trabalhistas às pessoas que

5. Súmula 363 do STJ – Compete à Justiça estadual processar e julgar a ação de cobrança ajuizada por profissional liberal contra cliente.

figuram na relação de trabalho; a intenção do legislador foi apenas conferir o foro privilegiado, e não a aplicação da CLT.

Além disso, através da Emenda 45/04, foram, ainda, inseridas na competência material da Justiça do Trabalho: a) ações sobre a representação sindical, entre sindicatos; sindicatos e trabalhadores e sindicatos e empregadores; b) *habeas corpus;* c) *habeas data*; e d) ações relativas às penalidades administrativas impostas aos empregadores, pelas Delegacias Regionais do Trabalho – art. 114 da Constituição Federal, incisos III, IV e VII.

Estas novas ações, inseridas pela Emenda Constitucional nº 45, devem, necessariamente, decorrer das relações de trabalho. O fato gerador do conflito tem que ser o contrato de trabalho ou Processo do Trabalho.

5.2.2.1. Ações decorrentes de acidente de trabalho

Apesar deste entendimento uniforme dos Tribunais, no sentido de admitir a competência material da Justiça do Trabalho para julgar as ações de natureza civil que decorressem da relação laboral, permanecia acirrada a controvérsia acerca das ações de indenização movidas contra o empregador, que, por dolo ou culpa, contribuiu para o acidente sofrido pelo empregado – art. 7º, XXVIII, da CF.

Embora tal conflito advenha do contrato de trabalho, entendiam alguns Juízes, inclusive era este o posicionamento do STF por um período, que o art. 109 da CF/88 apontava outra solução, ao dispor que causas relacionadas a acidente de trabalho e da Justiça do Trabalho estariam excetuadas da competência da Justiça Federal.

Parece-nos óbvio, todavia, que as ações acidentárias referidas no art. 109, I, CF/1988, seriam aquelas em que o réu fosse o INSS (União), afinal o referido dispositivo se refere apenas "as causas em que a União, entidade autárquica ou empresa pública federal forem interessadas na condição de autoras, rés [...]".

Nestes casos, quando o INSS for o réu, realmente a competência será da Justiça Estadual – Varas especializadas em acidente de trabalho. Já a ação de indenização movida contra o empregador, por ter incorrido em dolo ou culpa no acidente, será da competência da Justiça do Trabalho, por força do art. 114 da Constituição. Aqui, não há interesse da União, entidade autárquica ou empresa pública federal em jogo, o que afasta a incidência da competência pessoal definida no artigo constitucional.

Expliquemo-nos.

O acidente de trabalho, uma vez configurado, pode dar ensejo a dois tipos de conflitos, com objetos inteiramente distintos e que trazem, para o polo passivo da demanda, réus também distintos.

Destarte, pode o empregado acidentado ajuizar contra o INSS uma ação acidentária, de natureza previdenciária, com o fito de perceber ou discutir o auxílio-acidentário.

Nesta ação, o réu seria a autarquia federal referenciada, o que atrai a incidência do art. 109, I, da CF/88, e, assim, fica afastada a competência federal, deslocando-a para a Justiça Comum Estadual.

Por outro lado, pode ainda o empregado, concomitantemente, na forma do art. 7º, XXVIII, da Constituição Federal, ingressar com ação indenizatória por conta do acidente de trabalho sofrido, a ser intentada contra o seu empregador que, por dolo ou culpa *stricto sensu* – para os que defendem se tratar de responsabilidade subjetiva, como nós – ou ainda por culpa *objetiva* – para os que defendem a responsabilização com base no art. 2º da CLT (risco do negócio cabe ao empregador) e art. 927, § único, do CC, tenha concorrido para o advento do sinistro.

Felizmente, embora tardiamente, o STF, no julgamento do Conflito de Competência nº 7204, definiu, de vez, a questão, fixando a competência da Justiça do Trabalho, acabando com a insegurança jurídica e com o prejuízo causado aos jurisdicionados que ficaram por alguns anos discutindo qual seria o órgão competente para o ajuizamento da ação.

A justificativa encontrada por alguns Ministros do STF para mudar de opinião foi a Emenda Constitucional 45, mas, na verdade, o referido texto nada mudou no cenário jurídico que envolvia esta discussão.

Com efeito, a discussão acerca dessa matéria decorria da aplicação equivocada do art. 109, I da CF/88, que não sofreu qualquer alteração pela Emenda Constitucional nº 45/04, e pelo fato de que o inciso VI do art. 114 apenas menciona a competência para apreciar "indenização por dano moral ou patrimonial", sem se referir às ações decorrentes de acidente de trabalho.

Quanto aos processos que já estavam em curso quando do advento da Emenda 45/04, o STJ, em Acórdão proferido pela Segunda Seção do STJ, (CC 51.712-SP, Rel. Min. Barros Monteiro, julgado em 10/8/2005 e publicado no DJ em 14/9/2005, p.189), entendeu, por maioria, que somente seriam remetidos à Justiça do Trabalho os feitos relativos à indenização de danos morais e/ou patrimoniais decorrentes de acidente de trabalho que, no advento da EC n. 45/2004, ainda se encontravam sem sentença prolatada, seja de mérito ou não.

Por sua vez, aqueles processos já sentenciados prosseguiriam regidos pela antiga competência da Justiça Comum Estadual, inclusive em sua fase recursal. Entendeu esta Corte que alteração superveniente de competência, mesmo que determinada por regra constitucional, não atinge a validade de sentença anteriormente proferida, conforme colacionamos, *in verbis*:

AGRAVO INTERNO. CONFLITO DE COMPETÊNCIA. AÇÃO DE INDENIZAÇÃO. ACIDENTE DE TRABALHO. EMENDA CONSTITUCIONAL 45/2004. ALTERAÇÃO DO ARTIGO 114, VI, DA CF. MARCO DEFINIDOR DA INCIDÊNCIA DA NOVA NORMA CONSTITUCIONAL. SENTENÇA DE MÉRITO. PRECEDENTES DO STF E DA SEGUNDA SEÇÃO.

A Segunda Seção desta Corte, ao apreciar o CC nº 51.712/SP, Rel. Min. Barros Monteiro, deliberou acerca do estágio processual delimitador da respectiva incidência da nova norma constitucional de competência, considerando-se a "eficácia imediata mas, salvo disposição expressa, não retroativa" (CC nº 6.967-7/RJ, Rel. Ministro SEPÚLVEDA PERTENCE). Naquela oportunidade, fixou-se que "o marco definidor da competência ou não da Justiça obreira é a sentença proferida na causa. Se já foi ela prolatada pelo Juiz de Direito por onde tramitava, a competência permanece na Justiça comum estadual, cabendo o eventual recurso à Corte de segundo grau correspondente. Se ainda não proferida a decisão, o feito deve, desde logo, ser remetido à Justiça do Trabalho".

Agravo a que se nega provimento. (AgRg nos EDcl no CC 50.610/BA, Rel. Ministro CASTRO FILHO, SEGUNDA SEÇÃO, julgado em 08.03.2006, DJ 03.04.2006 p. 212)

Em 2009, o STF editou a súmula vinculante nº 22 e a questão foi sedimentada. Segundo o entendimento firmado pela Corte Suprema, a Justiça do Trabalho é competente para processar e julgar as ações por indenização por dano moral e material decorrente da relação de emprego, "inclusive aquelas que ainda não possuíam sentença de mérito em primeiro grau quando da promulgação da Emenda Constitucional n. 45/04".

Assim, somente seriam remetidas à Justiça do Trabalho aquelas ações que ainda não tinham sido sentenciadas, o que atenuou, sem dúvida, os problemas advindos da transferência destas ações.

Ainda com relação às tais ações, pertinente mencionar que a Lei 11.232/05 acrescentou o art. 475-Q no CPC/73, que estabelecia que quando a indenização por ato ilícito incluir prestação de alimentos, o juiz, quanto a esta parte, poderia ordenar ao devedor constituição de capital, cuja renda assegurasse o pagamento do valor mensal da pensão.

No Código de Processo Civil de 2015, há disposição no mesmo sentido (art. 533 e parágrafos), inserida no capítulo referente à obrigação de prestar alimentos; no entanto, em que pese essa previsão constar de capítulo especificamente direcionado para esse tipo de obrigação, continua a se tratar de dispositivo legal previsto em decorrência de um ato ilícito, com a diferença de que novo regramento deixa claro que a medida será concedida a requerimento do exequente, impondo-se e não facultando-se (como era a disposição no CPC/73) ao juiz a constituição de capital.

Como afirma Mallet, esta diretriz "mostra-se compatível com o Direito Processual do Trabalho, a justificar a ordem judicial de constituição de capital ou de inclusão em folha de credor com direito a prestação periódica, como é o caso de empregado vitimado por acidente de trabalho, com perda ou redução da capacidade de trabalho".

5.2.2.2. Responsabilidade civil do empregador

Faremos aqui um breve parêntese para registrar nossa opinião – apenas para não pecarmos pela omissão – sobre a responsabilidade civil do empregador nas ações decorrentes de acidente de trabalho.

Este tema traz à baila uma discussão polêmica que divide opiniões de grandes juristas, como, a título exemplificativo, os professores Rodolfo Pamplona Filho e Pablo Stolze Gagliano, que, em obra conjunta, assim se manifestaram:

> Vemo-nos obrigados a reconhecer o seguinte paradoxo: o empregador, pela atividade exercida, responderia objetivamente pelos danos por si causados, mas, em relação a seus empregados, por causa de danos causados justamente pelo exercício da mesma atividade que atraiu a responsabilização objetiva, teria um direito a responder subjetivamente[...].

De fato, não se pode admitir, diante do expresso comando constitucional, que a responsabilidade do empregador seja objetiva, conforme faz parecer a redação do parágrafo único, art. 927 do Código Civil, *in verbis*:

> Haverá obrigação de reparar o dano, independentemente de culpa, nos casos especificados em lei, ou quando a atividade normalmente desenvolvida pelo autor do dano implicar, por sua natureza, risco para os direitos de outrem.

Ora, nosso ordenamento jurídico é constituído em sistema piramidal, na qual todas as normas jurídicas hierarquicamente inferiores à Constituição lhe devem obediência.

Neste sentido, válidas são as lições de José Afonso da Silva:

> Nossa Constituição é rígida. Em conseqüência, é a lei fundamental e suprema do Estado brasileiro. Toda autoridade só nela encontra fundamento e só ela confere poderes e competências governamentais [...]. Por outro lado, todas as normas que integram a ordenação jurídica nacional só serão válidas se se conformarem com as normas da Constituição Federal.

Alguns juristas têm defendido, nestes casos, a aplicação do princípio da norma mais favorável, mas é de se notar que esta diretriz não pode ser aplicada quando as normas envolvidas no conflito não são de mesma hierarquia.

Ao lado disso, não se está trabalhando na identificação de direitos mais vantajosos fixados para os empregados – como requer o conteúdo daquele princípio cuja aplicação se propugna – mas sim, discutindo-se o conceito de importante instituto jurídico: a responsabilidade civil.

O constituinte de 1988 firmou clara posição de que a responsabilidade civil decorrente de acidente de trabalho seria **subjetiva**, entendimento este que não pode ser alterado por norma infraconstitucional – *in casu*, o Novo Código Civil.

Isso porque, embora seja inquestionável a legalidade da aplicação subsidiária do Código Civil nos conflitos laborais, o certo é que, como o nome já diz, somente haverá permissão para aplicação do Código Civil nos conflitos originários da relação de emprego quando a legislação trabalhista for omissa, ou seja, quando não encontrar regulação própria para solução do conflito que lhes são postos.

Se a Constituição Federal, em seu art. 7º, XXVIII, estabelece o tipo de responsabilidade civil que deve ser aplicado às ações de indenização civil por acidente do trabalho e, em sendo o mencionado dispositivo norma constitucional trabalhista, não podemos falar em omissão ou lacuna na legislação trabalhista neste particular.

Nesse sentido, em parecer apresentado nos autos do Recurso Extraordinário n. 828.075/DF, que discute se a responsabilidade dos empregadores pelos acidentes de trabalho é subjetiva ou objetiva, o Ministério Público do Trabalho afirmou que "a Carta da República não institui responsabilidade sem culpa dos empregadores por acidentes de trabalho".

Ora, se não há lacuna nem omissão na legislação trabalhista, outra não pode ser a conclusão senão a de inaplicabilidade do Código Civil nos conflitos decorrentes de acidente do trabalho.

Do mesmo modo, sem êxito é o argumento de que o parágrafo único do art. 927, do Código Civil, sendo norma mais favorável ao empregado, deve ser aplicado sob pena de violação ao princípio laboral de aplicação da norma mais favorável, na medida em que dito princípio somente pode ser levado a efeito quando em consonância com as demais normas constitucionais.

Forçoso então, por tudo já analisado alhures, que se reconheça a responsabilidade subjetiva do empregador face aos acidentes eventualmente ocorridos nas relações de trabalho.

5.2.2.3. Competência em matéria criminal

A doutrina não encontrou consenso a respeito da competência ou incompetência da Justiça do Trabalho para julgar matéria criminal, existindo três correntes a respeito: uma que defende a sua competência, em razão do princípio da uniformidade do entendimento; a segunda, que nega essa competência à Justiça do Trabalho; e a terceira que entende haver tal competência se for editada lei a conferindo[6].

Ocorre que o STF tem entendido pela competência da Justiça Federal nas ações que envolvem matéria de crime de redução à condição análoga à de escravo, o que demonstra que a Corte Suprema tem entendido pela ausência de competência da Justiça do Trabalho em matéria criminal, já que, neste caso, seria típica relação afeta à sua competência[7].

Nesse sentido, com o pronunciamento da ADI 3395 em 15/04/2020, o STF continuou interpretando à luz do inciso I do art. 114 da CF/88, que estabelece, sobretudo, os limites de atuação da justiça do trabalho, em especial quanto aos servidores estatutários.

Sendo assim, considerando que essa liminar tem efeito vinculante e eficácia contra todos, até que sobrevenha decisão definitiva na mencionada ADIn, prevalece o entendimento do STF de que não compete à Justiça do Trabalho processar e julgar ações em matéria penal.

5.3. COMPETÊNCIA PESSOAL

A competência pessoal leva em consideração os sujeitos que integrarão os polos da relação jurídica processual: o reclamante e o reclamado.

Esta competência está diretamente ligada à material, porque são os sujeitos do contrato que constituem a relação jurídica de direito material, da qual surge o conflito de interesses discutidos no processo.

---

6. LEITE, Carlos Henrique Bezerra. *Curso de Direito Processual do Trabalho*, São Paulo, 2012.

7. Nesse sentido, RE: 398041 PA DIREITO PENAL E PROCESSUAL PENAL. ART. 149 DO CÓDIGO PENAL. REDUÇÃO Á CONDIÇÃO ANÁLOGA À DE ESCRAVO. TRABALHO ESCRAVO. DIGNIDADE DA PESSOA HUMANA. DIREITOS FUNDAMENTAIS. CRIME CONTRA A COLETIVIDADE DOS TRABALHADORES. ART. 109, VI DA CONSTITUIÇÃO FEDERAL. COMPETÊNCIA. JUSTIÇA FEDERAL. RECURSO EXTRAORDINÁRIO PROVIDO. A Constituição de 1988 traz um robusto conjunto normativo que visa à proteção e efetivação dos direitos fundamentais do ser humano. A existência de trabalhadores a laborar sob escolta, alguns acorrentados, em situação de total violação da liberdade e da autodeterminação de cada um, configura crime contra a organização do trabalho. Quaisquer condutas que possam ser tidas como violadoras não somente do sistema de órgãos e instituições com atribuições para proteger os direitos e deveres dos trabalhadores, mas também dos próprios trabalhadores, atingindo-os em esferas que lhes são mais caras, em que a Constituição lhes confere proteção máxima, são enquadráveis na categoria dos crimes contra a organização do trabalho, se praticadas no contexto das relações de trabalho. Nesses casos, a prática do crime prevista no art. 149 do Código Penal (Redução à condição análoga a de escravo) se caracteriza como crime contra a organização do trabalho, de modo a atrair a competência da Justiça federal (art. 109, VI da Constituição) para processá-lo e julgá-lo. Recurso extraordinário conhecido e provido. (STF – RE: 398041 PA, Relator: Min. JOAQUIM BARBOSA, Data de Julgamento: 30/11/2006, Tribunal Pleno, Data de Publicação: DJe-241 DIVULG 18-12-2008 PUBLIC 19-12-2008 EMENT VOL-02346-09 PP-02007)

Voltamos a repetir que, até a EC 45/04, a Justiça do Trabalho era competente para apreciar, **apenas**, os conflitos entre empregados e empregadores, independente da natureza da matéria (trabalhista ou civil), desde que o fato gerador decorresse do contrato de trabalho.

Deste modo, para que o conflito fosse trabalhista, era necessário que a relação jurídica de direito material fosse constituída por um empregado e um empregador, nos moldes definidos pelos arts. 2º e 3º da CLT (pessoalidade, subordinação, onerosidade e habitualidade).

Até a publicação deste novo texto constitucional, quem ditava a regra de competência pessoal era o *caput* do art. 114 da CF.

Já existia, desde 1988, um aparente propósito em ampliar a competência pessoal, quando o constituinte fez referência a trabalhadores, mas no outro polo foi incluído, de modo limitativo, "empregadores", daí se extraiu a conclusão inconteste de que somente poderiam integrar os polos da relação processual os sujeitos da relação de emprego.

A Emenda Constitucional 45/04 acabou por alterar substancialmente o art. 114 da CF, que passou a ser redigido de forma a ampliar a competência pessoal da Justiça do Trabalho.

Agora, após a Emenda nº 45, passou a Justiça do Trabalho a ser competente para julgar os conflitos decorrentes da relação de trabalho e não mais somente da relação de emprego – entre trabalhadores e empregadores.

Portanto, não é mais necessária autorização legal para que o Juiz do Trabalho julgue os conflitos entre trabalhadores e os "tomadores de serviço", que travam uma relação sem a subordinação, típica das relações de emprego.

O que era exceção foi inserido na regra geral, mas, como é praxe no Brasil, o texto foi infeliz na redação, deixando de especificar qual a modalidade de relação de trabalho que deve ser julgada pela Justiça do Trabalho.

A relação de trabalho é gênero e a relação de emprego é espécie, essa última facilmente identificada pelo elemento inafastável da subordinação, inexigível nas demais relações de trabalho.

Enquadram-se na relação gênero os trabalhadores autônomos, aqueles prestadores de serviço que têm o contrato regulado pelos arts. 593 a 609 do Código Civil, os diretores das Sociedades Anônimas, na forma dos estatutos e da Lei 6.404/76, os representantes comerciais (Lei nº 4.886/65), dentre outros, ressalvada, desde já, a exceção da cobrança de honorários, por profissionais liberais, na forma da Súmula 363 do STJ.

Rodrigues Pinto explica a nova previsão constitucional, incluindo, no novo âmbito da competência, "todas as pessoas físicas prestadoras de atividade pessoal, subordinada ou não, voltada para a produção de bens e a prestação de serviços"; desta forma, não mais ficam restritas à Justiça do Trabalho as relações de trabalho em que haja a característica da subordinação.

Cumpre-nos fazer algumas importantes observações, com o propósito de delimitar o alcance das relações de trabalho, referidas pela Emenda Constitucional nº 45/04.

A primeira e menos polêmica refere-se ao afastamento de conflitos que envolvam duas pessoas jurídicas. Ora, para que haja conflito decorrente de uma relação de trabalho, faz-se necessário que em um dos polos da ação tenhamos, necessariamente, o trabalhador, pessoa física, que, de modo pessoal, prestou o serviço a terceiro.

A falta de maior detalhamento da redação do art. 114 da CF/88 traz ainda outras importantes consequências, pois uma prestação de serviços pode gerar diversas relações jurídicas. Assim temos:

- Relação de emprego em que há **prestação de serviço pessoal, habitual e subordinada** do empregado – art. 3º da CLT;
- Relação de consumo na qual a prestação de serviço é equiparada ao produto adquirido pelo consumidor – arts. 2º e 3º do Código de Defesa do Consumidor;
- Relação de natureza civil na qual existe prestação de serviço autônoma, sem subordinação – arts. 593 a 609 do Novo Código Civil;
- Relação de natureza comercial, em que se enquadra a figura do representante comercial, conforme dispõe a Lei 4.886/65.

Além de outras, ainda mais controvertidas, como, por exemplo, a dos mandatários (diretor de S/A), estatutários (servidores públicos), cooperados (art. 442, Parágrafo único, da CLT).

Amauri Mascaro Nascimento revela que, na Itália, onde se convive também com este modelo de competência, o art. 409 do seu Código de Processo Civil caracteriza uma relação de trabalho quando há uma **prestação pessoal de serviço continuado e coordenado**, o que já permite estabelecer parâmetros mais delimitados.

No Brasil não houve esse facilitador no texto legal, deixando o terreno fértil para acirradas e eternas discussões, que sempre trarão insegurança jurídica e prejuízo para os jurisdicionados.

A aplicação, por analogia, da legislação estrangeira é, sem dúvida, um caminho, pois é uma fonte de direito (analogia – direito estrangeiro/comparado – art. 8º da CLT) que pode ser utilizada para se interpretar o dispositivo Constitucional.

Ademais, além dos sujeitos da relação de trabalho, admite-se, como partes, os sindicatos nas ações que discutem representação sindical (art. 114, III, da CF) e o INSS (art. 114, VIII, da CF).

5.3.1. Conflitos decorrentes de uma relação de consumo

Uma questão bastante polêmica que ainda não encontra posição unânime na doutrina, o que certamente demorará a acontecer. Trata-se da hipótese em que a relação de trabalho decorre de uma prestação de serviço que foi objeto de uma relação de consumo.

Advertimos, em primeiras linhas, que não entendemos que a Justiça do Trabalho é competente para analisar os conflitos que decorrem de uma relação de consumo. Entretanto, vozes dissonantes levam-nos a uma análise e estudo mais aprofundados.

Pois bem.

Consumidor, de acordo com o art. 2º do Código de Defesa do Consumidor (CDC), pode ser uma pessoa física ou jurídica que adquire ou utiliza um bem ou **um serviço** como destinatário final. Já o fornecedor, que presta serviço, **também pode ser pessoa física** ou jurídica, que realize a prestação de serviço almejado – inteligência do art. 3º do CDC.

O Código do Consumidor conceitua, ainda, serviço como sendo "**qualquer atividade fornecida no mercado de consumo, mediante remuneração**" (§2º do art. 3º).

A questão se cinge à conceituação, então, de consumidor enquanto "destinatário final" do serviço.

De acordo com os critérios definidos pelo CDC, a prestação de um serviço pode ser objeto de uma relação de consumo. E, neste caso, havendo um conflito, seria a Justiça do Trabalho competente, já que existiu, também, uma relação de trabalho?

No CDC há uma ressalva, no §2º do art. 3º, que serviço é qualquer atividade fornecida no mercado de consumo, "salvo as decorrentes de caráter trabalhista".

A solução passa, portanto, por identificar se a prestação de serviço decorreu de uma relação de trabalho ou de uma relação de consumo.

A relação de trabalho aqui mencionada é a mais ampla possível, compreendendo não só os contratos de emprego delimitados pela CLT, mas 'toda a espécie de serviço ou trabalho lícito' que são regulados pelos arts. 593 a 609 do CC/02.

O primeiro passo, portanto, é identificar quando a prestação de um serviço de um profissional autônomo será objeto de uma relação de consumo, pois, nessa hipótese, não há, ao nosso ver, uma relação de trabalho.

Na relação de consumo, quem merece proteção é o consumidor e não o fornecedor, no caso, o prestador do serviço.

A destinação final está ligada à utilização e fruição diretamente pelo consumidor do bem ou do serviço adquirido. Ao passo que, em outras relações, como na relação de trabalho, a utilização do bem ou do serviço se presta à formação de um novo bem ou serviço, de forma intermediária.

Nelson Nery, Ada Pellegrini Grinover, Kazuo Watanabe, e outros notáveis juristas, entendem que a prestação de serviço será objeto de uma relação de consumo quando o trabalho executado for o resultado final almejado pelo contrato e não exista interesse econômico do "tomador do serviço". Será, portanto, uma obrigação de resultado.

Para os referidos autores, consumidor é aquele que "age com vistas ao atendimento de uma necessidade própria **e não para o desenvolvimento de uma outra atividade negocial**" (grifo nosso). E, mais adiante, arrematam: "entendemos por 'consumidor' qualquer pessoa física ou jurídica que, isolada ou coletivamente, contrate para consumo final, em benefício próprio ou de outrem, a aquisição ou locação de bens, bem como a prestação de um serviço".

Tomemos, pois, como exemplo, uma relação entre um cirurgião plástico e um paciente.

Decerto que o paciente, *in casu*, é o destinatário final da prestação do serviço do médico, de maneira que é, em verdade, um consumidor. A relação de trabalho poderá existir com uma clínica maior, para a qual o cirurgião eventualmente preste serviços. Aí sim, teremos uma relação de trabalho, haja vista que a clínica se vale da força de trabalho do profissional de saúde para vender os seus serviços. Não há destinação final em relação à clínica.

Rodrigues Pinto arremata concluindo que: "só existirá **relação de consumo** com o profissional liberal quando o **consumidor se apropriar diretamente do produto do trabalho ou do resultado do serviço do prestador".** (grifos do autor).

Pensar diferente seria admitir a existência de relação de trabalho entre o consumidor e o prestador de serviços. Estando a celeuma no âmbito da Justiça do Trabalho, apareceria, de logo, um problema. Observe-se que nesse caso, o trabalhador é o prestador de serviços, ao passo que o consumidor é o "tomador de serviços". Aplicar-se-ia, simultaneamente, duas normas protetivas: a do trabalhador e a do consumidor, o que levaria à equiparação de partes concretamente desiguais.

Três opiniões dividem a doutrina:

1ª) A primeira pondera que se existe em uma relação qualquer tipo de trabalho (prestação pessoal mediante remuneração), a competência é da Justiça do Trabalho, em função da supremacia e superveniência da Constituição. De acordo com esta corrente, que defende a interpretação ampliativa, se a Constituição não fez nenhuma restrição, não compete ao intérprete fazê-lo. A única exceção seria o conflito envolvendo duas pessoas jurídicas.

Rodolfo Pamplona sustenta que: "agora, todas as ações oriundas da relação de trabalho (para muitos, relação de emprego), no que não temos como desprezar os contratos civis, consumeristas ou outros contratos de atividade (quando se referirem à discussão sobre a valorização do trabalho humano), deverão ser ajuizadas, a partir da Reforma do Judiciário, na Justiça do Trabalho".

2ª) A segunda corrente sustenta que de um mesmo fato jurídico podem nascer duas relações distintas e, sendo assim, há de se apurar, para fixação da competência, se o fato gerador decorreu da relação de trabalho ou de consumo. Assim, se um médico é contratado para uma determinada cirurgia plástica, nascem deste fato jurídico duas relações: uma de trabalho, decorrente da prestação do serviço (cirurgia plástica) e outra de consumo (resultado pretendido), de modo que, se o médico não receber os honorários pactuados, poderá acionar o paciente, devedor, na Justiça do Trabalho.

Já o paciente, insatisfeito com o resultado, na hipótese de desejar pleitear uma indenização, não poderá valer-se da Justiça do Trabalho, já que o fato gerador está atrelado à relação de consumo.

Para o Ministro Dalazen: "cuida-se, a meu juízo, de uma relação jurídica de natureza bifronte: do ângulo do consumidor/destinatário do serviço, relação de consumo, regida e protegida pelo CDC; do ângulo do prestador do serviço (fornecedor), regulada pelas normas de Direito Civil. Evidentemente, que nessa relação contratual tanto pode surgir lesão a direito subjetivo do **prestador do serviço** (fornecedor) quanto do **consumidor**/ destinatário do serviço". (grifos do autor).

Divergimos desta corrente, mesmo admitindo sua razoabilidade, porque, muitas vezes, os conflitos se entrelaçam, já que a falta de pagamento poderá decorrer de um discutível erro médico na cirurgia, o que poderia resultar em julgamentos sobre a mesma matéria em órgãos jurisdicionais distintos, o que seria inadmissível.

3ª) E, por último, a corrente à qual nos filiamos, de que a competência não é da Justiça do Trabalho, porque quando o serviço for meio para se formar uma relação de consumo, não se caracterizará, nos moldes previstos pela Emenda, uma relação de trabalho. É importante destacar que nas relações de consumo o serviço é contratado com resultado esperado, uma obrigação de resultado, e, nestes casos, quem merece a proteção é o consumidor.

Assim, nos filiamos à terceira corrente, considerando que a relação é de consumo, e, ao nosso ver, escapa ao conceito de relação de trabalho pretendida pelo art. 114 da CF.

Nesse sentido, o STJ editou a Súmula 363, entendendo ser da Justiça Comum, e não da Trabalhista, a competência para julgar ação que envolva cobrança de honorários de profissional liberal[8], entendendo, portanto, tratar-se de relação de consumo.

5.3.2. Servidor Público

A relação entre o servidor público, assim considerado o estatutário e o ente público (União, Estado-membro, Município e respectivas autarquias) é, sem dúvida, uma relação de trabalho, mas, mesmo após a Emenda 45, o STF mantém seu antigo entendimento, afastando a competência da Justiça do Trabalho.

Em sede de medida liminar, nos autos da Ação Direta de Inconstitucionalidade nº 3395-6, entendeu o Egrégio Tribunal que a competência para dirimir os conflitos oriundos desta relação não é da Justiça do Trabalho, visto que essas demandas vinculadas a questões funcionais devem ser regidas pela Lei 8.112/90 e pelo Direito Administrativo e são diversas dos contratos de trabalho regidos pela CLT; *in verbis*:

> Poderá, como afirma a inicial, estabelecerem-se conflitos entre a Justiça Federal e a Justiça Trabalhista, quanto à competência desta ou daquela [...]. Dou interpretação conforme ao inciso I do art. 114 da CF, na redação da EC nº 45/2004. Suspendo, *ad referendum*, toda e qualquer interpretação dada ao inciso I do art. 114 da CF, na redação dada pela EC 45/2004, que inclua, na competência da Justiça do Trabalho, a "[...] apreciação [...] de causas que [...] sejam instauradas entre o Poder Público e seus servidores, a ele vinculados por típica relação de ordem estatutária ou de caráter jurídico-administrativo".

Esta posição está, a nosso ver, equivocada, vez que o servidor público é, sem dúvida, um trabalhador e esta relação estaria inserida no rol dos conflitos abarcados pela EC/45, independente do diploma legal que regulamente a relação contratual existente.

Não é por outro motivo que o texto encaminhado ao Senado continha a ressalva de que estariam excluídos da competência da Justiça do Trabalho os servidores públicos e tal exclusão dos estatutários não foi aprovada pela Câmara.

Com isso, acabou-se por promulgar e publicar a redação como aprovada nas duas Casas do Congresso Nacional: competência para as lides oriundas de "relações de trabalho" em geral, o que possibilitaria que as relações entre os servidores públicos e o Poder Público fossem passíveis de

---

8. Súmula 363 do STJ: Compete à Justiça estadual processar e julgar a ação de cobrança ajuizada por profissional liberal contra cliente.

apreciação pela Justiça do Trabalho. Tal diretriz, contudo, encontra óbice na liminar concedida na ADIN acima referida.

Com efeito, em setembro de 2019, os ministros da 6ª turma do TST[9] concordaram por unanimidade pelo reconhecimento da competência da Justiça do Trabalho para processar e julgar Reclamação Trabalhista proposta por servidora pública em face do município de João Pessoa (PB). Entretanto, o referido Acórdão foi cassado pelo STF, conforme trecho em destaque:

> (...) acerca das alegações apresentadas, ressalta-se que esta CORTE já se manifestou, por diversas vezes, em casos semelhantes, no sentido de que compete à Justiça comum pronunciar-se sobre a existência, a validade e a eficácia das relações entre servidores e o poder público fundadas em vínculo jurídico-administrativo (Rcl 4.069 MC-AgR, Rel. Min. MARCO AURÉLIO, Rel. p/ Acórdão Min. DIAS TOFFOLI, Tribunal Pleno, julgado em 10/11/2010). Portanto, não cabe à Justiça Especializada, como ocorreu na decisão impugnada, apreciar a regularidade do vínculo firmado entre o trabalhador e o Poder Público (...) Diante do exposto, com base no art. 161, parágrafo único, do Regimento Interno do Supremo Tribunal Federal, JULGO PROCEDENTE o pedido para cassar os atos decisórios proferidos na Justiça do Trabalho e determinar a remessa dos autos à Justiça Comum.[10]

Dessa forma, o Ministro Alexandre de Moraes reafirmou o posicionamento do STF, que ainda se mantém. Contudo, importante esclarecer que em relação ao empregado público, tanto da Administração Direta quanto da Administração Indireta, é pacífico que a competência é da Justiça do Trabalho, por tratar-se de relação contratual, e não estatutária, regida pela CLT.

5.4. COMPETÊNCIA TERRITORIAL

Está relacionada com os limites geográficos do exercício da jurisdição. Aqui são estabelecidas as regras que vão definir o foro competente para o ajuizamento da ação.

A regra geral, trazida pelo *caput* do art. 651 da CLT, é a de que a competência territorial será fixada em função do local da prestação do serviço, ainda que o empregado tenha sido contratado em outro local ou mesmo no exterior.

Assim, fica claro que a competência em razão do lugar se define pelo local da realização da prestação do serviço, independentemente do local da contratação.

9. TST – RR: 2994720185130005, Relator: Kátia Magalhães Arruda, Data de Julgamento: 18/09/2019, 6ª Turma, Data de Publicação: DEJT 20/09/2019.

10. STF – Reclamação 39.068 – Brasília, 14 de fevereiro de 2020. Ministro Relator Alexandre de Moraes.

Buscou o legislador proteger o empregado, visto que é no local da prestação do serviço onde ele encontrará e reunirá as provas que se farão necessárias para o seu processo.

A regra geral estabelecida no referido dispositivo se aplica mesmo que a ação seja apresentada pela empresa.

Surgem, entretanto, algumas dúvidas em razão da omissão na CLT.

A primeira, nas hipóteses em que o empregado prestar serviço em mais de um lugar. Se o labor não foi simultâneo, a solução que prevalecia na jurisprudência é que o foro competente seria o último local da prestação do serviço. Assim, se o empregado, contratado em Salvador, foi transferido para Recife e depois para São Paulo, deve a ação ser apresentada na capital paulista.

Não pensamos assim. Se a norma é lacunosa, a melhor forma de interpretá-la é em favor do empregado, aplicando-se, neste caso, o princípio da proteção, que, mesmo com as ressalvas apresentadas, também se aplica no Processo do Trabalho. Este entendimento é, atualmente, compartilhado pela jurisprudência, como se nota através da seguinte decisão:

> EMBARGOS EM RECURSO DE REVISTA. "CONFLITO NEGATIVO DE COMPETÊNCIA. TRANSFERÊNCIA. PRESTAÇÃO DE SERVIÇOS EM MAIS DE UM LUGAR. AJUIZAMENTO DA AÇÃO EM QUALQUER UM DELES. ART. 651 DA CLT. O art. 651 da CLT dispõe, como regra geral, que a Reclamação Trabalhista deve ser apresentada no lugar da prestação de serviços e, como exceção, acrescenta o foro da celebração do contrato, quando tratar de Empregador que promova a realização de atividades fora do lugar de ajuste, ou domicílio do empregado, na hipótese de o mesmo ser agente ou viajante comercial. (§ 1º e § 3º). In casu, o Reclamante foi contratado na cidade de São Paulo e prestou serviços primeiramente em São Bernardo do Campo e por último na cidade de Atibaia-SP. Interpretando o aludido dispositivo Consolidado, conclui-se que, **havendo mais de um local de prestação de serviços e diante de falta de previsão legal disciplinando tal situação, deve-se levar em conta os princípios protetores que norteiam o direito do trabalho, deixando a critério do Reclamante a opção pelo ajuizamento da demanda trabalhista naquele lugar em que lhe será mais fácil exercitar o seu direito de ação.** Conflito de Competência que se julga procedente, declarando a competência da Vara do Trabalho de São Bernardo do Campo, para onde deverão ser remetidos os autos ". (Processo: CC – 1299146-52.2004.5.00.0000 Data de Julgamento: 29-6-2004, Relator Ministro: José Simpliciano Fontes de F. Fernandes, Subseção II Especializada em Dissídios Individuais, Data de Publicação: DJ 20-8-2004; destaquei). (TRT18, RO – 0010637-89.2016.5.18.0012, Rel. CELSO MOREDO GARCIA, 2ª TURMA, 28/11/2016). (grifos aditados).

Esta norma extraída do *caput* do art. 651, da CLT se aplica, também, ao empregado estrangeiro que trabalhou legalmente no Brasil. Seria a hipótese de empresa estrangeira com filial no Brasil e que transferiu o empregado. Observe-se que o dispositivo em questão não restringiu a aplicação da norma aos brasileiros, ao contrário do que ocorreu no §2º, e isto autoriza estrangeiros, que trabalharam no Brasil, a ajuizar ações relativas ao período em que houve prestação de serviço no território nacional.

Este foi, inclusive, o entendimento exarado pela SDI-1, do TST, no julgamento do E-RR-478.490/1898.9, cuja ementa dispõe o seguinte:

> JURISDIÇÃO. COMPETÊNCIA TERRITORIAL. JUSTIÇA DO TRABALHO. ART. 651, CAPUT E §3º, DA CLT. PRESTAÇÃO DE SERVIÇOS EM DIFERENTES PAÍSES. OPÇÃO DO EMPREGADO. 1. Determina o exercício da jurisdição trabalhista a lei do local da execução do serviço ("lex loci executionis"), o que é consentâneo com o escopo protetivo das normas trabalhistas. 2. Ao empregado estrangeiro cujo contrato foi celebrado e rescindido no exterior, bem assim que, por conta de transferências, ora trabalhou no Brasil, ora na Argentina, ora na República Dominicana, **é lícito demandar perante o Estado brasileiro para solver o litígio concernente ao período em que prestou serviços no Brasil.** 3. Embargos parcialmente conhecidos e providos para limitar o exercício da jurisdição trabalhista ao período em que o contrato de trabalho foi executado no Brasil. (TST-E-RR-478.490/1898.9, SDI-1, Ministro Relator João Oreste Dalazen, DJ 03/02/2006). (destaques nossos).

Vale ressaltar ainda, no que concerne à competência territorial, que apesar da previsão contida no art. 63 do Código de Processo Civil de 2015, que permite a sua alteração por vontade das partes, o TST através da IN n. 39 entendeu que o dispositivo é incompatível com o processo do trabalho e, portanto, inaplicável supletivamente.

Assim como nos pronunciamos acerca do negócio jurídico processual, divergimos do posicionamento acima adotado pela Corte Superior Trabalhista pois não vislumbramos nenhum conflito entre o instituto e os princípios que regem o processo do trabalho. O mesmo raciocínio se aplica a possibilidade de modificação da competência territorial por vontade das partes no ajuizamento da ação, prevista no art. 63 do CPC, ainda mais se considerarmos que a é incontroverso em sede doutrinária e jurisprudencial que a inexistência de apresentação de exceção pelo réu implicará na manutenção do processo na vara em que foi distribuída a ação, ainda que não seja o foro previsto de acordo com as regras da CLT – art. 651. Assim, se é possível a prorrogação da competência no curso do processo, não seria crível não a permitir no mesmo na propositura da reclamação.

5.4.1. Exceções

A própria CLT apresenta, no mesmo artigo 651, três situações que fogem da aplicação da regra geral.

a) empregados viajantes comerciais – §1º;

A primeira, quando o empregado trabalhar na condição de viajante comercial.

Nestes casos, a ação deverá ser proposta na cidade onde se encontra a agência ou filial a que o empregado esteja a subordinado. Esta análise, subjetiva, tem que ser feita em cada caso concreto.

A subordinação estará caracterizada quando o empregado tiver que prestar contas de suas atividades naquela determinada filial.

Não existindo filial ou, não podendo se especificar a subordinação, será competente a vara do domicílio do empregado ou da cidade mais próxima.

b) empregado brasileiro que presta serviço em filial no exterior – §2º

Desde que não exista Convenção Internacional dispondo o contrário, o empregado brasileiro, que trabalhe em agência ou filial no exterior, terá o seu litígio julgado no Brasil, na cidade em que prestava serviços ou no local da contratação, se não trabalhou no Brasil.

A Lei 11.962 de 2009 alterou o art. 1º da Lei 7.064/82, que restringia seus benefícios às empresas de engenharia. Assim, qualquer trabalhador contratado no Brasil e transferido para o exterior para prestar serviços em período superior a 90 dias será beneficiado com as vantagens asseguradas pela referida lei especial, em oposição à regra geral, internacional, de que se aplica a lei do local da prestação do serviço (antiga Súmula 207 do TST). Para os brasileiros transferidos para o exterior será garantido, além dos direitos estabelecidos no País da realização do trabalho, as vantagens fixadas na lei (arts. 4º ao 10º) e aquelas estabelecidas na legislação brasileira, se mais benéfica (art. 3º, II).

Nesse sentido, foi cancelada, em 2012, a Súmula 207, que estabelecia ser aplicável a legislação vigente no país da prestação do serviço e não a legislação do local da contratação. O cancelamento decorreu da necessária adequação à nova redação do art. 1º da Lei 7.064/82, que tornou o enunciado obsoleto e contraditório ao novo regime de proteção, sendo aplicável, portanto, a legislação brasileira quando mais benéfica.

De acordo com o art. 376 do CPC, aplicado, aqui, supletivamente, "a parte, que alegar direito municipal, estadual, estrangeiro ou consuetudinário, provar-lhe-á o teor e a vigência, se assim o determinar o juiz". Assim, cabe ao empregado apresentar, no ajuizamento da ação, a legislação estrangeira aplicável, sob pena de extinção do processo sem exame do mérito.

Barbosa Moreira sustenta que "o juiz brasileiro de modo nenhum está adstrito à iniciativa da parte no que tange a escolha do ordenamento que aplicará na resolução da lide ou da questão", podendo, portanto, de ofício, aplicar a norma estrangeira, mas isso não retira da parte a obrigação de trazer aos autos o diploma alienígena.

O artigo traz ainda, implicitamente, como requisito, que a empresa tenha sede ou filial no Brasil, o que nos parece razoável diante da dificuldade para a citação de empresa estrangeira através de carta rogatória e, principalmente, pela impossibilidade de se exigir, forçadamente, o cumprimento da sentença que for proferida.

Bezerra Leite pensa diferente e sustenta que "não obstante os obstáculos operacionais para a propositura da demanda em face da empresa que não tenha sede no Brasil, mostra-se perfeitamente possível a citação do empregador por carta rogatória, sendo competente a Vara do Trabalho, por aplicação analógica do art. 88, I e II, do CPC. Se ele aceitará ou não submeter-se à jurisdição da Justiça Laboral brasileira já é problema alheio à questão da competência" (art. 88, I e II do CPC/73, que correspondem no CPC/2015 ao art. 21, I e II).

A questão, a nosso ver, não é essa. Não se trata, apenas, de analisar as dificuldades da citação. A exigência está, como dissemos, na norma, que, ao referir-se a "dissídios em agência ou filial no estrangeiro", acabou por impor tal condição.

c) empregador que promove atividades fora do local da celebração do contrato

Esta terceira regra foi direcionada aos casos em que o EMPREGADOR realiza suas atividades fora do local onde o empregado foi contratado. Isso ocorre quando a atividade empresarial é, pela sua própria natureza, nômade.

A empresa é que realiza a atividade em vários locais, o que acontece, por exemplo, com circos e empresas que realizam feiras e eventos em diversas cidades de modo continuado.

Nestas hipóteses, o legislador permitiu ao empregado escolher o local do ajuizamento da ação: a cidade onde foi contratado ou o local que prestou serviço. Optando pelo local da prestação do serviço, poderá, na nossa opinião, escolher qualquer das cidades em que trabalhou.

Ao tratar do tema, Bezerra Leite defende que "a interpretação teleológica do §3º do art. 651 da CLT autoriza uma opção legal para o empregado de empresa que realiza atividades em locais diversos da contratação do obreiro, pouco importando se a título permanente ou esporádico".

Esse é um posicionamento que possui respaldo na jurisprudência dos tribunais trabalhistas, a exemplo do TST, que admite, na hipótese do empregador realizar atividades fora do local da celebração do contrato, que o empregado possa escolher a comarca de qualquer uma das cidades onde prestou serviço para ajuizar sua Reclamação, e não menciona a necessidade da execução de atividades em local diverso daquele que foi contratado ser a título permanente.

5.4.2. Relativização da regra do art. 651, caput, *da CLT. Princípio do acesso à justiça*

Diante do exposto nos itens anteriores, viu-se que o art. 651, *caput*, da norma consolidada estabelece, como regra geral da competência territorial, na Justiça do Trabalho, o foro do local da prestação dos serviços, assim como que, em determinadas situações, essa regra geral pode ser flexibilizada, em atenção ao princípio do amplo acesso à justiça, bem como ao da proteção.

Tal dispositivo é um reflexo do princípio protetivo no âmbito do Processo do Trabalho. Com efeito, a competência territorial foi estabelecida em razão de conferir maior facilidade ao empregado de produzir as provas necessárias à demonstração do seu direito.

Trata-se, como não poderia deixar de ser, de regra de competência relativa, instituída no interesse das partes. E, no caso do processo do trabalho, foi instituída no interesse do empregado – parte hipossuficiente não só na relação de direito material, mas também na relação processual, uma vez que o empregador tem melhores condições, sobretudo econômicas, de conduzir o processo.

Deste modo, essa regra visa efetivar o princípio da isonomia, pois objetiva reduzir as desigualdades existentes entre as partes, garantindo ao empregado um maior grau de acesso à justiça, além de viabilizar maior facilidade quanto à produção de provas.

Entretanto, pode haver situações em que manter a competência no local da prestação do serviço dificulta ou mesmo impede o acesso à justiça por parte do empregado, pois o seu domicílio atual é distante do foro que seria competente segundo as regras vigentes. Nesses casos, deve-se facultar ao empregado escolher, inclusive, propor a ação no foro do seu domicílio.

Com este sentir, os Tribunais já vêm relativizando a regra do art. 651 da CLT, admitindo a competência das Varas do foro do domicílio do autor, quando o do local da prestação dos serviços for distante da sua residência ou mesmo por conta de hipossuficiência econômica. Veja-se os julgados abaixo transcritos:

> COMPETÊNCIA EM RAZÃO DO LUGAR. POSSIBILIDADE DE AJUIZAMENTO DA AÇÃO NO LOCAL DO DOMICÍLIO DO AUTOR QUANDO ESTE FOR DIVERSO DO LOCAL DA PRESTAÇÃO DOS SERVIÇOS. **Embora o art. 651 da CLT determine que a ação seja proposta no local da prestação dos serviços, quando o autor for domiciliado em localidade diversa, esta pode ser a sede do ajuizamento da ação, levando-se em conta que o reclamante teria dificuldades financeiras caso tivesse que se deslocar durante a fase da instrução do feito, sob pena de restar comprometido o próprio direito de ação assegurado constitucionalmente. Inteligência do art. 5º da LINDB e do art. 5º, XXXV da CF** (TRT-22 – RO: 000004691720165220109, Relator: Tiberio Freire Villar Da Silva, Data de Julgamento: 21/06/2018, PRIMEIRA TURMA). (grifos aditados).

> COMPETÊNCIA TERRITORIAL. DOMICILIO DO AUTOR. A regra do artigo 651 da CLT deve ser interpretada à luz dos princípios constitucionais do amplo acesso

ao Judiciário garantido a todo cidadão (art. 5º, XXXV, da CF), da justiça gratuita aos que comprovarem insuficiência de recursos (art. 5º, LXXIV) e da celeridade e eficiência processual (art. 5º, LXXVIII), que norteiam o Direito e o Processo do Trabalho, tornando possível a apresentação da reclamação no foro de domicílio do trabalhador, se não for possível o ajuizamento na localidade da contratação ou da prestação de serviço (TRT-4 – RO: 00209618920165040801, Data de Julgamento: 22/03/2017, 5ª Turma).

5.4.3. Exceção de incompetência territorial

A exceção de incompetência territorial é o meio disponível à reclamada para impugnar o ajuizamento da ação fora do local previsto na legislação, sob pena de preclusão da matéria e prorrogação da competência.

De acordo com o *caput* do art. 64 do CPC, a incompetência relativa deve ser alegada como questão preliminar de contestação. Trata-se de norma que, no nosso entendimento, impunha ônus que, a depender da situação econômica do réu, configurava-se como extremamente penosa. Isto porque, caso a empresa não possuísse sede no local em que a reclamação trabalhista foi ajuizada, precisaria arcar com os custos do deslocamento de um preposto e de um advogado.

Ciente dessa realidade, o legislador inovou ao alterar o art. 800[11] da CLT. Conforme a nova redação do dispositivo, apresentada exceção de incompetência territorial por meio de petição simples, antes da assentada, no prazo de cinco dias a contar da notificação, a audiência inicial não será realizada.

Nessa hipótese, o processo será suspenso até que seja prolatada decisão acerca da exceção apresentada. Como forma de assegurar o contraditório, o reclamante e, se existentes, os litisconsortes deverão ser intimados para se manifestar no prazo de cinco dias.

Caso o juiz entenda que há necessidade de produção de prova oral para resolução do impasse, poderá ser designada a audiência respectiva,

---

11. Art. 800. Apresentada exceção de incompetência territorial no prazo de cinco dias a contar da notificação, antes da audiência e em peça que sinalize a existência desta exceção, seguir-se-á o procedimento estabelecido neste artigo.

§ 1º Protocolada a petição, será suspenso o processo e não se realizará a audiência a que se refere o art. 843 desta Consolidação até que se decida a exceção.

§ 2º Os autos serão imediatamente conclusos ao juiz, que intimará o reclamante e, se existentes, os litisconsortes, para manifestação no prazo comum de cinco dias.

§ 3º Se entender necessária a produção de prova oral, o juízo designará audiência, garantindo o direito de o excipiente e de suas testemunhas serem ouvidos, por carta precatória, no juízo que este houver indicado como competente.

§ 4º Decidida a exceção de incompetência territorial, o processo retomará seu curso, com a designação de audiência, a apresentação de defesa e a instrução processual perante o juízo competente.

situação em que será garantido ao excipiente e suas testemunhas a oitiva por carta precatória no juízo indicado como competente.

A doutrina parece se inclinar ao entendimento de que a arguição de incompetência relativa somente poderá ser realizada por meio de exceção, sob pena de preclusão da matéria. Nesse sentido, transcrevemos, respectivamente o posicionamento de Mauro Schiavi e Calor Henrique Bezerra Leite:

> A competência em razão do lugar é relativa. Por isso, se não for arguida a exceção, no prazo oportuno, haverá preclusão da matéria, prorrogando-se a competência da Vara em que a reclamação foi proposta.

Das referidas lições podemos concluir que não se aplicaria supletivamente, após a reforma na legislação trabalhista, o art. 64 do CPC, limitando-se a arguição de incompetência territorial no momento processual anterior à audiência inaugural, na forma da nova redação do art. 800 da CLT.

Ousamos divergir, no entanto, do referido posicionamento. Isto porque entendemos que a faculdade conferida pela lei 13.467/2017 não retira do réu a possibilidade de arguir a incompetência territorial em sua resposta que, no processo do trabalho, deve ser apresentada em audiência na forma do art. 847 da CLT.

Assim, seja como exceção (art. 799, §1º) seja como preliminar de contestação (art. 64 do CPC/2015) – discussão que aprofundaremos no item 10.1.1., entendemos que a reclamada poderá suscitar a incompetência de foro em momento posterior ao prazo previsto no art. 800 da CLT (5 dias antes da audiência), até a realização da audiência.

Isso porque o art. 800 da CLT não fala na obrigatoriedade da arguição da incompetência relativa por meio de exceção, mas sim a possibilidade da adoção do procedimento, que, uma vez escolhido, seguirá o regulamento previsto nos parágrafos do dispositivo supracitado.

Assim, caso não seja apresentada exceção de incompetência por meio de simples petição antes da audiência, entendemos que remanesce para o réu a possibilidade de suscitá-la como preliminar na contestação. Nessa hipótese, deixará a reclamada de usufruir dos benefícios econômicos decorrentes da desnecessidade de deslocamento de um preposto e de um advogado.

Com efeito, é preciso considerar, no procedimento de interpretação da norma jurídica, a finalidade almejada pelo legislador com a sua edição. Trata-se de regramento que teve como objetivo desonerar as empresas dos custos inerentes à presença em uma audiência realizada fora do local em que possuísse sede. Desse modo, não há justificativa razoável para ser inviabilizada a exceção de incompetência como preliminar na contestação, caso a reclamada prefira assumir as despesas citadas anteriormente.

Veja-se que nossa posição decorre de uma autorização implícita decorrente da máxima de que: "quem pode o mais pode o menos", costumeiramente aplicável no estudo dos institutos jurídicos.

Maria Helena Diniz[12] classifica esta regra como "argumento *a fortiori*", que permite ao "**magistrado a aplicar a norma aos casos não regulados, nos quais se encontra a razão suficiente da hipótese explícita, mais forte**", ou seja, "se a lei autoriza o mais, implicitamente permite o menos".

Dessa forma, entendemos que o art. 800 da CLT estabelece mais uma via para a arguição da incompetência relativa que visa desonerar o réu de ônus extremamente penoso. Trata-se, portanto, de procedimento facultativo, de modo que cabe à empresa reclamada optar pela arguição de incompetência por simples petição antes da audiência ou no bojo da sua resposta (exceção ou preliminar no bojo da própria contestação).

Do mesmo modo, a 2ª Vara do Trabalho de Ji-Paraná (RO) entendeu:

> **[...] E nenhum dos dispositivos acima citados (799 e 800 da CLT) dispõem sobre a impossibilidade de arguição da incompetência como preliminar de contestação.** A partir da redação conferida ao art. 800 da CLT pela Lei n. 13.467/2017, **o que se verifica é que o legislador concedeu duas oportunidades para que o reclamado possa apresentar a exceção de incompetência, uma antes ou depois da tentativa de conciliação prevista no art. 847 da CLT. Trata-se de procedimento que visa sem sombra de dúvida facilitar o acesso da parte reclamada à prestação jurisdicional.** Há que se considerar que em um país de grande extensão territorial como é o Brasil, muitas vezes os custos para o deslocamento da parte e do seu advogado para comparecer à audiência, até então a única oportunidade para suscitar a incompetência do juízo, implicavam verdadeira inviabilidade do acesso à prestação jurisdicional. O objetivo do legislador foi justamente ponderar essa dificuldade permitindo a apresentação da exceção de incompetência antes mesmo da audiência, procedimento que se assemelha àquele contido no art. 340 do CPC. Na hipótese de decorrido o prazo previsto no caput e não apresentada a exceção de incompetência nos moldes previstos no art. 800 da CLT, **entendo caber ainda a apresentação de arguição pela parte reclamada quanto à incompetência territorial, em audiência, juntamente com a sua defesa.**" (TRT14 • ATSum • Férias Proporcionais • 0000752-40.2021.5.14.0092 • 2ª VARA DO TRABALHO DE JI-PARANÁ do Tribunal Regional do Trabalho da 14ª Região – Inteiro Teor – grifos nossos)

Como, no entanto, essa não é a posição majoritária na doutrina acerca do assunto, recomendamos, por cautela, em atenção à segurança jurídica, que o réu apresente a exceção de incompetência por simples petição, nos termos do artigo supracitado, até mesmo porque é o procedimento menos oneroso para a reclamada.

---

12. *Compêndio de Introdução à Ciência do Direito.* 12ª ed. São Paulo: Saraiva, 2000, p. 452.

5.5. COMPETÊNCIA FUNCIONAL

É a competência que define as atribuições conferidas a cada órgão judicial, assim entendida a soma de atos processuais autorizados no exercício do seu poder.

É muito comum, no mesmo processo e em momentos distintos, a atuação de mais de um Juiz, mas como adverte Moacyr Amaral Santos, "essas atividades não podem exceder às que são próprias de suas funções".

A competência funcional delimita o poder jurisdicional através das funções que são legalmente estabelecidas para cada órgão judicial, o que impede, por exemplo, ao Juiz do Tribunal apreciar de plano uma reclamação trabalhista (dissídio individual de conhecimento) ou ao Juiz de 1º grau de analisar um recurso ordinário.

Seu objetivo é, portanto, definir os limites de atuação de cada juiz no curso do processo, levando em consideração os atos processuais apresentados pelas partes. São fixadas, assim, a competência funcional **originária** – que define o órgão judicial que conhecerá inicialmente a ação proposta – e a **derivada** – atribuída aos órgãos judiciais que examinarão os recursos contra as decisões já proferidas por outros Juízes.

Apresentaremos, agora, a competência funcional de cada órgão judicial que integra a Justiça do Trabalho.

a) Primeiro Grau: Varas do Trabalho.

A competência funcional das Varas do Trabalho está definida nos arts. 652 e 653 da CLT, contemplando, principalmente, os dissídios individuais de conhecimento trabalhistas (reclamações trabalhistas), incluindo, por óbvio, os incidentes que, em seu curso, exijam decisão.

Há, também, a competência para julgamento dos autos de infração – processo sumário para apuração da responsabilidade dos autores, pelas faltas decorrentes de duplo arquivamento.

Importante registrar a competência para processar e julgar ação civil pública apresentada pelo Ministério Público do Trabalho – art. 83, III, da LC 75/93.

Por fim, com o advento da EC 45, que alterou a redação do art. 114 da CF/88, passou, ainda, a julgar ações oriundas da relação de trabalho, ações sobre representação sindical e ações relativas a penalidades administrativas.

Já partilhávamos do entendimento de que a competência originária para apreciar e julgar as ações de interdito proibitório, medida muito utilizada pelas empresas durante as greves para assegurar o livre acesso à sua sede, seria das Varas do Trabalho, como vinha decidindo a jurisprudência predominante, *in verbis*:

> AGRAVO DE INSTRUMENTO – INTERDITO PROIBITÓRIO – SITUAÇÃO DE GREVE – COMPETÊNCIA DA JUSTIÇA DO TRABALHO – EMENDA CONSTITUCIONAL 45/2004 – RECURSO IMPROVIDO.
>
> 1. A ação possessória conhecida pelo epíteto de "interdito proibitório", instrumento processual adequado à coibição da prática de "*lockin*" pelos empregados, como no caso da ocupação dos locais de trabalho capaz de inibir o acesso dos empregadores ou de terceiros interessados nas instalações laborais.
>
> 2. A competência para julgar os interditos proibitórios ou qualquer outra ação possessória em face de uma situação de greve, hoje, pela Emenda nº 45 da Constituição Federal, a chamada reforma do judiciário, que ampliou a competência da Justiça do Trabalho, é da Justiça do Trabalho. (*AI 40719/2005, TJ de Mato Grosso, 2ª Câmara Cível, Relatora Helena Maria Bezerra Ramos, julgado em 15.02.2006, DJ 23.02.2006*).

Em 2009, a questão foi definida pelo STF, ao editar a Súmula Vinculante n. 23, que determina ser da competência da Justiça do Trabalho as ações possessórias ajuizadas em decorrência do exercício do direito de greve da iniciativa privada. Sendo assim, está pacificado que, após a EC 45, todas as ações que envolvam o exercício do direito de greve estão inseridas na competência da Justiça do Trabalho, inclusive as possessórias.

As atribuições dos Juízes que compõem o órgão de 1º grau – Varas do Trabalho – estão delimitadas pelo art. 659 da CLT.

b) Tribunal Regional do Trabalho.

Possui competência originária, excepcionalmente, sendo a sua competência mais comum a derivada. Sua competência funcional, como Pleno, está regulada nos arts. 678 a 680 da CLT, dispondo, ainda, sobre a competência privativa das turmas.

Importante destacar que alguns Tribunais Regionais, a exemplo do TRT da 5ª região, apresenta uma divisão, nos mesmos moldes da que é feita pelo TST, como autoriza o art. 1º da Lei 7.701/88. Assim, a maioria dos Tribunais Regionais do Trabalho criaram, através dos seus regimentos internos, as seções especializadas em Dissídios Individuais (para julgamento das ações de sua competência originária – Ação Rescisória, Mandado de Segurança etc.) e em Dissídio Coletivo (para julgamento dos Dissídios Coletivos), além do órgão especial.

Também merece ressaltar o fato de, no TRT5 (BA), desde agosto de 2012, os processos de sua competência originária, tais como dissídio coletivo, dissídio coletivo de greve e mandados de segurança no Órgão Especial e Pleno, passaram a, obrigatoriamente, ser iniciados na forma de Processo Judicial Eletrônico (PJe).

O Juiz Presidente de Tribunal Regional tem competência privativa distinta da conferida aos demais membros do colegiado. O Juiz Presidente, em troca da competência privativa, fica exonerado da competência de relatar e revisar processos.

c) Tribunal Superior do Trabalho.

A Corte Superior de jurisdição trabalhista tem como principal atividade jurisdicional o julgamento dos recursos apresentados contra as decisões dos Tribunais Regionais Trabalhistas, procurando, sempre que possível, uniformizar a jurisprudência em matéria trabalhista.

Com a reforma trabalhista (lei 13.467/2017), a CLT passou a estabelecer o procedimento e os requisitos necessários à edição ou alteração de súmulas e enunciados de jurisprudência pelo Tribunal Superior do Trabalho. De início, deverá ser observado o § 2º, do art. 8º, da CLT, que estabelece a impossibilidade de restrição de direitos e a criação de obrigações não previstas na legislação.

Estabeleceu-se o quórum mínimo de aprovação dois terços dos ministros membros, "caso a mesma matéria já tenha sido decidida de forma idêntica por unanimidade em, no mínimo, dois terços das turmas em pelo menos dez sessões diferentes em cada uma delas, podendo, ainda, por maioria de dois terços de seus membros, restringir os efeitos daquela declaração ou decidir que ela só tenha eficácia a partir de sua publicação no Diário Oficial". Também tem competência funcional originária para julgar dissídios coletivos quando a categoria profissional tiver base territorial nacional.

Ademais, a sua competência está prevista na Lei 7.701/88 e pelo Regimento Interno aprovado pela Resolução Administrativa n. 1937, de 20 de novembro de 2017, do TST.

O TST também está dividido em órgãos que exercem atividades jurisdicionais e outros que decidem matérias administrativas.

Atualmente, o TST encontra-se dividido nos seguintes órgãos: Tribunal Pleno, Órgão Especial, Seção Especializada em Dissídios Coletivos, Subseção I Especializada em Dissídios Individuais, Subseção II Especializada em Dissídios Individuais, Turmas (oito), Comissões Permanentes (De Regimento Interno, De Jurisprudência e Precedentes Normativos, bem como De Documentação).

Capítulo

6

SOLUÇÃO DOS CONFLITOS TRABALHISTAS

6.1. LINHAS GERAIS

O fato gerador dos conflitos surge no curso do contrato de trabalho, mas, via de regra, somente é deflagrado após a sua dissolução, quando o empregado encontra condições reais de reivindicação dos seus direitos ameaçados ou lesados.

O conflito pode ser solucionado pela via autocompositiva – quando os próprios interessados resolvem o conflito, ou pela via heterocompositiva, quando um terceiro tem o poder e o dever de solucionar o litígio.

Em outras palavras, os sujeitos do contrato podem decidir o conflito com ou sem a participação do Estado, de forma direta ou indireta – através da participação de um terceiro.

Lamentavelmente, a grande maioria dos conflitos é solucionada pelo Estado. Dizemos isso não apenas porque essa tendência dos sujeitos do contrato pela solução judicial acaba deixando Judiciário Trabalhista cada vez mais lento. Mas também porque somente as partes conhecem a verdade real vivenciada ao longo da relação, o que pode facilitar a verdadeira resolução conflito. É que o processo judicial, embora enseje o fim da disputa, com a apresentação de uma decisão final, também representa uma sensação de perda para uma das partes. Não há, portanto, uma tentativa de resolução do conflito, mas sim uma eterna busca pelo vencimento do processo com a derrota da parte contrária.

Dessa forma, recebemos com entusiasmo as tentativas de estimulação da solução extrajudicial dos conflitos, primeiro com as Comissões de Conciliação Prévia – Lei 9.958/00, e agora com a inclusão pela reforma trabalhista – Lei 13.467/17 – da possibilidade de homologação do acordo extrajudicial na CLT – art. 855-B e seguintes.

Como já assinalamos em outra obra de nossa autoria, "essa conjuntura assoberbada e, por consequência, lenta, causa revolta e transtorno à sociedade".

Estudaremos, neste capítulo, apenas a solução extrajudicial dos conflitos individuais, já que a judicial será o objeto principal deste trabalho e da disciplina em estudo – Direito Processual do Trabalho.

6.2. CLASSIFICAÇÃO

Como já dissemos, existem várias formas de solução de conflitos trabalhistas. Passaremos agora a estudá-las, apresentando suas principais características.

6.2.1. Autocomposição

É a forma de solução do conflito pela vontade dos sujeitos ou das partes. É uma solução autônoma obtida pela via consensual.

Pode ocorrer na via extrajudicial ou depois de ajuizada a ação, no curso do processo.

A autocomposição pode acontecer com a participação de um terceiro, que, neste caso, não terá o poder e tampouco o dever de solucionar o conflito, funcionando, apenas, como um facilitador para o objetivo primordial de obter uma conciliação.

Assim, na autocomposição, o terceiro não pode impor uma solução ao conflito na hipótese de resistência de uma das partes.

A autocomposição pode ser direta ou indireta, extrajudicial ou judicial.

A autocomposição direta ocorre pela negociação direta das partes, sem a participação de um terceiro.

Na autocomposição indireta, o terceiro participa do processo negocial, de modo parcial ou imparcial. O terceiro auxilia e orienta as partes na solução do conflito.

O Código de Processo Civil estabeleceu uma preferência pela autocomposição indireta ao dispor no inciso V, do art. 139, que é incumbência do juiz promovê-la, a qualquer tempo, preferencialmente com auxílio de conciliadores e mediadores judiciais.

Quando o terceiro é escolhido pelas partes para auxiliá-las no conflito, atuando de modo isento e imparcial, estaremos diante de uma mediação. Aqui o terceiro poderá, a pedido das partes, propor uma solução, que pode ou não ser aceita.

O papel de Mediador pode ser exercido pelas Superintendências Regionais do Trabalho e Emprego, pelo Ministério Público do Trabalho, pela OAB, pelas Faculdades de Direito (NPJ) ou por qualquer pessoa livremente escolhida pelas partes.

Em 26 de junho de 2015, foi promulgada a lei n. 13.140/2015, que dispõe sobre a mediação entre particulares como meio de solução de controvérsias. Entretanto, o parágrafo único, do art. 42 da referida legislação estabelece que a mediação nas relações de trabalho será regulada por lei própria.

Por sua vez, se o terceiro, mesmo sem poder dar a solução ao conflito, atua com parcialidade, procurando orientar e obter vantagens para uma das partes, atuará como assistente. O assistente acompanhará o processo negocial, orientando um dos sujeitos na solução do conflito. Podem figurar nesta posição o sindicato (art. 592, I, a e II, a, da CLT), advogados, estudantes de Direito ou qualquer pessoa eleita pela parte interessada.

A solução do conflito pela via autocompositiva pode acontecer antes de instaurado o processo judicial, na sede da empresa, nos sindicatos, na DRT ou em qualquer entidade que funcione como mediadora ou assistente.

Mesmo depois de iniciado o processo e a qualquer momento, o conflito poderá ser resolvido pelo entendimento livre das partes. Nesses casos, o Juiz deverá ser comunicado e poderá homologar a conciliação que valerá como decisão judicial irrecorrível – parágrafo único, art. 831 da CLT.

A autocomposição tem por objetivo a conciliação, que nada mais é do que um acordo entre as partes com o propósito de solucionar o conflito.

De acordo com Fredie Didier, conciliação é o gênero, do qual são espécies: a) transação, que consiste em concessões mútuas das partes acerca de direito incerto ou duvidoso; b) submissão, que é o reconhecimento da procedência do pedido formulado pela outra parte; e c) renúncia da pretensão deduzida, de forma que a parte abdica de seu direito, em razão da outra parte.

A solução através da renúncia é uma raridade, mesmo na esfera civil. Na seara trabalhista, onde vigora o princípio da irrenunciabilidade, sua concretização é ainda mais difícil, embora, após a extinção do contrato, quando desaparecem o estado de subordinação e a dependência econômica, ela seja possível. Süssekind assim aborda a renúncia no Processo do Trabalho:

> Renúncia é feita por ocasião ou depois da dissolução do contrato. Neste caso, satisfeitas que sejam certas condições atinentes à liberdade da vontade, é lícito ao empregado renunciar, desde que se trate de direitos já adquiridos, isto é, incorporados ao direito do empregado, em consequência da lei ou por força dela.

Trataremos, em tópico próprio, da transação extrajudicial dos conflitos individuais trabalhistas, diante da importância deste mecanismo como via alternativa de desafogar o Judiciário, além de proporcionar uma solução mais célere ao litígio.

6.2.2. Heterocomposição

A solução será heterocompositiva sempre que for imposta por um terceiro, que antes de apresentar a solução, que, neste caso, terá caráter obrigatório, tentará uma conciliação amigável, através da conciliação.

Abordaremos, neste tópico, a heterocomposição extrajudicial – arbitragem – que é disciplinada pela Lei 9.307/96 e está expressamente prevista para os dissídios coletivos trabalhistas – art. 114, § 2º, da CF – e para os empregados hipersuficientes – art. 507-A.

6.2.2.1. Arbitragem

A arbitragem, regulada no Brasil através da Lei 9.307/96 (alterada pela Lei 13129/15, que entrou em vigor em 26/07/15), é um importante mecanismo de solução extrajudicial de conflitos, mas que, diante da resistência histórica da jurisprudência trabalhista em admitir esse método para os conflitos individuais, eram raras as conciliações ou sentenças obtidas através da arbitragem.

Neste ponto, interessante mencionar que, com a entrada em vigor do Código de Processo Civil de 2015, o TST, como se depreende dos termos da IN n° 39 (Resolução n° 203 de 15/03/2016), que regulamenta pontos do CPC relativos ao processo do trabalho, reafirmou a posição contrária à aplicação de técnicas de heterocomposição, nos moldes da arbitragem e mediação, quando se trata de dissídios individuais, vejamos:

> Art. 14. Não se aplica ao Processo do Trabalho o art. 165 do CPC, salvo nos conflitos coletivos de natureza econômica (Constituição Federal, art. 114, §§ 1º e 2º).

Essa realidade, entretanto, será modificada em razão da reforma trabalhista, que introduziu na Consolidação das Leis do Trabalho o art. 507-A. De acordo com o dispositivo poderá ser pactuada cláusula compromissória de arbitragem nos contratos dos empregados que recebam remuneração superior a duas vezes o limite máximo estabelecido para os benefícios do Regime Geral de Previdência Social.

Sobre a nova previsão legal, importante ressaltar alguns pontos.

Há uma diferença entre cláusula compromissória de arbitragem e compromisso arbitral. Conforme ensina Fredie Didier Junior, a primeira *"é a convenção em que as partes decidem, pré*via e abstratamente, que as divergências oriundas do negócio jurídico serão resolvidas pela arbitragem[1]". Por outro lado, a segunda diz respeito *"ao acordo de vontades para submeter uma controvérsia concreta, já existente, ao juízo arbitral, prescindindo do Poder Judiciário[2]".*

Em que pese a legislação trabalhista se referir exclusivamente à cláusula de compromisso arbitral, permitindo sua inserção nos contratos de trabalho, sustentamos que qualquer conflito trabalhista que envolva um empregado hipersuficiente pode ser, após a reforma na CLT, solucionado pela arbitragem.

Isto porque, se a lei permite o mais – cláusula de compromisso arbitral, implicitamente autoriza o menos – solução extrajudicial por livre vontade das partes após o encerramento do vínculo de emprego.

Com efeito, baseado nesse argumento hermenêutico *a fortiori*, se a legislação permite ao empregado aceitar afastar do judiciário trabalhista a solução do seu conflito, obrigando-se a arbitragem, porque não se admitir que o mesmo, por vontade própria (isenta de vícios), não possa, após a dissolução de seu contrato, submeter-se a uma solução arbitral.

Perceba-se que no momento da contratação o empregado se encontra mais vulnerável, na expectativa de ser admitido no quadro de funcionário da empresa, o que inexiste após a dissolução do vínculo empregatício, quando a necessidade do trabalho e da sua manutenção não é mais uma realidade.

Importante destacar que, ao contrário do que aconteceu no art. 444, parágrafo único, da CLT[3], não foi exigido para caracterização da hipersuficiência neste caso, o nível superior, cingindo-se o legislador a estabelecer como requisito remuneração mensal superior a duas vezes o limite máximo dos benefícios do Regime Geral de Previdência Social.

Além disso, de acordo com o art. 507-A, a cláusula de compromisso arbitral não pode ser prevista de forma tácita, sendo necessário ou que decorra de iniciativa do empregado ou mediante sua concordância expressa.

---

1. DIDIER JR, Fredie. Curso de Direito Processual Civil 1. Salvador: Editora Juspodivm, 17. ed., 2015, p. 170.
2. Op. Cit.
3. **Art. 444, CLT** – As relações contratuais de trabalho podem ser objeto de livre estipulação das partes interessadas em tudo quanto não contravenha às disposições de proteção ao trabalho, aos contratos coletivos que lhes sejam aplicáveis e às decisões das autoridades competentes. **Parágrafo único**. A livre estipulação a que se refere o caput deste artigo aplica-se às hipóteses previstas no art. 611-A desta Consolidação, com a mesma eficácia legal e preponderância sobre os instrumentos coletivos, no caso de empregado portador de diploma de nível superior e que perceba salário mensal igual ou superior a duas vezes o limite máximo dos benefícios do Regime Geral de Previdência Social. (Incluído pela Lei nº 13.467, de 2017)

Somente é possível ter como objeto da arbitragem direitos disponíveis, conforme art. 1º a lei 9.307/96. Não sem alguma demora superou-se a ultrapassada argumentação de que todos os direitos trabalhistas são indisponíveis em razão do estado de inferioridade econômica que detém o empregado ou do princípio da proteção. Em razão desses fatores a própria legislação assegura que não tem valor jurídico qualquer negócio que tenha por objetivo fraudar ou desvirtuar a aplicação da CLT.

De acordo com Pinho Pedreira, a indisponibilidade consiste na "limitação à autonomia individual, pela qual se impede um sujeito com legitimação e capacidade adequadas de efetuar, total ou parcialmente, atos de disposição sobre determinado direito" (principiologia do direito do trabalho, p. 89).

Não se pode admitir que o empregado não possa dispor do seu crédito, decorrente de direitos que já se incorporaram no seu patrimônio. Os únicos direitos envolvidos por essa limitação são aqueles ligados a preceitos de ordem pública ou que ainda não tenha se incorporado ao patrimônio do empregado – direito em abstrato, ou, como denomina a jurista italiana Luisa Galantino, o momento funcional do direito (Diritto del lavoro, p. 676).

Entendemos que o art. 611-B[4] serve como parâmetro, por meio de uma aplicação analógica, acerca de quais direito constituem objeto ilícito

---

4. Art. 611-B da CLT – Constituem objeto ilícito de convenção coletiva ou de acordo coletivo de trabalho, exclusivamente, a supressão ou a redução dos seguintes direitos:

I – normas de identificação profissional, inclusive as anotações na Carteira de Trabalho e Previdência Social;

II – seguro-desemprego, em caso de desemprego involuntário;

II – valor dos depósitos mensais e da indenização rescisória do Fundo de Garantia do Tempo de Serviço (FGTS);

IV – salário mínimo;

V – valor nominal do décimo terceiro salário;

VI – remuneração do trabalho noturno superior à do diurno;

VII – proteção do salário na forma da lei, constituindo crime sua retenção dolosa;

VIII – salário-família;

IX – repouso semanal remunerado;

X – remuneração do serviço extraordinário superior, no mínimo, em 50% (cinquenta por cento) à do normal;

XI – número de dias de férias devidas ao empregado;

XII – gozo de férias anuais remuneradas com, pelo menos, um terço a mais do que o salário normal;

XIII – licença-maternidade com a duração mínima de cento e vinte dias;

XIV – licença-paternidade nos termos fixados em lei;

XV – proteção do mercado de trabalho da mulher, mediante incentivos específicos, nos termos da lei;

de arbitragem. Assim, os direitos que regulam as normas de medicina e segurança do trabalho, o trabalho do menor, da gestante e aqueles direitos previstos em lei, a exemplo do direito a férias, a 13º salário, a horas extras com adicional legal de 50%, abstratamente previstos em lei, não estão, efetivamente, disponíveis.

Nos conflitos coletivos, por outro lado, existe expressa previsão da arbitragem como mecanismo válido e eficaz – artigo 114, § 2º da CF/88, extirpando qualquer discussão a respeito.

A lei que trata da arbitragem não fez qualquer exigência para o exercício da atividade arbitral, podendo ser árbitro, portanto, qualquer pessoa com plena capacidade.

A sentença arbitral é irrecorrível e de força obrigatória (art. 31 da Lei 9.307/96). Pode ser desconstituída judicialmente, através de ação anu-

---

XVI – aviso prévio proporcional ao tempo de serviço, sendo no mínimo de trinta dias, nos termos da lei;

XVII – normas de saúde, higiene e segurança do trabalho previstas em lei ou em normas regulamentadoras do Ministério do Trabalho;

XVIII – adicional de remuneração para as atividades penosas, insalubres ou perigosas;

XIX – aposentadoria;

XX – seguro contra acidentes de trabalho, a cargo do empregador;

XXI – ação, quanto aos créditos resultantes das relações de trabalho, com prazo prescricional de cinco anos para os trabalhadores urbanos e rurais, até o limite de dois anos após a extinção do contrato de trabalho;

XXII – proibição de qualquer discriminação no tocante a salário e critérios de admissão do trabalhador com deficiência;

XXIII – proibição de trabalho noturno, perigoso ou insalubre a menores de dezoito anos e de qualquer trabalho a menores de dezesseis anos, salvo na condição de aprendiz, a partir de quatorze anos;

XXIV – medidas de proteção legal de crianças e adolescentes;

XXV – igualdade de direitos entre o trabalhador com vínculo empregatício permanente e o trabalhador avulso;

XXVI – liberdade de associação profissional ou sindical do trabalhador, inclusive o direito de não sofrer, sem sua expressa e prévia anuência, qualquer cobrança ou desconto salarial estabelecidos em convenção coletiva ou acordo coletivo de trabalho;

XXVII – direito de greve, competindo aos trabalhadores decidir sobre a oportunidade de exercê-lo e sobre os interesses que devam por meio dele defender;

XXVIII – definição legal sobre os serviços ou atividades essenciais e disposições legais sobre o atendimento das necessidades inadiáveis da comunidade em caso de greve;

XXIX – tributos e outros créditos de terceiros;

XXX – as disposições previstas nos arts. 373-A, 390, 392, 392-A, 394, 394-A, 395, 396 e 400 desta Consolidação.

Parágrafo único. Regras sobre duração do trabalho e intervalos não são consideradas como normas de saúde, higiene e segurança do trabalho para os fins do disposto neste artigo.

latória (art. 33 da Lei de Arbitragem) se não tiverem sido observados os requisitos fixados no art. 32 da Lei 9.307/96 e 507-A da CLT. Vale, ainda, como título executivo, permitindo, assim, uma pronta e imediata ação de execução para que o devedor cumpra a obrigação estabelecida no título.

A referida decisão produz, ainda, efeitos similares aos da coisa julgada, o que impede discussão judicial quanto às parcelas que foram objeto da sentença arbitral – art. 18 da Lei de Arbitragem.

Existe apenas possibilidade de anular a sentença arbitral quando não foram observados os critérios de julgamento previamente estabelecidos pelas partes ou nas hipóteses previstas no artigo 32 da referida Lei ou 507-A da CLT, no prazo de 90 dias após o recebimento da notificação da respectiva sentença.

Está superada a tese de inconstitucionalidade pautada no princípio do livre acesso ao Poder Judiciário, eis que o STF já se manifestou, como se infere através da decisão abaixo, *in verbis*:

> "[...] 3. Lei de Arbitragem (L. 9.307/96): constitucionalidade, em tese, do juízo arbitral; discussão incidental da constitucionalidade de vários dos tópicos da nova lei, especialmente acerca da compatibilidade, ou não, entre a execução judicial específica para a solução de futuros conflitos da cláusula compromissória e a garantia constitucional da universalidade da jurisdição do Poder Judiciário (CF, art. 5º, XXXV). Constitucionalidade declarada pelo plenário, considerando o Tribunal, por maioria de votos, que a manifestação de vontade da parte na cláusula compromissória, quando da celebração do contrato, e a permissão legal dada ao juiz para que substitua a vontade da parte recalcitrante em firmar o compromisso não ofendem o artigo 5º, XXXV, da CF. Votos vencidos, em parte – incluído o do relator – que entendiam inconstitucionais a cláusula compromissória – dada a indeterminação de seu objeto – e a possibilidade de a outra parte, havendo resistência quanto à instituição da arbitragem, recorrer ao Poder Judiciário para compelir a parte recalcitrante a firmar o compromisso, e, conseqüentemente, declaravam a inconstitucionalidade de dispositivos da Lei 9.307/96 (art. 6º, parág. único; 7º e seus parágrafos e, no art. 41, das novas redações atribuídas ao art. 267, VII e art. 301, inciso IX do C. Pr. Civil; e art. 42), por violação da garantia da universalidade da jurisdição do Poder Judiciário. Constitucionalidade – aí por decisão unânime, dos dispositivos da Lei de Arbitragem que prescrevem a irrecorribilidade (art. 18) e os efeitos de decisão judiciária da sentença arbitral (art. 31) (SE-Agr 5206 / EP – ESPANHA AG.REG. na Sentença Estrangeira Relator(A): Min. Sepúlveda Pertence.
>
> Julgamento: 12/12/2001 Órgão Julgador: Tribunal Pleno Publicação: DJ 30-04-2004 PP-00029 EMENT VOL-02149-06 PP-00958)".

Assim, do ponto de vista legal após o início da vigência da reforma trabalhista – Lei 13.467/2017, é plenamente possível a solução de conflitos individuais através da arbitragem, desde que se trate de contrato em que o empregado receba remuneração superior a duas vezes o limite máximo estabelecido para os benefícios do Regime Geral de Previdência Social. Além disso, nada impede que as partes, na hipótese de dissídios coletivos, de forma livre e sem qualquer vício de consentimento, decidam solucionar o conflito trabalhista através da arbitragem, elegendo um árbitro, que, de modo imparcial e de acordo com os critérios previamente definidos pelos interessados, após frustrada a conciliação, apresentará uma solução: a sentença arbitral.

6.3. TRANSAÇÃO

Em outro estudo, conceituamos a transação como sendo "um negócio jurídico espontâneo e bilateral, de eficácia liberatória, que tem por finalidade prevenir ou extinguir litígios, mediante concessões recíprocas acerca de direito disponível, que seja incerto ou duvidoso".

Sua aplicação no Direito do Trabalho sempre encontrou resistência, no receio da desigualdade econômica interferir na manifestação da vontade da parte do empregado. Todavia, a transação é a forma como a conciliação mais comumente se exterioriza, podendo ser judicial ou extrajudicial, razão pela qual se espera que as alterações realizadas na CLT pela Reforma trabalhista representem uma mudança paradigmática no pensamento dos operadores do direito que atuam na seara trabalhista acerca do tema.

6.3.1. Judicial

A transação judicial é aquela homologada pelo Juiz do Trabalho, após a instalação de um processo, valendo como decisão irrecorrível (art. 831, § único, da CLT). Para o empregado, vale como título executivo; para o empregador, possui eficácia liberatória, advinda da coisa julgada, que somente pode ser desconstituída através de ação rescisória.

Conforme pontuado anteriormente, a aplicação desta modalidade de composição de litígios encontra resistência na Justiça do Trabalho e, no que tange à transação judicial, é comum nos depararmos com Juízes do Trabalho que se negam a homologar acordos em mesa de audiência quando percebem que o empregador condicionou o pagamento ao ajuizamento de uma reclamação trabalhista.

Diante disso, cumpre tecer algumas ponderações mais aprofundadas neste particular, acerca de um procedimento que muitas vezes tem sido erroneamente tipificado como lide simulada.

6.3.1.1. A Lide Estimulada na Justiça do Trabalho

A caracterização da lide simulada está prevista no art. 142 do CPC, que autoriza o Juiz a coibir a produção dos efeitos legais buscados quando as partes se servem "do processo para praticar **ato simulado**".

A simulação, segundo Clóvis Beviláqua, "é uma declaração enganosa de vontade, visando produzir efeito diverso do ostensivamente indicado".

De acordo com Nelson Nery, "há processo simulado quando as partes, sem a vontade de aproveitar-se do resultado da demanda e sem interesse em obter os efeitos jurídicos advindos da prestação jurisdicional, simulam a existência de lide entre elas, com o fim de prejudicar terceiro ou mesmo de desviar o processo de sua finalidade constitucional ou ontológica de servir de instrumento à paz social. No processo simulado, objetiva-se resultado ilícito, sendo, em essência, fraudulento".

Diante dessas lições, resta-nos aferir se os Juízes do Trabalho têm agido corretamente ao deixar de homologar os acordos em mesa de audiência quando percebem que o empregador condicionou o pagamento ao ajuizamento de uma reclamação trabalhista.

O primeiro passo é verificar se existe ou não uma pretensão resistida justificadora do pedido de prestação jurisdicional e se a ação foi utilizada para a produção de efeitos ilícitos em prejuízo de terceiros.

Esta análise deve ser feita em cada caso concreto, mas, na hipótese acima retratada, quando o empregado não teve outra opção senão ajuizar a reclamação para receber as parcelas decorrentes da ruptura do contrato, existe uma pretensão resistida e não há qualquer intenção de prejudicar terceiros.

O procedimento não é, realmente, salutar e o mais adequado, mas ilícito efetivamente não pode ser considerado.

Melhor seria que os sujeitos do contrato celebrassem uma transação extrajudicial e solicitassem a sua homologação judicial, o que é perfeitamente possível, à luz do art. 855-B da CLT. Assim, considerando que o empregador não oferece outra alternativa ao empregado senão socorrer-se do Judiciário Trabalhista para celebrar acordo judicial, ficou caracterizado, mesmo que de modo tênue, a existência de um conflito.

A lide poderia ser até denominada de estimulada, mas jamais simulada, porque não decorreu de conluio para prejudicar terceiros. Afinal, foi necessária porque foi o único meio que o ex-empregado encontrou para receber seus créditos decorrentes do extinto contrato de trabalho.

Nelson Nery apresenta uma outra conceituação que, a nosso ver, também se aplicaria ao caso em tela. Teria ocorrido um "processo aparente", que, segundo a definição do conceituado professor, "consiste na utilização do processo, pelas partes, de comum acordo, com o fim de obter a constituição de um direito, suprindo a inexistência de um título". Neste caso, conclui que "trata-se de atividade lícita".

Assim, entendemos que a posição dos Juízes Trabalhistas, consistente em deixar de homologar os acordos decorrentes da situação apresentada, sob a alegação de que seriam lides simuladas, não é correta e deve ser repensada.

Os Juízes deveriam, nestes casos, analisar as propostas de acordo, procurando orientar as partes quanto aos efeitos decorrentes da transação, preservando, assim, o princípio da conciliabilidade.

6.3.2. Extrajudicial

É a conciliação obtida sem a interferência do Estado. Possui os mesmos efeitos, embora, na grande maioria dos casos, sem a mesma segurança jurídica.

No Direito Civil, as partes podem, pela via extrajudicial, prevenir ou extinguir um litígio (arts. 840 a 850 do Código Civil), o que contribui para atenuar a crise decorrente do elevado número de ações anualmente ajuizadas.

No Processo do Trabalho, a solução extrajudicial de conflitos possui características próprias e, em função da sua importância, trataremos mais atentamente no tópico seguinte.

6.4. TRANSAÇÃO EXTRAJUDICIAL NAS RELAÇÕES INDIVIDUAIS DO TRABALHO

6.4.1. Definição

A transação extrajudicial na esfera trabalhista pode ser definida como **ajuste celebrado pelos sujeitos da relação de trabalho para prevenir litígio e/ou extinguir o contrato, mediante concessões mútuas**.

Sua aplicação no Direito do Trabalho encontra resistência, no receio da desigualdade econômica interferir na manifestação da vontade da parte mais fraca.

Do conceito apresentado no item anterior, podemos extrair os seguintes requisitos: concessões recíprocas, existência de direito disponível, incerto ou duvidoso, objetivo de prevenir litígio e negócio isento de coação.

6.4.2. Via alternativa para prevenção de conflitos individuais do trabalho

Como já dissemos em outra oportunidade, é irreversível a crise que atravessa o nosso Poder Judiciário, cada vez mais sobrecarregado e consequentemente lento.

Neste contexto, faz-se necessário buscar vias alternativas de composição e solução de litígios, dentre as quais se inclui, indubitavelmente, a transação extrajudicial. Ao longo das edições da presente obra sempre defendemos a validade de tal instrumento no Direito do Trabalho e estimular sua utilização como forma de prevenção de litígios, identificando, ainda, as principais características inerentes a este instituto de natureza civil.

Finalmente, ainda que de forma tardia, visualizamos o direito processual do trabalho avançar no que tange a aplicação da transação por meio da inclusão do art. 855-B da CLT, que prevê a possibilidade de processo de jurisdição voluntária para homologação de acordo extrajudicial.

Para tanto, é mister refletir sobre a uniformização e aplicação da transação, de sorte a adaptá-la, o mais rápido possível, ao Direito do Trabalho.

Além disso, é imperioso destacar, também, a sua utilização como forma de extinção do contrato de trabalho.

Esta via alternativa precisa ser fomentada por todos os operadores do Direito e, em especial, do Direito do Trabalho, pois a nova realidade socioeconômica do país impõe mudanças, a começar pelo afastamento do Estado na solução dos conflitos.

Não pretendemos propor uma solução "mandarim", pois, como bem advertiu Jorge Pinheiro Castelo, o problema do congestionamento do Poder Judiciário não se resolverá limitando-se, arbitrariamente, o acesso do cidadão. A utilização da negociação extrajudicial livre de vícios, ao contrário, nos parece um grande avanço para amenizar a situação atual, eis que, em nenhuma circunstância, obsta o exercício do direito de ação.

Neste contexto, não se pode presumir que a transação extrajudicial seja utilizada como instrumento para lesar direitos ou limitá-los, prejudicando o empregado, mas pode e deve servir para prevenir litígio com concessões recíprocas, como forma válida de solução alternativa de conflitos.

6.4.3. Efeitos jurídicos

Esta transação confere ao devedor eficácia liberatória das parcelas objeto do acordo e é título executivo extrajudicial reconhecido pelo art. 784, IV, do CPC.

Deste modo, celebrada e válida a transação, fica o credor impossibilitado de ajuizar a ação envolvendo as parcelas objeto do acordo e autorizado a ingressar diretamente com a ação de execução na hipótese de inadimplemento da obrigação.

a) eficácia liberatória – similar à coisa julgada – decorre da quitação.

O CC anterior conferia ao ajuste os "mesmos efeitos da coisa julgada". O Código Civil de 2002 excluiu do seu texto esse artigo, mas a eficácia liberatória permanece incontestável, graças ao efeito da quitação inerente ao negócio jurídico.

Com efeito, o art. 844 do CC assegura a eficácia liberatória das parcelas objeto da transação, embora não a declare expressamente, como fazia o código anterior. Além disso, o art. 320 do CC estabelece que a quitação, que sempre poderá ocorrer por instrumento particular, designará o valor e a espécie da dívida quitada, o nome do devedor, o tempo e o lugar do pagamento, com a assinatura do credor.

Rodolfo Pamplona e Pablo Stolze nos tranquilizam quando esclarecem que:

> "A transação é limitada aos transatores, produzindo, entre eles, efeito semelhante ao da coisa julgada. O art. 1030 do CC de 1916, inclusive, trazia menção expressa a tal efeito, e, mesmo não sendo repetida a disposição na novel codificação civil, é certo que tal força decorre muito mais do instituto – e da natureza contratual – do que da mera referência legal.
>
> Justamente por isso, gera a extinção dos acessórios, até mesmo porque a relação obrigacional foi extinta pela transação"

Na hipótese de reclamação trabalhista, deverá o réu alegar a eficácia liberatória, apresentando defesa indireta de mérito.

b) Título executivo extrajudicial.

O outro efeito inerente à transação extrajudicial é que o seu termo de conciliação vale como título executivo extrajudicial, de acordo com o art. 784, IV, do CPC.

Vale ressaltar que discorreremos sobre a polêmica quanto à possibilidade de execução dos títulos executivos extrajudiciais, previstos no art. 784 do CPC no item 6.4.6.7 deste mesmo capítulo.

6.4.4. Papel do Judiciário

A transação extrajudicial se apresenta, assim, como mecanismo alternativo bastante eficaz para prevenção de litígios individuais.

Isso não obsta, contudo, que o empregado, utilizando-se da faculdade constitucional do livre e amplo direito de ação, proponha reclamação discutindo a validade e os efeitos da transação.

Neste momento, é de crucial importância, também, coibir o abuso do empregado que, consciente, celebrou uma transação de boa-fé e depois apresenta reclamação pretendendo discutir diferenças de parcelas debatidas e negociadas.

Fazendo um paralelo entre empregado e consumidor, figuras carentes de proteção, trazemos o escólio de Humberto Theodoro Júnior, *in verbis*:

> "[...] dentro da proteção constitucional dedicada aos consumidores, há de figurar obrigatoriamente o poder de revisão judicial dos contratos perniciosos à parte frágil da relação de consumo. Isto, porém, sem aquinhoar o consumidor com o poder unilateral de desvencilhar-se, por razões pessoais, do vínculo contratual."

Nestes casos, deve o julgador impedir excessos, garantindo a segurança jurídica do negócio formalizado.

Nada adianta sugerir novos paradigmas se o magistrado limitar sua participação em razão de preconceitos próprios acerca do instituto; a responsabilidade é muito maior, eis que sua atuação deve ser pautada pelo anseio de pacificação social, permitindo a concretização de propostas que visem a atenuar a crise, reflexo de uma prestação jurisdicional lenta.

Afinal, como ressaltou o ilustre Presidente do STJ à época, Ministro Paulo Costa Leite, "aquela velha história de o juiz só falar nos autos está sendo revista. Hoje os juízes estão compreendendo que também são agentes das mudanças e transformações sociais".

Ao apreciar uma reclamação envolvendo discussão acerca da validade de uma transação, o magistrado, a par de estar atento ao desequilíbrio natural existente entre os sujeitos que integram a relação capital e trabalho, não deve jamais esquecer a advertência feita pelo prof. Romita de que "o Direito do Trabalho é que teria a missão tutelar, não o aplicador da lei, que não pode deixar de ser imparcial".

O julgador deverá constatar se foram respeitados todos os requisitos imprescindíveis à validade do referido negócio jurídico, e somente invalidá-lo quando inobservadas uma das condições, o que obstará sua eficácia jurídica e a aplicação de seu efeito liberatório, conforme será pormenorizado no item 6.4.6.4.

6.4.5. A transação e a vigência do contrato

A transação extrajudicial é, sem dúvida, um mecanismo que deve ser aplicado com muita cautela, pois, via de regra, o empregado estará negociando parcelas salariais que proporcionam o sustento de sua família.

Esta preocupação é ainda maior quando o negócio jurídico é celebrado no curso do contrato, em razão do fator subordinação que envolve a relação laboral. Na maioria das vezes, o receio em perder o emprego obriga o trabalhador a aceitar as condições propostas pelo empregador, mesmo que desfavoráveis, interferindo, assim, na manifestação da vontade.

Há quem defenda, como Robortela, a existência de uma "crise da subordinação", o que merece ser considerado, mas, na nossa opinião, ainda como uma tendência, sendo muito prematuro desconsiderá-la em todas as relações de trabalho.

A nosso ver, a subordinação está diretamente ligada à necessidade do trabalho e da sua manutenção, respaldadas no poder diretivo e potestativo afetos ao empregador.

Tal condição merece, portanto, ser considerada, mas não pode, por simples presunção, viciar qualquer negócio jurídico. Ripert defendia que o "estado de necessidade não é uma causa de nulidade do contrato" e, mais adiante, o notável jurista francês concluía, acrescentando que "A injustiça não começa senão quando outra pessoa, conhecendo este estado, o explora".

Nessa linha, somente quando o poder hierárquico interferir nas manifestações da vontade, em detrimento da parte mais frágil, estarão os negócios eivados de nulidade.

Pensando nisso, o legislador trabalhista tratou de proteger o empregado, retirando a eficácia de qualquer ajuste ou alteração das condições de trabalho que implique prejuízo ou que objetive desvirtuar a aplicação da CLT (arts. 9º e 468 da CLT), bem como estabelecendo como requisito obrigatório para a homologação de acordo extrajudicial que as partes estejam acompanhadas por advogados distintos (art. 855-B, §1º, da CLT).

Assim, não podemos deixar de reconhecer a possibilidade transacional no curso do contrato de trabalho.

Por outro lado, é preciso ter em mira que, após o rompimento do contrato, há uma nítida mudança deste quadro jurídico.

Neste momento, o empregado não pode ser compelido a aceitar qualquer acordo, o que se revela ainda mais claro nos casos em que a ruptura do contrato não decorreu por iniciativa do empregador.

Assim, após o desfazimento do vínculo de emprego, a manifestação da vontade não poderá ser presumidamente viciada, o que não impede, frise-se, que o consentimento seja maculado, mas, neste caso, não será decorrente da relação subordinada que vigora na grande maioria dos contratos de trabalho.

O saudoso Nylson Sepúlveda, que integrou o TRT da 5ª Região, defendia, ainda no exercício da advocacia, que:

> "dissolvido, contudo, o vínculo nada impede que o empregado abdique, se assim lhe parecer conveniente, da fruição de alguns desses direitos, ou porque não esteja suficientemente seguro de lhe serem devidos, ou porque lhe pareça mais vantajoso, nas circunstâncias, recebê-los apenas em parte, para livrar-se dos riscos de uma contenda em que poderá vir a sucumbir por inteiro".

Pois bem, finalizado o contrato, poderá o empregado dispor de seus direitos, entendendo-se, como tal, aqueles que se aderem ao seu patrimônio, de sorte que, dentro de seu livre arbítrio, e, sobretudo, respeitando os requisitos inerentes a cada negócio jurídico, poderá compor uma solução, mediante concessões recíprocas, com seu ex-empregador, eliminando um eventual litígio.

Nesse momento, o empregado está inteiramente livre para socorrer-se ao judiciário, sem nenhuma pressão econômica ligada ao seu ex-empregador.

Este traço diferencial é bastante acentuado, pois, na vigência do contrato, a posição de inferioridade e submissão do empregado, muitas vezes, retira-lhe o poder negocial e, nestes casos não há livre consentimento, mas mera adesão. Ripert apresenta com clareza tal distinção:

> "Adesão não quer dizer consentimento. Consentir num contrato é debater as suas cláusulas com a outra parte depois duma luta mais ou menos dura, cuja convenção traduzirá alternativas. Aderir é submeter-se ao contrato estabelecido e submeter a sua vontade protestando no íntimo contra a dura lei que lhe é imposta".

Assim, se empregado e empregador optaram, ao término do contrato, pela via negocial, outros fatores interferiram na decisão, de cunho jurídico ou não, decerto por conta da incerteza de uma demanda ou dos seus direitos, da lentidão do Poder Judiciário, a necessidade, dentre outros, o que, em nenhuma hipótese, corresponderia um vício de consentimento capaz de aniquilar o negócio jurídico.

6.4.6. Compatibilidade com a Legislação Trabalhista

Conforme foi dito anteriormente e será explicitado de forma detalhada no item 6.4.6.4 a Consolidação das Leis do Trabalho passou a prever, em seu art. 855-B, a possibilidade de processo de jurisdição voluntária para homologação de acordo extrajudicial. Para tanto, longe de qualquer conflito, as diretrizes estabelecidas pela Lei Civil estão em sintonia com as regras e particularidades do ordenamento trabalhista, que, no Parágrafo único do art. 8º da CLT, evoca expressamente a aplicação do Direito Comum como fonte subsidiária do Direito do Trabalho. Vejamos, então, algumas delas, as mais polêmicas e importantes.

6.4.6.1. Fraude – nulidade

O art. 9º da CLT está inteiramente alinhado com o instituto da transação, pois a regra de que "serão nulos de pleno direito todos os atos praticados com o objetivo de desvirtuar, impedir ou fraudar a aplicação dos preceitos contidos na presente Consolidação" se harmoniza perfeitamente com o disposto no art. 848 do Diploma Civil, o qual, como bem enfatizou o prof. Caio Mário, assegura a ineficácia da transação quando "a situação fática tomada como seu fundamento material não corresponder à realidade".

A relação harmônica dessas regras fortalece o instituto, pois assegura que somente os negócios celebrados de boa-fé produzam efeitos.

6.4.6.2. Transação como forma de extinção do contrato – exigências

O art. 840 do diploma civilista aponta a transação como meio hábil a extinguir litígios, de modo que, considerando que o dispositivo se harmoniza com a legislação trabalhista, podemos reputar o instituto da transação extrajudicial como uma forma de extinção do contrato de trabalho.

Contudo, arriscamos afirmar que o instituto está inserido no capítulo V na CLT, graças a redação bastante abrangente do seu art. 477, §2º, muito embora o texto legal não o mencione expressamente.

Rodrigues Pinto e Pamplona respaldam nossa opinião ao dispor que "no terreno do contrato individual de emprego, a transação tem concentradas as regras de sua disciplina no art. 477 da CLT, com vistas a extinção do próprio contrato".

Wagner Giglio, embora pense de forma contrária, respaldado no processo histórico de interpretação, admite que a redação abrangente do referido artigo "levou alguns estudiosos a concluir que também a transação se incluía no âmbito do artigo 477, § 2º, da CLT".

Com efeito, ele se ajusta perfeitamente às exigências contidas no §2º do art. 477, seja para prevenir um litígio, seja para encerrar um contrato de trabalho.

Vejamos.

Quando o legislador tratou do "instrumento de rescisão ou recibo de quitação", admitiu sua validade "qualquer que seja a forma de dissolução do contrato", contemplando deste modo, a nosso ver, implicitamente, a transação, que tem por escopo cessar obrigações, evitando demandas judiciais, cuja causa, na grande maioria das vezes, é o término do contrato.

Orlando Gomes, ao tratar deste negócio jurídico, pelo qual também se criam obrigações, chama a atenção que sua "função principal é extingui-las".

A transação se insere no contexto laboral como uma das espécies do gênero resilição que, como define Rodrigues Pinto:

> "[...] é a extinção por ato de vontade de uma ou de ambas as partes contratantes (neste último caso, caracterizando o que se chama também de distrato), sem nenhuma intervenção de autoridade judicial, que só poderá ser chamada para exame dos efeitos que a licitude ou ilicitude do ato produzir".

Assim, pensamos que o legislador trabalhista previu, ainda que implicitamente, a transação extrajudicial como meio legal de encerrar o contrato e prevenir o litígio, que se opera mediante cláusula ou recibo de quitação, especialmente considerando a possibilidade de homologação inserida pelo art. 855-B da CLT.

6.4.6.3. Discriminação das parcelas e valores

O §2º do art. 477 da CLT estabelece que o termo de rescisão contratual, qualquer que seja a causa ou a forma de dissolução do contrato, deve discriminar a natureza de cada parcela e o valor, "sendo válida a quitação apenas desses valores".

Até a última edição desta obra defendemos que as transações extrajudiciais – por não se submeterem ao crivo do judiciário – deveriam seguir essa mesma regra, ou seja, limitando a quitação decorrente da transação apenas às parcelas discriminadas.

Contudo, com o passar do tempo e com a evolução da jurisprudência, especialmente do STF, mudamos de posicionamento para defender a possibilidade e validade da cláusula de quitação geral, observados alguns requisitos e condições.

Com efeito, cumpre mencionar que na dissertação de mestrado defendida em 2001 e, posteriormente, na obra *Transação Extrajudicial nas Relações Individuais do Trabalho*, lançada em 2003, defendíamos a tese de que somente seria válida a quitação das parcelas discriminadas em transações extrajudiciais.

Entretanto, após a decisão do Recurso Extraordinário 590415, proferida pelo STF em abril de 2015, refletimos sobre o tema, alterando o posicionamento anterior, para agora defender a validade da cláusula de quitação geral conferida em razão do pagamento de determinado valor incluído nas transações extrajudiciais.

Nesse sentido, os trabalhadores *hipersuficientes*, bem como os hipossuficientes – desde que assistidos por sindicatos ou advogados – teriam, em tais situações, a plena autonomia de vontade preservada. Esse é o entendimento da Suprema Corte, conforme ressaltou o Ministro Barroso no julgamento que envolveu a análise de validade de cláusula de quitação geral prevista em Acordo Coletivo de Trabalho:

> **Houve, portanto, no presente caso, inequívoco exercício da autonomia da vontade coletiva da categoria dos bancários**. Tal categoria, mediante instrumento autônomo, dispôs sobre as regras que pautariam o plano de demissão voluntária do BESC, permitindo que aqueles que aderissem ao PDI outorgassem quitação plena de toda e qualquer verba oriunda do contrato de trabalho, sem a observância de qualquer outra condição. **Em tais circunstâncias, sequer é possível questionar a legitimidade representativa do sindicato, tampouco a consciência da categoria dos empregados sobre as implicações da referida cláusula, uma vez que a própria categoria pressionou os sindicatos a aprová-la** [...] não há que se falar, portanto, em interpretação restritiva do ajuste, sendo de se ressaltar, ainda, **que a reclamante contou com a assistência da Delegacia Regional do Trabalho de Santa Catarina no ato de rescisão, tendo declarado que esta lhe prestou todos os esclarecimentos acerca das consequências da renúncia à estabilidade e da quitação outorgada. Assim, a autonomia individual da vontade foi exercida nos estreitíssimos limites permitidos pelo ordenamento trabalhista** e tal como autorizada pela categoria, no exercício de sua autonomia coletiva. (grifos nossos)5

5. STF – RE: 590415 SC, Relator: ROBERTO BARROSO, Data de Julgamento: 30/04/2015, Tribunal Pleno, Data de Publicação: 29/05/2015. Disponível em: <https://portal.stf.jus.br/processos/downloadPeca.asp?id=306937669&ext=.pdf>. Acesso em jan. de 2023.

Assim, alterando o posicionamento anteriormente existente, defendemos a validade de quitação geral em transações extrajudiciais, desde que, por óbvio, sejam objeto de negociação e fique demonstrada uma contraprestação por parte do empregador.

Não seria válida, portanto, uma cláusula de quitação geral na hipótese da dissolução de contrato de empregado, sem justa causa, que contemplasse exclusivamente o pagamento de verbas rescisórias já previstas em Lei. Nesse caso, não estaria presente o requisito das concessões recíprocas ou a controvérsia em relação as parcelas objeto da negociação.

Por outro lado, se o empregador, além do pagamento das parcelas rescisórias, negocia com o empregado um pagamento adicional contemplando a quitação total do contrato de trabalho com objetivo de prevenir qualquer tipo de litígio, essa quitação será válida, desde que, alinhada à diretriz do STF, seja possível aferir a livre manifestação de vontade do trabalhador, o que ocorre, por exemplo, nas hipóteses de assistência do trabalhador pelo Sindicato ou por um advogado.

De igual modo, são perfeitamente eficazes as quitações gerais decorrentes de homologação no judiciário trabalhista, previstas no 855-B da CLT[6], pois, nessas situações, o trabalhador está assistido por seu advogado e poderá ser, de acordo com a faculdade do juiz, questionado judicialmente para ratificar a sua posição.

Assim, não faz qualquer sentido e viola os arts. 855-B, C, D, E da CLT[7], além do princípio da autonomia da vontade e da duração razoável do processo, as decisões que, sem justificativa ou respaldadas exclusivamente no princípio da proteção, bem como em uma inimaginável indisponibilidade de direitos trabalhistas, não homologam as transações submetidas a sua apreciação, o que acaba: (i) desestimulando o instituto da transação; (ii) incentivando o ajuizamento de lides simuladas; (iii) prejudicando o trabalhador, que fica anos aguardando o trâmite desta discussão judicial; (iv) violando o princípio constitucional da duração razoável do processo e da solidariedade social.

Contudo, a matéria é controvertida inclusive na jurisprudência do Tribunal Superior do Trabalho, como se infere das decisões abaixo:

---

6. **Art. 855-B – CLT** O processo de homologação de acordo extrajudicial terá início por petição conjunta, sendo obrigatória a representação das partes por advogado.

   § 1º As partes não poderão ser representadas por advogado comum.

   § 2º Faculta-se ao trabalhador ser assistido pelo advogado do sindicato de sua categoria.

7. **Art. 855-B – CLT** O processo de homologação de acordo extrajudicial terá início por petição conjunta, sendo obrigatória a representação das partes por advogado.

   § 1º As partes não poderão ser representadas por advogado comum.

   § 2º Faculta-se ao trabalhador ser assistido pelo advogado do sindicato de sua categoria.

> [...] diante disso, **inexiste óbice à homologação total do acordo firmado entre as partes.** III. Nesse sentido, fixa-se o seguinte entendimento: tratando-se de processo de jurisdição voluntária para homologação de acordo extrajudicial, sob a vigência da Lei nº 13.467/2017, cabe ao magistrado o exame de todos os requisitos de validade do negócio jurídico, o que inclui a verificação da ocorrência de vícios de vontade e fraude, bem como do atendimento aos termos dos arts. 855-B a 855-E da CLT. **Ausentes de vícios, inexiste óbice à homologação total do acordo firmado entre as partes, inclusive da cláusula de quitação geral e irrestrita do contrato de trabalho**. (grifos nossos)[8]

> [...] a homologação do acordo foi recusada sob o argumento de não ter ocorrido discriminação dos valores que estariam sendo quitados, o que o tornaria nulo, por vedação ao salário complessivo, conforme a Súmula 91 do TST. 2. **Não cabe, porém, a discriminação de valores exigida, pois não se estava diante de um recibo de quitação de direitos trabalhistas, mas de um instrumento de transação extrajudicial em que os interessados fazem mútuas concessões. 3. A recusa na homologação por falta de discriminação dos valores das parcelas objeto de quitação em razão da proibição do salário complessivo, portanto, é resultado de premissa equivocada.** (grifos nossos)[9]

> [...] Com efeito, **não se pode permitir que o reclamante conceda quitação genérica a direitos que ele sequer sabe se lhe são devidos**, pois, além de tornar o objeto do negócio jurídico indeterminável e, portanto, inválido, visa a nitidamente impedir o acesso do trabalhador à Justiça. **Frise-se que os direitos trabalhistas são irrenunciáveis, e o acordo extrajudicial firmado não pode impedir o direito de ação do demandante em relação a todas as parcelas do contrato de trabalho de forma indiscriminada. Deve constar dos termos do acordo quais são especificamente as obrigações que estão sendo adimplidas e quais parcelas são objeto de transação** [...] na presente hipótese, embora o pedido atenda aos pressupostos previstos no art. 855-B da CLT, quais sejam, petição conjunta, representação por advogados distintos e a vontade das partes de transacionar, **no que tange à validade do acordo extrajudicial, verifico que a quitação ampla, geral e irrestrita de todas as parcelas envolvidas no contrato de trabalho configura de fato renúncia a direitos do suplicante, além de violar o princípio da inafastabilidade da jurisdição** (art. 5º, XXXV, CRFB/88).[10]

Desse modo, diante dessa controvérsia, recomendamos que as transações extrajudiciais discriminem o maior número de verbas possíveis, dimensionadas pelo empregador como eventuais focos de demandas trabalhistas, evitando um retardamento do feito, que somente desestimulará este importante instituto, responsável pela diminuição de "lides simuladas".

---

8. TST – RRAg: 10010232720185020462, Relator: Alexandre Luiz Ramos, Data de Julgamento: 18/10/2022, 4ª Turma, Data de Publicação: 28/10/2022.
9. TST – RR: 00003005120205080118, Relator: Amaury Rodrigues Pinto Junior, Data de Julgamento: 19/10/2022, 1ª Turma, Data de Publicação: 28/10/2022.
10. TST – AIRR: 1000748520215010224, Relator: Katia Magalhaes Arruda, 6ª Turma, Data de Publicação: 28/04/2022.

6.4.6.4. Homologação de acordo extrajudicial – Processo de jurisdição voluntária

Uma das inovações mais importantes trazidas pela reforma trabalhista – Lei n. 13.467/2017 –, em nosso entendimento, consiste na inclusão do art. 855-B e seguintes na CLT, que permitem as partes celebrantes de transação extrajudicial submeterem à apreciação do Judiciário o pacto firmado, objetivando conferir maior legitimidade ao negócio, o que trará mais garantia e estímulo para novas negociações.

As partes apresentarão uma petição conjunta requerendo a homologação da transação, sendo obrigatória a representação por advogados diversos. Nos termos do §2º do artigo supracitado, é facultado ainda ao trabalhador ser assistido pelo advogado do sindicato de sua categoria.

Sobre o assunto, o Conselho Superior da Justiça do Trabalho publicou a Resolução CSTJ nº 185, de 24 de março de 2017, informando que não basta que a petição comum venha assinada pelos dois representantes, sendo indispensável a habilitação de ambos no sistema PJe para possibilitar o andamento do processo com atos e intimações regulares, conforme art. 55 da referida resolução.[11]

Com o protocolo da petição de homologação de acordo extrajudicial, há a suspensão do prazo prescricional da ação quanto aos direitos nela especificados, somente voltando a fluir no dia útil seguinte ao do trânsito em julgado da decisão que negar a homologação do acordo (art. 855-E).

Apesar disso, não há suspensão do prazo de 10 dias previsto do §6º do art. 477 da CLT para entrega ao empregado de documentos que comprovem a comunicação da extinção contratual aos órgãos competentes bem como o pagamento dos valores constantes do instrumento de rescisão ou recibo de quitação. De modo que haverá incidência da multa de 160 BTN, por trabalhador, bem assim ao pagamento da multa equivalente a um salário a favor do empregado.

De qualquer modo, no prazo de quinze dias a contar da distribuição da petição, o juiz analisará o acordo, podendo designar audiência se entender necessário, como nos casos em que houver suspeita da licitude do ajuste, e proferirá sentença (art. 855-D).

Registre-se que o magistrado está obrigado a analisar, mas não a homologar o acordo, se entender que não estão presentes os requisitos necessários à sua validade – respeito aos requisitos formais, dúvida ou incerteza

---

11. Resolução n. 185/CSJT - **Art. 55.** O magistrado deverá conceder prazo razoável para que a parte adote as providências necessárias à regular tramitação do feito no PJe, inclusive credenciamento dos advogados no Sistema e habilitação automática nos autos, nos termos do art. 76 do CPC. Disponível em: <https://hdl.handle.net/20.500.12178/102716>, acesso em 02. out. 2022.

do direito, concessões recíprocas e o objetivo de evitar o processo judicial ou que não houve liberdade no consentimento dado pelo empregado.

Nesse sentido é o entendimento consolidado pelo TST, conforme ementas em destaque:

> "[...] o propósito da Lei nº 13.467/17, ao inserir os arts. 855-B a 855-E na CLT **consiste em permitir a homologação judicial de transações extrajudiciais (concessões recíprocas) acerca das verbas decorrentes da extinção do contrato de trabalho, as quais poderão prever, inclusive, cláusula de quitação geral e irrestrita do contrato de trabalho.** No entanto, conforme se depreende do art. 855-D da CLT, **tais normas não criam a obrigação de o juízo homologar todo e qualquer acordo extrajudicial proposto pelas partes**, notadamente quando não demonstrada a existência de concessões recíprocas ou, ainda, identificar vício de vontade ou ofensa ao ordenamento jurídico. Neste contexto, cabe, tão somente, ao Poder Judiciário homologar ou rejeitar integralmente o acordo apresentado neste procedimento de jurisdição voluntária. Assim, se não cabe ao Poder Judiciário tornar-se um mero "homologador" de acordos em que se identifica violação a dispositivos legais ou, ainda, vícios de consentimento das partes, não deve, da mesma forma, modular seus efeitos, à revelia da vontade das partes." (TST - RR: 10014223020195020718, Ministro Relator: Breno Medeiros, Data de Julgamento: 18/05/2022, 5ª Turma, Data de Publicação: 20/05/2022 – grifos nossos)

> "[...] assim, as partes, por petição conjunta, desde que não representadas por advogado comum, podem requerer ao Judiciário a homologação de acordo extrajudicial, a fim de evitar litígios futuros. Emerge dos dispositivos acima referenciados ausente obrigatoriedade de o juiz homologar o acordo, na medida em que o artigo 855-C da CLT dispõe que o juízo "analisará o acordo", podendo designar audiência, se entender necessário, tendo ainda, o parágrafo único do art. 855-E da CLT, estabelecido sobre a contagem do prazo prescricional quando negada a homologação. Em outras palavras significa que o magistrado pode ou não homologar o ajuste quando identificar vícios, tal como a simulação; ou, ainda quando a pretensão for contrária à lei. Contudo, não cabe ao juízo modular os efeitos da avença à revelia da vontade das partes. **Sem notícia de descumprimento dos requisitos de validade do negócio jurídico e dos requisitos formais elencados no art. 855-B da CLT ou, ainda, de indícios de lide simulada ou de desvirtuamento do instituto da transação, inexiste óbice para a homologação integral do acordo firmado entre as partes, com quitação geral e irrestrita do extinto contrato de trabalho.** (TST - RR: 10005284520205020063, Ministra Relatora Morgana de Almeida Richa - Data de Publicação: 05/10/2022 – grifos nossos)

Com efeito, embora se trate de um processo de jurisdição voluntária, de modo que as partes não são obrigadas a homologar a transação extrajudicial eventualmente realizada, sem dúvida a adoção do procedimento trará maior segurança ao empregado, que se sentirá protegido com a avaliação judicial, e ao empregador, no que diz respeito à validade da quitação e da negociação extrajudicial.

No Direito Processual do Trabalho, mesmo antes da edição da reforma, já encontrávamos posições que defendiam o direito de homologação da transação extrajudicial em razão do art. 57 da Lei 9.099/1995, aplicável de forma subsidiária e supletiva ao processo do trabalho.

De acordo com o Juiz Edilton Meireles, "imperioso reconhecer como válidos os feitos onde empregados e empregadores requerem a homologação de acordo firmado fora do processo, extrajudicialmente".

E vai ainda mais adiante, entendendo que, mesmo nas denominadas "lides simuladas", o Juiz não deve extinguir o feito, mas "homologar o acordo extrajudicial respaldando sua decisão no art. 57 da Lei 9.099/95 e no princípio da instrumentalidade".

Ismal Gonzalez também já adotava o mesmo posicionamento, acrescentando que:

> "[...] empregado e empregador, tendo por base o art. 584, inciso III, do CPC aplicado subsidiariamente ao processo do trabalho, combinado com o art. 57 da Lei 9099/95, podem postular perante a Justiça do Trabalho a homologação de transação extrajudicial por eles levada a efeito, para que adquira força de título executivo judicial".

Assim, a busca das partes por respaldo dos seus atos junto ao Poder Judiciário finalmente foi regulamentada de forma expressa da legislação trabalhista, superando de uma vez as discussões doutrinárias e jurisprudenciais acerca da aplicabilidade do instituto, o que contribuirá para amenizar a crise já revelada alhures, pois o ato homologatório se reveste de maior rapidez e praticidade, além de conferir a segurança necessária para estimular novas negociações diretas entre os interessados.

6.4.6.5. Quitação – súmula 330 do TST

O §2° do art. 477 da CLT confere quitação às parcelas consignadas no recibo de rescisão do contrato de trabalho, posição referendada pela Súmula 330 do TST.

A quitação é "a liberação de um débito" e pode ser obtida de várias formas, inclusive através da transação.

Para Orlando Gomes, quitação é "o ato pelo qual o credor, ou seu representante, certifica o pagamento, liberando o devedor".

A transação, como vimos, além de prevenir litígios, é uma das formas de extinção do contrato de trabalho, que poderá ou não ser homologada pela Justiça do Trabalho Ocorrendo, assegurará ainda mais eficácia ao negócio firmado, na medida em que a parte economicamente vulnerável estará acompanhada de advogado ou orientada pela sua entidade de classe.

Há que se distinguir a eficácia liberatória conferida pela Súmula 330 do TST, que nasceu da interpretação do §2º do art. 477 da CLT, daquela assegurada através da transação extrajudicial.

A primeira, por decorrer de um ato jurídico simples, dificilmente estará suscetível a questionamentos acerca da sua validade, pois assim desejou o legislador trabalhista (art. 477, §2º, da CLT).

Por sua vez, na transação, as partes que firmam um instrumento devem se cercar de todos os cuidados, agindo com muito mais cautela, já que a falta de apenas um dos requisitos (acordo, concessões mútuas etc.) é suficiente para eivar de nulidade o negócio jurídico.

Por tais razões, concluímos que a eficácia liberatória conferida pela Súmula 330 do TST não decorre da existência de transação por ocasião da homologação da rescisão contratual. Ela é inerente ao instituto da quitação, contemplada pelo legislador trabalhista no §2º do art. 477 da CLT.

6.4.6.6. Formas mais comuns de transação extrajudicial

Como já dissemos, embora a legislação não proibisse a celebração deste negócio diretamente entre as partes, a insegurança da validade do ajuste eram fator de desestímulo para sua massificação.

Algumas empresas, contudo, decidiram assumir os riscos e, através de planos de demissão incentivada, têm, há algum tempo, celebrado transações que costumeiramente são questionadas perante o Judiciário.

Por outro lado, o legislador, atento às dificuldades e sabedor do caos vivido pelo Judiciário, editou já a algum tempo a Lei 9.958/2000, na qual se instituiu as comissões de conciliação prévia, que também têm possibilitado, com êxito, a concretização de transações extrajudiciais.

Passaremos a analisar estas duas modalidades, apreciando seus aspectos positivos e negativos, esperando, sinceramente, que o tempo possa fazer os ajustes necessários para sua utilização regular como via alternativa de solução de conflitos individuais.

a) Planos de Demissão: Voluntário ou Incentivado.

Infelizmente, está se tornando cada vez mais frequente a utilização, pelas empresas, de planos de estímulo à demissão de empregados, em decorrência de ajustes para redução de custos, objetivando adequar as empresas à nova realidade da economia cada vez mais competitiva.

Nesta linha, grandes empresas oferecem vantagens àqueles empregados que optarem pela ruptura do contrato. Cremos que a palavra "incentivada" seja mais apropriada, pois, na verdade, o *plus* rescisório oferecido, conjugado com a incerteza da permanência no emprego, é o fator responsável pela adesão.

Esta modalidade é, sem dúvida, espécie do gênero transação, pois, embora exista o temor natural da despedida imotivada, a demissão não deixa de ser facultativa, já que o empregado poderá optar pelo emprego e, caso despedido, reivindicará seus direitos negociando diretamente com a empresa ou através do Judiciário.

Classificando o negócio jurídico firmado como transação e uma vez operados extrajudicialmente os requisitos anteriormente mencionados, não podem estes ser abandonados.

Tal situação nos impede de expor uma opinião favorável ou contrária aos referidos planos, transferindo a análise de sua eficácia para cada caso concreto.

Entendemos que o meio é válido, mas a eficácia liberatória somente poderá ser conferida após uma análise do conteúdo de cada plano, identificando as condições oferecidas e negociadas.

Como já antecipamos neste item, entendemos que o instrumento firmado na transação deverá discriminar as parcelas, objeto do acordo, inadmitindo-se cláusulas genéricas de quitação geral do contrato de trabalho. Essa posição, inclusive, encontrava respaldo na jurisprudência uniformizada do TST, que, através da Orientação Jurisprudencial nº 270 da SDI-I, estatuía, *in verbis*:

> PROGRAMA DE INCENTIVO À DEMISSÃO VOLUNTÁRIA. TRANSAÇÃO EXTRAJUDICIAL. PARCELAS ORIUNDAS DO EXTINTO CONTRATO DE TRABALHO. EFEITOS. Inserida em 27.09.02.
>
> A transação extrajudicial que importa rescisão do contrato de trabalho ante a adesão do empregado a plano de demissão voluntária implica quitação exclusivamente das parcelas e valores constantes do recibo.

Na contramão desse entendimento, entretanto, estabeleceu o legislador por meio da inclusão do art. 477-B na CLT, que o Plano de Demissão Voluntária ou Incentivada, para dispensa individual, plúrima ou coletiva, previsto em convenção coletiva ou acordo coletivo de trabalho, enseja quitação plena e irrevogável dos direitos decorrentes da relação empregatícia, salvo disposição em contrário estipulada entre as partes.

Diferente dos Planos de Demissão Voluntária feitos diretamente pelas partes (empregado e empregador), a quitação ampla e genérica fixada pelo novo art. 477-B da CLT é conferida mediante a participação do sindicato laboral que assegura a igualdade jurídica necessária para a validade de uma transação ou mesmo de uma renúncia como forma de solução extrajudicial de conflitos.

Assim, embora favoráveis a possibilidade de celebração de transação extrajudicial através de planos de demissão, desde que observando-se, sempre e em qualquer hipótese, os elementos característicos deste instituto, entendemos que a quitação irrestrita de todas as verbas decorrentes da relação trabalhista somente pode ser realizada se houver a participação do sindicato laboral mediante celebração de acordo ou convenção coletiva de trabalho.

b) Comissão de Conciliação Prévia

É também possível solucionar um conflito pela via extrajudicial através das Comissões de Conciliação Prévia previstas nos arts. 625-A a 625-H da CLT. Com efeito, em que pese a resistência das entidades sindicais, pode ser obtida uma conciliação na referida instância, que gera segurança jurídica em razão da Lei 9.958/2000, seja porque conferiu ao termo de conciliação status de "título executivo extrajudicial", seja porque assegurou a eficácia liberatória ao empregador, exceto quanto às parcelas expressamente ressalvadas – parágrafo único do art. 625-E da CLT.

Assim, pode o empregado ajuizar, diretamente, uma ação de execução na hipótese de descumprimento do acordo e, por outro lado, a quitação conferida pelo empregado por ocasião da transação impede a discussão judicial das parcelas objeto do acordo, bem como daquelas não ressalvadas – esta última, referente às parcelas não ressalvadas, se superada a questão da inconstitucionalidade desta parte do dispositivo.

Esta instância extrajudicial de solução de conflitos foi introduzida no Brasil em 2000, através da Lei 9.958/2000.

O legislador, consciente das limitações do Judiciário Trabalhista para enfrentar o excesso de demandas, vem procurando fomentar a prevenção dos litígios sem a intervenção do Estado.

Dessa forma, objetivando criar mecanismos de desafogar o Judiciário Trabalhista, foi editada a Lei 9.958/2000, que criou as Comissões de Conciliação Prévia. As razões que motivaram o legislador eram reveladas pelo Dr. Estevão Mallet, que aplaudia a iniciativa legislativa, nos seguintes termos:

> "Está, assim, o projeto de criação das comissões de conciliação em perfeita sintonia com as mais avançadas tendências da moderna processualística, revelando elogiável preocupação do legislador com assunto de real importância, como é, sem sobra de dúvida, a questão da rápida e efetiva aplicação da Norma Trabalhista".

Antes mesmo dessa regulamentação já se tinha notícia da criação de comissões dentro das empresas com o mesmo objetivo. Podemos citar o exemplo apresentado por Ismael Gonzalez, em que um banco e o sindicato que representava a categoria profissional dos empregados criaram, através de acordo coletivo, uma "comissão extrajudicial de solução de conflitos individuais".

Com o advento desta lei, incentivou-se não só a solução autônoma dos conflitos, como se buscou manter a proteção do empregado desamparado por ocasião da despedida, com a participação, nas comissões, de colegas de trabalho e do próprio sindicato.

Ao lado disso, prestigiou o negócio jurídico em estudo, pois, como bem observou o Prof. Estêvão Mallet, "contém o termo de acordo, em qualquer hipótese, verdadeira transação, de modo que suas disposições observam as regras dos arts. 1.025 e seguintes do Código Civil".

Como já ressaltamos neste capítulo, a transação extrajudicial pode ser realizada através de órgão mediador, desde que legitimado pela lei ou pelas partes para assumir tal mister.

A vantagem da utilização desta via é a segurança do negócio firmado, seja pelo apoio e respaldo assegurados ao empregado, seja pela certeza da eficácia liberatória garantida ao empregador.

Em que pesem os elogios pela iniciativa, cumpre-nos aqui fazer uma breve crítica acerca do Parágrafo único do art. 625-E da CLT, que atribui "eficácia liberatória geral, exceto quanto às parcelas expressamente ressalvadas".

Trata-se, na verdade, de uma quitação, normalmente obtida através de uma transação e a lei, neste particular, não preservou as características do referido instituto.

Já revelamos neste capítulo – item 6.4.6.3 – que o instrumento celebrado para formalizar a transação não poderá conter cláusula de quitação geral, em respeito aos dispositivos da CLT (art. 477) e do próprio Código Civil (art. 843), que confere interpretação restritiva à transação.

Não bastasse isso, este dispositivo se choca com o próprio conceito de quitação geral, que, de acordo com Rodrigues Pinto:

> "[...] implica a liberação de todos os débitos entre credor e devedor, sem dispensar, de qualquer forma, a individuação dos pagamentos efetuados, para eventual controle judicial, visto que o artigo 940 do Código Civil dispõe expressamente que a quitação designará o valor e a espécie da dívida quitada [...]".

Discutisse que a eficácia geral aparentemente concedida pela Lei 9.958/00 não possa inviabilizar o ajuizamento de ação objetivando discutir parcela que não foi objeto da transação, mesmo que a ressalva não tenha sido expressa, pois, neste caso, estar-se-ia violando o direito de ação assegurado pelo art. 5º, inciso XXXV, da CF.

Nesse sentido, trazemos os ensinamentos do mestre Pontes de Miranda, para quem:

> "[...] os legisladores ordinários nenhuma regra podem editar que permita preclusão em processo administrativo, ou em inquérito parlamentar, de modo que se exclua (coisa julgada material) a cognição do Poder Judiciário".
>
> Interpretando este trecho o insigne prof. Mallet acrescenta que: *"quer isso dizer, em outras palavras, que se proíbe, apenas, seja a autoridade administrativa transformada em última instância* [...]".

Ora, conferindo-se eficácia liberatória geral de todo o contrato de trabalho nos termos de conciliação, estar-se-á, na verdade, obstando o direito de ação do empregado.

Nem se alegue que tal pensamento poderá incentivar condutas premeditadas de má-fé, conduzindo os ex-empregados a silenciarem propositadamente direitos devidos para posteriormente reclamá-los em juízo. Seria muito mais lógico suscitá-los para negociá-los ou ressalvá-los para evitar uma preclusão.

Além disso, nada impede que a empresa inclua no termo as parcelas controvertidas, cercando-se de todas as garantias.

Pretendeu-se, na verdade, inverter o princípio elementar do Direito do Trabalho, como advertiu José Affonso Dallegrave Neto, pois "se por um lado é saudável a idéia de aproximar as partes para uma autocomposição do litígio, não se justifica falar em 'presunção de quitação plena do contrato". Há, aqui, um surpreendente "*in dubio pro empregador*", na medida em que o silêncio, quanto ao registro de ressalvas, favorece-o absurdamente.

Não podemos deixar de reconhecer que o princípio basilar – *in dubio pro operario* – foi violado e, como lembra o mestre Celso Antônio Bandeira de Mello, a violação de um princípio é "mais grave do que a violação de uma norma, pois representa o desrespeito de todo um sistema, com subversão de valores fundamentais".

O que não se pode proibir é que o empregado, que tem um prazo prescricional de dois anos após o seu desligamento para propor uma reclamação, possa ingressar em juízo para reivindicar um direito seu, comprovadamente inadimplido pelo seu ex-empregador, e que ignorava ou desconhecia por ocasião da conciliação.

O mais correto seria impedir uma possível discussão das parcelas negociadas e quitadas, privilegiando assim o princípio da boa-fé que deve estar presente em qualquer negócio jurídico.

Outra questão que merece ser tratada diz respeito ao caráter obrigatório da tentativa prévia de conciliação extrajudicial quando existente uma Comissão de Conciliação Prévia em determinada empresa ou sindicato.

Com efeito, de acordo com o art. 625-D da CLT, inserido na CLT pela referida lei, se a criação destas comissões é alternativa, a tentativa de conciliação é obrigatória, consistindo em um pressuposto processual.

Iniciou-se, assim, um intenso debate sobre a obrigatoriedade de submissão anterior da demanda à Comissão de Conciliação Prévia, o que acarretou, inclusive, a propositura das ADINs 2.139 e 2.160 perante o STF.

Nesta esteira, o TRT da 5ª Região chegou a editar a Súmula 6, por meio da Resolução Administrativa n° 046/2005, considerando válida a inserção daquele pressuposto processual, sendo que o TST vinha se posicionando de maneira similar.

A despeito destas posições consolidadas na jurisprudência, em 13 de maio de 2009, o STF finalmente se pronunciou acerca da questão, deferindo o pedido liminar para dar interpretação conforme a Constituição ao art. 625-D, da CLT, declarando que a submissão ao órgão conciliador é uma mera faculdade do empregado, que é livre para provocar diretamente o Poder Judiciário se assim preferir.

Digno de nota que mesmo naquela Suprema Corte houve dissonância de opiniões. O Ministro Cezar Peluso votou pelo indeferimento da liminar que, em sua opinião, se mostrava "na contramão da história, porque em vários outros países hoje há obrigatoriedade do recurso às chamadas vias alternativas de resolução de conflitos, até porque o Poder Judiciário não tem dado conta suficiente da carga de processos".

Tampouco podemos corroborar com aqueles que entendem que tal exigência fere o dispositivo constitucional que garante o livre acesso ao Poder Judiciário (art. 5º, XXXV, da CF/88). Não se buscou impedir a apreciação de lesão ou ameaça a direito, uma vez que o empregado que não concordar com o acordo proposto poderá recorrer posteriormente à via judicial, sem que isso lhe ocasione qualquer prejuízo. Afinal, o pressuposto da conciliação não representa qualquer ônus pecuniário ao empregado, tampouco afeta o prazo prescricional.

Em verdade, a lei trouxe uma norma que estabelece um pressuposto processual para a constituição da relação trabalhista em juízo que, se não atendido, acarretará a extinção do processo sem o exame do mérito. Diante do princípio da conciliabilidade no Processo do Trabalho, entendemos plenamente válida e legítima a inserção deste pressuposto, que, aliás, atende à histórica busca da justiça laboral por alcançar soluções consensuais.

Adicione-se a isso o fato de que o próprio STF (Ag-Rg-AI 116.962-4) já admitiu a constitucionalidade da tentativa prévia de conciliação obrigatória nos casos de propositura de ação coletiva, declarando válido o pressuposto instituído pelo §4º do art. 616 da CLT.

O presente entendimento é enunciado também pelo TST que, antes da concessão da liminar pelo STF, determinava a extinção do feito sem resolução do mérito nos casos em que o mandamento do art. 625-D da CLT não era obedecido, conforme trecho do seguinte aresto:

> A obrigatoriedade da tentativa de conciliação não afronta o princípio do livre acesso ao Poder Judiciário porque não impede o ajuizamento de ação destinada à satisfação das pretensões ressalvadas ou a declaração de nulidade do ajuste celebrado perante a comissão. É de se notar que a prévia tentativa de conciliação é condição para a propositura da ação coletiva (arts. 616, §4º, da CLT e 114, §2º,

da Constituição Federal), tendo o STF já decidido pela sua constitucionalidade: Ag-Rg-AI 166.962-4, rel.: Min. Carlos Velloso. Não se afigura plausível que exigência semelhante para a propositura da ação individual possa configurar ofensa à Constituição. (TST – RR – 4858/2001-481-01-00 – Ac. 4ª Turma – Relator GMABL – DJ – 12/08/2005).

No entanto, em que pese o nítido interesse público na criação desta instancia extrajudicial, com o advento da ADI 2.237 e 2.160, o STF considerou que a Comissão de Conciliação Prévia como requisito obrigatório para ajuizamento de reclamação trabalhista, poderia revelar óbice imediato ao acesso à justiça, inclusive no que tange ao poder de escolha do próprio cidadão.

Desse modo, o Supremo reconheceu não ser obrigatória a tentativa prévia de conciliação.

6.4.6.7. Termo de transação extrajudicial – título executivo

Este é um tema que sempre suscitou bastante polêmica, cuja análise, por amor à investigação científica e por dever de coerência, nos compete enfrentar.

Após a edição da Lei 9.958/2000, foi acrescentado à CLT o art. 877-A, que expressamente estendeu a competência do Juiz do Trabalho para executar títulos extrajudiciais.

Por seu turno, o art. 784 do CPC enumera alguns títulos executivos extrajudiciais e, dentre eles, em seu inciso IV inclui "o instrumento de transação referendado pelo Ministério Público, pela Defensoria Pública, pela Advocacia Pública, pelos advogados dos transatores ou por conciliador ou mediador credenciado por tribunal".

A aplicação deste dispositivo no Direito do Trabalho ainda encontrava resistência por parte da doutrina, que aponta como óbice a redação restritiva do art. 876 da CLT, que **teria** limitado o processo de execução de títulos extrajudiciais aos instrumentos de ajuste de conduta e aos termos lavrados perante as Comissões de Conciliação Prévia.

Neste sentido Rodrigues Pinto afirma que a regra do art. 876 da CLT é "taxativa, no mesmo modelo do art. 586 que, mesmo quando se refere a 'todos os demais títulos' (inciso VII), adverte: 'a que, por disposição expressa, a lei atribuir força executiva".

Historicamente ousamos, neste particular, divergir do nosso professor, e, para isso, nos respaldamos nas lições de Vicente Ráo, que permite ao julgador utilizar a técnica da interpretação extensiva justamente:

> "[...] quando na norma se declara menos do que, na realidade, se quis declarar, e, em conseqüência, sua letra exclui casos que o seu espírito abrange, então, o intérprete amplia o sentido direto e imediato do texto, para fazer incidir no preceito os casos aparentemente e indevidamente não contemplados".

Lastreados nesta corrente, entendíamos que o legislador trabalhista foi bastante infeliz na redação do art. 876 da CLT, pois disse menos do que queria, e, se não permitiu, também não fez qualquer vedação expressa à possibilidade de se executarem outros títulos extrajudiciais.

A interpretação extensiva do art. 877-A da CLT se revela ainda, neste particular, mais benéfica ao empregado, que deontologicamente a lei procurou proteger.

Seja como for, ao estabelecer a possibilidade de homologação da transação extrajudicial por meio de petição conjunta, sendo obrigatória a representação das partes por advogado distintos, definiu-se, finalmente, a característica de título executivo do instrumento. Nesse caso, se homologado, estaremos diante de um título executivo judicial e, na hipótese de ausência de homologação, extrajudicial.

Reconhecemos, no decorrer deste trabalho, que a Legislação Trabalhista tem a necessária função de impor limites à autonomia privada das partes envolvidas na relação de trabalho.

Não conseguimos, porém, visualizar nenhum prejuízo ao empregado no tocante à permissão de executar um crédito proveniente de uma transação extrajudicial.

Ao contrário, facultar a utilização deste procedimento somente iria corroborar com a lisura do negócio celebrado, pois se o empregado optou pela execução direta do termo de transação quando poderia ajuizar reclamação trabalhista para pleitear a integralidade de seu crédito, ficou demonstrado que inexistiu qualquer vício na manifestação da vontade declarada no instrumento firmado.

Ismael Gonzalez também entende que:

> "o título executivo extrajudicial somente serve aos interesses do empregado, com quem fica a alternativa de questionar o instrumento respectivo ou executá-lo de imediato, obtendo, nesta última hipótese, a satisfação mais célere de seus direitos, já reconhecidos pelo empregador".

Desse modo, fincamos posição favorável à inclusão do termo de transação no rol dos títulos executivos extrajudiciais que podem ser objeto de execução direta nas Varas do Trabalho.

Este esforço justifica-se em prol do empregado, que será favorecido com a possibilidade da utilização de um procedimento mais curto e célere para satisfação de crédito assegurado por instrumento de transação devidamente referendado e eventualmente inadimplido.

Capítulo

7

AÇÃO, PROCESSO E PROCEDIMENTO

7.1. CONSIDERAÇÕES INTRODUTÓRIAS

A ação, o processo e procedimento estão inteiramente interligados, visando o exercício da atividade jurisdicional.

7.2. CONCEITOS

7.2.1. Ação

É o meio conferido ao indivíduo para obter a prestação jurisdicional, diante de um direito violado ou ameaçado, em determinado conflito de interesses.

De acordo com Fredie Didier[1], "pela ação processual, exerce-se o direito constitucional de ação levando-se a Juízo a afirmação de existência de direito material (ação em sentido material), fato que já revela como o estudo desse instituto se encontra no ponto de contato do direito processual com o direito material".

Toda vez que houver conflito de interesses submetido ao crivo do Poder Judiciário haverá um dissídio. Este dissídio poderá ser individual ou coletivo a depender do interesse objeto da lide.

1. *Op. cit.*, p. 180.

O interesse será individual quando estiver relacionado a uma determinada pessoa ou grupo de trabalhadores com interesses individuais comuns. Poderá, pois, dizer respeito a diversas pessoas, individualmente consideradas, que resolvam ingressar conjuntamente em juízo, quando persistirá com a característica de dissídio individual, denominando-se dissídio individual plúrimo.

No dissídio coletivo, o titular do direito é a categoria, representada pelos sindicatos, que, nesse caso, têm legitimação **ordinária** para ajuizar esta ação. Todos aqueles que integram, por força de lei, a categoria, serão beneficiados pelas vantagens conquistadas, sem que seus destinatários precisem ser identificados.

Portanto, interesse individual é todo aquele interesse decorrente de origem comum – (Lei nº 8.078/90, art. 81, III), isto é, aquele interesse cujo titular é perfeitamente identificável e cujo objeto é integralmente divisível e cindível.

Já o coletivo, segundo lição de Celso Ribeiro Bastos, representa "interesses afetos a vários sujeitos não considerados individualmente, mas sim por sua qualidade de membro de comunidades menores ou grupos intercalares, situados entre o indivíduo e o Estado".[2] É de se concluir, destarte, que o elemento caracterizador desta espécie de interesse jurídico é a existência de um vínculo entre os seus titulares.

Importante destacar que no dissídio coletivo não existem vários autores com identidade de direitos. Neste caso, trata-se de dissídio individual plúrimo em que se faz necessário identificar os titulares do direito, o que não ocorre nas demandas coletivas. Nestas, quem pertencer à categoria poderá auferir as vantagens eventualmente conferidas na ação judicial.

7.2.2. Processo

É o complexo de atos necessários ao exercício da atividade jurisdicional que se desenvolvem com o objetivo de solucionar a lide, viabilizando a prestação jurisdicional.

7.2.3. Procedimento

É o modo e a forma como os atos processuais se movimentam, de acordo com a natureza da ação.

De acordo com Humberto Theodoro,[3] "enquanto o processo é a unidade, como relação processual em busca da prestação jurisdicional, o procedimento é a exteriorização dessa relação e, por isso, pode assumir diversas feições ou modos de ser".

2. BASTOS, Celso Ribeiro. *Curso de Direito Constitucional*, p. 251/252.
3. JÚNIOR, Humberto Theodoro. *Curso de Direito Processual Civil*. 18ª ed. v. I. p. 330.

7.3. CLASSIFICAÇÃO DAS AÇÕES

A classificação adotada no presente estudo é baseada na natureza da providência jurisdicional almejada com a ação.

7.3.1. Conhecimento

Através desta ação, pretende-se que o Poder Judiciário declare a existência de um direito ou relação jurídica, objetivando uma solução definitiva para um determinado conflito de interesses.

As ações de conhecimento terão, sempre, cunho declaratório e estão subdivididas em três espécies:

- **Condenatória:** Permite ao autor exigir o cumprimento forçado da obrigação. Tem por objeto a obtenção de uma declaração e a condenação do réu em uma obrigação de dar, fazer ou não fazer, que se materializa através da formação do título executivo judicial, capaz de obrigar o devedor ao cumprimento da obrigação, através da coerção do Estado. Compreende-se que a "ação condenatória pressupõe a existência de um direito subjetivo violado [...] visam a uma declaração quanto à relação controvertida e a aplicação da sanção ao réu por desobediência ao imperativo legal"[4].
- **Constitutivas:** São as ações que objetivam declaração judicial que implique na criação, modificação ou extinção de um direito ou relação jurídica, sem impor condenação. Esse título não permite a execução. Pode ser constitutiva ou constitutiva negativa (desconstitutiva). "Por meio das ações constitutivas, busca-se a formação, a modificação ou a extinção de uma relação jurídica"[5]. Exemplo: Inquérito judicial para apuração de falta grave (art. 853 da CLT)[6].
- **Meramente declaratórias:** Objetivam decisão que declare a existência ou inexistência de um direito, eliminando eventual estado de incerteza. Não cria, extingue nem modifica relações jurídicas ou direitos, do mesmo modo que não impõe qualquer condenação. A relação jurídica ou direito já existia, sendo pleiteada tão somente a sua declaração judicial. De acordo com a natureza do pedido, a ação declaratória pode assumir o caráter de uma ação

---

4. SANTOS, Moacyr Amaral. *Primeiras linhas de direito processual civil*: adaptadas ao novo Código de Processo Civil. Volume 1, 12. ed. atualizada, São Paulo: Saraiva, 1985, 3v.
5. SILVA, Ovídio Araújo Baptista da. *Curso de processo civil*: processo de conhecimento. Volume 1, 6. ed. revista e atualizada com as Leis 10.352, 10.358/2001 e 10.444/2002, São Paulo: Editora Revista dos Tribunais, 2002.
6. Art. 853 da CLT – Para a instauração do inquérito para apuração de falta grave contra empregado garantido com estabilidade, o empregador apresentará reclamação por escrito à Junta ou Juízo de Direito, dentro de 30 (trinta) dias, contados da data da suspensão do empregado.

declaratória positiva ou negativa segundo se peça a declaração da existência ou da inexistência da relação jurídica.

7.3.2. Ações Executórias

É a ação que objetiva a tutela jurisdicional para exigir do devedor o cumprimento forçado de uma obrigação prevista num título executivo judicial ou extrajudicial. A atribuição de executividade aos títulos é conferida por lei.

Para que o Estado seja capaz de intervir na relação, forçando o devedor ao cumprimento da obrigação, é preciso que esta se encontre devidamente prevista em um título judicial (sentenças de ação de conhecimento condenatórias e os acordos judiciais não cumpridos) ou extrajudicial – este expressamente previsto em lei.

Com o Código de Processo Civil de 2015, as ações de execução de título decorrente de sentença judicial passaram a ser denominadas de cumprimento de sentença. Sobre o assunto, ensina Carlos Henrique Bezerra Leite:

> Com a introdução do chamado processo sincrético, tanto em relação às tutelas específicas (obrigações de fazer, não fazer ou entregar), quanto à tutela condenatória de obrigação de pegar, não há mais, em princípio, lugar para a ação de execução de sentença, mas sim, para o cumprimento de sentença.[7]

Antes do advento da Lei 9.958/00, não era reconhecida no Processo do Trabalho a possibilidade de execução direta de títulos executivos extrajudiciais. Com a edição desta norma, houve alteração dos arts. 876 e 877[8] da CLT, restando indicados expressamente alguns títulos extrajudiciais exequíveis (Termo de Ajuste de Conduta firmado perante do Ministério Público do Trabalho e Termo de Conciliação das Comissões de Conciliação Prévia).

Surgiu, então, a dúvida se o aludido rol de títulos seria ou não taxativo, é dizer: se os demais títulos insertos no art. 784 do CPC[9] seriam igualmente executáveis na Justiça do Trabalho.

---

7. LEITE, Carlos Henrique Bezerra. *Curso de Direito Processual do Trabalho.* 16ª ed. São Paulo: Editora Saraiva, 2018. p. 407-408.

8. Art. 876 da CLT – As decisões passadas em julgado ou das quais não tenha havido recurso com efeito suspensivo; os acordos, quando não cumpridos; os termos de ajuste de conduta firmados perante o Ministério Público do Trabalho e os termos de conciliação firmados perante as Comissões de Conciliação Prévia serão executada pela forma estabelecida neste Capítulo.

   Parágrafo único. Serão executados *ex officio* os créditos previdenciários devidos em decorrência de decisão proferida pelos Juízes e Tribunais do Trabalho, resultantes de condenação ou homologação de acordo.

   Art. 877 da CLT – É competente para a execução das decisões o Juiz ou Presidente do Tribunal que tiver conciliado ou julgado originariamente o dissídio.

9. Art. 784 do CPC – São títulos executivos extrajudiciais:

   I – a letra de câmbio, a nota promissória, a duplicata, a debênture e o cheque;

Entendemos que, por proteção ao próprio trabalhador, dever-se-ia contemplar os demais títulos compatíveis com a relação de trabalho. Além disso, o art. 877–A da CLT[10] teria permitido, implicitamente, que outros títulos extrajudiciais fossem executados na Justiça do Trabalho.

É preciso, neste caso, conferir interpretação extensiva ao referido texto legal, possibilitando incluir no rol dos títulos extrajudiciais exequíveis aqueles arrolados no art. 784 do CPC, desde que compatíveis com a norma do Direito do Trabalho.

Acerca da interpretação extensiva, válida a seguinte passagem:

> Quando na norma se declara menos do que, na realidade, se quis declarar, e, em conseqüência, sua letra exclui casos que o seu espírito abrange, então, o intérprete amplia o sentido direto e imediato do texto, para fazer incidir no preceito os casos aparentemente e indevidamente não contemplados.[11]

Especificamente na hipótese à qual fazemos referência, decerto que a intenção do legislador não pode ter sido a de afastar do trabalhador a possibilidade de buscar na Justiça do Trabalho a satisfação de créditos eventualmente constantes de títulos que não aqueles expressamente mencionados. Daí que defendemos a extensão da interpretação.

Se um empregado celebra, por exemplo, uma transação extrajudicial ou recebe um pagamento de parcelas rescisórias com cheque sem fundo,

---

II – a escritura pública ou outro documento público assinado pelo devedor;

III – o documento particular assinado pelo devedor e por 2 (duas) testemunhas;

IV – o instrumento de transação referendado pelo Ministério Público, pela Defensoria Pública, pela Advocacia Pública, pelos advogados dos transatores ou por conciliador ou mediador credenciado por tribunal;

V – o contrato garantido por hipoteca, penhor, anticrese ou outro direito real de garantia e aquele garantido por caução;

VI – o contrato de seguro de vida em caso de morte;

VII – o crédito decorrente de foro e laudêmio;

VIII – o crédito, documentalmente comprovado, decorrente de aluguel de imóvel, bem como de encargos acessórios, tais como taxas e despesas de condomínio;

IX – a certidão de dívida ativa da Fazenda Pública da União, dos Estados, do Distrito Federal e dos Municípios, correspondente aos créditos inscritos na forma da lei;

X – o crédito referente às contribuições ordinárias ou extraordinárias de condomínio edilício, previstas na respectiva convenção ou aprovadas em assembleia geral, desde que documentalmente comprovadas;

XI – a certidão expedida por serventia notarial ou de registro relativa a valores de emolumentos e demais despesas devidas pelos atos por ela praticados, fixados nas tabelas estabelecidas em lei;

XII – todos os demais títulos aos quais, por disposição expressa, a lei atribuir força executiva.

10. Art. 877-A da CLT – É competente para a execução de título executivo extrajudicial o juiz que teria competência para o processo de conhecimento relativo à matéria.

11. RÁO, Vicente. *O direito e a vida dos direitos.* 5ª edição anotada e atualizada por Ovídio Rocha Barros Sandoval. São Paulo: Editora Revista dos Tribunais, 1999. p. 496.

título executivo extrajudicial previsto pelo art. 784, *caput* e §§ 1º a 3º do CPC)[12], não poderia, na esteira da interpretação restritiva do art. 876 da CLT, ingressar diretamente com uma ação executória.

Esta não é, ao nosso sentir, a melhor interpretação. A interpretação ampliativa está respaldada pelos princípios da proteção ao empregado, da celeridade e da economia processual.

Sobre o cheque e a nota promissória, o Tribunal Superior do Trabalho, por meio da Instrução Normativa n. 39, estabeleceu que esses títulos de crédito, quando emitidos em reconhecimento de dívida trabalhistas, são considerados títulos extrajudiciais para efeito de execução perante a Justiça do Trabalho[13].Por sua vez, com a possibilidade de homologação da transação extrajudicial trazida de forma expressa pela reforma trabalhista, reforça a característica de título executivo do instrumento. Nesse caso, se homologado, estaremos diante de um título executivo judicial e, na hipótese de ausência de homologação, extrajudicial.

7.4. ESTRUTURA DO PROCESSO

A estrutura do processo é correlata à ação que se almeja. Como visto, cada ação possui uma estrutura de processo correlata, com um complexo de atos específicos, a fim de que se atinja a sua finalidade.

Assim, em resumo, existe um processo de conhecimento que reúne o complexo de atos voltados para que o juiz conheça e julgue a ação; um processo de execução, visando dar cumprimento forçado de uma obrigação assegurada por um título executivo; e, por fim, um processo cautelar com a finalidade de assegurar a efetividade do provimento jurisdicional futuro.

7.4.1. Procedimentos

Os procedimentos trabalhistas levam em consideração o valor da causa.

As partes não podem escolher o procedimento, afinal, este se encontra previsto em normas de ordem pública, de maneira que não se caracteriza enquanto procedimento especial facultativo, e sim, obrigatório.

---

12. Art. 784 do CPC – ....

    § 1º A propositura de qualquer ação relativa a débito constante de título executivo não inibe o credor de promover-lhe a execução.

    § 2º Os títulos executivos extrajudiciais oriundos de país estrangeiro não dependem de homologação para serem executados.

    § 3º O título estrangeiro só terá eficácia executiva quando satisfeitos os requisitos de formação exigidos pela lei do lugar de sua celebração e quando o Brasil for indicado como o lugar de cumprimento da obrigação.

13. Art. 13 da Instrução normativa 39 do TST – Por aplicação supletiva do art. 784, I (art. 15 do CPC), o cheque e a nota promissória emitidos em reconhecimento de dívida inequivocamente de natureza trabalhista também são títulos extrajudiciais para efeito de execução perante a Justiça do Trabalho, na forma do art. 876 e segs. da CLT.

Considera-se norma de ordem pública porque obedece a um interesse do Estado em apresentar uma solução mais rápida às causas de menor valor.

O procedimento comum dos dissídios individuais de conhecimento se destina às causas cujo valor supere 40 salários mínimos.

Devido à supletividade, é possível a utilização de outras ações, com procedimentos distintos, as quais deverão se adaptar ao procedimento ordinário padrão, previsto na CLT.

Até 2000, era apenas previsto o procedimento ordinário e o sumário, este último destinado a causas cujo valor não superasse 2 salários mínimos (art. 2º da Lei 5.584/70)[14].

Com o advento da lei do rito sumaríssimo (Lei 9.957/00), foi imposto mais um procedimento, este destinado a causas cujo valor não ultrapasse 40 salários mínimos.

Questiona-se, então, se após o advento da lei do rito sumaríssimo, ainda assim, subsistiria o procedimento sumário – também chamado de procedimento de alçada. Analisando-se as hipóteses de revogação de normas, estabelecidas pelo art. 2º da Lei de Introdução às Normas do Direito Brasileiro[15], única forma de se afastar o procedimento de alçada, nota-se que a revogação poder-se-ia operar de forma expressa ou tácita – esta última ocorrendo na hipótese de regulamentação integral da matéria, além de total incompatibilidade com a anterior.

---

14. Art. 2º da Lei 5584/70 – Nos dissídios individuais, proposta a conciliação, e não havendo acordo, o Presidente, da Junta ou o Juiz, antes de passar à instrução da causa, fixar-lhe-á o valor para a determinação da alçada, se este for indeterminado no pedido.

    §1º. Em audiência, ao aduzir razões finais, poderá qualquer das partes, impugnar o valor fixado e, se o Juiz o mantiver, pedir revisão da decisão, no prazo de 48 (quarenta e oito) horas, ao Presidente do Tribunal Regional.

    §2º. O pedido de revisão, que não terá efeito suspensivo deverá ser instruído com a petição inicial e a Ata da Audiência, em cópia autenticada pela Secretaria da Junta, e será julgado em 48 (quarenta e oito) horas, a partir do seu recebimento pelo Presidente do Tribunal Regional.

    §3º. Quando o valor fixado para a causa, na forma deste artigo, não exceder de 2 (duas) vezes o salário-mínimo vigente na sede do Juízo, será dispensável o resumo dos depoimentos, devendo constar da Ata a conclusão da Junta quanto à matéria de fato.

    §4º. Salvo se versarem sobre matéria constitucional, nenhum recurso caberá das sentenças proferidas nos dissídios da alçada a que se refere o parágrafo anterior, considerado, para esse fim, o valor do salário mínimo à data do ajuizamento da ação.

15. Art. 2º da LICC – Não se destinando à vigência temporária, a lei terá vigor até que outra a modifique ou revogue.

    §1º – A lei posterior revoga a anterior quando expressamente o declare, quando seja com ela incompatível ou quando regule inteiramente a matéria de que tratava a lei anterior.

    §2º – A lei nova, que estabeleça disposições gerais ou especiais a par das já existentes, não revoga nem modifica a lei anterior.

Entendemos, pois, que não se operou a aludida revogação.

Não houve revogação expressa, já que a Lei 9.957/00 foi inteiramente omissa em relação ao procedimento de alçada. Também não ocorreu a revogação tácita, seja em razão da plena possibilidade de convivência das normas, seja porque a nova lei não tratou inteiramente da matéria, eis que excluiu de sua aplicação (parágrafo único do art. 852-A da CLT[16]) os entes da administração pública.

Mallet reforça nossa posição na seguinte passagem:

> "Afastada a ocorrência de revogação expressa e de revogação decorrente de regulamentação integral da matéria, restaria hipótese de revogação fundada em incompatibilidade da legislação superveniente. Nessa altura, deve-se notar que as disposições da Lei n. 9.957 não são incompatíveis com as regras do procedimento da Lei n. 5.584. Ambas as normas legais podem ser aplicadas simultaneamente".[17]

Percebe-se, facilmente, que a matéria não está integralmente regulada na medida em que o parágrafo único do art. 852-A da CLT exclui do procedimento sumaríssimo a administração pública, o que não ocorreu no procedimento de alçada, o que revela a inocorrência desta hipótese de revogação tácita.

Reconhecemos que o legislador poderia ter evitado esta discussão, seja fixando o procedimento para causas de 2 a 40 salários mínimos, seja indicando expressamente a revogação do procedimento de alçada.

Discorreremos, primeiramente, acerca do procedimento comum ou ordinário, de forma mais detalhada, uma vez que é o procedimento mais utilizado nos dissídios individuais trabalhistas.

Por tal razão, tendo em vista tratar-se do procedimento padrão e, assim, subsidiário a todos os demais, para os outros apontaremos unicamente os pontos de distinção previstos pela lei, tornando-os procedimentos especiais em relação a este primeiro.

7.4.1.1. Procedimento ordinário x procedimentos especiais

Antes de adentrarmos especificamente nos procedimentos a serem estudados, faz-se mister um breve estudo acerca da especialização dos procedimentos.

Já conceituamos, anteriormente, o procedimento como sendo a forma como os atos se desencadeiam no curso da relação jurídica processual.

---

16. Art. 852-A da CLT – Os dissídios individuais cujo valor não exceda a quarenta vezes o salário mínimo vigente na data do ajuizamento da reclamação ficam submetidos ao procedimento sumaríssimo.

    Parágrafo único. Estão excluídas do procedimento sumaríssimo as demandas em que é parte a Administração Pública direta, autárquica e fundacional.

17. MALLET, Estevão. *Procedimento Sumaríssimo Trabalhista*. São Paulo: LTr, 2002. p. 21.

Pois bem. Esta sequência de atos pode ser ordenada de forma diversificada, por vezes atendendo ao direito material em questão, por outras em atenção às necessidades que influenciaram o legislador.

O procedimento ordinário é, então, o modelo básico, destinado à maioria das causas. Havendo supressão ou modificação dos atos previstos neste *standard*, estar-se-á diante de um procedimento especializado – procedimento especial.

A especialização, no caso específico do Direito do Trabalho, se operou, na sua maior medida, não em virtude do direito material, e sim em virtude de regras de conveniência. É que a especialização dos procedimentos trabalhistas se opera na busca pela celeridade, consubstanciada na natureza alimentar da prestação em litígio.

Diante destes conceitos, nota-se facilmente que qualquer omissão levará à adoção do procedimento ordinário de forma subsidiária.[18] É o que, de forma expressa, preconiza o parágrafo único do art. 318 do CPC[19].

Estabelecidas estas premissas, vejamos quais os procedimentos mais comuns para as ações propostas na Justiça do Trabalho.

7.4.1.1.1. Procedimento Ordinário

Neste procedimento, antes das alterações realizadas na legislação trabalhista pela lei 13.467/17, a apresentação da petição inicial prescindia de indicação do valor da causa. Com a nova redação do art. 840, §1º, da CLT, entretanto, os pedidos realizados na reclamação deverão ser certos, determinados e com indicação de seu respectivo valor.

Além disso, o recolhimento de custas, diferentemente do que, via de regra, é exigido no Processo Civil, não precisa ser realizado para o ajuizamento da petição inicial, uma vez que somente serão pagas pelo vencido, após o trânsito em julgado da decisão ou, no caso de recurso, dentro do prazo recursal.

O magistrado arbitrará as custas relativas ao processo de conhecimento, nos termos do art. 489 da CLT, à base de 2%, observado o mínimo de R$

---

18. Nesse sentido, importante a seguinte passagem: "A tudo isso se acresça que, exatamente por terem sido fixados como um modelo, as formas do procedimento comum prevalecem também nos especiais, na medida em que as regras jurídicas a estes pertinentes sejam omissas; vale dizer, as normas do rito genérico têm aplicação subsidiária aos procedimentos especiais naquilo que a regulação específica haja deixado em branco". FABRÍCIO, Adroaldo Furtado. Comentários ao Código de Processo Civil. Vol. VIII – Tomo III. 8ª edição. Rio de Janeiro: Forense, 2002. p. 06.

19. Art. 318 do CPC – Aplica-se a todas as causas o procedimento comum, salvo disposição em contrário deste Código ou de lei.

    Parágrafo único. O procedimento comum aplica-se subsidiariamente aos demais procedimentos especiais e ao processo de execução.

10,64 e o máximo de quatro vezes o limite máximo dos benefícios do Regime Geral de Previdência Social, calculadas sobre: i) o valor do acordo ou da condenação; ii) o valor da causa, quando houver extinção do processo, sem julgamento do mérito, julgado totalmente improcedente o pedido, no caso de procedência do pedido formulado em ação declaratória e em ação constitutiva; iii) sobre o valor que o juiz fixar, quando o valor da causa foi indeterminado.

Após a apresentação da exordial, o réu será notificado[20] nas 48 horas subsequentes, a fim de que se apresente para a audiência – já indicada na própria notificação – que será designada em prazo não inferior a 5 (cinco) dias, contados do recebimento da notificação, exceto quando a reclamada for a fazenda pública, hipótese em que o prazo não poderá ser inferior a 20 (vinte) dias (art. 1º, inciso II, do Decreto Lei n. 779/1969). Este é o interstício mínimo, não havendo um limite máximo, que, por sua vez, dependerá da disponibilidade da pauta.

Não sendo o réu encontrado, ou se este criar embaraço para a efetivação da notificação, poderá o autor requerer a sua notificação por edital – CLT, art. 841, §1º.[21]

Na audiência, nos processos físicos eventualmente remanescentes, cumprirá ao réu apresentar a sua defesa, que poderá ser por escrito ou oralmente – no prazo de 20 minutos.

---

20. Em se tratando de pessoa jurídica, o CPC, em seu art. 223, parágrafo único, impõe que a citação seja entregue à pessoa com poderes gerais de gerência geral ou de administração. Entretanto, o STJ entende ser desnecessária essa formalidade, aceitando como válida a citação recebida por qualquer empregado da pessoa jurídica. O funcionário do correio não está obrigado a conferir o contrato social da pessoa jurídica a fim de verificar se aquela pessoa é detentora dos poderes descritos pelo dispositivo. Nesse sentido, veja-se os seguintes julgados: Processual civil. Agravo no agravo de instrumento. Ação de indenização por danos materiais e morais. Citação. Pessoa jurídica. Via postal. – "É possível a citação da pessoa jurídica pelo correio, desde que entregue no domicílio da ré e recebida por funcionário, ainda que sem poderes expressos para isso" (AgRg no Ag 711.722/PE, 3ª Turma, Relator Ministro Humberto Gomes de Barros, DJ de 27.3.2006). Agravo não provido. AgRg no Ag 1261226 / PR AGRAVO REGIMENTAL NO AGRAVO DE INSTRUMENTO 2009/0242049-6. Segundo jurisprudência dominante no STJ, é regular a citação da pessoa jurídica, por via postal, quando a correspondência é encaminhada ao estabelecimento da ré, sendo ali recebida por um seu funcionário. Desnecessário que o ato de comunicação processual recaia em pessoa ou pessoas que, instrumentalmente ou por delegação expressa, representem a sociedade. (STJ-4ª Turma, REsp 190.690-RJ, j. 14.12.99, DJU 20.03.00)

21. Art. 841 da CLT – Recebida e protocolada e reclamação, o escrivão ou chefe de secretaria, dentro de 48 horas, remeterá a segunda via da petição, ou do termo, ao reclamado, notificando-o ao mesmo tempo, para comparecer à audiência de julgamento, que será a primeira desimpedida, depois de cinco dias.

    §1º. A notificação será feita em registro postal com franquia. Se o reclamado criar embaraços ao seu recebimento ou não for encontrado, far-se-á a notificação por edital, inserto no jornal oficial ou no que publicar o expediente forense, ou, na falta, afixado na sede do Juízo.

Tratando-se de processo judicial eletrônico (PJe), deve a defesa ser anexada ao sistema até antes do início da audiência, através de um certificado digital, conforme será abordado no capítulo próprio.

Apresentada a defesa, poderá o juiz adiar a audiência, desde que necessário para assegurar o direito à ampla defesa das partes. É possível, ainda, a concessão de prazo para manifestação sobre eventuais documentos colacionados em mesa. A próxima audiência deverá ocorrer na próxima data disponível da pauta.

Cada parte pode apresentar até 3 testemunhas, que deverão comparecer à audiência independente de notificação (art. 821 da CLT[22]). Se as testemunhas, embora convidadas, não comparecerem, fica facultado o requerimento de notificação. Aqui, exige-se **unicamente** a alegação do convite. Se a testemunha não atender ao convite judicial, poderá a parte exigir a sua condução coercitiva, na forma do art. 825 da CLT[23].

Entendemos que o número de testemunhas indicado no referido dispositivo não deve ser interpretado de forma absoluta. Isto porque, em determinados casos, a regra em exame seria limitativa do direito fundamental à ampla defesa, de maneira que deveria ser flexibilizada, como, por exemplo, na hipótese do empregado ter trabalhado em quatro locais distintos nos últimos 5 anos de trabalho.

Todos os atos, depoimentos das partes e das testemunhas ouvidas na audiência deverão ser registrados na ata – parágrafo único do art. 828 da CLT[24]. Colhidas as provas, caberá ao Juiz proferir a sentença, podendo, inclusive, fazê-lo em audiência, oralmente.

Desta sentença deverão constar, necessariamente, sob pena de nulidade do processo, o relatório, a fundamentação e o dispositivo conclusivo, como exige o art. 489 do CPC.[25] Sobre a fundamentação, importante esclarecer que

---

22. Art. 821 da CLT – Cada uma das partes não poderá indicar mais de 3 (três) testemunhas, salvo quando se tratar de inquérito, caso em que esse número poderá ser elevado a 6 (seis).

23. Art. 825 da CLT – As testemunhas comparecerão a audiência independentemente de notificação ou intimação.

Parágrafo único – As que não comparecerem serão intimadas, ex officio ou a requerimento da parte, ficando sujeitas a condução coercitiva, além das penalidades do art. 730, caso, sem motivo justificado, não atendam à intimação.

24. Art. 828 – Toda testemunha, antes de prestar o compromisso legal, será qualificada, indicando o nome, nacionalidade, profissão, idade, residência, e, quando empregada, o tempo de serviço prestado ao empregador, ficando sujeita, em caso de falsidade, às leis penais.

Parágrafo único – Os depoimentos das testemunhas serão resumidos, por ocasião da audiência, pelo secretário da Junta ou funcionário para esse fim designado, devendo a súmula ser assinada pelo Presidente do Tribunal e pelos depoentes.

25. Art. 489 do CPC – São elementos essenciais da sentença:

I – o relatório, que conterá os nomes das partes, a identificação do caso, com a suma do pedido e da contestação, e o registro das principais ocorrências havidas no andamento do processo;

não será considerada fundamentada a decisão judicial que: i) se limitar à indicação, à reprodução ou à paráfrase de ato normativo, sem explicar sua relação com a causa ou a questão decidida; ii) empregar conceitos jurídicos indeterminados, sem explicar o motivo concreto de sua incidência no caso; iii) invocar motivos que se prestariam a justificar qualquer outra decisão; iv) não enfrentar todos os argumentos deduzidos no processo capazes de, em tese, infirmar a conclusão adotada pelo julgador; v) se limitar a invocar precedente ou enunciado de súmula, sem identificar seus fundamentos determinantes nem demonstrar que o caso sob julgamento se ajusta àqueles fundamentos; e, vi) deixar de seguir enunciado de súmula, jurisprudência ou precedente invocado pela parte, sem demonstrar a existência de distinção no caso em julgamento ou a superação do entendimento.

Publicada, as partes poderão opor embargos declaratórios – como em qualquer outra decisão – ou interpor recurso ordinário, direcionado ao Tribunal Regional do Trabalho.

Havendo recurso, antes do envio dos autos para o Tribunal Regional do Trabalho, o processo será encaminhado para o Ministério Público do Trabalho, a fim de que, querendo – de acordo com a presença ou não de interesse público na demanda – apresente o seu parecer opinativo, após o quê os autos serão devolvidos ao Tribunal, para que seja iniciado o processamento do recurso naquela Corte. (Art. 83, incisos II e VII, da Lei Complementar nº 75/93)[26].

II – os fundamentos, em que o juiz analisará as questões de fato e de direito;

III – o dispositivo, em que o juiz resolverá as questões principais que as partes lhe submeterem.

§ 1º Não se considera fundamentada qualquer decisão judicial, seja ela interlocutória, sentença ou acórdão, que:

I – se limitar à indicação, à reprodução ou à paráfrase de ato normativo, sem explicar sua relação com a causa ou a questão decidida;

II – empregar conceitos jurídicos indeterminados, sem explicar o motivo concreto de sua incidência no caso;

III – invocar motivos que se prestariam a justificar qualquer outra decisão;

IV – não enfrentar todos os argumentos deduzidos no processo capazes de, em tese, infirmar a conclusão adotada pelo julgador;

V – se limitar a invocar precedente ou enunciado de súmula, sem identificar seus fundamentos determinantes nem demonstrar que o caso sob julgamento se ajusta àqueles fundamentos;

VI – deixar de seguir enunciado de súmula, jurisprudência ou precedente invocado pela parte, sem demonstrar a existência de distinção no caso em julgamento ou a superação do entendimento.

§ 2º No caso de colisão entre normas, o juiz deve justificar o objeto e os critérios gerais da ponderação efetuada, enunciando as razões que autorizam a interferência na norma afastada e as premissas fáticas que fundamentam a conclusão.

§ 3º A decisão judicial deve ser interpretada a partir da conjugação de todos os seus elementos e em conformidade com o princípio da boa-fé.

26. Art. 83 da Lei Complementar nº. 75/93. Compete ao Ministério Público do Trabalho o exercício das seguintes atribuições junto aos órgãos da Justiça do Trabalho:

Recebido o recurso, o processo será encaminhado para uma das Turmas julgadoras, sorteadas segundo as normas do regimento interno do Tribunal. Será designado, desde já, um Juiz Relator e um Revisor. Caberá ao Juiz Relator proferir o voto escrito, analisando a sentença recorrida e a matéria veiculada pelo recurso interposto.

Vale pontuar o fato de existir a possibilidade do Juiz Relator não se considerar apto a proferir de imediato o seu voto e, nestas situações, qualquer dos demais Juízes possuirão a faculdade de pedir vista do processo, conforme as regras inseridas no art. 940, *caput* e §§ 1º e 2º do CPC[27] e perfeitamente compatíveis com o Processo do Trabalho.

Os regimentos internos dos Tribunais Trabalhistas, a exemplo do da 5ª Região, já admitiam o pedido de vista durante o julgamento (Regimento Interno – Resolução Administrativa TRT 5 nº 019/2007 – art. 163, §4º [28]), mas a novidade é que agora a parte interessada poderá exigir do Presidente do órgão julgador que requisite o processo e o inclua na pauta.

Retornando ao procedimento, após o voto do Juiz Relator, encaminha-se, então, o processo para o Juiz Revisor que, após a sua análise, concordando ou não com o voto, determinará o envio dos autos para a sessão de julgamento e exporá seu voto concordante ou divergente. Nesta sessão, qualquer dos outros julgadores poderá pedir vistas ou o adiamento, para melhor análise da matéria recursal.

Cumpre aqui anotar que o Pleno do Tribunal Regional do Trabalho da 5ª Região – TRT5(BA), através da Resolução Administrativa 57/2009, responsável por alterar o Regimento Interno do aludido tribunal, aboliu a necessidade do revisor nos julgamentos de recursos ordinários e agravos de petições e, assim, após voto do relator, os autos já são encaminhados para

---

II – manifestar-se em qualquer fase do processo trabalhista, acolhendo solicitação do juiz ou por sua iniciativa, quando entender existente interesse público que justifique a intervenção;

VII – funcionar nas sessões dos Tribunais Trabalhistas, manifestando-se verbalmente sobre a matéria em debate, sempre que entender necessário, sendo-lhe assegurado o direito de vista dos processos em julgamento, podendo solicitar as requisições e diligências que julgar convenientes;

27. Art. 940 do CPC – O relator ou outro juiz que não se considerar habilitado a proferir imediatamente seu voto poderá solicitar vista pelo prazo máximo de 10 (dez) dias, após o qual o recurso será reincluído em pauta para julgamento na sessão seguinte à data da devolução.

§ 1º Se os autos não forem devolvidos tempestivamente ou se não for solicitada pelo juiz prorrogação de prazo de no máximo mais 10 (dez) dias, o presidente do órgão fracionário os requisitará para julgamento do recurso na sessão ordinária subsequente, com publicação da pauta em que for incluído.

§ 2º Quando requisitar os autos na forma do § 1o, se aquele que fez o pedido de vista ainda não se sentir habilitado a votar, o presidente convocará substituto para proferir voto, na forma estabelecida no regimento interno do tribunal.

28. Art. 163 (...) §4º – Poderá o Desembargador formular pedido de vista em mesa, hipótese em que o julgamento dar-se-á na mesma sessão, tão logo declare-se habilitado a votar.

a sessão de julgamento. Contudo, foi mantido o relator quando se trata de ações rescisórias. O objetivo desta alteração, que também é adotada pelo TRT4 (RS) e pelo TST, é o de dar maior celeridade aos julgamentos.

Na sessão, é proclamado o resultado que irá manter ou reformar a sentença. Todos os votos e um resumo da decisão deverão constar na certidão de julgamento lavrada no dia da sessão. Esta decisão será, então, publicada no Diário Oficial, transformando-se o voto que prevaleceu em acórdão.

Este acórdão desafiará, sendo o caso, embargos de declaração ou recurso de revista, a ser encaminhado para o Tribunal Superior do Trabalho. Diferentemente do recurso ordinário, este novo recurso não contará com efeito devolutivo amplo, vez que possui matéria restrita às hipóteses taxativamente previstas em lei – art. 896 da CLT[29] – não abarcando, por exemplo, o reexame de fatos e provas.

---

29. Art. 896 – Cabe Recurso de Revista para Turma do Tribunal Superior do Trabalho das decisões proferidas em grau de recurso ordinário, em dissídio individual, pelos Tribunais Regionais do Trabalho, quando:

a) derem ao mesmo dispositivo de lei federal interpretação diversa da que lhe houver dado outro Tribunal Regional do Trabalho, no seu Pleno ou Turma, ou a Seção de Dissídios Individuais do Tribunal Superior do Trabalho, ou contrariarem súmula de jurisprudência uniforme dessa Corte ou súmula vinculante do Supremo Tribunal Federal;

b) derem ao mesmo dispositivo de lei estadual, Convenção Coletiva de Trabalho, Acordo Coletivo, sentença normativa ou regulamento empresarial de observância obrigatória em área territorial que exceda a jurisdição do Tribunal Regional prolator da decisão recorrida, interpretação divergente, na forma da alínea a;

c) proferidas com violação literal de disposição de lei federal ou afronta direta e literal à Constituição Federal.

§ 1º O recurso de revista, dotado de efeito apenas devolutivo, será interposto perante o Presidente do Tribunal Regional do Trabalho, que, por decisão fundamentada, poderá recebê-lo ou denegá-lo.

§ 1º-A. Sob pena de não conhecimento, é ônus da parte:

I – indicar o trecho da decisão recorrida que consubstancia o prequestionamento da controvérsia objeto do recurso de revista;

II – indicar, de forma explícita e fundamentada, contrariedade a dispositivo de lei, súmula ou orientação jurisprudencial do Tribunal Superior do Trabalho que conflite com a decisão regional;

III – expor as razões do pedido de reforma, impugnando todos os fundamentos jurídicos da decisão recorrida, inclusive mediante demonstração analítica de cada dispositivo de lei, da Constituição Federal, de súmula ou orientação jurisprudencial cuja contrariedade aponte.

IV – transcrever na peça recursal, no caso de suscitar preliminar de nulidade de julgado por negativa de prestação jurisdicional, o trecho dos embargos declaratórios em que foi pedido o pronunciamento do tribunal sobre questão veiculada no recurso ordinário e o trecho da decisão regional que rejeitou os embargos quanto ao pedido, para cotejo e verificação, de plano, da ocorrência da omissão.

§ 2º Das decisões proferidas pelos Tribunais Regionais do Trabalho ou por suas Turmas, em execução de sentença, inclusive em processo incidente de embargos de terceiro, não caberá Recurso de Revista, salvo na hipótese de ofensa direta e literal de norma da Constituição Federal.

§ 3º (Revogado).

Da decisão final deste recurso apenas será possível, em hipóteses ainda mais restritas, a interposição de recurso extraordinário para o Supremo Tribunal Federal.

O trânsito do recurso de revista é idêntico àquele já descrito para o recurso ordinário, desde a análise pelo Ministério Público, até a publicação do Acórdão, que, neste caso, além do Recurso Extraordinário apresentado para o Supremo Tribunal Federal na hipótese de violação direta de dispositivo constitucional, desafiará recurso de embargos, nas hipóteses previstas pelo art. 894, inciso II da CLT.[30]

---

§ 4º (Revogado).

§ 5º (Revogado).

§ 6º (Revogado).

§ 7º A divergência apta a ensejar o recurso de revista deve ser atual, não se considerando como tal a ultrapassada por súmula do Tribunal Superior do Trabalho ou do Supremo Tribunal Federal, ou superada por iterativa e notória jurisprudência do Tribunal Superior do Trabalho.

§ 8º Quando o recurso fundar-se em dissenso de julgados, incumbe ao recorrente o ônus de produzir prova da divergência jurisprudencial, mediante certidão, cópia ou citação do repositório de jurisprudência, oficial ou credenciado, inclusive em mídia eletrônica, em que houver sido publicada a decisão divergente, ou ainda pela reprodução de julgado disponível na internet, com indicação da respectiva fonte, mencionando, em qualquer caso, as circunstâncias que identifiquem ou assemelhem os casos confrontados.

§ 9º Nas causas sujeitas ao procedimento sumaríssimo, somente será admitido recurso de revista por contrariedade a súmula de jurisprudência uniforme do Tribunal Superior do Trabalho ou a súmula vinculante do Supremo Tribunal Federal e por violação direta da Constituição Federal.

§ 10. Cabe recurso de revista por violação a lei federal, por divergência jurisprudencial e por ofensa à Constituição Federal nas execuções fiscais e nas controvérsias da fase de execução que envolvam a Certidão Negativa de Débitos Trabalhistas (CNDT), criada pela Lei nº 12.440, de 7 de julho de 2011.

§ 11. Quando o recurso tempestivo contiver defeito formal que não se repute grave, o Tribunal Superior do Trabalho poderá desconsiderar o vício ou mandar saná-lo, julgando o mérito.

§ 12. Da decisão denegatória caberá agravo, no prazo de 8 (oito) dias.

§ 13. Dada a relevância da matéria, por iniciativa de um dos membros da Seção Especializada em Dissídios Individuais do Tribunal Superior do Trabalho, aprovada pela maioria dos integrantes da Seção, o julgamento a que se refere o § 3º poderá ser afeto ao Tribunal Pleno.

§ 14. O relator do recurso de revista poderá denegar-lhe seguimento, em decisão monocrática, nas hipóteses de intempestividade, deserção, irregularidade de representação ou de ausência de qualquer outro pressuposto extrínseco ou intrínseco de admissibilidade.

30. Art. 894 da CLT – No Tribunal Superior do Trabalho cabem embargos, no prazo de 8 (oito) dias:

I – de decisão não unânime de julgamento que:

a) conciliar, julgar ou homologar conciliação em dissídios coletivos que excedam a competência territorial dos Tribunais Regionais do Trabalho e estender ou rever as sentenças normativas do Tribunal Superior do Trabalho, nos casos previstos em lei; e

b) (VETADO)

II – das decisões das Turmas que divergirem entre si ou das decisões proferidas pela Seção de Dissídios Individuais, ou contrárias a súmula ou orientação jurisprudencial do Tribunal Superior do Trabalho ou súmula vinculante do Supremo Tribunal Federal.

Parágrafo único. (Revogado).

7.4.1.1.2. Procedimento Sumaríssimo

Este procedimento foi introduzido no Processo Trabalhista pela Lei 9.957/2000, para causas de até 40 salários mínimos. Foram criados os arts. 852-A a 852-I[31] da CLT.

Para este procedimento, o legislador exigiu, expressamente, que a petição inicial apresente pedidos líquidos (art. 852-B, I[32]), o que implica na indicação do valor dado à causa, o que, antes da reforma trabalhista – lei n. 13.467/2017, representava um ponto de diferenciação com o procedimento ordinário, bem como o aproximava do que ocorre no Processo Civil – art. 291 do CPC[33].

Não se pode depreender que esta exigência atinge o Juiz, pois este não é obrigado a proferir sentenças líquidas. Com efeito, o Código de Processo Civil de 2015 não repetiu o dispositivo que, no antigo CPC/73, vedava ao juiz prolatar sentenças ilíquidas quando o pedido formulado pela parte fosse certo, [34].

Se o réu não for localizado, não poderá ser notificado por edital, a teor do disposto no art. 852-B, II, da CLT[35].

---

§ 2º A divergência apta a ensejar os embargos deve ser atual, não se considerando tal a ultrapassada por súmula do Tribunal Superior do Trabalho ou do Supremo Tribunal Federal, ou superada por iterativa e notória jurisprudência do Tribunal Superior do Trabalho.

§ 3º O Ministro Relator denegará seguimento aos embargos:

I – se a decisão recorrida estiver em consonância com súmula da jurisprudência do Tribunal Superior do Trabalho ou do Supremo Tribunal Federal, ou com iterativa, notória e atual jurisprudência do Tribunal Superior do Trabalho, cumprindo-lhe indicá-la;

II – nas hipóteses de intempestividade, deserção, irregularidade de representação ou de ausência de qualquer outro pressuposto extrínseco de admissibilidade.

§ 4º Da decisão denegatória dos embargos caberá agravo, no prazo de 8 (oito) dias.

31. Art. 852-A da CLT – Os dissídios individuais cujo valor não exceda a quarenta vezes o salário mínimo vigente na data do ajuizamento da reclamação ficam submetidos ao procedimento sumaríssimo.

    Art. 852-I da CLT – A sentença mencionará os elementos de convicção do juízo, com resumo dos fatos relevantes ocorridos em audiência, dispensado o relatório.

32. Art. 852-B da CLT – Nas reclamações enquadradas no procedimento sumaríssimo:

    I – o pedido deverá ser certo ou determinado e indicará o valor correspondente.

33. Art. 291 do CPC – A toda causa será atribuído valor certo, ainda que não tenha conteúdo econômico imediatamente aferível.

34. Art. 459 – O juiz proferirá a sentença, acolhendo ou rejeitando, no todo ou em parte, o pedido formulado pelo autor. Nos casos de extinção do processo sem julgamento do mérito, o juiz decidirá em forma concisa.

    Parágrafo único – Quando o autor tiver formulado pedido certo, é vedado ao juiz proferir sentença ilíquida.

35. Art. 852-B da CLT – Nas reclamações enquadradas no procedimento sumaríssimo: [...] II – não se fará citação por edital, incumbindo ao autor a correta indicação do nome e endereço do reclamado; [...]

A lei prevê, nestas hipóteses, a extinção do processo (§1º do art. 852-B da CLT[36]) ou, na linguagem pouco técnica, o "arquivamento da reclamação".

Esta não é, contudo, a melhor e única solução. O magistrado poderá optar pelo bom senso e adotar outras posturas. A primeira opção seria conferir prazo ao autor, a fim de que este procedesse à emenda da inicial, na forma do art. 321 do CPC [37], somente extinguindo o processo, caso tal medida não fosse adotada.

Outro caminho seria determinar a conversão do procedimento, baseado nos artigos 250 e 277, §§4º e 5º, do CPC/73[38], para o rito ordinário, procedendo-se à notificação por edital. Ocorre que, com a entrada em vigor do CPC/2015, houve a extinção do rito/procedimento comum sumário, passando o procedimento comum ordinário a ser o único previsto no diploma processual civil, conforme termos do art. 1063 do CPC, deixando, assim, de ser pertinente a aplicação subsidiária aqui anteriormente sugerida.

A audiência inicial deverá ocorrer – além do interstício mínimo previsto – no prazo máximo de 15 dias, contados da propositura da ação – art. 852-B, III, da CLT[39]. Sendo adiada, a audiência subsequente deverá ser marcada no prazo máximo de 30 dias – art. 852-H, §7º, da CLT[40]. O desatendi-

36. Art. 852-B, §1º, da CLT O não atendimento, pelo reclamante, do disposto nos incisos I e II deste artigo importará no arquivamento da reclamação e condenação ao pagamento de custas sobre o valor da causa.

37. Art. 321 do CPC – O juiz, ao verificar que a petição inicial não preenche os requisitos dos arts. 319 e 320 ou que apresenta defeitos e irregularidades capazes de dificultar o julgamento de mérito, determinará que o autor, no prazo de 15 (quinze) dias, a emende ou a complete, indicando com precisão o que deve ser corrigido ou completado.

38. Art. 250 do CPC/73. O erro de forma do processo acarreta unicamente a anulação dos atos que não possam ser aproveitados, devendo praticar-se os que forem necessários, a fim de se observarem, quanto possível, as prescrições legais.

Parágrafo único. Dar-se-á o aproveitamento dos atos praticados, desde que não resulte prejuízo à defesa.

Art. 277 do CPC/73 – §4º O juiz, na audiência, decidirá de plano a impugnação ao valor da causa ou a controvérsia sobre a natureza da demanda, determinando, se for o caso, a conversão do procedimento sumário em ordinário. §5º A conversão também ocorrerá quando houver necessidade de prova técnica de maior complexidade.

Art. 1063 do CPC – Até a edição de lei específica, os juizados especiais cíveis previstos na Lei no 9.099, de 26 de setembro de 1995, continuam competentes para o processamento e julgamento das causas previstas no art. 275, inciso II, da Lei no 5.869, de 11 de janeiro de 1973.

39. Art. 852-B da CLT – Nas reclamações enquadradas no procedimento sumaríssimo:

III – a apreciação da reclamação deverá ocorrer no prazo máximo de quinze dias do seu ajuizamento, podendo constar de pauta especial, se necessário, de acordo com o movimento judiciário da Junta de Conciliação e Julgamento.

40. Art. 852-H da CLT – Todas as provas serão produzidas na audiência de instrução e julgamento, ainda que não requeridas previamente. (Incluído pela Lei nº 9.957, de 12.1.2000)

[...]

mento a estas normas pelo magistrado somente poderá ocorrer de forma justificada.

O adiamento desta audiência em razão do não comparecimento de testemunhas das partes ocorrerá apenas se estas comprovarem o efetivo convite e, assim, a injustificada recusa.

Para este procedimento, o número de testemunhas fica limitado até 2 para cada parte.

É dispensado o registro completo de todos os atos processuais na ata de audiência. São registrados apenas os atos essenciais, as afirmações fundamentais e as informações úteis das testemunhas, art. 852-F da CLT[41]. Essa lamentável diretriz, de cunho inteiramente subjetivo, tem sido responsável por acirradas discussões em mesa de audiência.

O relatório foi dispensado da sentença – art. 852-I da CLT[42].

Eventual Recurso Ordinário não será analisado previamente pelo Ministério Público do Trabalho. Sendo necessária, em função do interesse público, a manifestação do *Parquet* somente ocorrerá durante a sessão de julgamento, quando, querendo, poderá emitir parecer oral.

Ainda no tocante ao recurso ordinário, o Juiz Relator não necessita formular um voto, bem como não há a designação de Juiz Revisor. Cumprirá ao Relator, após recebido o processo, encaminhá-lo para julgamento no prazo máximo de 10 (dez) dias, podendo apresentar suas razões oralmente.

Considerando que não há voto, não haverá acórdão, valendo a certidão de julgamento como decisão recorrível por Recurso de Revista. O cabimento do Recurso de Revista será restrito às hipóteses de violação à Constituição Federal ou contrariedade a Súmula do TST ou Súmula vinculante do STF, com arrimo no art. 896, §9º, da CLT[43], limitando ainda o objeto deste recurso de natureza extraordinária.

---

§ 7º Interrompida a audiência, o seu prosseguimento e a solução do processo dar-se-ão no prazo máximo de trinta dias, salvo motivo relevante justificado nos autos pelo juiz da causa. (Incluído pela Lei nº 9.957, de 12.1.2000)

41. Art. 852-F da CLT – Na ata de audiência serão registrados resumidamente os atos essenciais, as afirmações fundamentais das partes e as informações úteis à solução da causa trazidas pela prova testemunhal.

42. Art. 852-I da CLT – A sentença mencionará os elementos de convicção do juízo, com resumo dos fatos relevantes ocorridos em audiência, dispensado o relatório.

43. Art. 896 da CLT – Cabe Recurso de Revista para Turma do Tribunal Superior do Trabalho das decisões proferidas em grau de recurso ordinário, em dissídio individual, pelos Tribunais Regionais do Trabalho, quando:

7.4.1.1.3. Procedimento de alçada ou sumário

A especialização deste procedimento, previsto para ações cujo valor da causa não exceda 2 salários mínimos, pela lei, apenas se inicia a partir da audiência de modo que até esse momento, a ação segue o procedimento ordinário. Nesse passo, embora o art. 2º da Lei 5.584/70[44] estabeleça que o Juiz fixará o valor da causa no caso de pedido indeterminado, tal possibilidade deixou de existir a partir da reforma trabalhista – lei 13.467/2017. Isto porque, se a nova redação do art. 840, §1º, da CLT determina que o pedido deverá ter o seu valor indicado, ao mesmo tempo em que a ação somente passa ao procedimento sumário a partir da audiência, não há como ser ajuizada uma reclamação trabalhista sem a quantificação do pedido.

O procedimento de alçada traz apenas 3 modificações, quando comparado ao procedimento ordinário.

Diferente dos procedimentos anteriores, na audiência, caberá ao juiz, em ata, apenas fazer um breve resumo dos fatos e atos processuais (art. 851, §1º, da CLT e Lei 5.584/70, art. 2º, §3º[45]), sendo dispensável o registro integral dos depoimentos, mesmos dos essenciais e fundamentais.

A segunda norma de especificação se refere à sentença, que apenas será recorrível na hipótese expressa de violação à Constituição (art. 2º, § 4º, da Lei 5584/70), não havendo, portanto, o efeito devolutivo amplo dos recursos previsto no art. 1013, *caput* e § 1º do CPC (art. 515, *caput* e §1º, do CPC/73)[46]. No particular, diverge a doutrina em designar qual o recurso cabível.

O recurso, neste caso, será o extraordinário. A controvérsia quanto ao recurso cabível contra as decisões proferidas em ações submetidas ao pro-

---

§9º Nas causas sujeitas ao procedimento sumaríssimo, somente será admitido recurso de revista por contrariedade a súmula de jurisprudência uniforme do Tribunal Superior do Trabalho ou a súmula vinculante do Supremo Tribunal Federal e por violação direta da Constituição Federal (Incluído pela Lei nº 13.015, de 2014).

44. Lei 5.584/70. Art. 2º. Nos dissídios individuais, proposta a conciliação, e não havendo acordo, o Presidente da Junta, ou o Juiz, antes de passar à instrução da causa, fixar-lhe-á o valor para determinação da alçada, se este for indeterminado no pedido.

45. Art. 851 da CLT – Os tramites de instrução e julgamento da reclamação serão resumidos em ata, de que constará, na íntegra, a decisão.

    §1º – Nos processos de exclusiva alçada das Juntas, será dispensável, a juízo do presidente, o resumo dos depoimentos, devendo constar da ata a conclusão do Tribunal quanto à matéria de fato.

    Lei 5.584/70, art. 2º, §3º – Quando o valor fixado para a causa, na forma dêste artigo, não exceder de 2 (duas) vêzes o salário-mínimo vigente na sede do Juízo, será dispensável o resumo dos depoimentos, devendo constar da Ata a conclusão da Junta quanto à matéria de fato.

46. Art. 1013 do CPC – A apelação devolverá ao tribunal o conhecimento da matéria impugnada.

    § 1º Serão, porém, objeto de apreciação e julgamento pelo tribunal todas as questões suscitadas e discutidas no processo, ainda que não tenham sido solucionadas, desde que relativas ao capítulo impugnado.

cedimento de alçada foi dirimida pela Súmula 640 do STF, com a seguinte redação:

> 640. RECURSO EXTRAORDINÁRIO – CABIMENTO – DECISÃO PROFERIDA POR JUIZ DE PRIMEIRO GRAU – CAUSAS DE ALÇADA – É cabível recurso extraordinário contra decisão proferida por juiz de primeiro grau nas causas de alçada, ou por turma recursal de juizado especial cível e criminal.

Ora, ao se considerar o conteúdo do art. 102[47] da Carta Maior, percebe-se que, pelo entendimento do guardião da norma constitucional, o recurso cabível seria o extraordinário, direcionado diretamente para o Supremo Tribunal Federal.

A terceira peculiaridade se refere à possibilidade de o juiz impulsionar o processo de ofício, na forma do art. 4º da Lei 5.584/70[48], quando as partes não estiverem acompanhadas de advogado.

Depois da criação do procedimento sumaríssimo, é importante definir qual o outro procedimento que será aplicado nas ações submetidas ao procedimento de alçada, já que a Lei 5.584/70 limitou-se a apontar 3 alterações ao procedimento ordinário.

Uma parte da doutrina entende, após a previsão do rito sumaríssimo pela Lei 9.957/00, que este novo rito deve ser empregado no processo submetido ao procedimento de alçada, nas omissões da lei, haja vista se coadunar mais propriamente à ideia de celeridade permeada em ambos os procedimentos. Entendemos, porém, que deve ser aplicado o procedimento ordinário, que é mais completo, utilizando-se a solução já apresentada pelo art. 318, § único do CPC (art. 272, § único do CPC/73).

7.5. PRAZOS PROCESSUAIS

7.5.1. Da contagem dos prazos processuais

O prazo processual diz respeito ao lapso temporal previsto na legislação ou concedido pelo juiz para a prática de determinado ato no curso da reclamação trabalhista. Historicamente, a contagem do prazo no direito processual do trabalho era realizada em dias corridos, por expressa pre-

---

47. CF/1988. Art. 102. Compete ao Supremo Tribunal Federal, precipuamente, a guarda da Constituição, cabendo-lhe: [...] III – julgar, mediante recurso extraordinário, as causas decididas em única ou última instância, quando a decisão recorrida: a) contrariar dispositivo desta Constituição; [...]
a) contrariar dispositivo desta Constituição;" (destacamos)

48. Art. 4º da Lei 5584/70 – Nos dissídios de alçada exclusiva das Juntas e naqueles em que os empregados ou empregadores reclamarem pessoalmente, o processo poderá ser impulsionado de ofício pelo Juiz.

visão da CLT, mesmo após o Código de Processo Civil de 2015, que estabeleceu a contagem de prazo em dias úteis. Sobre o assunto, o Tribunal Superior do Trabalho se manifestou através da Instrução Normativa n. 39/2016, vejamos:

> Art. 2° Sem prejuízo de outros, não se aplicam ao Processo do Trabalho, em razão de inexistência de omissão ou por incompatibilidade, os seguintes preceitos do Código de Processo Civil: (...)III – art. 219 (contagem de prazos em dias úteis).

Com as alterações realizadas na legislação trabalhista pela reforma – lei 13.467/2017, em contraposição ao que vinha entendendo o Tribunal Superior do Trabalho, o art. 775 da CLT passou a prever de forma expressa que os prazos na justiça do trabalho serão contados em dias úteis, excluindo-se o dia do começo e incluindo o dia do seu vencimento.

Os prazos poderão ser prorrogados, pelo tempo estritamente necessário, na hipótese de necessidade verificada pelo juiz ou força maior devidamente comprovada nos autos do processo (art. 775, §1º, da CLT).

A Consolidação das Leis do Trabalho dispõe em seu art. 774 que os prazos iniciam-se a partir da data em que for feita pessoalmente, ou recebida a notificação, daquela em que for publicado o edital no jornal oficial ou no que publicar o expediente da Justiça do Trabalho, ou, ainda, daquela em que for afixado o edital na sede da Junta, Juízo ou Tribunal.

Tratando-se de notificação postal, no caso de não ser encontrado o destinatário ou no de recusa de recebimento, o Correio ficará obrigado, sob pena de responsabilidade do servidor, a devolvê-la, no prazo de 48 (quarenta e oito) horas, ao Tribunal de origem.

Embora não conste na redação do art. 774 da CLT, a parte que ser fizer acompanhar de advogado, ainda pode ser notificada através de publicação no Diário da Justiça Eletrônico.

Isto porque a Lei n. 11.419/2006, que disciplinou o processo judicial, previu a possibilidade dos tribunais criarem Diário da Justiça eletrônico, disponibilizado em sítio da rede mundial de computadores, para publicação de atos judiciais e administrativos próprios e dos órgãos a eles subordinados, bem como comunicações em geral.

Nesse caso, nos termos do art. 4º, §§ 3º e 4º, da lei citada anteriormente, considera-se como data da publicação o primeiro dia útil seguinte ao da disponibilização da informação no Diário da Justiça eletrônico, de modo que os prazos processuais terão início no primeiro dia útil que seguir ao considerado como data da publicação.

Segue no mesmo sentido o Código de Processo Civil, que em seu art. 224, §§2º e 3º, considera como data de publicação o primeiro dia útil seguinte ao da disponibilização da informação no Diário da Justiça eletrônico, de forma que a contagem do prazo terá início no primeiro dia útil que seguir ao da publicação.

Se a intimação ou notificação ocorrer no sábado, o início do prazo se dará no primeiro dia útil imediato e a contagem, no subsequente. É o que estabelece o item I da Súmula 262, TST:

> "PRAZO JUDICIAL. NOTIFICAÇÃO OU INTIMAÇÃO EM SÁBADO. RECESSO FORENSE.
>
> I – Intimada ou notificada a parte no sábado, o início do prazo se dará no primeiro dia útil imediato e a contagem, no subsequente."

Temos, assim, três momentos, o da divulgação, da publicação e do início do prazo. Dessa forma, se uma sentença é disponibilizada no diário oficial no dia 05.03.2018 (segunda-feira), será considerada publicada no primeiro dia útil subsequente, qual seja, 06.03.2018 (terça-feira), sendo o primeiro dia da contagem do prazo 07.03.2018 (quarta-feira).

Alguns tribunais estão, ainda, realizando a intimação das partes por meio do sistema do processo judicial eletrônico (Pje). Em recente decisão, entretanto, o Tribunal Superior do Trabalho, afastou a intempestividade de um recurso com base na afirmação de que a data de intimação da sentença por meio do Diário Eletrônico da Justiça do Trabalho prevalece sobre a intimação realizada via sistema Pje:

> RECURSO DE REVISTA. LEI Nº 13.015/2014. INTERPOSIÇÃO ANTERIOR À INSTRUÇÃO NORMATIVA N° 40 DO TST. ANTERIOR À LEI N° 13.467/2017. RECLAMANTE. CERCEAMENTO DO DIREITO DE DEFESA. INTEMPESTIVIDADE DO RECURSO ORDINÁRIO. NÃO CONFIGURAÇÃO. INTIMAÇÃO POR MEIO DE DIÁRIO ELETRÔNICO. 1 – O recurso de revista foi interposto na vigência da Lei n° 13.015/2014 e atende aos requisitos do art. 896, § 1º-A, da CLT. 2 – Inicialmente, registra-se que a parte, nas razões do recurso de revista, transcreveu o inteiro teor da decisão recorrida, contudo, verifica-se que é plenamente possível a identificação do prequestionamento da matéria, visto que o acórdão do TRT analisou somente um tema. Além disso, a parte especificou posteriormente qual fundamento é objeto de sua impugnação, bem como, em observância ao princípio da dialeticidade, fez o seu confronto analítico com a fundamentação jurídica invocada nas razões recursais, o que atende os pressupostos do art. 896, § 1º-A, I, II e III, da CLT. **3 – Quanto ao mérito, a intimação das decisões proferidas em processo eletrônico podem se realizar por meio de Diário Eletrônico ou via sistema PJe. No primeiro caso, a ciência ocorre com o ato de publicação, que é o dia útil subsequente ao da disponibilização (art. 4º da Lei nº 11.419/06); já no caso de intimação diretamente no sistema PJe, a ciência ocorrerá no dia em que a parte consulta o teor da intimação e, se esta não o fizer em até dez dias, considera-se ciente a parte, independentemente da realização da consulta (art. 5º da Lei nº 11.419/06). 4 – A publicação da decisão em Diário Eletrônico "substitui qualquer outro meio e publicação oficial, para quaisquer efeitos legais", conforme prevê o art. 4º, §2º, da Lei nº 11.419/06. 5 – No caso, conforme consignado pela Corte Regional: a) "a reclamante foi intima-**

da da decisão de origem, inicialmente via sistema PJE-JT, em 29.07.2014"; b) "Posteriormente, foi novamente intimada via Diário Eletrônico da Justiça do Trabalho (DEJT), em 28.08.2014"; e, c) "Houve interposição de recurso ordinário pela autora apenas no dia 05.09.2014". 6 – Esta Corte tem entendido que, nos termos do artigo 4º, §2º, da Lei nº 11.419/06, a publicação feita por meio de Diário Eletrônico (DEJT) prevalece sobre a intimação realizada via PJE, não tendo esta o condão de anular aquela. Há julgados. 7 – Nesse sentido, tem-se como tempestivo o recurso ordinário interposto pela reclamante, visto que sua intimação foi publicada no DEJT em 28/08/2014, e o recurso ordinário foi interposto em 05/09/2014, dentro, portanto, do octídio legal. 8 – Recurso de revista de que se conhece e a que se dá provimento. (PROCESSO Nº TST-RR-10794-60.2014.5.18.0003, Ministra Relatora Kátia Magalhães Arruda, 6ª Turma, Data de Publicação: 23/02/2018). (grifos nossos).

7.5.2. Das hipóteses de suspensão e interrupção dos prazos processuais

O curso do prazo, entretanto, pode ser suspenso ou interrompido.

Na suspensão, a contagem do prazo é pausada e, no momento do recomeço, considera-se somente o lapso temporal que sobejava no momento da paralisação. Assim, se no terceiro dia de um prazo de oito dias há uma suspensão, quando esta for encerrada, remanescerá cinco dias.

É o que ocorre, por exemplo, nas férias forenses. De acordo com o art. 775-A da CLT, os prazos processuais são suspensos nos dias compreendidos entre 20 de dezembro e 20 de janeiro, inclusive. Neste período, além da suspensão dos prazos, não se realizarão audiências nem sessões de julgamento.

No mesmo sentido, o item II da Súmula 262 do TST:

Súmula nº 262 do TST

PRAZO JUDICIAL. NOTIFICAÇÃO OU INTIMAÇÃO EM SÁBADO. RECESSO FORENSE. (redação do item II alterada na sessão do Tribunal Pleno realizada em 19.05.2014) – Res. 194/2014, DEJT divulgado em 21, 22 e 23.05.2014

(...)

II – O recesso forense e as férias coletivas dos Ministros do Tribunal Superior do Trabalho suspendem os prazos recursais. (ex-OJ nº 209 da SBDI-1 -inserida em 08.11.2000)

O art. 221 do CPC, aplicável subsidiariamente por ausência de incompatibilidade com o processo do trabalho, estabelece que os prazos são suspensos "por obstáculo criado em detrimento da parte ou ocorrendo qualquer das hipóteses do art. 313[49], devendo o prazo ser restituído por tempo

---

49. Art. 313 do CPC – Art. 313. Suspende-se o processo:

I – pela morte ou pela perda da capacidade processual de qualquer das partes, de seu representante legal ou de seu procurador;

igual ao que faltava para sua complementação". Por sua vez, o parágrafo único do dispositivo citado prevê que os prazos também são suspensos "durante a execução de programa instituído pelo Poder Judiciário para promover a auto composição, incumbindo aos tribunais especificar, com antecedência, a duração dos trabalhos".

II – pela convenção das partes;

III – pela arguição de impedimento ou de suspeição;

IV- pela admissão de incidente de resolução de demandas repetitivas;

V – quando a sentença de mérito:

a) depender do julgamento de outra causa ou da declaração de existência ou de inexistência de relação jurídica que constitua o objeto principal de outro processo pendente;

b) tiver de ser proferida somente após a verificação de determinado fato ou a produção de certa prova, requisitada a outro juízo;

VI – por motivo de força maior;

VII – quando se discutir em juízo questão decorrente de acidentes e fatos da navegação de competência do Tribunal Marítimo;

VIII – nos demais casos que este Código regula.

IX – pelo parto ou pela concessão de adoção, quando a advogada responsável pelo processo constituir a única patrona da causa;

X – quando o advogado responsável pelo processo constituir o único patrono da causa e tornar-se pai.

§ 1º Na hipótese do inciso I, o juiz suspenderá o processo, nos termos do art. 689.

§ 2º Não ajuizada ação de habilitação, ao tomar conhecimento da morte, o juiz determinará a suspensão do processo e observará o seguinte:

I – falecido o réu, ordenará a intimação do autor para que promova a citação do respectivo espólio, de quem for o sucessor ou, se for o caso, dos herdeiros, no prazo que designar, de no mínimo 2 (dois) e no máximo 6 (seis) meses;

II – falecido o autor e sendo transmissível o direito em litígio, determinará a intimação de seu espólio, de quem for o sucessor ou, se for o caso, dos herdeiros, pelos meios de divulgação que reputar mais adequados, para que manifestem interesse na sucessão processual e promovam a respectiva habilitação no prazo designado, sob pena de extinção do processo sem resolução de mérito.

§ 3º No caso de morte do procurador de qualquer das partes, ainda que iniciada a audiência de instrução e julgamento, o juiz determinará que a parte constitua novo mandatário, no prazo de 15 (quinze) dias, ao final do qual extinguirá o processo sem resolução de mérito, se o autor não nomear novo mandatário, ou ordenará o prosseguimento do processo à revelia do réu, se falecido o procurador deste.

§ 4º O prazo de suspensão do processo nunca poderá exceder 1 (um) ano nas hipóteses do inciso V e 6 (seis) meses naquela prevista no inciso II.

§ 5º O juiz determinará o prosseguimento do processo assim que esgotados os prazos previstos no § 4º.

§ 6º No caso do inciso IX, o período de suspensão será de 30 (trinta) dias, contado a partir da data do parto ou da concessão da adoção, mediante apresentação de certidão de nascimento ou documento similar que comprove a realização do parto, ou de termo judicial que tenha concedido a adoção, desde que haja notificação ao cliente.

§ 7º No caso do inciso X, o período de suspensão será de 8 (oito) dias, contado a partir da data do parto ou da concessão da adoção, mediante apresentação de certidão de nascimento ou documento similar que comprove a realização do parto, ou de termo judicial que tenha concedido a adoção, desde que haja notificação ao cliente.

É o que ocorre, por exemplo, durante a Semana Nacional da Conciliação Trabalhista, instituído pelo Conselho Superior da Justiça do Trabalho (CSJT) e realizado em todos os Tribunais Regionais do Trabalho, na tentativa de solucionar os litígios através da conciliação.

Por sua vez, na interrupção há um recomeço do prazo ao final da causa interruptiva, de modo que o lapso temporal que transcorreu anteriormente é inutilizado. É o que ocorre, por exemplo, na hipótese de oposição de embargos de declaração.

7.5.3. Dos privilégios de prazo

O Ministério Público e a Fazenda Pública possuem privilégio de prazo em relação aos demais ao atuar em processo judicial. De acordo com o art. 180 do CPC[50], aplicável subsidiariamente ao processo do trabalho, o Ministério Público goza de prazo em dobro para manifestar-se nos autos do processo.

Contudo, não terá aplicação subsidiária do art. 229 do CPC[51], conforme assevera a OJ n. 310 da SDI-I do TST: "Inaplicável ao processo do trabalho a norma contida no art. 229, caput e §§ 1º e 2º, do CPC de 2015 (art. 191 do CPC de 1973), em razão da incompatibilidade com a celeridade que lhe é inerente".

Por sua vez, o Decreto Lei n. 779/1969, que dispõe sobre a aplicação das normas processuais trabalhista à Fazenda Pública, estabelece, em seu art. 1º, III, o prazo em dobro para interposição de recurso.

Este benefício, entretanto, somente se aplica à União Federal, aos Estados, Municípios, Distrito Federal e Autarquias ou Fundações de direito público que não explorem atividade econômica.

---

50. Art. 180 do CPC – O Ministério Público gozará de prazo em dobro para manifestar-se nos autos, que terá início a partir de sua intimação pessoal, nos termos do art. 183, § 1º.

    § 1º Findo o prazo para manifestação do Ministério Público sem o oferecimento de parecer, o juiz requisitará os autos e dará andamento ao processo.

    § 2º Não se aplica o benefício da contagem em dobro quando a lei estabelecer, de forma expressa, prazo próprio para o Ministério Público.

51. **Art. 229.** Os litisconsortes que tiverem diferentes procuradores, de escritórios de advocacia distintos, terão prazos contados em dobro para todas as suas manifestações, em qualquer juízo ou tribunal, independentemente de requerimento.

    § 1º Cessa a contagem do prazo em dobro se, havendo apenas 2 (dois) réus, é oferecida defesa por apenas um deles.

    § 2º Não se aplica o disposto no caput aos processos em autos eletrônicos.

Capítulo

8

DAS PARTES – REPRESENTAÇÃO E SUBSTITUIÇÃO PROCESSUAL

O contrato de trabalho e as relações que se travam entre empregado e empregador formam a RELAÇÃO JURÍDICA DE DIREITO MATERIAL.

Essa relação é regulamentada pelo contrato, pela lei e pelos instrumentos normativos (acordo, convenção e sentença normativa).

Quando essas fontes são desrespeitadas, surge o conflito, que pode ser resolvido extrajudicialmente ou judicialmente, através da participação do Estado-Juiz, formando-se, a partir daí, a RELAÇÃO PROCESSUAL.

O Direito Processual do Trabalho estuda exatamente as regras que disciplinam os litígios entre os sujeitos do contrato de trabalho.

Enquanto a relação jurídica de direito material é bilateral: empregado e empregador, a relação processual é triangular: autor, réu e Juiz.

Faz-se mister, pois, estudarmos as partes integrantes da relação processual, o que faremos a seguir.

8.1. CONCEITO

As partes compõem, ao lado do Juiz, os sujeitos da relação jurídica processual.

São os responsáveis pelo impulso do processo, salvo nas hipóteses excepcionais admitidas na legislação trabalhista (arts. 878 da CLT[1] e 4º da Lei 5.584/70[2]).

---

1. Art. 878 da CLT – A execução será promovida pelas partes, permitida a execução de ofício pelo juiz ou pelo Presidente do Tribunal apenas nos casos em que as partes não estiverem representadas por advogado.
2. Art. 4º da Lei 5.584/70 – Nos dissídios de alçada exclusiva das Juntas e naqueles em que os empregados ou empregadores reclamarem pessoalmente, o processo poderá ser impulsionado de ofício pelo Juiz.

De um lado, temos o autor que toma a iniciativa de procurar o Estado para resolver seu conflito de interesses, sempre que houver um direito violado ou ameaçado. No outro polo está o réu, que assume o papel defensivo na demanda.

Rodrigues Pinto[3] afirma que: "Partes, portanto, são o autor, que demanda a atuação da vontade da lei, e o réu, contra quem a atuação é demandada".

Fredie Didier[4] apresenta a existência de 3 espécies de partes – a parte processual, a parte do litígio e a parte ilegítima. Para ele, parte processual é quem está na relação jurídica processual, assumindo qualquer das situações jurídicas processuais, atuando com parcialidade e podendo sofrer alguma consequência com a decisão final. Parte do litígio é a parte da relação jurídica discutida em juízo; pode ou não ser a parte processual, pois a lei confere a certos sujeitos, em determinadas hipóteses, a legitimação para defender, em nome próprio, direito alheio. Já parte ilegítima é parte, até porque pode alegar a sua ilegitimidade, mas o processo não pode continuar sendo conduzido por ela, já que não tem autorização legislativa para tanto.

Para Alexandre Câmara[5], "devem ser consideradas partes do processo todas aquelas pessoas que participam do procedimento em contraditório".

A CLT apresenta uma denominação peculiar, referindo-se ao autor como reclamante e ao réu como reclamado, mas nada impede que sejam utilizadas outras expressões, tais como acionante, acionado, demandante e demandado etc.

8.2. PRESSUPOSTOS PROCESSUAIS

De acordo com Moacir Amaral Santos[6], "pressupostos processuais são requisitos necessários à existência e validade da relação processual".

Fredie Didier[7] apresenta uma classificação, fazendo uma correta distinção entre "pressupostos de existência" e "requisitos de validade", mas a doutrina, de modo geral, costuma considerar tanto o pressuposto quanto requisito como sendo pressupostos processuais.

Para esse mesmo autor, "pressuposto processual são todos os elementos de existência, os requisitos de validade e as condições de eficácia do

---

3. *Processo trabalhista de conhecimento: direito processual do trabalho, organização judiciária trabalhista brasileira, processo e procedimento, prática.* 6ª ed. São Paulo: LTr, 2001.
4. *Tutela jurisdicional individual e coletiva,* 5ª edição. p. 214.
5. CÂMARA, *Alexandre. Lições de Direito Processual Civil,* 9ª ed., Lumen Juris, 2003. p. 153.
6. In *Primeiras Linhas de Direito Processual Civil,* 20ª edição, 2001, 3º Volume, p. 324.
7. In *Direito Processual Civil: Tutela jurisdicional individual e coletiva.* 5. ed. Salvador: Juspodivm, 2005. p. 221 e 222.

procedimento, aspecto formal do processo, que é ato-complexo de formação sucessiva. Há pressupostos do procedimento principal, do procedimento incidental e do procedimento recursal".

Ainda sobre esse prisma, ressalta que "o processo, do ponto de vista interno, é uma relação jurídica, do ponto de vista externo é um procedimento. Como em toda relação jurídica, impõe-se a coexistência de elementos subjetivos (sujeitos) e objetivos (fato jurídico e objeto)".

Com relação às partes, os pressupostos ou requisitos de validade para formação e desenvolvimento da relação jurídica processual estão relacionados à capacidade:

a) Capacidade de ser parte

Esta capacidade é, a princípio, inerente a todas as pessoas que compõem a relação jurídica de direito material.

De acordo com Fredie Didier[8], "dela são dotados todos aqueles que tenham personalidade material – ou seja, aqueles que podem ser sujeitos de uma relação jurídica material, como as pessoas naturais e as jurídicas –, como também o nascituro, o condomínio, o *nondum conceptus*, a sociedade de fato, sociedade não-personificada e sociedade irregular – as três figuras estão reunidas sob a rubrica sociedade em comum, art. 986 do CC-2002 –, os entes formais (como o espólio, massa falida, herança jacente etc.), as comunidades indígenas ou grupos tribais e os órgãos públicos despersonalizados (Ministério Público, PROCON, Tribunal de Contas etc.). Não a têm o morto e os animais, p.ex. Trata-se de noção absoluta: não se cogita de alguém que tenha meia capacidade de ser parte; ou se tem ou não se tem personalidade judiciária".

b) Capacidade Processual

Capacidade processual é a aptidão para estar em juízo, defendendo seus direitos e interesses.

Para Bezerra Leite[9], essa capacidade, que também pode ser denominada de capacidade de estar em juízo, é outorgada pelo direito positivo às pessoas que possuem a capacidade civil (art. 70 do CPC[10]). Entende-se por capacidade civil a faculdade que tem a pessoa de praticar todos os atos da vida civil e de administrar os seus bens.

Essa capacidade pode ser plena, quando a pessoa está habilitada para exigir e defender seus direitos e interesses; pode ser limitada ou reduzida quando será necessário o auxílio de um terceiro para o acompanhamento da ação; ou ainda inexistente, essa última relacionada àquelas pessoas

---

8. *Op. cit.*, p. 225 e 226.
9. *Curso de direito processual do trabalho*. 3ª. ed. São Paulo: LTr, 2005. p. 293.
10. Art. 70 do CPC – Toda pessoa que se encontre no exercício de seus direitos tem capacidade para estar em juízo.

que não têm a capacidade de estar em Juízo, sendo indispensável a sua representação, que, no Processo do Trabalho, deve ser feita observando-se a ordem prevista no art. 793[11] da CLT, que é diferente daquela apresentada pelo art. 71 do CPC[12]

O Código Civil Brasileiro, em seus arts. 3º e 4º[13], estabelece o rol das pessoas que são absolutamente e relativamente incapazes para "exercer pessoalmente os atos da vida civil".

O Legislador Trabalhista não cuidou desse tema, limitando-se a estabelecer, no art. 793 da CLT, que "a reclamação trabalhista do menor de 18 anos será feita por seus representantes legais".

Com relação ao trabalho do menor, vale ressaltar que o art. 7º, XXXIII, da CF[14] proíbe o trabalho do menor de 16 anos, salvo na condição de aprendiz, a partir dos 14. De acordo com a referida norma, podemos concluir, com relação aos menores que: a) é proibido qualquer trabalho ao menor de 14 anos; b) dos 14 aos 16 somente na condição de aprendiz; c) para qualquer menor de 18 anos é proibido o trabalho noturno, perigoso ou insalubre.

É importante definir se trabalhador, menor de 18 anos, será assistido ou representado em sua reclamação trabalhista.

A CLT não se preocupou em fazer distinção entre representação e assistência, o que muitas vezes causa confusão na interpretação de seus dispositivos. Exatamente por isto, traçaremos breves esclarecimentos acerca do tema.

---

11. Art. 793 da CLT – A reclamação trabalhista do menor de 18 anos será feita por seus representantes legais e, na falta destes, pela Procuradoria da Justiça do Trabalho, pelo sindicato, pelo Ministério Público estadual ou curador nomeado em juízo.
12. Art. 71 do CPC – O incapaz será representado ou assistido por seus pais, por tutor ou por curador, na forma da lei.
13. Art. 3º do CC – São absolutamente incapazes de exercer pessoalmente os atos da vida civil os menores de 16 (dezesseis) anos.

    Art. 4º do CC – São incapazes, relativamente a certos atos, ou à maneira de os exercer:

    I – os maiores de dezesseis e menores de dezoito anos;

    II – os ébrios habituais e os viciados em tóxicos;

    III – aqueles que, por causa transitória ou permanente, não puderem exprimir sua vontade;

    IV – os pródigos.

    Parágrafo único. A capacidade dos indígenas será regulada por legislação especial.
14. Art. 7º da CF/88 – São direitos dos trabalhadores urbanos e rurais, além de outros que visem à melhoria de sua condição social:

    XXXIII – proibição de trabalho noturno, perigoso ou insalubre a menores de dezoito e de qualquer trabalho a menores de dezesseis anos, salvo na condição de aprendiz, a partir de quatorze anos; (Redação dada pela Emenda Constitucional nº 20, de 1998)

Representação ocorre, segundo Bezerra Leite[15], "quando alguém figura num dos polos da relação jurídica processual em nome e na defesa de interesse de outrem". É a intervenção obrigatória de pessoas designadas por lei (art. 793 da CLT) em atos praticados por **absolutamente incapazes.** O representante age em nome do representado, podendo, por exemplo, firmar acordo, desistir, renunciar direito.

Já a assistência, na lição de Francisco Ferreira Jorge Neto e Jouberto de Quadros Pessoa Cavalcante, "é a intervenção obrigatória de pessoas designadas por lei em atos praticados por **relativamente incapazes** (arts. 4º e 1634, I, CC). É uma forma de proteção legal para a prática de certos atos da vida civil"[16]. Para Wagner Giglio, "o assistente, ao contrário do representante, apenas supre a deficiência de vontade do assistido, e não o substitui. Assim, não pode o assistente, por exemplo, fazer acordo em nome do assistido, mas é este quem, após consulta com o seu responsável legal, deve aceitar ou recusar conciliação proposta"[17].

De acordo com o Código Civil, os menores de 16 anos são absolutamente incapazes e os menores com idade entre 16 e 18 anos são relativamente incapazes, o que implica a necessidade de representação dos primeiros e apenas da assistência na segunda hipótese.

Em que pese a clareza do diploma civil, a CLT, de modo diferente, estabeleceu que "a reclamação trabalhista do menor de 18 anos será feita por seus representantes legais". Aqui, parece que o legislador trabalhista agiu diferente, exigindo que mesmo os menores com idade entre 16 e 18, que, à luz do Código Civil, são relativamente incapazes, fossem representados.

Não bastasse isso, o art. 843 da CLT[18], exigiu, de maneira genérica, que as partes estejam presentes à audiência, independente de seus representantes. A nosso ver, quis referir-se apenas à representação sindical e técnica, mas não fez tal distinção, o que implica a necessária participação do titular do direito em qualquer hipótese.

Não podemos concordar, embora fosse mais sensato, com Giglio[19], que prefere reconhecer a atecnia do legislador para sustentar que o menor, nessa idade, seria, de qualquer modo, assistido. Isso porque, ao se exigir

---

15. *Op. cit.*, p. 295.

16. Jorge Neto, Francisco Ferreira e Cavalcante, Jouberto de Quadros Pessoa. *Direito Processual do Trabalho,* 3ª edição, p. 531.

17. GIGLIO, Wagner. *Direito Processual do Trabalho,* 13ª edição, p. 110.

18. Art. 843 da CLT – Na audiência de julgamento deverão estar presentes o reclamante e o reclamado, independentemente do comparecimento de seus representantes salvo, nos casos de Reclamatórias Plúrimas ou Ações de Cumprimento, quando os empregados poderão fazer-se representar pelo Sindicato de sua categoria.

19. *Direito Processual do Trabalho,*11ª edição, Saraiva, 2000, p. 102.

que a reclamação **seja feita** por seus representantes, quis, efetivamente o legislador, talvez com a intenção de proteger o menor, que ele estivesse representado.

Certo ou errado, com ou sem atecnia, há, nesse particular, regulamentação legal, não sendo, portanto, possível a aplicação supletiva de outro diploma legal.

De qualquer sorte, com relação às demais pessoas indicadas nos arts. 3º e 4º do Código Civil, deve-se seguir a regra geral de representação e assistência, respectivamente.

Entendemos, por outro lado, que, em qualquer hipótese, deve ser observada a ordem de representação estabelecida no art. 793 da CLT: representantes legais; Ministério Público do Trabalho; Sindicato, Ministério Público Estadual e, por fim, os curadores.

Por fim, quanto ao tema, importante ressaltar ainda que, nos termos da Instrução Normativa n. 39 do TST, o art. 76, §1º e §2º do Código de Processo Civil[20], que prevê a possibilidade de saneamento do vício relativo a irregularidade da representação da parte, é aplicável ao processo do trabalho.

Dessa forma, uma vez verificada pelo magistrado trabalhista a incapacidade processual ou a irregularidade da representação da parte, deverá ser designado prazo razoável para que seja sanado o vício.

Caso descumprida a determinação, se o processo estiver na instância originária, poderá ser extinto caso a providência caiba ao autor ou revel caso a diligência seja direcionada ao réu. Se, entretanto, a ação se encontrar em fase recursal, o recurso de ambas as partes não será conhecido, na hipótese do vício não ser sanado.

c) Capacidade Postulatória

A capacidade postulatória está relacionada à aptidão técnica para praticar atos processuais necessários para o andamento do processo.

---

20. Art. 76 do CPC – Verificada a incapacidade processual ou a irregularidade da representação da parte, o juiz suspenderá o processo e designará prazo razoável para que seja sanado o vício.

§ 1º Descumprida a determinação, caso o processo esteja na instância originária:

I – o processo será extinto, se a providência couber ao autor;

II – o réu será considerado revel, se a providência lhe couber;

III – o terceiro será considerado revel ou excluído do processo, dependendo do polo em que se encontre.

§ 2º Descumprida a determinação em fase recursal perante tribunal de justiça, tribunal regional federal ou tribunal superior, o relator:

I – não conhecerá do recurso, se a providência couber ao recorrente;

II – determinará o desentranhamento das contrarrazões, se a providência couber ao recorrido.

Como já ressaltamos no item 3.1.3.1, trata-se do *jus postulandi*, que, via de regra (art. 103 do CPC[21]), é restrito aos advogados regularmente inscritos na OAB.

Esta regra geral comporta exceções, quando o legislador permitir que os atos processuais sejam praticados por "leigos", como ocorre, por exemplo, nos juizados especiais cíveis (para ações até 20 salários mínimos e até a prolação da sentença – art. 9º da Lei 9.099/95[22]), com os sujeitos da relação de emprego no Processo do Trabalho, art. 791 da CLT, e no *habeas corpus*, art. 654 do Código de Processo Penal[23].

8.3. SUCESSÃO PROCESSUAL

A sucessão processual ocorre quando, no curso do processo, uma das partes deixa de existir, o que, a depender de sua natureza, poderá acontecer de formas diferentes. Caso se trate de pessoa natural, a sucessão será decorrência de sua morte, nos termos do art. 110 do CPC[24]. Por sua vez, na hipótese de pessoa jurídica a sucessão ocorrerá em razão da alteração da propriedade da empresa ou da mudança de sua estrutura jurídica (arts. 10 e 448 da CLT[25]).

É considerado sucessor da pessoa natural na justiça do trabalho, por força do art. 1º da Lei n. 6.858/1980, os dependentes habilitados perante a Previdência Social, e, na sua falta, os sucessores previstos na legislação civil, indicados em alvará judicial, independentemente de inventário ou arrolamento, vejamos:

> Art. 1º – Os valores devidos pelos empregadores aos empregados e os montantes das contas individuais do Fundo de Garantia do Tempo de Serviço e do Fundo de Participação PIS-PASEP, não recebidos em vida pelos respectivos titulares, serão pagos, em quotas iguais, aos dependentes habilitados perante a Previdência Social ou na forma da legislação específica dos servidores civis e militares, e, na sua falta, aos sucessores previstos na lei civil, indicados em alvará judicial, independentemente de inventário ou arrolamento.

---

21. Art. 103 do CPC – A parte será representada em juízo por advogado regularmente inscrito na Ordem dos Advogados do Brasil.
Parágrafo único. É lícito à parte postular em causa própria quando tiver habilitação legal.

22. Art. 9º da Lei 9.099/95 – Nas causas de valor até vinte salários mínimos, as partes comparecerão pessoalmente, podendo ser assistidas por advogado; nas de valor superior, a assistência é obrigatória.

23. Art. 654 do CPP – O *habeas corpus* poderá ser impetrado por qualquer pessoa, em seu favor ou de outrem, bem como pelo Ministério Público.

24. Art. 110 do CPC – Ocorrendo a morte de qualquer das partes, dar-se-á a sucessão pelo seu espólio ou pelos seus sucessores, observado o disposto no art. 313, §§ 1º e 2º.

25. Art. 10 da CLT – Qualquer alteração na estrutura jurídica da empresa não afetará os direitos adquiridos por seus empregados.

> § 1º – As quotas atribuídas a menores ficarão depositadas em caderneta de poupança, rendendo juros e correção monetária, e só serão disponíveis após o menor completar 18 (dezoito) anos, salvo autorização do juiz para aquisição de imóvel destinado à residência do menor e de sua família ou para dispêndio necessário à subsistência e educação do menor.
>
> § 2º – Inexistindo dependentes ou sucessores, os valores de que trata este artigo reverterão em favor, respectivamente, do Fundo de Previdência e Assistência Social, do Fundo de Garantia do Tempo de Serviço ou do Fundo de Participação PIS-PASEP, conforme se tratar de quantias devidas pelo empregador ou de contas de FGTS e do Fundo PIS PASEP.

Apesar disso, a simples inexistência de habilitação dos herdeiros civis perante a Previdência Social não deve ensejar a extinção do processo sem resolução do mérito, uma vez que, além de representar violação ao direito de herança garantido constitucionalmente, pode ser realizada posteriormente. Nesse sentido tem decidido o Tribunal Superior do Trabalho:

> RECURSO DE REVISTA DO RECLAMADO. **1. ILEGITIMIDADE ATIVA AD CAUSAM. HERDEIRO. Esta Corte Superior, ao interpretar o artigo 1º da Lei nº 6.858/80, tem entendido que os dependentes habilitados perante a Previdência Social e os sucessores previstos na lei civil tem legitimidade para pleitear os direitos do titular não recebidos em vida decorrentes da relação empregatícia, independentemente de inventário ou arrolamento, sendo que a falta de habilitação dos herdeiros perante a previdência Social, por si só, não autoriza a extinção do processo sem julgamento do mérito, na medida em que a habilitação pode ser feita até mesmo quando da liquidação da sentença.** Precedentes. Recurso de revista não conhecido. (...) (RR – 13200-66.2009.5.06.0002, Relator Ministro: Guilherme Augusto Caputo Bastos, Data de Julgamento: 16/05/2012, 2ª Turma, Data de Publicação: DEJT 25/05/2012). (grifos aditados).

Nessas situações, deverá o juiz suspender o processo e determinar a intimação dos habilitados como dependentes na Previdência Social, do espólio, de quem for o sucessor ou, se for o caso, dos herdeiros, pelos meios de divulgação que reputar mais adequados, para que manifestem interesse na sucessão processual e promovam a respectiva habilitação no prazo designado, sob pena de extinção do processo sem resolução de mérito[26].

---

26. Art. 313 do CPC – Suspende-se o processo:

I – pela morte ou pela perda da capacidade processual de qualquer das partes, de seu representante legal ou de seu procurador;

(...)

§ 2º Não ajuizada ação de habilitação, ao tomar conhecimento da morte, o juiz determinará a suspensão do processo e observará o seguinte:

I – falecido o réu, ordenará a intimação do autor para que promova a citação do respectivo espólio, de quem for o sucessor ou, se for o caso, dos herdeiros, no prazo que designar, de no mínimo 2 (dois) e no máximo 6 (seis) meses;

Caso o empregador seja pessoa física, caberá ao reclamante promover a citação do respectivo espólio, do sucessor ou, se for o caso, dos herdeiros para que integram a relação processual no lugar do de cujos. Sobre o assunto, esclarece Mauro Schiavi em seu Curso de Direito do Trabalho que, nesse caso, "haverá sucessão *causa mortis* no polo passivo, devendo o juiz suspender o processo para regularização do espólio[27]".

Por sua vez, a sucessão empresarial acarreta a responsabilidade do sucessor, nos termos do art. 448-A da CLT[28]. Dessa forma, ainda que exista alteração na estrutura jurídica ou proprietária da empresa, aquele que lhe suceder será responsável pelas dívidas contraídas, somente sendo solidária com o sucedido se houver comprovação de fraude na transferência.

8.4. SUBSTITUIÇÃO PROCESSUAL

A legitimidade *ad causam* é condição da ação, na forma do art. 485, VI, do CPC, aplicado subsidiariamente[29]. A legitimidade para agir pode ser ordinária ou extraordinária.

A regra geral é que o próprio titular do direito material ameaçado ou violado defenda seu interesse em juízo, atuando, nesta hipótese, com legitimação ordinária.

Haverá legitimidade ordinária, portanto, quando houver coincidência entre as partes da relação jurídica material e as partes da relação jurídica processual. Nesse sentido, terá legitimidade ordinária aquele que defende, em juízo, interesse próprio.

Contudo, em determinadas situações, a lei admite que um terceiro defenda, em nome próprio, direito alheio, em um processo judicial.

Dessa forma, a legitimação extraordinária, também chamada de substituição processual, ocorrerá quando a parte defender em nome próprio

---

II – falecido o autor e sendo transmissível o direito em litígio, determinará a intimação de seu espólio, de quem for o sucessor ou, se for o caso, dos herdeiros, pelos meios de divulgação que reputar mais adequados, para que manifestem interesse na sucessão processual e promovam a respectiva habilitação no prazo designado, sob pena de extinção do processo sem resolução de mérito.

27. SCHIAVI, Mauro. Manual de Direito Processual do Trabalho. São Paulo: Editora LTr, 2016, p. 336.

28. Art. 448-A da CLT – Caracterizada a sucessão empresarial ou de empregadores prevista nos arts. 10 e 448 desta Consolidação, as obrigações trabalhistas, inclusive as contraídas à época em que os empregados trabalhavam para a empresa sucedida, são de responsabilidade do sucessor.
Parágrafo único. A empresa sucedida responderá solidariamente com a sucessora quando ficar comprovada fraude na transferência.

29. Art. 485 do CPC – O juiz não resolverá o mérito quando:
VI – verificar ausência de legitimidade ou de interesse processual.

interesse de outrem. Conforme ensina Fredie Didier Jr, "Enfim, na legitimação extraordinária confere-se a alguém o poder de conduzir processo que versa sobre direito do qual não é titular exclusivo"[30].

A parte autora do processo é, portanto, o substituto, sendo o titular do direito material discutido em juízo o substituído.

Tal legitimação está prevista no art. 18 do CPC[31], que somente a admite nos casos expressamente previstos em lei.

Assim, como adverte Dallegrave[32], devemos aplicar, nessa hipótese, "a lição hermenêutica de que em casos de regras de exceção não é permitida exegese extensiva", o que deveria implicar na sua aplicação e interpretação restritiva.

A substituição pode ocorrer tanto no polo ativo quanto no polo passivo e o substituto não precisa aguardar a inércia do substituído e tampouco a sua autorização.

Normalmente, esta legitimação se caracteriza quando o **substituto** tenha manifesto **interesse** em defender os direitos do substituído, como, p. ex., ocorria na hipótese retratada no art. art. 1.791 do CC[33], que permite a qualquer herdeiro cobrar a totalidade da herança recebida indevidamente por terceiro.

No Processo do Trabalho não há esse interesse direto, econômico do sindicato em pleitear direitos individuais dos substituídos – **legitimação imprópria ou peculiar**. Há, de fato, apenas um interesse social.

Importante observar que, como a parte do processo é o substituto, a análise do preenchimento dos pressupostos processuais será feita em relação a ele, à exceção da imparcialidade do magistrado, a qual será verificada em relação tanto ao substituto quanto ao substituído.

O substituído pode ingressar na ação, em qualquer fase do processo, como assistente litisconsorcial, o que lhe autoriza a praticar atos processuais. Além disso, poderá desistir ou transigir, em qualquer fase do processo.

Quando o substituto processual for o sindicato, defendendo direito de um grupo de trabalhadores, entendemos que deverá, obrigatoriamente, identificá-los, apresentando nome completo, data de admissão e demissão.

---

30. *Direito Processual Civil.* 5ª edição. Salvador: Juspodivm, 2005. Vol.1.

31. Art. 18 do CPC – Ninguém poderá pleitear direito alheio em nome próprio, salvo quando autorizado pelo ordenamento jurídico.

32. In *Inovações na Legislação Trabalhista* – José Affonso Dallegrave Neto – LTr, p.279.

33. Art. 1.791. A herança defere-se como um todo unitário, ainda que vários sejam os herdeiros.
Parágrafo único. Até a partilha, o direito dos co-herdeiros, quanto à propriedade e posse da herança, será indivisível, e regular-se-á pelas normas relativas ao condomínio.

Essa exigência objetiva assegurar o direito à ampla defesa das empresas reclamadas, considerando que só com o rol de substituídos será possível arguir as prejudiciais de litispendência, prescrição ou coisa julgada[34].

Apesar dessa realidade, a jurisprudência majoritária não entende como obrigatória a juntada do rol de substituídos pelo sindicato no momento do ajuizamento da ação, vejamos:

> **RECURSO DE REVISTA. PRELIMINAR DE INÉPCIA DA INICIAL. JUNTADA DA RELAÇÃO DOS SUBSTITUÍDOS. SUBSTITUIÇÃO PROCESSUAL. DIREITOS INDIVIDUAIS HOMOGÊNEOS. DESNECESSIDADE.** A doutrina moderna referente aos processos coletivos entende, quanto à tutela dos direitos individuais homogêneos, pela existência de uma cisão da atividade cognitiva, cujo objetivo, na primeira fase, é a obtenção de uma tese jurídica geral que beneficie, sem distinção, os substituídos, sem considerar os elementos típicos de cada situação individual de seus titulares e nem mesmo se preocupar em identificá-los, ficando a prestação jurisdicional limitada ao núcleo de homogeneidade dos direitos controvertidos. Nesta etapa os direitos individuais homogêneos são indivisíveis e indisponíveis. Na segunda fase, a cognição judicial já se preocupa com os aspectos particulares e individuais dos direitos subjetivos. Trata-se da liquidação e execução do direito individual a que se referem os arts. 91 a 100 do CDC. Nela são verificados os valores devidos para cada um dos titulares dos direitos individuais lesados, que, por sua vez, serão identificados, constituindo a chamada margem de heterogeneidade. Nesta fase, os direitos são divisíveis e disponíveis, sendo possível tanto a execução coletiva como a exe-

34. Esse não é, no entanto, o entendimento majoritário do TST, conforme se extrai dos seguintes julgados: **AGRAVO DE INSTRUMENTO. RECURSO DE REVISTA – DESCABIMENTO. 1. NULIDADE. NEGATIVA DE PRESTAÇÃO JURISDICIONAL.** Não há que se cogitar de nulidade por negativa de prestação jurisdicional, quando a decisão atacada manifesta tese expressa sobre todos os aspectos manejados pela parte, em suas intervenções processuais oportunas, ainda que de forma contrária a seus desígnios. **2. REPRESENTAÇÃO PROCESSUAL.** Ausente a violação legal apontada e sendo necessário o revolvimento de fatos e provas (Súmula 126/TST), não prospera o apelo. **3. LEGITIMIDADE DO SINDICATO. COMPROVAÇÃO DA CONDIÇÃO DE SUBSTITUTO PROCESSUAL.** Em conformidade com a orientação jurisprudencial do STF, a substituição do sindicato é ampla e alcança todos os integrantes da categoria representada. Logo, não há que se falar na necessidade do rol de substituídos, muito menos da completa identificação de todos eles. **4. ALTERAÇÃO CONTRATUAL. PLANO DE SAÚDE PARA ASCENDENTES DOS EMPREGADOS DA RECLAMADA.** Deixando a parte de fazer patentes as situações descritas nas alíneas do art. 896 consolidado, correto o despacho que nega curso à revista. Agravo de instrumento conhecido e desprovido. Processo: AIRR – 97740-31.2009.5.03.0002 Data de Julgamento: 25/05/2011, Relator Ministro: Alberto Luiz Bresciani de Fontan Pereira, 3ª Turma, Data de Publicação: DEJT 03/06/2011. **RECURSO DE REVISTA DO RECLAMADO. SUBSTITUIÇÃO PROCESSUAL. SINDICATO. ROL DE SUBSTITUÍDOS. DESNECESSIDADE.** Ante o entendimento de que o sindicato possui legitimidade ampla para atuar na qualidade de substituto processual, é desnecessária e sequer recomendável a qualificação de cada um dos substituídos, inclusive porque pode comprometer o caráter impessoal da ação coletiva. Recurso de revista conhecido e não provido. **Processo:** RR – 51300-11.2004.5.04.0103 **Data de Julgamento:** 15/12/2010, **Relator Ministro:** Augusto César Leite de Carvalho, 6ª Turma, **Data de Publicação: DEJT** 11/02/2011.

cução individual a ser promovida pelas vítimas. **Portanto, não há como ver a juntada da relação dos substituídos como requisito indispensável para o ajuizamento de ação pelo sindicato como substituto processual para a defesa de direitos individuais homogêneos.** No caso, o Regional entendeu ser dispensável a apresentação do rol de substituídos, com base na interpretação do art. 8º, III, da Constituição Federal, e no cancelamento da Súmula 310 do TST, por entender que a legitimidade conferida às entidades sindicais é ampla, abrangendo todos os integrantes da categoria que representam, e seus direitos individuais homogêneos, não havendo necessidade de individualização de cada um. Nesse contexto, não está demonstrada a violação dos 5º, LV, da Constituição Federal, 840, § 1º, da CLT, 286 e 293 do CPC de 1973, vigente na data da publicação do acórdão recorrido. Os julgados trazidos são inespecíficos (Súmulas 23 e 296 do TST). Recurso de revista não conhecido. SINDICATO. SUBSTITUIÇÃO PROCESSUAL. LEGITIMIDADE. DIREITOS INDIVIDUAIS HOMOGÊNEOS. A jurisprudência desta Corte, seguindo a diretriz preconizada pelo Supremo Tribunal Federal, pacificou o entendimento de que o art. 8º, III, da Constituição Federal, permite que os sindicatos atuem como substitutos processuais de forma ampla, na defesa dos direitos individuais homogêneos de todos os integrantes da categoria, ainda que não associados. Tratando-se de pleito que envolve uma coletividade, no caso o conjunto de empregadas da reclamada que pretendem o pagamento de horas extras decorrentes da inobservância do intervalo previsto no art. 384 da CLT, configura-se a origem comum do direito, de modo a legitimar a atuação do sindicato. O fato de ser necessária a individualização para apuração do valor devido a cada empregado a título de diferenças salariais e horas extras não desautoriza a substituição processual. De acordo com entendimento da SBDI-1 desta Corte, a homogeneidade diz respeito ao direito, e não à sua quantificação, nos termos do art. 81, III, da Lei 8.078/90. Recurso de revista não conhecido. SUSPENSÃO DO PROCESSO. A Turma decidiu em sintonia com a Súmula 246 do TST. Dessa forma, incide o teor da Súmula 333 desta Corte. Recurso de revista não conhecido. HONORÁRIOS ADVOCATÍCIOS. A análise dos autos demonstra que a sentença condenou a reclamada ao pagamento dos honorários advocatícios, porém não houve insurgência, quanto ao tema, por ocasião da interposição do recurso ordinário da reclamada, de modo que operou-se a coisa julgada, mostrando-se preclusa a oportunidade de manifestar insurgência. Recurso de revista não conhecido. (RR – 3900-74.2011.5.17.0141, Relator Ministro: Augusto César Leite de Carvalho, Data de Julgamento: 14/03/2018, 6ª Turma, Data de Publicação: DEJT 16/03/2018). (grifos aditados).

Nessa hipótese, a identificação dos substituídos será necessária na fase de execução, assegurando a individualização do valor e o recebimento do crédito pelos respectivos substituídos.

Este procedimento, ao nosso sentir, como ressaltamos anteriormente, viola os direitos fundamentais da ampla defesa e do contraditório na medida em que não será possível após o trânsito em julgado se discutir matérias de defesa, como, por exemplo, a prescrição da pretensão.

Passaremos, agora, a identificar as hipóteses em que a legislação trabalhista admite a substituição processual.

a) O art. 195, §2º, da CLT[35] permite que o sindicato, em favor de grupo associado, argua, em juízo, insalubridade ou periculosidade.

b) O art. 872, Parágrafo único, da CLT[36] também autoriza o sindicato a apresentar reclamação, em seu nome, quando os empregadores deixarem de "satisfazer o pagamento de salários, na conformidade da decisão proferida". Como o artigo está inserido no capítulo dos dissídios coletivos, a decisão referida é a sentença normativa e, como tem natureza apenas constitutiva (e não condenatória), o "pagamento de salários" refere-se a reajustes salariais eventualmente inadimplidos, que podem ser exigidos pelo sindicato através de uma ação de cumprimento.

c) A terceira hipótese está inserida na Lei 8.036/90, que no seu art. 25[37], autoriza os dependentes, sucessores ou ainda o Sindicato a que estiver vinculado, a ajuizar reclamação trabalhista para pleitear o recolhimento do FGTS do empregado.

d) A Lei 8.073/90, que trata de política nacional de salários, também dispõe, em seu art. 3º, que: "As entidades sindicais poderão atuar como substitutos processuais dos integrantes da categoria", mas, como há algum tempo não é praticada pelo Governo Federal, está, temporariamente, em desuso.

e) A quinta hipótese e que acaba, na verdade, por englobar todas as outras, está prevista no art. 8º, III, da CF.

Com efeito, dispõe o referido dispositivo que "é livre a associação profissional ou sindical, observado o seguinte: III – ao sindicato cabe a defesa dos direitos e interesses coletivos ou individuais da categoria, inclusive em questões judiciais ou administrativas".

A redação desse dispositivo efetivamente foi falha, criando acirrados debates para interpretá-lo. De fato, ou o legislador referia-se a "interesses individuais dos **membros** da categoria" ou então não deveria referir-se a interesses individuais.

---

35. Art. 195, §2º, da CLT – Argüida em juízo insalubridade ou periculosidade, seja por empregado, seja por Sindicato em favor de grupo de associado, o juiz designará perito habilitado na forma deste artigo, e, onde não houver, requisitará perícia ao órgão competente do Ministério do Trabalho.

36. Art. 872, Parágrafo único, da CLT – Quando os empregadores deixarem de satisfazer o pagamento de salários, na conformidade da decisão proferida, poderão os empregados ou seus sindicatos, independentes de outorga de poderes de seus associados, juntando certidão de tal decisão, apresentar reclamação à Junta ou Juízo competente, observado o processo previsto no Capítulo II deste Título, sendo vedado, porém, questionar sobre a matéria de fato e de direito já apreciada na decisão.

37. Art. 25 da Lei 8.036/90 – Poderá o próprio trabalhador, seus dependentes e sucessores, ou ainda o Sindicato a que estiver vinculado, acionar diretamente a empresa por intermédio da Justiça do Trabalho, para compeli-la a efetuar o depósito das importâncias devidas nos termos desta lei.

Durante longos anos, a impropriedade técnica do legislador constituinte deixou terreno fértil para grandes controvérsias doutrinárias e jurisprudenciais, até que, em 2006, o STF[38] finalmente se posicionou.

Discutia-se se o referido artigo constitucional estabelece ou não mais uma hipótese de substituição processual e, ainda, caso positivo, se tal autorização atingia a defesa de todos os direitos individuais dos empregados membros da categoria.

Uma primeira corrente defendia que como categoria não tem personalidade jurídica, não poderia ter interesse individual, logo, a hipótese não seria de substituição processual, mas de representação, nos moldes do art. 513 da CLT[39], só que, a partir dessa data, extensiva a toda categoria e não mais apenas aos associados.

De outro lado, surgiu a tese de que o dispositivo se referia aos membros da categoria, sustentando que houve apenas uma impropriedade técnica do legislador, que deveria ser superada pelo intérprete, sob pena de tornar letra morta tal comando constitucional. Nesse caso, estaria o sindicato com autorização genérica e ilimitada para substituir um único empregado, membro da categoria profissional que representa, para defender qualquer direito individual.

Assim, se uma determinada empresa não paga horas extras a um de seus empregados, poderá o sindicato, tomando conhecimento de tal fato,

---

38. RECURSO EXTRAORDINÁRIO N. 210029 – "PROCESSO CIVIL. SINDICATO. ART. 8º, III DA CONSTITUIÇÃO FEDERAL. LEGITIMIDADE. SUBSTITUIÇÃO PROCESSUAL. DEFESA DE DIREITOS E INTERESSES COLETIVOS OU INDIVIDUAIS. RECURSO CONHECIDO E PROVIDO. O artigo 8º, III da Constituição Federal estabelece a legitimidade extraordinária dos sindicatos para defender em juízo os direitos e interesses coletivos ou individuais dos integrantes da categoria que representam. Essa legitimidade extraordinária é ampla, abrangendo a liquidação e a execução dos créditos reconhecidos aos trabalhadores. Por se tratar de típica hipótese de substituição processual, é desnecessária qualquer autorização dos substituídos. Recurso conhecido e provido".

39. Art. 513 da CLT – São prerrogativas dos sindicatos:

    a) representar, perante as autoridades administrativas e judiciárias os interesses gerais da respectiva

    categoria ou profissão liberal ou interesses individuais dos associados relativos à atividade ou profissão exercida;

    b) celebrar contratos coletivos de trabalho;

    c) eleger ou designar os representantes da respectiva categoria ou profissão liberal;

    d) colaborar com o Estado, como órgãos técnicos e consultivos, na estudo e solução dos problemas que se relacionam com a respectiva categoria ou profissão liberal;

    e) impor contribuições a todos aqueles que participam das categorias econômicas ou profissionais ou das profissões liberais representadas.

    Parágrafo Único. Os sindicatos de empregados terão, outrossim, a prerrogativa de fundar e manter agências de colocação.

ajuizar uma reclamação trabalhista, sem sequer pedir autorização do titular do respectivo direito material.

Depois de algum tempo, surgiu uma terceira corrente, à qual nos filiamos, que entendia que a categoria tinha interesse individual, que seria o interesse individual homogêneo. Tal se configura quando a lesão ou ameaça de direito atinge, da mesma forma, um determinado grupo de empregados.

O Tribunal Superior do Trabalho chegou a editar a Súmula 310, em 06.05.1993, estabelecendo que a hipótese prevista no art. 8º, III, da CF, não era de substituição processual e sim representação, o que implicava a exigência de autorização dos empregados interessados, que assumiam a condição de parte na demanda.

Contudo, diante de algumas decisões do STF em sentido contrário, a Corte Superior Trabalhista decidiu, através da Resolução 119/2003, em 01/10/2003, cancelar a Súmula, reacendendo a discussão nos Tribunais Trabalhistas.

Por fim, dando continuidade ao julgamento iniciado em 1997, em 12 de agosto de 2006, o STF, através da sua composição plena, por 6 votos a 5, entendeu que o sindicato pode atuar na defesa de todos e quaisquer direitos individuais dos integrantes da categoria por ele representada, dando assim provimento ao recurso extraordinário 210029 interposto pelo Sindicato dos Bancários de Passo Fundo (RS).

Os detalhes desse julgamento foram retratados por Mauro Menezes[40], um dos patronos do recorrente – Sindicato dos Metalúrgicos do ABC:

> Na medida em que invocava uma interpretação sintonizada com a necessidade de concretização dos direitos fundamentais dos trabalhadores, CELSO DE MELLO selou o resultado de uma questão simbólica para a Justiça do Trabalho, arrematando a tese vencedora, suscitada pelo Ministro Carlos Velloso ainda em 1997, quando do início do julgamento. [...] O inadmissível, sob pena de esvaziamento do instituto, seria a tese segundo a qual ao Sindicato não caberia exercer a substituição processual a partir da liquidação de sentença. E houve quem a defendesse no Pleno do STF. O voto-vista do Ministro NELSON JOBIM afirmou textualmente que a liquidação da ação coletiva não poderia ocorrer por substituição processual. Ali, segundo ele, o sindicato poderia atuar exclusivamente como representante, mediante autorização expressa, não como substituto processual.

Os fundamentos, que levaram o STF a admitir uma substituição processual ampla na fase de conhecimento do processo são apresentados por Mauro Menezes[41], na seguinte passagem:

---

40. In *Palestra proferida no 16º Encontro dos Magistrados da Justiça do Trabalho da 5ª Região.* "Em busca da efetividade dos direitos sociais". Painel: substituição processual: extensão e limites. Salvador, Bahia, 24 de agosto de 2006.

41. Ibidem.

> Na ocasião, o Ministro filiou-se ao entendimento de que a substituição processual sindical é uma garantia constitucional de acesso à Justiça. Ao fazê-lo, operou uma refinada conjugação hermenêutica, mediante a qual os dispositivos constitucionais que adotou para resolver o caso foram aplicados a partir de sua correspondência significativa. Tanto no art. 5º, XXXV, da Carta, que preconiza a universalidade do acesso à jurisdição, quanto o art. 8º, III, que proclama as funções do sindicato foram interpretados à luz dos princípios fundamentais da dignidade da pessoa humana e da valorização social do trabalho humano (contido no capítulo da Ordem Econômica) e do primado do trabalho e bem-estar e justiça sociais (contido no capítulo da Ordem Social).

Essa não foi, a nosso ver, a melhor interpretação, pois, como já sustentamos no início deste item, a substituição processual, como regra de exceção, deve ser interpretada restritivamente.

Além disso, a defesa de direitos individuais homogêneos está muito mais alinhada com o verdadeiro papel do sindicato de defender os interesses de sua categoria profissional – arts. 5º, XXI, da CF e 513, "a", da CLT.

No entanto, Estêvão Mallet propõe uma interpretação ponderada do art. 8º, III, da CF, em consonância com entendimentos que já se encontram delineados na jurisprudência pátria, como será demonstrado a seguir.

Embora aquele autor considere que o posicionamento do STF abriu novas perspectivas para a tutela processual coletiva de direitos, chama a atenção para a necessidade de se identificar corretamente quais seriam os direitos individuais passíveis de serem tutelados coletivamente.

Em primeiro lugar, os direitos individuais precisam ser homogêneos, ou seja, ter origem comum[42] (art. 81, III, CDC). Mas, mais do que isso, no entendimento do doutrinador, é preciso que dessa origem comum se sobressaiam **questões comuns** em detrimento de questões particulares de cada sujeito lesado.

A homogeneidade de que trata o art. 81 do CDC, portanto, deve ser interpretada como a "prevalência das questões comuns sobre as individuais de cada integrante dessa pluralidade de pessoas"[43].

Isso significa que na identificação da homogeneidade do direito, além do requisito da origem comum, é fundamental averiguar se as consequências da lesão àquele direito podem também ser tratadas de maneira comum, porque surtiram efeitos mais ou menos idênticos em todos os integrantes do grupo, conforme explica Estêvão Mallet:

---

42. "Direitos ou interesses homogêneos são os que têm a mesma origem comum (art. 81, III, da Lei n 8.078, de 11 de setembro de 1990), constituindo-se em subespécie de direitos coletivos." (STF – Tribunal Pleno, RE n. 163.231/SP, Rel. Min. Maurício Corrêa, julg. em 26.02.1997 *in* DJU de 29.06.2001, p. 55)

43. In *Revista LTr, Legislação do Trabalho,* Ed LTr, p.660, ano 74, junho 2010.

> É possível, portanto, o tratamento coletivo de direitos individuais, ante a prevalência das questões comuns, quando, embora não seja único o fato causador das lesões, todas decorrem da repetição, sem mudanças significativas, de eventos substancialmente similares. Quer dizer, embora as lesões individuais sejam provocadas por fatos distintos, as diferenças não têm relevância a ponto de fazer com que preponderem as questões individuais. [...] As questões individuais – que não deixam de existir – manifestam-se de forma apenas residual.[44]

Exemplificando, Mallet aduz que o não pagamento de horas extras aos empregados de uma empresa não poderia ser tutelado mediante ação coletiva, porque haveria de se perquirir, num mesmo processo, quais empregados não prestaram horas extras no período examinado, quais as compensaram e quais se enquadram nas exceções do art. 62 da CLT, por exemplo[45].

Neste caso, a prevalência das questões individuais sobre as questões comuns obstaria a tutela coletiva do direito, uma vez que, inevitavelmente, duas situações indesejáveis acabariam por ocorrer. Primeiro, estaria totalmente comprometida a economia processual, já que seria preciso oportunizar ao empregador o direito de se defender explicitando a situação individual de cada integrante do grupo substituído pelo sindicato, o que acabaria tornando o polo substituído em um litisconsórcio ativo. Segundo, o juiz que preferisse evitar o tumulto processual que o exercício do contraditório do empregador viria a causar acabaria proferindo uma decisão tão abstrata quanto a lei, porque limitar-se-ia a reconhecer que o direito deve ser observado, sem particularizar o comando ao caso concreto.

Diferente seria a hipótese da propositura de ação coletiva tendo por objeto a tutela de interesses individuais homogêneos de empregados que trabalham próximo a um depósito de combustível, quando então "a questão comum (exposição ao risco) predomina sobre as hipotéticas questões individuais, sem maior relevo particular, a permitir o tratamento coletivo da controvérsia".[46]

O Tribunal Superior do Trabalho, inclusive, já perfilha a tese defendida pelo autor, o que se infere dos seguintes arestos:

> INTERESSE INDIVIDUAL HOMOGÊNEO – SITUAÇÃO DE FATO COMUM À ORIGEM DO DANO – INEXISTÊNCIA – NÃO CARACTERIZAÇÃO – AÇÃO COLETIVA – INADEQUAÇÃO DO MEIO – AUSÊNCIA DE INTERESSE PROCESSUAL. Tratando-se de direito individual oriundo de situação fática que não seja comum a categoria ou grupo de pessoas, tem-se caracterizado interesse individual heterogêneo o qual não pode ser objeto de ação coletiva por inadequação do meio, devendo os titulares do direito ofendido pleitear o bem da via mediante ações individuais

44. *Ibidem.* p.661 e 665.
45. *Idem.* p. 659.
46. Idem. p. 662.

(TRT-24 00245111920145240086, Relator: NICANOR DE ARAUJO LIMA, Data de Julgamento: 07/07/2015, 1ª Turma).

AÇÃO CIVIL PÚBLICA. DIREITOS INDIVIDUAIS HETEROGÊNEOS. ILEGITIMIDADE ATIVA DO MPT. O ponto nodal da controvérsia é definir o alcance dos direitos individuais homogêneos, a fim de saber se o caso vertente se enquadra em tal conceito. Isso porque é indene de dúvidas que o MPT detenha legitimidade para demandar na defesa de interesses e direitos individuais homogêneos, nos termos dos artigos 127, caput e 129, III, da CRFB; artigo 6º, inciso VI, alíneas a e d, c/c art. 83, incisos I e III da Lei Complementar nº 75/95, inciso I, do artigo 5º, c/c inciso IV, do art. 1º da Lei nº 7.347/85 e inciso I, do artigo 82 c/c inciso VI, do artigo 6º da Lei nº 8.078/90 (CDC). Na hipótese dos autos, os direitos aqui vindicados, quais sejam, desconstituir as relações contratuais havidas com médicos autônomos, médicos cooperados, pessoas jurídicas prestadoras de serviços médicos e de cessão de estabelecimento, com fins de reconhecimento da relação de emprego com médicos e demais profissionais de saúde, escapam do conceito do direito individual homogêneo. Isso porque, dada a enorme gama de distintas relações contratuais, envolvendo, de igual modo, diferentes trabalhadores, os quais se submetem a distintos regimes legais, caracterizam-se como direitos individuais heterogêneos. Não há, pois, um fato de origem comum, mas diversos fatos de origem e naturezas jurídicas diversas. (...) (TRT-1 – RO: 00012082020145010343 RJ, Relator: Marcos Pinto da Cruz, Segunda Turma, Data de Publicação: 02/03/2018).

Assim, embora a decisão do STF, em princípio, autorize a legitimação do sindicato para defesa de direitos individuais homogêneos dos membros da categoria, é imprescindível que esse bem, de natureza individual, seja homogêneo e que predominem questões comuns, sob pena de inviabilizar a tutela jurisdicional.

8.5. REPRESENTAÇÃO DAS PARTES NO PROCESSO DO TRABALHO

Representar significa "tornar presente", "substituir, estar no lugar de, desempenhar papel ou a qualidade de outro, expor verbalmente ou por escrito, expor uma petição ou uma queixa"[47].

A representação das partes, no processo, pode assumir, também, os diferentes significados apresentados acima.

a) Representação Técnica

É a representação da parte através de advogado, que, no Processo do Trabalho, pode ser facultativa, quando a parte for sujeito da relação de emprego (empregado ou empregador – art. 791 da CLT[48] – ver comentários item 3.1.3.1.), ou obrigatória, fora dessas hipóteses, quando será necessá-

47. In *Dicionário Houaiss da Língua Portuguesa*, editora Objetiva, 2001, p. 2433.

48. Art. 791 da CLT – Os empregados e os empregadores poderão reclamar pessoalmente perante a Justiça do Trabalho e acompanhar as suas reclamações até o final.

ria a contratação de um advogado para prática de atos processuais, o que acontecerá nos demais casos, seguindo a diretriz do art. 103, *caput* e § único do CPC[49].

b) Representação Legal

Esta é obrigatória. Está ligada à capacidade processual das partes. Assim, os absolutamente incapazes terão que obrigatoriamente estar representados para instauração de instância – para o ajuizamento da ação.

Vale ressaltar que a representação, em qualquer das hipóteses previstas pelo art. 3º do Código Civil[50], deverá observar a ordem de preferência prevista no art. 793 da CLT[51], que, ao exigir a representação do menor para a propositura da ação trabalhista, estabeleceu que esta seria feita "pelos representantes legais e, na falta destes, pela Procuradoria da Justiça do Trabalho, pelo sindicato, pelo Ministério Público Estadual ou curador nomeado".

c) Representação em audiência

A representação, aqui, como assinalou o próprio legislador,[52] refere-se à "substituição" da parte na audiência.

A regra geral, estabelecida pelo art. 843 da CLT[53], é que as partes devem estar presentes nas audiências "independentemente do comparecimento de seus representantes", salvo nas ações plúrimas ou de cumprimento, quando poderão ser representadas pelo sindicato.

As consequências jurídicas decorrentes da ausência das partes às audiências serão tratadas no capítulo XI, contudo, em algumas situações, a lei permitiu que a parte indicasse um terceiro para lhe representar, ou, como prefere Fredie Didier[54], lhe "presentar" na audiência, impedindo a aplicação das penalidades previstas para as hipóteses de não comparecimento.

---

49. Art. 103 do CPC – A parte será representada em juízo por advogado regularmente inscrito na Ordem dos Advogados do Brasil.
Parágrafo único. É lícito à parte postular em causa própria quando tiver habilitação legal.

50. Art. 3º do Código Civil – São absolutamente incapazes de exercer pessoalmente os atos da vida civil os menores de 16 (dezesseis) anos.

51. Art. 793 da CLT – A reclamação trabalhista do menor de 18 anos será feita por seus representantes legais e, na falta destes, pela Procuradoria da Justiça do Trabalho, pelo sindicato, pelo Ministério Público estadual ou curador nomeado em juízo.

52. Art.843, §1º, da CLT: "é facultado ao empregador fazer-se substituir pelo gerente..." (destaques nossos)

53. Art. 843 da CLT – Na audiência de julgamento deverão estar presentes o reclamante e o reclamado, independentemente do comparecimento de seus representantes salvo, nos casos de Reclamatórias Plúrimas ou Ações de Cumprimento, quando os empregados poderão fazer-se representar pelo Sindicato de sua categoria.

54. "[...] as pessoas jurídicas precisam estar regularmente "presentadas" em juízo (artigo 12 do CPC); não se trata de representação, razão pela qual é "grave equívoco a afirmação que as pes-

c.1) Empregador

Com relação ao empregador pessoa jurídica, dispõe o art. 843, §1º, da CLT, que ele poderá ser representado por gerente ou preposto que tenha conhecimento dos fatos. Embora o dispositivo legal não fizesse qualquer exigência acerca da condição de empregado do preposto, a jurisprudência consolidada antes da edição da reforma trabalhista - lei. 13.467/17 pela Súmula 377 do TST[55] se firmou no sentido de exigir este requisito, conforme se pode aferir do julgado abaixo[56]:

> RECURSO DE REVISTA. PREPOSTO NÃO EMPREGADO. REVELIA. CONFISSÃO FICTA. SÚMULA 377 DO TST. Exceto quanto à reclamação de empregado doméstico, ou contra micro ou pequeno empresário, o preposto deve ser necessariamente empregado do reclamado. Inteligência do art. 843, § 1º, da CLT e do art. 54 da Lei Complementar nº 123, de 14 de dezembro de 2006. Recurso de revista conhecido e provido. Processo: RR - 16500-78.2009.5.12.0031 Data de Julgamento: 23/02/2011, Relator Ministro: Emmanoel Pereira, 5ª Turma, Data de Publicação: DEJT 11/03/2011.

Com as alterações realizadas na legislação trabalhista, entretanto, passou a constar expressamente na Consolidação das Leis do Trabalho que o preposto não precisa ser empregado (art. 843, §3º[57]). Isso, contudo, não lhe retira a obrigação de conhecer os fatos relevantes discutidos na demanda, sob pena de confissão.

---

soas jurídicas seriam processualmente incapazes". O Artigo 12 do CPC indica tanto hipóteses de representação (III, IV e V) como presentação (I e II, VI e VIII).

55. Súmula 377 do TST - PREPOSTO. EXIGÊNCIA DA CONDIÇÃO DE EMPREGADO (nova redação) - Res. 146/2008, DJ 28.04.2008, 02 e 05.05.2008

    Exceto quanto à reclamação de empregado doméstico, ou contra micro e pequeno empresário, o preposto deve ser necessariamente empregado do reclamado. Inteligência do art. 843, § 1º, da CLT e do art. 54 da Lei Complementar n° 123, de 14 de dezembro de 2006.

56. Interessante ressaltar que o Tribunal Regional do Trabalho da 5ª Região vem adotando posicionamento diverso, entendendo não ser necessário que o preposto da reclamada seja empregado, como se extrai dos seguintes julgados: "PREPOSTO. CONDIÇÃO DE SER EMPREGADO. RESTRIÇÃO CONTRÁRIA AOS ARTS. 1.169 E SEGUINTES DO CÓDIGO CIVIL. ENTENDIMENTO MAJORITÁRIO. A partir da vigência do Código Civil de 2002, não mais tem lugar a condição estabelecida na jurisprudência do TST, capitaneada pela súmula nº 377, no sentido da exigência de ser o preposto empregado do preponente. Tratando-se de tema disciplinado em lei, que não contém tal restrição, não há como ser mantido entendimento jurisprudencial em sentido inverso. Processo 0000696-09.2010.5.05.0006 RecOrd, ac. nº 108385/2012, Relator Desembargador CLÁUDIO BRANDÃO, 2ª. TURMA, DJ 10/08/2012." RELAÇÃO DE EMPREGO. ÔNUS DA PROVA. Negada a relação de emprego, mas admitida a prestação de serviço, cabe a tomadora o ônus da prova do fato impeditivo do direito do autor, como assinalam os artigos 818 da CLT e 333, II do CPC. Não se desvencilhando a contento, deve ser reconhecido o vínculo empregatício postulado. Processo 0238500-48.2009.5.05.0463 RecOrd, ac. nº 146539/2013 146539/2013, Relator Desembargador RENATO MÁRIO BORGES SIMÕES, 2ª. TURMA, DJ 21/05/2013.

57. Art. 843, §3º, da CLT - O preposto a que se refere o § 1o deste artigo não precisa ser empregado da parte reclamada.

Assim, além dos sócios, as pessoas jurídicas podem ser representadas por qualquer outro indivíduo especialmente designado para cada audiência.

O preposto deverá levar, à audiência, carta de preposição, credenciando-o a representar o reclamado.

Se o preposto não apresentar esse documento na audiência deverá o Juiz, de acordo com o art. 76, *caput* e §§ 1º e 2º, do CPC[58], conceder prazo para sanar essa irregularidade, sob pena de caracterizar-se a confissão.

A rigor, esse documento nem poderia ser exigido, já que, se a lei (art. 843 da CLT) não impôs tal condição, é defeso ao intérprete fazê-lo, como estabelece o art. 5º, inciso II, da Constituição Federal[59], mas a cautela recomenda que o preposto compareça com a respectiva carta de credenciamento.

Por analogia, nada impede que o reclamado pessoa física também mande um preposto para lhe representar. E, se for empregador doméstico, poderá designar qualquer integrante da família que tenha se beneficiado dos serviços da empregada – Súmula 377 do TST[60].

A massa falida e o condomínio são representados pelos seus respectivos síndicos e o espólio pelo inventariante – art. 75 do CPC[61].

---

58. Art. 76 do CPC – Verificada a incapacidade processual ou a irregularidade da representação da parte, o juiz suspenderá o processo e designará prazo razoável para que seja sanado o vício.

    § 1º Descumprida a determinação, caso o processo esteja na instância originária:

    I – o processo será extinto, se a providência couber ao autor;

    II – o réu será considerado revel, se a providência lhe couber;

    III – o terceiro será considerado revel ou excluído do processo, dependendo do polo em que se encontre.

    § 2º Descumprida a determinação em fase recursal perante tribunal de justiça, tribunal regional federal ou tribunal superior, o relator:

    I – não conhecerá do recurso, se a providência couber ao recorrente;

    II – determinará o desentranhamento das contrarrazões, se a providência couber ao recorrido.

59. Art. 5º, II, da Constituição Federal – ninguém será obrigado a fazer ou deixar de fazer alguma coisa senão em virtude de lei.

60. Súmula 377 do TST – PREPOSTO. EXIGÊNCIA DA CONDIÇÃO DE EMPREGADO (nova redação) – Res. 146/2008, DJ 28.04.2008, 02 e 05.05.2008

    Exceto quanto à reclamação de empregado doméstico, ou contra micro e pequeno empresário, o preposto deve ser necessariamente empregado do reclamado. Inteligência do art. 843, § 1º, da CLT e do art. 54 da Lei Complementar n° 123, de 14 de dezembro de 2006.

61. Art. 75 do CPC – Serão representados em juízo, ativa e passivamente:

    I – a União, pela Advocacia-Geral da União, diretamente ou mediante órgão vinculado;

    II – o Estado e o Distrito Federal, por seus procuradores;

    III – o Município, por seu prefeito ou procurador;

    IV – a autarquia e a fundação de direito público, por quem a lei do ente federado designar;

    V – a massa falida, pelo administrador judicial;

Importante ressaltar que, nesses casos, como advertiu expressamente o legislador, o preposto designado deve ter conhecimento dos fatos, pois suas "declarações obrigarão o proponente", no caso, o reclamado (art. 843, §1º, da CLT).

Assim, alegando o preposto desconhecimento dos fatos, a consequência será a aplicação da pena de confissão, reputando como verdade as alegações feitas pelo autor.

A jurisprudência é uníssona neste sentido, como se infere através das seguintes decisões:

> DEPOIMENTO DO PREPOSTO- DESCONHECIMENTO DOS FATOS – No caso, o preposto da empresa, efetivamente, demonstrou total desconhecimento dos fatos envolvendo a presente reclamatória atraindo, desse modo, a presunção ficta da veracidade das alegações autorais, a qual não foi elidida por qualquer outra prova existente nos autos (TRT-7 – RO: 00017339820175070029, Relator: JEFFERSON QUESADO JUNIOR, Data de Julgamento: 22/08/2018, Data de Publicação: 24/08/2018)
>
> PREPOSTO – DESCONHECIMENTO DOS FATOS – CONFISSÃO FICTA. Nos termos do art. 843, § 1º, da CLT, o preposto deve ter "conhecimento dos fatos" e suas declarações "obrigarão o proponente". Assim, fazer-se representar por preposto que não conhece os fatos alegados pela parte contrária é o mesmo que se recusar a depor ou não comparecer. Por essa razão, predomina, na doutrina e na jurisprudência trabalhistas, o entendimento de que o desconhecimento do preposto quanto aos fatos relevantes que compõem a lide implica em presumi-los verdadeiros. Recurso Ordinário conhecido e parcialmente provido (TRT-16 00167419820185160007 0016741-98.2018.5.16.0007, Relator: LUIZ COSMO DA SILVA JUNIOR, Data de Publicação: 02/07/2019).

VI – a herança jacente ou vacante, por seu curador;

VII – o espólio, pelo inventariante;

VIII – a pessoa jurídica, por quem os respectivos atos constitutivos designarem ou, não havendo essa designação, por seus diretores;

IX – a sociedade e a associação irregulares e outros entes organizados sem personalidade jurídica, pela pessoa a quem couber a administração de seus bens;

X – a pessoa jurídica estrangeira, pelo gerente, representante ou administrador de sua filial, agência ou sucursal aberta ou instalada no Brasil;

XI – o condomínio, pelo administrador ou síndico.

§ 1º Quando o inventariante for dativo, os sucessores do falecido serão intimados no processo no qual o espólio seja parte.

§ 2º A sociedade ou associação sem personalidade jurídica não poderá opor a irregularidade de sua constituição quando demandada.

§ 3º O gerente de filial ou agência presume-se autorizado pela pessoa jurídica estrangeira a receber citação para qualquer processo.

§ 4º Os Estados e o Distrito Federal poderão ajustar compromisso recíproco para prática de ato processual por seus procuradores em favor de outro ente federado, mediante convênio firmado pelas respectivas procuradorias.

Desse modo, recomendamos que a empresa designe pessoa preparada e de confiança para lhe representar na audiência, que não precisa, necessariamente, ter presenciado os fatos, pois as declarações são, em verdade, em nome da empresa e não como testemunha, que, por ter presenciado os fatos, tem a obrigação de dizer a verdade.

c.2) Empregado

O empregado também poderá se fazer representar por alguém na audiência.

Isso, contudo, somente está autorizado nas hipóteses de doença ou motivo "poderoso/ponderoso".

Com relação à primeira situação, a doença tem que impedir a locomoção do autor à audiência e deve ser comprovada, através de atestado médico, como exigem o §2º do art. 843 da CLT[62] e a Súmula 122 do TST[63].

A segunda modalidade já é polêmica desde sua terminologia. Algumas editoras apresentam a palavra "poderoso", outras utilizam a expressão "ponderoso", no sentido de ponderação. Ambas exprimem a ideia de motivo relevante que justifique a ausência do autor. Como o legislador não definiu os critérios para definição deste impedimento, caberá ao Juiz, subjetivamente, analisar cada caso, valendo-se do bom senso para decidir.

Há quem sustente, como Sérgio Pinto Martins[64], que nesses casos não pode ser instruído o processo, já que só o próprio autor poderia prestar depoimento pessoal. Nesse caso, a audiência seria adiada para uma data que fosse possível assegurar o comparecimento da parte ausente.

O empregado, nessas situações, de impossibilidade de comparecimento à audiência, possui a faculdade de indicar, para lhe representar, um cole-

---

62. Art. 843 da CLT – Na audiência de julgamento deverão estar presentes o reclamante e o reclamado, independentemente do comparecimento de seus representantes salvo, nos casos de Reclamatórias Plúrimas ou Ações de Cumprimento, quando os empregados poderão fazer-se representar pelo Sindicato de sua categoria.

    §2º – Se por doença ou qualquer outro motivo poderoso, devidamente comprovado, não for possível ao empregado comparecer pessoalmente, poderá fazer-se representar por outro empregado que pertença à mesma profissão, ou pelo seu sindicato.

63. *Súmula Nº 122 do TST* – Revelia. Atestado médico. (incorporada a Orientação Jurisprudencial nº 74 da SDI-1) – Res. 129/2005 – DJ 20.04.05 – A reclamada, ausente à audiência em que deveria apresentar defesa, é revel, ainda que presente seu advogado munido de procuração, podendo ser ilidida a revelia mediante a apresentação de atestado médico, que deverá declarar, expressamente, a impossibilidade de locomoção do empregador ou do seu preposto no dia da audiência. (Primeira parte – ex-OJ nº 74 – Inserida em 25.11.1996; segunda parte – ex-Súmula nº 122, redação dada pela Res. 121/2003, DJ 21.11.03)

64. In *Direito Processual do Trabalho.* 25ª ed. São Paulo: Atlas, 2006.p. 268: "o reclamante poderá ser substituído em audiência pelo sindicato ou empregado da mesma profissão, apenas para adiar a audiência, desde que tenha sido comprovado motivo ponderoso para tanto (§2º do art. 843 da CLT)".

ga de profissão ou algum dirigente sindical, como dispõe o §2º do art. 843 da CLT.

d) Representação sindical

Esta espécie de representação está prevista no art. 513, "a", da CLT[65] e consiste em defender, nas esferas administrativas e judiciais, os interesses coletivos da categoria e os individuais dos respectivos membros.

Nesse caso, o sindicato não é parte e, diferente das hipóteses de substituição processual, ele apresenta a ação em nome do titular do direito material, mediante seu prévio conhecimento e autorização.

Assim, podemos conceituá-la como uma legitimação, conferida por lei, para que o sindicato defenda, em nome alheio, direito alheio, em esfera administrativa ou judicial.

65. Art. 513 da CLT – São prerrogativas dos sindicatos:

a) representar, perante as autoridades administrativas e judiciárias os interesses gerais da respectiva categoria ou profissão liberal ou interesses individuais dos associados relativos à atividade ou profissão exercida.

Capítulo

9

PETIÇÃO INICIAL

Sumário • 9.1. Conceito e importância – 9.2. Forma – 9.3. Prazo prescricional da ação trabalhista e a petição inicial – 9.4. Julgamento antecipado da causa – 9.5. Requisitos objetivos da petição inicial – 9.6. Requisitos subjetivos da petição inicial – 9.7. Modificações da petição inicial. – 9.8. Inépcia e indeferimento da petição inicial.

9.1. CONCEITO E IMPORTÂNCIA

É a peça processual que dá início à demanda judicial, como concretização do exercício do direito de ação.

Juntamente com a defesa, compõe o núcleo das peças mais importantes do processo, por serem responsáveis por fixar os limites da lide.

Segundo Barbosa Moreira[1], "chama-se demanda ao ato pelo qual alguém pede ao Estado a prestação de atividade jurisdicional".

Fredie Didier[2] ressalta que "a relação entre petição inicial e demanda é a mesma que se estabelece entre a forma e seu conteúdo".

9.2. FORMA

De acordo com o art. 840 da CLT[3] a inicial pode ser escrita ou verbal. Para outras ações, a exemplo do inquérito judicial por falta grave e

1. In *O novo processo civil brasileiro: exposição sistemática do procedimento.* Ed. rev. e atual. Rio de Janeiro, Forense, 2005. p. 09.
2. In *Direito Processual Civil: Tutela jurisdicional individual e coletiva.* 5. ed. Salvador: Juspodivm, 2005. p. 353.
3. Art. 840 da CLT – A reclamação poderá ser escrita ou verbal.

   § 1º Sendo escrita, a reclamação deverá conter a designação do juízo, a qualificação das partes, a breve exposição dos fatos de que resulte o dissídio, o pedido, que deverá ser certo, determinado e com indicação de seu valor, a data e a assinatura do reclamante ou de seu representante.

   § 2º Se verbal, a reclamação será reduzida a termo, em duas vias datadas e assinadas pelo escrivão ou secretário, observado, no que couber, o disposto no § 1º deste artigo.

do dissídio coletivo, a lei exige sempre a forma escrita (arts. 853 a 856 da CLT[4]).

A reclamação trabalhista oral deverá ser reduzida a termo, nos termos do art. 840, §2º, da CLT. Assim, sempre que o empregado resolve valer-se dessa faculdade, um serventuário da justiça ficará responsável por redigir um termo com as informações e pedidos apresentados pelo reclamante, observando, no que couber, os requisitos gerais previstos para a reclamação trabalhista apresentada de forma escrita. Nessa hipótese, na forma do art. 786 da CLT, a reclamação será distribuída e depois reduzida a termo, devendo o reclamante comparecer à secretaria no prazo de 05 dias, sob pena de perder o direito de reclamar por seis meses. Ocorre que, conforme será exposto em seguida, tal procedimento tende a desaparecer, tendo em vista a implementação do processo judicial eletrônico.

Os Tribunais Trabalhistas resolveram limitar ao máximo essas reclamações verbais. O TRT da 5ª Região, por exemplo, publicou em 18/07/2003 a Resolução Administrativa nº 019[5] neste sentido. Isso porque a permissi-

---

§ 3º Os pedidos que não atendam ao disposto no § 1º deste artigo serão julgados extintos sem resolução do mérito.

4. Art. 853 da CLT – Para a instauração do inquérito para apuração de falta grave contra empregado garantido com estabilidade, o empregador apresentará reclamação por escrito à Junta ou Juízo de Direito, dentro de 30 (trinta) dias, contados da data da suspensão do empregado.

   Art. 854 da CLT – O processo do inquérito perante a Junta ou Juízo obedecerá às normas estabelecidas no presente Capítulo, observadas as disposições desta Seção.

   Art. 855 da CLT – Se tiver havido prévio reconhecimento da estabilidade do empregado, o julgamento do inquérito pela Junta ou Juízo não prejudicará a execução para pagamento dos salários devidos ao empregado, até a data da instauração do mesmo inquérito.

   Art. 856 da CLT – A instância será instaurada mediante representação escrita ao Presidente do Tribunal. Poderá ser também instaurada por iniciativa do presidente, ou, ainda, a requerimento da Procuradoria da Justiça do Trabalho, sempre que ocorrer suspensão do trabalho.

5. Resolução Administrativa 019/2003 – Artigo 1º – Estabelecer que, nos Serviços de Distribuição dos Feitos, comparecendo a parte interessada em reclamar desacompanhada de advogado, seja encaminhada ao Sindicato correspondente à categoria profissional a que pertença.

   §1º – O representante legal do menor de 18 anos será encaminhado ao Sindicato correspondente à categoria profissional do respectivo menor.

   §2º – Caso não haja sindicato representativo de categoria profissional da parte interessada, esta será encaminhada às instituições em que há serviço de assistência judiciária gratuita.

   Artigo 2º – Os reclamantes serão orientados, pelos servidores dos Serviços de Distribuição dos Feitos, acerca do enquadramento sindical respectivo.

   Parágrafo único: Para permitir a orientação adequada dos reclamantes, os Serviços de Distribuição dos Feitos manterão atualizada a relação de Sindicatos existentes na Região.

   Artigo 3º – Em situações excepcionais, quando se tratar de reclamantes idosos, deficientes ou gestantes, bem como, verificando-se a possibilidade de ocorrência de prescrição imediata, a reclamação poderá ser reduzida a termo pelos servidores do Serviço de Distribuição dos Feitos.

bilidade prejudicava o empregado, além de serem utilizadas como verdadeiros meios facilitadores das denominadas "lides simuladas", o que tornava a Justiça do Trabalho um órgão homologador. Dessa limitação foram excluídas, apenas, as gestantes, as pessoas com dificuldade de locomoção ou com prazo prescricional próximo de vencer (art. 3º da Resolução Administrativa nº 019).

A medida tem legalidade questionável, eis que a CLT não estabelece qualquer restrição à utilização da reclamação verbal, mas, do ponto de vista social e prático, foi bastante elogiável, seja porque diminuiu, efetivamente, as lides com fins exclusivamente homologatórios, seja porque beneficiou os empregados, os quais passaram a ser direcionados aos órgãos que prestam assistência jurídica ou judiciária gratuita.

Cumpre salientar que, segundo enuncia Estêvão Mallet[6], desde a antiga legislação processual civil de 1973, era perfeitamente aplicável ao Processo do Trabalho a regra estabelecida pelo art. 154, parágrafo único do CPC/73[7]

---

§1º – Na hipótese prevista neste artigo, deverá constar da reclamação a observação de que a redução a termo decorreu da existência de circunstância que a autorizava, devendo o servidor responsável pela atermação restringir-se à pretensão do autor, abstendo-se de ser inquisitório.

§2º – Tratando-se de redução a termo de reclamação sujeita ao rito sumaríssimo, deverá constar observação de que os valores registrados foram aceitos pelo reclamante, isentando o servidor de qualquer responsabilidade quanto à eventual indicação de valor que possa estar em desconformidade com o pleito deduzido.

§3º – Também poderão ser reduzidas a termo as reclamações apresentadas por pessoas que, por motivo de doença comprovada mediante atestado médico, tenham a capacidade de ambulação reduzida.

§4º – Em qualquer caso, os reclamantes serão orientados sobre a conveniência de serem assistidos por advogado vinculado ao sindicato de classe.

Artigo 4º – A Ouvidoria do Tribunal Regional do Trabalho da 5ª Região prestará assistência e apoio aos Serviços de Distribuição dos Feitos, auxiliando na orientação das partes interessadas em reclamar.

Artigo 5º – As normas desta Resolução Administrativa aplicam-se às Secretarias das Varas do Trabalho da 5ª Região, quando não houver Serviço de Distribuição dos Feitos na localidade.

Parágrafo único: As Secretarias das Varas do Trabalho, nos locais onde não houver Serviço de Distribuição dos Feitos, manterão atualizada a relação de Sindicatos existentes na respectiva região.

Artigo 6º – Os casos omissos e as questões práticas que surgirem no decorrer do procedimento serão dirimidos pelo Juiz Diretor do Fórum, onde houver, ou pelo Juiz que estiver na titularidade da Vara do Trabalho.

Artigo 7º – Esta resolução entra em vigor a partir de 11 de agosto de 2003.

6. Artigo na Revista LTr, junho/2006, vol. 70, nº. 06, p. 671.

7. Art. 154 do CPC/73 – Os atos e termos processuais não dependem de forma determinada senão quando a lei expressamente a exigir, reputando-se válidos os que, realizados de outro modo, lhe preencham a finalidade essencial.

(Lei 11.280/05), que permitia a apresentação de petições e intimações às partes por meio eletrônico. Com a entrada em vigor do Código de Processo Civil de 2015, o regramento foi ampliado com a inclusão de uma seção específica para tratar da prática eletrônica de atos processuais (arts. 193 a 199[8]), que são aplicáveis subsidiariamente ao processo do trabalho em razão da ausência de previsão legislativa própria.

Até mesmo porque desde 2007, o TST editou a Instrução Normativa n. 30, impondo a adoção, na seara trabalhista, do sistema de peticionamento

---

Parágrafo único. Os tribunais, no âmbito da respectiva jurisdição, poderão disciplinar a prática e a comunicação oficial dos atos processuais por meios eletrônicos, atendidos os requisitos de autenticidade, integridade, validade jurídica e interoperabilidade da Infra-Estrutura de Chaves Públicas Brasileira – ICP – Brasil.

8. Art. 193 do CPC - Os atos processuais podem ser total ou parcialmente digitais, de forma a permitir que sejam produzidos, comunicados, armazenados e validados por meio eletrônico, na forma da lei.

Parágrafo único. O disposto nesta Seção aplica-se, no que for cabível, à prática de atos notariais e de registro.

Art. 194 do CPC – Os sistemas de automação processual respeitarão a publicidade dos atos, o acesso e a participação das partes e de seus procuradores, inclusive nas audiências e sessões de julgamento, observadas as garantias da disponibilidade, independência da plataforma computacional, acessibilidade e interoperabilidade dos sistemas, serviços, dados e informações que o Poder Judiciário administre no exercício de suas funções.

Art. 195 do CPC - O registro de ato processual eletrônico deverá ser feito em padrões abertos, que atenderão aos requisitos de autenticidade, integridade, temporalidade, não repúdio, conservação e, nos casos que tramitem em segredo de justiça, confidencialidade, observada a infraestrutura de chaves públicas unificada nacionalmente, nos termos da lei.

Art. 196 do CPC - Compete ao Conselho Nacional de Justiça e, supletivamente, aos tribunais, regulamentar a prática e a comunicação oficial de atos processuais por meio eletrônico e velar pela compatibilidade dos sistemas, disciplinando a incorporação progressiva de novos avanços tecnológicos e editando, para esse fim, os atos que forem necessários, respeitadas as normas fundamentais deste Código.

Art. 197 do CPC - Os tribunais divulgarão as informações constantes de seu sistema de automação em página própria na rede mundial de computadores, gozando a divulgação de presunção de veracidade e confiabilidade.

Parágrafo único. Nos casos de problema técnico do sistema e de erro ou omissão do auxiliar da justiça responsável pelo registro dos andamentos, poderá ser configurada a justa causa prevista no art. 223, caput e § 1o.

Art. 198 do CPC- As unidades do Poder Judiciário deverão manter gratuitamente, à disposição dos interessados, equipamentos necessários à prática de atos processuais e à consulta e ao acesso ao sistema e aos documentos dele constantes.

Parágrafo único. Será admitida a prática de atos por meio não eletrônico no local onde não estiverem disponibilizados os equipamentos previstos no caput.

Art. 199 do CPC - As unidades do Poder Judiciário assegurarão às pessoas com deficiência acessibilidade aos seus sítios na rede mundial de computadores, ao meio eletrônico de prática de atos judiciais, à comunicação eletrônica dos atos processuais e à assinatura eletrônica.

eletrônico[9], com fulcro na Lei 9.800/1999, que permite às partes a utilização de sistema de transmissão de dados para a prática de atos processuais, e na Lei 11.419/2006, que permite o uso de meio eletrônico na tramitação de processos judiciais, comunicação de atos e transmissão de peças processuais. Em março de 2012, foi publicada a Resolução 94 do Conselho Superior da Justiça do Trabalho, revogada pela Resolução 136/2014 do CSJT (Conselho Superior da Justiça do Trabalho, que disciplina o processo judicial eletrônico no âmbito da Justiça do Trabalho, trazendo as regras específicas para a prática dos atos processuais, bem como os parâmetros para sua implantação e funcionamento.

Para a utilização do PJ-e é obrigatória[10], nos termos da Resolução indicada acima, o uso da assinatura digital, baseada em certificado digital, conferido por qualquer autoridade certificadora credenciada.

O acesso ao sistema e o encaminhamento de peças eletrônicas é realizado por meio de assinatura digital, sendo necessário o prévio cadastramento do advogado (arts. 5º e 6º da Resolução 136/2014 do CSJT). Ressalte-se, por fim, que, nos termos do art. 18 do Resolução 136/2014 do CSJT, somente serão recebidos arquivos com até 1,5 megabytes, nos formatos indicados.

A distribuição da petição inicial no PJe, assim como os demais atos processuais, é praticada diretamente pelo advogado, sem intervenção da secretaria judicial. O sistema autua automaticamente e fornece ao advogado o correspondente recibo eletrônico de protocolo[11].

---

9. IN 30/2007 TST – Art. 2º Os Tribunais Regionais do Trabalho disponibilizarão em suas dependências e nas Varas do Trabalho, para os usuários dos serviços de peticionamento eletrônico que necessitarem, equipamentos de acesso à rede mundial de computadores e de digitalização do processo, para a distribuição de peças processuais. Parágrafo único. Os Tribunais Regionais do Trabalho terão o prazo de um ano da publicação da presente instrução normativa para atenderem ao disposto no presente artigo.

10. Resolução 136/2014 do CSJT – Art. 5º Para acesso ao PJe-JT é obrigatória a utilização de assinatura digital a que se refere o inciso II, alínea "a", do artigo 3º desta Resolução, nas seguintes hipóteses:

    I – assinatura de documentos e arquivos;

    II – serviços com a exigência de identificação ou certificação digital; e

    III – consultas e operações que tramitem em sigilo ou em segredo de justiça.

    Parágrafo único. Excetuados os casos previstos no caput deste artigo, será possível acesso ao sistema por meio de utilização de usuário (login) e senha, na forma prevista no artigo 7o da Resolução nº 185, de 18 de dezembro de 2013, do Conselho Nacional de Justiça.

11. Resolução 136/2014 do CSJT - Art. 26. A distribuição da ação e a juntada da resposta, dos recursos e das petições em geral, todos em formato digital, nos autos de processo eletrônico, serão feitas diretamente por aquele que tenha capacidade postulatória, sem necessidade da intervenção da secretaria judicial, de forma automática, mediante recibo eletrônico de protocolo, disponível permanentemente para guarda do peticionante.

No caso da petição inicial, imediatamente após o seu envio, é automaticamente distribuída para um dos órgãos julgadores – e o sistema envia o protocolo de recebimento, já fornecendo as informações atinentes ao número do processo, ao Órgão Julgador para o qual foi distribuído, e, inclusive, a data da audiência designada automaticamente, ficando o autor, desde logo, intimado a comparecer.

Veja-se que o procedimento é muito mais célere do que até então vigente, em que o autor tinha que protocolar sua ação, aguardar alguns dias para ter acesso a todas essas informações, que nesse sistema, são fornecidas imediatamente e sem participação da secretaria judicial.

No campo próprio, deverão ser indicados os assuntos principais da reclamação e ser informados alguns dados obrigatórios, como o CPF ou CNPJ do autor e do réu da ação. Para a distribuição, haverá campos próprios em que serão informados o estado e o município da prestação do serviço – para a correta definição da competência.

Atualmente, pode-se destacar que nas capitais do país já está implantado esse sistema, de modo que as petições iniciais só podem ser protocoladas eletronicamente, não se iniciando mais o processo de forma física.

Sendo assim, gradativamente vão sendo extintas as petições físicas e as reclamações orais, e, à medida que o processo judicial eletrônico for implantado, somente por esta forma eletrônica será dado início ao processo.

A reclamação deve ser apresentada juntamente com todos os documentos necessários à prova do quanto alegado, como exige o art. 787 da CLT[12], sob pena de preclusão, com exceção das hipóteses de documentos novos (art. 435 do CPC)[13] ou daqueles juntados em caráter de contraprova.

---

§ 1° A petição inicial conterá, além dos requisitos referidos no art. 840, § 1º, da CLT, a indicação do CPF ou CNPJ da parte autora, conforme determinação contida no art. 15, caput, da Lei nº 11.419, de 19 de dezembro de 2006.

§ 2º O sistema fornecerá, por ocasião da distribuição da ação, o número atribuído ao processo, o Órgão Julgador para o qual foi distribuída e, se for o caso, o local, a data e o horário de realização da audiência, da qual estará o autor imediatamente intimado.

§ 3º Os dados da autuação automática deverão ser conferidos pela Unidade Judiciária, que procederá a sua alteração em caso de desconformidade com os documentos apresentados, com o devido registro no sistema.

12. Art. 787 da CLT – A reclamação escrita deverá ser formulada em 2 (duas) vias e desde logo acompanhada dos documentos em que se fundar.

13. Art. 435 do CPC – É lícito às partes, em qualquer tempo, juntar aos autos documentos novos, quando destinados a fazer prova de fatos ocorridos depois dos articulados ou para contrapô-los aos que foram produzidos nos autos.
Parágrafo único. Admite-se também a juntada posterior de documentos formados após a petição inicial ou a contestação, bem como dos que se tornaram conhecidos, acessíveis ou disponíveis após esses atos, cabendo à parte que os produzir comprovar o motivo que a impediu de

9.3. PRAZO PRESCRICIONAL DA AÇÃO TRABALHISTA E A PETIÇÃO INICIAL

A pretensão postulada via reclamação trabalhista possui, em regra, um prazo prescricional específico definido em lei, que para o empregado é de 2 anos, seja ele urbano ou rural, contados a partir da data da extinção do contrato de trabalho (art. 7º, XXIX, da CF/88).[14]

O prazo só pode ser prorrogado em uma hipótese (por mais 30 dias): quando o empregado tiver recebido o aviso prévio indenizado, que geraria os efeitos de prorrogação por mais trinta dias, considerando a projeção deste sobre o contrato de trabalho (Orientação Jurisprudencial 83 da SDI-1)[15].

Existem duas hipóteses de suspensão previstas na Consolidação das Leis do Trabalho. A primeira encontra-se consubstanciada no art. 625-G da CLT, que, dispondo acerca das Comissões de Conciliação Prévia, prevê expressamente:

> Art. 625-G. O prazo prescricional será suspenso a partir da provocação da Comissão de Conciliação Prévia, recomeçando a fluir, pelo que lhe resta, a partir da tentativa frustrada de conciliação ou do esgotamento do prazo previsto no art. 625-F.

A segunda diz respeito ao procedimento de homologação de acordo extrajudicial introduzido pela lei 13.467/2017 – reforma trabalhista, que, de acordo com o art. 855-E, suspende o prazo prescricional em relação aos direitos objetos da tentativa de resolução do conflito, vejamos:

> Art. 855-E. A petição de homologação de acordo extrajudicial suspende o prazo prescricional da ação quanto aos direitos nela especificados.

Tratando-se de suspensão, importante ressaltar que, após o período sobrestado em razão da tentativa de conciliação nas referidas comissões ou individualmente entre as partes, o prazo volta a fluir, computando-se o tempo anterior à provocação da comissão ou do início do procedimento de homologação.

Sobre o assunto, importante frisar que, no caso de negativa de homologação do acordo, o prazo prescricional voltará a fluir no dia útil seguinte

---

juntá-los anteriormente e incumbindo ao juiz, em qualquer caso, avaliar a conduta da parte de acordo com o art. 5º.

14. Art. 7º, XXIX, da Constituição Federal – São direitos dos trabalhadores urbanos e rurais, além de outros que visem à melhoria de sua condição social: [...] XXIX – ação, quanto aos créditos resultantes das relações de trabalho, com prazo prescricional de cinco anos para os trabalhadores urbanos e rurais, até o limite de dois anos após a extinção do contrato de trabalho.

15. **OJ 83 da SDI-1 do TST - AVISO PRÉVIO. INDENIZADO. PRESCRIÇÃO (inserida em 28.04.1997)** A prescrição começa a fluir no final da data do término do aviso prévio. Art. 487, § 1º, da CLT.

ao do trânsito em julgado da decisão, nos termos do parágrafo único do art. 855-E[16].

Há, ainda, hipótese de interrupção. É o que ocorre, p. ex., com o ajuizamento da ação, entendimento consolidado na seara trabalhista através da Súmula 268[17] do TST com base na aplicação subsidiária do parágrafo púnico do art. 202[18] do Código Civil. Com a edição da lei 13.467/17 a CLT passou a dispor de previsão expressa sobre o assunto em seu art. 11, §3º. Conforme o novo dispositivo, mesmo que ajuizada em juízo incompetente, o ajuizamento da reclamação trabalhista interrompe a prescrição:

> Art. 11, § 3º. A interrupção da prescrição somente ocorrerá pelo ajuizamento de reclamação trabalhista, mesmo que em juízo incompetente, ainda que venha a ser extinta sem resolução do mérito, produzindo efeitos apenas em relação aos pedidos idênticos.

É de se notar, contudo, que somente será interrompido o prazo com relação aos pedidos apostos na demanda anterior.

Vale ressaltar que, de acordo com a Lei 11.280/05, a qual incluiu o inciso II ao art. 253 do CPC/73, repetida no Código de Processo Civil 2015 no art. 286, II e III[19], a nova ação, de igual objeto, deve ser julgada pela mesma Vara do Trabalho que recebeu a reclamação anterior, pois foi acrescentado às hipóteses de prevenção o "ajuizamento de ações idênticas".

Essa diretriz, que objetiva impedir que o autor se utilize de manobras processuais condenáveis para direcionar a ação para a(s) vara(s) de sua preferência, também é compatível com o Processo do Trabalho.

---

16. Parágrafo único do art. 855-E da CLT - O prazo prescricional voltará a fluir no dia útil seguinte ao do trânsito em julgado da decisão que negar a homologação do acordo.

17. Súmula 268 do TST - PRESCRIÇÃO. INTERRUPÇÃO. AÇÃO TRABALHISTA ARQUIVADA (nova redação) - Res. 121/2003, DJ 19, 20 e 21.11.2003

    A ação trabalhista, ainda que arquivada, interrompe a prescrição somente em relação aos pedidos idênticos.

18. Art. 202 do CC. A interrupção da prescrição, que somente poderá ocorrer uma vez, dar-se-á:

    Parágrafo único. A prescrição interrompida recomeça a correr da data do ato que a interrompeu, ou do último ato do processo para a interromper.

19. Art. 253 do CPC/73 - (...)

    II – quando, tendo sido extinto o processo, sem julgamento de mérito, for reiterado o pedido, ainda que em litisconsórcio com outros autores ou que sejam parcialmente alterados os réus da demanda;

    III – quando houver ajuizamento de ações idênticas, ao juízo prevento.

    Art. 286 do CPC – (...)

    II - quando, tendo sido extinto o processo sem resolução de mérito, for reiterado o pedido, ainda que em litisconsórcio com outros autores ou que sejam parcialmente alterados os réus da demanda;

    III - quando houver ajuizamento de ações nos termos do art. 55, § 3º, ao juízo prevento.

Trata-se da distribuição por prevenção, que antes já existia, mas apenas limitada à hipótese de desistência da ação, passando, desde o CPC/73, para qualquer situação descrita no art. 485[20] do CPC, ainda que ocorra mudança parcial no polo ativo ou passivo.

De acordo com a jurisprudência majoritária, a data da recontagem do prazo prescricional conta-se do trânsito em julgado do processo anterior, conforme se vê das decisões transcritas a seguir:

> PRESCRIÇÃO BIENAL. DIES A QUO DO PRAZO PRESCRICIONAL. INTERRUPÇÃO DA PRESCRIÇÃO. RECONTAGEM DO PRAZO. Violado o direito, nasce para o titular a pretensão, a qual se extingue pela prescrição (CC/02, art. 189). O estabelecimento do dies a quo do prazo prescricional ganha novos contornos, contudo, quando há a interrupção do prazo prescricional pelo ajuizamento de ação anterior. Nessa hipótese, a contagem do novo prazo prescricional bienal se dá do trânsito em julgado da decisão de arquivamento da ação, iniciando-se, a partir daí, a contagem do novo período. No caso, o reclamante ofereceu nova reclamatória trabalhista em 12.05.2017, antes, portanto, da concretização da prescrição, que se daria em 13.05.2017, considerando o marco inicial de recontagem do prazo. Logo, o afastamento da prejudicial de mérito é medida que se impõe. Recurso Ordinário do Reclamante conhecido e provido para fins de afastar a prescrição bienal e determinar o retorno dos autos à origem para realização de regular instrução processual e novo julgamento pelo Juízo primário, como entender de direito (TRT-11 00009183820175110014, Relator: RUTH BARBOSA SAMPAIO, Gabinete da Desembargadora Ruth Barbosa Sampaio, Data de publicação: 05/03/2018).
>
> INTERRUPÇÃO DA PRESCRIÇÃO. AJUIZAMENTO DE RECLAMAÇÃO TRABALHISTA ANTERIOR. RECONTAGEM DO PRAZO. A propositura de reclamatória trabalhista anterior interrompe a contagem do prazo prescricional quanto aos pedidos idênticos, reiniciando-se o cômputo a partir do trânsito em julgado, como dispõe o § único, do art. 202, do Código Civil (TRT-4 - RO: 00210316720165040232, Data de Julgamento: 17/08/2017, 3ª Turma).

---

20. Art. 485 do CPC - O juiz não resolverá o mérito quando:

I - indeferir a petição inicial;

II - o processo ficar parado durante mais de 1 (um) ano por negligência das partes;

III - por não promover os atos e as diligências que lhe incumbir, o autor abandonar a causa por mais de 30 (trinta) dias;

IV - verificar a ausência de pressupostos de constituição e de desenvolvimento válido e regular do processo;

V - reconhecer a existência de perempção, de litispendência ou de coisa julgada;

VI - verificar ausência de legitimidade ou de interesse processual;

VII - acolher a alegação de existência de convenção de arbitragem ou quando o juízo arbitral reconhecer sua competência;

VIII - homologar a desistência da ação;

IX - em caso de morte da parte, a ação for considerada intransmissível por disposição legal; e

X - nos demais casos prescritos neste Código.

Assim, a prescrição do direito de postular as pretensões trabalhistas ocorre nos 2 anos que seguem à rescisão contratual – ressalvadas as hipóteses de suspensão, prorrogação e interrupção acima mencionadas – apenas sendo possível se pleitear os direitos vencidos nos 5 anos anteriores ao ajuizamento da ação (art. 7º, inciso XXIX, da CF). A primeira é costumeiramente denominada prescrição total, ao passo que a segunda recebe o nome de prescrição parcial.

Ressaltamos, no entanto, três situações específicas que merecem nossa atenção especial.

A primeira diz respeito as prestações sucessivas decorrentes de alteração ou descumprimento do pactuado no contrato de trabalho, nos termos do que parcialmente já estabelecia a Súmula 294[21], que foi contemplada e ampliada pelo legislador no momento da inclusão do §2º ao art. 11 da CLT[22] pela lei 13.467/2017.

Dessa forma, tratando-se de ação que envolva pedido de prestações sucessivas decorrente de alteração ou descumprimento do pactuado, a prescrição é total, exceto quando o direito à parcela esteja também assegurado por preceito de lei.

Assim, se a parcela pretendida pelo empregado estiver fundada em previsão contratual ou normativa que não estiver assegurada na lei, a prescrição corre desde o ato lesivo do empregador.

A segunda hipótese seriam as ações que tenham por objeto apenas anotações para fins de prova junto à Previdência Social. Nesse caso, de acordo com o art. 11, §1º, da CLT, a referida pretensão seria imprescritível, vejamos:

> Art. 11, §1º, da CLT - O disposto neste artigo não se aplica às ações que tenham por objeto anotações para fins de prova junto à Previdência Social.

A terceira situação refere-se à prescrição do FGTS. Isto porque historicamente considerava-se operada a prescrição no prazo de 30 anos para os direitos vencidos, mantendo-se o prazo bienal para o ajuizamento da pretensão (art. 23, § 5º, da Lei 8036/90[23] e antiga redação da Súmula 362 do TST[24]).

---

21. Súmula 294 do TST - PRESCRIÇÃO. ALTERAÇÃO CONTRATUAL. TRABALHADOR URBANO (mantida) - Res. 121/2003, DJ 19, 20 e 21.11.2000. Tratando-se de ação que envolva pedido de prestações sucessivas decorrente de alteração do pactuado, a prescrição é total, exceto quando o direito à parcela esteja também assegurado por preceito de lei.

22. Art. 11, §2º, da CLT - Tratando-se de pretensão que envolva pedido de prestações sucessivas decorrente de alteração ou descumprimento do pactuado, a prescrição é total, exceto quando o direito à parcela esteja também assegurado por preceito de lei.

23. Art. 23, § 5º da Lei 8036/90 - O processo de fiscalização, de autuação e de imposição de multas reger-se-á pelo disposto no Título VII da CLT, respeitado o privilégio do FGTS à prescrição trintenária.

24. Antiga redação da *Súmula Nº 362 do TST* – FGTS. Prescrição – Nova redação – Res. 121/2003, *DJ* 21.11.2003 – É trintenária a prescrição do direito de reclamar contra o não-recolhimento da contribuição para o FGTS, observado o prazo de 2 (dois) anos após o término do contrato de trabalho.

Tal realidade mudou a partir de novembro de 2014, quando o Plenário do Supremo Tribunal Federal, no julgamento do recurso extraordinário com agravo (ARE) 709212, com repercussão geral reconhecida, declarou a inconstitucionalidade dos dispositivos que estabeleciam o prazo prescricional trintenário para ações relativas a valores não depositados no Fundo de Garantia do Tempo de Serviço (FGTS).

De acordo os ministros, os valores devidos a título de FGTS possuem natureza jurídica trabalhista, uma vez que previsto expressamente no art. 7º, incisivo III, da Constituição Federal[25], como direito assegurado aos trabalhadores urbanos e rurais.

Dessa forma, na prática, o que ocorreu foi uma mudança do prazo prescricional do FGTS de 30 anos para 5 anos. A decisão, entretanto, teve os seus efeitos modulados, de modo que para os casos cuja a ciência da ausência de depósito ocorra após a data do julgamento (13.11.2014), aplica-se o prazo de cinco anos. Caso, entretanto, a prescrição já esteja em curso na data do julgamento, aplica-se o que ocorrer primeiro: 30 anos, contados do termo inicial, ou cinco anos, a partir do julgamento. Nesse sentido, a Súmula 362 do TST:

> Súmula nº 362 do TST. FGTS. PRESCRIÇÃO.
>
> I – Para os casos em que a ciência da lesão ocorreu a partir de 13.11.2014, é quinquenal a prescrição do direito de reclamar contra o não-recolhimento de contribuição para o FGTS, observado o prazo de dois anos após o término do contrato;
>
> II – Para os casos em que o prazo prescricional já estava em curso em 13.11.2014, aplica-se o prazo prescricional que se consumar primeiro: trinta anos, contados do termo inicial, ou cinco anos, a partir de 13.11.2014 (STF-ARE-709212/DF).

Importante registrar que, depois da entrada em vigor do Código de Processo Civil de 2015, foi admitido o reconhecimento da prescrição, de ofício, como poder dever do juiz, através do art. 332, § 1º[26], que trata da improcedência liminar do pedido.

Atual redação Súmula 362 do TST - FGTS. PRESCRIÇÃO (redação alterada) – Res. 198/2015, republicada em razão de erro material – DEJT divulgado em 12, 15 e 16.06.2015

I – Para os casos em que a ciência da lesão ocorreu a partir de 13.11.2014, é quinquenal a prescrição do direito de reclamar contra o não recolhimento de contribuição para o FGTS, observado o prazo de dois anos após o término do contrato;

II – Para os casos em que o prazo prescricional já estava em curso em 13.11.2014, aplica-se o prazo prescricional que se consumar primeiro: trinta anos, contados do termo inicial, ou cinco anos, a partir de 13.11.2014 (STF-ARE-709212/DF).

25. Art. 7º, III, da CF - São direitos dos trabalhadores urbanos e rurais, além de outros que visem à melhoria de sua condição social: (...) III - fundo de garantia do tempo de serviço.

26. Art. 332, §1º, do CPC - O juiz também poderá julgar liminarmente improcedente o pedido se verificar, desde logo, a ocorrência de decadência ou de prescrição.

Diante da omissão na CLT e da sua compatibilidade com o Processo do Trabalho, entendemos que a norma é inteiramente aplicável às demandas trabalhistas, mas a questão não é pacífica diante do entendimento que sustenta a incompatibilidade desse preceito com o princípio protetor que rege as relações laborais.

A doutrina divergente sustenta que a prescrição, no Direito do Trabalho, só interessa ao empregador e só prejudica o empregado, respaldando sua tese no art. 7º, *caput*, da CF/88. O referido dispositivo apenas admite a criação, na seara trabalhista, de normas que visem à melhoria da condição social dos trabalhadores, o que seria incompatível com a prescrição de ofício, pois, como ressalta Romita, tal preceito "não se insere entre as medidas tendentes a melhorar a posição social dos trabalhadores"[27].

Estevão Mallet também se alinha à aplicação supletiva do referido dispositivo. Para este autor, "A Consolidação das Leis do Trabalho, embora fixe prazos e estabeleça hipótese de não fluência do lapso temporal, não disciplina o problema da possibilidade ou não de pronunciamento, de ofício, da prescrição, o que permite a aplicação, ao Processo do Trabalho"[28].

Entretanto, Mallet entende que, para essa aplicação ocorrer, é necessário ressalvar o contraditório, com prévia manifestação das partes, como acontece na execução, diante da regra expressa do art. 40, §4º,

---

27. Ob. Cit., p.19.

28. Apesar de tais argumentos, o TST firmou entendimento contrário, por entender que o acolhimento da prescrição de ofício se mostra incompatível com os princípios informadores do Direito do Trabalho. Neste sentido, veja-se as seguintes decisões: **1. PRELIMINAR DE NULIDADE DA DECISÃO RECORRIDA POR NEGATIVA DE PRESTAÇÃO JURISDICIONAL.** Decisão fundamentada, no sentido de que a prova foi valorizada, ainda que contrária ao interesse do embargante, não se mostra irregular, a pretexto de que não faz entrega regular da prestação jurisdicional. Recurso de revista não conhecido. **2. PRESCRIÇÃO. DECLARAÇÃO DE OFÍCIO. ART. 219, § 5º, DO CPC. APLICABILIDADE AO PROCESSO DO TRABALHO.** A jurisprudência predominante, no âmbito desta Corte, repudia a aplicação de ofício da prescrição, nos termos do que reza o artigo 219, § 5º, do CPC, porque incompatível com o princípio da proteção ao trabalhador. Recurso de revista conhecido e não provido. Processo: RR - 269800-45.2007.5.12.0029 Data de Julgamento: 15/06/2011, Relator Ministro: Milton de Moura França, 4ª Turma, Data de Publicação: DEJT 01/07/2011. **RECURSO DE REVISTA. INDENIZAÇÃO. DANOS MORAIS. PENSÃO MENSAL. DOENÇA PROFISSIONAL. PRESCRIÇÃO. ARGUIÇÃO DE OFÍCIO. ARTIGO 219, § 5º, DO CPC. INCOMPATIBILIDADE COM O PROCESSO DO TRABALHO.** A prescrição é a perda da pretensão pela inércia do titular no prazo que a lei considera ideal para o exercício do direito de ação. Não se mostra compatível com o processo do trabalho a regra processual inserida no art. 219, § 5º, do CPC, que determina a aplicação da prescrição, de ofício, em face da natureza alimentar dos créditos trabalhistas. Ao contrário da decadência, na qual a ordem pública está a antever a estabilidade das relações jurídicas no lapso temporal, a prescrição tem a mesma finalidade de estabilidade apenas entre as partes. Deste modo, necessário que a prescrição seja arguida pela parte a quem a aproveita, não podendo ser declarada de ofício. Precedentes. Recurso de revista conhecido e provido. Processo: RR - 651300-71.2008.5.12.0014 Data de Julgamento: 22/06/2011, Relator Ministro: Aloysio Corrêa da Veiga, 6ª Turma, Data de Publicação: DEJT 01/07/2011.

da Lei 6.830/80. A cautela se justifica "diante da possibilidade de invocação, pelo autor, de causa suspensiva ou interruptiva da fluência do prazo prescricional, a afastar a decretação oficiosa da prescrição[29]".

Entretanto o TST consolidou entendimento diverso no sentido de que não se conhece da prescrição de ofício no processo do trabalho através da Súmula 153, vejamos:

> PRESCRIÇÃO (mantida) - Res. 121/2003, DJ 19, 20 e 21.11.2003
> Não se conhece de prescrição não argüida na instância ordinária (ex-Prejulgado nº 27).

De igual modo, sempre entendemos que também seria possível a arguição, de ofício, da prescrição na fase de execução, nos moldes do §1º do artigo 884 da CLT, o que se alinha com o §4º do art. 40 da Lei de Execução Fiscal, realidade que encontra-se pacificada com a edição da lei 13.467/2017, que incluiu na CLT a possibilidade de declaração de ofício da prescrição intercorrente[30] (sobre o tema da prescrição intercorrente, remetemos à leitura do item 14.12.2.2, letra c).

9.4. JULGAMENTO ANTECIPADO DA CAUSA

Importante ressaltar que, embora não exista uma fase de saneamento no Processo do Trabalho, entendemos ser perfeitamente aplicável subsidiariamente o art. 332 do CPC[31], que permite o magistrado julgar liminar-

---

29. Revista da Academia Nacional de Direito do Trabalho, ano XIV, nº 14, p. 42/43.965. RECURSO DE REVISTA TESPETIVO. INTERPOSIÇÃO PELA INTERNET. APLICAÇÃO DA LEI N. 9.800/1999. O pleno da sessão do dia 2.6.2005 assim decidiu: "A lei n. 9.800/1999 autoriza, além do uso de fac-símile, outros meios de transmissão de dados e imagens similares, para a prática de atos processuais que dependem de petição escrita. A referida lei estabelece as cautelas necessárias à utilização do correio eletrônico porque impõe que a parte envie posteriormente os originais no prazo de 5 (cinco) dias. Logo, a petição de Recurso de Revista enviada por e-mail, que não contém a assinatura de seu subscritor, não torna a peça recursal inexistente se, no prazo legal, vier o original devidamente assinado. A apresentação do original, no entanto, deve estar em perfeita concordância, quanto ao conteúdo, com a petição remetida pelo correio eletrônico." (Processo n. TST – EAIRR –793.624/200.1, Red. Desig. Rider de Brito). Recurso de Embargos conhecido e provido. (TST-E-RR N. 436/2002-048-15-00.7, Rel. Min. Carlos Alberto Reis de Paula, DJU 16.09.2005).

30. Art. 11-A, §2º, da CLT - A declaração da prescrição intercorrente pode ser requerida ou declarada de ofício em qualquer grau de jurisdição.

31. Art. 332 do CPC - Nas causas que dispensem a fase instrutória, o juiz, independentemente da citação do réu, julgará liminarmente improcedente o pedido que contrariar:
    I - enunciado de súmula do Supremo Tribunal Federal ou do Superior Tribunal de Justiça;
    II - acórdão proferido pelo Supremo Tribunal Federal ou pelo Superior Tribunal de Justiça em julgamento de recursos repetitivos;
    III - entendimento firmado em incidente de resolução de demandas repetitivas ou de assunção de competência;

mente improcedente a pretensão do autor, independentemente da citação do réu, quando pedido realizado contrariar uma das hipóteses elencadas no referido dispositivo.

De toda sorte, ainda se torna, necessário adaptar a referida regra ao procedimento trabalhista, o que já acontece com inúmeros outros dispositivos aplicados supletivamente.

Foi exatamente o que fez o Tribunal Superior do Trabalho através da Instrução Normativa n. 39/2017, que regulamentou a aplicação do CPC/15, adaptando-o ao processo do trabalho, nos seguintes termos:

> Art. 7° Aplicam-se ao Processo do Trabalho as normas do art. 332 do CPC, com as necessárias adaptações à legislação processual trabalhista, cumprindo ao juiz do trabalho julgar liminarmente improcedente o pedido que contrariar:
>
> I – enunciado de súmula do Supremo Tribunal Federal ou do Tribunal Superior do Trabalho (CPC, art. 927, inciso V);
>
> II - acórdão proferido pelo Supremo Tribunal Federal ou pelo Tribunal Superior do Trabalho em julgamento de recursos repetitivos (CLT, art. 896-B; CPC, art. 1046, § 4º);
>
> III - entendimento firmado em incidente de resolução de demandas repetitivas ou de assunção de competência;
>
> IV - enunciado de súmula de Tribunal Regional do Trabalho sobre direito local, convenção coletiva de trabalho, acordo coletivo de trabalho, sentença normativa ou regulamento empresarial de observância obrigatória em área territorial que não exceda à jurisdição do respectivo Tribunal (CLT, art. 896, "b", a contrario sensu).
>
> Parágrafo único. O juiz também poderá julgar liminarmente improcedente o pedido se verificar, desde logo, a ocorrência de decadência.

Assim, reafirmamos nosso entendimento já defendido ao longo desta obra, no sentido de que nada impede que o Juiz determine que os autos lhe sejam de pronto conclusos, após a distribuição do processo, mesmo depois da notificação do réu e até mesmo na própria audiência, pois, em qualquer etapa, estar-se-ia atingindo a celeridade e economia processual.

Ora, se o Juiz pode assim agir antes mesmo da citação do réu, porque não poderia julgar a ação improcedente na própria audiência, antes do réu juntar a defesa?

IV - enunciado de súmula de tribunal de justiça sobre direito local.

§ 1° O juiz também poderá julgar liminarmente improcedente o pedido se verificar, desde logo, a ocorrência de decadência ou de prescrição.

§ 2° Não interposta a apelação, o réu será intimado do trânsito em julgado da sentença, nos termos do art. 241.

§ 3° Interposta a apelação, o juiz poderá retratar-se em 5 (cinco) dias.

§ 4° Se houver retratação, o juiz determinará o prosseguimento do processo, com a citação do réu, e, se não houver retratação, determinará a citação do réu para apresentar contrarrazões, no prazo de 15 (quinze) dias.

Aplica-se, aqui, o argumento *a fortiori* defendido por Maria Helena Diniz, no sentido de que se a lei autoriza o mais, implicitamente permite o menos.

Na Justiça do Trabalho, é muito comum o ajuizamento de ações que envolvem apenas matéria de direito, de modo que mesmo esta nova regra encontraria terreno fértil para ser aplicada, desde que configuradas as hipóteses descritas no art. 332 do CPC e desde que não haja cumulação de pedidos.

9.5. REQUISITOS OBJETIVOS DA PETIÇÃO INICIAL

No tocante à petição inicial, a CLT previu os seus requisitos, de maneira que, no particular, é afastada a aplicação do CPC de forma subsidiária. Nota-se, contudo, que os requisitos são bastante similares, havendo apenas uma simplificação deles, para tornar possível, na prática, o exercício do *jus postulandi* pelo autor na hipótese autorizada por lei (art. 791 da CLT).

Faremos, então, uma análise conjunta dos dispositivos da CLT (art. 840)[32] e o do CPC (art. 319)[33].

---

32. Art. 840 da CLT – A reclamação poderá ser escrita ou verbal.

§ 1º Sendo escrita, a reclamação deverá conter a designação do juízo, a qualificação das partes, a breve exposição dos fatos de que resulte o dissídio, o pedido, que deverá ser certo, determinado e com indicação de seu valor, a data e a assinatura do reclamante ou de seu representante.

§ 2º Se verbal, a reclamação será reduzida a termo, em duas vias datadas e assinadas pelo escrivão ou secretário, observado, no que couber, o disposto no § 1º deste artigo.

§ 3º Os pedidos que não atendam ao disposto no § 1º deste artigo serão julgados extintos sem resolução do mérito.

33. Art. 319 do CPC - A petição inicial indicará:

I - o juízo a que é dirigida;

II - os nomes, os prenomes, o estado civil, a existência de união estável, a profissão, o número de inscrição no Cadastro de Pessoas Físicas ou no Cadastro Nacional da Pessoa Jurídica, o endereço eletrônico, o domicílio e a residência do autor e do réu;

III - o fato e os fundamentos jurídicos do pedido;

IV - o pedido com as suas especificações;

V - o valor da causa;

VI - as provas com que o autor pretende demonstrar a verdade dos fatos alegados;

VII - a opção do autor pela realização ou não de audiência de conciliação ou de mediação.

§ 1º Caso não disponha das informações previstas no inciso II, poderá o autor, na petição inicial, requerer ao juiz diligências necessárias a sua obtenção.

§ 2º A petição inicial não será indeferida se, a despeito da falta de informações a que se refere o inciso II, for possível a citação do réu.

§ 3º A petição inicial não será indeferida pelo não atendimento ao disposto no inciso II deste artigo se a obtenção de tais informações tornar impossível ou excessivamente oneroso o acesso à justiça.

No tocante à indicação do Juízo para o qual será direcionada a petição, trata-se de requisito comum a ambos os diplomas. Decerto, é imprescindível que as partes indiquem o órgão jurisdicional que deverá conhecer e julgar a demanda que se propõe.

Repita-se o afirmado em relação à qualificação das partes. Faz-se necessária a indicação das partes litigantes, a fim de que possam ser devidamente identificadas e localizadas, para que venham a compor a lide em todos os atos processuais (§§1º ao 9º do art. 1º do provimento da Corregedoria Regional do TRT da 5ª Região nº 004/2012)[34]. Assim, necessário indicar o nome completo/razão social e endereço das partes, estado civil, data de nascimento e profissão do autor.

---

34. Art. 1º Os registros de autuação dos processos iniciados na 1ª instância serão efetivados em consonância com as normas estabelecidas na Consolidação dos Provimentos da Corregedoria-Geral da Justiça do Trabalho, de 17 de agosto de 2012, e os processos receberão numeração sequencial por Vara e ano, com identificação da classe.

§ 1º Deve a unidade respectiva, quando do recebimento de petições iniciais ou de quaisquer documentos protocolizados no decorrer do processo, exigir das partes ou dos seus patronos que os apresente previamente perfurados, obedecendo ao padrão universal de dois furos e observando a necessidade de centralização dos mesmos.

§ 2º Deve a Seção de Distribuição dos Feitos, onde houver, ou a Vara do Trabalho, quando do recebimento das petições iniciais, exigir a identificação precisa das partes dos processos, mediante a indicação correta dos números do CPF ou CNPJ, da CTPS, do RG, do CEP, do PIS/PASEP ou CEI/NIT – Número de Inscrição do Trabalhador, assim como a atividade econômica da pessoa reclamada e a indicação precisa dos endereços, estes contendo, inclusive, pontos de referência que possam facilitar o trabalho dos Oficiais de Justiça e mensageiros.

§ 3º Contudo, o não atendimento das solicitações indicadas no parágrafo anterior não impedirá o ajuizamento e a distribuição da ação trabalhista, mas deverá ser certificado de forma circunstanciada a fim de que o Juiz possa, oportunamente, colher tais informações.

§ 4º Sendo o autor pessoa jurídica, constatada a ausência ou incorreção da informação no ato do recebimento da petição inicial, o servidor estará autorizado a devolvê-la considerando que para registro como pessoa jurídica a empresa deve ser formalmente constituída e necessariamente terá CNPJ.

§ 5º Na hipótese de a petição inicial ser omissa ou de as informações não constarem do processo, o Juiz, nos termos da Consolidação dos Provimentos da Corregedoria-Geral da Justiça do Trabalho, de 17 de agosto de 2012, ao qualificar as partes (pessoa física/jurídica) em audiência, deve exigir, além dos números dos documentos indicados no § 2º, a informação relativa à data de nascimento do trabalhador e ao nome da sua genitora, sem prejuízo da continuidade da audiência.

§ 6º Verificada identidade de partes pelo sistema, a ação será distribuída por dependência e remetida à Vara, sem designação de audiência.

§ 7º Na hipótese do parágrafo anterior, será designada audiência caso seja constatado o registro de julgamento no sistema.

§ 8º Quando do registro inicial das Cartas Precatórias Inquiritórias, as testemunhas arroladas serão cadastradas, possibilitando a sua distribuição automática e aleatória, bem como a designação de audiência, emissão de comunicações e notificações aos interessados e às testemunhas automaticamente.

§ 9º Nos casos em que houver falha na comunicação no momento da distribuição da ação (sítio da Receita Federal do Brasil indisponível), inviabilizando a validação do número de CPF/CNPJ informado, a distribuição será realizada sem a inserção do dado faltante, devendo o Juízo colher tais informações na primeira oportunidade em que couber às partes falar nos autos.

A distinção do Processo do Trabalho inicia-se na fundamentação da peça. Com efeito, o art. 319 do CPC exige a indicação do "*fato e os fundamentos jurídicos do pedido*". Por outro lado, a CLT trouxe texto muito mais econômico, sobretudo ao se considerar a informalidade que permeia este processo, advinda do *jus postulandi*. O texto consolidado não exige a indicação da fundamentação jurídica, satisfazendo-se a petição com a indicação dos fatos.

Dispensou-se, assim, o fundamento jurídico, exigido pelo Diploma Processual Civil. Deixou de exigir o legislador trabalhista que o autor indicasse as consequências jurídicas atribuídas aos fatos constitutivos.

Para Humberto Theodoro[35], o fundamento jurídico seria, juntamente com o fato, o terceiro requisito da petição inicial e se externaria como sendo o nexo jurídico capaz de justificar o pedido constante na inicial. Neste ponto, salienta o seguinte:

> [...] todo direito subjetivo nasce de um fato, que deve coincidir com aquele que foi previsto, abstratamente, pela lei como o idôneo a gerar a faculdade de que o agente se mostra titular. Daí que, ao postular a prestação jurisdicional, o autor tem de indicar o direito subjetivo que pretende exercitar contra o réu e apontar o fato de onde ele provém. Incumbe-lhe, para tanto, descrever não só o fato material ocorrido como atribuir-lhe um nexo jurídico capaz de justificar o pedido constante na inicial.

Isso não exime os profissionais do direito, que prezam pela boa técnica processual, de prezarem a fundamentação jurídica.

Já a formulação do pedido é obrigatória nos dois diplomas legais.

O pedido deverá ser certo e específico, no Processo do Trabalho sendo classificados da seguinte forma:

- Pedido alternativo – art. 325 do CPC[36]. Possibilita ao devedor o cumprimento da mesma obrigação de mais de um modo. Não há uma ordem de preferência exigida pelo credor. Observe-se que a natureza da obrigação deve permitir a alternatividade.
- Pedido subsidiário (antes denominados de sucessivos pelo CPC/73) – art. 326 do CPC[37]. É a formulação de um pedido subsidiário a um principal. Aqui, a relação de preferência é estabelecida

35. In *Curso de Direito Processual Civil,* 18ª edição, ed. Forense, p. 354, v. 1.

36. Art. 325 do CPC - O pedido será alternativo quando, pela natureza da obrigação, o devedor puder cumprir a prestação de mais de um modo.
Parágrafo único. Quando, pela lei ou pelo contrato, a escolha couber ao devedor, o juiz lhe assegurará o direito de cumprir a prestação de um ou de outro modo, ainda que o autor não tenha formulado pedido alternativo.

37. Art. 326 do CPC – É lícito formular mais de um pedido em ordem subsidiária, a fim de que o juiz conheça do posterior, quando não acolher o anterior.
Parágrafo único. É lícito formular mais de um pedido, alternativamente, para que o juiz acolha um deles.

pelo autor, de modo que o pleito supletivo somente será apreciado se o principal for rejeitado. Assim como o alternativo, está adstrito à mesma causa de pedir.

Se na mesma petição inicial são feitos vários pedidos, com diferentes causas de pedir, tratar-se-á de cumulação de pedidos, consubstanciada no art. 292 do CPC[38]. Vale ressaltar que parte da doutrina processual civil classifica a cumulação de pedidos como própria e imprópria, referindo-se a essa última para a hipótese de pedidos alternativos ou sucessivos.

- Pedido de prestações periódicas – art. 323 do CPC[39]. São pedidos que buscam a condenação em parcelas de obrigações de trato sucessivo.
- Pedido genérico – arts. 322 e 324 do CPC.[40] Será possível unicamente nas hipóteses expressamente previstas neste dispositivo legal.
- Pedidos implícitos. Juros de mora (art. 322, §1º do CPC[41], correção monetária (art. 322, §1º do CPC e Lei 6.899/81) e honorários advocatícios (art. 85 e §§ do CPC)[42]

---

38. Art. 292 do CPC – É permitida a cumulação, num único processo, contra o mesmo réu, de vários pedidos, ainda que entre eles não haja conexão.

    §1º – São requisitos de admissibilidade da cumulação:

    I – que os pedidos sejam compatíveis entre si;

    II – que seja competente para conhecer deles o mesmo juízo;

    III – que seja adequado para todos os pedidos o tipo de procedimento.

    §2º – Quando, para cada pedido, corresponder tipo diverso de procedimento, admitir-se-á a cumulação, se o autor empregar o procedimento ordinário.

39. Art. 323 do CPC - Na ação que tiver por objeto cumprimento de obrigação em prestações sucessivas, essas serão consideradas incluídas no pedido, independentemente de declaração expressa do autor, e serão incluídas na condenação, enquanto durar a obrigação, se o devedor, no curso do processo, deixar de pagá-las ou de consigná-las.

40. Art. 322 do CPC - O pedido deve ser certo.

    § 1º Compreendem-se no principal os juros legais, a correção monetária e as verbas de sucumbência, inclusive os honorários advocatícios.

    § 2º A interpretação do pedido considerará o conjunto da postulação e observará o princípio da boa-fé.

    Art. 324 do CPC. O pedido deve ser determinado.

    § 1º É lícito, porém, formular pedido genérico:

    I - nas ações universais, se o autor não puder individuar os bens demandados;

    II - quando não for possível determinar, desde logo, as consequências do ato ou do fato;

    III - quando a determinação do objeto ou do valor da condenação depender de ato que deva ser praticado pelo réu.

    § 2º O disposto neste artigo aplica-se à reconvenção.

41. Art. 322 do NCPC - O pedido deve ser certo.

    § 1º Compreendem-se no principal os juros legais, a correção monetária e as verbas de sucumbência, inclusive os honorários advocatícios.

42. Art. 85 do CPC - A sentença condenará o vencido a pagar honorários ao advogado do vencedor.

§ 1º São devidos honorários advocatícios na reconvenção, no cumprimento de sentença, provisório ou definitivo, na execução, resistida ou não, e nos recursos interpostos, cumulativamente.

§ 2º Os honorários serão fixados entre o mínimo de dez e o máximo de vinte por cento sobre o valor da condenação, do proveito econômico obtido ou, não sendo possível mensurá-lo, sobre o valor atualizado da causa, atendidos:

I - o grau de zelo do profissional;

II - o lugar de prestação do serviço;

III - a natureza e a importância da causa;

IV - o trabalho realizado pelo advogado e o tempo exigido para o seu serviço.

§ 3º Nas causas em que a Fazenda Pública for parte, a fixação dos honorários observará os critérios estabelecidos nos incisos I a IV do § 2º e os seguintes percentuais:

I - mínimo de dez e máximo de vinte por cento sobre o valor da condenação ou do proveito econômico obtido até 200 (duzentos) salários-mínimos;

II - mínimo de oito e máximo de dez por cento sobre o valor da condenação ou do proveito econômico obtido acima de 200 (duzentos) salários-mínimos até 2.000 (dois mil) salários-mínimos;

III - mínimo de cinco e máximo de oito por cento sobre o valor da condenação ou do proveito econômico obtido acima de 2.000 (dois mil) salários-mínimos até 20.000 (vinte mil) salários-mínimos;

IV - mínimo de três e máximo de cinco por cento sobre o valor da condenação ou do proveito econômico obtido acima de 20.000 (vinte mil) salários-mínimos até 100.000 (cem mil) salários-mínimos;

V - mínimo de um e máximo de três por cento sobre o valor da condenação ou do proveito econômico obtido acima de 100.000 (cem mil) salários-mínimos.

§ 4º Em qualquer das hipóteses do § 3º:

I - os percentuais previstos nos incisos I a V devem ser aplicados desde logo, quando for líquida a sentença;

II - não sendo líquida a sentença, a definição do percentual, nos termos previstos nos incisos I a V, somente ocorrerá quando liquidado o julgado;

III - não havendo condenação principal ou não sendo possível mensurar o proveito econômico obtido, a condenação em honorários dar-se-á sobre o valor atualizado da causa;

IV - será considerado o salário-mínimo vigente quando prolatada sentença líquida ou o que estiver em vigor na data da decisão de liquidação.

§ 5º Quando, conforme o caso, a condenação contra a Fazenda Pública ou o benefício econômico obtido pelo vencedor ou o valor da causa for superior ao valor previsto no inciso I do § 3º, a fixação do percentual de honorários deve observar a faixa inicial e, naquilo que a exceder, a faixa subsequente, e assim sucessivamente.

§ 6º Os limites e critérios previstos nos §§ 2º e 3º aplicam-se independentemente de qual seja o conteúdo da decisão, inclusive aos casos de improcedência ou de sentença sem resolução de mérito.

§ 7º Não serão devidos honorários no cumprimento de sentença contra a Fazenda Pública que enseje expedição de precatório, desde que não tenha sido impugnada.

§ 8º Nas causas em que for inestimável ou irrisório o proveito econômico ou, ainda, quando o valor da causa for muito baixo, o juiz fixará o valor dos honorários por apreciação equitativa, observando o disposto nos incisos do § 2º.

§ 9º Na ação de indenização por ato ilícito contra pessoa, o percentual de honorários incidirá sobre a soma das prestações vencidas acrescida de 12 (doze) prestações vincendas.

§ 10. Nos casos de perda do objeto, os honorários serão devidos por quem deu causa ao processo.

§ 11. O tribunal, ao julgar recurso, majorará os honorários fixados anteriormente levando em conta o trabalho adicional realizado em grau recursal, observando, conforme o caso, o disposto

O valor da causa estabelecido no art. 319, V, do CPC não foi incluído originalmente no art. 840 da CLT, contudo a legislação trabalhista passou a exigir a liquidação dos pedidos, seja no rito sumaríssimo – art. 852-B, inciso I da CLT, e, agora, mais recentemente, com a reforma introduzida pela 13.467/2017, para todos as reclamações, na forma do art. 840, §1º, da CLT.

Dessa forma, não há mais que se falar na fixação do valor da causa como uma atribuição do Juiz, à luz do art. 2º da Lei nº 5.584/70[43], por ocasião da primeira audiência, quando a parte não faz a quantificação. Isto porque, em razão da edição de lei posterior com previsão expressa determinando a indicação do valor do pedido em todas as reclamações trabalhistas, operou-se a revogação tácita do dispositivo.

---

nos §§ 2º a 6º, sendo vedado ao tribunal, no cômputo geral da fixação de honorários devidos ao advogado do vencedor, ultrapassar os respectivos limites estabelecidos nos §§ 2º e 3º para a fase de conhecimento.

§ 12. Os honorários referidos no § 11 são cumuláveis com multas e outras sanções processuais, inclusive as previstas no art. 77.

§ 13. As verbas de sucumbência arbitradas em embargos à execução rejeitados ou julgados improcedentes e em fase de cumprimento de sentença serão acrescidas no valor do débito principal, para todos os efeitos legais.

§ 14. Os honorários constituem direito do advogado e têm natureza alimentar, com os mesmos privilégios dos créditos oriundos da legislação do trabalho, sendo vedada a compensação em caso de sucumbência parcial.

§ 15. O advogado pode requerer que o pagamento dos honorários que lhe caibam seja efetuado em favor da sociedade de advogados que integra na qualidade de sócio, aplicando-se à hipótese o disposto no § 14.

§ 16. Quando os honorários forem fixados em quantia certa, os juros moratórios incidirão a partir da data do trânsito em julgado da decisão.

§ 17. Os honorários serão devidos quando o advogado atuar em causa própria.

§ 18. Caso a decisão transitada em julgado seja omissa quanto ao direito aos honorários ou ao seu valor, é cabível ação autônoma para sua definição e cobrança.

§ 19. Os advogados públicos perceberão honorários de sucumbência, nos termos da lei.

43. Art. 2º da Lei 5584/70 – Nos dissídios individuais, proposta a conciliação, e não havendo acordo, o Presidente, da Junta ou o Juiz, antes de passar à instrução da causa, fixar-lhe-á o valor para a determinação da alçada, se este for indeterminado no pedido.

§1º – Em audiência, ao aduzir razões finais, poderá qualquer das partes, impugnar o valor fixado e, se o Juiz o mantiver, pedir revisão da decisão, no prazo de 48 (quarenta e oito) horas, ao Presidente do Tribunal Regional.

§2º – O pedido de revisão, que não terá efeito suspensivo deverá ser instruído com a petição inicial e a Ata da Audiência, em cópia autenticada pela Secretaria da Junta, e será julgado em 48 (quarenta e oito) horas, a partir do seu recebimento pelo Presidente do Tribunal Regional.

§3º – Quando o valor fixado para a causa, na forma deste artigo, não exceder de 2 (duas) vezes o salário-mínimo vigente na sede do Juízo, será dispensável o resumo dos depoimentos, devendo constar da Ata a conclusão da Junta quanto à matéria de fato.

§4º – Salvo se versarem sobre matéria constitucional, nenhum recurso caberá das sentenças proferidas nos dissídios da alçada a que se refere o parágrafo anterior, considerado, para esse fim, o valor do salário mínimo à data do ajuizamento da ação.

Assim, caso inexista a indicação do valor do pedido, ao invés de fixa--lo, o juiz deverá determinar a emenda da petição inicial, sob pena de seu indeferimento por inépcia, nos termos dos arts. 840, §3º, da CLT e art. 330, I, do CPC.

Poderá, entretanto, o juiz corrigir "de ofício e por arbitramento, o valor da causa quando verificar que não corresponde ao conteúdo patrimonial em discussão ou ao proveito econômico perseguido pelo autor" – art. 292, §3º, CPC, entendimento que se encontrado respaldado pela a Instrução Normativa n. 39/2016 do TST.

No que diz respeito a determinação do valor do pedido pela parte como novo requisito da petição inicial no processo do trabalho, coadunamos com o entendimento de que não será necessária uma liquidação detalhada da pretensão com a juntada de planilhas de cálculos de todo o período laboral, mas sim a indicação do valor, ainda que por estimativa, para cada pleito formulado.

Isto porque nem sempre o autor dispõe de todos os elementos necessários a liquidação de suas pretensões, a exemplo de cartões de ponto, contracheques, dentre outros. Deste modo exigir uma liquidação com a indicação precisa de valores correspondente a todos os meses trabalhados implicaria, muitas vezes, em limitação ao exercício do direito de ação e à ampla defesa.

No mesmo sentido, defende Mauro Schiavi em seu Manual de Direito Processual do Trabalho, vejamos:

> A lei não exige que o pedido esteja devidamente liquidado, com apresentação de cálculos detalhados, mas que indique o valor. De nossa parte, não há necessidade de apresentação de cálculos detalhados, mas que o valor seja justificado, ainda que por estimativa. Isso se justifica, pois o reclamante, dificilmente, tem documentos para cálculo de horas extras, diferenças salariais etc. Além disso, muitos cálculos demandam análise da documentação a ser apresentada pela própria reclamada (SCHIVI, 2018, 569-570).

A jurisprudência, entretanto, ainda é bastante controvertida neste particular, inexistindo um direcionamento claro das decisões, tanto no sentido de definir a necessidade apenas de indicação do valor do pedido por estimativa, quanto de exigir a liquidação por meio de planilha de cálculos.

Sobre o assunto, o Tribunal Regional do Trabalho da 4ª Região – Rio Grande do Sul, entendeu em sede de tutela antecipada no Mandado de Segurança n. 0020054-24.2018.5.04.0000 impetrado por representante da Associação Gaúcha de Advogados Trabalhistas, ser necessária apenas a indicação de um valor determinado, sem a liquidação por planilha de cálculos detalhada dos pedidos:

> (...) Diversos aspectos influenciam na avaliação monetária dos pedidos apresentados na ação judicial e, para um cálculo consistente e exato, o polo ativo pode necessitar de informações e dados a serem trazidos somente com a defesa, como os documentos pertinentes à relação de emprego comuns às partes mas que são de guarda obrigatória pelo empregador. Ou, ainda, porque depende da prova a ser produzida para dimensionar os limites e a extensão da pretensão deduzida, a exemplo dos depoimentos orais e da perícia técnica ou, ainda, porque deverá ser arbitrada pelo magistrado a exemplo da indenização por dano moral. (...)Isso posto, entendo que a nova regra do art. 840 da CLT deve ser aplicada nas situações em que inexiste qualquer impedimento para a liquidação antecipada do pedido, sob pena de se onerar em demasia a parte reclamante - costumeiramente hipossuficiente - e de afronta ao amplo acesso à Justiça, nos moldes do inciso XXXV, do artigo 5º da Constituição, valendo lembrar que os direitos trabalhistas, em sua grande maioria, cuidam de questões de ordem pública e sob o império, inclusive, do princípio da irrenunciabilidade. O texto legal faz referência expressa à "indicação do seu valor" (do pedido), o que deve ser tomado, literalmente, como uma indicação e não como uma certeza, a qual somente se obterá com os limites fixados no julgamento e após a necessária liquidação.

Esse novo requisito da petição inicial trazido pela reforma trabalhista – lei n. 13.467/2017 também é alvo de discussão no Supremo Tribunal Federal na Ação Direta de Inconstitucionalidade n. 6002 proposta pelo Conselho Federal da Ordem dos Advogados do Brasil (OAB).

De acordo com a entidade, a obrigatoriedade de indicação do valor do pedido na petição inicial atribui ao reclamante ônus do qual não tem condições de se desincumbir, mitigando o acesso à justiça do trabalhador, na medida em que a documentação do vínculo de emprego costuma está na posse do empregador.

A Procuradora-Geral da República, por meio de parecer acostados aos autos da ADI n. 6002, opinou pelo conhecimento da ação e, no mérito, pela procedência parcial do pedido para que se confira ao art. 840, §§1º e 3º, da CLT, interpretação conforme à Constituição, no sentido de que a petição inicial em processo do trabalho deve conter uma mera estimativa dos valores dos pedidos nela formulados.

Ademais, o CPC aponta, ainda, como requisito da petição inicial, a indicação dos meios de prova com os quais pretende o autor provar a veracidade das suas alegações. Tal regra não encontra respaldo no Processo Trabalhista, já que a CLT determinou que as provas fossem apresentadas com a petição inicial ou apresentadas na primeira audiência – arts. 787 e 845 da CLT[44].

---

44. Art. 787 da CLT – A reclamação escrita deverá ser formulada em 2 (duas) vias e desde logo acompanhada dos documentos em que se fundar.

Art. 845 da CLT – O reclamante e o reclamado comparecerão à audiência acompanhados das suas testemunhas, apresentando, nessa ocasião, as demais provas.

Do mesmo modo, como visto, no tocante à prova testemunhal, dispensa-se a indicação de rol e pedido de notificação, já que compete às partes, levá-las à audiência independente de notificação (art. 825 da CLT[45]), o que somente ocorrerá se a testemunha recusar-se a comparecer, podendo até ser conduzida coercitivamente, diante de sua impossibilidade de negar-se a prestar depoimento (art. 455 do CPC)[46].

O requerimento de citação também não encontra respaldo no procedimento trabalhista. É que, da leitura da CLT, nota-se claramente que, recebida a inicial, independentemente de qualquer pedido, será, ato contínuo, expedida a notificação para o acionado – art. 841 da CLT[47].

A CLT requer seja datada e assinada a petição, requisito não especificado pelo CPC, em que pese, por razões óbvias, também sejam exigidos na inicial cível.

Vale assinalar, também, a exigência de fazer constar CPF ou CNPJ nas petições iniciais de ações de competência originária do TST, a partir de 01/03/2012, com previsão no Ato no 3/2012, SEGJUD.GP, TST, em atendimento à Resolução no 46 do Conselho Nacional de Justiça (CNJ)[48].

---

45. Art. 825 da CLT – As testemunhas comparecerão à audiência independentemente de notificação ou intimação.

    Parágrafo único – As que não comparecerem serão intimadas, ex officio ou a requerimento da parte, ficando sujeitas a condução coercitiva, além das penalidades do art. 730, caso, sem motivo justificado, não atendam à intimação.

46. Art. 455 do CPC - Cabe ao advogado da parte informar ou intimar a testemunha por ele arrolada do dia, da hora e do local da audiência designada, dispensando-se a intimação do juízo.

    § 1º A intimação deverá ser realizada por carta com aviso de recebimento, cumprindo ao advogado juntar aos autos, com antecedência de pelo menos 3 (três) dias da data da audiência, cópia da correspondência de intimação e do comprovante de recebimento.

    § 2º A parte pode comprometer-se a levar a testemunha à audiência, independentemente da intimação de que trata o § 1º, presumindo-se, caso a testemunha não compareça, que a parte desistiu de sua inquirição.

    § 3º A inércia na realização da intimação a que se refere o § 1º importa desistência da inquirição da testemunha.

    § 4º A intimação será feita pela via judicial quando:

    I - for frustrada a intimação prevista no § 1º deste artigo;

    II - sua necessidade for devidamente demonstrada pela parte ao juiz;

    III - figurar no rol de testemunhas servidor público ou militar, hipótese em que o juiz o requisitará ao chefe da repartição ou ao comando do corpo em que servir;

    IV - a testemunha houver sido arrolada pelo Ministério Público ou pela Defensoria Pública;

    V - a testemunha for uma daquelas previstas no art. 454.

    § 5º A testemunha que, intimada na forma do § 1º ou do § 4º, deixar de comparecer sem motivo justificado será conduzida e responderá pelas despesas do adiamento.

47. Art. 841 da CLT – Recebida e protocolada a reclamação, o escrivão ou secretário, dentro de 48 (quarenta e oito) horas, remeterá a segunda via da petição, ou do termo, ao reclamado, notificando-o ao mesmo tempo, para comparecer à audiência do julgamento, que será a primeira desimpedida, depois de 5 (cinco) dias.

48. BRASIL. Tribunal Superior do Trabalho. Ato n. 3/SEGJUD.GP, de 3 de janeiro de 2012. Diário Eletrônico da Justiça do Trabalho, Brasília, DF, n. 907, 27 jan. 2012. Caderno Jurídico do Tri-

Conforme os arts. 1º e 2º do ato em epígrafe[49], a Coordenadoria de Cadastramento Processual do TST não acatará petição inicial física sem que dela faça parte o número de inscrição das partes no cadastro de pessoas físicas ou jurídicas da Receita Federal do Brasil ou, perante a impossibilidade de obtenção de tais dados, a justificativa pela falta destas.

E no caso de petições iniciais enviadas através do Sistema e-DOC, o autor, intimado, terá 10 dias para prestar as informações agora exigidas ou justificar o fato de não poder apresentá-las, tudo nos termos do art. 3º do Ato no 3/2012[50].

A justificativa pelo não fornecimento do CPF ou CNPJ, a depender se pessoa física ou jurídica, será avaliada pelo Presidente do Tribunal Superior do Trabalho – art. 4º do Ato no 3/2012[51].

E também no processo judicial eletrônico é exigida a indicação do CPF ou CNPJ, conforme estabelecido no art. 15 da Lei 11.419/2006[52].

9.6. REQUISITOS SUBJETIVOS DA PETIÇÃO INICIAL

A petição inicial deve ser clara, precisa, lógica e, na medida do possível, objetiva. Os requisitos subjetivos, se desatendidos, podem ocasionar a inépcia da exordial, especialmente quando cria embaraços ao exercício da ampla defesa.

---

bunal Superior do Trabalho, p. 1-2. Republicado no Diário Eletrônico da Justiça do Trabalho, Brasília, DF, n. 908, 30 jan. 2012. Caderno Jurídico do Tribunal Superior do Trabalho, p. 1-2. Republicado no Diário Eletrônico da Justiça do Trabalho, Brasília, DF, n. 909, 31 jan. 2012. Caderno Jurídico do Tribunal Superior do Trabalho, p. 1-2.

49. Ato n. 3/2012, SEGJUD.GP, TST, Art. 1º - O autor informará na petição inicial das ações originárias propostas perante o Tribunal Superior do Trabalho, a partir de 1º de março de 2012, o número de inscrição das partes no cadastro de pessoas físicas ou jurídicas da Receita Federal do Brasil, conforme o caso, salvo impossibilidade que comprometa o acesso à justiça, expressamente justificada na própria petição.

    Art. 2º - A Coordenadoria de Cadastramento Processual desta Corte (Protocolo) não receberá petição inicial física que não contiver o número de inscrição das partes no cadastro de pessoas físicas ou jurídicas, tampouco a justificativa para a ausência dessa informação.

50. Ato n. 3/2012, SEGJUD.GP, TST, Art. 3º - Recebida a petição inicial, no TST, por meio do Sistema e-DOC, a Secretaria-Geral Judiciária, se for o caso, intimará o autor para, no prazo de 10 (dez) dias, informar o número de inscrição das partes no cadastro de pessoas físicas ou jurídicas da Receita Federal do Brasil, ou, alternativamente, justificar a impossibilidade de fornecer o dado, sob pena de arquivamento da petição.

51. Ato n. 3/2012, SEGJUD.GP, TST, Art. 4º - A petição inicial será encaminhada à consideração do Presidente do Tribunal Superior do Trabalho, sempre que houver justificativa do autor para a ausência de informação do número de inscrição das partes no cadastro de pessoas físicas ou jurídicas.

52. Art. 15 da Lei 11419/2006 – Salvo impossibilidade que comprometa o acesso à justiça, a parte deverá informar, ao distribuir a petição inicial de qualquer ação judicial, o número de cadastro de pessoas físicas ou jurídicas, conforme o caso, perante a Secretaria da Receita Federal.

Ei-los.

- Precisão: a petição inicial não pode conter uma narrativa genérica;
- Clareza: a narração levada a cabo na peça de ataque deve ser inteligível e compreensível;
- Objetividade: o ideal será discorrer o máximo de fatos com o mínimo de palavras;
- Narrativa lógica: Deve-se atender a uma narrativa lógica e cronológica. É o único dos requisitos subjetivos expressamente previsto em lei (art. 330, § 1º, III do CPC)[53].

Tais requisitos, como visto, poderão levar à declaração de inépcia da petição inicial.

9.7. MODIFICAÇÕES DA PETIÇÃO INICIAL

A petição inicial pode ser modificada de 4 maneiras distintas. São elas:

1. Emenda – prevista pelo art. 321 do CPC[54]. Tem lugar quando o Juiz determina ao autor que, no prazo de 15 dias, emende a petição inicial, evitando o seu indeferimento, devido à inobservância de requisitos objetivos. Sua aplicação é inconteste no Processo do Trabalho – Súmula 263 do TST.[55]

---

53. Art. 330 do CPC - A petição inicial será indeferida quando:

I - for inepta;

II - a parte for manifestamente ilegítima;

III - o autor carecer de interesse processual;

IV - não atendidas as prescrições dos arts. 106 e 321.

§ 1º Considera-se inepta a petição inicial quando:

I - lhe faltar pedido ou causa de pedir;

II - o pedido for indeterminado, ressalvadas as hipóteses legais em que se permite o pedido genérico;

III - da narração dos fatos não decorrer logicamente a conclusão;

IV - contiver pedidos incompatíveis entre si.

§ 2º Nas ações que tenham por objeto a revisão de obrigação decorrente de empréstimo, de financiamento ou de alienação de bens, o autor terá de, sob pena de inépcia, discriminar na petição inicial, dentre as obrigações contratuais, aquelas que pretende controverter, além de quantificar o valor incontroverso do débito.

§ 3º Na hipótese do § 2º, o valor incontroverso deverá continuar a ser pago no tempo e modo contratados.

54. Art. 321 do CPC - O juiz, ao verificar que a petição inicial não preenche os requisitos dos arts. 319 e 320 ou que apresenta defeitos e irregularidades capazes de dificultar o julgamento de mérito, determinará que o autor, no prazo de 15 (quinze) dias, a emende ou a complete, indicando com precisão o que deve ser corrigido ou completado.

Parágrafo único. Se o autor não cumprir a diligência, o juiz indeferirá a petição inicial.

55. PETIÇÃO INICIAL. INDEFERIMENTO. INSTRUÇÃO OBRIGATÓRIA DEFICIENTE (nova redação em decorrência do CPC de 2015) – Res. 208/2016, DEJT divulgado em 22, 25 e 26.04.2016. Salvo

2. Alteração – art. 329 do CPC.[56] Ocorre quando o autor apresenta substituição dos elementos da ação (partes, causa de pedir e pedido).
3. Aditamento – art. 329 do CPC[57]. Ocorre quando há acréscimo de pedido.
4. Simples correção de erro material. Pode ser feito a qualquer tempo, antes do início da execução. São pontos que não implicam alteração dos elementos controvertidos da ação.

Com exceção da última espécie de modificação, que pode ser feita em qualquer momento, as demais, para que dispensem a anuência do réu, terão que ser apresentadas antes da citação do réu, na forma do art. 329 do CPC. Sendo que após a citação, somente será possível a modificação da petição inicial com a concordância da parte adversa.

Ocorre que, no Processo do Trabalho, o réu não é citado e sim notificado (art. 841 da CLT) da propositura da reclamação. Ora, inexistente o ato citatório no Processo do Trabalho, muitos passaram a acreditar que o momento limite para a apresentação destes pedidos seria a notificação – até a aposição da assinatura no Aviso de Recebimento Postal, pela parte *ex adversa*; outros, por sua vez, entendem que, considerando o exíguo prazo entre a apresentação da reclamação e o ato de notificação – 48 horas, as modificações poderiam ser apresentadas até a realização da audiência, antes da defesa, tendo em vista que apenas neste momento estaria formalizada a relação jurídica processual, já que a notificação, diferente da citação por oficial de justiça, não é feita necessariamente na pessoa do réu.

---

nas hipóteses do art. 330 do CPC de 2015 (art. 295 do CPC de 1973), o indeferimento da petição inicial, por encontrar-se desacompanhada de documento indispensável à propositura da ação ou não preencher outro requisito legal, somente é cabível se, após intimada para suprir a irregularidade em 15 (quinze) dias, mediante indicação precisa do que deve ser corrigido ou completado, a parte não o fizer (art. 321 do CPC de 2015).

56. Art. 329 do CPC - O autor poderá:

I - até a citação, aditar ou alterar o pedido ou a causa de pedir, independentemente de consentimento do réu;

II - até o saneamento do processo, aditar ou alterar o pedido e a causa de pedir, com consentimento do réu, assegurado o contraditório mediante a possibilidade de manifestação deste no prazo mínimo de 15 (quinze) dias, facultado o requerimento de prova suplementar.

Parágrafo único. Aplica-se o disposto neste artigo à reconvenção e à respectiva causa de pedir.

57. Art. 329 do CPC - O autor poderá:

I - até a citação, aditar ou alterar o pedido ou a causa de pedir, independentemente de consentimento do réu;

II - até o saneamento do processo, aditar ou alterar o pedido e a causa de pedir, com consentimento do réu, assegurado o contraditório mediante a possibilidade de manifestação deste no prazo mínimo de 15 (quinze) dias, facultado o requerimento de prova suplementar.

Parágrafo único. Aplica-se o disposto neste artigo à reconvenção e à respectiva causa de pedir.

Na seara trabalhista, o Juiz, via de regra, não analisa a petição inicial antes de realizada a primeira audiência, daí porque eventuais extinções do processo ou determinações de emenda à inicial somente ocorrem na audiência inaugural, senão vejamos:

> RECURSO DE REVISTA. INÉPCIA DE PEDIDOS DA INICIAL E ADITAMENTO. No processo do trabalho, como não existe o despacho de deferimento do processo civil, vez que o primeiro contato do juiz com a petição inicial dá-se, de ordinário, na audiência dita inaugural, verificando que a peça de ingresso da reclamação não preenche os requisitos exigidos no art. 840, §1º, da CLT, antes da resposta do réu, o juiz trabalhista determinará que o autor a emende ou a complete, no prazo de dez dias, sob pena de indeferimento. Há casos, no entanto, como o destes autos, em que se torna juridicamente impossível a emenda da inicial que contém vícios insanáveis ou apresenta defeitos e irregularidades capazes não só de dificultar o exame do mérito pelo juiz, como também causa embaraços à defesa do réu.
>
> Assim, confirmando que a inicial contém os defeitos previstos no art. 295 do CPC, a Corte Regional concluiu pela impossibilidade de ser emendada a inicial desta ação, consoante orientação do Enunciado nº 263 deste Tribunal Superior, donde não há falar em violação de literal disposição de lei. Incidente o óbice do Enunciado nº 221 do TST.[...] (RR 403144/1997,DJ - 05/10/2001)

No mesmo sentido também já se manifestou Mauro Schiavi em seu Manual de Direito Processual do Trabalho:

> Portanto, acreditamos, ao contrário do que ocorre no Processo Civil, que o reclamante poderá aditar ou emendar a inicial, sem anuência da parte contrária, na audiência, antes do recebimento da defesa, ou antes de decorrido o prazo para reposta (art. 847 da CLT). Entretanto, ao reclamado deverá ser concedido prazo para complementar defesa, devendo a audiência ser adiada para tal finalidade, e a nova audiência ser designada em prazo não inferior a cinco dias (art. 841 da CLT). Após o recebida a defesa, o aditamento somente será possível com a concordância do reclamado (SCHIAVI, 2018, p. 574).

De qualquer modo, sempre que houver alguma modificação na petição inicial, cumprirá ao magistrado conferir prazo para a parte contrária, devolvendo-lhe o prazo de defesa, atendendo-se aos princípios da ampla defesa e do contraditório.

9.8. INÉPCIA E INDEFERIMENTO DA PETIÇÃO INICIAL

A petição inicial poderá ser indeferida sempre que não estiverem presentes os requisitos previstos na norma, a teor do quanto disposto no art. 330 do CPC.[58]

---

58. Art. 330 do CPC - A petição inicial será indeferida quando:

I - for inepta;

II - a parte for manifestamente ilegítima;

A inépcia da inicial encontra-se prevista no § 1º do art. 330 do CPC e tem perfeita aplicação no Processo do Trabalho. Além disso, conforme já foi dito, os pedidos formulados deverão ser certos, determinados e com indicação de seus valores, sob pena de serem extintos sem resolução de mérito (art. 840, §3º, da CLT[59]).

Antes do indeferimento da petição inicial por inépcia, contudo, deverá o magistrado possibilitar à parte que emende ou complemente aquela promoção (inteligência do art. 321 do CPC. Sobre o assunto, inclusive, o TST já possui entendimento consolidado externado por meio de sua Súmula 263, vejamos:

> PETIÇÃO INICIAL. INDEFERIMENTO. INSTRUÇÃO OBRIGATÓRIA DEFICIENTE (nova redação em decorrência do CPC de 2015) – Res. 208/2016, DEJT divulgado em 22, 25 e 26.04.2016. Salvo nas hipóteses do art. 330 do CPC de 2015 (art. 295 do CPC de 1973), o indeferimento da petição inicial, por encontrar-se desacompanhada de documento indispensável à propositura da ação ou não preencher outro requisito legal, somente é cabível se, após intimada para suprir a irregularidade em 15 (quinze) dias, mediante indicação precisa do que deve ser corrigido ou completado, a parte não o fizer (art. 321 do CPC de 2015).

Isto porque a diminuição do formalismo no Processo do Trabalho não pode implicar a inobservância das determinações legais para essa peça, que deverão ser exigidas pelo Magistrado.

III - o autor carecer de interesse processual;

IV - não atendidas as prescrições dos arts. 106 e 321.

§ 1º Considera-se inepta a petição inicial quando:

I - lhe faltar pedido ou causa de pedir;

II - o pedido for indeterminado, ressalvadas as hipóteses legais em que se permite o pedido genérico;

III - da narração dos fatos não decorrer logicamente a conclusão;

IV - contiver pedidos incompatíveis entre si.

§ 2º Nas ações que tenham por objeto a revisão de obrigação decorrente de empréstimo, de financiamento ou de alienação de bens, o autor terá de, sob pena de inépcia, discriminar na petição inicial, dentre as obrigações contratuais, aquelas que pretende controverter, além de quantificar o valor incontroverso do débito.

§ 3º Na hipótese do § 2º, o valor incontroverso deverá continuar a ser pago no tempo e modo contratados.

59. Art. 840, §3º, da CLT - Os pedidos que não atendam ao disposto no § 1º deste artigo serão julgados extintos sem resolução do mérito.

Capítulo

10

RESPOSTA DO RÉU

10.1. MODALIDADES

O réu é notificado da propositura da ação e pode ingressar na lide para responder a reclamação adotando diferentes posturas.

A CLT utilizou a expressão defesa no art. 847[1], quando o mais correto, tecnicamente, seria resposta, já que englobaria todas as distintas medidas que podem ser adotadas pelo réu.

Frise-se que o réu nem sempre se defende, já que ele pode apenas comparecer em Juízo para pagar, reconhecendo juridicamente o pleito do autor, por exemplo.

No processo de conhecimento, após a reforma realizada na Consolidação das Leis do Trabalho pela lei 13.467/2017, a legislação laboral passou a prever de forma expressa duas formas diferentes de reposta da reclamada: a contestação e a exceção.

Antes das mudanças na legislação trabalhista acontecerem em 11 de novembro de 2017, toda e qualquer resposta do réu deveria ser apresenta-

1. Art. 847 da CLT – Não havendo acordo, o reclamado terá vinte minutos para aduzir sua defesa, após a leitura da reclamação, quando esta não for dispensada por ambas as partes. (Redação dada pela Lei nº 9.022, de 5.4.1995).

Parágrafo único. A parte poderá apresentar defesa escrita pelo sistema de processo judicial eletrônico até a audiência.

da em audiência – inteligência da antiga redação do art. 847 – diferente do que ocorria no Processo Civil, quando, via de regra, a defesa é apresentada por escrito após a audiência de conciliação, que passou a ser obrigatória após o CPC/15 com a inclusão do art. 334.

Com a reforma, entretanto, essa realidade processual mudou. A exceção será apresentada antes da audiência. Por sua vez, a defesa somente precisa ser apresentada em audiência quando a parte optar por sua realização oral, oportunidade em que o réu terá 20 minutos para a prática do ato. No caso em que for escrita deverá ser realizada a juntada aos autos pelo sistema de processo judicial eletrônico até a realização da audiência.

Embora a CLT trate apenas da defesa e da exceção, entendemos, por analogia, que qualquer espécie de resposta também pode, por lógica, ser oferecida oralmente.

O réu pode apresentar, em determinado processo, exceções, contestação e/ou reconvenção.

A CLT não se preocupou em estabelecer requisitos que devam ser observados na defesa, por isso aplica-se, supletivamente, os arts. 336[2] e 341[3] do CPC.

A resposta mais comum é a contestação ou defesa, quando o réu, direta ou indiretamente, deseja a extinção do processo, eximindo-se da obrigação pretendida pelo autor. Mas é certo que nem sempre o réu só se defende.

As exceções apenas suspendem, temporariamente, o curso do processo e tem o propósito de deslocar o Juiz da causa ou a causa do Juízo.

Por fim, através da reconvenção, pode o réu, ainda, responder a ação, contra-atacando, apresentando, no mesmo processo, uma ação conexa, objetivando a condenação do autor.

Importante ressaltar que o art. 22[4] da Resolução 185/2017 do Conselho Superior da Justiça do Trabalho (que revogou a Resolução 136/2014 do CSJT) determina que a defesa no processo judicial eletrônico, bem como os

---

2. Art. 336 do CPC – Incumbe ao réu alegar, na contestação, toda a matéria de defesa, expondo as razões de fato e de direito com que impugna o pedido do autor e especificando as provas que pretende produzir.

3. Art. 341 do CPC – Incumbe também ao réu manifestar-se precisamente sobre as alegações de fato constantes da petição inicial, presumindo-se verdadeiras as não impugnadas, salvo se:
I – não for admissível, a seu respeito, a confissão;
II – a petição inicial não estiver acompanhada de instrumento que a lei considerar da substância do ato;
III – estiverem em contradição com a defesa, considerada em seu conjunto.
Parágrafo único. O ônus da impugnação especificada dos fatos não se aplica ao defensor público, ao advogado dativo e ao curador especial.

4. Art. 22 da Resolução 185/2017 – A contestação, reconvenção, exceção e documentos deverão ser protocolados no PJe até a realização da proposta conciliatória infrutífera, com a utilização

documentos, devem ser encaminhados, eletronicamente, até a realização da proposta conciliatória infrutífera. Sendo assim, compete ao advogado juntar a contestação e demais respostas, acaso escritas, até antes do início da assentada, promovendo a juntada dos documentos correspondentes[5].

A nova Resolução deixa claro, porém, que fica facultada a apresentação de defesa oral, pelo prazo de 20 minutos. Com efeito, não poderia ser diferente, pois a defesa oral é garantia da parte, nos termos do caput do art. 847 da CLT, não podendo ser excluída simplesmente em razão do processo eletrônico.

Vamos, agora, abordar as principais peculiaridades de cada uma dessas respostas no Processo do Trabalho.

10.1.1. Das exceções

Alguns doutrinadores utilizam a palavra exceção como sinônimo de defesa, mas, aqui, referimo-nos à "exceção instrumental", espécie de resposta que tem por propósito postergar o julgamento do processo, objetivando deslocar o Juiz da causa ou a causa do Juízo.

As exceções são defesas indiretas processuais dilatórias que suspendem temporariamente o curso do processo principal.

No Processo do Trabalho, admite-se a exceção de incompetência territorial (art. 800 da CLT[6]) e a exceção de suspeição (art. 801 da CLT)[7].

---

de equipamento próprio, sendo automaticamente juntados, facultada a apresentação de defesa oral, na forma do art. 847, da CLT.

5. Art. 29 da Res 136/14 do CSJT – Os advogados credenciados deverão encaminhar eletronicamente contestação, reconvenção ou exceção, e respectivos documentos, antes da realização da audiência designada para recebimento da defesa.

   § 1º A parte reclamada poderá, justificadamente, atribuir sigilo à contestação, reconvenção ou exceção e aos respectivos documentos juntados.

   § 2º Fica facultada a apresentação de defesa oral, por 20 (vinte) minutos, conforme o disposto no art. 847 da CLT.

6. Art. 800 da CLT – Apresentada a exceção de incompetência, abrir-se-á vista dos autos ao exceto, por 24 (vinte e quatro) horas improrrogáveis, devendo a decisão ser proferida na primeira audiência ou sessão que se seguir.

7. Art. 801 da CLT – O juiz, presidente ou vogal, é obrigado a dar-se por suspeito, e pode ser recusado, por algum dos seguintes motivos, em relação à pessoa dos litigantes:

   a) inimizade pessoal;

   b) amizade íntima;

   c) parentesco por consanguinidade ou afinidade até o terceiro grau civil;

   d) interesse particular na causa.

   Parágrafo único – Se o recusante houver praticado algum ato pelo qual haja consentido na pessoa do juiz, não mais poderá alegar exceção de suspeição, salvo sobrevindo novo motivo. A suspeição não será também admitida, se do processo constar que o recusante deixou de alegá-

As demais incompetências devem ser apontadas na própria contestação, como matéria preliminar.

Ambas suspendem o processo e devem ser apresentadas prioritariamente em peças apartadas da defesa e antes da apresentação dessa última.

a) Exceção de Incompetência.

A incompetência a ser arguida mediante exceção, nos termos do art. 800 da CLT é a territorial ou declinatória de foro, a qual deve ser apresentada pelo réu, no prazo de cinco dias a contar da notificação, antes da audiência, devendo as demais exceções constarem como preliminares da defesa (art. 799, §1º, da CLT).Trata-se de inovação realizada pela lei 13.467/2017 na Consolidação das Leis do Trabalho que surpreendeu a comunidade jurídica, uma vez que, após o Código de Processo Civil de 2015, extinguiu-se a apresentação de exceção de incompetência relativa em peça apartada com suspensão do processo, de modo que todas as matérias relativas a competência devem ser alegadas como preliminar da contestação, nos termos dos arts. 64 e 337, II, do CPC[8].

A exceção de incompetência territorial, por se tratar de incompetência relativa, deve ser arguida pela parte sob pena de preclusão e prorrogação da competência no juízo em que foi ajuizada a reclamação trabalhista. Entendemos, no entanto, que esta preclusão não se consuma com a não apresentação da exceção em apartado, mas somente no momento em que a contestação é oferecida sem a referida preliminar.

Isto porque, entendemos que o art. 800 da CLT não fala na obrigatoriedade da arguição da incompetência relativa por meio de exceção, mas sim a possibilidade da adoção do procedimento, que, uma vez escolhido, seguirá o regulamento previsto nos parágrafos do dispositivo supracitado.

Assim, caso não seja apresentada exceção de incompetência por meio de simples petição antes da audiência, entendemos que remanesce para o réu a possibilidade de suscitá-la como preliminar na contestação. Nessa hipótese, deixará a reclamada de usufruir dos benefícios econômicos decorrentes da desnecessidade de deslocamento de um preposto e de um advogado.

Além disso, a exceção de incompetência territorial precisa ser compreendida e analisada a partir da finalidade almejada pelo legislador, que foi desonerar as empresas demandadas judicialmente dos custos inerentes à presença em uma audiência realizada fora do local em que possuísse sede.

-la anteriormente, quando já a conhecia, ou que, depois de conhecida, aceitou o juiz recusado ou, finalmente, se procurou de propósito o motivo de que ela se originou.

8. Art. 64 do CPC – A incompetência, absoluta ou relativa, será alegada como questão preliminar de contestação.

Art. 337 do CPC – Incumbe ao réu, antes de discutir o mérito, alegar:

(...)

II – incompetência absoluta e relativa;

Veja-se que nossa posição decorre de uma autorização implícita decorrente da máxima de que: "quem pode o mais pode o menos", costumeiramente aplicável no estudo dos institutos jurídicos.

Maria Helena Diniz classifica esta regra como "argumento a fortiori", que permite ao "magistrado a aplicar a norma aos casos não regulados, nos quais se encontra a razão suficiente da hipótese explícita, mais forte", ou seja, "se a lei autoriza o mais, implicitamente permite o menos".

Acrescente-se a isso que, não fosse apenas a interpretação que mais parece se coadunar com o objetivo do legislador, também é aquela que se alinha melhor aos princípios que norteiam o processo do trabalho, como a oralidade, a econômica e a concentração dos atos processuais. É que, por meio da exceção há, naturalmente, uma prolongação do processo no tempo, ao passo que se apresentada no bojo da contestação, o juiz poderia decidir na própria audiência acerca da incompetência suscitada, após manifestação da parte autora.

Dessa forma, entendemos que o art. 800 da CLT estabelece duas possibilidades alternativas para a arguição da incompetência relativa que visa desonerar o réu de ônus extremamente penoso. Trata-se, portanto, de procedimento facultativo, de modo que cabe à empresa reclamada optar pela arguição de exceção de incompetência por simples petição antes da audiência ou no bojo da sua resposta (exceção ou pela preliminar no bojo da própria contestação).

Como, no entanto, essa não é a posição majoritária na doutrina que tem prevalecido acerca do assunto, recomendamos, por cautela, em atenção à segurança jurídica, que o réu apresente a exceção de incompetência por simples petição, nos termos do artigo supracitado, até mesmo porque é o procedimento menos oneroso para a reclamada.

Ressalte-se, por oportuno, que apenas o réu poderá suscitá-la, vez que o autor, ao ajuizar a ação em determinado foro, fez sua opção, sendo defeso pretender sua alteração, já que esta espécie de competência é relativa e admite a prorrogação.

Para Edilton Meireles[9], o réu poderá apresentar exceção no "juízo de domicílio do réu, com requerimento de sua imediata remessa ao juízo que determinou a citação" – art. 340 do CPC[10].

---

9. In *A Nova Reforma Processual e seu impacto no Processo do Trabalho*, LTr, 2006, p. 78.

Posição contrária é apresentada por Edilton Meireles e Leonardo Borges, que, em estudo conjunto, concluíram que: "essa regra se aplica ao processo do trabalho, pois nada obriga que a exceção de incompetência deva, necessariamente, ser oposta em audiência, após a tentativa de conciliação".

10. Art. 340 do NCPC - Havendo alegação de incompetência relativa ou absoluta, a contestação poderá ser protocolada no foro de domicílio do réu, fato que será imediatamente comunicado ao juiz da causa, preferencialmente por meio eletrônico.

De igual modo, o juiz Luciano Athayde entende que a "medida se aplica ao Processo do Trabalho, já que com este não apresenta incompatibilidade, trazendo maior economia aos litigantes na hipótese contemplada pelo novo dispositivo legal[11]".

Essa regra foi inserida pela Lei 11.280, na vigência do CPC/73, e mantida pelo CPC/2015, mas, a nosso ver, é incompatível com o Processo do Trabalho. É certo que a medida é bastante salutar, além de implicar em economia e celeridade. Ocorre que, no Processo do Trabalho, quando a ação não é ajuizada no domicílio do réu, não se faz citação através de carta precatória. Assim, não há possibilidade de o réu apresentar sua exceção com "requerimento de sua imediata remessa ao juízo que determinou a citação", pois não há juízo deprecado e a resposta do réu tem que ser apresentada ou em cinco dias após a notificação ou em audiência.

No mesmo sentido, o juiz Mauro Schiavi acredita "que o referido dispositivo não se mostra compatível com o processo do trabalho. Primeiro, porque na CLT o foro competente é o local da prestação de serviço (art. 651), segundo, porque o momento de apresentação da exceção é na audiência[12]".

Assim, deverá o réu oferecer exceção antes da audiência ou na sua contestação (conforme posição pessoal defendida linhas acima), sob pena de preclusão, ao contrário do que sugere a equivocada redação do o §1º do art. 795 da CLT[13], que, para nós, é o maior deslize técnico do legislador trabalhista.

Ora, sabe-se que a exceção de incompetência territorial é relativa e tem esta característica porque objetivou tutelar interesse particular das partes, motivo pelo qual, admite-se a sua prorrogação, sendo, portanto, in-

---

§ 1º A contestação será submetida a livre distribuição ou, se o réu houver sido citado por meio de carta precatória, juntada aos autos dessa carta, seguindo-se a sua imediata remessa para o juízo da causa.

§ 2º Reconhecida a competência do foro indicado pelo réu, o juízo para o qual for distribuída a contestação ou a carta precatória será considerado prevento.

§ 3º Alegada a incompetência nos termos do caput, será suspensa a realização da audiência de conciliação ou de mediação, se tiver sido designada.

§ 4º Definida a competência, o juízo competente designará nova data para a audiência de conciliação ou de mediação.

11. CHAVES, Luciano Athayde. A recente reforma no processo comum – Reflexos no direito judiciário do trabalho.

12. SCHIAVI, Mauro. Manual de Direito Processual do Trabalho. São Paulo: Editora LTr, 2018, p. 681.

13. Art. 795 da CLT – As nulidades não serão declaradas senão mediante provocação das partes, as quais deverão argui-las à primeira vez em que tiverem de falar em audiência ou nos autos.

§1º – Deverá, entretanto, ser declarada *ex officio* a nulidade fundada em incompetência de foro. Nesse caso, serão considerados nulos os atos decisórios.

susceptível de declaração *ex officio*, como é dito expressamente pelo art. 65 do CPC.[14]

A CLT, sem nenhuma explicação lógica, em flagrante deslize técnico, consignou no referido dispositivo que "deverá, entretanto, ser declarada *ex officio* a nulidade fundada em incompetência de foro".

Rodrigues Pinto, ao abordar as nulidades no Processo do Trabalho, aponta esse deslize do legislador:

> Delas cuidou o §1º do art. 795 da CLT, com dois erros clamorosos, a ponto de, se não corrigidos por uma cuidadosa interpretação, o tornarem inoperante.
>
> O primeiro erro consiste em dizer que só se declarará *ex officio* a nulidade fundada em *incompetência de foro*. Isso corresponderia a limitar as nulidades absolutas a defeitos provindos da atuação dos *órgãos jurisdicionais*, quando é sabido que há muitas outras oriundas *de vícios de conteúdo dos atos processuais*, como prevê, bem claramente, o Código de Processo Civil (art. 247).
>
> Não bastasse essa falha, o legislador trabalhista reincidiu ao ligar as nulidades absolutas à *incompetência de foro*.[15]

O saudoso Valentin Carrion apresenta a solução, entendendo que o legislador utilizou a palavra "foro" de modo equivocado para indicar a matéria trabalhista e não como local para ajuizamento da ação, interpretando o artigo no sentido de que a regra deve ser aplicada para a nulidade decorrente de incompetência em razão da matéria.[16]

No mesmo sentido, Mauro Schiavi defende que "o termo foro deve ser interpretado no sentido de justiça competente em razão da matéria, ou seja: foro civil, foro criminal, foro trabalhista, etc.[17]".

Ultrapassado esse delicado ponto, cumpre-nos lembrar que as regras de competência territorial estão estabelecidas no art. 651, *caput* e §§1º a 3º, da CLT[18], e o procedimento no art. 800 do mesmo diploma legal.

---

14. Art. 65 do CPC - Prorrogar-se-á a competência relativa se o réu não alegar a incompetência em preliminar de contestação.
    Parágrafo único. A incompetência relativa pode ser alegada pelo Ministério Público nas causas em que atuar.
15. PINTO, José Augusto Rodrigues. *Processo Trabalhista de Conhecimento*. 6ª edição. São Paulo: LTr, 2001. p. 222 e 223.
16. "a incompetência de foro do texto legal não é a territorial ou em razão do local, que não é absoluta, mas prorrogável. O legislador teve em mente a incompetência em razão da matéria, que é sempre improrrogável; usou foro no sentido impróprio de foro trabalhista, distinguindo-o de foro comum, criminal, etc." (In Comentários a CLT, ed. Saraiva, 2004, p. 602)
17. SCHIAVI, Mauro. Manual de Direito Processual do Trabalho. São Paulo: Editora LTr, 2018, p. 681.
18. Art. 651 da CLT – A competência das Juntas de Conciliação e Julgamento é determinada pela localidade onde o empregado, reclamante ou reclamado, prestar serviços ao empregador, ainda que tenha sido contratado noutro local ou no estrangeiro. (Vide Constituição Federal de 1988)

Optando o réu pela apresentação da exceção em apartada, ocorrerá a suspensão imediata do curso da demanda, inclusive em relação a audiência inicialmente designada até que se decida acerca da exceção, nos termos do art. 800, §1º, da CLT[19]. Será igualmente suspenso o processo se a exceção for apresentada como preliminar na contestação.

Importante mencionar, ainda, que a doutrina propugna que o réu – autor da exceção – está obrigado a indicar o juízo competente. Daí a denominação de exceção declinatória de foro, vez que seria ônus seu declinar qual o foro competente.

Rodrigues Pinto[20] caminha exatamente neste sentido, na seguinte passagem:

> Sendo assim, é obrigatório que o excipiente (que é o réu da ação), ao opor a exceção, decline o órgão que é competente para conhecê-la, não lhe bastando dizer apenas que o juízo provocado não é o competente.

Apresentada pelo réu a exceção, terá o autor, agora excepto, oportunidade para se manifestar, no prazo de cinco dias, podendo o Juiz, se entender que há necessidade de produção de prova testemunhal, designar audiência, garantindo o direito de o excipiente e de suas testemunhas serem ouvidas, por carta precatória, no juízo que este houver indicado como competente, nos termos do art. 840, §3º, da CLT[21].

A decisão decorrente do julgamento da exceção de incompetência possui natureza interlocutória, sendo irrecorrível de imediato, na forma do art. 779, §2º, da CLT[22], salvo se declina foro competente de Tribunal diver-

---

§1º – Quando for parte de dissídio agente ou viajante comercial, a competência será da Junta da localidade em que a empresa tenha agência ou filial e a esta o empregado esteja subordinado e, na falta, será competente a Junta da localização em que o empregado tenha domicílio ou a localidade mais próxima. (Redação dada pela Lei nº 9.851, de 27.10.1999) (Vide Constituição Federal de 1988)

§2º – A competência das Juntas de Conciliação e Julgamento, estabelecida neste artigo, estende-se aos dissídios ocorridos em agência ou filial no estrangeiro, desde que o empregado seja brasileiro e não haja convenção internacional dispondo em contrário. (Vide Constituição Federal de 1988)

§3º – Em se tratando de empregador que promova realização de atividades fora do lugar do contrato de trabalho, é assegurado ao empregado apresentar reclamação no foro da celebração do contrato ou no da prestação dos respectivos serviços.

19. Art. 800, §1º, da CLT – Protocolada a petição, será suspenso o processo e não se realizará a audiência a que se refere o art. 843 desta Consolidação até que se decida a exceção.
20. *Op. cit.*, p. 315.
21. Art. 840, §3º, da CLT – Se entender necessária a produção de prova oral, o juízo designará audiência, garantindo o direito de o excipiente e de suas testemunhas serem ouvidos, por carta precatória, no juízo que este houver indicado como competente.
22. Art. 799, §2º, da CLT – Das decisões sobre exceções de suspeição e incompetência, salvo, quanto a estas, se terminativas do feito, não caberá recurso, podendo, no entanto, as partes alegá-las novamente no recurso que couber da decisão final.

so daquele onde foi julgada a ação, remetendo a ação para outro Estado (Súmula 214 do TST)[23].

Julgada procedente a exceção, o processo será remetido à Vara do Trabalho competente, onde deverá retomar seu curso, com a designação de audiência, a apresentação de defesa e a instrução processual perante o juízo competente, nos termos do art. 800, §4º, da CLT[24].

b) Exceção de Suspeição.

Tem por objetivo deslocar o Juiz da causa. O Juiz não estaria apto ao julgamento por faltar-lhe o requisito da imparcialidade.

Em outras palavras, existem situações extraprocessuais que implicam a quebra da imparcialidade do Juiz, violando, por conseguinte, este importante princípio geral de processo. Sempre que houver quebra da imparcialidade, por razões de natureza subjetiva, deve o Juiz se afastar do processo; mas, não ocorrendo, poderão as partes requerer a sua substituição, lançando mão dessa defesa indireta de processo dilatória.

Como aventado, essas causas têm natureza objetiva e subjetiva. As primeiras são reveladas através de situações expressas em Lei e que tornam o Juiz impedido, diferente da segunda, em que é preciso investigar, subjetivamente, as causas.

As causas de natureza objetiva são aquelas que prescindem de análise valorativa para a sua configuração, por exemplo, o parentesco. Diferentemente, nas causas subjetivas faz-se necessária uma análise valorativa, como na constatação de eventual amizade íntima entre o Juiz e uma das partes.

Deve-se pontuar que a legitimação para arguição é de qualquer das partes, mas a suspeição deve ser declarada de ofício pelo Magistrado.

A CLT se refere, até hoje, apenas à exceção de suspeição, incluindo, no seu rol, tanto as causas de natureza objetiva quanto subjetiva, diferente do

---

23. Súmula 214 do TST – Res. 14/1985, DJ 19.09.1985 – Republicação – DJ 22.03.1995 – Nova Redação – Res. 43/1995, DJ 17.02.1995 – Nova redação – Res. 121/2003, DJ 21.11.2003 – Nova redação – Res. 127/2005, DJ 14.03.2005 – Na Justiça do Trabalho, nos termos do art. 893, §1º, da CLT, as decisões interlocutórias não ensejam recurso imediato, salvo nas hipóteses de decisão:

    a) de Tribunal Regional do Trabalho contrária à Súmula ou Orientação Jurisprudencial do Tribunal Superior do Trabalho;

    b) suscetível de impugnação mediante recurso para o mesmo Tribunal;

    c) que acolhe exceção de incompetência territorial, com a remessa dos autos para Tribunal Regional distinto daquele a que se vincula o juízo excepcionado, consoante o disposto no art. 799, §2º, da CLT.

24. Art. 840, §4º, da CLT – Decidida a exceção de incompetência territorial, o processo retomará seu curso, com a designação de audiência, a apresentação de defesa e a instrução processual perante o juízo competente.

CPC, que classifica as primeiras como de impedimento (art. 144 do CPC)[25] e as últimas como suspeição (art. 145 do CPC)[26].

Explicamos.

É que o texto do CPC, na redação original do art. 185[27], anterior à reforma de 1973, e que foi responsável por inspirar a CLT, não fazia essa distin-

---

25. Art. 144 do CPC - Há impedimento do juiz, sendo-lhe vedado exercer suas funções no processo:
I – em que interveio como mandatário da parte, oficiou como perito, funcionou como membro do Ministério Público ou prestou depoimento como testemunha;
II – de que conheceu em outro grau de jurisdição, tendo proferido decisão;
III – quando nele estiver postulando, como defensor público, advogado ou membro do Ministério Público, seu cônjuge ou companheiro, ou qualquer parente, consanguíneo ou afim, em linha reta ou colateral, até o terceiro grau, inclusive;
IV – quando for parte no processo ele próprio, seu cônjuge ou companheiro, ou parente, consanguíneo ou afim, em linha reta ou colateral, até o terceiro grau, inclusive;
V – quando for sócio ou membro de direção ou de administração de pessoa jurídica parte no processo;
VI – quando for herdeiro presuntivo, donatário ou empregador de qualquer das partes;
VII – em que figure como parte instituição de ensino com a qual tenha relação de emprego ou decorrente de contrato de prestação de serviços;
VIII – em que figure como parte cliente do escritório de advocacia de seu cônjuge, companheiro ou parente, consanguíneo ou afim, em linha reta ou colateral, até o terceiro grau, inclusive, mesmo que patrocinado por advogado de outro escritório;
IX – quando promover ação contra a parte ou seu advogado.
§ 1º Na hipótese do inciso III, o impedimento só se verifica quando o defensor público, o advogado ou o membro do Ministério Público já integrava o processo antes do início da atividade judicante do juiz.
§ 2º É vedada a criação de fato superveniente a fim de caracterizar impedimento do juiz.
§ 3º O impedimento previsto no inciso III também se verifica no caso de mandato conferido a membro de escritório de advocacia que tenha em seus quadros advogado que individualmente ostente a condição nele prevista, mesmo que não intervenha diretamente no processo.
26. Art. 145 do CPC - Há suspeição do juiz:
I – amigo íntimo ou inimigo de qualquer das partes ou de seus advogados;
II – que receber presentes de pessoas que tiverem interesse na causa antes ou depois de iniciado o processo, que aconselhar alguma das partes acerca do objeto da causa ou que subministrar meios para atender às despesas do litígio;
III – quando qualquer das partes for sua credora ou devedora, de seu cônjuge ou companheiro ou de parentes destes, em linha reta até o terceiro grau, inclusive;
IV – interessado no julgamento do processo em favor de qualquer das partes.
§ 1º Poderá o juiz declarar-se suspeito por motivo de foro íntimo, sem necessidade de declarar suas razões.
§ 2º Será ilegítima a alegação de suspeição quando:
I – houver sido provocada por quem a alega;
II – a parte que a alega houver praticado ato que signifique manifesta aceitação do arguido.
27. Art. 185 do CPC de 1939 – Considerar-se-á fundada a suspeita de parcialidade do juiz quando:
I – parente, consanguíneo ou afim, de alguma das partes, ou de seus procuradores, até o terceiro grau;

ção, o que somente veio a acontecer com a reforma de 1973, mantida pelo Código de Processo Civil de 2015.

Assim, à luz da CLT – repise-se, baseada no antigo texto do CPC – tanto as causas objetivas como as subjetivas inserem-se no rol das hipóteses que podem ser apontadas na exceção de suspeição.

A CLT também foi, ao mesmo tempo, muito econômica e genérica nas hipóteses indicadas no art. 801[28], referindo-se, apenas, à amizade íntima, inimizade, parentesco entre o Juiz e as partes; e interesse particular na causa, enquanto que no CPC encontramos mais de 10 situações especificamente retratadas.

Engana-se quem pensa que não se aplicaria, no Processo do Trabalho, supletivamente, os arts. 144 e 145 do CPC, por faltar, neste caso, o requisito da omissão exigido no art. 769 da CLT[29], já que a matéria encontra-se disciplinada pelo art. 801 da CLT.

Ora, tanto o art. 801 da CLT como o art. 145 do CPC apresentam um rol meramente exemplificativo porque, em qualquer caso, deve-se preservar o interesse público no julgamento imparcial da causa e o princípio da imparcialidade do Juiz.

Ademais, o caráter genérico da última causa indicada no art. 801 da CLT – "interesse particular na causa" – parece ter sido proposital, a permitir albergar não só as hipóteses previstas no CPC, como qualquer outra que interfira no julgamento isento e imparcial da causa.

10.1.1.1. Procedimento

Apresentada a exceção, há a imediata suspensão do processo principal.

II – amigo íntimo ou inimigo capital de qualquer das partes;

III – particularmente interessado na decisão da causa:

IV – ele, ou qualquer de seus parentes, consanguíneos ou afins até o terceiro grau, tiver interesse direta em transação em que haja intervindo, ou esteja para intervir, alguma das partes.

28. Art. 801 da CLT – O juiz, presidente ou vogal, é obrigado a dar-se por suspeito, e pode ser recusado, por algum dos seguintes motivos, em relação à pessoa dos litigantes:

a) inimizade pessoal;

b) amizade íntima;

c) parentesco por consanguinidade ou afinidade até o terceiro grau civil;

d) interesse particular na causa.

Parágrafo único – Se o recusante houver praticado algum ato pelo qual haja consentido na pessoa do juiz, não mais poderá alegar exceção de suspeição, salvo sobrevindo novo motivo. A suspeição não será também admitida, se do processo constar que o recusante deixou de alegá-la anteriormente, quando já a conhecia, ou que, depois de conhecida, aceitou o juiz recusado ou, finalmente, se procurou de propósito o motivo de que ela se originou.

29. Art. 769 da CLT – Nos casos omissos, o direito processual comum será fonte subsidiária do direito processual do trabalho, exceto naquilo em que for incompatível com as normas deste Título.

Não há necessidade de ouvir a parte contrária, mas apenas o Juiz, que pode declarar-se suspeito, requerendo, então, a designação de um outro Juiz para substituí-lo.

Deixando de acatá-la, deverá o Juiz remetê-la para o Tribunal Regional do Trabalho competente, na forma do art. 146, §1º do CPC[30], já que houve a extinção dos Juízes Classistas pela Emenda Constitucional 24/99.

É que antes da Emenda 24/99, a exceção de suspeição contra qualquer dos juízes da Junta era julgada pelos outros dois juízes que a compunham.

Vale ressaltar que, com a entrada em vigor do CPC/2015, foram suprimidas todas as exceções como procedimento autônomo, de modo que a arguição do impedimento ou suspeição no processo civil passou a ser feita por meio de petição específica. Apesar disso, subsiste no processo do trabalho a arguição de suspeição por meio de exceção, que deverá ser julgada pelo TRT, aplicando-se supletivamente o art. 146 do CPC, vejamos:

> Art. 146. No prazo de 15 (quinze) dias, a contar do conhecimento do fato, a parte alegará o impedimento ou a suspeição, em petição específica dirigida ao juiz do processo, na qual indicará o fundamento da recusa, podendo instruí-la com documentos em que se fundar a alegação e com rol de testemunhas.
>
> § 1º Se reconhecer o impedimento ou a suspeição ao receber a petição, o juiz ordenará imediatamente a remessa dos autos a seu substituto legal, caso contrário, determinará a autuação em apartado da petição e, no prazo de 15 (quinze)

---

30. Art. 146 do CPC - No prazo de 15 (quinze) dias, a contar do conhecimento do fato, a parte alegará o impedimento ou a suspeição, em petição específica dirigida ao juiz do processo, na qual indicará o fundamento da recusa, podendo instruí-la com documentos em que se fundar a alegação e com rol de testemunhas.

§ 1º Se reconhecer o impedimento ou a suspeição ao receber a petição, o juiz ordenará imediatamente a remessa dos autos a seu substituto legal, caso contrário, determinará a autuação em apartado da petição e, no prazo de 15 (quinze) dias, apresentará suas razões, acompanhadas de documentos e de rol de testemunhas, se houver, ordenando a remessa do incidente ao tribunal.

§ 2º Distribuído o incidente, o relator deverá declarar os seus efeitos, sendo que, se o incidente for recebido:

I – sem efeito suspensivo, o processo voltará a correr;

II – com efeito suspensivo, o processo permanecerá suspenso até o julgamento do incidente.

§ 3º Enquanto não for declarado o efeito em que é recebido o incidente ou quando este for recebido com efeito suspensivo, a tutela de urgência será requerida ao substituto legal.

§ 4º Verificando que a alegação de impedimento ou de suspeição é improcedente, o tribunal rejeitá-la-á.

§ 5º Acolhida a alegação, tratando-se de impedimento ou de manifesta suspeição, o tribunal condenará o juiz nas custas e remeterá os autos ao seu substituto legal, podendo o juiz recorrer da decisão.

§ 6º Reconhecido o impedimento ou a suspeição, o tribunal fixará o momento a partir do qual o juiz não poderia ter atuado.

§ 7º O tribunal decretará a nulidade dos atos do juiz, se praticados quando já presente o motivo de impedimento ou de suspeição.

dias, apresentará suas razões, acompanhadas de documentos e de rol de testemunhas, se houver, ordenando a remessa do incidente ao tribunal.

§ 2º Distribuído o incidente, o relator deverá declarar os seus efeitos, sendo que, se o incidente for recebido:

I – sem efeito suspensivo, o processo voltará a correr;

II – com efeito suspensivo, o processo permanecerá suspenso até o julgamento do incidente.

§ 3º Enquanto não for declarado o efeito em que é recebido o incidente ou quando este for recebido com efeito suspensivo, a tutela de urgência será requerida ao substituto legal.§ 4º Verificando que a alegação de impedimento ou de suspeição é improcedente, o tribunal rejeitá-la-á.

§ 5º Acolhida a alegação, tratando-se de impedimento ou de manifesta suspeição, o tribunal condenará o juiz nas custas e remeterá os autos ao seu substituto legal, podendo o juiz recorrer da decisão.

§ 6º Reconhecido o impedimento ou a suspeição, o tribunal fixará o momento a partir do qual o juiz não poderia ter atuado.

§ 7º O tribunal decretará a nulidade dos atos do juiz, se praticados quando já presente o motivo de impedimento ou de suspeição.

Ao contrário do que acontece no Processo Civil, a redação do parágrafo único do art. 801 da CLT não permite a arguição de suspeição, mesmo de causas objetivas, se a parte não alegou o óbice na primeira oportunidade de falar nos autos, salvo se sobrevindo novo motivo do qual não tinha conhecimento.

No procedimento civil, cumpre à parte, tomando conhecimento de uma causa de suspeição ou impedimento, argui-la nos 15 dias subsequentes ao conhecimento do fato. Sendo de suspeição, não cumprido o ato processual, opera-se a preclusão, perdendo a parte o direito de formular o incidente e, assim, resta sanada a nulidade.

No caso de impedimento, ainda assim há o ônus de argumentação nos 15 dias subsequentes ao conhecimento do fato, em que pese não haja a sanção de preclusão. É que, nessa hipótese, por se tratar de causa objetiva, a nulidade é absoluta, podendo ser arguida a qualquer tempo.

Embora uma interpretação literal do Parágrafo único do art. 801 da CLT permita sustentar que haverá preclusão mesmo nas hipóteses de causas objetivas, entendemos que esta não é a melhor solução. As causas de natureza objetiva como, por exemplo, o parentesco, pela sua gravidade, macula todo o processo. A nulidade é absoluta e incompatível com o instituto da preclusão, pois, neste caso, o Juiz teria a obrigação de se afastar do processo.

10.1.2. Contestação

10.1.2.1. Requisitos

Não há, na legislação trabalhista, previsão expressa de requisitos, como fez o legislador com a petição inicial, mas a contestação, quando apresentada por escrito, deve conter o nome completo das partes, indicação do Juízo, além de estar acompanhada dos documentos necessários à comprovação de toda a matéria aduzida naquela peça processual. Não precisa indicar meios de prova ou apontar fundamento jurídico, já que não são exigidos na petição inicial (art. 840 da CLT)[31].

10.1.2.2. Regras Gerais

É na contestação em que o réu lança mão dos argumentos de fato e de direito em sua defesa.

Duas regras são essenciais:

a) da eventualidade e da concentração da defesa, sob pena de preclusão – art. 336 do CPC[32].

O réu deve lançar mão de todos os argumentos de que dispõe para contrariar a pretensão do autor na mesma peça processual e na mesma oportunidade, sob pena de preclusão. Devem ser expostos todos os argumentos de defesa de modo que se um não for admitido o outro possa ser imediatamente apreciado.

Desta maneira, todas as alegações devem ser aduzidas simultaneamente, na mesma peça processual.

Fredie Didier, em seu livro, traz um clássico exemplo apontado por Couture:

> Um réu, cobrado de uma dívida alega em sua defesa: "Primeiro, não me deste dinheiro algum; segundo já devolvi faz um ano; terceiro disseste que era um presente; e finalmente, já prescreveu".[33]

O exemplo é um tanto exagerado, mas, salvo na hipótese de flagrante contradição, deve o réu apresentar todos os argumentos válidos em sua defesa. Desde que haja lógica, bom senso, boa-fé e ética, é salutar exercitar a **criatividade jurídica** para arguir tudo que for possível em favor do réu.

---

31. Art. 840 da CLT – A reclamação poderá ser escrita ou verbal.

    §1º – Sendo escrita, a reclamação deverá conter a designação do Presidente da Junta, ou do juiz de direito a quem for dirigida, a qualificação do reclamante e do reclamado, uma breve exposição dos fatos de que resulte o dissídio, o pedido, a data e a assinatura do reclamante ou de seu representante.

    §2º – Se verbal, a reclamação será reduzida a termo, em 2 (duas) vias datadas e assinadas pelo escrivão ou secretário, observado, no que couber, o disposto no parágrafo anterior.

32. Art. 336 do CPC – Incumbe ao réu alegar, na contestação, toda a matéria de defesa, expondo as razões de fato e de direito com que impugna o pedido do autor e especificando as provas que pretende produzir.

33. Apud. *Direito Processual Civil.* Volume I, 5ª edição. Salvador: Ed. Juspodivm, 2005. p. 436.

Não há, por exemplo, contradição alguma em arguir a inexistência de uma relação de emprego e, por cautela, atacar a pretensão – criatividade jurídica, desde que não apresente um raciocínio ilógico e contraditório.

Assim, pode um réu negar a existência de uma relação de emprego e, por cautela, atacar a pretensão de horas extras alegando, ainda, que o autor jamais teria laborado em horas extraordinárias porque a empresa sempre encerra suas atividades às 18 horas.

O fundamento está no princípio da eventualidade e na **eficácia preclusiva da coisa julgada (art. 508 do CPC).**[34-35]

Por conta disso, deve-se atentar para a ressalva no que concerne às matérias de ordem pública que, por poderem ser arguidas a qualquer tempo, não se encontram subsumidas a essa regra, contemplando, inclusive, a possibilidade de reconhecimento de ofício e possibilitando o manejo da ação rescisória.

b) ônus da impugnação específica – art. 341 do CPC[36].

Não se admite a formulação de defesa genérica – não se pode apenas contrariar, genericamente, os fatos constitutivos apresentados pelo autor. Compete ao réu impugná-los de modo específico, direto, sob pena de serem, presumidamente, verdadeiros os fatos alegados pelo autor.

Não é recomendável, assim, que a defesa apenas alegue que o autor não trabalhou na jornada declinada na inicial, quando o correto seria afirmar que o autor não tem direito a horas extras, porque, ao contrário do que afirmou na petição inicial, somente trabalhava das 8 às 18horas, de segunda a sexta, com 1 hora de intervalo.

Entretanto, nos termos dos incisos I, II e III do art. 341 do CPC, o ônus da impugnação específica não se aplica em três situações: quando não for

---

34. Art. 508 do CPC – Transitada em julgado a decisão de mérito, considerar-se-ão deduzidas e repelidas todas as alegações e as defesas que a parte poderia opor tanto ao acolhimento quanto à rejeição do pedido.

35. Sobre o tema, válida a seguinte passagem: "ao impedir o conhecimento de qualquer questão referente a processo já extinto, quer as que ali foram suscitadas e discutidas, quer as que não o foram embora pudessem sê-lo (o deduzido e o deduzível), o artigo 474 do CPC transmuda em autêntico ônus do réu o exercício das faculdades inerentes à eventualidade da defesa" – Cândido Dinamarco, apud DIDIER JR., Fredie. *Direito Processual Civil. Op. cit.*, p. 438/439.

36. Art. 341 do CPC – Incumbe também ao réu manifestar-se precisamente sobre as alegações de fato constantes da petição inicial, presumindo-se verdadeiras as não impugnadas, salvo se:
I – não for admissível, a seu respeito, a confissão;
II – a petição inicial não estiver acompanhada de instrumento que a lei considerar da substância do ato;
III – estiverem em contradição com a defesa, considerada em seu conjunto.
Parágrafo único. O ônus da impugnação especificada dos fatos não se aplica ao defensor público, ao advogado dativo e ao curador especial.

admissível, a seu respeito, a confissão; quando a petição inicial não estiver acompanhada de instrumento que a lei considerar da substância do ato; e, estiverem em contradição com a defesa, considerada em seu conjunto.

Além disso, de acordo com o parágrafo único do art. 341 do CPC, o ônus da impugnação especificada dos fatos também não se aplica ao defensor público, ao advogado dativo e ao curador especial.

10.1.2.3. Estrutura da Defesa

O réu, em sua defesa, além de atacar diretamente a pretensão, pode apresentar questões preliminares e prejudiciais.

10.1.2.3.1. Preliminares

As preliminares são defesas indiretas processuais, que, por sua natureza, visam apontar uma mácula processual que obstaculize o prosseguimento da ação, o que implicará na extinção do processo sem exame do mérito (art. 485 do CPC[37] – preliminares peremptórias – ou apenas no retardamento do seu curso, prolatando-o no tempo – preliminares dilatórias (preliminar de incompetência material e territorial).

---

37. Art. 485 do CPC - O juiz não resolverá o mérito quando:

I – indeferir a petição inicial;

II – o processo ficar parado durante mais de 1 (um) ano por negligência das partes;

III – por não promover os atos e as diligências que lhe incumbir, o autor abandonar a causa por mais de 30 (trinta) dias;

IV – verificar a ausência de pressupostos de constituição e de desenvolvimento válido e regular do processo;

V – reconhecer a existência de perempção, de litispendência ou de coisa julgada;

VI – verificar ausência de legitimidade ou de interesse processual;

VII – acolher a alegação de existência de convenção de arbitragem ou quando o juízo arbitral reconhecer sua competência;

VIII – homologar a desistência da ação;

IX – em caso de morte da parte, a ação for considerada intransmissível por disposição legal; e

X – nos demais casos prescritos neste Código.

§ 1º Nas hipóteses descritas nos incisos II e III, a parte será intimada pessoalmente para suprir a falta no prazo de 5 (cinco) dias.

§ 2º No caso do § 1º, quanto ao inciso II, as partes pagarão proporcionalmente as custas, e, quanto ao inciso III, o autor será condenado ao pagamento das despesas e dos honorários de advogado.

§ 3º O juiz conhecerá de ofício da matéria constante dos incisos IV, V, VI e IX, em qualquer tempo e grau de jurisdição, enquanto não ocorrer o trânsito em julgado.

§ 4º Oferecida a contestação, o autor não poderá, sem o consentimento do réu, desistir da ação.

§ 5º A desistência da ação pode ser apresentada até a sentença.

§ 6º Oferecida a contestação, a extinção do processo por abandono da causa pelo autor depende de requerimento do réu.

§ 7º Interposta a apelação em qualquer dos casos de que tratam os incisos deste artigo, o juiz terá 5 (cinco) dias para retratar-se.

Encontram-se elencadas no art. 337 do CPC[38]. Assim, em sede preliminar, pode o réu apresentar uma alegação de coisa julgada, litispendência, inépcia, perempção, convenção de arbitragem, etc. Essas, quando acatadas, impedem o julgamento do mérito.

As preliminares não se confundem com as exceções. Isto porque, enquanto a preliminar é matéria que consta necessariamente no próprio texto da defesa, as exceções podem constar de peça apartada.

10.1.2.3.2. Prejudiciais de Mérito

Já as prejudiciais de mérito, embora acarretem a extinção do processo com exame do mérito, culminando com a IMPROCEDÊNCIA da ação, não atacam diretamente a pretensão, pois sua matéria restringe-se a questões incidentais que impedem o deferimento do pedido do autor. Elas atacam a relação jurídica de direito material sem afrontar diretamente a pretensão do autor.

Frise-se: a relação jurídica é atingida sem que se adentre à pretensão, haja vista que o réu pretende, em verdade, fulminar o próprio exercício da pretensão de forma prematura, como ocorre, por exemplo, na alegação de inexistência de relação de emprego ou de prescrição.

---

38. Art. 337 do CPC – Incumbe ao réu, antes de discutir o mérito, alegar:
I – inexistência ou nulidade da citação;
II – incompetência absoluta e relativa;
III – incorreção do valor da causa;
IV – inépcia da petição inicial;
V – perempção;
VI – litispendência;
VII – coisa julgada;
VIII – conexão;
IX – incapacidade da parte, defeito de representação ou falta de autorização;
X – convenção de arbitragem;
XI – ausência de legitimidade ou de interesse processual;
XII – falta de caução ou de outra prestação que a lei exige como preliminar;
XIII – indevida concessão do benefício de gratuidade de justiça.
§ 1º Verifica-se a litispendência ou a coisa julgada quando se reproduz ação anteriormente ajuizada.
§ 2º Uma ação é idêntica a outra quando possui as mesmas partes, a mesma causa de pedir e o mesmo pedido.
§ 3º Há litispendência quando se repete ação que está em curso.
§ 4º Há coisa julgada quando se repete ação que já foi decidida por decisão transitada em julgado.
§ 5º Excetuadas a convenção de arbitragem e a incompetência relativa, o juiz conhecerá de ofício das matérias enumeradas neste artigo.
§ 6º A ausência de alegação da existência de convenção de arbitragem, na forma prevista neste Capítulo, implica aceitação da jurisdição estatal e renúncia ao juízo arbitral.

Considerando que, ainda que de forma sucinta, há o enfrentamento do mérito, o processo, nesses casos, é extinto com julgamento de mérito, passível, pois, de formação de coisa julgada material.

Assim, quando o Juiz indefere um pedido de horas extras diante da inexistência de uma relação de emprego, o fez acolhendo a alegação de uma questão prejudicial de mérito apresentada pelo réu em sua contestação.

O mesmo ocorre, por exemplo, nas hipóteses de compensação, quitação conferida em transações extrajudiciais válidas, prescrição etc.

No caso de reconhecimento de prescrição, por exemplo, o processo será extinto com resolução de mérito, nos termos do art. 487, II, do CPC[39].

O objetivo, como visto, é fulminar o exercício da pretensão. De acordo com Fredie Didier "é aquela que objetiva perimir o exercício da pretensão, fulminá-lo".[40]

10.1.2.3.3. Defesa Direta de Mérito: ataque à pretensão

Na defesa direta de mérito, o réu contraria diretamente a pretensão do autor, através de alegações de fato e/ou de direito.

O autor, na sua petição inicial, apresenta os fatos constitutivos de seu direito e em razão deles formula sua pretensão, seu pedido.

O réu, por sua vez, pode negar os fatos constitutivos e/ou apresentar fatos novos: impeditivos, modificativos ou extintivos do direito do autor. Nesse último caso, o fato novo apresentado pretende impedir que o fato constitutivo do autor produza os efeitos jurídicos pretendidos na inicial.

A defesa pode trazer, ainda, matéria de direito, o que acontece quando o réu nega os efeitos jurídicos atribuídos aos fatos constitutivos.

Para tornar mais claros os conceitos sobre fato constitutivo, impeditivo, modificativo e extintivo, apresentamos o exemplo abaixo:

---

39. Art. 487 do CPC – Haverá resolução de mérito quando o juiz:

I – acolher ou rejeitar o pedido formulado na ação ou na reconvenção;

II – decidir, de ofício ou a requerimento, sobre a ocorrência de decadência ou prescrição;

III – homologar:

a) o reconhecimento da procedência do pedido formulado na ação ou na reconvenção;

b) a transação;

c) a renúncia à pretensão formulada na ação ou na reconvenção.

Parágrafo único. Ressalvada a hipótese do § 1º do art. 332, a prescrição e a decadência não serão reconhecidas sem que antes seja dada às partes oportunidade de manifestar-se.

40. *In Direito Processual Civil. Op. cit.*, p. 434.

a) Petição Inicial

a.1) Pretensão: horas extras a partir da 4ª diária, na forma da Lei 3.999/1961 (Lei dos Médicos)

a.2) Fato constitutivo: o reclamante era médico e trabalhava das 8 às 13h de segunda a sábado, sem intervalo.

b) Defesa

b.1) Matéria de fato

b.1.1) Negativa de fato constitutivo: o autor jamais laborou no horário apontado na inicial, pois, na verdade, sempre trabalhou de segunda a sexta, das 8 às 12h.

b.1.2) Fato novo (impeditivo): o autor não faz jus às horas extras porque exercia cargo de confiança estando enquadrado na exceção estabelecida pelo art. 62, II, da CLT. Esse fato novo impede a produção dos efeitos jurídicos do fato constitutivo.

b.2) Matéria de direito

A Lei 3.999 não estabelece jornada reduzida de 4 horas, pois, na verdade, apenas criou o piso salarial mínimo para os profissionais que trabalhem nesta jornada. Esta, aliás, é a interpretação já pacificada pelo E. TST através da Súmula 370.

Para finalizar, vale ressaltar que todas essas matérias podem e devem ser arguidas simultaneamente, atendendo à regra da eventualidade e da concentração.

10.1.2.3.4. Requerimentos Cautelares

Ainda em razão do princípio da eventualidade e em respeito à eficácia preclusiva da coisa julgada, deve o réu apresentar, por cautela, requerimentos que devem ser observados pelo Juiz e fixados na sentença, na hipótese de restar deferido algum dos pleitos do autor.

Ei-los.

a) variação histórica do salário do autor ao longo do contrato: o réu deve requerer que a apuração do eventual crédito do autor leve em consideração a evolução histórica do salário ao longo do contrato. Isto porque, não havendo esta determinação, o último salário será tido como base para o cálculo de todo o período;

b) exclusão dos períodos não trabalhados (férias, licenças médicas etc.): objetiva que o cálculo, sobretudo de horas extraordinárias e adicional noturno, não considere dias em que não houver labor;

c) dedução dos valores pagos sob o mesmo título ou natureza: trata-se do mero desconto do quantum já pago de parcela de idêntica natureza, evitando-se o enriquecimento ilícito;

d) aplicação da prescrição quinquenal estabelecida pelo art. 7º, XXIX, da CF, declarando-se prescritas as parcelas anteriores ao quinto ano que antecede à propositura da demanda;

e) compensação: refere-se a parcelas de naturezas distintas entre si (art. 767 da CLT e Súmula 48 do TST)[41].

Observe-se, por oportuno, que compensação e dedução não se confundem. A compensação somente tem lugar quando as parcelas não possuem a mesma natureza, ao passo que a dedução não passa de um desconto de um valor já pago – devido à identidade de natureza das parcelas.

A compensação não se realiza (efetiva) unicamente mediante parcelas de idêntica natureza ou sob a mesma rubrica, porquanto tal instituto corresponde, em verdade, a **DEDUÇÃO,** que pode ser determinada, inclusive, *ex officio* pelo Juízo.

O vocábulo "compensar", segundo definição encontrada no Novo Dicionário Aurélio, equivale a "extinguir simultaneamente (encargos recíprocos de dois devedores); fazer o encontro e a liquidação de obrigações recíprocas".

Já "deduzir" é "diminuir, abater, reduzir; tirar, extrair: deduzir uma quantia de outra" e "dedução" seria a "ação de deduzir, subtração, diminuição, abatimento" (Novo Dicionário Aurélio, 2ª edição, editora Nova Fronteira, p. 527).

Neste sentido vejamos decisão do Tribunal da 6ª Região:

> COMPENSAÇÃO/DEDUÇÃO. Os institutos da dedução e compensação não se confundem. A compensação como prevê o artigo 368 do Código Civil ocorre "Se duas pessoas, forem ao mesmo tempo credor e devedor uma da outra, as duas obrigações extinguem-se, até onde se compensarem". No presente caso, não houve comprovação de que a demandada é credora de dívida trabalhista do ex-empregado concluindo-se que a pretensão da reclamada/recorrente seria mesmo a de dedução por se tratar da mesma parcela. Recurso patronal provido no aspecto. (Processo: RO – 0010655-27.2013.5.06.0311, Redator: Maria das Graças de Arruda Franca, Data de julgamento: 28/03/2016, Terceira Turma, Data da assinatura: 28/03/2016)

A compensação ainda poderá ser arguida como prejudicial de mérito, haja vista poder fulminar toda a pretensão do autor.

Ressalte-se ainda que os três primeiros requerimentos cautelares podem até, se for o caso, ser debatidos na execução, sob alegação de enrique-

---

41. Art. 767 – A compensação, ou retenção, só poderá ser arguida como matéria de defesa.
Súmula 48 do TST – COMPENSAÇÃO (mantida) – Res. 121/2003, DJ 19, 20 e 21.11.2003. A compensação só poderá ser arguida com a contestação.

cimento ilícito, mas, certamente, sofrerão resistência do autor alegando violação à coisa julgada. Isto porque a lei não disse expressamente serem estas matérias de defesa.

A compensação, por outro lado, somente pode ser apresentada na fase de conhecimento, mais precisamente na defesa, sob pena de preclusão, na forma do art. 767 da CLT e da Súmula 48 do TST.[42]

Já a prescrição, que até a edição da Lei 11.280/06[43] era considerada obrigatoriamente matéria de defesa, agora deve ser declarada de ofício pelo Juiz, nos termos do art. 487, II, do CPC.

10.1.3. Reconvenção

É uma ação do réu contra o autor no mesmo processo.

Não há dúvida quanto ao seu cabimento no rito ordinário trabalhista, no qual é perfeitamente admissível que o réu a apresente, em audiência, na mesma oportunidade de apresentação da sua defesa.

A divergência cingia-se ao cabimento da reconvenção nos processos submetidos ao rito sumaríssimo, uma vez que parte da doutrina entende que se deveria aplicar, supletivamente, a Lei 9.099/95, que dispõe sobre o procedimento dos Juizados Especiais Cíveis, considerando que este estaria mais próximo das ações de menor valor previstas para o procedimento sumaríssimo trabalhista.

Assim, como a referida lei (9.099/95 – arts. 17 e 31[44]) apenas admite a figura do pedido contraposto, essa mesma diretriz deveria ser aplicada no Processo do Trabalho.

---

42. Art. 767 da CLT – A compensação, ou retenção, só poderá ser arguida como matéria de defesa.
    Súmula 48 do TST – COMPENSAÇÃO (mantida) – Res. 121/2003, DJ 19, 20 e 21.11.2003. A compensação só poderá ser arguida com a contestação.
43. Art. 3º da Lei 11.206/06 – O art. 219 da Lei nº 5.869, de 11 de janeiro de 1973, Código de Processo Civil, passa a vigorar com a seguinte redação:
    Art. 219.[...]
    §5º O juiz pronunciará, de ofício, a prescrição.
    Art. 332 do CPC – ...
    § 1º O juiz também poderá julgar liminarmente improcedente o pedido se verificar, desde logo, a ocorrência de decadência ou de prescrição.
44. Art. 17 da Lei 9.099/95 – Comparecendo inicialmente ambas as partes, instaurar-se-á, desde logo, a sessão de conciliação, dispensados o registro prévio de pedido e a citação.
    Parágrafo único. Havendo pedidos contrapostos, poderá ser dispensada a contestação formal e ambos serão apreciados na mesma sentença.
    Art. 31 da Lei 9.099/95 – Não se admitirá a reconvenção. É lícito ao réu, na contestação, formular pedido em seu favor, nos limites do art. 3º desta Lei, desde que fundado nos mesmos fatos que constituem objeto da controvérsia.

Nelson Nery Júnior[45], em comentário ao supracitado art. 17, define que pedido contraposto é a pretensão deduzida pelo réu na contestação, desde que fundado nos mesmos fatos articulados pelo autor na petição inicial, remetendo o leitor aos comentários tecidos, na mesma obra, aos arts. 31, da Lei 9.099/95, e 278, §1º, do CPC/73.

Por sua vez, Mauro Schiavi[46] entende que a reconvenção não é compatível com os ritos sumário e sumaríssimo, em razão do princípio da celeridade que envolve esses procedimentos, de modo que somente seria admitido, nesses casos, o pedido contraposto, que é articulado no próprio bojo da contestação, desde que se fundamentado nos mesmos fatos objeto da controvérsia.

O TST entende não ser possível a apresentação de reconvenção no rito sumaríssimo, senão vejamos:

> RECURSO DE REVISTA – PROCEDIMENTO SUMARÍSSIMO – RECONVENÇÃO – INCOMPATIBILIDADE. A Lei nº 9.957/2000, que acrescentou os dispositivos da CLT em que instituído o procedimento sumaríssimo para dissídios individuais cujo valor não exceda a quarenta vezes o salário-mínimo, não contém disposição expressa quanto à admissão de reconvenção nos processos sob esse rito. A questão deve ser analisada a partir da interpretação simétrica com as leis que disciplinam mecanismos de celeridade na prestação jurisdicional em causas de valores limitados. Nesse sentido, a Lei nº 9.099/95, que disciplina os Juizados Especiais Cíveis para causas cujo valor não exceda a quarenta vezes o salário-mínimo, e a Lei nº 9.245/95, que instituiu dispositivos do Código de Processo Civil para adoção do rito sumário nas causas cujo valor não exceda a 60 (sessenta) vezes o valor do salário-mínimo, não admitem a reconvenção, restringindo a resposta do réu à formulação de pedido contraposto, que deve ser fundado nos mesmos fatos da inicial. A Jurisdição como exercício do poder soberano do Estado é una, motivo pelo qual a instituição de procedimentos que busquem impingir celeridade na prestação jurisdicional a causas com valores limitados deve buscar a harmonia entre institutos correlatos. Com fulcro no princípio da duração razoável do processo e amparo no art. 769 da CLT, a lacuna de norma específica na legislação do trabalho deve ser suprida pela observação do disposto no art. 278, § 1º, do CPC. Assim, destacando a possibilidade de os réus formularem pedidos contrapostos nas reclamações trabalhistas sob o rito sumaríssimo, não se revela violação do art. 5º, II, XXXV, LIV e LV, da Constituição Federal em decisão em que se afirma a incompatibilidade de propositura de reconvenção em processo sumaríssimo. Acrescente-se, por fim, que, na hipótese tratada, houve a realização de audiência única para recebimento de defesa e instrução, motivo pelo qual se admitir o processamento da reconvenção implicaria inevitável prejuízo, ou pelo retardamento do feito, ou pela ausência de similitude de prazo para o autor responder as assertivas e pretensões da re-

---

Parágrafo único. O autor poderá responder ao pedido do réu na própria audiência ou requerer a designação da nova data, que será desde logo fixada, cientes todos os presentes.

45. NERY JÚNIOR, Nelson e NERY, Rosa Maria de Andrade. *Código de processo civil comentado e legislação processual civil extravagante em vigor,* 6ª edição, São Paulo: Revista dos Tribunais, 2002.

46. SCHIAVI, Mauro. Manual de Direito Processual do Trabalho. São Paulo: Editora LTr, 2018.

convenção. Recurso de revista não conhecido. (TST – RR: 33850620075120016 3385-06.2007.5.12.0016, Relator: Luiz Philippe Vieira de Mello Filho, Data de Julgamento: 08/06/2011, 1ª Turma, Data de Publicação: DEJT 17/06/2011)

A reconvenção, a partir do CPC/2015, aplicável supletivamente ao processo do trabalho, deve ser apresentada na própria contestação, em tópico separado, por escrito ou oralmente, assim como a petição inicial. Uma vez apresentada, abre-se vistas à parte contrária para que se manifeste em forma de defesa no mesmo processo.

Por outro lado, no que tange à defesa da reconvenção, é preciso salientar, inicialmente, que não se trata de uma mera manifestação da parte, hipótese esta sem prazo legalmente previsto, quando então caberia ao juiz fixá-lo, mas de uma verdadeira defesa do litigante.

Tratando-se, portanto, de contestação, faz-se imperativo recorrer à expressa previsão consolidada no art. 847, da CLT[47], segundo a qual o momento para sua apresentação é na **audiência**.

No mesmo sentido, Mauro Schiavi aponta que "como no processo do trabalho a reconvenção é apresentada em audiência, o juiz deverá adiá-la para o reclamante (reconvindo) apresentar resposta à reconvenção na próxima audiência, que deverá ser remarcada com antecedência mínima de cinco dias (art. 841 da CLT)[48]".

Diante disso, justamente por não se tratar da existência de lacuna na CLT, discordamos de posicionamentos que invocam a aplicação subsidiária do art. 343, § 1º, do CPC, o qual preleciona que a resposta à reconvenção deve ser apresentada no prazo de 15 dias.

Até porque, se, para preparar a sua defesa, ao reconvinte foi assegurado o lapso temporal compreendido entre o ajuizamento da ação e a primeira assentada, faz-se igualmente imprescindível que a parte reconvinda tenha até a data da audiência seguinte para apresentar a sua contestação, em respeito, principalmente, à garantia do contraditório, mas também a uma expressa disposição legal (art. 847, CLT).

Digno de nota, entretanto, que a designação de nova audiência não precisará observar o mesmo decurso de tempo transcorrido entre o ajuizamento da ação e a audiência inaugural, mas apenas o prazo mínimo de 5 dias imposto pelo art. 841 da CLT[49].

---

47. Art. 847 – Não havendo acordo, o reclamado terá vinte minutos para aduzir sua defesa, após a leitura da reclamação, quando esta não for dispensada por ambas as partes.
48. SCHIAVI, Mauro. Manual de Direito Processual do Trabalho. São Paulo: Editora LTr, 2018, p. 684.
49. Art. 841 – Recebida e protocolada a reclamação, o escrivão ou secretário, dentro de 48 (quarenta e oito) horas, remeterá a segunda via da petição, ou do termo, ao reclamado, notificando-o ao mesmo tempo, para comparecer à audiência do julgamento, que será a primeira desimpedida, depois de 5 (cinco) dias.

Esse foi, inclusive, o entendimento esposado pela SDI-2 do Tribunal Superior do Trabalho no julgamento do RR-ROAR-49400-72. 2006.10.000.

Contudo, fixado pelo juiz prazo em audiência, mesmo que inferior aos 15 dias estipulados pelo CPC e antes da próxima audiência, deve a parte ou o seu advogado, por cautela, evitando riscos ao cliente, obedecer.

Registre-se ainda que a desistência da ação ou a ocorrência de causa extintiva que impeça o exame de seu mérito não obsta ao prosseguimento do processo quanto à reconvenção, nos termos do art. 343, §2º, do CPC.

Além disso, a reconvenção poderá ser proposta contra o autor e terceiro que não figurava originalmente no polo ativo da demanda, bem como pode ser proposta pelo réu em litisconsórcio com um terceiro, conforme prevê o art. 343, §§3º e 4º, do CPC.

Por fim, a reconvenção deverá ser julgada juntamente com a ação principal, seguindo o seu mesmo curso, mas sem ser prejudicada por aquela.

Capítulo

11

AUDIÊNCIA TRABALHISTA

Sumário • 11.1. Conceito e peculiaridades – 11.2. Requisitos –11.3. Presença das partes – 11.4. Ausência das partes: 11.4.1. Audiência inaugural: 11.4.1.1. Ausência do reclamante: 11.4.1.1.1. Postura dos advogados; 11.4.1.2. Ausência do reclamado: 11.4.1.2.1. Postura dos advogados; 11.4.2. Audiência de instrução; 11.4.2.1. Postura dos advogados; 11.4.3. Razões finais e sentença.

11.1. CONCEITO E PECULIARIDADES

É o ato processual que possibilita ao juiz conhecer, instruir e julgar o dissídio individual de sua competência originária.

É na audiência que o Juiz tem o primeiro contato com o processo, considerando que a expedição da notificação é mero ato ordinatório não judicial.

Instruir, por seu turno, é a oportunidade na qual o magistrado reúne os elementos probatórios para a formação do seu convencimento.

No Processo do Trabalho, a sentença pode ser prolatada oralmente na audiência, na forma do art. 850 da CLT.[1]

A audiência poderá ser una, considerando que é possível, à luz da legislação, que o processo seja instruído e julgado na primeira audiência – inteligência do art. 849 da CLT[2].

Em que pesem as boas intenções do legislador, viabilizada pela técnica da oralidade, na prática, dificilmente os magistrados conseguem atingir

1. Art. 850 da CLT – Terminada a instrução, poderão as partes aduzir razões finais, em prazo não excedente de 10 (dez) minutos para cada uma. Em seguida, o juiz ou presidente renovará a proposta de conciliação, e não se realizando esta, será proferida a decisão.

2. Art. 849 da CLT – A audiência de julgamento será contínua; mas, se não for possível, por motivo de força maior, concluí-la no mesmo dia, o juiz ou presidente marcará a sua continuação para a primeira desimpedida, independentemente de nova notificação.

este ideal de celeridade, seja porque o número de audiências diárias não permite, seja porque os processos trabalhistas atingiram um maior grau de complexidade ao longo dos anos. Outra razão seria para se assegurar a ampla defesa e o contraditório dos litigantes, que, frequentemente, solicitam o adiamento da audiência para produção de prova (testemunha, pericial) ou para manifestação sobre documentos apresentados na própria audiência.

A praxe forense trabalhista costuma denominar de audiência de instrução aquela que se segue após a juntada da defesa pelo réu, em contraposição à primeira, que se chama comumente de audiência inaugural – lembrando que nessa o Juiz pode instruir e julgar o processo.

Além da audiência inaugural e de instrução, as quais o operador do direito que milita na área trabalhista está acostumado, instituiu-se audiência de conciliação a ser realizada em Centros Judiciários de Métodos Consensuais de Solução de Disputas – CEJUSC[3].

Nem todos os processos, entretanto, são submetidos a essa audiência preliminar no CEJUSC. No Tribunal Regional do Trabalho da 5ª Região, por

---

3. Art. 6º da Resolução CSJT nº 174/ 2016 – Os Tribunais Regionais do Trabalho criarão Centro(s) Judiciário(s) de Métodos Consensuais de Solução de Disputas – CEJUSC-JT, unidade(s) do Poder Judiciário do Trabalho vinculado(s) ao NUPEMEC-JT, responsáveis pela realização das sessões e audiências de conciliação e mediação de processos em qualquer fase ou instância, inclusive naqueles pendentes de julgamento perante o Tribunal Superior do Trabalho.

§1º. As sessões de conciliação e mediação realizadas nos CEJUSC-JT contarão com presença física de magistrado, o qual poderá atuar como conciliador e mediador e supervisionará a atividade dos conciliadores e mediadores, estando sempre disponível às partes e advogados, sendo indispensável a presença do advogado do reclamante.

§2º. Os CEJUSC-JT serão coordenados por um magistrado da ativa, e os magistrados supervisores deverão realizar as pautas iniciais das unidades jurisdicionais a estes vinculadas, inclusive precatórios e requisições de pequeno valor, podendo realizar pautas temáticas, objetivando a otimização dos trabalhos.

§3º. O magistrado coordenador do CEJUSC-JT poderá solicitar à Corregedoria do TRT a remessa de feitos de outras unidades jurisdicionais, bem como precatórios e requisições de pequeno valor, com o intuito de organizar pautas concentradas ou mutirões, inclusive em bloco de ações com mais de um reclamante em desfavor de um mesmo empregador ou grupo de empregadores, sindicatos ou associações, cabendo ao Corregedor Regional avaliar a conveniência e oportunidade da medida.

§4º. Os acordos realizados no CEJUSC-JT constarão do relatório de produtividade do magistrado que os homologar e também das Turmas, se antes do julgamento do recurso.

§5º. Fica vedada à unidade jurisdicional que se nega a homologar acordo a remessa dos autos à CEJUSC-JT, salvo na hipótese do § 3º deste artigo.

§6º. Os magistrados togados e servidores inativos poderão atuar como conciliadores e/ ou mediadores, desde que declarem, sob responsabilidade pessoal, que não militam como advogados na jurisdição dos Órgãos judiciários abrangidos pelo CEJUSC-JT.

§ 7º. Os Tribunais Regionais do Trabalho manterão, no CSJT, cadastro de todos os servidores capacitados e formados em cursos específicos de conciliação e mediação, para eventuais convocações em eventos nacionais e mutirões

§8º. Fica vedada a realização de conciliação ou mediação judicial, no âmbito da Justiça do Trabalho, por pessoas que não pertençam aos quadros da ativa ou inativos do respectivo Tribunal Regional do Trabalho.

exemplo, as varas do trabalho realizam uma triagem prévia dos processos que serão direcionados ao CEJUSC, conforme art. 10, parágrafo único, do ato n. 0174/2018 do TRT5.

É na audiência trabalhista que a técnica da oralidade ganha maior importância. Todos os atos poderão ser praticados oralmente (defesas, manifestações etc.), quando serão reduzidos a termo e consignados na ata elaborada nesta oportunidade.

11.2. REQUISITOS

Os requisitos da audiência estão previstos nos arts 813 a 817 da CLT.[4]

a) Publicidade. Assim como qualquer ato processual, a audiência deverá ser pública, na forma do art. 93, IX, da CF/88,[5] ressalvadas as hipóteses dos processos que correm em segredo de justiça.[6]

---

4. Art. 813 da CLT – As audiências dos órgãos da Justiça do Trabalho serão públicas e realizar-se-ão na sede do Juízo ou Tribunal em dias úteis previamente fixados, entre 8 (oito) e 18 (dezoito) horas, não podendo ultrapassar 5 (cinco) horas seguidas, salvo quando houver matéria urgente.

§1º – Em casos especiais, poderá ser designado outro local para a realização das audiências, mediante edital afixado na sede do Juízo ou Tribunal, com a antecedência mínima de 24 (vinte e quatro) horas.

§2º – Sempre que for necessário, poderão ser convocadas audiências extraordinárias, observado o prazo do parágrafo anterior.

Art. 814 da CLT – Às audiências deverão estar presentes, comparecendo com a necessária antecedência. os escrivães ou secretários.

Art. 815 da CLT – À hora marcada, o juiz ou presidente declarará aberta a audiência, sendo feita pelo secretário ou escrivão a chamada das partes, testemunhas e demais pessoas que devam comparecer.

Parágrafo único – Se, até 15 (quinze) minutos após a hora marcada, o juiz ou presidente não houver comparecido, os presentes poderão retirar-se, devendo o ocorrido constar do livro de registro das audiências.

Art. 816 da CLT – O juiz ou presidente manterá a ordem nas audiências, podendo mandar retirar do recinto os assistentes que a perturbarem.

Art. 817 da CLT – O registro das audiências será feito em livro próprio, constando de cada registro os processos apreciados e a respectiva solução, bem como as ocorrências eventuais.

Parágrafo único – Do registro das audiências poderão ser fornecidas certidões às pessoas que o requererem.

5. Art. 93 da CF/88 – Lei complementar, de iniciativa do Supremo Tribunal Federal, disporá sobre o Estatuto da Magistratura, observados os seguintes princípios:

IX – todos os julgamentos dos órgãos do Poder Judiciário serão públicos, e fundamentadas todas as decisões, sob pena de nulidade, podendo a lei limitar a presença, em determinados atos, às próprias partes e a seus advogados, ou somente a estes, em casos nos quais a preservação do direito à intimidade do interessado no sigilo não prejudique o interesse público à informação.

6. O segredo de justiça, não previsto pela CLT, segue o regramento do CPC, razão pela qual remetemos ao estudo daquele diploma, no particular.

De acordo com o art. 189 do CPC[7], aplicável subsidiariamente de forma adaptada ao processo do trabalho em razão da matéria, tramitam em segredo de justiça os processos em que o interesse público ou social exija, em que constem dados protegidos pelo direito constitucional à intimidade e que versem sobre arbitragem, inclusive sobre cumprimento de carta arbitral, desde que a confidencialidade estipulada na arbitragem seja comprovada perante o juízo.

b) Limites temporais: refere-se ao horário designado para o início da audiência e sua duração.

A audiência não pode ser designada para antes das 8h ou depois das 18h, nos termos do art. 813 da CLT[8]. Isto não quer dizer que uma audiência não possa começar após às 18h, na hipótese de ocorrer atraso decorrente da própria pauta.

Há uma tolerância de atraso para a primeira audiência de 15 minutos. Entretanto, é uma regra dirigida exclusivamente ao Juiz[9] e para a primeira audiência. Ultrapassado esse horário, as partes podem ir embora, mas tem que registrar a presença no livro de ocorrência.

As demais audiências da pauta podem atrasar o tempo que for necessário, sendo obrigatório que as partes aguardem no local. É que, embora o art. 362, III, do CPC,[10] preveja a possibilidade de adiamento da audiência

---

7. Art. 189 do CPC – Os atos processuais são públicos, todavia tramitam em segredo de justiça os processos:
I – em que o exija o interesse público ou social;
II – que versem sobre casamento, separação de corpos, divórcio, separação, união estável, filiação, alimentos e guarda de crianças e adolescentes;
III – em que constem dados protegidos pelo direito constitucional à intimidade;
IV – que versem sobre arbitragem, inclusive sobre cumprimento de carta arbitral, desde que a confidencialidade estipulada na arbitragem seja comprovada perante o juízo.
§ 1º O direito de consultar os autos de processo que tramite em segredo de justiça e de pedir certidões de seus atos é restrito às partes e aos seus procuradores.
§ 2º O terceiro que demonstrar interesse jurídico pode requerer ao juiz certidão do dispositivo da sentença, bem como de inventário e de partilha resultantes de divórcio ou separação.

8. Art. 813 da CLT – As audiências dos órgãos da Justiça do Trabalho serão públicas e realizar-se-ão na sede do Juízo ou Tribunal em dias úteis previamente fixados, entre 8 (oito) e 18 (dezoito) horas, não podendo ultrapassar 5 (cinco) horas seguidas, salvo quando houver matéria urgente.
§ 1º – Em casos especiais, poderá ser designado outro local para a realização das audiências, mediante edital afixado na sede do Juízo ou Tribunal, com a antecedência mínima de 24 (vinte e quatro) horas.
§ 2º – Sempre que for necessário, poderão ser convocadas audiências extraordinárias, observado o prazo do parágrafo anterior.

9. OJ Nº 245 da SDI-1 do TST – REVELIA. ATRASO. AUDIÊNCIA (inserida em 20.06.2001) Inexiste previsão legal tolerando atraso no horário de comparecimento da parte na audiência.

10. Art. 362 do CPC – A audiência poderá ser adiada:
(...)

em razão de atraso injustificado para o seu início superior a 30 minutos, o Tribunal Superior do Trabalho, por meio do art. 2º, VI, da IN 39/16, entendeu ser inaplicável o dispositivo ao processo trabalhista:

> Art. 2º – Sem prejuízo de outros, não se aplicam ao Processo do Trabalho, em razão de inexistência de omissão ou por incompatibilidade, os seguintes preceitos do Código de Processo Civil: (...)VI – art. 362, III (adiamento da audiência em razão de atraso injustificado superior a 30 minutos). A audiência, em regra, deve durar o máximo de 5 horas, ressalvados os casos excepcionais. Isto se presta à preservação da saúde do Juiz e do secretário de audiência, além de assegurar uma instrução satisfatória do processo – consubstanciada no interesse público.

c) Local. A audiência deve ocorrer na sede do Juízo. Em situações excepcionais, a audiência poderá ocorrer em local diverso, desde que as partes sejam notificadas desta mudança com, no mínimo, 24 horas de antecedência – art. 813, §1º, da CLT[11].

Entretanto, durante o estado de calamidade causado pela pandemia da Covid-19, o Ato Conjunto CSJT GP VP e CGJT n. 6 de 4-5-2020 determinou que as audiências fossem realizadas por meio de videoconferências. Esta determinação foi obrigatória durante o referido período, com objetivo de manter o isolamento social e evitar a disseminação do vírus.

Com efeito, atualmente, com as atividades presenciais já retomadas, as audiências por videoconferências deixaram de ser obrigatórias. Todavia, de forma facultativa, seguem autorizadas[12], nos termos do CNJ, Ato Conjun-

---

III – por atraso injustificado de seu início em tempo superior a 30 (trinta) minutos do horário marcado.

11. Art. 813, §1º, da CLT – Em casos especiais, poderá ser designado outro local para a realização das audiências, mediante edital afixado na sede do Juízo ou Tribunal, com a antecedência mínima de 24 (vinte e quatro) horas.

12. "[...] o procedimento supra não obsta a que as partes manifestem nos autos eventual interesse em acordo e/ou requeiram a qualquer momento, em conjunto (art. 190 do CPC), **a realização de audiência conciliatória, a qual poderá ser realizada por videoconferência**, conforme também previsto no Ato n. 11 da Corregedoria Geral da Justiça do Trabalho" – grifos nossos (TST – ED-Ag-AIRR: 00004682020205100014, Relator: Mauricio Godinho Delgado, Data de Julgamento: 09/11/2022, 3ª Turma, Data de Publicação: 11/11/2022)

    "DIREITO PROCESSUAL CIVIL E DO TRABALHO / ATOS PROCESSUAIS / NULIDADE / CERCEAMENTO DE DEFESA. Alegação (ões): Alega cerceamento de defesa em razão da realização de audiência por videoconferência e pela desconsideração da prova produzida nos autos. **A Turma apontou que a mera discordância acerca da audiência por videoconferência não justifica a nulidade do julgado**, até porque sequer foi alegada "absoluta impossibilidade técnica ou prática" na realização da audiência telepresencial. Também assentou que todas as provas produzidas nos autos foram apreciadas pelo Juízo de Primeiro grau, pelo que não há falar em nulidade do julgado. Considerando as premissas fático-jurídicas delineadas no acórdão, não se vislumbra ofensa aos dispositivos legais e constitucionais invocados." – grifos nossos (TST – AIRR: 10009008020185020445, Data de Publicação: 21/11/2022)

to CSJT.GP.GVP.CGJT nº 005/2020, artigos 2º e 4º; GCSJT, Ato nº 11/2020, Art. 1º; e CNJ, Res. nº 354, de 19/11/2020.[13]

A realidade imposta pela pandemia demonstrou que as audiências telepresenciais são viáveis e eficazes, especialmente as audiências inaugurais e para tentativa de conciliação – sem o interrogatório das partes e/ou oitiva de testemunhas. Entendemos que a primeira hipótese deveria permanecer como regra, assegurando maior celeridade e economia ao processo judicial trabalhista.

d) Presenças obrigatórias. Para realização de uma audiência, a lei exigiu a presença do Juiz e a do secretário de audiências. As partes, ainda que ambas não compareçam, não impedem a realização da audiência – arts. 814 e 815 da CLT.[14]

11.3. PRESENÇA DAS PARTES

Conforme foi dito anteriormente, para a realização de uma audiência na justiça do trabalho, a lei exigiu a presença do juiz e do secretário de audiência (art. 814 da CLT). À hora marcada, o magistrado determinará a realização do pregão, a ser feito pelo secretário ou escrivão, e declarará aberta a audiência, nos termos do art. 815 da CLT.

O reclamante e seu advogado deverão sentar ao lado esquerdo do juiz, sendo o lado direito do reclamado e seu advogado. Uma vez aberta a audiência, o juiz deverá realizar a proposta de conciliação, conforme estabelece o art. 846, *caput*, da CLT.

Se houver acordo, o magistrado lavrará o termo, que deve ser assinado tanto por ele quanto pelas partes litigantes, consignando-se prazo e demais condições para o seu cumprimento, como, por exemplo, a estipulação de multa pelo atraso no pagamento (art. 846, §§1º e 2º, da CLT[15]).

Caso não seja realizado o acordo, a audiência prosseguirá com a leitura pelo magistrado da petição inicial, quando esta não for dispensada por

---

13. Disponível, na íntegra, em: <https://www.csjt.jus.br/documents/955023/7642229/Ato+Conjunto+CSJT-GP-GVP-CGJT+05-2020.pdf/48b92644-00da-d2df-e9e0-1a08c19c3c78?t=1587237764037>. Acesso em nov. de 2022.

14. Art. 814. Às audiências deverão estar presentes, comparecendo com a necessária antecedência, os escrivães ou chefes de secretaria.

Art. 815. À hora marcada, o juiz ou presidente declarará aberta a audiência, sendo feita pelo chefe de secretaria ou escrivão a chamada das partes, testemunhas e demais pessoas que devam comparecer.

15. Art. 846, §1º, da CLT – Se houver acordo lavrar-se-á termo, assinado pelo presidente e pelos litigantes, consignando-se o prazo e demais condições para seu cumprimento.

Art. 846, §2º, da CLT – Entre as condições a que se refere o parágrafo anterior, poderá ser estabelecida a de ficar a parte que não cumprir o acordo obrigada a satisfazer integralmente o pedido ou pagar uma indenização convencionada, sem prejuízo do cumprimento do acordo.

ambas as partes, após a qual o reclamado terá vinte minutos para aduzir sua defesa oral (art. 847, *caput*, da CLT[16]). Na maioria das vezes, entretanto, não é realizada a leitura da petição inicial, bem como a defesa é apresentada por escrito pelo sistema de processo eletrônico, conforme parágrafo único do art. 847 da CLT.

Após a apresentação da defesa, deverá ser concedido prazo para que o reclamante se manifeste oralmente, por aplicação subsidiária dos arts. 350 e 351 do CPC[17], uma vez que a legislação trabalhista é omissa sobre o assunto. Entretanto, é comum na praxe forense que seja concedido prazo para que a parte se manifestar por escrito após a audiência em razão da complexidade das matérias.

Mauro Schiavi esclarece que "indeferir a manifestação sobre a defesa sob o argumento de que a CLT não disciplina tal instituto configura cerceamento de defesa, pois o autor deve ter a faculdade de ter acesso à defesa e aos documentos juntados pelo reclamado"[18].

No rito sumaríssimo a manifestação sobre os documentos será realizada na audiência logo após a sua apresentação pela parte contrária, conforme dispõe o art. 852-H, §1º, da CLT[19]. Entendemos, que mesmo nessa hipótese, poderá o magistrado, excepcionalmente, desde que justificado e requerido pelo autor, conceder prazo para a prática deste ato por escrito em razão do direito fundamental à ampla defesa.

Posteriormente, serão interrogadas as partes e, na sequência, serão ouvidas as testemunhas, os peritos e os técnicos, se houver, nos termos do art. 848 da CLT[20]. Como a legislação trabalhista não estabelece uma ordem para a oitiva das partes e das testemunhas, entendemos aplicável subsidia-

---

16. Art. 847, caput, da CLT – Não havendo acordo, o reclamado terá vinte minutos para aduzir sua defesa, após a leitura da reclamação, quando esta não for dispensada por ambas as partes.

17. Art. 350 do CPC – Se o réu alegar fato impeditivo, modificativo ou extintivo do direito do autor, este será ouvido no prazo de 15 (quinze) dias, permitindo-lhe o juiz a produção de prova.
    Art. 351 do CPC – Se o réu alegar qualquer das matérias enumeradas no art. 337, o juiz determinará a oitiva do autor no prazo de 15 (quinze) dias, permitindo-lhe a produção de prova.

18. SCHIAVI, Mauro. Manual de Direito Processual do Trabalho. São Paulo: Editora LTr, 2018, p. 600.

19. Art. 852-H da CLT – Todas as provas serão produzidas na audiência de instrução e julgamento, ainda que não requeridas previamente.
    § 1º Sobre os documentos apresentados por uma das partes manifestar-se-á imediatamente a parte contrária, sem interrupção da audiência, salvo absoluta impossibilidade, a critério do juiz.

20. Art. 848 da CLT – Terminada a defesa, seguir-se-á a instrução do processo, podendo o presidente, ex officio ou a requerimento de qualquer juiz temporário, interrogar os litigantes.
    § 1º – Findo o interrogatório, poderá qualquer dos litigantes retirar-se, prosseguindo a instrução com o seu representante.
    § 2º – Serão, a seguir, ouvidas as testemunhas, os peritos e os técnicos, se houver.

riamente o art. 361 do CPC[21]. De acordo com dispositivo, as provas orais serão produzidas, preferencialmente, na seguinte ordem: perito e assistentes técnicos, autor, réu, testemunhas arroladas pelo autor e pelo réu.

Aquele que ainda não depôs não deve assistir ao interrogatório da outra parte, sob pena de nulidade processual, por aplicação subsidiária do §2º do art. 385 do CPC. Trata-se de procedimento importante, que, uma vez inobservado, concede àquele que presenciou o depoimento do adversário processual a vantagem de modificar as suas respostas da forma que melhor lhe favoreça frente ao que foi dito anteriormente pela parte contrária. Nesse sentido, vejamos o julgado abaixo:

> **Conforme dispõe o art. 385, § 2º, do CPC/2015, plenamente compatível com o processo do trabalho (conf. Art. 769, da CLT), "é vedado a quem ainda não depôs assistir ao interrogatório da outra parte" mormente pelo fato de que, *in casu*, a empresa reclamada se encontrava acompanhada de advogado. Impõe-se, portanto, reconhecer a nulidade processual, por cerceamento de defesa (TRT7 – RO: 00011102620145070001, Relator: Maria Roseli Mendes Alencar, Data de Julgamento: 26/10/2016, Data de Publicação: 26/10/2016).**

Outra novidade trazida pelo Código de Processo Civil de 2015 e que entendemos perfeitamente aplicável ao processo do trabalho, na medida em utiliza as inovações tecnológicas como forma de facilitar o acesso à justiça dos jurisdicionados, encontra-se no §3º do art. 385.

De acordo com o dispositivo, caso a parte resida em comarca, seção ou subseção judiciária diversa daquela onde tramita o processo, o seu depoimento pessoal poderá ser colhido por meio de videoconferência ou outro recurso tecnológico de transmissão ao vivo de sons e imagens.

Ademais, tanto as partes quanto as testemunhas serão inquiridas diretamente pelo magistrado, de modo que quando as partes desejaram formular perguntas as testemunhas arroladas, deverão direcioná-las ao juiz que as repassará, nos termos no art. 820:

> Art. 820 – As partes e testemunhas serão inquiridas pelo juiz ou presidente, podendo ser reinquiridas, por seu intermédio, a requerimento dos vogais, das partes, seus representantes ou advogados.

---

21. Art. 361 do CPC – As provas orais serão produzidas em audiência, ouvindo-se nesta ordem, preferencialmente:

I – o perito e os assistentes técnicos, que responderão aos quesitos de esclarecimentos requeridos no prazo e na forma do art. 477, caso não respondidos anteriormente por escrito;

II – o autor e, em seguida, o réu, que prestarão depoimentos pessoais;

III – as testemunhas arroladas pelo autor e pelo réu, que serão inquiridas.

Parágrafo único. Enquanto depuserem o perito, os assistentes técnicos, as partes e as testemunhas, não poderão os advogados e o Ministério Público intervir ou apartear, sem licença do juiz.

Terminada a instrução, mas ainda no curso da audiência, será facultado às partes aduzirem razões finais, como autorizado pelo art. 850 da CLT[22], que podem ser apresentadas oralmente, quando terão 10 minutos, ou por escrito (vide idem 11.4.3).

Uma vez apresentadas as razões finais, o juiz renovará a proposta de conciliação, e não sendo realizada pelas partes, será proferida a decisão, conforme art. 831, *caput*, da CLT[23].

11.4. AUSÊNCIA DAS PARTES

Como já ressaltamos no tópico anterior, a audiência será realizada independente do comparecimento das partes. Abordaremos, agora, as consequências jurídicas decorrentes desta contumácia, indicando, ainda, a postura que os advogados devem adotar nessas situações.

A presença das partes na audiência, independente de seus representantes, é exigida diante da regra estabelecida no art. 843 da CLT.[24]

Assim, a presença do advogado, mesmo com procuração, não dispensa a presença das partes, que sofrerão as consequências abaixo identificadas.

Por outro lado, nenhuma consequência processual direta advirá da ausência do advogado à audiência em que a parte seja detentora do *jus postulandi*, pois, nesse caso, ela está apta e autorizada a praticar os atos processuais necessários nesta oportunidade.

11.4.1. Audiência inaugural

Inicialmente analisaremos as consequências decorrentes da ausência das partes na primeira audiência, começando pelo autor.

---

22. Art. 850 da CLT – Terminada a instrução, poderão as partes aduzir razões finais, em prazo não excedente de 10 (dez) minutos para cada uma. Em seguida, o juiz ou presidente renovará a proposta de conciliação, e não se realizando esta, será proferida a decisão.

23. Art. 831, caput, da CLT – A decisão será proferida depois de rejeitada pelas partes a proposta de conciliação.

24. Art. 843 da CLT – Na audiência de julgamento deverão estar presentes o reclamante e o reclamado, independentemente do comparecimento de seus representantes salvo, nos casos de Reclamatórias Plúrimas ou Ações de Cumprimento, quando os empregados poderão fazer-se representar pelo Sindicato de sua categoria.

§1º – É facultado ao empregador fazer-se substituir pelo gerente, ou qualquer outro preposto que tenha conhecimento do fato, e cujas declarações obrigarão o proponente.

§2º – Se por doença ou qualquer outro motivo poderoso, devidamente comprovado, não for possível ao empregado comparecer pessoalmente, poderá fazer-se representar por outro empregado que pertença à mesma profissão, ou pelo seu sindicato.

§ 3º – O preposto a que se refere o § 1º deste artigo não precisa ser empregado da parte reclamada.

11.4.1.1. Ausência do reclamante

Neste caso, estabeleceu a legislação trabalhista o "arquivamento da reclamação" – art. 844 da CLT[25].

O arquivamento – termo utilizado pelo texto consolidado – é impróprio, pois o que é arquivado propriamente são os autos, os cadernos processuais. O processo será extinto, sem julgamento do mérito, por abandono da causa, na forma do art. 485, III, do CPC.[26]

A audiência somente será adiada em razão da ausência do autor nas hipóteses previstas no §2º do art. 843 da CLT[27].

Isso não impede que o autor possa ajuizar nova ação, até porque, como já ressaltamos em capítulo anterior, item 9.3., ocorreu a interrupção da

---

25. Art. 844 da CLT – O não comparecimento do reclamante à audiência importa o arquivamento da reclamação, e o não-comparecimento do reclamado importa revelia, além de confissão quanto à matéria de fato.

    § 1º – Ocorrendo motivo relevante, poderá o juiz suspender o julgamento, designando nova audiência.

    § 2º – Na hipótese de ausência do reclamante, este será condenado ao pagamento das custas calculadas na forma do art. 789 desta Consolidação, ainda que beneficiário da justiça gratuita, salvo se comprovar, no prazo de quinze dias, que a ausência ocorreu por motivo legalmente justificável.

    § 3º – O pagamento das custas a que se refere o § 2o é condição para a propositura de nova demanda.

    § 4º – A revelia não produz o efeito mencionado no caput deste artigo se:

    I – havendo pluralidade de reclamados, algum deles contestar a ação;

    II – o litígio versar sobre direitos indisponíveis

    III – a petição inicial não estiver acompanhada de instrumento que a lei considere indispensável à prova do ato;

    IV – as alegações de fato formuladas pelo reclamante forem inverossímeis ou estiverem em contradição com prova constante dos autos.

    § 5º – Ainda que ausente o reclamado, presente o advogado na audiência, serão aceitos a contestação e os documentos eventualmente apresentados.

26. Art. 485 do CPC - O juiz não resolverá o mérito quando:

    III – por não promover os atos e as diligências que lhe incumbir, o autor abandonar a causa por mais de 30 (trinta) dias;

27. Art. 843 da CLT – Na audiência de julgamento deverão estar presentes o reclamante e o reclamado, independentemente do comparecimento de seus representantes salvo, nos casos de Reclamatórias Plúrimas ou Ações de Cumprimento, quando os empregados poderão fazer-se representar pelo Sindicato de sua categoria.

    §1º – É facultado ao empregador fazer-se substituir pelo gerente, ou qualquer outro preposto que tenha conhecimento do fato, e cujas declarações obrigarão o proponente.

    §2º – Se por doença ou qualquer outro motivo poderoso, devidamente comprovado, não for possível ao empregado comparecer pessoalmente, poderá fazer-se representar por outro empregado que pertença à mesma profissão, ou pelo seu sindicato.

    § 3º O preposto a que se refere o § 1º deste artigo não precisa ser empregado da parte reclamada.

prescrição, na forma do parágrafo único do art. 202 do CC/02[28]. Esta segunda reclamação, a nosso ver, não interromperá a prescrição, diante da regra expressa do *caput* do art. 202 do CC/02.

Apesar disso, o oferecimento dessa nova reclamação dependerá do pagamento das custas processuais, ainda que beneficiário da justiça gratuita, caso inexista motivo legalmente justificável para a ausência comprovado no prazo de quinze dias, conforme §§2º e 3º, do art. 844 da CLT[29].

Trata-se de ônus trazido pela reforma trabalhista (lei n. 13.467/2017) à parte que deixa de comparecer de forma injustificada à audiência do processo que ajuizou. A mudança foi uma tentativa do legislador de diminuir a movimentação desnecessária do Poder Judiciário decorrente das ausências injustificadas no processo trabalhista.

Apesar da boa intenção, a nova previsão legal restringiu o acesso à justiça dos trabalhadores mais pobres ao criar uma barreira financeira para o ajuizamento de uma nova ação, bem como limitou à assistência jurídica integral e gratuita aos necessitados, ambos direitos constitucionalmente assegurados (art. 5º, LXXIV e XXXV).

Como consequência dessa realidade, tramita no Supremo Tribunal Federal a Ação Direta de Inconstitucionalidade n. 5766, ajuizada pela Procuradoria-Geral da República, que requer, dentre outras questões, o reconhecimento da inconstitucionalidade do §2º do art. 844 da CLT.

Ademais, na hipótese do autor também faltar a audiência inaugural do segundo processo, a ação será, igualmente, extinta sem julgamento do mérito, só que agora estabeleceu o legislador uma penalidade decorrente deste "duplo arquivamento" – a interdição temporária do direito de ação.

Assim, de acordo com o art. 732 da CLT, aquele que, por 2 (duas) vezes seguidas, der causa ao arquivamento de que trata o art. 844, "incorrerá na pena, pelo prazo de 6 meses, do direito de reclamar perante a justiça do trabalho" (arts. 731 e 732 da CLT).

Este segundo "arquivamento" não impede o ajuizamento da terceira reclamação e se o autor mais uma vez não comparecer à audiência inaugural, o processo será novamente extinto sem julgamento do mérito.

---

28. Art. 202, Parágrafo único, do CC – A prescrição interrompida recomeça a correr da data do ato que a interrompeu, ou do último ato do processo para a interromper.

29. Art. 844, §2º, da CLT – Na hipótese de ausência do reclamante, este será condenado ao pagamento das custas calculadas na forma do art. 789 desta Consolidação, ainda que beneficiário da justiça gratuita, salvo se comprovar, no prazo de quinze dias, que a ausência ocorreu por motivo legalmente justificável.
Art. 844, §3º, da CLT – O pagamento das custas a que se refere o § 2º é condição para a propositura de nova demanda.

Este terceiro "arquivamento" impede o ajuizamento da quarta reclamação, diante da aplicação do instituto da perempção estabelecido pelo arts. 485, III e 486, § 3º, ambos do CPC[30].

Esta opinião não é, contudo, uniforme na doutrina, que diverge quanto à possibilidade de aplicação da perempção prevista no Diploma Processual Civil.

Aqueles que entendem inaplicável a perempção no Processo do Trabalho fundamentam a sua postura na existência de penalidade própria na CLT, art. 731[31] – é dizer: a matéria já se encontraria inteiramente regulamentada, bem como na incompatibilidade do dispositivo com os princípios que regem o direito processual do trabalho.

Para os defensores desta posição, o correto seria aplicar, novamente, a penalidade prevista na legislação trabalhista, com nova interdição temporária do exercício do direito de ação, por mais seis meses.

Não compartilhamos desta opinião, já que a penalidade prevista na CLT se refere, **expressamente**, ao "duplo arquivamento", ao passo que o diploma processual civil se reporta ao "triplo arquivamento", que objetiva coibir e penalizar o abuso de direito.

Assim, entendemos que a CLT é omissa com relação à penalidade para a hipótese tratada, sendo, portanto, inteiramente cabível a alegação de perempção pelo réu em sua defesa.

11.4.1.1.1. Postura dos advogados

Ao advogado do autor cumprirá requerer o registro da sua presença na ata de audiência e, ainda, requerer o desentranhamento da documentação, a fim de que seja possível o ajuizamento de nova reclamação.

O advogado do réu deverá requerer a extinção do processo sem julgamento do mérito, na forma do art. 844, caput, da CLT[32], e deve estar atento

30. Art. 485 do CPC - O juiz não resolverá o mérito quando:

    III – por não promover os atos e as diligências que lhe incumbir, o autor abandonar a causa por mais de 30 (trinta) dias;

    Art. 486 do CPC - O pronunciamento judicial que não resolve o mérito não obsta a que a parte proponha de novo a ação.

    § 3º Se o autor der causa, por 3 (três) vezes, a sentença fundada em abandono da causa, não poderá propor nova ação contra o réu com o mesmo objeto, ficando-lhe ressalvada, entretanto, a possibilidade de alegar em defesa o seu direito.

31. Art. 731 da CLT – Aquele que, tendo apresentado ao distribuidor reclamação verbal, não se apresentar, no prazo estabelecido no parágrafo único do art. 786, à Junta ou Juízo para fazê-lo tomar por termo, incorrerá na pena de perda, pelo prazo de 6 (seis) meses, do direito de reclamar perante a Justiça do Trabalho.

32. Art. 844, caput, da CLT – O não comparecimento do reclamante à audiência importa o arquivamento da reclamação, e o não-comparecimento do reclamado importa revelia, além de confissão quanto à matéria de fato.

para eventuais pedidos de adiamento da audiência, observando os requisitos já citados no item 11.3.1. desta obra.

11.4.1.2. Ausência do reclamado

De acordo com o art. 844 da CLT, "o não comparecimento do reclamado importa revelia, além de confissão quanto a matéria de fato".

Antes de enfrentar a difícil questão acerca da revelia no Processo do Trabalho, interessante trazer os conceitos e apresentar a distinção dos dois institutos mencionados acima: revelia e confissão.

a) **Confissão – A confissão, de acordo com o art. 389 do CPC), ocorre "quando a parte admite a verdade de um fato, contrário ao seu interesse e favorável ao adversário".**

A confissão judicial pode ser espontânea ou provocada, real ou ficta. Nesse último caso, os fatos retratados pelo autor são admitidos verdadeiros por presunção, o que ocorre, por exemplo, quando ausente na audiência a parte que tinha a obrigação de comparecer para depor ou se não apresenta defesa – arts. 344 e 385, § 1º, do CPC.

A confissão é, portanto, um efeito, seja decorrente da ausência da parte à audiência que deveria depor, seja em razão da ausência de defesa, diante da falta de impugnação dos fatos.

A confissão mencionada no *caput* do art. 844 da CLT decorre da ausência do réu à audiência em que deveria depor, já que a lei obrigou seu comparecimento independentemente de seu advogado, diferente do diploma processual civil, que apenas tornou obrigatória a presença da parte quando determinada de ofício pelo Juiz ou requerida pela parte contrária (art. 385 do CPC[33]).

Assim, diante da sua contumácia ao chamamento judicial, a lei trabalhista reservou ao réu severa sanção, considerando verdadeiros os fatos apresentados pelo autor na inicial, que, diante disso, dispensam a produção de prova, salvo nas hipóteses relacionadas nos arts. 844, §4º, da CLT.[34]

---

33. Art. 385 do CPC - Cabe à parte requerer o depoimento pessoal da outra parte, a fim de que esta seja interrogada na audiência de instrução e julgamento, sem prejuízo do poder do juiz de ordená-lo de ofício.

§ 1º Se a parte, pessoalmente intimada para prestar depoimento pessoal e advertida da pena de confesso, não comparecer ou, comparecendo, se recusar a depor, o juiz aplicar-lhe-á a pena.

§ 2º É vedado a quem ainda não depôs assistir ao interrogatório da outra parte.

§ 3º O depoimento pessoal da parte que residir em comarca, seção ou subseção judiciária diversa daquela onde tramita o processo poderá ser colhido por meio de videoconferência ou outro recurso tecnológico de transmissão de sons e imagens em tempo real, o que poderá ocorrer, inclusive, durante a realização da audiência de instrução e julgamento.

34. Art. 844, §4º, da CLT – A revelia não produz o efeito mencionado no caput deste artigo se:

I – havendo pluralidade de reclamados, algum deles contestar a ação;

Embora a limitação dos efeitos da revelia já fosse um entendimento presente na doutrina e na legislação processual civil, inexistia correspondente no processo do trabalho, realidade que terminava por gerar insegurança jurídica.

Como nos adverte Alexandre Câmara[35], "nada impede que o Juiz, dos elementos de prova trazidos aos autos pelo próprio demandante, ou da verificação de que há fatos na causa que são notórios (e que contrariam interesse do demandante), ou ainda que o autor alegou fatos impossíveis, que possam ter por afastada a presunção que se refere o art. 344 do CPC (art. 319 do CPC/73)".

Nesse mesmo sentido, o TST sedimentou o entendimento, através da Súmula n. 74, de que o juiz pode levar em consideração a prova já produzida nos autos, sem, contudo, caracterizar cerceamento de defesa o indeferimento de provas posteriores quando entender, por exemplo, que o ônus era da parte confessa. Vejamos:

> Súmula nº 74 do TST. CONFISSÃO. (atualizada em decorrência do CPC de 2015) – Res. 208/2016, DEJT divulgado em 22, 25 e 26.04.2016.
>
> I – Aplica-se a confissão à parte que, expressamente intimada com aquela cominação, não comparecer à audiência em prosseguimento, na qual deveria depor. (ex-Súmula nº 74 – RA 69/1978, DJ 26.09.1978)
>
> II – A prova pré-constituída nos autos pode ser levada em conta para confronto com a confissão ficta (arts. 442 e 443, do CPC de 2015 – art. 400, I, do CPC de 1973), não implicando cerceamento de defesa o indeferimento de provas posteriores. (ex-OJ nº 184 da SBDI-1 – inserida em 08.11.2000)
>
> III- A vedação à produção de prova posterior pela parte confessa somente a ela se aplica, não afetando o exercício, pelo magistrado, do poder/dever de conduzir o processo.

A introdução do art. 844, §4º, na CLT, realizada pela lei n. 13.467/2017, trata-se de importante inovação, que veio para consolidar definitivamente

---

II – o litígio versar sobre direitos indisponíveis;

III – a petição inicial não estiver acompanhada de instrumento que a lei considere indispensável à prova do ato;

IV – as alegações de fato formuladas pelo reclamante forem inverossímeis ou estiverem em contradição com prova constante dos autos.

Art. 345 do CPC - A revelia não produz o efeito mencionado no art. 344 se:

I – havendo pluralidade de réus, algum deles contestar a ação;

II – o litígio versar sobre direitos indisponíveis;

III – a petição inicial não estiver acompanhada de instrumento que a lei considere indispensável à prova do ato;

I V – as alegações de fato formuladas pelo autor forem inverossímeis ou estiverem em contradição com prova constante dos autos.

35. *Op. cit.*, p. 334.

a restrição dos efeitos da revelia no processo do trabalho. Conforme o dispositivo, mesmo que ausente o reclamado, a revelia não produzirá os seus efeitos em quatro situações, vejamos:

> Art. 844, §4º, da CLT – A revelia não produz o efeito mencionado no caput deste artigo se:
>
> I – havendo pluralidade de reclamados, algum deles contestar a ação;
>
> II – o litígio versar sobre direitos indisponíveis;
>
> III – a petição inicial não estiver acompanhada de instrumento que a lei considere indispensável à prova do ato;
>
> IV – as alegações de fato formuladas pelo reclamante forem inverossímeis ou estiverem em contradição com prova constante dos autos.

De acordo com o CPC, a confissão ficta pode decorrer da ausência de defesa (arts. 344 e 341 do CPC[36]), vez que esta pode ser apresentada em cartório antes da audiência (art. 335 do CPC[37]), ou pela ausência do réu à audiência que deveria comparecer para depor (art. 385, § 1º, do CPC[38]).

---

36. Art. 344 do CPC – Se o réu não contestar a ação, será considerado revel e presumir-se-ão verdadeiras as alegações de fato formuladas pelo autor.

    Art. 341 do CPC - Incumbe também ao réu manifestar-se precisamente sobre as alegações de fato constantes da petição inicial, presumindo-se verdadeiras as não impugnadas, salvo se:

    I – não for admissível, a seu respeito, a confissão;

    II – a petição inicial não estiver acompanhada de instrumento que a lei considerar da substância do ato;

    III – estiverem em contradição com a defesa, considerada em seu conjunto.

    Parágrafo único. O ônus da impugnação especificada dos fatos não se aplica ao defensor público, ao advogado dativo e ao curador especial.

37. Art. 335 do CPC - O réu poderá oferecer contestação, por petição, no prazo de 15 (quinze) dias, cujo termo inicial será a data:

    I – da audiência de conciliação ou de mediação, ou da última sessão de conciliação, quando qualquer parte não comparecer ou, comparecendo, não houver autocomposição;

    II – do protocolo do pedido de cancelamento da audiência de conciliação ou de mediação apresentado pelo réu, quando ocorrer a hipótese do art. 334, § 4o, inciso I;

    III – prevista no art. 231, de acordo com o modo como foi feita a citação, nos demais casos.

    § 1º No caso de litisconsórcio passivo, ocorrendo a hipótese do art. 334, § 6º, o termo inicial previsto no inciso II será, para cada um dos réus, a data de apresentação de seu respectivo pedido de cancelamento da audiência.

    § 2º Quando ocorrer a hipótese do art. 334, § 4º, inciso II, havendo litisconsórcio passivo e o autor desistir da ação em relação a réu ainda não citado, o prazo para resposta correrá da data de intimação da decisão que homologar a desistência.

38. Art. 385 do CPC – Cabe à parte requerer o depoimento pessoal da outra parte, a fim de que esta seja interrogada na audiência de instrução e julgamento, sem prejuízo do poder do juiz de ordená-lo de ofício.

    § 1º Se a parte, pessoalmente intimada para prestar depoimento pessoal e advertida da pena de confesso, não comparecer ou, comparecendo, se recusar a depor, o juiz aplicar-lhe-á a pena.

A confissão decorrente da ausência de defesa é comum no rito ordinário do processo civil, porque ela não é apresentada em audiência. Assim, poderá, diferente do que acontece no Processo do Trabalho, acontecer do réu não apresentar defesa e comparecer à audiência.

Já no Processo do Trabalho, a defesa e o depoimento pessoal do réu foram concentrados na mesma oportunidade – na audiência (arts. 843, 844 e 847[39] da CLT) e, por isso, se confundem, mas são independentes.

A confissão referida no art. 844 decorre da ausência do réu à audiência, nos mesmos moldes do art. 385, § 1º, do CPC, e não da revelia, porque, independentemente da apresentação da defesa, a confissão será aplicada como efeito da contumácia do réu.

Assim, no Processo do Trabalho, a confissão ficta mencionada no art. 844 da CLT não é efeito da revelia e sim da ausência da parte à audiência que estava obrigada a comparecer independentemente de seu advogado (art. 843 da CLT).

b) Revelia

De acordo com o art. 344 do CPC[40], ocorrerá a revelia se "o réu não contestar a ação". De acordo com Alexandre Câmara[41], "em nosso sistema, revelia é, como afirmado anteriormente, ausência de contestação, sendo esta a única situação em que se pode admitir a ocorrência do fato processual da revelia".

Neste sentido, Theotônio Negrão[42] traz a lume o seguinte entendimento:

> "Revel é quem não contesta a ação ou, o que é o mesmo, não a contesta validamente (ex.: contestação fora de prazo ou apresentada por advogado sem mandato, não ratificado posteriormente – cf. art. 13-II). A revelia é o efeito daí decorrente".

Revelia é, portanto, um fato jurídico.

No Processo do Trabalho, a doutrina majoritária e a jurisprudência uniformizada[43] consideram revelia a ausência do réu na audiência inaugu-

---

39. Art. 847 da CLT – Não havendo acordo, o reclamado terá vinte minutos para aduzir sua defesa, após a leitura da reclamação, quando esta não for dispensada por ambas as partes.

40. Art. 344 do CPC – Se o réu não contestar a ação, será considerado revel e presumir-se-ão verdadeiras as alegações de fato formuladas pelo autor.

41. CÂMARA, Alexandre. Lições de DPC, 9 ed., Lumen Juris, 2003. p. 333.

42. NEGRÃO. Theotônio. *Código de Processo Civil e legislação processual em vigor*. 32ª Edição. São Paulo. Editora Saraiva.2001. p. 399.

43. *Súmula Nº 122 do TST*. Revelia. Atestado médico. (incorporada a Orientação Jurisprudencial nº 74 da SDI-1) – Res. 129/2005 – DJ 20.04.05 A reclamada, ausente à audiência em que deveria apresentar defesa, é revel, ainda que presente seu advogado munido de procuração, podendo

ral onde deveria apresentar sua defesa. A consequência processual desse entendimento era não aceitar a defesa, quando o réu estava ausente, mesmo que fosse materialmente apresentada pelo seu advogado presente na referida audiência ou anexada aos autos pelo sistema eletrônico.

Ora, se revelia é ausência do réu à audiência, o que aconteceria na hipótese mencionada por Alexandre Câmara em sua obra, em que o "réu deixe de contestar (permanecendo, pois, revel) e ofereça outra modalidade de resposta, como a reconvenção?". Não haveria, aqui, revelia?

Quando o legislador mencionou, no art. 844, que o "não comparecimento do reclamado importa revelia", estava, por óbvio, referindo-se à hipótese de o réu estar desacompanhado de advogado, já que sua contratação é facultativa e a defesa deveria ser oferecida oralmente, na própria audiência. Assim, se o réu, valendo-se do *jus postulandi*, não comparece para apresentar sua defesa, é, portanto, revel e confesso.

D'outra quadra, se não comparece à audiência, mas constitui advogado, que se apresenta com defesa, não poderia, a nosso ver, ser considerado revel e as matérias de direito, que não restam prejudicadas pela confissão ficta, deveriam ser apreciadas.

Nestes casos, de qualquer modo, repita-se, a "pena de confissão", que implica no reconhecimento de veracidade, por presunção, dos fatos constitutivos alegados pelo autor na inicial, será sempre aplicada, vez que, no Processo do Trabalho, exige-se que as partes estejam presentes à audiência "independentemente do comparecimento de seus representantes" (art. 843 da CLT).

Mesmo que não tenha o condão de impedir a aplicação da pena de confissão, a presença do advogado seria útil, na medida em que poderia alegar, em defesa do réu, matérias de direito, tais como: prescrição, falta de pressupostos processuais e condições da ação ou ainda discutir as consequências jurídicas atribuídas aos fatos constitutivos apresentados na inicial.

Barbosa Moreira[44] enfatiza que a "atuação do advogado, repita-se, é preciosa para efetividade da defesa, quer no plano dos fatos, quer – a *fortiori* – no plano do direito".

Assim, em que pese não frustrar a aplicação da confissão, esta se cinge à matéria fática, que pode restar prejudicada em razão de alegações de matéria jurídica apresentadas pelo réu ou mesmo conhecidas de ofício de Juiz.

---

ser ilidida a **revelia** mediante a apresentação de atestado médico, que deverá declarar, expressamente, a impossibilidade de locomoção do empregador ou do seu preposto no dia da audiência. (Primeira parte – ex-OJ nº 74 – Inserida em 25.11.1996; segunda parte – ex-Súmula nº 122, redação dada pela Res. 121/2003, DJ 21.11.03)

44. MOREIRA, Barbosa. *Direito aplicado II – pareceres*, 2ª edição, Forense. p. 179.

Em memorável parecer, em que analisou a aplicação de uma revelia em um processo trabalhista, o jurista conclui que "afigura-se injustificável a atitude da MM Dra. Juíza, que rejeitou a peça de defesa e frustrou a atividade da advogada".

Em outra passagem, ressaltou o referido professor que, "de outro lado, a incontestável relevância que a participação da advogada poderia assumir, e na verdade assumiria, para a atuação plena do contraditório, entre outras razões porque de fato havia preliminar de prescrição – matéria essencialmente técnica a ser argüida".

Como bem asseverou Fredie Didier[45], "revelia não significa automática vitória do autor na causa, pois os fatos podem não subsumir à regra de direito invocada. Ao revel é permitido, sem impugnar os fatos, tratar, apenas, do direito".

Assim, feria de morte o direito fundamental ao contraditório, assegurado pelo art. 5º, LV, da CF[46], a decisão do Juiz que não admitia que o advogado da empresa revel apresentasse as matérias de direito pertinentes no referido processo.

Ciente dessa realidade, a lei 13.467/2017 inseriu o §5º no art. 844 da CLT, segundo o qual, caso o advogado esteja presente na audiência, mas ausente o reclamado, serão aceitos a contestação e os documentos eventualmente apresentados. Dessa forma, está superada a Súmula 122 do TST, que estabelecia que a reclamada, ausente à audiência em que deveria apresentar defesa, é revel, ainda que presente seu advogado munido de procuração.

Desse modo, em que pese a manutenção do erro histórico de considerar revelia a ausência do reclamado à audiência, descaracterizando um instituto jurídico que se materializa pela ausência de contestação, o legislador corrigiu a nefasta consequência de não se receber a contestação apresentada por advogado legalmente constituído.

Por fim, vale frisar ainda que o art. 346 do CPC[47], o qual passou a admitir a necessidade, caso o réu tenha advogado constituído nos autos, de efetuar a intimação deste na ocorrência de cada ato decisório.

---

45. DIDIER. Fredie. p. 436, *Curso de Direito Processual Civil* – Vol. I, 6ª edição, Juspodivm, p. 436.

46. Art. 5º da CF/88 – Todos são iguais perante a lei, sem distinção de qualquer natureza, garantindo-se aos brasileiros e aos estrangeiros residentes no País a inviolabilidade do direito à vida, à liberdade, à igualdade, à segurança e à propriedade, nos termos seguintes:
LV – aos litigantes, em processo judicial ou administrativo, e aos acusados em geral são assegurados o contraditório e ampla defesa, com os meios e recursos a ela inerentes;

47. Art. 346 do CPC - Os prazos contra o revel que não tenha patrono nos autos fluirão da data de publicação do ato decisório no órgão oficial.

Regra bastante salutar que, entretanto, não se aplica ao Processo do Trabalho, porque o art. 841, §1º, da CLT já trata da matéria, determinando a notificação do revel para tomar conhecimento da sentença, através de notificação postal – art. 852 da CLT[48].

11.4.1.2.1. Postura dos advogados

O advogado do autor deverá requerer a declaração da revelia com a consequente aplicação da pena de confissão com relação à matéria de fato, bem como ficar atento para a regularidade da representação processual do advogado da parte contrária.

Cumprirá ao advogado do réu, primeiramente, requerer o registro da sua presença na ata de audiência e a ratificação da defesa anexada via PJE.

Na hipótese do Juiz indeferir, torna-se imprescindível a arguição de nulidade por cerceamento do direito de defesa, sendo desnecessário, neste momento, outra fundamentação, uma vez que, desde novembro de 2017, o art. 844, §5º, da CLT, assegura expressamente a possibilidade de juntada da contestação e documentos.

Outro requerimento importante é insistir no depoimento pessoal do autor como meio de prova. Este assunto será abordado no capítulo seguinte, mas o objetivo deste requerimento seria obter uma confissão real da parte autora, já que a ausência do réu implica em confissão ficta, que é relativa e pode ser elidida por outras provas e sem dúvida pela confissão real.

11.4.2. Audiência de instrução

A audiência de instrução é considerada aquela em que o Juiz deve conhecer as provas apresentadas pelas partes, após a apresentação da defesa pelo réu, quando se forma a relação jurídica processual e são fixados os limites da lide.

A instrução de um processo pode ocorrer na primeira audiência como idealizou a CLT, mas, não sendo possível, o que normalmente acontece, deverá o Juiz designar nova data, permitindo às partes produzir as provas necessárias à defesa de seus interesses.

Deixando de comparecer quaisquer das partes à audiência de instrução, deverá o juiz, seguindo a regra do art. 385, § 1º do CPC, aplicar a pena

---

Parágrafo único. O revel poderá intervir no processo em qualquer fase, recebendo-o no estado em que se encontrar.

48. Art. 852 da CLT – Da decisão serão os litigantes notificados, pessoalmente, ou por seu representante, na própria audiência. No caso de revelia, a notificação far-se-á pela forma estabelecida no §1º do art. 841.

de confissão, reputando verdadeiros os fatos contrários aos interesses da parte ausente.

Para isso, imprescindível que as partes tenham sido previamente advertidas, como exige o art. 385, § 1º do CPC[49], entendimento há muito consagrado na jurisprudência trabalhista pela Súmula 74 do TST[50].

Mesmo na hipótese de ausência das duas partes, a audiência é realizada, pois, como já ressaltamos, as únicas presenças indispensáveis são as do Juiz e do serventuário (arts. 814 e 815 da CLT[51]). Nessa hipótese, deve o juiz aplicar a pena de confissão ao autor e ao réu, para, em seguida, proferir a sentença, julgando contra aquele que tinha, de acordo com as regras de ônus da prova – que será tratada no capítulo seguinte – a obrigação de provar os fatos.

11.4.2.1. Postura dos advogados

Os advogados devem registrar sua presença na audiência e inicialmente constatar se o cliente foi prévia e expressamente advertido da pena de confissão.

Se esse requisito foi observado, resta insistir no depoimento pessoal da parte contrária, se estiver presente, valendo-se dos mesmos argumentos expostos no item 11.3.1.2.1 deste capítulo.

---

49. Art. 385 do CPC - Cabe à parte requerer o depoimento pessoal da outra parte, a fim de que esta seja interrogada na audiência de instrução e julgamento, sem prejuízo do poder do juiz de ordená-lo de ofício.

§ 1º Se a parte, pessoalmente intimada para prestar depoimento pessoal e advertida da pena de confesso, não comparecer ou, comparecendo, se recusar a depor, o juiz aplicar-lhe-á a pena.

§ 2º É vedado a quem ainda não depôs assistir ao interrogatório da outra parte.

§ 3º O depoimento pessoal da parte que residir em comarca, seção ou subseção judiciária diversa daquela onde tramita o processo poderá ser colhido por meio de videoconferência ou outro recurso tecnológico de transmissão de sons e imagens em tempo real, o que poderá ocorrer, inclusive, durante a realização da audiência de instrução e julgamento.

50. SUM-74 do TST – CONFISSÃO (nova redação do item I e inserido o item III à redação em decorrência do julgamento do processo TST-IUJEEDRR 801385-77.2001.5.02.0017) – Res. 174/2011, DEJT divulgado em 27, 30 e 31.05.2011

I – Aplica-se a confissão à parte que, expressamente intimada com aquela cominação, não comparecer à audiência em prosseguimento, na qual deveria depor. (ex-Súmula nº 74 – RA 69/1978, DJ 26.09.1978)

II – A prova pré-constituída nos autos pode ser levada em conta para confronto com a confissão ficta (art. 400, I, CPC), não implicando cerceamento de defesa o indeferimento de provas posteriores. (ex-OJ nº 184 da SBDI-1 – inserida em 08.11.2000)

III- A vedação à produção de prova posterior pela parte confessa somente a ela se aplica, não afetando o exercício, pelo magistrado, do poder/dever de conduzir o processo.

51. Art. 814 da CLT – Às audiências deverão estar presentes, comparecendo com a necessária antecedência. os escrivães ou secretários.

Art. 815 da CLT – À hora marcada, o juiz ou presidente declarará aberta a audiência, sendo feita pelo secretário ou escrivão a chamada das partes, testemunhas e demais pessoas que devam comparecer.

11.4.3. Razões finais e sentença

Terminada a instrução, mas ainda no curso da audiência, será facultado às partes aduzirem razões finais, como autorizado pelo art. 850 da CLT[52], que podem ser apresentadas oralmente, quando terão 10 minutos, ou por escrito. Em razões finais devem as partes:

- Chamar a atenção do Juiz para pontos importantes, destacando fatos e provas que sejam relevantes para o julgamento da causa;
- Reiterar os atos processuais e especialmente as nulidades arguidas no curso do processo, o que é recomendável que se faça de modo expresso, vez que parte da doutrina e da jurisprudência[53] consideram essa postura indispensável para que a parte possa apresentar, em eventual recurso, a preliminar de nulidade suscitada no momento processual oportuno, na forma do art. 795 da CLT[54].

A sentença, por seu turno, conforme §1º do art. 203 do CPC, é o ato judicial que põe fim à fase cognitiva do procedimento comum, com fundamento nos arts. 485 e 487 do CPC, ou extingue a execução.

---

52. Art. 850 da CLT – Terminada a instrução, poderão as partes aduzir razões finais, em prazo não excedente de 10 (dez) minutos para cada uma. Em seguida, o juiz ou presidente renovará a proposta de conciliação, e não se realizando esta, será proferida a decisão.

53. PROCESSO DO TRABALHO. ARGUIÇÃO DE NULIDADE POR CERCEAMENTO DO DIREITO DE DEFESA. AUSÊNCIA DE PROTESTOS CONTRA O ENCERRAMENTO DA INSTRUÇÃO. NECESSIDADE. PRECLUSÃO. Ocorre preclusão temporal quando, após o encerramento da instrução processual – ato reputado nulo pela parte -, esta não lança protestos em audiência, nem na oportunidade de produção das razões finais, deixando para fazê-lo somente em razões recursais. Recurso improvido." (TRT-6 – RO: 1177200701506004 PE 2007.015.06.00.4, Relator: Virgínio Henriques de Sá e Benevides, Data de Publicação: 27/05/2008). Recurso a que se nega provimento. (Processo: RO – 0000656-20.2018.5.06.0232, Redator: Maria do Carmo Varejão Richlin, Data de julgamento: 28/03/2019, Primeira Turma, Data da assinatura: 02/04/2019).

54. Art. 795 da CLT – As nulidades não serão declaradas senão mediante provocação das partes, as quais deverão argüi-las à primeira vez em que tiverem de falar em audiência ou nos autos.

    §1º – Deverá, entretanto, ser declarada *ex officio* a nulidade fundada em incompetência de foro. Nesse caso, serão considerados nulos os atos decisórios.

    §2º – O juiz ou Tribunal que se julgar incompetente determinará, na mesma ocasião, que se faça remessa do processo, com urgência, à autoridade competente, fundamentando sua decisão.

Capítulo

12

PROVAS

Sumário • 12.1. Conceito – 12.2. Meios de produção de provas: 12.2.1. Prova documental; 12.2.1.1. Da arguição de falsidade documental; 12.2.2. Depoimento pessoal; 12.2.3. Prova técnica ou pericial; 12.2.4. Prova testemunhal; 12.2.5. Prova emprestada; 12.2.5.1. A prova produzida em Inquérito Judicial e sua utilização em processo judicial – 12.3. Ônus da prova. 12.3.1. Regras de Distribuição do ônus da prova – 12.4. A revelia e a produção probatória.

12.1. CONCEITO

É o meio de que se valem as partes para confirmar ou infirmar fatos que apresentam efeitos jurídicos relevantes para o julgamento da causa.

Para Amador Paes de Almeida[1], é "tudo aquilo que positiva a veracidade de uma proposição ou a realidade de um fato".

É na fase da instrução do processo que se possibilita a cognição dos fatos que fundamentam as pretensões.

Como esclarece Fredie Didier[2], "toda pretensão tem por fundamento um fato, que, futuramente, será reconhecido pelo juiz, dele extraindo suas consequências jurídicas. Para poder prolatar a sentença, o juiz precisa convencer-se da existência ou inexistência dos fatos alegados pelas partes (fato principal da pretensão e os fatos impeditivos, modificativos e extintivos de direitos, alegados pela parte ré). A norma jurídica para incidir precisa de um suporte fático; prová-lo é o ônus das partes."

Essas fases do processo iniciam e encerram a cognição e podem acontecer em uma única audiência ou em várias.

1. ALMEIDA, Amador Paes. *CLT comentada: legislação: doutrina: jurisprudência*. São Paulo: Saraiva, 2003.
2. In *Direito Processual Civil*: Tutela jurisdicional individual e coletiva. 5. ed. Salvador: Juspodivm, 2005. p. 459.

Assim, deverão as partes preocupar-se com a prova de suas alegações, para que sejam conhecidas e examinadas pelo Juiz para proferir sua decisão.

12.2. MEIOS DE PRODUÇÃO DE PROVAS

De acordo com o art. 369 do CPC[3], vigora a regra geral de que todos os meios lícitos serão admitidos, contudo, os mais comuns são: documental, depoimento pessoal, pericial e testemunhal.

De acordo com João Batista Lopes,[4] o referido dispositivo dispõe que "as partes poderão valer-se de quaisquer instrumentos ou expedientes moralmente legítimos, ainda que não previstos expressamente na lei".

Excepcionalmente, até mesmo as provas obtidas por meio ilícito, quando não puderem ser obtidas de outro modo, são admitidas, como entendeu o STJ[5].

12.2.1. Prova documental

A prova escrita ou documental deve acompanhar a petição inicial (art. 787 da CLT[6]) e a defesa (art. 845 da CLT[7]), evitando causar surpresa à parte contrária, em respeito ao princípio da lealdade processual.

Só em caráter de contraprova, no caso do autor, ou nas hipóteses de documentos novos (art. 435 do CPC[8]), é que deverão ser admitidos após a fixação dos limites da lide.

---

3. Art. 369 do CPC - As partes têm o direito de empregar todos os meios legais, bem como os moralmente legítimos, ainda que não especificados neste Código, para provar a verdade dos fatos em que se funda o pedido ou a defesa e influir eficazmente na convicção do juiz.
4. LOPES, João Batista. *A prova no direito processual civil*, ed. Revista dos Tribunais, p. 95.
5. *"A gravação da conversa de um dos interlocutores não configura interceptação, sendo lícita como prova no processo penal, aplicando-se, nesse caso, o* princípio da proporcionalidade, que permite o detrimento de alguns direitos para que prevaleçam outros de maior valor." *(STJ, RHC, 7216/SP, 5ª. T., RT n. 755/580)*
6. Art. 787 da CLT – A reclamação escrita deverá ser formulada em 2 (duas) vias e desde logo acompanhada dos documentos em que se fundar.
7. Art. 845 da CLT – O reclamante e o reclamado comparecerão à audiência acompanhados das suas testemunhas, apresentando, nessa ocasião, as demais provas.
8. Art. 435 do CPC - É lícito às partes, em qualquer tempo, juntar aos autos documentos novos, quando destinados a fazer prova de fatos ocorridos depois dos articulados ou para contrapô-los aos que foram produzidos nos autos.

   Parágrafo único. Admite-se também a juntada posterior de documentos formados após a petição inicial ou a contestação, bem como dos que se tornaram conhecidos, acessíveis ou disponíveis após esses atos, cabendo à parte que os produzir comprovar o motivo que a impediu de juntá-los anteriormente e incumbindo ao juiz, em qualquer caso, avaliar a conduta da parte de acordo com o art. 5º.

Na prática, os juízes costumam admitir a juntada de documentos até o final da instrução processual, evitando arguições de nulidade. De qualquer modo, é sempre conveniente justificar a juntada extemporânea dos documentos, pois o correto seria não permitir sua apresentação fora das hipóteses acima indicadas.

Mauro Schiavi[9] defende que, no processo do trabalho, os documentos "podem ser juntados até o término da instrução processual por interpretação sistemática do arts. 320 e 321 do CPC em cotejo com o art. 845 da CLT e também em razão dos princípios do acesso efetivo e real à Justiça do Trabalho, a uma ordem jurídica justa e também em razão da busca da verdade real".

Rodrigues Pinto[10] entende que a CLT não foi expressa neste sentido, mas, ainda assim, sustenta que "enquanto esta disciplina salutar e indispensável não for efetivamente imposta pela norma jurídica, urge que o juiz responsável pela direção do processo a implante, por via interpretativa, forçando, inclusive, a uniformização da jurisprudência, pela via sumular do TST".

Os documentos devem ser apresentados no original, em cópia autenticada ou ainda em cópias simples, mas, nesta última hipótese, para que sejam admitidos, devem ser declarados autênticos pelo advogado, na forma estabelecida pelo art. 830 da CLT[11]..

Os Tribunais Trabalhistas, de modo acertado, já flexibilizavam esta regra, especialmente nos casos de documentos comuns às partes ou de simples impugnação formal, sem qualquer resistência ao seu conteúdo.

> OJ nº 36 da SDI-I do TST – 36. INSTRUMENTO NORMATIVO. CÓPIA NÃO AUTENTICADA. DOCUMENTO COMUM ÀS PARTES. VALIDADE. (título alterado e inserido dispositivo, DJ 20.04.05) O instrumento normativo em cópia não autenticada possui valor probante, desde que não haja impugnação ao seu conteúdo, eis que se trata de documento comum às partes.
>
> AGRAVO DE INSTRUMENTO. RECURSO DE REVISTA. 1. PRELIMINAR DE NULIDADE DOACÓRDÃO RECORRIDO POR NEGATIVA DE PRESTAÇÃO JURISDICIONAL. OFENSA AOS ARTIGOS 832 DA CLT E 93, IX, DA CONSTITUIÇÃO DE 1988. [...]. 4. PCCS. CÓPIAS. AUTENTICAÇÃO. Tratando-se de documento comum às partes, resta mitigada a previsão do artigo 830 da CLT, máxime quando não há discordância do conteúdo. Nesse sentido a OJSBDI1 de nº 36 do TST.

---

9. SCHIAVI, Mauro. Manual de Direito Processual do Trabalho. São Paulo: Editora LTr, 2018, p. 779.
10. In *Processo Trabalhista de Conhecimento*. 6ª edição. São Paulo: LTr, 2001.p. 375.
11. Art. 830 da CLT. O documento em cópia oferecido para prova poderá ser declarado autêntico pelo próprio advogado, sob sua responsabilidade pessoal.

    Parágrafo único. Impugnada a autenticidade da cópia, a parte que a produziu será intimada para apresentar cópias devidamente autenticadas ou o original, cabendo ao serventuário competente proceder à conferência e certificar a conformidade entre esses documentos.

Esta relativização era necessária e justificável, vez que, quando este artigo entrou em vigor em 1943, ainda não existiam as máquinas copiadoras capazes de reproduzir, com perfeição, a cópia do documento original.

De qualquer modo, é mais seguro e recomendável, na hipótese de apresentação de documentos em cópia sem autenticação na fase de conhecimento do processo, reservar-se no direito de exibir os originais na hipótese de impugnação pela parte contrária.

No processo judicial eletrônico, o §1º, do art. 11, da Lei n. 11.419/2006[12], mantém a determinação no sentido de que os documentos eletrônicos, inclusive os anexados pelos advogados, terão a mesma força probante dos originais, salvo na hipótese de alegação motivada e fundamentada de adulteração.

O §5º da mencionada Lei determina que quando os documentos não puderem ser digitalizados, seja por motivo de ilegibilidade seja em razão do grande volume, deverão ser apresentados na secretaria no prazo de 10 dias contados do envio da petição eletrônica comunicando o fato, e serão devolvidos após o trânsito em julgado.[13]

---

12. Art. 11. Os documentos produzidos eletronicamente e juntados aos processos eletrônicos com garantia da origem e de seu signatário, na forma estabelecida nesta Lei, serão considerados originais para todos os efeitos legais.

    § 1º Os extratos digitais e os documentos digitalizados e juntados aos autos pelos órgãos da Justiça e seus auxiliares, pelo Ministério Público e seus auxiliares, pelas procuradorias, pelas autoridades policiais, pelas repartições públicas em geral e por advogados públicos e privados têm a mesma força probante dos originais, ressalvada a alegação motivada e fundamentada de adulteração antes ou durante o processo de digitalização.

    § 2º A argüição de falsidade do documento original será processada eletronicamente na forma da lei processual em vigor.

    § 3º Os originais dos documentos digitalizados, mencionados no § 2º deste artigo, deverão ser preservados pelo seu detentor até o trânsito em julgado da sentença ou, quando admitida, até o final do prazo para interposição de ação rescisória.

    § 4º (VETADO)

    § 5º Os documentos cuja digitalização seja tecnicamente inviável devido ao grande volume ou por motivo de ilegibilidade deverão ser apresentados ao cartório ou secretaria no prazo de 10 (dez) dias contados do envio de petição eletrônica comunicando o fato, os quais serão devolvidos à parte após o trânsito em julgado.

    § 6º Os documentos digitalizados juntados em processo eletrônico estarão disponíveis para acesso por meio da rede externa pelas respectivas partes processuais, pelos advogados, independentemente de procuração nos autos, pelos membros do Ministério Público e pelos magistrados, sem prejuízo da possibilidade de visualização nas secretarias dos órgãos julgadores, à exceção daqueles que tramitarem em segredo de justiça.

    § 7º Os sistemas de informações pertinentes a processos eletrônicos devem possibilitar que advogados, procuradores e membros do Ministério Público cadastrados, mas não vinculados a processo previamente identificado, acessem automaticamente todos os atos e documentos processuais armazenados em meio eletrônico, desde que demonstrado interesse para fins apenas de registro, salvo nos casos de processos em segredo de justiça.

13. Art. 19 da Res 136/14 do CSJT – Os documentos produzidos eletronicamente, os extratos digitais, os documentos digitalizados e juntados aos autos pelos órgãos da Justiça do Trabalho e seus

Neste sentido, temos recente julgado do TST abaixo indicado:

> A) AGRAVO DE INSTRUMENTO EM RECURSO DE REVISTA. RITO SUMARÍSSIMO. PETICIONAMENTO ELETRÔNICO. CERCEAMENTO DE DEFESA. JUNTADA DE DVD EM AUDIÊNCIA. PJE. Diante de possível violação do art. 5º, LV, da CF, impõe-se prover o agravo de instrumento para determinar o prosseguimento do recurso de revista. Agravo de instrumento conhecido e provido. B) RECURSO DE REVISTA. PETICIONAMENTO ELETRÔNICO. CERCEAMENTO DE DEFESA. JUNTADA DE DVD EM AUDIÊNCIA. PJE. O Tribunal a quo asseverou que cabia à reclamada transformar o arquivo o qual pretendia juntar em formato compatível com o PJE, ônus do qual não se desincumbiu. Concluiu, portanto, que a tentativa de juntada da filmagem em audiência revelou-se tardia, importando em preclusão do ato. Contudo, a garantia constitucional da ampla defesa assegura a produção de todos os meios de prova legais e moralmente legítimos, como expressão máxima do devido processo legal. In casu, consta do voto vencido a informação de que, segundo o diretor de Tecnologia de Informação do Regional, "o PJE não tinha capacidade para receber digitalmente vídeo e voz", como o DVD objeto da controvérsia. Nesse passo, conclui-se que, diante da constatação de incapacidade técnica do PJE de receber o DVD, o juízo de origem deveria tê-lo recebido em audiência, conforme pleiteado pela reclamada, nos termos do art. 11, § 5º, da lei 11.419/2006, razão pela qual resta caracterizado o cerceamento ao direito de defesa assegurado no art. 5º, LV, da CF. Recurso de revista conhecido e provido. (Processo nº TST-RR-484-45.2013.5.08.0120, Relatora Ministra Dora Maria da Costa, 8ª Turma, Data de Julgamento: 19/08/2015, Data de Publicação: 04/09/2015).

Por fim, ressalte-se que os documentos reputados manifestamente impertinentes pelo juízo terão sua visualização tornada indisponível por expressa decisão judicial[14].

A apresentação de documentos na fase recursal somente é admitida nas hipóteses de: "prova do justo impedimento para sua oportuna apresentação ou se referir a fato posterior à sentença", de acordo com o entendimento há muito tempo uniformizado pelo TST (Súmula 08[15]).

---

auxiliares, pelos membros do Ministério Público do Trabalho, pelas procuradorias e por advogados têm a mesma força probante dos originais, ressalvada a alegação motivada e fundamentada de adulteração.

§ 4º Os documentos cuja digitalização mostre-se tecnicamente inviável devido ao grande volume, tamanho/formato ou por motivo de ilegibilidade deverão ser apresentados em secretaria no prazo de 10 (dez) dias, contados do envio de petição eletrônica comunicando o fato. Após o trânsito em julgado, os referidos documentos serão devolvidos, incumbindo-se à parte preservá-los até o final do prazo para propositura de ação rescisória, quando admitida.

14. Art. 21 da Res 136/14 do CSJT – Os documentos juntados eletronicamente em autos digitais e reputados manifestamente impertinentes pelo Juízo poderão ter sua visualização tornada indisponível por expressa determinação judicial, observado o contraditório.

15. SUM-8 do TST – JUNTADA DE DOCUMENTO (mantida) – Res. 121/2003, DJ 19, 20 e 21.11.2003
A juntada de documentos na fase recursal só se justifica quando provado o justo impedimento para sua oportuna apresentação ou se referir a fato posterior à sentença.

Os tribunais não são nada tolerantes com relação à apresentação de guias de recolhimento de despesas processuais em cópias sem autenticação (Súmula 415 do TST e OJ 84 da SDI-II do TST[16]), bem como as peças que formam o Mandado de Segurança e a Ação Rescisória, que também devem estar autenticadas, sob pena de indeferimento liminar desses remédios processuais.

12.2.1.1. Da arguição de falsidade documental

É perfeitamente compatível com o processo do trabalho a arguição de falsidade documental a que se refere o art. 430 do CPC, devendo a parte interessada suscitá-la na primeira oportunidade de falar nos autos após a ciência do documento que considere "falso", nas hipóteses dos arts. 427 e 428 do CPC.

Assim, sempre que for apresentado, no processo, documento falso, seja quanto à forma, seja quanto ao seu conteúdo, poderá a parte, contra quem foi produzido o documento, arguir a falsidade documental, que pode ser material ou ideológica.

Rodrigues Pinto[17] assevera que a distinção entre estes dois tipos de falsidade é sutil, complementando que:

> "A material diz respeito ao documento em seu significado *extrínseco* ou *exterior*. A ideológica diz respeito à *substância* do ato que o documento apenas exterioriza. Portanto, atinge o próprio documento em seu sentido *intrínseco* ou *interior*". (grifos do autor).

---

16. Súmula nº 415 do TST. MANDADO DE SEGURANÇA. PETIÇÃO INICIAL. ART. 321 DO CPC DE 2015. ART. 284 DO CPC DE 1973. INAPLICABILIDADE. (atualizada em decorrência do CPC de 2015) – Res. 208/2016, DEJT divulgado em 22, 25 e 26.04.2016. Exigindo o mandado de segurança prova documental pré-constituída, inaplicável o art. 321 do CPC de 2015 (art. 284 do CPC de 1973) quando verificada, na petição inicial do "mandamus", a ausência de documento indispensável ou de sua autenticação. (ex-OJ nº 52 da SBDI-2 – inserida em 20.09.2000).

    OJ 84 da SDI-2 do TST – AÇÃO RESCISÓRIA. AUSÊNCIA DA DECISÃO RESCINDENDA E/OU DA CERTIDÃO DE SEU TRÂNSITO EM JULGADO DEVIDAMENTE AUTENTICADAS. CONCESSÃO DE PRAZO PARA COMPLEMENTAÇÃO DA DOCUMENTAÇÃO. (alterada em decorrência do CPC de 2015) - Res. 220/2017, DEJT divulgado em 21, 22 e 25.09.2017.

    São peças essenciais para o julgamento da ação rescisória a decisão rescindenda e/ou a certidão do seu trânsito em julgado, devidamente autenticadas, à exceção de cópias reprográficas apresentadas por pessoa jurídica de direito público, a teor do art. 24 da Lei nº 10.522/2002, ou declaradas autênticas pelo advogado na forma do artigo 830 da CLT com a redação dada pela Lei nº 11.925/2009. Em fase recursal, verificada a ausência de qualquer delas, cumpre ao Relator do recurso ordinário conceder o prazo de 5 (cinco) dias ao recorrente para que seja complementada a documentação exigível, nos termos do art. 932, parágrafo único, do CPC de 2015.

17. PINTO, José Augusto Rodrigues. *Processo Trabalhista de Conhecimento*. 6ª ed. São Paulo: LTr, 2001. p. 383.

Segundo o art. 430 do CPC, aplicável de forma subsidiária ao processo do trabalho por força do art. 769 da CLT, a falsidade documental deve ser suscitada na contestação, na réplica ou no prazo de quinze dias, contado a partir da intimação da juntada do documento aos autos. Assim, a legislação processual civil, como já ocorria na *praxe* processual trabalhista, não mais exige a arguição de falsidade documental através de incidente processual com suspensão do feito. Com o Código de Processo Civil de 2015, agora perfeitamente compatível ao processo do trabalho, a falsidade do documento pode ser suscitada por simples requerimento, sendo processada simultaneamente e nos mesmos autos da demanda principal.

De acordo com o art. 431 do CPC, a parte que arguir a falsidade deverá expor os motivos em que funda a sua pretensão e os meios com que provará o alegado. Após a oitiva da parte contrária no prazo de 15 dias, o magistrado deverá determinar a realização de exame pericial quando se tratar de falsidade material, nos termos do art. 432 do CPC[18], que somente não será realizado nos casos de falsidade ideológica ou quando a parte que produziu o documento alvo da controvérsia concordar em retirá-lo dos autos.

Quando a falsidade do documento for suscitada como questão principal, a declaração do magistrado sobre o assunto constará da parte dispositiva da sentença e sobre ela incidirá também a autoridade da coisa julgada (art. 433 do CPC). *A contrario sensu*, nas demais hipóteses, não haverá que se falar em coisa julgada.

12.2.2. Depoimento pessoal

No Processo Civil, diante da regra expressa prevista no art. 385 do CPC[19], têm as partes o direito de requerer, como meio de prova, o depoi-

---

18. Art. 432 do CPC - Depois de ouvida a outra parte no prazo de 15 (quinze) dias, será realizado o exame pericial.

    Parágrafo único. Não se procederá ao exame pericial se a parte que produziu o documento concordar em retirá-lo.

19. Art. 385 do CPC - Cabe à parte requerer o depoimento pessoal da outra parte, a fim de que esta seja interrogada na audiência de instrução e julgamento, sem prejuízo do poder do juiz de ordená-lo de ofício.

    § 1º Se a parte, pessoalmente intimada para prestar depoimento pessoal e advertida da pena de confesso, não comparecer ou, comparecendo, se recusar a depor, o juiz aplicar-lhe-á a pena.

    § 2º É vedado a quem ainda não depôs assistir ao interrogatório da outra parte.

    § 3º O depoimento pessoal da parte que residir em comarca, seção ou subseção judiciária diversa daquela onde tramita o processo poderá ser colhido por meio de videoconferência ou outro recurso tecnológico de transmissão de sons e imagens em tempo real, o que poderá ocorrer, inclusive, durante a realização da audiência de instrução e julgamento.

mento pessoal do seu adversário, com o propósito de obter uma confissão, o que dispensaria a produção de outras provas (art. 374, II do CPC)[20].

No Processo do Trabalho, existe uma grande controvérsia doutrinária e jurisprudencial a respeito da admissibilidade deste meio de prova.

A dúvida traz repercussões práticas quando o Juiz entende desnecessário o interrogatório das partes ou decide ouvir apenas uma delas.

A confusão decorre da interpretação conferida ao art. 848 da CLT, que dispõe: "Terminada a defesa, seguir-se-á a instrução do processo, podendo o presidente, *ex officio* ou a requerimento de qualquer juiz temporário, interrogar os litigantes".

Para alguns juristas, de acordo com o referido dispositivo, a CLT previu apenas a faculdade do juiz interrogar as partes. E isso realmente ocorre, pois o Juiz é livre para interrogar os litigantes, já que a lei não lhe impõe esta obrigação.

Mas essa faculdade processual de proceder ao interrogatório não pode ser confundida com o direito processual das partes de valerem-se do depoimento pessoal como meio de prova.

Em nossa opinião, a CLT foi omissa e, se não autorizou expressamente, também não proibiu a produção deste meio de prova, lícito e previsto em lei.

O professor Rodrigues Pinto[21] entende que apenas o interrogatório se compatibiliza com o Processo do Trabalho. Entende que, no CPC, há previsão expressa autorizando que a parte exija, como meio de prova, o depoimento pessoal da parte contrária. De acordo com o professor, diante da diversidade de natureza jurídica, só é admissível a convivência entre as duas figuras se o ordenamento expressamente permitir.

Divergimos do Mestre, pois se a regra geral é de se admitir todos os meios de prova lícitos previstos em lei, esta proibição, como qualquer regra restritiva de direitos, deve ser expressa e não pode decorrer de interpretação do aplicador da lei.

Vale ressaltar, ainda, que a própria CLT, no art. 819[22], refere-se ao depoimento pessoal do estrangeiro, sendo inadmissível pensar que apenas em relação a este tal meio de prova seja admissível.

---

20. Art. 374 do CPC – Não dependem de prova os fatos:
    II – afirmados por uma parte e confessados pela parte contrária;
21. PINTO, José Augusto Rodrigues. *Processo Trabalhista de Conhecimento*. 6 ed. São Paulo: LTr, 2001. p. 362.
22. Art. 819 da CLT – O depoimento das partes e testemunhas que não souberem falar a língua nacional será feito por meio de intérprete nomeado pelo juiz ou presidente.
    §1º – Proceder-se-á da forma indicada neste artigo, quando se tratar de surdo-mudo, ou de mudo que não saiba escrever.

Ademais, podemos dizer que, em algumas situações, este será o único meio de prova de que disporá a parte, diante de uma eventual dificuldade em produzir prova testemunhal ou documental de determinado fato, de modo que se estaria violando o direito à ampla defesa das partes.

Fredie Didier[23] destaca que a produção de prova é um direito fundamental, derivado dos princípios do contraditório e do acesso à justiça e, neste sentido, transcreve um texto de Marinoni, para quem "de nada adianta, de fato, garantir uma participação que não possibilite o uso efetivo, por exemplo, dos meios necessários à demonstração das alegações. O direito à prova é resultado da necessidade de se garantir ao cidadão a adequada participação no processo".

Portanto, não vemos conflito algum entre os dois institutos e também divergimos da parte da doutrina que sustenta a incompatibilidade com o princípio da celeridade.

Realmente, em algumas situações, o depoimento pessoal das partes pode ser inútil e implicar uma maior duração da audiência, mas ninguém pode deixar de reconhecer que, em tantos outros casos, a confissão obtida através desse meio de prova é responsável pela abreviação de uma longa instrução, considerando que a confissão dispensa a produção de prova testemunhal[24] (art. 374, II do CPC)[25].

Isso sem esquecer que a confissão, mesmo que não seja mais considerada a "rainha das provas", ainda é o meio mais seguro de se obter um resultado justo, na busca de uma verdade "mais próxima" da real.

Assim, entendemos que a faculdade do juiz não subtrai da parte o direito de requerer o depoimento pessoal como meio de prova dos fatos alegados.

Com efeito, a possibilidade que é dada ao juiz de exercitar ou não o interrogatório deve ser balizada de forma a não impedir a produção de prova, consubstanciada, repita-se, no depoimento prestado pela parte adversa.

O TST tem vacilado, entretanto, sobre ser ou não uma faculdade do juiz a oitiva das partes, sem que o indeferimento do pedido de depoimento

---

§ 2º As despesas decorrentes do disposto neste artigo correrão por conta da parte sucumbente, salvo se beneficiária de justiça gratuita.

23. *Op. cit.*, p. 463/464.

24. Até três testemunhas, no rito ordinário – art. 821 da CLT – e duas no rito sumaríssimo – §2º do art. 852-H da CLT.

25. Art. 374 do CPC - Não dependem de prova os fatos:

II – afirmados por uma parte e confessados pela parte contrária;

pessoal da parte contrária acarrete cerceamento do direito de defesa, senão vejamos:

> AGRAVO DE INSTRUMENTO EM RECURSO DE REVISTA. HORAS IN ITINERE. INTERVALO INTRAJORNADA. NÃO ATENDIMENTO DOS REQUISITOS DO ART. 896, § 1.º-A, DA CLT. Dentre as inovações inseridas na sistemática recursal trabalhista pela Lei n.º 13.015/2014, consta, expressa e literalmente, sob pena de não conhecimento do Recurso de Revista, a exigência de que a parte proceda à transcrição do trecho da decisão impugnada que consubstancia o prequestionamento da matéria impugnada no Apelo. Não atendida a exigência, o Recurso não merece processamento. CERCEAMENTO DE DEFESA. OITIVA DA PARTE ADVERSA. INDEFERIMENTO. Embora ao litigante seja assegurado o exercício da garantia constitucional do contraditório e da ampla defesa, prevista no art. 5.º, LV, da CF/88, tal possibilidade encontra-se limitada pelas normas processuais que regem a matéria, razão pela qual não há de se falar que a dispensa da oitiva da parte adversa, pelo Juiz, in casu, caracterize ofensa ao princípio em questão. Precedentes. Agravo de Instrumento conhecido e não provido. (AIRR – 21-23.2017.5.06.0281, Relatora Ministra: Maria de Assis Calsing, Data de Julgamento: 23/05/2018, 4ª Turma, Data de Publicação: DEJT 25/05/2018)

> RECURSO DE REVISTA INTERPOSTO NA VIGÊNCIA DA LEI Nº 13.015/2014. CERCEAMENTO DO DIREITO DE DEFESA. INDEFERIMENTO DO DEPOIMENTO PESSOAL DOS RECLAMADOS. RENOVAÇÃO DE PROTESTOS NAS RAZÕES FINAIS. DESNECESSIDADE. CERCEAMENTO CONFIGURADO. O Tribunal Regional entendeu que, apesar dos protestos do reclamante em audiência quanto ao indeferimento do depoimento dos reclamados, a nulidade por cerceamento de defesa não foi trazida nas razões finais do reclamante, motivo pelo qual o Tribunal considerou preclusa a alegação em recurso ordinário. Entretanto, nos termos do artigo 795 da CLT, tem-se que a parte deve arguir a nulidade na primeira vez em que tiver oportunidade de falar, seja em audiência, seja nos autos, não havendo exigência legal para que os protestos sejam renovados nas razões finais. Precedentes. No mais, extrai-se, da decisão regional, que, devido à ausência do reclamante na audiência de instrução, foi-lhe aplicada a sanção processual de confissão quanto à matéria de fato. Assim, sendo confesso o reclamante, o Regional concluiu que não se justificaria a oitiva das reclamadas. Ressalta-se que o reclamante tinha o direito constitucional e legalmente assegurado de tentar obter a confissão dos reclamados no seu depoimento pessoal. Esclarece-se que, uma vez ouvidos os reclamados, caso eles tivessem confessado, as duas confissões – real e ficta – seriam anuladas, devendo os pedidos iniciais ser julgados pelas instâncias ordinárias com base na distribuição legal do ônus da prova entre os litigantes. Nota-se que, se não houvesse o efeito da confissão ficta sido aplicado somente ao reclamante, o ônus de provar que o trabalho realizado pelo empregado externamente não tinha controle de horário nem fiscalização seria dos reclamados. Desse modo, o indeferimento do pedido de oitiva das reclamadas inquina de nulidade a sentença, por cerceamento do direito do reclamante de produzir prova, verificando-se o prejuízo por ele suportado na circunstância de ter sido impedido de produzir prova oral por meio da qual pretendia demonstrar a veracidade de suas alegações (precedentes). Recurso de revista conhecido e provido. (RR – 2552-30.2014.5.02.0433, Relator Ministro: José Roberto Freire Pimenta, Data de Julgamento: 16/05/2018, 2ª Turma, Data de Publicação: DEJT 25/05/2018)

Entendemos, por outro lado que, sempre que o juiz indeferir, sem justificativa plausível, o depoimento pessoal da parte contrária, estará maculando o processo, por cerceamento do direito de defesa, que poderá implicar na sua nulidade a partir daquele ato.

Essa nulidade deve ser arguida pela parte prejudicada na primeira oportunidade de falar, seja na audiência, seja nos autos, sob pena de preclusão. Isso permitirá à parte, se houver comprovado prejuízo, recorrer de tal decisão, na preliminar de seu recurso ordinário, que, se acolhida pelo Tribunal, implicará na declaração de nulidade de todos os atos posteriores – ressalvados aqueles que possam ser aproveitados, com o retorno dos autos à vara de origem, assegurando a produção da prova.

12.2.3. Prova técnica ou pericial

Sempre que o juiz precisar de dados que dependam de conhecimentos especializados, poderá determinar a produção desta prova, que também poderá ser requerida pelas partes.

Rodrigues Pinto[26] adverte que "em tese, a prova técnica é conflitante com a celeridade e a economia de que o direito do trabalho é tão cioso". Assim, defende o consagrado professor a aplicação da diretriz traçada pelo art. 464 do CPC[27], no sentido de somente se admitir o referido meio de prova quando absolutamente necessário.

A CLT não tem uma regulamentação própria ou completa. A Lei 5.584/70, no seu art. 3º[28], faz referência aos peritos, assim como os arts. 852-H, §4º, e 879, §6º, ambos da CLT.

---

26. PINTO, José Augusto Rodrigues. Processo Trabalhista de Conhecimento. São Paulo: LTr, 2001. 6ª edição, Cap. 22, p.393.

27. Art. 464 do CPC – A prova pericial consiste em exame, vistoria ou avaliação.

§ 1º O juiz indeferirá a perícia quando:

I – a prova do fato não depender de conhecimento especial de técnico;

II – for desnecessária em vista de outras provas produzidas;

III – a verificação for impraticável.

§ 2º De ofício ou a requerimento das partes, o juiz poderá, em substituição à perícia, determinar a produção de prova técnica simplificada, quando o ponto controvertido for de menor complexidade.

§ 3º A prova técnica simplificada consistirá apenas na inquirição de especialista, pelo juiz, sobre ponto controvertido da causa que demande especial conhecimento científico ou técnico.

§ 4º Durante a arguição, o especialista, que deverá ter formação acadêmica específica na área objeto de seu depoimento, poderá valer-se de qualquer recurso tecnológico de transmissão de sons e imagens com o fim de esclarecer os pontos controvertidos da causa.

28. Art. 3º da Lei 5584/70 – Os exames periciais serão realizados por perito único designado pelo Juiz, que fixará o prazo para entrega do laudo.

Parágrafo único. Permitir-se-á a cada parte a indicação de um assistente, cujo laudo terá que ser apresentado no mesmo prazo assinado para o perito, sob pena de ser desentranhado dos autos.

O §4º do art. 852-H da CLT, ao tratar do procedimento sumaríssimo, estabelece que "somente quando a prova do fato o exigir, ou for legalmente imposta, será deferida prova técnica, incumbindo ao juiz, desde logo, fixar o prazo, o objeto da perícia e nomear perito". Já o §6º do art. 879 da CLT[29] prevê a possibilidade do juiz nomear perito para a elaboração de cálculos de liquidação complexos.

Contudo, nenhum dos artigos acima aludidos, efetivamente, tratam integralmente do procedimento, o que implica, necessariamente, a aplicação dos arts. 464 a 480 do CPC.

Como esclarece Rodrigues Pinto, "de novidade, na matéria, só é possível apontar-se o §6º do citado art. 852-D da CLT[30], que fixa o prazo comum de cinco dias para manifestação das partes sobre o laudo que vier a ser apresentado pelo perito".

Em outros casos, deve o juiz estar atento para evitar manobras protelatórias, já que a realização de perícia demanda, via de regra, bastante tempo e, assim, choca-se com o princípio da celeridade.

Em algumas situações, expressamente previstas em lei, este tipo de prova é indispensável. É o que acontece na hipótese de levantamento de áreas insalubres ou periculosas, como exige o art. 195 da CLT.[31]

No Processo do Trabalho é comum a realização de perícia médica, contábil e especialmente para identificação de áreas insalubres ou perigosas.

---

29. Art. 879 da CLT – Sendo ilíquida a sentença exeqüenda, ordenar-se-á, previamente, a sua liquidação, que poderá ser feita por cálculo, por arbitramento ou por artigos. (Redação dada pela Lei nº 2.244, de 23.6.1954)

    § 6º Tratando-se de cálculos de liquidação complexos, o juiz poderá nomear perito para a elaboração e fixará, depois da conclusão do trabalho, o valor dos respectivos honorários com observância, entre outros, dos critérios de razoabilidade e proporcionalidade. (Incluído pela Lei nº 12.405, de 2011).

30. Art. 852-D da CLT – O juiz dirigirá o processo com liberdade para determinar as provas a serem produzidas, considerado o ônus probatório de cada litigante, podendo limitar ou excluir as que considerar excessivas, impertinentes ou protelatórias, bem como para apreciá-las e dar especial valor às regras de experiência comum ou técnica.

31. Art. 195 da CLT – A caracterização e a classificação da insalubridade e da periculosidade, segundo as normas do Ministério do Trabalho, far-se-ão através de perícia a cargo de Médico do Trabalho ou Engenheiro do Trabalho, registrados no Ministério do Trabalho.

    §1º – É facultado às empresas e aos sindicatos das categorias profissionais interessadas requererem ao Ministério do Trabalho a realização de perícia em estabelecimento ou setor deste, com o objetivo de caracterizar e classificar ou delimitar as atividades insalubres ou perigosas.

    §2º – Argüida em juízo insalubridade ou periculosidade, seja por empregado, seja por Sindicato em favor de grupo de associado, o juiz designará perito habilitado na forma deste artigo, e, onde não houver, requisitará perícia ao órgão competente do Ministério do Trabalho.

    §3º – O disposto nos parágrafos anteriores não prejudica a ação fiscalizadora do Ministério do Trabalho, nem a realização ex officio da perícia.

O procedimento, que começa com a nomeação do perito indicado pelo Juízo, é bastante simples. As partes podem impugnar a nomeação (art. 467 do CPC[32]), apresentar quesitos e indicar assistentes técnicos (peritos assistentes).

Em casos mais complexos, que abranjam mais de uma área de conhecimento especializado, o magistrado poderá designar mais de um perito e parte indicar mais de um assistente técnico, por aplicação do art. 475 do CPC[33] ao processo do trabalho, mesmo que o art. 3º da lei 5.584/70 preveja a realização da perícia por um único perito.

No mesmo sentido, Mauro Schiavi[34] defende que "embora diga o parágrafo único do art. 3º da Lei n. 5.584/70 que a perícia deve ser realizada, no processo do trabalho, por perito único, pensamos não haver incompatibilidade de, em casos excepcionais, o Juiz do Trabalho nomear mais de um perito, notadamente quando a questão exigir conhecimentos especializados de vários ramos da ciência".

O perito elaborará um laudo, cuja conclusão que não será necessariamente aceita pelo Juiz (art. 479 do CPC)[35] e pode ser impugnado pelas partes. Depois disso, podem os assistentes também elaborar laudos, que deverão ser apresentados no processo até 15 dias após a intimação das partes da apresentação do laudo (art. 477 do CPC[36]).

---

32. Art. 467 do CPC – O perito pode escusar-se ou ser recusado por impedimento ou suspeição.
Parágrafo único. O juiz, ao aceitar a escusa ou ao julgar procedente a impugnação, nomeará novo perito.

33. Art. 475 do CPC – Tratando-se de perícia complexa que abranja mais de uma área de conhecimento especializado, o juiz poderá nomear mais de um perito, e a parte, indicar mais de um assistente técnico.

34. SCHIAVI, Mauro. Manual de Direito Processual do Trabalho. São Paulo: Editora Ltr, 2018, p. 819.

35. Art. 479 do CPC – O juiz apreciará a prova pericial de acordo com o disposto no art. 371, indicando na sentença os motivos que o levaram a considerar ou a deixar de considerar as conclusões do laudo, levando em conta o método utilizado pelo perito.

36. Art. 477 do CPC - O perito protocolará o laudo em juízo, no prazo fixado pelo juiz, pelo menos 20 (vinte) dias antes da audiência de instrução e julgamento.
§ 1º As partes serão intimadas para, querendo, manifestar-se sobre o laudo do perito do juízo no prazo comum de 15 (quinze) dias, podendo o assistente técnico de cada uma das partes, em igual prazo, apresentar seu respectivo parecer.
§ 2º O perito do juízo tem o dever de, no prazo de 15 (quinze) dias, esclarecer ponto:
I – sobre o qual exista divergência ou dúvida de qualquer das partes, do juiz ou do órgão do Ministério Público;
II – divergente apresentado no parecer do assistente técnico da parte.
§ 3º Se ainda houver necessidade de esclarecimentos, a parte requererá ao juiz que mande intimar o perito ou o assistente técnico a comparecer à audiência de instrução e julgamento, formulando, desde logo, as perguntas, sob forma de quesitos.

A parte vencida na perícia deverá assumir os honorários definitivos arbitrados pelo Juiz por ocasião da prolação da sentença, ainda que beneficiária da justiça gratuita, consoante reza a nova redação do art. 790-B da CLT[37] dada pela lei 13.467/2017 – reforma trabalhista.

Com efeito, somente quando a parte sucumbente que é beneficiária da justiça gratuita não tenha obtido créditos capazes de suportar a despesa com os honorários periciais, ainda que em outro processo, o ônus recairá sobre a União (art. 790-B, §4º, da CLT).

Ao fixar o valor dos honorários periciais, o juízo deverá respeitar o limite máximo estabelecido pelo Conselho Superior da Justiça do Trabalho (art. 790-B, §1º, da CLT), bem como o magistrado poderá deferir o parcelamento do pagamento desses honorários (art. 790-B, §2º, da CLT).

Ainda sobre os honorários periciais, segundo os termos do §3º, do art. 790-B, da CLT, da OJ nº 98 da SDI-2 do TST[38], assim como acórdãos[39] da SDI-2, do TST, no âmbito do processo do trabalho, não poderá ser exigido adiantamento de valores para realização de perícias.

Por sua vez, a remuneração do assistente técnico é ônus da parte, anda que vencedora no objeto da perícia, uma vez que a indicação de perito assistente é uma mera faculdade, nos termos da Súmula 342 do TST[40].

---

§ 4º O perito ou o assistente técnico será intimado por meio eletrônico, com pelo menos 10 (dez) dias de antecedência da audiência.

37. Art. 790-B da CLT - A responsabilidade pelo pagamento dos honorários periciais é da parte sucumbente na pretensão objeto da perícia, ainda que beneficiária da justiça gratuita.

§ 1º Ao fixar o valor dos honorários periciais, o juízo deverá respeitar o limite máximo estabelecido pelo Conselho Superior da Justiça do Trabalho.

§ 2º O juízo poderá deferir parcelamento dos honorários periciais.

§ 3º O juízo não poderá exigir adiantamento de valores para realização de perícias.

§ 4º Somente no caso em que o beneficiário da justiça gratuita não tenha obtido em juízo créditos capazes de suportar a despesa referida no **caput**, ainda que em outro processo, a União responderá pelo encargo.

38. OJ-SDI2-98 MANDADO DE SEGURANÇA. CABÍVEL PARA ATACAR EXIGÊNCIA DE DEPÓSITO PRÉVIO DE HONORÁRIOS PERICIAIS (nova redação) – DJ 22.08.2005

É ilegal a exigência de depósito prévio para custeio dos honorários periciais, dada a incompatibilidade com o processo do trabalho, sendo cabível o mandado de segurança visando à realização da perícia, independentemente do depósito.

39. RECURSO ORDINÁRIO. MANDADO DE SEGURANÇA. HONORÁRIOS PERICIAIS. DEPÓSITO ANTECIPADO. ILEGALIDADE. É ilegal a exigência de depósito prévio para custeio dos honorários periciais, dada a incompatibilidade com o processo do trabalho, sendo cabível o mandado de segurança visando à realização da perícia independentemente do depósito (Orientação Jurisprudencial nº 98 da SBDI-2 desta Corte). Recurso ordinário a que se dá provimento. (RO – 471-70.2011.5.05.0000, Relator Ministro: Pedro Paulo Manus, Data de Julgamento:16/10/2012, Subseção II Especializada em Dissídios Individuais, Data de Publicação: 19/10/2012)

40. Súmula nº 341 ***do TST***. HONORÁRIOS DO ASSISTENTE TÉCNICO (mantida) – Res. 121/2003, DJ 19, 20 e 21.11.2003. A indicação do perito assistente é faculdade da parte, a qual deve responder pelos respectivos honorários, ainda que vencedora no objeto da perícia.

Entretanto, em julgamento a ADI 5766, em 20/10/2020, o STF declarou inconstitucionais os arts. 790-B, *caput* e § 4º, e 791-A, § 4º, da CLT, conforme ementa abaixo:

> CONSTITUCIONAL. AÇÃO DIRETA DE INCONSTITUCIONALIDADE. LEI 13.467/2017. REFORMA TRABALHISTA. REGRAS SOBRE GRATUIDADE DE JUSTIÇA. RESPONSABILIDADE PELO PAGAMENTO DE ÔNUS SUCUMBENCIAIS EM HIPÓTESES ESPECÍFICAS. ALEGAÇÕES DE VIOLAÇÃO AOS PRINCÍPIOS DA ISONOMIA, INAFASTABILIDADE DA JURISDIÇÃO, ACESSO À JUSTIÇA, SOLIDARIEDADE SOCIAL E DIREITO SOCIAL À ASSISTÊNCIA JURÍDICA GRATUITA. MARGEM DE CONFORMAÇÃO DO LEGISLADOR. CRITÉRIOS DE RACIONALIZAÇÃO DA PRESTAÇÃO JURISDICIONAL. AÇÃO DIRETA JULGADA PARCIALMENTE PROCEDENTE. 1. É inconstitucional a legislação que presume a perda da condição de hipossuficiência econômica para efeito de aplicação do benefício de gratuidade de justiça, apenas em razão da apuração de créditos em favor do trabalhador em outra relação processual, dispensado o empregador do ônus processual de comprovar eventual modificação na capacidade econômica do beneficiário. 2. A ausência injustificada à audiência de julgamento frustra o exercício da jurisdição e acarreta prejuízos materiais para o órgão judiciário e para a parte reclamada, o que não se coaduna com deveres mínimos de boa-fé, cooperação e lealdade processual, mostrando-se proporcional a restrição do benefício de gratuidade de justiça nessa hipótese. 3. Ação Direta julgada parcialmente procedente. (grifos nossos)
>
> (ADI 5766, Relator(a): ROBERTO BARROSO, Relator(a) p/ Acórdão: ALEXANDRE DE MORAES, Tribunal Pleno, julgado em 20/10/2021, PROCESSO ELETRÔNICO DJe-084 DIVULG 02-05-2022 PUBLIC 03-05-2022)

12.2.4. Prova testemunhal

Os fatos relevantes do processo podem ser provados através da prova testemunhal.

Este meio de prova é o último a ser apresentado, de acordo com a diretriz fixada pelo art. 361, III do CPC[41].

As partes podem indicar testemunhas que tenham presenciado os fatos para comprová-los, através de depoimento prestado sob compromisso em audiência, quando serão interrogadas, respondendo às perguntas do Juiz e posteriormente dos patronos das partes.

Com efeito, embora o Código de Processo Civil estabeleça que as perguntas serão formuladas pelas partes diretamente as testemunhas, este dispositivo é inaplicável ao processo do trabalho já que inexiste omissão

41. Art. 361 do CPC – As provas orais serão produzidas em audiência, ouvindo-se nesta ordem, preferencialmente:

III – as testemunhas arroladas pelo autor e pelo réu, que serão inquiridas.

nesse particular, considerando que o art. 820 regula o procedimento, como entendeu o TST através do art. 11 da IN nº 39/2016[42].

No Processo do Trabalho, as partes devem levar suas testemunhas à primeira audiência, até 3 no rito ordinário (art. 821 da CLT)[43], 2 no rito sumaríssimo (§2º do art. 852-H)[44] e 6 nos inquéritos judiciais[45] para apuração de falta grave (art. 821 da CLT), independente de notificação.

Se as testemunhas, embora convidadas, não aparecerem, podem as partes requererem a sua notificação (art. 825 da CLT)[46]. Se houver recusa ao chamamento judicial, as testemunhas serão conduzidas, coercitivamente, pela polícia (parágrafo único do art. 825 da CLT).

Para o procedimento sumaríssimo, o legislador exigiu a comprovação do convite à testemunha ausente[47], diferente do que acontece no rito ordinário, quando será suficiente a alegação da parte nesse sentido.

As testemunhas prestam depoimento sob compromisso de dizer a verdade, sob pena de incorrer em crime de falso testemunho (art. 458, § único do CPC e art. 342 do Código Penal[48]).

---

42. Art. 11 da Instrução Normativa n. 39/2016 – Não se aplica ao Processo do Trabalho a norma do art. 459 do CPC no que permite a inquirição direta das testemunhas pela parte (CLT, art. 820).

43. Art. 821 da CLT – Cada uma das partes não poderá indicar mais de 3 (três) testemunhas, salvo quando se tratar de inquérito, caso em que esse número poderá ser elevado a 6 (seis).

44. Art. 852-H da CLT – Todas as provas serão produzidas na audiência de instrução e julgamento, ainda que não requeridas previamente. (Incluído pela Lei nº 9.957, de 2000)

    §2º As testemunhas, até o máximo de duas para cada parte, comparecerão à audiência de instrução e julgamento independentemente de intimação.

45. Este tipo de ação, de natureza constitutiva, é exigido sempre que um empregado, detentor de estabilidade, comete falta grave que autoriza a rescisão de seu contrato de trabalho.

46. Art. 825 da CLT – As testemunhas comparecerão a audiência independentemente de notificação ou intimação.

    Parágrafo único – As que não comparecerem serão intimadas, ex officio ou a requerimento da parte, ficando sujeitas a condução coercitiva, além das penalidades do art. 730, caso, sem motivo justificado, não atendam à intimação.

47. Art. 852-H da CLT – Todas as provas serão produzidas na audiência de instrução e julgamento, ainda que não requeridas previamente. (Incluído pela Lei nº 9.957, de 2000)

    §3º Só será deferida intimação de testemunha que, comprovadamente convidada, deixar de comparecer. Não comparecendo a testemunha intimada, o juiz poderá determinar sua imediata condução coercitiva.

48. Art. 458 do CPC - Ao início da inquirição, a testemunha prestará o compromisso de dizer a verdade do que souber e lhe for perguntado.

    Parágrafo único. O juiz advertirá à testemunha que incorre em sanção penal quem faz afirmação falsa, cala ou oculta a verdade.

    Art. 342 do CP – Fazer afirmação falsa, ou negar ou calar a verdade como testemunha, perito, contador, tradutor ou intérprete em processo judicial, ou administrativo, inquérito policial, ou em juízo arbitral:)

Além disso, o art. 793-D da CLT[49] inserido pela lei 13.467/2017 estabelece que a multa por litigância de má-fé prevista no art. 793-C da CLT[50], que deverá ser superior a 1% e inferior a 10% do valor corrigido da causa, será aplicada à testemunha que intencionalmente alterar a verdade dos fatos ou omitir fatos essenciais ao julgamento da causa.

Se a testemunha for "parente até terceiro grau civil, amigo íntimo ou inimigo de qualquer das partes, não prestará compromisso, e seu depoimento valerá como simples informação" – art. 829 da CLT.

Aplica-se, ainda, no nosso entendimento, o art. 447 do CPC[51], que prevê outras hipóteses de incapacidade, impedimento e suspeição de testemunhas.

Pena – reclusão, de 2 (dois) a 4 (quatro) anos, e multa.

49. Art. 793-D da CLT – Aplica-se a multa prevista no art. 793-C desta Consolidação à testemunha que intencionalmente alterar a verdade dos fatos ou omitir fatos essenciais ao julgamento da causa.

Parágrafo único. A execução da multa prevista neste artigo dar-se-á nos mesmos autos.

50. Art. 793-C da CLT – Art. 793-C. De ofício ou a requerimento, o juízo condenará o litigante de má-fé a pagar multa, que deverá ser superior a 1% (um por cento) e inferior a 10% (dez por cento) do valor corrigido da causa, a indenizar a parte contrária pelos prejuízos que esta sofreu e a arcar com os honorários advocatícios e com todas as despesas que efetuou.

§ 1º Quando forem dois ou mais os litigantes de má-fé, o juízo condenará cada um na proporção de seu respectivo interesse na causa ou solidariamente aqueles que se coligaram para lesar a parte contrária.

§ 2º Quando o valor da causa for irrisório ou inestimável, a multa poderá ser fixada em até duas vezes o limite máximo dos benefícios do Regime Geral de Previdência Social.

§ 3º O valor da indenização será fixado pelo juízo ou, caso não seja possível mensurá-lo, liquidado por arbitramento ou pelo procedimento comum, nos próprios autos.

51. Art. 447 do CPC - Podem depor como testemunhas todas as pessoas, exceto as incapazes, impedidas ou suspeitas.

§ 1º São incapazes:

I – o interdito por enfermidade ou deficiência mental;

II – o que, acometido por enfermidade ou retardamento mental, ao tempo em que ocorreram os fatos, não podia discerni-los, ou, ao tempo em que deve depor, não está habilitado a transmitir as percepções;

III – o que tiver menos de 16 (dezesseis) anos;

IV – o cego e o surdo, quando a ciência do fato depender dos sentidos que lhes faltam.

§ 2º São impedidos:

I – o cônjuge, o companheiro, o ascendente e o descendente em qualquer grau e o colateral, até o terceiro grau, de alguma das partes, por consanguinidade ou afinidade, salvo se o exigir o interesse público ou, tratando-se de causa relativa ao estado da pessoa, não se puder obter de outro modo a prova que o juiz repute necessária ao julgamento do mérito;

II – o que é parte na causa;

III – o que intervém em nome de uma parte, como o tutor, o representante legal da pessoa jurídica, o juiz, o advogado e outros que assistam ou tenham assistido as partes.

§ 3º São suspeitos:

I – o inimigo da parte ou o seu amigo íntimo;

II – o que tiver interesse no litígio.

Assim, antes de depor, as testemunhas são inquiridas pelo Juiz, de ofício, ou a requerimento das partes, se estão enquadradas em alguma das situações acima descritas, pois, nesses casos, não prestarão compromisso (de dizer a verdade, sob as penas da lei – crime de falso testemunho), quando suas declarações serão consideradas simples informações (sem valor probante).

Como esclarece Barbosa Moreira[52], "se o órgão judicial não reconhecer a incapacidade, o impedimento ou a suspeição, de imediato, ante as declarações espontâneas ou provocadas da testemunha, faculta-se ao adversário da parte que a arrolou (havendo litisconsórcio, a qualquer dos adversários; havendo assistente, também a este) *contraditar* a testemunha. Chama-se contradita à arguição da incapacidade, do impedimento ou da suspeição (art. 457, § 1º do CPC[53])".

Importante ressaltar que o TST já pacificou o entendimento de que não torna suspeita a testemunha o simples fato de estar litigando contra a mesma empresa:

> Súmula nº 357 – TESTEMUNHA. AÇÃO CONTRA A MESMA RECLAMADA. SUSPEIÇÃO (mantida) – Res. 121/2003, DJ 19, 20 e 21.11.2003
>
> Não torna suspeita a testemunha o simples fato de estar litigando ou de ter litigado contra o mesmo empregador.

Entretanto, quando o autor da ação também for testemunha em favor do depoente a jurisprudência vem entendendo configurar troca de favores, o que, no caso, tornaria a testemunha suspeita, senão vejamos:

> DEFERIMENTO CONTRADITA. DECLARAÇÕES DO TESTIGO. TROCA DE FAVORES. Configura-se troca de favores o fato de o testigo do Obreiro declarar, em seu depoimento, que possui reclamação trabalhista contra os mesmos Reclamados, patrocinada pelo mesmo advogado, com pedidos semelhantes, e que Reclamante foi ouvido como a sua testemunha, porquanto sem isenção para depor (Processo 0001113-84.2016.5.05.0641, Origem PJE, Relator(a) Desembargador(a) WASHINGTON GUTEMBERG PIRES RIBEIRO, Quinta Turma, DJ 06/12/2018).

---

§ 4º Sendo necessário, pode o juiz admitir o depoimento das testemunhas menores, impedidas ou suspeitas.

§ 5º Os depoimentos referidos no § 4º serão prestados independentemente de compromisso, e o juiz lhes atribuirá o valor que possam merecer.

52. MOREIRA, José Carlos Barbosa. O novo processo civil brasileiro: exposição sistemática do procedimento. Ed. rev. e atual. Rio de Janeiro, Forense, 2005. p. 68, nº5.

53. §1º, do art. 457, do CPC – É lícito à parte contraditar a testemunha, arguindo-lhe a incapacidade, o impedimento ou a suspeição, bem como, caso a testemunha negue os fatos que lhe são imputados, provar a contradita com documentos ou com testemunhas, até 3 (três), apresentadas no ato e inquiridas em separado.

A contradita será instruída na própria audiência, quando as partes terão oportunidade de apresentar provas e contraprovas, salvo quando não for possível a sua produção no momento da contradita, na hipótese de inexistência de conhecimento prévio do rol de testemunhas, quando o magistrado deverá adiar a audiência para que a parte comprove essa situação. A decisão que resolve esse incidente é interlocutória e somente pode ser objeto de recurso após a prolação da sentença.

Além das testemunhas arroladas pelas partes, que somente podem ser substituídas nas hipóteses previstas no art. 451 do CPC[54], é possível que o Juiz, de ofício ou atendendo requerimento das partes, ordene: I – a inquirição de testemunhas referidas nas declarações da parte ou das testemunhas; II – a acareação de duas ou mais testemunhas ou de alguma delas com a parte, quando, sobre fato determinado, que possa influir na decisão da causa, divergirem as suas declarações – (art. 461, I e II, do CPC[55]).

Os Juízes, normalmente, atribuem um menor valor probante para este meio de prova quando comparado a outros, como, por exemplo, a prova documental. Isto porque, além de estar carregada de carga valorativa e subjetiva, a testemunha normalmente se reporta a fatos ocorridos há alguns anos, o que dificulta a necessária precisão para formar o convencimento do Juiz.

Em razão disso, como esclarece Barbosa Moreira[56], "quando sobre fato relevante divergirem as declarações de duas ou mais testemunhas entre si, ou as de alguma (ou algumas) delas das prestadas por qualquer das partes em depoimento pessoal, é lícito ao juiz, também *ex officio* ou a requerimento de parte, ordenar a acareação dos depoentes que divergiram (art. 418, nº II). A acareação far-se-á, em princípio, na própria audiência; se isso for impossível, por já se haver retirado algum dos depoentes, aplicar-se-á o art. 455, 2ª parte".

---

54. Art. 451 do CPC - Depois de apresentado o rol de que tratam os §§ 4º e 5º do art. 357, a parte só pode substituir a testemunha:
I – que falecer;
II – que, por enfermidade, não estiver em condições de depor;
III – que, tendo mudado de residência ou de local de trabalho, não for encontrada.

55. Art. 461 do CPC – O juiz pode ordenar, de ofício ou a requerimento da parte:
I – a inquirição de testemunhas referidas nas declarações da parte ou das testemunhas;
II – a acareação de 2 (duas) ou mais testemunhas ou de alguma delas com a parte, quando, sobre fato determinado que possa influir na decisão da causa, divergirem as suas declarações.
§ 1º Os acareados serão reperguntados para que expliquem os pontos de divergência, reduzindo-se a termo o ato de acareação.
§ 2º A acareação pode ser realizada por videoconferência ou por outro recurso tecnológico de transmissão de sons e imagens em tempo real.

56. MOREIRA, José Carlos Barbosa. O novo processo civil brasileiro: exposição sistemática do procedimento. Ed. rev. e atual. Rio de Janeiro, Forense, 2005. p. 69, nº 8.

12.2.5. Prova emprestada

Como define Talamini, prova emprestada "consiste no transporte de produção probatória de um processo para outro. É o aproveitamento da atividade probatória anteriormente desenvolvida, através do translado dos elementos que a documentam[57]".

De acordo com Dinamarco "a prova emprestada é o traslado da documentação resultante da prova produzida e constituída em outro processo[58]".

Esse importante instituto jurídico, que permite o aproveitamento da prova coletada em outro processo, conferindo-lhe economia e eficiência está, desde 2015, regulado, de modo expresso, pelo CPC, no artigo 372.

E esse dispositivo, aplicável subsidiariamente ao processo do trabalho[59], não deixa qualquer possibilidade de discussão ou de interpretação acerca da validade da prova produzida sem contraditório (art. 5.º, LV, CF), isto é, sem a participação da parte contra quem aquela prova será utilizada.

Conforme o artigo citado, "o juiz poderá admitir a utilização de prova produzida em outro processo, atribuindo-lhe o valor que considerar adequado, observado o contraditório".

Com efeito, o contraditório tem que ser observado na produção da prova que se pretende transportar e não no processo que se pretende utiliza-la. Nesse sentido, defende Didier que "somente é lícita a importação de uma prova para ser utilizada contra quem tenha participado do processo em que foi produzida – a prova não pode ser usada contra quem não participou da sua produção[60]".

É importante pontuar que a prova emprestada mantém a mesma natureza, os mesmos requisitos e limites daquela que foi originariamente produzida.

Se foi um documento apresentado em outro processo, a prova continua documental e sob essa ótica deve ser avaliada. Se, por outro lado, foi

---

57. TALAMINI, Eduardo, A prova emprestada no processo civil ou penal. Revista de processo. SP. RT, 1998, n 91, p. 93.

58. DINAMARCO, Cândido Rangel. *Instituições de direito processual civil.* 4 ed., São Paulo: Malheiros, 2004, v. III, p. 97.

59. "A Consolidação das Leis do Trabalho nada dispõe sobre a prova emprestada, entretanto, tal meio de prova é perfeitamente compatível com o Direito Processual do Trabalho em razão da omissão da Consolidação e compatibilidade com a sistemática processual trabalhista (art. 769 da CLT), uma vez que a prova emprestada propicia, no processo do trabalho, o acesso real do trabalhador à Justiça, efetividade processual e busca da verdade real." (SCHIAVI, Mauro. Manual de Direito Processual do Trabalho. São Paulo: Editora LTr, 2018, p. 711).

60. DIDIER JR., Fredie; BRAGA, Paula Sarno. ALEXANDRIA, Rafael. Curso de Direito Processual Civil. V. 2. 13ª edição.Salvador: Juspodivm, 2016, p. 152.

um depoimento colhido em um inquérito ou em outro processo, a prova é testemunhal e sua validade, estará condicionada aos ditames previstos em lei para essa espécie de prova.

Partilhando desse mesmo entendimento, Mauro Schiavi entende que:

> "a lei não impõe que a prova emprestada seja trasladada como documento, este é apenas o instrumento de transporte da prova. Além disso, conservando a prova emprestada a mesma natureza jurídica com que foi produzida no processo anterior, o contraditório fica mais visível e dilatado. Assim, por exemplo, se a prova emprestada for pericial, no processo atual, haverá a possibilidade de se ouvir o perito que elaborou o laudo original em audiência e até mesmo de a parte juntar laudo do assistente técnico. Se a prova emprestada for testemunhal, a parte poderá arguir todas as hipóteses de incapacidade, impedimento ou suspeição da testemunha etc.[61]".

Eduardo Talamini ressalta que a importação de prova produzida em outro processo é apresentada na forma de documento, "preservando, contudo, sua eficácia originária[62]".

Por essa razão, entendemos que deve ser observado e respeitado, no tocante à referida prova testemunhal emprestada, por exemplo, o número máximo de testemunhas fixado pelos artigos 821 e 852-A, §2º, da CLT, sob pena de violação dos princípios da isonomia, do tratamento igualitário das partes, da paridade de armas e dos referidos dispositivos da CLT.

12.2.5.1. A prova testemunhal emprestada produzida em Inquérito Judicial e sua utilização em processo judicial

Entendemos que, quando um Juiz utiliza como fundamento de uma decisão a prova produzida em um Inquérito Judicial – IC, nada mais faz do que se valer uma "prova emprestada" e essa constatação é irrefutável diante de tudo o que foi exposto até aqui.

O IC é um processo de natureza administrativa e é perfeitamente possível a utilização de prova emprestada nele produzida para processo judicial, mas, para a validade desse meio de prova é indispensável que tenha sido constituída originariamente com contraditório, ou seja, com a participação do investigado que possa vir a ser por ela condenado em sede de ACP.

Por essa razão sustenta-se que: "a eficácia e a aproveitabilidade da prova emprestada estão na razão inversa da possibilidade de sua reprodu-

---

61. SCHIAVI, Mauro. Manual de Direito Processual do Trabalho. São Paulo: Editora LTr, 2018, p. 716.

62. TALAMINI, Eduardo. A prova emprestada no processo civil ou penal. Revista de Processo. São Paulo: RT, 1998, n. 91, p. 85 e 93.

ção: se a prova pode ser reproduzida, sem maiores custos, a prova emprestada tem diminuído o seu valor probante[63]".

Partindo desse pressuposto, há precedentes do STJ que só admitem a prova emprestada de Inquérito Civil para Ação Civil Pública, quando ratificadas no processo judicial – STJ, 1.ª T., AgRg no AREsp n. 113.436/SP, rel. Min. Benedito Gonçalves, j. em 10.4.2012, publicado no DJe de 18.5.2012, e STJ, 2.ª T., REsp n. 401.472/RO, Rel. Min. Herman Benjamin, j. em 15.6.2010, publicado no Dje de 27.4.2011.

Caso a prova tenha sido levantada no IC sem garantir contraditório, seu uso em sede de ACP pressupõe que seja repetida ou ratificada em juízo com outros elementos de prova. Assim foi a manifestação do Ministro Lewandowski do STF: "É possível apontar elemento de prova produzido na fase do inquérito para subsidiar condenação, desde que corroborada por provas produzidas em contraditório judicial."[64]

Nesse mesmo sentido é o entendimento do Tribunal Regional do Trabalho da 4ª Região:

> "AÇÃO CIVIL PÚBLICA. PROVA PRODUZIDA NO INQUÉRITO X PROVA PRODUZIDA EM JUÍZO. **As provas produzidas no inquérito são apenas indício de prática de um ato ilícito e do seu autor, e que podem dar ensejo a ação civil**, mas não estão em pé de igualdade com as provas colhidas sob as garantias do contraditório. Cabe ao juízo fazer a sua análise de acordo com as regras processuais. **É dever de quem acusa transformar os elementos do inquérito em elementos judiciais, com a ratificação da prova produzida inquisitorialmente** para que se produza a convicção judicial do cometimento do ato faltoso pelo réu. No caso, a prova colhida em juízo não dá guarida às alegações da petição inicial. Sentença mantida." (grifos nossos)[65]

Desse modo, a prova oriunda de IC, processo administrativo que é, pode ser transportada para processo judicial (ACP), mas, como qualquer outra prova trazida por empréstimo, é imprescindível o contraditório e os demais requisitos fixados em lei.

12.3. ÔNUS DA PROVA

A doutrina, de um modo geral, classifica ônus como o encargo atribuído à parte e jamais uma obrigação. Ônus, segundo GOLDSCHMIDT, "são

63. DIDIER JR., Fredie; BRAGA, Paula Sarno. ALEXANDRIA, Rafael. Curso de Direito Processual Civil. V. 2. Salvador: Juspodivm, 2018, p. 152.
64. STF – Ag Interno em RE n. 1104731-PR, rel. Min. RICARDO LEWANDOWSKI, julgado em 16.05.2018, publicado no DJe de 21.05.2018.
65. TRT-4, 1.ª T., RO n. 00000245420125040007, rel. Des. Manuel Cid Jardon, julgado em 01.06.2016, publicado no DPJ de 01.06.2016.

imperativos do próprio interesse, ou seja, encargos sem cujo desempenho o sujeito se põe em situação de desvantagem perante o direito"[66].

As regras de ônus da prova funcionam como meio de oferecer subsídios ao Juiz para decidir nas situações em que os fatos relevantes não foram provados, seja por ausência ou insuficiência de prova.

Como esclarece Fredie Didier[67], "trata-se, pois, de regras de julgamento e de aplicação subsidiária, porquanto somente incidem se não houver prova do fato probando, **que se reputa como não ocorrido**" (destaques nossos).

Assim, conhecer as regras é algo importante, porque essas serão aplicadas para que o juiz decida contra quem tinha o ônus de provar os fatos relevantes para o julgamento da causa e assim não procedeu.

Importante mencionar, desde já, que, no Processo do Trabalho, mesmo com a influência do princípio protetor, não se admitia, como regra geral, como fez o Código de Defesa do Consumidor, a inversão do ônus da prova para beneficiar o hipossuficiente (art. 6º, VIII, do CDC)[68]. Isso porque, a CLT não foi omissa no particular, estabelecendo, como regra, que "a prova das alegações incumbe à parte que as fizer".

Somente em situações excepcionais, graças ao papel do princípio da proteção ao empregado, a lei autorizava expressamente a inversão do ônus da prova, como, por exemplo, nas hipóteses de prova de pagamento de parcelas salariais (art. 464 da CLT)[69] e de comprovação da jornada de trabalho – isso para empresas com mais de 10 empregados (art. 74, §2º, da CLT[70]) e excluindo-se aqueles que exerçam cargo de confiança ou trabalhem em serviço externo (art. 62, I e II, da CLT[71]).

---

66. Apud. DIDIER, Fredie. Direito Processual Civil: tutela jurisdicional, individual e coletiva. Vol. I, 5ª ed. p. 488.
67. *Op. cit.*, p. 488.
68. Art. 6º do CDC – São direitos básicos do consumidor:
    VIII – a facilitação da defesa de seus direitos, inclusive com a inversão do ônus da prova, a seu favor, no processo civil, quando, a critério do juiz, for verossímil a alegação ou quando for ele hipossuficiente, segundo as regras ordinárias de experiências;
69. Art. 464 da CLT – O pagamento do salário deverá ser efetuado contra recibo, assinado pelo empregado; em se tratando de analfabeto, mediante sua impressão digital, ou, não sendo esta possível, a seu rogo.
    Parágrafo único. Terá força de recibo o comprovante de depósito em conta bancária, aberta para esse fim em nome de cada empregado, com o consentimento deste, em estabelecimento de crédito próximo ao local de trabalho.
70. Art. 74, §2º da CLT – Para os estabelecimentos de mais de dez trabalhadores será obrigatória a anotação da hora de entrada e de saída, em registro manual, mecânico ou eletrônico, conforme instruções a serem expedidas pelo Ministério do Trabalho, devendo haver pré-assinalação do período de repouso.
71. Art. 62 da CLT – Não são abrangidos pelo regime previsto neste capítulo:
    I – os empregados que exercem atividade externa incompatível com a fixação de horário de trabalho, devendo tal condição ser anotada na Carteira de Trabalho e Previdência Social e no registro de empregados;

Nestes dois casos, é ônus do empregador a prova de quitação de salário e da jornada, que deve ser registrada em controles de ponto, mas, frise-se, tratam-se de exceções que estão expressamente previstas em lei. Assim, em regra, se não houver prova sobre determinado fato ou se o Juiz estiver em dúvida com relação à sua existência, deve julgar contra quem tinha o ônus de prová-lo.

Ciente, no entanto, que determinadas causas possuem particularidades que impossibilitam ou tornam excessivamente difícil para a parte a quem o ônus probatório inicialmente incumbia e mais fácil a parte contrária, poderá o juiz atribuir o ônus da prova de modo diverso, desde que o faça por decisão fundamentada, nos termos do art. 373, §1º, do CPC[72].

Trata-se da teoria da carga dinâmica do ônus da prova que foi positivada em nosso ordenamento com o Código de Processo Civil de 2015, que era aplicável ao processo do trabalho em razão da IN nº 39/2016. Nesse sentido, já vinha se pronunciando a jurisprudência, inclusive o Tribunal Superior do Trabalho:

> AGRAVO DE INSTRUMENTO. RECURSO DE REVISTA INTERPOSTO ANTES DA LEI Nº 13.015/2014. ADICIONAL DE INSALUBRIDADE. BASE DE CÁLCULO. A análise do acórdão recorrido revela que a Corte a quo não adotou tese explícita acerca da necessidade ou não da perícia para a configuração do adicional de insalubridade, tampouco, se manifestou acerca da base de cálculo do referido adicional. Não foram opostos embargos de declaração. Assim, nesse ponto, o recurso de revista encontra óbice na ausência do prequestionamento a que se refere a Súmula nº 297 do TST. **Em relação ao ônus da prova, foi aplicada a teoria da carga dinâmica incumbindo a reclamada o ônus da prova, uma vez que a**

II – os gerentes, assim considerados os exercentes de cargos de gestão, aos quais se equiparam, para efeito do disposto neste artigo, os diretores e chefes de departamento ou filial.

72. Art. 373 do CPC – O ônus da prova incumbe:

I – ao autor, quanto ao fato constitutivo de seu direito;

II – ao réu, quanto à existência de fato impeditivo, modificativo ou extintivo do direito do autor.

§ 1º Nos casos previstos em lei ou diante de peculiaridades da causa relacionadas à impossibilidade ou à excessiva dificuldade de cumprir o encargo nos termos do caput ou à maior facilidade de obtenção da prova do fato contrário, poderá o juiz atribuir o ônus da prova de modo diverso, desde que o faça por decisão fundamentada, caso em que deverá dar à parte a oportunidade de se desincumbir do ônus que lhe foi atribuído.

§ 2º A decisão prevista no § 1º deste artigo não pode gerar situação em que a desincumbência do encargo pela parte seja impossível ou excessivamente difícil.

§ 3º A distribuição diversa do ônus da prova também pode ocorrer por convenção das partes, salvo quando:

I – recair sobre direito indisponível da parte;

II – tornar excessivamente difícil a uma parte o exercício do direito.

§ 4º A convenção de que trata o § 3º pode ser celebrada antes ou durante o processo.

> **mesma detinha condições fáticas de produzi-la. Não tendo a reclamada se desincumbido do ônus de comprovar a entrega dos protetores auriculares, e dos documentos necessários como PCMSO, PPRA, LTCAT, não ficaram configurados medidas que provassem a inexistência da insalubridade**. Agravo de instrumento a que se nega provimento. (AIRR – 667-81.2015.5.08.0205, Relatora Ministra: Maria Helena Mallmann, Data de Julgamento: 15/02/2017, 2ª Turma, Data de Publicação: DEJT 24/02/2017). (grifos aditados).
>
> DIFERENÇAS DE SALÁRIO VARIÁVEL. DOCUMENTO ESSENCIAL NÃO ENTREGUE PELA RECLAMADA AO PERITO. ATRIBUIÇÃO DO ÔNUS DA PROVA. Não há falar em afronta aos dispositivos que regulam a distribuição do encargo probatório, porquanto perfeitamente aplicável à hipótese a teoria da carga dinâmica, com a atribuição do ônus da prova à reclamada, uma vez que se encontravam em seu poder os documentos necessários à elaboração da perícia contábil, os quais não foram entregues ao perito pela reclamada. Agravo de Instrumento a que se nega provimento. (AIRR – 136600-39.2008.5.04.0025, Relator Desembargador Convocado: Marcelo Lamego Pertence, Data de Julgamento: 25/11/2015, 1ª Turma, Data de Publicação: DEJT 27/11/2015)

Com a reforma trabalhista realizada na legislação pela lei 13.467/2017, a CLT passou a contar com previsão expressa acerca do assunto em seu art. 818, §1º, vejamos:

> §1º, do art. 818, da CLT – Nos casos previstos em lei ou diante de peculiaridades da causa relacionadas à impossibilidade ou à excessiva dificuldade de cumprir o encargo nos termos deste artigo ou à maior facilidade de obtenção da prova do fato contrário, poderá o juízo atribuir o ônus da prova de modo diverso, desde que o faça por decisão fundamentada, caso em que deverá dar à parte a oportunidade de se desincumbir do ônus que lhe foi atribuído.

A inversão do ônus da prova deverá ser proferida antes da abertura da instrução, desde que seja requerida pela parte, e implicará o adiamento da audiência e possibilitará a parte provar os fatos por qualquer meio em direito admitido (art. 818, §2º, da CLT).

Além disso, a decisão do magistrado de inverter o ônus probatório não poderá gerar situação em que a desincumbência do encargo pela parte seja impossível ou excessivamente difícil (art. 818, §3º, da CLT).

Entendemos que as regras de distribuição do ônus da prova podem ser alteradas pela vontade das partes, conforme prerrogativa estabelecida no art. 190 do CPC, que autoriza o negócio jurídico processual.

Contudo, esse entendimento não está alinhado com a diretriz fixada pelo TST que expressamente afastou a sua aplicação no art. 2º, II, da IN nº 39/2016.

12.3.1. Regras de distribuição do ônus da prova

A CLT era bastante tímida no tocante as regras de distribuição do ônus da prova, limitando-se a tratar de modo genérico, no art. 818 da CLT, de que caberia a parte o ônus de provar suas alegações, de modo que era necessário a aplicação supletiva do CPC (Art. 341).

Ocorre que com a reforma trabalhista a CLT passou a incluir no referido dispositivo vários parágrafos que praticamente reproduziram as diretrizes fixadas no art. 373 do CPC.

Assim, com base agora também na CLT, passaremos agora a citar e explicar as principais regras que definem o ônus da prova no processo e que devem nortear os aplicadores do direito em cada caso concreto.

1) Só os fatos relevantes e controversos precisam ser objeto de prova.

Fatos relevantes são aqueles que fundamentam a procedência ou improcedência do pedido. Didier[73] lembra que "devem ser provados apenas os fatos que tenham relação com a causa ajuizada". Ainda para o citado autor, são fatos irrelevantes os "fatos de prova impossível, conquanto possíveis", ou seja, aqueles que não podem ser provados ou o "fato física ou juridicamente impossível", como, por exemplo, provar que um homem está grávido.

A controvérsia diz respeito à existência de contrariedade dos fatos pela parte contrária. Os fatos relevantes, que não forem impugnados de modo específico (art. 341 do CPC[74]), serão reputados verdadeiros e o trabalho do Juiz será, apenas, aplicar o direito ao caso concreto.

Didier[75] nos apresenta as exceções a essa regra, lembrando que, nesses casos, "embora não contestados, em dadas circunstâncias deve ser feita a prova dos fatos: a) quando reclamada pelo juiz, para fim de formar, com mais segurança, o seu convencimento; b) quando a lide versar sobre direitos indisponíveis; c) quando a lei exija que a prova do ato jurídico se revista de forma especial".

Poderíamos acrescentar, ainda, a hipótese em que um fato, embora incontroverso, estava atrelado a um outro fato, considerado principal, que foi expressamente impugnado, de modo que a impugnação do fato secundário seria desnecessária e contraditória – art. 341, II e III do CPC[76].

---

73. *Op. cit.*, p. 466.

74. Art. 341 do CPC - Incumbe também ao réu manifestar-se precisamente sobre as alegações de fato constantes da petição inicial, presumindo-se verdadeiras as não impugnadas, salvo se:
I – não for admissível, a seu respeito, a confissão;
II – a petição inicial não estiver acompanhada de instrumento que a lei considerar da substância do ato;
III – estiverem em contradição com a defesa, considerada em seu conjunto.
Parágrafo único. O ônus da impugnação especificada dos fatos não se aplica ao defensor público, ao advogado dativo e ao curador especial.

75. *Op. cit.*, p. 466.

76. Art. 341 do CPC – Incumbe também ao réu manifestar-se precisamente sobre as alegações de fato constantes da petição inicial, presumindo-se verdadeiras as não impugnadas, salvo se:

Se o fato é relevante e foi controvertido pela parte contrária, aplicam-se as regras seguintes, abaixo explicitadas, que, como passaremos a demonstrar, estão relacionadas com a natureza jurídica dos fatos, o que irá definir a quem compete o ônus de prová-los em juízo.

2) Compete ao autor provar os fatos constitutivos de seu direito.

Fatos constitutivos são aqueles que fundamentam o pedido do autor.

Essa segunda regra, extraída do art. 818, I, da CLT[77], está em sintonia com o art. 373, I do CPC[78].

Assim, por exemplo, se na petição inicial o autor alega que desempenhava tarefas idênticas a seu colega de trabalho e que recebia salário inferior, em violação ao disposto do art. 461 da CLT[79] (equiparação salarial), tem o ônus de provar a identidade de funções, isto, por óbvio, se forem negadas pela reclamada.

3) Cabe ao réu provar os fatos impeditivos, modificativos ou extintivos (IME) do direito do autor.

Incumbe ao réu provar os fatos impeditivos, modificativos ou extintivos, sendo esta regra extraída do art. 818, II, da CLT[80], que repete o art. 373, II, do CPC[81].

Os fatos IME têm por objetivo impedir que os fatos constitutivos produzam efeitos jurídicos, de modo tal que, mesmo que sejam provados pelo autor, não poderão servir de amparo para a procedência do pedido correlato.

Assim, no mesmo exemplo acima, se a empresa alega, em sua defesa, que a diferença salarial era lícita porque o paradigma trabalhava na empresa

---

I – não for admissível, a seu respeito, a confissão;

II – a petição inicial não estiver acompanhada de instrumento que a lei considerar da substância do ato;

III – estiverem em contradição com a defesa, considerada em seu conjunto.

Parágrafo único. O ônus da impugnação especificada dos fatos não se aplica ao defensor público, ao advogado dativo e ao curador especial.

77. Art. 818 da CLT – O ônus da prova incumbe:

I – ao reclamante, quanto ao fato constitutivo de seu direito;

78. Art. 373 do CPC - O ônus da prova incumbe:

I – ao autor, quanto ao fato constitutivo de seu direito;

79. Art. 461 da CLT –. Sendo idêntica a função, a todo trabalho de igual valor, prestado ao mesmo empregador, no mesmo estabelecimento empresarial, corresponderá igual salário, sem distinção de sexo, etnia, nacionalidade ou idade.

80. Art. 818 da CLT – O ônus da prova incumbe:

II – ao reclamado, quanto à existência de fato impeditivo, modificativo ou extintivo do direito do reclamante

81. Art. 373 do CPC – O ônus da prova incumbe:

II – ao réu, quanto à existência de fato impeditivo, modificativo ou extintivo do direito do autor.

e na respectiva função há mais de dois anos, como autoriza o próprio §1º do art. 461 da CLT[82], compete a ela provar a existência deste fato impeditivo[83].

Neste caso descrito, mesmo que o autor prove a identidade de funções, se a empresa comprovar a diferença de tempo de serviço, o pleito de equiparação salarial deve ser indeferido.

Importante também apresentar a distinção conceitual entre os fatos IME, para sua melhor identificação em cada caso concreto.

Nelson Nery[84] faz a seguinte distinção:

> "**Fatos impeditivos**: são os que obstam a procedência do pedido do autor. Acolhidos, fazem com que o juiz deva julgar improcedente o pedido do autor, total ou parcialmente, dependendo do caso. São fatos impeditivos, por exemplo, a exceção de contrato não cumprindo (*exceptio non adimpleti contractus*); regulada pelo CC, arts. 476 e 477[85] (CC/1916 1092 *caput*), a exceção de cumprimento defeituoso do contrato (*exceptio non rite adimpleti contractus*), a exceção de usucapião (STF 237[86]) etc.
>
> **Fatos modificativos:** São os que impedem que o pedido do autor seja acolhido de forma integral, como pleiteado na inicial, em virtude de modificações ocorridas entre negócios havidos entre autor e réu. O Juiz pode julgar procedente o pedido do autor, mas com as modificações que a situação concreta impõe. São exemplos de fatos modificativos do direito do autor a novação, a compensação etc. Podem ser incluídas nessa categoria todas as formas de extinção das obrigações, desde que a extinção seja *parcial:* pagamento por sub-rogação, imputação no pagamento, pagamento por consignação, transação, confusão etc.
>
> **Fatos extintivos:** São os que tornam improcedente o pedido do autor, porque extintivos do direito posto em causa. São exemplos de fatos extintivos do pedido do autor o pagamento, a prescrição, a decadência, a execução plena do contrato, a morte do titular de direito personalíssimo e intransmissível etc. Podem ser incluídas nessa categoria todas as formas de extinção das

---

82. Art. 461 da CLT, §1º –Trabalho de igual valor, para os fins deste Capítulo, será o que for feito com igual produtividade e com a mesma perfeição técnica, entre pessoas cuja diferença de tempo de serviço para o mesmo empregador não seja superior a quatro anos e a diferença de tempo na função não seja superior a dois anos.

83. Nesse sentido, item VIII da Súmula nº 6 do TST: VIII – É do empregador o ônus da prova do fato impeditivo, modificativo ou extintivo da equiparação salarial.

84. NERY JUNIOR, Nelson. NERY, Rosa Maria de Andrade. *Código de Processo Civil Comentado e Legislação Extravagante.* 8ª edição. Revista Ampliada e Atualizada Até 03.09.2004, Editora RT, Revista Dos Tribunais. p.788.

85. Art. 476 do Código Civil – Nos contratos bilaterais, nenhum dos contratantes, antes de cumprida a sua obrigação, pode exigir o implemento da do outro.

    Art. 477 do Código Civil – Se, depois de concluído o contrato, sobrevier a uma das partes contratantes diminuição em seu patrimônio capaz de comprometer ou tornar duvidosa a prestação pela qual se obrigou, pode a outra recusar-se à prestação que lhe incumbe, até que aquela satisfaça a que lhe compete ou dê garantia bastante de satisfazê-la.

86. Súmula 237, STF. O usucapião pode ser argüido em defesa.

obrigações, desde que a extinção seja *total:* pagamento por sub-rogação, imputação no pagamento, pagamento por consignação, transação, novação, compensação, confusão etc."

Assim, trazendo para o campo do direito do trabalho, poderíamos apresentar os seguintes exemplos:

a) fato extintivo: quitação ou compensação de determinada parcela pleiteada na reclamação;

b) fato impeditivo: alegação de exercício de cargo de confiança (art. 62, II, da CLT[87]) para evitar condenação de horas extras;

c) fato modificativo: alegação de interrupção do contrato em decorrência de incapacidade do empregado que estava afastado de suas atividades em razão de doença.

De qualquer modo, independente da distinção conceitual, o importante mesmo é precisar se o fato foi apresentado na defesa com o objetivo de impedir que os fatos constitutivos produzam efeitos jurídicos, pois, nesse caso, competirá ao réu prová-los.

4) O réu somente precisa provar os fatos impeditivos, modificativos e extintivos se o autor provar os fatos constitutivos.

Importante destacar que se os fatos impeditivos, modificativos e extintivos têm por propósito obstar a produção de efeitos jurídicos dos fatos constitutivos, eles somente precisam ser objeto de prova se os primeiros forem satisfatoriamente demonstrados pelo autor.

Isso, por óbvio, se o réu negar a veracidade dos fatos constitutivos, pois, neste caso, desnecessário qualquer produção de prova.

Assim, ainda tendo como parâmetro o caso concreto antes retratado (equiparação salarial), se o réu negar o fato constitutivo do autor – identidade de funções – e, ao mesmo tempo apontar um fato impeditivo – tempo de função superior a dois anos – pelo princípio da economia e da utilidade, o réu somente precisará provar a diferença de tempo de serviço se o autor demonstrar que exercia as mesmas tarefas do seu colega de trabalho (paradigma).

5) Fatos que independem de prova.

Em algumas situações, estão as partes isentas de provar as suas alegações. Tais situações estão expressamente previstas em lei – art. 374 do CPC[88].

---

87. Art. 62 da CLT – Não se compreendem no regime deste capítulo:

II – os gerentes, assim considerados os exercentes de cargos de gestão, aos quais se equiparam, para efeito do disposto neste artigo, os diretores e chefes de departamento ou filial.

88. Art. 374 do CPC - Não dependem de prova os fatos:

I – notórios;

a) fatos confessados

Como ensina Barbosa Moreira[89], a confissão pode ser judicial ou extrajudicial, podendo a judicial ser real ou ficta.

A confissão ficta é aquela que resulta de sanção, da recusa da parte, cujo depoimento foi requerido, a comparecer para depor.

A confissão judicial real, ainda segundo o ilustre professor, subdivide-se em espontânea e provocada. A espontânea ocorre quando é requerida pela parte confitente, sendo admissível a qualquer tempo e podendo ser feita pela própria parte, pessoalmente ou por procurador investido de poderes especiais.

Já a provocada ocorre quando é obtida mediante o interrogatório da parte, em seu depoimento pessoal, na audiência de instrução e julgamento ou noutra especialmente designada para tomá-lo.

b) não contestados ou admitidos no processo como incontroversos.

O CPC, art. 341[90], exige que o réu impugne precisamente os fatos relevantes apontados na inicial, sob pena de considerá-los incontroversos e, portanto, presumidamente verdadeiros.

O mesmo acontecerá quando o réu apontar fatos impeditivos, modificativos e extintivos e o autor não os contrariar. A cautela recomenda que, sempre que possível, desde a inicial, o autor denuncie a inveracidade de fatos suscitados pelo empregador no curso do contrato.

c) fatos que são reputados verdadeiros por presunção legal de existência ou veracidade.

De acordo com Rodrigues Pinto[91], esta presunção legal de existência ou de veracidade deve ser compreendida a partir da própria noção de presunção. No seu sentido mais simples, *presumir* é *conjeturar*, ou seja, estabelecer uma verdade especulativa até que, por outro meio adequado, se possa identificar sua essência exata.

II – afirmados por uma parte e confessados pela parte contrária;

III – admitidos no processo como incontroversos;

IV – em cujo favor milita presunção legal de existência ou de veracidade.

89. MOREIRA, José Carlos Barbosa. O novo processo civil brasileiro: exposição sistemática do procedimento. Ed. rev. e atual. Rio de Janeiro, Forense, 2005. p.60.

90. Art. 341 do CPC - Incumbe também ao réu manifestar-se precisamente sobre as alegações de fato constantes da petição inicial, presumindo-se verdadeiras as não impugnadas, salvo se:

I – não for admissível, a seu respeito, a confissão;

II – a petição inicial não estiver acompanhada de instrumento que a lei considerar da substância do ato;

III – estiverem em contradição com a defesa, considerada em seu conjunto.

Parágrafo único. O ônus da impugnação especificada dos fatos não se aplica ao defensor público, ao advogado dativo e ao curador especial.

91. In *Processo Trabalhista de Conhecimento*. 6ª ed. São Paulo: LTr, 2001. p. 354.

d) Fatos notórios, que, de acordo com Fredie Didier[92], são aqueles "cujo conhecimento faz parte da cultura normal própria de determinada esfera social no tempo em que ocorre a decisão (Calamandrei)."

Nessas quatro hipóteses retratadas, estão as partes liberadas de provar os fatos a que normalmente estariam obrigadas.

12.4. A REVELIA E A PRODUÇÃO PROBATÓRIA

Estabelece o art. 349 do CPC[93], que o réu revel poderá produzir provas no processo em oposição às alegações do autor, desde que ingresse na demanda a tempo de praticar os atos processuais necessários a produção probatória.

Assim, caso o réu intervenha na ação enquanto a instrução estiver aberta, poderá, por exemplo, requerer a juntada de documentos. Se, entretanto, somente comparecer após a prolação da sentença não poderá pleitear que o processo volte ao estágio anterior e seja reaberta a instrução, uma vez que, nessa situação, já teria sido operada a preclusão.

Fato é que a inclusão de dispositivo legal com esse conteúdo normativo, além de representar uma importante inovação capaz de minorar as desastrosas consequências da decretação da revelia, prestigia o contraditório para o réu que comparece ao processo e demonstra animo de resistir as pretensões do autor.

Partilhando desse mesmo entendimento, Mauro Schiavi assinala que:

> "Não obstante o réu não ter controvertido os fatos, a revelia gera uma presunção relativa de veracidade dos fatos afirmados pelo autor, mas não derruba o contraditório processual, que é o direito de reagir a cada ação do *ex adverso*. Ora revelia não é uma pena, não é um ônus, é uma situação processual. O revel não pode ser visto como um fora da lei porque não veio a juízo se defender. Ainda que não tenha controvertidos os fatos, o revel, caso compareça em momento oportuno, poderá derrubar essa presunção de veracidade dos fatos invocados pelo autor[94]".

Embora esse não seja o posicionamento majoritário da jurisprudência trabalhista, é possível encontrar decisões posteriores ao Código de Processo Civil de 2015 reconhecendo nulidade processual por cerceamento de defesa quando o magistrado indefere a produção de provas pelo réu em razão da revelia:

> REQUERIMENTO DE PRODUÇÃO DE PROVA ORAL EM AUDIÊNCIA. A instrução processual na qual observa o Exmo. Magistrado a quo a confissão ficta do prepos-

92. DIDIER, Fredie. *Direito Processual Civil: tutela jurisdicional, individual e coletiva.* Vol. I, 5 ed. p. 488.

93. Art. 349 do CPC – Ao réu revel será lícita a produção de provas, contrapostas às alegações do autor, desde que se faça representar nos autos a tempo de praticar os atos processuais indispensáveis a essa produção.

94. SCHIAVI, MAURO. *In* Manual de Direito Processual do Trabalho, LTR, 12ª ed., 2017, fl. 713.

> to, resultante do desconhecimento dos fatos narrados na exordial, não prescinde da produção da prova oral quando devidamente requerida pela parte. Isto porque **a produção de prova é faculdade à parte ainda que revel, nos termos do art. 349 do CPC ao dispor que "ao réu revel será lícita a produção de provas, contrapostas às alegações do autor, desde que se faça representar nos autos a tempo de praticar os atos processuais indispensáveis a essa produção", sendo vedado ao Juízo julgar antecipadamente o pedido em sentença com resolução de mérito, em que o réu é revel, mas há requerimento de prova, nos termos do art. 355, II, do CPC.** Nesse contexto, o julgamento da lide que acolhe a confissão ficta do réu, mas negligencia a produção de prova oral por ele tempestivamente requerida, incorre em nulidade por cerceio ao direito de defesa (TRT-17 RO: 00012468620155170008, Relator: Daniele Corrêa Santa Catarina, Data de Julgamento: 13/08/2018, Data de Publicação: 30/08/2018). (grifos aditados).

Dessa forma, entendemos perfeitamente aplicável de forma subsidiária o art. 349 do CPC ao processo do trabalho.

Capítulo

13

RECURSOS TRABALHISTAS

13.1. CONCEITO

É o meio de impugnação utilizado com o objetivo de reformar uma decisão, no mesmo processo, retardando a formação da coisa julgada.

Para Humberto Theodoro Júnior, recurso "tem uma acepção técnica e restrita, podendo ser definido como o meio ou o poder de provocar o reexame de uma decisão, pela mesma autoridade judiciária, ou por outra hierarquicamente superior, visando a obter a sua reforma ou modificação ou apenas sua invalidação"[1].

---

1. A 2ª Turma do Supremo Tribunal Federal, no julgamento do Processo AI-AgR-ED-ED 586710/RJ, de relatoria do Ministro Celso de Mello, entendeu que "O abuso do direito de recorrer – por qualificar-se como prática incompatível com o postulado ético-jurídico da lealdade processual – constitui ato de litigância maliciosa repelido pelo ordenamento positivo, especialmente nos ca-

13.2. MEIO DE IMPUGNAÇÃO DIRETO E INDIRETO

Uma decisão judicial pode ser impugnada diretamente, no curso do processo, antes do seu trânsito em julgado, através de um recurso, ou, indiretamente, quando se forma uma nova relação processual, através de ações autônomas, como, p. ex., a ação rescisória. Bezerra Leite lembra, ainda, de outras "ações autônomas de impugnação contra atos decisórios"[2], referindo-se aos embargos do devedor ou de terceiro.

13.3. CLASSIFICAÇÃO DOS ATOS JUDICIAIS

A decisão é um ato processual oriundo de um órgão judicial, singular ou colegiado (Tribunais).

De acordo com a classificação apresentada pelo CPC, os provimentos judiciais podem ser apresentados do seguinte modo:

a) Despachos (arts. 1001 e 203, §3º, do CPC[3]) = atos de cunho não decisório, para os quais a lei não estabelece forma. São responsáveis por materializar atos ordinatórios, que importam, segundo José Frederico Marques[4], em o Juiz "prover a respeito do andamento do processo";

b) Decisões interlocutórias (art. 203, §2º, do CPC[5]) = ato que resolve questões incidentais ao longo do processo – não tem caráter terminativo;

c) Sentença (art. 203, §1º, do CPC[6]) = originalmente, o CPC/73 estabelecia como sendo sentença o ato pelo qual o juiz encerrava o pro-

---

sos em que a parte interpõe recurso com intuito evidentemente protelatório, hipótese em que se legitima a imposição de multa.

2. LEITE, Carlos Henrique Bezerra. *Curso de Direito Processual do Trabalho.* 2 ed. São Paulo: LTr. p.489.

3. Art. 1.001 do CPC – Dos despachos não cabe recurso.

   Art. 203 do CPC – Os pronunciamentos do juiz consistirão em sentenças, decisões interlocutórias e despachos.

   § 3º São despachos todos os demais pronunciamentos do juiz praticados no processo, de ofício ou a requerimento da parte.

4. MARQUES, José Frederico, *apud* E.D. de Aragão, Comentários ao Código de Processo Civil, vol. II, p. 43, Ed. Forense, Rio 1975.

5. Art. 203 do CPC – Os pronunciamentos do juiz consistirão em sentenças, decisões interlocutórias e despachos.

   § 2º Decisão interlocutória é todo pronunciamento judicial de natureza decisória que não se enquadre no § 1º.

6. Art. 203 do CPC – Os pronunciamentos do juiz consistirão em sentenças, decisões interlocutórias e despachos.

cesso, decidindo ou não o mérito da causa. Esse conceito, entretanto, foi profundamente alterado pela Lei 11.232/05, não sendo mais considerada como "ato pelo qual o Juiz põe termo ao processo", pois, como ressalta Araken de Assis[7], "a rigor, não era a "sentença" que encerrava o processo (ou procedimento de 1º grau), mas o esgotamento das vias impugnativas e o advento da coisa julgada formal".

Realmente, a sentença, na maioria das vezes, não encerra o processo, que continua, seja para o cumprimento forçado da obrigação – execução – seja porque o juiz ainda continua atuando, como, p.ex., no exercício do juízo de admissibilidade.

Com o Código de Processo Civil de 2015 aperfeiçoou-se ainda mais o conceito de sentença para incluir na definição a necessidade de pôr fim à fase cognitiva do procedimento comum, bem como de extinguir a execução. De acordo com o §1º do seu art. 203, sentença é o pronunciamento por meio do qual o juiz, com fundamento nos arts. 485 (hipóteses de extinção do processo sem resolução do mérito) e 487 (situações de extinção do processo com resolução do mérito), põe fim à fase cognitiva do procedimento comum, bem como extingue a execução.

d) Acórdão[8] = decisão tomada em órgão colegiado (Tribunais) que pode ou não pôr termo à fase cognitiva do procedimento comum.

Como esclarecem Fredie Didier e Leonardo Carneiro[9]: "em tribunal, as decisões podem ser classificadas a partir do órgão prolator. São, então, isoladas (chamadas, no jargão processual, de *monocráticas*) ou *acórdãos* (colegiadas). Ambas as decisões podem ou não encerrar o procedimento, não sendo esse o aspecto que as diferencia; *acórdãos e decisões monocráticas* podem ser *interlocutórios* ou *finais*".

Algumas decisões dos Tribunais, quando não encerram a fase de conhecimento, são interlocutórias, como, por exemplo, aquelas que afastam a prescrição da pretensão reconhecida pela sentença de 1º grau e determinam o retorno dos autos à vara de origem para enfrentar o mérito.

Em razão de não ter cunho decisório, não cabe nenhum recurso contra os despachos de mero expediente **e, no Processo do Trabalho, a regra geral é que não cabe recurso, de imediato, das decisões interlocutó-**

---

§ 1º Ressalvadas as disposições expressas dos procedimentos especiais, sentença é o pronunciamento por meio do qual o juiz, com fundamento nos arts. 485 e 487, põe fim à fase cognitiva do procedimento comum, bem como extingue a execução.

7. *Cumprimento de sentença*, Ed. Forense, 2006, p. 20.

8. Vem de acordar – 3ª pessoa – convergência de opiniões.

9. In *Curso de Direito Processual Civil.* Vol. 3. 2006. Juspodivm. p. 27.

rias – art. 893, §1º, da CLT[10], ao contrário do que ocorre no processo civil, que admite a interposição de agravo de instrumento nas hipóteses elencadas no art. 1.015 do CPC[11]. Desse modo, as decisões interlocutórias são irrecorríveis em separado no processo do trabalho, devendo a parte aguardar o momento em que for cabível recurso da decisão definitiva, conforme será pormenorizado no tópico a seguir.

13.4. RECORRIBILIDADE DAS DECISÕES INTERLOCUTÓRIAS

No Processo do Trabalho, a regra geral é que a parte só poderá recorrer da decisão interlocutória depois de proferida a decisão definitiva ou terminativa do feito.

Assim, no mesmo recurso cabível contra a decisão que julgou definitivamente o processo, deverá a parte, querendo, na mesma peça, recorrer contra a decisão interlocutória.

Quando o legislador se refere à "decisão definitiva", está englobando as terminativas, que extinguem o processo sem exame do mérito. É importante ressaltar que quando a decisão implicar **nulidade** do processo, a parte deverá argui-la na primeira oportunidade de falar na audiência ou nos autos, possibilitando o recurso da decisão interlocutória, que deverá ocorrer em sede preliminar, para, assim, se evitar a preclusão da matéria (art. 795 da CLT[12]).

---

10. Art. 893, §1º da CLT – Os incidentes do processo são resolvidos pelo próprio Juízo ou Tribunal, **admitindo-se a apreciação do merecimento das decisões interlocutórias somente em recurso da decisão definitiva** – (grifo nosso).

11. Art. 1.015 do CPC – Cabe agravo de instrumento contra as decisões interlocutórias que versarem sobre:
    I – tutelas provisórias;
    II – mérito do processo;
    III – rejeição da alegação de convenção de arbitragem;
    IV – incidente de desconsideração da personalidade jurídica;
    V – rejeição do pedido de gratuidade da justiça ou acolhimento do pedido de sua revogação;
    VI – exibição ou posse de documento ou coisa;
    VII – exclusão de litisconsorte;
    VIII – rejeição do pedido de limitação do litisconsórcio;
    IX – admissão ou inadmissão de intervenção de terceiros;
    X – concessão, modificação ou revogação do efeito suspensivo aos embargos à execução;
    XI – redistribuição do ônus da prova nos termos do art. 373, § 1º;
    XII – (VETADO);
    XIII – outros casos expressamente referidos em lei.
    Parágrafo único. Também caberá agravo de instrumento contra decisões interlocutórias proferidas na fase de liquidação de sentença ou de cumprimento de sentença, no processo de execução e no processo de inventário.

12. Art. 795 da CLT – As nulidades não serão declaradas senão mediante provocação das partes, as quais deverão argui-las à primeira vez em que tiverem de falar em audiência ou nos autos.

13.4.1. Exceções

Esta regra geral, estabelecida no §1º do art. 893 da CLT[13], comporta exceções. O §2º do art. 799 da CLT[14] admite interposição de recurso de decisão interlocutória quando terminativa do feito, como, por exemplo, aquela que acolhe uma preliminar de incompetência material e remete o processo para a Justiça Estadual. A Súmula 214 do TST cuidou de elencar algumas hipóteses, que merecem ser destacadas:

> SUM-214 do TST – DECISÃO INTERLOCUTÓRIA. IRRECORRIBILIDADE (nova redação) – Res. 127/2005, DJ 14, 15 e 16.03.2005
>
> Na Justiça do Trabalho, nos termos do art. 893, § 1º, da CLT, as decisões interlocutórias não ensejam recurso imediato, salvo nas hipóteses de decisão: a) de Tribunal Regional do Trabalho contrária à Súmula ou Orientação Jurisprudencial do Tribunal Superior do Trabalho; b) suscetível de impugnação mediante recurso para o mesmo Tribunal; c) que acolhe exceção de incompetência territorial, com a remessa dos autos para Tribunal Regional distinto daquele a que se vincula o juízo excepcionado, consoante o disposto no art. 799, § 2º, da CLT.

A primeira está direcionada a decisões interlocutórias dos Tribunais que contrariam Súmulas ou Orientações Jurisprudenciais do TST. Nesse caso, a sua recorribilidade objetiva evitar um prolongamento desnecessário do feito, gerando insegurança jurídica, vez que este último tribunal, por meio de recurso de revista, poderá sempre impor nova diretriz aos processos, mesmo sem o caráter vinculante restrito às Súmulas do STF (art. 103-A da Constituição Federal[15]).

Seria, por exemplo, a hipótese da Súmula 363 do TST[16]. Se um TRT, reformando uma decisão de 1º grau, reconheceu a legalidade de um contrato de trabalho entre um trabalhador admitido por uma autarquia federal sem

---

13. Art. 893 da CLT – Das decisões são admissíveis os seguintes recursos:
    §1º – Os incidentes do processo são resolvidos pelo próprio Juízo ou Tribunal, admitindo-se a apreciação do merecimento das decisões interlocutórias somente em recursos da decisão definitiva.
14. Art. 799, §2º, da CLT – Das decisões sobre exceções de suspeição e incompetência, salvo, quanto a estas, se terminativas do feito, não caberá recurso, podendo, no entanto, as partes alegá-las novamente no recurso que couber da decisão final.
15. Art. 103-A da Constituição Federal – O Supremo Tribunal Federal poderá, de ofício ou por provocação, mediante decisão de dois terços dos seus membros, após reiteradas decisões sobre matéria constitucional, aprovar Súmula que, a partir de sua publicação na imprensa oficial, terá efeito vinculante em relação aos demais órgãos do Poder Judiciário e à administração pública direta e indireta, nas esferas federal, estadual e municipal, bem como proceder à sua revisão ou cancelamento, na forma estabelecida em lei.
16. Súmula nº 363 do TST – CONTRATO NULO. EFEITOS – Nova redação – Res. 121/2003, DJ 21.11.2003. A contratação de servidor público, após a CF/1988, sem prévia aprovação em concurso público, encontra óbice no respectivo art. 37, II e §2º, somente lhe conferindo direito ao

concurso público (contrariando a regra do art. 37, II, da CF[17]), determina o retorno dos autos à vara de origem para que seja enfrentado o mérito da reclamação, esta decisão, mesmo interlocutória, comporta recurso de revista de imediato.

A segunda exceção consolida a tendência dos regimentos internos dos tribunais, que prevê o recurso de agravo regimental para as decisões monocráticas dos relatores. Assim, a Súmula determina, de forma ampla, ser recorrível toda decisão suscetível de impugnação mediante recurso para o mesmo Tribunal.

Por fim, temos a terceira situação, que permite o recurso imediato contra a decisão interlocutória que acolheu o pedido de exceção de incompetência territorial, remetendo o processo para um TRT distinto daquele onde foi ajuizada a ação. O entendimento do Egrégio Tribunal corrobora com a previsão do §2º, art. 799 da CLT.

Além das situações previstas na já referida Súmula, podemos citar, ainda, a decisão que nega seguimento a recurso, no exercício do juízo de admissibilidade que faz o órgão judicial prolator da decisão, examinando os pressupostos processuais previstos em lei para o recurso apresentado. Quando um recurso é trancado, poderá a parte prejudicada recorrer desta decisão através de agravo de instrumento (art. 897, "b", da CLT[18]).

13.5. JUÍZO DE ADMISSIBILIDADE

Os recursos, de um modo geral, para que sejam recebidos e conhecidos, precisam observar os pressupostos de admissibilidade estabelecidos em lei.

O Juízo de admissibilidade, que consiste na análise desses pressupostos deve feito em duas oportunidades, antes que o mérito do recurso seja apreciado.

De acordo com Luiz Wambier, Flávio Renato de Almeida e Eduardo Talamini, "o juízo de admissibilidade dos recursos consiste na verificação,

---

pagamento da contraprestação pactuada, em relação ao número de horas trabalhadas, respeitado o valor da hora do salário mínimo, e dos valores referentes aos depósitos do FGTS.

17. Art. 37 da Constituição Federal – A administração pública direta e indireta de qualquer dos Poderes da União, dos Estados, do Distrito Federal e dos Municípios obedecerá aos princípios de legalidade, impessoalidade, moralidade, publicidade e eficiência e, também, ao seguinte:

    II – a investidura em cargo ou emprego público depende de aprovação prévia em concurso público de provas ou de provas e títulos, de acordo com a natureza e a complexidade do cargo ou emprego, na forma prevista em lei, ressalvadas as nomeações para cargo em comissão declarado em lei de livre nomeação e exoneração.

18. Art. 897 da CLT – Cabe agravo, no prazo de 8 (oito) dias:

    b) de instrumento, dos despachos que denegarem a interposição de recursos.

pelo juízo competente, dos requisitos de admissibilidade da espécie recursal de que se tenha servido a parte para impugnar a decisão que lhe foi desfavorável"[19].

Assim, tanto o órgão judicial que proferiu a decisão, quanto aquele que vai julgar o recurso, têm o dever de observar se os requisitos estabelecidos em lei foram observados pelas partes recorrentes.

Não é por outra razão que o recurso deve ser encaminhado ao órgão prolator da decisão para que este, no exercício do juízo de admissibilidade, examine os pressupostos exigidos por lei e receba o recurso, encaminhando-o ao órgão julgador que detém a competência funcional devida para apreciá-lo.

Os pressupostos devem ser observados para que o recurso seja conhecido e julgado. A primeira apreciação tem lugar no órgão que prolatou a decisão, que concede ou nega seguimento ao recurso. Se o juízo de admissibilidade for negativo, o recurso fica trancado e não é encaminhado ao órgão judicial que deveria julgá-lo. Se for positivo, o recurso é recebido e dirigido ao Tribunal competente que, antes de apreciá-lo, fará, novamente, a análise dos pressupostos de admissibilidade para conhecer ou não do recurso.

Desde o advento do Código de Processo Civil de 2015, extinguiu-se o duplo grau de admissibilidade da apelação no processo civil, passando esta a ser remetida diretamente ao tribunal julgador pelo juiz de 1º grau após a intimação da parte contrária para apresentar contrarrazões e, se for o caso, recurso adesivo e novas contrarrazões, nos termos do art. 1.010, §§ 1º, 2º e 3º, do CPC[20].

Apesar disso, entendemos ser inaplicável ao processo do trabalho o art. 1.010 do CPC, subsistindo o juízo de admissibilidade dos recursos pelo juízo *a quo*, uma vez que não há omissão, tendo a CLT previsão própria nos art. 659, VI, e 896, §1º, sobre o tema, vejamos:

---

19. WAMBIER, L. R., ALMEIDA, F. R. C. e TALAMINI, E. *Curso avançado de processo civil.* 3. ed. – São Paulo: Ed. Revista dos Tribunais, 2000. v. 1. p. 579.

20. Art. 1.010 do CPC – A apelação, interposta por petição dirigida ao juízo de primeiro grau, conterá:

I – os nomes e a qualificação das partes;

II – a exposição do fato e do direito;

III – as razões do pedido de reforma ou de decretação de nulidade;

IV – o pedido de nova decisão.

§ 1º O apelado será intimado para apresentar contrarrazões no prazo de 15 (quinze) dias.

§ 2º Se o apelado interpuser apelação adesiva, o juiz intimará o apelante para apresentar contrarrazões.

§ 3º Após as formalidades previstas nos §§ 1º e 2º, os autos serão remetidos ao tribunal pelo juiz, independentemente de juízo de admissibilidade.

> Art. 659 – Competem privativamente aos Presidentes das Juntas, além das que lhes forem conferidas neste Título e das decorrentes de seu cargo, as seguintes atribuições:
>
> (...)
>
> VI – despachar os recursos interpostos pelas partes, fundamentando a decisão recorrida antes da remessa ao Tribunal Regional, ou submetendo-os à decisão da Junta, no caso do art. 894,
>
> Art. 896 – Cabe Recurso de Revista para Turma do Tribunal Superior do Trabalho das decisões proferidas em grau de recurso ordinário, em dissídio individual, pelos Tribunais Regionais do Trabalho, quando:
>
> (...)
>
> § 1º O recurso de revista, dotado de efeito apenas devolutivo, será interposto perante o Presidente do Tribunal Regional do Trabalho, que, por decisão fundamentada, poderá recebê-lo ou denegá-lo.

No mesmo sentido, o Tribunal Superior do Trabalho por meio da Instrução Normativa nº 39/2016, art. 2º, XI[21], entendeu que não se aplica ao processo do trabalho a desnecessidade de o juízo *a quo* exercer controle de admissibilidade nos recursos de natureza ordinária.

Como consequência, no processo do trabalho, a parte contrária pode apontar, em sede de contrarrazões, a inobservância dos pressupostos, mas compete ao juiz, de ofício, conferi-los.

Para Luiz Wambier, Flavio Renato de Almeida e Eduardo Talamini, "a regra geral é a de que o juízo de admissibilidade seja pelo juízo *a quo* e pelo juízo *ad quem* e que o juízo de mérito seja exercido uma única vez pelo órgão *ad quem*[22]".

Importante destacar que se o recurso for trancado pelo órgão judicial que proferiu a decisão (1º juízo de admissibilidade), o remédio cabível para destrancá-lo é o agravo de instrumento (art. 897, "b" e parágrafos, da CLT)[23], que será julgado pelo Tribunal que iria apreciá-lo.

Por outro lado, se o recurso não for conhecido pelo Tribunal que deveria julgá-lo (2º juízo de admissibilidade), deverá a parte, insatisfeita com

---

21. Art. 2º, IX, da Instrução Normativa n. 39/2016 – Sem prejuízo de outros, não se aplicam ao Processo do Trabalho, em razão de inexistência de omissão ou por incompatibilidade, os seguintes preceitos do Código de Processo Civil: (...) XI – art. 1010, § 3º (desnecessidade de o juízo a quo exercer controle de admissibilidade na apelação).
22. WAMBIER, L. R., ALMEIDA, F. R. C e TALAMINI, E. Curso avançado de processo civil. 3. ed. São Paulo: Editora Revista dos Tribunais, 2000, v. 1.
23. Art. 897 da CLT – Cabe agravo, no prazo de 8 (oito) dias:
    b) de instrumento, dos despachos que denegarem a interposição de recursos.
    § 2º – O agravo de instrumento interposto contra o despacho que não receber agravo de petição não suspende a execução da sentença.
    § 4º – Na hipótese da alínea b deste artigo, o agravo será julgado pelo Tribunal que seria competente para conhecer o recurso cuja interposição foi denegada.

esta decisão, apelar através do mesmo recurso previsto em lei na hipótese deste ter sido julgado. Assim, se um TRT não conhece um recurso ordinário, o remédio cabível seriam os embargos de declaração para suscitar omissão, contradição e manifesto equívoco no exame dos pressupostos extrínsecos do recurso (artigo 897-A da CLT[24]) ou o recurso de revista, na forma do artigo 896 da CLT[25].

---

§ 5º Sob pena de não conhecimento, as partes promoverão a formação do instrumento do agravo de modo a possibilitar, caso provido, o imediato julgamento do recurso denegado, instruindo a petição de interposição:

I – obrigatoriamente, com cópias da decisão agravada, da certidão da respectiva intimação, das procurações outorgadas aos advogados do agravante e do agravado, da petição inicial, da contestação, da decisão originária, do depósito recursal referente ao recurso que se pretende destrancar, da comprovação do recolhimento das custas e do depósito recursal a que se refere o § 7º do art. 899 desta Consolidação;

II – facultativamente, com outras peças que o agravante reputar úteis ao deslinde da matéria de mérito controvertida

§ 6º O agravado será intimado para oferecer resposta ao agravo e ao recurso principal, instruindo-a com as peças que considerar necessárias ao julgamento de ambos os recursos.

§ 7º Provido o agravo, a Turma deliberará sobre o julgamento do recurso principal, observando-se, se for o caso, daí em diante, o procedimento relativo a esse recurso.

24. Art. 897-A da CLT – Caberão embargos de declaração da sentença ou acórdão, no prazo de cinco dias, devendo seu julgamento ocorrer na primeira audiência ou sessão subseqüente a sua apresentação, registrado na certidão, admitido efeito modificativo da decisão nos casos de omissão e contradição no julgado e manifesto equívoco no exame dos pressupostos extrínsecos do recurso.

25. Art. 896 da CLT – Cabe Recurso de Revista para Turma do Tribunal Superior do Trabalho das decisões proferidas em grau de recurso ordinário, em dissídio individual, pelos Tribunais Regionais do Trabalho, quando:

a) derem ao mesmo dispositivo de lei federal interpretação diversa da que lhe houver dado outro Tribunal Regional do Trabalho, no seu Pleno ou Turma, ou a Seção de Dissídios Individuais do Tribunal Superior do Trabalho, ou contrariarem súmula de jurisprudência uniforme dessa Corte ou súmula vinculante do Supremo Tribunal Federal;

b) derem ao mesmo dispositivo de lei estadual, Convenção Coletiva de Trabalho, Acordo Coletivo, sentença normativa ou regulamento empresarial de observância obrigatória em área territorial que exceda a jurisdição do Tribunal Regional prolator da decisão recorrida, interpretação divergente, na forma da alínea a;

c) proferidas com violação literal de disposição de lei federal ou afronta direta e literal à Constituição Federal.

§ 1º O recurso de revista, dotado de efeito apenas devolutivo, será interposto perante o Presidente do Tribunal Regional do Trabalho, que, por decisão fundamentada, poderá recebê-lo ou denegá-lo.

§ 1º-A. Sob pena de não conhecimento, é ônus da parte:

I – indicar o trecho da decisão recorrida que consubstancia o prequestionamento da controvérsia objeto do recurso de revista;

II – indicar, de forma explícita e fundamentada, contrariedade a dispositivo de lei, súmula ou orientação jurisprudencial do Tribunal Superior do Trabalho que conflite com a decisão regional;

III – expor as razões do pedido de reforma, impugnando todos os fundamentos jurídicos da decisão recorrida, inclusive mediante demonstração analítica de cada dispositivo de lei, da Constituição Federal, de súmula ou orientação jurisprudencial cuja contrariedade aponte.

Merece destaque o fato do art. 897-A da CLT admitir a interposição de embargos de declaração, com efeito modificativo, "da sentença ou acórdão", na hipótese de "manifesto equívoco no exame dos pressupostos extrínsecos do recurso".

Embora o artigo antes aludido se refira apenas a "sentença ou acórdão", entendemos que é perfeitamente admissível a oposição de embargos contra a decisão que não receber (trancar) o recurso, pois, embora a lei tenha denominado este ato processual de "despacho" (art. 897, §2º), nossa compreensão que se trata de uma típica decisão interlocutória.

IV – transcrever na peça recursal, no caso de suscitar preliminar de nulidade de julgado por negativa de prestação jurisdicional, o trecho dos embargos declaratórios em que foi pedido o pronunciamento do tribunal sobre questão veiculada no recurso ordinário e o trecho da decisão regional que rejeitou os embargos quanto ao pedido, para cotejo e verificação, de plano, da ocorrência da omissão.

§ 2º Das decisões proferidas pelos Tribunais Regionais do Trabalho ou por suas Turmas, em execução de sentença, inclusive em processo incidente de embargos de terceiro, não caberá Recurso de Revista, salvo na hipótese de ofensa direta e literal de norma da Constituição Federal.

§ 3º (Revogado).

§ 4º (Revogado).

§ 5º (Revogado).

§ 6º (Revogado).

§ 7º A divergência apta a ensejar o recurso de revista deve ser atual, não se considerando como tal a ultrapassada por súmula do Tribunal Superior do Trabalho ou do Supremo Tribunal Federal, ou superada por iterativa e notória jurisprudência do Tribunal Superior do Trabalho.

§ 8º Quando o recurso fundar-se em dissenso de julgados, incumbe ao recorrente o ônus de produzir prova da divergência jurisprudencial, mediante certidão, cópia ou citação do repositório de jurisprudência, oficial ou credenciado, inclusive em mídia eletrônica, em que houver sido publicada a decisão divergente, ou ainda pela reprodução de julgado disponível na internet, com indicação da respectiva fonte, mencionando, em qualquer caso, as circunstâncias que identifiquem ou assemelhem os casos confrontados.

§ 9º Nas causas sujeitas ao procedimento sumaríssimo, somente será admitido recurso de revista por contrariedade a súmula de jurisprudência uniforme do Tribunal Superior do Trabalho ou a súmula vinculante do Supremo Tribunal Federal e por violação direta da Constituição Federal.

§ 10. Cabe recurso de revista por violação a lei federal, por divergência jurisprudencial e por ofensa à Constituição Federal nas execuções fiscais e nas controvérsias da fase de execução que envolvam a Certidão Negativa de Débitos Trabalhistas (CNDT), criada pela Lei nº 12.440, de 7 de julho de 2011.

§ 11. Quando o recurso tempestivo contiver defeito formal que não se repute grave, o Tribunal Superior do Trabalho poderá desconsiderar o vício ou mandar saná-lo, julgando o mérito.

§ 12. Da decisão denegatória caberá agravo, no prazo de 8 (oito) dias.

§ 13. Dada a relevância da matéria, por iniciativa de um dos membros da Seção Especializada em Dissídios Individuais do Tribunal Superior do Trabalho, aprovada pela maioria dos integrantes da Seção, o julgamento a que se refere o § 3º poderá ser afeto ao Tribunal Pleno.

§ 14. O relator do recurso de revista poderá denegar-lhe seguimento, em decisão monocrática, nas hipóteses de intempestividade, deserção, irregularidade de representação ou de ausência de qualquer outro pressuposto extrínseco ou intrínseco de admissibilidade.

Contrariando o posicionamento ora explanado, a SDI-1 do TST havia editado, em 2010, a OJ nº 377, vazada nos seguintes termos:

> OJ-SDI1-377 EMBARGOS DE DECLARAÇÃO. DECISÃO DENEGATÓRIA DE RECURSO DE REVISTA EXARADO POR PRESIDENTE DO TRT. DESCABIMENTO. NÃO INTERRUPÇÃO DO PRAZO RECURSAL (DEJT divulgado em 19, 20 e 22.04.2010)
>
> Não cabem embargos de declaração interpostos contra decisão de admissibilidade do recurso de revista, não tendo o efeito de interromper qualquer prazo recursal.

Trata-se de súmula que se encontrava em flagrante dissonância das normas elementares de direito processual civil. Isto porque, parte do pressuposto de que a decisão interlocutória que nega seguimento a um determinado recurso é insuscetível de ser reparada mediante o manejo de embargos de declaração, ainda que constatados os vícios elencados no CPC e na CLT.

Ocorre que a doutrina de direito processual civil sempre foi uníssona ao afirmar que aquele recurso horizontal é de aplicação irrestrita em nosso sistema, sendo cabível inclusive contra decisões de natureza meramente interlocutória, já que, conforme aponta Barbosa Moreira, "é inconcebível que fiquem sem médio a obscuridade, a contradição ou a omissão existente no pronunciamento, não raro a comprometer até a possibilidade prática de cumpri-lo"[26].

Além disso, uma questão tormentosa poderia surgir no juízo de origem em razão do enunciado de jurisprudência da SDI-1 – aquela onde a decisão interlocutória que negou seguimento ao recurso foi proferida – conhecer dos embargos declaratórios opostos, não importando qual viesse a ser a decisão meritória, se de provimento ou não do recurso.

Ora, se o juízo *a quo* entender que os embargos declaratórios eram o instrumento recursal adequado à hipótese, e, mais do que isso, acabar por reconhecer a existência de vício na decisão exarada, dando provimento aos embargos, se afigura inconcebível que o juízo *ad quem* não conheça de futuro recurso com fundamento no descabimento dos embargos opostos em instância inferior.

Isso porque, uma vez conhecidos os embargos, opera-se a coisa julgada formal sobre a decisão de conhecimento, o que implica, necessariamente, na interrupção do prazo para eventual interposição dos demais recursos cabíveis, conforme previa o antigo art. 538 do CPC/73, atual art. 1.026 do CPC/15.

Por todo o exposto, já não era sem tempo o cancelamento do verbete jurisprudencial n. 377 realizado pelo art. 2º da Resolução n. 204/2016[27]. A

---

26. In Comentários ao CPC, Editora Forense, Volume V, 7. ed., 1998, p. 534.

27. Art. 2º da Resolução 204/2016 do TST – Cancelar, a partir de 15 de abril de 2016, a Súmula nº 285 e a Orientação Jurisprudencial nº 377 da Subseção I Especializada em Dissídios Individuais.

alteração surgiu de novo entendimento do TST após a entrada em vigor do Código de Processo Civil de 2015, que para pacificar de uma vez a questão, alterou o dispositivo que elenca as hipóteses de cabimento dos embargos de declaração para esclarecer que eles podem ser opostos contra qualquer decisão judicial, deixando de lado o termo "sentença ou acórdão", vejamos:

> Art. 1.022. Cabem embargos de declaração contra qualquer decisão judicial para:
>
> I – esclarecer obscuridade ou eliminar contradição;
>
> II – suprir omissão de ponto ou questão sobre o qual devia se pronunciar o juiz de ofício ou a requerimento;
>
> III – corrigir erro material.
>
> Parágrafo único. Considera-se omissa a decisão que:
>
> I – deixe de se manifestar sobre tese firmada em julgamento de casos repetitivos ou em incidente de assunção de competência aplicável ao caso sob julgamento;
>
> II – incorra em qualquer das condutas descritas no art. 489, § 1º.

No mesmo sentido, a Instrução Normativa nº 39/2016, em seu art. 9º[28] entendeu pela aplicação do art. 1.022 do CPC supracitado ao processo do trabalho de forma supletiva.

Dessa forma, cabem embargos de declaração no processo do trabalho contra qualquer decisão judicial, desde que a parte visualize a existência de omissão, contradição, obscuridade, erro material ou manifesto equívoco no exame dos pressupostos extrínsecos do recurso, mesmo em caso de decisões consideradas irrecorríveis.

13.6. EFEITOS PRINCIPAIS[29]

A interposição dos recursos gera efeitos importantes para o processo e precisam ser analisados.

13.6.1. Efeito suspensivo

O efeito suspensivo implica na paralisação dos efeitos da decisão, impedindo a execução da sentença.

---

28. Art. 9º da Instrução Normativa n. 39/2016 – O cabimento dos embargos de declaração no Processo do Trabalho, para impugnar qualquer decisão judicial, rege-se pelo art. 897-A da CLT e, supletivamente, pelo Código de Processo Civil (arts. 1022 a 1025; §§ 2º, 3º e 4º do art. 1026), excetuada a garantia de prazo em dobro para litisconsortes (§ 1º do art. 1023).

    Parágrafo único. A omissão para fins do prequestionamento ficto a que alude o art. 1025 do CPC dá-se no caso de o Tribunal Regional do Trabalho, mesmo instado mediante embargos de declaração, recusar-se a emitir tese sobre questão jurídica pertinente, na forma da Súmula nº 297, item III, do Tribunal Superior do Trabalho.

29. Além do devolutivo e suspensivo temos o substitutivo (art. 1.008 do CPC), extensivo (litisconsortes com mesmo interesse – art. 1.005 do CPC), regressivo (retratação – AI e Ag. Regimental).

No Processo Civil, a apelação tem efeito devolutivo e suspensivo (art. 1.012 do CPC[30]) e só nas hipóteses excepcionais, estabelecidas nos incisos I a VI, é que não se atribuiu o efeito suspensivo. A interposição dos demais recursos, entretanto, em regra, não impedem a eficácia da decisão, salvo disposição legal ou decisão judicial em sentido diverso.

A regra do Processo do Trabalho é que os recursos não têm efeito suspensivo – art. 899 da CLT [31], permitindo, assim, a execução provisória da sentença **até a penhora**. Assim, não será possível a realização de atos de alienação dos bens eventualmente penhorados para garantia da execução.

A execução será provisória sempre que o título judicial do exequendo estiver sendo objeto de recurso recebido apenas no efeito devolutivo, que é a regra geral no Processo do Trabalho (CLT, art. 899). Uma exceção está prevista no art. 897, §1º, da CLT, ao trazer a previsão do efeito suspensivo para as matérias e valores objeto do agravo de petição, permitindo, contudo, a execução definitiva da parte incontroversa. Para Bezerra Leite[32]:

> "Essa disposição legal comporta interpretação restritiva, isto é, não há como ser estendida a outros recursos, como o ordinário, a revista, etc.; de maneira que, havendo a interposição desses recursos, a execução somente poderá ser exclusivamente provisória, mesmo em relação às partes da decisão exequenda que não foram impugnadas".

---

30. Art. 1.012 do CPC – A apelação terá efeito suspensivo.

§ 1º Além de outras hipóteses previstas em lei, começa a produzir efeitos imediatamente após a sua publicação a sentença que:

I – homologa divisão ou demarcação de terras;

II – condena a pagar alimentos;

III – extingue sem resolução do mérito ou julga improcedentes os embargos do executado;

IV – julga procedente o pedido de instituição de arbitragem;

V – confirma, concede ou revoga tutela provisória;

VI – decreta a interdição.

§ 2º Nos casos do § 1º, o apelado poderá promover o pedido de cumprimento provisório depois de publicada a sentença.

§ 3º O pedido de concessão de efeito suspensivo nas hipóteses do § 1º poderá ser formulado por requerimento dirigido ao:

I – tribunal, no período compreendido entre a interposição da apelação e sua distribuição, ficando o relator designado para seu exame prevento para julgá-la;

II – relator, se já distribuída a apelação.

§ 4º Nas hipóteses do § 1º, a eficácia da sentença poderá ser suspensa pelo relator se o apelante demonstrar a probabilidade de provimento do recurso ou se, sendo relevante a fundamentação, houver risco de dano grave ou de difícil reparação.

31. Art. 899 da CLT – Os recursos serão interpostos por simples petição e terão efeito meramente devolutivo, salvo as exceções previstas neste Título, permitida a execução provisória até a penhora [...].

32. *Curso de direito processual do trabalho*. 3ª. ed. São Paulo: LTr, 2005. p. 714.

O mesmo art. 897 da CLT, em seu §2º, traz outra exceção, ao determinar a não suspensão da execução da sentença quando apresentado um agravo de instrumento contra decisão denegatória de recebimento de agravo de petição.

A **execução provisória** deve ser iniciada a requerimento do autor, através de petição com as peças obrigatórias exigidas no art. 520, I e 522 do CPC[33], além das demais peças necessárias à quantificação do crédito do autor se a sentença for ilíquida.

---

33. Art. 520 do CPC – O cumprimento provisório da sentença impugnada por recurso desprovido de efeito suspensivo será realizado da mesma forma que o cumprimento definitivo, sujeitando-se ao seguinte regime:

I – corre por iniciativa e responsabilidade do exequente, que se obriga, se a sentença for reformada, a reparar os danos que o executado haja sofrido;

II – fica sem efeito, sobrevindo decisão que modifique ou anule a sentença objeto da execução, restituindo-se as partes ao estado anterior e liquidando-se eventuais prejuízos nos mesmos autos;

III – se a sentença objeto de cumprimento provisório for modificada ou anulada apenas em parte, somente nesta ficará sem efeito a execução;

IV – o levantamento de depósito em dinheiro e a prática de atos que importem transferência de posse ou alienação de propriedade ou de outro direito real, ou dos quais possa resultar grave dano ao executado, dependem de caução suficiente e idônea, arbitrada de plano pelo juiz e prestada nos próprios autos.

§ 1º No cumprimento provisório da sentença, o executado poderá apresentar impugnação, se quiser, nos termos do art. 525.

§ 2º A multa e os honorários a que se refere o § 1º do art. 523 são devidos no cumprimento provisório de sentença condenatória ao pagamento de quantia certa.

§ 3º Se o executado comparecer tempestivamente e depositar o valor, com a finalidade de isentar-se da multa, o ato não será havido como incompatível com o recurso por ele interposto.

§ 4º A restituição ao estado anterior a que se refere o inciso II não implica o desfazimento da transferência de posse ou da alienação de propriedade ou de outro direito real eventualmente já realizada, ressalvado, sempre, o direito à reparação dos prejuízos causados ao executado.

§ 5º Ao cumprimento provisório de sentença que reconheça obrigação de fazer, de não fazer ou de dar coisa aplica-se, no que couber, o disposto neste Capítulo.

Art. 521 do CPC – A caução prevista no inciso IV do art. 520 poderá ser dispensada nos casos em que:

I – o crédito for de natureza alimentar, independentemente de sua origem;

II – o credor demonstrar situação de necessidade;

III – pender o agravo fundado nos incisos II e III do art. 1.042;

IV – a sentença a ser provisoriamente cumprida estiver em consonância com súmula da jurisprudência do Supremo Tribunal Federal ou do Superior Tribunal de Justiça ou em conformidade com acórdão proferido no julgamento de casos repetitivos.

Parágrafo único. A exigência de caução será mantida quando da dispensa possa resultar manifesto risco de grave dano de difícil ou incerta reparação.

Art. 522 do CPC – O cumprimento provisório da sentença será requerido por petição dirigida ao juízo competente.

Parágrafo único. Não sendo eletrônicos os autos, a petição será acompanhada de cópias das seguintes peças do processo, cuja autenticidade poderá ser certificada pelo próprio advogado, sob sua responsabilidade pessoal:

A intenção em não conferir efeito suspensivo foi repetida nos arts. 893, §2º e 896, §1º,[34] da CLT, reforçando o propósito do legislador em impor maior celeridade ao processo. O efeito suspensivo é exceção, e deve ser concedido apenas em casos excepcionais, conforme se extrai do *caput* do art. 899 e do *caput* do art. 876[35], ambos da CLT.

Assim, em situações excepcionais, pode o Juiz, a requerimento da parte, conferir efeito suspensivo ao recurso, como, por exemplo, as sentenças que impõem uma condenação que implique obrigação de fazer ou não fazer – salvo aquelas estabelecidas pelo art. 659, IX e X da CLT[36] –, diante de seu caráter satisfativo, muitas vezes irreversível ou de difícil reparação.

Sob a égide do antigo Código de Processo Civil, o remédio jurídico que deveria ser utilizado para obtenção do efeito suspensivo, nos recursos trabalhistas, era a Ação Cautelar, na forma do que estabelecia a Súmula 414, I do TST[37].

I – decisão exequenda;

II – certidão de interposição do recurso não dotado de efeito suspensivo;

III – procurações outorgadas pelas partes;

IV – decisão de habilitação, se for o caso;

V – facultativamente, outras peças processuais consideradas necessárias para demonstrar a existência do crédito.

34. Art. 893 da CLT – Das decisões são admissíveis os seguintes recursos:

§2º – A interposição de recurso para o Supremo Tribunal Federal não prejudicará a execução do julgado.

Art. 896 da CLT – Cabe Recurso de Revista para Turma do Tribunal Superior do Trabalho das decisões proferidas em grau de recurso ordinário, em dissídio individual, pelos Tribunais Regionais do Trabalho, quando:

§1º O Recurso de Revista, dotado de efeito apenas devolutivo, será apresentado ao Presidente do Tribunal recorrido, que poderá recebê-lo ou denegá-lo, fundamentando, em qualquer caso, a decisão.

35. Art. 876 da CLT – As decisões passadas em julgado ou das quais não tenha havido recurso com efeito suspensivo; os acordos, quando não cumpridos; os termos de ajuste de conduta firmados perante o Ministério Público do Trabalho e os termos de conciliação firmados perante as Comissões de Conciliação Prévia serão executada pela forma estabelecida neste Capítulo. [...]

36. Não fere direito líquido e certo a concessão de liminar obstativa de transferência de empregado, em face da previsão do inciso IX do art. 659 da CLT.

OJ-SDI2-65 do TST – MANDADO DE SEGURANÇA. REINTEGRAÇÃO LIMI-NARMENTE CONCEDIDA. DIRIGENTE SINDICAL (inserida em 20.09.2000)

Ressalvada a hipótese do art. 494 da CLT, não fere direito líquido e certo a determinação liminar de reintegração no emprego de dirigente sindical, em face da previsão do inciso X do art. 659 da CLT.

37. SUM-414 do TST – MANDADO DE SEGURANÇA. ANTECIPAÇÃO DE TUTELA (OU LIMINAR) CONCEDIDA ANTES OU NA SENTENÇA (conversão das Orientações Jurisprudenciais nºs 50, 51, 58, 86 e 139 da SBDI-2) – Res. 137/2005, DJ 22, 23 e 24.08.2005

I – A antecipação da tutela concedida na sentença não comporta impugnação pela via do mandado de segurança, por ser impugnável mediante recurso ordinário. A ação cautelar é o

Com o art. 1.029, §5º[38], do Código de Processo Civil de 2015, o pedido de concessão de efeito suspensivo no processo civil passou a ser formulado por requerimento dirigido ao tribunal. Em razão dessa modificação na legislação processual civil, o item I da Súmula 414 do TST foi alterado, de modo que *"é admissível a obtenção de efeito suspensivo ao recurso ordinário mediante requerimento dirigido ao tribunal, ao relator ou ao presidente ou ao vice-presidente do tribunal recorrido, por aplicação subsidiária ao processo do trabalho do artigo 1.029, § 5º, do CPC de 2015".*Outra situação em que se impõe o efeito suspensivo é encontrada no art. 7º, §6º da Lei 7.701/88[39], pelo qual o recurso ordinário contra Sentença Normativa poderá conferir efeito suspensivo (no mesmo sentido, Instrução Normativa nº 24 do TST[40]).

---

meio próprio para se obter efeito suspensivo a recurso. (ex-OJ nº 51 da SBDI-2 – inserida em 20.09.2000)

II – No caso da tutela antecipada (ou liminar) ser concedida antes da sentença, cabe a impetração do mandado de segurança, em face da inexistência de recurso próprio. (ex-OJs nºs 50 e 58 da SBDI-2 – inseridas em 20.09.2000)

III – A superveniência da sentença, nos autos originários, faz perder o objeto do mandado de segurança que impugnava a concessão da tutela antecipada (ou liminar). (ex-Ojs da SBDI-2 nºs 86 – inserida em 13.03.2002 – e 139 – DJ 04.05.2004)

38. Art. 1.029, §5º, do CPC – O pedido de concessão de efeito suspensivo a recurso extraordinário ou a recurso especial poderá ser formulado por requerimento dirigido:

I – ao tribunal superior respectivo, no período compreendido entre a publicação da decisão de admissão do recurso e sua distribuição, ficando o relator designado para seu exame prevento para julgá-lo;

II – ao relator, se já distribuído o recurso;

III – ao presidente ou ao vice-presidente do tribunal recorrido, no período compreendido entre a interposição do recurso e a publicação da decisão de admissão do recurso, assim como no caso de o recurso ter sido sobrestado, nos termos do art. 1.037.

39. Art. 7º da Lei 7701/88 – Das decisões proferidas pelo Grupo Normativo dos Tribunais Regionais do Trabalho, caberá recurso ordinário para o Tribunal Superior do Trabalho.

§6º – A sentença normativa poderá ser objeto de ação de cumprimento a partir do 20º (vigésimo) dia subsequente ao do julgamento, fundada no acórdão ou na certidão de julgamento, salvo se concedido efeito suspensivo pelo Presidente do Tribunal Superior do Trabalho.

40. Res nº 120 (02/10/2003) – INSTRUÇÃO NORMATIVA Nº 24 do TST – Dispõe sobre a faculdade de o Ministro Presidente do Tribunal Superior do Trabalho designar audiência prévia de conciliação, no caso de pedido de efeito suspensivo a recurso ordinário interposto à decisão normativa da Justiça do Trabalho. O TRIBUNAL SUPERIOR DO TRABALHO, em sua composição plena, no uso de suas atribuições legais e regimentais, sob a Presidência do Exmo Sr. Ministro Francisco Fausto Paula de Medeiros, Considerando o disposto no art. 14 da Lei nº 10.192, de 14 de fevereiro de 2001, pelo qual foi concedida ao Presidente do Tribunal Superior do Trabalho a prerrogativa de suspender, "na medida e extensão" que entender convenientes, a eficácia de decisão normativa da Justiça do Trabalho, até o julgamento do recurso ordinário interposto em autos de dissídio coletivo; Considerando a inexistência de regulamentação dos procedimentos a serem observados pela Presidência da Corte relativamente aos pedidos de efeito suspensivo; Considerando a marcante característica conciliatória da Justiça do Trabalho, presente, sobretudo, na sua atuação nos dissídios coletivos; Considerando os bons resultados alcançados com a praxe que vem sen-

A intenção do legislador trabalhista, ao não conferir, como regra, efeito suspensivo, foi a mesma que o CPC utilizou no art. 1012, §1º, II[41], quando excluiu deste efeito a sentença que "condenar à prestação de alimentos".

13.6.2. Efeito devolutivo

Já o efeito devolutivo consiste na devolução da prestação jurídica recebida para permitir nova apreciação da matéria. Nas palavras de Marinoni e Arenhart[42], este efeito "atribui ao exame do tribunal competente (juízo *ad quem*) o exame da matéria que havia inicialmente sido analisada pelo órgão jurisdicional recorrido (juízo *a quo*)".

O art. 899 da CLT atribuiu efeito meramente devolutivo aos recursos, sem, entretanto, discipliná-lo, como fez o art. 1.013e seus parágrafos do CPC[43], referindo-se à apelação.

---

do adotada no sentido de mediar os conflitos por ocasião do recebimento de pedido de efeito suspensivo de cláusula de sentença normativa; Considerando a instrumentalidade do processo, resolve: I – Ao Presidente do Tribunal Superior do Trabalho é facultada a designação de audiência de conciliação relativamente a pedido de concessão de efeito suspensivo a recurso ordinário interposto à decisão normativa da Justiça do Trabalho ;II – Poderá o Presidente do Tribunal Superior do Trabalho, antes de designar audiência prévia de conciliação, conceder ao requerido o prazo de 5 (cinco) dias, para, querendo, manifestar-se sobre o pedido de efeito suspensivo; III – O Ministério Público do Trabalho, por intermédio da Procuradoria-Geral do Trabalho, será comunicado do dia, hora e local da realização da audiência, enquanto as partes serão notificadas; IV – Havendo transação nessa audiência, as condições respectivas constarão de ata, facultando-se ao Ministério Público do Trabalho emitir parecer oral, sendo, em seguida, sorteado Relator, que submeterá o acordo à apreciação da Seção Especializada em Dissídios Coletivos, na primeira sessão ordinária subsequente ou em sessão extraordinária designada para esse fim; V – O Presidente do Tribunal Superior do Trabalho poderá submeter o pedido de efeito suspensivo à apreciação da Seção Especializada em Dissídios Coletivos, desde que repute a matéria de alta relevância.

41. Art. 1.012 do CPC – A apelação terá efeito suspensivo.
§ 1º Além de outras hipóteses previstas em lei, começa a produzir efeitos imediatamente após a sua publicação a sentença que:
II – condena a pagar alimentos.

42. MARINONI, Luiz Guilherme; ARENHART, Sérgio Cruz (2003). *Manual do Processo de Conhecimento*. São Paulo: Revista dos Tribunais. p.518.

43. Art. 1.013 do CPC – A apelação devolverá ao tribunal o conhecimento da matéria impugnada.
§ 1º Serão, porém, objeto de apreciação e julgamento pelo tribunal todas as questões suscitadas e discutidas no processo, ainda que não tenham sido solucionadas, desde que relativas ao capítulo impugnado.
§ 2º Quando o pedido ou a defesa tiver mais de um fundamento e o juiz acolher apenas um deles, a apelação devolverá ao tribunal o conhecimento dos demais.
§ 3º Se o processo estiver em condições de imediato julgamento, o tribunal deve decidir desde logo o mérito quando:
I – reformar sentença fundada no art. 485;
II – decretar a nulidade da sentença por não ser ela congruente com os limites do pedido ou da causa de pedir;

Com relação aos recursos especial e extraordinário, à similitude do que acontece com o recurso de revista, não têm efeito devolutivo amplo, já que, diante das limitações impostas para seu cabimento (art. 1030 do CPC[44]), não devolvem o conhecimento de **toda** a matéria tratada pela decisão do Tribunal Regional do Trabalho, como, por exemplo, a que diz respeito a fatos e provas.

Já o recurso ordinário trabalhista (art. 895 da CLT[45]), possui o mesmo efeito devolutivo estabelecido pelo art. 1.013 do CPC, em toda sua plenitude, limitando-se, apenas, à regra do *tantum devolutum quantum apellatum.*

O CPC, através do art. 1.013, consagra a ampla devolutividade dos recursos, todavia essa regra deve ser interpretada à luz do aforismo[46] *tantum devolutum quantum apellatum*, ou seja, permite-se que o órgão julgador do

---

III – constatar a omissão no exame de um dos pedidos, hipótese em que poderá julgá-lo;

IV – decretar a nulidade de sentença por falta de fundamentação.

§ 4º Quando reformar sentença que reconheça a decadência ou a prescrição, o tribunal, se possível, julgará o mérito, examinando as demais questões, sem determinar o retorno do processo ao juízo de primeiro grau.

§ 5º O capítulo da sentença que confirma, concede ou revoga a tutela provisória é impugnável na apelação.

44. Art. 1.030 do CPC – Recebida a petição do recurso pela secretaria do tribunal, o recorrido será intimado para apresentar contrarrazões no prazo de 15 (quinze) dias, findo o qual os autos serão remetidos ao respectivo tribunal superior.

    Parágrafo único. A remessa de que trata o caput dar-se-á independentemente de juízo de admissibilidade.

45. Art. 895 da CLT – Cabe recurso ordinário para a instância superior:

    I – das decisões definitivas ou terminativas das Varas e Juízos, no prazo de 8 (oito) dias; e

    II – das decisões definitivas ou terminativas dos Tribunais Regionais, em processos de sua competência originária, no prazo de 8 (oito) dias, quer nos dissídios individuais, quer nos dissídios coletivos.

    §1º – Nas reclamações sujeitas ao procedimento sumaríssimo, o recurso ordinário:

    II – será imediatamente distribuído, uma vez recebido no Tribunal, devendo o relator liberá-lo no prazo máximo de dez dias, e a Secretaria do Tribunal ou Turma colocá-lo imediatamente em pauta para julgamento, sem revisor;

    III – terá parecer oral do representante do Ministério Público presente à sessão de julgamento, se este entender necessário o parecer, com registro na certidão;

    IV – terá acórdão consistente unicamente na certidão de julgamento, com a indicação suficiente do processo e parte dispositiva, e das razões de decidir do voto prevalente. Se a sentença for confirmada pelos próprios fundamentos, a certidão de julgamento, registrando tal circunstância, servirá de acórdão.

    §2º Os Tribunais Regionais, divididos em Turmas, poderão designar Turma para o julgamento dos recursos ordinários interpostos das sentenças prolatadas nas demandas sujeitas ao procedimento sumaríssimo.

46. Fredie Didier Jr. e Leonardo da Cunha, In *Curso de direito processual civil*, ed. Juspodivm, 2006, p. 85.

recurso analise todas as questões e provas existentes nos autos, ainda que a decisão anterior não tenha se pronunciado, mas apenas com relação às matérias impugnadas no recurso.

No Processo do Trabalho, essa controvertida discussão apresenta um novo ingrediente, dificultando ainda mais sua solução. Isso porque, a CLT admite a **interposição** de recurso por simples petição – art. 899, *caput*[47].

Por conta disso, pode parecer que bastaria a parte informar sua intenção em recorrer para que o Tribunal conheça de toda matéria impugnada, aplicando-se, em reforço, o disposto no art. 1013, §§ 1º e 2º, do CPC.

Entendemos que, mesmo no recurso por simples petição, a parte é obrigada a delimitar a matéria impugnada, sob pena de não conhecimento do recurso, aplicando, supletivamente, o art. 1.010, II, do CPC[48].

De acordo com a Súmula 422 do TST[49], entretanto, somente é necessário que as razões do recorrente impugnem os fundamentos da decisão recorrida nos recursos destinados ao TST, sendo dispensável quando se tratar de motivação secundária e impertinente, consubstanciada em despacho de admissibilidade de recurso ou em decisão monocrática.

Por sua vez, no que se refere aos recursos ordinários da competência dos Tribunais Regionais do Trabalho, o item III da referida Súmula afirma que é inaplicável a exigência de impugnação de todos os fundamentos, salvo nos casos de recurso cuja motivação é inteiramente dissociada dos fundamentos da sentença.

No nosso entendimento, o item citado apenas flexibiliza os termos em que a impugnação dos fundamentos da decisão deve ser realizada no caso de recurso ordinário, que não possui cabimento restrito como ocorre nos recursos de competência do TST. No mesmo sentido, Mauro Schiavi afir-

---

47. Art. 899 da CLT – Os recursos serão interpostos por simples petição e terão efeito meramente devolutivo, salvo as exceções previstas neste Título, permitida a execução provisória até a penhora.

48. Art. 1.010 do CPC – A apelação, interposta por petição dirigida ao juízo de primeiro grau, conterá:

    II – a exposição do fato e do direito.

49. Súmula nº 422 do TST. RECURSO. FUNDAMENTO AUSENTE OU DEFICIENTE. NÃO CONHECIMENTO (redação alterada, com inserção dos itens I, II e III) – Res. 199/2015, DEJT divulgado em 24, 25 e 26.06.2015. Com errata publicado no DEJT divulgado em 01.07.2015.

    I – Não se conhece de recurso para o Tribunal Superior do Trabalho se as razões do recorrente não impugnam os fundamentos da decisão recorrida, nos termos em que proferida.

    II – O entendimento referido no item anterior não se aplica em relação à motivação secundária e impertinente, consubstanciada em despacho de admissibilidade de recurso ou em decisão monocrática.

    III – Inaplicável a exigência do item I relativamente ao recurso ordinário da competência de Tribunal Regional do Trabalho, exceto em caso de recurso cuja motivação é inteiramente dissociada dos fundamentos da sentença.

ma que "embora se trate de um recurso de fundamentação livre, as razões apresentadas pelo recorrente devem ter pertinência com a fundamentação da sentença. A jurisprudência não tem admitido razões dissociadas dos fundamentos da sentença, tampouco que o recorrente apenas produza as razões da peça inicial ou da contestação[50]".

No que se refere ao efeito devolutivo em profundidade ou vertical, aquele que diz respeito às questões que podem ser apreciadas dentro das matérias que foram devolvidas para o Tribunal, o TST, na Súmula 393, deixou claro que, quando se tratar de Recurso Ordinário, tal efeito será amplo:

> SUM-393 RECURSO ORDINÁRIO. EFEITO DEVOLUTIVO EM PROFUNDI-DADE. ART. 1.013, § 1º, do CPC DE 2015. ART. 515, § 1º, DO CPC de 1973 – (nova redação em decorrência do CPC de 2015) – Res. 208/2016, DEJT divulgado em 22, 25 e 26.04.2016
>
> I – O efeito devolutivo em profundidade do recurso ordinário, que se extrai do § 1º do art. 1.013 do CPC de 2015 (art. 515, §1º, do CPC de 1973), transfere ao Tribunal a apreciação dos fundamentos da inicial ou da defesa, não examinados pela sentença, ainda que não renovados em contrarrazões, desde que relativos ao capítulo impugnado.
>
> II – Se o processo estiver em condições, o tribunal, ao julgar o recurso ordinário, deverá decidir desde logo o mérito da causa, nos termos do § 3º do art. 1.013 do CPC de 2015, inclusive quando constatar a omissão da sentença no exame de um dos pedidos.

Sendo assim, o recorrente delimitando a matéria objeto do Recurso Ordinário, poderia o TRT analisar todos os fundamentos discutidos no processo, ainda que a sentença não tenha se reportado expressamente a algum deles.

Cumpre-nos advertir que a matéria não impugnada no recurso já transita em julgado, permitindo ao autor, se for o caso, sua execução definitiva.

Esta é a opinião de conceituados juristas, a exemplo de Manoel Antônio Teixeira Filho[51], para quem:

> "[...] há situações em que o mesmo título judicial permite, a um só tempo, a execução definitiva e a provisória, conquanto pertinentes a partes distintas desse provimento condenatório. Isso ocorre, com certa freqüência, nos casos em que a sentença é impugnada apenas em parte [...] em virtude do recurso interposto, a execução definitiva deverá ser efetuada em carta de sentença [...]"

Na verdade, ao admitir o recurso por simples petição, pretendeu o legislador facilitar a utilização do recurso pelas partes que eventualmente este-

---

50. SCHIAVI, Mauro. Manual de Direito Processual do Trabalho. São Paulo: Editora LTr, 2018, p. 982.
51. TEIXEIRA FILHO, Manoel Antonio. *Sistema dos Recursos Trabalhistas.* 10.ed. São Paulo: LTr, 2003. p. 199.

jam acompanhando seu processo sem advogado, o que permitirá, nesses casos, uma análise menos rigorosa dos requisitos formais exigidos numa peça escrita, atendendo ao princípio da tolerância processual – item 3.1.2.2.

A interpretação literal violaria, a nosso ver, os princípios da ampla defesa e da celeridade, pois permitiria fundamentação genérica e recursos protelatórios.

Importante destacar a diferença conceitual apresentada por Fredie Didier e Leonardo da Cunha[52] para o efeito devolutivo e translativo: "o efeito devolutivo determina os limites horizontais do recurso; o efeito translativo, os verticais. O efeito devolutivo delimita o que se pode decidir; o efeito translativo, o material com o qual o *ad quem* trabalhará para decidir a questão que lhe foi submetida. O efeito devolutivo (extensão) relaciona-se ao objeto litigioso do recurso (a questão principal do recurso); o efeito translativo (profundidade do efeito devolutivo) relaciona-se ao *objeto de conhecimento* do recurso, às questões que devem ser examinadas pelo órgão *ad quem* como fundamentos para a solução do objeto litigioso recursal".

Assim, enquanto o efeito devolutivo está limitado às matérias objeto do recurso, o efeito translativo permite que algumas matérias sejam enfrentadas mesmo quando não foram arguidas pelas partes, o que ocorre, por exemplo, com as matérias de ordem pública, que podem ser suscitadas de ofício.

13.6.3. Efeito regressivo

Alguns recursos, quando interpostos, permitem ao órgão judicial prolator da decisão recorrida reconsiderá-la, sem a necessidade de encaminhar o processo à instância superior.

Para Fredie Didier e Leonardo da Cunha[53], "trata-se do efeito que autoriza o órgão jurisdicional *a quo* a rever a decisão recorrida, como ocorre, por exemplo, no agravo de instrumento, na apelação contra sentença que indefere a petição inicial (CPC/73, art. 296, atual art. 331 do CPC/15) e na apelação em causas propostas segundo os ditames do Estatuto da Criança e do Adolescente (Lei Federal n. 8.069/1990, art. 198, VII)".

As duas primeiras hipóteses são perfeitamente admitidas no Processo do Trabalho, o que também ocorre no agravo regimental e na reclamação correcional (arts. 225 e 229 do Regimento Interno do TRT da 5ª Região[54]),

---

52. In *Curso de Direito Processual Civil*. Salvador: Juspodivm, 2006.vol. 03. p. 69.

53. In *Curso de Direito Processual Civil*. Salvador: Juspodivm, 2006. vol. 03. p. 71.

54. Art. 225 do Regimento Interno do TRT5 – As correições parciais serão oferecidas em petição fundamentada, dirigida ao Desembargador Corregedor Regional, no prazo de 5 (cinco) dias, contados da ciência do ato ou despacho impugnado, mas apresentadas, diretamente, ao Juiz da causa.

que, como nos dois casos, permite o "juízo de retratação", dispensando o prosseguimento do recurso.

13.7. REQUISITOS DE ADMISSIBILIDADE

Para que os recursos sejam conhecidos, é indispensável a observância de alguns requisitos de admissibilidade estabelecidos em lei.

Como explicam Fredie Didier e Leonardo da Cunha[55], "o objeto do juízo de admissibilidade dos recursos é composto dos chamados requisitos de admissibilidade, que se classificam em dois grupos: a) requisitos intrínsecos (concernentes à própria existência do poder de recorrer): cabimento, legitimação, interesse e inexistência de fato impeditivo ou extintivo do poder de recorrer; b) requisitos extrínsecos (relativos ao modo de exercício do direito de recorrer): preparo, tempestividade e regularidade formal".

Faremos, aqui, apenas uma análise de alguns pressupostos de admissibilidade estabelecidos pela legislação em vigor.

13.7.1. Tempestividade – prazo

Os recursos devem ser apresentados rigorosamente nos prazos estabelecidos em lei.

---

§ 1º Recebendo a correição parcial, o Juiz determinará, de imediato, a autuação e a notificação da parte contrária do processo principal para que, no mesmo prazo do caput, ofereça contrariedade.

§2º Decorrido o prazo, com ou sem contrariedade, o Juiz encaminhará a reclamação, com suas informações, no prazo de 15 (quinze) dias, contados do ajuizamento, ao Corregedor Regional, em autos apartados, se mantiver o despacho.

§3º Na hipótese de reconsideração do despacho, os autos serão apensados aos do processo principal.

Art. 229 do Regimento Interno do TRT5 – O agravo regimental será submetido ao prolator da decisão ou do despacho, que poderá reconsiderá-lo ou submetê-lo, depois de ouvido o Ministério Público do Trabalho, quando for o caso, a julgamento, como seu Relator, computando-se também o seu voto.

§1º Interposto o agravo, o Desembargador prolator da decisão ou do despacho agravado, se o mantiver, notificará a parte interessada, quando necessário, para que lhe ofereça contrariedade, em 8 (oito) dias.

§2º Caso o prolator da decisão ou do despacho agravado mantenha-o e não integre o Órgão competente para apreciar o recurso, o agravo será submetido a sorteio. Na hipótese de o prolator ter deixado de integrar o referido Órgão, o agravo será redistribuído.

§3º No julgamento, havendo empate, prevalecerá a decisão ou o despacho agravado.

§4º O agravo regimental não terá efeito suspensivo, salvo em virtude de circunstância relevante, a critério do Relator.

§5º O agravo regimental interposto contra decisão interlocutória será autuado em apartado, cabendo ao recorrente instruí-lo com as peças necessárias ao seu julgamento, sob pena de não conhecimento. (Parágrafo inserido pela RA nº 0009/2011, disponibilizada no DJ-e TRT5 em 01.03.2011, página 1)

55. In *Curso de Direito Processual Civil.* Salvador: Juspodivm, 2006. vol. 03. p. 36.

De acordo com Manoel Antônio Teixeira Filho, citando De Plácido e Silva, "prazo significa, exatamente, o lapso de tempo, estabelecido por lei ou pelo próprio juiz, dentro do qual uma ou ambas as partes devem praticar os atos que lhes competem".[56]

Os prazos dos recursos são peremptórios (art. 223, *caput,* do CPC[57]) e, portanto, não podem ser ampliados após o seu decurso, nem mesmo pela vontade das partes ou do Juiz, salvo nos casos excepcionais estabelecidos pelos arts. 222 e 223 do CPC e 775 da CLT[58].

No processo trabalhista, via de regra, o prazo é de 8 dias, diante da regra estabelecida pelo art. 6º da Lei 5.584/70[59], mas, existem exceções, como, por exemplo, os embargos de declaração (art. 897-A da CLT[60]) e o

---

56. TEIXEIRA FILHO, Manoel Antonio. *Sistema dos Recursos Trabalhistas.* 10. ed. São Paulo: LTr, 2003.p. 157-158.

57. Art. 223 do CPC – Decorrido o prazo, extingue-se o direito de praticar ou de emendar o ato processual, independentemente de declaração judicial, ficando assegurado, porém, à parte provar que não o realizou por justa causa.

    § 1º Considera-se justa causa o evento alheio à vontade da parte e que a impediu de praticar o ato por si ou por mandatário.

    § 2º Verificada a justa causa, o juiz permitirá à parte a prática do ato no prazo que lhe assinar.

58. Art. 222 do CPC – Na comarca, seção ou subseção judiciária onde for difícil o transporte, o juiz poderá prorrogar os prazos por até 2 (dois) meses.

    § 1º Ao juiz é vedado reduzir prazos peremptórios sem anuência das partes.

    § 2º Havendo calamidade pública, o limite previsto no caput para prorrogação de prazos poderá ser excedido.

    Art. 223 do CPC – Decorrido o prazo, extingue-se o direito de praticar ou de emendar o ato processual, independentemente de declaração judicial, ficando assegurado, porém, à parte provar que não o realizou por justa causa.

    § 1º Considera-se justa causa o evento alheio à vontade da parte e que a impediu de praticar o ato por si ou por mandatário.

    § 2º Verificada a justa causa, o juiz permitirá à parte a prática do ato no prazo que lhe assinar.

    Art. 775 da CLT – Os prazos estabelecidos neste Título serão contados em dias úteis, com exclusão do dia do começo e inclusão do dia do vencimento.

    § 1º Os prazos podem ser prorrogados, pelo tempo estritamente necessário, nas seguintes hipóteses:

    I – quando o juízo entender necessário;

    II – em virtude de força maior, devidamente comprovada.

    § 2º Ao juízo incumbe dilatar os prazos processuais e alterar a ordem de produção dos meios de prova, adequando-os às necessidades do conflito de modo a conferir maior efetividade à tutela do direito.

59. Art. 6º da Lei 5.584/70 – Será de 8 (oito) dias o prazo para interpor e contra-arrazoar qualquer recurso (CLT, art. 893).

60. Art. 897-A da CLT – Caberão embargos de declaração da sentença ou acórdão, no prazo de cinco dias, devendo seu julgamento ocorrer na primeira audiência ou sessão subseqüente a sua apresentação, registrado na certidão, admitido efeito modificativo da decisão nos casos de omissão e contradição no julgado e manifesto equívoco no exame dos pressupostos extrínsecos do recurso.

recurso extraordinário (art. 1.003, §5º, do CPC[61]), que possuem prazos diferenciados, de 5 ou 15 dias ou mesmo de 48 horas, para aqueles que consideram o pedido de revisão, previsto no art. 2º, §1º, da Lei 5.584/70[62], como recurso.

A contagem dos prazos passou a possuir previsão expressa no art. 775 da CLT após as alterações realizadas na legislação pela lei 13.467/2017 – reforma trabalhista. De acordo com o dispositivo, os prazos serão contados em dias úteis, tal como ocorre no processo civil, com a exclusão do primeiro dia e inclusão do último. Em tendo a notificação ou intimação ocorrido em um dia de sábado, o início do prazo se dará no primeiro dia útil imediato e a contagem no subsequente, conforme enuncia a Súmula 262 do TST[63].

Importante fixar o prazo para hipótese de sentença proferida em audiência, com a presença das partes. Neste caso, a maioria da jurisprudência considera que o prazo para eventuais recursos possui como termo inicial a data da audiência em que estavam presentes as partes, senão vejamos:

> AGRAVO DE INSTRUMENTO INTERPOSTO EM RECURSO DE REVISTA. PUBLICAÇÃO DA SENTENÇA EM AUDIÊNCIA COM A CIÊNCIA DAS PARTES. SÚMULA Nº 197 DO TST. POSTERIOR PUBLICAÇÃO DA SENTENÇA NO DEJT NÃO ALTERA O TERMO INICIAL PARA A CONTAGEM DO PRAZO RECURSAL. No caso, é incontroverso nos autos que a sentença foi publicada em audiência, no dia 29/3/2017, com a respectiva ciência às partes. Constatou-se que, em 4/4/2017, a Secretaria da Vara, a despeito da sentença já ter sido publicada em audiência, por equívoco, procedeu à nova publicação da decisão no Diário Eletrônico da Justiça do Trabalho – DEJT. A controvérsia cinge em saber o termo inicial para a contagem do prazo recursal, se a partir da publicação da sentença em audiência, na qual

---

61. Art. 1.003 do CPC – O prazo para interposição de recurso conta-se da data em que os advogados, a sociedade de advogados, a Advocacia Pública, a Defensoria Pública ou o Ministério Público são intimados da decisão.

    § 5º Excetuados os embargos de declaração, o prazo para interpor os recursos e para responder-lhes é de 15 (quinze) dias.

62. Art. 2ºda Lei 5.584/70 – Nos dissídios individuais, proposta a conciliação, e não havendo acordo, o Presidente, da Junta ou o Juiz, antes de passar à instrução da causa, fixar-lhe-á o valor para a determinação da alçada, se este for indeterminado no pedido.

    §1º Em audiência, ao aduzir razões finais, poderá qualquer das partes, impugnar o valor fixado e, se o Juiz o mantiver, pedir revisão da decisão, no prazo de 48 (quarenta e oito) horas, ao Presidente do Tribunal Regional.

63. SUM-262 do TST – PRAZO JUDICIAL. NOTIFICAÇÃO OU INTIMAÇÃO EM SÁBADO. RECESSO FORENSE (redação do item II alterada na sessão do Tribunal Pleno realizada em 19.05.2014) – Res. 194/2014, DEJT divulgado em 21, 22 e 23.05.2014

    I – Intimada ou notificada a parte no sábado, o início do prazo se dará no primeiro dia útil imediato e a contagem, no subseqüente. (ex-Súmula nº 262 – Res. 10/1986, DJ 31.10.1986)

    II – O recesso forense e as férias coletivas dos Ministros do Tribunal Superior do Trabalho suspendem os prazos recursais. (ex-OJ nº 209 da SBDI-1 – inserida em 08.11.2000)

> foram as partes devidamente cientificadas a seu respeito, ou se a partir da publicação equivocada no Diário Eletrônico da Justiça do Trabalho. O Regional, ao considerar o termo inicial para a interposição de recurso a partir da publicação da sentença em audiência, em 29/3/2017, decidiu em consonância com a Súmula nº 197 do TST, in verbis: "O prazo para recurso da parte que, intimada, não comparecer à audiência em prosseguimento para a prolação da sentença conta-se de sua publicação". A posterior publicação da sentença no DEJT, em 4/4/2017, não teria o condão de anular a primeira publicação e interromper o prazo para a interposição de recursos. Agravo de instrumento desprovido (TST – AIRR: 17999220155100020, Relator: José Roberto Freire Pimenta, Data de Julgamento: 19/09/2018, 2ª Turma, Data de Publicação: DEJT 21/09/2018).

Caso, entretanto, alguma das partes não tenha comparecido à audiência, a contagem do seu prazo para a interposição de eventuais recursos terá início a partir da publicação da sentença, conforme estabelece a Súmula 197 do TST, *in verbis*:

> SUM-197 do TSTS – PRAZO (mantida) – Res. 121/2003, DJ 19, 20 e 21.11.2003
> O prazo para recurso da parte que, intimada, não comparecer à audiência em prosseguimento para a prolação da sentença conta-se de sua publicação.

Importante ressaltar que o TST entendia, através da Súmula 434, que o recurso interposto contra acórdão antes da sua publicação é extemporâneo. Tal situação ocorre, por exemplo, quando o advogado presente à sessão de julgamento, tendo acesso ao resultado da votação, interpõe o recurso cabível mesmo que a decisão ainda não tenha sido publicada.

Em 2015, entretanto, a referida Súmula foi cancelada, após intensas críticas por parte da doutrina, de modo que o recurso interposto antes da publicação da decisão é considerado tempestivo. No mesmo sentido, o Código de Processo Civil de 2015 passou a estabelecer no art. 218, §4º, que será considerado tempestivo o ato praticado antes do termo inicial do prazo[64].

Na hipótese de litisconsórcio com advogados diversos, a OJ 310 da SDI-I dispõe que: "Inaplicável ao processo do trabalho a norma contida no art. 229, caput e §§ 1º e 2º, do CPC de 2015 (art. 191 do CPC de 1973), em razão de incompatibilidade com a celeridade que lhe é inerente". Em se tratando de recurso de pessoa jurídica de direito público (DL 779/69[65]), porém, o pra-

---

64. Art. 218 do CPC – Os atos processuais serão realizados nos prazos prescritos em lei.
§4º – Será considerado tempestivo o ato praticado antes do termo inicial do prazo.

65. Decreto-Lei 779/69, Art. 1º – Nos processos perante a Justiça do Trabalho, constituem privilégio da União, dos Estados, do Distrito Federal, dos Municípios e das autarquias ou fundações de direito público federais, estaduais ou municipais que não explorem atividade econômica:
I – a presunção relativa de validade dos recibos de quitação ou pedidos de demissão de seus empregados ainda que não homologados nem submetidos à assistência mencionada nos parágrafos 1º, 2º e 3º do artigo 477 da Consolidação das Leis do Trabalho;

zo é em dobro, na forma do art. 229, *caput* do CPC[66], inclusive para embargos de declaração (OJ 192 da SDI-1 do TST[67]).

De igual modo, também se considera em dobro os prazos para recorrer quando a parte for ente da administração pública, como a União, Estados, Municípios, Distrito Federal, Autarquias e Fundações de direito público federais que não explorem atividade econômica – art. 1º, II e III do Decreto-Lei 779/69, arts. 180, *caput* e 183 do CPC[68] e OJ 192 SDI-I do TST.

O prazo em dobro estabelecido pelo DL 779/69 não se estende às empresas públicas e sociedades de economia mista, por força do art. 173, §1º da CF/88[69].

II – o quádruplo do prazo fixado no artigo 841, "in fine", da Consolidação das Leis do Trabalho;

III – o prazo em dobro para recurso;

IV – a dispensa de depósito para interposição de recurso;

V – o recurso ordinário "*ex officio*" das decisões que lhe sejam total ou parcialmente contrárias;

VI – o pagamento de custas ao final salvo quanto à União Federal, que não as pagará.

Art. 2º – O disposto no artigo anterior aplica-se aos processos em curso mas não acarretará a restituição de depósitos ou custas pagas para efeito de recurso até decisão passada em julgado.

Art. 3º – Este Decreto-Lei entra em vigor na data de sua publicação, revogadas as disposições em contrário.

66. Art. 229 do CPC – Os litisconsortes que tiverem diferentes procuradores, de escritórios de advocacia distintos, terão prazos contados em dobro para todas as suas manifestações, em qualquer juízo ou tribunal, independentemente de requerimento.

§ 1º Cessa a contagem do prazo em dobro se, havendo apenas 2 (dois) réus, é oferecida defesa por apenas um deles.

§ 2º Não se aplica o disposto no caput aos processos em autos eletrônicos.

67. OJ-SDI1-192 do TSTS – EMBARGOS DECLARATÓRIOS. PRAZO EM DOBRO. PES-SOA JURÍDICA DE DIREITO PÚBLICO. DECRETO-LEI Nº 779/69 (inserida em 08.11.2000)

É em dobro o prazo para a interposição de embargos declaratórios por pessoa jurídica de direito público.

68. Art. 180 do CPC – O Ministério Público gozará de prazo em dobro para manifestar-se nos autos, que terá início a partir de sua intimação pessoal, nos termos do art. 183, § 1o.

§ 1º Findo o prazo para manifestação do Ministério Público sem o oferecimento de parecer, o juiz requisitará os autos e dará andamento ao processo.

§ 2º Não se aplica o benefício da contagem em dobro quando a lei estabelecer, de forma expressa, prazo próprio para o Ministério Público.

Art. 183 do CPC – A União, os Estados, o Distrito Federal, os Municípios e suas respectivas autarquias e fundações de direito público gozarão de prazo em dobro para todas as suas manifestações processuais, cuja contagem terá início a partir da intimação pessoal.

§ 1º A intimação pessoal far-se-á por carga, remessa ou meio eletrônico.

§ 2º Não se aplica o benefício da contagem em dobro quando a lei estabelecer, de forma expressa, prazo próprio para o ente público.

69. Art. 173 da CF/88 – Ressalvados os casos previstos nesta Constituição, a exploração direta de atividade econômica pelo Estado só será permitida quando necessária aos imperativos da segurança nacional ou a relevante interesse coletivo, conforme definidos em lei.

Para o TST, durante as férias dos Ministros, os prazos processuais não correm, nos termos da Súmula 262[70]. Com o término destas, os prazos começam ou voltam a fluir a partir da reabertura do expediente forense, na forma do art. 192, §1º e §2º, do seu Regimento Interno[71]. Os prazos ficam suspensos durante essas férias, portanto, na forma do art. 775-A da CLT[72].

Também será em dobro o prazo para o Ministério Público do Trabalho, na forma do arts. 180, *caput*, do CPC.

13.7.2. Representação regular – mandato tácito

Se a parte estiver acompanhada de advogado, esse deve estar revestido de poderes para subscrever o recurso ordinário, na forma do art. 103 do CPC [73], através de procuração, que, desde a edição da Lei 8.952/94, que

---

§1º – A lei estabelecerá o estatuto jurídico da empresa pública, da sociedade de economia mista e de suas subsidiárias que explorem atividade econômica de produção ou comercialização de bens ou de prestação de serviços, dispondo sobre:

I – sua função social e formas de fiscalização pelo Estado e pela sociedade;

II – a sujeição ao regime jurídico próprio das empresas privadas, inclusive quanto aos direitos e obrigações civis, comerciais, trabalhistas e tributários;

III – licitação e contratação de obras, serviços, compras e alienações, observados os princípios da administração pública;

IV – a constituição e o funcionamento dos conselhos de administração e fiscal, com a participação de acionistas minoritários;

V – os mandatos, a avaliação de desempenho e a responsabilidade dos administradores.

70. Súmula 262 do TST – PRAZO JUDICIAL. NOTIFICAÇÃO OU INTIMAÇÃO EM SÁBADO. RECESSO FORENSE. (redação do item II alterada na sessão do Tribunal Pleno realizada em 19.05.2014) – Res. 194/2014, DEJT divulgado em 21, 22 e 23.05.2014

I – Intimada ou notificada a parte no sábado, o início do prazo se dará no primeiro dia útil imediato e a contagem, no subsequente. (ex-Súmula nº 262 – Res. 10/1986, DJ 31.10.1986)

II – O recesso forense e as férias coletivas dos Ministros do Tribunal Superior do Trabalho suspendem os prazos recursais. (ex-OJ nº 209 da SBDI-1 – inserida em 08.11.2000)

71. Art. 192 do Regimento Interno do TST – A contagem dos prazos no Tribunal será feita segundo as normas estabelecidas na lei processual, ainda que se trate de procedimento administrativo.

§ 1º O recesso forense e as férias coletivas dos Ministros suspendem os prazos recursais.

§ 2º Nos casos deste artigo, os prazos começam ou continuam a fluir no dia de reabertura do expediente forense

72. Art. 775-A da CLT – Suspende-se o curso do prazo processual nos dias compreendidos entre 20 de dezembro e 20 de janeiro, inclusive.

§ 1º Ressalvadas as férias individuais e os feriados instituídos por lei, os juízes, os membros do Ministério Público, da Defensoria Pública e da Advocacia Pública e os auxiliares da Justiça exercerão suas atribuições durante o período previsto no **caput** deste artigo.

§ 2º Durante a suspensão do prazo, não se realizarão audiências nem sessões de julgamento.

73. Art. 103 do CPC – A parte será representada em juízo por advogado regularmente inscrito na Ordem dos Advogados do Brasil.

Parágrafo único. É lícito à parte postular em causa própria quando tiver habilitação legal.

alterou o art. 38 CPC/73 e foi mantida pelo art. 105 do CPC[74], dispensa o reconhecimento de firma no cartório correspondente.

No processo do trabalho, além da procuração, admite-se como regular a representação comprovada através de mandato tácito, que se caracteriza através do comparecimento do advogado à audiência, acompanhado da parte, o que faz presumir a existência de poderes para recorrer. A matéria já se encontra sumulada pelo TST no item I do verbete 383, *in verbis*:

> Súmula nº 383 do TST – RECURSO. MANDATO. IRREGULARIDADE DE REPRESENTAÇÃO. CPC DE 2015, ARTS. 104 E 76, § 2º (nova redação em decorrência do CPC de 2015) – Res. 210/2016, DEJT divulgado em 30.06.2016 e 01 e 04.07.2016
>
> I – É inadmissível recurso firmado por advogado sem procuração juntada aos autos até o momento da sua interposição, salvo mandato tácito. Em caráter excepcional (art. 104 do CPC de 2015), admite-se que o advogado, independentemente de intimação, exiba a procuração no prazo de 5 (cinco) dias após a interposição do recurso, prorrogável por igual período mediante despacho do juiz. Caso não a exiba, considera-se ineficaz o ato praticado e não se conhece do recurso.

Ainda com referência às irregularidades formais relativas aos instrumentos de mandato e substabelecimento, é preciso destacar as seguintes Súmulas e Orientações Jurisprudências do TST:

> Súmula nº 395 do TST – MANDATO E SUBSTABELECIMENTO. CONDIÇÕES DE VALIDADE (nova redação dos itens I e II e acrescido o item V em decorrência do CPC de 2015) – Res. 211/2016, DEJT divulgado em 24, 25 e 26.08.2016
>
> I – Válido é o instrumento de mandato com prazo determinado que contém cláusula estabelecendo a prevalência dos poderes para atuar até o final da demanda (§ 4º do art. 105 do CPC de 2015). (ex -OJ nº 312 da SBDI-1 – DJ 11.08.2003)
>
> II – Se há previsão, no instrumento de mandato, de prazo para sua juntada, o mandato só tem validade se anexado ao processo o respectivo instrumento no aludido prazo. (ex-OJ nº 313 da SBDI-1 – DJ 11.08.2003)

---

74. Art. 105 do CPC – A procuração geral para o foro, outorgada por instrumento público ou particular assinado pela parte, habilita o advogado a praticar todos os atos do processo, exceto receber citação, confessar, reconhecer a procedência do pedido, transigir, desistir, renunciar ao direito sobre o qual se funda a ação, receber, dar quitação, firmar compromisso e assinar declaração de hipossuficiência econômica, que devem constar de cláusula específica.

§ 1º A procuração pode ser assinada digitalmente, na forma da lei.

§ 2º A procuração deverá conter o nome do advogado, seu número de inscrição na Ordem dos Advogados do Brasil e endereço completo.

§ 3º Se o outorgado integrar sociedade de advogados, a procuração também deverá conter o nome dessa, seu número de registro na Ordem dos Advogados do Brasil e endereço completo.

§ 4º Salvo disposição expressa em sentido contrário constante do próprio instrumento, a procuração outorgada na fase de conhecimento é eficaz para todas as fases do processo, inclusive para o cumprimento de sentença.

III – São válidos os atos praticados pelo substabelecido, ainda que não haja, no mandato, poderes expressos para substabelecer (art. 667, e parágrafos, do Código Civil de 2002). (ex-OJ nº 108 da SBDI-1 – inserida em 01.10.1997)

IV – Configura-se a irregularidade de representação se o substabelecimento é anterior à outorga passada ao substabelecente. (ex-OJ nº 330 da SBDI-1 – DJ 09.12.2003)

V – Verificada a irregularidade de representação nas hipóteses dos itens II e IV, deve o juiz suspender o processo e designar prazo razoável para que seja sanado o vício, ainda que em instância recursal (art. 76 do CPC de 2015).

OJ-SDI1-286 do TST – AGRAVO DE INSTRUMENTO. TRASLADO. MANDATO TÁCITO. ATA DE AUDIÊNCIA. CONFIGURAÇÃO (alterada) – Res. 167/2010, DEJT divulgado em 30.04.2010 e 03 e 04.05.2010

I – A juntada da ata de audiência, em que consignada a presença do advogado, desde que não estivesse atuando com mandato expresso, torna dispensável a procuração deste, porque demonstrada a existência de mandato tácito.

II – Configurada a existência de mandato tácito fica suprida a irregularidade detectada no mandato expresso.

OJ-SDI1-75 do TST – SUBSTABELECIMENTO SEM O RECONHECIMENTO DE FIRMA DO SUBSTABELECENTE. INVÁLIDO (ANTERIOR À LEI Nº 8.952/94) (inserido dispositivo) – DJ 20.04.2005

Não produz efeitos jurídicos recurso subscrito por advogado com poderes conferidos em substabelecimento em que não consta o reconhecimento de firma do outorgante. Entendimento aplicável antes do advento da Lei nº 8.952/94.

OJ-SDI-1-110 do TST – REPRESENTAÇÃO IRREGULAR. PROCURAÇÃO APENAS NOS AUTOS DE AGRAVO DE INSTRUMENTO (cancelada em decorrência do CPC de 2015) – Res. 212/2016, DEJT divulgado em 20, 21 e 22.09.2016

A existência de instrumento de mandato apenas nos autos de agravo de instrumento, ainda que em apenso, não legitima a atuação de advogado nos processos de que se originou o agravo.

SUM-436 do TST – REPRESENTAÇÃO PROCESSUAL. PROCURADOR DA UNIÃO, ES-TADOS, MUNICÍPIOS E DISTRITO FEDERAL, SUAS AUTARQUIAS E FUNDAÇÕES PÚBLICAS. JUNTADA DE INSTRUMENTO DE MANDATO (conversão da Orientação Jurisprudencial nº 52 da SBDI-I e inserção do item II à redação) – Res. 185/2012, DEJT divulgado em 25, 26 e 27.09.2012

I – A União, Estados, Municípios e Distrito Federal, suas autarquias e fundações públicas, quando representadas em juízo, ativa e passivamente, por seus procuradores, estão dispensadas da juntada de instrumento de mandato e de comprovação do ato de nomeação.

II – Para os efeitos do item anterior, é essencial que o signatário ao menos declare-se exercente do cargo de procurador, não bastando a indicação do número de inscrição na Ordem dos Advogados do Brasil.

SUM-456 do TST –REPRESENTAÇÃO. PESSOA JURÍDICA. PROCURAÇÃO. INVALIDADE. IDENTIFICAÇÃO DO OUTORGANTE E DE SEU REPRESENTANTE. (inseridos os itens II e III em decorrência do CPC de 2015) – Res. 211/2016, DEJT divulgado em 24, 25 e 26.08.2016

> I – É inválido o instrumento de mandato firmado em nome de pessoa jurídica que não contenha, pelo menos, o nome do outorgante e do signatário da procuração, pois estes dados constituem elementos que os individualizam.
>
> II – Verificada a irregularidade de representação da parte na instância originária, o juiz designará prazo de 5 (cinco) dias para que seja sanado o vício. Descumprida a determinação, extinguirá o processo, sem resolução de mérito, se a providência couber ao reclamante, ou considerará revel o reclamado, se a providência lhe couber (art. 76, § 1º, do CPC de 2015).
>
> III – Caso a irregularidade de representação da parte seja constatada em fase recursal, o relator designará prazo de 5 (cinco) dias para que seja sanado o vício. Descumprida a determinação, o relator não conhecerá do recurso, se a providência couber ao recorrente, ou determinará o desentranhamento das contrarrazões, se a providência couber ao recorrido (art. 76, § 2º, do CPC de2015).

Por fim, importante destacar que, na vigência do CPC/73, por não ser o recurso considerado ato processual urgente, conforme previsto no art. 37 do CPC/73)[75], não era possível a regularização do mandato após o prazo recursal.

Com a entrada em vigor do Código de Processo Civil de 2015 essa realidade mudou. Isto porque, de acordo com o art. 76, uma vez verificada a incapacidade processual ou a irregularidade de representação, o julgador deverá suspender o processo e conceder prazo razoável para que seja sanado o vício, sendo este dispositivo aplicável ao processo do trabalho de acordo com o entendimento do TST[76], vejamos:

> **Súmula nº 383 do TST – RECURSO. MANDATO. IRREGULARIDADE DE REPRESENTAÇÃO. CPC DE 2015, ARTS. 104 E 76, § 2º (nova redação em decorrência do CPC de 2015) – Res. 210/2016, DEJT divulgado em 30.06.2016 e 01 e 04.07.2016**
>
> (...)
>
> II – Verificada a irregularidade de representação da parte em fase recursal, em procuração ou substabelecimento já constante dos autos, o relator ou o órgão competente para julgamento do recurso designará prazo de 5 (cinco) dias para que seja sanado o vício. Descumprida a determinação, o relator não conhecerá

---

75. Art. 104 do CPC – O advogado não será admitido a postular em juízo sem procuração, salvo para evitar preclusão, decadência ou prescrição, ou para praticar ato considerado urgente.
§ 1º Nas hipóteses previstas no caput, o advogado deverá, independentemente de caução, exibir a procuração no prazo de 15 (quinze) dias, prorrogável por igual período por despacho do juiz.
§ 2º O ato não ratificado será considerado ineficaz relativamente àquele em cujo nome foi praticado, respondendo o advogado pelas despesas e por perdas e danos.

76. Art. 3º, §1º, do CPC – Sem prejuízo de outros, aplicam-se ao Processo do Trabalho, em face de omissão e compatibilidade, os preceitos do Código de Processo Civil que regulam os seguintes temas:
I – art. 76, §§ 1º e 2º (saneamento de incapacidade processual ou de irregularidade de representação);

do recurso, se a providência couber ao recorrente, ou determinará o desentranhamento das contrarrazões, se a providência couber ao recorrido (art. 76, § 2º, do CPC de 2015).

Assim, deve o advogado se cercar de toda cautela para comprovar sua regular representação no processo, evitando problemas com o não conhecimento do recurso.

13.7.3. Preparo

A lei estabeleceu, para a interposição de alguns recursos, o pagamento de despesas processuais obrigatórias.

Trata-se do depósito prévio de garantia recursal, disciplinado pelo art. 899, §§1º a 11, da CLT[77] e das custas, estabelecidas pelo art. 789, §1º, da CLT[78].

---

77. Art. 899 da CLT – Os recursos serão interpostos por simples petição e terão efeito meramente devolutivo, salvo as exceções previstas neste Título, permitida a execução provisória até a penhora.

§ 1º Sendo a condenação de valor até 10 (dez) vêzes o salário-mínimo regional, nos dissídios individuais, só será admitido o recurso inclusive o extraordinário, mediante prévio depósito da respectiva importância. Transitada em julgado a decisão recorrida, ordenar-se-á o levantamento imediato da importância de depósito, em favor da parte vencedora, por simples despacho do juiz.

§ 2º Tratando-se de condenação de valor indeterminado, o depósito corresponderá ao que fôr arbitrado, para efeito de custas, pela Junta ou Juízo de Direito, até o limite de 10 (dez) vêzes o salário-mínimo da região.

§ 4º O depósito recursal será feito em conta vinculada ao juízo e corrigido com os mesmos índices da poupança.

§ 6º – Quando o valor da condenação, ou o arbitrado para fins de custas, exceder o limite de 10 (dez) vêzes o salário-mínimo da região, o depósito para fins de recursos será limitado a êste valor.

§ 7º No ato de interposição do agravo de instrumento, o depósito recursal corresponderá a 50% (cinquenta por cento) do valor do depósito do recurso ao qual se pretende destrancar.

§ 8º Quando o agravo de instrumento tem a finalidade de destrancar recurso de revista que se insurge contra decisão que contraria a jurisprudência uniforme do Tribunal Superior do Trabalho, consubstanciada nas suas súmulas ou em orientação jurisprudencial, não haverá obrigatoriedade de se efetuar o depósito referido no § 7º deste artigo.

§ 9º O valor do depósito recursal será reduzido pela metade para entidades sem fins lucrativos, empregadores domésticos, microempreendedores individuais, microempresas e empresas de pequeno porte.

§ 10. São isentos do depósito recursal os beneficiários da justiça gratuita, as entidades filantrópicas e as empresas em recuperação judicial.

§ 11. O depósito recursal poderá ser substituído por fiança bancária ou seguro garantia judicial.

78. Art. 789 da CLT – Nos dissídios individuais e nos dissídios coletivos do trabalho, nas ações e procedimentos de competência da Justiça do Trabalho, bem como nas demandas propostas perante a Justiça Estadual, no exercício da jurisdição trabalhista, as custas relativas ao processo de conhecimento incidirão à base de 2% (dois por cento), observado o mínimo de R$ 10,64 (dez reais e sessenta e quatro centavos) e o máximo de quatro vezes o limite máximo dos benefícios do Regime Geral de Previdência Social, e serão calculadas:

(...)

13.7.3.1. Depósito recursal

A Legislação Trabalhista impõe o pagamento de um depósito prévio para interposição de recurso contra **decisões condenatórias** de obrigação de pagar[79] – art. 899, §1º, da CLT – com o propósito de se garantir o cumprimento da obrigação fixada na sentença.

A maior parte da doutrina, a exemplo de Bezerra Leite[80], entende que "o depósito recursal só é exigível do empregador".

Comunga do mesmo ponto de vista Manoel Antônio Teixeira Filho[81]:

> "[...] Essa exigência, como é elementar, concerne apenas ao empregador. Daí por que dele estará dispensado o empregado, mesmo que tenha sido, em virtude de reconvenção formulada pelo empregador, condenado ao pagamento de certa quantia em favor deste."

Acerca de tal questão, cumpre ressaltar que não pensamos assim.

Realmente, na ação de consignação em pagamento ou no inquérito para apuração de falta grave, não há uma condenação imposta ao empregado, com obrigação de pagar, mas se o empregador ajuizar uma ação de indenização contra o empregado, que, por dolo, danificou um equipamento, este conflito, que decorreu da relação de trabalho, será solucionado na Justiça laboral e pode gerar uma sentença condenatória contra o empregado.

Considerando que o objetivo do depósito recursal é a garantia da execução, com base no princípio do tratamento igualitário que deve ser conferido às partes, entendemos que deve ser, nesses casos, exigido também do empregado o depósito recursal a que se refere o §1º do art. 899 da CLT.

Embora a lei faça referência a depósito prévio, admite-se que o recolhimento desta despesa seja simultâneo à apresentação do recurso ou mesmo depois de sua interposição, desde que dentro do prazo recursal – art. 7º da Lei 5.584/70[82] e Súmula 245 do TST[83], à exceção do Agravo de Instrumen-

---

§ 1º As custas serão pagas pelo vencido, após o trânsito em julgado da decisão. No caso de recurso, as custas serão pagas e comprovado o recolhimento dentro do prazo recursal.

79. SUM-161 do TST – DEPÓSITO. CONDENAÇÃO A PAGAMENTO EM PECÚNIA (mantida) – Res. 121/2003, DJ 19, 20 e 21.11.2003

    Se não há condenação a pagamento em pecúnia, descabe o depósito de que tratam os §§ 1º e 2º do art. 899 da CLT (ex-Prejulgado nº 39).

80. *Op. cit.*, p. 528.

81. TEIXEIRA FILHO, Manoel Antonio. *Sistema dos Recursos Trabalhistas*. 10. ed. São Paulo: LTr, 2003. p. 177.

82. Art. 7º da Lei 5.584/70 – A comprovação do depósito da condenação (CLT, art. 899, §§1º a 5º) terá que ser feita dentro do prazo para a interposição do recurso, sob pena de ser este considerado deserto.

83. SUM-245 do TST – DEPÓSITO RECURSAL. PRAZO (mantida) – Res. 121/2003, DJ 19, 20 e 21.11.2003

to, em que o depósito deve ser realizado no ato de sua interposição (art. 899, §7º, da CLT[84]).

De acordo com o art. 899, §4º, da CLT, o depósito deve ser feito em conta vinculada ao juízo, através da Guia de Depósito Judicial, sendo corrigido pelo Índice Nacional de Preço ao Consumidor Amplo Especial (IPCA-E), na fase pré-judicial, e, a partir do ajuizamento da ação, a taxa Selic.

O depósito deve corresponder ao valor da causa fixado na sentença, mas, para não inviabilizar o princípio do duplo grau de jurisdição, estabeleceu-se um teto máximo, que é reajustado anualmente pelo TST – art. 899, §2º da CLT.

A Lei 8.177/91, art. 40[85], traz a previsão de teto para o valor dos depósitos nos recursos ordinários e de um teto duas vezes maior para a interposição de recursos extraordinários, de revista e recurso de embargos (art. 894 da CLT – nulidade, infringentes e de divergência), estabelecendo, em seu §4º, o reajuste periódico de acordo com a variação do INPC do IBGE dos dois meses imediatamente anteriores. A mesma proporção de valor dos tetos foi seguida pela Instrução Normativa 3/93, II e III[86].

O depósito recursal deve ser feito e comprovado no prazo alusivo ao recurso. A interposição antecipada deste não prejudica a dilação legal.

84. Art. 899 da CLT – Os recursos serão interpostos por simples petição e terão efeito meramente devolutivo, salvo as exceções previstas neste Título, permitida a execução provisória até a penhora.

(...)

§7º – No ato de interposição do agravo de instrumento, o depósito recursal corresponderá a 50% (cinquenta por cento) do valor do depósito do recurso ao qual se pretende destrancar.

85. Ar. 40 da Lei 8177/91 – O depósito recursal de que trata o art. 899 da Consolidação das Leis do Trabalho fica limitado a Cr$ 20.000.000,00 (vinte milhões de cruzeiros), nos casos de interposição de recurso ordinário, e de Cr$ 40.000.000,00 (quarenta milhões de cruzeiros), em se tratando de recurso de revista, embargos infringentes e recursos extraordinários, sendo devido a cada novo recurso interposto no decorrer do processo.

§ 1° Em se tratando de condenação imposta em ação rescisória, o depósito recursal terá, como limite máximo, qualquer que seja o recurso, o valor de Cr$ 40.000.000,00 (quarenta milhões de cruzeiros).

§ 2° A exigência de depósito aplica-se, igualmente, aos embargos, à execução e a qualquer recurso subseqüente do devedor.

§ 3° O valor do recurso ordinário, quando interposto em dissídio coletivo, será equivalente ao quádruplo do previsto no caput deste artigo.

§ 4° Os valores previstos neste artigo serão reajustados bimestralmente pela variação acumulada do INPC do IBGE dos dois meses imediatamente anteriores.

86. INSTRUÇÃO NORMATIVA Nº 3

Interpreta o art. 8º da Lei n.º 8542, de 23/ 12/92 (DOU de 24/12/1992), que trata do depósito para recurso nas ações na Justiça do Trabalho e a Lei n.º 12.275, de 29 de junho de 2010, que altera a redação do inciso I do § 5º do art. 897 e acresce o § 7º ao art. 899, ambos da Consolidação das Leis do Trabalho – CLT, aprovada pelo Decreto-Lei no 5.452, de 1º de maio de 1943.

I – Os depósitos de que trata o art. 40 e seus parágrafos, da Lei n.º 8.177/91, com a redação dada pelo art. 8º da Lei n.º 8.542/92, não têm natureza jurídica de taxa de recurso, mas de garantia do juízo recursal, que pressupõe decisão condenatória ou executória de obrigação de pagamento em pecúnia, com valor líquido ou arbitrado.

II – No processo de conhecimento dos dissídios individuais o valor do depósito é limitado a Cr$ 20.000.000,00 (vinte milhões de cruzeiros) ou novo valor corrigido, para o recurso ordinário, e a Cr$ 40.000.000,00 (quarenta milhões de cruzeiros) ou novo valor corrigido, para cada um dos recursos subseqüentes, isto é, de revista, de embargos (ditos impropriamente infringentes) e extraordinário, para o Supremo Tribunal Federal, observando-se o seguinte:

a) depositado o valor total da condenação, nenhum depósito será exigido nos recursos das decisões posteriores, salvo se o valor da condenação vier a ser ampliado;

b) se o valor constante do primeiro depósito, efetuado no limite legal, é inferior ao da condenação, será devida complementação de depósito em recurso posterior, observado o valor nominal remanescente da condenação e/ou os limites legais para cada novo recurso;

c) havendo acréscimo ou redução da condenação em grau recursal, o juízo prolator da decisão arbitrará novo valor à condenação, quer para a exigibilidade de depósito ou complementação do já depositado, para o caso de recurso subseqüente, quer para liberação do valor excedente decorrente da redução da condenação;

d) nos dissídios individuais singulares o depósito será efetivado pelo recorrente, mediante a utilização das guias correspondentes, na conta do empregado no FGTS – Fundo de Garantia do Tempo de Serviço, em conformidade com os parágrafos 4º e 5º, do art. 899 da CLT, ou fora dela, desde que feito na sede do Juízo e permaneça à disposição deste, mediante guia de depósito judicial extraída pela Secretaria Judiciária;

e) nas reclamatórias plúrimas e nas em que houver substituição processual, será arbitrado o valor total da condenação, para o atendimento da exigência legal do depósito recursal, em conformidade com as alíneas anteriores, mediante guia de depósito judicial extraída pela Secretaria Judiciária do órgão em que se encontra o processo;

f) com o trânsito em julgado da decisão condenatória, os valores que tenham sido depositados e seus acréscimos serão considerados na execução;

g) com o trânsito em julgado da decisão que absolveu o demandado da condenação, ser-lhe-á autorizado o levantamento do valor depositado e seus acréscimos.

III – Julgada procedente ação rescisória e imposta condenação em pecúnia, será exigido um único depósito recursal, até o limite máximo de Cr$ 40.000.000,00 (quarenta milhões de cruzeiros) ou novo valor corrigido, dispensado novo depósito para os recursos subseqüentes, observando-se o seguinte:

a) o depósito será efetivado pela parte recorrente vencida, mediante guia de depósito judicial expedida pela Secretaria Judiciária, à disposição do juízo da causa;

b) com o trânsito em julgado da decisão, se condenatória, o valor depositado e seus acréscimos serão considerados na execução; se absolutória, será liberado o levantamento do valor do depositado e seus acréscimos.

IV – A exigência de depósito no processo de execução observará o seguinte:

a) a inserção da vírgula entre as expressões "...aos embargos" e "à execução..." é atribuída a erro de redação, devendo ser considerada a locução "embargos à execução";

b) dada a natureza jurídica dos embargos à execução, não será exigido depósito para a sua oposição quando estiver suficientemente garantida a execução por depósito recursal já existente nos autos, efetivado no processo de conhecimento, que permaneceu vinculado à execução, e/ou pela nomeação ou apreensão judicial de bens do devedor, observada a ordem preferencial estabelecida em lei;

c) garantida integralmente a execução nos embargos, só haverá exigência de depósito em qualquer recurso subseqüente do devedor se tiver havido elevação do valor do débito, hipótese em que o depósito recursal corresponderá ao valor do acréscimo, sem qualquer limite;

d) o depósito previsto no item anterior será efetivado pelo executado recorrente, mediante guia de depósito judicial expedida pela Secretaria Judiciária, à disposição do Juízo da execução;

Não há necessidade de depósito para os seguintes recursos: i) de revisão; ii) embargos de declaração; iii) agravo regimental ou interno; iv) agravo de petição quando integralmente garantido o juízo; por não terem sido incluídos na Instrução Normativa 3/93, conforme diretriz fixada pelo inciso XI, *in verbis*: "Não se exigirá a efetivação de depósito em qualquer fase ou grau recursal do processo, fora das hipóteses previstas nesta Instrução Normativa".

Digno de nota que, até a edição da Resolução n. 168 do TST, que alterou a referida Instrução Normativa, tampouco havia a obrigatoriedade

---

e) com o trânsito em julgado da decisão que liquidar a sentença condenatória, serão liberados em favor do exeqüente os valores disponíveis, no limite da quantia exeqüenda, prosseguindo, se for o caso, a execução por crédito remanescente, e autorizando-se o levantamento, pelo executado, dos valores que acaso sobejarem.

V – Nos termos da redação do parágrafo 3º do art. 40, não é exigido depósito para recurso ordinário interposto em dissídio coletivo, eis que a regra aludida atribui apenas valor ao recurso, com efeitos limitados, portanto, ao cálculo das custas processuais.

VI – Os valores alusivos aos limites de depósito recursal serão reajustados bimestralmente pela variação acumulada do INPC do IBGE dos dois meses imediatamente anteriores e serão calculados e publicados no DJU por ato do Presidente do Tribunal Superior do Trabalho, tornando-se obrigatória a sua observância a partir do quinto dia seguinte ao da publicação.

VII – Toda decisão condenatória ilíquida deverá conter o arbitramento do valor da condenação. O acréscimo de condenação em grau recursal, quando ilíquido, deverá ser arbitrado também para fins de depósito.

VIII – O depósito judicial, realizado na conta do empregado no FGTS ou em estabelecimento bancário oficial, mediante guia à disposição do Juízo, será da responsabilidade da parte quanto à exatidão dos valores depositados e deverá ser comprovado, nos autos, pelo recorrente no prazo do recurso a que se refere, independentemente da sua antecipada interposição, observado o limite do valor vigente na data da efetivação do depósito, bem como o contido no item VI.

IX – É exigido depósito recursal para o recurso adesivo, observados os mesmos critérios e procedimentos do recurso principal previsto nesta Instrução Normativa.

X – Não é exigido depósito recursal, em qualquer fase do processo ou grau de jurisdição, dos entes de direito público externo e das pessoas de direito público contempladas no Decreto-Lei n.º 779, de 21.8.69, bem assim da massa falida, da herança jacente e da parte que, comprovando insuficiência de recursos, receber assistência judiciária integral e gratuita do Estado (art. 5º, LXXIV-CF).

XI – Não se exigirá a efetivação de depósito em qualquer fase ou grau recursal do processo, fora das hipóteses previstas nesta Instrução Normativa.

XII – Os processos em curso no período intercorrente entre 24 de dezembro de 1992 e 15 de março de 1993, data da vigência desta Instrução Normativa, serão a ela adequados quanto ao depósito para recurso, por iniciativa do Juiz ou Órgão Julgador competente, que determinará, quando for o caso, a intimação da parte para que regularize o depósito no prazo de oito dias.

XIII – Havendo acordo para extinção do processo, as partes disporão sobre o valor depositado. Na ausência de expressa estipulação dos interessados, o valor disponível será liberado em favor da parte depositante.

XIV – Esta Instrução Normativa entrará em vigor no dia 15 de março de 1993 e será reexaminada, no que couber, para guardar conformidade com o que vier a ser decidido pelo Supremo Tribunal Federal na Ação Direta de Inconstitucionalidade – 836-6-DF, ficando revogada a Instrução Normativa n.º 02, de 30 de abril de 1991, deste Tribunal.

de recolhimento do depósito recursal quando da oposição do agravo de instrumento.

No entanto, após a alteração dos arts 897, §5º, I e 899, §7º, da CLT, o que será objeto de abordagem mais adiante (item 13.8.5.1.2), a previsão que dispensava o recolhimento do depósito teve de ser alterada.

Importante ressaltar que não é possível considerar o valor do primeiro depósito para atingir o valor do teto para interposição do segundo recurso, na forma já prevista na Súmula 128 do TST[87].

Na fase de conhecimento, a cada novo recurso, deve ser efetuado um novo depósito, exceto se atingir o valor da causa fixado na sentença, quando não mais será necessário, salvo se houver majoração nos Tribunais, do valor da condenação – Instrução Normativa 3/93, II, b e c.

Para interposição de agravo de petição, só será exigido depósito se a execução não estiver integralmente garantida, em razão de "elevação do valor do débito", quando será necessária a complementação – Súmula 128, II, do TST.

Estão dispensadas do depósito a União, Estados, Municípios, Distrito Federal, autarquias ou fundações de direito público federais, estaduais ou municipais que não explorem atividade econômica – art. 1º, IV, do Decreto-Lei 779/69[88].

---

87. SUM-128 DEPÓSITO RECURSAL (incorporadas as Orientações Jurisprudenciais nºs 139, 189 e 190 da SBDI-1) – Res. 129/2005, DJ 20, 22 e 25.04.2005

    I – É ônus da parte recorrente efetuar o depósito legal, integralmente, em relação a cada novo recurso interposto, sob pena de deserção. Atingido o valor da condenação, nenhum depósito mais é exigido para qualquer recurso. (ex-Súmula nº 128 – alterada pela Res. 121/2003, DJ 21.11.03, que incorporou a OJ nº 139 da SBDI-1 – inserida em 27.11.1998)

    II – Garantido o juízo, na fase executória, a exigência de depósito para recorrer de qualquer decisão viola os incisos II e LV do art. 5º da CF/1988. Havendo, porém, elevação do valor do débito, exige-se a complementação da garantia do juízo. (ex-OJ nº 189 da SBDI-1 – inserida em 08.11.2000)

    III – Havendo condenação solidária de duas ou mais empresas, o depósito recursal efetuado por uma delas aproveita as demais, quando a empresa que efetuou o depósito não pleiteia sua exclusão da lide. (ex-OJ nº 190 da SBDI-1 – inserida em 08.11.2000)

88. Art. 1º do Decreto-Lei 779/69 – Nos processos perante a Justiça do Trabalho, constituem privilégio da União, dos Estados, do Distrito Federal, dos Municípios e das autarquias ou fundações de direito público federais, estaduais ou municipais que não explorem atividade econômica:

    I – a presunção relativa de validade dos recibos de quitação ou pedidos de demissão de seus empregados ainda que não homologados nem submetidos à assistência mencionada nos parágrafos 1º, 2º e 3º do artigo 477 da Consolidação das Leis do Trabalho;

    II – o quádruplo do prazo fixado no artigo 841, "in fine", da Consolidação das Leis do Trabalho;

    III – o prazo em dobro para recurso;

    IV – a dispensa de depósito para interposição de recurso;

    V – o recurso ordinário "ex officio" das decisões que lhe sejam total ou parcialmente contrárias;

    VI – o pagamento de custas a final salva quanto à União Federal, que não as pagará.

São igualmente isentos do depósito recursal os beneficiários da justiça gratuita, as entidades filantrópicas e as empresas em recuperação judicial, nos termos do art. 899, §10º, da CLT[89]. Por sua vez, o valor do depósito será reduzido pela metade para entidades sem fins lucrativos, empregadores domésticos, microempreendedores individuais, microempresas e empresas de pequeno porte, conforme art. 899, §9º, da CLT[90].

Na vigência do CPC/73, caso fosse aplicada à pessoa jurídica de direito público a multa de que cogitava o art. 557, §2º, do CPC/73, esta ficaria obrigada a recolher o valor correspondente, sob pena de ser considerado deserto o recurso interposto, nos termos da OJ 389, da SDI-1 do TST[91].

Ocorre que o Código de Processo Civil de 2015 atribuiu nova disposição ao que anteriormente estava previsto no art. 557, §2º, do CPC/73. De acordo com a redação do art. 1.021, §4º e §5º, que passaram a regulamentar a matéria, a fazenda pública e o beneficiário da justiça gratuita somente precisarão realizar o depósito do valor da multa ao final e não no momento da interposição de qualquer recurso.

Em razão do novo dispositivo, a OJ 389, da SDI-1, do TST[92] foi revisada, tendo passado a prever que constitui ônus da parte recorrente, sob pena de deserção, depositar previamente a multa aplicada com fundamento nos §§ 4º e 5º, do art. 1.021, do CPC de 2015 (§ 2º do art. 557 do CPC de 1973), à exceção da Fazenda Pública e do beneficiário de justiça gratuita, que farão o pagamento ao final.

As empresas públicas e as sociedades de economia mista estão obrigadas a efetuar o depósito recursal, uma vez que foram equiparadas às empresas privadas pelo art. 173, §1º, II e §2º da CF/88[93].

---

89. Art. 899, §10, da CLT – São isentos do depósito recursal os beneficiários da justiça gratuita, as entidades filantrópicas e as empresas em recuperação judicial.

90. Art. 899, §9º, da CLT – O valor do depósito recursal será reduzido pela metade para entidades sem fins lucrativos, empregadores domésticos, microempreendedores individuais, microempresas e empresas de pequeno porte.

91. OJ-SDI1-389 do TST – MULTA PREVISTA NO ART. 557, § 2º, DO CPC. RECOLHIMENTO. PRESSUPOSTO RECURSAL. PESSOA JURÍDICA DE DIREITO PÚBLICO. EXIGIBILIDADE. (DEJT divulgado em 09, 10 e 11.06.2010)
Está a parte obrigada, sob pena de deserção, a recolher a multa aplicada com fundamento no § 2º do art. 557 do CPC, ainda que pessoa jurídica de direito público.

92. OJ-SDI1-389 do TST – MULTA PREVISTA NO ART. 1.021, §§ 4º E 5º, DO CPC DE 2015. ART. 557, § 2º, DO CPC DE 1973. RECOLHIMENTO. PRESSUPOSTO RECURSAL. BENEFICIÁRIO DA JUSTIÇA GRATUITA E FAZENDA PÚBLICA. PAGAMENTO AO FINAL. (nova redação em decorrência do CPC de 2015) – Res. 209/2016, DEJT divulgado em 01, 02 e 03.06.2016
Constitui ônus da parte recorrente, sob pena de deserção, depositar previamente a multa aplicada com fundamento nos §§ 4º e 5º, do art. 1.021, do CPC de 2015 (§ 2º do art. 557 do CPC de 1973), à exceção da Fazenda Pública e do beneficiário de justiça gratuita, que farão o pagamento ao final.

93. Art. 173 da Constituição Federal – Ressalvados os casos previstos nesta Constituição, a exploração direta de atividade econômica pelo Estado só será permitida quando necessária aos imperativos da segurança nacional ou a relevante interesse coletivo, conforme definidos em lei.

De igual modo, tem-se exigido[94] o depósito das entidades públicas estaduais ou municipais que exercem atividade econômica, já que estas têm descaracterizada sua natureza jurídica, igualando-se às empresas privadas. O entendimento do TST – Súmula 128, III –, seguindo a diretriz do art. 1.005 do CPC[95], é no sentido de que, havendo mais de um réu e condenação solidária, somente será necessário a realização de um depósito recursal, salvo se a empresa que o efetuou estiver pretendendo sua exclusão da lide.

Já na hipótese de litisconsórcio ativo, recomenda Manoel Antônio Teixeira Filho[96] o seguinte:

> "[...] entendemos que, se houver mais de um autor (litisconsórcio ativo: CLT, art. 842), e embora o réu seja apenas um, este deverá efetuar o depósito em relação a cada autor (observado o limite legal), desde que a soma desses depósitos não ultrapasse o valor da condenação. Não há qualquer absurdo nesse parecer; ele decorre de uma interpretação conjugada nos arts 899 e 842 da CLT."

A massa falida está dispensada do pagamento de custas e depósito recursal – Súmula 86 do TST[97] –, o que não se estende às empresas em liquidação extrajudicial.

O TST, sob a égide do CPC/73, entendia ser inaplicável, supletivamente, ao processo do trabalho, a faculdade conferida ao juiz pela legis-

---

§1º – A lei estabelecerá o estatuto jurídico da empresa pública, da sociedade de economia mista e de suas subsidiárias que explorem atividade econômica de produção ou comercialização de bens ou de prestação de serviços, dispondo sobre:

II – a sujeição ao regime jurídico próprio das empresas privadas, inclusive quanto aos direitos e obrigações civis, comerciais, trabalhistas e tributários;

§ 2º As empresas públicas e as sociedades de economia mista não poderão gozar de privilégios fiscais não extensivos às do setor privado.

94. AIRR – 1067/1998-122-04-40 Relator – GMCA DJ – 05/08/2005 – AGRAVO DE INSTRUMENTO. RECURSO DE REVISTA. AUTARQUIA ESTADUAL QUE EXPLORA ATIVIDADE ECONÔMICA. DESERÇÃO. RECURSO ORDINÁRIO – O entendimento desta Corte é que quando a entidade pública estadual ou municipal exerce atividade econômica tem descaracterizada sua natureza jurídica, igualando-a às empresas privadas, portanto, deverá efetuar o preparo. Incidência das Súmulas nºs 126 e 296 do TST. Agravo de Instrumento a que se nega provimento.

95. Art. 1.005 do CPC – O recurso interposto por um dos litisconsortes a todos aproveita, salvo se distintos ou opostos os seus interesses.

    Parágrafo único. Havendo solidariedade passiva, o recurso interposto por um devedor aproveitará aos outros quando as defesas opostas ao credor lhes forem comuns.

96. TEIXEIRA FILHO, Manoel Antonio. Sistema dos Recursos Trabalhistas. 10. ed. São Paulo: LTr, 2003. p. 183.

97. SUM-86 do TST – DESERÇÃO. MASSA FALIDA. EMPRESA EM LIQUIDAÇÃO EXTRAJUDICIAL (incorporada a Orientação Jurisprudencial nº 31 da SBDI-1) – Res. 129/2005, DJ 20, 22 e 25.04.2005

    Não ocorre deserção de recurso da massa falida por falta de pagamento de custas ou de depósito do valor da condenação. Esse privilégio, todavia, não se aplica à empresa em liquidação extrajudicial. (primeira parte – ex-Súmula nº 86 – RA 69/78, DJ 26.09.1978; segunda parte – ex-OJ nº 31 da SBDI-1 – inserida em 14.03.1994)

lação processual civil de notificar a parte para completar o depósito feito a menor. De modo que cabia a parte recolher e comprovar o recolhimento dentro do prazo[98], no exato valor devido, sob pena de não conhecimento do recurso por deserção[99].

Esse rigor extremo em relação ao depósito recursal, entretanto, foi modificado com a entrada em vigor do Código de Processo Civil. Isto porque, a OJ 140 da SDI-1[100] passou a estabelecer que, na hipótese de recolhimento insuficiente das custas processuais ou do depósito recursal, somente haverá deserção do recurso se, concedido o prazo de 5 (cinco) dias previsto no § 2º do art. 1.007 do CPC[101] de 2015, o recorrente não complementar e comprovar o valor devido.

As guias devem ser apresentadas com autenticação mecânica, contendo os dados do processo (número do processo e nome do reclamante) no original ou em cópias autenticadas, sob pena de não conhecimento do recurso.

A jurisprudência vinha sendo bastante flexível no que diz respeito à autenticação mecânica (bancária), porém, a Súmula 216 do TST, que estabelecia a dispensa da autenticação mecânica do valor do depósito recursal, foi cancelada, o que demonstra uma possível mudança no entendimento da matéria. O carimbo do banco recebedor na guia de comprovação do recolhimento das custas, entretanto, ainda supre a ausência de autenticação mecânica, nos termos da OJ 33 da SDI-1 do TST[102].

---

98. Art. 7º da Lei 5.584/70 – A comprovação do depósito da condenação (CLT, art. 899, §§1º a 5º) terá que ser feita dentro do prazo para a interposição do recurso, sob pena de ser este considerado deserto.

99. SUM-245 do TST – DEPÓSITO RECURSAL. PRAZO (mantida) – Res. 121/2003, DJ 19, 20 e 21.11.2003
O depósito recursal deve ser feito e comprovado no prazo alusivo ao recurso. A interposição antecipada deste não prejudica a dilação legal.

100. OJ 140 da SDI-1 do TST – DEPÓSITO RECURSAL E CUSTAS PROCESSUAIS. RECOLHIMENTO INSUFICIENTE. DESERÇÃO. (nova redação em decorrência do CPC de 2015) – Res. 217/2017 – DEJT divulgado em 20, 24 e 25.04.2017
Em caso de recolhimento insuficiente das custas processuais ou do depósito recursal, somente haverá deserção do recurso se, concedido o prazo de 5 (cinco) dias previsto no § 2º do art. 1.007 do CPC de 2015, o recorrente não complementar e comprovar o valor devido.

101. Art. 1.007 do CPC – No ato de interposição do recurso, o recorrente comprovará, quando exigido pela legislação pertinente, o respectivo preparo, inclusive porte de remessa e de retorno, sob pena de deserção.
(...)
§ 2º A insuficiência no valor do preparo, inclusive porte de remessa e de retorno, implicará deserção se o recorrente, intimado na pessoa de seu advogado, não vier a supri-lo no prazo de 5 (cinco) dias.

102. OJ Nº 33 da SDI-1 do TST – Deserção. Custas. Carimbo do banco. Validade. (Inserida em 25.11.1996) – O carimbo do banco recebedor na guia de comprovação do recolhimento das custas supre a ausência de autenticação mecânica.

Por outro lado, a jurisprudência não admite o recurso quando são apresentadas cópias das guias não autenticadas ou sem conter a declaração de autenticidade consignada pelo próprio advogado da parte, em atenção à regra inserta no artigo 830 da CLT[103].

13.7.3.1.1. Posição dos Tribunais Trabalhistas

Considerando a importância do depósito recursal para o conhecimento do recurso, seguem abaixo as Súmulas do Tribunal Superior do Trabalho que tratam deste pressuposto de admissibilidade.

> **SUM-99 do TST** – AÇÃO RESCISÓRIA. DESERÇÃO. PRAZO (incorporada a Orientação Jurisprudencial nº 117 da SBDI-2) – Res. 137/2005, DJ 22, 23 e 24.08.2005
>
> Havendo recurso ordinário em sede de rescisória, o depósito recursal só é exigível quando for julgado procedente o pedido e imposta condenação em pecúnia, devendo este ser efetuado no prazo recursal, no limite e nos termos da legislação vigente, sob pena de deserção. (ex-Súmula nº 99 – alterada pela Res. 110/2002, DJ 15.04.2002 – e ex-OJ nº 117 da SBDI-2 – DJ 11.08.2003)
>
> **SUM-128 do TST** – DEPÓSITO RECURSAL (incorporadas as Orientações Jurisprudenciais nºs 139, 189 e 190 da SBDI-1) – Res. 129/2005, DJ 20, 22 e 25.04.2005
>
> I – É ônus da parte recorrente efetuar o depósito legal, integralmente, em relação a cada novo recurso interposto, sob pena de deserção. Atingido o valor da condenação, nenhum depósito mais é exigido para qualquer recurso. (ex-Súmula nº 128 – alterada pela Res. 121/2003, DJ 21.11.03, que incorporou a OJ nº 139 da SBDI-1 – inserida em 27.11.1998)
>
> II – Garantido o juízo, na fase executória, a exigência de depósito para recorrer de qualquer decisão viola os incisos II e LV do art. 5º da CF/1988. Havendo, porém, elevação do valor do débito, exige-se a complementação da garantia do juízo. (ex-OJ nº 189 da SBDI-1 – inserida em 08.11.2000)
>
> III – Havendo condenação solidária de duas ou mais empresas, o depósito recursal efetuado por uma delas aproveita as demais, quando a empresa que efetuou o depósito não pleiteia sua exclusão da lide. (ex-OJ nº 190 da SBDI-1 – inserida em 08.11.2000)
>
> **SUM-170 do TST** – SOCIEDADE DE ECONOMIA MISTA. CUSTAS (mantida) – Res. 121/2003, DJ 19, 20 e 21.11.2003 Súmulas A-51
>
> Os privilégios e isenções no foro da Justiça do Trabalho não abrangem as sociedades de economia mista, ainda que gozassem desses benefícios anteriormente ao Decreto-Lei nº 779, de 21.08.1969 (ex-Prejulgado nº 50).

---

103. Art. 830 da CLT – O documento em cópia oferecido para prova poderá ser declarado autêntico pelo próprio advogado, sob sua responsabilidade pessoal.
Parágrafo único. Impugnada a autenticidade da cópia, a parte que a produziu será intimada para apresentar cópias devidamente autenticadas ou o original, cabendo ao serventuário competente proceder à conferência e certificar a conformidade entre esses documentos.

SUM-217 do TST – DEPÓSITO RECURSAL. CREDENCIAMENTO BANCÁRIO. PROVA DISPENSÁVEL (mantida) – Res. 121/2003, DJ 19, 20 e 21.11.2003

O credenciamento dos bancos para o fim de recebimento do depósito recursal é fato notório, independendo da prova.

SUM-245 do TST – DEPÓSITO RECURSAL. PRAZO (mantida) – Res. 121/2003, DJ 19, 20 e 21.11.2003

O depósito recursal deve ser feito e comprovado no prazo alusivo ao recurso. A interposição antecipada deste não prejudica a dilação legal.

Mostra-se importante, neste ponto, registrar posicionamento do TST, quando do julgamento de um recurso de revista, afastando a deserção e determinando o retorno dos autos ao juízo de origem, a fim de que este procedesse ao julgamento do recurso interposto pela reclamada e que fora denegado devido a depósito recursal insuficiente[104].

13.7.3.2. Custas

Diferente do processo civil, nas ações laborais as custas são pagas pelo vencido, apenas no final do processo, mas, havendo recurso, devem ser quitadas e comprovadas como pressuposto de admissibilidade, como estabelece o art. 789, §1º,[105] da CLT. Depois da edição da Lei 10.537/02, a

---

104. RECURSO DE REVISTA. CUSTAS FIXADAS PELO JUÍZO. EQUÍVOCO DE CÁLCULO. RECOLHIMENTO DO VALOR ARBITRADO. DESERÇÃO AFASTADA. No caso concreto, na sentença foi atribuído à condenação o valor de R$50.000,00 e fixado o valor de R$100,00 a título de custas processuais. O Juízo de 1º grau aplicou à Reclamada a multa de R$200,00 por considerar protelatórios os embargos de declaração interpostos. O Regional consignou que o valor das custas processuais correspondente a 2% do valor da condenação (R$1.000,00), deveria ter sido recolhido pela Reclamada, ainda que constasse valor diverso na sentença (R$100,00). Considerou, também, que a aplicação da multa de 1% por embargos declaratórios protelatórios à Reclamada implicaria o acréscimo automático de R$200,00 no valor da condenação e de R$4,00 nas custas processuais. Por fim, deixou de conhecer do recurso ordinário da Reclamada por deserção. O art. 832, §2º, CLT, determina que o valor das custas a ser recolhido pela parte constará da decisão. Assim, como a Reclamada recolheu integralmente o valor das custas arbitrado na sentença, no importe de R$100,00, não poderia ser apenada por equívoco de cálculo do Juízo de 1º grau. Por outro lado, a aplicação da multa por ED's protelatórios não majora, por si só, o valor da condenação ou das custas processuais. Assim, como o recolhimento das custas ocorreu no valor determinado pelo magistrado e no prazo certo, não há como negar que o ato tenha atingido sua finalidade, o que afasta a conclusão regional de deserção. Precedentes desta Corte. Recurso de revista conhecido e provido. Processo: RR – 151600-98.2007.5.12.0055 Data de Julgamento: 03/08/2011, Relator Ministro: Mauricio Godinho Delgado, 6ª Turma, Data de Publicação: DEJT 12/08/2011.

105. Art. 789 da CLT – Nos dissídios individuais e nos dissídios coletivos do trabalho, nas ações e procedimentos de competência da Justiça do Trabalho, bem como nas demandas propostas perante a Justiça Estadual, no exercício da jurisdição trabalhista, as custas relativas ao processo de conhecimento incidirão à base de 2% (dois por cento), observado o mínimo de R$ 10,64 (dez reais e sessenta e quatro centavos) e serão calculadas: [...] §1º As custas serão pagas pelo vencido, após o trânsito em julgado da decisão. No caso de recurso, as custas serão pagas e comprovado o recolhimento dentro do prazo recursal.

comprovação do recolhimento das custas deve ser feita dentro do prazo da interposição do recurso.

Ressalta Roberto Dórea Pessoa[106] que: "o legislador promoveu uma sensível alteração: passou a exigir o recolhimento das custas e respectiva comprovação *dentro do prazo para interposição do recurso* [...]. Com isso, ficou superada a orientação contida na Súmula 352 do C. TST[107], assim como a da OJ de n° 30[108] da sua Seção de Dissídios Individuais –1."

Nesta esteira, continua o mesmo autor elucidando que: "a alteração, contudo, vale apenas para o *processo de conhecimento*, pois o tratamento das custas e emolumentos na execução ficou a cargo no novel art. 789-A da CLT"[109].

Deste modo, o autor somente estará obrigado a recolher custas se a ação for julgada inteiramente IMPROCEDENTE, eis que somente nesta hipótese será vencido.

Já o reclamado, sempre que for condenado, mesmo que parcialmente, deverá pagar e comprovar o recolhimento das custas dentro do prazo recursal.

---

106. In *LTr Suplemento Trabalhista 026/03*. São Paulo. 2003. Ano 39. p. 125.

107. SUM-352 do TST – CUSTAS – PRAZO PARA COMPROVAÇÃO **(cancelamento mantido)** – Res. 121/2003, DJ 19, 20 e 21.11.2003 – Referência Lei nº 10.537/2002

O prazo para comprovação do pagamento das custas, sempre a cargo da parte, é de 5 (cinco) dias contados do seu recolhimento (CLT art. 789, § 4º, – CPC art. 185).

Súmula cancelada – Res. 114/2002, DJ 28.11.2002

108. OJ-SDI1-30 do TST – CUSTAS. PRAZO PARA COMPROVAÇÃO (**cancelada em decorrência da sua conversão na Súmula nº 352**) – Res. 69/1997 – DJ 30.05.1997.

109. Art. 789-A da CLT – No processo de execução são devidas custas, sempre de responsabilidade do executado e pagas ao final, de conformidade com a seguinte tabela:

I – autos de arrematação, de adjudicação e de remição: 5% (cinco por cento) sobre o respectivo valor, até o máximo de R$ 1.915,38 (um mil, novecentos e quinze reais e trinta e oito centavos

II – atos dos oficiais de justiça, por diligência certificada:

a. em zona urbana: R$ 11,06 (onze reais e seis centavos);

b. em zona rural: R$ 22,13 (vinte e dois reais e treze centavos);

III – agravo de instrumento: R$ 44,26 (quarenta e quatro reais e vinte e seis centavos);

IV – agravo de petição: R$ 44,26 (quarenta e quatro reais e vinte e seis centavos);

V – embargos à execução, embargos de terceiro e embargos à arrematação: R$ 44,26 (quarenta e quatro reais e vinte e seis centavos);

VI – recurso de revista: R$ 55,35 (cinqüenta e cinco reais e trinta e cinco centavos);

VII – impugnação à sentença de liquidação: R$ 55,35 (cinqüenta e cinco reais e trinta e cinco centavos);

VIII – despesa de armazenagem em depósito judicial – por dia: 0,1% (um décimo por cento) do valor da avaliação;

IX – cálculos de liquidação realizados pelo contador do juízo – sobre o valor liquidado: 0,5% (cinco décimos por cento) até o limite de R$ 638,46 (seiscentos e trinta e oito reais e quarenta e seis centavos).

A Guia de Deposito Judicial, que pode ser gerada pela Caixa Econômica ou pelo Banco do Brasil, contendo número do processo, nome das partes e valor do depósito, deve ser apresentada no original, em cópia autenticada ou declarada autêntica pelo advogado da parte, com autenticação mecânica ou carimbo do banco recebedor.

As custas, no processo individual de conhecimento, correspondem a 2% do valor do acordo, da condenação (sentenças líquidas) ou da causa (fixado pelo juiz), observado o montante mínimo de R$ 10,64 e o máximo de quatro vezes o limite máximo dos benefícios do Regime Geral de Previdência Social (Art. 789 da CLT[110]).

Consiste, assim, em outra espécie de despesa processual necessária e obrigatória para a interposição de alguns recursos.

As custas devem ser pagas e comprovadas dentro do prazo para a interposição do recurso, sob pena de deserção.

Interessa ainda anotar que, em função da redação do art. 790-A[111] da CLT, a União, os Estados, o Distrito Federal, os Municípios, respectivas autarquias e fundações públicas federais, estaduais ou municipais que não explorem atividade econômica e o Ministério Público do Trabalho estão dispensados do recolhimento de custas.

A inserção deste dispositivo teve como consequências a revogação parcial do Decreto-Lei 779/69, assim como o cancelamento do verbete sumular 04 do TST, restando mantida, porém, a Súmula 170 do mesmo Tribunal.

A massa falida também está dispensada de custas e de depósito do valor da condenação (Súmula 86 do TST[112]), o que não ocorre para as empresas em liquidação extrajudicial.

---

110. Art. 789 da CLT – Nos dissídios individuais e nos dissídios coletivos do trabalho, nas ações e procedimentos de competência da Justiça do Trabalho, bem como nas demandas propostas perante a Justiça Estadual, no exercício da jurisdição trabalhista, as custas relativas ao processo de conhecimento incidirão à base de 2% (dois por cento), observado o mínimo de R$ 10,64 (dez reais e sessenta e quatro centavos) e o máximo de quatro vezes o limite máximo dos benefícios do Regime Geral de Previdência Social, e serão calculadas.

111. Art. 790-A. São isentos do pagamento de custas, além dos beneficiários de justiça gratuita:

I – a União, os Estados, o Distrito Federal, os Municípios e respectivas autarquias e fundações públicas federais, estaduais ou municipais que não explorem atividade econômica

II – o Ministério Público do Trabalho.

Parágrafo único. A isenção prevista neste artigo não alcança as entidades fiscalizadoras do exercício profissional, nem exime as pessoas jurídicas referidas no inciso I da obrigação de reembolsar as despesas judiciais realizadas pela parte vencedora.

112. SUM-86 do TST – DESERÇÃO. MASSA FALIDA. EMPRESA EM LIQUIDAÇÃO EXTRAJUDICIAL (incorporada a Orientação Jurisprudencial nº 31 da SBDI-1) – Res. 129/2005, DJ 20, 22 e 25.04.2005 Não ocorre deserção de recurso da massa falida por falta de pagamento de custas ou de depósito do valor da condenação. Esse privilégio, todavia, não se aplica à empresa em liquidação extrajudicial. (primeira parte – ex-Súmula nº 86 – RA 69/78, DJ 26.09.1978; segunda parte – ex-OJ nº 31 da SBDI-1 – inserida em 14.03.1994)

13.7.3.2.1. Posição dos Tribunais

De igual modo, também colacionamos o entendimento já consolidado do Tribunal Superior do Trabalho com relação ao regular recolhimento e comprovação das custas processuais.

> SUM-25 CUSTAS PROCESSUAIS. INVERSÃO DO ÔNUS DA SUCUMBÊNCIA. (alterada a Súmula e incorporadas as Orientações Jurisprudenciais nºs 104 e 186 da SBDI-1) – Res. 197/2015 – DEJT divulgado em 14, 15 e 18.05.2015
>
> I – A parte vencedora na primeira instância, se vencida na segunda, está obrigada, independentemente de intimação, a pagar as custas fixadas na sentença originária, das quais ficara isenta a parte então vencida;
>
> II – No caso de inversão do ônus da sucumbência em segundo grau, sem acréscimo ou atualização do valor das custas e se estas já foram devidamente recolhidas, descabe um novo pagamento pela parte vencida, ao recorrer. Deverá ao final, se sucumbente, reembolsar a quantia; (ex-OJ nº 186 da SBDI-I)
>
> III – Não caracteriza deserção a hipótese em que, acrescido o valor da condenação, não houve fixação ou cálculo do valor devido a título de custas e tampouco intimação da parte para o preparo do recurso, devendo ser as custas pagas ao final; (ex-OJ nº 104 da SBDI-I)
>
> IV – O reembolso das custas à parte vencedora faz-se necessário mesmo na hipótese em que a parte vencida for pessoa isenta do seu pagamento, nos termos do art. 790-A, parágrafo único, da CLT.
>
> Súmula nº 36 do TST – CUSTAS (mantida) – Res. 121/2003, DJ 19, 20 e 21.11.2003 – Nas ações plúrimas, as custas incidem sobre o respectivo valor global.
>
> Súmula nº 86 do TST – DESERÇÃO. MASSA FALIDA. EMPRESA EM LIQUIDAÇÃO EXTRAJUDICIAL (incorporada a Orientação Jurisprudencial nº 31 da SBDI-1) – Res. 129/2005, DJ 20, 22 e 25.04.2005 – Não ocorre deserção de recurso da massa falida por falta de pagamento de custas ou de depósito do valor da condenação. Esse privilégio, todavia, não se aplica à empresa em liquidação extrajudicial. (primeira parte – ex-Súmula nº 86 – RA 69/78, DJ 26.09.1978; segunda parte – ex-OJ nº 31 da SBDI-1 – inserida em 14.03.1994)
>
> OJ 33 da SDI – 1 – Deserção. Custas. Carimbo do banco. Validade. (Inserida em 25.11.1996) – O carimbo do banco recebedor na guia de comprovação do recolhimento das custas supre a ausência de autenticação mecânica.
>
> OJ 158 da SDI – 1 – 158 – Custas. Comprovação de recolhimento. DARF eletrônico. Validade. (Inserida em 26.03.1999) – O denominado "DARF ELETRÔNICO" é válido para comprovar o recolhimento de custas por entidades da administração pública federal, emitido conforme a IN-SRF 162, de 04.11.1988.

13.7.3.3. Forma – Art. 899 da CLT[113]

O legislador exigiu que o recurso fosse apresentado "por simples petição", o que torna obrigatória a técnica escrita.

---

113. Art. 899 da CLT – Os recursos serão interpostos por simples petição e terão efeito meramente devolutivo, salvo as exceções previstas neste Título, permitida a execução provisória até a penhora. (Redação dada pela Lei nº 5.442, de 24.5.1968) (Vide Lei nº 7.701, de 1988)

Vale lembrar, como já esclarecemos no item 13.6.2. deste capítulo, a admissão do recurso "por simples petição" não elimina a obrigatoriedade da parte apontar o objeto de seu recurso e as razões do seu inconformismo, sob pena de não conhecimento, aplicando-se, supletivamente, o art. 1.010, II, do CPC,[114] e, analogicamente, o entendimento da Súmula 422 do TST[115].

---

§ 1º Sendo a condenação de valor até 10 (dez) vêzes o salário-mínimo regional, nos dissídios individuais, só será admitido o recurso inclusive o extraordinário, mediante prévio depósito da respectiva importância. Transitada em julgado a decisão recorrida, ordenar-se-á o levantamento imediato da importância de depósito, em favor da parte vencedora, por simples despacho do juiz. (Redação dada pela Lei nº 5.442, 24.5.1968)

§ 2º Tratando-se de condenação de valor indeterminado, o depósito corresponderá ao que fôr arbitrado, para efeito de custas, pela Junta ou Juízo de Direito, até o limite de 10 (dez) vêzes o salário-mínimo da região. (Redação dada pela Lei nº 5.442, 24.5.1968)

§3º (Revogado pela Lei nº 7.033, de 5.10.1982)

§ 4º – O depósito de que trata o § 1º far-se-á na conta vinculada do empregado a que se refere o art. 2º da Lei nº 5.107, de 13 de setembro de 1966, aplicando-se-lhe os preceitos dessa Lei observado, quanto ao respectivo levantamento, o disposto no § 1º. (Redação dada pela Lei nº 5.442, 24.5.1968)

§ 5º – Se o empregado ainda não tiver conta vinculada aberta em seu nome, nos termos do art. 2º da Lei nº 5.107, de 13 de setembro de 1966, a empresa procederá à respectiva abertura, para efeito do disposto no § 2º. (Redação dada pela Lei nº 5.442, 24.5.1968)

§ 6º – Quando o valor da condenação, ou o arbitrado para fins de custas, exceder o limite de 10 (dez) vêzes o salário-mínimo da região, o depósito para fins de recursos será limitado a êste valor. (Incluído pela Lei nº 5.442, 24.5.1968)

§ 7º No ato de interposição do agravo de instrumento, o depósito recursal corresponderá a 50% (cinquenta por cento) do valor do depósito do recurso ao qual se pretende destrancar. (Incluído pela Lei nº 12.275, de 2010)

§ 8º Quando o agravo de instrumento tem a finalidade de destrancar recurso de revista que se insurge contra decisão que contraria a jurisprudência uniforme do Tribunal Superior do Trabalho, consubstanciada nas suas súmulas ou em orientação jurisprudencial, não haverá obrigatoriedade de se efetuar o depósito referido no § 7º deste artigo. (Incluído pela Lei nº 13.015, de 2014)

114. Art. 1.010 do CPC – A apelação, interposta por petição dirigida ao juízo de primeiro grau, conterá:

I – os nomes e a qualificação das partes;

II – a exposição do fato e do direito;

III – as razões do pedido de reforma ou de decretação de nulidade;

IV – o pedido de nova decisão.

§ 1º O apelado será intimado para apresentar contrarrazões no prazo de 15 (quinze) dias.

§ 2º Se o apelado interpuser apelação adesiva, o juiz intimará o apelante para apresentar contrarrazões.

§ 3º Após as formalidades previstas nos §§ 1o e 2o, os autos serão remetidos ao tribunal pelo juiz, independentemente de juízo de admissibilidade.

115. SUM-422 do TST – RECURSO. FUNDAMENTO AUSENTE OU DEFICIENTE. NÃO CO-NHECIMENTO (redação alterada, com inserção dos itens I, II e III) – Res. 199/2015, DEJT divulgado em 24, 25 e 26.06.2015. Com errata publicada no DEJT divulgado em 01.07.2015

Sérgio Pinto Martins[116] apresenta entendimento diverso, sustentando que: "o recurso ordinário, como determina o art. 899 da CLT, poderá ser interposto por simples petição, ou seja, não há necessidade de fundamentação, bastando apenas que o recorrente manifeste seu inconformismo com a decisão, o que pode ser feito inclusive oralmente, porém, nesse caso, haverá necessidade de ser feita a redução a termo".

Por sua vez, Mauro Schiavi[117] entende que "o recurso desacompanhado de razões somente se aplica na hipótese do recorrente que estiver sem advogado, valendo-se do *jus postulandi*".

Em que pese a salutar intenção em possibilitar o exercício do *jus postulandi* na esfera recursal, do ponto de vista jurídico é insustentável tal posição, na medida em que o legislador exigiu, quando se referiu à petição, a técnica escrita e a formalidade, o que não pode ser suplantado pelo intérprete.

13.7.3.4. Legitimidade

Podem interpor recurso as partes, desde que tenham capacidade postulatória estabelecida pelo art. 791 da CLT[118]. Não foi por outra razão que o art. 899 da CLT admitiu o recurso por "simples petição".

Concordamos com Manoel Antônio Teixeira Filho[119] quando sustenta que "o *preposto* não pode interpor recurso, exatamente porque não é parte, mas simples representante do proponente e cuja atuação, em juízo, circunscreve-se à audiência e nela se exaure (CLT, art. 843, *caput* e §1º[120])".

I – Não se conhece de recurso para o Tribunal Superior do Trabalho se as razões do recorrente não impugnam os fundamentos da decisão recorrida, nos termos em que proferida.

II – O entendimento referido no item anterior não se aplica em relação à motivação secundária e impertinente, consubstanciada em despacho de admissibilidade de recurso ou em decisão monocrática.

III – Inaplicável a exigência do item I relativamente ao recurso ordinário da competência de Tribunal Regional do Trabalho, exceto em caso de recurso cuja motivação é inteiramente dissociada dos fundamentos da sentença.

116. In *Direito Processual do Trabalho.* 23ª ed. São Paulo: Atlas, 2005. p. 421.

117. SCHIAVI, Mauro. Manual de Direito Processual do Trabalho. São Paulo: Editora LTr, 2018, p. 944.

118. Art. 791 da CLT – Os empregados e os empregadores poderão reclamar pessoalmente perante a Justiça do Trabalho e acompanhar as suas reclamações até o final.

119. TEIXEIRA FILHO, Manoel Antonio. *Sistema dos Recursos Trabalhistas.* 10 ed. São Paulo: LTr, 2003. p. 144.

120. Art. 843 da CLT – Na audiência de julgamento deverão estar presentes o reclamante e o reclamado, independente do comparecimento de seus representantes, salvo nos casos de Reclamatórias Plúrimas ou Ações de cumprimento, quando os empregados poderão fazer-se representar pelo Sindicato de sua categoria.

Em relação ao terceiro interessado, sustenta Bezerra Leite[121] que: "Incumbe ao terceiro demonstrar o nexo de interdependência entre o seu interesse de intervir e a relação jurídica submetida à apreciação judicial. O interesse recursal do terceiro há de ser necessariamente jurídico, e não simplesmente econômico, político ou moral".

O Ministério Público do Trabalho (MPT) também pode apresentar recurso, seja como parte, nas ações civis públicas, seja na qualidade de *custos legis* – art. 996 do CPC[122]e art. 83, VI, da LC 75/93[123] – mas, na segunda hipótese, somente quando houver interesse público, como exige a OJ 237 da SDI-I do TST:

> OJ-SDI1-237 do TST – MINISTÉRIO PÚBLICO DO TRABALHO. LEGITIMIDADE PARA RECORRER. SOCIEDADE DE ECONOMIA MISTA. EMPRESA PÚBLICA (incorporada a Orientação Jurisprudencial nº 338 da SBDI-I) – Res. 210/2016, DEJT divulgado em 30.06.2016 e 01 e 04.07.2016
>
> I – O Ministério Público do Trabalho não tem legitimidade para recorrer na defesa de interesse patrimonial privado, ainda que de empresas públicas e sociedades de economia mista.
>
> II – Há legitimidade do Ministério Público do Trabalho para recorrer de decisão que declara a existência de vínculo empregatício com sociedade de economia mista ou empresa pública, após a Constituição Federal de 1988, sem a prévia aprovação em concurso público, pois é matéria de ordem pública.

Além das possibilidades acima mencionadas, é admitido recurso do MPT nas hipóteses de dissídios coletivos, como autorizado pelos arts. 7º, §5º, da Lei 7.701/88[124] e 898 da CLT.

---

§1º É facultado ao empregador fazer-se substituir pelo gerente, ou qualquer outro preposto que tenha conhecimento do fato, e cujas declarações obrigarão o proponente.

121. LEITE, Carlos Henrique Bezerra. *Curso de direito processual do trabalho*. 3 ed. São Paulo: LTr, 2005. p. 541.

122. Art. 996 do CPC – O recurso pode ser interposto pela parte vencida, pelo terceiro prejudicado e pelo Ministério Público, como parte ou como fiscal da ordem jurídica.

Parágrafo único. Cumpre ao terceiro demonstrar a possibilidade de a decisão sobre a relação jurídica submetida à apreciação judicial atingir direito de que se afirme titular ou que possa discutir em juízo como substituto processual.

123. Art. 83 da LC 75/93 – Compete ao Ministério Público do Trabalho o exercício das seguintes atribuições junto aos órgãos da Justiça do Trabalho:

VI – recorrer das decisões da Justiça do Trabalho, quando entender necessário, tanto nos processos em que for parte, como naqueles em que oficiar como fiscal da lei, bem como pedir revisão dos Enunciados da Súmula de Jurisprudência do Tribunal Superior do Trabalho.

124. Art. 7º da Lei 7.701/88 – Das decisões proferidas pelo Grupo Normativo dos Tribunais Regionais do Trabalho, caberá recurso ordinário para o Tribunal Superior do Trabalho.

§5º – Formalizado o acordo pelas partes e homologado pelo Tribunal, não caberá qualquer recurso, salvo por parte do Ministério Público.

Ainda de acordo com o art. 898 da CLT[125], poderão recorrer das decisões proferidas em dissídio coletivo, caso estas afetem empresas que prestam serviço público, assim como das decisões prolatadas em revisão, independente da situação, o Presidente do Tribunal e a Procuradoria da Justiça do Trabalho, além dos interessados.

O INSS também pode interpor recurso, nas hipóteses previstas nos arts. 831, parágrafo único[126] e 832, §4º,[127] ambos da CLT.

13.7.3.5. Fundamentação

No processo civil, exige-se, como pressuposto de admissibilidade, que a parte fundamente seu recurso – art. 1.010, II, do CPC[128].

---

125. Art. 898 da CLT– Das decisões proferidas em dissídio coletivo que afete empresa de serviço público, ou, em qualquer caso, das proferidas em revisão, poderão recorrer, além dos interessados, o Presidente do Tribunal e a Procuradoria da Justiça do Trabalho.

126. Art. 831 da CLT – A decisão será proferida depois de rejeitada pelas partes a proposta de conciliação.

    Parágrafo único. No caso de conciliação, o termo que for lavrado valerá como decisão irrecorrível, salvo para a Previdência Social quanto às contribuições que lhe forem devidas.

127. Art. 832 da CLT – Da decisão deverão constar o nome das partes, o resumo do pedido e da defesa, a apreciação das provas, os fundamentos da decisão e a respectiva conclusão.

    § 1º – Quando a decisão concluir pela procedência do pedido, determinará o prazo e as condições para o seu cumprimento.

    § 2º – A decisão mencionará sempre as custas que devam ser pagas pela parte vencida.

    § 3º As decisões cognitivas ou homologatórias deverão sempre indicar a natureza jurídica das parcelas constantes da condenação ou do acordo homologado, inclusive o limite de responsabilidade de cada parte pelo recolhimento da contribuição previdenciária, se for o caso.

    § 4º A União será intimada das decisões homologatórias de acordos que contenham parcela indenizatória, na forma do art. 20 da Lei no 11.033, de 21 de dezembro de 2004, facultada a interposição de recurso relativo aos tributos que lhe forem devidos.

    § 5º Intimada da sentença, a União poderá interpor recurso relativo à discriminação de que trata o § 3º deste artigo.

    § 6º O acordo celebrado após o trânsito em julgado da sentença ou após a elaboração dos cálculos de liquidação de sentença não prejudicará os créditos da União.

    § 7º O Ministro de Estado da Fazenda poderá, mediante ato fundamentado, dispensar a manifestação da União nas decisões homologatórias de acordos em que o montante da parcela indenizatória envolvida ocasionar perda de escala decorrente da atuação do órgão jurídico.

128. Art. 1.010 do CPC – A apelação, interposta por petição dirigida ao juízo de primeiro grau, conterá:

    I – os nomes e a qualificação das partes;

    II – a exposição do fato e do direito;

    III – as razões do pedido de reforma ou de decretação de nulidade;

    IV – o pedido de nova decisão.

    § 1º O apelado será intimado para apresentar contrarrazões no prazo de 15 (quinze) dias.

Assim, compete à parte, sob pena de não conhecimento do recurso, indicar as matérias objeto do recurso e as razões do seu inconformismo, destacando os eventuais equívocos da decisão recorrida.

De acordo com Bezerra Leite[129], a fundamentação é sinônimo de razões recursais e consiste na indicação precisa dos motivos do recorrente para efetuar a impugnar a decisão recorrida.

Esse dispositivo encontra alguma resistência na doutrina trabalhista, em razão da admissibilidade do recurso por simples petição, mas entendemos que tal diretriz não teve o objetivo e nem dispensa as partes, especialmente aquelas representadas por advogados, de fundamentar o recurso. Com relação ao recurso de revista, o TST adota este entendimento através da Súmula 422[130], contudo, o mesmo verbete excluiu este requisito intrínseco de admissibilidade quando se tratar de motivação secundária e impertinente, consubstanciada em despacho de admissibilidade de recurso ou em decisão monocrática e também, de forma geral, dos recursos ordinários ", exceto em caso de recurso cuja motivação é inteiramente dissociada dos fundamentos da sentença".

No nosso entendimento, o item III da súmula citada apenas flexibiliza os termos em que a impugnação dos fundamentos da decisão deve ser realizada no caso de recurso ordinário, que não possui cabimento restrito como ocorre nos recursos de competência do TST.

No mesmo sentido, Mauro Schiavi afirma que "embora se trate de um recurso de fundamentação livre, as razões apresentadas pelo recorrente devem ter pertinência com a fundamentação da sentença. A jurisprudência não tem admitido razões dissociadas dos fundamentos da sentença, tam-

---

§ 2º Se o apelado interpuser apelação adesiva, o juiz intimará o apelante para apresentar contrarrazões.

§ 3º Após as formalidades previstas nos §§ 1º e 2º, os autos serão remetidos ao tribunal pelo juiz, independentemente de juízo de admissibilidade.

129. LEITE, Carlos Henrique Bezerra. *Curso de direito processual do trabalho*. 3ª ed. São Paulo: LTr, 2005. p. 508.

130. Súmula nº 422 do TST. RECURSO. FUNDAMENTO AUSENTE OU DEFICIENTE. NÃO CONHECIMENTO (redação alterada, com inserção dos itens I, II e III) – Res. 199/2015, DEJT divulgado em 24, 25 e 26.06.2015. Com errata publicado no DEJT divulgado em 01.07.2015.

I – Não se conhece de recurso para o Tribunal Superior do Trabalho se as razões do recorrente não impugnam os fundamentos da decisão recorrida, nos termos em que proferida.

II – O entendimento referido no item anterior não se aplica em relação à motivação secundária e impertinente, consubstanciada em despacho de admissibilidade de recurso ou em decisão monocrática.

III – Inaplicável a exigência do item I relativamente ao recurso ordinário da competência de Tribunal Regional do Trabalho, exceto em caso de recurso cuja motivação é inteiramente dissociada dos fundamentos da sentença.

pouco que o recorrente apenas produza as razões da peça inicial ou da contestação[131]".

Nos parece ainda que a flexibilidade admitida pelo art. 899, inspirada no princípio da tolerância processual (vide item 3.1.2.2.), apenas possibilita ao Juiz, quando a parte estiver desacompanhada de advogado, de dispensar certos requisitos formais, aceitando uma breve ou sucinta fundamentação.

13.7.3.6. Recorribilidade da decisão

Não podem ser atacados, pela via recursal, os atos judiciais em que a lei expressamente o impede. E isto acontece com as decisões interlocutórias (§1º do art. 893 da CLT[132]), despachos de mero expediente (art. 1.001 do CPC[133]) e sentenças proferidas nas causas de alçada (art. 2º, §4º, da Lei 5.584/70[134]), salvo se esta última decisão violar dispositivos da Constituição Federal.

13.7.3.7. Interesse

Esse pressuposto está relacionado às ideias de utilidade e necessidade. Só quem tem interesse em recorrer é a parte vencida.

O recurso deve ter como objetivo reformar uma decisão que foi desfavorável. Esta é a utilidade do remédio previsto no ordenamento jurídico.

Também deve ser necessário, de modo que, quando não for interposto, ocorrerá preclusão.

Há quem sustente, como Bezerra Leite[135], que, em determinadas situações, "mesmo obtendo sentença de mérito favorável, a parte possui interesse em recorrer", citando, como exemplo, a hipótese do réu recorrer da

---

131. SCHIAVI, Mauro. Manual de Direito Processual do Trabalho. São Paulo: Editora LTr, 2018, p. 982.

132. Art. 893 da CLT

§1º – Os incidentes do processo são resolvidos pelo próprio Juízo ou Tribunal, admitindo-se a apreciação do merecimento das decisões interlocutórias somente em recurso da decisão definitiva.

133. Art. 1.001 do CPC – Dos despachos não cabe recurso.

134. Lei 5.584/70 – Art. 2º – Nos dissídios individuais, proposta a conciliação, e não havendo acordo, o Presidente, da Junta ou o Juiz, antes de passar à instrução da causa, fixar-lhe-á o valor para a determinação da alçada, se este for indeterminado no pedido.

§4º – Salvo se versarem sobre matéria constitucional, nenhum recurso caberá das sentenças proferidas nos dissídios da alçada a que se refere o parágrafo anterior, considerado, para esse fim, o valor do salário mínimo à data do ajuizamento da ação.

135. LEITE, Carlos Henrique Bezerra. Curso de direito processual do trabalho. 3ª ed. São Paulo: LTr, 2005. p. 514.

sentença que julga improcedente a reclamação, embora tenha afastado a prejudicial de prescrição alegada na contestação.

Não concordamos com a posição do ilustre autor, porque a arguição da prescrição pode ser renovada nas contrarrazões e, agora, até conhecida, de ofício, pelo Tribunal (art. 332, §1º, do CPC[136]), diante do efeito devolutivo conferido pelo art. 1.013 do CPC.[137]

Como esclarecem Fredie Didier e Leonardo da Cunha[138], "não se pode recorrer apenas para discutir o fundamento da decisão; é preciso discordar da conclusão a que chegou o órgão jurisdicional".

Importante destacar, ainda, a diferença entre sucumbência e interesse.

---

136. Art. 332 do CPC – Nas causas que dispensem a fase instrutória, o juiz, independentemente da citação do réu, julgará liminarmente improcedente o pedido que contrariar:

I – enunciado de súmula do Supremo Tribunal Federal ou do Superior Tribunal de Justiça;

II – acórdão proferido pelo Supremo Tribunal Federal ou pelo Superior Tribunal de Justiça em julgamento de recursos repetitivos;

III – entendimento firmado em incidente de resolução de demandas repetitivas ou de assunção de competência;

IV – enunciado de súmula de tribunal de justiça sobre direito local.

§ 1º O juiz também poderá julgar liminarmente improcedente o pedido se verificar, desde logo, a ocorrência de decadência ou de prescrição.

§ 2º Não interposta a apelação, o réu será intimado do trânsito em julgado da sentença, nos termos do art. 241.

§ 3º Interposta a apelação, o juiz poderá retratar-se em 5 (cinco) dias.

§ 4º Se houver retratação, o juiz determinará o prosseguimento do processo, com a citação do réu, e, se não houver retratação, determinará a citação do réu para apresentar contrarrazões, no prazo de 15 (quinze) dias.

137. Art. 1.013 do CPC – A apelação devolverá ao tribunal o conhecimento da matéria impugnada.

§ 1º Serão, porém, objeto de apreciação e julgamento pelo tribunal todas as questões suscitadas e discutidas no processo, ainda que não tenham sido solucionadas, desde que relativas ao capítulo impugnado.

§ 2º Quando o pedido ou a defesa tiver mais de um fundamento e o juiz acolher apenas um deles, a apelação devolverá ao tribunal o conhecimento dos demais.

§ 3º Se o processo estiver em condições de imediato julgamento, o tribunal deve decidir desde logo o mérito quando:

I – reformar sentença fundada no art. 485;

II – decretar a nulidade da sentença por não ser ela congruente com os limites do pedido ou da causa de pedir;

III – constatar a omissão no exame de um dos pedidos, hipótese em que poderá julgá-lo;

IV – decretar a nulidade de sentença por falta de fundamentação.

§ 4º Quando reformar sentença que reconheça a decadência ou a prescrição, o tribunal, se possível, julgará o mérito, examinando as demais questões, sem determinar o retorno do processo ao juízo de primeiro grau.

§ 5º O capítulo da sentença que confirma, concede ou revoga a tutela provisória é impugnável na apelação.

138. *Op. cit.*, p. 41.

Como ressaltam os nobres autores: "é preciso ter muito cuidado com a afirmação. Terceiro não sucumbe, exatamente porque é terceiro, e nem por isso está impedido de recorrer. O autor, vitorioso no pedido subsidiário (art. 326, *caput* do CPC[139]), pode recorrer para obter o pedido principal"[140].

Deste modo, o importante é identificar o interesse e a utilidade do recurso, pois a sucumbência, ínsita no interesse, nem sempre é indispensável.

13.7.3.8. Repercussão geral – pressuposto do Recurso Extraordinário

O art. 1.035 do CPC é responsável por regulamentar o §3º do art. 102 da CF (introduzido pela EC 45/04), que exige como requisito de admissibilidade do recurso extraordinário que a matéria versada fosse de "repercussão geral".

Assim, como preliminar do recurso, deverá a parte interessada demonstrar a existência de repercussão geral, que consiste na existência de "questões relevantes do ponto de vista econômico, político, social ou jurídico, que ultrapassem os interesses subjetivos do processo" (art. 1035, §§1º e 2º, do CPC).

De acordo com Fredie Didier, "como se trata de conceitos jurídicos indeterminados, o preenchimento da hipótese de incidência não prescinde do exame das peculiaridades da situação concreta"[141].

A análise deste pressuposto é, portanto, subjetiva e depende das circunstâncias de cada caso concreto.

Barbosa Moreira afirma que, para a caracterização da repercussão geral, a decisão recorrida deve ser aquela: "a) capaz de influir concretamente, de maneira generalizada, em grande quantidade de casos; b) capaz de servir à unidade e ao aperfeiçoamento do direito; c) que tenha imediata importância jurídica ou econômica para o círculo mais amplo de pessoas; d) que possa ter como consequência a intervenção do legislador no sentido de corrigir o ordenamento positivo ou lê suprir lacunas; e) capaz de exercer influência capital sobre as relações com o estado estrangeiros ou com os outros sujeitos do Direito Internacional Público[142]".

---

139. Art. 326 do CPC – É lícito formular mais de um pedido em ordem subsidiária, a fim de que o juiz conheça do posterior, quando não acolher o anterior.
Parágrafo único. É lícito formular mais de um pedido, alternativamente, para que o juiz acolha um deles.

140. *Op. cit.*, p. 41.

141. Curso de Direito Processual Civil, volume 3, 2007, editora Juspodivm, p. 269.

142. Apud Curso de Direito Processual Civil, volume 3, 2007, editora Juspodivm, p. 270.

No campo do Processo do Trabalho, podemos citar, como exemplo, as discussões acerca da competência para julgar ações de indenização decorrentes de acidente de trabalho, bem como sobre a aposentadoria como causa extintiva do contrato de trabalho, que, mesmo tratadas em processos individuais, apresentavam, efetivamente, uma repercussão geral capaz de influenciar inúmeras outras situações.

Por outro lado, a hipótese prevista no art. 1035, §3º, I, do CPC, pressupõe uma análise sob a ótica objetiva, já que considera configurada a repercussão geral "sempre que o recurso impugnar decisão contrária a Súmula ou jurisprudência dominante do Supremo Tribunal Federal".

Neste dispositivo, o legislador acabou por consolidar a Súmula Vinculante, pois, sempre que uma decisão contrariá-la, estará configurada a repercussão geral exigida pelo CPC.

13.8. MODALIDADES

O art. 893 da CLT[143] listou a grande maioria dos recursos cabíveis no Processo do Trabalho, os quais passaremos a estudar.

13.8.1. Embargos de declaração

a) Natureza Jurídica

Em que pese a resistência de alguns doutrinadores em incluir os embargos no rol dos recursos, em razão de suas peculiaridades, nos filiamos à corrente majoritária que reconhece a natureza recursal deste remédio jurídico.

Maurício Pessoa[144], em sua dissertação de Mestrado, apresenta as duas correntes atinentes a esta questão.

Na primeira linha, a qual este autor inclusive se filia, os embargos declaratórios teriam natureza recursal porque: i) foram incluídos, por opção do legislador, no rol dos recursos; ii) têm a possibilidade de veicular verdadeira transformação no desfecho da demanda, com a capacidade de alterar

143. Art. 893 da CLT – Das decisões são admissíveis os seguintes recursos:
I. embargos;
II. recurso ordinário;
III. recurso de revista;
IV. agravo.

144. PESSOA, Maurício de Souza. Os embargos de declaração no processo civil brasileiro. 2003. p. 3-11 – Monografia apresentada e aprovada na banca de Monografia da PUC/SP. 2003.

a decisão impugnada; e além disso, assim como os recursos em geral, iii) retardam a formação da coisa julgada.

A favor da tese não recursal, traz à lume a dissociação entre sucumbência, tal qual tradicionalmente considerada, do ponto de vista da derrota, e o interesse de agir específico dos embargos.

Ainda em relação à natureza jurídica dos embargos, Marinoni e Arenhart[145] entendem que:

> A falta de exame do recurso por outro órgão jurisdicional não lhe tolhe o caráter recursal, já que não é isto essencial à definição de recurso. Por outro lado, a função complementar que têm os embargos de declaração também não pode ser menosprezada, uma vez que uma decisão *obscura, omissa ou mesmo contraditória* praticamente equivale à ausência de decisão [...].

Realmente, além de ser julgado pelo mesmo órgão judicial que proferiu a decisão, não tem propriamente este remédio a função precípua de reformar as decisões judiciais, como acontece nos demais recursos, mas, mesmo diante destas peculiaridades, nos filiamos à corrente que reconhece sua natureza recursal.

b) Aplicação no Processo do Trabalho

Até a edição da Lei nº 9.957/00, a legislação processual trabalhista não fazia qualquer referência aos embargos declaratórios, embora sua utilização no Processo do Trabalho fosse incontestável, por força da aplicação supletiva do Código de Processo Civil, diante da inteira omissão da CLT.

Aplicava-se, então, subsidiariamente, à época, o art. 535 do CPC/73 (art. 1022 do CPC/15)[146], que estabelece as hipóteses de cabimento e os efeitos dos embargos de declaração.

---

145. MARINONI, Luiz Guilherme; ARENHART, Sérgio Cruz (2003). *Manual do Processo de Conhecimento*. São Paulo: Revista dos Tribunais. p.543.

146. Art. 1.022 do CPC/15 – Cabem embargos de declaração contra qualquer decisão judicial para:

I – esclarecer obscuridade ou eliminar contradição;

II – suprir omissão de ponto ou questão sobre o qual devia se pronunciar o juiz de ofício ou a requerimento;

III – corrigir erro material.

Parágrafo único. Considera-se omissa a decisão que:

I – deixe de se manifestar sobre tese firmada em julgamento de casos repetitivos ou em incidente de assunção de competência aplicável ao caso sob julgamento;

II – incorra em qualquer das condutas descritas no art. 489, § 1º.

Art. 535 do CPC/73 – Cabem embargos de declaração quando: (Redação dada pela Lei nº 8.950, de 13.12.1994)

I – houver, na sentença ou no acórdão, obscuridade ou contradição; II – for omitido ponto sobre o qual devia pronunciar-se o juiz ou tribunal.

A função principal dos embargos de declaração é corrigir defeitos decorrentes de omissão, contradição ou obscuridade das decisões e que podem comprometer sua utilidade.

Em 2000, foi editada a Lei 9.557, que introduziu o procedimento sumaríssimo no Processo do Trabalho, trazendo também como novidade o art. 897-A da CLT[147], que passou a admitir, expressamente, esse recurso, estabelecendo ainda os seus efeitos.

Esse dispositivo, além de permitir a oposição dos embargos nas hipóteses tradicionalmente previstas no CPC, trouxe duas importantes novidades.

Admitiu, expressamente, a possibilidade do efeito modificativo nas hipóteses de contradição e omissão, o que já estava assegurado através da Súmula 278 do TST[148]. Além disso, acrescentou às hipóteses de cabimento o "equívoco na análise dos pressupostos extrínsecos do recurso", o que já era timidamente admitido na doutrina.

c) Efeitos

Os embargos de declaração apresentam dois efeitos importantes para o processo: o modificativo, já mencionado, e o interruptivo.

Esse último consiste na interrupção do prazo para o oferecimento do recurso principal, que volta a ser contado na íntegra depois de proferida a decisão dos embargos.

Assim, até a prolação da nova decisão, a parte está dispensada de interpor o recurso previsto para a instância superior, que detém a competência derivada para reformar a primeira decisão – objeto de embargos.

Esse efeito, todavia, não se opera nos casos de intempestividade, irregularidade na representação do advogado ou inadequação dos embargos declaratórios (art. 897-A, §3º da CLT).

O efeito modificativo, que permite ao próprio órgão judicial reformar sua decisão nas hipóteses de omissão, contradição ou manifesto equívoco na análise dos pressupostos extrínsecos de admissibilidade, é expressamente admitido pelo art. 897-A, §2º da CLT[149] e na Súmula

---

147. Art. 897-A da CLT – Caberão embargos de declaração da sentença ou acórdão, no prazo de cinco dias, devendo seu julgamento ocorrer na primeira audiência ou sessão subseqüente a sua apresentação, registrado na certidão, admitido efeito modificativo da decisão nos casos de omissão e contradição no julgado e manifesto equívoco no exame dos pressupostos extrínsecos do recurso.

148. SUM-278 do TST – EMBARGOS DE DECLARAÇÃO. OMISSÃO NO JULGADO (mantida) – Res. 121/2003, DJ 19, 20 e 21.11.2003

A natureza da omissão suprida pelo julgamento de embargos declaratórios pode ocasionar efeito modificativo no julgado.

149. Art. 897-A da CLT – Caberão embargos de declaração da sentença ou acórdão, no prazo de cinco dias, devendo seu julgamento ocorrer na primeira audiência ou sessão subseqüente a sua apre-

278 do TST[150].Desse efeito, decorria a obrigatoriedade do Juiz, atendendo ao princípio do contraditório, notificar a parte contrária para contestar os embargos opostos – OJ nº 142 da SDI – 1 do TST, art. 897-A, §2º, da CLT e art. 1.023, §2º, do CPC[151].

13.8.1.1. *Efeito interruptivo dos embargos declaratórios*

Como já dissemos, os arts. 897-A, §3º, da CLT e 1.026 do CPC asseguraram que os embargos de declaração interrompem o prazo para a interposição de outros recursos, fixando ainda multa para hipótese de ajuizamento de embargos protelatórios.

Este efeito não se opera, contudo, se os embargos não forem conhecidos, o que gera sérias consequências nos atos processuais subsequentes.

Com efeito, se os embargos não forem conhecidos e considerados inexistentes, não terão repercussão no prazo para interposição dos recursos subsequentes.

---

sentação, registrado na certidão, admitido efeito modificativo da decisão nos casos de omissão e contradição no julgado e manifesto equívoco no exame dos pressupostos extrínsecos do recurso.

§ 1º Os erros materiais poderão ser corrigidos de ofício ou a requerimento de qualquer das partes.

§ 2º Eventual efeito modificativo dos embargos de declaração somente poderá ocorrer em virtude da correção de vício na decisão embargada e desde que ouvida a parte contrária, no prazo de 5 (cinco) dias.

§ 3º Os embargos de declaração interrompem o prazo para interposição de outros recursos, por qualquer das partes, salvo quando intempestivos, irregular a representação da parte ou ausente a sua assinatura.

150. SUM-278 do TST – EMBARGOS DE DECLARAÇÃO. OMISSÃO NO JULGADO (mantida) – Res. 121/2003, DJ 19, 20 e 21.11.2003

A natureza da omissão suprida pelo julgamento de embargos declaratórios pode ocasionar efeito modificativo no julgado.

151. OJ-SDI1-142 do TST – EMBARGOS DE DECLARAÇÃO. EFEITO MODIFICATIVO. VISTA PRÉVIA À PARTE CONTRÁRIA. (cancelado o item II em decorrência do CPC de 2015) – Res. 214/2016, DEJT divulgado em 30.11.2016 e 01 e 02.12.2016

É passível de nulidade decisão que acolhe embargos de declaração com efeito modificativo sem que seja concedida oportunidade de manifestação prévia à parte contrária.

Art. 897-A da CLT – Caberão embargos de declaração da sentença ou acórdão, no prazo de cinco dias, devendo seu julgamento ocorrer na primeira audiência ou sessão subseqüente a sua apresentação, registrado na certidão, admitido efeito modificativo da decisão nos casos de omissão e contradição no julgado e manifesto equívoco no exame dos pressupostos extrínsecos do recurso.

§ 2º Eventual efeito modificativo dos embargos de declaração somente poderá ocorrer em virtude da correção de vício na decisão embargada e desde que ouvida a parte contrária, no prazo de 5 (cinco) dias.

Art. 1.023 do CPC – Os embargos serão opostos, no prazo de 5 (cinco) dias, em petição dirigida ao juiz, com indicação do erro, obscuridade, contradição ou omissão, e não se sujeitam a preparo.

§2º O juiz intimará o embargado para, querendo, manifestar-se, no prazo de 5 (cinco) dias, sobre os embargos opostos, caso seu eventual acolhimento implique a modificação da decisão embargada.

Em razão desse entendimento, o recurso ajuizado após a publicação da decisão que não conhece os embargos de declaração é declarado intempestivo.

Essa tese, no entanto, passou a ter um óbice em razão da inclusão do §3º no art. 897-A da CLT pela lei n. 13.015, de 2014. Isto porque, de acordo a redação do dispositivo, os embargos de declaração interrompem o prazo para interposição de outros recursos, por qualquer das partes, salvo quando intempestivos, irregular a representação da parte ou ausente a sua assinatura.

É que, a partir de uma interpretação literal, pode parecer à primeira vista que o não conhecimento do recurso por motivo diverso daqueles elencados acima (intempestividade, irregularidade de representação e ausência de assinatura) não é causa interruptiva do prazo recursal. Nesse sentido, entende Mauro Schiavi que:

> (...) b) se os embargos de declaração forem intempestivos, o prazo para os demais recursos não se interromperá; c) se irregular a representação da parte ou ausente a sua assinatura, o prazo para interposição dos demais recursos não se interromperá; d) caso os embargos de declaração não sejam conhecidos por motivos que não os mencionados nos itens "b" e "c", haverá a interrupção do prazo recursal para os demais recursos.

Em que pese ainda estarmos refletindo sobre o assunto, permanecemos com o entendimento, com base na teoria geral dos recursos, que os embargos declaratórios não conhecidos não produzem nenhum efeito, inclusive em relação a interrupção do prazo recursal.

Melhor dizendo, afora as hipóteses de intempestividade, vício de representação ou ausência de assinatura, caso os embargos deixem de ser conhecidos por a parte utilizar o referido remédio processual sem apontar omissão, contradição, obscuridade, ou ainda assim, se restar flagrantemente configurado o caráter ilícito do recurso utilizado, ainda assim não há que se falar em interrupção do prazo recursal. Seria o caso, por exemplo, das situações de configuração de erro grosseiro, definido por Nery Júnior como "interposição de recurso errado quando o correto se encontra indicado expressamente no texto da lei"[152], ou ainda quando uma parte apresenta embargos objetivando expressamente reformar a decisão que entendeu estar incorreta e injusta.

Não é o que acontece quando uma das partes aponta a existência de uma omissão, contradição ou obscuridade e o vício é considerado inexistente pelo Juiz. Houve, neste caso, julgamento de mérito, e o recurso foi, portanto, conhecido, gerando o efeito da interrupção do prazo, cabendo ao juiz apenas, se for o caso, a aplicação da multa estabelecida pelo art. 1026 do CPC.

O juízo de admissibilidade se distingue do juízo de mérito na medida em que este consiste na avaliação feita pelo órgão julgador acerca da

152. *Princípios fundamentais – Teoria Geral dos Recursos,* ed. Revista dos Tribunais, 1990, p. 58-59.

procedência ou improcedência da pretensão apresentada pela parte. Logo, entendendo o magistrado que inexiste a omissão apontada nos embargos, jamais poderia lhe atribuir juízo negativo de admissibilidade.

Assim, entendemos que não se pode admitir o efeito interruptivo em qualquer hipótese, salvo nos casos de intempestividade, irregularidade de representação e ausência de assinatura, pois não se pode abstrair da teoria geral dos recursos um dos requisitos para a sua admissibilidade, que é a adequação.

Também nas raras ocorrências de flagrantes erros grosseiros e de inequívoca litigância de má-fé entendemos que seria juridicamente possível se vislumbrar a hipótese de não conhecimento e de consequente formação da coisa julgada da decisão erroneamente recorrida.

Dessa forma, podemos encerrar este tópico sustente que o recurso ajuizado após a publicação da decisão que não conhece os embargos de declaração deve ser declarado intempestivo, mesmo que não tenha sido em razão de intempestividade, irregularidade de representação e ausência de assinatura.

13.8.1.2. Embargos e prequestionamento

Prequestionar, de acordo com Maurício Pessoa[153], significa debater previamente em torno do ponto controverso, para que assim possa admitir-se o recurso em outra instância.

Russomano[154] esclarece que "não é passível de recurso a matéria que não foi analisada e, portanto, prequestionada pela decisão jurisdicional impugnada".

As Súmulas 184 e 297 do TST[155], 282 e 356 do STF[156], assim como a OJ 62 da SDI-1 do TST[157], admitem a oposição de embargos com o propósito

---

153. PESSOA, Maurício de Souza. Os embargos de declaração no processo civil brasileiro. 2003. p. 72.

154. Recursos trabalhistas de natureza extraordinária, 2ª edição, ed. Juruá, 2002, p.69.

155. SUM-184 do TST – EMBARGOS DECLARATÓRIOS. OMISSÃO EM RECURSO DE REVISTA. PRECLUSÃO (mantida) – Res. 121/2003, DJ 19, 20 e 21.11.2003
Ocorre preclusão se não forem opostos embargos declaratórios para suprir omissão apontada em recurso de revista ou de embargos.
SUM-297 do TST – PREQUESTIONAMENTO. OPORTUNIDADE. CONFIGURAÇÃO (nova redação) – Res. 121/2003, DJ 19, 20 e 21.11.2003
I. Diz-se prequestionada a matéria ou questão quando na decisão impugnada haja sido adotada, explicitamente, tese a respeito.
II. Incumbe à parte interessada, desde que a matéria haja sido invocada no recurso principal, opor embargos declaratórios objetivando o pronunciamento sobre o tema, sob pena de preclusão.
III. Considera-se prequestionada a questão jurídica invocada no recurso principal sobre a qual se omite o Tribunal de pronunciar tese, não obstante opostos embargos de declaração.

156. Súmula 282 do STF – É inadmissível o Recurso Extraordinário, quando não ventilada, na decisão recorrida, a questão federal suscitada.
Súmula 356 do STF – O ponto omisso da decisão, sobre o qual não foram opostos Embargos Declaratórios, não pode ser objeto de Recurso Extraordinário, por faltar o requisito do prequestionamento.

157. OJ-SDI1-62 do TST – PREQUESTIONAMENTO. PRESSUPOSTO DE ADMISSIBI-LIDADE EM APELO DE NATUREZA EXTRAORDINÁRIA. NECESSIDADE, AINDA QUE SE TRATE DE INCOMPETÊNCIA ABSOLUTA (republicada em decorrência de erro material) – DEJT divulgado em 23, 24 e 25.11.2010

de prequestionar os dispositivos de lei eventualmente violados na decisão que se pretende reformar. O prequestionamento é requisito necessário para o conhecimento dos recursos de natureza extraordinária, como, por exemplo, o recurso de revista (art. 896, §1º, I da CLT). Isso significa que o debate em torno das violações aos dispositivos de lei ou da CF, necessariamente, deve ter sido tratado na instância inferior, salvo se o Tribunal, instado a manifestar-se, manteve-se silente – OJ 118 da SDI-1 do TST[158] e inciso III da Súmula 297 do TST.

Maurício Pessoa[159] adverte que se o julgado não se pronuncia sobre certa questão debatida, o oferecimento de embargos de declaração deve ser de rigor, sob pena de preclusão.

Importante destacar que o prequestionamento não está inserido nas hipóteses de cabimento dos embargos de declaração. Assim, advertimos que a parte deve ter muito cuidado quando utilizar os embargos para esta finalidade, eis que deve estar sempre atrelada às hipóteses taxativamente previstas em lei para o cabimento desse remédio.

Nessa mesma linha, Russomano[160] esclarece que o "prequestionamento é a efetiva e explícita análise da matéria pela decisão recorrida e não, meramente, a arguição do tema em apelo anterior ou mesmo, via EDs".

Assim, não basta suscitar a matéria, mas também estar atento e exigir que a mesma seja debatida pela decisão recorrida, que é obrigada a enfrentá-la, sob pena de incorrer em falta de prestação jurisdicional.

13.8.1.3. Embargos protelatórios e multa

Conforme foi dito no item 13.8.1.1., o §2º do art. 1.026 do CPC estabelece que, quando os embargos de declaração forem manifestamente protelatórios, o juiz ou o tribunal, em decisão fundamentada, condenará o embargante a pagar ao embargado multa não excedente a dois por cento sobre o valor atualizado da causa.

A previsão estabelecida na legislação processual civil tem como objetivo coibir que as partes adotem uma postura que retarde, de forma injustificada, o andamento regular do processo. Dessa forma, não vislumbramos nenhuma incompatibilidade com os princípios que regem o processo do trabalho, razão pela qual entendemos perfeitamente aplicável na seara trabalhista.

É necessário o prequestionamento como pressuposto de admissibilidade em recurso de natureza extraordinária, ainda que se trate de incompetência absoluta.

158. OJ-SDI1-118 do TST – PREQUESTIONAMENTO. TESE EXPLÍCITA. INTELIGÊNCIA DA SÚMULA Nº 297 (inserida em 20.11.1997)

Havendo tese explícita sobre a matéria, na decisão recorrida, desnecessário contenha nela referência expressa do dispositivo legal para ter-se como prequestionado este.

159. PESSOA, Maurício de Souza. *Os embargos de declaração no processo civil brasileiro*. 2003. p. 74.

160. *Op. cit.*, p. 69.

Carlos Henrique Bezerra Leite[161] entende que, "tendo em vista a omissão da parte processual da CLT e a ausência de incompatibilidade principiologia do direito processual do trabalho, não vemos incompatibilidade na aplicação subsidiária do parágrafo único do art. 538 do CPC/73 (NCPC, art. 1.026, §2º) no âmbito da Justiça do Trabalho".

No mesmo sentido tem decidido o Tribunal Superior do Trabalho:

> EMBARGOS DE DECLARAÇÃO. REDISCUSSÃO DA MATÉRIA. CARÁTER MANIFESTAMENTE PROTELATÓRIO. MULTA PREVISTA NO ART. 1.026, § 2º, DO CPC. APLICABILIDADE. Caracterizam-se como manifestamente protelatórios os embargos de declaração que visam rediscutir matéria apreciada e decidida pela Turma, a pretexto de suprir vício inexistente, de modo a evidenciar a provocação indevida da jurisdição, por meio de recursos destituídos de razões. Aplicação de multa. Embargos de declaração a que se nega provimento, com multa.
>
> (TST – ED-RR: 11750220105040015, Relator: Walmir Oliveira da Costa, Data de Julgamento: 16/08/2017, 1ª Turma, Data de Publicação: DEJT 18/08/2017)
>
> EMBARGOS DE DECLARAÇÃO EM RECURSO DE REVISTA. Não há vício na decisão proferida que motive a oposição dos presentes embargos de declaração (art. 897-A da CLT). Por manifestamente protelatórios, condena-se a reclamada a pagar ao reclamante a multa de 1% do valor da causa, nos termos do artigo 1.026, § 2º, do CPC de 2015 (art. 538, parágrafo único do CPC de 1973). Embargos de declaração não providos, com imposição de multa de 1%, nos termos do art. 1.026, § 2º, do CPC de 2015.
>
> (TST – ED-ARR: 3546820105090658, Relator: Augusto César Leite de Carvalho, Data de Julgamento: 28/06/2017, 6ª Turma, Data de Publicação: DEJT 30/06/2017)

Na hipótese de reiteração de embargos de declaração manifestamente protelatórios, a multa será elevada a até dez por cento sobre o valor atualizado da causa, e a interposição de qualquer recurso ficará condicionada ao depósito prévio do valor da multa, à exceção da Fazenda Pública e do beneficiário de gratuidade da justiça, que a recolherão ao final (art. 1.026, §3º, do CPC).

Acrescente-se a isso que não serão admitidos novos embargos de declaração se os 2 (dois) anteriores houverem sido considerados protelatórios (art. 1.026, §4º, do CPC).

13.8.2. Recurso ordinário

13.8.2.1. Noções gerais/cabimento

O Recurso Ordinário é o recurso cabível contra as decisões definitivas ou terminativas (sentenças e acórdãos) proferidas pelo órgão judicial tra-

---

161. LEITE, Carlos Henrique Bezerra. Curso de Direito Processual do Trabalho. São Paulo: Editora Saraiva, 2018, p. 1244.

balhista no exercício de sua competência originária, nos processos de conhecimento, pois, em se tratando de execução, o recurso a ser manuseado é o agravo de petição, como veremos adiante.

Presta-se, então, a atacar decisões definitivas ou terminativas oriundas, nas Varas de Trabalho, de reclamações trabalhistas e dissídios individuais, quando será julgado pelo TRT ao qual aquela Vara se vincula. De igual modo, é utilizado em face de decisões de mesma natureza prolatadas pelos Tribunais Regionais em ações individuais, a exemplo de ações rescisórias e mandado de segurança, ou em dissídios coletivos, e é encaminhado ao TST[162].

A nomenclatura escolhida pelo legislador trabalhista não foi a mais adequada, considerando que, normalmente, esta é utilizada pela doutrina para apresentar a classificações dos recursos de acordo com sua natureza: ordinária ou extraordinária.

Nesse sentido é a opinião de José Augusto Rodrigues Pinto[163], que salienta que essa nomenclatura é utilizada para bifurcar os recursos em duas classes básicas:

> a) Ordinários, que comportam o exame de todo o conteúdo fático e jurídico da lide pelo órgão revisional, próprio do duplo grau de julgamento.
>
> b) Extraordinários, que só comportam o exame de restrito do conteúdo jurídico da decisão já reexaminada no segundo grau jurisdicional.

Por seu turno, Bezerra Leite[164], ao tratar do tema, chama a atenção ao fato de ser este recurso ordinário, previsto no âmbito trabalhista, completamente distinto daquele anunciado pela Constituição Federal nos seus arts. 102, II, e 105, II, o primeiro de competência do STJ e o segundo do STF.

Também Manoel Antônio Teixeira Filho[165] critica a nomenclatura do principal recurso trabalhista na seguinte passagem:

> Com referência ao recurso ordinário, porém, melhor teria sido que o legislador, respeitando a longa tradição, o houvesse denominado de *apelação*, como ocorreu no processo civil. A inovação da nomenclatura não foi feliz. Conforme dissemos algures, não será mediante mera alteração do *nomen iuris* dos institutos

162. O Regimento Interno do TST lista, no seu art. 225, as hipóteses em que são cabíveis a interposição de recurso ordinário: I – ação anulatória; II – ação cautelar; III – ação declaratória; IV – agravo regimental; V – ação rescisória; VI – dissídio coletivo; VII – habeas corpus; VIII – habeas data; e IX – mandado de segurança.

163. PINTO, José Augusto Rodrigues. *Manual dos Recursos nos Dissídios Individuais do Trabalho*. São Paulo: LTr, 2006. p. 217.

164. LEITE, Carlos Henrique Bezerra. *Curso de Direito Processual do Trabalho*. 9ª ed. São Paulo: LTr, 2011. p. 799.

165. TEIXEIRA FILHO, M. A. *Sistemas dos Recursos trabalhistas*. 10ª ed. São Paulo: LTr, 2003. p. 297.

> que se conseguirá a almejada autonomia científica do processo do trabalho. A adoção das denominações clássicas não impede essa autonomia, que deve ser do conteúdo e não da simples forma.

Tal recurso está previsto no art. 895da CLT[166] e equivale ao recurso de apelação estabelecido no art. 994, I, do CPC[167].

Ao examinar esse artigo, observa-se que, assim como a denominação dada ao recurso ora em epígrafe, o legislador não foi feliz ao estabelecer que ele é cabível em face de "decisões definitivas ou terminativas", pois, como bem preleciona Bezerra Leite[168], "decisão (sentença) definitiva é a que resolve o processo com apreciação do mérito" em contraposição à decisão (sentença) terminativa, que resolve o processo sem apreciar o *meritum causae*". Para o referido autor, a melhor expressão seria "decisões finais".

Assim, o fato de o art. 895, I, da CLT, referir-se não apenas à decisão definitiva, mas também à terminativa, ou seja, à sentença que extingue o processo sem exame do mérito, implica a possibilidade de manejar o recurso ordinário "contra a decisão que decreta o arquivamento do processo, por ausência do reclamante à audiência inaugural (CLT, art. 844), contra a que rejeita a petição inicial, acolhendo alegação de sua inépcia, assim como

---

166. Art. 895 da CLT – Cabe recurso ordinário para a instância superior:

I – das decisões definitivas ou terminativas das Varas e Juízos, no prazo de 8 (oito) dias; e

II – das decisões definitivas ou terminativas dos Tribunais Regionais, em processos de sua competência originária, no prazo de 8 (oito) dias, quer nos dissídios individuais, quer nos dissídios coletivos.

§ 1º – Nas reclamações sujeitas ao procedimento sumaríssimo, o recurso ordinário:

I - (VETADO).

II – será imediatamente distribuído, uma vez recebido no Tribunal, devendo o relator liberá-lo no prazo máximo de dez dias, e a Secretaria do Tribunal ou Turma colocá-lo imediatamente em pauta para julgamento, sem revisor;

III – terá parecer oral do representante do Ministério Público presente à sessão de julgamento, se este entender necessário o parecer, com registro na certidão;

IV – terá acórdão consistente unicamente na certidão de julgamento, com a indicação suficiente do processo e parte dispositiva, e das razões de decidir do voto prevalente. Se a sentença for confirmada pelos próprios fundamentos, a certidão de julgamento, registrando tal circunstância, servirá de acórdão.

§ 2º Os Tribunais Regionais, divididos em Turmas, poderão designar Turma para o julgamento dos recursos ordinários interpostos das sentenças prolatadas nas demandas sujeitas ao procedimento sumaríssimo.

167. Art. 994 do CPC – São cabíveis os seguintes recursos:

I – apelação.

168. Op. cit., p. 800.

contra a que julga prescrita a ação, reconhece a existência de coisa julgada ou litispendência"[169].

Ademais, pondera ainda Bezerra Leite[170] sobre a possibilidade da utilização de recurso ordinário para se insurgir contra decisões interlocutórias "terminativas do feito", a exemplo da "que declara a incompetência absoluta *ratione materiae* da Justiça do Trabalho", configurando-se, portanto, em exceção à regra de que as decisões interlocutórias não são recorríveis de imediato, como determina o §1º do art. 893 da CLT[171] e a Súmula 214 do TST[172].

Não é demasiado destacar que a Súmula 214 do TST, ao enumerar as exceções em que decisões interlocutórias podem ser recorridas de imediato, não contemplou aquela que declara a incompetência absoluta em razão da matéria, referindo-se, apenas, à que acolhe exceção de incompetência territorial e remete os autos a Tribunal Regional distinto daquele a que se vincula o juízo excepcionado.

Este recurso, que, seguindo a regra geral, não é recebido no efeito suspensivo, tem efeito devolutivo amplo, permitindo ao Tribunal o exame de todas as questões que envolvem as matérias objeto do recurso. Só em situações excepcionais, já mencionadas no item 13.6.1, é que se admite o efeito suspensivo.

As partes devem estar atentas à realização do preparo (despesas processuais) para a interposição deste recurso, nas condições já mencionadas no item 13.7.3.

Como já ressaltamos no item 7.4.1.1.3., entendemos que não cabe recurso ordinário contra decisão proferida nas ações submetidas ao procedimento de alçada, eis que, nesses casos, o único recurso cabível é o extraordinário, direto para o STF, na hipótese de violação a dispositivo da Constituição Federal.

---

169. GIGLIO, Wagner D.; CORRÊA, Claudia Giglio Veltri. *Direito Processual do Trabalho*. 16 ed. São Paulo: Saraiva, 2007. P. 460.

170. Op. cit., p. 800.

171. Art. 893 da CLT – Das decisões são admissíveis os seguintes recursos: [...] §1º – Os incidentes do processo são resolvidos pelo próprio Juízo ou Tribunal, admitindo-se a apreciação do merecimento das decisões interlocutórias somente em recursos da decisão definitiva.

172. SUM-214 do TST – DECISÃO INTERLOCUTÓRIA. IRRECORRIBILIDADE (nova redação) – Res. 127/2005, DJ 14, 15 e 16.03.2005

Na Justiça do Trabalho, nos termos do art. 893, § 1º, da CLT, as decisões interlocutórias não ensejam recurso imediato, salvo nas hipóteses de decisão: a) de Tribunal Regional do Trabalho contrária à Súmula ou Orientação Jurisprudencial do Tribunal Superior do Trabalho; b) suscetível de impugnação mediante recurso para o mesmo Tribunal; c) que acolhe exceção de incompetência territorial, com a remessa dos autos para Tribunal Regional distinto daquele a que se vincula o juízo excepcionado, consoante o disposto no art. 799, § 2º, da CLT.

Para os recursos ordinários interpostos em processos submetidos ao rito sumaríssimo, o §1º do art. 895 da CLT prevê algumas particularidades. Primeiro, ele será imediatamente distribuído, uma vez recebido no Tribunal, devendo o relator liberá-lo no prazo máximo de dez dias, e a Secretaria do Tribunal ou Turma colocá-lo imediatamente em pauta para julgamento, sem revisor.

Segundo, caso o Ministério Público entenda necessário, deverá apresentar parecer oralmente através do seu representante presente à sessão de julgamento. Além disso, o acórdão consistirá unicamente na certidão de julgamento, com a indicação suficiente do processo e parte dispositiva, e das razões de decidir do voto prevalente. Se a sentença for confirmada pelos próprios fundamentos, a certidão de julgamento, registrando tal circunstância, servirá de acórdão.

Importante mencionar ainda a teoria da causa madura, que foi positivada no ordenamento jurídico brasileiro com o art. 1.103, §3º e §4º, do CPC. De acordo com o dispositivo, o tribunal deverá decidir desde logo o mérito quando a causa não necessitar da produção de novas provas, vejamos:

> Art. 1.013 do CPC – A apelação devolverá ao tribunal o conhecimento da matéria impugnada.
>
> (...)
>
> § 3º Se o processo estiver em condições de imediato julgamento, o tribunal deve decidir desde logo o mérito quando:
>
> I – reformar sentença fundada no art. 485;
>
> II – decretar a nulidade da sentença por não ser ela congruente com os limites do pedido ou da causa de pedir;
>
> III – constatar a omissão no exame de um dos pedidos, hipótese em que poderá julgá-lo;
>
> IV – decretar a nulidade de sentença por falta de fundamentação.
>
> § 4º Quando reformar sentença que reconheça a decadência ou a prescrição, o tribunal, se possível, julgará o mérito, examinando as demais questões, sem determinar o retorno do processo ao juízo de primeiro grau.

Trata-se de importante inovação que encontra campo fértil para aplicação no Processo do Trabalho, uma vez que possibilita, nas palavras de Mauro Schiavi[173], "possibilidade de maior efetividade à jurisdição, implementação do princípio da duração razoável do processo, prestígio da instrumentalidade das formas e maior aproveitamento dos atos processuais".

De fato, a mudança é bastante significativa e atua em prol da celeridade, já que agora o próprio tribunal poderá julgar a causa que não necessi-

173. SCHIAVI, Mauro. Manual de Direito Processual do Trabalho. São Paulo: Editora LTr, 2018, p. 984.

ta da produção de novas provas, evitando que o processo retorne à vara do trabalho para julgamento e posterior interposição de recurso. Atento a essa realidade, o Tribunal Superior do Trabalho reconheceu a aplicabilidade do art. 1.013, §3º, do CPC, por meio da atualização da redação da Súmula 393, *in verbis*:

> Súmula nº 393 do TST -RECURSO ORDINÁRIO. EFEITO DEVOLUTIVO EM PROFUNDIDADE. ART. 1.013, § 1º, DO CPC DE 2015. ART. 515, § 1º, DO CPC DE 1973. (nova redação em decorrência do CPC de 2015) – Res. 208/2016, DEJT divulgado em 22, 25 e 26.04.2016
>
> I – O efeito devolutivo em profundidade do recurso ordinário, que se extrai do § 1º do art. 1.013 do CPC de 2015 (art. 515, §1º, do CPC de 1973), transfere ao Tribunal a apreciação dos fundamentos da inicial ou da defesa, não examinados pela sentença, ainda que não renovados em contrarrazões, desde que relativos ao capítulo impugnado.

II – Se o processo estiver em condições, o tribunal, ao julgar o recurso ordinário, deverá decidir desde logo o mérito da causa, nos termos do § 3º do art. 1.013 do CPC de 2015, inclusive quando constatar a omissão da sentença no exame de um dos pedidos. Assim, não há como se negar a aplicação da teoria da causa madura ao processo do trabalho.

13.8.3. Recurso de revista

O Recurso de Revista é admitido contra as decisões dos Tribunais Regionais do Trabalho no exercício de sua competência derivada. Assim, dos acórdãos proferidos nos julgamentos dos recursos ordinários (fase de conhecimento) e agravo de petição (na execução) podem as partes interpor este apelo, que será julgado por uma das turmas do Tribunal Superior do Trabalho.

O prazo para sua interposição é de 08 dias. É preciso fazer o depósito recursal, salvo se o valor da causa já estiver totalmente garantido por depósito anterior, conforme item I da Súmula 128 do TST[174].

---

174. Súmula 128 do TST -DEPÓSITO RECURSAL (incorporadas as Orientações Jurisprudenciais nºs 139, 189 e 190 da SBDI-1) – Res. 129/2005, DJ 20, 22 e 25.04.2005

I – É ônus da parte recorrente efetuar o depósito legal, integralmente, em relação a cada novo recurso interposto, sob pena de deserção. Atingido o valor da condenação, nenhum depósito mais é exigido para qualquer recurso.

II – Garantido o juízo, na fase executória, a exigência de depósito para recorrer de qualquer decisão viola os incisos II e LV do art. 5º da CF/1988. Havendo, porém, elevação do valor do débito, exige-se a complementação da garantia do juízo.

III – Havendo condenação solidária de duas ou mais empresas, o depósito recursal efetuado por uma delas aproveita as demais, quando a empresa que efetuou o depósito não pleiteia sua exclusão da lide.

Conforme se posiciona o TST (Súmula 425[175]), em sede de recurso de revista não há que se falar em exercício do *jus postulandi* pelas partes, sendo imprescindível que seja oposto por advogado.

Este recurso tem natureza extraordinária, vez que tem por objetivo precípuo a uniformização da jurisprudência, evitando julgamentos distintos acerca da mesma matéria ou interpretações diversas acerca do mesmo dispositivo legal ou constitucional.

De acordo com Carlos Henrique Bezerra Leite[176], a natureza extraordinária de um recurso pode ser identificada na medida em que sua utilização não se presta à observância do duplo grau de jurisdição, já que não se destina, em princípio, a corrigir justiça ou injustiça dos acórdãos proferidos pelos Tribunais Regionais do Trabalho, e também porque a sua interposição não exige o simples fato da sucumbência, tal como ocorre nos recursos de natureza ordinária.

Assim, no Processo do Trabalho, do mesmo modo que acontece com o Recurso Especial no Processo Civil, o legislador tratou de limitar as matérias objeto do Recurso de Revista, e o fez no art. 896 da CLT[177].

Outra questão importante e também inerente a todo recurso de natureza extraordinária abrange as matérias ou discussões que envolvem fatos e provas. Essas não podem ser objeto de recurso de revista – Súmula 126 do TST[178].

---

175. Súmula 425 do TST – JUS POSTULANDI NA JUSTIÇA DO TRABALHO. ALCANCE. Res. 165/2010, DEJT divulgado em 30.04.2010 e 03 e 04.05.2010

    O jus postulandi das partes, estabelecido no art. 791 da CLT, limita-se às Varas do Trabalho e aos Tribunais Regionais do Trabalho, não alcançando a ação rescisória, a ação cautelar, o mandado de segurança e os recursos de competência do Tribunal Superior do Trabalho.

176. LEITE, Carlos Henrique Bezerra. *Curso de direito processual do trabalho.* 16ª ed. São Paulo: LTr, 2018. p. 1119.

177. Art. 896 da CLT – Cabe Recurso de Revista para Turma do Tribunal Superior do Trabalho das decisões proferidas em grau de recurso ordinário, em dissídio individual, pelos Tribunais Regionais do Trabalho, quando:

    a) derem ao mesmo dispositivo de lei federal interpretação diversa da que lhe houver dado outro Tribunal Regional do Trabalho, no seu Pleno ou Turma, ou a Seção de Dissídios Individuais do Tribunal Superior do Trabalho, ou contrariarem súmula de jurisprudência uniforme dessa Corte ou súmula vinculante do Supremo Tribunal Federal;

    b) derem ao mesmo dispositivo de lei estadual, Convenção Coletiva de Trabalho, Acordo Coletivo, sentença normativa ou regulamento empresarial de observância obrigatória em área territorial que exceda a jurisdição do Tribunal Regional prolator da decisão recorrida, interpretação divergente, na forma da alínea a;

    c) proferidas com violação literal de disposição de lei federal ou afronta direta e literal à Constituição Federal.

178. SUM-126 do TST – RECURSO. CABIMENTO (mantida) – Res. 121/2003, DJ 19, 20 e 21.11.2003

    Incabível o recurso de revista ou de embargos (arts. 896 e 894, "b", da CLT) para reexame de fatos e provas.

Exatamente por isso, como bem ressalta Mozart Victor Russomano[179], "o recurso de natureza extraordinária não devolve ao órgão *ad quem* o conhecimento de toda matéria discutida e debatida nos autos, tal como apelação, aqui recurso ordinário".

Em suma, o efeito devolutivo do recurso de revista é de fundamentação vinculada e limitada, não sendo, portanto, amplo – no mesmo sentido, a OJ 62 da SDI-1 do TST[180].

Além disso, é um recurso que também não possui efeito suspensivo, como se extrai da leitura do §1º do art. 896 da CLT.

O apelo deve ser dirigido ao Presidente do TRT, órgão prolator da decisão recorrida, momento no qual se realizará um juízo de admissibilidade e, caso positivo, posteriormente será encaminhado para o Tribunal Superior do Trabalho, órgão que o julgará.

Neste juízo de admissibilidade, além da análise dos pressupostos extrínsecos, já citados no item 13.7 deste capítulo, deve-se observar se o objeto do recurso está inserido nas hipóteses estabelecidas no art. 896 da CLT. Apesar disso, não cabe ao Presidente do Tribunal Regional do Trabalho, no juízo de admissibilidade do recurso de revista, analisar o preenchimento do critério da transcendência das questões nele veiculadas, conforme será explicado de forma detalhada no item 13.8.3.1.4.

Há, em todo TRT, uma assessoria jurídica especializada, com a função de averiguar se deve ou não admitir o recurso. Contudo, embora exercido pela assessoria, é o presidente ou o vice-presidente, por delegação, do TRT que assina a decisão que lhe nega ou concede seguimento.

Demais disso, a legislação consolidada prevê a possibilidade de também o ministro relator, no TST, monocraticamente, negar seguimento ao recurso no caso de intempestividade, deserção, irregularidade de representação ou de ausência de qualquer outro pressuposto extrínseco ou intrínseco de admissibilidade, como indica o §14 do mesmo art. 896.

Caso, entretanto, o recurso tempestivo contiver defeito formal que não se repute grave, o Tribunal Superior do Trabalho poderá desconsiderar o vício ou mandar saná-lo, julgando o mérito, nos termos do §11 do art. 896 da CLT.

---

179. In *Recursos Trabalhistas de natureza extraordinária*, Juruá editora, 2ª edição, 2002. p. 48.

180. OJ 62 da SDI-1 do TST – PREQUESTIONAMENTO. PRESSUPOSTO DE ADMISSIBILIDADE EM APELO DE NATUREZA EXTRAORDINÁRIA. NECESSIDADE, AINDA QUE SE TRATE DE INCOMPETÊNCIA ABSOLUTA (republicada em decorrência de erro material) – DEJT divulgado em 23, 24 e 25.11.2010

É necessário o prequestionamento como pressuposto de admissibilidade em recurso de natureza extraordinária, ainda que se trate de incompetência absoluta.

Imperioso enfatizar que não há autorização para, no juízo de admissibilidade, se examinar o mérito do recurso, sendo defeso, por exemplo, analisar se houve ou não a violação ao dispositivo de lei apontado.

Neste sentido, posiciona-se Manoel Antônio Teixeira Filho[181]:

> "A função do juízo de admissibilidade (tanto *a quo* quanto o *ad quem*) se exaure na simples verificação da presença, ou não, dos pressupostos do recurso, sejam intrínsecos (subjetivos) ou extrínsecos (objetivos). **Daí a natureza meramente declaratória do despacho exarado por este juízo**, que, por isso, não pode expender um pronunciamento envolvendo o mérito da pretensão recursal."

Assim, não deveriam os Tribunais Regionais analisar se existe ou não a violação apontada no recurso de revista, pois esse exame compete ao Tribunal Superior do Trabalho.

13.8.3.1. Hipóteses de cabimento

Como todo recurso de natureza extraordinária, o recurso de revista só é admitido para as hipóteses expressamente previstas em lei e que estão delineadas no art. 896 da CLT, variando de acordo com o rito e a fase do processo.

Por oportuno, ressalte-se que é incabível recurso de revista interposto de acórdão regional prolatado em agravo de instrumento – Súmula 218 do TST[182]. Da mesma forma, não é admitido a interposição de recurso por ente público que não interpôs recurso ordinário voluntário da decisão de primeira instância, ressalvada a hipótese de ter sido agravada, na segunda instância, a condenação imposta – Orientação Jurisprudencial 334 da SDI-1 do TST[183].

13.8.3.1.1. Fase de conhecimento – rito ordinário

Para a fase de conhecimento, nos processos submetidos ao rito ordinário, cabe recurso de revista nas seguintes situações:

---

181. In *Sistema de Recursos Trabalhistas,* LTr, 2 ed. p. 282.

182. Súmula 218 do TST – RECURSO DE REVISTA. ACÓRDÃO PROFERIDO EM AGRAVO DE INSTRUMENTO (mantida) – Res. 121/2003, DJ 19, 20 e 21.11.2003.
É incabível recurso de revista interposto de acórdão regional prolatado em agravo de instrumento.

183. OJ 334 da SDI-1 do TST – REMESSA "EX OFFICIO". RECURSO DE REVISTA. INEXISTÊNCIA DE RECURSO ORDINÁRIO VOLUNTÁRIO DE ENTE PÚBLICO. INCABÍVEL (DJ 09.12.2003)
Incabível recurso de revista de ente público que não interpôs recurso ordinário voluntário da decisão de primeira instância, ressalvada a hipótese de ter sido agravada, na segunda instância, a condenação imposta.

a) Art. 896, alínea a: "derem ao mesmo dispositivo de lei federal interpretação diversa da que lhe houver dado outro Tribunal Regional do Trabalho, no seu Pleno ou Turma, ou a Seção de Dissídios Individuais do Tribunal Superior do Trabalho, ou contrariarem súmula de jurisprudência uniforme dessa Corte ou súmula vinculante do Supremo Tribunal Federal".

Como antes assinalado, a intenção precípua do legislador, atendendo à finalidade dos recursos de natureza extraordinária, é uniformizar a jurisprudência. Assim, é admitido o recurso sempre que houver decisões conflitantes acerca da interpretação do mesmo dispositivo de lei federal (CLT, CPC, CC etc.).

A lei exige que a divergência ocorra entre Tribunais Regionais distintos, mas admite, também, caso a divergência decorra em face de decisão proferida pela Seção de Dissídios Individuais ou de Súmula do TST, ou, ainda, de Orientação Jurisprudencial. Assim, não cabe recurso de revista em razão de divergência existente dentro do mesmo Tribunal Regional do Trabalho – Orientação Jurisprudencial n. 111 da SDI-1 do TST[184].

A divergência apta a ensejar o recurso de revista deve ser atual, não se considerando como tal a ultrapassada por súmula do Tribunal Superior do Trabalho ou do Supremo Tribunal Federal, ou superada por iterativa e notória jurisprudência do Tribunal Superior do Trabalho, nos termos do §7º, do art. 896, da CLT.

Esta divergência, conforme preceitua a Súmula 296 do TST, há de ser, ainda, específica, senão vejamos:

> SUM-296 do TST – RECURSO. DIVERGÊNCIA JURISPRUDENCIAL. ESPECIFICIDA-DE (incorporada a Orientação Jurisprudencial nº 37 da SBDI-1) – Res. 129/2005, DJ 20, 22 e 25.04.2005
>
> I – A divergência jurisprudencial ensejadora da admissibilidade, do prosseguimento e do conhecimento do recurso há de ser específica, revelando a existência de teses diversas na interpretação de um mesmo dispositivo legal, embora idênticos os fatos que as ensejaram. (ex-Súmula nº 296 – Res. 6/1989, DJ 19.04.1989)
>
> II – Não ofende o art. 896 da CLT decisão de Turma que, examinando premissas concretas de especificidade da divergência colacionada no apelo revisional, conclui pelo conhecimento ou desconhecimento do recurso. (ex-OJ nº 37 da SBDI-1 – inserida em 01.02.1995)

---

184. OJ n. 111 da SDI-1 do TST – RECURSO DE REVISTA. DIVERGÊNCIA JURISPRUDENCIAL. ARESTO ORIUNDO DO MESMO TRIBUNAL REGIONAL. LEI Nº 9.756/98. INSERVÍVEL AO CONHECIMENTO (nova redação) – Res. 129/2005, DJ 20, 22 e 25.04.2005
Não é servível ao conhecimento de recurso de revista aresto oriundo de mesmo Tribunal Regional do Trabalho, salvo se o recurso houver sido interposto anteriormente à vigência da Lei nº 9.756/98.

E, como assevera Victor Russomano[185], "as observações feitas relativamente ao enunciado são aplicáveis à orientação jurisprudencial, ou seja, enunciado e orientação jurisprudencial são equiparados, para fins de fundamentar ou obstaculizar RR e E-RR". É o que dispõe a OJ 219 da SDI-1 do TST[186].

Importante frisar ainda que é ônus do recorrente produzir a prova da divergência jurisprudencial sempre que o recurso de revista estiver fundamentado no dissenso de julgados.

Para tanto, será aceito "certidão, cópia ou citação do repositório de jurisprudência, oficial ou credenciado, inclusive em mídia eletrônica, em que houver sido publicada a decisão divergente, ou ainda pela reprodução de julgado disponível na internet, com indicação da respectiva fonte, mencionando, em qualquer caso, as circunstâncias que identifiquem ou assemelhem os casos confrontados (§8º, do art. 896, da CLT)".

Não há, portanto, nenhuma restrição a utilização de julgados extraídos da internet, desde que sejam observadas a diretrizes estabelecidas no artigo supracitado e na Súmula 337 do TST, vejamos:

> SUM-337 do TST – COMPROVAÇÃO DE DIVERGÊNCIA JURISPRUDENCIAL. RECURSOS DE REVISTA E DE EMBARGOS (incluído o item V) – Res. 220/2017, DEJT divulgado em 21, 22 e 25.09.2017
>
> I – Para comprovação da divergência justificadora do recurso, é necessário que o recorrente:
>
> a) Junte certidão ou cópia autenticada do acórdão paradigma ou cite a fonte oficial ou o repositório autorizado em que foi publicado; e
>
> b) Transcreva, nas razões recursais, as ementas e/ou trechos dos acórdãos trazidos à configuração do dissídio, demonstrando o conflito de teses que justifique o conhecimento do recurso, ainda que os acórdãos já se encontrem nos autos ou venham a ser juntados com o recurso.
>
> II – A concessão de registro de publicação como repositório autorizado de jurisprudência do TST torna válidas todas as suas edições anteriores.
>
> III – A mera indicação da data de publicação, em fonte oficial, de aresto paradigma é inválida para comprovação de divergência jurisprudencial, nos termos do item I, "a", desta súmula, quando a parte pretende demonstrar o conflito de teses mediante a transcrição de trechos que integram a fundamentação do acórdão divergente, uma vez que só se publicam o dispositivo e a ementa dos acórdãos;

185. *In Recursos Trabalhistas de natureza extraordinária, Juruá* editora, 2ª edição, 2002. p. 41. In *Recursos Trabalhistas de natureza extraordinária*, Juruá editora, 2ª edição, 2002. p. 41.

186. RECURSO DE REVISTA OU DE EMBARGOS FUNDAMENTADO EM ORIENTAÇÃO JURISPRUDENCIAL DO TST. Inserida em 02.04.01. É válida, para efeito de conhecimento do recurso de revista ou de embargos, a invocação de Orientação Jurisprudencial do Tribunal Superior do Trabalho, desde que, das razões recursais, conste o seu número ou conteúdo.

IV – É válida para a comprovação da divergência jurisprudencial justificadora do recurso a indicação de aresto extraído de repositório oficial na internet, desde que o recorrente:

a) transcreva o trecho divergente;

b) aponte o sítio de onde foi extraído; e

c) decline o número do processo, o órgão prolator do acórdão e a data da respectiva publicação no Diário Eletrônico da Justiça do Trabalho.

V – A existência do código de autenticidade na cópia, em formato pdf, do inteiro teor do aresto paradigma, juntada aos autos, torna-a equivalente ao documento original e também supre a ausência de indicação da fonte oficial de publicação.

b) Art. 896, alínea b: "derem ao mesmo dispositivo de lei estadual, Convenção Coletiva de Trabalho, Acordo Coletivo, sentença normativa ou regulamento empresarial de observância obrigatória em área territorial que exceda a jurisdição do Tribunal Regional prolator da decisão recorrida, interpretação divergente, na forma da alínea a."

A segunda hipótese delimitada neste dispositivo refere-se às divergências decorrentes de interpretação diversa dos Tribunais conferida a dispositivo de lei estadual, Instrumentos Normativos (acordo, convenção e sentença normativas) ou regulamento empresarial de âmbito supra regional ou nacional.

Realmente, como adverte Sérgio Pinto Martins[187], "a norma coletiva na maioria das vezes só tem aplicação estadual. Dificilmente vai ser possível obter acórdão de outro regional sobre o tema, pois naquela região a norma coletiva não é aplicável. A exceção ocorre com os TRTs da 2ª e 15ª Regiões".

É importante destacar que "é inadmissível o recurso de revista fundado tão-somente em divergência jurisprudencial, se a parte não comprovar que a lei estadual, a norma coletiva ou o regulamento da empresa extrapolam o âmbito do TRT prolator da decisão recorrida" – OJ 147 da SDI-1 do TST[188].

---

187. In *Direito Processual do Trabalho.* 25ª edição. São Paulo: Atlas, 2006. p. 437.

188. OJ-SDI1-147 do TST – LEI ESTADUAL, NORMA COLETIVA OU NORMA REGU-LAMENTAR. CONHECIMENTO INDEVIDO DO RECURSO DE REVISTA POR DIVERGÊNCIA JURISPRUDENCIAL (nova redação em decorrência da incorporação da Orientação Jurisprudencial nº 309 da SBDI-1) – DJ 20.04.2005

I – É inadmissível o recurso de revista fundado tão somente em divergência jurisprudencial, se a parte não comprovar que a lei estadual, a norma coletiva ou o regulamento da empresa extrapolam o âmbito do TRT prolator da decisão recorrida. (ex-OJ nº 309 da SBDI-1 – inserida em 11.08.2003)

II – É imprescindível a argüição de afronta ao art. 896 da CLT para o conhecimento de embargos interpostos em face de acórdão de Turma que conhece indevidamente de recurso

Durante algum tempo, discutiu-se a constitucionalidade da alínea "b" do art. 896 da CLT, mas esta questão já foi superada pela Súmula 312 do TST[189], que reconheceu a compatibilidade deste dispositivo com a Constituição Federal.

A divergência jurisprudencial a que se refere a alínea *b* do art. 896 da CLT deverá observar as mesmas condições elencadas no item anterior em relação a prova do dissenso de julgados.

c) Art. 896, alínea *c*: "proferidas com violação literal de disposição de lei federal ou afronta direta e literal à Constituição Federal."

Essas duas hipóteses estão relacionadas à violação literal a dispositivo de lei federal (CLT, CPC, CC etc.) ou direta à Constituição Federal.

Assim, se alguma decisão do Tribunal Regional do Trabalho contrariar diretriz fixada em lei federal ou na CF, está autorizada a utilização do recurso de revista. A admissibilidade do recurso de revista por violação tem como pressuposto a indicação expressa do dispositivo de lei ou da Constituição tido como violado – Súmula 221 do TST[190].

Importante lembrar que, para uma matéria ser enfrentada no TST, é imprescindível o prequestionamento, como já ressaltamos no item 13.8.1.2 deste capítulo.

Do assunto trata o art. 896, §1º, I, da CLT e a Súmula nº 297 do TST[191] e, segundo enuncia, a matéria deve estar prequestionada, ou seja, a decisão recorrida deve ter emitido pronunciamento expresso a respeito do objeto do recurso, sob pena de não conhecimento.

---

de revista, por divergência jurisprudencial, quanto a tema regulado por lei estadual, norma coletiva ou norma regulamentar de âmbito restrito ao Regional prolator da decisão.

189. SUM-312 do TST – CONSTITUCIONALIDADE. ALÍNEA "B" DO ART. 896 DA CLT (mantida) – Res. 121/2003, DJ 19, 20 e 21.11.2003

É constitucional a alínea "b" do art. 896 da CLT, com a redação dada pela Lei nº 7.701, de 21.12.1988.

190. Súmula 221 do TST – RECURSO DE REVISTA. VIOLAÇÃO DE LEI. INDICAÇÃO DE PRECEITO. (cancelado o item II e conferida nova redação na sessão do Tribunal Pleno realizada em 14.09.2012) – Res. 185/2012, DEJT divulgado em 25, 26 e 27.09.2012

A admissibilidade do recurso de revista por violação tem como pressuposto a indicação expressa do dispositivo de lei ou da Constituição tido como violado.

191. SUM-297 do TST – PREQUESTIONAMENTO. OPORTUNIDADE. CONFIGURAÇÃO (nova redação) – Res. 121/2003, DJ 19, 20 e 21.11.2003

I. Diz-se prequestionada a matéria ou questão quando na decisão impugnada haja sido adotada, explicitamente, tese a respeito.

II. Incumbe à parte interessada, desde que a matéria haja sido invocada no recurso principal, opor embargos declaratórios objetivando o pronunciamento sobre o tema, sob pena de preclusão.

III. Considera-se prequestionada a questão jurídica invocada no recurso principal sobre a qual se omite o Tribunal de pronunciar tese, não obstante opostos embargos de declaração.

O prequestionamento estará caracterizado se a decisão recorrida houver se pronunciado a respeito da matéria objeto do recurso. Se isso não ocorreu em decorrência de omissão no julgamento, deve a parte, através de embargos, apontar a possível violação ou tese da divergência.

Nesse caso, cumprindo estas etapas, mesmo que o TRT não enfrente a matéria, admite-se o prequestionamento, como se infere através da Súmula nº 297. Fala-se, nessa hipótese, em prequestionamento ficto. Conforme esclarece João Oreste Dalazen:

> Prequestionamento ficto é o que se alcança, no que tange à questão jurídica, mediante a singela oposição de embargos de declaração dirigidos ao Regional, ou seja, mediante a mera provocação dirigida ao Tribunal para exame de questão jurídica não inovatória! Em suma: prequestionamento ficto é o que se obtém mediante mero questionamento!

Esta posição merece aplausos, eis que eliminou a necessidade do retorno dos autos ao Tribunal de origem para pronunciamento, o que redundava anteriormente em um atraso significativo no processo.

13.8.3.1.2. Fase de conhecimento – rito sumaríssimo

Nos processos submetidos ao rito sumaríssimo, o legislador optou por reduzir ainda mais o objeto do recurso de revista.

Nestes casos, o recurso somente é admitido nas hipóteses de contrariedade à Súmula de jurisprudência uniforme do TST ou Súmula vinculante do STF e por violação direta à Constituição Federal – art. 896, §9º[192], da CLT.

O TST pacificou, por meio da Súmula 442, o entendimento de que não cabe Recurso de Revista no rito sumaríssimo por violação a orientação jurisprudencial, já que o artigo supracitado não contempla tal hipótese:

> SUM-442 do TST – PROCEDIMENTO SUMARÍSSIMO. RECURSO DE REVISTA FUN-DAMENTADO EM CONTRARIEDADE A ORIENTAÇÃO JURISPRU-DENCIAL. INADMISSIBILIDADE. ART. 896, § 6º, DA CLT, ACRES-CENTADO PELA LEI Nº 9.957, DE 12.01.2000 (conversão da Orientação Jurisprudencial nº 352 da SBDI-1) – Res. 185/2012, DEJT divulgado em 25, 26 e 27.09.2012
>
> Nas causas sujeitas ao procedimento sumaríssimo, a admissibilidade de recurso de revista está limitada à demonstração de violação direta a dispositivo da Constituição Federal ou contrariedade a Súmula do Tribunal Superior do Trabalho,

192. Art. 896 da CLT – Cabe Recurso de Revista para Turma do Tribunal Superior do Trabalho das decisões proferidas em grau de recurso ordinário, em dissídio individual, pelos Tribunais Regionais do Trabalho, quando:

§ 9º Nas causas sujeitas ao procedimento sumaríssimo, somente será admitido recurso de revista por contrariedade a súmula de jurisprudência uniforme do Tribunal Superior do Trabalho ou a súmula vinculante do Supremo Tribunal Federal e por violação direta da Constituição Federal.

> não se admitindo o recurso por contrariedade a Orientação Jurisprudencial deste Tribunal (Livro II, Título II, Capítulo III, do RITST), ante a ausência de previsão no art. 896, § 6º, da CLT.

Assim, mesmo que a decisão recorrida viole literal dispositivo de lei, não caberá, ante esta situação, recurso de revista, restando, à parte prejudicada, apenas a utilização da ação rescisória.

13.8.3.1.3. Fase de execução

Na fase de execução também se admite recurso de revista, mas de forma ainda mais restrita. Aqui só há possibilidade de cabimento deste recurso na hipótese de violação direta e literal à Constituição Federal – art. 896, §2º, da CLT[193].

Assim, contra as decisões proferidas pelos Tribunais Regionais do Trabalho, no julgamento dos agravos de petição, inclusive provenientes das ações de embargos de terceiro, será admitido o recurso de revista sempre que ocorrer, no julgamento, violação a dispositivo da CF.

Neste particular, o entendimento do TST também é bastante restritivo, admitindo o recurso de revista, em sede de execução, apenas em situações extraordinárias – Súmula 266 do TST[194].

> A "Suprema Corte, pronunciando-se em causas de natureza trabalhista, deixou assentado que, em regra, as alegações de desrespeito aos postulados da legalidade, do devido processo legal, da motivação dos atos decisórios, do contraditório, dos limites da coisa julgada e da prestação jurisdicional podem configurar, quando muito, situações de ofensa meramente reflexa ao texto da Constituição, circunstância essa que impede a utilização do recurso extraordinário. Precedentes."[195]

Este posicionamento revela o propósito das Cortes Superiores no sentido de limitar ao máximo as hipóteses de cabimento dos recursos de natureza extraordinária.

As hipóteses de cabimento na execução, entretanto, são ampliadas nas execuções fiscais e nas controvérsias da fase de execução que envolvam a Cer-

---

193. Art. 896, §2º da CLT – Das decisões proferidas pelos Tribunais Regionais do Trabalho ou por suas Turmas, em execução de sentença, inclusive em processo incidente de embargos de terceiro, não caberá Recurso de Revista, salvo na hipótese de ofensa direta e literal de norma da Constituição Federal.

194. SUM-266 do TST – RECURSO DE REVISTA. ADMISSIBILIDADE. EXECUÇÃO DE SENTENÇA (mantida) – Res. 121/2003, DJ 19, 20 e 21.11.2003
A admissibilidade do recurso de revista interposto de acórdão proferido em agravo de petição, na liquidação de sentença ou em processo incidente na execução, inclusive os embargos de terceiro, depende de demonstração inequívoca de violência direta à Constituição Federal.

195. AI-AgR 233914 / RS – RIO GRANDE DO SUL Relator(a): Min. CELSO DE MELLO. Julgamento: 03/10/2000. Órgão Julgador: Segunda Turma Publicação: DJ 23-02-2001.

tidão Negativa de Débitos Trabalhistas (CNDT) por força do §10 do art. 897 da CLT. Nesses casos, cabe recurso de revista por violação à lei federal, por divergência jurisprudencial e por ofensa à Constituição Federal.

Isto porque, conforme nos esclarece João Oreste Dalazen, "questões jurídicas desse jazes não poderiam ser objeto de decisões discrepantes e irrecorríveis dos Tribunais Regionais do Trabalho, pois isso desprestigiaria a Justiça do Trabalho ao permitir tratamento diferenciado".

Por aplicação analógica, entendemos que nas execuções de títulos extrajudiciais, o cabimento do recurso de revista deve observar o quanto consignado no art. 896, § 10, da CLT, pois se equipara, em termos de amplitude de cognição e cabimento às Execuções Fiscais.

13.8.3.1.4. Transcendência

Em 2001, através da MP 2.226, foi acrescentado, na CLT, o art. 896-A[196], que inseriu a transcendência como outro requisito para o cabimento do recurso de revista.

Segundo este requisito, pode o TST, no recurso de revista, examinar previamente se a causa oferece transcendência com relação aos reflexos gerais de natureza econômica, política, social ou jurídica.

De acordo com Manoel Antônio Teixeira Filho[197], a intenção foi, efetivamente, estabelecer um "critério de seleção prévia dos recursos de revistas suscetíveis de serem julgados pelo TST, ou seja – objetivamente falando –, como instrumento pragmático de redução do volume de trabalho dos Srs. Ministros".

Como ressalta Carlos Henrique Bezerra Leite[198], "trata-se, evidentemente, de um novo pressuposto específico de admissibilidade prévia do recurso de revista. Noutro falar, em tema de transcendência, no recurso de revista não há o juízo primeiro de admissibilidade exercido pelo Presidente do TRT".

Esta ferramenta, felizmente, não vinha sendo utilizada pelos Ministros do TST, talvez pela falta de definição dos "reflexos gerais de natureza econômica, política, social ou jurídica", o que poderia ter sido feito através do Regimento Interno do TST, na forma do art. 2º da MP 2.226, mas não ocorreu.

---

196. Art. 896-A da CLT – O Tribunal Superior do Trabalho, no recurso de revista, examinará previamente se a causa oferece transcendência com relação aos reflexos gerais de natureza econômica, política, social ou jurídica.
197. TEIXEIRA FILHO, M. A. *Sistemas dos Recursos trabalhistas.* 10ª ed. São Paulo: LTr, 2003. p. 363.
198. LEITE, Carlos Henrique Bezerra. *Curso de direito processual do trabalho.* 3ª ed. São Paulo: LTr, 2018. p. 1131.

Atento a essa realidade e com o objetivo de garantir a aplicabilidade do que se apresenta como mais uma barreira à chegada dos processos ao Tribunal Superior do Trabalho, o legislador, através da reforma trabalhista realizada pela lei 13.467/2017, incluiu na CLT a regulamentação dos critérios de indicação de transcendência da causa.

A exigência da transcendência é um pressuposto intrínseco do recurso de revista, a exemplo do que acontece com a repercussão geral exigida pelo STF nos recursos extraordinários.

Assim, para que o recurso de revista seja conhecido, além do preenchimento dos pressupostos extrínsecos já apontados, a parte deverá demonstra os reflexos de natureza econômica, política, social ou jurídica.

De acordo com a redação do §1º, do art. 896-A, da CLT, são indicadores de aferição da existência de transcendência, dentre outros, econômica (elevado valor da causa), política (desrespeito da instância recorrida à jurisprudência sumulada do Tribunal Superior do Trabalho ou do Supremo Tribunal Federal), social (postulação, por reclamante-recorrente, de direito social constitucionalmente assegurado) e jurídica (existência de questão nova em torno da interpretação da legislação trabalhista).

Desse modo, o objeto do recurso de revista deverá transcender os limites do caso concreto e repercutir na sociedade.

Trata-se "de um filtro recursal que irá permitir que o TST selecione e aprecie apenas os recursos de revista que transbordem as fronteiras do processo e irradiem os seus efeitos para a sociedade e seus jurisdicionados"[199], sob as perspectivas anunciadas acima.

Nestes casos, o Ministro Relator do TST poderá, monocraticamente, denegar seguimento ao recurso de revista que não demonstrar transcendência, cabendo agravo desta decisão para o colegiado do tribunal – §2º, do art. 896-A, da CLT.

Em relação ao recurso que o relator considerou não ter transcendência, o recorrente poderá realizar sustentação oral sobre a questão, durante cinco minutos em sessão – §3º, do art. 896-A, da CLT. Caso seja mantido o voto quanto à não transcendência do recurso, será lavrado acórdão com fundamentação sucinta, que constituirá decisão irrecorrível no âmbito do tribunal – §4º, do art. 896-A, da CLT.

Entretanto, a decisão monocrática do relator que, em agravo de instrumento em recurso de revista, considerar ausente a transcendência da matéria, é irrecorrível – §5º, do art. 896-A, da CLT.

---

199. FACÓ, Juliane Dias. O recurso de revista à luz da reforma trabalhista: alterações nos arts. 896 e 896-A da CLT. *In*: FILHO, Jorge Cavalcanti Boucinhas; MARTINS, Rafael Lara; MIZIARA, Raphael. Reforma trabalhista na visão da advocacia: aspectos práticos e estratégias para o cotidiano. São Paulo: Thomson Reuters Brasil, 2018, cap.37, p. 578.

Importante registrar ainda que a verificação do preenchimento do critério da transcendência cabe ao Tribunal Superior do Trabalho e não ao Presidente do Tribunal Regional do Trabalho, estando este limitado, no juízo de admissibilidade do recurso de revista, à análise dos pressupostos intrínsecos e extrínsecos – §6º, do art. 896-A, da CLT.

As normas relativas ao exame da transcendência, entretanto, somente devem ser observadas nos recursos de revistas interpostos contra decisões proferidas pelos TRTs publicadas a partir de 11 de novembro de 2017, conforme o novo art. 246 do Regimento Interno do TST, editado após as alterações promovidas pela Lei 13.467/2017 (Reforma Trabalhista)[200].

13.8.3.2. Pressupostos específicos de admissibilidade do art. 896, §1º-A, da CLT

Institui-se novos pressupostos específicos de admissibilidade do recurso de revista a serem observados pela parte recorrente, sob pena de não conhecimento do recurso interposto, após as alterações da lei n. 13.015/2014 e 13.467/2017 na CLT.

Como assevera Mauro Schiavi[201], "os requisitos do §1º-A da CLT têm por escopo facilitar a apreciação do conhecimento do recurso de revista pelo Tribunal Superior do Trabalho, e também de certa forma dificultar o conhecimento do recurso".

De início, independentemente da hipótese de cabimento do recurso de revista, é ônus da parte transcrever o trecho da decisão recorrida apta a demonstrar o prequestionamento da controvérsia, nos termos do inciso I, do §1º-A, do art. 896 da CLT.

Assim, conforme esclarece o Ministro João Oreste Dalazen[202], "em face da nova lei, a parte também tem o ônus da demonstração do prequestionamento, mediante transcrição nas razões do recurso de revista do tópico ou trecho do acórdão em que o Regional versou sobre a matéria de fato e/ou em que equacionou a questão jurídica posta no recurso de revista".

Outro ônus imposto a parte que manejar o recurso de revista diz respeito a necessidade de indicar, conforme estabelece o inciso II, do §1º-A, do art. 896 da CLT, a contrariedade a dispositivo de lei, súmula ou orientação

---

200. Art. 246 do Regimento Interno do TST – As normas relativas ao exame da transcendência dos recursos de revista, previstas no art. 896-A da CLT, somente incidirão naqueles interpostos contra decisões proferidas pelos Tribunais Regionais do Trabalho publicadas a partir de 11/11/2017, data da vigência da Lei n.º 13.467/2017.

201. *SCHIAVI, Mauro. Manual de Direito Processual do Trabalho. São Paulo: Editora LTr, 2018, p. 992.*

202. DALAZEN, João Oreste. Apontamentos sobre a Lei n. 13/015/4014 e impactos no sistema recursal trabalhista. São Paulo: Editora LTr, 2017, p. 19.

jurisprudencial do Tribunal Superior do Trabalho que conflite com a decisão regional de forma explícita e fundamentada.

Dessa forma, a simples referência à violação de uma determinada lei federal, por exemplo, não é suficiente para que o recurso seja conhecido, cabendo ao recorrente demonstrar de forma precisa o dispositivo violado, bem como expor as razões pelas quais vislumbra a contrariedade.

Nesse mesmo sentido, o inciso III, do §1º-A, do art. 896 da CLT prevê que a parte deve "expor as razões do pedido de reforma, impugnando todos os fundamentos jurídicos da decisão recorrida, inclusive mediante demonstração analítica de cada dispositivo de lei, da Constituição Federal, de súmula ou orientação jurisprudencial cuja contrariedade aponte".

Nas palavras do Ministro João Oreste Dalazen[203], "assim como o juiz e os tribunais tem o dever de motivar a decisão, sob pena de nulidade, a parte igualmente tem o ônus de motivar o recurso, em princípio, o que implica a necessidade de expor as razões do pedido de reforma".

Por fim, com o objetivo de facilitar a verificação, de plano, da ocorrência da omissão, quando se tratar de recurso de revista em que a parte suscitar preliminar de nulidade de julgado por negativa de prestação jurisdicional, o inciso IV, do §1º-A, do art. 896 da CLT, determina que deve constar no corpo da peça recursal a transcrição: a) o trecho dos embargos de declaração em que o tribunal foi provocado sobre questão já veiculada no recurso ordinário e sobre o qual se omitiu; e, b) o trecho da decisão regional que rejeitou os embargos quanto ao pedido.

Como ressalta Juliane Dias Facó, "isso quer dizer que não basta a parte simplesmente embargar de declaração para provocar o pronunciamento de questões que, se liminarmente rejeitadas pelo TRT sem o devido enfrentamento, ensejarão a nulidade por negativa de prestação jurisdicional; deve demonstrar objetivamente, no seu recurso de revista, a recalcitrância do tribunal de analisar a matéria"[204].

Essa diretriz já era exigida pelo Tribunal Superior do Trabalho, mesmo antes da reforma, de modo que a lei n. 13.467/2017 apenas consolidou na CLT entendimento já existente na SDI-1 (E-ED-RR 543-70.2013.5.23.0005, DEJT 12/05/2017). Assim, deve a parte inserir tópico específico no seu recurso para demonstrar, objetivamente, a negativa de prestação jurisdicional.

---

203. DALAZEN, João Oreste. Apontamentos sobre a Lei n. 13/015/4014 e impactos no sistema recursal trabalhista. São Paulo: Editora LTr, 2017, p. 18.

204. FACÓ, Juliane Dias. O recurso de revista à luz da reforma trabalhista: alterações nos arts. 896 e 896-A da CLT. *In*: FILHO, Jorge Cavalcanti Boucinhas; MARTINS, Rafael Lara; MIZIARA, Raphael. Reforma trabalhista na visão da advocacia: aspectos práticos e estratégias para o cotidiano. São Paulo: Thomson Reuters Brasil, 2018, cap.37, p.569.

13.8.3.3. *Procedimento*

O recurso de revista é apresentado perante o presidente do TRT, órgão prolator da decisão recorrida, que, após submetê-lo ao juízo de admissibilidade, pode recebê-lo ou negar-lhe prosseguimento, sempre de forma fundamentada – art. 896, §1º, da CLT.

Da decisão denegatória, caberá agravo de instrumento.

Recebido, o apelo será encaminhado ao TST, onde serão designados os ministros relator e revisor. Caso a decisão recorrida esteja em consonância com tese fixada em julgamento de recurso repetitivo ou de repercussão geral, entendimento firmado em incidente de assunção de competência ou de resolução de demandas repetitivas, a súmula vinculante do Supremo Tribunal Federal, a súmula ou orientação jurisprudencial do Tribunal Superior do Trabalho ou, ainda, a jurisprudência dominante sobre o tema, pode o ministro relator, monocraticamente, negar seguimento ao recurso de revista[205].

Apenas se o ministro relator entender necessário, o MP será chamado a se pronunciar sobre o feito.

Após passar pela análise do relator e do revisor, seguirá para a turma responsável pelo seu julgamento, que também efetuará verificação da presença de seus pressupostos de admissibilidade.

Julgado pela turma, pode essa, com lastro na Súmula 456 do STF, aplicar o direito à espécie, resolvendo, assim, o feito. Pode, ainda, anular o acórdão proferido pelo juízo *a quo*, devolvendo-lhe os autos para que se faça novo julgamento[206].

Da decisão do TST caberão embargos de declaração, recurso de embargos ou recurso extraordinário.

---

205. Art. 251 do Regimento Interno do TST – Distribuído o recurso ou provido o respectivo agravo de instrumento, o relator poderá:

I – não conhecer do recurso de revista inadmissível, prejudicado ou daquele que não tiver impugnado especificamente todos os fundamentos da decisão recorrida, inclusive nas hipóteses do art. 896, §§ 1.º-A e 14, da CLT;

II – negar provimento ao recurso de revista que for contrário a tese fixada em julgamento de recurso repetitivo ou de repercussão geral, a entendimento firmado em incidente de assunção de competência ou de resolução de demandas repetitivas, a súmula vinculante do Supremo Tribunal Federal, a súmula ou orientação jurisprudencial do Tribunal Superior do Trabalho ou, ainda, a jurisprudência dominante sobre o tema;

III – dar provimento ao recurso de revista se o acórdão recorrido for contrário a tese fixada em julgamento de recursos repetitivos ou de repercussão geral, a entendimento firmado em incidente de assunção de competência ou de resolução de demandas repetitivas, a súmula vinculante do Supremo Tribunal Federal, a súmula ou orientação jurisprudencial do Tribunal Superior do Trabalho ou, ainda, a jurisprudência dominante sobre o tema.

206. LEITE, Carlos Henrique Bezerra. *Curso de Direito Processual do Trabalho*. 9ª ed. São Paulo: LTr, 2018. p. 1156.

Cumpre, por fim, observar que se no primeiro juízo de admissibilidade do recurso de revista, realizada pelo juízo *a quo*, este o receber parcialmente, admitindo-o apenas parte das matérias nele veiculadas, não é possível a apreciação da integralidade das matérias pela turma do TST.

Nessa situação, cabe à parte interpor agravo de instrumento do capítulo denegatório da decisão, sob pena de preclusão, nos termos do art. 1º da Instrução Normativa n. 40/2016 do TST[207]. No entanto, se houve omissão no juízo de admissibilidade do recurso de revista quanto a um ou mais temas, devem ser opostos embargos de declaração para que o vício seja sanado.

13.8.3.4. Incidente de Recurso de Revista Repetitivo

Com a reforma promovida pela Lei 13.015/14, instituiu-se no processo do trabalho o incidente de resolução de recurso de revista repetitivo, que tem como finalidade principal a uniformização da jurisprudência, o que demonstra, conforme afirma Juliane Dias Facó, "uma preocupação em conferir unidade à interpretação fixada pelos tribunais, especialmente pelo TST, a fim de manter uma jurisprudência estável, coerente e uniforme[208]".

A instauração do incidente se justifica diante da existência de uma multiplicidade de recursos envolvendo a mesma matéria de direito, representativos da controvérsia comum para que sejam julgados e sirvam de parâmetro para o julgamento dos demais recursos sobrestados por apresentarem fundamentos idênticos ao(s) recurso(s) paradigma(s).

A escolha do recurso afetado deve ser realizada com atenção e cuidado, na medida em que:

---

207. Art. 1º da Instrução Normativa n. 40/2016 do TST – Admitido apenas parcialmente o recurso de revista, constitui ônus da parte impugnar, mediante agravo de instrumento, o capítulo denegatório da decisão, sob pena de preclusão.

§ 1º Se houver omissão no juízo de admissibilidade do recurso de revista quanto a um ou mais temas, é ônus da parte interpor embargos de declaração para o órgão prolator da decisão embargada supri-la (CPC, art. 1024, § 2º), sob pena de preclusão.

§ 2º Incorre em nulidade a decisão regional que se abstiver de exercer controle de admissibilidade sobre qualquer tema objeto de recurso de revista, não obstante interpostos embargos de declaração (CF/88, art. 93, inciso IX e § 1º do art. 489 do CPC de 2015).

§ 3º No caso do parágrafo anterior, sem prejuízo da nulidade, a recusa do Presidente do Tribunal Regional do Trabalho a emitir juízo de admissibilidade sobre qualquer tema equivale à decisão denegatória. É ônus da parte, assim, após a intimação da decisão dos embargos de declaração, impugná-la mediante agravo de instrumento (CLT, art. 896, § 12), sob pena de preclusão.

§ 4º Faculta-se ao Ministro Relator, por decisão irrecorrível (CLT, art. 896, § 5º, por analogia), determinar a restituição do agravo de instrumento ao Presidente do Tribunal Regional do Trabalho de origem para que complemente o juízo de admissibilidade, desde que interpostos embargos de declaração.

208. FACÓ, Juliane Dias. Recursos de Revista Repetitivos. São Paulo: Editora LTr, 2016, p. 125.

> Essa seleção é essencial para que se construa a tese paradigmática mais adequada a resolver as demandas de massa, de modo que, se a escolha for mal realizada, a decisão modelo pode não traduzir a melhor solução da controvérsia, implicando "evidente impacto sistêmico deletério pela multiplicação da conclusão a todos os outros processos" semelhantes (FACÓ, 2016, p. 129-130).

Cabe à turma do TST ou à Subseção Especializada em Dissídios Individuais propor o incidente em referência, considerando a relevância da matéria ou a existência de entendimentos divergentes entre os Ministros dessa Seção ou das Turmas do Tribunal.

A questão poderá ser afetada à Seção Especializada em Dissídios Individuais ou ao Tribunal Pleno, por decisão da maioria simples de seus membros, mediante requerimento de um dos Ministros que compõem a Seção Especializada.

É de responsabilidade do Presidente da Turma ou da Seção Especializada que afetar o processo expedir comunicação aos demais presidentes, que poderão afetar outros processos sobre a questão para julgamento conjunto, para conferir ao órgão julgador visão global da questão, conforme §2º, art. 896-C, da CLT.

Uma vez afetado, o recurso repetitivo será distribuído a um dos Ministros membros da Seção Especializada ou do Tribunal Pleno e a um Ministro revisor.

Além disso, de acordo com o §3º, do art. 896-C, da CLT, o Presidente do Tribunal Superior do Trabalho deverá oficiar os Presidentes dos Tribunais Regionais do Trabalho para que suspendam os recursos interpostos em casos idênticos aos afetados como recursos repetitivos, até o pronunciamento definitivo do Tribunal Superior do Trabalho.

O relator no Tribunal Superior do Trabalho poderá determinar a suspensão dos recursos de revista ou de embargos que tenham como objeto controvérsia idêntica à do recurso afetado como repetitivo a fim de conferir homogeneidade as decisões.

Nos termos do §4º, do art. 896-C, do TST, caberá ao Presidente do Tribunal de origem admitir um ou mais recursos representativos da controvérsia, os quais serão encaminhados ao Tribunal Superior do Trabalho, ficando suspensos os demais recursos de revista até o pronunciamento definitivo do Tribunal Superior do Trabalho.

As partes deverão ser intimadas da decisão de suspensão do processo, oportunidade em que poderão se insurgir quanto a similitude das questões que envolvem o processo afetado e o paradigma. Uma vez comprovada a distinção o processo será desvinculado do incidente e seguirá seu curso regular.

Por se tratar de julgamento que firma uma decisão sobre controvérsia comum a diversos recursos e que, portanto, afetará diversos jurisdicionados, o relator poderá admitir manifestação de pessoa, órgão ou entidade com interesse na controvérsia, inclusive como assistente simples.

O relator poderá ainda solicitar, aos Tribunais Regionais do Trabalho, informações a respeito da controvérsia, a serem prestadas no prazo de 15 (quinze) dias. Uma vez recebidas as informações, se necessário, terá vista o Ministério Público para se manifestar pelo mesmo prazo. Após transcorrido o prazo do *parquet*, o processo será incluído em pauta na Seção Especializada ou no Tribunal Pleno, devendo ser julgado com preferência sobre os demais feitos.

Publicado o acórdão do Tribunal Superior do Trabalho, conforme estabelece o §11, do art. 896-C, da CLT, os recursos de revista sobrestados na origem terão seguimento denegado na hipótese de o acórdão recorrido coincidir com a orientação a respeito da matéria no Tribunal Superior do Trabalho ou serão novamente examinados pelo Tribunal de origem na hipótese de o acórdão recorrido divergir da orientação do Tribunal Superior do Trabalho a respeito da matéria.

A decisão firmada em recurso repetitivo, entretanto, não será aplicada aos casos em que se demonstrar que a situação de fato ou de direito é distinta das presentes no processo julgado sob o rito dos recursos repetitivos, nos termos do §16, do art. 896-C, da CLT.

O acórdão proferido pelo TST em sede de recursos repetitivos não é imutável, sendo cabível a revisão da decisão quando se alterar a situação econômica, social ou jurídica, caso em que será respeitada a segurança jurídica das relações firmadas sob a égide da decisão anterior, podendo o Tribunal Superior do Trabalho modular os efeitos da decisão que a tenha alterado.

Por fim, importante registrar ainda que na hipótese da questão afetada para julgamento sob o rito dos recursos repetitivos verse sobre matéria constitucional, a decisão proferida pelo Tribunal Pleno não obstará o conhecimento de eventuais recursos extraordinários, conforme §13, do art. 896-C, da CLT.

Este importante instituto jurídico demonstra a preocupação do legislador em inserir no processo do trabalho um sistema de precedentes judiciais capaz de uniformizar a jurisprudência, o que se revela necessário para que se atenda aos princípios constitucionais da igualdade, da segurança jurídica e da duração razoável do processo.

13.8.3.5. Incidente de Uniformização de Jurisprudência

A lei n. 13.015/2014 também introduziu no sistema recursal trabalhista o Incidente de Uniformização de Jurisprudência, regulamentado pelos §§3º a 6º do art. 896 da CLT.

Esse instituto, que tinha como objetivo uniformizar a jurisprudência era regido pelo CPC/73 e aplicado supletivamente ao Processo do Trabalho até a edição da referida lei.

Em 2015, o novo CPC extinguiu o IUJ, substituiu-o por dois novos incidentes: o Incidente de Resolução de Demandas Repetitivas (art. 976/987 do CPC/15), que se assemelha com o incidente tratado no tópico anterior, e o Incidente de Assunção de Competência (art. 947 do CPC/15), ambos de aplicação supletiva ao processo do trabalho.

Essa alteração no Código de Processo Civil influenciou o legislador trabalhista, que acabou por expressamente revogar a figura no IUJ no processo do trabalho.

Desse modo, para uniformização de jurisprudência em sede dos Tribunais Regionais do Trabalho devem as partes se valer do IRDR, regulamentado pelos arts. 967 a 987 do CPC.

Assim, como ressalta Juliane Facó, "os recursos de revista repetitivos (arts. 896-B e C da CLT) formam, junto com o Incidente de Resolução de Demandas Repetitivas (IRDR – arts. 976 a 987) e o Incidente de Assunção de Competência (IA – art. 947) do CPC/15, o microssistema de formação concentrada de precedentes, com procedimentos tipicamente previstos em lei (CPC e Lei 13.015/2014)"[209].

A competência para apreciar e julgar o IRDR é do Tribunal Regional do Trabalho através do órgão colegiado indicado pelo seu Regimento Interno como responsável pela uniformização de jurisprudência.

13.8.4. Recurso de embargos

Esta modalidade de recurso, admitida apenas contra decisões colegiadas do Tribunal Superior do Trabalho (OJ 378 da SDI-1[210]), seja no exercício de sua competência originária ou derivada, está prevista no art.

---

209. FACÓ, Juliane Dias. O recurso de revista à luz da reforma trabalhista: alterações nos arts. 896 e 896-A da CLT. *In*: FILHO, Jorge Cavalcanti Boucinhas; MARTINS, Rafael Lara; MIZIARA, Raphael. Reforma trabalhista na visão da advocacia: aspectos práticos e estratégias para o cotidiano. São Paulo: Thomson Reuters Brasil, 2018, cap.37, p.572.

210. OJ-SDI1-378 do TST – EMBARGOS. INTERPOSIÇÃO CONTRA DECISÃO MONOCRÁTICA. NÃO CABIMENTO. (atualizada em decorrência do CPC de 2015) – Res. 208/2016, DEJT divulgado em 22, 25 e 26.04.2016

Não encontra amparo no art. 894 da CLT, quer na redação anterior quer na redação posterior à Lei n.º 11.496, de 22.06.2007, recurso de embargos interposto à decisão monocrática exarada nos moldes do art. 932 do CPC de 2015 (art. 557 do CPC de 1973), pois o comando legal restringe seu cabimento à pretensão de reforma de decisão colegiada proferida por Turma do Tribunal Superior do Trabalho.

894 da CLT[211], na Lei 7.701/88 (arts 2º, II, "c" e 3º, III, b[212]) e disciplinado nos arts. 258 a 264 do Regimento Interno do TST.

Da análise destes dispositivos, alterados tanto pela Lei 11.496/07 quanto, mais recentemente, pela Lei 13.015/14, podemos concluir que, atualmente, são admissíveis apenas duas espécies de embargos: de divergência e infringentes, no prazo de 08 dias, tendo sido eliminados os embargos de nulidade, cabível contra decisão que violasse dispositivo de lei federal.

13.8.4.1. Embargos de divergência

Este recurso é cabível contra decisões do TST no exercício de sua competência derivada, ou seja, contra os acórdãos proferidos nos julgamentos dos recursos de revista.

---

211. Art. 894 da CLT – No Tribunal Superior do Trabalho cabem embargos, no prazo de 8 (oito) dias:
I – de decisão não unânime de julgamento que:
a) conciliar, julgar ou homologar conciliação em dissídios coletivos que excedam a competência territorial dos Tribunais Regionais do Trabalho e estender ou rever as sentenças normativas do Tribunal Superior do Trabalho, nos casos previstos em lei; e
b) (VETADO)
II – das decisões das Turmas que divergirem entre si ou das decisões proferidas pela Seção de Dissídios Individuais, ou contrárias a súmula ou orientação jurisprudencial do Tribunal Superior do Trabalho ou súmula vinculante do Supremo Tribunal Federal.
Parágrafo único. (Revogado).
§ 2º A divergência apta a ensejar os embargos deve ser atual, não se considerando tal a ultrapassada por súmula do Tribunal Superior do Trabalho ou do Supremo Tribunal Federal, ou superada por iterativa e notória jurisprudência do Tribunal Superior do Trabalho.
§ 3º O Ministro Relator denegará seguimento aos embargos:
I – se a decisão recorrida estiver em consonância com súmula da jurisprudência do Tribunal Superior do Trabalho ou do Supremo Tribunal Federal, ou com iterativa, notória e atual jurisprudência do Tribunal Superior do Trabalho, cumprindo-lhe indicá-la;
II – nas hipóteses de intempestividade, deserção, irregularidade de representação ou de ausência de qualquer outro pressuposto extrínseco de admissibilidade.
§ 4º Da decisão denegatória dos embargos caberá agravo, no prazo de 8 (oito) dias.

212. Art. 2º da Lei 7701/88 – Compete à seção especializada em dissídios coletivos, ou seção normativa:
II – em última instância julgar:
c) os embargos infringentes interpostos contra decisão não unânime proferida em processo de dissídio coletivo de sua competência originária, salvo se a decisão atacada estiver em consonância com procedente jurisprudencial do Tribunal Superior do Trabalho ou da Súmula de sua jurisprudência predominante;
Art. 3º da Lei 7701/88 – Compete à Seção de Dissídios Individuais julgar:
III – em última instância:
b) os embargos das decisões das Turmas que divergirem entre si, ou das decisões proferidas pela Seção de Dissídios Individuais;

Está disciplinado pelo artigo 894, II da CLT, de acordo com a nova redação imposta pela Lei 13.015/14.

O apelo é julgado pela Seção de Dissídios Individuais do TST (SDI), sempre que a decisão de uma de suas turmas, com relação à mesma matéria, encontrar divergência com a de outra turma ou da própria SDI, ou for contrária a súmula ou orientação jurisprudencial do TST ou súmula vinculante do STF.

Antes da alteração promovida pela lei n. 13.015/2014 já se admitia os embargos por contrariedade à Súmula, mas restringia-se às hipóteses que envolviam direito material.

Contudo, esta restrição não mais se admite, pois, como ressalta o Ministro João Oreste Dalazen, uma vez que "em boa hermenêutica, não é dado ao interprete distinguir onde a lei não distingue, parece-me que, sob a redação da Lei n. 13.015/2014, a contrariedade a qualquer tipo de Súmula ou Orientação Jurisprudencial do Tribunal Superior do Trabalho, inclusive de natureza processual, propicia o conhecimento dos embargos pela SDI-1[213]".

Com efeito, o objetivo principal dos embargos de divergência é a uniformização da jurisprudência no TST:

> Vê-se, pois, que a missão da SBDI-1, ao julgar o recurso de embargos, acaba por se confundir com o papel primordial do Tribunal Superior do Trabalho, na medida em que a referida Corte Superior é a última instância a se manifestar sobre a matéria trabalhista, resguardada a competência do Supremo Tribunal Federal, que, na qualidade de guardião da Constituição Federal, examina os recursos extraordinários interpostos contra decisões definitivas do Tribunal Superior do Trabalho em matéria constitucional (CARNEIRO, 2017, p. 249)[214].

É do julgamento desses embargos que surgem, na grande maioria das vezes, as súmulas.

Assim como exigido para o recurso de revista, a divergência apresentada através do recurso de embargos deve obedecer aos requisitos estabelecidos pela Súmula 337 do TST[215]: a transcrição no corpo do recurso da decisão divergente e a comprovação da fonte oficial que a publicou.

---

213. DALAZEN, João Oreste. Apontamentos sobre a Lei n. 13/015/4014 e impactos no sistema recursal trabalhista. São Paulo: Editora LTr, 2017, p. 36.

214. CARNEIRO, Claudio Gomes. Recurso de Embargos à luz da sistemática da lei n. 13.015/2014. In: *Recurso de revista e agravo de instrumento: teoria e prática da lei n. 13.015/2014*. São Paulo: Editora LTr, 2017, p. 249.

215. SUM-337 do TST – COMPROVAÇÃO DE DIVERGÊNCIA JURISPRUDENCIAL. RECURSOS DE REVISTA E DE EMBARGOS (incluído o item V) – Res. 220/2017, DEJT divulgado em 21, 22 e 25.09.2017

I – Para comprovação da divergência justificadora do recurso, é necessário que o recorrente:

a) Junte certidão ou cópia autenticada do acórdão paradigma ou cite a fonte oficial ou o repositório autorizado em que foi publicado; e

Ainda de acordo com o §2º do art. 894 da CLT, a divergência apta a ensejar os embargos desse ser atual "não se considerando tal a ultrapassada por súmula do Tribunal Superior do Trabalho ou do Supremo Tribunal Federal, ou superada por iterativa e notória jurisprudência do Tribunal Superior do Trabalho".

Conforme a Súmula 353 do TST, não cabe este recurso contra decisões do TST que julgam agravos, salvo nas seguintes hipóteses:

> a) da decisão que não conhece de agravo de instrumento ou de agravo pela ausência de pressupostos extrínsecos;
>
> b) da decisão que nega provimento a agravo contra decisão monocrática do Relator, em que se proclamou a ausência de pressupostos extrínsecos de agravo de instrumento;
>
> c) para revisão dos pressupostos extrínsecos de admissibilidade do recurso de revista, cuja ausência haja sido declarada originariamente pela Turma no julgamento do agravo;
>
> d) para impugnar o conhecimento de agravo de instrumento;
>
> e) para impugnar a imposição de multas previstas nos arts. 1.021, § 4º, do CPC de 2015 ou 1.026, § 2º, do CPC de 2015 (art. 538, parágrafo único, do CPC de 1973, ou art. 557, § 2º, do CPC de 1973).
>
> f) contra decisão de Turma proferida em agravo em recurso de revista, nos termos do art. 894, II, da CLT.

Isto porque, como explica Sérgio Pinto Martins[216], "no exame do agravo de instrumento, o Tribunal não entra no mérito da questão, apenas vai veri-

---

b) Transcreva, nas razões recursais, as ementas e/ou trechos dos acórdãos trazidos à configuração do dissídio, demonstrando o conflito de teses que justifique o conhecimento do recurso, ainda que os acórdãos já se encontrem nos autos ou venham a ser juntados com o recurso.

II – A concessão de registro de publicação como repositório autorizado de jurisprudência do TST torna válidas todas as suas edições anteriores.

III – A mera indicação da data de publicação, em fonte oficial, de aresto paradigma é inválida para comprovação de divergência jurisprudencial, nos termos do item I, "a", desta súmula, quando a parte pretende demonstrar o conflito de teses mediante a transcrição de trechos que integram a fundamentação do acórdão divergente, uma vez que só se publicam o dispositivo e a ementa dos acórdãos;

IV – É válida para a comprovação da divergência jurisprudencial justificadora do recurso a indicação de aresto extraído de repositório oficial na internet, desde que o recorrente:

a) transcreva o trecho divergente;

b) aponte o sítio de onde foi extraído; e

c) decline o número do processo, o órgão prolator do acórdão e a data da respectiva publicação no Diário Eletrônico da Justiça do Trabalho.

V – A existência do código de autenticidade na cópia, em formato pdf, do inteiro teor do aresto paradigma, juntada aos autos, torna-a equivalente ao documento original e também supre a ausência de indicação da fonte oficial de publicação.

216. *Op. cit.*, p. 445.

ficar se o recurso anterior pode ou não subir, daí por que (sic) não é possível ingressar com os embargos, em que seria necessária uma decisão de mérito, salvo em relação a pressupostos extrínsecos do agravo de instrumento".

Nos recursos de embargos, o juízo de admissibilidade é feito pelo presidente da turma que proferiu a decisão.

Na mesma linha do Recurso de Revista, não cabe recurso de embargos para reexame de fatos e provas (Súmula 126 do TST[217]) ou ainda, se tiver mais de um fundamento e a divergência apresentada não abranger a todos (Súmula 23 do TST[218]).

No rito sumaríssimo e na execução, o TST limitou as hipóteses de cabimento desse recurso, conforme se extrai dos enunciados abaixo:

> SUM-458 do TST – EMBARGOS. PROCEDIMENTO SUMARÍSSIMO. CONHECIMENTO. RECURSO INTERPOSTO APÓS VIGÊNCIA DA LEI Nº 11.496, DE 22.06.2007, QUE CONFERIU NOVA REDAÇÃO AO ART. 894, DA CLT. (conversão da Orientação Jurisprudencial nº 405 da SBDI-1 com nova redação) – Res. 194/2014, DEJT divulgado em 21, 22 e 23.05.2014
>
> Em causas sujeitas ao procedimento sumaríssimo, em que pese a limitação imposta no art. 896, § 6º, da CLT à interposição de recurso de revista, admitem-se os embargos interpostos na vigência da Lei nº 11.496, de 22.06.2007, que conferiu nova redação ao art. 894 da CLT, quando demonstrada a divergência jurisprudencial entre Turmas do TST, fundada em interpretações diversas acerca da aplicação de mesmo dispositivo constitucional ou de matéria sumulada.
>
> SUM-433 do TST – EMBARGOS. ADMISSIBILIDADE. PROCESSO EM FASE DE EXE-CUÇÃO. ACÓRDÃO DE TURMA PUBLICADO NA VIGÊNCIA DA LEI Nº 11.496, DE 26.06.2007. DIVERGÊNCIA DE INTERPRETAÇÃO DE DISPOSITIVO CONSTITUCIONAL – Res. 177/2012, DEJT divulgado em 13, 14 e 15.02.2012
>
> A admissibilidade do recurso de embargos contra acórdão de Turma em Recurso de Revista em fase de execução, publicado na vigência da Lei nº 11.496, de 26.06.2007, condiciona-se à demonstração de divergência jurisprudencial entre Turmas ou destas e a Seção Especializada em Dissídios Individuais do Tribunal Superior do Trabalho em relação à interpretação de dispositivo constitucional.

13.8.4.2. Embargos infringentes

Estes embargos são admitidos contra decisões proferidas no julgamento dos dissídios coletivos e serão dirigidos à própria Seção Especializada em Dissídio Coletivo (SDC).

---

217. SUM-126 do TST – RECURSO. CABIMENTO (mantida) – Res. 121/2003, DJ 19, 20 e 21.11.2003

Incabível o recurso de revista ou de embargos (arts. 896 e 894, "b", da CLT) para reexame de fatos e provas.

218. SUM-23 do TST – RECURSO (mantida) – Res. 121/2003, DJ 19, 20 e 21.11.2003

Não se conhece de recurso de revista ou de embargos, se a decisão recorrida resolver determinado item do pedido por diversos fundamentos e a jurisprudência transcrita não abranger a todos.

Será cabível apenas no julgamento dos Dissídios Coletivos de competência originária do TST, nos casos de decisão que não seja unânime – art. 2º, II, *c*, da Lei 7.701/88,[219] alínea a do inciso I do artigo 894 da CLT.

Como observa Sérgio Pinto Martins[220], "a falta de unanimidade de julgamento da SDC diz respeito a cada cláusula rediscutida no recurso, pois os embargos estarão restritos à matéria objeto da divergência (art. 530 CPC/73)".

Vale ressaltar que no Código de Processo Civil de 2015 não há correspondência ao quanto disposto na antiga redação do art. 530 do CPC/73, tendo sido excluída a figura dos embargos infringentes da legislação processual civil.

No âmbito trabalhista, no entanto, subsiste os embargos infringentes em razão da existência de previsão específica no processo do trabalho. De acordo com o art. 2º, I da Lei 7.701/88, o TST tem competência originária para julgar dissídios coletivos quando: "a) conciliar e julgar os dissídios coletivos que excedam a jurisdição dos Tribunais Regionais do Trabalho e estender ou rever suas próprias sentenças normativas, nos casos previstos em lei, b) homologar as conciliações celebradas nos dissídios coletivos de que trata a alínea anterior, c) julgar as ações rescisórias propostas contra suas sentenças normativas, d) julgar os mandados de segurança contra os atos praticados pelo Presidente do Tribunal ou por qualquer dos Ministros integrantes da seção especializada em processo de dissídio coletivo, e, e) julgar os conflitos de competência entre Tribunais Regionais do Trabalho em processos de dissídio coletivo".

13.8.5. Agravos

No processo do Trabalho existem, de acordo com a nossa legislação, três espécies de agravo.

Dois deles, o de Instrumento e o de Petição, encontram disciplina na própria CLT, em seu art. 897[221]. O remanescente, Regimental, é regulamen-

---

219. Art. 2º da Lei 7701/88 – Compete à seção especializada em dissídios coletivos, ou seção normativa:

II – em última instância julgar:

c) os embargos infringentes interpostos contra decisão não unânime proferida em processo de dissídio coletivo de sua competência originária, salvo se a decisão atacada estiver em consonância com procedente jurisprudencial do Tribunal Superior do Trabalho ou da Súmula de sua jurisprudência predominante.

220. MARTINS, Sérgio Pinto. Direito Processual do Trabalho: doutrina e prática forense; modelos de petições, recursos, sentenças e outros. 23 ed. São Paulo: Atlas, 2005. p. 444.

221. Art. 897 da CLT – Cabe agravo, no prazo de 8 (oito) dias:

a) de petição, das decisões do Juiz ou Presidente, nas execuções;

tado pelos regimentos internos de cada Tribunal e pelo art. 709, §1º, da CLT e na lei 7.701/88.

13.8.5.1. *Agravo de instrumento*

De acordo com a disciplina da legislação trabalhista consolidada, o agravo de instrumento é recurso cabível, num prazo de 08 dias, apenas em face de despachos que negam o prosseguimento de um recurso interposto – art. 897, alínea b da CLT. Em outras palavras, a finalidade desempenhada por este apelo é a de buscar dar seguimento ao processo.

Caso seja admitido apenas parte do recurso de revista, é ônus da parte recorrente impugnar, mediante agravo de instrumento, o capítulo denegatório da decisão, sob pena de preclusão. Por sua vez, se houver omissão no juízo de admissibilidade quanto a um ou mais temas, cabe a parte opor embargos de declaração para o órgão prolator da decisão sanar o vício, conforme Instrução Normativa n. 40 do TST (Resolução 205 de 15/03/2016), vejamos:

---

b) de instrumento, dos despachos que denegarem a interposição de recursos.

§ 1º – O agravo de petição só será recebido quando o agravante delimitar, justificadamente, as matérias e os valores impugnados, permitida a execução imediata da parte remanescente até o final, nos próprios autos ou por carta de sentença.

§ 2º – O agravo de instrumento interposto contra o despacho que não receber agravo de petição não suspende a execução da sentença.

§ 3º Na hipótese da alínea a deste artigo, o agravo será julgado pelo próprio tribunal, presidido pela autoridade recorrida, salvo se se tratar de decisão de Juiz do Trabalho de 1ª Instância ou de Juiz de Direito, quando o julgamento competirá a uma das Turmas do Tribunal Regional a que estiver subordinado o prolator da sentença, observado o disposto no art. 679, a quem este remeterá as peças necessárias para o exame da matéria controvertida, em autos apartados, ou nos próprios autos, se tiver sido determinada a extração de carta de sentença.

§ 4º – Na hipótese da alínea b deste artigo, o agravo será julgado pelo Tribunal que seria competente para conhecer o recurso cuja interposição foi denegada.

§ 5º Sob pena de não conhecimento, as partes promoverão a formação do instrumento do agravo de modo a possibilitar, caso provido, o imediato julgamento do recurso denegado, instruindo a petição de interposição:

I – obrigatoriamente, com cópias da decisão agravada, da certidão da respectiva intimação, das procurações outorgadas aos advogados do agravante e do agravado, da petição inicial, da contestação, da decisão originária, do depósito recursal referente ao recurso que se pretende destrancar, da comprovação do recolhimento das custas e do depósito recursal a que se refere o § 7º do art. 899 desta Consolidação;

II – facultativamente, com outras peças que o agravante reputar úteis ao deslinde da matéria de mérito controvertida .

§ 6º O agravado será intimado para oferecer resposta ao agravo e ao recurso principal, instruindo-a com as peças que considerar necessárias ao julgamento de ambos os recursos.

§ 7º Provido o agravo, a Turma deliberará sobre o julgamento do recurso principal, observando-se, se for o caso, daí em diante, o procedimento relativo a esse recurso.

§ 8º Quando o agravo de petição versar apenas sobre as contribuições sociais, o juiz da execução determinará a extração de cópias das peças necessárias, que serão autuadas em apartado, conforme dispõe o § 3º, parte final, e remetidas à instância superior para apreciação, após contraminuta.

Art. 1° Admitido apenas parcialmente o recurso de revista, constitui ônus da parte impugnar, mediante agravo de instrumento, o capítulo denegatório da decisão, sob pena de preclusão. **(Artigo com vigência a partir de 15 de abril de 2016, conforme art. 3º desta Resolução)**

§ 1º Se houver omissão no juízo de admissibilidade do recurso de revista quanto a um ou mais temas, é ônus da parte interpor embargos de declaração para o órgão prolator da decisão embargada supri-la (CPC, art. 1024, § 2º), sob pena de preclusão.

§ 2º Incorre em nulidade a decisão regional que se abstiver de exercer controle de admissibilidade sobre qualquer tema objeto de recurso de revista, não obstante interpostos embargos de declaração (CF/88, art. 93, inciso IX e § 1º do art. 489 do CPC de 2015).

§ 3º No caso do parágrafo anterior, sem prejuízo da nulidade, a recusa do Presidente do Tribunal Regional do Trabalho a emitir juízo de admissibilidade sobre qualquer tema equivale à decisão denegatória. É ônus da parte, assim, após a intimação da decisão dos embargos de declaração, impugná-la mediante agravo de instrumento (CLT, art. 896, § 12), sob pena de preclusão.

§ 4º Faculta-se ao Ministro Relator, por decisão irrecorrível (CLT, art. 896, § 5º, por analogia), determinar a restituição do agravo de instrumento ao Presidente do Tribunal Regional do Trabalho de origem para que complemente o juízo de admissibilidade, desde que interpostos embargos de declaração.

O agravo de instrumento é apresentado perante o órgão autor da decisão denegatória e onde ocorreu o primeiro juízo de admissibilidade do recurso trancado, contendo pedido para ser remetido ao tribunal competente para seu julgamento, que seria exatamente o juízo responsável por julgar o recurso não recebido.

Importante relembrar a distinção entre negar o seguimento (ou trancar ou não receber) e não conhecer do recurso. O órgão que realiza o primeiro juízo de admissibilidade, se entender que os pressupostos não estão preenchidos, nega o seu seguimento, tranca-o, não o recebe. Já se o segundo juízo de admissibilidade, realizado pelo órgão responsável por julgar o recurso, em sua competência derivada, é negado, significa que o recurso não foi conhecido.

No primeiro caso, da decisão que tranca o recurso, cabe agravo de instrumento. No segundo, o remédio será o recurso que caberia contra a decisão do recurso não conhecido, se ele tivesse sido julgado.

Houve, a nosso ver, uma impropriedade técnica do legislador ao considerar "despacho" o ato processual que nega seguimento ao recurso. Pensamos que se trata de uma decisão interlocutória de cunho terminativo e o recurso encontra respaldo no art. 799, §2º, da CLT[222].

---

222. Art. 799 da CLT – Nas causas da jurisdição da Justiça do Trabalho, somente podem ser opostas, com suspensão do feito, as exceções de suspeição ou incompetência.

Bezerra Leite[223] acrescenta que:

> Para nós, estamos diante de autêntica decisão interlocutória, pois entendemos que a extinção do processo somente se dá com a coisa julgada, e não com a sentença [...] Ora, se há algum ato judicial que, incidentalmente, impede esse fluxo normal do processo, parece-nos que esse ato é juridicamente uma decisão interlocutória. Daí por que (sic) contra tal ato cabe agravo de instrumento".

Estevão Mallet[224], ao comentar as alterações introduzidas no CPC/73 pela Lei 11.280/05, também reconhecia a natureza de decisão interlocutória do provimento judicial que "indefere o processamento do recurso".

O nome deste recurso decorre da necessidade de formação de um novo "instrumento" para o seu conhecimento. Assim, é imprescindível a constituição de novos autos, formados com peças processuais e documentos extraídos dos autos principais.

Essas peças devem ser autenticadas, a menos que sejam declaradas autênticas pelo advogado ou pela parte, conforme autoriza o art. 1.017 do CPC[225]

---

§2º – Das decisões sobre exceções de suspeição e incompetência, salvo, quanto a estas, se terminativas do feito, não caberá recurso, podendo, no entanto, as partes alegá-las novamente no recurso que couber da decisão final.

223. LEITE, Bezerra. *Curso de Direito Processual do Trabalho.* 3ª edição. São Paulo: LTr, 2005. p. 627.

224. Artigo na revista LTr, junho/2006, p.70-06/668.

225. Art. 1;017 do CPC – A petição de agravo de instrumento será instruída:

I – obrigatoriamente, com cópias da petição inicial, da contestação, da petição que ensejou a decisão agravada, da própria decisão agravada, da certidão da respectiva intimação ou outro documento oficial que comprove a tempestividade e das procurações outorgadas aos advogados do agravante e do agravado;

II – com declaração de inexistência de qualquer dos documentos referidos no inciso I, feita pelo advogado do agravante, sob pena de sua responsabilidade pessoal;

III – facultativamente, com outras peças que o agravante reputar úteis.

§ 1º Acompanhará a petição o comprovante do pagamento das respectivas custas e do porte de retorno, quando devidos, conforme tabela publicada pelos tribunais.

§ 2º No prazo do recurso, o agravo será interposto por:

I – protocolo realizado diretamente no tribunal competente para julgá-lo;

II – protocolo realizado na própria comarca, seção ou subseção judiciárias;

III – postagem, sob registro, com aviso de recebimento;

IV – transmissão de dados tipo fac-símile, nos termos da lei;

V – outra forma prevista em lei.

§ 3º Na falta da cópia de qualquer peça ou no caso de algum outro vício que comprometa a admissibilidade do agravo de instrumento, deve o relator aplicar o disposto no art. 932, parágrafo único.

§ 4º Se o recurso for interposto por sistema de transmissão de dados tipo fac-símile ou similar, as peças devem ser juntadas no momento de protocolo da petição original.

e consoante o disposto no art. 830 da CLT[226], o qual tem sido aplicado pela jurisprudência pátria[227] também no que diz respeito às cópias que acompanham o Agravo de Instrumento. As peças necessárias à formação do agravo estão indicadas no art. 1.017, I, II e III do CPC [228]. Também a CLT, no

---

§ 5º Sendo eletrônicos os autos do processo, dispensam-se as peças referidas nos incisos I e II do caput, facultando-se ao agravante anexar outros documentos que entender úteis para a compreensão da controvérsia.

226. Art. 830 da CLT – O documento em cópia oferecido para prova poderá ser declarado autêntico pelo próprio advogado, sob sua responsabilidade pessoal.

Parágrafo único – Impugnada a autenticidade da cópia, a parte que a produziu será intimada para apresentar cópias devidamente autenticadas ou o original, cabendo ao serventuário competente proceder à conferência e certificar a conformidade entre esses documentos.

227. AGRAVO DE INSTRUMENTO. PEÇAS NÃO AUTENTICADAS. A ausência de autenticação das peças trasladadas e de declaração de autenticidade pelo advogado subscritor do recurso implica o seu não conhecimento por violação ao art. 830 da CLT e desobediência a recomendação constante da Instrução Normativa nº 16 do TST. (Processo 0074500-67.2003.5.05.0131 AIAP, ac. nº 035185/2009, Relatora Desembargadora MARAMA CARNEIRO, 1ª. TURMA, DJ 09/12/2009, TRT 5ª Região)

AGRAVO DE INSTRUMENTO EM RECURSO ORDINÁRIO – AUSÊNCIA DE AUTENTICAÇÃO DAS PEÇAS – NÃO CONHECIMENTO. Não se conhece do agravo de instrumento quando as cópias das peças trazidas com este não estiverem autenticadas nem o subscritor declarar que elas são autênticas, como previsto no art. 830 da CLT. Não se comporta a conversão do agravo em diligência para que a parte possa suprir tal defeito processual, pois cabe a esta providenciar a correta formação do instrumento (itens IX e X da Instrução Normativa 16/99 do C. TST). Agravo não conhecido. (Processo 0103401-41.2009.5.15.0039, Relator JOSÉ PEDRO DE CAMARGO RODRIGUES DE SOUZA, DJ 23/04/2010, TRT 15ª Região)

228. Art. 1.017 do CPC – A petição de agravo de instrumento será instruída:

I – obrigatoriamente, com cópias da petição inicial, da contestação, da petição que ensejou a decisão agravada, da própria decisão agravada, da certidão da respectiva intimação ou outro documento oficial que comprove a tempestividade e das procurações outorgadas aos advogados do agravante e do agravado;

II – com declaração de inexistência de qualquer dos documentos referidos no inciso I, feita pelo advogado do agravante, sob pena de sua responsabilidade pessoal;

III – facultativamente, com outras peças que o agravante reputar úteis.

§ 1º Acompanhará a petição o comprovante do pagamento das respectivas custas e do porte de retorno, quando devidos, conforme tabela publicada pelos tribunais.

§ 2º No prazo do recurso, o agravo será interposto por:

I – protocolo realizado diretamente no tribunal competente para julgá-lo;

II – protocolo realizado na própria comarca, seção ou subseção judiciárias;

III – postagem, sob registro, com aviso de recebimento;

IV – transmissão de dados tipo fac-símile, nos termos da lei;

V – outra forma prevista em lei.

§ 3º Na falta da cópia de qualquer peça ou no caso de algum outro vício que comprometa a admissibilidade do agravo de instrumento, deve o relator aplicar o disposto no art. 932, parágrafo único.

§ 4º Se o recurso for interposto por sistema de transmissão de dados tipo fac-símile ou similar, as peças devem ser juntadas no momento de protocolo da petição original.

§5º do art. 897, trata das peças obrigatórias, cuja ausência leva ao não conhecimento do agravo de instrumento interposto, e, se este for tido como procedente, serão essenciais para o pronto julgamento do recurso denegado; assim como das peças facultativas, consideradas úteis pelo agravante para o deslinde do feito. Caso se trate, entretanto, de agravo de instrumento interposto de despacho que negar seguimento a recurso para o Tribunal Superior do Trabalho, não será necessária a formação de instrumento, uma vez que será processado nos mesmos autos do recurso denegado, conforme art. 1º da Resolução Administrativa n. 1.418/2010.

Assim, conforme pontuado por Leonardo Moraes de Souza Ferreira Silva[229], "em que pese a denominação não ter sido alterada, não há mais que se falar em formação do instrumento, na medida em que o agravo de instrumento para o TST é processado nos próprios autos do recurso obstado".

Entretanto, quando a decisão impugnada, mesmo em processo judicial eletrônico, for proferida em primeiro grau, em que pese entendermos que, de igual modo, seria desnecessário a indicação das peças e sua autenticação, recomenda-se que o advogado ao menos indique o ID em que se encontram as peças obrigatórias exigidas pelo §5º, I e II, do art. 897 da CLT.

Isto porque o Tribunal Superior do Trabalho, através da resolução citada acima, dispensou taxativamente as referidas obrigações, mas não estendeu esta disciplina, de forma expressa, aos Tribunais Regionais do Trabalho.

Recomenda-se, assim, que sejam examinados os Regimentos Internos dos respectivos Tribunais Regionais onde o agravo de instrumento esteja sendo manejado, evitando-se o não conhecimento do recurso.

Uma questão, sem dúvida, polêmica, diz respeito à utilização do Agravo de Instrumento contra decisão liminar em Mandado de Segurança quando este remédio for apresentado junto aos órgãos judiciais de 1º grau[230]. Isso somente passou a ser admissível, no Processo do Trabalho, após a Emen-

---

§ 5º Sendo eletrônicos os autos do processo, dispensam-se as peças referidas nos incisos I e II do caput, facultando-se ao agravante anexar outros documentos que entender úteis para a compreensão da controvérsia.

229. SILVA, Leonardo Moraes de Souza Ferreira. Da obrigatoriedade do depósito nos agravos de instrumento em recurso de revista. In: MELO FILHO, Luiz Philippe de; DUTRA, Renata Queiroz. Recurso de revista e agravo de instrumento: teoria e prática da lei n. 13.015/2014. São Paulo: Editora LTr, 2017, p. 120.

230. De acordo com Fredie Didier e Leonardo Cunha, há previsão legal expressa neste sentido, através do §6º do art. 4º da lei de federal 8.437/92 que possui a seguinte redação: "A interposição do agravo de instrumento contra liminar concedida nas ações movidas contra o Poder Público e seus agentes não prejudica nem condiciona o julgamento do pedido de suspensão a que se refere este artigo". Para estes autores: "a leitura desse texto conduz a três inexoráveis conclusões :a) permite-se expressamente a interposição simultânea de agravo e do pedido de suspensão da segurança contra decisões liminares; b) esta permissão, por força do quanto prescrito na Lei Federal n. 4.348/64, aplica-se ao mandado de segurança; c) prevê-se, pois, explicitamente, o cabimento do

da Constitucional 45/04, especialmente depois que passou à competência da Justiça do Trabalho as ações relativas às penalidades administrativas impostas aos empregadores pelos órgãos de fiscalização das relações de trabalho (art. 114, VII da Constituição Federal).

Assim, terá a doutrina e jurisprudência que se debruçar sobre esta polêmica situação, eis que o agravo regimental, remédio normalmente utilizado nestes casos, somente é admitido quando o Mandado de Segurança é de competência originária dos Tribunais (ver item 13.8.5.2).

Pensamos que, nesse caso, a melhor solução será admitir o Agravo de Instrumento, aplicando-se, supletivamente, o art. 4º, §6º, da Lei 8.437/92. Até porque, como sinaliza o inciso II da Instrução Normativa 16/99 do TST, este recurso está "limitado no seu cabimento, no Processo do Trabalho, aos despachos que denegarem a interposição de recurso", porque, nestes casos, não há necessidade de juntada de peças para formação de novos autos.

Quanto a possuir ou não efeito suspensivo, pode-se concluir, a partir da leitura do §2º do art. 897 da CLT, que, em regra, é dotado de tal efeito, salvo se interposto contra decisão que não recebe agravo de petição.

13.8.5.1.1. Procedimento

O agravo de instrumento deve ser dirigido ao órgão judicial que trancou o recurso, no prazo de 08 dias, com as peças necessárias à formação do novo instrumento[231]. Ao receber o agravo, é facultado o juízo de retratação, permitindo, assim, ao Juiz que obstou o seguimento do recurso, a reforma de sua decisão.

Este agravo será julgado pelo órgão judicial que seria competente para conhecer o recurso que foi trancado.

As peças quando se tratar de processo físico devem ser juntadas com o Agravo, no mesmo prazo, em cópias autenticadas ou declaradas autênticas por seu patrono (art. 830 da CLT).

---

agravo contra a decisão liminar em mandado de segurança." In Curso de Direito Processual Civil. Salvador: Juspodivm, 2006.

231. Art. 897 da CLT – Cabe agravo, no prazo de 8 (oito) dias:

§ 5º Sob pena de não conhecimento, as partes promoverão a formação do instrumento do agravo de modo a possibilitar, caso provido, o imediato julgamento do recurso denegado, instruindo a petição de interposição:

I – obrigatoriamente, com cópias da decisão agravada, da certidão da respectiva intimação, das procurações outorgadas aos advogados do agravante e do agravado, da petição inicial, da contestação, da decisão originária, do depósito recursal referente ao recurso que se pretende destrancar, da comprovação do recolhimento das custas e do depósito recursal a que se refere o § 7º do art. 899 desta Consolidação;

II – facultativamente, com outras peças que o agravante reputar úteis ao deslinde da matéria de mérito controvertida.

O TST[232] tem sido muito severo, neste último caso, entendendo que a declaração de autenticidade não pode ser firmada pela própria parte, já que este ato se constitui, por lei, uma prerrogativa exclusiva do advogado, mas o STF já firmou entendimento contrário, concluindo que:

> I – [...] A juntada pelo agravante de cópias de peças dos autos principais vale pela afirmação da autenticidade delas, sob a responsabilidade pessoal do advogado, que o agravado só poderá destruir – também sob a responsabilidade do seu advogado –, mediante contestação específica da autenticidade de qualquer delas. 2. É que se trata – não da reprodução de um documento qualquer, colhido alhures – mas de cópias de peças contidas nos autos principais do mesmo processo, ao qual terá acesso a parte contrária, juntamente com o instrumento do agravo, no prazo para a contraminuta. (AI-AgR 466032 / GO – GOIÁS, AG.REG.NO AGRAVO DE INSTRUMENTO, Relator(a): Min. SEPÚLVEDA PERTENCE, Julgamento: 19/08/2004 Órgão Julgador: Primeira Turma, Publicação: DJ 18-03-2005 PP-00047 EMENT VOL-02184-06 PP-01253).

Bezerra Leite[233] lembra que não cabe Agravo de Instrumento "das decisões que denegarem seguimento ao recurso de embargos no TST, pois neste caso o recurso adequado é o agravo regimental".

O julgamento do agravo deve abordar apenas a decisão que obstou seguimento ao recurso. Contudo, entendendo o Tribunal pelo provimento, deverá prosseguir o julgamento do recurso principal indevidamente trancado – art. 1.019 do CPC[234-235] – daí porque deve a parte interessada juntar

---

232. AGRAVO DE INSTRUMENTO. FORMAÇÃO DEFICIENTE. DECLARAÇÃO DE AUTENTICIDADE DAS PEÇAS FIRMADA PELA PRÓPRIA PARTE. DESATENDIMENTO DAS REGRAS CONTIDAS NO ART. 544, §1º, DO CPC E NO INCISO IX DA IN 16/TST. Declaração firmada pela própria parte atestando a autenticidade das cópias apresentadas para formação do instrumento, não atende a exigência legal. O art. 544, §1º, do CPC e o inciso IX da IN 16/TST, autorizam exclusivamente o advogado e sob a sua responsabilidade pessoal a prerrogativa para a prática de tal ato. Precedente da c. SBDI1/TST, nos autos do E-RR-487/2000-027-01-40.7, publicado no DJU de 22/10/2004, p. 536, da lavra do Ministro Carlos Alberto Reis de Paula Agravo de Instrumento não conhecido. (ST-AIRR-1909/2003-077-03-40.0 – Ac. 3ª Turma – Relator Juiz Convocado Ricardo Machado – DJ 04.03.2005)

233. LEITE, Bezerra. Curso de Direito Processual do Trabalho. 3ª edição. São Paulo: LTr, 2005. p. 628.

234. Art. 1.019 do CPC – Recebido o agravo de instrumento no tribunal e distribuído imediatamente, se não for o caso de aplicação do art. 932, incisos III e IV, o relator, no prazo de 5 (cinco) dias:

    I – poderá atribuir efeito suspensivo ao recurso ou deferir, em antecipação de tutela, total ou parcialmente, a pretensão recursal, comunicando ao juiz sua decisão;

    II – ordenará a intimação do agravado pessoalmente, por carta com aviso de recebimento, quando não tiver procurador constituído, ou pelo Diário da Justiça ou por carta com aviso de recebimento dirigida ao seu advogado, para que responda no prazo de 15 (quinze) dias, facultando-lhe juntar a documentação que entender necessária ao julgamento do recurso;

    III – determinará a intimação do Ministério Público, preferencialmente por meio eletrônico, quando for o caso de sua intervenção, para que se manifeste no prazo de 15 (quinze) dias.

235. IN 16/99. VII – Provido o agravo, o órgão julgador deliberará quanto ao julgamento do recurso destrancado, observando-se, daí em diante, o procedimento relativo a tal recurso, com designação de relator e de revisor, se for o caso.

todas as peças necessárias ao julgamento do Agravo e do recurso que foi trancado.

Como ressalta Wagner Giglio[236], "os Regimentos Internos dos Tribunais costumam vedar a sustentação oral e eliminar o revisor, em benefício da celeridade do julgamento".

É, portanto, imperioso, sob pena de não conhecimento do recurso, que a parte agravante também junte ou indique, quando cabíveis, todas as peças necessárias ao conhecimento do recurso principal – art. 897, §5º, da CLT. Cabe ressaltar, no entanto, que o CPC/15 prevê a permissão para que a parte junte a peça faltante ou supra qualquer vício que possa carretar na inadmissão do agravo, conforme disposição constante do §3º do art. 1.017.

Mantida a decisão denegatória, será a parte contrária notificada para apresentar contraminuta ao agravo e ao recurso principal, instruindo-a com as peças que considerar necessárias ao julgamento de ambos os recursos, encaminhando-se os autos para julgamento no Tribunal (art. 897, §6º, da CLT[237]).

Se for decidido pela procedência do agravo, haverá deliberação, por parte da Turma que o julgou, quanto à apreciação do recurso destrancado, utilizando-se, a partir daí, o procedimento relativo a este recurso (art. 897, §6º, da CLT).

13.8.5.1.2. Peculiaridades

Este recurso tem algumas peculiaridades.

A primeira diz respeito ao Juízo de Admissibilidade. Nesta hipótese, como sustentava Valentin Carrion[238], "o Juízo agravado não se permite obstar o seguimento do Agravo de Instrumento. Tal competência é exclusiva do Tribunal que deveria apreciar o recurso denegado (CPC/73, art. 524 – art. 1.016 do CPC/15). A rejeição é lícita somente em caso excepcional de flagrante erro grosseiro ou litigância de má-fé".

A segunda diz respeito à possibilidade de retratação. Ao receber o Agravo, o Juiz que negou o seguimento ao recurso poderá reformar sua decisão e dar prosseguimento ao remédio trancado – art. 1.018, §1º, do CPC[239].

---

236. GIGLIO, Wagner D Direito Processual do Trabalho. 12 ed. São Paulo: Saraiva, 2002. p.457.

237. Art. 897, §6º, da CLT – O agravado será intimado para oferecer resposta ao agravo e ao recurso principal, instruindo-a com as peças que considerar necessárias ao julgamento de ambos os recursos.

238. CARRION, Valentin. Comentários à Consolidação das Leis do Trabalho. 29ª ed., São Paulo: São Paulo, 2004, p. 776.

239. Art. 1.018 do CPC – O agravante poderá requerer a juntada, aos autos do processo, de cópia da petição do agravo de instrumento, do comprovante de sua interposição e da relação dos documentos que instruíram o recurso.

Até a edição da Lei 12.275/2010, o Agravo de Instrumento dispensava o preparo – IN 16/99, XI[240] do TST– mesmo porque este recurso não se volta contra uma decisão condenatória.

No entanto, aquele novel diploma legal modificou os arts. 897, §5º, I e 899, §7º, da CLT[241], de modo a tornar obrigatório o recolhimento de depósito recursal, correspondente a 50% (cinquenta por cento) do valor do depósito

---

§ 1º Se o juiz comunicar que reformou inteiramente a decisão, o relator considerará prejudicado o agravo de instrumento.

§ 2º Não sendo eletrônicos os autos, o agravante tomará a providência prevista no caput, no prazo de 3 (três) dias a contar da interposição do agravo de instrumento.

§ 3º O descumprimento da exigência de que trata o § 2º, desde que arguido e provado pelo agravado, importa inadmissibilidade do agravo de instrumento.

240. IN 16/99 do TST, XI – O agravo de instrumento não requer preparo.

241. Art. 897 da CLT – Cabe agravo, no prazo de 8 (oito) dias: (Redação dada pela Lei nº 8.432, de 1992)

a) de petição, das decisões do Juiz ou Presidente, nas execuções; (Redação dada pela Lei nº 8.432, de 1992)

b) de instrumento, dos despachos que denegarem a interposição de recursos. (Redação dada pela Lei nº 8.432, de 1992)

§ 1º – O agravo de petição só será recebido quando o agravante delimitar, justificadamente, as matérias e os valores impugnados, permitida a execução imediata da parte remanescente até o final, nos próprios autos ou por carta de sentença. (Redação dada pela Lei nº 8.432, de 1992)

§ 2º – O agravo de instrumento interposto contra o despacho que não receber agravo de petição não suspende a execução da sentença. (Redação dada pela Lei nº 8.432, de 1992)

§ 3º Na hipótese da alínea a deste artigo, o agravo será julgado pelo próprio tribunal, presidido pela autoridade recorrida, salvo se se tratar de decisão de Juiz do Trabalho de 1ª Instância ou de Juiz de Direito, quando o julgamento competirá a uma das Turmas do Tribunal Regional a que estiver subordinado o prolator da sentença, observado o disposto no art. 679, a quem este remeterá as peças necessárias para o exame da matéria controvertida, em autos apartados, ou nos próprios autos, se tiver sido determinada a extração de carta de sentença. (Redação dada pela Lei nº 10.035, de 2000)

§ 4º – Na hipótese da alínea b deste artigo, o agravo será julgado pelo Tribunal que seria competente para conhecer o recurso cuja interposição foi denegada. (Incluído pela Lei nº 8.432, de 1992)

§ 5º Sob pena de não conhecimento, as partes promoverão a formação do instrumento do agravo de modo a possibilitar, caso provido, o imediato julgamento do recurso denegado, instruindo a petição de interposição: (Incluído pela Lei nº 9.756, de 1998)

I – obrigatoriamente, com cópias da decisão agravada, da certidão da respectiva intimação, das procurações outorgadas aos advogados do agravante e do agravado, da petição inicial, da contestação, da decisão originária, do depósito recursal referente ao recurso que se pretende destrancar, da comprovação do recolhimento das custas e do depósito recursal a que se refere o § 7º do art. 899 desta Consolidação; (Redação dada pela Lei nº 12.275, de 2010)

II – facultativamente, com outras peças que o agravante reputar úteis ao deslinde da matéria de mérito controvertida. (Incluído pela Lei nº 9.756, de 1998)

§ 6º O agravado será intimado para oferecer resposta ao agravo e ao recurso principal, instruindo-a com as peças que considerar necessárias ao julgamento de ambos os recursos. (Incluído pela Lei nº 9.756, de 1998)

do recurso ao qual se pretende destrancar, no momento da interposição do agravo de instrumento.

Caso, entretanto, o agravo de instrumento tenha a finalidade de destrancar recurso de revista que se insurge contra decisão que contraria a jurisprudência uniforme do Tribunal Superior do Trabalho, consubstanciada nas suas súmulas ou em orientação jurisprudencial, não haverá obrigatoriedade de se efetuar o depósito recursal, conforme §8º, do art. 899, da CLT.

Sobre essa dispensa do depósito recursal, Leonardo Moraes de Souza Ferreira Silva observa que "o legislador buscou, ao criar a hipótese de dispensabilidade do depósito recursal, resguardar não apenas a consolidação da jurisprudência uniforme do TST, mas também equilibrar o antes mitigado acesso do pequeno empresário ao poder judiciário quando da interposição do agravo de instrumento[242]".

Com efeito, o Tribunal Superior do Trabalho regulamentou esta nova exigência legal através da Resolução n° 168, que alterou a Instrução Normativa n° 03 de 1993, já tendo, inclusive, se pronunciado quanto à sua natureza jurídica, dispondo que "não tem natureza jurídica de taxa de recurso, mas de garantia do juízo recursal"[243].

13.8.5.1.3. Posição dos Tribunais Trabalhistas

Considerando a importância do agravo de instrumento, seguem abaixo as Orientações Jurisprudenciais do Tribunal Superior do Trabalho que tratam do recurso:

> OJ 283 da SDI-1 do TST – AGRAVO DE INSTRUMENTO. PEÇAS ESSENCIAIS. TRASLADO REALIZADO PELO AGRAVADO. VALIDADE (DJ 11.08.2003)

---

§ 7º Provido o agravo, a Turma deliberará sobre o julgamento do recurso principal, observando-se, se for o caso, daí em diante, o procedimento relativo a esse recurso. (Incluído pela Lei nº 9.756, de 1998)

§ 8º Quando o agravo de petição versar apenas sobre as contribuições sociais, o juiz da execução determinará a extração de cópias das peças necessárias, que serão autuadas em apartado, conforme dispõe o § 3º, parte final, e remetidas à instância superior para apreciação, após contraminuta. (Incluído pela Lei nº 10.035, de 2000)

242. SILVA, Leonardo Moraes de Souza Ferreira. Da obrigatoriedade do depósito nos agravos de instrumento em recurso de revista. In: MELO FILHO, Luiz Philippe de; DUTRA, Renata Queiroz. Recurso de revista e agravo de instrumento: teoria e prática da lei n. 13.015/2014. São Paulo: Editora LTr, 2017, p. 125.

243. IN 03/93 do TST – I – Os depósitos de que trata o art. 40, e seus parágrafos, da Lei n.º 8.177/1991, com a redação dada pelo art. 8º da Lei n.º 8.542/1992, e o depósito de que tratam o §5º, I, do art. 897 e o §7º do art. 899, ambos da CLT, com a redação dada pela Lei n.º 12.275, de 29/6/2010, não têm natureza jurídica de taxa de recurso, mas de garantia do juízo recursal, que pressupõe decisão condenatória ou executória de obrigação de pagamento em pecúnia, com valor líquido ou arbitrado.

É válido o traslado de peças essenciais efetuado pelo agravado, pois a regular formação do agravo incumbe às partes e não somente ao agravante.

OJ 286 da SDI-1 do TST – AGRAVO DE INSTRUMENTO. TRASLADO. MANDATO TÁCITO. ATA DE AUDIÊNCIA. CONFIGURAÇÃO (alterada – Res. 167/2010, DEJT divulgado em 30.04.2010 e 03 e 04.05.2010)

I – A juntada da ata de audiência, em que consignada a presença do advogado, desde que não estivesse atuando com mandato expresso, torna dispensável a procuração deste, porque demonstrada a existência de mandato tácito.

II – Configurada a existência de mandato tácito fica suprida a irregularidade detectada no mandato expresso.

13.8.5.2. Agravo regimental

Esta modalidade de recurso não contava com regulamentação procedimental veiculada em lei, possuindo tão somente previsão nos regimentos internos dos Tribunais Regionais e do Tribunal Superior do Trabalho. Disso decorria o fato de não haver uniformidade nos procedimentos adotados.

Com a entrada em vigor do Código de Processo Civil de 2015, este tipo de recurso passou a ser previsto e regulamentado no art. 1.021[244], aplicável subsidiariamente ao processo do trabalho, entendimento endossado pelo art. 3º, XXIX, da Instrução Normativa 39/16 do TST[245].

---

244. Art. 1.021 do CPC – Contra decisão proferida pelo relator caberá agravo interno para o respectivo órgão colegiado, observadas, quanto ao processamento, as regras do regimento interno do tribunal.

§ 1º Na petição de agravo interno, o recorrente impugnará especificadamente os fundamentos da decisão agravada.

§ 2º O agravo será dirigido ao relator, que intimará o agravado para manifestar-se sobre o recurso no prazo de 15 (quinze) dias, ao final do qual, não havendo retratação, o relator levá-lo-á a julgamento pelo órgão colegiado, com inclusão em pauta.

§ 3º É vedado ao relator limitar-se à reprodução dos fundamentos da decisão agravada para julgar improcedente o agravo interno.

§ 4º Quando o agravo interno for declarado manifestamente inadmissível ou improcedente em votação unânime, o órgão colegiado, em decisão fundamentada, condenará o agravante a pagar ao agravado multa fixada entre um e cinco por cento do valor atualizado da causa.

§ 5º A interposição de qualquer outro recurso está condicionada ao depósito prévio do valor da multa prevista no § 4o, à exceção da Fazenda Pública e do beneficiário de gratuidade da justiça, que farão o pagamento ao final.

245. Art. 3º da IN 39/2016 do TST – Sem prejuízo de outros, aplicam-se ao Processo do Trabalho, em face de omissão e compatibilidade, os preceitos do Código de Processo Civil que regulam os seguintes temas:

(...)

XXIX – art. 1021 (salvo quanto ao prazo do agravo interno).

Acrescente-se a isso que é perfeitamente admitido em vários dispositivos estanques da Legislação Trabalhista, a exemplo do art. 709, §1º, da CLT[246] e nos arts 2º, II, d[247] e 3º, III[248] da Lei 7.701/88.

Para Wagner Giglio[249], este recurso é cabível "contra as decisões do juiz corregedor e dos juízes relatores que denegarem processamento a ações rescisórias e a concessão de liminares em mandado de segurança e medidas cautelares; e cabe, finalmente, contra os despachos de Juiz relator que denegarem prosseguimento a recursos".

Assim, é cabível, por exemplo, para recorrer de decisões monocráticas denegatórias de recursos no TST, contra decisões dos Tribunais Trabalhistas que deferem ou indeferem liminares ou a própria petição inicial[250], seja em Mandado de Segurança, Ação Rescisória ou Ação Cautelar.

No Regimento Interno do TRT da 5ª Região, encontramos previsão para a utilização do agravo regimental no art. 228[251], no prazo de 8 dias.

---

246. Art. 709 da CLT– Compete ao Corregedor, eleito dentre os Ministros togados do Tribunal Superior do Trabalho:

    §1º – Das decisões proferidas pelo Corregedor, nos casos do artigo, caberá o agravo regimental, para o Tribunal Pleno.

247. Lei n. 7.701/88 – Art. 2º – Compete à seção especializada em dissídios coletivos, ou seção normativa: [...] II – em última instância julgar: [...] d) os embargos de declaração opostos aos seus acórdãos e os agravos regimentais pertinentes aos dissídios coletivos.

248. Lei n. 7701/88 – Art. 3º – Compete à Seção de Dissídios Individuais julgar: [...] III – em última instância: [...] c) os agravos regimentais de despachos denegatórios dos Presidentes das Turmas, em matéria de embargos, na forma estabelecida no Regimento Interno;

249. GIGLIO, Wagner D. *Direito Processual do Trabalho.* 12ª edição. São Paulo: Saraiva, 2002. p. 467.

250. TST. SDI-2. OJ 69. FUNGIBILIDADE RECURSAL. INDEFERIMENTO LIMINAR DE AÇÃO RESCISÓRIA OU MANDADO DE SEGURANÇA. RECURSO PARA O TST. RECEBIMENTO COMO AGRAVO REGIMENTAL E DEVOLUÇÃO DOS AUTOS AO TRT. Inserida em 20.09.00

    Recurso ordinário interposto contra despacho monocrático indeferitório da petição inicial de ação rescisória ou de mandado de segurança pode, pelo princípio de fungibilidade recursal, ser recebido como agravo regimental. Hipótese de não conhecimento do recurso pelo TST e devolução dos autos ao TRT, para que aprecie o apelo como agravo regimental.

251. Art. 228 do Regimento Interno do TRT 5ª Região – Cabe agravo regimental, no prazo de 8 (oito) dias, a contar da ciência ou intimação:

    I – dos despachos ou decisões do Presidente e do Vice-Presidente do Tribunal, dos Presidentes do Órgão Especial, das Seções e das Turmas ou dos Relatores, contrários às disposições regimentais;

    II – dos despachos ou decisões do Corregedor Regional ou Vice-Corregedor Regional que violem expressa disposição legal ou regimental;

    III – das decisões dos Relatores a que se referem os incisos XIV e XV do artigo 137 deste Regimento, bem como das que decretarem a extinção dos processos que lhes tenham sido distribuídos, concederem ou denegarem liminares em mandado de segurança ou ação cautelar e decidirem sobre pedido de antecipação de tutela;

    IV – do despacho do Presidente do Tribunal que indeferir recurso administrativo;

    V – do despacho do Corregedor Regional que cancele ou negue homologação a portaria, aviso, ordem de serviço ou ato de Juiz Titular de Vara do Trabalho;

    VI – do despacho do Juízo de Conciliação de Segunda Instância que negue homologação a acordo.

Já no Tribunal Superior do Trabalho, o agravo encontra disciplina no art. 265 do RITST, no prazo de 8 dias, contra decisão dos Presidentes do Tribunal e das Turmas, do Vice-Presidente, do Corregedor-Geral da Justiça do Trabalho ou de relator, pela parte que se considerar prejudicada. O prazo é fixado por cada Tribunal e oscila entre cinco e oito dias. O TRT da 5ª Região (art. 228 do seu Regimento Interno) seguiu a mesma diretriz do TST e estabeleceu prazo de 8 dias, o que é mais prudente, diante da regra geral fixada pelo art. 6º da Lei 5.584/70[252].

Não há necessidade de preparo, e a doutrina, a exemplo de Bezerra Leite[253], entende que é permitido o juízo de retratação e que não há necessidade de contrarrazões.

O agravo deve ser processado nos autos principais, salvo se houver previsão contrária no Regimento Interno dos Tribunais, segundo a orientação da OJ 132 da SDI-I do TST[254].

13.8.5.3. Agravo de petição

É o recurso cabível contra decisões definitivas ou terminativas proferidas no curso do processo de execução trabalhista. É disciplinado pelo art. 897 da CLT.

O art. 897, alínea "a" da CLT[255] prevê o cabimento deste recurso em face "das decisões do juiz ou presidente, nas execuções".

Tece considerações sobre o assunto Wagner Giglio[256] e ressalta que:

> Como as decisões interlocutórias são irrecorríveis, entende-se que somente as sentenças ensejam esse agravo, tais como as que julgam subsistente ou insubsistente a penhora, rejeitam ou acolhem embargos de terceiros. Admite-se o agravo, ainda, contra a sentença que julga não provados os artigos de liquidação. A Lei n. 1.060, de 5 de fevereiro de 1950, finalmente, determinou o cabimento do agravo de petição contra a decisão que denegar a concessão de assistência judiciária gratuita (art. 17).

O Agravo de Petição, como qualquer outro recurso de natureza trabalhista, segue a regra geral e não é admitido contra decisões interlocutórias,

252. Lei 5.584/70 – Art. 6º – Será de 8 (oito) dias o prazo para interpor e contra-arrazoar qualquer recurso (CLT, art. 893).

253. LEITE, Bezerra. *Curso de Direito Processual do Trabalho.* 3 ed. São Paulo: LTr, 2005. p. 637.

254. TST. SDI-1. OJ 132. AGRAVO REGIMENTAL. PEÇAS ESSENCIAIS NOS AUTOS PRINCIPAIS. Inserida em 27.11.98: Inexistindo lei que exija a tramitação do agravo regimental em autos apartados, tampouco previsão no Regimento Interno do Regional, não pode o agravante ver-se apenado por não haver colacionado cópia de peças dos autos principais, quando o agravo regimental deveria fazer parte dele.

255. Art. 897 da CLT – Cabe agravo, no prazo de 8 (oito) dias: a) de petição, das decisões do Juiz ou Presidente, nas execuções; [...]

256. *Direito Processual do Trabalho.* 12ª edição. São Paulo: Saraiva, 2002. p. 466.

salvo se terminativas do feito, como, por exemplo, aquela que julga provados os artigos de liquidação.

Assim, por exemplo, a decisão que julga a impugnação de cálculos prevista no procedimento do art. 879, §2º da CLT[257], não é recorrível de imediato, já a decisão que acolhe uma exceção de pré-executividade é, via de regra, recorrível, ante seu cunho terminativo.

O prazo é de 08 dias e não há necessidade de efetivação de depósito recursal, que somente deverá ser recolhido em caráter complementar se houver elevação de valor do débito – Súmula n° 128[258].

Outro importante pressuposto específico do agravo de petição é a delimitação de matéria e valores objeto deste recurso – art. 897, §1º,[259] da CLT.

O objetivo do legislador em exigir a indicação de planilha de cálculo e a delimitação da matéria foi, sem dúvida, permitir o imediato recebimento do crédito incontroverso, evitando, com isso, agravos meramente protelatórios.

Nesse sentido, o TST editou a Súmula 416, deixando claro não ofende direito líquido e certo o ato judicial que determinar o prosseguimento da execução em relação às matérias que não foram delimitadas no Agravo:

> Súmula 416 do TST – MANDADO DE SEGURANÇA. EXECUÇÃO. LEI Nº 8.432/1992. ART. 897, § 1º, DA CLT. CABIMENTO (conversão da Orientação Jurisprudencial nº 55 da SBDI-2) – Res. 137/2005, DJ 22, 23 e 24.08.2005

---

257. Art. 879 da CLT – Sendo ilíquida a sentença exeqüenda, ordenar-se-á, previamente, a sua liquidação, que poderá ser feita por cálculo, por arbitramento ou por artigos.

    §2º – Elaborada a conta e tornada líquida, o Juiz poderá abrir às partes prazo sucessivo de 10 (dez) dias para impugnação fundamentada com a indicação dos itens e valores objeto da discordância, sob pena de preclusão.

258. SUM-128 do TST – DEPÓSITO RECURSAL (incorporadas as Orientações Jurisprudenciais nºs 139, 189 e 190 da SBDI-1) – Res. 129/2005, DJ 20, 22 e 25.04.2005

    I – É ônus da parte recorrente efetuar o depósito legal, integralmente, em relação a cada novo recurso interposto, sob pena de deserção. Atingido o valor da condenação, nenhum depósito mais é exigido para qualquer recurso. (ex-Súmula nº 128 – alterada pela Res. 121/2003, DJ 21.11.03, que incorporou a OJ nº 139 da SBDI-1 – inserida em 27.11.1998)

    II – Garantido o juízo, na fase executória, a exigência de depósito para recorrer de qualquer decisão viola os incisos II e LV do art. 5º da CF/1988. Havendo, porém, elevação do valor do débito, exige-se a complementação da garantia do juízo. (ex-OJ nº 189 da SBDI-1 – inserida em 08.11.2000)

    III – Havendo condenação solidária de duas ou mais empresas, o depósito recursal efetuado por uma delas aproveita as demais, quando a empresa que efetuou o depósito não pleiteia sua exclusão da lide. (ex-OJ nº 190 da SBDI-1 – inserida em 08.11.2000)

259. Art. 897 da CLT – Cabe agravo, no prazo de 8 (oito) dias:

    §1º – O agravo de petição só será recebido quando o agravante delimitar, justificadamente, as matérias e os valores impugnados, permitida a execução imediata da parte remanescente até o final, nos próprios autos ou por carta de sentença.

> Devendo o agravo de petição delimitar justificadamente a matéria e os valores objeto de discordância, não fere direito líquido e certo o prosseguimento da execução quanto aos tópicos e valores não especificados no agravo. (ex-OJ nº 55 da SBDI-2 – inserida em 20.09.2000)

É preciso ter atenção, apenas, quando a discussão girar **exclusivamente** em torno de matéria jurídica, quando não é necessária a delimitação de valores possíveis, inexistindo, neste caso, execução definitiva da quantia não controvertida.

Embora esta exigência tenha por objetivo permitir a execução imediata e definitiva do valor incontroverso, os Tribunais Trabalhistas, em alguns julgados[260], têm observado este pressuposto também nos agravos dos exequentes (reclamantes), contrariando o espírito da lei.

Este recurso confere, com relação à matéria e aos valores controvertidos, efeito suspensivo, constituindo-se uma exceção à regra geral de efeito meramente devolutivo aos recursos no Processo do Trabalho.

Com efeito, quando o §1º do art. 897 da CLT permitiu apenas "a execução imediata da parte remanescente até o final", acabou por conceder efeito suspensivo ao agravo, pois a matéria e os valores discutidos através deste recurso impedem o levantamento do crédito ou alienação dos bens que garantem a execução.

Esta não é, contudo, a posição majoritária da doutrina. Sérgio Pinto Martins[261], por exemplo, sustenta que:

> [...] o agravo de petição não terá efeito suspensivo, pois não mais se fala em sobrestamento do feito. Permite-se, todavia, a execução imediata da parte que não foi objeto do recurso, ou seja, a execução definitiva, até o final, nos próprios autos ou por carta de sentença (parte final do §1º do art. 897 da CLT), o que mais justifica a inexistência do efeito suspensivo ou do sobrestamento do feito.

---

260. "No caso em tela, o acórdão embargado não conheceu do agravo de petição interposto pela reclamante, em razão de afronta ao §1º do art.897 consolidado, que exige delimitação de matéria e valores impugnados, uma vez que, em 03/11/2005, data de protocolização do apelo, a ora embargante, embora tenha delimitado as matérias objeto de sua irresignação, limitou-se a repetir as contas de liquidação, que atualizavam o débito exeqüendo até 11/11/2004.

Assim, insatisfeito o pressuposto de delimitação de valores, consubstanciado no §1º do art. 897 consolidado, restou obstado o conhecimento do agravo de petição.

Ressalto que o legislador ao impor a exigência da delimitação de valores não fez ressalva para o caso em que o agravante é o exeqüente, de modo que não cabe ao intérprete fazê-la. E onde a lei não distingue, não cabe ao julgador fazê-lo.

E, acerca da matéria, entendo que a regra contida no supracitado artigo, no que diz respeito à delimitação de valores, implica na exigência de planilha devidamente atualizada até a data de protocolização do agravo de petição." (TRT – 5ª Região. ACÓRDÃO Nº 18.527/06, 4ª. TURMA, EMBARGOS DE DECLARAÇÃO Nº 00246-1993-014-05-00-5-ED).

261. MARTINS, Sérgio Pinto. *Direito Processual do Trabalho: doutrina e prática forense; modelos de petições, recursos, sentenças e outros.* 23 ed. São Paulo: Atlas, 2005. p. 455.

Para Wagner Giglio[262]:

> "O recurso não tem efeito suspensivo, pois a Lei n. 8432/92, já referida, coibiu a irregularidade, anteriormente praticada, de serem enviados os autos principais ao Tribunal, com o recurso de agravo deles autuado, o que causava a suspensão do procedimento de execução. Agora, de acordo com a nova redação dada ao §3º do art. 897 da CLT, tornou-se imperativo que o juiz remeta ao Tribunal, junto com o agravo de petição, "as peças necessárias para o exame da matéria controvertida, em autos apartados, ou nos próprios autos, se tiver determinado a extração de carta de sentença', para nesta ter prosseguimento a execução".

Ora, se é requisito para a interposição do agravo a garantia do Juízo, e os bens penhorados não podem ser alienados, está implícito, a nosso ver, o efeito suspensivo.

262. GIGLIO, Wagner D. *Direito Processual do Trabalho*. 12ª edição. São Paulo: Saraiva, 2002. p. 452-453.

Capítulo

14

EXECUÇÃO TRABALHISTA

14.1. INTRODUÇÃO

Executar, no sentido jurídico, significa exigir do devedor o cumprimento de uma obrigação prevista em um título. Mas só as obrigações estabelecidas em títulos executivos, judiciais e extrajudiciais, são exigíveis, consoante art. 786 do CPC[1], de aplicação subsidiária no Processo do Trabalho.

E é a lei quem confere aos títulos em geral o *status* executório, como, por exemplo, os arts. 876 da CLT[2] e 784 do CPC[3], tornando reconhecido o direito e a obrigação decorrente.

---

1. Art. 786 do CPC – A execução pode ser instaurada caso o devedor não satisfaça a obrigação certa, líquida e exigível consubstanciada em título executivo.
   Parágrafo único. A necessidade de simples operações aritméticas para apurar o crédito exequendo não retira a liquidez da obrigação constante do título.
2. Art. 876 da CLT – As decisões passadas em julgado ou das quais não tenha havido recurso com efeito suspensivo; os acordos, quando não cumpridos; os termos de ajuste de conduta firmados perante o Ministério Público do Trabalho e os termos de conciliação firmados perante as Comissões de Conciliação Prévia serão executada pela forma estabelecida neste Capítulo.
   Parágrafo único. A Justiça do Trabalho executará, de ofício, as contribuições sociais previstas na alínea a do inciso I e no inciso II do caput do art. 195 da Constituição Federal, e seus acréscimos legais, relativas ao objeto da condenação constante das sentenças que proferir e dos acordos que homologar.
3. Art. 784 do CPC – São títulos executivos extrajudiciais:
   I – a letra de câmbio, a nota promissória, a duplicata, a debênture e o cheque;
   II – a escritura pública ou outro documento público assinado pelo devedor;
   III – o documento particular assinado pelo devedor e por 2 (duas) testemunhas;
   IV – o instrumento de transação referendado pelo Ministério Público, pela Defensoria Pública, pela Advocacia Pública, pelos advogados dos transatores ou por conciliador ou mediador credenciado por tribunal;
   V – o contrato garantido por hipoteca, penhor, anticrese ou outro direito real de garantia e aquele garantido por caução;
   VI – o contrato de seguro de vida em caso de morte;
   VII – o crédito decorrente de foro e laudêmio;
   VIII – o crédito, documentalmente comprovado, decorrente de aluguel de imóvel, bem como de encargos acessórios, tais como taxas e despesas de condomínio;
   IX – a certidão de dívida ativa da Fazenda Pública da União, dos Estados, do Distrito Federal e dos Municípios, correspondente aos créditos inscritos na forma da lei;
   X – o crédito referente às contribuições ordinárias ou extraordinárias de condomínio edilício, previstas na respectiva convenção ou aprovadas em assembleia geral, desde que documentalmente comprovadas;
   XI – a certidão expedida por serventia notarial ou de registro relativa a valores de emolumentos e demais despesas devidas pelos atos por ela praticados, fixados nas tabelas estabelecidas em lei;
   XII – todos os demais títulos aos quais, por disposição expressa, a lei atribuir força executiva.
   § 1º A propositura de qualquer ação relativa a débito constante de título executivo não inibe o credor de promover-lhe a execução.
   § 2º Os títulos executivos extrajudiciais oriundos de país estrangeiro não dependem de homologação para serem executados.
   § 3º O título estrangeiro só terá eficácia executiva quando satisfeitos os requisitos de formação exigidos pela lei do lugar de sua celebração e quando o Brasil for indicado como o lugar de cumprimento da obrigação.

Conforme leciona Fredie Didier, a execução pode ocorrer de forma espontânea, "quando o devedor cumpre voluntariamente a prestação", ou forçada, "quando o cumprimento da prestação é obtido por meio da prática de atos executivos pelo Estado".

Mas somente o Judiciário, através do poder delegado pelo Estado, tem como exigir que o devedor cumpra, forçadamente, a obrigação estabelecida em um título executivo.

Nessa difícil missão de fazer cumprir as suas decisões e as obrigações previstas em títulos executivos, o Estado-Juiz deve valer-se de seu poder coercitivo, invadindo, quando necessário, o patrimônio do devedor.

14.2. AUTONOMIA

Neste tópico discorreremos se existe a autonomia da execução trabalhista defendida por parte da doutrina à luz das alterações promovidas pela lei 11.232/2005 e mantidas, no particular, pelo Código de Processo Civil de 2015.

Com efeito, a lei 11.232/2005, dentre outras mudanças, alterou o conceito de sentença que, mas, mais do que corrigir a sua deficiência terminológica até então existente, pretendeu o legislador, também, oferecer uma maior celeridade ao processo.

A sentença deixou de ser, então, um ato do juiz que põe termo ao processo. A redação do art. 162, §1º CPC/73, passou a dispor que sentença "é o ato do juiz que implica alguma das situações previstas nos artigos 267 e 269 desta lei".

Como ressalta Fredie Didier, "após essa alteração legislativa, é preciso compreender a sentença como ato que encerra o procedimento nas fases de conhecimento ou de execução; a sentença encerra a 1ª instância".

A reforma foi compreensível, pois, de fato, o processo só está encerrado com o cumprimento da obrigação pelo devedor, depois de esgotados os recursos cabíveis.

Com isso, a execução civil deixou de ser um processo autônomo, passando a ser uma mera fase, uma sequência, do processo de conhecimento.

Nas palavras de Bezerra Leite:

> A principal característica do processo sincrético repousa, *in casu*, na substituição do processo autônomo de execução de sentença por quantia certa por uma simples fase do processo de conhecimento.

No mesmo sentido, o art. 203, §1º, do CPC/15, é claro ao definir a sentença como "pronunciamento por meio do qual o juiz, com fundamento nos arts. 485 e 487, põe fim à fase cognitiva do procedimento comum, bem como extingue a execução", mantendo, assim, o procedimento sincrético no processo civil.

No Processo do Trabalho, mesmo considerando o fato da sentença ser executada nos mesmos autos e perante a mesma Vara onde tramitou o processo de conhecimento, ainda há quem entenda que a execução é um processo autônomo.

Nesta seara, para que seja deflagrada a execução, basta que alguém legitimado requeira, perante o próprio Juízo que julgou o processo de conhecimento e nos mesmos autos, através de simples petição, que o devedor seja citado para cumprir sua obrigação.

Vale assinalar o fato de o art. 878 da CLT conceder legitimidade, além das partes, ao próprio juiz para promover o início da execução nos casos em que o reclamante ou a reclamada não se encontrem assistidos por advogado.

Ainda assim, para uma parte da doutrina, o processo de execução seria autônomo, o que, a nosso ver, está equivocado, pois a execução trabalhista nada mais é que uma fase sequencial de cumprimento da sentença.

No Processo Civil, como relata Fredie Didier, "a execução dessas sentenças prescindia da instauração de um novo processo", mas "a Lei 11.232/2005 pretendeu eliminar o processo autônomo de execução de sentença", criando "a fase de cumprimento da sentença".

Assim, não há mais porque se considerar autônomo o processo de execução, já que o diploma processual civil, em busca de maior efetividade, mudou sua estrutura em busca de um processo mais célere.

Não é demais lembrar que qualquer resistência neste sentido encontrará óbice intransponível na diretriz fixada pela EC 45/04, qual seja a de acrescentar como direito fundamental "a razoável duração do processo e os meios que garantam a celeridade de sua tramitação" (art 5º, LXXVIII da CF/88).

No mesmo sentido, Mauro Schiavi entende que "diante dos novos rumos do processo civil ao abolir o processo de execução, e dos princípios constitucionais da duração razoável do processo e efetividade, consagrados pela EC n. 45/04, pensamos que não há mais motivos ou argumentos para sustentar a autonomia da execução no processo do trabalho"[4].

---

4. SCHIAVI, Mauro. Manual de Direito Processual do Trabalho. São Paulo: Editora LTr, 2018, p. 1118.

De qualquer modo, como nos adverte Fredie Didier, "toda execução realiza-se em um processo de execução, procedimento em contraditório, seja em um processo instaurado com esse objetivo, seja como fase de um processo sincrético".

14.3. COMPETÊNCIA

Em se tratando de títulos executivos judiciais, de acordo com o art. 877 da CLT, a competência para executar as decisões será do Juiz ou do Presidente do Tribunal que tiver conciliado ou julgado originariamente o dissídio.

Já nas ações de execução pautadas em títulos executivos extrajudiciais, as regras de competência, seja ela material, pessoal ou territorial, serão aquelas previstas para o processo de conhecimento, nos moldes do art. 877-A da CLT.

14.4. REQUISITOS PARA EXECUÇÃO

Os requisitos necessários para que se possa instaurar a execução trabalhista são os mesmos previstos no âmbito do processo civil e estão enumerados no art. 786 do CPC.

Desta forma, a execução só pode ser iniciada "caso o devedor não satisfaça a obrigação certa, líquida e exigível, consubstanciada em título executivo", sendo que "a necessidade de simples operações aritméticas para apurar o crédito exequendo não retira a liquidez da obrigação constante do título".

Portanto, em outras palavras, os requisitos são: o inadimplemento do devedor, a certeza, liquidez e exigibilidade da obrigação, que deve estar prevista em um título executivo.

De acordo com Moacir Amaral Santos, o título deve necessariamente expressar a certeza, a liquidez e a exigibilidade da obrigação que visa executar: "certeza diz respeito à existência da obrigação; liquidez corresponde à determinação do valor; exigibilidade tem o sentido de que a obrigação, que se executa, não depende de termo ou condição, nem está sujeita a quaisquer outras limitações".

O Código de Processo Civil dispõe de norma expressa neste sentido (art. 783 do CPC[5]), mas não parou por aí. Avançou para estabelecer a nulidade da execução iniciada sem a observância de tais requisitos, que pode

---

5. Art. 783 do CPC – A execução para cobrança de crédito fundar-se-á sempre em título de obrigação certa, líquida e exigível.

ser reconhecida pelo juiz de ofício ou a requerimento da parte (art. 803, I, do CPC[6]).

Assim, para dar-se início à execução, até para que o devedor possa adimplir sua obrigação, é imprescindível que a mesma seja líquida.

Lamentavelmente, diante do equivocado entendimento de que, no Processo do Trabalho, é possível, como sustenta a grande maioria da doutrina, a "interpenetração dos atos de acertamento e execução", essa não é a praxe trabalhista. No entanto, considerando que a questão é bastante complexa, nos debruçaremos sobre ela no "item 14.9" deste capítulo.

14.5. DOS TÍTULOS EXECUTIVOS

O título, na concepção jurídica, constitui um instrumento que contém a previsão de uma obrigação.

Humberto Theodoro Júnior, citando Carnelluti, afirma que:

> Para dar início à execução, portanto, o credor obrigatoriamente deverá estar de posse do título executivo que funciona, no espirituoso exemplo de CARNELLUTI, como o bilhete que o passageiro tem que apresentar ao cobrador para penetrar no trem antes da viagem.

Será executivo o "título a que a lei (segundo a forma e substância) atribui a qualidade de título executivo".

A lei confere essa qualidade a títulos obtidos judicialmente, frutos de um processo de conhecimento, e extrajudicialmente, assim considerados aqueles aos quais a lei dispensou tal etapa.

A Legislação Trabalhista, até o ano de 2000, somente contemplava a execução de títulos executivos judiciais. Todavia, depois da edição da Lei 9.958/2000, o art. 876, além dos títulos executivos judiciais, passou a incluir, também, os títulos executivos extrajudiciais.

14.5.1. Títulos Executivos Judiciais

São títulos executivos judiciais:

- as sentenças que transitaram em julgado;
- os acordos homologados judicialmente não cumpridos;

---

6. Art. 803 do CPC – É nula a execução se:
I – o título executivo extrajudicial não corresponder a obrigação certa, líquida e exigível;
II – o executado não for regularmente citado;
III – for instaurada antes de se verificar a condição ou de ocorrer o termo.
Parágrafo único. A nulidade de que cuida este artigo será pronunciada pelo juiz, de ofício ou a requerimento da parte, independentemente de embargos à execução.

- as sentenças ainda pendentes de recurso sem efeito suspensivo.

Neste último título, a execução é provisória, o que implica a sua suspensão após a penhora dos bens do executado, na forma do art. 899 da CLT.

14.5.2. Títulos Executivos Extrajudiciais

O art. 876 da CLT consagra, como títulos executivos extrajudiciais, o Termo de Conciliação firmado perante as Comissões de Conciliação Prévia (ver item 6.4.6.6 capítulo VI) e o Termo de Ajuste de Conduta firmado perante o Ministério Público do Trabalho.

Logo, se o empregado celebra um acordo na Comissão de Conciliação Prévia e este não é cumprido, pode o empregado ingressar com ação de execução, sem necessidade de uma fase prévia de conhecimento, exigindo do devedor o cumprimento da obrigação.

De igual modo, se descumprida a obrigação estabelecida no Termo de Ajuste de Conduta celebrado com o Ministério Público do Trabalho, o *Parquet* poderá executá-lo imediatamente, exigindo tanto o pagamento da multa estabelecida, como o cumprimento da obrigação ajustada, consubstanciada em uma ação ou omissão.

Assim, depois da edição da Lei 9.958/00, a discussão sobre o cabimento da execução de títulos executivos extrajudiciais, na Justiça do Trabalho, foi ultrapassada.

Outra polêmica em relação ao assunto dizia respeito à possibilidade de se permitir a execução dos demais título elencados no Código de Processo Civil, como, por exemplo, o cheque sem fundo, a nota promissória e o termo de transação extrajudicial não submetido à homologação.

Uma parte da doutrina acredita que os títulos executivos extrajudiciais previstos no CPC não podiam ser aplicados supletivamente ao Processo do Trabalho, por entenderem ser o rol do art. 876 da CLT taxativo.

A outra parte da doutrina, por seu turno, consagrou o entendimento de que o rol mencionado no art. 876 da CLT é meramente exemplificativo, permitindo, desta forma, a inclusão dos demais títulos executivos extrajudiciais, desde que compatíveis com o contrato de trabalho.

Considerando os princípios de proteção ao hipossuficiente, da celeridade e da economia processual, que enquanto princípios têm como escopo auxiliar o Juiz na interpretação da norma, entendemos que tanto o empregador quanto o empregado podem se valer dos títulos executivos extrajudiciais previstos no art. 784 do CPC, de modo a ingressar imediatamente com ação de execução.

Com a entrada em vigor do Código de Processo Civil de 2015, o Tribunal Superior do Superior demonstrou um avanço em relação à matéria, apontando para um possível posicionamento futuro acerca da possibilidade das partes se valerem de todos os títulos executivos extrajudiciais elencados no art. 784 do CPC.

Dizemos isso porque a Instrução Normativa n. 39/2016, que regulamenta a aplicabilidade de alguns artigos do CPC ao processo do trabalho, estabeleceu em seu art. 13 que "o cheque e a nota promissória emitidos em reconhecimento de dívida inequivocamente de natureza trabalhista também são títulos extrajudiciais para efeito de execução perante a Justiça do Trabalho".

Por fim, vale lembrar que o art. 784, XII do CPC, estabelece, ainda, que serão títulos executivos judiciais "todos os demais títulos aos quais, por disposição expressa, a lei atribuir força executiva".

A Lei 9.307/96, que regulamenta a arbitragem como modo de solução de conflitos, estabelece, no seu art. 31, que: "A sentença arbitral produz, entre as partes e seus sucessores, os mesmos efeitos da sentença proferida pelos órgãos do Poder Judiciário e, sendo condenatória, constitui título executivo".

Assim, ultrapassada a discussão no tocante à possibilidade de utilização do mecanismo arbitral para solução dos conflitos trabalhistas, tema já tratado no item 6.2.2.1, resta induvidosa a inclusão deste título no rol daqueles que podem ser objeto de ação de execução na Justiça do Trabalho.

14.6. LEGISLAÇÃO SUPLETIVA APLICÁVEL

Se no processo de conhecimento trabalhista o legislador foi econômico quanto à previsão das regras processuais aplicáveis, sendo corriqueira a aplicação subsidiária do CPC, essa escassez ainda é maior quando se trata execução trabalhista.

Ciente das lacunas existentes, assim como ocorreu na fase de conhecimento, quando o legislador transferiu para o CPC a aplicação supletiva das regras processuais (artigo 769 da CLT), o diploma celetista também apontou a legislação específica a ser subsidiariamente aplicada na execução trabalhista. Nesta esteira, estabelece o art. 889 da CLT que:

> Aos trâmites e incidentes do processo da execução são aplicáveis, naquilo em que não contravierem ao presente Título, os preceitos que regem o processo dos executivos fiscais para a cobrança judicial da dívida ativa da Fazenda Pública Federal.

A eleição, portanto, foi da aplicação da Lei 6.830/80 – Lei de Executivos Fiscais (LEF) – em caso de omissão na CLT, valendo, também nesse caso, a regra de compatibilidade das normas supletivas com os princípios e procedimentos do processo do trabalho, conforme exige a parte final do art. 769 da CLT.

De qualquer modo, como a LEF também não é completa, permanecendo eventualmente lacuna, imperiosa a aplicação do CPC também na fase de execução, como autoriza o art. 769 da CLT e o art. 1º da LEF.

A única exceção à regra do art. 889 está prevista no art. 882 da CLT, que elegeu a ordem de preferência para garantia da execução estabelecida no art. 835 do CPC, desprezando, por conseguinte, a gradação contida no artigo 11 da Lei 6.830/80.

14.6.1. Lei 6.830/80 e sua aplicação no Processo do Trabalho

Neste item, iremos apontar e interpretar os principais dispositivos constantes na LEF e compatíveis com o processo do trabalho.

14.6.1.1. Sujeitos passivos da execução – artigo 4º

A CLT não indica o rol dos sujeitos passivos da execução, de modo que é preciso socorrer-se no art. 4º da LEF. Assim, além do devedor, podem responder pela obrigação: o fiador; o espólio; a massa falida; o responsável, nos termos da lei, por dívidas, tributárias ou não, de pessoas físicas ou pessoas jurídicas de direito privado e os sucessores, a qualquer título.

O inciso V do artigo em comento merece destaque, eis que nos remete a um tema que sempre foi bastante polêmico no direito processual do trabalho: a responsabilidade dos sócios pelas execuções trabalhistas.

Note-se que o sócio, de modo específico, não foi incluído em nenhum dos incisos do art. 4º, de modo que, anteriormente, para exigir-lhe o adimplemento da obrigação, seria preciso encontrar, na lei, tal diretriz.

Pois bem, no §2º do dispositivo em destaque, o legislador, a exemplo do que se fez na CLT, elegeu as normas de aplicação supletiva à LEF, quais sejam: o CTN, o **Código Civil** e o Código Comercial.

No que tange à responsabilidade civil, o Código Civil é, a nosso ver, o diploma que deve regular a questão, haja vista tratar eminentemente de Direito Civil.

Desta primeira premissa, podemos extrair uma importante conclusão: não há espaço, porquanto não há permissivo legal, para se aplicar as regras do Código de Defesa do Consumidor e, mais precisamente, o artigo 28, que trata da desconsideração da pessoa jurídica.

Entretanto, não é essa a posição do TST, que tem aplicado a teoria menor consagrada no CDC, autorizando a desconsideração da personalidade jurídica da empresa na hipótese de insuficiência de patrimônio da empresa para arcar com o crédito do reclamante:

> EXECUÇÃO. TEORIA DA DESCONSIDERAÇÃO DA PERSONALIDADE JURÍDICA DO EMPREGADOR. RESPONSABILIDADE DE EX-SÓCIO. 1. **Justifica-se a incidência da teoria da desconsideração da personalidade jurídica do devedor quando caracterizado o descumprimento das obrigações decorrentes do contrato de emprego e a falta de bens suficientes da empresa executada para satisfação das obrigações trabalhistas**. Correta a constrição dos bens do recorrente, tendo em vista sua condição de ex-sócio do executado durante a relação de emprego do autor, bem como a inexistência de patrimônio da empresa executada capaz de garantir a execução. 2. Agravo de instrumento não provido. (TST – AIRR: 1406402020055020027 140640-20.2005.5.02.0027, Relator: Lelio Bentes Corrêa, Data de Julgamento: 28/08/2013, 1ª Turma, Data de Publicação: DEJT 06/09/2013)

Por fim, veja-se que, no §1º, foi estabelecida a responsabilidade solidária do "síndico, o comissário, o liquidante, o inventariante e o administrador" no caso de alienarem algum bem sem a satisfação dos credores trabalhistas e tributários.

14.6.1.2. Petição Inicial – artigo 6º

Até o ano 2000, não era necessária uma petição inicial para deflagrar a execução no processo do trabalho.

Entretanto, a partir da edição da Lei 9.958/2000, passou a ser possível a execução de títulos executivos extrajudiciais na seara laboral, e, para tanto, será necessária a elaboração de uma petição inicial, a qual deverá observar os requisitos indicados no art. 6º da LEF.

14.6.1.3. Citação – artigo 8º

No que tange à citação, a CLT traz regra específica sobre o tema no seu art. 880. Sendo assim, apenas os §§1º e 2º do art. 8º da LEF poderão ser supletivamente aplicados.

Digno de nota é o fato de a prescrição mencionada no §2º ser a intercorrente. Consequentemente, não basta que o credor requeira o início da execução, devendo ficar atento ao despacho do Juiz, uma vez que, nos termos do novo art. 11-A da CLT, ocorre a prescrição intercorrente no prazo de dois anos.

14.6.1.4. Garantia da Execução – artigo 9º

As garantias passíveis de serem apresentadas na execução encontram-se elencadas no art. 9º da LEF. Observe-se que, de acordo com o §3º do referido dispositivo, a carta de fiança equipara-se ao depósito em dinheiro. Neste caso, é possível que o devedor, apresentando-a, impeça ordem de bloqueio de suas contas bancárias.

Este é, inclusive, o entendimento consolidado no TST, através da OJ nº 59 da SDI-2, *in verbis*:

OJ-SDI2-59 MANDADO DE SEGURANÇA. PENHORA. CARTA DE FIANÇA BANCÁRIA. SEGURO GARANTIA JUDICIAL (nova redação em decorrência do CPC de 2015) – Res. 209/2016, DEJT divulgado em 01, 02 e 03.06.2016

A carta de fiança bancária e o seguro garantia judicial, desde que em valor não inferior ao do débito em execução, acrescido de trinta por cento, equivalem a dinheiro para efeito da gradação dos bens penhoráveis, estabelecida no art. 835 do CPC de 2015 (art. 655 do CPC de 1973).

O Superior Tribunal de Justiça entendeu, no julgamento do recurso Especial 1116647, que o juiz não pode recusar carta de fiança no intuito de determinar penhora sobre numerário em conta corrente, pois fere o princípio da menor onerosidade para o executado, consubstanciado no art. 620 do CPC/73 (atual art. 805 do CPC/15). Veja-se a ementa da mencionada decisão:

PROCESSO CIVIL. PENHORA. OFERECIMENTO DE CARTA DE FIANÇA. REJEIÇÃO. PENHORA SOBRE FATURAMENTO. PRINCÍPIO DA MENOR ONEROSIDADE. 1. Ao julgar o REsp Repetitivo 1.112.943/MA, o STJ pacificou seu entendimento de que, após a vigência da Lei 11.382/2006, para o deferimento de penhora sobre aplicações financeiras do executado não é necessário esgotar, preliminarmente, todas as diligências para localizar outros bens passíveis de constrição. 2. Na hipótese em que o devedor ofereceu, no regime anterior à Lei 11.382/2006, fiança bancária como penhora para garantia de vultoso débito, que ultrapassa a casa de um milhão de reais, é necessário que o juízo atue com parcimônia, para que não inviabilize o exercício do direito de defesa ou o desempenho de atividade econômica pelo devedor. 3. Conquanto o regime das Leis 11.232/2005, 11.280/2006 e 11.386/2006 tenha atribuído mais força ao Estado em sua intervenção sobre o patrimônio do devedor, não resta revogado o princípio da menor onerosidade disciplinado no art. 620 do CPC. Não é possível rejeitar o oferecimento de fiança bancária para garantia de execução meramente com fundamento em que há numerário disponível em conta corrente para penhora. 4. A Lei Civil atribui, ao devedor, a possibilidade de substituição da penhora por 'fiança bancária ou seguro garantia judicial, em valor não inferior ao débito, mais 30% (trinta por cento)' (art. 656, §2º, do CPC). 5. A restrição de aceitação de fiança bancária como garantia apenas ao processo de execução fiscal sempre se fundamentou no fato de que tal garantia era específica aquela modalidade de processo. Hoje, contudo, a fiança bancária, bem como o seguro bancário, encontram também previsão no Código de Processo Civil. 6. A paralisação de recursos, em conta corrente, superiores a R$ 1.000.000,00 gera severos prejuízos a qualquer empresa que atue em ambiente competitivo.7. Recurso especial parcialmente conhecido e, nessa parte, provido para o fim de autorizar o oferecimento de Carta de Fiança pelo devedor, desde que esta cubra a integralidade do débito mais 30%.

O Tribunal Superior do Trabalho também adota tal entendimento, conforme se extrai da seguinte decisão:

MANDADO DE SEGURANÇA. CABIMENTO. EXECUÇÃO DEFINITIVA. PENHORA. CARTA DE FIANÇA BANCÁRIA. POSSIBILIDADE. A jurisprudência desta Corte é pacífica ao considerar que a fiança bancária equivale a dinheiro para

> efeitos da gradação prevista no artigo 655 do Código de Processo Civil. Assim, a rejeição da indicação de carta de fiança à penhora judicial e determinação de que esta recaia em numerário existente em conta corrente fere direito líquido e certo da Executada, tendo em vista o disposto no artigo 620 do Código de Processo Civil. Incidência do entendimento consubstanciado no item nº 59 da Orientação Jurisprudencial da SBDI-2. Processo: ROAG – 97800-79.1993.5.17.0000 Data de Julgamento: 24/08/2004, Relator Ministro: Emmanoel Pereira, Subseção II Especializada em Dissídios Individuais, Data de Publicação: DJ 24/09/2004.

Após a reforma realizada na legislação pela lei n. 13.467/2017, a CLT passou a contar com dispositivo próprio prevendo a possibilidade de substituição do depósito recursal, que tem natureza jurídica de garantia da execução, por fiança bancária ou seguro garantia judicial (art. 899, §11, da CLT).

Além disso, o art. 882 da CLT, passou a estabelecer que "O executado que não pagar a importância reclamada poderá garantir a execução mediante depósito da quantia correspondente, atualizada e acrescida das despesas processuais, apresentação de seguro-garantia judicial ou nomeação de bens à penhora, observada a ordem preferencial estabelecida no art. 835 do CPC".

Se o executado optar pelo depósito em dinheiro, deverá fazê-lo, necessariamente, em uma das agências da Caixa Econômica Federal ou do Banco do Brasil, colocando o montante devido à disposição do juiz, e em conta que assegure a atualização monetária, consoante determina o art. 32 da LEF.

Nos termos do inciso IV do art. 9º da LEF, é possível que o devedor indique à garantia bens oferecidos por terceiros e aceitos pela Fazenda Pública, desde que concorde o exequente e o cônjuge, se este for o caso. Nesta situação, o terceiro será intimado para remir o bem ou pagar o valor da dívida, caso não sejam apresentados embargos à execução, ou os mesmos sejam rejeitados (art. 19 da LEF).

A regra contida no §4º do mesmo dispositivo, segundo a qual "o depósito em dinheiro, na forma do artigo 32, faz cessar a responsabilidade pela atualização monetária e juros de mora", é de aplicação bastante polêmica no processo do trabalho.

A doutrina majoritária entende que o referido dispositivo é inaplicável, justificando que a execução trabalhista é regulada, em primeiro lugar, pelos preceitos contidos na Consolidação das Leis do Trabalho e pelas **leis específicas** que a complementam, de modo que a Lei nº 6.830/80 aplica-se apenas supletivamente, por permissão do art. 889 da CLT, e, ainda assim, desde que presente o requisito da compatibilidade.

Pois bem, considerando-se que a Lei nº 8.177/1991, bem como o art. 883 da CLT tratam, **especificamente**, da aplicação dos juros e da correção monetária nos débitos trabalhistas, não haveria, para aquela corrente, omissão nas leis trabalhistas (celetistas e especiais) a justificar a incidência da Lei 6.830/80.

Assim, o posicionamento majoritário conclui que, em se tratando de juros de mora, apenas cabe a aplicação do art. 39, §1º, da Lei 8.177/91.

Discordamos da posição majoritária explanada, por não vislumbrar qualquer choque entre os dispositivos.

Com efeito, o §4º do artigo 9º da LEF não exclui e tampouco altera os critérios definidos pela Lei 8.177/91, uma vez que apenas fixa um marco limitador à aplicação dos juros de mora, dispondo que a contagem se encerra com o depósito do valor em dinheiro.

O art. 39 da LEF, por sua vez, apenas traz o termo inicial da contagem, qual seja o ajuizamento da reclamação trabalhista, não trazendo em sua dicção qualquer indicação de um termo final para a aplicação dos juros, motivo pelo qual inexiste, a nosso ver, qualquer conflito entre as normas.

14.6.1.5. Pedido de remoção do bem penhorado – artigo 11, §3º

Embora a ordem preferencial de penhora estabelecida no art. 11 não seja aplicada em razão do artigo 882 da CLT, encontramos, no §3º, uma regra supletivamente aplicável, que assegura ao exequente requerer, a qualquer tempo, a remoção dos bens penhorados.

14.6.1.6. Intimação do cônjuge – artigo 12, §2º

De acordo com o dispositivo em epígrafe, o qual também entendemos harmonioso com o processo do trabalho, deve o juiz, sempre que a penhora recair sobre bem imóvel, providenciar cientificar o cônjuge quanto ao gravame, a fim de que este possa resguardar a sua meação.

Entretanto, a meação, não obstará a alienação do bem. Neste caso, de acordo com o art. 843 do CPC, se o bem for indivisível, a meação recairá sobre "o produto da alienação do bem".

Por outro lado, o executado somente poderá indicar bem imóvel para eventual substituição da penhora com autorização do cônjuge (art. 847, §3º, do CPC).

14.6.1.7. Avaliação dos bens penhorados – artigo 13

Depois de muito tempo, o CPC (art. 870 do CPC) adotou o mesmo procedimento existente na CLT desde 1968 (art. 721 da CLT), através da Lei 5.442/68, quando transferiu para os oficiais de justiça a incumbência de avaliar os bens objeto da penhora.

De qualquer sorte, estabeleceu o legislador, com prudência, que, "caso sejam necessários conhecimentos técnicos especializados", poderá o juiz nomear um avaliador, que terá prazo não superior a 10 dias para entregar um laudo (art. 870, § único, do CPC). Compreendemos que esta possibilidade também pode ser adotada no processo trabalhista, sempre que para a avaliação de um bem forem necessários conhecimentos técnicos.

Assim, no processo do trabalho, o oficial de justiça também é encarregado da avaliação dos bens penhorados. No entanto, a CLT não estabelece o momento oportuno à realização daquele ato, limitando-se a determinar, em seu art. 886, §2º, que a avaliação tem lugar após a decisão definitiva proferida na execução, julgando subsistente a penhora.

Entretanto, este não é o procedimento que tem sido realmente verificado nas execuções trabalhistas, eis que, na prática, as avaliações são feitas quando da lavratura do auto de penhora, graças à regra estabelecida no *caput* do art. 13 da LEF.

Entendemos, ainda, que os demais parágrafos do art. 13 da LEF[7] também podem ser aplicados supletivamente, na hipótese de impugnação, pelo executado ou pela Fazenda Pública, da avaliação feita pelo oficial de justiça.

14.6.1.8. Registro da penhora – artigo 14

O art. 14 da LEF dispõe acerca da necessidade de o Oficial de Justiça proceder ao registro da penhora no órgão competente, tão logo seja lavrado o auto de penhora ou arresto, podendo o exequente trabalhista requerer essa diligência com fulcro naquele dispositivo.

Digno de nota que o art. 7º, IV, do mesmo diploma considera que o despacho do juiz que defere a inicial da execução já importa, dentre outras ordens, em determinação para que seja realizado o referido registro.

14.6.1.9. Substituição da penhora – artigo 15

O art. 15 da LEF, perfeitamente aplicável ao processo do trabalho, assegura ao executado a prerrogativa de substituir a penhora de algum bem, a qualquer momento, independentemente da anuência do exequente, desde que a substitua por dinheiro ou carta de fiança.

Por outro lado, é possível inferir que também ao credor resta assegurado requerer a substituição, a qualquer tempo.

---

7. Art. 13 da LEF – O termo ou auto de penhora conterá, também, a avaliação dos bens penhorados, efetuada por quem o lavrar.

§ 1º – Impugnada a avaliação, pelo executado, ou pela Fazenda Pública, antes de publicado o edital de leilão, o Juiz, ouvida a outra parte, nomeará avaliador oficial para proceder a nova avaliação dos bens penhorados.

§ 2º – Se não houver, na Comarca, avaliador oficial ou este não puder apresentar o laudo de avaliação no prazo de 15 (quinze) dias, será nomeada pessoa ou entidade habilitada a critério do Juiz.

§ 3º – Apresentado o laudo, o Juiz decidirá de plano sobre a avaliação.

No entanto, a regra em análise deve ser aplicada em sintonia com o *princípio da execução menos gravosa* (art. 805 do CPC), de modo que o pedido do credor, especialmente quando objetivar substituir algum bem por dinheiro, deverá ser analisado com cautela, de modo a evitar prejuízos desnecessários ao devedor.

14.6.1.10. Embargos à execução – artigos 16, 18 e 20

Os embargos à execução também são supletivamente regulamentados pela Lei 6.830/80, especificamente em seu art. 16, salvo no que tange ao prazo para sua apresentação, que é de 05 (cinco) dias, conforme orientação expressa no *caput* do art. 884 da CLT.

Feita essa ressalva, o dispositivo em comento é plenamente aplicável, de modo que o quinquídio para apresentação dos embargos inicia sua contagem 24 horas após a ocorrência de quaisquer dos eventos elencados nos incisos do art. 16 da LEF (realização do depósito judicial; juntada – protocolo – da carta de fiança ou seguro garantia nos autos; ou intimação da penhora).

A regra estabelecida no §1º do art. 16 é igualmente aplicável à execução trabalhista, salvo na hipótese de não existirem bens suficientes para a garantia da execução.

Nesta situação, cabe ao juiz suspender o curso do processo executório até que sejam "encontrados bens sobre os quais possa recair a penhora", nos termos do art. 40 da LEF, que segue a mesma linha do art. 921, III, do CPC.

Não sendo oferecidos os embargos, o exequente poderá se manifestar sobre a garantia da execução (art. 18 da LEF).

Nos termos do art. 20 da LEF, é facultado ao executado apresentar embargos à execução no juízo deprecado, quando, então, serão encaminhados ao juízo deprecante para instrução e julgamento, salvo na hipótese do parágrafo único do referido dispositivo.

Isso não significa, no entanto, que o executado esteja impedido de oferecer seus embargos no juízo deprecante, uma vez que a intenção do legislador se mostrou no sentido de facilitar a defesa do executado.

A cautela, entretanto, recomenda que se apresentem os embargos no juízo deprecado, a fim de evitar riscos desnecessários.

Cumpre registrar que, não obstante a técnica exigir a aplicação supletiva do art. 20 da LEF, é comum, na prática, advogados e juízes aplicarem a regra do art. 914, §2º, do CPC.

14.6.1.11. Leilão global ou em lotes – artigo 23, §1º

A previsão contida no §1º do art. 23 é bastante salutar, e supletivamente aplicável na seara trabalhista, na medida em que pode servir de facilitador do êxito do leilão, ao permitir que a alienação dos bens penhorados seja feita englobadamente ou em lotes.

Note-se que, embora sob a égide do CPC/73 houvesse diferença entre praça e leilão, sendo o primeiro utilizado para as hipóteses de bens imóveis e o segundo para os casos de bens móveis, o CPC/15 deixou de utilizar a expressão praça, de modo que leilão passou a se referir tanto aos bens imóveis como aos bens móveis.

14.6.1.12. Adjudicação – artigo 24

No processo do trabalho, o procedimento de adjudicação deve ocorrer até antes da lavratura do auto de arrematação. No entanto, a CLT apenas se refere à matéria ao conferir ao exequente, em seu art. 888, §1º, um direito de preferência, omitindo-se quanto ao procedimento a ser seguido.

Diante disso, o art. 24 da Lei 6.830/80 deve ser o responsável por regular a adjudicação no processo do trabalho.

De acordo com o referido dispositivo, a adjudicação será deferida pelo valor da avaliação, se requerida antes da hasta pública ou, depois, se não houver licitante. No caso de aparecerem licitantes, a adjudicação somente será deferida pelo valor do maior lanço apresentado.

A norma em comento ainda concede, ao exequente, o prazo 30 dias para o exercício do seu direito de preferência. Neste sentido, ressalta Humberto Theodoro Júnior que "findo o leilão e certificada a ocorrência nos autos, o juiz, salvo expressa anuência da exeqüente, não deverá autorizar a entrega dos bens ao arrematante, nem expedir-lhe a carta de arrematação, senão depois do prazo conferido".

Na prática, entretanto, esse não tem sido o procedimento adotado na execução trabalhista, que, tão logo findo o leilão, entrega ao licitante a carta de arrematação, sem aguardar os 30 dias estabelecidos pela lei.

14.6.1.13. Reunião de ações – artigo 28

A reunião de processos contra um mesmo devedor é uma medida supletivamente aplicável à execução trabalhista, prevista no art. 28 da LEF, e será eficaz na hipótese da empresa devedora não dispor de bens suficientes para garantir a satisfação do crédito das ações em curso, ou quando possuir apenas um único bem para garantir todas as execuções.

No entanto, importa agir com cautela, somente deferindo a medida em situações extremas, já que a reunião das ações implicará em vários inconvenientes.

14.6.1.14. Privilégios do crédito trabalhista – artigos 29 e 30

Por força dos artigos 29 e 30 da LEF, o crédito trabalhista goza de algumas prerrogativas que asseguram e servem de reforço à futura satisfação do direito do credor, o que se mostra plenamente compatível com o princípio da proteção ao hipossuficiente, norte do Direito do Trabalho.

Assim, o crédito, objeto da execução, não se sujeita a concurso de credores ou habilitação em falência, concordata, liquidação, inventário ou arrolamento, bem como se vincula à satisfação do direito a totalidade dos bens e rendas do devedor, sem distinção, excetuando-se apenas aqueles que a lei declara absolutamente impenhoráveis.

14.6.1.15. Dispensa do revisor – artigo 35

Nos processos submetidos ao rito sumaríssimo, por força do art. 895, §1º, II, da CLT, já se adota a dispensa da audiência de revisor, faculdade esta que poderá ser igualmente aplicada na fase executória dos processos submetidos ao rito ordinário, em razão de idêntico permissivo consolidado no art. 35 da LEF.

14.6.1.16. Suspensão da execução – artigo 40

O art. 40 da LEF encontra terreno fértil para aplicação no processo do trabalho, pois não são raras as vezes em que não se consegue localizar o devedor ou seus bens para garantir a execução.

A suspensão da execução pode ser declarada de ofício pelo juiz, sendo que, após o transcurso de um ano em que o processo se encontre suspenso, se o devedor e o credor não indicarem bens, o juiz determinará o arquivamento dos autos. Entretanto, restou assegurado que tão logo seja encontrado o devedor ou seus bens, será determinado o desarquivamento dos autos.

Veja-se, ainda, que o §4º do dispositivo em epígrafe, inserido na Lei 6.830/80 somente no ano de 2004, e, portanto, após a edição da Súmula 114, do TST, trata expressamente da possibilidade de declaração da prescrição intercorrente, antecipando a mesma diretriz que acabou sendo manifestada pela Lei 11.280/2006 ao alterar o art. 219 do CPC/73, com previsão similar, atualmente, no art. 332, §1º, do CPC/2015.

Sobre o tema da aplicabilidade da prescrição intercorrente no Processo do Trabalho, remetemos à leitura do item 14.12.2.2, letra c.

Outra possibilidade de suspensão da execução tem lugar no art. 969 do CPC (art. 489 do CPC/73, com alteração perpetrada pela Lei 11.280 de 2006), que apenas consolidou posicionamento abraçado pela jurisprudência, pois esta já admitia a suspensão da execução quando requerida, em sede de liminar, nas petições iniciais de ações rescisórias ou na fase recursal, mesmo durante a vigência da redação anterior do referido dispositivo.

Com efeito, muito antes, a Súmula 405 do TST já estabelecia o permissivo, *in verbis*:

> AÇÃO RESCISÓRIA. TUTELA PROVISÓRIA (nova redação em decorrência do CPC de 2015) – Res. 208/2016, DEJT divulgado em 22, 25 e 26.04.2016
>
> Em face do que dispõem a MP 1.984-22/2000 e o art. 969 do CPC de 2015, é cabível o pedido de tutela provisória formulado na petição inicial de ação rescisória ou na fase recursal, visando a suspender a execução da decisão rescindenda.

14.7. ESPÉCIES DE EXECUÇÃO

No que tange às espécies, a execução pode ser: definitiva ou provisória.

A execução será definitiva quando o título executivo não estiver pendente de recurso recebido sem efeito suspensivo. Vale dizer, quando não existir nenhuma pendência que comprometa a certeza e a exigibilidade do título que se pretende executar. Nestes casos, o Estado pode exercitar, inclusive *ex officio,* o seu poder coercitivo, com o objetivo de obrigar o devedor ao cumprimento de sua obrigação.

As decisões que já transitaram em julgado, os acordos judiciais homologados e não cumpridos, assim como os títulos executivos extrajudiciais, permitem a execução definitiva da obrigação.

Por outro lado, será provisória a execução do título executivo judicial objeto de recurso recebido apenas no seu efeito devolutivo, regra geral no processo do trabalho, a teor do art. 899 da CLT. Neste caso, a execução segue todos os trâmites até a penhora dos bens do devedor, sendo vedado qualquer ato de alienação.

Aqui, vale uma ressalva: somente os títulos executivos judiciais são passíveis de execução provisória.

A execução provisória será processada em autos apartados, devendo o exequente interessado apresentar as peças autenticadas indicadas no art. 522 do CPC[8], além de outras que sejam necessárias, permitindo o trâmite concomitante do julgamento do recurso e da execução provisória.

---

8. Art. 522 do CPC – O cumprimento provisório da sentença será requerido por petição dirigida ao juízo competente.

   Parágrafo único. Não sendo eletrônicos os autos, a petição será acompanhada de cópias das seguintes peças do processo, cuja autenticidade poderá ser certificada pelo próprio advogado, sob sua responsabilidade pessoal:

   I – decisão exequenda;

   II – certidão de interposição do recurso não dotado de efeito suspensivo;

Entendemos que os arts. 520, IV e 521 do CPC, não se aplicam ao Processo do Trabalho, eis que incompatíveis com a regra prevista no art. 899 da CLT, que apenas permite a execução provisória até a penhora.

Com isso, proibiu expressamente o legislador qualquer ato de alienação e, pior ainda, de liberação do montante penhorado.

14.8. LEGITIMIDADE

A regra geral, estabelecida pelo CPC (art. 778), firma como legitimados para promover a execução: o credor, o Ministério Público e os interessados identificados, como, por exemplo, o espólio, os herdeiros e sucessores.

No Processo Trabalhista, o art. 878 e o parágrafo único do art. 876 admitem que o Juiz também inicie a execução. A primeira regra é uma faculdade, já que a norma estabelece que a execução "poderá" ser promovida pelo Juiz, que somente terá lugar quando as partes não estiverem representadas por advogados. No segundo caso, tratando-se de execução de contribuições previdenciárias devidas em decorrência de decisão condenatória, proferida em pecúnia, ou de acordos homologados não cumpridos, a atuação de ofício do Juiz é obrigatória.

Cumpre, desde logo, ressaltar que a Lei 11.457/2007, que pretendeu incluir, no bojo da execução, as contribuições previdenciárias nos casos acima transcritos, não pode ser aplicada, pois colide frontalmente com o art. 114, VIII da CF, que apenas permitiu aos Juízes do Trabalho a execução de ofício "decorrentes das sentenças que proferir".

Este, aliás, já era o entendimento consagrado na Súmula 368, I do TST, o que não se altera, a nosso ver, com a edição da referida lei. Tanto que, posteriormente, com a reforma trabalhista – lei 13.467/2017, aperfeiçoou-se a redação do parágrafo único do art. 876 para constar expressamente que "a Justiça do Trabalho executará, de ofício, as contribuições sociais previstas na alínea a do inciso I e no inciso II do caput do art. 195 da Constituição Federal, e seus acréscimos legais, relativas ao objeto da condenação constante das sentenças que proferir e dos acordos que homologar".

14.9. LIQUIDAÇÃO DE SENTENÇA

Inicialmente, é de bom alvitre destacar que poucas regras do Código de Processo Civil em relação ao procedimento de liquidação da sentença se

---

III – procurações outorgadas pelas partes;

IV – decisão de habilitação, se for o caso;

V – facultativamente, outras peças processuais consideradas necessárias para demonstrar a existência do crédito.

aplicam à execução trabalhista, que já estabeleceu seu sistema próprio no artigo 879 da CLT.

Como já exposto no item 14.4 deste capítulo, um dos requisitos para o início da execução é que o título executivo seja líquido.

Com isso, exige-se, nas obrigações de pagar, que as parcelas deferidas tenham seu valor fixado pelo Juiz. É o que estabelece o art. 509 do CPC ao afirmar que "quando a sentença condenar ao pagamento de quantia ilíquida, proceder-se-á à sua liquidação, a requerimento do credor ou do devedor".

No Processo do Trabalho, lamentavelmente, a grande maioria das sentenças são ilíquidas, limitando-se o Juiz a atribuir, na sentença, um valor à causa, apenas para efeito de cálculo das custas e do depósito recursal eventualmente exigíveis para a interposição dos recursos cabíveis, por força dos arts. 789, §2º e 899, §2º, da CLT.

Nem mesmo no procedimento sumaríssimo, onde o autor está obrigado a apresentar petição inicial com pedidos líquidos (art. 852-B, I, CLT), o Juiz está obrigado a proferir sentença líquida.

Quando a sentença for ilíquida, o Juiz deve estabelecer o modo para sua liquidação, mas há entendimento predominante, na doutrina e na jurisprudência, de que o método liquidatório fixado na sentença não transita em julgado, devendo prevalecer o método mais célere possível, atendendo aos princípios da celeridade, proteção e economia processual.

Assim, se a sentença for ilíquida, o valor da causa atribuído não estabelece o montante total da obrigação decorrente das parcelas deferidas ao exequente e é fixado apenas para o cálculo das custas e depósito recursal. Neste caso, torna-se necessário liquidar a sentença, com o objetivo de definir o montante devido ao credor.

Nesse sentido, estabelece o art. 879 da CLT que, "sendo ilíquida a sentença exeqüenda, ordenar-se-á, previamente, a sua liquidação, que poderá ser feita por cálculo, por arbitramento ou por artigos".

É preciso, ainda, anotar que a diretriz estabelecida pelo art. 509, §1º, do CPC, pode ser perfeitamente aplicável no processo trabalhista. Com efeito, autoriza o referido dispositivo que "quando na sentença houver uma parte líquida e outra ilíquida, ao credor é lícito promover simultaneamente a execução daquela e, em autos apartados, a liquidação desta".

14.9.1. Liquidação da sentença – requisito prévio para início da execução

Conforme conceitua Humberto Theodoro, citando Amílcar de Castro, "a liquidação é o processo preparatório em que se determina o objeto da condenação, a fim de se dar ao vencido possibilidade de cumprir o julgado, e ao vencedor possibilidade de executá-lo depois de verificado o inadimplemento."

Sabe-se que a grande maioria das sentenças trabalhistas não apresentam valor líquido da obrigação ou dos pedidos deferidos, tornando necessária a liquidação do título, o que pode ser feito pelo Juiz, pela executada ou pelo autor, maior interessado.

Nosso trabalho abordará apenas a liquidação por cálculo de título executivo judicial no Processo do Trabalho, quando enfrentaremos uma espinhosa questão: a obrigatoriedade de uma liquidação como condição prévia indispensável para a execução.

Toda ação de execução pressupõe o inadimplemento de uma obrigação fixada em um título executivo, judicial ou extrajudicial. Para que a obrigação seja satisfeita é indispensável, ainda, que o título executivo seja líquido, certo e exigível, pois não seria sensato exigir de alguém o cumprimento de uma obrigação, se ainda não é possível satisfazê-la.

De acordo com Moacir Amaral Santos, o título deve, necessariamente, expressar certeza, liquidez e exigibilidade da obrigação que visa executar: "certeza diz respeito a existência da obrigação; liquidez corresponde a determinação do valor; exigibilidade tem o sentido de que a obrigação, que se executa, não depende de termo ou condição, nem está sujeita a outras limitações".

O Código de Processo Civil dispõe de norma expressa neste sentido – art. 783 do CPC, estabelecendo ainda que é nula a execução quando inobservados tais requisitos – art. 803, I, do CPC.

Assim, se um título que estabelece uma obrigação de pagar determinadas parcelas não é líquido, faz-se necessário uma fase prévia da execução, que é a liquidação do título, que pode ser por cálculo, artigos (pelo procedimento comum) ou arbitramento.

Vale ressaltar, neste particular, que o Código de Processo Civil de 2015 prevê expressamente apenas dois tipos de liquidação de sentença, por arbitramento e por procedimento comum (liquidação por artigos).

Isto porque, a condenação, nos termos do art. 786, parágrafo único, da legislação processual civil, "a necessidade de simples operações aritméticas para apurar o crédito exequendo não retira a liquidez da obrigação constante do título".

Assim, a sentença passa a ser considerada líquida quando condene ao pagamento de valor que possa ser determinado por simples cálculo, razão pela qual, nesses casos, o credor poderá promover o cumprimento da sentença independentemente da fase de liquidação (art. 509, §2º, do CPC). Essa alteração, entretanto, não afeta a sistemática processual de liquidação na seara trabalhista, na medida em que a CLT possui previsão própria em seu art. 879 de que a liquidação "poderá ser feita por cálculo, por arbitramento ou por artigos".

Conforme esclarece Mauro Schiavi, na esfera trabalhista "os cálculos, ordinariamente, são mais complexos que no processo civil, envolvendo parcelas de natureza diversas e, normalmente, cada parcela deferida tem repercussão em outras parcelas, o que justifica o procedimento da liquidação por cálculos de forma mais detalhada, como o faz o já referido art. 879 da CLT[9]".

No Processo do Trabalho, sabemos que a grande maioria da doutrina, a exemplo de Rodrigues Pinto, defende a possibilidade de iniciar a execução, mesmo que a sentença seja ilíquida, permitindo, como bem define o ilustre autor, "a interpenetração dos atos de acertamento e de constrição".

Tal conclusão está pautada na redação imprecisa e atécnica do §3º do art. 884 da CLT, quando dispõe que somente nos embargos à penhora o devedor poderá atacar a "sentença de liquidação".

Entenderam os conceituados doutrinadores, mesmo criticando a impropriedade técnica do referido dispositivo, que a "sentença de liquidação" seria o ato do Juiz que "homologa" a liquidação apresentada por uma das partes (via de regra, o autor).

A crítica se concentrou na utilização equivocada da palavra sentença, pois a natureza jurídica do ato homologatório está muito mais próxima de uma decisão interlocutória, já que, além de não ter cunho terminativo, admite sua discussão e reforma pelo mesmo órgão judicial.

A doutrina se encarregou, na verdade, de dar um sentido à norma, já que, em nenhum dispositivo legal se estabelece, de modo expresso, a faculdade do Juiz de proceder a "homologação" dos cálculos sem a manifestação da parte contrária.

Mesmo antes da Lei 8.432/92, que introduziu o §2º no art. 879 da CLT, já pensávamos que "sentença de liquidação" seria, efetivamente, a **decisão** proferida na fase prévia de liquidação, seja decorrente de cálculo, de artigos ou mesmo por arbitramento, pois, por ser interlocutória, poderia ser discutida e até mesmo reformada pelo mesmo órgão judicial.

Não compreendíamos como um simples "ato homologatório" poderia ser considerado uma "sentença" ou mesmo uma decisão de liquidação, sem se assegurar o contraditório à parte contrária. Como se poderia conferir liquidez ao título ou se proferir uma decisão sem que a parte contrária tivesse oportunidade de se manifestar?

9. SCHIAVI, Mauro. Manual de Direito Processual do Trabalho. São Paulo: Editora Ltr, 2018, p. 1096.

Defenderemos nossa posição amparados em duas linhas de fundamentação. A primeira decorre de interpretação da própria CLT e a segunda pautada nas garantias asseguradas através da Constituição Federal.

14.9.1.1. Da Ordem imperativa do art. 879, **caput**, *da CLT*

Com efeito, o *caput* do art. 879 da CLT estabelece, de modo bastante claro, que, "sendo ilíquida a sentença exeqüenda, **ordenar-se-á, previamente,** a sua liquidação" (destaques nossos).

Mesmo com essa regra imperativa, que está em sintonia com os requisitos básicos para uma ação de execução, entendia a grande maioria da doutrina que a liquidação prévia seria facultativa, em razão da aparente condição alternativa constante no §2º do mesmo dispositivo.

Concordamos historicamente ao longo das edições deste manual que o Legislador, para variar, foi infeliz e impreciso na redação, causando celeuma ao consignar que "elaborada a conta e tornada líquida, o Juiz **poderá** abrir vistas às partes no prazo preclusivo de 10 dias para impugnação".

A utilização dessa condição facultativa "poderá" fez com que prevalecesse, o entendimento de que existem dois procedimentos que regem o processo de execução trabalhista, ficando ao livre arbítrio do Juiz escolher aquele que, sob sua ótica, é o mais adequado.

De acordo com essa posição, que era seguida por quase toda doutrina e jurisprudência, **é possível que os atos de acertamento, que objetivam liquidar a sentença, possam acontecer simultaneamente com a execução, o que somente possibilitará ao devedor discutir a liquidação após a penhora de seus bens, que, agora, após a celebração do convênio Bacen Jud é, na maioria das vezes, em dinheiro.**

Este entendimento, na nossa opinião, sempre esteve equivocado.

Se no *caput* do art. 879 o legislador emitiu uma ordem que "sendo **ilíquida** a sentença **ordenar-se-á, previamente**, sua liquidação", não podemos admitir que este procedimento seja alternativo, principalmente quando esta condição facultativa é fruto de interpretação de parágrafo do mesmo dispositivo.

Quando o legislador estabeleceu que "o Juiz poderá abrir às partes prazo de 10 dias", não teve por intenção tornar a regra estabelecida peremptoriamente no *caput* alternativa, o que seria contraditório e hermeneuticamente incorreto.

Ora, a diretriz estabelecida em um determinado parágrafo não pode contrariar a regra estabelecida no *caput* do artigo a que está vinculado. Não podemos interpretar o *caput* à luz do seu parágrafo. O mais correto, a nosso ver, é o inverso, já que no *caput* se estabelece a regra principal.

A palavra *caput* tem sua origem no latim e significa cabeça, devendo, pois, guiar a compreensão do corpo do artigo. O *caput* traz a ideia principal, sendo desenvolvida posteriormente pelos incisos, parágrafos e alíneas.

A celeuma, entretanto, foi pacificada com a correção da redação do §2º do art. 879 da CLT, que passou a disciplinar que, uma vez liquidada a sentença, "**o juízo deverá abrir às partes prazo** comum de oito dias para impugnação fundamentada com a indicação dos itens e valores objeto da discordância, sob pena de preclusão".

14.9.1.2. Violação do princípio do contraditório

A interpretação conferida a anterior redação do §2º do art. 879 da CLT, que permitia a homologação de cálculos sem o prévio contraditório, além de equivocada, violava o direito fundamental ao contraditório.

Sempre entendemos que, mesmo que existissem dois procedimentos, aquele que permitia, como denominava Rodrigues Pinto a "interpenetração dos atos de acertamento e constrição" seria inconstitucional, pois violaria o princípio do contraditório, estando, assim, revogado depois da CF de 1988.

Isto porque, ao homologar os cálculos apresentados por uma das partes, o Juiz estará, como conceituou o próprio legislador, proferindo uma "sentença de liquidação", sem oferecer à parte contrária a possibilidade de exercitar o contraditório.

Parte da doutrina, encabeçada por Rodrigues Pinto, defendia que "tanto na liquidação por simples cálculo, quanto na por arbitramento, a atividade do Juiz se caracteriza como administrativa, nunca jurisdicional. E a homologação a que ambos os métodos conduzem pertence mais ao campo de jurisdição graciosa do que ao da contenciosa".

Não concordávamos com o mestre. Primeiro porque não existe, no ordenamento, nenhum dispositivo que autorize a homologação, mas, de qualquer modo, o ato se reveste de cunho decisório, porque consiste na análise e posterior anuência dos cálculos apresentados, via de regra, pelo autor. Essa é a conclusão da própria CLT, como se infere do §3º do art. 884.

Isto sem falar da importância desse ato para o feito, eis que a constrição do patrimônio do executado estará sendo feita com base em valores que ele não teve a oportunidade de discutir.

O ato se reveste, de qualquer modo, de cunho decisório e se assim o é, há direta violação ao art. 5º, LV da CF, que consagrou o princípio do contraditório, pois não é possível admitir a existência de uma decisão sem que uma das partes tenha se manifestado.

Neste sentido, o STF: "no julgamento da liquidação de sentença, ainda que por cálculo do contador, existe uma verdadeira decisão do juiz. Não se limita a autenticar o ato do contador. Fixa os limites do aresto exequendo e, consequentemente, é sentença de mérito. Ela não é apenas uma sentença na forma, mas também de conteúdo, de fundo" (R.E. 87.109, de 18-3-80, in D.J.U. de 25-4-80).

De acordo com Humberto Theodoro Júnior, a "sentença de liquidação aperfeiçoa e completa o título executivo judicial genérico". Para o consagrado autor, é "a primeira sentença que dá a certeza do direito, e a segunda que lhe adiciona a liquidez e, consequentemente, a exigibilidade".

Segundo Moacir Amaral Santos, "o processo de liquidação se destina a obter uma sentença declaratória daquele valor" (objetivando completar e aperfeiçoar a decisão que se pretende executar) e, "como processo destinado a uma declaração de certeza, a uma sentença, o de liquidação é processo de conhecimento, por cujos princípios se disciplina".

Para Humberto Theodoro Júnior, "o procedimento de liquidação é de natureza cognitiva, funcionando como um remédio processual preparatório para execução".

A execução deve ser compreendida como coerção-garantia, conforme nos ensina Amauri Mascaro Nascimento, ou seja, dois aspectos devem ser considerados: "a necessidade de dar eficácia o quanto possível imediata ao comando judicial, no entanto sem prejuízo das garantias ao executado".

Se o procedimento tinha natureza cognitiva, como não assegurar à parte o direito ao contraditório?

Respaldando nossa opinião, Humberto Theodoro Júnior afirma que: "a sentença que fixa e determina o objeto da condenação ilíquida é sentença de **mérito**, como aquela que antecedeu e ficou incompleta pela indeterminação do *quantum* ou do *quod debeatur*".

Ainda citando o doutrinador, temos que "o devedor é sempre ouvido na liquidação, que segue a forma de um contraditório perfeito. Poderá defender-se, combatendo excessos do credor e irregularidades na apuração do *quantum debeatur*. Tal defesa não se confunde com os embargos à execução e, por isso mesmo, pode ser produzida independentemente de penhora". (destaques nossos).

Fredie Didier Jr., defendendo a efetividade do princípio do contraditório no processo, brilhantemente argumenta que:

> Uma coisa é o juiz poder conhecer de ofício, poder agir de ofício, sem provocação da parte. Essa é uma questão. Outra questão é poder agir sem ouvir as partes. É completamente diferente. Poder agir de ofício é poder agir sem provocação, sem ser provocado para isso; não é o mesmo que agir sem provocar as partes. Esse poder não lhe permite agir sem ouvir as partes.

Alexandre Câmara, ao elencar o princípio do contraditório como direito fundamental, assevera que:

> [...] o contraditório é a própria exteriorização da ampla defesa, impondo a condução dialética do processo, pois a todo ato produzido pela acusação, caberá igual direito da defesa de opor-se-lhe ou dar-lhe a versão que melhor lhe apresente, ou ainda, de fornecer uma interpretação jurídica diversa daquela feita pelo autor. Salienta Nelson Nery Júnior que o princípio do contraditório, além de fundamentalmente constituir-se em manifestação do princípio do estado de direito, tem íntima ligação com o da igualdade das partes e de direito de ação, pois o texto constitucional, ao garantir aos litigantes o contraditório e a ampla defesa, quer significar que tanto o direito de ação quanto o direito de defesa são manifestações do princípio do contraditório.

Barbosa Moreira, ao sustentar, em um parecer, a violação do princípio do contraditório, afirma que "não é por continuar alegável uma questão em fase posterior do feito que se há de perdoar ao órgão judicial o impedimento ilegitimamente posto à alegação na primeira oportunidade adequada".

Thaís Mendonça, em sua brilhante monografia de conclusão de curso, chegou à seguinte conclusão, que passamos a adotar:

> Com efeito, a instituição desnecessária da fase relativa ao contraditório atentaria contra este direito fundamental, mostrando-se, também, inconstitucional. Diante, então, dos dois princípios constitucionais processuais assinalados – cuja aplicação, como mencionado anteriormente, é imediata –, deve-se perceber qual, dentre eles, de acordo com a ponderação, deve imperar. No primeiro caso – sentença ilíquida – mostramos que o contraditório não poderia ser superado. Para esta segunda hipótese, diferentemente, seria uma ampla violação ao direito fundamental à celeridade processual.
>
> (...)

Daí concluirmos: há, sim, a previsão de dois procedimentos distintos de execução trabalhista. Mas, sem dúvida, *"um lugar para cada coisa e cada coisa no seu lugar"*, de maneira que cada um deles tem a sua função. Destarte, o procedimento do art. 884 da CLT tem aplicabilidade apenas nas hipóteses de sentenças líquidas – carentes tão-somente de atualização aritmética –, ao passo que aquele previsto no art. 879 da CLT tem lugar quando da prolação de sentença ilíquida, permitindo às partes a discussão prévia do *quantum debeatur*.

Solucionando de vez a questão, a reforma trabalhista – lei 13.467/2017 alterou a redação do §2º do art. 879 da CLT, que passou a disciplinar que, uma vez liquidada a sentença, "**o juízo deverá abrir às partes prazo** comum de oito dias para impugnação fundamentada com a indicação dos itens e valores objeto da discordância, sob pena de preclusão".

14.10. MÉTODOS LIQUIDATÓRIOS

De acordo com o *caput* do artigo 879 da CLT, a sentença pode ser liquidada por cálculo, por artigos ou por arbitramento, de acordo com os procedimentos abaixo apresentados.

14.10.1. Liquidação por cálculo

Quando nos autos existirem todos os elementos necessários à liquidação, esta deverá ser feita por cálculos.

Assim, existindo na sentença todos os critérios necessários à quantificação dos pedidos deferidos e nos autos todas as informações necessárias para quantificá-los, a liquidação será feita por cálculo, de acordo com o procedimento estabelecido pelos parágrafos do art. 879 da CLT.

Se a liquidação ainda depender de fatos insuficientemente provados, não poderá, inicialmente, ser feita por cálculos, devendo o autor valer-se da liquidação por artigos (pelo procedimento comum) – art. 509, II, do CPC.

14.10.1.1. Do Procedimento

A CLT disciplinou o procedimento para a liquidação por cálculo nos §§ 1º ao 7º do art. 879 da CLT, do seguinte modo:

Após o trânsito em julgado da decisão, as partes **deverão** ser intimadas para promover a liquidação, quando deverão apresentar sua planilha de cálculo, incluindo os valores das contribuições previdenciárias.

Se as partes não se manifestarem, o juiz poderá determinar que um serventuário faça a liquidação da sentença.

Após a elaboração dos cálculos, seja pelas partes, seja pelo Juiz, o INSS **deverá** ser notificado "para se manifestar, no prazo de 10 dias, sob pena de preclusão", na forma do §3º do art. 879 da CLT.

Se a liquidação for feita por uma das partes, deverá o juiz abrir vistas à outra pelo prazo de oito dias para impugnação fundamentada, sob pena de preclusão, na forma da nova redação do §2º do art. 879 da CLT.

Caso as contas sejam elaboradas pelo próprio juízo, o referido prazo comum de oito dias.

Conforme foi dito anteriormente, a nova redação do referido dispositivo corrigiu a imprecisão anterior do legislador ao trocar a expressão "poderá" poder deverá", estabelecendo, assim, a obrigatoriedade dos cálculos de liquidação às partes. A impugnação deverá ser "fundamentada com a indicação dos itens e valores objeto da discordância". Com isso, evita-se a impugnação procrastinatória e possibilita-se, ainda, a execução definitiva do crédito reconhecido pelo devedor, que pode seguir em autos apartados, aplicando-se, analogicamente, o mesmo procedimento previsto no art. 522 do CPC.

Após a manifestação das partes, deverá o Juiz proferir uma decisão de liquidação, julgando as impugnações apresentadas. Esta decisão tem natureza interlocutória e não pode ser objeto de recurso nesta oportunidade.

O valor fixado na decisão de liquidação será utilizado como parâmetro para o início da execução, que se processará nos moldes do art. 880 da CLT.

A Lei 12.405/2011 acrescentou o parágrafo 6º ao art. 879 da CLT, estabelecendo que se se tratar de cálculos complexos o juiz poderá nomear perito. Trata-se do método da liquidação por cálculos com auxílio do perito.

Por sua vez, a lei 13.467/2017 acrescentou o parágrafo 7º ao art. 879 da CLT, segundo o qual "a atualização dos créditos decorrentes de condenação judicial será feita pela Taxa Referencial (TR), divulgada pelo Banco Central do Brasil".

Ocorre que, de acordo com o posicionamento do STF esse índice seria inconstitucional.

Isto porque no julgamento das Ações Diretas de Inconstitucionalidade 4.357/DF e 4.425/DF, que versavam sobre o índice de correção monetário a ser utilizado na hipótese de execução contra a Fazenda Pública, os Ministros entenderam que o uso da TR é índice prefixado e inadequado à recomposição da inflação.

Posteriormente, ao julgar a Reclamação n. 22.012, apresentada em razão de decisão prolatada pelo TST, o STF entendeu que a aplicação da TR como índice de correção monetária nos débitos trabalhistas também seria inconstitucional, devendo ser utilizado o IPCA em seu lugar, por se tratar da mesma *ratio decidendi* presente no julgamento das ADINs. Assim, embora a lei 13.467/2017 seja decorrente de atividade legislativa que não se encontra vinculada à jurisprudência, entendemos que, por a mesma *ratio decidendi* permanecer presente, a nova legislação, neste particular, será considerada inconstitucional pelos Tribunais.

Desse modo, o STF fixou a seguinte tese em Novembro de 2021:

> "É inconstitucional a utilização da Taxa Referencial (TR) como índice de atualização dos débitos trabalhistas, devendo ser aplicados, até que sobrevenha solução legislativa, os mesmos índices de correção monetária e de juros vigentes para as condenações cíveis em geral, quais sejam a incidência do IPCA-E na fase pré-judicial e, a partir do ajuizamento da ação, a incidência da taxa Selic (art. 406 do Código Civil), à exceção das dívidas da Fazenda Pública, que possuem regramento específico. A incidência de juros moratórios com base na variação da taxa Selic não pode ser cumulada com a aplicação de outros índices de atualização monetária, cumulação que representaria bis in idem."
>
> Disponível em: https://portal.stf.jus.br/noticias/verNoticiaDetalhe.asp?idConteudo= 479682&ori=1. acesso em maio de 2023.
>
> https://portal.stf.jus.br/jurisprudenciaRepercussao/verPronunciamento.asp?pronunciamento=9224912. acesso em maio de 2023.

14.10.2. Liquidação por artigos (pelo procedimento comum)

Esta modalidade de liquidação, embora prevista, não é disciplinada pela CLT, tampouco pela Lei de Execução Fiscal, fonte primária supletiva na execução trabalhista, por força do art. 889 da CLT, razão pela qual é necessário recorrer ao CPC, que passou a denominar a liquidação por artigos de liquidação pelo procedimento comum.

De acordo com o artigo 509, II, do CPC: "Quando a sentença condenar ao pagamento de quantia ilíquida, proceder-se-á à sua liquidação, a requerimento do credor ou do devedor: [...]pelo procedimento comum, quando houver necessidade de alegar e provar fato novo".

O Código de Processo Civil de 2015 perdeu uma grande oportunidade de corrigir a impropriedade técnica existente no revogado art. 475-E do CPC/73.

A imprecisão está na parte do texto que assegura a liquidação por artigos quando "houver necessidade de alegar e provar fato novo".

Na verdade, como esclarece Rodrigues Pinto:

> A liquidação da sentença trabalhista pelo método de artigos é feita quando sua liquidez depender de comprovação de fatos ainda não esclarecidos suficientemente, no processo de cognição, de modo a permitir valoração imediata do título condenatório.

Isto porque, como estabelece o §1º do art. 879 da CLT, "na liquidação, não se poderá modificar, ou inovar, a sentença liquidanda, nem discutir matéria pertinente à causa principal".

Assim, a liquidação por artigos se faz necessária quando um determinado fato não foi suficientemente esclarecido no processo de conhecimento, impedindo a quantificação das parcelas objeto da condenação.

É o que ocorre, por exemplo, quando um empregado consegue provar que realizava cobranças para uma empresa e, em razão desta atividade, faz jus às comissões estabelecidas na convenção coletiva de trabalho, mas não ficaram provados nos autos os valores efetivamente cobrados ao longo do contrato, o que deve ser feito através dos artigos de liquidação.

São, portanto, fatos já discutidos na fase cognitiva, porém não suficientemente provados, sendo que esses fatos são de extrema importância para a quantificação das parcelas.

Trata-se, na verdade, de um incidente de natureza cognitiva, iniciado pelo credor através de petição dirigida ao Juiz, que deve indicar o objeto dos artigos e os meios de prova que serão utilizados para prová-lo.

A legitimidade para promover a liquidação por artigos é exclusivamente das partes, uma vez que o Juiz não detém o conhecimento dos fatos e isso é imprescindível para apresentação dos artigos.

Neste sentido leciona Carlos Henrique Bezerra Leite:

> Desse modo, tem-se que, ao contrário do que parece sugerir a expressão "ordenar-se-á", prevista no *caput* do art. 879 da CLT, o que permitira a instauração *ex officio* pelo juízo competente para a execução, a liquidação por artigos

> depende de iniciativa da parte, mediante petição escrita (se verbal, reduzida a termo), contendo os fatos a serem provados e os respectivos meios de prova.

Tratando-se, porém, da hipótese de documentos em poder do devedor, entendemos que a liquidação por artigos seja desnecessária, diante da sistemática do art. 524, §§ 3º, 4º e 5º, do CPC. De acordo com a referida regra, o credor poderá requerer a exibição dos documentos que se encontrem em poder do devedor ou de terceiro para elaboração da memória de cálculos, sob pena de confissão. Observe-se:

> § 3º Quando a elaboração do demonstrativo depender de dados em poder de terceiros ou do executado, o juiz poderá requisitá-los, sob cominação do crime de desobediência.
>
> § 4º Quando a complementação do demonstrativo depender de dados adicionais em poder do executado, o juiz poderá, a requerimento do exequente, requisitá-los, fixando prazo de até 30 (trinta) dias para o cumprimento da diligência.
>
> § 5º Se os dados adicionais a que se refere o § 4o não forem apresentados pelo executado, sem justificativa, no prazo designado, reputar-se-ão corretos os cálculos apresentados pelo exequente apenas com base nos dados de que dispõe.

Essa sistemática tem como escopo impor maior celeridade ao feito, tornando desnecessária, assim, a remessa dos autos para artigo de liquidação.

14.10.2.1. Procedimento

O procedimento deve seguir o rito ordinário estabelecido para o processo de conhecimento, de acordo com o estabelecido pelo artigo 509, II, do NCPC.

Difícil estabelecer qual o rito a ser utilizado, diante do inteiro silêncio da norma trabalhista. Será o procedimento comum processual civil fixado pelo art. 318, § único, do CPC, ou o procedimento cognitivo ordinário trabalhista?

Se for o primeiro, a comunicação com o executado dar-se-á através de mandado de citação (art. 880 da CLT). O réu, então, será citado para apresentar sua defesa no prazo de 15 dias.

Somente será designada audiência se houver necessidade de instrução para investigação dos fatos.

Entendemos que este procedimento é mais célere e deve ser aplicado na execução trabalhista, o que efetivamente tem sido feito pela maioria dos Juízes.

Já uma segunda corrente, minoritária na jurisprudência, defende a adaptação deste método liquidatório ao procedimento trabalhista, neste caso, o executado deve ser notificado para apresentar sua defesa, em audiência, de acordo com o que estabelece o artigo 852 da CLT, eis que o procedimento anterior não se alinha com o princípio da conciliabilidade.

Ultrapassada a fase de instrução, será prolatada uma decisão de liquidação, que julgará provados, não provados ou parcialmente provados os artigos de liquidação.

A decisão tem natureza interlocutória e, de acordo com a regra geral do processo trabalhista, não cabe recurso de imediato (art. 893, §1º, da CLT). Entretanto, caberá recurso de imediato (agravo de petição – artigo 897, alínea "a", da CLT) se o juiz entender que os artigos não foram provados.

Nesta última hipótese, de o Juiz assinalar não terem sido os artigos provados, entendemos cabível o recurso de imediato, porque essa decisão tem cunho terminativo, ficando o processo obstado de prosseguir.

Esta posição não é unânime. Rodrigues Pinto, por exemplo, entende que não cabe recurso contra a decisão que julgou não provados os artigos. Para o nobre jurista, neste caso, ou o exequente apresenta novos artigos, indicando outros meios de prova, ou a liquidação será feita por arbitramento.

Caso a decisão seja no sentido de julgar provados ou parcialmente provados os artigos, prossegue-se a liquidação, agora por cálculo, através do procedimento já descrito no item 14.10.1.

14.10.3. Liquidação por arbitramento

Esta última modalidade somente terá lugar quando não for possível liquidar a sentença pelos dois métodos anteriores. Assim, se não for possível a liquidação por cálculo, utiliza-se a via articulada, e se essa for impossível, remete-se ao arbitramento.

Este método liquidatório é o menos indicado, pois a fixação do *quantum* será sempre estimada, arbitrada, o que dá ensejo a uma maior margem de erro na liquidação.

Trata-se, na verdade, de uma "especial modalidade de perícia, para fins de determinação do quantum devido, sempre que haja necessidade de proceder-se a uma estimação sobre o objeto da condenação, sejam coisas, pessoas, acontecimentos etc.".

A CLT e a Lei de Execução Fiscal são inteiramente silentes com relação ao procedimento de liquidação por arbitramento.

O CPC, por outro lado, disciplina a matéria, devendo, portanto, ser aplicado supletivamente ao Processo do Trabalho. O art. 509, I do CPC estabelece que a liquidação por artigos é necessária quando "determinado pela sentença, convencionado pelas partes ou exigido pela natureza do objeto da liquidação".

Como ressalta Arruda Alvim, a primeira hipótese está inserida na última, pois o "juiz só determinará o arbitramento, na sentença, nos casos em que o exigir a natureza do objeto da liquidação".

14.10.3.1. Procedimento

De acordo com o que rezava o art. 475-D do CPC/73, depois de requerida a liquidação por arbitramento, deveria o juiz nomear perito e fixar prazo para entrega do laudo.

Após a apresentação do laudo, as partes devem ser notificadas para proceder eventual impugnação, e, depois desta etapa, deverá o juiz proferir a decisão.

Desde então, defendíamos que, após a nomeação do perito, deveria o juiz seguir o mesmo rito estabelecido para as perícias de um modo geral, possibilitando às partes a indicação de assistentes técnicos, a apresentação de quesitos e impugnação ao laudo.

Já Arruda Alvim pensava diferente. Para o jurista, "em princípio, o arbitramento, mesmo estando a cargo de 'perito', não se submete às regras estabelecidas para a perícia judicial, nem autoriza a participação das partes, mediante indicação de assistentes técnicos, na elaboração do laudo, porquanto o artigo 475-D é expresso em determinar o procedimento a ser observado na liquidação".

Divergíamos do citado autor, pois sempre entendemos que o procedimento comum estabelecido para as perícias, de um modo geral, assegurava a ampla defesa das partes, o que se faz ainda mais necessário neste método, que vai liquidar as parcelas através de estimativa, valendo-se, muitas vezes, de critérios subjetivos.

Com a entrada em vigor do Código de Processo Civil de 2015, pacificou-se de vez a questão, adotando o posicionamento que já defendíamos há tempos. Com efeito, o art. 510 do diploma processual civil passou a estabelecer de forma expressa que, na liquidação por arbitramento, deverá ser observado, no que couber, o procedimento da prova pericial.

A Legislação Trabalhista não regula inteiramente o procedimento pericial, mas estabelece algumas regras no art. 3º da Lei 5.584/70 e no art. 852-H, §§4º e 6º, da CLT, de modo que se faz necessário uma aplicação supletiva dos arts. 464 a 480 do CPC nas situações não tratadas pelas Normas Trabalhistas.

Em determinados casos, a nomeação de um perito poderá ser desnecessária, o que ocorre, por exemplo, na fixação de um dano moral, hipóteses nas quais o próprio juiz fixará o *quantum* à pretensão.

A decisão de arbitramento não é recorrível de imediato e o valor nela estabelecido será aquele utilizado para iniciar a execução.

14.11. PROCEDIMENTO DA EXECUÇÃO

O procedimento tratado neste tópico tem início após a liquidação da sentença, seja aquela feita por cálculo, por artigos ou por arbitramento, conforme os procedimentos anteriormente apresentados.

Como no processo civil, a execução no âmbito do processo trabalhista tem início com um mandado de citação.

De forma diversa do que ocorre na fase de conhecimento, quando a CLT fala em notificação do reclamado por via postal (art. 841, *caput* e §1º), para a fase de execução, o art. 880, do mesmo diploma legislativo, dispõe sobre mandado de citação a ser cumprido através de oficial de justiça. Com isso, defendem os doutrinadores que o propósito do legislador, ao fazer esta distinção, exigiu que esta citação fosse pessoal, por não se poder cobrar alguém sem ter a certeza dele estar ciente de sua inadimplência.

Assim enfatiza Rodrigues Pinto, ao afirmar que "a forma básica de citação na execução trabalhista é o mandado pessoal". Consequentemente, só o devedor ou seus representantes legais é que devem receber o mandado de citação, sob pena de nulidade.

Entretanto, na hipótese do devedor não ser encontrado, quando procurado por duas vezes, no prazo de 48 horas, far-se-á a citação por edital, conforme determina o §3º do artigo 880 da CLT.

Importante observar que a citação por edital, na execução, quando afixada na sede do Juízo, observará o prazo de 05 dias estabelecido no referido dispositivo, mas, como adverte Rodrigues Pinto, tratando-se de publicação em órgão oficial (diário oficial), remete-se à "aplicação supletiva da norma procedimental imediata, que é, no caso, a do art. 8º da Lei 6.830/80, que fixa o prazo de 30 dias".

O mandado deve conter os dados do processo: número, nome das partes, assinatura do Juiz e, como exige o §1º do artigo 880 da CLT, a sentença exequenda.

Recebido o mandado, caso o devedor não deseje cumprir a obrigação prevista na sentença ou no acordo não cumprido, deverá garantir a execução, no prazo de 48 horas, sob pena de penhora de seus bens.

Neste ponto, importante advertir que o regramento previsto no art. 523, §1º, do CPC), cujo teor trata da multa de 10% pelo descumprimento da obrigação no prazo de 15 dias, tem sido alvo de muita polêmica na doutrina trabalhista em razão do seu efeito pedagógico, mas entendemos, assim como o TST[10], que não se afigura possível aplicá-lo na execução trabalhista por incompatível com o processo do trabalho.

---

10. O Tribunal Superior do Trabalho fixou tese jurídica em sede de julgamento do Incidente de Recurso Repetitivo n. 1786-24.2015.5.04.0000, que deve ser obrigatoriamente observado nos demais casos sobre a mesma matéria, no sentido de que "A multa coercitiva do artigo do artigo

Isto porque o artigo 880 da CLT já regula a matéria, não deixando terreno livre para a aplicação subsidiária do referido dispositivo.

Estevão Mallet também entende que:

> O art. 880, *caput*, da Consolidação das Leis do Trabalho, não se refere, porém, a nenhum acréscimo para a hipótese de não satisfação voluntária do crédito exeqüendo, o que leva a afastar-se a aplicação subsidiária, *in malam partem*, da regra do art. 475-J, do Código de Processo Civil.

Por outro lado, o art. 774, V, do CPC, é totalmente aplicável ao Processo do Trabalho, ao prever, como modalidade de ato atentatório à dignidade da justiça, a omissão do executado que, intimado, deixa de indicar os bens para garantia da execução.

Com efeito, o art. 829, §2º, do CPC, assegura que a penhora recairá sobre os bens indicados pelo exequente, salvo se outros forem indicados pelo executado e aceitos pelo juiz, mediante demonstração de que a constrição proposta lhe será menos onerosa e não trará prejuízo ao exequente.

Neste caso, constatada sua omissão, que será confirmada com a descoberta de bens omitidos, deverá o juiz fixar a multa de até 20% do valor atualizado de débito, na forma do art. 774, V e § único, do CPC.

14.11.1. Da garantia da execução

De acordo com Rodrigues Pinto, "a garantia é a exteriorização material da constrição a que é submetido o patrimônio do devedor".

A garantia da execução pode ser feita através de depósito em dinheiro do montante atualizado da execução, por seguro garantia judicial, mediante nomeação de bens à penhora, observada a ordem preferencial estabelecida no art. 835 do CPC (art. 882 da CLT), através de carta de fiança bancária (art. 9º, II, da Lei 6.830/80 e OJ 59 da SDI-II), ou por penhora de aplicação financeira (art. 835, I, do CPC).

Indicando o devedor bens à penhora, deverá o oficial de justiça recolher o mandado, devolvendo ao juiz, que notificará o exequente para se manifestar, em obediência ao princípio do contraditório. Terá então, o credor, 48 horas para discordar da indicação feita, sob pena de preclusão. Sua impugnação deve ser fundamentada, valendo-se de um dos argumentos indicados no artigo 848 do CPC[11], supletivamente aplicado nesta hipótese.

523, parágrafo 1º do CPC (antigo artigo 475-J do CPC de 1973) não é compatível com as normas vigentes da CLT por que se rege o processo do trabalho, ao qual não se aplica".

11. Art. 848 do CPC – As partes poderão requerer a substituição da penhora se:
I – ela não obedecer à ordem legal;
II – ela não incidir sobre os bens designados em lei, contrato ou ato judicial para o pagamento;

Apresentada a divergência do credor, deverá o juiz decidir o incidente, sendo recomendável que leve em consideração, na análise de cada caso concreto, o princípio da execução menos gravosa para o devedor (art. 805 do CPC), procurando compatibilizá-lo com o artigo 835 do diploma processual civil.

Caso o devedor não pague e nem apresente bens a fim de garantir a execução, proceder-se-á à penhora de tantos bens quantos forem necessários a suprir o pagamento do montante referente à condenação, segundo os termos do art. 883 da CLT.

A Lei 11.382 de 2006 introduziu o artigo 615-A no CPC/73, atual art. 828 do CPC/15, regulamentando a averbação de bens no registro de imóveis, de veículos ou "de outros bens sujeitos à penhora ou arresto ou indisponibilidade".

Esta medida, também aplicável ao processo do trabalho, deve ser utilizada com moderação e cuidado, evitando abusos e transtornos ao executado, sob pena de o exequente ser condenado a indenizar o executado por eventuais danos causados, como prevê o §5º do referido dispositivo Ademais, depois da celebração do convênio entre o Banco Central e o Poder Judiciário, denominado Bacen-Jud, firmado em 2003 e atualmente incorporado ao Código de Processo Civil em seu art. 854, tem-se priorizado a garantia da execução através de bloqueio das contas bancárias, o que é feito "*on-line*", mediante requisição feita pelo juiz através de correio eletrônico (e-mail) para o Banco Central.

Dedicamos um estudo especial para este tema da "penhora *on-line*", que está disponível no item 14.11.1.1, a seguir, onde discorremos sobre os excessos que vêm sendo cometidos e os limites que devem ser observados na utilização deste eficaz e necessário mecanismo que revolucionou a execução trabalhista.

Não cuidou a CLT de tratar da hipótese de não se encontrar bens do devedor ou, ainda, da execução estar apenas parcialmente garantida. Nestas situações, seguindo a orientação do art. 40, *caput,* da Lei 6.830/80, deverá o juiz suspender a execução enquanto não forem "encontrados bens sobre os quais possa recair a penhora", na mesma linha do artigo 921, III, do CPC.

III – havendo bens no foro da execução, outros tiverem sido penhorados;

IV – havendo bens livres, ela tiver recaído sobre bens já penhorados ou objeto de gravame;

V – ela incidir sobre bens de baixa liquidez;

VI – fracassar a tentativa de alienação judicial do bem; ou

VII – o executado não indicar o valor dos bens ou omitir qualquer das indicações previstas em lei.

Parágrafo único. A penhora pode ser substituída por fiança bancária ou por seguro garantia judicial, em valor não inferior ao do débito constante da inicial, acrescido de trinta por cento.

A suspensão da execução não ocorrerá nas situações de desconsideração da pessoa jurídica (art. 50 do CC/02) ou nas hipóteses de responsabilidade civil subsidiária dos sócios e administradores, previstas no art. 10 do Decreto 3.708/19, art. 1023 do CC/02, art. 135 do CTN e art. 158 da Lei 6.404/76 – Lei das Sociedades Anônimas), casos nos quais o patrimônio pessoal dos integrantes da sociedade também pode ser penhorado para garantia da execução.

De qualquer sorte, garantida integralmente a execução, seja com depósito, seja através de carta de fiança, bloqueio eletrônico ou penhora de bens, dar-se-á continuidade ao procedimento da execução, com a fluência do prazo para os embargos do devedor e para as impugnações do exequente.

Antes de tratar dos incidentes e impugnações suscitadas pelas partes, faremos um pequeno parêntese para registrar que, na hipótese de não serem encontrados bens suficientes à garantia integral da execução, seja da empresa, seja dos sócios, a execução não poderá ficar indefinidamente suspensa, tampouco deverá o juiz determinar o arquivamento dos autos.

Nesses casos, sobre a "conveniência da flexibilização do princípio legal da garantia plena como pressuposto de embargos ao devedor", assevera José Augusto Rodrigues Pinto:

> Não há o menor amparo jurídico para que o juízo não conheça dos embargos, por insuficiência da garantia – o que até aí, estaria legalmente correto – e leve o bem penhorado à alienação, o que contradiz visivelmente a postura inicialmente legalista e impõe um cerceamento do direito de defesa do devedor, tão mais violento quanto se segue da expropriação de seu patrimônio para venda a terceiro.

Assim, deverá o juiz dar prosseguimento normal à execução, recebendo e julgando os embargos e as impugnações das partes, permitindo ao credor receber ao menos parte do seu crédito e ao executado exercer seu direito de defesa.

14.11.1.1. A penhora de dinheiro online (BACEN-JUD) e o Princípio da Razoabilidade

Neste item serão abordados as implicações e os excessos decorrentes da desmedida utilização do convênio Bacen-Jud.

Nossa pretensão será demonstrar que o Convênio firmado entre o Banco Central do Brasil e o TST, o Bacen-Jud, atualmente incorporado ao CPC através do art. 854[12], precisa ser utilizado com moderação, em compa-

---

12. Art. 854 do CPC – Para possibilitar a penhora de dinheiro em depósito ou em aplicação financeira, o juiz, a requerimento do exequente, sem dar ciência prévia do ato ao executado, determinará às instituições financeiras, por meio de sistema eletrônico gerido pela autoridade supervisora

tibilidade com o princípio da execução menos gravosa, que pode e deve ser aplicado no Processo do Trabalho.

Discorrer sobre a penhora de direito online realizada através do Convênio Bacen-Jud será, portanto, apenas um pretexto para enfrentar uma questão muito mais polêmica e espinhosa, qual seja a da aplicação do princípio da execução menos gravosa em favor dos devedores trabalhistas, sem que isso represente uma afronta ao princípio protetor.

A missão é difícil, mas a solução é simples. Para alcançá-la, no entanto, a observância ao princípio da razoabilidade é obrigatória.

Antes de iniciarmos nossa árdua tarefa, é preciso firmar uma premissa: não pretendemos defender o fim do Bacen-Jud, que efetivamente poderá solucionar parte dos problemas que envolvem o processo de execução. Entretanto, sua utilização generalizada pode causar grave

---

do sistema financeiro nacional, que torne indisponíveis ativos financeiros existentes em nome do executado, limitando-se a indisponibilidade ao valor indicado na execução.

§ 1º No prazo de 24 (vinte e quatro) horas a contar da resposta, de ofício, o juiz determinará o cancelamento de eventual indisponibilidade excessiva, o que deverá ser cumprido pela instituição financeira em igual prazo.

§ 2º Tornados indisponíveis os ativos financeiros do executado, este será intimado na pessoa de seu advogado ou, não o tendo, pessoalmente.

§ 3º Incumbe ao executado, no prazo de 5 (cinco) dias, comprovar que:

I – as quantias tornadas indisponíveis são impenhoráveis;

II – ainda remanesce indisponibilidade excessiva de ativos financeiros.

§ 4º Acolhida qualquer das arguições dos incisos I e II do § 3º, o juiz determinará o cancelamento de eventual indisponibilidade irregular ou excessiva, a ser cumprido pela instituição financeira em 24 (vinte e quatro) horas.

§ 5º Rejeitada ou não apresentada a manifestação do executado, converter-se-á a indisponibilidade em penhora, sem necessidade de lavratura de termo, devendo o juiz da execução determinar à instituição financeira depositária que, no prazo de 24 (vinte e quatro) horas, transfira o montante indisponível para conta vinculada ao juízo da execução.

§ 6º Realizado o pagamento da dívida por outro meio, o juiz determinará, imediatamente, por sistema eletrônico gerido pela autoridade supervisora do sistema financeiro nacional, a notificação da instituição financeira para que, em até 24 (vinte e quatro) horas, cancele a indisponibilidade.

§ 7º As transmissões das ordens de indisponibilidade, de seu cancelamento e de determinação de penhora previstas neste artigo far-se-ão por meio de sistema eletrônico gerido pela autoridade supervisora do sistema financeiro nacional.

§ 8º A instituição financeira será responsável pelos prejuízos causados ao executado em decorrência da indisponibilidade de ativos financeiros em valor superior ao indicado na execução ou pelo juiz, bem como na hipótese de não cancelamento da indisponibilidade no prazo de 24 (vinte e quatro) horas, quando assim determinar o juiz.

§ 9º Quando se tratar de execução contra partido político, o juiz, a requerimento do exequente, determinará às instituições financeiras, por meio de sistema eletrônico gerido por autoridade supervisora do sistema bancário, que tornem indisponíveis ativos financeiros somente em nome do órgão partidário que tenha contraído a dívida executada ou que tenha dado causa à violação de direito ou ao dano, ao qual cabe exclusivamente a responsabilidade pelos atos praticados, na forma da lei.

perturbação social, a ponto de justificar a eliminação deste importante instrumento de aceleração das emperradas execuções trabalhistas.

Também demonstraremos que o princípio da execução menos gravosa não é incompatível com o princípio protetor que rege o Direito do Trabalho e nem com a ordem de preferência estabelecida pelo art. 835 do CPC.

a) O Convênio

Embora a penhora em contas bancárias por meio eletrônico, através do Convênio Bacen-Jud, seja um procedimento inovador, esta modalidade de constrição nunca foi novidade nas execuções trabalhistas e tampouco se trata de instituto exclusivo da Justiça do Trabalho.

A constrição patrimonial realizada através de penhora de contas bancárias já existia antes da celebração do Convênio entre o Banco Central e o Poder Judiciário, de modo que muitas empresas tinham seus saldos de conta correntes e aplicações bancárias penhorados para garantir a execução decorrente de processo trabalhista.

Na Justiça do Trabalho, após a celebração do convênio em epígrafe, a medida virou praxe e, como as empresas têm normalmente em seu passivo mais questões desta natureza, a medida ganhou mais repercussão na seara trabalhista, embora, frise-se, abranja todo o Poder Judiciário.

Com isso, o que era utilizado apenas em caráter excepcional, já que o procedimento era complexo, demorado e, muitas vezes, inócuo, passou a ser rotineiro, eficaz e usual. Agora não é mais necessário aguardar um ofício do Banco Central e uma diligência do Oficial de Justiça junto à instituição bancária indicada, bastando uma simples operação para que a penhora seja concretizada.

Com isso, houve um aumento significativo na quantidade de penhoras em contas bancárias, graças à rapidez do processo e à garantia de sua efetivação.

Nesse sentido, a prática *on-line,* embora não elimine todos os problemas que emperram e retardam os processos de execução trabalhista, certamente confere maior celeridade e efetividade ao procedimento.

Noutras palavras, este mecanismo não acabará com todos os problemas que envolvem as execuções, porém, se bem utilizado, propiciará uma solução consideravelmente mais rápida à lide.

Contudo, é importante destacar que o Bacen-jud tem sido utilizado de forma inadequada e extemporânea e, em algumas ocasiões, de maneira abusiva.

Assim, sem perder de vista a necessidade e as vantagens da penhora online de dinheiro existente nas contas bancárias, é preciso estar atento aos prejuízos advindos de sua aplicação desmedida.

Passaremos a demonstrar, nos itens seguintes, os impactos sociais que podem ser causados com o uso inadequado da medida, apresentando, em seguida, algumas ideias para viabilizar a utilização do Bacen-Jud sem nenhuma consequência negativa na atividade empresarial.

b) Os Problemas

A realização de bloqueio nas contas bancárias das empresas pode, efetivamente, inviabilizar ou engessar a atividade empresarial. Tal realidade atinge principalmente as pequenas e médias empresas, sabidamente maiores responsáveis pela geração de empregos.

b.1) Necessária observância da função social da empresa

Feita esta primeira observação, segue-se ao exame da função social, *aspecto que também deve ser levado em conta quando da utilização do Convênio Bacen-Jud.*

É certo que a maioria dos processos em execução existe porque as empresas descumpriram o contrato de trabalho ou a lei e, por isso, estão sofrendo constrição patrimonial para garantir o cumprimento de sua obrigação, prevista em um título executivo judicial.

Por outro lado, não podemos afastar a realidade de que as empresas têm uma função social importante para o desenvolvimento do País. Sua manutenção e desenvolvimento (crescimento) é objeto de preocupação do Estado, de modo que os órgãos integrantes do Poder Judiciário não podem desprezar este importante papel social.

Na verdade, existe um interesse público na preservação e no estímulo à atividade empresarial e o Poder Judiciário, como órgão exercente de função delegada do Estado, não pode negar ou esquecer este contexto.

Com o advento do Código Civil de 2002, uma nova influência, cuja fonte original é a Lei de Sociedades Anônimas (Lei 6.404/76), surgiu no âmbito do Direito Empresarial, porém com claras repercussões nos demais ramos do Direito: é a funcionalização dos institutos jurídicos em geral, trazendo a noção da *função social da empresa*, que deve ser entendida como o *respeito aos direitos e interesses daqueles que se situam em torno das empresas.*

Os arts. 154 e 116, parágrafo único, da Lei 6.404/76, e a função social da propriedade fixada pelo art. 5º, XXIII, da Constituição Federal, conferem a essa inegável realidade status legal e constitucional.

O avanço econômico da sociedade está cada vez mais dependente da livre iniciativa, ou seja, das empresas e dos empreendedores. Nessa conjuntura, é realçada a função social da empresa, com a valorização de seus projetos e iniciativas na comunidade, inspiradas pelo respeito aos trabalhadores em geral, aos seus empregados e aos consumidores dos seus produtos.

Aliado a esse contexto está a tendência constitucional da função social dos institutos jurídicos, abrindo as bases do Direito para outros valores e incorporando conceitos tais como função social da propriedade, do contrato, da empresa, da família etc.

Para Konder Comparato, "a função social da propriedade não se confunde com as restrições legais ao uso e gozo dos bens próprios; em se tratando de bens de produção, o poder-dever do proprietário de dar à coisa uma destinação compatível com o interesse da coletividade transmuda-se, quando tais bens são incorporados a uma exploração empresarial, em poder-dever do titular do controle de dirigir a empresa para a realização dos interesses coletivos".

No Direito do Trabalho, a empresa tem os seus compromissos com a sociedade e com a força de trabalho bem acentuados, devendo atuar como instrumento de política social, proporcionando trabalho e renda para os cidadãos.

Em face da função social da empresa, a sua preservação assumiu desempenho irreversível no âmbito jurídico e empresarial, ultrapassando até mesmo os interesses dos próprios sócios, que devem reger suas atividades para a consecução da função social da empresa, estando sujeitos, diante dessa premissa, a serem afastados da sociedade, conforme permissão trazida pelo Código Civil de 2002.

Importante destacar essa realidade, porque, como passaremos a demonstrar, a penhora da receita de uma empresa pode, efetivamente, inviabilizar ou dificultar a atividade empresarial, implicando na redução de postos de trabalho e diminuição da receita do Governo com impostos.

Deste modo, não podemos desprezar que tão importante quanto a solução mais rápida de um determinado processo e a proteção do hipossuficiente, é a manutenção e o desenvolvimento das empresas, sendo possível compatibilizar esses interesses aparentemente antagônicos. Este é o nosso propósito neste capítulo.

b.2) Capital de giro

Talvez o principal problema decorrente das penhoras em dinheiro esteja relacionado às consequências da indisponibilidade deste capital para as empresas.

Se a empresa tem uma função social, é necessário que ela tenha fôlego para sobreviver no mercado cada vez mais competitivo e difícil e, muitas vezes, os valores disponíveis nas contas bancárias das empresas destinam-se ao pagamento de fornecedores, impostos, salários ou outras despesas que devem ser adimplidas, para viabilizar e implementar a atividade empresarial.

Importante fazer este parêntese para uma breve explanação acerca do conceito e da importância do capital de giro para uma empresa. Para tanto, nos socorremos ao trabalho elaborado por professores da USP para extrair essas importantes conclusões.

Para os referidos autores, "capital de giro representa o valor total dos recursos demandados pela empresa para financiar seu ciclo operacional".

Este mesmo estudo revela que "o capital de giro na gestão financeira das empresas é de fundamental importância, haja vista estar relacionado diretamente com o ciclo operacional e com o giro dos negócios".

Ainda de acordo com o aludido trabalho, "uma empresa precisa manter um nível satisfatório de capital de giro, para desenvolver qualquer atividade".

Concluímos que toda empresa necessita de capital disponível para pagar seus impostos, funcionários, fornecedores e para realizar investimentos: marketing, tecnologia, *know how*, treinamentos etc., pois, sem isso, a atividade empresarial corre sérios riscos de se tornar inviável.

Em 2004, o Serviço Brasileiro de Apoio às Micro e Pequenas Empresas – SEBRAE – apresentou relatório de uma pesquisa realizada juntamente com a Fundação Universitária de Brasília – FUBRA –, pela qual ficou constado que 63% das empresas que fecharam no Brasil entre os anos de 2000 e 2002, indicaram como causas principais para o insucesso a "falta de capital de giro" e "problemas financeiros".

Segundo a mencionada pesquisa, no sentir dos empresários, cujas atividades tiveram que ser encerradas, "encontra-se em primeiro lugar, entre as causas do fracasso, questões relacionadas a falhas gerenciais na condução do negócio, expressa nas razões: falta de capital de giro (indicando descontrole de fluxo de caixa), problemas financeiros (situação de alto endividamento), ponto inadequado (falhas no planejamento inicial) e falta de conhecimentos gerenciais".

O Governo Federal, ciente desta realidade, destinou uma parcela do FAT – Fundo de Amparo ao Trabalhador – para financiamento, através do BNDES, de capital de giro.

Conforme noticiado pela Gazeta Mercantil, em matéria publicada no dia 16 de julho de 2005, o acesso de tal financiamento estava condicionado a "iniciativas de geração de emprego por parte da empresa tomadora de empréstimo. Essa foi uma das exigências das Centrais Sindicais com assento no Codefat para dar aval à concessão de créditos para capital de giro".

Esta iniciativa do Governo demonstra a irrefutável importância deste capital para a geração de empregos.

Assim, sempre que a penhora *on-line* recair sobre o capital de giro de determinada empresa, deverá o Juiz, responsável por tal determinação, analisar com cautela a situação para evitar prejuízos irreparáveis à coletividade.

Nesse sentido, o art. 866 do CPC e a OJ 93 da SDI-II do TST, respectivamente, dispõem:

> Se o executado não tiver outros bens penhoráveis ou se, tendo-os, esses forem de difícil alienação ou insuficientes para saldar o crédito executado, o juiz poderá ordenar a penhora de percentual de faturamento de empresa.
>
> § 1º O juiz fixará percentual que propicie a satisfação do crédito exequendo em tempo razoável, mas que não torne inviável o exercício da atividade empresarial.
>
> § 2º O juiz nomeará administrador-depositário, o qual submeterá à aprovação judicial a forma de sua atuação e prestará contas mensalmente, entregando em juízo as quantias recebidas, com os respectivos balancetes mensais, a fim de serem imputadas no pagamento da dívida.
>
> § 3º Na penhora de percentual de faturamento de empresa, observar-se-á, no que couber, o disposto quanto ao regime de penhora de frutos e rendimentos de coisa móvel e imóvel.

> PENHORA SOBRE PARTE DA RENDA DE ESTABELECIMENTO COMERCIAL. POSSIBILIDADE. (alterada em decorrência do CPC de 2015) – Res. 220/2017, DEJT divulgado em 21, 22 e 25.09.2017.
>
> Nos termos do art. 866 do CPC de 2015, é admissível a penhora sobre a renda mensal ou faturamento de empresa, limitada a percentual, que não comprometa o desenvolvimento regular de suas atividades, desde que não haja outros bens penhoráveis ou, havendo outros bens, eles sejam de difícil alienação ou insuficientes para satisfazer o crédito executado.

Ou seja, somente admite-se a penhora sobre faturamento se for limitada a determinado percentual e desde que não comprometa o desenvolvimento das suas atividades.

De qualquer modo, as empresas que se encontrarem nesta situação devem apontar e demonstrar tal circunstância, cumprindo ao magistrado avaliar, de acordo com o caso concreto, se o valor bloqueado realmente seria necessário para manter a empresa executada capacitada para honrar seus compromissos.

c) Conflito de interesses: supremacia do interesse público sobre o particular

A Consolidação das Leis do Trabalho foi deontologicamente edificada sob a égide de um espírito protecionista, objetivando amenizar as desigualdades naturais existentes na relação capital *versus* trabalho.

Esta característica peculiar não impediu, contudo, que fossem incorporados ao seu sistema importantes conceitos e princípios gerais de direito, dentre eles o da supremacia do interesse público sobre o particular.

O legislador foi bastante feliz ao inserir, de forma expressa, esta diretriz no texto do art. 8º da CLT, cujo conteúdo mereceu o seguinte comentário de Russomano:

> [...] sempre, diz o art. 8º, haja ou não lei expressa regulando o caso concreto, o juiz ou a autoridade administrativa decidirá a controvérsia de forma a que o interesse privado não prevaleça sobre o interesse público. Essa é a linha central de aplicação da lei trabalhista.

Esta diretriz deve nortear o Julgador nessas situações, quando efetivamente existir um conflito de interesses. Isso acontecerá sempre que houver choque entre o interesse individual e social em resolver a lide de modo mais célere para um ex-empregado e o interesse coletivo e público na manutenção das empresas e nos salários dos empregados que ainda estão trabalhando.

Essa é uma realidade e o Direito não pode desprezá-la. Os Juízes, na qualidade de intérpretes e aplicadores das normas, devem agir com cautela e procurar compatibilizar o interesse individual de determinado processo com o interesse social e coletivo na manutenção das empresas, dos postos de trabalho e dos salários que garantem a subsistência de inúmeras famílias.

Devemos, por conseguinte, estar atentos aos prejuízos que a penhora de contas bancárias pode trazer à coletividade. Os bloqueios em contas correntes realmente podem ocasionar a insolvência de empresas que dependem desse capital para abastecer a sua cadeia produtiva, ou seja, pagar seus fornecedores e funcionários.

Em casos tais, considerando a função social da empresa e o interesse coletivo existente, a determinação da penhora em contas bancárias, em certas situações, poderá contrariar o comando emanado, violando o art. 8º da CLT, que traz uma orientação muito importante nos dias de hoje, esquecida pelos operadores do direito: *a supremacia do interesse coletivo sobre o particular.*

Ora, foi o próprio diploma legal, cujo principal papel é o de proteger o empregado, que estabeleceu, aos Juízes do Trabalho, o dever de julgar "sempre de maneira que nenhum interesse de classe ou particular prevaleça sobre o interesse público".

Assim, deve o Juiz analisar cada caso concreto para evitar que a penhora de conta bancária traga consequências negativas para a coletividade.

Obviamente, a empresa terá que demonstrar a intenção e os meios de pagar o seu débito e isso pode ocorrer *de modo menos gravoso*, para, assim, evitar o encerramento de sua atividade ou o inadimplemento do salário de vários empregados.

Surge, daí, o segundo conflito, neste caso, entre o princípio protetor e o princípio da execução menos gravosa. Para solucionar esta antinomia, o intérprete precisa estar pautado em dois importantes princípios fundamentais: o da **razoabilidade** e o da **proporcionalidade**.

d) Aplicação dos Princípios da razoabilidade e da proporcionalidade

Estes dois princípios completam-se e traduzem uma ideia que emana do próprio direito: o bom senso.

A razoabilidade exige que haja uma sintonia entre o que é posto na norma e o que dela é feito na sua aplicação.

A melhor doutrina, ao dissertar acerca do princípio da razoabilidade, afirma, de forma categórica, que "a exigência da razoabilidade não se esgota no âmbito da Administração Pública, ela também alcança os poderes legislativo e judiciário. Como bem afirma Agustín Gordillo, 'a razoabilidade é assim o ponto de partida do ordenamento jurídico'. Aduz, ainda, o renomado doutrinador que 'o princípio da razoabilidade é um dos que tem maior extensão dentro do sistema jurídico, e se encontra em vias de ser reconhecido como o mais importante do ordenamento jurídico'".

Já o princípio da proporcionalidade enseja um jogo de ponderações, uma decisão acerca da prevalência de um ou de outro valor. Deve o Magistrado estar atento ao binômio necessidade-adequação.

Para o Professor João Batista Lopes, "pelo princípio da proporcionalidade o juiz, ante o conflito levado aos autos, deve proceder à avaliação dos interesses em jogo e dar prevalência àquele que, segundo a ordem jurídica, ostentar maior relevo e expressão".

Particularmente no que se refere ao princípio da proporcionalidade na execução, deve-se considerar, também, os excessos cometidos contra o executado.

Comentando a questão, João Batista Lopes assevera: "é oportuno aludir à penhora de faturamento, que vem sendo admitida pela jurisprudência em casos excepcionais, desde que observada a proporcionalidade e a preservação da continuidade da empresa". Assegura, ainda, o processualista que "tal consideração leva em conta o princípio da efetividade da execução (e o interesse do exeqüente), de um lado, e a necessidade de garantir a integridade patrimonial da empresa e seus consectários (assegurar o pagamento de salários, por exemplo)".

Com efeito, se por um lado o art. 835, X, do CPC, permite expressamente a penhora de "faturamento de empresa devedora", por outro limita a um "percentual", impedindo, assim, de maneira acertada, a lamentável prática de penhorar todo o faturamento do executado, o que, por vezes, dificulta ou inviabiliza a continuidade da atividade empresarial, especialmente quando atinge parte ou a totalidade do capital de giro das respectivas empresas.

Como o legislador não estabeleceu um percentual, competirá aos magistrados, com bom senso, fixá-lo na análise de cada caso concreto.

De qualquer sorte, exigiu o legislador que, nesta modalidade de penhora, fosse nomeado depositário com a atribuição de "submeterá à aprovação judicial a forma de sua atuação e prestará contas mensalmente, entregando em juízo as quantias recebidas, com os respectivos balancetes mensais" (art. 866, §2º, do CPC).

Assim, deve o magistrado, em cada caso concreto, sopesar os interesses em jogo, utilizando o bom senso na utilização do Convênio Bacen-Jud e da penhora referente ao faturamento de empresas.

e) *Caráter dinâmico do direito e dos princípios*

Como já ressaltamos, a utilização generalizada e desmedida do Bacen-Jud pode causar, em curto prazo, uma grave conturbação social. Por outro lado, a medida tem conseguido, efetivamente, acelerar as execuções, revelando-se eficaz no seu propósito.

Como enaltece Maria Helena Diniz, o Direito "é uma realidade dinâmica, que está em perpétuo movimento, acompanhando as relações humanas, modificando-as, adaptando-as às nossas exigências e necessidades da vida".

Por seu turno, Miguel Reale nos ensina que "se a regra jurídica não pode ser entendida sem conexão necessária com as circunstâncias de fato e as exigências axiológicas, é essa complexa condicionalidade que nos explica porque uma mesma norma de direito, sem que tenha sofrido qualquer alteração, nem mesmo de uma vírgula, adquire significados diversos com o volver dos anos, por obra da doutrina e da jurisprudência".

Com os princípios não podia ser diferente, pois, enquanto o Direito Positivo é estático, eles têm a capacidade de se adaptar mais facilmente à nova realidade socioeconômica.

Assim, o princípio protetor também deve ser aplicado neste mesmo contexto, sem se afastar da realidade inerente ao momento vigente.

O consagrado Américo Plá Rodriguez oferece respaldo à nossa afirmação, quando sustenta que "os princípios, próprios do Direito do Trabalho, por sua própria natureza e pela índole de sua função, têm uma capacidade de adaptação e de ajuste a diferentes realidades, que lhe tiram a rigidez. Ao contrário, são particularmente aptos para conduzir e acompanhar as legítimas tentativas de flexibilização".

Assim, é justamente o caráter dinâmico do Direito e dos princípios que possibilita ao aplicador compatibilizar o princípio protetor com o da execução menos gravosa e, pautado neles, interpretar os dispositivos legais em vigor, permitindo a utilização do Bacen-Jud de maneira adequada à realidade vivenciada na atualidade, propiciando a solução de um problema da execução, mas sem perturbar a paz social.

O certo é que as normas em vigor, especialmente as veiculadas no art. 805 do CPC, que traduz o princípio da execução menos gravosa, assim como no art. 835 do CPC, precisam ser interpretadas e aplicadas de acordo com a realidade atual, considerando que a maioria das empresas atravessa dificuldades decorrentes de um mercado globalizado e cada vez mais competitivo, ocasionando uma gradativa diminuição dos já escassos postos de trabalho.

f) Do Procedimento adequado e razoável

Passemos, agora, a apontar, de maneira objetiva, a concretização das ideias que acabamos de lançar.

Em verdade, é perfeitamente possível assegurar uma execução menos gravosa para o devedor, sem prejudicar o empregado. Os ingredientes desta receita já estão previstos no nosso ordenamento jurídico.

Estes dois princípios, aparentemente antagônicos, podem conviver harmonicamente na seara trabalhista, já que é perfeitamente possível preservar a empresa sem prejudicar o empregado.

Isso é relativamente simples e passa apenas pela utilização ponderada e gradativa do Convênio ao longo do processo de execução.

O primeiro passo já foi implementado pela reforma realizada na CLT pela lei 13.467/2017, que é utilizar, como padrão o procedimento previsto no §2º do art. 878, permitindo-se ao executado discutir o valor do título antes da penhora.

Deste modo, obstar-se uma penhora de quantia muitas vezes majorada, permitindo ao executado exercer seu direito constitucional do contraditório antes da constrição de seu patrimônio (aplicação direta dos arts. 879 da CLT e 5º, XXXV, da CF).

Ademais, este procedimento obriga o executado a oferecer impugnação com delimitação de valores, viabilizando a identificação e o consequente pagamento imediato da quantia incontroversa, o que seria garantido, neste caso, através da penhora *on-line* (arts. 879, §2º e 897, §1º, da CLT).

O passo seguinte, agora pelo procedimento estabelecido pelo art. 884 da CLT, seria a citação da executada para pagar o remanescente, se houver, ou para garantir a execução.

Neste instante, havendo indicação de bens pelo executado, mesmo que impugnados pelo exequente, deveriam os magistrados, pautados nas ideias sustentadas linhas acima, analisar cuidadosamente o caso e somente determinar a penhora *on-line* na hipótese de impugnação justificada e plausível, onde ficasse demonstrado o prejuízo direto e irreparável da constrição em bens móveis ou imóveis.

Assim, o mais prudente seria avaliar a indicação de bens apresentada, pois não vislumbramos qualquer prejuízo ao empregado que a garantia da execução seja realizada com bens móveis ou imóveis.

Obviamente nos referimos a bens livres, desembaraçados e de fácil comercialização, senão a empresa teria que assumir o ônus de sua imprudência, sujeitando-se à penhora *on-line*.

Vale ressaltar, ainda, que após o trânsito em julgado da sentença que fixa o crédito, o autor pode requerer a notificação do executado para quitar o débito e, uma vez inadimplido, poderia ser determinada a penhora *on-line* das contas, sem a necessidade de se aguardar a realização do leilão e de todos os incidentes daí decorrentes.

Esta solução também encontra respaldo legal, pois o art. 15, II, da Lei de Execuções Fiscais, fonte subsidiária eleita pela CLT (art. 889) para reger o processo de execução trabalhista, permite que o credor solicite, a qualquer momento, a substituição da penhora.

Outra medida salutar, e que também deve ser considerada em situações especiais, quando constatado e comprovado o prejuízo irreparável da penhora em dinheiro, seria o bloqueio gradativo. Através desta modalidade, que encontra respaldo jurisprudencial no STJ, seria penhorada, mensalmente, uma parte da receita da empresa, até a efetiva garantia da execução.

Como se vê, a solução já está no ordenamento jurídico. Tudo depende do bom senso dos seus intérpretes e aplicadores.

f.1) Da relativização da ordem de preferência estabelecida pelo art. 835 do CPC

Cumpre-nos, agora, enfrentar uma questão polêmica e que poderia ser apontada como óbice ao procedimento acima sugerido: como indeferir o pedido de penhora em dinheiro se a CLT elegeu (art. 882) o art. 835 do CPC como regra para realização da penhora de bens do executado.

Daí surge um aparente conflito: como aplicar o princípio da execução menos gravosa (art. 805 do CPC), se existe regra expressa (art. 835 do CPC) estipulando ordem de preferência para as constrições patrimoniais necessárias à garantia da execução?

Essa questão não é nova, tampouco privilégio do processo trabalhista, e já encontra solução na doutrina e na jurisprudência.

Como bem assevera João Batista Lopes, "campo fértil para a aplicação do princípio da proporcionalidade é o da penhora de bens" e "a relativização da ordem estabelecida para a nomeação de bens tem sido admitida pela doutrina e jurisprudência".

A premissa a ser estabelecida é a de que a ordem de preferência estabelecida no art. 835 do CPC não é absoluta. Na verdade, esta regra deve ser interpretada e aplicada à luz da diretriz contida no art. 805 do CPC, sem perder de vista o que dispõe o art. 8º da própria CLT.

Nesse particular, fundamentais são os ensinamentos de Teori Albino Zavascki, para quem a norma contida no art. 620 do Código de Processo Civil de 1973, atual art. 805 do CPC/15, é principiológica:

> O preceituado no art. 620 do Código é representação paradigmática da linha humanizadora do sistema de execução, a que se fez referência. Trata-se de típica regra de sobre direito, cuja função não é a de disciplinar situação concreta, e sim a de orientar a aplicação das demais normas do processo de execução, com a nítida finalidade de evitar atos executivos desnecessariamente onerosos ao devedor.

Comentando este postulado básico, Araken de Assis deu-lhe uma visão singular e ainda mais interessante, denominando-o de princípio do resultado:

> Estatuindo que a execução é econômica, evitando maiores sacrifícios ao devedor que os exigidos pelo resultado, o art. 620 apenas enuncia princípio que governa a intimidade dos meios executórios.

Esse entendimento já encontra respaldo na jurisprudência, como se vê, por exemplo, na seguinte decisão do Tribunal de Justiça do Rio Grande do Sul:

> AGRAVO DE INSTRUMENTO. EXECUÇÃO FISCAL. OFERTA DE SEGURO GARANTIA EM LUGAR DE PENHORA DE DINHEIRO. POSSIBILIDADE. ORDEM DE PREFERÊNCIA. RELATIVIZAÇÃO. PRINCÍPIO DA MENOR ONEROSIDADE. – Nos termos do Código de Processo Civil, a execução, embora se processe no interesse do credor (art. 797), deve observar a menor onerosidade ao devedor (art. 805), preceitos estes que podem e devem conviver harmoniosamente. – Ainda que se reconheça que o dinheiro ostenta posição de preferência sobre a fiança bancária e o seguro garantia, não se afigura razoável deixar ao credor a faculdade de recusar a substituição, quando outros meios, igualmente idôneos, possam legitimamente tomar seu lugar, evitando prejuízos ao devedor – que tem montante expressivo seus ativos imobilizados. A ordem estabelecida, portanto, não deve ser absoluta, mas relativizada de acordo com as circunstâncias do caso concreto. – A ausência do acréscimo de 30% sobre o valor do débito exigido não deslegitima a substituição: primeiro, porque o credor não se insurgiu quanto à inobservância do disposto no art. 835, § 2º, do CPC; segundo, porque a cláusula 4ª do instrumento contratual dispõe que "fica assegurada a atualização do débito pelos índices legais aplicáveis aos débitos inscritos em Dívida Ativa do Município... de Bento Gonçalves". Assim, tendo em vista que o acréscimo de 30% tem por finalidade evitar que o transcurso do tempo do processo torne insuficiente a garantia prestada, há de ser deferida a substituição, pois tal finalidade está assegurada com a atualização do débito nos índices aplicados aos débitos inscritos em dívida ativa, não havendo, então, qualquer prejuízo ao credor. AGRAVO DE INSTRUMENTO DESPROVIDO, POR MAIORIA. (Agravo de Instrumento Nº 70074733122, Vigésima Segunda Câmara Cível, Tribunal de Justiça do RS, Relator: Francisco José Moesch, Redator: Marilene Bonzanini, Julgado em 26/10/2017).

Ora, se os princípios são normas informadoras das regras, e aplicáveis a qualquer caso por não prever uma situação concreta, o mais correto seria interpretar o art. 835 do CPC à luz do princípio contido no art. 805 do CPC, como tem entendido também o Superior Tribunal de Justiça.

g) Conclusão

Assim, sustentamos que o aplicador do direito deve avaliar a aplicação do princípio da execução menos gravosa, que pode e deve ser aplicado no Processo do Trabalho, seja como mecanismo de preservação do interesse público na manutenção e crescimento das empresas, seja para garantir a própria manutenção do convênio, que corre o risco de ser desfeito em razão dos problemas decorrentes de sua utilização desmedida.

Isso porque, sempre que o intérprete despreza a realidade ao aplicar a norma ao caso concreto, esta ficará fadada ao esquecimento e ao desuso, justamente porque, como já advertia Ripert, "se a lei ignora a realidade a realidade se vinga, ignorando a lei".

14.12. DO INCIDENTE DE DESCONSIDERAÇÃO DA PERSONALIDADE JURÍDICA

Como regra geral, a personalidade do sócio e da empresa são distintas e não se confundem, razão pela qual a legislação processual civil estabelece um procedimento especial para a desconsideração da personalidade jurídica que assegure o respeito ao contraditório e à ampla defesa.

Apesar disso, a doutrina e jurisprudência trabalhista majoritária entendia que o referido incidente não se aplicava ao processo do trabalho sob o fundamento de que atrasava o curso da execução trabalhista. Nesse sentido se posiciona Mauro Schiavi:

> Da nossa parte, o referido incidente não é adequado ao Processo do Trabalho, na fase de execução, pois o Juiz do Trabalho promove a execução de ofício (art. 878 da CLT) e o referido incidente de desconsideração é incompatível com a simplicidade e a celeridade da execução trabalhista. De outro lado, a hipossuficiência do credor trabalhista e a natureza alimentar do crédito autorizam o Juiz do Trabalho a postergar o contraditório na desconsideração após a garantia do juízo pela penhora[13].

Esse entendimento, entretanto, foi superado com a reforma trabalhista – lei n. 13.467/2017. Com efeito, o art. 855-A da CLT passou a estabelecer de forma expressa que se aplica ao processo do trabalho o incidente

13. SCHIAVI, Mauro. Manual de Direito Processual do Trabalho. São Paulo: Editora LTr, 2018, p. 1157.

de desconsideração da personalidade jurídica previsto nos arts. 133 a 137 do CPC.

De acordo com o *caput* do art. 133 do CPC, o incidente deverá ser instaurado a pedido da parte, devendo o processo principal ficar suspenso até o julgamento do referido incidente, por força do §2º do art. 855-A da CLT.

Embora se depreenda do referido dispositivo que o incidente de desconsideração deve ser processado em autos apartados, o TST estabeleceu por meio do Provimento CGJT Nº 1/2019 que a tramitação deverá ocorrer nos próprios autos do Processo Judicial Eletrônico em que foi suscitada, vedada sua autuação de forma autônoma.

Uma vez instaurado o incidente, o art. 135 impõe que o sócio ou a pessoa jurídica seja citado para manifestar-se e requerer as provas que entender cabíveis no prazo de 15 dias. Caso haja necessidade de prova oral, o juiz deverá designar audiência para sua coletar, conforme estabelece o parágrafo único do art. 3º do Provimento CGJT Nº 1/2019 do TST.

Da decisão que acolher ou rejeitar o incidente, na fase de execução, caberá agravo de petição, sendo desnecessária a garantia do juízo, nos termos do art. 855-A, §1º, da CLT.

14.12.1. Obrigatoriedade de Incidente. Nulidade do Processo

Em que pese a fixação expressa do incidente com a Reforma Trabalhista, alguns juízes adotavam o entendimento de que este incidente seria facultativo, na medida em que o devedor, após a garantia da execução, teria a possibilidade de discutir sua participação nos embargos (de terceiro ou do devedor).

Contudo, este entendimento é equivocado e já foi superado em posicionamento consolidado pelo TST, que entendeu, na sessão de dissídios individuais, que **a instauração do incidente é obrigatória**, sob pena de nulidade do processo, admitindo, inclusive, mandado de segurança, conforme jurisprudência abaixo:

> **RECURSO ORDINÁRIO EM MANDADO DE SEGURANÇA. EXECUÇÃO DEFINITIVA. PENHORA DE BENS DOS SÓCIOS. AUSÊNCIA DE INSTAURAÇÃO DO INCIDENTE DE DESCONSIDERAÇÃO DE PERSONALIDADE JURÍDICA NA VIGÊNCIA DO CPC DE 2015**. ILEGALIDADE. FLEXIBILIZAÇÃO DO ENTENDIMENTO SEDIMENTADO NA ORIENTAÇÃO JURISPRUDENCIAL Nº 92 DA SUBSEÇÃO 2 ESPECIALIZADA EM DISSÍDIOS INDIVIDUAIS DO TST. **CABIMENTO DA DEMANDA DE SEGURANÇA**. O ato impugnado no presente "mandamus" consiste na decisão do Juízo que incluiu o impetrante (sócio da empresa executada) no polo passivo da execução e determinou o imediato bloqueio de valores e bens de sua propriedade, sem a instauração do incidente previsto no artigo 855-A da CLT. Da decisão atacada, portanto, afigura-se cabível a apresentação de exceção de pré-executividade, embargos de execução/terceiro (CPC de 2015, art. 674), ou, ainda, de agravo de petição, com arrimo no art. 897, a, da CLT. Ocorre, toda-

> via, que esta Subseção 2 Especializada em Dissídios Individuais, em situações excepcionais, vem flexibilizando a aplicação do entendimento **sedimentado na Orientação Jurisprudencial nº 92 e reconhecendo a admissibilidade da demanda de segurança, notadamente porque, na hipótese, previamente à penhora e ao bloqueio de bens dos sócios da executada, exsurge a necessidade de instauração do incidente de desconsideração da personalidade jurídica (arts. 133 a 139 do CPC e 855-A da CLT), sob pena de manifesta lesão ao princípio do contraditório e da ampla defesa**. Precedentes. Recurso ordinário conhecido e provido (TST – ROT: 203957920205040000, Relator: Amaury Rodrigues Pinto Junior, Data de Julgamento: 30/11/2021, Subseção II Especializada em Dissídios Individuais, Data de Publicação: 03/12/2021 – grifos nossos)

Dessa forma, com posicionamento já assentado, as decisões posteriores seguem na mesma linha:

> [...] nesse caso, considerando a natureza alimentar que se reveste o crédito trabalhista e o princípio da celeridade aplicado ao Processo do Trabalho (CLT, art. 765), uma vez frustrada a execução contra a devedora principal, deve ser desconsiderada a personalidade jurídica da executada para que os sócios respondam pelas parcelas trabalhistas inadimplidas pela sociedade. **Contudo, de acordo com o art. 795, § 4o, do CPC/2015, para a desconsideração da personalidade jurídica é obrigatória a observância do incidente previsto neste Código [...]** no caso em exame, a postulação de desconsideração foi de plano rejeitada pelo Juízo de primeiro grau, não tendo sido instalado o incidente e nem ouvidos os indicados como sócios da executada. Desta forma, reputo cabível o acolhimento do apelo **para determinar que seja instaurado e processado, e posteriormente julgado, o incidente de desconsideração da personalidade jurídica**, conforme requerido pelo exequente. (TST – AIRR: 426420195060172, Relator: Katia Magalhaes Arruda, 6ª Turma, Data de Publicação: 03/05/2022 – grifos nossos)

Assim, entende-se obrigatória a instauração do incidente na forma do art. 795, § 4º, do CPC/2015.

14.13. EMBARGOS DO DEVEDOR

14.13.1. Natureza Jurídica

Embargar, na linguagem coloquial, significa criar obstáculos, ou seja, se opor a alguma coisa.

No caso da execução, embargar significa a ação do devedor contra a atividade coercitiva do Estado, que tem por objetivo fazê-lo cumprir a obrigação determinada no título executivo.

Assim, a natureza jurídica dos embargos do devedor é de incidente processual, embora a CLT se refira aos embargos, equivocadamente, como meio de defesa do executado (art. 884, §2º, da CLT).

Esta é a posição majoritária da doutrina, a exemplo de Rodrigues Pinto, ao sustentar que:

> No processo de execução, os embargos se relacionam com títulos obrigacionais de formação judicial ou extrajudicial. Ganham, então, natureza de ação incidental, cujo objeto é desconstituir a constrição patrimonial do Estado-juiz na ação executória (título judicial) ou executiva (título extrajudicial), ambas visando ao cumprimento forçado de obrigação.

A utilização do termo "defesa" pela CLT foi pautada no CPC de 1939, o qual tinha a mesma noção, fruto da equivocada concepção, de que os embargos seriam o meio do devedor defender-se contra a ação do credor que exigia o cumprimento da obrigação. Isto foi corrigido pela legislação processual civil com a reforma de 1973 e mantida no CPC de 2015.

14.13.2. Espécies

São duas as modalidades de embargos do devedor admitidas na execução trabalhista: embargos à execução e embargos à penhora, ambos previstos, respectivamente, no artigo 884 da CLT, o primeiro no *caput* e o segundo no §3º.

No entanto, uma ressalva desse ser feita: a existência de duas modalidades de embargos do devedor na execução trabalhista não é pacífica. Manoel Antônio Teixeira Filho entende que a figura jurídica dos embargos à penhora é "criação arbitrária da doutrina". Para o citado autor, "os únicos embargos oponíveis pelo devedor (agindo nessa qualidade) são à execução", sustentando que se "o devedor deseja alertar ao juiz quanto a eventual excesso de penhora, basta que lhe dirija simples petição".

Nos filiamos à parte da doutrina que sustenta a existência de duas espécies de embargos do devedor, a exemplo do professor Rodrigues Pinto, por ser mais coerente com a interpretação sistemática do artigo 884 da CLT.

Com efeito, não podemos considerar que embargos à execução (ar.t 884, *caput,* da CLT) e embargos à penhora (art. 884, §3º, da CLT) sejam sinônimos, como defende uma parte da doutrina, porque senão teríamos que admitir a legitimidade do credor para apresentar embargos à execução, o que seria incompatível com a natureza desta ação incidental contrária à execução.

Isso porque o §3º do art. 884 ao estabelecer para o devedor que os embargos à penhora seriam o meio de impugnar as decisões de liquidação, assegurou ao credor "igual direito e o mesmo prazo".

Ressalte-se ainda que o objeto dos embargos à penhora, na sua essência, é inteiramente compatível com o interesse do credor, eis que poderá impugnar as decisões de liquidação que lhe forem desfavoráveis, bem como poderá se insurgir contra os atos de constrição que forem prejudiciais.

14.13.2.1. Embargos à penhora – Art. 884, §3º, da CLT

Através dos embargos à penhora, deverá o devedor se insurgir contra os atos de constrição (penhora) e/ou impugnar as decisões de liquidação.

Na primeira hipótese, o devedor poderá alegar excesso de penhora, impenhorabilidade do bem, erro na avaliação etc.

Na impugnação às decisões de liquidação, o devedor atacará aquelas homologatórias de cálculos, como aquelas proferidas nos procedimentos de liquidação de sentença (por cálculo, por artigos ou arbitramento).

Se, nesta segunda hipótese, o juiz adotou o procedimento de homologar os cálculos apresentados pelo autor, deverá o devedor, nos embargos à penhora, impugnar a referida decisão, apontando os erros existentes na planilha homologada.

Já para o caso de ter sido a liquidação prévia e proveniente de iniciativa do juiz, tenha sido ela por cálculo, por artigos ou arbitramento, deverá o devedor, através dos embargos à penhora, atacar a decisão de liquidação proferida, apontando os erros existentes na planilha elaborada pelo serventuário e que faz parte integrante da referida decisão.

Em ambos os casos, somente poderá a parte apresentar embargos à penhora se tiver impugnado anteriormente a conta apresentada, nos termos do art. 879 da CLT, sob pena de preclusão.

O §3º do art. 884 da CLT menciona que "poderá o executado impugnar a sentença de liquidação". Houve, aqui, uma impropriedade técnica do legislador, eis que os atos judiciais acima citados não encerram o procedimento da execução. São decisões de natureza interlocutória, já que permitem, inclusive, a reconsideração pelo próprio juiz que as proferiu.

14.13.2.2. Embargos à execução

Os §§ 1º e 6º do art. 884 da CLT estabelecem as matérias que podem ser arguidas através dos embargos à execução, apresentando o seguinte rol:

- Cumprimento da decisão ou acordo;
- Quitação;
- Prescrição;
- Inexigibilidade do título.

Cumpre, desde já, ressaltar que o legislador não incluiu as questões de ordem processual que também podem ser objeto dos embargos, como, por exemplo, ilegitimidade de parte, vício de citação, exceção de suspeição ou de incompetência etc.

Como ressalta Rodrigues Pinto, "a restrição só vale para a discussão de mérito, caracterizando-se a omissão da legislação trabalhista a respeito da discussão das questões processuais".

Vejamos, pormenorizadamente, cada uma das matérias explicitadas no §1º do art. 884 da CLT:

a) Cumprimento da decisão ou acordo

O devedor apenas informa e prova que a execução não poderá prosseguir porque ele já cumpriu espontaneamente a obrigação após o trânsito em julgado. Aqui o pagamento é feito nos autos do processo, através de depósito posto à disposição do Juiz titular da Vara onde tramita a execução.

b) Quitação

Nesta hipótese, o devedor deve comprovar a ocorrência de alguma causa impeditiva, extintiva ou modificativa da obrigação, a exemplo do pagamento, da novação, compensação, transação, desde que superveniente à sentença. Aqui aplica-se analogicamente o art. 535, VI do CPC[14].

---

14. Art. 535 do CPC – A Fazenda Pública será intimada na pessoa de seu representante judicial, por carga, remessa ou meio eletrônico, para, querendo, no prazo de 30 (trinta) dias e nos próprios autos, impugnar a execução, podendo arguir:

I – falta ou nulidade da citação se, na fase de conhecimento, o processo correu à revelia;

II – ilegitimidade de parte;

III – inexequibilidade do título ou inexigibilidade da obrigação;

IV – excesso de execução ou cumulação indevida de execuções;

V – incompetência absoluta ou relativa do juízo da execução;

VI – qualquer causa modificativa ou extintiva da obrigação, como pagamento, novação, compensação, transação ou prescrição, desde que supervenientes ao trânsito em julgado da sentença.

§ 1º A alegação de impedimento ou suspeição observará o disposto nos arts. 146 e 148.

§ 2º Quando se alegar que o exequente, em excesso de execução, pleiteia quantia superior à resultante do título, cumprirá à executada declarar de imediato o valor que entende correto, sob pena de não conhecimento da arguição.

§ 3º Não impugnada a execução ou rejeitadas as arguições da executada:

I – expedir-se-á, por intermédio do presidente do tribunal competente, precatório em favor do exequente, observando-se o disposto na Constituição Federal;

II – por ordem do juiz, dirigida à autoridade na pessoa de quem o ente público foi citado para o processo, o pagamento de obrigação de pequeno valor será realizado no prazo de 2 (dois) meses contado da entrega da requisição, mediante depósito na agência de banco oficial mais próxima da residência do exequente.

§ 4º Tratando-se de impugnação parcial, a parte não questionada pela executada será, desde logo, objeto de cumprimento.

§ 5º Para efeito do disposto no inciso III do caput deste artigo, considera-se também inexigível a obrigação reconhecida em título executivo judicial fundado em lei ou ato normativo considerado inconstitucional pelo Supremo Tribunal Federal, ou fundado em aplicação ou interpretação da lei

Nesses casos, o credor libera o devedor do cumprimento da obrigação prevista no título executivo.

c) Prescrição

A matéria, aqui, é bastante polêmica. O certo mesmo é que não se trata da prescrição da pretensão que foi deferida na sentença, seja a total, seja a quinquenal, pois esta somente pode ser discutida na fase de conhecimento.

Seria, então, prescrição alegável na própria execução. A doutrina aponta duas espécies: a prescrição intercorrente e a prescrição da pretensão executiva. Resta saber a qual delas se refere o artigo analisado.

Para Alice Monteiro de Barros, prescrição intercorrente é aquela que se verifica "durante a tramitação do feito na Justiça, paralisado por negligência do autor na prática de atos de sua responsabilidade".

A jurisprudência dos Tribunais Superiores era contraditória até a edição da lei 13.467/2017. De um lado, o TST entendia que era inaplicável na Justiça do Trabalho (Súmula nº 114) e, do outro, o STF consagrou, através da Súmula n. 327, o entendimento de que "o direito trabalhista admite a prescrição intercorrente".

Como nenhuma das Súmulas possuía efeito vinculante e como era praticamente impossível que essa discussão seguisse até os tribunais superiores (TST ou STF), diante da inexistência de violação direta à CF, a matéria vinha sendo alvo de acirradas e divergentes discussões no âmbito dos Tribunais Regionais do Trabalho.

A posição do TST estava calcada, exclusivamente, na aplicação do art. 878 da CLT, que permitia ao juiz promover a execução de ofício. Em razão desta possibilidade, entendia o TST que, como o juiz pode iniciar a execução, o credor não pode ser prejudicado.

Ao longo das edições do presente livro, defendemos que a entendimento era, ao nosso sentir, equivocado. Primeiro, porque o referido dispositivo apenas facultava ao juiz o impulso na execução para atender os casos em que o exequente estivesse desacompanhado de advogado, mas, como não se trata de um dever, não teria o condão de suprir a inércia do exequente.

---

ou do ato normativo tido pelo Supremo Tribunal Federal como incompatível com a Constituição Federal, em controle de constitucionalidade concentrado ou difuso.

§ 6º No caso do § 5º, os efeitos da decisão do Supremo Tribunal Federal poderão ser modulados no tempo, de modo a favorecer a segurança jurídica.

§ 7º A decisão do Supremo Tribunal Federal referida no § 5o deve ter sido proferida antes do trânsito em julgado da decisão exequenda.

§ 8º Se a decisão referida no § 5º for proferida após o trânsito em julgado da decisão exequenda, caberá ação rescisória, cujo prazo será contado do trânsito em julgado da decisão proferida pelo Supremo Tribunal Federal.

Assim, como a regra é facultativa, não existia um dever, uma obrigação, do Juiz iniciar a execução, o que, com a devida vênia, fazia cair por terra a linha de raciocínio dos Ministros do TST.

Depois, ainda que fosse essa a diretriz da norma, o que se admite apenas por argumentar, o seu comando não impediria a aplicação da prescrição intercorrente, mas, apenas, a prescrição da pretensão executiva, o que, como passaremos a demonstrar, são coisas bem distintas.

Com efeito, se o óbice está na regra do art. 878 da CLT, que permitia ao juiz iniciar a execução, não seria a hipótese de prescrição intercorrente, que somente incidirá depois de iniciada a execução.

Seria, em verdade, a prescrição da pretensão executiva, pois é aquela que decorre da inércia do credor em iniciar a execução. Assim, se o artigo 878 da CLT fosse fundamento para justificar a inaplicabilidade da prescrição, por certo, seria de pretensão executiva.

A confusão feita entre essas duas figuras é ressaltada por Marcelo Rodrigues Prata, na seguinte passagem:

> Deve-se evitar a confusão muito comum entre prescrição intercorrente no processo de execução com a prescrição da pretensão de execução, também chamada de prescrição superveniente à sentença de conhecimento. O mal-entendido se deve ao fato de que reina na doutrina e na jurisprudência trabalhista uma cizânia relativa à autonomia do processo de execução laboral em relação ao processo de conhecimento. Ela é oriunda do fato de a CLT autorizar o início da execução, *ex officio*, pelo juiz do Trabalho. Nossa posição é pela independência do processo de execução trabalhista, considerando que o impulso oficial da execução é uma mera faculdade, e, com tal, deve ser exercida com parcimônia, mormente quando o reclamante está acompanhado de advogado, sob pena de se comprometer a imparcialidade do reitor do processo trabalhista.
>
> Assim, partindo da premissa da autonomia do processo de execução trabalhista em relação ao processo de conhecimento, entendemos que a **prescrição intercorrente** ocorre depois de o processo de execução haver sido iniciado, ou seja, durante o seu curso, por abandono do credor.
>
> Já a **prescrição da pretensão executória trabalhista** acontece quando o credor deixa passar em branco o prazo de dois anos para iniciar a execução, contados do dia em que teve ciência do trânsito em julgado da sentença de cognição, da homologação do *acordo judicial* ou da lavratura do termo de conciliação pela CCP sem ajuizar a ação de executiva trabalhista.

Assim, considerando que o fundamento do TST estava pautado no artigo 878, que apenas permitia ao juiz promover a execução e não a impulsionar o processo a qualquer tempo, fica claro que, em verdade, o Colendo Tribunal estava se referindo à prescrição da pretensão executiva.

Deste modo, por entendermos equivocada a interpretação dada pelo TST e que o processo de execução não é autônomo, sempre sustentamos ser a prescrição contemplada pelo art. 884 da CLT a intercorrente e que esta deve ser aplicada na execução trabalhista.

A discussão, entretanto, está pacificada após as alterações realizadas da CLT pela lei n. 13.467/2017, uma vez que o art. 11-A passou a estabelecer de forma expressa que "ocorre a prescrição intercorrente no processo do trabalho no prazo de dois anos".

Diante dessa nova regra, a Corregedoria Geral da Justiça do Trabalho editou a Recomendação 3/2018, que estabelece uma série de procedimentos a serem observados em relação à prescrição intercorrente nos seguintes termos:

> Art. 1º. A prescrição intercorrente prevista no artigo 11-A da CLT somente deverá ser reconhecida após expressa intimação do exequente para cumprimento de determinação judicial no curso da execução.
>
> Art. 2º. O juiz ou relator indicará, com precisão, qual a determinação deverá ser cumprida pelo exequente, com expressa cominação das consequências do descumprimento.
>
> Art. 3º. O fluxo da prescrição intercorrente contar-se-á a partir do descumprimento da determinação judicial, desde que expedida após 11 de novembro de 2017 (artigo 2º da IN-TST n.º 41/2018).
>
> Art. 4º. Antes de decidir sobre a ocorrência da prescrição intercorrente, o juiz ou o relator deverá conceder prazo à parte interessada para se manifestar sobre o tema, nos termos dos artigos 9º, 10 e 921, § 5º, do Código de Processo Civil (artigo 4º da IN-TST n.º 39/2016, e artigo 21 da IN-TST n.º 41/2018).
>
> Art. 5º. Não correrá o prazo de prescrição intercorrente nas hipóteses em que não for localizado o devedor ou encontrados bens sobre os quais possa recair a penhora, devendo o juiz, nesses casos, suspender o processo (artigo 40 da Lei n.º 6.830/80).
>
> § 1º Na hipótese do caput deste artigo, os autos poderão ser remetidos ao arquivo provisório (artigo 85 da Consolidação dos Provimentos da Corregedoria-Geral da Justiça do Trabalho), assegurando-se ao credor o desarquivamento oportuno com vistas a dar seguimento à execução (§ 3º do artigo 40 da Lei n.º 6.830/80).
>
> § 2º Decidindo o juízo da execução pelo arquivamento definitivo do feito, expedirá Certidão de Crédito Trabalhista, sem extinção da execução (artigos 86 e 87 da Consolidação dos Provimentos da CGJT).
>
> § 3º Não se determinará o arquivamento dos autos, provisório ou definitivo, antes da realização dos atos de Pesquisa Patrimonial, com uso dos sistemas eletrônicos, como o BACENJUD, o INFOJUD, o RENAJUD e o SIMBA, dentre outros disponíveis aos órgãos do Poder Judiciário; e da desconsideração da personalidade jurídica da sociedade reclamada, quando pertinente.
>
> § 4º Antes do arquivamento, provisório ou definitivo, o juízo da execução determinará a inclusão do nome do(s) executado(s) no Banco Nacional dos Devedores Trabalhistas – BNDT e nos cadastros de inadimplentes, e promoverá o protesto extrajudicial da decisão judicial, observado o disposto no artigo 883-A da CLT e o artigo 15 da IN-TST n.º 41/2018.
>
> § 5º Uma vez incluído(s) o(s) nome(s) do(s) executado(s) no BNDT e nos cadastros de inadimplentes, sua exclusão só ocorrerá em caso de extinção da execução, conforme as hipóteses do artigo 86 da Consolidação dos Provimentos da CGJT.

> Art. 6º. Reconhecida a prescrição intercorrente, nos termos desta Recomendação, será promovida a extinção da execução, consoante dispõe o artigo 924, V, do CPC (artigo 21, da IN-TST n.º 41/2018).

d) Inexigibilidade do Título

A Medida Provisória 2.180-35, editada em 2001, acrescentou o §5º ao art. 884 da CLT, *in verbis:*

> Art. 884. (...)
>
> §5º – Considera-se inexigível o título judicial fundado em lei ou ato normativo declarados inconstitucionais pelo Supremo Tribunal Federal ou em aplicação ou interpretação tidas por incompatíveis com a Constituição Federal.

Embora a Medida Provisória tenha por finalidade apenas disciplinar situações de urgência e relevância (art. 62 da CF), não foram poucas as vezes que o Governo Federal se valeu deste expediente para inserir diversas alterações de cunho processual, que, de acordo com o próprio STF, são incompatíveis com os requisitos exigidos pela Carta Magna para sua edição.

O referido dispositivo seria, então, nitidamente inconstitucional, não fosse a Emenda Constitucional 32/01, que, a despeito de ter, no seu art. 1º, alterado o art. 62 da CF, no sentido de proibir expressamente "a edição de medidas provisórias sobre matéria de direito processual civil", estabeleceu, no art. 2º, que as medidas provisórias editadas até 11 de setembro de 2001 "continuam em vigor até que medida provisória ulterior as revogue explicitamente ou até deliberação definitiva do congresso nacional".

Como ainda não houve nenhuma medida provisória ou qualquer outra norma revogando o §5º do art. 884 da CLT, continua em vigor, a nosso ver, a referida regra.

Também não existe qualquer indício de que tal revogação venha a ocorrer, já que a mesma regra foi introduzida no §1º do art. 475-L do CPC/73, através da Lei 11.232/05, e mantida no CPC/15 em seu art. 525, §12, o que acabou por reforçar a aplicação do dispositivo previsto na CLT.

Rodrigues Pinto, embora critique a subjetividade da segunda parte da redação, defende a aplicação desta regra, acrescentando que "se o título judicial não constituiu o direito, porque não podia fazê-lo contra a Constituição, violada pela base normativa em que se amparou, é possível considerá-la inexistente ou nula (para nós a distinção é irrelevante, na prática, pois o resultado da inexistência e da nulidade pleno jure é o mesmo), então a rescisória é despicienda, porque não se atingiu a coisa julgada a desconstituir".

Importa enfatizar que a posição adotada pela doutrina majoritária é a de que o título executivo judicial, para ser considerado inexigível, deve ter sido constituído após a declaração de inconstitucionalidade da lei ou do ato normativo que o lastreava.

A alegação de inexigibilidade do título pode ser apresentada através de embargos à execução ou, como sugere o ilustre professor, por "exceção de pré-executividade".

14.13.2.3. Oportunidade

Diz respeito à fluência do prazo, ou seja, ao momento em que os embargos devem ser apresentados pelo devedor.

O art. 884 da CLT deixa claro que, penhorados os bens ou garantida a execução, poderá o devedor apresentar os embargos. Assim, a oportunidade se dá a partir da garantia da execução ou da penhora dos bens.

Vale observar que tanto a CLT quando a lei n. 6.820/80 não estabelecem quais são os bens que não podem ser penhorados para garantia/pagamento da execução, razão pela qual deve ser utilizado o rol apresentado pelo art. 833 do CPC, perfeitamente aplicáveis ao Processo do Trabalho, sendo, portanto, impenhoráveis, os seguintes bens:

> Art. 833. São impenhoráveis:
>
> I – os bens inalienáveis e os declarados, por ato voluntário, não sujeitos à execução;
>
> II – os móveis, os pertences e as utilidades domésticas que guarnecem a residência do executado, salvo os de elevado valor ou os que ultrapassem as necessidades comuns correspondentes a um médio padrão de vida;
>
> III – os vestuários, bem como os pertences de uso pessoal do executado, salvo se de elevado valor;
>
> IV – os vencimentos, os subsídios, os soldos, os salários, as remunerações, os proventos de aposentadoria, as pensões, os pecúlios e os montepios, bem como as quantias recebidas por liberalidade de terceiro e destinadas ao sustento do devedor e de sua família, os ganhos de trabalhador autônomo e os honorários de profissional liberal, ressalvado o § 2º;
>
> V – os livros, as máquinas, as ferramentas, os utensílios, os instrumentos ou outros bens móveis necessários ou úteis ao exercício da profissão do executado;
>
> VI – o seguro de vida;
>
> VII – os materiais necessários para obras em andamento, salvo se essas forem penhoradas;
>
> VIII – a pequena propriedade rural, assim definida em lei, desde que trabalhada pela família;
>
> IX – os recursos públicos recebidos por instituições privadas para aplicação compulsória em educação, saúde ou assistência social;
>
> X – a quantia depositada em caderneta de poupança, até o limite de 40 (quarenta) salários-mínimos;
>
> XI – os recursos públicos do fundo partidário recebidos por partido político, nos termos da lei;
>
> XII – os créditos oriundos de alienação de unidades imobiliárias, sob regime de incorporação imobiliária, vinculados à execução da obra.

> § 1º A impenhorabilidade não é oponível à execução de dívida relativa ao próprio bem, inclusive àquela contraída para sua aquisição.
>
> § 2º O disposto nos incisos IV e X do caput não se aplica à hipótese de penhora para pagamento de prestação alimentícia, independentemente de sua origem, bem como às importâncias excedentes a 50 (cinquenta) salários-mínimos mensais, devendo a constrição observar o disposto no art. 528, § 8º, e no art. 529, § 3º.
>
> § 3º Incluem-se na impenhorabilidade prevista no inciso V do caput os equipamentos, os implementos e as máquinas agrícolas pertencentes a pessoa física ou a empresa individual produtora rural, exceto quando tais bens tenham sido objeto de financiamento e estejam vinculados em garantia a negócio jurídico ou quando respondam por dívida de natureza alimentar, trabalhista ou previdenciária.

Sobre a aplicabilidade integral do referido dispositivo já se manifestou o Tribunal Superior do Trabalho através da Instrução Normativa n. 39/2016 (art. 13, XV).

A esse rol se agregam os bens de família indicados pelo artigo 1º da Lei 8.009/90.

Além disso, faz-se imperioso relembrar que a garantia da execução pode ser feita através do depósito em dinheiro, seguro garantia judicial, carta de fiança, aplicação em instituição financeira, seguro garantia judicial, bloqueio *on-line* pelo convênio BACEN-JUD ou nomeação de outros bens à penhora, observada a ordem preferencial estabelecida no art. 835 do CPC.

Ainda sobre as possíveis formas de garantir a execução, vale anotar que a carta de fiança é indiscutivelmente meio legal de garantia da execução prevista pelo artigo 9º, II da Lei 6.830/80, dispositivo perfeitamente aplicável ao Processo do Trabalho, como já decidiu o TST através da já citada Orientação Jurisprudencial 59 da SDI-II.

Já com relação à penhora de aplicação em instituição financeira, a alteração introduzida pela Lei 11.382 na redação do inciso I do artigo 655 do CPC/73 equiparou este tipo de penhora à penhora em dinheiro, o que foi mantido no CPC/15 no art. 835, I.

Este dispositivo, de inquestionável aplicação subsidiária ao Processo do Trabalho, por força do artigo 882 da CLT, implica em grande vantagem ao executado, sem trazer qualquer prejuízo ao reclamante-exequente.

Isso porque, quando uma determinada quantia em dinheiro é bloqueada e fica à disposição do juízo em uma conta bancária aberta na CEF ou no Banco do Brasil, a sua correção é bastante inferior àquelas asseguradas pelo mercado financeiro.

Com o permissivo do art. 835, I, do CPC, mesmo que remanesçam indisponíveis, os recursos serão corrigidos por índices mais vantajosos para o devedor, assegurando-se, assim, a efetividade do princípio da execução menos gravosa, previsto no art. 805 do CPC.

Por seu turno, o seguro garantia, como modalidade de garantia da execução, já estava presente no nosso ordenamento jurídico desde 1967, e era utilizado regularmente em processos judiciais. Funciona como uma carta de fiança bancária, ou seja, a empresa faz um seguro que vai cobrir o pagamento de determinado passivo discutido em processo judicial, substituindo eventual penhora realizada. Assim, o banco garante o cumprimento da obrigação na hipótese de inadimplemento do devedor.

Esta substituição, autorizada pelo *caput* do artigo 882 da CLT, não precisa de anuência do exequente, considerando que a norma é imperativa neste sentido, cumprindo ao juiz, apenas, certificar-se da idoneidade da seguradora que assume a responsabilidade pelo pagamento da obrigação.

De acordo com cada forma acima relatada, a oportunidade será diferenciada:

- **Depósito em dinheiro**: o prazo começa a fluir 24 horas após o depósito, de acordo com o artigo 9º, I da Lei de Execução Fiscal (Lei 6.830/60).
- **Carta de fiança:** a contagem do prazo se inicia 24 horas após a sua apresentação no processo, ou seja, no primeiro dia útil seguinte à data em que foi protocolada a petição que juntou a carta (art. 16, I e II da Lei 6.830/80).
- **Bloqueio *on-line*:** o prazo se iniciará na data da intimação da parte. Nesta terceira modalidade, exige-se uma formalidade: a comunicação oficial do executado, o que está disciplinado no art. 99 da Consolidação dos Provimentos da CGJT – 2016, ora transcrito:

> Art. 99. O juiz, ao receber as respostas das instituições financeiras, emitirá ordem judicial eletrônica de transferência do valor da condenação para conta judicial, em estabelecimento oficial de crédito, ou providenciará o desbloqueio do valor.
>
> Parágrafo único. O termo inicial do prazo para oposição de embargos à execução é a data da intimação da parte, pelo juiz, de que se efetivou bloqueio de numerário em sua conta.

- **Aplicação em instituição financeira** (art. 835, I, do CPC): a contagem do prazo para interpor os embargos terá início 24 horas após a juntada aos autos da comprovação da aplicação.
- **Seguro garantia judicial** (art. 882 da CLT e art. 835, §2º, do CPC): o prazo para oferecimento dos embargos também deve seguir a mesma orientação para a carta de fiança bancária, dada a semelhança entre essas modalidades de garantia da execução. Assim, deve o executado oferecer seus embargos no prazo de cinco dias, que começará a ser contado 24 horas depois da juntada aos autos do referido seguro.

Não sendo garantida a execução através dos meios acima declinados, o prazo para apresentação dos embargos do devedor começa a fluir do primeiro dia útil seguinte à ciência da penhora e avaliação feitas pelo oficial de justiça.

O oficial de justiça se dirige até a empresa e, nesta oportunidade, lavra o auto de penhora. É a partir da assinatura do auto de penhora que o executado fica ciente e, consequentemente, começa a fluir o prazo para a apresentação dos embargos.

Observe, entretanto, que o fato de os sócios ou representantes legais da empresa se negarem a assinar o auto de penhora não impede a fluência do prazo. Nesse caso, o oficial lavrará termo, certificando que o executado ficou ciente da penhora, mas se recusou a assinar o auto, iniciando-se, de qualquer modo, o prazo.

14.13.2.4. Prazo

Embora o artigo 884, *caput,* da CLT estabeleça o prazo de 05 dias para apresentação dos embargos, existem algumas divergências que merecem ser destacadas, mas, frise-se, prevalece, tanto na doutrina como na jurisprudência, o entendimento de que o prazo permanece inalterado.

Havia quem sustentasse que o prazo para os entes da Administração Pública seria de 10 dias, de acordo com o art. 730 do CPC/73. Este argumento não se sustentava, na nossa opinião, pois, em verdade, nunca houve omissão na CLT, considerando que o legislador não pretendeu fazer distinção entre entes públicos e empresas privadas, como fez o próprio CPC/73 no seu art. 738, ao estabelecer o mesmo prazo para o devedor comum, que, por força da lei nº 11.382/2006, foi ampliado para quinze dias.

Há outra corrente, minoritária, que defendia o prazo de 30 dias para apresentação dos embargos, amparada na Medida Provisória 2102/2001. Isso porque, em 2001, a pretexto de alterar dispositivos da Lei nº 9.494/97 (que disciplina a antecipação de tutela contra a Fazenda Pública), o governo editou a mencionada Medida Provisória, que, em uma de suas reedições, fez constar que o prazo a que se refere o *caput* do art. 730 do CPC/73 e o art. 884 da CLT passaria para 30 dias.

Quanto ao processo do trabalho e a suposta alteração do prazo previsto no art. 884 da CLT, o TST já havia manifestado seu entendimento declarando a inconstitucionalidade da MP 2101/01, pois contraria o art. 62 da CF, o qual estabelece os requisitos da urgência e relevância para a edição de medidas provisórias.

Desdobram-se, desta corrente, dois posicionamentos distintos. Uma parte da doutrina aplica a elasticidade do prazo apenas aos entes públicos e a outra o estende a todos os devedores, pois, de acordo com a melhor regra de hermenêutica, onde o legislador não distingue, não compete ao intérprete fazê-lo.

O certo é que, depois da decisão do tribunal pleno do TST, estava sedimentada jurisprudência no sentido de considerar a inconstitucionalidade da referida MP, de modo que o prazo continuaria a ser, no nosso entender, de 05 dias.

Entretanto, com a entrada em vigor do Código de Processo Civil de 2015, ampliou-se novamente o prazo processual da Fazenda Pública para apresentar embargos à execução para 30 dias através dos arts. 535[15] e 910[16].

---

15. Art. 535 do CPC – A Fazenda Pública será intimada na pessoa de seu representante judicial, por carga, remessa ou meio eletrônico, para, querendo, no prazo de 30 (trinta) dias e nos próprios autos, impugnar a execução, podendo arguir:

I – falta ou nulidade da citação se, na fase de conhecimento, o processo correu à revelia;

II – ilegitimidade de parte;

III – inexequibilidade do título ou inexigibilidade da obrigação;

IV – excesso de execução ou cumulação indevida de execuções;

V – incompetência absoluta ou relativa do juízo da execução;

VI – qualquer causa modificativa ou extintiva da obrigação, como pagamento, novação, compensação, transação ou prescrição, desde que supervenientes ao trânsito em julgado da sentença.

§ 1º A alegação de impedimento ou suspeição observará o disposto nos arts. 146 e 148.

§ 2º Quando se alegar que o exequente, em excesso de execução, pleiteia quantia superior à resultante do título, cumprirá à executada declarar de imediato o valor que entende correto, sob pena de não conhecimento da arguição.

§ 3º Não impugnada a execução ou rejeitadas as arguições da executada:

I – expedir-se-á, por intermédio do presidente do tribunal competente, precatório em favor do exequente, observando-se o disposto na Constituição Federal;

II – por ordem do juiz, dirigida à autoridade na pessoa de quem o ente público foi citado para o processo, o pagamento de obrigação de pequeno valor será realizado no prazo de 2 (dois) meses contado da entrega da requisição, mediante depósito na agência de banco oficial mais próxima da residência do exequente.

§ 4º Tratando-se de impugnação parcial, a parte não questionada pela executada será, desde logo, objeto de cumprimento.

§ 5º Para efeito do disposto no inciso III do caput deste artigo, considera-se também inexigível a obrigação reconhecida em título executivo judicial fundado em lei ou ato normativo considerado inconstitucional pelo Supremo Tribunal Federal, ou fundado em aplicação ou interpretação da lei ou do ato normativo tido pelo Supremo Tribunal Federal como incompatível com a Constituição Federal, em controle de constitucionalidade concentrado ou difuso.

§ 6º No caso do § 5º, os efeitos da decisão do Supremo Tribunal Federal poderão ser modulados no tempo, de modo a favorecer a segurança jurídica.

§ 7º A decisão do Supremo Tribunal Federal referida no § 5º deve ter sido proferida antes do trânsito em julgado da decisão exequenda.

§ 8º Se a decisão referida no § 5º for proferida após o trânsito em julgado da decisão exequenda, caberá ação rescisória, cujo prazo será contado do trânsito em julgado da decisão proferida pelo Supremo Tribunal Federal.

16. Art. 910 do CPC – Na execução fundada em título extrajudicial, a Fazenda Pública será citada para opor embargos em 30 (trinta) dias.

§ 1º Não opostos embargos ou transitada em julgado a decisão que os rejeitar, expedir-se-á precatório ou requisição de pequeno valor em favor do exequente, observando-se o disposto no art. 100 da Constituição Federal.

Considerando que dessa vez a ampliação do prazo processual para a Fazenda Pública foi realizada através do meio adequado, qual seja, lei ordinária e não medida provisória, como ocorreu anteriormente, não há vício formal que macule a sua aplicação. Apesar disso, entendemos que o dispositivo é inaplicável ao processo do trabalho, na medida em que a CLT possui regramento próprio no art. 884 que não faz distinção entre pessoa jurídica de direito privado ou público e, segundo regra hermenêutica, se o legislador não distinguiu, não cabe ao intérprete fazê-lo, razão pela qual entendemos que o prazo continua a ser de 5 dias.

14.14. IMPUGNAÇÕES DO CREDOR

O credor também poderá impugnar, no curso da execução, os atos judiciais que lhe forem desfavoráveis.

Embora o §3º do art. 884 da CLT, que regulamenta os embargos à penhora, mencione, expressamente, que o exequente terá igual direito e no mesmo prazo, entendemos que tal medida seria incompatível com a natureza jurídica dos embargos de ação do devedor contra a execução.

Como adverte Manoel Antônio Teixeira Filho, "a imperfeita redação do §3º do art. 884 da CLT, no entanto, pode conduzir à errônea ilação de que se o devedor não opuser embargos à execução o credor não poderá impugnar a sentença de liquidação".

Assim, poderá o exequente, em obediência ao princípio do tratamento igualitário que deve ser conferido às partes, impugnar as decisões de liquidação, a avaliação ou a penhora, no prazo de 05 dias, contados da data que tomar conhecimento da garantia da execução.

14.15. AGRAVO DE PETIÇÃO

É o recurso cabível na fase de execução em face de sentenças ou decisões terminativas que julgaram os embargos do devedor assim como as impugnações do credor, após a garantia da execução (art. 897, a da CLT).

Apenas as decisões que julgarem não provados os artigos de liquidação e a que acolher a exceção de pré-executividade, extinguindo a execução, em razão do caráter terminativo, poderão ser recorridas, imediatamente, através do agravo de petição. As demais decisões de liquidação seguem a regra geral de irrecorribilidade e somente podem ser atacadas após a prolação da sentença que julga os embargos do devedor e as impugnações do credor.

---

§ 2º Nos embargos, a Fazenda Pública poderá alegar qualquer matéria que lhe seria lícito deduzir como defesa no processo de conhecimento.

§ 3º Aplica-se a este Capítulo, no que couber, o disposto nos artigos 534 e 535.

O prazo para oferecimento do agravo é de 08 dias após a ciência da sentença e está sujeito aos pressupostos extrínsecos de admissibilidade inerentes aos demais recursos, como tempestividade e regularidade de representação.

Não é necessária a realização de depósito recursal, pois, para a interposição deste recurso, será necessária a garantia da execução. Porém, se a penhora não for suficiente para a satisfação do crédito fixado na sentença, deverá o devedor efetuar depósito complementar, de acordo com a Súmula 128, II do TST.

Por outro lado, exigiu o legislador, através do §1º do art. 897 da CLT, que o agravante delimitasse "justificadamente, as matérias e os valores impugnados". O objetivo, expressamente consignado, foi permitir que o exequente recebesse, desde logo, a parte incontroversa, prosseguindo o feito apenas com relação aos valores controvertidos.

Embora a regra tenha tido a finalidade acima apontada, entendemos que ela também se dirige ao credor quando este resolva recorrer das decisões definitivas proferidas na execução, pois não foi feita qualquer ressalva na norma, que foi indistintamente dirigida às partes. Ademais, dirigir esta exigência exclusivamente ao executado violaria frontalmente o princípio da isonomia e do tratamento igualitário que deve ser conferido às partes.

Como adverte Bezerra Leite, "é inexigível o pagamento das custas na execução (STF, RE 116.208-2, j. 20.4.90, rel. Min. Moreira Alves, in LTR 54-7/870), pois o pretório excelso, interpretando o art. 702, g, da CLT e o art. 789, §2º, acabou entendendo, em harmonia, com o princípio da legalidade, que o TST não teria competência para expedir, por meio de resoluções administrativas, tabela para pagamento de custas, pois essas possuem natureza tributária (espécie taxa), exigindo, pois, a sua fixação e criação por lei".

Aspecto também relevante sobre o agravo de petição é a discussão doutrinária e jurisprudencial em relação à existência ou não de efeito suspensivo quando da interposição deste recurso. Obviamente que a polêmica é referente à parte controvertida da sentença, uma vez que o §1º do art. 897 da CLT já estabelece, quanto à parcela incontroversa, a continuidade da execução[17].

Para quem defende o efeito suspensivo, baseia-se na expressão "permitida a execução imediata da parte remanescente até o final" contida no §1º do art. 897 da CLT e, logo, estaria a execução suspensa quanto à maté-

---

17. Súmula 416 do TST – MANDADO DE SEGURANÇA. EXECUÇÃO. LEI Nº 8.432/1992. ART. 897, § 1º, DA CLT. CABIMENTO (conversão da Orientação Jurisprudencial nº 55 da SBDI-2) – Res. 137/2005, DJ 22, 23 e 24.08.2005

Devendo o agravo de petição delimitar justificadamente a matéria e os valores objeto de discordância, não fere direito líquido e certo o prosseguimento da execução quanto aos tópicos e valores não especificados no agravo. (ex-OJ nº 55 da SBDI-2 – inserida em 20.09.2000)

ria ainda divergente e objeto de agravo de petição. Posicionamento ao qual nos filiamos, pois, não conceder o efeito suspensivo pode provocar prejuízo significativo ao reclamado, porque, uma vez recebido, pelo reclamante, o valor ainda em debate, e, após julgamento do recurso, o entendimento fosse o de que tal valor não era devido, certamente o devedor teria dificuldade em reavê-lo.

Cumpre, ainda, mencionar que contra a decisão do TRT referente ao julgamento do Agravo de Petição cabe Recurso de Revista apenas na hipótese de violação direta e literal de dispositivo da Constituição Federal, na forma do §2º do art. 896 da CLT.

Caso, entretanto, se trate de execução fiscais ou de controvérsia na fase de execução que envolva a Certidão Negativa de Débitos Trabalhistas (CNDT), caberá recurso de revista por violação à lei federal, por divergência jurisprudencial e por ofensa à Constituição Federal, nos termos do §10 do dispositivo citado.

Ademais, ressalta-se que as custas mencionadas no art. 789-A, inciso IV da CLT deverão ser pagas, como estabelece o *caput*, ao final, no valor estabelecido no referido dispositivo.

14.16. ATOS DE ALIENAÇÃO E EXPROPRIAÇÃO

Após o trânsito em julgado da decisão que fixou o crédito da execução caberá ao juiz, se a penhora for em dinheiro, apenas a liberação do valor atualizado. Se a penhora não for em dinheiro, o juiz deverá notificar o executado para pagar o valor sob pena de alienação dos bens penhorados, através de leilão.

Poderá ainda o exequente requerer a substituição dos bens penhorados por dinheiro, antes do leilão, através do convênio BACEN-JUD, com base no art. 15, II, da Lei 6.830/80.

De acordo com a definição de Rodrigues Pinto, os atos de alienação "são todos os abrangentes do preparo e da efetivação de transferência do patrimônio tornado indisponível ao devedor, pela garantia direta ou da penhora, para satisfazer, com o produto da venda, a obrigação imposta pela sentença exequenda".

Assim, são chamados de atos de alienação aqueles necessários para forçar o devedor a cumprir a obrigação, tendo início com a avaliação dos bens que serão penhorados e posteriormente leiloados, com o objetivo de assegurar a satisfação do crédito do exequente.

14.16.1. Avaliação

Ao proceder à penhora dos bens do devedor, deverá o avaliador apontar, desde já, o valor atribuído ao patrimônio atingido pela constrição.

Essa avaliação é feita pelos oficiais de justiça, de acordo com o artigo 721 da CLT, que fixou o prazo de 10 dias para concluir esta difícil, mas importante tarefa.

Até a edição da Lei 5.442/68, a avaliação não era feita pelos oficias de justiça e acontecia na forma estabelecida pelo artigo 887 da CLT, através de avaliador escolhido pelas partes ou nomeado pelo Juiz.

O referido dispositivo foi revogado e esta alteração trouxe, efetivamente, maior celeridade ao processo e serviu de inspiração para a Lei 11.382/06, que incluiu o inciso V no artigo 143 do CPC, que atualmente corresponde ao art. 154, V, do CPC, inserindo a avaliação entre as atribuições do oficial de justiça.

A avaliação pode ser objeto de impugnação das partes, seja pelo devedor, através dos embargos à penhora, seja pelo credor, no mesmo prazo.

Mas, como sustenta Rodrigues Pinto, o "incidente pode ser levantado em qualquer momento do processo, entre a própria avaliação e a publicação do edital de praça", de acordo com a aplicação supletiva do §1º do art. 13 da Lei 6.830/80.

O procedimento acima descrito, adotado pelos oficiais de justiça, que, no momento da penhora, já realizam a avaliação, não está, efetivamente, previsto na CLT, como adverte o professor Rodrigues Pinto, ressaltando que "de modo curioso, mas irregular, adotou-se esse deslocamento da avaliação para o módulo dos atos constritivos".

Com efeito, o §2º do art. 886 da CLT determina a realização da avaliação após a decisão definitiva proferida na execução, o que realmente não acontece nas execuções trabalhistas, eis que, como já ressaltamos, a avaliação é feita por ocasião da penhora.

Não entendemos ter sido o §2º do art. 886 da CLT revogado pela Lei 5.552/68, que alterou o art. 721 da CLT, mas também não concordamos com a conclusão de que exista uma irregularidade no procedimento antecipado da avaliação.

Na verdade, a avaliação é necessária no momento da realização da penhora, pois o oficial de justiça somente poderá saber se a execução está garantida se atribuir valor aos bens penhorados. Ademais, não há, na CLT, nenhum procedimento estabelecido para a realização da penhora e muito menos proibindo a avaliação nesta oportunidade, de modo que a sua realização antecipada é perfeitamente compatível e regular.

Com isso, torna-se desnecessária a avaliação posterior, após a prolação da sentença, mas nada impede que seja determinada pelo juiz, por exemplo, na hipótese de transcorrido um lapso temporal grande entre a avaliação e a alienação, pois o bem pode sofrer deterioração natural ou mesmo oscilação de valor, a depender do produto e do mercado.

Aspecto importante é a possibilidade de haver a impugnação da avaliação até a publicação do edital de hasta pública, conforme preceitua o §1º do art. 13 da Lei 6.830/1980, de aplicação supletiva no processo do trabalho, nas hipóteses previstas nos arts 873 e 847, V, do CPC, quando deve o juiz determinar a realização de nova avaliação e proferir uma decisão sobre esta (art. 13, §3º da Lei 6.830/1980).

14.16.2. Leilão

Estabelece o art. 888, *caput* da CLT, que, depois que transitar em julgado a sentença proferida na execução, com a fixação definitiva do valor do título exequendo, deverá o juiz designar leilão para alienação dos bens penhorados, que deve observar o interstício de 20 dias.

Como ressalta Mauro Schiavi, "no CPC de 73, havia distinção entre praça e leilão: a praça era realizada no átrio do Fórum e se destinava à expropriação de bens imóveis (art. 686, §2º, do CPC, c/c. art. 701 do mesmo Código), já o leilão se destinava à expropriação de bens móveis, podendo ser realizada onde se encontrarem os bens (art. 686, §2º, c/c. art. 705 do mesmo Código. O CPC atual somente utiliza a expressão leilão, que se destina tanto à expropriação de bens móveis quanto imóveis"[18].

A comunicação do leilão pode ser feita pelo Diário Oficial, através do advogado constituído nos autos ou, se não houver, através de "mandado, carta registrada, edital ou outro meio idôneo".

É indispensável a intimação do devedor, do credor e, também, do credor hipotecário, para que tomem ciência da data em que ocorrerá o leilão, sob pena de nulidade destes (art. 889 do CPC).

O rol de informações que devem constar no edital da hasta pública está elencado no art. 886 do CPC[19].

---

18. SCHIAVI, Mauro. Manual de Direito Processual do Trabalho. São Paulo: Editora LTr, 2018, p. 1357.

19. Art. 886 do CPC – O leilão será precedido de publicação de edital, que conterá:
I – a descrição do bem penhorado, com suas características, e, tratando-se de imóvel, sua situação e suas divisas, com remissão à matrícula e aos registros;
II – o valor pelo qual o bem foi avaliado, o preço mínimo pelo qual poderá ser alienado, as condições de pagamento e, se for o caso, a comissão do leiloeiro designado;
III – o lugar onde estiverem os móveis, os veículos e os semoventes e, tratando-se de créditos ou direitos, a identificação dos autos do processo em que foram penhorados;
IV – o sítio, na rede mundial de computadores, e o período em que se realizará o leilão, salvo se este se der de modo presencial, hipótese em que serão indicados o local, o dia e a hora de sua realização;
V – a indicação de local, dia e hora de segundo leilão presencial, para a hipótese de não haver interessado no primeiro;
VI – menção da existência de ônus, recurso ou processo pendente sobre os bens a serem leiloados.

Também é assegurado ao credor, de acordo com o art. 880 do CPC, perfeitamente aplicável, sob nossa ótica, à execução trabalhista, na hipótese de frustrado o leilão, requerer a alienação "por sua própria iniciativa ou por intermédio de corretor ou leiloeiro público credenciado perante o órgão judiciário".

14.16.2.1. Arrematação – Lanço vil

De acordo com o §1º do art. 888 da CLT, os bens devem ser vendidos "pelo maior lance, tendo o exequente preferência para adjudicação".

Aqui precisamos abrir um parêntese para defender a existência de lanço vil nas execuções trabalhistas, pois este ponto é alvo de acirrada divergência na doutrina e na jurisprudência.

Segundo define Rodrigues Pinto, lanço vil corresponde a "uma oferta de preço em notável desproporção com a avaliação judicial ou valor negocial de um bem oferecido em praça ou leilão judiciais".

Como o §1º do art. 888 apenas se referiu à arrematação "pelo maior lance", sem mencionar, como fez o CPC, a impossibilidade de se praticar lanço vil, criou-se grande polêmica em torno do tema.

Pensamos como a grande parte da doutrina, que defende a aplicação supletiva do art. 891 do CPC, pois, como ressalta Manoel Antônio Teixeira Filho, a regra do art. 888, §1º da CLT "não está, como se possa supor, vetando a possibilidade da incidência supletiva do art. 692, parte final, do CPC. Podemos mesmo asseverar que ambos os dispositivos legais se complementam, em absoluta harmonia". Os Tribunais Trabalhistas também abarcam a tese e costumeiramente rejeitam lanços considerados insignificantes e muito abaixo do valor da avaliação[20].

Por outro lado, embora minoritárias, não são raras as decisões que julgam em sentido oposto, entendendo inaplicável, na execução trabalhista, o lanço vil, sob a alegação de que não existe omissão na legislação trabalhista, eis que o artigo 888 da CLT tratou da matéria e não fez qualquer ressalva aos lanços oferecidos.

No CPC/73 não havia definição de critérios para caracterização do lanço vil, havendo, até então, divergência também na fixação de um percentual. Efetivamente, antes do CPC/15 não existiam, como ressaltou o Ministro Sálvio

---

Parágrafo único. No caso de títulos da dívida pública e de títulos negociados em bolsa, constará do edital o valor da última cotação.

20. Nesse sentido: LANÇO VIL. Arrematação de bens por quantia que não atinge sequer 30% do valor da avaliação configura lanço vil e não deve ser homologada. (TRT-1 – AGVPET: 340004120025010054 RJ, Relator: Gustavo Tadeu Alkmim, Data de Julgamento: 12/06/2012, Primeira Turma, Data de Publicação: 2012-06-25, undefined)

de Figueiredo, "critérios objetivos na conceituação do preço vil, que fica na dependência, para sua caracterização, de circunstâncias do caso concreto".

De qualquer sorte, tomava-se por base as decisões do STJ, como apontava Theotônio Negrão que "em regra, tem-se colocado como parâmetro para a configuração do preço vil o percentual de 50% do valor atribuído ao bem".

A jurisprudência trabalhista até então vinha sendo um pouco controvertida também neste ponto, como se infere através das decisões abaixo:

> AGRAVO DE PETIÇÃO. EXECUÇÃO. ARREMATAÇÃO. PREÇO VIL. NÃO RECONHECIMENTO. Como o legislador não fixou um critério (objetivo), pelo qual se pudesse aferir se o lanço ofertado é vil ou não, essa providência incumbirá aos juízes, que deverão levar em conta as peculiaridades de cada caso concreto. Assim, in casu, se o valor do bem arrematado corresponde a 50% do montante da sua avaliação, ele não é considerado vil, até porque defendo corrente segundo a qual somente é considerado irrisório o preço inferior a 20% desse total. (TRT 10ª Região, 3ª Turma, proc. nº. 00723-2001-801-10-85-8 AP, Juiz Relator: Bertholdo Satyro).
>
> ARREMATAÇÃO. PREÇO VIL. NULIDADE. Não configura nulidade da arrematação por preço vil se o bem penhorado foi arrematado por valor superior a 30% da avaliação. (TRT 15ª Região, 2ª Câmara, Ac. nº. 34.376/03-4, Juiz Relator: Eduardo Benedito de Oliveira Zanella).

Com a entrada em vigor do CPC/15, entretanto, passou a existir parâmetro legalmente definido acerca do é considerado preço vil nos seguintes termos:

> Art. 891 do CPC – Não será aceito lance que ofereça preço vil.
>
> Parágrafo único. Considera-se vil o preço inferior ao mínimo estipulado pelo juiz e constante do edital, e, não tendo sido fixado preço mínimo, considera-se vil o preço inferior a cinquenta por cento do valor da avaliação.

De todo modo, os juízes devem permanecer atentos para evitar o enriquecimento sem causa de arrematantes profissionais, pois o deferimento de um lanço vil não só prejudica o devedor, como também o credor, que terá que encontrar novos bens para satisfação do seu crédito, ficando sujeito a enfrentar novos incidentes que certamente retardarão o final do processo.

Deferido o lanço, o arrematante deverá efetuar, imediatamente, um depósito de 20% do valor oferecido e disporá de 24 horas para depositar o valor remanescente, sob pena de perder o sinal já realizado (art. 888, §§ 2º e 4º, da CLT).

De acordo com o art. 23, §2º, da Lei 6.830/80, "cabe ao arrematante o pagamento da comissão do leiloeiro e demais despesas indicadas no edital".

Só não podem oferecer lanço as pessoas indicadas no art. 890 do CPC[21].

A arrematação estará perfeita e acabada e será irretratável depois da lavratura do auto, que deve conter a assinatura do juiz, do servidor e do arrematante, na forma do art. 903 do CPC. Em seguida será entregue a carta de arrematação que, tratando-se de imóvel, deverá conter os dados indicados no art. 901, §2º, do CPC[22].

14.16.3. Adjudicação

Poderá o credor, entretanto, antes da lavratura do auto de arrematação, de acordo com o §1º do art. 888 da CLT, requerer a adjudicação dos bens.

Adjudicar, segundo Manoel Antônio Teixeira Filho, "é o ato judicial por intermédio do qual se transferem ao patrimônio do credor, a requerimento deste e de modo coativo, bens penhorados do devedor e que haviam sido levados à praça ou leilão".

Como a CLT não indicou os critérios e condições para a adjudicação, segue-se a regra prevista no art. 24 da Lei de Execução Fiscal (6.830/80). Assim, poderá o credor adjudicar os bens antes do leilão, pelo preço da avaliação. Depois do leilão, se houver licitante, pelo valor do maior lanço.

Ainda de acordo com o dispositivo supletivamente aplicado, se o valor da avaliação ou do melhor lanço for superior ao crédito, "a adjudicação so-

---

21. Art. 890 do CPC – Pode oferecer lance quem estiver na livre administração de seus bens, com exceção:

    I – dos tutores, dos curadores, dos testamenteiros, dos administradores ou dos liquidantes, quanto aos bens confiados à sua guarda e à sua responsabilidade;

    II – dos mandatários, quanto aos bens de cuja administração ou alienação estejam encarregados;

    III – do juiz, do membro do Ministério Público e da Defensoria Pública, do escrivão, do chefe de secretaria e dos demais servidores e auxiliares da justiça, em relação aos bens e direitos objeto de alienação na localidade onde servirem ou a que se estender a sua autoridade;

    IV – dos servidores públicos em geral, quanto aos bens ou aos direitos da pessoa jurídica a que servirem ou que estejam sob sua administração direta ou indireta;

    V – dos leiloeiros e seus prepostos, quanto aos bens de cuja venda estejam encarregados;

    VI – dos advogados de qualquer das partes.

22. Art. 901 do CPC – A arrematação constará de auto que será lavrado de imediato e poderá abranger bens penhorados em mais de uma execução, nele mencionadas as condições nas quais foi alienado o bem.

    § 1º A ordem de entrega do bem móvel ou a carta de arrematação do bem imóvel, com o respectivo mandado de imissão na posse, será expedida depois de efetuado o depósito ou prestadas as garantias pelo arrematante, bem como realizado o pagamento da comissão do leiloeiro e das demais despesas da execução.

    § 2º A carta de arrematação conterá a descrição do imóvel, com remissão à sua matrícula ou individuação e aos seus registros, a cópia do auto de arrematação e a prova de pagamento do imposto de transmissão, além da indicação da existência de eventual ônus real ou gravame.

mente será deferida pelo Juiz se a diferença for depositada, pela exeqüente, à ordem do Juízo, no prazo de 30 (trinta) dias".

14.16.3.1. Embargos à adjudicação e à arrematação

Esses embargos, com natureza jurídica de ação, anteriormente previsto no art. 746 do CPC/43, não foi mantido no CPC/15, porém poderá o réu se opor à adjudicação e à arrematação através de ação própria/anulatória (§4º do art. 903) valendo-se das hipóteses previstas no art. 903 do CPC, a exemplo de arrematação deferida com lance vil, sendo o arrematante litisconsorte necessário.

Poderá o arrematante ainda, de acordo com o §5º do artigo citado, desistir da arrematação, oportunidade em que será devolvido o depósito que tiver feito, nas hipóteses previstas nos incisos I, II e III do referido dispositivo.

14.16.4. Da Remição

Por fim, poderá o devedor remir a execução, para evitar a arrematação ou adjudicação, na forma do art. 826 do CPC[23].

A remição, que, de acordo com Barbosa Moreira, "nada mais é, na substância, que o pagamento do débito, conducente à exoneração do executado e à satisfação integral do exequente, cuja concordância é, por isso, desnecessária". Esta possibilidade foi autorizada pelo art. 13 da Lei 5.584/70, que, como de costume, não estabeleceu o procedimento.

A remição pode ser da execução ou dos bens, essa última quando o executado desejar apenas salvaguardar parte do seu patrimônio penhorado. Em que pese o artigo 787 do CPC/73 ter sido revogado pela Lei 11.382/06 e não ter sido reinserido no CPC/15, a remição dos bens ainda é possível, mesmo pelos parentes do devedor, porém não mais no prazo de 24 horas entre arrematação e a assinatura do auto, mas somente antes de concretizada a adjudicação ou arrematação.

Como ressaltou o Juiz Fernando da Fonseca Gajardoni:

> No regime anterior, em que a remição era efetuada nas 24 horas seguintes ao deferimento da adjudicação, o interessado deveria depositar o preço pelo qual os bens foram alienados ou adjudicados, no primeiro caso pouco importando se acima ou abaixo do valor da avaliação (revogado art. 787 do CPC). No novo regime, com o a remição é efetuada concorrentemente e concomitantemente à adjudicação, só será aceita por valor não inferior ao da avaliação, mesmo que os pretensos arrematantes do bem pretendessem fazê-lo por valor inferior a ela.

---

23. Art. 826 do CPC – Antes de adjudicados ou alienados os bens, o executado pode, a todo tempo, remir a execução, pagando ou consignando a importância atualizada da dívida, acrescida de juros, custas e honorários advocatícios.

Pela reforma do diploma processual civil, com a entrada em vigor do NCPC, a remição de bens fica adstrita ao caso de penhora ou de leilão do bem hipotecado (arts. 877, §3º e art. 902 do NCPC, respectivamente).

De qualquer sorte, no Processo do Trabalho, a remição da execução estará assegurada, desde que antes de adjudicados ou alienados os bens, o executado opte por remir a execução, pagando ou consignando a importância atualizada da dívida, acrescida de juros, custas e honorários advocatícios (art. 826 do CPC).

14.17. EXECUÇÃO CONTRA A FAZENDA PÚBLICA

14.17.1. Delimitação

A Fazenda Pública pode ser sujeito de relações individuais de trabalho e, consequentemente, assumir obrigações dela originadas, o que a torna parte passiva na execução de sentenças condenatórias na qual seja credor o empregado, do mesmo modo que acontece na área das relações trabalhistas entre pessoas de direito privado.

Estão compreendidas no conceito de Fazenda Pública todas as pessoas jurídicas de direito público interno, isto é, União, Estados, Municípios, Distrito Federal, Territórios e suas respectivas autarquias e as fundações instituídas pelo poder público, cujos bens submetem-se ao regime jurídico de direito público.

No que tange às empresas públicas e sociedades de economia mista, apesar de ainda haver divergência quanto ao tema, estas, consoante dispõe o art. 173, §1º, II e §2º, da Constituição Federal, estão sujeitas ao regime jurídico próprio das empresas privadas e, logo, estão excluídas das condições especiais estabelecidas à Fazenda Pública.

Assim pensa, por exemplo, José dos Santos Carvalho Filho, quando defende que a aplicação do regime jurídico de direito privado às sociedades de economia mista "deve ser a regra geral" e, além disso, assevera o ilustre autor que "o sistema de precatórios é aplicável apenas à Fazenda Pública (art. 100 da CF), e no sentido desta evidentemente não se incluem pessoas administrativas de direito privado, como as empresas públicas e sociedades de economia mista".

Exceção, conforme entende o próprio Supremo Tribunal Federal, é a Empresa de Correios e Telégrafos, para a qual se aplica o procedimento diferenciado previsto para a Fazenda Pública.

Também para os entes de cooperação, como SESI, SENAI, CREA, e as concessionárias/permissionárias de serviço público prevalece o regime jurídico estabelecido para as pessoas de direito privado.

Interessa, ainda, enfatizar que o procedimento específico a ser adotado nas execuções em face da Fazenda Pública limita-se, no meu sentir, à execução relativa à obrigação de pagar quantia certa. Para as obrigações de entregar coisa, fazer e não fazer, o rito a ser seguido é o comum de execução (arts. 497 a 500 e 538 do CPC).

14.17.1.1. Natureza jurídica

Conforme aludido anteriormente, caso o devedor não efetue o pagamento de sua dívida de forma voluntária, possui o Estado-Juiz o poder de forçá-lo a cumprir com a sua obrigação através da constrição do seu patrimônio, a ponto de dele extrair a quantidade de bens que sejam necessários à satisfação do credor.

Por outro lado, quando o devedor em questão é a Fazenda Pública, a regra, como decorrência da inalienabilidade desses bens prevista no art. 100 do Código Civil, é a da impenhorabilidade dos bens públicos, ressalvado os dominicais, que podem ser alienados, desde que atendidas as exigências da lei responsável por disciplinar tais alienações.

Isto tem levado alguns doutrinadores a questionar a natureza jurídica da execução em face da Fazenda Pública.

Nas opiniões de Humberto Theodoro Júnior e Vicente Greco Filho, por exemplo, trata-se de uma "execução imprópria". O primeiro argumenta que não há, neste procedimento, a natureza da execução forçada, enquanto o segundo pontua o fato de não existir a característica de "substituição pela atividade jurisdicional da atividade desejada pelas partes".

Já para Marcelo Abelha Rodrigues, por conta da impenhorabilidade dos bens públicos, não se pode conceber possuir este procedimento a natureza de execução.

Compreendemos, entretanto, que a sua natureza é de execução, cujo procedimento é especial. Ademais, o próprio Código de Processo Civil se refere a "execução contra a Fazenda Pública".

14.17.2. Tratamento diferenciado

Outro fator a suscitar questionamentos é se deste tratamento especial dado à Fazenda Pública não decorreria uma ofensa ao princípio da isonomia constante no *caput* do art. 5º da CF.

Nas situações em que o Estado figura como credor nas relações jurídicas mantidas com os seus administrados, mesmo este último sendo a parte mais fraca desta relação, a legislação permite ao Estado invadir o patrimônio do devedor para que, assim, se promova a satisfação do seu crédito.

Já quando as posições se invertem e a Fazenda Pública aparece como o sujeito passivo da relação, o mesmo legislador lhe concede prerrogativas a ponto de comprometer, inclusive, a efetividade da tutela jurisdicional, inclusive daquelas provenientes de reclamações trabalhistas.

Contudo, não se pode perder de vista a limitação instituída pela Constituição com relação à atuação da Fazenda Pública, impondo-lhe obediência a uma série de princípios, dentre os quais o da legalidade estrita, pois, como menciona Maria Sylvia Di Pietro, "na relação administrativa, a vontade da Administração Pública é a que decorre da lei".

Além disso, lembra ainda a referida autora que "as normas de direito público, embora protejam reflexamente o interesse individual, têm o objetivo primordial de atender ao interesse público, ao bem-estar coletivo".

Como responsável por zelar pelo interesse público, constitui obrigação do Estado desenvolver políticas públicas com o fim de implementar os direitos sociais e, assim, promover o bem comum da coletividade e, para a realização desta missão, é necessário resguardar os próprios bens do Estado, neles inserido o próprio erário público.

Por tudo isso, compreendemos que a existência de um rito processual específico para a execução em face da Fazenda Pública não constitui violação ao princípio da isonomia, mas, doutra banda, é preciso haver o estabelecimento de critérios que viabilizem maior celeridade e certeza no adimplemento das condenações judiciais sofridas pelo Estado.

14.17.3. Competência

Não há discussão quanto à competência da execução. Nas ações em que a competência do processo de conhecimento é da Justiça do Trabalho, nela segue a execução.

Assim, diante do entendimento consagrado pelo STF por meio de concessão de liminar pleiteada na ADI n° 3395 MC / DF, embora o art. 114, I, da CF/88 não faça esta distinção, se o demandante é servidor público federal, estadual ou municipal não regido pelo regime celetista, ou seja, os estatutários, a competência não é da Justiça do Trabalho, mas da Justiça Comum Estadual (servidores estaduais e municipais) ou Federal (servidores federais).

14.17.4. Procedimento

A execução trabalhista contra a Fazenda Pública rege-se pela disciplina dos arts. 534, 535 e 910 do CPC, além do art. 100 da CF/88 e arts. 86, 87 e 97 da ADCT, assim como pelo art. 884 da CLT e pelo Decreto-Lei 779/69.

Advertimos, mais uma vez, que estas regras aplicam-se apenas à execução trabalhista relativa à obrigação de pagar quantia certa. As demais execuções (dar coisa, fazer e não fazer) seguem o rito ordinário de execução para as empresas privadas.

E, no caso de obrigação de fazer estabelecida em decisão transitada em julgado, se o devedor não a cumprir e sendo possível realizá-la através de atos de terceiro, poderá o exequente, pela regra estabelecida no art. 817 do CPC, fazer um requerimento neste sentido ao Juiz. Situação na qual o devedor arcará com as despesas necessárias ao cumprimento da obrigação.

14.17.4.1. Liquidação

Como anteriormente comentado, o nosso ordenamento jurídico funda-se na ideia da impenhorabilidade do bem público, de modo que o juiz não pode, na execução por quantia certa contra a Fazenda Pública, determinar o cumprimento da obrigação mediante penhora.

Nesse contexto, conclui Rodrigues Pinto que:

> 1. O *módulo de constrição*, que tem como centro de sua estrutura, em ambos os sistemas processuais, na execução contra particulares, *a penhora de bens* só pode ser aproveitado para aplicação à Fazenda Pública, no que diz respeito ao oferecimento dos embargos.
>
> 2. O *módulo de alienação*, consequentemente, que tem como centro a eventual necessidade de vender bens penhorados para dar expressão monetária ao valor da prestação executada, passa a ser inútil por falta do antecedente da penhora.

Por outro lado, caso a sentença seja ilíquida, o *modo de acertamento* que se faz contra devedor de direito privado, objetivando determinar a liquidez do título judicial, é inteiramente aplicável à execução contra a Fazenda Pública (art. 910, §3º, do CPC).

14.17.4.2. Citação para oferecer embargos

As diferenças entre os procedimentos de execução trabalhista, o ordinário e o em face da pessoa jurídica de direito público, começam a partir do mandado de citação.

Na execução trabalhista ordinária, vimos que o executado é intimado para pagar no prazo de 48 horas ou para indicar bens à penhora. E isto poderá acontecer antes ou após a liquidação da sentença, por conta do entendimento doutrinário e jurisprudencial sobre a possibilidade de que a execução se inicie concomitantemente com a liquidação.

Por seu turno, se a execução é contra a Fazenda Pública o mandado de citação não contém determinação de pagamento e estabelece um prazo para a Fazenda Pública, se desejar, apresentar os seus embargos, segundo o disposto nos arts. 535 e 910 do CPC.

Esta citação, no nosso sentir, deve ser realizada por meio de Oficial de Justiça e entregue pessoalmente ao detentor da representação legal do ente público executado. No caso da União, deve ser dirigida ao Advogado

Geral da União; se o Estado for o ocupante do polo passivo, ao Procurador Geral do Estado; se for o Município, ao Procurador Geral do Município; e, para autarquias e fundações, aos seus respectivos presidentes, diretores ou superintendentes, a depender do nome dado à função daquele que seja o representante legal dessas instituições (art. 75 do CPC).

14.17.4.3. Prazo para oferecimento dos embargos

Como acima pontuado, o executado será citado não para pagar ou nomear bens à penhora, mas para oferecer embargos, se assim pretender, no prazo de 05 dias (art. 884 da CLT). Quando o assunto é o prazo para oposição dos embargos à execução por parte da Fazenda Pública, instala-se a controvérsia entre doutrinadores. Há quem defenda prazo de 5, 20 e 30 dias.

A opção pelo prazo de 30 dias fundamentada no fato de a CLT, em seu art. 884, ao determinar um prazo de 5 dias para apresentação dos embargos, trata tão-somente das pessoas jurídicas de direito privado e, logo, seria a CLT omissa com relação à Fazenda Pública. Deste modo, aplicar-se-ia, supletivamente, o CPC e o prazo seria o de 30 dias previstos no art. 535 e 910 do CPC. Doutra banda, para os que elegem o prazo de 5 dias, posição com a qual coadunamos, afirmam que o art. 884 da CLT não faz distinção entre pessoa jurídica de direito privado ou público e, segundo regra hermenêutica, se o legislador não distinguiu, não cabe ao intérprete fazê-lo. E, além do mais, nas situações em que o legislador escolheu assim proceder, o fez expressamente, como acontece no caso dos arts. 535 e 910 do CPC. Consequentemente, não é caso de omissão, pois a CLT traz regramento próprio e o prazo a ser considerado é o veiculado pelo art. 884 da Lei Consolidada.

Por fim, há outra corrente doutrinária, com apoio de Rodrigues Pinto, que anuncia como correto o prazo de 20 dias. O fundamento seria a aplicação do art. 884 da CLT combinado com o art. 1º, II do Decreto-Lei 779/69, uma vez que consta no art. 884 a expressão "embargos de defesa" e o Decreto-Lei estabelecer exatamente o prazo para a apresentação de defesa por parte da Fazenda Pública e que seria em quádruplo.

Em que pese a coerência do argumento, divergimos, pois os embargos tem natureza de ação incidental desconstitutiva e, portanto, não é contestação. A diretriz oposta contida na liberalidade do art. 884 da CLT é uma impropriedade técnica que não pode justificar uma ampliação de prazo.

14.17.4.4. Sentença

Apresentados os embargos pela Fazenda Pública, o credor será notificado para se manifestar sobre esses Embargos e, após a manifestação do exequente, será proferida a sentença.

Na hipótese de se negar provimento ou de julgar improcedente, parcial ou totalmente os embargos, a Fazenda Pública poderá recorrer ou não recorrer. Não há aqui recurso de ofício, que só foi previsto para a fase de conhecimento.

Caso decida por recorrer, o prazo para interposição do recurso é contado em dobro, aplicando-se o art. 1º, III do Decreto Lei 779/69. Assim, tem a Fazenda Pública 16 dias para interpor o seu agravo de petição, já que o prazo para apresentação de recurso no processo trabalhista é de 8 dias.

Uma vez apresentado agravo de petição, o TRT o julgará, cabendo, contra a decisão por ele proferida, recurso de revista, caso haja violação direta à Constituição.

Outra diferença importante é a não necessidade de garantia ou depósito na execução para a apresentação do agravo de petição.

Transitada em julgado a sentença dos embargos, com a definição do crédito do exequente, passa-se a seguir o procedimento do precatório ou, a depender do valor, da RPV (Requisição de Pequeno Valor).

14.17.5. Pagamento

Inexistindo embargos ou transitada em julgado a sentença neles proferida, o juiz deverá solicitar ao Presidente do Tribunal Regional do Trabalho competente que requisite o pagamento.

Assim, ante a impenhorabilidade do bem público, o Direito Brasileiro (art. 100 da CF/88) utiliza, como regra, o *precatório* para determinar o cumprimento, pela Fazenda Pública, das sentenças impositivas de obrigação de pagar quantia certa.

Exceção à regra aparece anunciada no § 3º do art. 100 da CF e diz respeito às obrigações legalmente definidas como de pequeno valor e que prescindem de precatórios para a sua requisição. Neste caso, não precisa expedir precatório, não precisa enviar para o Presidente do Tribunal, o juiz da Vara requer diretamente para o órgão devedor.

Os créditos que se enquadram como sendo de pequeno valor, o ente público devedor possui um prazo de 60 dias para pagá-lo.

Deste modo, só vão para o regime de precatório os processos cujos montantes não sejam considerados como de pequeno valor.

Conforme preceito contido no *caput* do art. 100 da Carta Magna, o pagamento é efetuado na rigorosa ordem de apresentação cronológica do precatório.

14.17.6. *Precatório*

Ao instituir o precatório, os ideais pretendidos pelo legislador constituinte eram:

a) que a coisa julgada fosse observada, inclusive pelos entes públicos, pois, se não há respeito às decisões judiciais, não há um Estado Democrático de Direito;

b) que fosse ressaltada a independência dos Três Poderes, pois o poder executivo não teria como se pôr a cumprir;

c) que não ocorresse violação do princípio da impessoalidade da Administração Pública, impedindo que o ente público privilegie determinados credores em detrimento de outros.

Então, são esses três ideais que justificam o precatório e o procedimento para ele estabelecido.

14.17.6.1. *Definição*

A expressão precatório, conforme registra Pinto Martins, advém do termo em latim *precatorius* e, consiste em um "documento em que se pede alguma coisa".

Para De Plácido e Silva, "precatório é a carta de sentença remetida pelo juiz da causa ao Presidente do Tribunal para que este requisite ao Poder Público, mediante previsão na lei orçamentária anual, do pagamento da quantia certa para satisfazer obrigação decorrente de condenação das pessoas políticas, suas autarquias e fundações".

O precatório não significa uma ordem ou imposição, porém um simples requerimento do juiz da execução ao Presidente do Tribunal Regional competente para que este requisite aos respectivos órgãos devedores importância suficiente à satisfação do crédito.

O art. 100 e seguintes da CF/88, além dos arts. 78, 86, 87 e 97 da ADCT estabelecem o regulamento dos precatórios.

Por sua vez, o TST editou a Instrução Normativa n. 32, no ano de 2007, na busca por uniformizar os procedimentos para a expedição de precatórios e requisições de pequeno valor no âmbito do processo trabalhista.

Por sua vez, o TST editou a Instrução Normativa n° 32 (Resolução n° 145 de 19/12/07), que revogou a Instrução Normativa 11/1997, que tratava do assunto, na busca por uniformizar os procedimentos para a expedição de precatórios e requisições de pequeno valor no âmbito do processo trabalhista.

14.17.6.2. Procedimento

Após a requisição pelo Presidente do Tribunal, o ente público devedor deverá incluir o precatório na sua previsão orçamentária para o exercício seguinte, para fins de pagamento.

Os pagamentos feitos pela Fazenda devem, portanto, observar a ordem cronológica de recebimento dos precatórios, de acordo com os créditos disponíveis no orçamento para esta finalidade.

Assim, nas palavras de Rogerio Neiva:

> O procedimento de precatórios conta com duas características fundamentais. A primeira corresponde à necessidade de previsão orçamentária para pagamento de débitos. A segunda consiste na existência de critérios de ordenação do pagamento, sendo a cronologia um dos principais, inclusive enquanto expressão do princípio da isonomia.

O precatório é catalogado e registrado pela Secretaria Geral da Presidência dos Tribunais (setor de precatórios) para efeito de aferir eventual preterição.

A propósito, leciona Rodrigues Pinto que a finalidade do Precatório Requisitório:

> [...] estende-se, também, a assegurar uma ordem determinada para esse cumprimento, partindo-se do suposto de que há múltiplas decisões a ser cumpridas, oriundas de processos de diversas naturezas e proveniências. A inobservância dessas exigências complementares dá lugar a aparentes sanções, que são, na verdade, simples medidas de efetividade da coerção judicial.

Será, então, encaminhado ao Procurador da União, do Estado ou Município para, querendo, oferecer parecer.

Assim, o Presidente do Tribunal expedirá o Precatório Requisitório, solicitando a inclusão de verba no orçamento para pagamento do crédito indicado, que deverá ser depositada à disposição do Juízo de 1º grau.

Para os precatórios apresentados até 1º de julho, segundo os termos do art. 100 da CF em seu § 5º, há obrigatoriedade de inserção no orçamento do ente devedor de verba necessária ao pagamento dos débitos neles previstos. O pagamento deve ser efetuado até o final do exercício seguinte, acrescido da devida correção monetária.

Já aqueles precatórios apresentados após 1º de julho somente podem ser incluídos no orçamento do exercício seguinte – art. 100, §1º, da CF.

Se houver preterição, que se caracteriza pela inobservância da ordem cronológica dos precatórios, o credor poderá requerer, e o Presidente do Tribunal deferir, o sequestro da quantia correspondente ao seu crédito – art. 100, §6º, da CF.

Sobre o assunto se colocou Rodrigues Pinto:

> O seqüestro de quantia bastante para o pagamento de precatório é medida processual coercitiva da Fazenda Pública, destinada a forçá-la a pagar o débito exigido por sentença que se executa. É, pois, mera continuidade da execução contra o Poder Público, do mesmo modo que a alienação de bens penhorados o é, na execução contra o particular.

Com as Emendas Constitucionais nº 37 e 62, de 2002 e 2009 respectivamente, ocorreram algumas alterações no procedimento dos ditos títulos.

Dentre as modificações, primeiramente podemos citar a inclusão do §8º no art. 100 da Lei Maior, por via do qual se proíbe a expedição de precatório complementar ou suplementar de valor pago, bem como o fracionamento, a repartição ou quebra do valor da execução, com finalidade de obter o pagamento na forma estabelecida no §3º do mesmo artigo, ou seja, pela modalidade das dívidas definidas como de pequeno valor.

Por meio destas Emendas também foi acrescentado ao ADCT os arts. 86 e 87, com o objetivo de regular as matérias pendentes de lei complementar, com o caráter de norma de vigência transitória, relativa ao pagamento dos precatórios, conforme o previsto no art. 100 da CF.

O art. 86 estabelece que serão pagos os débitos da Fazenda Federal, Estadual, Distrital ou Municipal, oriundos de sentenças transitadas em julgado, não se lhe aplicando a regra do parcelamento estabelecida no *caput* do art. 78 do próprio ADCT, que preencham, cumulativamente, as seguintes condições: I – ter sido objeto de emissão de precatórios judiciários; II – ter sido definido como de pequeno valor pela lei de que trata o §3º do art. 100 da CF, ou pelo art. 87 do ADCT; III – estar, total ou parcialmente, pendente de pagamento na data da publicação desta Emenda Constitucional.

Além disso, ficou preservada a garantia de ordem cronológica de apresentação dos respectivos precatórios, conservando o direito de precedência dos precatórios de menor valor sobre os de maior valor (§1º do art. 86 do ADCT).

Poderão ser pagos os débitos referidos no *caput* do art. 86 do ADCT que não tiverem sido objeto de pagamento parcial, nos termos do art. 78 do próprio ADCT, em duas parcelas anuais, desde que disposto em lei (art. 86, §2º, do ADCT).

No §3º deste mesmo art. 86 foi ratificado o privilégio, na ordem cronológica de apresentação de precatórios, para os débitos de natureza alimentícia previstos no próprio diploma legal, resguardando o direito de precedência no pagamento sobre todos os demais. Sobre o tema, o STJ editou a Súmula n° 144 nos seguintes termos:

> Súmula 144 do STJ - Os créditos de natureza alimentícia gozam de preferência, desvinculados os precatórios da ordem cronológica dos créditos de natureza di-

versa. (Súmula 144, CORTE ESPECIAL, julgado em 10/08/1995, DJ 18/08/1995 p. 25079)

No que tange aos créditos trabalhistas, os que se enquadram como salários possuem natureza alimentícia, pois, como lembra Pinto Martins, há créditos trabalhistas indenizatórios, a exemplo das férias não gozadas.

Outro objetivo da Emenda 37 que merece destaque é a promoção de um esvaziamento dos precatórios de pequeno valor, que se encontram acumulados nos tribunais, no aguardo de soluções. Há muito deles, tendo-se de somar milhares para dar equivalência a um único valor elevado. Tanto assim, que o §1º do art. 86 do ADCT, acrescido pela mencionada emenda, instala a ordem e a precedência para o pagamento dos débitos de pequeno valor que já se encontram como objeto de precatório.

Neste ponto, aduzimos que os créditos de natureza alimentícia, compreendidos no §1º do art. 100 da CF, definidos como de pequeno valor pelo art. 87 do ADCT, terão preferência em ordem cronológica de apresentação sobre todos os demais, com fulcro no §3º do art. 86 do ADCT.

Ainda por meio do Ato das Disposições Constitucionais Transitórias, vale ressaltar, obtemos a definição transitória do que seriam dívidas de pequena monta. Assim, são aquelas iguais ou inferiores a 40 salários mínimos, para as Fazendas dos Estados e do Distrito Federal, e de 30 salários mínimos, para a Fazenda dos Municípios, para efeito de dispensa para cobrança por meio de precatório.

Houve, no nosso entendimento, proposital omissão, por parte do legislador, com relação às dívidas da Fazenda Federal, visto que a Lei nº 10.259, de 12 de julho de 2001, em seu art. 17, §1º, definiu, para a pessoa jurídica de direito público federal, como dívida de pequeno valor a correspondente a 60 salários mínimos, o mesmo valor estabelecido para a competência dos Juizados Especiais Cíveis e Criminais Federais, instituídos mediante o supracitado diploma legal.

Consequentemente, todas as dívidas judiciais, de natureza alimentar ou não, com trânsito em julgado, da Fazenda Pública Federal, Estadual ou Municipal, consideradas de pequeno valor, nos termos definidos no art. 87 do ADCT, estão dispensadas do precatório.

No entanto, é fundamental observar que não são todos os créditos de natureza alimentícia que estarão dispensados de seguir o procedimento dos precatórios, mas tão-somente aqueles considerados como de pequeno valor. O STF consagrou este posicionamento através da Súmula n° 655, vejamos:

> SÚMULA 655 do STF – A exceção prevista no art. 100, caput, da Constituição, em favor dos créditos de natureza alimentícia, não dispensa a expedição de precatório, limitando-se a isentá-los da observância da ordem cronológica dos precatórios decorrentes de condenações de outra natureza.

Importa ainda enfatizar que é também permitido ao credor renunciar ao direito relativo à quantia que extrapolar o limite definido como de pequeno valor, para poder, deste modo, gozar do benefício de sua não incidência como precatório.

Contudo, não é permitido receber o valor até o limite fixado para depois exigir a diferença (art. 100, §8º, da CF/88).

14.17.6.3. Sequestro

A Constituição de 1969 dispunha, no §2º do art. 117, sobre a possibilidade de ocorrer o sequestro de verba pública para fins de satisfazer o credor que teve desrespeitada a sua posição na sua ordem cronológica dos precatórios.

Disciplina semelhante trazia o art. 731 do CPC/73:

> Art. 731. Se o credor for preterido no seu direito de preferência, o presidente do tribunal, que expediu a ordem, poderá, depois de ouvido o chefe do Ministério Público, ordenar o seqüestro da quantia necessária para satisfazer o débito.

Neste particular, o art. 100 da CF/1988, em seu §6º, com redação dada pela Emenda Constitucional 62/2009, além da hipótese contemplada na Constituição anterior e acima listada, passou a prever também o sequestro para o caso de não inserção da dotação do valor a ser pago no orçamento do ente devedor, desde que este não esteja vinculado a um regime especial de pagamento de precatórios, segundo os termos do art. 97, §13, do ADCT.

Antes da EC 62/2009, tanto a jurisprudência do TST quanto o STF já se posicionavam contra o sequestro por conta da não alocação orçamentária. Esta diretriz, inclusive, consta no art. 14 da Instrução Normativa 32/2007 do TST.

Sobre o assunto, o TST editou a Orientação Jurisprudencial n. 13 nos seguintes termos:

> 13. PRECATÓRIO. QUEBRA DA ORDEM DE PRECEDÊNCIA. NÃO DEMONSTRAÇÃO DA POSIÇÃO DO EXEQUENTE NA ORDEM CRONOLÓGICA. SEQUESTRO INDEVIDO. (DEJT divulgado em 16, 17 e 20.09.2010)
>
> É indevido o sequestro de verbas públicas quando o exequente/requerente não se encontra em primeiro lugar na lista de ordem cronológica para pagamento de precatórios ou quando não demonstrada essa condição.

Com o advento da Emenda Constitucional ora em tela, há autores, como Rogerio Neiva e Barbosa Garcia que admitem o sequestro devido a não inclusão no orçamento.

Em acepção oposta, posição com a qual nos filiamos, Sérgio Pinto Martins e Bezerra Leite acreditam que para este tipo de situação não cabe sequestro, mas, sim, intervenção.

Ainda sobre esta temática, o STF considera possível o sequestro, mas apenas para os créditos de natureza não alimentar, em respeito ao art. 78, *caput* e §4º, do ADCT.

Capítulo

15

DISSÍDIO COLETIVO

15.1. DISSÍDIO COLETIVO

O termo dissídio denota a existência de uma demanda judicial. Então, fácil concluir que estamos tratando de uma ação de natureza coletiva.

É importante delimitar a extensão dessa natureza coletiva. Não se trata, aqui, de direitos individuais homogêneos, na intelecção do artigo 81, III, do Código de Defesa do Consumidor[1], os quais são entendidos como decorrentes de origem comum, ou seja, aquele direito de natureza individual, mas que é comum a um grupo determinado de trabalhadores de uma determinada empresa.

No dissídio coletivo se discute o interesse de uma categoria, grupo indeterminado de trabalhadores ou de empresas que compõe uma classe econômica ou patronal, que, por não possuir personalidade jurídica, são representadas pelas suas entidades sindicais.

O interesse coletivo é aquele comum a todos os trabalhadores que, por força de lei, pertencem a uma determinada categoria profissional, de modo que as vantagens advindas de um dissídio coletivo atingem, de forma indiscriminada, todos aqueles que integrem a respectiva categoria, independente do empregado ser ou não associado do sindicato.

1. Art. 81, III, do CDC – Interesses ou direitos individuais homogêneos, assim entendidos os decorrentes de origem comum.

Como vimos, um empregado ou uma empresa pertencem a uma determinada categoria econômica e profissional por força de lei. Trata-se do enquadramento sindical estabelecido pela legislação trabalhista, que nada se confunde com a liberdade que tem a empresa ou o empregado de se filiarem ou não a um determinado sindicato.

Assim, antes de enfrentar diretamente o tema deste capítulo, importante tecer alguns comentários sobre o enquadramento sindical.

15.2. ENQUADRAMENTO SINDICAL

A filiação é livre, não é obrigatória, mas o enquadramento decorre de lei e é independente da vontade das partes, de modo que as empresas que pertencem a uma determinada categoria econômica estão obrigadas a cumprir qualquer Instrumento Normativo (acordo coletivo, convenção coletiva ou sentença normativa) assinado pelo sindicato que legalmente represente o setor econômico em que ela esteja inserida. Os empregados somente poderão se beneficiar das vantagens estabelecidas em Instrumentos Normativos subscritos pelo sindicato que represente a sua categoria profissional.

Mas quais os critérios que definem o enquadramento sindical?

A regra geral para os empregados é que seu enquadramento sindical seja determinado pela atividade preponderante da empresa (art. 581, §2º, da CLT[2]). Assim, a princípio, todos os empregados que trabalhem em um banco são bancários, assim como todos aqueles que trabalham no comércio são comerciários.

A exceção a essa regra são os empregados que pertencem a uma categoria profissional diferenciada, assim considerado aquele grupo de trabalhadores que exercem uma profissão regulamentada por lei, a exemplo do músico, advogado, médico, ou por consequência de condições de vida singulares (art. 511, §3º, da CLT[3]).

Com relação às normas coletivas das categorias diferenciadas, o TST, através da Súmula 374, esclareceu que a empresa, ao contrário do que foi explicado acima em relação às normas coletivas da sua categoria, não está obrigada a cumpri-las quando não houver participado da sua elaboração:

---

2. Art. 581, §2º da CLT – Entende-se por atividade preponderante a que caracterizar a unidade de produto, operação ou objetivo final, para cuja obtenção todas as demais atividades convirjam, exclusivamente, em regime de conexão funcional.
3. Art. 511, §3º da CLT – Categoria profissional diferenciada é a que se forma dos empregados que exerçam profissões ou funções diferenciadas por força de estatuto profissional especial ou em conseqüência de condições de vida singulares.

Súmula 374 – NORMA COLETIVA. CATEGORIA DIFERENCIADA. ABRANGÊNCIA (conversão da Orientação Jurisprudencial nº 55 da SBDI-1) – Res. 129/2005, DJ 20, 22 e 25.04.2005

Empregado integrante de categoria profissional diferenciada não tem o direito de haver de seu empregador vantagens previstas em instrumento coletivo no qual a empresa não foi representada por órgão de classe de sua categoria. (ex-OJ nº 55 da SBDI-1 – inserida em 25.11.1996)

Com relação às empresas, o enquadramento segue o quadro mencionado pelo art. 577 da CLT[4].

15.3. OBJETO

O dissídio coletivo pode ser de natureza jurídica, econômica ou de greve, a depender do seu objeto.

Para Amauri Mascaro Nascimento, "o dissídio coletivo jurídico não se confunde com o dissídio coletivo econômico em razão do seu objeto, pois aquele trata de processo declaratório para dirimir incertezas de interpretação sobre fato ou sobre direito, enquanto o dissídio coletivo econômico tem por finalidade criar normas e condições de trabalho, sendo ambos da competência originária dos tribunais do trabalho com recurso para o Tribunal Superior do Trabalho".

O direito de greve dos trabalhadores foi consagrado pela CF/88, que, no seu art. 9º, estabelece: "É assegurado o direito de greve, competindo aos trabalhadores decidir sobre a oportunidade de exercê-lo e sobre os interesses que devam por meio dele defender".

Em seguida, foi editada a Lei 7.783/89, com o propósito de regulamentar o direito de greve, evitando abusos durante a realização dos movimentos e prejuízos para a sociedade nas hipóteses de paralisação de atividades essenciais.

Quando surge uma greve que paralisa as atividades de uma determinada empresa, surge uma situação de conflito coletivo que, se não for dirimida através do entendimento direto entre as partes, será submetido ao julgamento dos Tribunais trabalhistas através do ajuizamento de um dissídio de greve, que pode ser apresentado pelos sindicatos (profissionais e econômicos).

15.4. LEGITIMIDADE

De acordo com o art. 857[5] da CLT, a representação para instaurar a instância em dissídio coletivo é das "associações sindicais", exceto na hipótese

---

4. Art. 577da CLT – O quadro de atividades e profissões em vigor fixará o plano básico do enquadramento sindical.

5. Art. 857 da CLT – A representação para instaurar a instância em dissídio coletivo constitui prerrogativa das associações sindicais, excluídas as hipóteses aludidas no art. 856, quando ocorrer suspensão do trabalho.

de greve, quando o dissídio pode ser ajuizado por iniciativa do Presidente do Tribunal, ou, ainda, a requerimento da Procuradoria da Justiça do Trabalho.

Em que pese a autorização constante no referido dispositivo, entendemos que a legitimidade do Presidente do TRT para apresentar o dissídio deixou de existir depois da edição da Lei 7.783/89 que, no seu art. 8º, **só** legitima, além das partes, o Ministério Público do Trabalho. E, em se tratando de lei posterior e especial, prevalece sobre a regra do art. 856 da CLT.

No mesmo sentido, Mauro Schiavi entende que "mesmo em caso de suspensão do trabalho, como na greve, o Presidente do Tribunal Regional do Trabalho não mais poderá instaurar o dissídio, pois o art. 856 da CLT foi revogado no aspecto pela Lei de Greve (Lei n. 7.783/89)[6]".

O dissídio coletivo será proposto mediante representação escrita ao Presidente do Tribunal, pela entidade sindical interessada ou, em caso de greve em atividade essencial, com lesão ao interesse público, pelo Ministério Público do Trabalho. Inexistindo a organização sindical profissional ou econômica, poderá o dissídio coletivo ser instaurado pela federação correspondente. Não estando a categoria organizada nem em nível de federação, a representação poderá ser feita pela confederação respectiva (arts. 856[7] e 857[8], CLT).

Sendo a ação ajuizada pela representação sindical da categoria, é necessário autorização dos trabalhadores por meio de assembleia geral, convocada especificamente para deliberar sobre a instauração do dissídio, como expressa o art. 859 da CLT[9]. E deve haver correspondência entre as

---

Parágrafo único. Quando não houver sindicato representativo da categoria econômica ou profissional, poderá a representação ser instaurada pelas federações correspondentes e, na falta destas, pelas confederações respectivas, no âmbito de sua representação.

6. SCHIAVI, Mauro. Manual de Direito Processual do Trabalho. São Paulo: Editora LTr, 2018, p. 1420.

7. Art. 856 da CLT – A instância será instaurada mediante representação escrita ao Presidente do Tribunal. Poderá ser também instaurada por iniciativa do Presidente, ou, ainda, a requerimento da Procuradoria da Justiça do Trabalho, sempre que ocorrer suspensão do Trabalho.

8. Art. 857 da CLT – A representação para instaurar a instância em dissídio coletivo constitui prerrogativa das associações sindicais, excluídas as hipóteses aludidas no art. 856, quando ocorrer suspensão do trabalho.

   Parágrafo Único. Quando não houver sindicato representativo da categoria econômica ou profissional, poderá a representação ser instaurada pelas federações correspondentes e, na falta destas, pelas confederações respectivas, no âmbito de sua representação.

9. Art. 859 da CLT – A representação dos sindicatos para instauração da instância fica subordinada à aprovação de assembleia, da qual participem os associados interessados na solução do dissídio coletivo, em primeira convocação, por maioria de 2/3 (dois terços) dos mesmos, ou, em segunda convocação, por 2/3 (dois terços) dos presentes.

atividades exercidas pelos setores profissional e econômico envolvidos no conflito (OJ nº 22, SDC[10]).

Desse modo, de acordo com a inteligência dos artigos 859 da CLT: "A representação dos sindicatos para instauração da instância fica subordinada à aprovação de assembleia, da qual participem os associados interessados na solução do dissídio coletivo, em primeira convocação, por maioria de 2/3 (dois terços) dos mesmos, ou, em segunda convocação, por 2/3 (dois terços) dos presentes".

Ressalte-se, ainda, que, em se tratando de categoria diferenciada, o sindicato que ajuizou a ação deve promover a citação de todos os sindicatos das diversas atividades econômicas às quais os integrantes da categoria prestem serviços, pois a relação processual se dá entre as partes integrantes do processo e não outras. Os demais interessados têm que ser cientificados[11].

15.5. PROCEDIMENTO DO DISSÍDIO

O dissídio é o instrumento de que dispõem as entidades sindicais para exigir e defender os direitos e interesses da categoria que representa.

Antes, porém, de demonstrar o procedimento do dissídio coletivo, no que se refere ao ajuizamento da ação e julgamento pelo Tribunal, é importante tratar de algumas questões que envolvem esse tipo de ação, a exemplo do conflito coletivo e das alterações introduzidas pela Emenda Constitucional 45/2004.

15.5.1. Do Conflito Coletivo

A nossa legislação trabalhista assegura alguns direitos aos empregados, possibilitando, contudo, a sua supressão, redução, ampliação ou mesmo a criação de outros (arts. 611-A e 611-B[12]), o que pode acontecer pela via autocompositiva ou heterocompositiva.

---

10. OJ nº 22, SDC – LEGITIMIDADE "AD CAUSAM" DO SINDICATO. CORRESPONDÊNCIA ENTRE AS ATIVIDADES EXERCIDAS PELOS SETORES PROFISSIONAL E ECONÔMICO ENVOLVIDOS NO CONFLITO. NECESSIDADE. (inserido dispositivo) – DEJT divulgado em 16, 17 e 18.11.2010
É necessária a correspondência entre as atividades exercidas pelos setores profissional e econômico, a fim de legitimar os envolvidos no conflito a ser solucionado pela via do dissídio coletivo.

11. In *Direito Processual do Trabalho*, Sérgio Pinto Martins, 24ª Edição, página 611.

12. Art. 611-A da CLT – A convenção coletiva e o acordo coletivo de trabalho têm prevalência sobre a lei quando, entre outros, dispuserem sobre:
I – pacto quanto à jornada de trabalho, observados os limites constitucionais;
II – banco de horas anual;
III – intervalo intrajornada, respeitado o limite mínimo de trinta minutos para jornadas superiores a seis horas;

IV – adesão ao Programa Seguro-Emprego (PSE), de que trata a Lei nº 13.189, de 19 de novembro de 2015;

V – plano de cargos, salários e funções compatíveis com a condição pessoal do empregado, bem como identificação dos cargos que se enquadram como funções de confiança;

VI – regulamento empresarial;

VII – representante dos trabalhadores no local de trabalho;

VIII – teletrabalho, regime de sobreaviso, e trabalho intermitente;

IX – remuneração por produtividade, incluídas as gorjetas percebidas pelo empregado, e remuneração por desempenho individual;

X – modalidade de registro de jornada de trabalho;

XI – troca do dia de feriado;

XII – enquadramento do grau de insalubridade;

XIII – prorrogação de jornada em ambientes insalubres, sem licença prévia das autoridades competentes do Ministério do Trabalho;

XIV – prêmios de incentivo em bens ou serviços, eventualmente concedidos em programas de incentivo;

XV – participação nos lucros ou resultados da empresa.

§ 1º No exame da convenção coletiva ou do acordo coletivo de trabalho, a Justiça do Trabalho observará o disposto no § 3º do art. 8º desta Consolidação.

§ 2º A inexistência de expressa indicação de contrapartidas recíprocas em convenção coletiva ou acordo coletivo de trabalho não ensejará sua nulidade por não caracterizar um vício do negócio jurídico.

§ 3º Se for pactuada cláusula que reduza o salário ou a jornada, a convenção coletiva ou o acordo coletivo de trabalho deverão prever a proteção dos empregados contra dispensa imotivada durante o prazo de vigência do instrumento coletivo.

§ 4º Na hipótese de procedência de ação anulatória de cláusula de convenção coletiva ou de acordo coletivo de trabalho, quando houver a cláusula compensatória, esta deverá ser igualmente anulada, sem repetição do indébito.

§ 5º Os sindicatos subscritores de convenção coletiva ou de acordo coletivo de trabalho deverão participar, como litisconsortes necessários, em ação individual ou coletiva, que tenha como objeto a anulação de cláusulas desses instrumentos.

Art. 611-B da CLT – Constituem objeto ilícito de convenção coletiva ou de acordo coletivo de trabalho, exclusivamente, a supressão ou a redução dos seguintes direitos:

I – normas de identificação profissional, inclusive as anotações na Carteira de Trabalho e Previdência Social;

II – seguro-desemprego, em caso de desemprego involuntário;

III – valor dos depósitos mensais e da indenização rescisória do Fundo de Garantia do Tempo de Serviço (FGTS);

IV – salário mínimo;

V – valor nominal do décimo terceiro salário;

VI – remuneração do trabalho noturno superior à do diurno;

VII – proteção do salário na forma da lei, constituindo crime sua retenção dolosa;

VIII – salário-família;

A primeira modalidade, a autocompositiva, ocorre graças à vontade dos sujeitos, seja individual – contrato de trabalho (art. 444 da CLT[13]), ou

---

IX – repouso semanal remunerado;

X – remuneração do serviço extraordinário superior, no mínimo, em 50% (cinquenta por cento) à do normal;

XI – número de dias de férias devidas ao empregado;

XII – gozo de férias anuais remuneradas com, pelo menos, um terço a mais do que o salário normal;

XIII – licença-maternidade com a duração mínima de cento e vinte dias;

XIV – licença-paternidade nos termos fixados em lei;

XV – proteção do mercado de trabalho da mulher, mediante incentivos específicos, nos termos da lei;

XVI – aviso prévio proporcional ao tempo de serviço, sendo no mínimo de trinta dias, nos termos da lei;

XVII – normas de saúde, higiene e segurança do trabalho previstas em lei ou em normas regulamentadoras do Ministério do Trabalho;

XVIII – adicional de remuneração para as atividades penosas, insalubres ou perigosas;

XIX – aposentadoria;

XX – seguro contra acidentes de trabalho, a cargo do empregador;

XXI – ação, quanto aos créditos resultantes das relações de trabalho, com prazo prescricional de cinco anos para os trabalhadores urbanos e rurais, até o limite de dois anos após a extinção do contrato de trabalho;

XXII – proibição de qualquer discriminação no tocante a salário e critérios de admissão do trabalhador com deficiência;

XXIII – proibição de trabalho noturno, perigoso ou insalubre a menores de dezoito anos e de qualquer trabalho a menores de dezesseis anos, salvo na condição de aprendiz, a partir de quatorze anos;

XXIV – medidas de proteção legal de crianças e adolescentes;

XXV – igualdade de direitos entre o trabalhador com vínculo empregatício permanente e o trabalhador avulso;

XXVI – liberdade de associação profissional ou sindical do trabalhador, inclusive o direito de não sofrer, sem sua expressa e prévia anuência, qualquer cobrança ou desconto salarial estabelecidos em convenção coletiva ou acordo coletivo de trabalho;

XXVII – direito de greve, competindo aos trabalhadores decidir sobre a oportunidade de exercê-lo e sobre os interesses que devam por meio dele defender;

XXVIII – definição legal sobre os serviços ou atividades essenciais e disposições legais sobre o atendimento das necessidades inadiáveis da comunidade em caso de greve;

XXIX – tributos e outros créditos de terceiros;

XXX – as disposições previstas nos arts. 373-A, 390, 392, 392-A, 394, 394-A, 395, 396 e 400 desta Consolidação.

Parágrafo único. Regras sobre duração do trabalho e intervalos não são consideradas como normas de saúde, higiene e segurança do trabalho para os fins do disposto neste artigo.

13. Art. 444 da CLT. As relações contratuais de trabalho podem ser objeto de livre estipulação das partes interessadas em tudo quanto não contravenha às disposições de proteção ao trabalho, aos contratos coletivos que lhe sejam aplicáveis e às decisões das autoridades competentes.

coletiva – Instrumentos Normativos (acordo coletivo e convenção coletiva – art. 611 da CLT[14]). É a mais ideal, porque se caracteriza pela participação imediata dos destinatários da norma em sua elaboração.

A segunda modalidade, a heterocompositiva, tem início quando frustrada a via autocompositiva.

Expliquemos.

Os sindicatos têm, como uma de suas prerrogativas, o dever de lutar por melhores condições de trabalho dos membros da categoria que representa.

Para cumprir seu papel social (art. 513 da CLT[15] e 8º, III, da CF), o sindicato procura o segmento empresarial, diretamente ou através do correspondente sindicato patronal, objetivando celebrar convenção ou acordo coletivo de trabalho, através da negociação coletiva.

Contudo, nem sempre as negociações são concluídas com êxito, restando ao sindicato, nesse caso, duas opções: deflagrar uma greve ou ajuizar um dissídio coletivo.

Parágrafo único. A livre estipulação a que se refere o **caput** deste artigo aplica-se às hipóteses previstas no art. 611-A desta Consolidação, com a mesma eficácia legal e preponderância sobre os instrumentos coletivos, no caso de empregado portador de diploma de nível superior e que perceba salário mensal igual ou superior a duas vezes o limite máximo dos benefícios do Regime Geral de Previdência Social.

14. Art. 611 da CLT. Convenção Coletiva de Trabalho é o acordo de caráter normativo pelo qual dois ou mais sindicatos representativos de categorias econômicas e profissionais estipulam condições de trabalho aplicáveis, no âmbito das respectivas representações, às relações individuais de trabalho.

§ 1º É facultado aos Sindicatos representativos de categorias profissionais celebrar Acordos Coletivos com uma ou mais emprêsas da correspondente categoria econômica, que estipulem condições de trabalho, aplicáveis no âmbito da emprêsa ou das acordantes respectivas relações de trabalho.

§ 2º As Federações e, na falta desta, as Confederações representativas de categorias econômicas ou profissionais poderão celebrar convenções coletivas de trabalho para reger as relações das categorias a elas vinculadas, inorganizadas em Sindicatos, no âmbito de suas representações.

15. Art. 513 da CLT – São prerrogativas dos sindicatos:

a) representar, perante as autoridades administrativas e judiciárias os interesses gerais da respectiva categoria ou profissão liberal ou interesses individuais dos associados relativos à atividade ou profissão exercida;

b) celebrar contratos coletivos de trabalho;

c) eleger ou designar os representantes da respectiva categoria ou profissão liberal;

d) colaborar com o Estado, como órgãos técnicos e consultivos, na estudo e solução dos problemas que se relacionam com a respectiva categoria ou profissão liberal;

e) impor contribuições a todos aqueles que participam das categorias econômicas ou profissionais ou das profissões liberais representadas.

Parágrafo Único. Os sindicatos de empregados terão, outrossim, a prerrogativa de fundar e manter agências de colocação.

A Legislação permite, antes disso, a solução arbitral, mas exige a anuência das partes, o que é raro, para não dizer, quase impossível.

A greve servirá, então, como instrumento de luta para pressionar a classe econômica a celebrar a convenção ou o acordo coletivo. Através do dissídio, o sindicato buscará no Judiciário e, mais especificamente, nos Tribunais Trabalhistas, a solução do conflito na hipótese de frustrada as negociações.

A via arbitral e a judicial são mecanismos de solução heterocompositiva, considerando que, em ambos os casos, malogradas as negociações, competirá ao árbitro ou ao Tribunal decidir o conflito, criando um instrumento normativo de força obrigatória para as partes.

Assim, para que o conflito seja solucionado através dos Tribunais Trabalhistas, é necessário o ajuizamento do Dissídio Coletivo, que permitirá ao órgão julgador proferir uma decisão – sentença normativa, que valerá como lei entre as partes, assegurando novas vantagens aos trabalhadores, membros da categoria representada pelo sindicato operário e estabelecendo obrigações para as empresas vinculadas ao sindicato patronal.

É importante frisar que as empresas estarão obrigadas a cumprir as obrigações estabelecidas nos Instrumentos Normativos, independentemente de estarem filiadas ao sindicato. A filiação é livre, a representação é legal e obrigatória. Por isso é muito importante que as empresas acompanhem as negociações coletivas.

De igual modo, todos os empregados que compõem determinada categoria profissional estarão beneficiados pelos Instrumentos Normativos celebrados pelo sindicato que os representa, independentemente de sua filiação. Sua participação nas assembleias também é muito importante, pois nessas sessões são discutidas e aprovadas as propostas e acordos.

Assim, o dissídio coletivo se mostra um instrumento de luta da classe trabalhadora para assegurar melhores condições de trabalho, em que pese a visão de alguns juristas, a exemplo de Antônio Álvares da Silva,[16] no sentido que tal previsão acaba por prejudicar a negociação coletiva, que é a solução ideal para os conflitos coletivos.

Contudo, não bastava assegurar aos Tribunais Trabalhistas a competência para julgar os dissídios coletivos sem assegurar a possibilidade de estes Tribunais criarem normas jurídicas, pois, a princípio, somente o Poder Legislativo teria essa legitimidade.

---

16. In Revista da Academia Nacional de Direito do Trabalho.

15.5.2 Poder Normativo

Em razão disso, o Constituinte, em 1988, concedeu aos Tribunais Trabalhistas o PODER NORMATIVO, conferindo-lhes um poder legislativo concorrente.

No exercício desse poder normativo, através da atividade jurisdicional, nascem as sentenças normativas, com força de lei para as pessoas representadas pelos sindicatos que integrem a ação, pelo período máximo de 4 (quatro) anos, na forma do art. 868, Parágrafo único, da CLT[17].

Assim, ainda que com algumas limitações, como reconhecido pelo STF no julgamento do RE 114836/MG, foi assegurado aos Tribunais Trabalhistas o poder de criar normas jurídicas, em caráter de exceção, uma vez que predomina em nossa Constituição o princípio da separação dos poderes (art. 2º da CF), conforme a seguinte passagem:

> A jurisprudência da Corte é no sentido de que as cláusulas deferidas em sentença normativa proferida em dissídio coletivo só podem ser impostas se encontrarem suporte na lei. 2. Sempre que a Justiça do Trabalho editar regra jurídica, há de apontar a lei que lho permitiu. Se o caso não se enquadra na classe daqueles que a especificação legal discerniu, para dentro dela se exercer a sua atividade normativa, está a Corte Especializada a exorbitar das funções constitucionalmente delimitadas. 3. A atribuição para resolver dissídios individuais e coletivos, necessariamente in concreto, de modo algum lhe dá a competência legiferante. Recurso extraordinário conhecido e provido. (RE 114836/MG – MINAS GERAIS-RECURSO EXTRAORDINÁRIO. Relator(a): Min. MAURÍCIO CORRÊA)

Essa era a interpretação conferida ao §2º do art. 114 da CF, na sua redação original:

> §2º Recusando-se qualquer das partes à negociação ou à arbitragem, é facultado aos respectivos sindicatos ajuizar dissídio coletivo, **podendo a Justiça do Trabalho estabelecer normas e condições**, respeitadas as disposições convencionais e legais mínimas de proteção ao trabalho. (destaques nossos)

Assim, graças à possibilidade conferida pelo Legislador Constituinte para "estabelecer normas e condições", os Tribunais Trabalhistas criavam normas jurídicas, mas, em 2004, foi editada a Emenda Constitucional 45/04, que alterou profundamente a redação do artigo 114 da CF e seus parágrafos, inclusive o §2º, ora em análise.

---

17. Art. 868 da CLT – Em caso de dissídio coletivo que tenha por motivo novas condições de trabalho, e no qual figure como parte apenas uma fração de empregados de uma empresa, poderá o tribunal competente, na própria decisão, estender tais condições de trabalho, se julgar justo e conveniente, aos demais empregados da empresa que forem da mesma profissão dos dissidentes.

    Parágrafo único. O Tribunal fixará a data em que a decisão deve entrar em execução, bem como o prazo de sua vigência, o qual não poderá ser superior a 4 (quatro) anos.

Com a alteração, a redação do referido dispositivo passou a ser do seguinte modo:

> §2º Recusando-se qualquer das partes à negociação coletiva ou à arbitragem, é facultado às mesmas, de comum acordo, ajuizar dissídio coletivo de natureza econômica, podendo a Justiça do Trabalho decidir o conflito, respeitadas as disposições mínimas legais de proteção ao trabalho, bem como as convencionadas anteriormente.

Duas grandes e significativas alterações foram feitas, de modo pouco técnico, causando insegurança jurídica e perturbação social.

Primeiro foi a inserção da palavra "de comum acordo", criando, ao que nos parece, uma nova condição para o ajuizamento do dissídio coletivo. Depois, excluiu a expressão "estabelecer normas e condições", que foi substituída pela seguinte: "decidir o conflito".

Com relação à segunda alteração, já manifestamos nossa opinião, no item 3.1.3.2 desta obra, valendo relembrar que, na nossa opinião, pretendeu o Legislador limitar o Poder Normativo dos Tribunais Trabalhistas, em sintonia com a primeira alteração feita.

Com efeito, o Legislador, ao invés de permitir aos Tribunais a criação de normas jurídicas, que antes permitiam assegurar aos trabalhadores direitos não previstos em lei, optou por conferir ao Judiciário Trabalhista apenas o poder de decidir o conflito, com base nas "disposições mínimas legais de proteção ao trabalho, bem como as convencionadas anteriormente", impedindo-o, portanto, ao nosso sentir, de estabelecer novas condições de trabalho que não estejam previstas em lei ou Instrumento Normativo anterior (acordo coletivo ou convenção coletiva).

E essa nova diretriz, como já dissemos, está alinhada com a primeira alteração e a explicação é um tanto simples. Se os Tribunais não mais podem criar normas jurídicas, não faz sentido se permitir o ajuizamento de dissídio coletivo, como antes, apenas por um dos sujeitos.

Pretendeu o legislador deixar os Tribunais Trabalhistas como uma espécie de árbitro, criando uma atípica "arbitragem judicial", ainda assim, com as limitações no julgamento expostas linhas atrás.

A questão é ainda polêmica, comportando as mais variadas opiniões, mas, na nossa compreensão, houve, de fato, uma considerável limitação ao Poder Normativo originariamente conferido aos Tribunais Trabalhistas.

A primeira alteração, relacionada à anuência da parte contrária, merece uma análise mais aprofundada, especialmente porque existem posições discrepantes sobre a interpretação da novel redação do §2º do art. 114 da Constituição Federal. É o que trataremos no tópico seguinte.

15.5.3. Anuência das partes como requisito para o dissídio.

Com efeito, como já ressaltamos, é indubitável a vontade do legislador em exigir a bilateralidade de vontade para o julgamento do dissídio coletivo de natureza econômica.

Como ressalta Antônio Álvares da Silva, "isto significa que, isoladamente, nenhum sindicato poderá mais propô-la, obrigando a outra parte a se submeter a uma sentença normativa. Este foi sem dúvida um passo qualitativo na melhora das relações coletivas e está dentro da lógica constitucional".

Esta anuência, ao nosso ver, pode ser expressa ou tácita e pode ser conferida inclusive diante do silêncio da parte contrária nas suas razões, como sustenta, com muita propriedade, o Ministro Dalazen, na seguinte passagem:

> Nesta perspectiva, o concurso de vontades entre Capital e o Trabalho requerido pela norma do art. 114, §2º, em meu entender, não significa necessariamente ação coletiva de iniciativa conjunta dos sindicatos patronal e profissional. A exigência fundamental da norma é de concordância expressa ou tácita de ambas as categorias em que seja ajuizado o dissídio coletivo de natureza econômica perante a Justiça do Trabalho. O que se contemplou aí, portanto, em meu entender, é uma espécie de compromisso arbitral informal, ou seja, uma convenção dos interessados em submeter o litígio à arbitragem estatal da Justiça do Trabalho. (Revista Academia Nacional de Direito do Trabalho, Ano XIII – Nº 13 – 2005, p. 142-143).

O Ministro José Luciano de Castilho Moreira esclarece ainda que "o acordo comum das partes não necessita ser prévio, devendo o juiz citar o suscitado e, somente na hipótese de recusa formal ao dissídio coletivo, ter-se-á o indeferimento da inicial". (p. 119, Revista Academia Nacional de Direito do Trabalho, Ano XIII – Nº 13 – 2005).

No mesmo sentido firmou-se a jurisprudência do Tribunal Superior do Trabalho:

> II) AUSÊNCIA DE COMUM ACORDO – NÃO ARGUIÇÃO EM CONTESTAÇÃO – CONSENTIMENTO TÁCITO. 1. A jurisprudência desta Corte firmou-se no sentido de que há consentimento tácito para instauração do dissídio coletivo quando a Parte não manifesta expressamente o dissenso na contestação. 2. No caso dos autos, o Suscitado não discordou expressamente da instauração da instância coletiva no momento oportuno, pois não invocou a questão na contestação, limitando-se a justificar a sua ausência às negociações prévias. 3. Assim, considerando que houve o consentimento tácito para o ajuizamento do dissídio coletivo, rejeita-se a prefacial. (...) (RO – 20929-62.2016.5.04.0000, Relator Ministro: Ives Gandra Martins Filho, Data de Julgamento: 11/06/2018, Seção Especializada em Dissídios Coletivos, Data de Publicação: DEJT 29/06/2018).
>
> DISSÍDIO COLETIVO. RECURSO ORDINÁRIO. FALTA DO MÚTUO ACORDO. ARTIGO 114, § 2º, DA CONSTITUIÇÃO FEDERAL DE 1988. EXTINÇÃO DO PRO-

CESSO SEM RESOLUÇÃO DO MÉRITO. Com a edição da Emenda Constitucional nº 45/2004, estabeleceu-se novo requisito para o ajuizamento de dissídio coletivo de natureza econômica, qual seja, que haja comum acordo entre as partes. Trata-se de requisito constitucional para instauração do dissídio coletivo e diz respeito à admissibilidade do processo. A expressão "comum acordo", de que trata o mencionado dispositivo constitucional, não significa, necessariamente, petição conjunta das partes, expressando concordância com o ajuizamento da ação coletiva, mas a não oposição da parte, antes ou após a sua propositura, que se pode caracterizar de modo expresso ou tácito, conforme a sua explícita manifestação ou o seu silêncio. No caso dos autos, houve a recusa expressa quanto à instauração do dissídio coletivo, a qual foi feita em momento oportuno, o que resulta na extinção do processo, sem resolução de mérito, ante a falta de pressuposto de constituição e de desenvolvimento válido e regular. Recurso ordinário a que se nega provimento. (RO – 1000867-04.2017.5.02.0000, Relatora Ministra: Kátia Magalhães Arruda, Data de Julgamento: 11/06/2018, Seção Especializada em Dissídios Coletivos, Data de Publicação: DEJT 22/06/2018).

Assim, não há necessidade de ser comprovado o comum acordo no momento do ajuizamento da ação, mas sim que seja preenchido, ainda que no curso do processo.

15.5.4. Inconstitucionalidade

Há ainda quem sustente a incompatibilidade desse novo dispositivo com o princípio do livre acesso ao Poder Judiciário, consagrado pelo art. 5º, XXXV, da CF/88.

O Ministro Arnaldo Lopes Süssekind sustenta que a expressão "de comum acordo" viola o art. 5º, XXXV[18], e o 8º, III, da Constituição, que se constituem em cláusulas pétreas.

De igual modo pensa Amauri, como se infere na seguinte passagem:

> Se a natureza jurídica do dissídio coletivo é a de processo, condicioná-lo à autorização do réu, para que o processo possa ser movido seria o mesmo que transferir o direito de ação do autor para o réu, portanto uma hipótese absurda e que contraria o princípio constitucional do direito da ação e a inafastabilidade da jurisdição, na medida em que é obvio que ninguém autorizará outrem a processá-lo, porque, como contestante no processo, seria total a incompatibilidade entre o seu consentimento para que fosse demandado e a contestação que teria que fazer ao pleito para cuja propositura deu a sua aquiescência.

Contudo, a posição majoritária da doutrina é em sentido contrário, a exemplo do Ministro Dalazen, para quem não há inconstitucionalidade porquanto:

---

18. Art. 5º, XXXV da CF/88 – A lei não excluirá da apreciação do Poder Judiciário lesão ou ameaça a direito.

> a) o art. 5º, inc. XXXV, ao impedir que se vede o acesso ao Poder Judiciário, diz respeito às lesões a direitos subjetivos decorrentes de normas jurídicas preexistentes, situação muito diversa do dissídio coletivo, em que a pretensão dirige-se à criação de normas jurídicas;
>
> b) de todo modo, o art. 5º, inc. XXXV não consagra um direito irrestrito e incondicionado de mero acesso ao Poder Judiciário, podendo a lei prever requisitos, condições e pressupostos para tanto, tal como se dá, por exemplo, com o exaurimento da negociação coletiva (CLT, art. 616, §4º)[19]. No caso, a existência de um consenso entre as partes é apenas um pressuposto do dissídio coletivo que, ainda assim, não obsta o exercício do direito de ação coletiva e do Poder Normativo. (Revista Academia, p. 141 Nacional de Direito do Trabalho, Ano XIII – Nº 13 – 2005)

Pensamos exatamente assim. O direito de ação, protegido pelo art. 5º, XXXV, da CF, não pode ser confundido com a possibilidade de o sindicato ajuizar dissídio coletivo. Nenhum direito ameaçado ou lesado deixará de ser apreciado pelo Judiciário, pois o objeto do dissídio é, via de regra, a conquista de novos direitos. Ademais, como já decidiu o próprio STF, a criação de uma condição para a propositura da ação não implica violação ao art. 5º, XXXV, da CF.

De igual modo, Antônio Álvares da Silva sustenta que: "muitos juristas estranharam esta condição que já está acoimada da pecha de inconstitucionalidade no STF. Mas, dentro da lógica do Direito Coletivo, ela é perfeitamente compreensiva e normal. O legislador agiu corretamente".

Essa é, aliás, a posição dos Tribunais Trabalhistas, como se depreende através da ementa abaixo:

> RECURSO ORDINÁRIO EM DISSÍDIO COLETIVO DE NATUREZA ECONÔMICA. AUSÊNCIA DE COMUM ACORDO. EXTINÇÃO DO FEITO SEM RESOLUÇÃO DO MÉRITO. NÃO PROVIMENTO. Nos termos do § 2º do artigo 114 da Constituição Federal, é indispensável o comum acordo das partes para o ajuizamento do dissídio coletivo de natureza econômica, por se tratar de pressuposto processual. Esta Corte Superior, ao interpretar o aludido dispositivo constitucional, posiciona-se no sentido de que é suficiente a concordância tácita do suscitado para o atendimento desse pressuposto. Dessa forma, não é necessária a apresentação de petição conjunta das partes, presumindo-se a anuência do suscitado na hipótese caso não seja apresentada objeção expressa na contestação. Na hipótese, verifica-se que o suscitado, em contestação, apresentou objeção ao ajuizamento do presente dissídio coletivo, razão pela qual o Tribunal Regional reconheceu a ausência do comum acordo e extinguiu o feito sem resolução do mérito, por se tratar de pressuposto de constituição e desenvolvimento válido e regular do processo, nos termos do artigo 114, § 2º, da Constituição Federal. Verifica-se,

19. "Art. 616, §4º da CLT – Nenhum processo de dissídio coletivo de natureza econômica será admitido sem antes se esgotarem as medidas relativas à formalização da Convenção ou Acordo correspondente."

portanto, que não merece reforma o acórdão regional, porquanto proferido em sintonia com o posicionamento desta egrégia Seção. Precedentes. Recurso ordinário a que se nega provimento (TST – RO: 15585120175050000, Relator: Guilherme Augusto Caputo Bastos, Data de Julgamento: 13/05/2019, Seção Especializada em Dissídios Coletivos, Data de Publicação: DEJT 21/05/2019).

DISSÍDIO COLETIVO. AUSÊNCIA DE COMUM ACORDO. A redação do art. 114, § 2º, da Constituição da República estabelece o comum acordo entre as partes como pressuposto à instauração de Dissídio Coletivo de natureza econômica. No presente caso, havendo alegação do suscitado em contestação acerca da inexistência de comum acordo para a instauração do dissídio coletivo, impõe-se a extinção do processo sem resolução do mérito, nos termos do art. 485, IV, do CPC (TRT-24 00240151520185240000, Relator: JOAO DE DEUS GOMES DE SOUZA, Data de Julgamento: 13/12/2018, Pleno – relatoria nata da Vice-Presidência).

São, portanto, infundadas e fadadas ao insucesso as ADIs nº 3423-5 e 3431-6 (convertidas ao Tema 841) ajuizadas, respectivamente, pela Confederação Nacional dos Trabalhadores em Turismo e Hospitalidade e outros e Confederação Nacional dos Trabalhadores em Estabelecimentos de Ensino, ambas em andamento no STF.

Nesse sentido, o parecer apresentado pelo Procurador Geral da República consigna que "o art. 114, § 2°, da Constituição Federal viola o princípio da inafastabilidade da jurisdição, pois o art. 5°, XXXV, da mesma Carta, determina que a "lei" não excluirá da apreciação do Poder Judiciário lesão ou ameaça a direito, o que não obsta a própria Constituição, através do constituinte derivado, impor condições de acesso à jurisdição. Não se trata, portanto, de exclusão do acesso à jurisdição, mas de condição de procedibilidade específica da ação de dissídio coletivo. 3 Além disso, a solução de dissídios coletivos não constitui atividade jurisdicional típica, pois a sentença normativa mais se aproxima da atividade legiferante".

15.5.5. Do procedimento propriamente dito

A petição inicial deverá ser necessariamente escrita (art. 856 da CLT) e encaminhada ao Presidente do Tribunal, que detém a competência originária para o conhecimento dessa ação.

A peça vestibular terá tantas vias quantas forem os suscitados (art. 858 da CLT). Na exordial, serão designados e qualificados os suscitantes e os suscitados e a natureza do estabelecimento ou do serviço (art. 858, "a", da CLT). Serão ainda informados os motivos do dissídio, com a base para a conciliação (art. 858, "b", da CLT).

Sérgio Pinto Martins acrescenta também que "o sindicato deverá comprovar que está autorizado a instaurar o dissídio coletivo pela assembleia geral, bem como que foram frustradas as tentativas de negociação ou arbitragem. Deve-se, também, apresentar a convenção, acordo ou sentença normativa que estava em vigor, ou, ainda, o laudo arbitral, acaso existente".

Depois de recebida e protocolada a petição inicial, o Presidente do Tribunal marcará audiência para tentativa de conciliação, que deverá ser realizada no prazo máximo de 10 dias, e se constitui em única tentativa obrigatória de acordo.

As partes e o Ministério Público serão então notificados da data da audiência.

Na hipótese de conciliação, "o Presidente do Tribunal submeterá o requerimento à homologação do Tribunal na primeira sessão", na forma do art. 863 da CLT.

Não havendo acordo, o Presidente do Tribunal, que participou da audiência de conciliação, receberá a petição (razões da suscitada, classe patronal) e designará um Desembargador relator para que, após análise do dissídio, profira o seu voto que será submetido à apreciação dos demais Desembargadores integrantes da Seção Especializada em Dissídios Coletivos do respectivo Tribunal.

Após a publicação do acórdão, poderão as partes apresentar recurso ordinário que será julgado pela Seção de dissídios coletivos no Tribunal Superior do Trabalho. Caso, entretanto, se trate de dissídio de competência originária do TST, o recurso sabível será o de embargos infringentes para o próprio TST.

Além disso, nos termos da Súmula 402 do TST, cabe ação rescisória em face de sentença normativa, desde que exista prova nova, vejamos:

> *Súmula nº 402 do TST* – AÇÃO RESCISÓRIA. PROVA NOVA. DISSÍDIO COLETIVO. SENTENÇA NORMATIVA (nova redação em decorrência do CPC de 2015) – Res. 217/2017 – DEJT divulgado em 20, 24 e 25.04.2017
>
> I – Sob a vigência do CPC de 2015 (art. 966, inciso VII), para efeito de ação rescisória, considera-se prova nova a cronologicamente velha, já existente ao tempo do trânsito em julgado da decisão rescindenda, mas ignorada pelo interessado ou de impossível utilização, à época, no processo.
>
> II – Não é prova nova apta a viabilizar a desconstituição de julgado: a) sentença normativa proferida ou transitada em julgado posteriormente à sentença rescindenda; b) sentença normativa preexistente à sentença rescindenda, mas não exibida no processo principal, em virtude de negligência da parte, quando podia e deveria louvar-se de documento já existente e não ignorado quando emitida a decisão rescindenda. (ex-OJ nº 20 da SBDI-2 – inserida em 20.09.2000).

15.6. DISSÍDIOS DE GREVE

Por fim, resta-nos fazer uma pequena abordagem sobre os dissídios de greve.

Como dissemos linhas atrás, malgrado as negociações coletivas, é lícito ao sindicato (art. 857 da CLT), desde que autorizado pelos trabalhadores através de assembleia (arts. 859 da CLT e 4º da Lei 7.783/89[20]), deflagrar movimento paredista, na forma regulamentada pela Lei 7.783/89.

A Emenda Constitucional 45/04 acrescentou o §3º ao art. 114 da CF, nos seguintes termos:

> Em caso de greve em atividade essencial, com possibilidade de lesão do interesse público, o Ministério Público do Trabalho poderá ajuizar dissídio coletivo, competindo à Justiça do Trabalho decidir o conflito.

A redação imprecisa, como de costume, deixou terreno fértil para acirradas discussões. Seria necessário o "comum acordo" também para ajuizar dissídio nesses casos? Só o MPT poderia ajuizar? Só para as atividades essenciais? O julgamento está limitado à legalidade ou abusividade da greve?

O dissídio de greve possui natureza jurídica específica, não se enquadrando, portanto, na regra condicionante do artigo 114, §2º, da CF, destinada aos dissídios de natureza econômica. Por essa razão, entendemos que qualquer das partes pode, unilateralmente, ajuizar dissídio nesses casos.

Pretendeu o legislador, em verdade, permitir ao Ministério Público do Trabalho, na hipótese de paralisação de atividade essencial, ajuizar dissídio, independentemente da vontade dos sindicatos.

Também entendemos que a limitação relacionada ao ajuizamento do dissídio referente apenas às atividades essenciais cinge-se ao Ministério Público do Trabalho.

A questão mais polêmica está relacionada aos limites desse julgamento e ao objeto do dissídio.

Há quem entenda, como o Ministro Dalazen, "que seria desarrazoada, no mínimo, uma interpretação que, em caso de dissídio coletivo unilateral de greve, seja em atividade essencial, ou não, reconhecesse competência à Justiça do Trabalho apenas para o exame dos aspectos formais a deflagração do movimento paredista, unicamente visando a declarar-lhe, ou não, a abusividade. Manifesto que, acima de tudo, a sociedade aspira a uma solução do conflito coletivo de interesses, subjacente à greve e às questões processuais."[21]

Compreendemos a intenção do notável jurista em oferecer uma interpretação socialmente mais adequada, mas divergimos de sua conclusão.

---

20. Art. 4º da Lei 7.783/89 – Caberá a entidade sindical correspondente convocar, na forma do seu estatuto, assembleia geral que definirá as reivindicações da categoria e deliberará sobre a paralisação coletiva da prestação de serviços.

    §1º. O estatuto da entidade sindical deverá prevê as formalidades de convocação e o quórum para a deliberação, tanto da deflagração quanto da cessação da greve.

    §2º. Na falta de entidade sindical, a assembleia geral dos trabalhadores interessados deliberará para os fins previstos no caput, constituindo comissão de negociação.

21. In *Revista Academia Nacional de Direito do Trabalho*, p. 146, Ano XIII – Nº 13 – 2005.

O objeto do dissídio de greve deve ser, exclusivamente, a matéria relacionada à legalidade ou abusividade do movimento, pois, permitindo-se aos Tribunais que analise e julgue as reivindicações dos trabalhadores, estar-se-á contornando a nova diretriz imposta pelo §2º do novel artigo 114 da CF.

Ora, não poderia o legislador Constituinte criar uma condição para o ajuizamento do dissídio coletivo no §2º do art. 114 e dispensá-la no dispositivo seguinte.

Seria o mesmo que criar com uma mão e tirar com outra, o que não faz o menor sentido, do ponto de vista hermenêutico.

Isso sem falar que tal interpretação, como reconhece o próprio Ministro Dalazen, "induz a categoria profissional à greve", estimulando um conflito indesejável e de graves consequências para todos os envolvidos.

A análise das reivindicações dos trabalhadores, com o consequente deferimento de cláusulas, é um dissídio de natureza econômica e, como tal, somente pode ocorrer por meio da arbitragem judicial, o que implica a necessária anuência da parte contrária.

BIBLIOGRAFIA

AGRA, Alexandre. *Instituições Civis no Direito do Trabalho.* 4ª edição. Renovar.

ALMEIDA, Amador Paes. *CLT comentada: legislação: doutrina: jurisprudência.* São Paulo: Saraiva, 2003.

ASSIS, Araken de. *Cumprimento de sentença.* Rio de Janeiro: Forense, 2006.

________. *Manual do Processo de Execução.* 8ª ed. revista, atualizada e ampliada. São Paulo: Revista dos Tribunais, 2002.

________. *Procedimento Sumário.* São Paulo: Malheiros, 1996.

ÁVILA, Humberto. *Teoria da Segurança jurídica.* São Paulo: Editora Malheiros, 4ª edição, 2016.

ÁVILA, Humberto. Segurança jurídica. *Entre permanência, mudança e realização no Direito Tributário.* São Paulo: Editora Malheiros, 2011.

ÁVILA, Humberto. *Teoria dos Princípios.* 3ª ed. São Paulo: Malheiros, 2003.

BARROS, Alice Monteiro de. *Revista LTr,* outubro de 1997.

BASTOS, Celso Ribeiro. *Curso de Direito Constitucional.* 19ª ed. São Paulo: Saraiva, 1998.

BOBBIO, Norberto. *Teoria do Ordenamento Jurídico.* 10a ed. Brasília: UnB, 1999.

CALMON DE PASSOS, José Joaquim. *O devido processo legal e o duplo grau de jurisdição.* São Paulo: Saraiva, 1981.

CAMARA, Alexandre. *Direito Constitucional.* 10ª ed. São Paulo: Atlas, 2001.

________. *Lições de Direito Processual Civil.* Rio de Janeiro: Lumen Júris, 7ª ed., Vol. I.

________. *Lições de Direito Processual Civil,* 9ª ed. Rio de Janeiro: Lumen Juris, 2003.

CARNEIRO, Claudio Gomes. Recurso de Embargos à luz da sistemática da lei n. 13.015/2014. In: *Recurso de revista e agravo de instrumento*: teoria e prática da lei n. 13.015/2014. São Paulo: Editora LTr, 2017.

CARRION, Valentin. *Comentários à Consolidação das Leis do Trabalho.* 29ª ed. São Paulo: Saraiva, 2004.

________. *Comentários à Consolidação das Leis do Trabalho,* 30ª ed., São Paulo: Saraiva, 2005.

CARVALHO FILHO, José dos Santos. *Manual de Direito Administrativo.* 19ª ed. Rio de Janeiro: Lumen Iuris, 2008.

CASTELO, Jorge Pinheiro. *Tendências do Direito Material e Processual do Trabalho.* São Paulo: LTr, 2000.

COMPARATO, Fábio Konder. "Função social da propriedade dos bens de produção", in *Revista de Direito Mercantil, Industrial, Econômico e Financeiro.* São Paulo, nº: 63, Editora Nova Série.

CINTRA, Antônio Carlos de Araújo; GRINOVER; Ada Pellegrini; DINAMARCO; Cândido Rangel. *Teoria Geral do Processo.* 20ª ed. São Paulo: Malheiros, 2004.

COELHO, Fábio Ulhoa. *Os Empresários e o Direito do Consumidor.* São Paulo: Saraiva, 1994.

DALAZEN, João Oreste. *Apontamentos sobre a Lei n. 13/015/4014 e impactos no sistema recursal trabalhista.* São Paulo: Editora LTr, 2017.

DALAZEN, João Oreste. *Nova Competência da Justiça do Trabalho.* Grijalbo Fernandes Coutinho, Marcos Neves Fava, coordenadores. São Paulo: LTr, 2005.

________. *Revista LTr*, dezembro de 1995.

DALLEGRAVE NETO, José Affonso. *Inovações na Legislação Trabalhista.* 2ª ed. São Paulo: LTr, 2002.

________. *Revista LTr,* abril de 2001.

DI PIETRO, Maria Sylvia Zanella. *Direito Administrativo.* 23ª ed. São Paulo: Atlas, 2010.

DIDIER JR., Fredie. *Curso de Direito Processual Civil*: Teoria Geral do Processo e Processo de Conhecimento. 7ª ed. Salvador: Juspodivm, 2007.

DIDIER JR., Fredie. *Curso de direito processual civil:* introdução ao direito processual civil, parte geral e processo de conhecimento. Salvador: Editora Juspodivm, 19. ed., 2017.

DIDIER. Fredie. *Direito Processual Civil: Tutela Jurisdicional Individual e Coletiva,* 5ª ed. Salvador: Juspodivm, 2005.

________. *Direito Processual Civil.* 5ª ed. Salvador: Juspodivm, 2005. Vol.1.

DIDIER, Fredie; CARNEIRO, Leonardo. *Curso de Direito Processual Civil.* Salvador: Juspodivm, 2006. Vol. 3.

DIDIER JR., Fredie; BRAGA, Paula Sarno. ALEXANDRIA, Rafael. *Curso de Direito Processual Civil.* V. 2. 13a edição. Salvador: Juspodivm, 2016, p. 152.

DINAMARCO, Cândido Rangel. *Instituições de direito processual civil.* 4 ed., São Paulo: Malheiros, 2004, v. III.

DINIZ, Maria Helena. *Código Civil Anotado,* 11ª ed., 2005, editora Saraiva.

________. *Compêndio de Introdução à Ciência do Direito.* 12 ed. São Paulo: Saraiva, 2000.

FABRÍCIO, Adroaldo Furtado. *Comentários ao Código de Processo Civil.* 8ª ed. Rio de Janeiro: Forense, 2002. Vol. VIII – Tomo III.

FACÓ, Juliane Dias. O recurso de revista à luz da reforma trabalhista: alterações nos arts. 896 e 896-A da CLT. *In*: FILHO, Jorge Cavalcanti Boucinhas; MARTINS, Rafael Lara; MIZIARA, Raphael. *Reforma trabalhista na visão da advocacia*: aspectos práticos e estratégias para o cotidiano. São Paulo: Thomson Reuters Brasil, 2018, cap. 37.

FACÓ, Juliane Dias. *Recursos de Revista Repetitivos.* São Paulo: Editora LTr, 2016.

FERRAZ, Tércio Sampaio. *Introdução ao Estudo do Direito.* São Paulo: Atlas.

FERREIRA, Almir; LUPORINI, Carlos Eduardo de Mori; SOUZA, Milanez de. Gestão do Capital de Giro. In *Caderno de Pesquisas em Administração.* São Paulo. Volume 01. No.03. 2º semestre. 1996.

GARCIA, Gustavo Filipe Barbosa. *Curso de Direito Processual do trabalho.* Rio de Janeiro: Forense, 2012.

GRECO FILHO, Vicente. *Direito Processual Civil Brasileiro.* 16ª ed. São Paulo: Saraiva, 2003. Vol. 3.

GIGLIO, Wagner. *Direito Processual do Trabalho.* 11ª ed. São Paulo: Saraiva, 2000.

________. *Direito Processual do Trabalho.* 12ª ed. São Paulo: Saraiva, 2002.

________. *A conciliação nos dissídios individuais do trabalho,* 2ª ed. São Paulo: LTr, 1997.

GOMES, Orlando. *Contratos.* Rio de Janeiro: Revista Forense, 2009.

________. *Nulidades do Direito Contratual do Trabalho.* Rio de janeiro: Revista Forense, 2009.

________. *Obrigações.* 2ª ed. Rio de Janeiro: Revista Forense, 1968.

GONZALEZ, Ismael. *Separata da revista LTr,* setembro de 1998.

GUSMÃO, Athos. *Do rito sumário na reforma do CPC lei 9.245/95.* São Paulo: Saraiva, 1996.

HOUAISS, Antônio; VILLAR, Mauro Salles. *Dicionário Houaiss de Língua Portuguesa.* 1ª ed. Rio de Janeiro: Objetiva, 2001.

LEITE, Carlos Henrique Bezerra. *Curso de Direito Processual do Trabalho.* 2ª ed. São Paulo: LTr, 2004.

LEITE, Carlos Henrique Bezerra. *Curso de Direito Processual do Trabalho.* 16ª ed. São Paulo: Editora Saraiva, 2018.

________. *Curso de Direito Processual do Trabalho.* 3ª ed. São Paulo: LTr, 2005.

________. Curso de Direito Processual do Trabalho. 9ª ed. São Paulo: LTr, 2011.

LOPES, João Batista. *A prova no direito processual civil,* 2ª ed. São Paulo: Revista dos Tribunais, 2002.

________. "Princípio da Proporcionalidade e Execução Civil". *Revista Dialética de Direito Processual,* n. 4.

MAGNANO. *Revista LTr,* Vol. 59, nº12, dezembro de 1995.

MAIOR, Luis Souto. *Revista LTr,* julho/2006.

MALLET, Estevão. *Apontamentos de Direito Processual do Trabalho.* São Paulo: LTr, 1997.

________. *Direito e Processo do Trabalho (estudos em homenagem a Octavio Bueno Magano).* São Paulo: LTr, 1996.

________. *Procedimento Sumaríssimo Trabalhista.* São Paulo: LTr, 2002.

________. *Revista LTr,* janeiro de 2000.

________. *Revista LTr,* junho/2006, vol. 70.

________. *Tendências do Direito Material e Processual do Trabalho.* São Paulo: LTr, 2000.

MARINONI, Luiz Guilherme; ARENHART, Sérgio Cruz. *Manual do Processo de Conhecimento.* São Paulo: Revista dos Tribunais, 2000.

MARINONI, Luiz Guilherme; ARENHART, Sérgio Cruz. *Manual do Processo de Conhecimento.* São Paulo: Revista dos Tribunais. 2003.

MARQUES, José Frederico. *Comentários ao Código de Processo Civil.* Rio de Janeiro: Ed. Forense, 1975. Vol. II.

MARTINS, José Pinto. *Direito Processual do Trabalho.* 13ª ed. São Paulo: Atlas, 2000.

MARTINS, Sérgio Pinto. *Direito Processual do Trabalho.* 23ª ed. São Paulo: Atlas, 2005.

________. *Direito Processual do Trabalho.* 25ª ed. São Paulo: Atlas, 2006.

________. *Direito Processual do Trabalho.* 33ª ed. São Paulo: Atlas, 2012.

MAXIMILIANO, Carlos. *Hermenêutica e aplicação do Direito.* Rio de Janeiro: Forense, 1994.

MEIRELES, Edilton. *Direito Civil & Direito do Trabalho.* Coleção Temas Atuais. 2ª ed. Belo Horizonte: Editora Jurídica LEIDITATHI, 2006.

________. *Revista da Associação Bahiana de Advogados Trabalhistas,* outubro de 1998.

MEIRELES, Edilton; BORGES, Leonardo. *A nova reforma processual e seu impacto no Processo do Trabalho.* São Paulo: Ltr, 2006.

MELLO, Celso Antônio Bandeira de. *Curso de Direito Administrativo.* 6ª ed. ver. atual. ampl., São Paulo: Malheiros, 1995.

MENDONÇA, Delosmar. *Princípios da ampla defesa e da efetividade no processo civil brasileiro.* São Paulo: Malheiros, 2001.

MENDONÇA, Thais. *Execução e Direitos Fundamentais: Enfoque no processo do trabalho.* Monografia apresentada e aprovada na banca de Monografia da Faculdade Jorge Amado em 26.11.2004.

MENEZES, Mauro. "Palestra proferida no 16º Encontro dos Magistrados da Justiça do Trabalho da 5ª Região". *Em busca da efetividade dos direitos sociais. Painel: substituição processual: extensão e limites.* Salvador, Bahia, 24 de agosto de 2006.

MIESSA, Élisson e CORREIA, Henrique. *Súmulas e Orientações Jurisprudenciais do TST Comentadas e Organizadas por assunto.* 5ª Ed. Bahia: Editora Juspodivm, 2015.

MOREIRA, Barbosa. *Comentários ao CPC.* 7ª ed. Rio de Janeiro: Forense. 1998. Vol. V.

________. *Direito Aplicado II – pareceres.* 2ª ed. Rio de Janeiro: Forense, 2000.

MOREIRA, Barbosa Moreira. *O novo processo civil brasileiro: exposição sistemática do procedimento.* ed. rev. e atual. Rio de Janeiro: Forense, 2005.

NASCIMENTO, Amauri Mascaro. "Hibridismo das Regras da Execução" in *Execução Trabalhista – Estudos em homenagem ao Ministro João Oreste Dalazen.* São Paulo: LTr, 2002.

NASCIMENTO, Amauri Mascaro. *Iniciação ao Processo do Trabalho.* São Paulo: Saraiva, 2005.

NASCIMENTO, Amauri Mascaro. *Nova Competência da Justiça do Trabalho.* Grijalbo Fernandes Coutinho, Marcos Neves Fava, coordenadores. São Paulo: LTr, 2005.

NEGRÃO, Theotônio. *Código de processo civil e legislação processual em vigor,* com a colaboração de José Roberto Ferreira Gouvêa, 31a ed. São Paulo: Saraiva, 2000.

NEGRÃO. Theotônio. *Código de Processo Civil e legislação processual em vigor.* 32ª ed. São Paulo: Saraiva, 2001.

NEIVA, Rogerio. *Direito e Processo do Trabalho aplicados à Administração Pública e Fazenda Pública.* Rio de Janeiro: Forense; São Paulo: Método, 2012. p.164.

NERY JUNIOR, Nelson. *Princípios do Processo Civil na Constituição Federal.* 5ª ed. São Paulo: Revista dos Tribunais, 1999.

NERY JÚNIOR, Nelson e NERY, Rosa Maria de Andrade. *Código de processo civil comentado e legislação processual civil extravagante em vigor.* 6ª ed. São Paulo: Revista dos Tribunais, 2002.

________. *Código de Processo Civil Comentado e Legislação Extravagante.* 8ª ed. São Paulo: Revista Dos Tribunais. 2004.

NERY JUNIOR, Nelson; GRINOVER, Ada Pellegrini; WATANABE, Kazuo. *CBDC – Comentado pelos autores do anteprojeto.* 7ª ed. Rio de Janeiro: Forense Universitária, 2001.

NEVES, Daniel Amorim Assumpção. *Manual de Direito Processual Civil*. 4ª ed. rev., atual. e ampl. Rio de Janeiro: Forense; São Paulo: Método, 2012.

PAMPLONA FILHO, Rodolfo. *Revista da Associação dos Magistrados da Justiça do Trabalho da 5ª Região*. v. I, nº. 5, 2005.

PAMPLONA FILHO, Rodolfo; GAGLIANO, Pablo Stolze. *Novo Curso de Direito Civil*. Parte Geral. *1*ª ed. São Paulo: Saraiva. Vol. I.

PAMPLONA FILHO, Rodolfo; GAGLIANO, Pablo Stolze. *Novo Curso de Direito Civil*. Obrigações. 7ª ed. São Paulo: Saraiva. Vol. II.

PEREIRA, Caio Mário da Silva. *Instituições de Direito Civil*. v. II. Rio de Janeiro: Forense, 2002.

PESSOA, Maurício de Souza. *Os embargos de declaração no processo civil brasileiro* – Monografia apresentada e aprovada na banca de Monografia da PUC/SP. 2003.

PESSOA, Valton Dórea. *Transação extrajudicial nas relações individuais do trabalho*. São Paulo: LTr, 2003.

PINTO, José Augusto Rodrigues. *A Modernização do CPC e o Processo do Trabalho*. São Paulo: LTr, 1996.

________. *Curso de Direito Individual do Trabalho*, 5ª ed. São Paulo: LTr, 2003.

________. *Execução Trabalhista*. 9ª ed. São Paulo: LTr, 2002.

________. *Manual de Conciliação Preventiva e do Procedimento Sumaríssimo Trabalhista. São Paulo:* LTr, 2001.

________. *Processo Trabalhista de Conhecimento*. 4ª ed. São Paulo: LTr, 1998.

________. *Processo Trabalhista de Conhecimento*. 5ª ed. São Paulo: LTr, 2000.

________. *Processo Trabalhista de Conhecimento*. 6ª ed. São Paulo: LTr, 2001.

________. *Processo Trabalhista de Conhecimento*. 7ª ed. São Paulo: LTr, 2005.

________. *Revista da Associação dos Magistrados da Justiça do Trabalho da 5ª Região*. v. I. nº. 5. 2005.

PINTO, José Augusto Rodrigues; PAMPLONA FILHO, Rodolfo. *Repertório de Conceitos Trabalhistas*. São Paulo: LTr, 2000.

RÁO, Vicente. *O direito e a vida dos direitos*. 5ª ed. anotada e atualizada por Ovídio Rocha Barros Sandoval. São Paulo: Revista dos Tribunais, 1999.

REALE, Miguel. *Filosofia do Direito*. 12ª ed. São Paulo: Saraiva, 1987.

RIPERT, Georges. *A Regra Moral nas Obrigações Civis*, Obra traduzida por Osório Ferreira. Campinas-SP: Bookseller, 2000.

ROBORTELA. *O Moderno Direito do Trabalho*. São Paulo: LTr, 1994.

RODRIGUES, Marcelo Abelha. *Manual de Execução Civil*. Rio de Janeiro: Forense Universitária, 2006.

RODRIGUEZ, Américo Plá. *Princípios de Direito do Trabalho*. 3ª ed. atualizada. São Paulo: LTr, 2000.

ROMITA, Arion Sayão. *Direito do Trabalho – Temas Em Aberto*. São Paulo: LTr, 1998.

RUSSOMANO, Victor. *Comentários à CLT*. 17ª ed. São Paulo: Saraiva. 1997. vol. I.

RUSSOMANO, Mozart Victor. *Curso de Direito do Trabalho*. 9ª ed. (ano 2002), 4ª tiragem. Curitiba: Juruá, 2005.

________. *Recursos Trabalhistas de natureza extraordinária.* 2ª ed. Curitiba: Juruá. 2002.

SANTOS, Moacyr Amaral. *Primeiras linhas de Direito Processual Civil: adaptadas ao novo Código de Processo Civil.* 12ª ed. atualizada. São Paulo: Saraiva, 1985. Vol. I.

________. *Primeiras Linhas de Direito Processual Civil.* 20ª ed. São Paulo: Saraiva. 2001. Vol. III.

SCAVONE JÚNIOR, Luis Antonio. *Do descumprimento das obrigações: conseqüências à luz do princípio da restituição integral.* São Paulo: J. de Oliveira, 2007.

SCHIAVI, Mauro. *Revista LTr,* julho/2006.

SCHIAVI, Mauro. *Manual de Direito Processual do Trabalho.* 4ª ed. São Paulo: LTr, 2011.

SCHIAVI, Mauro. *Manual de Direito Processual do Trabalho*. São Paulo: Editora LTr, 2016.

SCHIAVI, Mauro. *Manual de Direito Processual do Trabalho*. São Paulo: Editora LTr, 2018.

SEBRAE. *Fatores Condicionantes e Taxas de Mortalidade de Empresas no Brasil.* Disponível em: <www.sebrae.com.br/br/mortalidade_empresas/index.asp>. Acesso em: 20/08/2004.

SEPÚLVEDA. Nylson. *Revista LTr,* 63.10/1383, 1999

SILVA, José Afonso da. *Curso de Direito Constitucional Positivo.* 19ª ed. revista e atualizada. São Paulo: Malheiros, 2001.

SILVA, Leonardo Moraes de Souza Ferreira. Da obrigatoriedade do depósito nos agravos de instrumento em recurso de revista. In: MELO FILHO, Luiz Philippe de; DUTRA, Renata Queiroz. *Recurso de revista e agravo de instrumento*: teoria e prática da lei n. 13.015/2014. São Paulo: Editora LTr, 2017.

SILVA, Ovídio Araújo Baptista da. *Curso de processo civil:* processo de conhecimento. 6. ed. revista e atualizada com as Leis 10.352, 10.358/2001 e 10.444/2002. São Paulo: Revista dos Tribunais, 2002. Vol. 1.

SÜSSEKIND, Arnaldo. *Instituições de Direito do Trabalho.* 22ª ed. São Paulo: LTr, 2005.

________. *Princípios de Direito do Trabalho.* 3ª ed. São Paulo: LTr, 2000.

TALAMINI, Eduardo, A prova emprestada no processo civil ou penal. *Revista de processo.* SP. RT, 1998, n 91.

TEIXEIRA FILHO, Manoel. *O processo Sumaríssimo no Processo do Trabalho.* 2ª ed. São Paulo: LTr, 2000.

TEIXEIRA FILHO, Manoel Antonio. *Sistema dos Recursos Trabalhistas.* 10ª ed. São Paulo: LTr, 2003

THEODORO JÚNIOR, Humberto. *Curso de Direito Processual Civil.* 18ª ed. Rio de Janeiro: Forense, 1996. Vol. I.

________. *Direitos do consumidor,* 4ª ed. Rio de Janeiro: Forense, 2004.

________. *Processo de Execução.* 19ª ed. São Paulo: Livraria e Editora Universitária de Direito LTDA. 1999.

________. *Processo de Execução.* 22ª ed. São Paulo: Livraria e Editora Universitária de Direito LTDA, 2004.

TOURINHO, Rita. *Discricionariedade Administrativa: ação de improbidade & controle principiológico.* Curitiba: Juruá, 2004.

VALVERDE, Antonio Martín; GUTIÉRREZ, Fermín; MURCIA, Joaquim. *Derecho del Trabajo*. Tecnos, 13ª ed. Madrid – Espanha: 2004.

WAMBIER, L. R., ALMEIDA, F. R. C. e TALAMINI, E. *Curso avançado de processo civil.* 3ª ed. São Paulo: Revista dos Tribunais, 2000. v. 1.

WAMBIER, Tereza Arruda Alvim e outros, coordenadores, *Breves Comentários ao Novo Código de Processo Civil.* São Paulo: Editora Revista dos Tribunais, 2015.

ZAVASCKI, Teori Albino. *Comentários ao Código de Processo Civil: do processo de execução, arts. 566 a 645.* São Paulo: Revista dos Tribunais, 2000. Vol. 8.

Homologação de acordo extrajudicial exige advogados das duas partes habilitados. Disponível em: <http://www.trtsp.jus.br/indice-noticias-em-destaque/21458-homologacao-de-acordo-extrajudicial-exige-advogados-habilitados>. Acesso em 01. mar. 2018.

|ANEXO| SÚMULAS E ORIENTAÇÕES JURISPRUDENCIAIS DO TST E SÚMULAS DO STF E STJ RELATIVAS AO PROCESSO DO TRABALHO

TST

SÚMULAS

SUM-1 PRAZO JUDICIAL (mantida) – Res. 121/2003, DJ 19, 20 e 21.11.2003.

Quando a intimação tiver lugar na sexta-feira, ou a publicação com efeito de intimação for feita nesse dia, o prazo judicial será contado da segunda-feira imediata, inclusive, salvo se não houver expediente, caso em que fluirá no dia útil que se seguir.

SUM-6 EQUIPARAÇÃO SALARIAL. ART. 461 DA CLT (redação do item VI alterada) – Res. 198/2015, republicada em razão de erro material – DEJT divulgado em 12, 15 e 16.06.2015

I - Para os fins previstos no § 2º do art. 461 da CLT, só é válido o quadro de pessoal organizado em carreira quando homologado pelo Ministério do Trabalho, excluindo-se, apenas, dessa exigência o quadro de carreira das entidades de direito público da administração direta, autárquica e fundacional aprovado por ato administrativo da autoridade competente. (ex-Súmula nº 06 – alterada pela Res. 104/2000, DJ 20.12.2000)

II - Para efeito de equiparação de salários em caso de trabalho igual, conta-se o tempo de serviço na função e não no emprego. (ex-Súmula nº 135 - RA 102/1982, DJ 11.10.1982 e DJ 15.10.1982)

III - A equiparação salarial só é possível se o empregado e o paradigma exercerem a mesma função, desempenhando as mesmas tarefas, não importando se os cargos têm, ou não, a mesma denominação. (ex-OJ da SBDI-1 nº 328 - DJ 09.12.2003)

IV - É desnecessário que, ao tempo da reclamação sobre equiparação salarial, reclamante e paradigma estejam a serviço do estabelecimento, desde que o pedido se relacione com situação pretérita. (ex-Súmula nº 22 - RA 57/1970, DO-GB 27.11.1970)

V - A cessão de empregados não exclui a equiparação salarial, embora exercida a função em órgão governamental estranho à cedente, se esta responde pelos salários do paradigma e do reclamante. (ex-Súmula nº 111 - RA 102/1980, DJ 25.09.1980)

VI - Presentes os pressupostos do art. 461 da CLT, é irrelevante a circunstância de que o desnível salarial tenha origem em decisão judicial que beneficiou o paradigma, exceto: a) se decorrente de vantagem pessoal ou de tese jurídica superada pela jurisprudência de Corte Superior; b) na hipótese de equiparação salarial em cadeia, suscitada em defesa, se o empregador produzir prova do alegado fato modificativo, impeditivo ou extintivo do direito à equiparação salarial em relação ao paradigma remoto, considerada irrelevante, para esse efeito, a existência de diferença de tempo de serviço na função superior a dois anos entre o reclamante e os empregados paradigmas componentes da cadeia equiparatória, à exceção do paradigma imediato.

VII - Desde que atendidos os requisitos do art. 461 da CLT, é possível a equiparação salarial de trabalho intelectual, que pode ser avaliado por sua perfeição técnica, cuja aferição terá critérios objetivos. (ex-OJ da SBDI-1 nº 298 - DJ 11.08.2003)

VIII - É do empregador o ônus da prova do fato impeditivo, modificativo ou extintivo da equiparação salarial. (ex-Súmula nº 68 - RA 9/1977, DJ 11.02.1977)

IX - Na ação de equiparação salarial, a prescrição é parcial e só alcança as diferenças salariais vencidas no período de 5 (cinco) anos que precedeu o ajuizamento. (ex-Súmula nº 274 - alterada pela Res. 121/2003, DJ 21.11.2003)

X - O conceito de "mesma localidade" de que trata o art. 461 da CLT refere-se, em princípio, ao mesmo município, ou a municípios distintos que, comprovadamente, pertençam à mesma região metropolitana. (ex-OJ da SBDI-1 nº 252 - inserida em 13.03.2002)

SUM-8 JUNTADA DE DOCUMENTO (mantida) - Res. 121/2003, DJ 19, 20 e 21.11.2003

A juntada de documentos na fase recursal só se justifica quando provado o justo impedimento para sua oportuna apresentação ou se referir a fato posterior à sentença.

SUM-9 AUSÊNCIA DO RECLAMANTE (mantida) - Res. 121/2003, DJ 19, 20 e 21.11.2003

A ausência do reclamante, quando adiada a instrução após contestada a ação em audiência, não importa arquivamento do processo.

SUM-12 CARTEIRA PROFISSIONAL (mantida) - Res. 121/2003, DJ 19, 20 e 21.11.2003

As anotações apostas pelo empregador na carteira profissional do empregado não geram presunção "juris et de jure", mas apenas "juris tantum".

SUM-16 NOTIFICAÇÃO (nova redação) - Res. 121/2003, DJ 19, 20 e 21.11.2003

Presume-se recebida a notificação 48 (quarenta e oito) horas depois de sua postagem. O seu não-recebimento ou a entrega após o decurso desse prazo constitui ônus de prova do destinatário.

SUM-18 COMPENSAÇÃO (mantida) - Res. 121/2003, DJ 19, 20 e 21.11.2003

A compensação, na Justiça do Trabalho, está restrita a dívidas de natureza trabalhista.

SUM-19 QUADRO DE CARREIRA (mantida) - Res. 121/2003, DJ 19, 20 e 21.11.2003

A Justiça do Trabalho é competente para apreciar reclamação de empregado que tenha por objeto direito fundado em quadro de carreira.

SUM-23 RECURSO (mantida) - Res. 121/2003, DJ 19, 20 e 21.11.2003

Não se conhece de recurso de revista ou de embargos, se a decisão recorrida resolver determinado item do pedido por diversos fundamentos e a jurisprudência transcrita não abranger a todos.

SUM-25 CUSTAS PROCESSUAIS. INVERSÃO DO ÔNUS DA SUCUMBÊNCIA. (alterada a Súmula e incorporadas as Orientações Jurisprudenciais nºs 104 e 186 da SBDI-1) - Res. 197/2015 - DEJT divulgado em 14, 15 e 18.05.2015

I - A parte vencedora na primeira instância, se vencida na segunda, está obrigada, independentemente de intimação, a pagar as custas fixadas na sentença originária, das quais ficara isenta a parte então vencida;

II - No caso de inversão do ônus da sucumbência em segundo grau, sem acréscimo ou atualização do valor das custas e se estas já foram devidamente recolhidas, descabe um novo pagamento pela parte vencida, ao recorrer. Deverá ao final, se sucumbente, reembolsar a quantia; (ex-OJ nº 186 da SBDI-I)

III - Não caracteriza deserção a hipótese em que, acrescido o valor da condenação, não houve fixação ou cálculo do valor devido a título de custas e tampouco intimação da parte para o preparo do recurso, devendo ser as custas pagas ao final; (ex-OJ nº 104 da SBDI-I)

IV - O reembolso das custas à parte vencedora faz-se necessário mesmo na hipótese em que a parte vencida for pessoa isenta do seu pagamento, nos termos do art. 790-A, parágrafo único, da CLT.

SUM-30 INTIMAÇÃO DA SENTENÇA (mantida) - Res. 121/2003, DJ 19, 20 e 21.11.2003

Quando não juntada a ata ao processo em 48 horas, contadas da audiência de julgamento (art. 851, § 2º, da CLT), o prazo para recurso será contado da data em que a parte receber a intimação da sentença.

SUM-33 MANDADO DE SEGURANÇA. DECISÃO JUDICIAL TRANSITADA EM JULGADO (mantida) - Res. 121/2003, DJ 19, 20 e 21.11.2003

Não cabe mandado de segurança de decisão judicial transitada em julgado.

SUM-36 CUSTAS (mantida) - Res. 121/2003, DJ 19, 20 e 21.11.2003

Nas ações plúrimas, as custas incidem sobre o respectivo valor global.

SUM-48 COMPENSAÇÃO (mantida) - Res. 121/2003, DJ 19, 20 e 21.11.2003

A compensação só poderá ser argüida com a contestação.

SUM-53 CUSTAS (mantida) - Res. 121/2003, DJ 19, 20 e 21.11.2003

O prazo para pagamento das custas, no caso de recurso, é contado da intimação do cálculo.

SUM-69 RESCISÃO DO CONTRATO (nova redação) - Res. 121/2003, DJ 19, 20 e 21.11.2003

A partir da Lei nº 10.272, de 05.09.2001, havendo rescisão do contrato de trabalho e sendo revel e confesso quanto à matéria de fato, deve ser o empregador condenado ao pagamento das verbas rescisórias, não quitadas na primeira audiência, com acréscimo de 50% (cinqüenta por cento).

SUM-71 ALÇADA (mantida) - Res. 121/2003, DJ 19, 20 e 21.11.2003

A alçada é fixada pelo valor dado à causa na data de seu ajuizamento, desde que não impugnado, sendo inalterável no curso do processo.

SUM-74 CONFISSÃO (atualizada em decorrência do CPC de 2015) - Res. 208/2016, DEJT divulgado em 22, 25 e 26.04.2016

I - Aplica-se a confissão à parte que, expressamente intimada com aquela cominação, não comparecer à audiência em prosseguimento, na qual deveria depor. (ex-Súmula nº 74 - RA 69/1978, DJ 26.09.1978)

II - A prova pré-constituída nos autos pode ser levada em conta para confronto com a confissão ficta (arts. 442 e 443, do CPC de 2015 - art. 400, I, do CPC de 1973), não implicando cerceamento de defesa o indeferimento de provas posteriores. (ex-OJ nº 184 da SBDI-1 - inserida em 08.11.2000)

III- A vedação à produção de prova posterior pela parte confessa somente a ela se aplica, não afetando o exercício, pelo magistrado, do poder/dever de conduzir o processo.

SUM-82 ASSISTÊNCIA (nova redação) - Res. 121/2003, DJ 19, 20 e 21.11.2003

A intervenção assistencial, simples ou adesiva, só é admissível se demonstrado o interesse jurídico e não o meramente econômico.

SUM-83 AÇÃO RESCISÓRIA. MATÉRIA CONTROVERTIDA (incorporada a Orientação Jurisprudencial nº 77 da SBDI-2) - Res. 137/2005, DJ 22, 23 e 24.08.2005

I - Não procede pedido formulado na ação rescisória por violação literal de lei se a decisão rescindenda estiver baseada em texto legal infraconstitucional de interpretação controvertida nos Tribunais. (ex-Súmula nº 83 - alterada pela Res. 121/2003, DJ 21.11.2003)

II - O marco divisor quanto a ser, ou não, controvertida, nos Tribunais, a interpretação dos dispositivos legais citados na ação rescisória é a data da inclusão, na Orientação Jurisprudencial do TST, da matéria discutida. (ex-OJ nº 77 da SBDI-2 - inserida em 13.03.2002)

SUM-86 DESERÇÃO. MASSA FALIDA. EMPRESA EM LIQUIDAÇÃO EXTRAJUDICIAL (incorporada a Orientação Jurisprudencial nº 31 da SBDI-1) - Res. 129/2005, DJ 20, 22 e 25.04.2005

Não ocorre deserção de recurso da massa falida por falta de pagamento de custas ou de depósito do valor da condenação. Esse privilégio, todavia, não se aplica à empresa em liquidação extrajudicial. (primeira parte - ex-Súmula nº 86 - RA 69/78, DJ 26.09.1978; segunda parte - ex-OJ nº 31 da SBDI-1 - inserida em 14.03.1994)

SUM-99 AÇÃO RESCISÓRIA. DESERÇÃO. PRAZO (incorporada a Orientação Jurisprudencial nº 117 da SBDI-2) - Res. 137/2005, DJ 22, 23 e 24.08.2005

Havendo recurso ordinário em sede de rescisória, o depósito recursal só é exigível quando for julgado procedente o pedido e imposta condenação em pecúnia, devendo este ser efetuado no prazo recursal, no limite e nos termos da legislação vigente, sob pena de deserção. (ex-Súmula nº 99 - alterada pela Res. 110/2002, DJ 15.04.2002 - e ex-OJ nº 117 da SBDI-2 - DJ 11.08.2003)

SUM-100 AÇÃO RESCISÓRIA. DECADÊNCIA (incorporadas as Orientações Jurisprudenciais nºs 13, 16, 79, 102, 104, 122 e 145 da SBDI-2) - Res. 137/2005, DJ 22, 23 e 24.08.2005

I - O prazo de decadência, na ação rescisória, conta-se do dia imediatamente subseqüente ao trânsito em julgado da última decisão proferida na causa, seja de mérito ou não. (ex-Súmula nº 100 - alterada pela Res. 109/2001, DJ 20.04.2001)

II - Havendo recurso parcial no processo principal, o trânsito em julgado dá-se em momentos e em tribunais diferentes, contando-se o prazo decadencial para a ação rescisória do trânsito em julgado de cada decisão, salvo se o recurso tratar de preliminar ou prejudicial que possa tornar insubsistente a decisão recorrida, hipótese em que flui a decadência a partir do trânsito em julgado da decisão que julgar o recurso parcial. (ex-Súmula nº 100 - alterada pela Res. 109/2001, DJ 20.04.2001)

III - Salvo se houver dúvida razoável, a interposição de recurso intempestivo ou a interposição de recurso incabível não protrai o termo inicial do prazo decadencial. (ex-Súmula nº 100 - alterada pela Res. 109/2001, DJ 20.04.2001)

IV - O juízo rescindente não está adstrito à certidão de trânsito em julgado juntada com a ação rescisória, podendo formar sua convicção através de outros elementos dos autos quanto à antecipação ou postergação do "dies a quo" do prazo decadencial. (ex-OJ nº 102 da SBDI-2 - DJ 29.04.2003)

V - O acordo homologado judicialmente tem força de decisão irrecorrível, na forma do art. 831 da CLT. Assim sendo, o termo conciliatório transita em julgado na data da sua homologação judicial. (ex-OJ nº 104 da SBDI-2 - DJ 29.04.2003)

VI - Na hipótese de colusão das partes, o prazo decadencial da ação rescisória somente começa a fluir para o Ministério Público, que não interveio no processo principal, a partir do momento em que tem ciência da fraude. (ex-OJ nº 122 da SBDI-2 - DJ 11.08.2003)

VII - Não ofende o princípio do duplo grau de jurisdição a decisão do TST que, após afastar a decadência em sede de recurso ordinário, aprecia desde logo a lide, se a causa versar questão exclusivamente de direito e estiver em condições de imediato julgamento. (ex-OJ nº 79 da SBDI-2 - inserida em 13.03.2002)

VIII - A exceção de incompetência, ainda que oposta no prazo recursal, sem ter sido aviado o recurso próprio, não tem o condão de afastar a consumação da coisa julgada e, assim, postergar o termo inicial do prazo decadencial para a ação rescisória. (ex-OJ nº 16 da SBDI-2 - inserida em 20.09.2000)

IX - Prorroga-se até o primeiro dia útil, imediatamente subseqüente, o prazo decadencial para ajuizamento de ação rescisória quando expira em férias forenses, feriados, finais de semana ou em dia em que não houver expediente forense. Aplicação do art. 775 da CLT. (ex-OJ nº 13 da SBDI-2 - inserida em 20.09.2000)

X - Conta-se o prazo decadencial da ação rescisória, após o decurso do prazo legal previsto para a interposição do recurso extraordinário, apenas quando esgotadas todas as vias recursais ordinárias. (ex-OJ nº 145 da SBDI-2 - DJ 10.11.2004)

SUM-122 REVELIA. ATESTADO MÉDICO (incorporada a Orientação Jurisprudencial nº 74 da SBDI-1) - Res. 129/2005, DJ 20, 22 e 25.04.2005

A reclamada, ausente à audiência em que deveria apresentar defesa, é revel, ainda que presente seu advogado munido de procuração, podendo ser ilidida a revelia mediante a apresentação de atestado médico, que deverá declarar, expressamente, a impossibilidade de locomoção do empregador ou do seu preposto no dia da audiência. (primeira parte - ex-OJ nº 74 da SBDI-1 - inserida em 25.11.1996; segunda parte - ex-Súmula nº 122 - alterada pela Res. 121/2003, DJ 21.11.2003)

SUM-126 RECURSO. CABIMENTO (mantida) - Res. 121/2003, DJ 19, 20 e 21.11.2003

Incabível o recurso de revista ou de embargos (arts. 896 e 894, "b", da CLT) para reexame de fatos e provas.

SUM-128 DEPÓSITO RECURSAL (incorporadas as Orientações Jurisprudenciais nºs 139, 189 e 190 da SBDI-1) - Res. 129/2005, DJ 20, 22 e 25.04.2005

I - É ônus da parte recorrente efetuar o depósito legal, integralmente, em relação a cada novo recurso interposto, sob pena de deserção. Atingido o valor da condenação, nenhum depósito mais é exigido para qualquer recurso. (ex-Súmula nº 128 - alterada pela Res. 121/2003, DJ 21.11.03, que incorporou a OJ nº 139 da SBDI-1 - inserida em 27.11.1998)

II - Garantido o juízo, na fase executória, a exigência de depósito para recorrer de qualquer decisão viola os incisos II e LV do art. 5º da CF/1988. Havendo, porém, elevação do valor do débito, exige-se a complementação da garantia do juízo. (ex-OJ nº 189 da SBDI-1 - inserida em 08.11.2000)

III - Havendo condenação solidária de duas ou mais empresas, o depósito recursal efetuado por uma delas aproveita as demais, quando a empresa que efetuou o depósito não pleiteia sua exclusão da lide. (ex-OJ nº 190 da SBDI-1 - inserida em 08.11.2000)

SUM-158 AÇÃO RESCISÓRIA (mantida) - Res. 121/2003, DJ 19, 20 e 21.11.2003

Da decisão de Tribunal Regional do Trabalho, em ação rescisória, é cabível recurso ordinário para o Tribunal Superior do Trabalho, em face da organização judiciária trabalhista (ex-Prejulgado nº 35).

SUM-161 DEPÓSITO. CONDENAÇÃO A PAGAMENTO EM PECÚNIA (mantida) - Res. 121/2003, DJ 19, 20 e 21.11.2003

Se não há condenação a pagamento em pecúnia, descabe o depósito de que tratam os §§ 1º e 2º do art. 899 da CLT (ex-Prejulgado nº 39).

SUM-170 SOCIEDADE DE ECONOMIA MISTA. CUSTAS (mantida) - Res. 121/2003, DJ 19, 20 e 21.11.2003

Os privilégios e isenções no foro da Justiça do Trabalho não abrangem as sociedades de economia mista, ainda que gozassem desses benefícios anteriormente ao Decreto-Lei nº 779, de 21.08.1969 (ex-Prejulgado nº 50).

SUM-184 EMBARGOS DECLARATÓRIOS. OMISSÃO EM RECURSO DE REVISTA. PRECLUSÃO (mantida) - Res. 121/2003, DJ 19, 20 e 21.11.2003

Ocorre preclusão se não forem opostos embargos declaratórios para suprir omissão apontada em recurso de revista ou de embargos.

SUM-187 CORREÇÃO MONETÁRIA. INCIDÊNCIA (mantida) - Res. 121/2003, DJ 19, 20 e 21.11.2003

A correção monetária não incide sobre o débito do trabalhador reclamante.

SUM-189 GREVE. COMPETÊNCIA DA JUSTIÇA DO TRABALHO. ABUSIVIDADE (nova redação) - Res. 121/2003, DJ 19, 20 e 21.11.2003

A Justiça do Trabalho é competente para declarar a abusividade, ou não, da greve.

SUM-190 PODER NORMATIVO DO TST. CONDIÇÕES DE TRABALHO. INCONSTITUCIONALIDADE. DECISÕES CONTRÁRIAS AO STF (mantida) - Res. 121/2003, DJ 19, 20 e 21.11.2003

Ao julgar ou homologar ação coletiva ou acordo nela havido, o Tribunal Superior do Trabalho exerce o poder normativo constitucional, não podendo criar ou homologar condições de trabalho que o Supremo Tribunal Federal julgue iterativamente inconstitucionais.

SUM-192 AÇÃO RESCISÓRIA. COMPETÊNCIA (atualizada em decorrência do CPC de 2015) - Res. 212/2016, DEJT divulgado em 20, 21 e 22.09.2016

I - Se não houver o conhecimento de recurso de revista ou de embargos, a competência para julgar ação que vise a rescindir a decisão de mérito é do Tribunal Regional do Trabalho, ressalvado o disposto no item II.

II - Acórdão rescindendo do Tribunal Superior do Trabalho que não conhece de recurso de embargos ou de revista, analisando arguição de violação de dispositivo de lei material ou decidindo em consonância com súmula de direito material ou com iterativa, notória e atual jurisprudência de direito material da Seção de Dissídios Individuais (Súmula nº 333), examina o mérito da causa, cabendo ação rescisória da competência do Tribunal Superior do Trabalho. (ex-Súmula nº 192 – alterada pela Res. 121/2003, DJ 21.11.2003)

III – Sob a égide do art. 512 do CPC de 1973, é juridicamente impossível o pedido explícito de desconstituição de sentença quando substituída por acórdão do Tribunal Regional ou superveniente sentença homologatória de acordo que puser fim ao litígio.

IV – Na vigência do CPC de 1973, é manifesta a impossibilidade jurídica do pedido de rescisão de julgado proferido em agravo de instrumento que, limitando-se a aferir o eventual desacerto do juízo negativo de admissibilidade do recurso de revista, não substitui o acórdão regional, na forma do art. 512 do CPC. (ex-OJ nº 105 da SBDI-2 - DJ 29.04.2003)

V- A decisão proferida pela SBDI, em agravo regimental, calcada na Súmula nº 333, substitui acórdão de Turma do TST, porque emite juízo de mérito, comportando, em tese, o corte rescisório. (ex-OJ nº 133 da SBDI-2 - DJ 04.05.2004).

SUM-197 PRAZO (mantida) - Res. 121/2003, DJ 19, 20 e 21.11.2003

O prazo para recurso da parte que, intimada, não comparecer à audiência em prosseguimento para a prolação da sentença conta-se de sua publicação.

SUM-200 JUROS DE MORA. INCIDÊNCIA (mantida) - Res. 121/2003, DJ 19, 20 e 21.11.2003

Os juros de mora incidem sobre a importância da condenação já corrigida monetariamente.

SUM-201 RECURSO ORDINÁRIO EM MANDADO DE SEGURANÇA (mantida) - Res. 121/2003, DJ 19, 20 e 21.11.2003

Da decisão de Tribunal Regional do Trabalho em mandado de segurança cabe recurso ordinário, no prazo de 8 (oito) dias, para o Tribunal Superior do Trabalho, e igual dilação para o recorrido e interessados apresentarem razões de contrariedade.

SUM-211 JUROS DE MORA E CORREÇÃO MONETÁRIA. INDEPENDÊNCIA DO PEDI-

DO INICIAL E DO TÍTULO EXECUTIVO JUDICIAL (mantida) - Res. 121/2003, DJ 19, 20 e 21.11.2003

Os juros de mora e a correção monetária incluem-se na liquidação, ainda que omisso o pedido inicial ou a condenação.

SUM-212 DESPEDIMENTO. ÔNUS DA PROVA (mantida) - Res. 121/2003, DJ 19, 20 e 21.11.2003

O ônus de provar o término do contrato de trabalho, quando negados a prestação de serviço e o despedimento, é do empregador, pois o princípio da continuidade da relação de emprego constitui presunção favorável ao empregado.

SUM-214DECISÃO INTERLOCUTÓRIA. IRRECORRIBILIDADE (nova redação) - Res. 127/2005, DJ 14, 15 e 16.03.2005

Na Justiça do Trabalho, nos termos do art. 893, § 1º, da CLT, as decisões interlocutórias não ensejam recurso imediato, salvo nas hipóteses de decisão: a) de Tribunal Regional do Trabalho contrária à Súmula ou Orientação Jurisprudencial do Tribunal Superior do Trabalho; b) suscetível de impugnação mediante recurso para o mesmo Tribunal; c) que acolhe exceção de incompetência territorial, com a remessa dos autos para Tribunal Regional distinto daquele a que se vincula o juízo excepcionado, consoante o disposto no art. 799, § 2º, da CLT.

SUM-217 DEPÓSITO RECURSAL. CREDENCIAMENTO BANCÁRIO. PROVA DISPENSÁVEL (mantida) - Res. 121/2003, DJ 19, 20 e 21.11.2003

O credenciamento dos bancos para o fim de recebimento do depósito recursal é fato notório, independendo da prova.

SUM-218 RECURSO DE REVISTA. ACÓRDÃO PROFERIDO EM AGRAVO DE INSTRUMENTO (mantida) - Res. 121/2003, DJ 19, 20 e 21.11.2003

É incabível recurso de revista interposto de acórdão regional prolatado em agravo de instrumento.

SUM-219 HONORÁRIOS ADVOCATÍCIOS. CABIMENTO (alterada a redação do item I e acrescidos os itens IV a VI em decorrência do CPC de 2015) - Res. 204/2016, DEJT divulgado em 17, 18 e 21.03.2016

I - Na Justiça do Trabalho, a condenação ao pagamento de honorários advocatícios não decorre pura e simplesmente da sucumbência, devendo a parte, concomitantemente: a) estar assistida por sindicato da categoria profissional; b) comprovar a percepção de salário inferior ao dobro do salário mínimo ou encontrar-se em situação econômica que não lhe permita demandar sem prejuízo do próprio sustento ou da respectiva família (art.14, § 1º, da Lei nº 5.584/1970). (ex-OJ nº 305 da SBDI-I).

II - É cabível a condenação ao pagamento de honorários advocatícios em ação rescisória no processo trabalhista.

III - São devidos os honorários advocatícios nas causas em que o ente sindical figure como substituto processual e nas lides que não derivem da relação de emprego.

IV - Na ação rescisória e nas lides que não derivem de relação de emprego, a responsabilidade pelo pagamento dos honorários advocatícios da sucumbência submete-se à disciplina do Código de Processo Civil (arts. 85, 86, 87 e 90).

V - Em caso de assistência judiciária sindical ou de substituição processual sindical, excetuados os processos em que a Fazenda Pública for parte, os honorários advocatícios são devidos entre o mínimo de dez e o máximo de vinte por cento sobre o valor da condenação, do proveito econômico obtido ou, não sendo possível mensurá-lo, sobre o valor atualizado da causa (CPC de 2015, art. 85, § 2º).

VI - Nas causas em que a Fazenda Pública for parte, aplicar-se-ão os percentuais específicos de honorários advocatícios contemplados no Código de Processo Civil.

SUM-221 RECURSO DE REVISTA. VIOLAÇÃO DE LEI. INDICAÇÃO DE PRECEITO

(cancelado o item II e conferida nova redação na sessão do Tribunal Pleno realizada em 14.09.2012) Res. 185/2012 – DEJT divulgado em 25, 26 e 27.09.2012

A admissibilidade do recurso de revista por violação tem como pressuposto a indicação expressa do dispositivo de lei ou da Constituição tido como violado.

SUM-245 DEPÓSITO RECURSAL. PRAZO (mantida) - Res. 121/2003, DJ 19, 20 e 21.11.2003

O depósito recursal deve ser feito e comprovado no prazo alusivo ao recurso. A interposição antecipada deste não prejudica a dilação legal.

SUM-246 AÇÃO DE CUMPRIMENTO. TRÂNSITO EM JULGADO DA SENTENÇA NORMATIVA (mantida) - Res. 121/2003, DJ 19, 20 e 21.11.2003

É dispensável o trânsito em julgado da sentença normativa para a propositura da ação de cumprimento.

Histórico:

SUM-259 TERMO DE CONCILIAÇÃO. AÇÃO RESCISÓRIA (mantida) - Res. 121/2003, DJ 19, 20 e 21.11.2003

Só por ação rescisória é impugnável o termo de conciliação previsto no parágrafo único do art. 831 da CLT.

SUM-262 PRAZO JUDICIAL. NOTIFICAÇÃO OU INTIMAÇÃO EM SÁBADO. RECESSO FORENSE (redação do item II alterada na sessão do Tribunal Pleno realizada em 19.05.2014) - Res. 194/2014, DEJT divulgado em 21, 22 e 23.05.2014

I - Intimada ou notificada a parte no sábado, o início do prazo se dará no primeiro dia útil imediato e a contagem, no subseqüente. (ex-Súmula nº 262 - Res. 10/1986, DJ 31.10.1986)

II - O recesso forense e as férias coletivas dos Ministros do Tribunal Superior do Trabalho suspendem os prazos recursais. (ex-OJ nº 209 da SBDI-1 - inserida em 08.11.2000)

SUM-263 PETIÇÃO INICIAL. INDEFERIMENTO. INSTRUÇÃO OBRIGATÓRIA DEFICIENTE (atualizada em decorrência do CPC de 2015) - Res. 208/2016, DEJT divulgado em 22, 25 e 26.04.2016

Salvo nas hipóteses do art. 330 do CPC de 2015 (art. 295 do CPC de 1973), o indeferimento da petição inicial, por encontrar-se desacompanhada de documento indispensável à propositura da ação ou não preencher outro requisito legal, somente é cabível se, após intimada para suprir a irregularidade em 15 (quinze) dias, mediante indicação precisa do que deve ser corrigido ou completado, a parte não o fizer (art. 321 do CPC de 2015).

SUM-266 RECURSO DE REVISTA. ADMISSIBILIDADE. EXECUÇÃO DE SENTENÇA (mantida) - Res. 121/2003, DJ 19, 20 e 21.11.2003

A admissibilidade do recurso de revista interposto de acórdão proferido em agravo de petição, na liquidação de sentença ou em processo incidente na execução, inclusive os embargos de terceiro, depende de demonstração inequívoca de violência direta à Constituição Federal.

SUM-278 EMBARGOS DE DECLARAÇÃO. OMISSÃO NO JULGADO (mantida) - Res. 121/2003, DJ 19, 20 e 21.11.2003

A natureza da omissão suprida pelo julgamento de embargos declaratórios pode ocasionar efeito modificativo no julgado.

SUM-279 RECURSO CONTRA SENTENÇA NORMATIVA. EFEITO SUSPENSIVO. CASSAÇÃO (mantida) - Res. 121/2003, DJ 19, 20 e 21.11.2003

A cassação de efeito suspensivo concedido a recurso interposto de sentença normativa retroage à data do despacho que o deferiu.

SUM-283 RECURSO ADESIVO. PERTINÊNCIA NO PROCESSO DO TRABALHO. CORRELAÇÃO DE MATÉRIAS (mantida) - Res. 121/2003, DJ 19, 20 e 21.11.2003

O recurso adesivo é compatível com o processo do trabalho e cabe, no prazo de 8 (oito) dias, nas hipóteses de interposição de recurso ordinário, de agravo de petição, de revista e de embargos, sendo desnecessário que a matéria nele veiculada esteja relacionada com a do recurso interposto pela parte contrária.

SUM-286 SINDICATO. SUBSTITUIÇÃO PROCESSUAL. CONVENÇÃO E ACORDO COLETIVOS (mantida) - Res. 121/2003, DJ 19, 20 e 21.11.2003

A legitimidade do sindicato para propor ação de cumprimento estende-se também à observância de acordo ou de convenção coletivos.

SUM-296 RECURSO. DIVERGÊNCIA JURISPRUDENCIAL. ESPECIFICIDADE (incorporada a Orientação Jurisprudencial nº 37 da SBDI-1) - Res. 129/2005, DJ 20, 22 e 25.04.2005

I - A divergência jurisprudencial ensejadora da admissibilidade, do prosseguimento e do conhecimento do recurso há de ser específica, revelando a existência de teses diversas na interpretação de um mesmo dispositivo legal, embora idênticos os fatos que as ensejaram. (ex-Súmula nº 296 - Res. 6/1989, DJ 19.04.1989)

II - Não ofende o art. 896 da CLT decisão de Turma que, examinando premissas concretas de especificidade da divergência colacionada no apelo revisional, conclui pelo conhecimento ou desconhecimento do recurso. (ex-OJ nº 37 da SBDI-1 - inserida em 01.02.1995)

SUM-297 PREQUESTIONAMENTO. OPORTUNIDADE. CONFIGURAÇÃO (nova redação) - Res. 121/2003, DJ 19, 20 e 21.11.2003

I. Diz-se prequestionada a matéria ou questão quando na decisão impugnada haja sido adotada, explicitamente, tese a respeito.

II. Incumbe à parte interessada, desde que a matéria haja sido invocada no recurso principal, opor embargos declaratórios objetivando o pronunciamento sobre o tema, sob pena de preclusão.

III. Considera-se prequestionada a questão jurídica invocada no recurso principal sobre a qual se omite o Tribunal de pronunciar tese, não obstante opostos embargos de declaração.

SUM-298 AÇÃO RESCISÓRIA. VIOLAÇÃO A DISPOSIÇÃO DE LEI. PRONUNCIAMENTO EXPLÍCITO (redação alterada pelo Tribunal Pleno na sessão realizada em 6.2.2012) - Res. 177/2012, DEJT divulgado em 13, 14 e 15.02.2012

I - A conclusão acerca da ocorrência de violação literal a disposição de lei pressupõe pronunciamento explícito, na sentença rescindenda, sobre a matéria veiculada.

II - O pronunciamento explícito exigido em ação rescisória diz respeito à matéria e ao enfoque específico da tese debatida na ação, e não, necessariamente, ao dispositivo legal tido por violado. Basta que o conteúdo da norma reputada violada haja sido abordado na decisão rescindenda para que se considere preenchido o pressuposto.

III - Para efeito de ação rescisória, considera-se pronunciada explicitamente a matéria tratada na sentença quando, examinando remessa de ofício, o Tribunal simplesmente a confirma.

IV - A sentença meramente homologatória, que silencia sobre os motivos de convencimento do juiz, não se mostra rescindível, por ausência de pronunciamento explícito.

V - Não é absoluta a exigência de pronunciamento explícito na ação rescisória, ainda que esta tenha por fundamento violação de dispositivo de lei. Assim, prescindível o pronunciamento explícito quando o vício nasce no próprio julgamento, como se dá com a sentença "extra, citra e ultra petita".

SUM-299 AÇÃO RESCISÓRIA. DECISÃO RESCINDENDA. TRÂNSITO EM JULGADO. COMPROVAÇÃO. EFEITOS (nova redação do item II em decorrência do CPC de 2015) - Res. 211/2016, DEJT divulgado em 24, 25 e 26.08.2016

I - É indispensável ao processamento da ação rescisória a prova do trânsito em julgado da decisão rescindenda. (ex--Súmula nº 299 – Res. 8/1989, DJ 14, 18 e 19.04.1989)

II - Verificando o relator que a parte interessada não juntou à inicial o documento comprobatório, abrirá prazo de 15 (quinze) dias para que o faça (art. 321 do CPC de 2015), sob pena de indeferimento. (ex-Súmula nº 299 - Res 8/1989, DJ 14, 18 e 19.04.1989)

III - A comprovação do trânsito em julgado da decisão rescindenda é pressuposto processual indispensável ao tempo do ajuizamento da ação rescisória. Eventual trânsito em julgado posterior ao ajuizamento da ação rescisória não reabilita a ação proposta, na medida em que o ordenamento jurídico não contempla a ação rescisória preventiva. (ex-OJ nº 106 da SBDI-2 - DJ 29.04.2003)

IV - O pretenso vício de intimação, posterior à decisão que se pretende rescindir, se efetivamente ocorrido, não permite a formação da coisa julgada material. Assim, a ação rescisória deve ser julgada extinta, sem julgamento do mérito, por carência de ação, por inexistir decisão transitada em julgado a ser rescindida. (ex-OJ nº 96 da SBDI-2 - inserida em 27.09.2002)

SUM-300 COMPETÊNCIA DA JUSTIÇA DO TRABALHO. CADASTRAMENTO NO PIS (mantida) - Res. 121/2003, DJ 19, 20 e 21.11.2003

Compete à Justiça do Trabalho processar e julgar ações ajuizadas por empregados em face de empregadores relativas ao cadastramento no Programa de Integração Social (PIS).

SUM-303 FAZENDA PÚBLICA. REEXAME NECESSÁRIO (nova redação em decorrência do CPC de 2015) - Res. 211/2016, DEJT divulgado em 24, 25 e 26.08.2016

I - Em dissídio individual, está sujeita ao reexame necessário, mesmo na vigência da Constituição Federal de 1988, decisão contrária à Fazenda Pública, salvo quando a condenação não ultrapassar o valor correspondente a: a) 1.000 (mil) salários mínimos para a União e as respectivas autarquias e fundações de direito público; b) 500 (quinhentos) salários mínimos para os Estados, o Distrito Federal, as respectivas autarquias e fundações de direito público e os Municípios que constituam capitais dos Estados; c) 100 (cem) salários mínimos para todos os demais Municípios e respectivas autarquias e fundações de direito público.

II – Também não se sujeita ao duplo grau de jurisdição a decisão fundada em:

a) súmula ou orientação jurisprudencial do Tribunal Superior do Trabalho;

b) acórdão proferido pelo Supremo Tribunal Federal ou pelo Tribunal Superior do Trabalho em julgamento de recursos repetitivos;

c) entendimento firmado em incidente de resolução de demandas repetitivas ou de assunção de competência;

d) entendimento coincidente com orientação vinculante firmada no âmbito administrativo do próprio ente público, consolidada em manifestação, parecer ou súmula administrativa.

III - Em ação rescisória, a decisão proferida pelo Tribunal Regional do Trabalho está sujeita ao duplo grau de jurisdição obrigatório quando desfavorável ao ente público, exceto nas hipóteses dos incisos anteriores. (ex-OJ nº 71 da SBDI-1 - inserida em 03.06.1996)

IV - Em mandado de segurança, somente cabe reexame necessário se, na relação processual, figurar pessoa jurídica de direito público como parte prejudicada pela concessão da ordem. Tal situação não ocorre na hipótese de figurar no feito como impetrante e terceiro interessado pessoa de direito privado, ressalvada a hipótese de matéria administrativa. (ex-OJs nºs 72 e 73 da SBDI-1 – inseridas, respectivamente, em 25.11.1996 e 03.06.1996).

SUM-304 CORREÇÃO MONETÁRIA. EMPRESAS EM LIQUIDAÇÃO. ART. 46 DO ADCT/CF (mantida) - Res. 121/2003, DJ 19, 20 e 21.11.2003 e republicada DJ 25.11.2003

Os débitos trabalhistas das entidades submetidas aos regimes de intervenção ou liquidação extrajudicial estão sujeitos a correção monetária desde o respectivo vencimento até seu efetivo pagamento, sem interrupção ou suspensão, não incidindo, entretanto, sobre tais débitos, juros de mora.

SUM-307 JUROS. IRRETROATIVIDADE DO DECRETO-LEI Nº 2.322, DE 26.02.1987 (mantida) - Res. 121/2003, DJ 19, 20 e 21.11.2003

A fórmula de cálculo de juros prevista no Decreto-Lei nº 2.322, de 26.02.1987 somente é aplicável a partir de 27.02.1987. Quanto ao período anterior, deve-se observar a legislação então vigente.

SUM-311 BENEFÍCIO PREVIDENCIÁRIO A DEPENDENTE DE EX-EMPREGADO. CORREÇÃO MONETÁRIA. LEGISLAÇÃO APLICÁVEL (mantida) - Res. 121/2003, DJ 19, 20 e 21.11.2003

O cálculo da correção monetária incidente sobre débitos relativos a benefícios previdenciários devidos a dependentes de ex-empregado pelo empregador, ou por entidade de previdência privada a ele vinculada, será o previsto na Lei nº 6.899, de 08.04.1981.

SUM-312 CONSTITUCIONALIDADE. ALÍNEA "B" DO ART. 896 DA CLT (mantida) - Res. 121/2003, DJ 19, 20 e 21.11.2003

É constitucional a alínea "b" do art. 896 da CLT, com a redação dada pela Lei nº 7.701, de 21.12.1988.

SUM-329 HONORÁRIOS ADVOCATÍCIOS. ART. 133 DA CF/1988 (mantida) - Res. 121/2003, DJ 19, 20 e 21.11.2003

Mesmo após a promulgação da CF/1988, permanece válido o entendimento consubstanciado na Súmula nº 219 do Tribunal Superior do Trabalho.

SUM-333 RECURSOS DE REVISTA. CONHECIMENTO (alterada) - Res. 155/2009, DJ 26 e 27.02.2009 e 02.03.2009

Não ensejam recurso de revista decisões superadas por iterativa, notória e atual jurisprudência do Tribunal Superior do Trabalho.

SUM-337 COMPROVAÇÃO DE DIVERGÊNCIA JURISPRUDENCIAL. RECURSOS DE REVISTA E DE EMBARGOS (incluído o item V) - Res. 220/2017, DEJT divulgado em 21, 22 e 25.09.2017

I - Para comprovação da divergência justificadora do recurso, é necessário que o recorrente:

a) Junte certidão ou cópia autenticada do acórdão paradigma ou cite a fonte oficial ou o repositório autorizado em que foi publicado; e

b) Transcreva, nas razões recursais, as ementas e/ou trechos dos acórdãos trazidos à configuração do dissídio, demonstrando o conflito de teses que justifique o conhecimento do recurso, ainda que os acórdãos já se encontrem nos autos ou venham a ser juntados com o recurso.

II - A concessão de registro de publicação como repositório autorizado de jurisprudência do TST torna válidas todas as suas edições anteriores.

III – A mera indicação da data de publicação, em fonte oficial, de aresto paradigma é inválida para comprovação de divergência jurisprudencial, nos termos do item I, "a", desta súmula, quando a parte pretende demonstrar o conflito de teses mediante a transcrição de trechos que integram a fundamentação do acórdão divergente, uma vez que só se publicam o dispositivo e a ementa dos acórdãos;

IV - É válida para a comprovação da divergência jurisprudencial justificadora do recurso a indicação de aresto extraído de repositório oficial na internet, desde que o recorrente:

a) transcreva o trecho divergente;

b) aponte o sítio de onde foi extraído; e

c) decline o número do processo, o órgão prolator do acórdão e a data da respectiva publicação no Diário Eletrônico da Justiça do Trabalho.

V – A existência do código de autenticidade na cópia, em formato pdf, do inteiro teor do aresto paradigma, juntada aos autos, torna-a equivalente ao documento original e também supre a ausência de indicação da fonte oficial de publicação.

SUM-338 JORNADA DE TRABALHO. REGISTRO. ÔNUS DA PROVA (incorporadas as Orientações Jurisprudenciais nºs 234 e 306 da SBDI-1) - Res. 129/2005, DJ 20, 22 e 25.04.2005

I - É ônus do empregador que conta com mais de 10 (dez) empregados o registro da jornada de trabalho na forma do art. 74, § 2º, da CLT. A não-apresentação injustificada dos controles de frequência gera presunção relativa de veracidade da jornada de trabalho, a qual pode ser elidida por prova em contrário. (ex-Súmula nº 338 – alterada pela Res. 121/2003, DJ 21.11.2003)

II - A presunção de veracidade da jornada de trabalho, ainda que prevista em instrumento normativo, pode ser elidida por prova em contrário. (ex-OJ nº 234 da SBDI-1 - inserida em 20.06.2001)

III - Os cartões de ponto que demonstram horários de entrada e saída uniformes são inválidos como meio de prova, invertendo-se o ônus da prova, relativo às horas extras, que passa a ser do empregador, prevalecendo a jornada da inicial se dele não se desincumbir. (ex-OJ nº 306 da SBDI-1- DJ 11.08.2003)

SUM-341 HONORÁRIOS DO ASSISTENTE TÉCNICO (mantida) - Res. 121/2003, DJ 19, 20 e 21.11.2003

A indicação do perito assistente é faculdade da parte, a qual deve responder pelos respectivos honorários, ainda que vencedora no objeto da perícia.

SUM-350 PRESCRIÇÃO. TERMO INICIAL. AÇÃO DE CUMPRIMENTO. SENTENÇA NORMATIVA (mantida) - Res. 121/2003, DJ 19, 20 e 21.11.2003

O prazo de prescrição com relação à ação de cumprimento de decisão normativa flui apenas da data de seu trânsito em julgado.

SUM-353 EMBARGOS. AGRAVO. CABIMENTO (atualizada em decorrência do CPC de 2015) - Res. 208/2016, DEJT divulgado em 22, 25 e 26.04.2016

Não cabem embargos para a Seção de Dissídios Individuais de decisão de Turma proferida em agravo, salvo:

a) da decisão que não conhece de agravo de instrumento ou de agravo pela ausência de pressupostos extrínsecos;

b) da decisão que nega provimento a agravo contra decisão monocrática do Relator, em que se proclamou a ausência de pressupostos extrínsecos de agravo de instrumento;

c) para revisão dos pressupostos extrínsecos de admissibilidade do recurso de revista, cuja ausência haja sido declarada originariamente pela Turma no julgamento do agravo;

d) para impugnar o conhecimento de agravo de instrumento;

e) para impugnar a imposição de multas previstas nos arts. 1.021, § 4º, do CPC de 2015 ou 1.026, § 2º, do CPC de 2015 (art. 538, parágrafo único, do CPC de 1973, ou art. 557, § 2º, do CPC de 1973).

f) contra decisão de Turma proferida em agravo em recurso de revista, nos termos do art. 894, II, da CLT.

SUM-356 ALÇADA RECURSAL. VINCULAÇÃO AO SALÁRIO MÍNIMO (mantida) - Res. 121/2003, DJ 19, 20 e 21.11.2003

O art. 2º, § 4º, da Lei nº 5.584, de 26.06.1970, foi recepcionado pela CF/1988, sendo lícita a fixação do valor da alçada com base no salário mínimo.

SUM-357 TESTEMUNHA. AÇÃO CONTRA A MESMA RECLAMADA. SUSPEIÇÃO (mantida) - Res. 121/2003, DJ 19, 20 e 21.11.2003

Não torna suspeita a testemunha o simples fato de estar litigando ou de ter litigado contra o mesmo empregador.

SUM-365 ALÇADA. AÇÃO RESCISÓRIA E MANDADO DE SEGURANÇA (conversão das Orientações Jurisprudenciais nºs 8 e 10 da SBDI-1) - Res. 129/2005, DJ 20, 22 e 25.04.2005

Não se aplica a alçada em ação rescisória e em mandado de segurança. (ex-OJs nºs 8 e 10 da SBDI-1 - inseridas em 01.02.1995)

SUM-368 DESCONTOS PREVIDENCIÁRIOS. IMPOSTO DE RENDA. COMPETÊNCIA. RESPONSABILIDADE PELO RECOLHIMENTO. FORMA DE CÁLCULO. FATO GERADOR (aglutinada a parte final da Orientação Jurisprudencial nº 363 da SBDI-I à redação do item II e incluídos os itens IV, V e VI em sessão do Tribunal Pleno realizada em 26.06.2017) - Res. 219/2017, republicada em razão de erro material – DEJT divulgado em 12, 13 e 14.07.2017

I - A Justiça do Trabalho é competente para determinar o recolhimento das contribuições fiscais. A competência da Justiça do Trabalho, quanto à execução das contribuições previdenciárias, limita-se às sentenças condenatórias em pecúnia que proferir e aos valores, objeto de acordo homologado, que integrem o salário de contribuição. (ex-OJ nº 141 da SBDI-1 - inserida em 27.11.1998).

II - É do empregador a responsabilidade pelo recolhimento das contribuições previdenciárias e fiscais, resultantes de crédito do empregado oriundo de condenação judicial. A culpa do empregador pelo inadimplemento das verbas remuneratórias, contudo, não exime a responsabilidade do empregado pelos pagamentos do imposto de renda devido e da contribuição previdenciária que recaia sobre sua quota-parte. (ex-OJ nº 363 da SBDI-1, parte final)

III – Os descontos previdenciários relativos à contribuição do empregado, no caso de ações trabalhistas, devem ser calculados mês a mês, de conformidade com o art. 276, § 4º, do Decreto n º 3.048/1999 que regulamentou a Lei nº 8.212/1991, aplicando-se as alíquotas previstas no art. 198, observado o limite máximo do salário de contribuição (ex-OJs nºs 32 e 228 da SBDI-1 – inseridas, respectivamente, em 14.03.1994 e 20.06.2001).

IV - Considera-se fato gerador das contribuições previdenciárias decorrentes de créditos trabalhistas reconhecidos ou homologados em juízo, para os serviços prestados até 4.3.2009, inclusive, o efetivo pagamento das verbas, configurando-se a mora a partir do dia dois do mês seguinte ao da liquidação (art. 276, "caput", do Decreto nº 3.048/1999). Eficácia não retroativa da alteração legislativa promovida pela Medida Provisória nº 449/2008, posteriormente convertida na Lei nº 11.941/2009, que deu nova redação ao art. 43 da Lei nº 8.212/91.

V - Para o labor realizado a partir de 5.3.2009, considera-se fato gerador das contribuições previdenciárias decorrentes de créditos trabalhistas reconhecidos ou homologados em juízo a data da efetiva prestação dos serviços. Sobre as contribuições previdenciárias não recolhidas a partir da prestação dos serviços incidem juros de mora e, uma vez apurados os créditos previdenciários, aplica-se multa a partir do exaurimento do prazo de citação para pagamento, se descumprida a obrigação, observado o limite legal de 20% (art. 61, § 2º, da Lei nº 9.430/96).

VI – O imposto de renda decorrente de crédito do empregado recebido acumuladamente deve ser calculado sobre o montante dos rendimentos pagos, mediante a utilização de tabela progressiva resultante da multiplicação da quantidade de meses a que se refiram os rendimentos pelos valores constantes da tabela progressiva mensal correspondente ao mês do recebimento ou crédito, nos termos do art. 12-A da Lei nº 7.713, de 22/12/1988, com a redação conferida pela Lei nº 13.149/2015, observado o procedimento previsto nas Instruções Normativas da Receita Federal do Brasil.

SUM-377 PREPOSTO. EXIGÊNCIA DA CONDIÇÃO DE EMPREGADO (nova redação) - Res. 146/2008, DJ 28.04.2008, 02 e 05.05.2008

Exceto quanto à reclamação de empregado doméstico, ou contra micro ou pequeno empresário, o preposto deve ser necessariamente empregado do reclamado. Inteligência do art. 843, § 1º, da CLT e do art. 54 da Lei Complementar nº 123, de 14 de dezembro de 2006.

SUM-381 CORREÇÃO MONETÁRIA. SALÁRIO. ART. 459 DA CLT (conversão da Orientação Jurisprudencial nº 124 da SBDI-1) - Res. 129/2005, DJ 20, 22 e 25.04.2005

O pagamento dos salários até o 5º dia útil do mês subseqüente ao vencido não está sujeito à correção monetária. Se essa data limite for ultrapassada, incidirá o índice da correção monetária do mês subseqüente ao da prestação dos serviços, a partir do dia 1º. (ex-OJ nº 124 da SBDI-1 - inserida em 20.04.1998)

SUM-383 RECURSO. MANDATO. IRREGULARIDADE DE REPRESENTAÇÃO. CPC DE 2015, ARTS. 104 E 76, § 2º (nova redação em decorrência do CPC de 2015) - Res. 210/2016, DEJT divulgado em 30.06.2016 e 01 e 04.07.2016

I – É inadmissível recurso firmado por advogado sem procuração juntada aos autos até o momento da sua interposição, salvo mandato tácito. Em caráter excepcional (art. 104 do CPC de 2015), admite-se que o advogado, independentemente de intimação, exiba a procuração no prazo de 5 (cinco) dias após a interposição do recurso, prorrogável por igual período mediante despacho do juiz. Caso não a exiba, considera-se ineficaz o ato praticado e não se conhece do recurso.

II – Verificada a irregularidade de representação da parte em fase recursal, em procuração ou substabelecimento já constante dos autos, o relator ou o órgão competente para julgamento do recurso designará prazo de 5 (cinco) dias para que seja sanado o vício. Descumprida a determinação, o relator não conhecerá do recurso, se a providência couber ao recorrente, ou determinará o desentranhamento das contrarrazões, se a providência couber ao recorrido (art. 76, § 2º, do CPC de 2015).

SUM-385 FERIADO LOCAL OU FORENSE. AUSÊNCIA DE EXPEDIENTE. PRAZO RECURSAL. PRORROGAÇÃO. COMPROVAÇÃO. NECESSIDADE. (alterada em decorrência do CPC de 2015) - Res. 220/2017, DEJT divulgado em 21, 22 e 25.09.2017

I – Incumbe à parte o ônus de provar, quando da interposição do recurso, a existência de feriado local que autorize a prorrogação do prazo recursal (art. 1.003, § 6º, do CPC de 2015). No caso de o recorrente alegar a existência de feriado local e não o comprovar no momento da interposição do recurso, cumpre ao relator conceder o prazo de 5 (cinco) dias para que seja sanado o vício (art. 932, parágrafo único, do CPC de 2015), sob pena de não conhecimento se da comprovação depender a tempestividade recursal;

II – Na hipótese de feriado forense, incumbirá à autoridade que proferir a decisão de admissibilidade certificar o expediente nos autos;

III – Admite-se a reconsideração da análise da tempestividade do recurso, mediante prova documental superveniente, em agravo de instrumento, agravo interno, agravo regimental, ou embargos de declaração, desde que, em momento anterior, não tenha havido a concessão de prazo para a comprovação da ausência de expediente forense.

SUM-387 RECURSO. FAC-SÍMILE. LEI Nº 9.800/1999 (atualizada em decorrência do CPC de 2015) - Res. 208/2016, DEJT divulgado em 22, 25 e 26.04.2016

I - A Lei nº 9.800, de 26.05.1999, é aplicável somente a recursos interpostos após o início de sua vigência. (ex-OJ nº 194 da SBDI-1 - inserida em 08.11.2000)

II - A contagem do quinquídio para apresentação dos originais de recurso interposto por intermédio de fac-símile começa a fluir do dia subsequente ao término do prazo recursal, nos termos do art. 2º da Lei nº 9.800, de 26.05.1999, e não do dia seguinte à interposição do recurso, se esta se deu antes do termo final do prazo. (ex-OJ nº 337 da SBDI-1 - primeira parte - DJ 04.05.2004)

III - Não se tratando a juntada dos originais de ato que dependa de notificação, pois a parte, ao interpor o recurso, já tem ciência de seu ônus processual, não se aplica a regra do art. 224 do CPC de 2015 (art. 184 do CPC de 1973) quanto ao "dies a quo", podendo coincidir com sábado, domingo ou feriado. (ex-OJ nº 337 da SBDI-1 - "in fine" - DJ 04.05.2004)

IV - A autorização para utilização do fac-símile, constante do art. 1º da Lei n.º 9.800, de 26.05.1999, somente alcança as hipóteses em que o documento é dirigido diretamente ao órgão jurisdicional, não se aplicando à transmissão ocorrida entre particulares.

SUM-389 SEGURO-DESEMPREGO. COMPETÊNCIA DA JUSTIÇA DO TRABALHO. DIREITO À INDENIZAÇÃO POR NÃO LIBERAÇÃO DE GUIAS (conversão das Orientações Jurisprudenciais nºs 210 e 211 da SBDI-1) - Res. 129/2005, DJ 20, 22 e 25.04.2005

I - Inscreve-se na competência material da Justiça do Trabalho a lide entre empregado e empregador tendo por objeto indenização pelo não-fornecimento das guias do seguro-desemprego. (ex-OJ nº 210 da SBDI-1 - inserida em 08.11.2000)

II - O não-fornecimento pelo empregador da guia necessária para o recebimento do seguro-desemprego dá origem ao direito à indenização. (ex-OJ nº 211 da SBDI-1 - inserida em 08.11.2000)

SUM-392 DANO MORAL E MATERIAL. RELAÇÃO DE TRABALHO. COMPETÊNCIA DA JUSTIÇA DO TRABALHO (redação alterada na sessão do Tribunal Pleno realizada em 27.10.2015) - Res. 200/2015, DEJT divulgado em 29.10.2015 e 03 e 04.11.2015

Nos termos do art. 114, inc. VI, da Constituição da República, a Justiça do Trabalho é competente para processar e julgar ações de indenização por dano moral e material, decorrentes da relação de trabalho, inclusive as oriundas de acidente de trabalho e doenças a ele equiparadas, ainda que propostas pelos dependentes ou sucessores do trabalhador falecido.

SUM-393 RECURSO ORDINÁRIO. EFEITO DEVOLUTIVO EM PROFUNDIDADE. ART. 1.013, § 1º, do CPC DE 2015. ART. 515, § 1º, DO CPC de 1973 - (nova redação em decorrência do CPC de 2015) - Res. 208/2016, DEJT divulgado em 22, 25 e 26.04.2016

I - O efeito devolutivo em profundidade do recurso ordinário, que se extrai do § 1º do art. 1.013 do CPC de 2015 (art. 515, §1º, do CPC de 1973), transfere ao Tribunal a apreciação dos fundamentos da inicial ou da defesa, não examinados pela sentença, ainda que não renovados em contrarrazões, desde que relativos ao capítulo impugnado.

II - Se o processo estiver em condições, o tribunal, ao julgar o recurso ordinário, deverá decidir desde logo o mérito da causa, nos termos do § 3º do art. 1.013 do CPC de 2015, inclusive quando constatar a omissão da sentença no exame de um dos pedidos.

SUM-394 FATO SUPERVENIENTE. ART. 493 do CPC de 2015. ART. 462 DO CPC de 1973 (atualizada em decorrência do CPC de 2015) - Res. 208/2016, DEJT divulgado em 22, 25 e 26.04.2016

O art. 493 do CPC de 2015 (art. 462 do CPC de 1973), que admite a invocação de fato constitutivo, modificativo ou extintivo do direito, superveniente à propositura da ação, é aplicável de ofício aos processos em curso em qualquer instância trabalhista. Cumpre ao juiz ou tribunal ouvir as partes sobre o fato novo antes de decidir.

SUM-395 MANDATO E SUBSTABELECIMENTO. CONDIÇÕES DE VALIDADE (nova redação dos itens I e II e acrescido o item

V em decorrência do CPC de 2015) - Res. 211/2016, DEJT divulgado em 24, 25 e 26.08.2016

I - Válido é o instrumento de mandato com prazo determinado que contém cláusula estabelecendo a prevalência dos poderes para atuar até o final da demanda (§ 4º do art. 105 do CPC de 2015). (ex-OJ nº 312 da SBDI-1 - DJ 11.08.2003)

II – Se há previsão, no instrumento de mandato, de prazo para sua juntada, o mandato só tem validade se anexado ao processo o respectivo instrumento no aludido prazo. (ex-OJ nº 313 da SBDI-1 - DJ 11.08.2003)

III - São válidos os atos praticados pelo substabelecido, ainda que não haja, no mandato, poderes expressos para substabelecer (art. 667, e parágrafos, do Código Civil de 2002). (ex-OJ nº 108 da SBDI-1 - inserida em 01.10.1997)

IV - Configura-se a irregularidade de representação se o substabelecimento é anterior à outorga passada ao substabelecente. (ex-OJ nº 330 da SBDI-1 - DJ 09.12.2003)

V – Verificada a irregularidade de representação nas hipóteses dos itens II e IV, deve o juiz suspender o processo e designar prazo razoável para que seja sanado o vício, ainda que em instância recursal (art. 76 do CPC de 2015).

SUM-396 ESTABILIDADE PROVISÓRIA. PEDIDO DE REINTEGRAÇÃO. CONCESSÃO DO SALÁRIO RELATIVO AO PERÍODO DE ESTABILIDADE JÁ EXAURIDO. INEXISTÊNCIA DE JULGAMENTO "EXTRA PETITA" (conversão das Orientações Jurisprudenciais nºs 106 e 116 da SBDI-1) - Res. 129/2005, DJ 20, 22 e 25.04.2005

I - Exaurido o período de estabilidade, são devidos ao empregado apenas os salários do período compreendido entre a data da despedida e o final do período de estabilidade, não lhe sendo assegurada a reintegração no emprego. (ex-OJ nº 116 da SBDI-1 - inserida em 01.10.1997)

II - Não há nulidade por julgamento "extra petita" da decisão que deferir salário quando o pedido for de reintegração, dados os termos do art. 496 da CLT. (ex-OJ nº 106 da SBDI-1 - inserida em 20.11.1997)

SUM-397 AÇÃO RESCISÓRIA. ART. 966, IV, DO CPC DE 2015. ART. 485, IV, DO CPC DE 1973. AÇÃO DE CUMPRIMENTO. OFENSA À COISA JULGADA EMANADA DE SENTENÇA NORMATIVA MODIFICADA EM GRAU DE RECURSO. INVIABILIDADE. CABIMENTO DE MANDADO DE SEGURANÇA (atualizada em decorrência do CPC de 2015) - Res. 208/2016, DEJT divulgado em 22, 25 e 26.04.2016

Não procede ação rescisória calcada em ofensa à coisa julgada perpetrada por decisão proferida em ação de cumprimento, em face de a sentença normativa, na qual se louvava, ter sido modificada em grau de recurso, porque em dissídio coletivo somente se consubstancia coisa julgada formal. Assim, os meios processuais aptos a atacarem a execução da cláusula reformada são a exceção de pré-executividade e o mandado de segurança, no caso de descumprimento do art. 514 do CPC de 2015 (art. 572 do CPC de 1973). (ex-OJ nº 116 da SBDI-2 - DJ 11.08.2003).

***SUM-398* AÇÃO RESCISÓRIA. AUSÊNCIA DE DEFESA. INAPLICÁVEIS OS EFEITOS DA REVELIA (alterada em decorrência do CPC de 2015) - Res. 219/2017, DEJT divulgado em 28, 29 e 30.06.2017 – republicada - DEJT divulgado em 12, 13 e 14.07.2017**

Na ação rescisória, o que se ataca é a decisão, ato oficial do Estado, acobertado pelo manto da coisa julgada. Assim, e considerando que a coisa julgada envolve questão de ordem pública, a revelia não produz confissão na ação rescisória. (ex-OJ nº 126 da SBDI-2 - DJ 09.12.2003)

SUM-399 AÇÃO RESCISÓRIA. CABIMENTO. SENTENÇA DE MÉRITO. DECISÃO HOMOLOGATÓRIA DE ADJUDICAÇÃO, DE ARREMATAÇÃO E DE CÁLCULOS (conversão das Orientações Jurisprudenciais nºs

44, 45 e 85, primeira parte, da SBDI-2) - Res. 137/2005, DJ 22, 23 e 24.08.2005

I - É incabível ação rescisória para impugnar decisão homologatória de adjudicação ou arrematação. (ex-OJs nºs 44 e 45 da SBDI-2 - inseridas em 20.09.2000)

II - A decisão homologatória de cálculos apenas comporta rescisão quando enfrentar as questões envolvidas na elaboração da conta de liquidação, quer solvendo a controvérsia das partes quer explicitando, de ofício, os motivos pelos quais acolheu os cálculos oferecidos por uma das partes ou pelo setor de cálculos, e não contestados pela outra.

(ex-OJ nº 85 da SBDI-2 - primeira parte - inserida em 13.03.2002 e alterada em 26.11.2002).

SUM-400 AÇÃO RESCISÓRIA DE AÇÃO RESCISÓRIA. VIOLAÇÃO MANIFESTA DE NORMA JURÍDICA. INDICAÇÃO DA MESMA NORMA JURÍDICA APONTADA NA RESCISÓRIA PRIMITIVA (MESMO DISPOSITIVO DE LEI SOB O CPC DE 1973) (nova redação em decorrência do CPC de 2015) - Res. 208/2016, DEJT divulgado em 22, 25 e 26.04.2016

Em se tratando de rescisória de rescisória, o vício apontado deve nascer na decisão rescindenda, não se admitindo a rediscussão do acerto do julgamento da rescisória anterior. Assim, não procede rescisória calcada no inciso V do art. 966 do CPC de 2015 (art. 485, V, do CPC de 1973) para discussão, por má aplicação da mesma norma jurídica, tida por violada na rescisória anterior, bem como para arguição de questões inerentes à ação rescisória primitiva. (ex-OJ nº 95 da SBDI-2 - inserida em 27.09.2002 e alterada DJ 16.04.2004)

SUM-401 AÇÃO RESCISÓRIA. DESCONTOS LEGAIS. FASE DE EXECUÇÃO. SENTENÇA EXEQÜENDA OMISSA. INEXISTÊNCIA DE OFENSA À COISA JULGADA (conversão da Orientação Jurisprudencial nº 81 da SBDI-2) - Res. 137/2005 – DJ 22, 23 e 24.08.2005

Os descontos previdenciários e fiscais devem ser efetuados pelo juízo executório, ainda que a sentença exeqüenda tenha sido omissa sobre a questão, dado o caráter de ordem pública ostentado pela norma que os disciplina. A ofensa à coisa julgada somente poderá ser caracterizada na hipótese de o título exeqüendo, expressamente, afastar a dedução dos valores a título de imposto de renda e de contribuição previdenciária. (ex-OJ nº 81 da SBDI-2 - inserida em 13.03.2002)

SUM-402 AÇÃO RESCISÓRIA. PROVA NOVA. DISSÍDIO COLETIVO. SENTENÇA NORMATIVA (nova redação em decorrência do CPC de 2015) - Res. 217/2017 - DEJT divulgado em 20, 24 e 25.04.2017

I – Sob a vigência do CPC de 2015 (art. 966, inciso VII), para efeito de ação rescisória, considera-se prova nova a cronologicamente velha, já existente ao tempo do trânsito em julgado da decisão rescindenda, mas ignorada pelo interessado ou de impossível utilização, à época, no processo.

II – Não é prova nova apta a viabilizar a desconstituição de julgado:

a) sentença normativa proferida ou transitada em julgado posteriormente à sentença rescindenda; b) sentença normativa preexistente à sentença rescindenda, mas não exibida no processo principal, em virtude de negligência da parte, quando podia e deveria louvar-se de documento já existente e não ignorado quando emitida a decisão rescindenda. (ex-OJ nº 20 da SBDI-2 - inserida em 20.09.2000).

SUM-403 AÇÃO RESCISÓRIA. DOLO DA PARTE VENCEDORA EM DETRIMENTO DA VENCIDA. ART. 485, III, DO CPC (conversão das Orientações Jurisprudenciais nºs 111 e 125 da SBDI-2) - Res. 137/2005, DJ 22, 23 e 24.08.2005

I - Não caracteriza dolo processual, previsto no art. 485, III, do CPC, o simples fato de a parte vencedora haver silenciado a respeito de fatos contrários a ela, porque o procedimento, por si só, não constitui ardil do qual resulte cerceamento de defesa e, em consequência, desvie o juiz de uma sentença não-condizente com a verdade. (ex-OJ nº 125 da SBDI-2 - DJ 09.12.2003)

II - Se a decisão rescindenda é homologatória de acordo, não há parte vencedora ou vencida, razão pela qual não é possível a sua desconstituição calcada no inciso III do art. 485 do CPC (dolo da parte vencedora em detrimento da vencida), pois constitui fundamento de rescindibilidade que supõe solução jurisdicional para a lide. (ex-OJ nº 111 da SBDI-2 - DJ 29.04.2003)

SUM-404 AÇÃO RESCISÓRIA. FUNDAMENTO PARA INVALIDAR CONFISSÃO. CONFISSÃO FICTA. INADEQUAÇÃO DO ENQUADRAMENTO NO ART. 485, VIII, DO CPC DE 1973. - Res. 209/2016, DEJT divulgado em 01, 02 e 03.06.2016

O art. 485, VIII, do CPC de 1973, ao tratar do fundamento para invalidar a confissão como hipótese de rescindibilidade da decisão judicial, referia-se à confissão real, fruto de erro, dolo ou coação, e não à confissão ficta resultante de revelia.

SUM-405 AÇÃO RESCISÓRIA. TUTELA PROVISÓRIA (nova redação em decorrência do CPC de 2015) - Res. 208/2016, DEJT divulgado em 22, 25 e 26.04.2016

Em face do que dispõem a MP 1.984-22/2000 e o art. 969 do CPC de 2015, é cabível o pedido de tutela provisória formulado na petição inicial de ação rescisória ou na fase recursal, visando a suspender a execução da decisão rescindenda.

SUM-406 AÇÃO RESCISÓRIA. LITISCONSÓRCIO. NECESSÁRIO NO PÓLO PASSIVO E FACULTATIVO NO ATIVO. INEXISTENTE QUANTO AOS SUBSTITUÍDOS PELO SINDICATO (conversão das Orientações Jurisprudenciais nºs 82 e 110 da SBDI-2) - Res. 137/2005, DJ 22, 23 e 24.08.2005

I - O litisconsórcio, na ação rescisória, é necessário em relação ao pólo passivo da demanda, porque supõe uma comunidade de direitos ou de obrigações que não admite solução díspar para os litisconsortes, em face da indivisibilidade do objeto. Já em relação ao pólo ativo, o litisconsórcio é facultativo, uma vez que a aglutinação de autores se faz por conveniência e não pela necessidade decorrente

da natureza do litígio, pois não se pode condicionar o exercício do direito individual de um dos litigantes no processo originário à anuência dos demais para retomar a lide. (ex-OJ nº 82 da SBDI-2 - inserida em 13.03.2002)

II - O Sindicato, substituto processual e autor da reclamação trabalhista, em cujos autos fora proferida a decisão rescindenda, possui legitimidade para figurar como réu na ação rescisória, sendo descabida a exigência de citação de todos os empregados substituídos, porquanto inexistente litisconsórcio passivo necessário. (ex-OJ nº 110 da SBDI-2 - DJ 29.04.2003)

SUM-407 AÇÃO RESCISÓRIA. MINISTÉRIO PÚBLICO. LEGITIMIDADE "AD CAUSAM" PREVISTA NO ART. 967, III, "A", "B" E "C" DO CPC DE 2015. ART. 487, III, "A" E "B", DO CPC DE 1973. HIPÓTESES MERAMENTE EXEMPLIFICATIVAS (nova redação em decorrência do CPC de 2015) - Res. 208/2016, DEJT divulgado em 22, 25 e 26.04.2016

A legitimidade "ad causam" do Ministério Público para propor ação rescisória, ainda que não tenha sido parte no processo que deu origem à decisão rescindenda, não está limitada às alíneas "a", "b" e "c" do inciso III do art. 967 do CPC de 2015 (art. 487, III, "a" e "b", do CPC de 1973), uma vez que traduzem hipóteses meramente exemplificativas (ex-OJ nº 83 da SBDI-2 - inserida em 13.03.2002)

SUM-408 AÇÃO RESCISÓRIA. PETIÇÃO INICIAL. CAUSA DE PEDIR. AUSÊNCIA DE CAPITULAÇÃO OU CAPITULAÇÃO ERRÔNEA NO ART. 966 DO CPC DE 2015. ART. 485 DO CPC DE 1973. PRINCÍPIO "IURA NOVIT CURIA" (nova redação em decor-

rência do CPC de 2015) - Res. 208/2016, DEJT divulgado em 22, 25 e 26.04.2016

Não padece de inépcia a petição inicial de ação rescisória apenas porque omite a subsunção do fundamento de rescindibilidade no art. 966 do CPC de 2015 (art. 485 do CPC de 1973) ou o capitula erroneamente em um de seus incisos. Contanto que não se afaste dos fatos e fundamentos invocados como causa de pedir, ao Tribunal é lícito emprestar-lhes a adequada qualificação jurídica ("iura novit curia"). No entanto, fundando-se a ação rescisória no art. 966, inciso V, do CPC de 2015 (art. 485, inciso V, do CPC de 1973), é indispensável expressa indicação, na petição inicial da ação rescisória, da norma jurídica manifestamente violada (dispositivo legal violado sob o CPC de 1973), por se tratar de causa de pedir da rescisória, não se aplicando, no caso, o princípio "iura novit curia". (ex-Ojs nºs 32 e 33 da SBDI-2 - inseridas em 20.09.2000)

SUM-409 AÇÃO RESCISÓRIA. PRAZO PRESCRICIONAL. TOTAL OU PARCIAL. VIOLAÇÃO DO ART. 7º, XXIX, DA CF/1988. MATÉRIA INFRACONSTITUCIONAL (conversão da Orientação Jurisprudencial nº 119 da SBDI-2) - Res. 137/2005, DJ 22, 23 e 24.08.2005

Não procede ação rescisória calcada em violação do art. 7º, XXIX, da CF/1988 quando a questão envolve discussão sobre a espécie de prazo prescricional aplicável aos créditos trabalhistas, se total ou parcial, porque a matéria tem índole infraconstitucional, construída, na Justiça do Trabalho, no plano jurisprudencial. (ex-OJ nº 119 da SBDI-2 - DJ 11.08.2003)

SUM-410 AÇÃO RESCISÓRIA. REEXAME DE FATOS E PROVAS. INVIABILIDADE (conversão da Orientação Jurisprudencial nº 109 da SBDI-2) - Res. 137/2005 DJ 22, 23 e 24.08.2005

A ação rescisória calcada em violação de lei não admite reexame de fatos e provas do processo que originou a decisão rescindenda. (ex-OJ nº 109 da SBDI-2 - DJ 29.04.2003)

SUM-411 AÇÃO RESCISÓRIA. SENTENÇA DE MÉRITO. DECISÃO DE TRIBUNAL REGIONAL DO TRABALHO EM AGRAVO REGIMENTAL CONFIRMANDO DECISÃO MONOCRÁTICA DO RELATOR QUE, APLICANDO A SÚMULA Nº 83 DO TST, INDEFERIU A PETIÇÃO INICIAL DA AÇÃO RESCISÓRIA. CABIMENTO (conversão da Orientação Jurisprudencial nº 43 da SBDI-2) - Res. 137/2005, DJ 22, 23 e 24.08.2005

Se a decisão recorrida, em agravo regimental, aprecia a matéria na fundamentação, sob o enfoque das Súmulas nºs 83 do TST e 343 do STF, constitui sentença de mérito, ainda que haja resultado no indeferimento da petição inicial e na extinção do processo sem julgamento do mérito. Sujeita-se, assim, à reforma pelo TST, a decisão do Tribunal que, invocando controvérsia na interpretação da lei, indefere a petição inicial de ação rescisória. (ex-OJ nº 43 da SBDI-2 - inserida em 20.09.2000)

SUM-412 AÇÃO RESCISÓRIA. REGÊNCIA PELO CPC DE 1973. SENTENÇA DE MÉRITO. QUESTÃO PROCESSUAL (nova redação em decorrência do CPC de 2015) - Res. 217/2017 - DEJT divulgado em 20, 24 e 25.04.2017

Sob a égide do CPC de 1973, pode uma questão processual ser objeto de rescisão desde que consista em pressuposto de validade de uma sentença de mérito. (ex-OJ nº 46 da SBDI-2 - inserida em20.09.2000)

SUM-413 AÇÃO RESCISÓRIA. SENTENÇA DE MÉRITO. VIOLAÇÃO DO ART. 896, "A", DA CLT (nova redação em decorrência do CPC de 2015) - Res. 209/2016, DEJT divulgado em 01, 02 e 03.06.2016

É incabível ação rescisória, por violação do art. 896, "a", da CLT, contra decisão transitada em julgado sob a égide do CPC de 1973 que não conhece de recurso de revista, com base em divergência jurisprudencial, pois não se cuidava de sentença de mérito (art. 485 do CPC de 1973). (ex-OJ nº 47 da SBDI-2 - inserida em 20.09.2000).

SUM-414 MANDADO DE SEGURANÇA. TUTELA PROVISÓRIA CONCEDIDA ANTES OU NA SENTENÇA (nova redação em decorrência do CPC de 2015) - Res. 217/2017 - DEJT divulgado em 20, 24 e 25.04.2017

I - A tutela provisória concedida na sentença não comporta impugnação pela via do mandado de segurança, por ser impugnável mediante recurso ordinário. É admissível a obtenção de efeito suspensivo ao recurso ordinário mediante requerimento dirigido ao tribunal, ao relator ou ao presidente ou ao vice-presidente do tribunal recorrido, por aplicação subsidiária ao processo do trabalho do artigo 1.029, § 5º, do CPC de 2015.

II – No caso de a tutela provisória haver sido concedida ou indeferida antes da sentença, cabe mandado de segurança, em face da inexistência de recurso próprio.

III – A superveniência da sentença, nos autos originários, faz perder o objeto do mandado de segurança que impugnava a concessão ou o indeferimento da tutela provisória.

SUM-415 MANDADO DE SEGURANÇA. PETIÇÃO INICIAL. ART. 321 DO CPC DE 2015. ART. 284 DO CPC de 1973. INAPLICABILIDADE - (atualizada em decorrência do CPC de 2015) - Res. 208/2016, DEJT divulgado em 22, 25 e 26.04.2016

Exigindo o mandado de segurança prova documental pré-constituída, inaplicável o art. 321 do CPC de 2015 (art. 284 do CPC de 1973) quando verificada, na petição inicial do "mandamus", a ausência de documento indispensável ou de sua autenticação. (ex-OJ nº 52 da SBDI-2 - inserida em 20.09.2000).

SUM-416 MANDADO DE SEGURANÇA. EXECUÇÃO. LEI Nº 8.432/1992. ART. 897, § 1º, DA CLT. CABIMENTO (conversão da Orientação Jurisprudencial nº 55 da SBDI-2) - Res. 137/2005, DJ 22, 23 e 24.08.2005

Devendo o agravo de petição delimitar justificadamente a matéria e os valores objeto de discordância, não fere direito líquido e certo o prosseguimento da execução quanto aos tópicos e valores não especificados no agravo. (ex-OJ nº 55 da SBDI-2 - inserida em 20.09.2000)

SUM-417 MANDADO DE SEGURANÇA. PENHORA EM DINHEIRO (alterado o item I, atualizado o item II e cancelado o item III, modulando-se os efeitos da presente redação de forma a atingir unicamente as penhoras em dinheiro em execução provisória efetivadas a partir de 18.03.2016, data de vigência do CPC de 2015) - Res. 212/2016, DEJT divulgado em 20, 21 e 22.09.2016

I - Não fere direito líquido e certo do impetrante o ato judicial que determina penhora em dinheiro do executado para garantir crédito exequendo, pois é prioritária e obedece à gradação prevista no art. 835 do CPC de 2015 (art. 655 do CPC de 1973).

II - Havendo discordância do credor, em execução definitiva, não tem o executado direito líquido e certo a que os valores penhorados em dinheiro fiquem depositados no próprio banco, ainda que atenda aos requisitos do art. 840, I, do CPC de 2015 (art. 666, I, do CPC de 1973). (ex-OJ nº 61 da SBDI-2 - inserida em 20.09.2000).

SUM-418 MANDADO DE SEGURANÇA VISANDO À HOMOLOGAÇÃO DE ACORDO (nova redação em decorrência do CPC de 2015) - Res. 217/2017 - DEJT divulgado em 20, 24 e 25.04.2017

A homologação de acordo constitui faculdade do juiz, inexistindo direito líquido e certo tutelável pela via do mandado de segurança.

SUM-419 COMPETÊNCIA. EMBARGOS DE TERCEIRO. EXECUÇÃO POR CARTA PRECATÓRIA. JUÍZO DEPRECADO. (alterada em decorrência do CPC de 2015) - Res. 212/2016, DEJT divulgado em 20, 21 e 22.09.2016

Na execução por carta precatória, os embargos de terceiro serão oferecidos no juízo deprecado, salvo se indicado pelo juízo deprecante o bem constrito ou se já devolvida a carta (art. 676, parágrafo único, do CPC de 2015).

SUM-420 COMPETÊNCIA FUNCIONAL. CONFLITO NEGATIVO. TRT E VARA DO TRABALHO DE IDÊNTICA REGIÃO. NÃO CONFIGURAÇÃO (conversão da Orientação Jurisprudencial nº 115 da SBDI-2) - Res. 137/2005, DJ 22, 23 e 24.08.2005

Não se configura conflito de competência entre Tribunal Regional do Trabalho e Vara do Trabalho a ele vinculada. (ex-OJ nº 115 da SBDI-2 - DJ 11.08.2003)

SUM-421 EMBARGOS DE DECLARAÇÃO. CABIMENTO. DECISÃO MONOCRÁTICA DO RELATOR CALCADA NO ART. 932 DO CPC DE 2015. ART. 557 DO CPC DE 1973 - (atualizada em decorrência do CPC de 2015) - Res. 208/2016, DEJT divulgado em 22, 25 e 26.04.2016

I – Cabem embargos de declaração da decisão monocrática do relator prevista no art. 932 do CPC de 2015 (art. 557 do CPC de 1973), se a parte pretende tão somente juízo integrativo retificador da decisão e, não, modificação do julgado.

II – Se a parte postular a revisão no mérito da decisão monocrática, cumpre ao relator converter os embargos de declaração em agravo, em face dos princípios da fungibilidade e celeridade processual, submetendo-o ao pronunciamento do Colegiado, após a intimação do recorrente para, no prazo de 5 (cinco) dias, complementar as razões recursais, de modo a ajustá-las às exigências do art. 1.021, § 1º, do CPC de 2015.

SUM-422 RECURSO. FUNDAMENTO AUSENTE OU DEFICIENTE. NÃO CONHECIMENTO (redação alterada, com inserção dos itens I, II e III) - Res. 199/2015, DEJT divulgado em 24, 25 e 26.06.2015. Com errata publicada no DEJT divulgado em 01.07.2015

I – Não se conhece de recurso para o Tribunal Superior do Trabalho se as razões do recorrente não impugnam os fundamentos da decisão recorrida, nos termos em que proferida.

II – O entendimento referido no item anterior não se aplica em relação à motivação secundária e impertinente, consubstanciada em despacho de admissibilidade de recurso ou em decisão monocrática.

III – Inaplicável a exigência do item I relativamente ao recurso ordinário da competência de Tribunal Regional do Trabalho, exceto em caso de recurso cuja motivação é inteiramente dissociada dos fundamentos da sentença.

SUM-424 RECURSO ADMINISTRATIVO. PRESSUPOSTO DE ADMISSIBILIDADE. DEPÓSITO PRÉVIO DA MULTA ADMINISTRATIVA. NÃO RECEPÇÃO PELA CONSTITUIÇÃO FEDERAL DO § 1º DO ART. 636 DA CLT - Res. 160/2009, DEJT divulgado em 23, 24 e 25.11.2009

O §1º do art. 636 da CLT, que estabelece a exigência de prova do depósito prévio do valor da multa cominada em razão de autuação administrativa como pressuposto de admissibilidade de recurso administrativo, não foi recepcionado pela Constituição Federal de 1988, ante a sua incompatibilidade com o inciso LV do art. 5º.

SUM-425 *JUS POSTULANDI* NA JUSTIÇA DO TRABALHO. ALCANCE – Res. 165/2010, DEJT divulgado em 30.04.2010 e 03 e 04.05.2010

O *jus postulandi* das partes, estabelecido no art. 791 da CLT, limita-se às Varas do Trabalho e aos Tribunais Regionais do Trabalho, não alcançando a ação rescisória, a ação cautelar, o mandado de segurança e os recursos de competência do Tribunal Superior do Trabalho.

SUM-426 DEPÓSITO RECURSAL. UTILIZAÇÃO DA GUIA GFIP. OBRIGATORIEDADE (editada em decorrência do julgamento do processo TST-IUJEEDRR 91700-09.2006.5.18.0006) - Res. 174/2011, DEJT divulgado em 27, 30 e 31.05.2011

Nos dissídios individuais o depósito recursal será efetivado mediante a utilização da Guia de Recolhimento do FGTS e Informações à Previdência Social – GFIP, nos termos dos §§ 4º e 5º do art. 899 da CLT, admitido o depósito judicial, realizado na sede do juízo e à disposição deste, na hipótese de relação de trabalho não submetida ao regime do FGTS.

SUM-427 INTIMAÇÃO. PLURALIDADE DE ADVOGADOS. PUBLICAÇÃO EM NOME DE ADVOGADO DIVERSO DAQUELE EXPRESSAMENTE INDICADO. NULIDADE (editada em decorrência do julgamento do processo TST-IUJERR 5400-31.2004.5.09.0017) - Res. 174/2011, DEJT divulgado em 27, 30 e 31.05.2011

Havendo pedido expresso de que as intimações e publicações sejam realizadas exclusivamente em nome de determinado advogado, a comunicação em nome de outro profissional constituído nos autos é nula, salvo se constatada a inexistência de prejuízo.

SUM-433 EMBARGOS. ADMISSIBILIDADE. PROCESSO EM FASE DE EXECUÇÃO. ACÓRDÃO DE TURMA PUBLICADO NA VIGÊNCIA DA LEI Nº 11.496, DE 26.06.2007. DIVERGÊNCIA DE INTERPRETAÇÃO DE DISPOSITIVO CONSTITUCIONAL - Res. 177/2012, DEJT divulgado em 13, 14 e 15.02.2012

A admissibilidade do recurso de embargos contra acórdão de Turma em Recurso de Revista em fase de execução, publicado na vigência da Lei nº 11.496, de 26.06.2007, condiciona-se à demonstração de divergência jurisprudencial entre Turmas ou destas e a Seção Especializada em Dissídios Individuais do Tribunal Superior do Trabalho em relação à interpretação de dispositivo constitucional.

SUM-435 DECISÃO MONOCRÁTICA. RELATOR. ART. 932 DO CPC DE 2015. ART. 557 DO CPC DE 1973. APLICAÇÃO SUBSIDIÁRIA AO PROCESSO DO TRABALHO - (atualizada em decorrência do CPC de 2015) - Res. 208/2016, DEJT divulgado em 22, 25 e 26.04.2016

Aplica-se subsidiariamente ao processo do trabalho o art. 932 do CPC de 2015 (art. 557 do CPC de 1973).

SUM-436 REPRESENTAÇÃO PROCESSUAL. PROCURADOR DA UNIÃO, ESTADOS, MUNICÍPIOS E DISTRITO FEDERAL, SUAS AUTARQUIAS E FUNDAÇÕES PÚBLICAS. JUNTADA DE INSTRUMENTO DE MANDATO (conversão da Orientação Jurisprudencial nº 52 da SBDI-I e inserção do item II à redação) - Res. 185/2012, DEJT divulgado em 25, 26 e 27.09.2012

I - A União, Estados, Municípios e Distrito Federal, suas autarquias e fundações públicas, quando representadas em juízo, ativa e passivamente, por seus procuradores, estão dispensadas da juntada de instrumento de mandato e de comprovação do ato de nomeação.

II - Para os efeitos do item anterior, é essencial que o signatário ao menos declare-se exercente do cargo de procurador, não bastando a indicação do número de inscrição na Ordem dos Advogados do Brasil.

SUM-439 DANOS MORAIS. JUROS DE MORA E ATUALIZAÇÃO MONETÁRIA. TERMO INICIAL - Res. 185/2012, DEJT divulgado em 25, 26 e 27.09.2012

Nas condenações por dano moral, a atualização monetária é devida a partir da data da decisão de arbitramento ou de alteração do valor. Os juros incidem desde o ajuizamento da ação, nos termos do art. 883 da CLT.

SUM-442 PROCEDIMENTO SUMARÍSSIMO. RECURSO DE REVISTA FUNDAMENTADO EM CONTRARIEDADE A ORIENTAÇÃO JURISPRUDENCIAL. INADMISSIBILIDADE. ART. 896, § 6º, DA CLT, ACRESCENTADO PELA LEI Nº 9.957, DE 12.01.2000 (conversão da Orientação Jurisprudencial nº 352 da SBDI-1) - Res. 185/2012, DEJT divulgado em 25, 26 e 27.09.2012

Nas causas sujeitas ao procedimento sumaríssimo, a admissibilidade de recurso de revista está limitada à demonstração de violação direta a dispositivo da Constituição Federal ou contrariedade a Súmula do Tribunal Superior do Trabalho, não se admitindo o recurso por contrariedade a Orientação Jurisprudencial deste Tribunal (Livro II, Título II, Capítulo III, do RITST), ante a ausência de previsão no art. 896, § 6º, da CLT.

SUM-453 ADICIONAL DE PERICULOSIDADE. PAGAMENTO ESPONTÂNEO. CARACTERIZAÇÃO DE FATO INCONTROVERSO. DESNECESSÁRIA A PERÍCIA DE QUE TRATA O ART. 195 DA CLT. (conversão da Orientação Jurisprudencial nº 406 da SBDI-1) - Res. 194/2014, DEJT divulgado em 21, 22 e 23.05.2014

O pagamento de adicional de periculosidade efetuado por mera liberalidade da empresa, ainda que de forma proporcional ao tempo de exposição ao risco ou em percentual inferior ao máximo legalmente previsto, dispensa a realização da prova técnica exigida pelo art. 195 da CLT, pois torna incontroversa a existência do trabalho em condições perigosas.

SUM-454 COMPETÊNCIA DA JUSTIÇA DO TRABALHO. EXECUÇÃO DE OFÍCIO. CONTRIBUIÇÃO SOCIAL REFERENTE AO SEGURO DE ACIDENTE DE TRABALHO (SAT). ARTS. 114, VIII, E 195, I, "A", DA CONSTITUIÇÃO DA REPÚBLICA. (conversão da Orientação Jurisprudencial nº 414 da SBDI-1) - Res. 194/2014, DEJT divulgado em 21, 22 e 23.05.2014

Compete à Justiça do Trabalho a execução, de ofício, da contribuição referente ao Seguro de Acidente de Trabalho (SAT), que tem natureza de contribuição para a seguridade social (arts. 114, VIII, e 195, I, "a", da CF), pois se destina ao financiamento de benefícios relativos à incapacidade do empregado decorrente de infortúnio no trabalho (arts. 11 e 22 da Lei nº 8.212/1991).

SUM-456 REPRESENTAÇÃO. PESSOA JURÍDICA. PROCURAÇÃO. INVALIDADE. IDENTIFICAÇÃO DO OUTORGANTE E DE SEU REPRESENTANTE. (inseridos os itens II e III em decorrência do CPC de 2015) - Res. 211/2016, DEJT divulgado em 24, 25 e 26.08.2016

I - É inválido o instrumento de mandato firmado em nome de pessoa jurídica que não contenha, pelo menos, o nome do outorgante e do signatário da procuração, pois estes dados constituem elementos que os individualizam.

II – Verificada a irregularidade de representação da parte na instância originária, o juiz designará prazo de 5 (cinco) dias para que seja sanado o vício. Descumprida a determinação, extinguirá o processo, sem resolução de mérito, se a providência couber ao reclamante, ou considerará revel o reclamado, se a providência lhe couber (art. 76, § 1º, do CPC de 2015).

III – Caso a irregularidade de representação da parte seja constatada em fase recursal, o relator designará prazo de 5 (cinco) dias para que seja sanado o vício. Descumprida a determinação, o relator não conhecerá do recurso, se a providência couber ao recorrente, ou determinará o desentranhamento das contrarrazões, se a providência couber ao recorrido (art. 76, § 2º, do CPC de2015).

SUM-457 HONORÁRIOS PERICIAIS. BENEFICIÁRIO DA JUSTIÇA GRATUITA. RESPONSABILIDADE DA UNIÃO PELO PAGAMENTO. RESOLUÇÃO Nº 66/2010 DO CSJT. OBSERVÂNCIA. (conversão da Orientação Jurisprudencial nº 387 da SBDI-1 com nova redação) - Res. 194/2014, DEJT divulgado em 21, 22 e 23.05.2014

A União é responsável pelo pagamento dos honorários de perito quando a parte sucumbente no objeto da perícia for beneficiária da assistência judiciária gratuita, observado o procedimento disposto nos arts. 1º, 2º e 5º da Resolução n.º 66/2010 do Conselho Superior da Justiça do Trabalho – CSJT.

SUM-458 EMBARGOS. PROCEDIMENTO SUMARÍSSIMO. CONHECIMENTO. RECUR-

SO INTERPOSTO APÓS VIGÊNCIA DA LEI Nº 11.496, DE 22.06.2007, QUE CONFERIU NOVA REDAÇÃO AO ART. 894, DA CLT. (conversão da Orientação Jurisprudencial nº 405 da SBDI-1 com nova redação) - Res. 194/2014, DEJT divulgado em 21, 22 e 23.05.2014

Em causas sujeitas ao procedimento sumaríssimo, em que pese a limitação imposta no art. 896, § 6º, da CLT à interposição de recurso de revista, admitem-se os embargos interpostos na vigência da Lei nº 11.496, de 22.06.2007, que conferiu nova redação ao art. 894 da CLT, quando demonstrada a divergência jurisprudencial entre Turmas do TST, fundada em interpretações diversas acerca da aplicação de mesmo dispositivo constitucional ou de matéria sumulada.

SUM-459 RECURSO DE REVISTA. NULIDADE POR NEGATIVA DE PRESTAÇÃO JURISDICIONAL (atualizada em decorrência do CPC de 2015) – Res. 219/2017, DEJT divulgado em 28, 29 e 30.06.2017 – republicada - DEJT divulgado em 12, 13 e 14.07.2017

O conhecimento do recurso de revista, quanto à preliminar de nulidade, por negativa de prestação jurisdicional, supõe indicação de violação do art. 832 da CLT, do art. 489 do CPC de 2015 (art. 458 do CPC de 1973) ou do art. 93, IX, da CF/1988.

SUM-461 FGTS. DIFERENÇAS. RECOLHIMENTO. ÔNUS DA PROVA - Res. 209/2016, DEJT divulgado em 01, 02 e 03.06.2016

É do empregador o ônus da prova em relação à regularidade dos depósitos do FGTS, pois o pagamento é fato extintivo do direito do autor (art. 373, II, do CPC de 2015).

SUM-463 ASSISTÊNCIA JUDICIÁRIA GRATUITA. COMPROVAÇÃO (conversão da Orientação Jurisprudencial nº 304 da SBDI-1, com alterações decorrentes do CPC de 2015) - Res. 219/2017, DEJT divulgado em 28, 29 e 30.06.2017 – republicada - DEJT divulgado em 12, 13 e 14.07.2017

I – A partir de 26.06.2017, para a concessão da assistência judiciária gratuita à pessoa natural, basta a declaração de hipossuficiência econômica firmada pela parte ou por seu advogado, desde que munido de procuração com poderes específicos para esse fim (art. 105 do CPC de 2015);

II – No caso de pessoa jurídica, não basta a mera declaração: é necessária a demonstração cabal de impossibilidade de a parte arcar com as despesas do processo.

Orientações Jurisprudenciais

SDI-1

OJ-SDI1-7 ADVOGADO. ATUAÇÃO FORA DA SEÇÃO DA OAB ONDE O ADVOGADO ESTÁ INSCRITO. AUSÊNCIA DE COMUNICAÇÃO. (LEI Nº 4.215/1963, § 2º, ART. 56). INFRAÇÃO DISCIPLINAR. NÃO IMPORTA NULIDADE (inserido dispositivo) - DJ 20, 22 e 25.04.2005

A despeito da norma então prevista no artigo 56, § 2º, da Lei nº 4.215/63, a falta de comunicação do advogado à OAB para o exercício profissional em seção diversa daquela na qual tem inscrição não importa nulidade dos atos praticados, constituindo apenas infração disciplinar, que cabe àquela instituição analisar.

OJ-SDI1-13 APPA. DECRETO-LEI Nº 779/69. DEPÓSITO RECURSAL E CUSTAS. NÃO ISENÇÃO (mantida conforme decidido no julgamento do processo TST-AgR-E-RR 148500-29.2004.5.09.0022 pelo Tribunal Pleno em 22.08.2016)

A Administração dos Portos de Paranaguá e Antonina - APPA, vinculada à Administração Pública indireta, não é isenta do recolhimento do depósito recursal e do pagamento das custas processuais por não ser beneficiária dos privilégios previstos no Decreto-Lei n.º 779, de 21.08.1969, ante o fato de explorar atividade econômica com fins lucrativos, o que descaracteriza sua natureza jurídica, igualando-a às empresas privadas.

OJ-SDI1-26 COMPETÊNCIA DA JUSTIÇA DO TRABALHO. COMPLEMENTAÇÃO DE PENSÃO REQUERIDA POR VIÚVA DE EX-EMPREGADO (inserido dispositivo) – Res. 129/2005, DJ 20, 22 e 25.04.2005

A Justiça do Trabalho é competente para apreciar pedido de complementação de pensão postulada por viúva de ex-empregado, por se tratar de pedido que deriva do contrato de trabalho.

OJ-SDI1-28 CORREÇÃO MONETÁRIA SOBRE AS DIFERENÇAS SALARIAIS. UNIVERSIDADES FEDERAIS. DEVIDA. LEI Nº 7.596/1987 (nova redação) – Res. 129/2005, DJ 20, 22 e 25.04.2005

Incide correção monetária sobre as diferenças salariais dos servidores das universidades federais, decorrentes da aplicação retroativa dos efeitos financeiros assegurados pela Lei nº 7.596/87, pois a correção monetária tem como escopo único minimizar a desvalorização da moeda em decorrência da corrosão inflacionária.

OJ-SDI1-33 DESERÇÃO. CUSTAS. CARIMBO DO BANCO. VALIDADE (inserida em 25.11.1996)

O carimbo do banco recebedor na guia de comprovação do recolhimento das custas supre a ausência de autenticação mecânica.

OJ-SDI1-36 INSTRUMENTO NORMATIVO. CÓPIA NÃO AUTENTICADA. DOCUMENTO COMUM ÀS PARTES. VALIDADE (título alterado e inserido dispositivo) – Res. 129/2005, DJ 20, 22 e 25.04.2005

O instrumento normativo em cópia não autenticada possui valor probante, desde que não haja impugnação ao seu conteúdo, eis que se trata de documento comum às partes.

OJ-SDI1-62 PREQUESTIONAMENTO. PRESSUPOSTO DE ADMISSIBILIDADE EM APELO DE NATUREZA EXTRAORDINÁRIA. NECESSIDADE, AINDA QUE SE TRATE DE INCOMPETÊNCIA ABSOLUTA (republicada em decorrência de erro material) - DEJT divulgado em 23, 24 e 25.11.2010

É necessário o prequestionamento como pressuposto de admissibilidade em recurso de natureza extraordinária, ainda que se trate de incompetência absoluta.

OJ-SDI1-75 SUBSTABELECIMENTO SEM O RECONHECIMENTO DE FIRMA DO SUBSTABELECENTE. INVÁLIDO (ANTERIOR À LEI Nº 8.952/94) (inserido dispositivo) – Res. 129/2005, DJ 20, 22 e 25.04.2005

Não produz efeitos jurídicos recurso subscrito por advogado com poderes conferidos em substabelecimento em que não consta o reconhecimento de firma do outorgante. Entendimento aplicável antes do advento da Lei nº 8.952/94.

OJ-SDI1-87 ENTIDADE PÚBLICA. EXPLORAÇÃO DE ATIVIDADE EMINENTEMENTE ECONÔMICA. EXECUÇÃO. ART. 883 DA CLT (mantida conforme decidido no julgamento do processo TST-AgR-E-RR-148500-29.2004.5.09.0022 pelo Tribunal Pleno em 22.08.2016)

É direta a execução contra a APPA e MINASCAIXA (§ 1º do art. 173, da CF/1988).

OJ-SDI1-95 EMBARGOS PARA SDI. DIVERGÊNCIA ORIUNDA DA MESMA TURMA DO TST. INSERVÍVEL (inserida em 30.05.1997)

Em 19.05.1997, a SDI-Plena, por maioria, decidiu que acórdãos oriundos da mesma Turma, embora divergentes, não fundamentam divergência jurisprudencial de que trata a alínea "b", do artigo 894 da Consolidação das Leis do Trabalho para embargos à Seção Especializada em Dissídios Individuais, Subseção I.

OJ-SDI1-111 RECURSO DE REVISTA. DIVERGÊNCIA JURISPRUDENCIAL. ARESTO ORIUNDO DO MESMO TRIBUNAL REGIONAL. LEI Nº 9.756/1998. INSERVÍVEL AO CONHECIMENTO (nova redação) – Res. 129/2005, DJ 20, 22 e 25.04.2005

Não é servível ao conhecimento de recurso de revista aresto oriundo de mesmo Tribunal Regional do Trabalho, salvo se o recurso houver sido interposto anteriormente à vigência da Lei nº 9.756/1998.

OJ-SDI1-118 PREQUESTIONAMENTO. TESE EXPLÍCITA. INTELIGÊNCIA DA SÚMULA Nº 297 (inserida em 20.11.1997)

Havendo tese explícita sobre a matéria, na decisão recorrida, desnecessário contenha nela referência expressa do dispositivo legal para ter-se como prequestionado este.

OJ-SDI1-119 PREQUESTIONAMENTO INEXIGÍVEL. VIOLAÇÃO NASCIDA NA PRÓPRIA DECISÃO RECORRIDA. SÚMULA Nº 297. INAPLICÁVEL (inserido dispositivo) - DEJT divulgado em 16, 17 e 18.11.2010)

É inexigível o prequestionamento quando a violação indicada houver nascido na própria decisão recorrida. Inaplicável a Súmula n.º 297 do TST.

OJ-SDI1-120 RECURSO. ASSINATURA DA PETIÇÃO OU DAS RAZÕES RECURSAIS. ART. 932, PARÁGRAFO ÚNICO, DO CPC DE 2015. (alterada em decorrência do CPC de 2015) Res. 212/2016, DEJT divulgado em 20, 21 e 22.09.2016

I - Verificada a total ausência de assinatura no recurso, o juiz ou o relator concederá prazo de 5 (cinco) dias para que seja sanado o vício. Descumprida a determinação, o recurso será reputado inadmissível (art. 932, parágrafo único, do CPC de 2015).

II - É válido o recurso assinado, ao menos, na petição de apresentação ou nas razões recursais.

OJ-SDI1-121 SUBSTITUIÇÃO PROCESSUAL. DIFERENÇA DO ADICIONAL DE INSALUBRIDADE. LEGITIMIDADE (nova redação) – Res. 129/2005, DJ 20, 22 e 25.04.2005

O sindicato tem legitimidade para atuar na qualidade de substituto processual para pleitear diferença de adicional de insalubridade.

OJ-SDI1-130 PRESCRIÇÃO. MINISTÉRIO PÚBLICO. ARGUIÇÃO. "CUSTOS LEGIS". ILEGITIMIDADE (atualizada em decorrência do CPC de 2015) – Res. 209/2016 – DEJT divulgado em 01, 02 e 03.06.2016

Ao exarar o parecer na remessa de ofício, na qualidade de "custos legis", o Ministério Público não tem legitimidade para arguir a prescrição em favor de entidade de direito público, em matéria de direito patrimonial.

OJ-SDI1-132 AGRAVO REGIMENTAL. PEÇAS ESSENCIAIS NOS AUTOS PRINCIPAIS (inserida em 27.11.1998)

Inexistindo lei que exija a tramitação do agravo regimental em autos apartados, tampouco previsão no Regimento Interno do Regional, não pode o agravante ver-se apenado por não haver colacionado cópia de peças dos autos principais, quando o agravo regimental deveria fazer parte dele.

OJ-SDI1-134 AUTENTICAÇÃO. PESSOA JURÍDICA DE DIREITO PÚBLICO. DISPENSADA. MEDIDA PROVISÓRIA Nº 1.360, DE 12.03.96 (inserida em 27.11.1998)

São válidos os documentos apresentados, por pessoa jurídica de direito público, em fotocópia não autenticada, posteriormente à edição da Medida Provisória nº 1.360/96 e suas reedições.

OJ-SDI1-138 COMPETÊNCIA RESIDUAL. REGIME JURÍDICO ÚNICO. LIMITAÇÃO DA EXECUÇÃO (nova redação em decorrência da incorporação da Orientação Jurisprudencial nº 249 da SBDI-1) – Res. 129/2005, DJ 20, 22 e 25.04.2005

Compete à Justiça do Trabalho julgar pedidos de direitos e vantagens previstos na legislação trabalhista referente a período anterior à Lei nº 8.112/90, mesmo que a ação tenha sido ajuizada após a edição da referida lei. A superveniência de regime estatutário em substituição ao celetista, mesmo após a sentença, limita a execução ao período celetista. (1ª parte - ex-OJ nº 138 da SBDI-1 - inserida em 27.11.98; 2ª parte - ex-OJ nº 249 - inserida em 13.03.02)

OJ-SDI1-140 DEPÓSITO RECURSAL E CUSTAS PROCESSUAIS. RECOLHIMENTO INSUFICIENTE. DESERÇÃO. (nova redação em decorrência do CPC de 2015) - Res. 217/2017 - DEJT divulgado em 20, 24 e 25.04.2017

Em caso de recolhimento insuficiente das custas processuais ou do depósito recursal, somente haverá deserção do recurso se, concedido o prazo de 5 (cinco) dias previsto no § 2º do art. 1.007 do CPC de 2015, o recorrente não complementar e comprovar o valor devido.

OJ-SDI1-142 EMBARGOS DE DECLARAÇÃO. EFEITO MODIFICATIVO. VISTA À PARTE CONTRÁRIA (cancelado o item II em decorrência do CPC de 2015) - Res. 214/2016, DEJT divulgado em 30.11.2016 e 01 e 02.12.2016

É passível de nulidade decisão que acolhe embargos de declaração com efeito modificativo sem que seja concedida oportunidade de manifestação prévia à parte contrária.

OJ-SDI1-143 EMPRESA EM LIQUIDAÇÃO EXTRAJUDICIAL. EXECUÇÃO. CRÉDITOS TRABALHISTAS. LEI Nº 6.024/74 (inserida em 27.11.1998)

A execução trabalhista deve prosseguir diretamente na Justiça do Trabalho mesmo após a decretação da liquidação extrajudicial. Lei nº 6.830/80, arts. 5º e 29, aplicados supletivamente (CLT, art. 889 e CF/1988, art. 114).

OJ-SDI1-147 LEI ESTADUAL, NORMA COLETIVA OU NORMA REGULAMENTAR. CONHECIMENTO INDEVIDO DO RECURSO DE REVISTA POR DIVERGÊNCIA JURISPRUDENCIAL (nova redação em decorrência da incorporação da Orientação Jurisprudencial nº 309 da SBDI-1) – Res. 129/2005, DJ 20, 22 e 25.04.2005

I - É inadmissível o recurso de revista fundado tão-somente em divergência jurisprudencial, se a parte não comprovar que a lei estadual, a norma coletiva ou o regulamento da empresa extrapolam o âmbito do TRT prolator da decisão recorrida. (ex-OJ nº 309 da SBDI-1 - inserida em 11.08.2003)

II - É imprescindível a argüição de afronta ao art. 896 da CLT para o conhecimento de embargos interpostos em face de acórdão de Turma que conhece indevidamente de recurso de revista, por divergência jurisprudencial, quanto a tema regulado por lei estadual, norma coletiva ou norma regulamentar de âmbito restrito ao Regional prolator da decisão.

OJ-SDI1-151 PREQUESTIONAMENTO. DECISÃO REGIONAL QUE ADOTA A SENTENÇA. AUSÊNCIA DE PREQUESTIONAMENTO (inserida em 27.11.1998)

Decisão regional que simplesmente adota os fundamentos da decisão de primeiro grau não preenche a exigência do prequestionamento, tal como previsto na Súmula nº 297.

OJ-SDI1-152 REVELIA. PESSOA JURÍDICA DE DIREITO PÚBLICO. APLICÁVEL. (ART. 844 DA CLT) (inserido dispositivo) – Res. 129/2005, DJ 20, 22 e 25.04.2005

Pessoa jurídica de direito público sujeita-se à revelia prevista no artigo 844 da CLT.

OJ-SDI1-158 CUSTAS. COMPROVAÇÃO DE RECOLHIMENTO. DARF ELETRÔNICO. VALIDADE (inserida em 26.03.1999)

O denominado "DARF ELETRÔNICO" é válido para comprovar o recolhimento de custas por entidades da administração pública federal, emitido conforme a IN-SRF 162, de 04.11.88.

OJ-SDI1-165 PERÍCIA. ENGENHEIRO OU MÉDICO. ADICIONAL DE INSALUBRIDADE E PERICULOSIDADE. VÁLIDO. ART. 195 DA CLT (inserida em 26.03.1999)

O art. 195 da CLT não faz qualquer distinção entre o médico e o engenheiro para efeito de caracterização e classificação da insalubridade e periculosidade, bastando para a elaboração do laudo seja o profissional devidamente qualificado.

OJ-SDI1-188 DECISÃO NORMATIVA QUE DEFERE DIREITOS. FALTA DE INTERESSE DE AGIR PARA AÇÃO INDIVIDUAL (inserida em 08.11.2000)

Falta interesse de agir para a ação individual, singular ou plúrima, quando o direito já foi reconhecido através de decisão normativa, cabendo, no caso, ação de cumprimento.

OJ-SDI1-192 EMBARGOS DECLARATÓRIOS. PRAZO EM DOBRO. PESSOA JURÍDICA DE DIREITO PÚBLICO. DECRETO-LEI Nº 779/69 (inserida em 08.11.2000)

É em dobro o prazo para a interposição de embargos declaratórios por pessoa jurídica de direito público.

OJ-SDI1-198 HONORÁRIOS PERICIAIS. ATUALIZAÇÃO MONETÁRIA (inserida em 08.11.2000)

Diferentemente da correção aplicada aos débitos trabalhistas, que têm caráter alimentar, a atualização monetária dos honorários periciais é fixada pelo art. 1º da Lei nº 6.899/1981, aplicável a débitos resultantes de decisões judiciais.

OJ-SDI1-200 MANDATO TÁCITO. SUBSTABELECIMENTO INVÁLIDO (inserido dispositivo) – Res. 129/2005, DJ 20, 22 e 25.04.2005

É inválido o substabelecimento de advogado investido de mandato tácito.

OJ-SDI1-217 AGRAVO DE INSTRUMENTO. TRASLADO. LEI Nº 9.756/1998. GUIAS DE CUSTAS E DE DEPÓSITO RECURSAL (inserida em 02.04.2001)

Para a formação do agravo de instrumento, não é necessária a juntada de comprovantes de recolhimento de custas e de depósito recursal relativamente ao recurso ordinário, desde que não seja objeto de controvérsia no recurso de revista a validade daqueles recolhimentos.

OJ-SDI1-219 RECURSO DE REVISTA OU DE EMBARGOS FUNDAMENTADO EM ORIENTAÇÃO JURISPRUDENCIAL DO TST (inserida em 02.04.2001)

É válida, para efeito de conhecimento do recurso de revista ou de embargos, a invocação de Orientação Jurisprudencial do Tribunal Superior do Trabalho, desde que, das razões recursais, conste o seu número ou conteúdo.

OJ-SDI1-226 CRÉDITO TRABALHISTA. CÉDULA DE CRÉDITO RURAL. CÉDULA DE CRÉDITO INDUSTRIAL. PENHORABILIDADE (título alterado) – Res. 129/3005, DJ 20, 22 e 25.04.2005

Diferentemente da cédula de crédito industrial garantida por alienação fiduciária, na cédula rural pignoratícia ou hipotecária o bem permanece sob o domínio do devedor (executado), não constituindo óbice à penhora na esfera trabalhista. (Decreto-Lei nº 167/67, art. 69; CLT, arts. 10 e 30 e Lei nº 6.830/80).

OJ-SDI1-233 HORAS EXTRAS. COMPROVAÇÃO DE PARTE DO PERÍODO ALEGADO (nova redação) – Res. 129/2005, DJ 20, 22 e 25.04.2005

A decisão que defere horas extras com base em prova oral ou documental não ficará limitada ao tempo por ela abrangido, desde que o julgador fique convencido de que o procedimento questionado superou aquele período.

OJ-SDI1-237 MINISTÉRIO PÚBLICO DO TRABALHO. LEGITIMIDADE PARA RECORRER. SOCIEDADE DE ECONOMIA MISTA. EMPRESA PÚBLICA (incorporada a Orientação Jurisprudencial nº 338 da SBDI-I) - Res. 210/2016, DEJT divulgado em 30.06.2016 e 01 e 04.07.2016

I - O Ministério Público do Trabalho não tem legitimidade para recorrer na defesa de interesse patrimonial privado, ainda que de empresas públicas e sociedades de economia mista.

II – Há legitimidade do Ministério Público do Trabalho para recorrer de decisão que declara a existência de vínculo empregatício com sociedade de economia mista ou empresa pública, após a Constituição Federal de 1988, sem a prévia aprovação em concurso público, pois é matéria de ordem pública.

OJ-SDI1-245 REVELIA. ATRASO. AUDIÊNCIA (inserida em 20.06.2001)

Inexiste previsão legal tolerando atraso no horário de comparecimento da parte na audiência.

OJ-SDI1-255 MANDATO. CONTRATO SOCIAL. DESNECESSÁRIA A JUNTADA (atualizada em decorrência do CPC de 2015) - Res. 208/2016, DEJT divulgado em 22, 25 e 26.04.2016

O art. 75, inciso VIII, do CPC de 2015 (art. 12, VI, do CPC de 1973) não determina a exibição dos estatutos da empresa em juízo como condição de validade do instrumento de mandato outorgado ao seu procurador, salvo se houver impugnação da parte contrária.

OJ-SDI1-256 PREQUESTIONAMENTO. CONFIGURAÇÃO. TESE EXPLÍCITA. SÚMULA Nº 297 (inserida em 13.03.2002)

Para fins do requisito do prequestionamento de que trata a Súmula nº 297, há necessidade de que haja, no acórdão, de maneira clara, elementos que levem à conclusão de que o Regional adotou uma tese contrária à lei ou à súmula.

OJ-SDI1-257 RECURSO DE REVISTA. FUNDAMENTAÇÃO. VIOLAÇÃO DE LEI. VOCÁBULO VIOLAÇÃO. DESNECESSIDADE (alterada em decorrência da redação do inciso II do art. 894 da CLT, incluído pela Lei n.º 11.496/2007) – Res. 182/2012, DEJT divulgado em 19, 20 e 23.04.2012

A invocação expressa no recurso de revista dos preceitos legais ou constitucionais tidos como violados não significa exigir da parte a utilização das expressões "contrariar", "ferir", "violar", etc.

OJ-SDI1-260 AGRAVO DE INSTRUMENTO. RECURSO DE REVISTA. PROCEDIMENTO SUMARÍSSIMO. LEI Nº 9.957/00. PROCESSOS EM CURSO (inserida em 27.09.2002)

I - É inaplicável o rito sumaríssimo aos processos iniciados antes da vigência da Lei nº 9.957/00.

II - No caso de o despacho denegatório de recurso de revista invocar, em processo iniciado antes da Lei nº 9.957/00, o § 6º do art. 896 da CLT (rito sumaríssimo), como óbice ao trânsito do apelo calcado em divergência jurisprudencial ou violação de dispositivo infraconstitucional, o Tribunal superará o obstáculo, apreciando o recurso sob esses fundamentos.

OJ-SDI1-262 COISA JULGADA. PLANOS ECONÔMICOS. LIMITAÇÃO À DATA-BASE NA FASE DE EXECUÇÃO (inserida em 27.09.2002)

Não ofende a coisa julgada a limitação à data-base da categoria, na fase executória, da condenação ao pagamento de diferenças salariais decorrentes de planos econômicos, quando a decisão exeqüenda silenciar sobre a limitação, uma vez que a limitação decorre de norma cogente. Apenas quando a sentença exeqüenda houver expressamente afastado a limitação à data-base é que poderá ocorrer ofensa à coisa julgada.

OJ-SDI1-264 DEPÓSITO RECURSAL. PIS/PASEP. AUSÊNCIA DE INDICAÇÃO NA GUIA DE DEPÓSITO RECURSAL. VALIDADE (inserida em 27.09.2002)

Não é essencial para a validade da comprovação do depósito recursal a indicação do número do PIS/PASEP na guia respectiva.

OJ-SDI1-269 JUSTIÇA GRATUITA. REQUERIMENTO DE ISENÇÃO DE DESPESAS PROCESSUAIS. MOMENTO OPORTUNO (inserido item II em decorrência do CPC de 2015) - Res. 219/2017, DEJT divulgado em 28, 29 e 30.06.2017 – republicada - DEJT divulgado em 12, 13 e 14.07.2017

I - O benefício da justiça gratuita pode ser requerido em qualquer tempo ou grau de jurisdição, desde que, na fase recursal, seja o requerimento formulado no prazo alusivo ao recurso;

II – Indeferido o requerimento de justiça gratuita formulado na fase recursal, cumpre ao relator fixar prazo para que o recorrente efetue o preparo (art. 99, § 7º, do CPC de 2015).

OJ-SDI1-277 AÇÃO DE CUMPRIMENTO FUNDADA EM DECISÃO NORMATIVA QUE SOFREU POSTERIOR REFORMA, QUANDO JÁ TRANSITADA EM JULGADO A SENTENÇA CONDENATÓRIA. COISA JULGADA. NÃO-CONFIGURAÇÃO (DJ 11.08.2003)

A coisa julgada produzida na ação de cumprimento é atípica, pois dependente de condição resolutiva, ou seja, da não-modificação da decisão normativa por eventual recurso. Assim, modificada a sentença normativa pelo TST, com a conseqüente extinção do processo, sem julgamento do mérito, deve-se extinguir a execução em andamento, uma vez que a norma sobre a qual se apoiava o título exeqüendo deixou de existir no mundo jurídico.

OJ-SDI1-278 ADICIONAL DE INSALUBRIDADE. PERÍCIA. LOCAL DE TRABALHO DESATIVADO (DJ 11.08.2003)

A realização de perícia é obrigatória para a verificação de insalubridade. Quando não for possível sua realização, como em caso de fechamento da empresa, poderá o julgador utilizar-se de outros meios de prova.

OJ-SDI1-282 AGRAVO DE INSTRUMENTO. JUÍZO DE ADMISSIBILIDADE "AD QUEM" (DJ 11.08.2003)

No julgamento de Agravo de Instrumento, ao afastar o óbice apontado pelo TRT para o processamento do recurso de revista, pode o juízo "ad quem" prosseguir no exame dos demais pressupostos extrínsecos e intrínsecos do recurso de revista, mesmo que não apreciados pelo TRT.

OJ-SDI1-283 AGRAVO DE INSTRUMENTO. PEÇAS ESSENCIAIS. TRASLADO REALIZADO PELO AGRAVADO. VALIDADE (DJ 11.08.2003)

É válido o traslado de peças essenciais efetuado pelo agravado, pois a regular formação do agravo incumbe às partes e não somente ao agravante.

OJ-SDI1-284 AGRAVO DE INSTRUMENTO. TRASLADO. AUSÊNCIA DE CERTIDÃO DE PUBLICAÇÃO. ETIQUETA ADESIVA IMPRESTÁVEL PARA AFERIÇÃO DA TEMPESTIVIDADE (cancelada em decorrência do CPC de 2015) - Res. 217/2017 - DEJT divulgado em 20, 24 e 25.04.2017

A etiqueta adesiva na qual consta a expressão "no prazo" não se presta à aferição de tempestividade do recurso, pois sua finalidade é tão-somente servir de controle processual interno do TRT e sequer contém a assinatura do funcionário responsável por sua elaboração.

OJ-SDI1-285 AGRAVO DE INSTRUMENTO. TRASLADO. CARIMBO DO PROTOCOLO DO RECURSO ILEGÍVEL. INSERVÍVEL (cancelada em decorrência do CPC de 2015) - Res. 217/2017 - DEJT divulgado em 20, 24 e 25.04.2017

O carimbo do protocolo da petição recursal constitui elemento indispensável para aferição da tempestividade do apelo, razão pela qual deverá estar legível, pois um dado ilegível é o mesmo que a inexistência do dado.

OJ-SDI1-286 AGRAVO DE INSTRUMENTO. TRASLADO. MANDATO TÁCITO. ATA DE AUDIÊNCIA. CONFIGURAÇÃO (alterada) – Res. 167/2010, DEJT divulgado em 30.04.2010 e 03 e 04.05.2010

I - A juntada da ata de audiência, em que consignada a presença do advogado, desde que não estivesse atuando com mandato expresso, torna dispensável a procuração deste, porque demonstrada a existência de mandato tácito.

II - Configurada a existência de mandato tácito fica suprida a irregularidade detectada no mandato expresso.

OJ-SDI1-287 AUTENTICAÇÃO. DOCUMENTOS DISTINTOS. DESPACHO DENEGATÓRIO DO RECURSO DE REVISTA E CERTIDÃO DE PUBLICAÇÃO (cancelada em decorrência do CPC de 2015) - Res. 219/2017, DEJT divulgado em 28, 29 e 30.06.2017 – republicada - DEJT divulgado em 12, 13 e 14.07.2017

Distintos os documentos contidos no verso e anverso, é necessária a autenticação de ambos os lados da cópia.

OJ-SDI1-300 EXECUÇÃO TRABALHISTA. CORREÇÃO MONETÁRIA. JUROS. LEI Nº 8.177/91, ART. 39, E LEI Nº 10.192/01, ART. 15 (nova redação) – Res. 129/2005, DJ 20, 22 e 25.04.2005

Não viola norma constitucional (art. 5°, II e XXXVI) a determinação de aplicação da TRD, como fator de correção monetária dos débitos trabalhistas, cumulada com juros de mora, previstos no artigo 39 da Lei nº 8.177/91 e convalidado pelo artigo 15 da Lei nº 10.192/01.

OJ-SDI1-302 FGTS. ÍNDICE DE CORREÇÃO. DÉBITOS TRABALHISTAS (DJ 11.08.2003)

Os créditos referentes ao FGTS, decorrentes de condenação judicial, serão corrigidos pelos mesmos índices aplicáveis aos débitos trabalhistas.

OJ-SDI1-304 HONORÁRIOS ADVOCATÍCIOS. ASSISTÊNCIA JUDICIÁRIA. DECLARAÇÃO DE POBREZA. COMPROVAÇÃO (cancelada em decorrência da sua aglutinação ao item I da Súmula nº 463 do TST) - Res. 219/2017, DEJT divulgado em 28, 29 e 30.06.2017 – republicada - DEJT divulgado em 12, 13 e 14.07.2017

Atendidos os requisitos da Lei nº 5.584/70 (art. 14, § 2º), para a concessão da assistência judiciária, basta a simples afirmação do declarante ou de seu advogado, na petição inicial, para se considerar configurada a sua situação econômica (art. 4º, § 1º, da Lei nº 7.510/86, que deu nova redação à Lei nº 1.060/50).

OJ-SDI1-310 LITISCONSORTES. PROCURADORES DISTINTOS. PRAZO EM DOBRO. art. 229, caput e §§ 1º e 2º, do CPC de 2015. ART. 191 DO CPC de 1973. INAPLICÁVEL AO PROCESSO DO TRABALHO (atualizada em decorrência do CPC de 2015) - Res. 208/2016, DEJT divulgado em 22, 25 e 26.04.2016

Inaplicável ao processo do trabalho a norma contida no art. 229, caput e §§ 1º e 2º, do CPC de 2015 (art. 191 do CPC de 1973), em razão de incompatibilidade com a celeridade que lhe é inerente.

OJ-SDI1-318 AUTARQUIA. FUNDAÇÃO PÚBLICA. LEGITIMIDADE PARA RECORRER. REPRESENTAÇÃO PROCESSUAL. (incluído o item II e alterada em decorrência do CPC de 2015) - Res. 220/2017, DEJT divulgado em 21, 22 e 25.09.2017

I - Os Estados e os Municípios não têm legitimidade para recorrer em nome das autarquias e das fundações públicas.

II – Os procuradores estaduais e municipais podem representar as respectivas autarquias e fundações públicas em juízo somente se designados pela lei da respectiva unidade da federação (art. 75, IV, do CPC de 2015) ou se investidos de instrumento de mandato válido.

OJ-SDI1-319 REPRESENTAÇÃO REGULAR. ESTAGIÁRIO. HABILITAÇÃO POSTERIOR (DJ 11.08.2003)

Válidos são os atos praticados por estagiário se, entre o substabelecimento e a interposição do recurso, sobreveio a habilitação, do então estagiário, para atuar como advogado.

OJ-SDI1-331 JUSTIÇA GRATUITA. DECLARAÇÃO DE INSUFICIÊNCIA ECONÔMICA. MANDATO. PODERES ESPECÍFICOS DESNECESSÁRIOS (cancelada) - Res. 210/2016, DEJT divulgado em 30.06.2016 e 01 e 04.07.2016

Desnecessária a outorga de poderes especiais ao patrono da causa para firmar declaração de insuficiência econômica, destinada à concessão dos benefícios da justiça gratuita.

OJ-SDI1-334 REMESSA "EX OFFICIO". RECURSO DE REVISTA. INEXISTÊNCIA DE RECURSO ORDINÁRIO VOLUNTÁRIO DE ENTE PÚBLICO. INCABÍVEL (DJ 09.12.2003)

Incabível recurso de revista de ente público que não interpôs recurso ordinário voluntário da decisão de primeira instância, ressalvada a hipótese de ter sido agravada, na segunda instância, a condenação imposta.

OJ-SDI1-335 CONTRATO NULO. ADMINISTRAÇÃO PÚBLICA. EFEITOS. CONHECIMENTO DO RECURSO POR VIOLAÇÃO DO ART. 37, II E § 2º, DA CF/1988 (DJ 04.05.2004)

A nulidade da contratação sem concurso público, após a CF/1988, bem como a limitação de seus efeitos, somente poderá ser declarada por ofensa ao art. 37, II, se invocado concomitantemente o seu § 2º, todos da CF/1988.

OJ-SDI1-336 EMBARGOS INTERPOSTOS ANTERIORMENTE À VIGÊNCIA DA LEI N.º 11.496/2007. RECURSO NÃO CONHECIDO COM BASE EM ORIENTAÇÃO JURISPRUDENCIAL. DESNECESSÁRIO O EXAME DAS VIOLAÇÕES DE LEI E DA CONSTITUIÇÃO ALEGADAS NA REVISTA (redação alterada pelo Tribunal Pleno na sessão realizada em 6.2.2012) - Res. 178/2012, DEJT divulgado em 13, 14 e 15.02.2012

Estando a decisão recorrida em conformidade com orientação jurisprudencial, desnecessário o exame das divergências e das violações de lei e da Constituição alegadas em embargos interpostos antes da vigência da Lei n.º 11.496/2007, salvo nas hipóteses em que a orientação jurisprudencial não fizer qualquer citação do dispositivo constitucional.

OJ-SDI1-338 MINISTÉRIO PÚBLICO DO TRABALHO. LEGITIMIDADE PARA RECORRER. SOCIEDADE DE ECONOMIA MISTA E EMPRESA PÚBLICA. CONTRATO NULO (cancelada em decorrência da sua incorporação à nova redação da Orientação Jurisprudencial nº 237 da SBDI-1) - Res. 210/2016, DEJT divulgado em 30.06.2016 e 01 e 04.07.2016

Há interesse do Ministério Público do Trabalho para recorrer contra decisão que declara a existência de vínculo empregatício com sociedade de economia mista ou empresa pública, após a CF/88, sem a prévia aprovação em concurso público.

OJ-SDI1-343 PENHORA. SUCESSÃO. ART. 100 DA CF/1988. EXECUÇÃO (DJ 22.06.2004)

É válida a penhora em bens de pessoa jurídica de direito privado, realizada anteriormente à sucessão pela União ou por Estado-membro, não podendo a execução prosseguir mediante precatório. A decisão que a mantém não viola o art. 100 da CF/1988.

OJ-SDI1-348 HONORÁRIOS ADVOCATÍCIOS. BASE DE CÁLCULO. VALOR LÍQUIDO. LEI Nº 1.060, DE 05.02.1950 (DJ 25.04.2007)

Os honorários advocatícios, arbitrados nos termos do art. 11, § 1º, da Lei nº 1.060, de 05.02.1950, devem incidir sobre o valor líquido da condenação, apurado na fase de liquidação de sentença, sem a dedução dos descontos fiscais e previdenciários.

OJ-SDI1-349 MANDATO. JUNTADA DE NOVA PROCURAÇÃO. AUSÊNCIA DE RESSALVA. EFEITOS (DJ 25.04.2007)

A juntada de nova procuração aos autos, sem ressalva de poderes conferidos ao antigo patrono, implica revogação tácita do mandato anterior.

OJ-SDI1-350 MINISTÉRIO PÚBLICO DO TRABALHO. NULIDADE DO CONTRATO DE TRABALHO NÃO SUSCITADA PELO ENTE PÚBLICO NO MOMENTO DA DEFESA. ARGÜIÇÃO EM PARECER. POSSIBILIDADE (alterada em decorrência do julgamento do processo TST IUJE-RR 526538/1999.2) – Res. 162/2009, DEJT divulgado em 23, 24 e 25.11.2009

O Ministério Público do Trabalho pode arguir, em parecer, na primeira vez que tenha de se manifestar no processo, a nulidade do contrato de trabalho em favor de ente público, ainda que a parte não a tenha suscitado, a qual será apreciada, sendo vedada, no entanto, qualquer dilação probatória.

OJ-SDI1-359 SUBSTITUIÇÃO PROCESSUAL. SINDICATO. LEGITIMIDADE. PRESCRIÇÃO. INTERRUPÇÃO (DJ 14.03.2008)

A ação movida por sindicato, na qualidade de substituto processual, interrompe a prescrição, ainda que tenha sido considerado parte ilegítima "ad causam".

OJ-SDI1-363 DESCONTOS PREVIDENCIÁRIOS E FISCAIS. CONDENAÇÃO DO EMPREGADOR EM RAZÃO DO INADIMPLEMENTO DE VERBAS REMUNERATÓRIAS. RESPONSABILIDADE DO EMPREGADO PELO PAGAMENTO. ABRANGÊNCIA (cancelada em decorrência da aglutinação da sua parte final ao item II da Súmula nº 368 do TST) - Res. 219/2017, DEJT divulgado em 28, 29 e 30.06.2017 – republicada - DEJT divulgado em 12, 13 e 14.07.2017

A responsabilidade pelo recolhimento das contribuições social e fiscal, resultante de condenação judicial referente a verbas remuneratórias, é do empregador e incide sobre o total da condenação. Contudo, a culpa do empregador pelo inadimplemento das verbas remuneratórias não exime a responsabilidade do empregado pelos pagamentos do imposto de renda devido e da contribuição previdenciária que recaia sobre sua quota-parte.

OJ-SDI1-368 DESCONTOS PREVIDENCIÁRIOS. ACORDO HOMOLOGADO EM JUÍZO. INEXISTÊNCIA DE VÍNCULO EMPREGATÍCIO. PARCELAS INDENIZATÓRIAS. AUSÊNCIA DE DISCRIMINAÇÃO. INCIDÊNCIA SOBRE O VALOR TOTAL (DEJT divulgado em 03, 04 e 05.12.2008)

É devida a incidência das contribuições para a Previdência Social sobre o valor total do acordo homologado em juízo, independentemente do reconhecimento de vínculo de emprego, desde que não haja discriminação das parcelas sujeitas à incidência da contribuição previdenciária, conforme parágrafo único do art. 43 da Lei nº 8.212, de 24.07.1991, e do art. 195, I, "a", da CF/1988.

OJ-SDI1-371 IRREGULARIDADE DE REPRESENTAÇÃO. SUBSTABELECIMENTO NÃO DATADO. INAPLICABILIDADE DO ART. 654, § 1º, DO CÓDIGO CIVIL (atualizada em decorrência do CPC de 2015) - Res. 208/2016, DEJT divulgado em 22, 25 e 26.04.2016

Não caracteriza a irregularidade de representação a ausência da data da outorga de poderes, pois, no mandato judicial, ao contrário do mandato civil, não é condição de validade do negócio jurídico. Assim, a data a ser considerada é aquela em que o instrumento for juntado aos autos, conforme preceitua o art. 409, IV, do CPC de 2015 (art. 370, IV, do CPC de 1973). Inaplicável o art. 654, § 1º, do Código Civil.

OJ-SDI1-374 AGRAVO DE INSTRUMENTO. REPRESENTAÇÃO PROCESSUAL. REGULARIDADE. PROCURAÇÃO OU SUBSTABELECIMENTO COM CLÁUSULA LIMITATIVA DE PODERES AO ÂMBITO DO TRIBUNAL REGIONAL DO TRABALHO (DEJT divulgado em 19, 20 e 22.04.2010)

É regular a representação processual do subscritor do agravo de instrumento ou do recurso de revista que detém mandato com poderes de representação limitados ao âmbito do Tribunal Regional do Trabalho, pois, embora a apreciação desse recurso seja realizada pelo Tribunal Superior do Trabalho, a sua interposição é ato praticado perante o Tribunal Regional do Trabalho, circunstância que legitima a atuação do advogado no feito.

OJ-SDI1-376 CONTRIBUIÇÃO PREVIDENCIÁRIA. ACORDO HOMOLOGADO EM JUÍZO APÓS O TRÂNSITO EM JULGADO DA SENTENÇA CONDENATÓRIA. INCIDÊNCIA SOBRE O VALOR HOMOLOGADO (DEJT divulgado em 19, 20 e 22.04.2010)

É devida a contribuição previdenciária sobre o valor do acordo celebrado e homologado após o trânsito em julgado de decisão judicial, respeitada a proporcionalidade de valores entre as parcelas de natureza salarial e indenizatória deferidas na decisão condenatória e as parcelas objeto do acordo.

OJ-SDI1-378 embargos. interposição contra decisão monocrática. não CABIMENTO (atualizada em decorrência do CPC de 2015) - Res. 208/2016, DEJT divulgado em 22, 25 e 26.04.2016

Não encontra amparo no art. 894 da CLT, quer na redação anterior quer na redação posterior à Lei n.º 11.496, de 22.06.2007, recurso de embargos interposto à decisão monocrática exarada nos moldes do art. 932 do CPC de 2015 (art. 557 do CPC de 1973) e 896, § 5º, da CLT, pois o comando legal restringe seu cabimento à pretensão de reforma de decisão colegiada proferida por Turma do Tribunal Superior do Trabalho.

OJ-SDI1-382 JUROS DE MORA. ART. 1º-F DA LEI Nº 9.494, DE 10.09.1997. INAPLICABILIDADE À FAZENDA PÚBLICA QUANDO CONDENADA SUBSIDIARIAMENTE (DEJT divulgado em 19, 20 e 22.04.2010)

A Fazenda Pública, quando condenada subsidiariamente pelas obrigações trabalhistas devidas pela empregadora principal, não se beneficia da limitação dos juros, prevista no art. 1º-F da Lei nº 9.494, de 10.09.1997.

OJ-SDI1-389 MULTA PREVISTA NO Art. 1.021, §§ 4º e 5º, do CPC de 2015. ART. 557, § 2º, DO CPC DE 1973. RECOLHIMENTO. PRESSUPOSTO RECURSAL. beneficiário da justiça gratuita e FAZENDA PÚBLICA. PAGAMENTO AO FINAL. (nova redação em decorrência do CPC de 2015) – Res. 209/2016 – DEJT divulgado em 01, 02 e 03.06.2016

Constitui ônus da parte recorrente, sob pena de deserção, depositar previamente a multa aplicada com fundamento nos §§ 4º e 5º, do art. 1.021, do CPC de 2015 (§ 2º do art. 557 do CPC de 1973), à exceção da Fazenda Pública e do beneficiário de justiça gratuita, que farão o pagamento ao final.

OJ-SDI1-391 PORTUÁRIOS. SUBMISSÃO PRÉVIA DE DEMANDA A COMISSÃO PARITÁRIA. LEI N.º 8.630, DE 25.02.1993. INEXIGIBILIDADE. (DEJT divulgado em 09, 10 e 11.06.2010)

A submissão prévia de demanda a comissão paritária, constituída nos termos do art. 23 da Lei nº 8.630, de 25.02.1993 (Lei dos Portos), não é pressuposto de constituição e desenvolvimento válido e regular do processo, ante a ausência de previsão em lei.

OJ-SDI1-398 CONTRIBUIÇÃO PREVIDENCIÁRIA. ACORDO HOMOLOGADO EM JUÍZO SEM RECONHECIMENTO DE VÍNCULO DE EMPREGO. CONTRIBUINTE INDIVIDUAL. RECOLHIMENTO DA ALÍQUOTA DE 20% A CARGO DO TOMADOR E 11% A CARGO DO PRESTADOR DE SERVIÇOS. (DEJT divulgado em 02, 03 e 04.08.2010)

Nos acordos homologados em juízo em que não haja o reconhecimento de vínculo empregatício, é devido o recolhimento da contribuição previdenciária, mediante a alíquota de 20% a cargo do tomador de serviços e de 11% por parte do prestador de serviços, na qualidade de contribuinte individual, sobre o valor total do acordo, respeitado o teto de contribuição. Inteligência do § 4º do art. 30 e do inciso III do art. 22, todos da Lei n.º 8.212, de 24.07.1991.

OJ-SDI1-400 IMPOSTO DE RENDA. BASE DE CÁLCULO. JUROS DE MORA. NÃO INTEGRAÇÃO. ART. 404 DO CÓDIGO CIVIL BRASILEIRO. (DEJT divulgado em 02, 03 e 04.08.2010)

Os juros de mora decorrentes do inadimplemento de obrigação de pagamento em dinheiro não integram a base de cálculo do imposto de renda, independentemente da natureza jurídica da obrigação inadimplida, ante o cunho indenizatório conferido pelo art. 404 do Código Civil de 2002 aos juros de mora.

OJ-SDI1-408 JUROS DE MORA. EMPRESA EM LIQUIDAÇÃO EXTRAJUDICIAL. SUCESSÃO TRABALHISTA. (DEJT divulgado em 22, 25 e 26.10.2010)

É devida a incidência de juros de mora em relação aos débitos trabalhistas de empresa em liquidação extrajudicial sucedida nos moldes dos arts. 10 e 448 da CLT. O sucessor responde pela obrigação do sucedido, não se beneficiando de qualquer privilégio a este destinado.

OJ-SDI1-409 MULTA POR LITIGÂNCIA DE MÁ-FÉ. RECOLHIMENTO. PRESSUPOSTO RECURSAL. INEXIGIBILIDADE. (nova redação em decorrência do CPC de 2015) – Res. 209/2016 - DEJT divulgado em 01, 02 e 03.06.2016

O recolhimento do valor da multa imposta como sanção por litigância de má-fé (art. 81 do CPC de 2015 – art. 18 do CPC de 1973) não é pressuposto objetivo para interposição dos recursos de natureza trabalhista.

OJ-SDI1-412 AGRAVO INTERNO OU AGRAVO REGIMENTAL. INTERPOSIÇÃO EM FACE DE DECISÃO COLEGIADA. NÃO CABIMENTO. ERRO GROSSEIRO. INAPLICABILIDADE DO PRINCÍPIO DA FUNGIBILIDADE RECURSAL. (nova redação em decorrência do CPC de 2015) – Res. 209/2016 – DEJT divulgado em 01, 02 e 03.06.2016

É incabível agravo interno (art. 1.021 do CPC de 2015, art. 557, §1º, do CPC de 1973) ou agravo regimental (art. 235 do RITST) contra decisão proferida por Órgão colegiado. Tais recursos destinam-se, exclusivamente, a impugnar decisão monocrática nas hipóteses previstas. Inaplicável, no caso, o princípio da fungibilidade ante a configuração de erro grosseiro.

OJ-SDI1-416 IMUNIDADE DE JURISDIÇÃO. ORGANIZAÇÃO OU ORGANISMO INTERNACIONAL. (DEJT divulgado em 14, 15 e 16.02.2012) (mantida conforme julgamento do processo TST-E-RR-61600-41.2003.5.23.0005 pelo Tribunal Pleno em 23.05.2016)

As organizações ou organismos internacionais gozam de imunidade absoluta de jurisdição quando amparados por norma internacional incorporada ao ordenamento jurídico brasileiro, não se lhes aplicando a regra do Direito Consuetudinário relativa à natureza dos atos praticados. Excepcionalmente, prevalecerá a jurisdição brasileira na hipótese de renúncia expressa à cláusula de imunidade jurisdicional.

OJ-SDI1-421 HONORÁRIOS ADVOCATÍCIOS. AÇÃO DE INDENIZAÇÃO POR DANOS MORAIS E MATERIAIS DECORRENTES DE ACIDENTE DE TRABALHO OU DE DOENÇA PROFISSIONAL. AJUIZAMENTO PERANTE A JUSTIÇA COMUM ANTES DA PROMULGAÇÃO DA EMENDA CONSTITUCIONAL Nº 45/2004. POSTERIOR REMESSA DOS AUTOS À JUSTIÇA DO TRABALHO. art. 85 do CPC de 2015. ART. 20 DO CPC de 1973. INCIDÊNCIA. (atualizada em decorrência do CPC de 2015) - Res. 208/2016, DEJT divulgado em 22, 25 e 26.04.2016

A condenação em honorários advocatícios nos autos de ação de indenização por danos morais e materiais decorrentes de acidente de trabalho ou de doença profissional, remetida à Justiça do Trabalho após ajuizamento na Justiça comum, antes da vigência da Emenda Constitucional nº 45/2004, decorre da mera sucumbência, nos termos do art. 85 do CPC de 2015 (art. 20 do CPC de 1973), não se sujeitando aos requisitos da Lei nº 5.584/1970.

SDI-2

OJ-SDI2-2 AÇÃO RESCISÓRIA. ADICIONAL DE INSALUBRIDADE. BASE DE CÁLCULO. SALÁRIO MÍNIMO. CABÍVEL (mantida) – Res. 148/2008, DJ 04 e 07.07.2008 - Republicada DJ 08, 09 e 10.07.2008

Viola o art. 192 da CLT decisão que acolhe pedido de adicional de insalubridade com base na remuneração do empregado.

OJ-SDI2-4 AÇÃO RESCISÓRIA. BANCO DO BRASIL. ADICIONAL DE CARÁTER PESSOAL. ACP (inserida em 20.09.2000)

Procede, por ofensa ao art. 5º, inciso XXXVI, da CF/1988, o pedido de rescisão de julgado que acolheu Adicional de Caráter Pessoal em favor de empregado do Banco do Brasil S.A.

OJ-SDI2-5 AÇÃO RESCISÓRIA. BANCO DO BRASIL. AP E ADI. HORAS EXTRAS. SÚMULA Nº 83 DO TST. APLICÁVEL (inserida em 20.09.2000)

Não se acolhe pedido de rescisão de julgado que deferiu a empregado do Banco do Brasil S.A. horas extras após a sexta, não obstante o pagamento dos adicionais AP e ADI, ou AFR quando a decisão rescindenda for anterior à Orientação Jurisprudencial nº 17, da Seção de Dissídios Individuais do TST (07.11.94). Incidência das Súmulas nºs 83 do TST e 343 do STF.

OJ-SDI2-6 AÇÃO RESCISÓRIA. CIPEIRO SUPLENTE. ESTABILIDADE. ADCT DA CF/88, ART. 10, II, "A". SÚMULA Nº 83 DO TST (nova redação) - DJ 22.08.2005

Rescinde-se o julgado que nega estabilidade a membro suplente de CIPA, representante de empregado, por ofensa ao art. 10, II, "a", do ADCT da CF/88, ainda que se cuide de decisão anterior à Súmula nº 339 do TST. Incidência da Súmula nº 83 do TST.

OJ-SDI2-7 AÇÃO RESCISÓRIA. COMPETÊNCIA. CRIAÇÃO DE TRIBUNAL REGIONAL DO TRABALHO. NA OMISSÃO DA LEI, É FIXADA PELO ART. 678, INC. I, "C", ITEM 2, DA CLT (nova redação) - DJ 22.08.2005

A Lei nº 7.872/89 que criou o Tribunal Regional do Trabalho da 17ª Região não fixou a sua competência para apreciar as ações rescisórias de decisões oriundas da 1ª Região, o que decorreu do art. 678, I, "c", item 2, da CLT.

OJ-SDI2-8 AÇÃO RESCISÓRIA. COMPLEMENTAÇÃO DE APOSENTADORIA. BANESPA. SÚMULA Nº 83 DO TST (nova redação) - DJ 22.08.2005

Não se rescinde julgado que acolheu pedido de complementação de aposentadoria integral em favor de empregado do BANESPA, antes da Súmula nº 313 do TST, em virtude da notória controvérsia jurisprudencial então reinante. Incidência da Súmula nº 83 do TST.

OJ-SDI2-9 AÇÃO RESCISÓRIA. CONAB. AVISO DIREH 2/84. SÚMULA Nº 83 DO TST. APLICÁVEL (inserida em 20.09.2000)

Não se rescinde julgado que reconheceu garantia de emprego com base no Aviso DIREH 02/84 da CONAB, antes da Súmula nº 355 do TST, em virtude da notória controvérsia jurisprudencial então reinante. Incidência da Súmula nº 83 do TST.

OJ-SDI2-10 AÇÃO RESCISÓRIA. CONTRATO NULO. ADMINISTRAÇÃO PÚBLICA. EFEITOS. ART. 37, II E § 2º, DA CF/1988 (inserida em 20.09.2000)

Somente por ofensa ao art. 37, II e § 2º, da CF/1988, procede o pedido de rescisão de julgado para considerar nula a contratação, sem concurso público, de servidor, após a CF/1988.

OJ-SDI2-11 AÇÃO RESCISÓRIA. CORREÇÃO MONETÁRIA. LEI Nº 7.596/87. UNIVERSIDADES FEDERAIS. IMPLANTAÇÃO TARDIA DO PLANO DE CLASSIFICAÇÃO DE CARGOS. VIOLAÇÃO DE LEI. SÚMULA Nº 83 DO TST. APLICÁVEL (inserida em 20.09.2000)

Não se rescinde julgado que acolhe pedido de correção monetária decorrente da implantação tardia do Plano de Classificação de Cargos de Universidade Federal previsto na Lei nº 7.596/87, à época em que era controvertida tal matéria na jurisprudência. Incidência da Súmula nº 83 do TST.

OJ-SDI2-12 AÇÃO RESCISÓRIA. DECADÊNCIA. CONSUMAÇÃO ANTES OU DEPOIS DA EDIÇÃO DA MEDIDA PROVISÓRIA Nº 1.577/97. AMPLIAÇÃO DO PRAZO

- Res. 208/2016, DEJT divulgado em 22, 25 e 26.04.2016

I - A vigência da Medida Provisória nº 1.577/97 e de suas reedições implicou o elastecimento do prazo decadencial para o ajuizamento da ação rescisória a favor dos entes de direito público, autarquias e fundações públicas. Se o biênio decadencial do art. 495 do CPC de 1973 findou após a entrada em vigor da referida medida provisória e até sua suspensão pelo STF em sede liminar de ação direta de inconstitucionalidade (ADIn 1753-2), tem-se como aplicável o prazo decadencial elastecido à rescisória. (ex-OJ nº 17 da SDI-2 - inserida em 20.09.2000)

II - A regra ampliativa do prazo decadencial para a propositura de ação rescisória em favor de pessoa jurídica de direito público não se aplica se, ao tempo em que sobreveio a Medida Provisória nº 1.577/97, já se exaurira o biênio do art. 495 do CPC de 1973. Preservação do direito adquirido da parte à decadência já consumada sob a égide da lei velha. (ex-OJ nº 12 da SDI-2 - inserida em 20.09.2000)

OJ-SDI2-18 AÇÃO RESCISÓRIA. DECADÊNCIA. UNIÃO. LEI COMPLEMENTAR Nº 73/1993, ART. 67. LEI Nº 8.682/1993, ART. 6º (inserida em 20.09.2000)

O art. 67 da Lei Complementar nº 73/1993 interrompeu todos os prazos, inclusive o de decadência, em favor da União no período compreendido entre 14.02.1993 e 14.08.1993.

OJ-SDI2-19 AÇÃO RESCISÓRIA. DESLIGAMENTO INCENTIVADO. IMPOSTO DE RENDA. ABONO PECUNIÁRIO. VIOLAÇÃO DE LEI. SÚMULA Nº 83 DO TST. APLICÁVEL (inserida em 20.09.2000)

Havendo notória controvérsia jurisprudencial acerca da incidência de imposto de renda sobre parcela paga pelo empregador ("abono pecuniário") a título de "desligamento incentivado", improcede pedido de rescisão do julgado. Incidência da Súmula nº 83 do TST.

OJ-SDI2-21 AÇÃO RESCISÓRIA. DUPLO GRAU DE JURISDIÇÃO. TRÂNSITO EM JULGADO. INOBSERVÂNCIA. DECRETO-LEI Nº 779/69, ART. 1º, V. INCABÍVEL (nova redação) - DJ 22.08.2005

É incabível ação rescisória para a desconstituição de sentença não transitada em julgado porque ainda não submetida ao necessário duplo grau de jurisdição, na forma do Decreto-Lei nº 779/69. Determina-se que se oficie ao Presidente do TRT para que proceda à avocatória do processo principal para o reexame da sentença rescindenda.

OJ-SDI2-23 AÇÃO RESCISÓRIA. ESTABILIDADE. PERÍODO PRÉ-ELEITORAL. VIOLAÇÃO DE LEI. SÚMULA Nº 83 DO TST. APLICÁVEL (inserida em 20.09.2000)

Não procede pedido de rescisão de sentença de mérito que assegura ou nega estabilidade pré-eleitoral, quando a decisão rescindenda for anterior à Orientação Jurisprudencial nº 51, da Seção de Dissídios Individuais do TST (25.11.96). Incidência da Súmula nº 83 do TST.

OJ-SDI2-24 AÇÃO RESCISÓRIA. ESTABILIDADE PROVISÓRIA. REINTEGRAÇÃO EM PERÍODO POSTERIOR. DIREITO LIMITADO AOS SALÁRIOS E CONSECTÁRIOS DO PERÍODO DA ESTABILIDADE (inserida em 20.09.2000)

Rescinde-se o julgado que reconhece estabilidade provisória e determina a reintegração de empregado, quando já exaurido o respectivo período de estabilidade. Em juízo rescisório, restringe-se a condenação quanto aos salários e consectários até o termo final da estabilidade.

OJ-SDI2-25 AÇÃO RESCISÓRIA. REGÊNCIA PELO CPC DE 1973. EXPRESSÃO "LEI" DO ART. 485, V, DO CPC de 1973. NÃO INCLUSÃO DO ACT, CCT, PORTARIA, REGULAMENTO, SÚMULA E ORIENTAÇÃO JURISPRUDENCIAL DE TRIBUNAL. (atualizada em decorrência do CPC de 2015)

Res. 212/2016, DEJT divulgado em 20, 21 e 22.09.2016

Não procede pedido de rescisão fundado no art. 485, V, do CPC de 1973 quando se aponta contrariedade à norma de convenção coletiva de trabalho, acordo coletivo de trabalho, portaria do Poder Executivo, regulamento de empresa e súmula ou orientação jurisprudencial de tribunal. (ex-OJ 25 da SDI-2, inserida em 20.09.2000 e ex-OJ 118 da SDI-2, DJ 11.08.2003)

OJ-SDI2-26 AÇÃO RESCISÓRIA. GRATIFICAÇÃO DE NÍVEL SUPERIOR. SUFRAMA (inserida em 20.09.2000)

A extensão da gratificação instituída pela SUFRAMA aos servidores celetistas exercentes de atividade de nível superior não ofende as disposições contidas nos arts. 37, XIII e 39, § 1º, da CF/1988.

OJ-SDI2-30 AÇÃO RESCISÓRIA. MULTA. ART. 920 DO CÓDIGO CIVIL DE 1916 (ART. 412 DO CÓDIGO CIVIL DE 2002) (nova redação em decorrência da incorporação da Orientação Jurisprudencial nº 31 da SBDI-II) - DJ 22.08.2005

Não se acolhe, por violação do art. 920 do Código Civil de 1916 (art. 412 do Código Civil de 2002), pedido de rescisão de julgado que:

a) em processo de conhecimento, impôs condenação ao pagamento de multa, quando a decisão rescindenda for anterior à Orientação Jurisprudencial nº 54 da Subseção I Especializada em Dissídios Individuais do TST (30.05.94), incidindo o óbice da Súmula nº 83 do TST; (ex-OJ nº 30 da SDI-2 inserida em 20.09.2000)

b) em execução, rejeita-se limitação da condenação ao pagamento de multa, por inexistência de violação literal. (ex-OJ nº 31 da SDI-2 - inserida em 20.09.2000).

OJ-SDI2-34 AÇÃO RESCISÓRIA. PLANOS ECONÔMICOS - Res. 208/2016, DEJT divulgado em 22, 25 e 26.04.2016

I - O acolhimento de pedido em ação rescisória de plano econômico, fundada no art. 485, inciso V, do CPC de 1973, pressupõe, necessariamente, expressa invocação na petição inicial de afronta ao art. 5º, inciso XXXVI, da Constituição Federal de 1988. A indicação de ofensa literal a preceito de lei ordinária atrai a incidência da Súmula nº 83 do TST e Súmula nº 343 do STF.

II - Se a decisão rescindenda é posterior à Súmula nº 315 do TST (Res. 07, DJ 22.09.93), inaplicável a Súmula nº 83 do TST.

OJ-SDI2-35 AÇÃO RESCISÓRIA. PLANOS ECONÔMICOS. COISA JULGADA. LIMITAÇÃO À DATA-BASE NA FASE DE EXECUÇÃO (inserida em 20.09.2000)

Não ofende a coisa julgada a limitação à data-base da categoria, na fase executória, da condenação ao pagamento de diferenças salariais decorrentes de planos econômicos, quando a decisão exeqüenda silenciar sobre a limitação, uma vez que a limitação decorre de norma cogente. Apenas quando a sentença exeqüenda houver expressamente afastado a limitação à data-base é que poderá ocorrer ofensa à coisa julgada.

OJ-SDI2-38 AÇÃO RESCISÓRIA. PROFESSOR-ADJUNTO. INGRESSO NO CARGO DE PROFESSOR-TITULAR. EXIGÊNCIA DE CONCURSO PÚBLICO (LEI Nº 7.596/1987, DECRETO Nº 94.664/87 E ART. 206, V, CF/1988) (inserida em 20.09.2000)

A assunção do professor-adjunto ao cargo de professor titular de universidade pública, sem prévia aprovação em concurso público, viola o art. 206, inciso V, da Constituição Federal. Procedência do pedido de rescisão do julgado.

OJ-SDI2-39 AÇÃO RESCISÓRIA. REAJUSTES BIMESTRAIS E QUADRIMESTRAIS. LEI Nº 8.222/1991. SÚMULA Nº 83 DO TST. APLICÁVEL (inserida em 20.09.2000)

Havendo controvérsia jurisprudencial à época, não se rescinde decisão que aprecia a possibilidade de cumulação das antecipações bimestrais e reajustes quadrimestrais de salário previstos na Lei nº 8.222/91. Incidência da Súmula nº 83 do TST.

OJ-SDI2-41 AÇÃO RESCISÓRIA. SENTENÇA "CITRA PETITA". CABIMENTO (atualizada em decorrência do CPC de 2015) - Res. 208/2016, DEJT divulgado em 22, 25 e 26.04.2016

Revelando-se a sentença "citra petita", o vício processual vulnera os arts. 141 e 492 do CPC de 2015 (arts. 128 e 460 do CPC de 1973), tornando-a passível de desconstituição, ainda que não interpostos embargos de declaração.

OJ-SDI2-53 MANDADO DE SEGURANÇA. COOPERATIVA EM LIQUIDAÇÃO EXTRAJUDICIAL. LEI Nº 5.764/71, ART. 76. INAPLICÁVEL. NÃO SUSPENDE A EXECUÇÃO (inserida em 20.09.2000)

A liquidação extrajudicial de sociedade cooperativa não suspende a execução dos créditos trabalhistas existentes contra ela.

OJ-SDI2-54 MANDADO DE SEGURANÇA. EMBARGOS DE TERCEIRO. CUMULAÇÃO. PENHORA. INCABÍVEL (atualizada em decorrência do CPC de 2015) - Res. 208/2016, DEJT divulgado em 22, 25 e 26.04.2016

Ajuizados embargos de terceiro (art. 674 do CPC de 2015 - art. 1.046 do CPC de 1973) para pleitear a desconstituição da penhora, é incabível mandado de segurança com a mesma finalidade.

OJ-SDI2-56 MANDADO DE SEGURANÇA. EXECUÇÃO. PENDÊNCIA DE RECURSO EXTRAORDINÁRIO (inserida em 20.09.2000)

Não há direito líquido e certo à execução definitiva na pendência de recurso extraordinário, ou de agravo de instrumento visando a destrancá-lo.

OJ-SDI2-57 MANDADO DE SEGURANÇA. INSS. TEMPO DE SERVIÇO. AVERBAÇÃO E/OU RECONHECIMENTO (inserida em 20.09.2000)

Conceder-se-á mandado de segurança para impugnar ato que determina ao INSS o reconhecimento e/ou averbação de tempo de serviço.

OJ-SDI2-59 MANDADO DE SEGURANÇA. PENHORA. CARTA DE FIANÇA BANCÁRIA. SEGURO GARANTIA JUDICIAL (nova redação em decorrência do CPC 2015) – Res. 209/2016 – DEJT divulgado em 01, 02 e 03.06.2016

A carta de fiança bancária e o seguro garantia judicial, desde que em valor não inferior ao do débito em execução, acrescido de trinta por cento, equivalem a dinheiro para efeito da gradação dos bens penhoráveis, estabelecida no art. 835 do CPC de 2015 (art. 655 do CPC de 1973).

OJ-SDI2-63 MANDADO DE SEGURANÇA. REINTEGRAÇÃO. AÇÃO CAUTELAR (inserida em 20.09.2000)

Comporta a impetração de mandado de segurança o deferimento de reintegração no emprego em ação cautelar.

OJ-SDI2-64 MANDADO DE SEGURANÇA. REINTEGRAÇÃO LIMINARMENTE CONCEDIDA (inserida em 20.09.2000)

Não fere direito líquido e certo a concessão de tutela antecipada para reintegração de empregado protegido por estabilidade provisória decorrente de lei ou norma coletiva.

OJ-SDI2-65 MANDADO DE SEGURANÇA. REINTEGRAÇÃO LIMINARMENTE CONCEDIDA. DIRIGENTE SINDICAL (inserida em 20.09.2000)

Ressalvada a hipótese do art. 494 da CLT, não fere direito líquido e certo a determinação liminar de reintegração no emprego de dirigente sindical, em face da previsão do inciso X do art. 659 da CLT.

OJ-SDI2-66 MANDADO DE SEGURANÇA. SENTENÇA HOMOLOGATÓRIA DE ADJUDICAÇÃO. INCABÍVEL (atualizado o item I e incluído o item II em decorrência do CPC de 2015) Res. 212/2016, DEJT divulgado em 20, 21 e 22.09.2016

I – Sob a égide do CPC de 1973 é incabível o mandado de segurança contra sentença homologatória de adjudicação, uma vez que existe meio próprio para impugnar o ato judicial, consistente nos embargos à adjudicação (CPC de 1973, art. 746).

II – Na vigência do CPC de 2015 também não cabe mandado de segurança, pois o ato judicial pode ser impugnado por simples petição, na forma do artigo 877, caput, do CPC de 2015.

OJ-SDI2-67 MANDADO DE SEGURANÇA. TRANSFERÊNCIA. ART. 659, IX, DA CLT (inserida em 20.09.2000)

Não fere direito líquido e certo a concessão de liminar obstativa de transferência de empregado, em face da previsão do inciso IX do art. 659 da CLT.

OJ-SDI2-68 ANTECIPAÇÃO DE TUTELA. COMPETÊNCIA (nova redação) - DJ 22.08.2005

Nos Tribunais, compete ao relator decidir sobre o pedido de antecipação de tutela, submetendo sua decisão ao Colegiado respectivo, independentemente de pauta, na sessão imediatamente subseqüente.

OJ-SDI2-69 FUNGIBILIDADE RECURSAL. INDEFERIMENTO LIMINAR DE AÇÃO RESCISÓRIA OU MANDADO DE SEGURANÇA. RECURSO PARA O TST. RECEBIMENTO COMO AGRAVO REGIMENTAL E DEVOLUÇÃO DOS AUTOS AO TRT (inserida em 20.09.2000)

Recurso ordinário interposto contra despacho monocrático indeferitório da petição inicial de ação rescisória ou de mandado de segurança pode, pelo princípio de fungibilidade recursal, ser recebido como agravo regimental. Hipótese de não conhecimento do recurso pelo TST e devolução dos autos ao TRT, para que aprecie o apelo como agravo regimental.

OJ-SDI2-70 AÇÃO RESCISÓRIA. REGÊNCIA PELO CPC DE 1973. MANIFESTO E INESCUSÁVEL EQUÍVOCO NO DIRECIONAMENTO. INÉPCIA DA INICIAL. EXTINÇÃO DO PROCESSO (atualizada em decorrência do CPC de 2015) - Res. 220/2017, DEJT divulgado em 21, 22 e 25.09.2017

Sob a égide do CPC de 1973, o manifesto equívoco da parte em ajuizar ação rescisória no TST para desconstituir julgado proferido pelo TRT, ou vice-versa, implica a extinção do processo sem julgamento do mérito por inépcia da inicial.

OJ-SDI2-71 AÇÃO RESCISÓRIA. SALÁRIO PROFISSIONAL. FIXAÇÃO. MÚLTIPLO DE SALÁRIO MÍNIMO. ART. 7º, IV, DA CF/88 (nova redação) - DJ 22.11.2004

A estipulação do salário profissional em múltiplos do salário mínimo não afronta o art. 7º, inciso IV, da Constituição Federal de 1988, só incorrendo em vulneração do referido preceito constitucional a fixação de correção automática do salário pelo reajuste do salário mínimo.

OJ-SDI2-76 AÇÃO RESCISÓRIA. AÇÃO CAUTELAR PROPOSTA SOB A VIGÊNCIA DO CPC DE 1973. SUSPENSÃO DA EXECUÇÃO. JUNTADA DE DOCUMENTO INDISPENSÁVEL. POSSIBILIDADE DE ÊXITO NA RESCISÃO DO JULGADO (atualizada em decorrência do CPC de 2015) - Res. 220/2017, DEJT divulgado em 21, 22 e 25.09.2017

É indispensável a instrução da ação cautelar proposta sob a vigência do CPC de 1973 com as provas documentais necessárias à aferição da plausibilidade de êxito na rescisão do julgado. Assim sendo, devem vir junto com a inicial da cautelar as cópias da petição inicial da ação rescisória principal, da decisão rescindenda, da certidão do trânsito em julgado da decisão rescindenda e informação do andamento atualizado da execução.

OJ-SDI2-78 AÇÃO RESCISÓRIA. CUMULAÇÃO SUCESSIVA DE PEDIDOS. RESCISÃO DA SENTENÇA E DO ACÓRDÃO. AÇÃO ÚNICA. art. 326 do CPC de 2015. ART. 289 DO CPC de 1973 (atualizada em decor-

rência do CPC de 2015) - Res. 208/2016, DEJT divulgado em 22, 25 e 26.04.2016

É admissível o ajuizamento de uma única ação rescisória contendo mais de um pedido, em ordem sucessiva, de rescisão da sentença e do acórdão. Sendo inviável a tutela jurisdicional de um deles, o julgador está obrigado a apreciar os demais, sob pena de negativa de prestação jurisdicional.

OJ-SDI2-80 AÇÃO RESCISÓRIA. DECADÊNCIA. "DIES A QUO". RECURSO DESERTO. SÚMULA Nº 100 DO TST (inserida em 13.03.2002)

O não-conhecimento do recurso por deserção não antecipa o "dies a quo" do prazo decadencial para o ajuizamento da ação rescisória, atraindo, na contagem do prazo, a aplicação da Súmula nº 100 do TST.

OJ-SDI2-84 AÇÃO RESCISÓRIA. AUSÊNCIA DA DECISÃO RESCINDENDA E/OU DA CERTIDÃO DE SEU TRÂNSITO EM JULGADO DEVIDAMENTE AUTENTICADAS. CONCESSÃO DE PRAZO PARA COMPLEMENTAÇÃO DA DOCUMENTAÇÃO. (alterada em decorrência do CPC de 2015) - Res. 220/2017, DEJT divulgado em 21, 22 e 25.09.2017.

São peças essenciais para o julgamento da ação rescisória a decisão rescindenda e/ou a certidão do seu trânsito em julgado, devidamente autenticadas, à exceção de cópias reprográficas apresentadas por pessoa jurídica de direito público, a teor do art. 24 da Lei nº 10.522/2002, ou declaradas autênticas pelo advogado na forma do artigo 830 da CLT com a redação dada pela Lei nº 11.925/2009. Em fase recursal, verificada a ausência de qualquer delas, cumpre ao Relator do recurso ordinário conceder o prazo de 5 (cinco) dias ao recorrente para que seja complementada a documentação exigível, nos termos do art. 932, parágrafo único, do CPC de 2015.

OJ-SDI2-88 MANDADO DE SEGURANÇA. VALOR DA CAUSA. CUSTAS PROCESSUAIS. CABIMENTO (inserida em 13.03.2002)

Incabível a impetração de mandado de segurança contra ato judicial que, de ofício, arbitrou novo valor à causa, acarretando a majoração das custas processuais, uma vez que cabia à parte, após recolher as custas, calculadas com base no valor dado à causa na inicial, interpor recurso ordinário e, posteriormente, agravo de instrumento no caso de o recurso ser considerado deserto.

OJ-SDI2-89 "HABEAS CORPUS". DEPOSITÁRIO. TERMO DE DEPÓSITO NÃO ASSINADO PELO PACIENTE. NECESSIDADE DE ACEITAÇÃO DO ENCARGO. IMPOSSIBILIDADE DE PRISÃO CIVIL (inserida em 27.05.2002)

A investidura no encargo de depositário depende da aceitação do nomeado que deve assinar termo de compromisso no auto de penhora, sem o que, é inadmissível a restrição de seu direito de liberdade.

OJ-SDI2-91 MANDADO DE SEGURANÇA. AUTENTICAÇÃO DE CÓPIAS PELAS SECRETARIAS DOS TRIBUNAIS REGIONAIS DO TRABALHO. REQUERIMENTO INDEFERIDO. ART. 789, § 9º, DA CLT (inserida em 27.05.2002)

Não sendo a parte beneficiária da assistência judiciária gratuita, inexiste direito líquido e certo à autenticação, pelas Secretarias dos Tribunais, de peças extraídas do processo principal, para formação do agravo de instrumento.

OJ-SDI2-92 MANDADO DE SEGURANÇA. EXISTÊNCIA DE RECURSO PRÓPRIO (inserida em 27.05.2002)

Não cabe mandado de segurança contra decisão judicial passível de reforma mediante recurso próprio, ainda que com efeito diferido.

OJ-SDI2-93 PENHORA SOBRE PARTE DA RENDA DE ESTABELECIMENTO COMERCIAL. POSSIBILIDADE. (alterada em decorrência do CPC de 2015) - Res. 220/2017, DEJT divulgado em 21, 22 e 25.09.2017.

Nos termos do art. 866 do CPC de 2015, é admissível a penhora sobre a renda mensal ou faturamento de empresa, limitada a percentual, que não comprometa o desenvolvimento regular de suas atividades, desde que não haja outros bens penhoráveis ou, havendo outros bens, eles sejam de difícil alienação ou insuficientes para satisfazer o crédito executado.

OJ-SDI2-94 AÇÃO RESCISÓRIA. COLUSÃO. FRAUDE À LEI. RECLAMATÓRIA SIMULADA EXTINTA (inserida em 27.09.2002)

A decisão ou acordo judicial subjacente à reclamação trabalhista, cuja tramitação deixa nítida a simulação do litígio para fraudar a lei e prejudicar terceiros, enseja ação rescisória, com lastro em colusão. No juízo rescisório, o processo simulado deve ser extinto.

OJ-SDI2-97 AÇÃO RESCISÓRIA. VIOLAÇÃO DO ART. 5º, II, LIV E LV, DA CONSTITUIÇÃO FEDERAL. PRINCÍPIOS DA LEGALIDADE, DO DEVIDO PROCESSO LEGAL, DO CONTRADITÓRIO E DA AMPLA DEFESA (nova redação) - DJ 22.08.2005

Os princípios da legalidade, do devido processo legal, do contraditório e da ampla defesa não servem de fundamento para a desconstituição de decisão judicial transitada em julgado, quando se apresentam sob a forma de pedido genérico e desfundamentado, acompanhando dispositivos legais que tratam especificamente da matéria debatida, estes sim, passíveis de fundamentarem a análise do pleito rescisório.

OJ-SDI2-98 MANDADO DE SEGURANÇA. CABÍVEL PARA ATACAR EXIGÊNCIA DE DEPÓSITO PRÉVIO DE HONORÁRIOS PERICIAIS (nova redação) - DJ 22.08.2005

É ilegal a exigência de depósito prévio para custeio dos honorários periciais, dada a incompatibilidade com o processo do trabalho, sendo cabível o mandado de segurança visando à realização da perícia, independentemente do depósito.

OJ-SDI2-99 MANDADO DE SEGURANÇA. ESGOTAMENTO DE TODAS AS VIAS PROCESSUAIS DISPONÍVEIS. TRÂNSITO EM JULGADO FORMAL. DESCABIMENTO (inserida em 27.09.2002)

Esgotadas as vias recursais existentes, não cabe mandado de segurança.

OJ-SDI2-100 RECURSO ORDINÁRIO PARA O TST. DECISÃO DE TRT PROFERIDA EM AGRAVO REGIMENTAL CONTRA LIMINAR EM AÇÃO CAUTELAR OU EM MANDADO DE SEGURANÇA. INCABÍVEL (inserida em 27.09.2002)

Não cabe recurso ordinário para o TST de decisão proferida pelo Tribunal Regional do Trabalho em agravo regimental interposto contra despacho que concede ou não liminar em ação cautelar ou em mandado de segurança, uma vez que o processo ainda pende de decisão definitiva do Tribunal "a quo".

OJ-SDI2-101 AÇÃO RESCISÓRIA. INCISO IV do art. 966 DO CPC de 2015. ART. 485, IV, DO CPC de 1973. OFENSA A COISA JULGADA. NECESSIDADE DE FIXAÇÃO DE TESE NA DECISÃO RESCINDENDA (atualizada em decorrência do CPC de 2015) - Res. 208/2016, DEJT divulgado em 22, 25 e 26.04.2016

Para viabilizar a desconstituição do julgado pela causa de rescindibilidade do inciso IV do art. 966 do CPC de 2015 (inciso IV do art. 485 do CPC de 1973), é necessário que a decisão rescindenda tenha enfrentado as questões ventiladas na ação rescisória, sob pena de inviabilizar o cotejo com o título executivo judicial tido por desrespeitado, de modo a se poder concluir pela ofensa à coisa julgada.

OJ-SDI2-103 AÇÃO RESCISÓRIA. CONTRADIÇÃO ENTRE FUNDAMENTAÇÃO E PARTE DISPOSITIVA DO JULGADO. CABIMENTO. ERRO DE FATO (DJ 29.04.2003)

É cabível a rescisória para corrigir contradição entre a parte dispositiva do acórdão rescindendo e a sua fundamentação, por erro de fato na retratação do que foi decidido.

OJ-SDI2-107 AÇÃO RESCISÓRIA. DECISÃO RESCINDENDA DE MÉRITO. SENTENÇA

DECLARATÓRIA DE EXTINÇÃO DE EXECUÇÃO. SATISFAÇÃO DA OBRIGAÇÃO (atualizada em decorrência do CPC de 2015) - Res. 208/2016, DEJT divulgado em 22, 25 e 26.04.2016

Embora não haja atividade cognitiva, a decisão que declara extinta a execução, nos termos do art. 924, incisos I a IV c/c art. 925 do CPC de 2015 (art. 794 c/c art. 795 do CPC de 1973), extingue a relação processual e a obrigacional, sendo passível de corte rescisório.

OJ-SDI2-112 AÇÃO RESCISÓRIA. VIOLAÇÃO DE LEI. DECISÃO RESCINDENDA POR DUPLO FUNDAMENTO. IMPUGNAÇÃO PARCIAL (DJ 29.04.2003)

Para que a violação da lei dê causa à rescisão de decisão de mérito alicerçada em duplo fundamento, é necessário que o Autor da ação rescisória invoque causas de rescindibilidade que, em tese, possam infirmar a motivação dúplice da decisão rescindenda.

OJ-SDI2-113 AÇÃO CAUTELAR. EFEITO SUSPENSIVO AO RECURSO ORDINÁRIO EM MANDADO DE SEGURANÇA. INCABÍVEL. AUSÊNCIA DE INTERESSE. EXTINÇÃO (cancelada em decorrência do CPC de 2015) - Res. 220/2017, DEJT divulgado em 21, 22 e 25.09.2017

É incabível medida cautelar para imprimir efeito suspensivo a recurso interposto contra decisão proferida em mandado de segurança, pois ambos visam, em última análise, à sustação do ato atacado. Extingue-se, pois, o processo, sem julgamento do mérito, por ausência de interesse de agir, para evitar que decisões judiciais conflitantes e inconciliáveis passem a reger idêntica situação jurídica.

OJ-SDI2-123 AÇÃO RESCISÓRIA. INTERPRETAÇÃO DO SENTIDO E ALCANCE DO TÍTULO EXECUTIVO. INEXISTÊNCIA DE OFENSA À COISA JULGADA (título alterado) - DJ 22.08.2005

O acolhimento da ação rescisória calcada em ofensa à coisa julgada supõe dissonância patente entre as decisões exeqüenda e rescindenda, o que não se verifica quando se faz necessária a interpretação do título executivo judicial para se concluir pela lesão à coisa julgada.

OJ-SDI2-124 AÇÃO RESCISÓRIA. art. 966, INCISO II, do CPC de 2015. ART. 485, inciso II, DO CPC de 1973. ARGUIÇÃO DE INCOMPETÊNCIA ABSOLUTA. PREQUESTIONAMENTO INEXIGÍVEL. (atualizada em decorrência do CPC de 2015) - Res. 208/2016, DEJT divulgado em 22, 25 e 26.04.2016

Na hipótese em que a ação rescisória tem como causa de rescindibilidade o inciso II do art. 966 do CPC de 2015 (inciso II do art. 485 do CPC de 1973), a arguição de incompetência absoluta prescinde de prequestionamento.

OJ-SDI2-127 MANDADO DE SEGURANÇA. DECADÊNCIA. CONTAGEM. EFETIVO ATO COATOR (DJ 09.12.2003)

Na contagem do prazo decadencial para ajuizamento de mandado de segurança, o efetivo ato coator é o primeiro em que se firmou a tese hostilizada e não aquele que a ratificou.

OJ-SDI2-128 AÇÃO RESCISÓRIA. CONCURSO PÚBLICO ANULADO POSTERIORMENTE. APLICAÇÃO DA SÚMULA Nº 363 DO TST (DJ 09.12.2003)

O certame público posteriormente anulado equivale à contratação realizada sem a observância da exigência contida no art. 37, II, da Constituição Federal de 1988. Assim sendo, aplicam-se à hipótese os efeitos previstos na Súmula nº 363 do TST.

OJ-SDI2-129 AÇÃO ANULATÓRIA. COMPETÊNCIA ORIGINÁRIA (DJ 04.05.2004)

Em se tratando de ação anulatória, a competência originária se dá no mesmo juízo em que praticado o ato supostamente eivado de vício.

OJ-SDI2-130 AÇÃO CIVIL PÚBLICA. COMPETÊNCIA. LOCAL DO DANO. LEI nº

7.347/1985, ART. 2º. CÓDIGO DE DEFESA DO CONSUMIDOR, ART. 93 (redação alterada na sessão do Tribunal Pleno realizada em 14.09.2012) – Res. 186/2012, DEJT divulgado em 25, 26 e 27.09.2012

I – A competência para a Ação Civil Pública fixa-se pela extensão do dano.

II – Em caso de dano de abrangência regional, que atinja cidades sujeitas à jurisdição de mais de uma Vara do Trabalho, a competência será de qualquer das varas das localidades atingidas, ainda que vinculadas a Tribunais Regionais do Trabalho distintos.

III – Em caso de dano de abrangência suprarregional ou nacional, há competência concorrente para a Ação Civil Pública das Varas do Trabalho das sedes dos Tribunais Regionais do Trabalho.

IV – Estará prevento o juízo a que a primeira ação houver sido distribuída.

OJ-SDI2-131 AÇÃO RESCISÓRIA. AÇÃO CAUTELAR PARA SUSPENDER EXECUÇÃO DA DECISÃO RESCINDENDA. PENDÊNCIA DE TRÂNSITO EM JULGADO DA AÇÃO RESCISÓRIA PRINCIPAL. EFEITOS (DJ 04.05.2004)

A ação cautelar não perde o objeto enquanto ainda estiver pendente o trânsito em julgado da ação rescisória principal, devendo o pedido cautelar ser julgado procedente, mantendo-se os efeitos da liminar eventualmente deferida, no caso de procedência do pedido rescisório ou, por outro lado, improcedente, se o pedido da ação rescisória principal tiver sido julgado improcedente.

OJ-SDI2-132 AÇÃO RESCISÓRIA. ACORDO HOMOLOGADO. ALCANCE. OFENSA À COISA JULGADA (DJ 04.05.2004)

Acordo celebrado - homologado judicialmente - em que o empregado dá plena e ampla quitação, sem qualquer ressalva, alcança não só o objeto da inicial, como também todas as demais parcelas referentes ao extinto contrato de trabalho, violando a coisa julgada, a propositura de nova reclamação trabalhista.

OJ-SDI2-134 AÇÃO RESCISÓRIA. DECISÃO QUE DECLARA PRECLUSA A OPORTUNIDADE DE IMPUGNAÇÃO DA SENTENÇA DE LIQUIDAÇÃO. PRODUÇÃO DE COISA JULGADA FORMAL. IRRESCINDIBILIDADE. (alterada em decorrência do CPC de 2015) - Res. 220/2017, DEJT divulgado em 21, 22 e 25.09.2017

A decisão proferida em embargos à execução ou em agravo de petição que apenas declara preclusa a oportunidade de impugnação da sentença de liquidação não é rescindível, em virtude de produzir tão-somente coisa julgada formal.

OJ-SDI2-135 AÇÃO RESCISÓRIA. VIOLAÇÃO DO ART. 37, "CAPUT", DA CF/1988. NECESSIDADE DE PREQUESTIONAMENTO (DJ 04.05.2004)

A ação rescisória calcada em violação do artigo 37, "caput", da Constituição Federal, por desrespeito ao princípio da legalidade administrativa exige que ao menos o princípio constitucional tenha sido prequestionado na decisão.

OJ-SDI2-136 AÇÃO RESCISÓRIA. ERRO DE FATO. CARACTERIZAÇÃO (atualizada em decorrência do CPC de 2015) - Res. 208/2016, DEJT divulgado em 22, 25 e 26.04.2016

A caracterização do erro de fato como causa de rescindibilidade de decisão judicial transitada em julgado supõe a afirmação categórica e indiscutida de um fato, na decisão rescindenda, que não corresponde à realidade dos autos. O fato afirmado pelo julgador, que pode ensejar ação rescisória calcada no inciso VIII do art. 966 do CPC de 2015 (inciso IX do art. 485 do CPC de 1973), é apenas aquele que se coloca como premissa fática indiscutida de um silogismo argumentativo, não aquele que se apresenta ao final desse mesmo silogismo, como conclusão decorrente das premissas que especificaram as provas oferecidas, para se concluir pela existência do fato. Esta última hipótese é afastada pelo § 1º do art. 966 do CPC de 2015 (§ 2º do art. 485 do CPC de 1973), ao exigir que não tenha havido controvérsia sobre o fato e pronunciamento judicial esmiuçando as provas.

OJ-SDI2-137 MANDADO DE SEGURANÇA. DIRIGENTE SINDICAL. ART. 494 DA CLT. APLICÁVEL (DJ 04.05.2004)

Constitui direito líquido e certo do empregador a suspensão do empregado, ainda que detentor de estabilidade sindical, até a decisão final do inquérito em que se apure a falta grave a ele imputada, na forma do art. 494, "caput" e parágrafo único, da CLT.

OJ-SDI2-140 MANDADO DE SEGURANÇA CONTRA LIMINAR, CONCEDIDA OU DENEGADA EM OUTRA SEGURANÇA. INCABÍVEL. (ART. 8º DA LEI Nº 1.533/51) - DJ 04.05.2004

Não cabe mandado de segurança para impugnar despacho que acolheu ou indeferiu liminar em outro mandado de segurança.

OJ-SDI2-142 MANDADO DE SEGURANÇA. REINTEGRAÇÃO LIMINARMENTE CONCEDIDA (DJ 04.05.2004)

Inexiste direito líquido e certo a ser oposto contra ato de Juiz que, antecipando a tutela jurisdicional, determina a reintegração do empregado até a decisão final do processo, quando demonstrada a razoabilidade do direito subjetivo material, como nos casos de anistiado pela Lei nº 8.878/94, aposentado, integrante de comissão de fábrica, dirigente sindical, portador de doença profissional, portador de vírus HIV ou detentor de estabilidade provisória prevista em norma coletiva.

OJ-SDI2-143 "HABEAS CORPUS". PENHORA SOBRE COISA FUTURA e incerta. PRISÃO. DEPOSITÁRIO INFIEL (alterada) – Res. 151/2008, DEJT divulgado em 20, 21 e 24.11.2008

Não se caracteriza a condição de depositário infiel quando a penhora recair sobre coisa futura e incerta, circunstância que, por si só, inviabiliza a materialização do depósito no momento da constituição do paciente em depositário, autorizando-se a concessão de "habeas corpus" diante da prisão ou ameaça de prisão que sofra.

OJ-SDI2-144 MANDADO DE SEGURANÇA. PROIBIÇÃO DE PRÁTICA DE ATOS FUTUROS. SENTENÇA GENÉRICA. EVENTO FUTURO. INCABÍVEL (nova redação) - DJ 22.08.2005

O mandado de segurança não se presta à obtenção de uma sentença genérica, aplicável a eventos futuros, cuja ocorrência é incerta.

OJ-SDI2-146 AÇÃO RESCISÓRIA. INÍCIO DO PRAZO PARA APRESENTAÇÃO DA CONTESTAÇÃO. ART. 774 DA CLT (atualizada em decorrência do CPC de 2015) - Res. 208/2016, DEJT divulgado em 22, 25 e 26.04.2016

A contestação apresentada em ação rescisória obedece à regra relativa à contagem de prazo constante do art. 774 da CLT, sendo inaplicável o art. 231 do CPC de 2015 (art. 241 do CPC de 1973).

OJ-SDI2-148 CUSTAS. MANDADO DE SEGURANÇA. RECURSO ORDINÁRIO. EXIGÊNCIA DO PAGAMENTO (conversão da Orientação Jurisprudencial nº 29 da SBDI-1) - Res. 129/2005, DJ 20, 22 e 25.04.2005

É responsabilidade da parte, para interpor recurso ordinário em mandado de segurança, a comprovação do recolhimento das custas processuais no prazo recursal, sob pena de deserção. (ex-OJ nº 29 - inserida em 20.09.2000)

OJ-SDI2-149 CONFLITO DE COMPETÊNCIA. incompetência territorial. hipótese do art. 651, § 3º, da CLT. impossibilidade de declaração de ofício de incompetência relativa. (DEJT divulgado em 03, 04 e 05.12.2008)

Não cabe declaração de ofício de incompetência territorial no caso do uso, pelo trabalhador, da faculdade prevista no art. 651, § 3º, da CLT. Nessa hipótese, resolve-se o conflito pelo reconhecimento da competência do juízo do local onde a ação foi proposta.

OJ-SDI2-150 AÇÃO RESCISÓRIA. REGÊNCIA PELO CPC DE 1973. DECISÃO RESCINDENDA QUE EXTINGUE O PROCESSO SEM RESOLUÇÃO DE MÉRITO POR ACOLHIMENTO DE COISA JULGADA. CONTEÚDO MERAMENTE PROCESSUAL. IMPOSSIBILIDADE JURÍDICA DO PEDIDO (atualizada em decorrência do CPC de 2015) Res. 212/2016, DEJT divulgado em 20, 21 e 22.09.2016

Reputa-se juridicamente impossível o pedido de corte rescisório de decisão que, reconhecendo a existência de coisa julgada, nos termos do art. 267, V, do CPC de 1973, extingue o processo sem resolução de mérito, o que, ante o seu conteúdo meramente processual, a torna insuscetível de produzir a coisa julgada material.

OJ-SDI2-151 AÇÃO RESCISÓRIA E MANDADO DE SEGURANÇA.PROCURAÇÃO. PODERES ESPECÍFICOS PARA AJUIZAMENTO DE RECLAMAÇÃO TRABALHISTA. IRREGULARIDADE DE REPRESENTAÇÃO PROCESSUAL. FASE RECURSAL. VÍCIO PROCESSUAL SANÁVEL. (nova redação em decorrência do CPC de 2015) - Res. 211/2016, DEJT divulgado em 24, 25 e 26.08.2016

A procuração outorgada com poderes específicos para ajuizamento de reclamação trabalhista não autoriza a propositura de ação rescisória e mandado de segurança. Constatado, todavia, o defeito de representação processual na fase recursal, cumpre ao relator ou ao tribunal conceder prazo de 5 (cinco) dias para a regularização, nos termos da Súmula nº 383, item II, do TST.

OJ-SDI2-152 AÇÃO RESCISÓRIA E MANDADO DE SEGURANÇA. RECURSO DE REVISTA DE ACÓRDÃO REGIONAL QUE JULGA AÇÃO RESCISÓRIA OU MANDADO DE SEGURANÇA. PRINCÍPIO DA FUNGIBILIDADE. INAPLICABILIDADE. ERRO GROSSEIRO NA INTERPOSIÇÃO DO RECURSO (DEJT divulgado em 03, 04 e 05.12.2008)

A interposição de recurso de revista de decisão definitiva de Tribunal Regional do Trabalho em ação rescisória ou em mandado de segurança, com fundamento em violação legal e divergência jurisprudencial e remissão expressa ao art. 896 da CLT, configura erro grosseiro, insuscetível de autorizar o seu recebimento como recurso ordinário, em face do disposto no art. 895, "b", da CLT.

OJ-SDI2-153 MANDADO DE SEGURANÇA. EXECUÇÃO. ORDEM DE PENHORA SOBRE VALORES EXISTENTES EM CONTA SALÁRIO. ART. 649, IV, DO CPC DE 1973. ILEGALIDADE. (atualizada em decorrência do CPC de 2015) - Res. 220/2017, DEJT divulgado em 21, 22 e 25.09.2017

Ofende direito líquido e certo decisão que determina o bloqueio de numerário existente em conta salário, para satisfação de crédito trabalhista, ainda que seja limitado a determinado percentual dos valores recebidos ou a valor revertido para fundo de aplicação ou poupança, visto que o art. 649, IV, do CPC de 1973 contém norma imperativa que não admite interpretação ampliativa, sendo a exceção prevista no art. 649, § 2º, do CPC de 1973 espécie e não gênero de crédito de natureza alimentícia, não englobando o crédito trabalhista.

OJ-SDI2-154 AÇÃO RESCISÓRIA. ACORDO PRÉVIO AO AJUIZAMENTO DA RECLAMAÇÃO. QUITAÇÃO GERAL. LIDE SIMULADA. POSSIBILIDADE DE RESCISÃO DA SENTENÇA HOMOLOGATÓRIA DE ACORDO APENAS SE VERIFICADA A EXISTÊNCIA DE VÍCIO DE CONSENTIMENTO. (DEJT divulgado em 09, 10 e 11.06.2010)

A sentença homologatória de acordo prévio ao ajuizamento de reclamação trabalhista, no qual foi conferida quitação geral do extinto contrato, sujeita-se ao corte rescisório tão somente se verificada a existência de fraude ou vício de consentimento.

OJ-SDI2-156 "HABEAS CORPUS" ORIGINÁRIO NO TST. SUBSTITUTIVO DE RECURSO ORDINÁRIO EM "HABEAS CORPUS". CABIMENTO CONTRA DECISÃO DEFINITIVA PROFERIDA por TRIBUNAL

REGIONAL DO TRABALHO. (DEJT divulgado em 09, 10 e 11.06.2010)

É cabível ajuizamento de "habeas corpus" originário no Tribunal Superior do Trabalho, em substituição de recurso ordinário em "habeas corpus", de decisão definitiva proferida por Tribunal Regional do Trabalho, uma vez que o órgão colegiado passa a ser a autoridade coatora no momento em que examina o mérito do "habeas corpus" impetrado no âmbito da Corte local.

OJ-SDI2-157 AÇÃO RESCISÓRIA. DECISÕES PROFERIDAS EM FASES DISTINTAS DE UMA MESMA AÇÃO. COISA JULGADA. NÃO CONFIGURAÇÃO. (atualizada em decorrência do CPC de 2015) - Res. 208/2016, DEJT divulgado em 22, 25 e 26.04.2016

A ofensa à coisa julgada de que trata o inciso IV do art. 966 do CPC de 2015 (inciso IV do art. 485 do CPC de 1973) refere-se apenas a relações processuais distintas. A invocação de desrespeito à coisa julgada formada no processo de conhecimento, na correspondente fase de execução, somente é possível com base na violação do art. 5º, XXXVI, da Constituição da República.

OJ-SDI2-158 AÇÃO RESCISÓRIA. DECLARAÇÃO DE NULIDADE DE DECISÃO HOMOLOGATÓRIA DE ACORDO EM RAZÃO DE COLUSÃO (ART. 485, III, DO CPC). MULTA POR LITIGÂNCIA DE MÁ-FÉ. IMPOSSIBILIDADE. (DEJT divulgado em 12, 13 e 16.04.2012)

A declaração de nulidade de decisão homologatória de acordo, em razão da colusão entre as partes (art. 485, III, do CPC), é sanção suficiente em relação ao procedimento adotado, não havendo que ser aplicada a multa por litigância de má-fé.

SDC

OJ-SDC-3 Arresto. Apreensão. Depósito. Pretensões insuscetíveis de dedução em sede coletiva (inserida em 27.03.1998)

São incompatíveis com a natureza e finalidade do dissídio coletivo as pretensões de provimento judicial de arresto, apreensão ou depósito.

OJ-SDC-5 DISSÍDIO COLETIVO. PESSOA JURÍDICA DE DIREITO PÚBLICO. POSSIBILIDADE JURÍDICA. CLÁUSULA DE NATUREZA SOCIAL (redação alterada na sessão do Tribunal Pleno realizada em 14.09.2012) – Res. 186/2012, DEJT divulgado em 25, 26 e 27.09.2012

Em face de pessoa jurídica de direito público que mantenha empregados, cabe dissídio coletivo exclusivamente para apreciação de cláusulas de natureza social. Inteligência da Convenção n.º 151 da Organização Internacional do Trabalho, ratificada pelo Decreto Legislativo n.º 206/2010.

OJ-SDC-7 Dissídio coletivo. Natureza jurídica. Interpretação de norma de caráter genérico. Inviabilidade (inserida em 27.03.1998)

Não se presta o dissídio coletivo de natureza jurídica à interpretação de normas de caráter genérico, a teor do disposto no art. 313, II, do RITST.

OJ-SDC-9 Enquadramento sindical. Incompetência material da Justiça do Trabalho (inserida em 27.03.1998)

O dissídio coletivo não é meio próprio para o Sindicato vir a obter o reconhecimento de que a categoria que representa é diferenciada, pois esta matéria - enquadramento sindical - envolve a interpretação de norma genérica, notadamente do art. 577 da CLT.

OJ-SDC-15 Sindicato. Legitimidade "ad processum". Imprescindibilidade do registro no Ministério do Trabalho (inserida em 27.03.1998)

A comprovação da legitimidade "ad processum" da entidade sindical se faz por seu registro no órgão competente do Ministério do Trabalho, mesmo após a promulgação da Constituição Federal de 1988.

OJ-SDC-19 Dissídio coletivo contra empresa. Legitimação da entidade sindical.

Autorização dos trabalhadores diretamente envolvidos no conflito (inserido dispositivo) - DEJT divulgado em 16, 17 e 18.11.2010

A legitimidade da entidade sindical para a instauração da instância contra determinada empresa está condicionada à prévia autorização dos trabalhadores da suscitada diretamente envolvidos no conflito.

OJ-SDC-22 Legitimidade "ad causam" do sindicato. Correspondência entre as atividades exercidas pelos setores profissional e econômico envolvidos no conflito. Necessidade (inserido dispositivo) - DEJT divulgado em 16, 17 e 18.11.2010

É necessária a correspondência entre as atividades exercidas pelos setores profissional e econômico, a fim de legitimar os envolvidos no conflito a ser solucionado pela via do dissídio coletivo.

OJ-SDC-23 Legitimidade "ad causam". Sindicato representativo de segmento profissional ou patronal. Impossibilidade (inserida em 25.05.1998)

A representação sindical abrange toda a categoria, não comportando separação fundada na maior ou menor dimensão de cada ramo ou empresa.

OJ-SDC-27 Custas. Ausência de intimação. Deserção. Caracterização (inserida em 19.08.1998)

A deserção se impõe mesmo não tendo havido intimação, pois incumbe à parte, na defesa do próprio interesse, obter os cálculos necessários para efetivar o preparo.

OJ-SDC-29 Edital de convocação e ata da assembléia geral. Requisitos essenciais para instauração de dissídio coletivo (inserida em 19.08.1998)

O edital de convocação da categoria e a respectiva ata da AGT constituem peças essenciais à instauração do processo de dissídio coletivo.

OJ-SDC-32 Reivindicações da categoria. Fundamentação das cláusulas. Necessidade. Aplicação do Precedente Normativo nº 37 do TST (inserida em 19.08.1998)

É pressuposto indispensável à constituição válida e regular da ação coletiva a apresentação em forma clausulada e fundamentada das reivindicações da categoria, conforme orientação do item VI, letra "e", da Instrução Normativa nº 4/93.

OJ-SDC-34 Acordo extrajudicial. Homologação. Justiça do Trabalho. Prescindibilidade (inserida em 07.12.1998)

É desnecessária a homologação, por Tribunal Trabalhista, do acordo extrajudicialmente celebrado, sendo suficiente, para que surta efeitos, sua formalização perante o Ministério do Trabalho (art. 614 da CLT e art. 7º, inciso XXVI, da Constituição Federal).

STF

SÚMULAS VINCULANTES

SÚMULA VINCULANTE 22

A Justiça do Trabalho é competente para processar e julgar as ações de indenização por danos morais e patrimoniais decorrentes de acidente de trabalho propostas por empregado contra empregador, inclusive aquelas que ainda não possuíam sentença de mérito em primeiro grau quando da promulgação da Emenda Constitucional nº 45/04.

SÚMULA VINCULANTE 23

A Justiça do Trabalho é competente para processar e julgar ação possessória ajuizada em decorrência do exercício do direito de greve pelos trabalhadores da iniciativa privada.

SÚMULA VINCULANTE 53

A competência da Justiça do Trabalho prevista no art. 114, VIII, da Constituição Federal alcança a execução de ofício das contribuições previdenciárias relativas ao objeto da condenação constante das sentenças que proferir e acordos por ela homologados.

SÚMULAS

SÚMULA 223

Concedida isenção de custas ao empregado, por elas não responde o sindicato que o representa em juízo.

SÚMULA 234

São devidos honorários de advogado em ação de acidente do trabalho julgada procedente.

SÚMULA 315

Indispensável o traslado das razões da revista, para julgamento, pelo Tribunal Superior do Trabalho, do agravo para sua admissão.

SÚMULA 327

O direito trabalhista admite a prescrição intercorrente.

SÚMULA 457

O Tribunal Superior do Trabalho, conhecendo da revista, julgará a causa, aplicando o direito à espécie.

SÚMULA 458

O processo da execução trabalhista não exclui a remição pelo executado.

SÚMULA 501

Compete à Justiça ordinária estadual o processo e o julgamento, em ambas as instâncias, das causas de acidente do trabalho, ainda que promovidas contra a União, suas autarquias, empresas públicas ou sociedades de economia mista.

SÚMULA 505

Salvo quando contrariarem a Constituição, não cabe recurso para o Supremo Tribunal Federal, de quaisquer decisões da Justiça do Trabalho, inclusive dos presidentes de seus Tribunais.

SÚMULA 633

É incabível a condenação em verba honorária nos recursos extraordinários interpostos em processo trabalhista, exceto nas hipóteses previstas na Lei 5.584/70.

SÚMULA 736

Compete à Justiça do Trabalho julgar as ações que tenham como causa de pedir o descumprimento de normas trabalhistas relativas à segurança, higiene e saúde dos trabalhadores.

STJ

SÚMULA 10

Instalada a junta de conciliação e julgamento, cessa a competência do juiz de direito em matéria trabalhista, inclusive para a execução das sentenças por ele proferidas.

SÚMULA 82

Compete a Justiça Federal, excluídas as reclamações trabalhistas, processar e julgar os feitos relativos a movimentação do FGTS.

SÚMULA 89

A ação acidentária prescinde do exaurimento da via administrativa.

SÚMULA 97

Compete à Justiça do Trabalho processar e julgar reclamação de servidor público relativamente a vantagens trabalhistas anteriores à instituição do regime jurídico único.

SÚMULA 137

Compete à Justiça Comum Estadual processar e julgar ação de servidor público municipal, pleiteando direitos relativos ao vínculo estatutário.

SÚMULA 161

É da competência da Justiça Estadual autorizar o levantamento dos valores relativos ao PIS/PASEP e FGTS, em decorrência do falecimento do titular da conta.

SÚMULA 170

Compete ao juízo onde primeiro for intentada a ação envolvendo acumulação de pedidos, trabalhista e estatutário, decidi-la nos limites da sua jurisdição, sem prejuízo do ajuizamento de nova causa, com o pedido remanescente, no juízo próprio.

SÚMULA 173

Compete à Justiça Federal processar e julgar o pedido de reintegração em cargo público federal, ainda que o servidor tenha sido dispensado antes da instituição do regime jurídico único.

SÚMULA 180

Na lide trabalhista, compete ao Tribunal Regional do Trabalho dirimir conflito de competência verificado, na respectiva região, entre juiz estadual e junta de conciliação e julgamento.

SÚMULA 218

Compete à Justiça dos Estados processar e julgar ação de servidor estadual decorrente de direitos e vantagens estatutárias no exercício de cargo em comissão.

SÚMULA 225

Compete ao Tribunal Regional do Trabalho apreciar recurso contra sentença proferida por órgão de primeiro grau da Justiça Trabalhista, ainda que para declarar-lhe a nulidade em virtude de incompetência.

SÚMULA 226

O Ministério Público tem legitimidade para recorrer na ação de acidente do trabalho, ainda que o segurado esteja assistido por advogado.

SÚMULA 236

Não compete ao Superior Tribunal de Justiça dirimir conflitos de competência entre juízes trabalhistas vinculados a Tribunais Regionais do Trabalho diversos.

SÚMULA 367

A competência estabelecida pela EC n. 45/2004 não alcança os processos já sentenciados.

TST

SÚMULAS

1. Prazo judicial

Quando a intimação tiver lugar na sexta-feira, ou a publicação com efeito de intimação for feita nesse dia, o prazo judicial será contado da segunda-feira imediata, inclusive, salvo se não houver expediente, caso em que fluirá no dia útil que se seguir.

2. CANCELADA pela Res. 121/2003 do TST.

Gratificação natalina. É devida a gratificação natalina proporcional (Lei 4.090, de 1962) na extinção dos contratos a prazo, entre estes incluídos os de safra, ainda que a relação de emprego haja findado antes de dezembro.

3. CANCELADA pela Res. 121/2003 do TST.

Gratificação natalina. É devida a gratificação natalina proporcional (Lei 4.090, de 1962) na cessação da relação de emprego resultante da aposentadoria do trabalhador, ainda que verificada antes de dezembro.

4. CANCELADA pela Res. 121/2003 do TST.

Custas. As pessoas jurídicas de direito público não estão sujeitas a prévio pagamento de custas, nem a depósito da importância da condenação, para o processamento de recurso na Justiça do Trabalho.

5. CANCELADA pela Res. 121/2003 do TST.

Reajustamento salarial. O reajustamento salarial coletivo, determinado no curso do aviso-prévio, beneficia o empregado pré-avisado da despedida, mesmo que tenha recebido antecipadamente os salários correspondentes ao período do aviso, que integra o seu tempo de serviço para todos os efeitos legais.

6. EQUIPARAÇÃO SALARIAL. ART. 461 DA CLT (redação do item VI alterada na sessão do Tribunal Pleno realizada em 09.06.2015).

I – Para os fins previstos no § 2º do art. 461 da CLT, só é válido o quadro de pessoal organizado em carreira quando homologado pelo Ministério do Trabalho, excluindo-se, apenas, dessa exigência o quadro de carreira das entidades de direito público da administração direta, autárquica e fundacional aprovado por ato administrativo da autoridade competente. (ex-Súmula 06 – alterada pela Res. 104/2000, DJ 20.12.2000).

II – Para efeito de equiparação de salários em caso de trabalho igual, conta-se o tempo de serviço na função e não no emprego. (ex-Súmula 135 – RA 102/1982, DJ 11.10.1982 e DJ 15.10.1982).

III – A equiparação salarial só é possível se o empregado e o paradigma exercerem a mesma função, desempenhando as mesmas tarefas, não importando se os cargos têm, ou não, a mesma denominação. (ex-OJ da SDI-1 328 – DJ 09.12.2003).

IV – É desnecessário que, ao tempo da reclamação sobre equiparação salarial, reclamante e paradigma estejam a serviço do estabelecimento, desde que o pedido se relacione com situação pretérita. (ex-Súmula 22 – RA 57/1970, DO-GB 27.11.1970).

V – A cessão de empregados não exclui a equiparação salarial, embora exercida a função em órgão governamental estranho à cedente, se esta responde pelos salários do paradigma e do reclamante. (ex-Súmula 111 – RA 102/1980, DJ 25.09.1980).

VI – Presentes os pressupostos do art. 461 da CLT, é irrelevante a circunstância de que o desnível salarial tenha origem em decisão judicial que beneficiou o paradigma, exceto: a) se decorrente de vantagem pessoal ou de tese jurídica superada pela jurisprudência de Corte Superior; b) na hipótese de equiparação salarial em cadeia, suscitada em defesa, se o empregador produzir prova do alegado fato modificativo, impeditivo ou extintivo do direito à equiparação salarial em relação ao paradigma remoto, considerada irrelevante, para esse efeito, a existência de diferença de tempo de serviço na função superior a dois anos entre o reclamante e os empregados paradigmas componentes da cadeia equiparatória, à exceção do paradigma imediato.

► Inciso VI com redação pela Res. 198/2015 do TST (DEJT 11.06.2015); Republicada no DEJT de 15.06.2015.

VII – Desde que atendidos os requisitos do art. 461 da CLT, é possível a equiparação salarial de trabalho intelectual, que pode ser avaliado por sua perfeição técnica, cuja aferição terá critérios objetivos. (ex-OJ da SDI-1 298 – DJ 11.08.2003).

VIII – É do empregador o ônus da prova do fato impeditivo, modificativo ou extintivo da equiparação salarial. (ex-Súmula 68-RA 9/1977, DJ 11.02.1977).

IX – Na ação de equiparação salarial, a prescrição é parcial e só alcança as diferenças salariais vencidas no período de 5 (cinco) anos que precedeu o ajuizamento. (ex-Súmula 274 – alterada pela Res. 121/2003, DJ 21.11.2003).

X – O conceito de "mesma localidade" de que trata o art. 461 da CLT refere-se, em princípio, ao mesmo município, ou a municípios distintos que, comprovadamente, pertençam à mesma região metropolitana. (ex-OJ da SDI-1 252 – inserida em 13.03.2002).

7. Férias

A indenização pelo não deferimento das férias no tempo oportuno será calculada com base na remuneração devida ao empregado na época da reclamação ou, se for o caso, na da extinção do contrato.

8. Juntada de documento

A juntada de documentos na fase recursal só se justifica quando provado o justo impedimento para sua oportuna apresentação ou se referir a fato posterior à sentença.

9. Ausência do reclamante

A ausência do reclamante, quando adiada a instrução após contestada a ação em audiência, não importa arquivamento do processo.

10. Professor. Dispensa sem justa causa. Término do ano letivo ou no curso de férias escolares. Aviso prévio (Redação alterada em sessão do Tribunal Pleno realizada em 14.09.2012).

O direito aos salários do período de férias escolares assegurado aos professores (art. 322, caput e § 3º, da CLT) não exclui o direito ao aviso prévio, na hipótese de dispensa sem justa causa ao término do ano letivo ou no curso das férias escolares.

► **Súmula com redação pela Res. 185/2012 do TST (DEJT 25.09.2012).**

11. CANCELADA pela Res. 121/2003 do TST.

Honorários de advogado. É inaplicável na Justiça do Trabalho o disposto no art. 64 do Código de Processo Civil, sendo os honorários de advogado somente devidos nos termos do preceituado na Lei 1.060, de 1950.

12. Carteira profissional

As anotações apostas pelo empregador na carteira profissional do empregado não geram presunção juris et de jure, mas apenas juris tantum.

13. Mora

O só pagamento dos salários atrasados em audiência não elide a mora capaz de determinar a rescisão do contrato de trabalho.

14. Culpa recíproca

Reconhecida a culpa recíproca na rescisão do contrato de trabalho (art. 484 da CLT), o empregado tem direito a 50% (cinquenta por cento) do valor do aviso-prévio, do décimo terceiro salário e das férias proporcionais.

► **Súmula com redação pela Res. 121/2003 do TST.**

15. Atestado médico

A justificação da ausência do empregado motivada por doença, para a percepção do salário-enfermidade e da remuneração do repouso semanal, deve observar a ordem preferencial dos atestados médicos estabelecida em lei.

16. Notificação

Presume-se recebida a notificação 48 (quarenta e oito) horas depois de sua postagem. O seu não recebimento ou a entrega após o decurso desse prazo constitui ônus de prova do destinatário.

► **Súmula com redação pela Res. 121/2003 do TST.**

17. CANCELADA pela Res. 148/2008 do TST.

Adicional de Insalubridade. O adicional de insalubridade devido a empregado que, por força da lei, convenção coletiva ou sentença normativa, percebe salário profissional será sobre este calculado.

► **Súmula restaurada pela Res. 121/2003 do TST.**

18. Compensação

A compensação, na Justiça do Trabalho, está restrita a dívidas de natureza trabalhista.

19. Quadro de carreira

A Justiça do Trabalho é competente para apreciar reclamação de empregado que tenha por objeto direito fundado em quadro de carreira.

20. CANCELADA pela Res. 106/2001 do TST.

Resilição contratual. Não obstante o pagamento da indenização de antiguidade, presume-se em fraude à lei a resilição contratual, se o empregado permaneceu prestando serviços ou tiver sido, em curto prazo, readmitido.

21. CANCELADA pela Res. 30/1994 do TST.

Aposentadoria. O empregado aposentado tem direito ao cômputo do tempo anterior à aposentadoria, se permanecer a serviço da empresa ou a ela retornar.

22. CANCELADA. Incorporação à nova redação da Súmula 6 – Res. 129/2005 do TST – (DJU 20.04.2005).

Equiparação salarial. É desnecessário que, ao tempo da reclamação sobre equiparação salarial, reclamante e paradigma estejam a serviço do estabelecimento, desde que o pedido se relacione com situação pretérita. (RA 57/1970, DO-GB 27.11.1970)

23. Recurso

Não se conhece de recurso de revista ou de embargos, se a decisão recorrida resolver determinado item do pedido por diversos fundamentos, e a jurisprudência transcrita não abranger a todos.

24. Serviço extraordinário

Insere-se no cálculo da indenização por antiguidade o salário relativo a serviço extraordinário, desde que habitualmente prestado.

25. Custas Processuais. Inversão do ônus da sucumbência. (Alterada a Súmula e incorporadas as Orientações Jurisprudenciais 104 e 186 da SDI-1)

I – A parte vencedora na primeira instância, se vencida na segunda, está obrigada, independentemente de intimação, a pagar as custas fixadas na sentença originária, das quais ficara isenta a parte então vencida.

► **Item I com redação pela Res. 197/2015 do TST – (DEJT 14.05.2015).**

II – No caso de inversão do ônus da sucumbência em segundo grau, sem acréscimo ou atualização do valor das custas e se estas já foram devidamente recolhidas, descabe um novo pagamento pela parte vencida, ao recorrer. Deverá ao final, se sucumbente, reembolsar a quantia. (ex-OJ 186 da SDI-I)

► **Item II acrescido pela Res. 197/2015 do TST – (DEJT 14.05.2015).**

III – Não caracteriza deserção a hipótese em que, acrescido o valor da condenação, não houve fixação ou cálculo do valor devido a título de custas e tampouco intimação da parte para o preparo do recurso, devendo ser as custas pagas ao final. (ex-OJ 104 da SDI-I)

► **Item III acrescido pela Res. 197/2015 do TST – (DEJT 14.05.2015).**

IV – O reembolso das custas à parte vencedora faz-se necessário mesmo na hipótese em que a parte vencida for pessoa isenta do seu pagamento, nos termos do art. 790-A, parágrafo único, da CLT.

► **Item IV acrescido pela Res. 197/2015 do TST – (DEJT 14.05.2015).**

26. CANCELADA pela Res. 121/2003 do TST.

Estabilidade. Presume-se obstativa à estabilidade a despedida, sem justo motivo, do empregado que alcançar 9 (nove) anos de serviço na empresa.

27. Comissionista

É devida a remuneração do repouso semanal e dos dias feriados ao empregado comissionista, ainda que pracista.

28. Indenização

No caso de se converter a reintegração em indenização dobrada, o direito aos salários é assegurado até a data da primeira decisão que determinou essa conversão.

► **Súmula com redação pela Res. 121/2003 do TST.**

29. Transferência

Empregado transferido, por ato unilateral do empregador, para local mais distante de sua residência, tem direito a suplemento salarial correspondente ao acréscimo da despesa de transporte.

30. Intimação da sentença

Quando não juntada a ata ao processo em 48 (quarenta e oito) horas, contadas da audiência de julgamento (art. 851, § 2º, da CLT), o prazo para recurso será contado da data em que a parte receber a intimação da sentença.

31. CANCELADA pela Res. 31/1994 do TST.

Aviso-prévio. É incabível o aviso-prévio na despedida indireta.

32. Abandono de emprego

Presume-se o abandono de emprego se o trabalhador não retornar ao serviço no prazo de 30 (trinta) dias após a cessação do benefício previdenciário nem justificar o motivo de não o fazer.

► **Súmula com redação pela Res. 121/2003 do TST.**

33. Mandado de segurança. Decisão judicial transitada em julgado

Não cabe mandado de segurança de decisão judicial transitada em julgado.

34. CANCELADA pela Res. 121/2003 do TST.

Gratificação natalina. A gratificação natalina, instituída pela Lei 4.090, de 1962, é devida ao empregado rural.

35. CANCELADA pela Res. 121/2003 do TST.

Depósito recursal. Complementação. A majoração do salário mínimo não obriga o recorrente a complementar o depósito de que trata o art. 899 da CLT.

36. Custas

Nas ações plúrimas as custas incidem sobre o respectivo valor global.

37. CANCELADA pela Res. 32/1994 do TST.

Prazo. O prazo para recurso da parte que não comparece à audiência de julgamento, apesar de notificada, conta-se da intimação da sentença.

38. CANCELADA pela Res. 121/2003 do TST.

Recurso. Para comprovação da divergência justificadora do recurso é necessário que o recorrente junte certidão, ou documento equivalente, do acórdão paradigma ou faça transcrição do trecho pertinente à hipótese, indicando sua origem e esclarecendo a fonte da publicação, isto é, órgão oficial ou repertório idôneo de jurisprudência.

39. Periculosidade

Os empregados que operam em bomba de gasolina têm direito ao adicional de periculosidade (Lei 2.573, de 15.08.1955).

40. CANCELADA pela Res. 121/2003 do TST.

Processo administrativo. Não cabe recurso ao Tribunal Superior do Trabalho contra decisão em processo administrativo, de interesse de funcionário, proferida por Tribunal Regional do Trabalho.

41. CANCELADA pela Res. 121/2003 do TST.

Quitação. A quitação, nas hipóteses dos §§ 1º e 2º do art. 477 da CLT, concerne exclusivamente aos valores discriminados no documento respectivo.

42. CANCELADA pela Res. 121/2003 do TST.

Recurso. Não ensejam o conhecimento de revista ou de embargos decisões superadas por iterativa, notória e atual jurisprudência do Pleno.

43. Transferência

Presume-se abusiva a transferência de que trata o § 1º do art. 469 da CLT, sem comprovação da necessidade do serviço.

44. Aviso-prévio

A cessação da atividade da empresa, com o pagamento da indenização, simples ou em dobro, não exclui, por si só, o direito do empregado ao aviso-prévio.

45. Serviço suplementar

A remuneração do serviço suplementar, habitualmente prestado, integra o cálculo da gratificação natalina prevista na Lei 4.090, de 13.07.1962.

46. Acidente de trabalho

As faltas ou ausências decorrentes de acidente do trabalho não são consideradas para os efeitos de duração de férias e cálculo da gratificação natalina.

47. Insalubridade

O trabalho executado em condições insalubres, em caráter intermitente, não afasta, só por essa circunstância, o direito à percepção do respectivo adicional.

48. Compensação

A compensação só poderá ser arguida com a contestação.

49. CANCELADA pela Res. 121/2003 do TST.

Inquérito judicial. No inquérito judicial, contadas e não pagas as custas no prazo fixado pelo juízo, será determinado o arquivamento do processo.

50. Gratificação natalina

A gratificação natalina, instituída pela Lei 4.090, de 13.07.1962, é devida pela empresa cessionária ao servidor público cedido enquanto durar a cessão.

51. Norma regulamentar. Vantagens e opção pelo novo regulamento. Art. 468 da CLT. (Incorporada a OJ 163 da SDI-I).

I – As cláusulas regulamentares, que revoguem ou alterem vantagens deferidas anteriormente, só atingirão os trabalhadores admitidos após a revogação ou alteração do regulamento. (ex-Súmula 51 – RA 41/1973, DJ 14.06.1973)

II – Havendo a coexistência de dois regulamentos da empresa, a opção do empregado por um deles tem efeito jurídico de renúncia às regras do sistema do outro.

► **Súmula com redação pela Res. 129/2005 do TST (DJU 20.04.2005).**

52. Tempo de serviço

O adicional de tempo de serviço (quinquênio) é devido, nas condições estabelecidas no art. 19 da Lei 4.345, de 26.06.1964, aos contratados sob regime da CLT, pela empresa a que se refere a mencionada lei, inclusive para fim de complementação de aposentadoria.

53. Custas

O prazo para pagamento das custas, no caso de recurso, é contado da intimação do cálculo.

54. Optante

Rescindindo por acordo seu contrato de trabalho, o empregado estável optante tem direito ao mínimo de 60% (sessenta por cento) do total da indenização em dobro, calculada sobre o maior salário percebido no emprego. Se houver recebido menos do que esse total, qualquer tenha sido a forma de transação, assegura-se-lhe a complementação até aquele limite.

55. Financeiras

As empresas de crédito, financiamento ou investimento, também denominadas financeiras, equiparam-se aos estabelecimentos bancários para os efeitos do art. 224 da CLT.

56. CANCELADA pela Res. 121/2003 do TST.

Balconista. O balconista que recebe comissão tem direito ao adicional de 20% (vinte por cento) pelo trabalho em horas extras, calculado sobre o valor das comissões referentes a essas horas.

57. CANCELADA pela Res. 3/1993 do TST.

Trabalhador rural. Os trabalhadores agrícolas das usinas de açúcar integram categoria profissional de industriários, beneficiando-se dos aumentos normativos obtidos pela referida categoria.

58. Pessoal de obras

Ao empregado admitido como pessoal de obras, em caráter permanente e não amparado pelo regime estatutário, aplica-se a legislação trabalhista.

59. CANCELADA pela Res. 121/2003 do TST.

Vigia. Vigia de estabelecimento bancário não se beneficia da jornada de trabalho reduzida prevista no art. 224 da CLT.

60. Adicional noturno. Integração no salário e prorrogação em horário diurno. (Incorporada a OJ 6 da SDI-I)

I – O adicional noturno, pago com habitualidade, integra o salário do empregado para todos os efeitos. (ex-Súmula 60 – RA 105/1974, DJ 24.10.1974)

II – Cumprida integralmente a jornada no período noturno e prorrogada esta, devido é também o adicional quanto às horas prorrogadas. Exegese do art. 73, § 5º, da CLT.

► **Súmula com redação pela Res. 129/2005 do TST (DJU 20.04.2005).**

61. Ferroviário

Aos ferroviários que trabalham em estação do interior, assim classificada por autoridade competente, não são devidas horas extras (art. 243, CLT).

62. Abandono de emprego

O prazo de decadência do direito do empregador de ajuizar inquérito em face do empregado que incorre em abandono de emprego é contado a partir do momento em que o empregado pretendeu seu retorno ao serviço.

63. Fundo de garantia

A contribuição para o Fundo de Garantia do Tempo de Serviço incide sobre a remuneração mensal devida ao empregado, inclusive horas extras e adicionais eventuais.

64. CANCELADA pela Res. 121/2003 do TST.

Prescrição. A prescrição para reclamar contra anotação de carteira profissional, ou omissão desta, flui da data de cessação do contrato de trabalho.

65. Vigia

O direito à hora reduzida de 52 (cinquenta e dois) minutos e 30 (trinta) segundos aplica-se ao vigia noturno.

66. CANCELADA pela Res. 121/2003 do TST.

Tempo de serviço. Os quinquênios devidos ao pessoal da Rede Ferroviária Federal S.A.

serão calculados sobre o salário do cargo efetivo, ainda que o trabalhador exerça cargo ou função em comissão.

67. Gratificação. Ferroviário

Chefe de trem, regido pelo estatuto dos ferroviários (Decreto 35.530, de 19.09.1959), não tem direito à gratificação prevista no respectivo art. 110.

68. CANCELADA. Incorporação à nova redação da Súmula 6 – Res. 129/2005 do TST – (DJU 20.04.2005).

Prova. É do empregador o ônus da prova do fato impeditivo, modificativo ou extintivo da equiparação salarial. (RA 9/1977, DJ 11.02.1977)

69. Rescisão do contrato

A partir da Lei 10.272, de 05.09. 2001, havendo rescisão do contrato de trabalho e sendo revel e confesso quanto à matéria de fato, deve ser o empregador condenado ao pagamento das verbas rescisórias, não quitadas na primeira audiência, com acréscimo de 50% (cinquenta por cento).

► **Súmula com redação pela Res. 121/2003 do TST.**

70. Adicional de periculosidade

O adicional de periculosidade não incide sobre os triênios pagos pela Petrobrás.

71. Alçada

A alçada é fixada pelo valor dado à causa na data de seu ajuizamento, desde que não impugnado, sendo inalterável no curso do processo.

72. Aposentadoria

O prêmio-aposentadoria instituído por norma regulamentar da empresa não está condicionado ao disposto no § 2º do art. 14 da Lei 8.036, de 11.05.1990.

► **Súmula com redação pela Res. 121/2003 do TST.**

73. Despedida. Justa causa

A ocorrência de justa causa, salvo a de abandono de emprego, no decurso do prazo do aviso-prévio dado pelo empregador, retira do empregado qualquer direito às verbas rescisórias de natureza indenizatória.

► **Súmula com redação pela Res. 121/2003 do TST.**

74. Confissão.

I – Aplica-se a confissão à parte que, expressamente intimada com aquela cominação, não comparecer à audiência em prosseguimento, na qual deveria depor. (ex-Súmula 74 – RA 69/1978, DJ 26.09.1978)

► **Inciso I com redação pela Res. 208/2016 do TST (DEJT 22, 23 e 24.04.2016)**

II – A prova pré-constituída nos autos pode ser levada em conta para confronto com a confissão ficta (arts. 442 e 443, do CPC de 2015 – art. 400, I, do CPC de 1973), não implicando cerceamento de defesa o indeferimento de provas posteriores. (ex-OJ 184 da SDI-1 – inserida em 08.11.2000)

► **Inciso II com redação pela Res. 208/2016 do TST (DEJT 22, 23 e 24.04.2016)**

III – A vedação à produção de prova posterior pela parte confessa somente a ela se aplica, não afetando o exercício, pelo magistrado, do poder/dever de conduzir o processo.

► **Inciso III com redação pela Res. 208/2016 do TST (DEJT 22, 23 e 24.04.2016)**

75. CANCELADA pela Res. 121/2003 do TST.

Ferroviário. É incompetente a Justiça do Trabalho para conhecer de ação de ferroviário oriundo das empresas Sorocabana, São Paulo-Minas e Araraquarense, que mantém a condição de funcionário público.

76. CANCELADA pela Res. 121/2003 do TST.

Horas extras. O valor das horas suplementares prestadas habitualmente, por mais de 2 (dois) anos, ou durante todo o contrato, se suprimidas, integra-se ao salário para todos os efeitos legais.

77. Punição

Nula é a punição de empregado se não precedida de inquérito ou sindicância internos a que se obrigou a empresa, por norma regulamentar.

78. CANCELADA pela Res. 121/2003 do TST.

Gratificação. A gratificação periódica contratual integra o salário, pelo seu duodécimo, para todos os efeitos legais, inclusive o cálculo da natalina da Lei 4.090/1962.

79. CANCELADA pela Res. 121/2003 do TST.

Tempo de serviço. O adicional de antiguidade, pago pela FEPASA, calcula-se sobre o salário-base.

80. Insalubridade

A eliminação da insalubridade mediante fornecimento de aparelhos protetores aprovados pelo órgão competente do Poder Executivo exclui a percepção do respectivo adicional.

81. Férias

Os dias de férias gozados após o período legal de concessão, deverão ser remunerados em dobro.

82. Assistência

A intervenção assistencial, simples ou adesiva, só é admissível se demonstrado o interesse jurídico e não o meramente econômico.

▶ Súmula com redação pela Res. 121/2003 do TST.

83. Ação rescisória. Matéria controvertida. (Incorporada a OJ 77 da SDI-II)

I – Não procede pedido formulado na ação rescisória por violação literal de lei se a decisão rescindenda estiver baseada em texto legal infraconstitucional de interpretação controvertida nos Tribunais.

II – O marco divisor quanto a ser, ou não, controvertida, nos Tribunais, a interpretação dos dispositivos legais citados na ação rescisória é a data da inclusão, na Orientação Jurisprudencial do TST, da matéria discutida.

▶ Súmula com redação pela Res. 137/2005 do TST (DJU 22.08.2005).

84. Adicional regional

O adicional regional, instituído pela Petrobras, não contraria o art. 7º, XXXII, da CF/1988.

▶ Súmula com redação pela Res. 121/2003 do TST.

85. Compensação de jornada. (inserido o item VI)

I – A compensação de jornada de trabalho deve ser ajustada por acordo individual escrito, acordo coletivo ou convenção coletiva. (ex-Súmula 85 – primeira parte – alterada pela Res. 121/2003, DJ 21.11.2003)

II – O acordo individual para compensação de horas é válido, salvo se houver norma coletiva em sentido contrário. (ex-OJ 182 da SBDI-1– inserida em 08.11.2000)

III – O mero não atendimento das exigências legais para a compensação de jornada, inclusive quando encetada mediante acordo tácito, não implica a repetição do pagamento das horas excedentes à jornada normal diária, se não dilatada a jornada máxima semanal, sendo devido apenas o respectivo adicional. (ex-Súmula 85 – segunda parte – alterada pela Res. 121/2003, DJ 21.11.2003)

IV – A prestação de horas extras habituais descaracteriza o acordo de compensação de jornada. Nesta hipótese, as horas que ultrapassarem a jornada semanal normal deverão ser pagas como horas extraordinárias e, quanto àquelas destinadas à compensação, deverá ser pago a mais apenas o adicional por trabalho extraordinário. (ex-OJ 220 da SBDI-1 – inserida em 20.06.2001)

V – As disposições contidas nesta súmula não se aplicam ao regime compensatório na modalidade "banco de horas", que somente pode ser instituído por negociação coletiva.

VI – Não é válido acordo de compensação de jornada em atividade insalubre, ainda que estipulado em norma coletiva, sem a necessária inspeção prévia e permissão da autoridade competente, na forma do art. 60 da CLT.

Inciso VI acrescido pela Res. 209/2016 do TST (DEJT 01.06.2016).

86. Deserção. Massa falida. Empresa em liquidação extrajudicial. (Incorporada a OJ 31 da SDI-I).

Não ocorre deserção de recurso da massa falida por falta de pagamento de custas ou de depósito do valor da condenação. Esse privilégio, todavia, não se aplica à empresa em liquidação extrajudicial. (Primeira parte – ex-Súmula 86 – RA 69/1978, DJ 26.09.1978; segunda parte – ex-OJ 31 – Inserida em 14.03.1994)

Súmula com redação pela Res. 129/2005 do TST (DJU 20.04.2005).

87. Previdência privada

Se o empregado, ou seu beneficiário, já recebeu da instituição previdenciária privada, criada pela empresa, vantagem equivalente, é cabível a dedução do seu valor do benefício a que faz jus por norma regulamentar anterior.

88. CANCELADA pela Res. 42/1995 do TST.

Jornada de trabalho. Intervalo entre turnos. O desrespeito ao intervalo mínimo entre 2 (dois) turnos de trabalho, sem importar em excesso na jornada efetivamente trabalhada, não dá direito a qualquer ressarcimento ao obreiro, por tratar-se apenas de infração sujeita a penalidade administrativa (art. 71 da CLT).

89. Falta ao serviço

Se as faltas já são justificadas pela lei, consideram-se como ausências legais e não serão descontadas para o cálculo do período de férias.

90. Horas in itinere. Tempo de serviço. (Incorporadas as Súmulas 324 e 325 e as OJ 50 e 236 da SDI-I).

I – O tempo despendido pelo empregado, em condução fornecida pelo empregador, até o local de trabalho de difícil acesso, ou não servido por transporte público regular, e para o seu retorno é computável na jornada de trabalho. (ex-Súmula 90 – RA 80/1978, DJ 10.11.1978)

II – A incompatibilidade entre os horários de início e término da jornada do empregado e os do transporte público regular é circunstância que também gera o direito às horas in itinere.

III – A mera insuficiência de transporte público não enseja o pagamento de horas in itinere. (ex-Súmula 324 – RA 16/1993, DJ 21.12.1993).

IV – Se houver transporte público regular em parte do trajeto percorrido em condução da empresa, as horas in itinere remuneradas limitam-se ao trecho não alcançado pelo transporte público. (ex-Súmula 325 – RA 17/1993, DJ 21.12.1993).

V – Considerando que as horas in itinere são computáveis na jornada de trabalho, o tempo que extrapola a jornada legal é considerado como extraordinário e sobre ele deve incidir o adicional respectivo.

Súmula com redação pela Res. 129/2005 do TST (DJU 20.04.2005).

91. Salário complessivo.

Nula é a cláusula contratual que fixa determinada importância ou percentagem para atender englobadamente vários direitos legais ou contratuais do trabalhador.

92. Aposentadoria.

O direito à complementação de aposentadoria, criado pela empresa, com requisitos próprios, não se altera pela instituição de benefício previdenciário por órgão oficial.

93. Bancário

Integra a remuneração do bancário a vantagem pecuniária por ele auferida na colocação ou na venda de papéis ou valores mobiliários de empresas pertencentes ao mesmo grupo econômico, se exercida essa atividade no horário e no local de trabalho e com o consentimento, tácito ou expresso, do banco empregador.

94. CANCELADA pela Res. 121/2003 do TST.

Horas extras. O valor das horas extraordinárias habituais integra o aviso-prévio indenizado.

95. CANCELADA pela Res. 121/2003 do TST.

Prescrição trintenária. FGTS. É trintenária a prescrição do direito de reclamar contra o não recolhimento da contribuição para o Fundo de Garantia do Tempo de Serviço.

96. Marítimo

A permanência do tripulante a bordo do navio, no período de repouso, além da jornada, não importa em presunção de que esteja à disposição do empregador ou em regime de prorrogação de horário, circunstâncias que devem resultar provadas, dada a natureza do serviço.

97. Aposentadoria. Complementação

► **Instituída complementação de aposentadoria por ato da empresa, expressamente dependente de regulamentação, as condições desta devem ser observadas como parte integrante da norma. Súmula com redação pela Res. Administrativa 96/1980 do TST (DJU 11.09.1980).**

98. FGTS. Indenização. Equivalência. Compatibilidade. (Incorporada a OJ 299 da SDI--I)

I – A equivalência entre os regimes do Fundo de Garantia do Tempo de Serviço e da estabilidade prevista na CLT é meramente jurídica e não econômica, sendo indevidos valores a título de reposição de diferenças. (ex-Súmula 98 – RA 57/1980, DJ 06.06. 1980)

II – A estabilidade contratual ou a derivada de regulamento de empresa são compatíveis com o regime do FGTS. Diversamente ocorre com a estabilidade legal (decenal, art. 492 da CLT), que é renunciada com a opção pelo FGTS. (ex-OJ 299 – DJ 11.08. 2003)

► **Súmula com redação pela Res. 129/2005 do TST (DJU 20.04.2005).**

99. Ação rescisória. Deserção. Prazo. (Incorporada a OJ 117 da SDI-II)

Havendo recurso ordinário em sede de rescisória, o depósito recursal só é exigível quando for julgado procedente o pedido e imposta condenação em pecúnia, devendo este ser efetuado no prazo recursal, no limite e nos termos da legislação vigente, sob pena de deserção. (ex-Súmula 99 – RA 62/1980, DJ 11.06.1980 e alterada pela Res. 110/2002, DJ 11.04.2002 e ex-OJ 117 – DJ 11.08.2003)

► **Súmula com redação pela Res. 137/2005 do TST (DJU 22.08.2005).**

100. Ação rescisória. Decadência. (Incorporadas as OJs 13, 16, 79, 102, 104, 122 e 145 da SDI-II).

I – O prazo de decadência, na ação rescisória, conta-se do dia imediatamente subsequente ao trânsito em julgado da última decisão proferida na causa, seja de mérito ou não. (ex-Súmula 100 – Res. 109/2001, DJ 18.04.2001).

II – Havendo recurso parcial no processo principal, o trânsito em julgado dá-se em momentos e em tribunais diferentes, contando-se o prazo decadencial para a ação rescisória do trânsito em julgado de cada decisão, salvo se o recurso tratar de preliminar ou prejudicial que possa tornar insubsistente a decisão recorrida, hipótese em que flui a decadência a partir do trânsito em julgado da decisão que julgar o recurso parcial. (ex-Súmula 100 – Res. 109/2001, DJ 18.04.2001).

III – Salvo se houver dúvida razoável, a interposição de recurso intempestivo ou a interposição de recurso incabível não protrai o termo inicial do prazo decadencial. (ex-Súmula 100 – Res. 109/2001, DJ 18.04.2001).

IV – O juízo rescindente não está adstrito à certidão de trânsito em julgado juntada com a ação rescisória, podendo formar sua convicção através de outros elementos dos autos quanto à antecipação ou postergação do dies a quo do prazo decadencial. (ex-OJ 102 – DJ 29.04.2003).

V – O acordo homologado judicialmente tem força de decisão irrecorrível, na forma do art. 831 da CLT. Assim sendo, o termo conciliatório transita em julgado na data da sua homologação judicial. (ex-OJ 104 – DJ 29.04.2003).

VI – Na hipótese de colusão das partes, o prazo decadencial da ação rescisória somente começa a fluir para o Ministério Público, que não interveio no processo principal, a partir do momento em que tem ciência da fraude. (ex-OJ 122 – DJ 11.08.2003).

VII – Não ofende o princípio do duplo grau de jurisdição a decisão do TST que, após afastar a decadência em sede de recurso ordinário, aprecia desde logo a lide, se a causa versar questão exclusivamente de direito e estiver em condições de imediato julgamento.

VIII – A exceção de incompetência, ainda que oposta no prazo recursal, sem ter sido aviado o recurso próprio, não tem o condão de afastar a consumação da coisa julgada e, assim, postergar o termo inicial do prazo decadencial para a ação rescisória.

IX – Prorroga-se até o primeiro dia útil, imediatamente subsequente, o prazo decadencial para ajuizamento de ação rescisória quando expira em férias forenses, feriados, finais de semana ou em dia em que não houver expediente forense. Aplicação do art. 775 da CLT.

X – Conta-se o prazo decadencial da ação rescisória, após o decurso do prazo legal previsto para a interposição do recurso extraordinário, apenas quando esgotadas todas as vias recursais ordinárias. (ex-OJ 145 – DJ 10.11.2004).

▶ **Súmula com redação pela Res. 137/2005 do TST (DJU 22.08.2005).**

101. Diárias de viagem. Salário. (Incorporada a Orientação Jurisprudencial 292 da SDI-I).

Integram o salário, pelo seu valor total e para efeitos indenizatórios, as diárias de viagem que excedam a 50% (cinquenta por cento) do salário do empregado, enquanto perdurarem as viagens. (Primeira parte – ex-Súmula 101 – RA 65/1980, DJ 18.06.1980; segunda parte – ex-OJ 292 – Inserida em 11.08.2003).

▶ **Súmula com redação pela Res. 129/2005 do TST (DJU 20.04.2005).**

102. Bancário. Cargo de confiança (mantida).

I – A configuração, ou não, do exercício da função de confiança a que se refere o art. 224, § 2º, da CLT, dependente da prova das reais atribuições do empregado, é insuscetível de exame mediante recurso de revista ou de embargos. (ex-Súmula 204 – alterada pela Res. 121/2003, DJ 21.11.2003).

II – O bancário que exerce a função a que se refere o § 2º do art. 224 da CLT e recebe gratificação não inferior a 1/3 (um terço) de seu salário já tem remuneradas as 2 (duas) horas extraordinárias excedentes de seis. (ex-Súmula 166 – RA 102/1982, DJ 11.10.1982 e DJ 15.10.1982).

III – Ao bancário exercente de cargo de confiança previsto no artigo 224, § 2º, da CLT são devidas as 7ª e 8ª horas, como extras, no período em que se verificar o pagamento a menor da gratificação de 1/3 (um terço). (ex-OJ 288 da SDI-I – DJ 11.08.2003).

IV – O bancário sujeito à regra do art. 224, § 2º, da CLT cumpre jornada de trabalho de 8 (oito) horas, sendo extraordinárias as trabalhadas além da oitava. (ex-Súmula 232 – RA 14/1985, DJ 19.09.1985).

V – O advogado empregado de banco, pelo simples exercício da advocacia, não exerce cargo de confiança, não se enquadrando, portanto, na hipótese do § 2º do art. 224 da CLT. (ex-OJ 222 da SDI-I – Inserida em 20.06.2001).

VI – O caixa bancário, ainda que caixa executivo, não exerce cargo de confiança. Se perceber gratificação igual ou superior a 1/3 (um terço) do salário do posto efetivo, essa remunera apenas a maior responsabilidade do cargo e não as 2 (duas) horas extraordinárias além da sexta. (ex-Súmula 102 – RA 66/1980, DJ 18.06.1980 e republicada no DJ 14.07.1980).

VII – O bancário exercente de função de confiança, que percebe a gratificação não inferior ao terço legal, ainda que norma coletiva contemple percentual superior, não tem direito às sétima e oitava horas como extras, mas tão somente às diferenças de gratificação de função, se postuladas. (ex-OJ 15 da SDI-I – Inserida em 14.03.1994).

► **Súmula mantida pela Res. 174/2011 do TST (DEJT 27.05.2011).**

103. CANCELADA pela Res. 121/2003 do TST.

Tempo de serviço. Licença-prêmio. Os trabalhadores que hajam prestado serviço no regime da Lei 1.890, de 13.06.1953, e optado pelo regime estatutário, não contam, posteriormente, esse período para fins de licença-prêmio, privativa de servidores estatutários.

104. CANCELADA pela Res. 121/2003 do TST.

Férias. Trabalhador rural. É devido o pagamento de férias ao rurícola, qualquer que tenha sido a data de sua admissão e, em dobro, se não concedidas na época prevista em lei.

105. CANCELADA pela Res. 121/2003 do TST.

Funcionário público. Quinquênios. O empregado estatutário que optar pelo regime celetista, com o congelamento dos quinquênios em seus valores à época, não tem direito ao reajuste posterior dos seus níveis.

106. CANCELADA pela Res. 157/2009 do TST.

Aposentadoria. Ferroviário. Competência. É incompetente a Justiça do Trabalho para julgar ação ajuizada em face da Rede Ferroviária Federal, em que ex-empregado desta pleiteie complementação de aposentadoria, elaboração ou alteração de folhas de pagamento de aposentados, se por essas obrigações responde órgão da previdência social.

107. CANCELADA pelo Enunciado 299.

Ação rescisória. Prova. É indispensável a juntada à inicial da ação rescisória da prova do trânsito em julgado da decisão rescindenda, sob pena de indeferimento liminar.

108. CANCELADA pela Res. 85/1998 do TST.

Compensação de horário. Acordo. A compensação de horário semanal deve ser ajustada por acordo escrito, não necessariamente em acordo coletivo ou convenção coletiva, exceto quanto ao trabalho da mulher.

109. Gratificação de função

O bancário não enquadrado no § 2º do art. 224 da CLT, que receba gratificação de função, não pode ter o salário relativo a horas extraordinárias compensado com o valor daquela vantagem.

► **Súmula com redação pela Res. Administrativa 97/1980 do TST (DJ 19.09.1980).**

110. Jornada de trabalho. Intervalo

No regime de revezamento, as horas trabalhadas em seguida ao repouso semanal de 24 (vinte e quatro) horas, com prejuízo do intervalo mínimo de 11 (onze) horas consecutivas para descanso entre jornadas, devem ser remuneradas como extraordinárias, inclusive com o respectivo adicional.

111. CANCELADA (Incorporada à Súmula 06 – Res. 129/2005 do TST, DJU 20.04.2005).

Equiparação salarial. A cessão de empregados não exclui a equiparação salarial, embora exercida a função em órgão governamental estranho à cedente, se esta responde pelos salários do paradigma e do reclamante. (RA 102/1980, DJ 25.09.1980).

112. Trabalho noturno. Petróleo

O trabalho noturno dos empregados nas atividades de exploração, perfuração, produção e refinação do petróleo, industrialização do xisto, indústria petroquímica e transporte de petróleo e seus derivados, por meio de dutos, é regulado pela Lei 5.811, de 11.10.1972, não se lhe aplicando a hora reduzida de 52 (cinquenta e dois) minutos e 30 (trinta) segundos prevista no art. 73, § 1º, da CLT.

113. Bancário. Sábado. Dia útil

O sábado do bancário é dia útil não trabalhado, não dia de repouso remunerado. Não cabe a repercussão do pagamento de horas extras habituais em sua remuneração.

114. Prescrição intercorrente

É inaplicável na Justiça do Trabalho a prescrição intercorrente.

115. Horas extras. Gratificações semestrais

O valor das horas extras 'habituais integra a remuneração do trabalhador para o cálculo das gratificações semestrais.

➘ Súmula com redação pela Res. 121/2003 do TST.

116. CANCELADA pela Res. 121/2003 do TST.

Funcionário público. Cedido. Reajuste salarial. Os funcionários públicos cedidos à Rede Ferroviária Federal S.A. têm direito ao reajustamento salarial determinado pelo art. 5º da Lei 4.345/1964.

117. Bancário. Categoria diferenciada

Não se beneficiam do regime legal relativo aos bancários os empregados de estabelecimento de crédito pertencentes a categorias profissionais diferenciadas.

118. Jornada de trabalho. Horas extras

Os intervalos concedidos pelo empregador, na jornada de trabalho, não previstos em lei, representam tempo à disposição da empresa, remunerados como serviço extraordinário, se acrescidos ao final da jornada.

119. Jornada de trabalho

Os empregados de empresas distribuidoras e corretoras de títulos e valores mobiliários não têm direito à jornada especial dos bancários.

120. CANCELADA (Incorporada à Súmula 06 – Res. 129/2005 do TST, DJU 20.04.2005).

Equiparação salarial. Decisão judicial. Res. 100/2000, DJ 18.09.2000. Presentes os pressupostos do art. 461 da CLT, é irrelevante a circunstância de que o desnível salarial tenha origem em decisão judicial que beneficiou o paradigma, exceto se decorrente de vantagem pessoal ou de tese jurídica superada pela jurisprudência de Corte Superior.

121. CANCELADA pela Res. 121/2003 do TST.

Funcionário público. Gratificação de produtividade. Não tem direito à percepção da gratificação de produtividade, na forma do regime estatutário, o servidor de ex-autarquia administradora de porto que opta pelo regime jurídico da Consolidação das Leis do Trabalho.

122. Revelia. Atestado médico. (Incorporada a Orientação Jurisprudencial 74 da SDI-I).

A reclamada, ausente à audiência em que deveria apresentar defesa, é revel, ainda que presente seu advogado munido de procuração, podendo ser ilidida a revelia mediante a apresentação de atestado médico, que deverá declarar, expressamente, a impossibilidade de locomoção do empregador ou do seu preposto no dia da audiência. (Primeira parte – ex-OJ 74 – Inserida em 25.11.1996; segunda parte – ex-Súmula 122 com redação pela Res. 121/2003, DJ 21.11.2003)

➘ Súmula com redação pela Res. 129/2005 do TST (DJU 20.04.2005).

123. CANCELADA pela Res. 121/2003 do TST.

Competência. Art. 106 da CF. Em se tratando de Estado ou Município, a lei que estabelece o regime jurídico (art. 106 da Constituição Federal) do servidor temporário ou contratado é a estadual ou municipal, a qual, uma vez editada, apanha as situações preexistentes, fazendo cessar sua regência pelo regime trabalhista. Incompetente é a Justiça do Trabalho para julgar as reclamações ajuizadas posteriormente à vigência da lei especial.

124. Bancário. Salário-hora. Divisor (alteração em razão do julgamento do processo TST-IRR-849-83.2013.5.03.0138)

I – o divisor aplicável para o cálculo das horas extras do bancário será:

a) 180, para os empregados submetidos à jornada de seis horas prevista no caput do art. 224 da CLT;

b) 220, para os empregados submetidos à jornada de oito horas, nos termos do § 2º do art. 224 da CLT.

II – Ressalvam-se da aplicação do item anterior as decisões de mérito sobre o tema, qualquer que seja o seu teor, emanadas de Turma do TST ou da SBDI-I, no período de 27/09/2012 até 21/11/2016, conforme a modulação aprovada no precedente obrigatório firmado no Incidente de Recursos de Revista Repetitivos TST-IRR-849-83.2013.5.03.0138, DEJT 19.12.2016.

► **Súmula com redação pela Res. 219/2017 do TST (DJET 28.06.2017).**

125. Contrato de trabalho. Art. 479 da CLT

O art. 479 da CLT aplica-se ao trabalhador optante pelo FGTS admitido mediante contrato por prazo determinado, nos termos do art. 30, § 3º, do Decreto 59.820, de 20.12.1966.

126. Recurso. Cabimento

Incabível o recurso de revista ou de embargos (arts. 896 e 894, b, da CLT) para reexame de fatos e provas.

127. Quadro de carreira

Quadro de pessoal organizado em carreira, aprovado pelo órgão competente, excluída a hipótese de equiparação salarial, não obsta reclamação fundada em preterição, enquadramento ou reclassificação.

128. Depósito recursal. (Incorporadas as Orientações Jurisprudenciais 139, 189 e 190 da SDI-I).

I – É ônus da parte recorrente efetuar o depósito legal, integralmente, em relação a cada novo recurso interposto, sob pena de deserção. Atingido o valor da condenação, nenhum depósito mais é exigido para qualquer recurso. (ex-Súmula 128 – alterada pela Res. 121/2003, DJ 21.11.03, incorporada a OJ 139 da SDI-I – Inserida em 27.11.98).

II – Garantido o juízo, na fase executória, a exigência de depósito para recorrer de qualquer decisão viola os incisos II e LV do art. 5º da CF/1988. Havendo, porém, elevação do valor do débito, exige-se a complementação da garantia do juízo. (ex-OJ 189 da SBD-I – Inserida em 08.11.2000).

III – Havendo condenação solidária de duas ou mais empresas, o depósito recursal efetuado por uma delas aproveita as demais, quando a empresa que efetuou o depósito não pleiteia sua exclusão da lide. (ex-OJ 190 da SDI-I – Inserida em 08.11.2000).

► **Súmula com redação pela Res. 129/2005 do TST (DJU 20.04.2005).**

129. Contrato de trabalho. Grupo econômico

A prestação de serviços a mais de uma empresa do mesmo grupo econômico, durante a mesma jornada de trabalho, não caracteriza a coexistência de mais de um contrato de trabalho, salvo ajuste em contrário.

130. CANCELADA pela Res. 121/2003 do TST.

Adicional noturno. O regime de revezamento no trabalho não exclui o direito do empregado ao adicional noturno, em face da derrogação do art. 73 da CLT pelo art. 157, item III, da Constituição de 18.09.1946. (ex-Prejulgado 1).

131. CANCELADA pela Res. 121/2003 do TST.

Salário mínimo. Vigência. O salário mínimo, uma vez decretado em condições de excepcionalidade, tem imediata vigência. (ex-Prejulgado 2).

132. Adicional de periculosidade. Integração. (Incorporadas as Orientações Jurisprudenciais 174 e 267 da SDI-I).

I – O adicional de periculosidade, pago em caráter permanente, integra o cálculo de indenização e de horas extras. (ex-Prejulgado 3). (ex-Súmula 132 – RA 102/1982, DJ 11.10.1982 e DJ 15.10.1982 e ex-OJ 267 da SDI-I – Inserida em 27.09.2002).

II – Durante as horas de sobreaviso, o empregado não se encontra em condições de risco, razão pela qual é incabível a integração do adicional de periculosidade sobre as mencionadas horas. (ex-OJ 174 da SDI-I – Inserida em 08.11.2000).

► **Súmula com redação pela Res. 129/2005 do TST (DJU 20.04.2005).**

133. CANCELADA pela Res. 121/2003 do TST.

Embargos infringentes. Para o julgamento dos embargos infringentes, nas juntas, é desnecessária a notificação das partes. (ex--Prejulgado 4).

134. CANCELADA pela Res. 121/2003 do TST.

Salário. Menor não aprendiz. Ao menor não aprendiz é devido o salário mínimo integral. (ex-Prejulgado 5).

135. CANCELADA (Incorporada à Súmula 06 – Res. 129/2005 do TST, DJU 20.04.2005).

Salário. Equiparação. Para efeito de equiparação de salários em caso de trabalho igual, conta-se o tempo de serviço na função e não no emprego. (ex-Prejulgado 6).

136. CANCELADA pela Res. 185/2012 do TST (DEJT 25.09.2012).

Juiz. Identidade física. Não se aplica às Varas do Trabalho o princípio da identidade física do juiz. (ex-Prejulgado 7).

137. CANCELADA pela Res. 121/2003 do TST.

Adicional de insalubridade. É devido o adicional de serviço insalubre, calculado à base do salário mínimo da região, ainda que a remuneração contratual seja superior ao salário mínimo acrescido da taxa de insalubridade. (ex-Prejulgado 8).

138. Readmissão

Em caso de readmissão, conta-se a favor do empregado o período de serviço anterior, encerrado com a saída espontânea. (ex-Prejulgado 9).

139. Adicional de insalubridade. (Incorporada a Orientação Jurisprudencial 102 da SDI-I).

Enquanto percebido, o adicional de insalubridade integra a remuneração para todos os efeitos legais. (ex-OJ 102 da SDI-I – Inserida em 01.10.1997).

Súmula com redação pela Res. 129/2005 do TST (DJU 20.04.2005).

140. Vigia

É assegurado ao vigia, sujeito ao trabalho noturno, o direito ao respectivo adicional. (ex-Prejulgado 12).

141. CANCELADA pela Res. 121/2003 do TST.

Dissídio coletivo. É constitucional o art. 2º da Lei 4.725, de 13.07.1965. (ex-Prejulgado 13).

142. CANCELADA pela Res. 121/2003 do TST.

Gestante. Dispensa. Empregada gestante, dispensada sem motivo antes do período de 6 (seis) semanas anteriores ao parto, tem direito à percepção do salário-maternidade. (ex-Prejulgado 14).

143. Salário profissional

O salário profissional dos médicos e dentistas guarda proporcionalidade com as horas efetivamente trabalhadas, respeitado o mínimo de 50 (cinquenta) horas mensais. (ex--Prejulgado 15).

144. CANCELADA pela Res. 121/2003 do TST.

Ação rescisória. É cabível a ação rescisória no âmbito da Justiça do Trabalho. (ex-Prejulgado 16).

145. CANCELADA pela Res. 121/2003 do TST.

Gratificação de Natal. É compensável a gratificação de Natal com a da Lei 4.090, de 1962. (ex-Prejulgado 17).

146. Trabalho em domingos e feriados, não compensado

O trabalho prestado em domingos e feriados, não compensado, deve ser pago em dobro, sem prejuízo da remuneração relativa ao repouso semanal.

Súmula com redação pela Res. 121/2003 do TST.

147. CANCELADA pela Res. 121/2003 do TST.

Férias. Indenização. Indevido o pagamento dos repousos semanais e feriados intercorrentes nas férias indenizadas. (ex-Prejulgado 19).

148. Gratificação natalina

É computável a gratificação de Natal para efeito do cálculo da indenização. (ex-Prejulgado 20).

149. Tarefeiro. Férias

A remuneração das férias do tarefeiro deve ser calculada com base na média da produção do período aquisitivo, aplicando-se-lhe a tarifa da data da concessão. (ex-Prejulgado 22).

150. CANCELADA pela Res. 121/2003 do TST.

Demissão. Incompetência da Justiça do Trabalho. Falece competência à Justiça do Trabalho para determinar a reintegração ou a indenização de empregado demitido com base nos atos institucionais. (ex-Prejulgado 23).

151. CANCELADA pela Res. 121/2003 do TST.

Férias. Remuneração. A remuneração das férias inclui a das horas extraordinárias habitualmente prestadas. (ex-Prejulgado 24).

152. Gratificação. Ajuste tácito

O fato de constar do recibo de pagamento de gratificação o caráter de liberalidade não basta, por si só, para excluir a existência de ajuste tácito. (ex-Prejulgado 25).

153. Prescrição

Não se conhece de prescrição não arguida na instância ordinária. (ex-Prejulgado 27).

154. CANCELADA pela Res. 121/2003 do TST.

Mandado de segurança. Da decisão do Tribunal Regional do Trabalho em mandado de segurança cabe recurso ordinário, no prazo de 10 (dez) dias, para o Tribunal Superior do Trabalho. (ex-Prejulgado 28)

155. Ausência ao serviço

As horas em que o empregado falta ao serviço para comparecimento necessário, como parte, à Justiça do Trabalho não serão descontadas de seus salários. (ex-Prejulgado 30).

156. Prescrição. Prazo

Da extinção do último contrato começa a fluir o prazo prescricional do direito de ação em que se objetiva a soma de períodos descontínuos de trabalho. (ex-Prejulgado 31).

157. Gratificação

A gratificação instituída pela Lei 4.090, de 13.07.1962 é devida na resilição contratual de iniciativa do empregado. (ex-Prejulgado 32).

158. Ação rescisória

Da decisão de Tribunal Regional do Trabalho, em ação rescisória, é cabível recurso ordinário para o Tribunal Superior do Trabalho, em face da organização judiciária trabalhista. (ex-Prejulgado 35).

159. Substituição de caráter não eventual e vacância do cargo. (Incorporada a Orientação Jurisprudencial 112 da SDI-I).

I – Enquanto perdurar a substituição que não tenha caráter meramente eventual, inclusive nas férias, o empregado substituto fará jus ao salário contratual do substituído. (ex-Súmula 159 – Res. 121/2003, DJ 21.11.2003).

II – Vago o cargo em definitivo, o empregado que passa a ocupá-lo não tem direito a salário igual ao do antecessor. (ex-OJ 112 – Inserida em 01.10.1997).

◣ Súmula com redação pela Res. 129/2005 do TST (DJU 20.04.2005).

160. Aposentadoria por invalidez

Cancelada a aposentadoria por invalidez, mesmo após 5 (cinco) anos, o trabalhador terá direito de retornar ao emprego, facultado, porém, ao empregador, indenizá-lo na forma da lei. (ex-Prejulgado 37).

161. Depósito. Condenação a pagamento em pecúnia

Se não há condenação a pagamento em pecúnia, descabe o depósito de que tratam os §§ 1º e 2º do art. 899 da CLT. (ex-Prejulgado 39).

162. CANCELADA pela Res. 59/1996 do TST.

Insalubridade. É constitucional o art. 3º do Decreto-lei 389, de 26.12. 1968. (ex-Prejulgado 41).

163. Aviso-prévio. Contrato de experiência

Cabe aviso-prévio nas rescisões antecipadas dos contratos de experiência, na forma do art. 481 da CLT. (ex-Prejulgado 42).

164. CANCELADA pela Res. 210/2016 do TST (DEJT 01.07.2016).

Procuração. Juntada. O não cumprimento das determinações dos §§ 1º e 2º do art. 5º da Lei 8.906, de 04.07.1994 e do art. 37, parágrafo único, do Código de Processo Civil importa o não conhecimento de recurso, por inexistente, exceto na hipótese de mandato tácito. (Súmula com redação pela Res. 121/2003 do TST).

165. CANCELADA pela Res. 87/1998 do TST.

Depósito. Recurso. Conta vinculada. O depósito, para fins de recurso, realizado fora da conta vinculada do trabalhador, desde que feito na sede do juízo, ou realizado na conta vinculada do trabalhador, apesar de fora da sua sede do juízo, uma vez que permaneça à disposição deste, não impedirá o conhecimento do apelo. (ex-Prejulgado 45).

166. CANCELADA (Incorporada à Súmula 102 - Res. 129/2005 do TST, DJU 20.04.2005).

Bancário. Cargo de confiança. Jornada de trabalho. O bancário que exerce a função a que se refere o § 2º do art. 224 da CLT e recebe gratificação não inferior a 1/3 (um terço) de seu salário já tem remuneradas as duas horas extraordinárias excedentes de seis. (ex-Prejulgado 46).

167. CANCELADA pela Res. 121/2003 do TST.

Vogal. Investidura. Recurso. Das decisões proferidas pelos Tribunais Regionais, em processo de impugnação ou contestação à investidura de vogal, cabe recurso para o Tribunal Superior do Trabalho. (ex-Prejulgado 47).

168. CANCELADA pelo Enunciado 294.

Prescrição. Prestações periódicas. Contagem. Na lesão de direito que atinja prestações periódicas, de qualquer natureza, devidas ao empregado, a prescrição é sempre parcial e se conta do vencimento de cada uma delas e não do direito do qual se origina. (ex-Prejulgado 48).

169. CANCELADA pela Res. 121/2003 do TST.

Ação rescisória. Justiça do Trabalho. Depósito prévio. Nas ações rescisórias ajuizadas na Justiça do Trabalho e que só serão admitidas nas hipóteses dos arts. 798 a 800 do Código de Processo Civil de 1939, desnecessário o depósito a que aludem os arts. 488, II, e 494 do Código de Processo Civil de 1973. (ex-Prejulgado 49).

170. Sociedade de economia mista. Custas

Os privilégios e isenções no foro da Justiça do Trabalho não abrangem as sociedades de economia mista, ainda que gozassem desses benefícios anteriormente ao Decreto-lei 779, de 21.08.1969. (ex-Prejulgado 50).

171. Férias Proporcionais. Contrato de Trabalho. Extinção

Salvo na hipótese de dispensa do empregado por justa causa, a extinção do contrato de trabalho sujeita o empregador ao pagamento da remuneração das férias proporcionais, ainda que incompleto o período aquisitivo de 12 (doze) meses (art. 147 da CLT). (ex-Prejulgado 51).

- **Súmula republicada no DJU 05.05.2004.**
- **Súmula com redação pela Res. 121/2003 do TST.**

172. Repouso remunerado. Horas extras. Cálculo

Computam-se no cálculo do repouso remunerado as horas extras habitualmente prestadas. (ex-Prejulgado 52).

173. Salário. Empresa. Cessação de atividades

Extinto, automaticamente, o vínculo empregatício com a cessação das atividades da empresa, os salários só são devidos até a data da extinção. (ex-Prejulgado 53).

174. CANCELADA pela Res. 121/2003 do TST.

Previdência. Lei 3.841/1960. Aplicação. As disposições da Lei 3.841, de 15.12.1960, dirigidas apenas ao sistema previdenciário oficial, não se aplicam aos empregados vinculados ao regime de seguro social de caráter privado. (ex-Prejulgado 54).

175. CANCELADA pela Res. 121/2003 do TST.

Recurso adesivo. Art. 500 do CPC. Inaplicabilidade. O recurso adesivo, previsto no art. 500 do Código de Processo Civil, é incompatível com o processo do trabalho. (ex--Prejulgado 55).

176. CANCELADA pela Res. 130/2005 do TST.

Fundo de garantia. Levantamento do depósito. A Justiça do Trabalho só tem competência para autorizar o levantamento do depósito do Fundo de Garantia do Tempo de Serviço na ocorrência de dissídio entre empregado e empregador. (Súmula com redação pela Res. 121/2003 do TST).

177. CANCELADA pela Res. 121/2003 do TST.

Dissídio coletivo. Sindicato. Representação. Está em plena vigência o art. 859 da Consolidação das Leis do Trabalho, cuja redação é a seguinte: "A representação dos sindicatos para instauração da instância fica subordinada à aprovação de assembleia, da qual participem os associados interessados na solução do dissídio coletivo, em primeira convocação, por maioria de 2/3 (dois terços) dos mesmos, ou, em segunda convocação, por 2/3 (dois terços) dos presentes". (Ex-prejulgado 58).

178. Telefonista. Art. 227, e parágrafos, da CLT. Aplicabilidade

É aplicável à telefonista de mesa de empresa que não explora o serviço de telefonia o disposto no art. 227, e seus parágrafos, da CLT. (Ex-prejulgado 59).

179. CANCELADA pela Res. 121/2003 do TST.

Inconstitucionalidade. Art. 22 da Lei 5.107/1966. É inconstitucional o art. 22 da Lei 5.107, de 13.09.1966, na sua parte final, em que dá competência à Justiça do Trabalho para julgar dissídios coletivos "quando o BNH e a Previdência Social figurarem no feito como litisconsortes". (ex-Prejulgado 60).

180. CANCELADA pela Res. 121/2003 do TST.

Ação de cumprimento. Substituição processual. Desistência. Nas ações de cumprimento, o substituído processualmente pode, a qualquer tempo, desistir da ação, desde que, comprovadamente, tenha havido transação.

181. CANCELADA pela Res. 121/2003 do TST.

Adicional. Tempo de serviço. Reajuste semestral. Lei 6.708/1979. O adicional por tempo de serviço, quando estabelecido em importe fixo, está sujeito ao reajuste da Lei 6.708/1979)

182. Aviso-prévio. Indenização compensatória. Lei 6.708, de 30.10.1979

O tempo do aviso-prévio, mesmo indenizado, conta-se para efeito da indenização adicional prevista no art. 9º da Lei 6.708, de 30.10.1979.

► **Súmula com redação pela Res. 5/1983 do TST.**

183. CANCELADA pela Res. 121/2003 do TST.

Embargos. Recurso de revista. Despacho denegatório. Agravo de instrumento. Não cabimento. São incabíveis embargos para o Tribunal Pleno contra decisão em agravo de instrumento oposto a despacho denegatório de recurso de revista, inexistindo ofensa ao art. 153, § 4º, da Constituição Federal.

184. Embargos declaratórios. Omissão em recurso de revista. Preclusão

Ocorre preclusão se não forem opostos embargos declaratórios para suprir omissão apontada em recurso de revista ou de embargos.

185. CANCELADA pela Res. 121/2003 do TST.

Embargos sob intervenção do Banco Central. Liquidação extrajudicial. Juros. Correção monetária. Lei 6.024/1974. Aplicada a Lei 6.024/1974, fica suspensa a incidência de juros e correção monetária nas liquidações de empresas sob intervenção do Banco Central.

O termo embargos está conforme publicação oficial.

186. Licença-prêmio. Conversão em pecúnia. Regulamento da empresa

A licença-prêmio, na vigência do contrato de trabalho, não pode ser convertida em pecúnia, salvo se expressamente admitida a conversão no regulamento da empresa.

Súmula com redação pela Res. 121/2003 do TST.

187. Correção monetária. Incidência

A correção monetária não incide sobre o débito do trabalhador reclamante.

188. Contrato de trabalho. Experiência. Prorrogação

O contrato de experiência pode ser prorrogado, respeitado o limite máximo de 90 (noventa) dias.

189. Greve. Competência da Justiça do Trabalho. Abusividade

A Justiça do Trabalho é competente para declarar a abusividade, ou não, da greve.

Súmula com redação pela Res. 121/2003 do TST.

190. Poder normativo do TST. Condições de trabalho. Inconstitucionalidade. Decisões contrárias ao STF

Ao julgar ou homologar ação coletiva ou acordo nela havido, o Tribunal Superior do Trabalho exerce o poder normativo constitucional, não podendo criar ou homologar condições de trabalho que o Supremo Tribunal Federal julgue iterativamente inconstitucionais.

191. Adicional de Periculosidade. Incidência. Base de Cálculo (cancelada a parte final da antiga redação e inseridos os itens II e III)

I – O adicional de periculosidade incide apenas sobre o salário básico e não sobre este acrescido de outros adicionais.

II – O adicional de periculosidade do empregado eletricitário, contratado sob a égide da Lei 7.369/1985, deve ser calculado sobre a totalidade das parcelas de natureza salarial. Não é válida norma coletiva mediante a qual se determina a incidência do referido adicional sobre o salário básico.

III – A alteração da base de cálculo do adicional de periculosidade do eletricitário promovida pela Lei 12.740/2012 atinge somente contrato de trabalho firmado a partir de sua vigência, de modo que, nesse caso, o cálculo será realizado exclusivamente sobre o salário básico, conforme determina o § 1º do art. 193 da CLT.

Súmula com redação pela Resolução 215/2016 do TST (DEJT 30.11.2016).

192. Ação Rescisória. Competência. (atualizada em decorrência do CPC de 2015)

I – Se não houver o conhecimento de recurso de revista ou de embargos, a competência para julgar ação que vise a rescindir a decisão de mérito é do Tribunal Regional do Trabalho, ressalvado o disposto no item II.

II – Acórdão rescindendo do Tribunal Superior do Trabalho que não conhece de recurso de embargos ou de revista, analisando arguição de violação de dispositivo de lei material ou decidindo em consonância com súmula de direito material ou com iterativa, notória e atual jurisprudência de direito material da Seção de Dissídios Individuais (Súmula 333), examina o mérito da causa, cabendo ação rescisória da competência do Tribunal Superior do Trabalho. (ex-Súmula 192 – alterada pela Res. 121/2003, DJ 21.11.2003)

III – Sob a égide do art. 512 do CPC de 1973, é juridicamente impossível o pedido explícito de desconstituição de sentença quando substituída por acórdão do Tribunal Regional ou superveniente sentença homologatória de acordo que puser fim ao litígio.

IV – Na vigência do CPC de 1973, é manifesta a impossibilidade jurídica do pedido de rescisão de julgado proferido em agravo de instrumento que, limitando-se a aferir o eventual desacerto do juízo negativo de admissibilidade do recurso de revista, não substitui o acórdão regional, na forma do art. 512 do CPC. (ex-OJ 105 da SBDI-2 – DJ 29.04.2003)

V – A decisão proferida pela SBDI, em agravo regimental, calcada na Súmula 333, substitui acórdão de Turma do TST, porque emite juízo de mérito, comportando, em tese, o corte rescisório. (ex-OJ 133 da SBDI-2 – DJ 04.05.2004).

Súmula com redação pela Res. 212/2016 do TST (DEJT 20.09.2016).

193. CANCELADA pela Res. 105/2000 do TST.

Correção monetária. Juros. Cálculo. Execução de sentença. Pessoa jurídica de direito público. Nos casos de execução de sentença contra pessoa jurídica de direito público, os juros e a correção monetária serão calculados até o pagamento do valor principal da condenação.

194. CANCELADA pela Res. 142/2007 do TST.

Ação rescisória. Justiça do Trabalho. Depósito prévio. (Revisão do Enunciado 169). As ações rescisórias ajuizadas na Justiça do Trabalho serão admitidas, instruídas e julgadas conforme os arts. 485 usque 495 do Código de Processo Civil de 1973, sendo, porém, desnecessário o depósito prévio a que aludem os respectivos arts. 488, II, e 494.

195. CANCELADA pela Res. 121/2003 do TST.

Embargos. Agravo regimental. Cabimento. Não cabem embargos para o Pleno de decisão de turma do Tribunal Superior do Trabalho, prolatada em agravo regimental.

196. CANCELADA pela Res. 121/2003 do TST.

Recurso adesivo. Prazo. Revisão do Enunciado 175. O recurso adesivo é compatível com o processo do trabalho, onde cabe, no prazo de 8 (oito) dias, no recurso ordinário, na revista, nos embargos para o Pleno e no agravo de petição.

197. Prazo

O prazo para recurso da parte que, intimada, não comparecer à audiência em prosseguimento para a prolação da sentença conta-se de sua publicação.

198. CANCELADA pelo Enunciado 294.

Prescrição. Na lesão de direito individual que atinja prestações periódicas devidas ao empregado, à exceção da que decorre de ato único do empregador, a prescrição é sempre parcial e se conta do vencimento de cada uma dessas prestações, e não da lesão do direito.

199. Bancário. Pré-contratação de horas extras. (Incorporadas as Orientações Jurisprudenciais 48 e 63 da SDI-1).

I – A contratação do serviço suplementar, quando da admissão do trabalhador bancário, é nula. Os valores assim ajustados apenas remuneram a jornada normal, sendo devidas as horas extras com o adicional de, no mínimo, 50% (cinquenta por cento), as quais não configuram pré-contratação, se pactuadas após a admissão do bancário. (ex-Súmula 199 – Res. 41/1995, DJ 17.02.1995 e ex-OJ 48 – Inserida em 25.11.1996).

II – Em se tratando de horas extras pré-contratadas, opera-se a prescrição total se a ação não for ajuizada no prazo de cinco anos, a partir da data em que foram suprimidas. (ex-OJ 63 – Inserida em 14.03.1994).

Súmula com redação pela Res. 129/2005 do TST (DJU 20.04.2005).

200. Juros de mora. Incidência

Os juros de mora incidem sobre a importância da condenação já corrigida monetariamente.

201. Recurso ordinário em mandado de segurança. (Revisão da Súmula 154).

Da decisão de Tribunal Regional do Trabalho em mandado de segurança cabe recurso ordinário, no prazo de 8 (oito) dias, para o Tribunal Superior do Trabalho, e igual dilação para o recorrido e interessados apresentarem razões de contrariedade.

202. Gratificação por tempo de serviço. Compensação

Existindo, ao mesmo tempo, gratificação por tempo de serviço outorgada pelo empregador e outra da mesma natureza prevista em acordo coletivo, convenção coletiva ou sentença normativa, o empregado tem direito a receber, exclusivamente, a que lhe seja mais benéfica.

203. Gratificação por tempo de serviço. Natureza salarial

A gratificação por tempo de serviço integra o salário para todos os efeitos legais.

204. CANCELADA (Incorporada à Súmula 102 – Res. 129/2005 do TST, DJU 20.04.2005).

Bancário. Cargo de confiança. Caracterização. (Res. 121/2003, DJ 21. 11.2003). A configuração, ou não, do exercício da função de confiança a que se refere o art. 224, § 2º, da CLT, dependente da prova das reais atribuições do empregado, é insuscetível de exame mediante recurso de revista ou de embargos.

205. CANCELADA pela Res. 121/2003 do TST.

Grupo econômico. Execução. Solidariedade. O responsável solidário, integrante do grupo econômico, que não participou da relação processual como reclamado e que, portanto, não consta no título executivo judicial como devedor, não pode ser sujeito passivo na execução.

206. FGTS. Incidência sobre parcelas prescritas

A prescrição da pretensão relativa às parcelas remuneratórias alcança o respectivo recolhimento da contribuição para o FGTS.

Súmula com redação pela Res. 121/2003 do TST.

207. CANCELADA pela Res. 181/2012 do TST.

Conflitos de leis trabalhistas no espaço. Princípio da lex loci executionis. A relação jurídica trabalhista é regida pelas leis vigentes no país da prestação de serviço e não por aquelas do local da contratação.

208. CANCELADA pela Res. 59/1996 do TST.

Recurso de revista. Admissibilidade. Interpretação de cláusula de natureza contratual. A divergência jurisprudencial, suficiente a ensejar a admissibilidade ou o conhecimento do recurso de revista, diz respeito a interpretação de lei, sendo imprestável aquela referente ao alcance de cláusula contratual, ou de regulamento de empresa.

209. CANCELADA pela Res. Administrativa 81/1985 do TST.

Cargo em comissão. Reversão. A reversão do empregado ao cargo efetivo implica na perda das vantagens salariais inerentes ao cargo em comissão, salvo se nele houver permanecido 10 (dez) ou mais anos ininterruptos.

210. CANCELADA pela Res. 121/2003 do TST.

Recurso de revista. Execução de sentença. A admissibilidade do recurso de revista contra acórdão proferido em execução de sentença depende de demonstração inequívoca de violação direta à Constituição Federal.

211. Juros da mora e correção monetária. Independência do pedido inicial e do título executivo judicial

Os juros de mora e a correção monetária incluem-se na liquidação, ainda que omisso o pedido inicial ou a condenação.

212. Despedimento. Ônus da prova

O ônus de provar o término do contrato de trabalho, quando negados a prestação de serviço e o despedimento, é do empregador, pois o princípio da continuidade da relação de emprego constitui presunção favorável ao empregado.

213. CANCELADA pela Res. 46/1995 do TST.

Embargos de declaração. Suspensão do prazo recursal. Os embargos de declaração suspendem o prazo do recurso principal, para ambas as partes, não se computando o dia da sua interposição.

214. Decisão interlocutória. Irrecorribilidade

Na Justiça do Trabalho, nos termos do art. 893, § 1º, da CLT, as decisões interlocutórias não ensejam recurso imediato, salvo nas hipóteses de decisão:

a) de Tribunal Regional do Trabalho contrária à Súmula ou Orientação Jurisprudencial do Tribunal Superior do Trabalho;

b) suscetível de impugnação mediante recurso para o mesmo Tribunal;

c) que acolhe exceção de incompetência territorial, com a remessa dos autos para Tribunal Regional distinto daquele a que se vincula o juízo excepcionado, consoante o disposto no art. 799, § 2º, da CLT.

► **Súmula com redação pela Res. 127/2005 do TST.**

215. CANCELADA pela Res. 28/1994 do TST.

Horas extras não contratadas expressamente. Adicional devido. Inexistindo acordo escrito para prorrogação da jornada de trabalho, o adicional referente às horas extras é devido na base de 25% (vinte e cinco por cento).

216. CANCELADA pela Res. 87/1998 do TST.

Deserção. Relação de empregados. Autenticação mecânica desnecessária. São juridicamente desnecessárias a autenticação mecânica do valor do depósito recursal na relação de empregados (RE) e a individualização do processo na guia de recolhimento (GR), pelo que a falta não importa em deserção.

217. Depósito recursal. Credenciamento bancário. Prova dispensável

O credenciamento dos bancos para o fim de recebimento do depósito recursal é fato notório, independendo da prova.

218. Recurso de revista. Acórdão proferido em agravo de instrumento

É incabível recurso de revista interposto de acórdão regional prolatado em agravo de instrumento.

219. Honorários Advocatícios. Cabimento. (Alterada a redação do item I e acrescidos os itens IV a VI na sessão do Tribunal Pleno realizada em 15.3.2016)

I – Na Justiça do Trabalho, a condenação ao pagamento de honorários advocatícios não decorre pura e simplesmente da sucumbência, devendo a parte, concomitantemente: a) estar assistida por sindicato da categoria profissional; b) comprovar a percepção de salário inferior ao dobro do salário mínimo ou encontrar-se em situação econômica que não lhe permita demandar sem prejuízo do próprio sustento ou da respectiva família (art.14, § 1º, da Lei 5.584/1970). (ex-OJ 305 da SDI-I).

► **Item I com redação pela Res. 204/2016 do TST (DEJT 21.03.2016).**

II – É cabível a condenação ao pagamento de honorários advocatícios em ação rescisória no processo trabalhista.

► **Inciso II com redação pela Res. 204/2016 do TST (DEJT 21.03.2016).**

III – São devidos os honorários advocatícios nas causas em que o ente sindical figure como substituto processual e nas lides que não derivem da relação de emprego.

► **Inciso III com redação pela Res. 204/2016 (DEJT 21.03.2016).**

IV – Na ação rescisória e nas lides que não derivem de relação de emprego, a responsabilidade pelo pagamento dos honorários advocatícios da sucumbência submete-se à disciplina do Código de Processo Civil (arts. 85, 86, 87 e 90).

► **Inciso IV acrescido pela Res. 204/2016 (DEJT 21.03.2016).**

V – Em caso de assistência judiciária sindical ou de substituição processual sindical, excetuados os processos em que a Fazenda Pública for parte, os honorários advocatícios são devidos entre o mínimo de dez e o máximo de vinte por cento sobre o valor da condenação, do proveito econômico obtido ou, não sendo possível mensurá-lo, sobre o valor atualizado da causa (CPC de 2015, art. 85, § 2º).

Inciso V acrescido pela Res. 204/2016 (DEJT 21.03.2016).

VI – Nas causas em que a Fazenda Pública for parte, aplicar-se-ão os percentuais específicos de honorários advocatícios contemplados no Código de Processo Civil.

Inciso VI acrescido pela Res. 204/2016 (DEJT 21.03.2016).

220. CANCELADA pela Res. 55/1996 do TST.

Honorários advocatícios. Substituição processual. Atendidos os requisitos da Lei 5.584/1970, são devidos os honorários advocatícios, ainda que o sindicato figure como substituto processual.

221. Recurso de revista. Violação de lei. Indicação de preceito (cancelado o item II e conferida nova redação na sessão do Tribunal Pleno realizada em 14.09.2012).

A admissibilidade do recurso de revista por violação tem como pressuposto a indicação expressa do dispositivo de lei ou da Constituição tido como violado.

Súmula com redação pela Res. 185/2012 do TST (DEJT 25.09.2012).

222. CANCELADA pela Res. 84/1998 do TST.

Dirigentes de associações profissionais. Estabilidade provisória. Os dirigentes de associações profissionais, legalmente registradas, gozam de estabilidade provisória no emprego.

223. CANCELADA pela Res. 121/2003 do TST.

Prescrição. Opção pelo sistema do Fundo de Garantia do Tempo de Serviço. Termo inicial. O termo inicial da prescrição para anular a opção pelo Fundo de Garantia do Tempo de Serviço coincide com a data em que formalizado o ato opcional, e não com a cessação do contrato de trabalho.

224. CANCELADA pela Res. 121/2003 do TST.

Competência. Ação de cumprimento. Sindicato. Desconto assistencial. A Justiça do Trabalho é incompetente para julgar ação na qual o sindicato, em nome próprio, pleiteia o recolhimento de desconto assistencial previsto em sentença normativa, convenção ou acordo coletivos.

225. Repouso semanal. Cálculo. Gratificações por tempo de serviço e produtividade

As gratificações por tempo de serviço e produtividade, pagas mensalmente, não repercutem no cálculo do repouso semanal remunerado.

226. Bancário. Gratificação por tempo de serviço. Integração no cálculo das horas extras

A gratificação por tempo de serviço integra o cálculo das horas extras.

227. CANCELADA pela Res. 121/2003 do TST.

Salário-família. Trabalhador rural. O salário-família somente é devido aos trabalhadores urbanos, não alcançando os rurais, ainda que prestem serviços, no campo, a empresa agroindustrial.

228. Adicional de insalubridade. Base de cálculo (Redação alterada em sessão do Tribunal Pleno realizada em 26.06.2008) – Res. 148/2008, DJ 04 e 07.07.2008 – Republicada DJ 08, 09 e 10.07.2008.

A partir de 9 de maio de 2008, data da publicação da Súmula Vinculante 4 do Supremo Tribunal Federal, o adicional de insalubridade será calculado sobre o salário básico, salvo critério mais vantajoso fixado em instrumento coletivo.

Súmula com redação pela Res. 185/2012 do TST (DEJT 25.09.2012).

Súmula com eficácia suspensa por decisão liminar do STF.

229. Sobreaviso. Eletricitários

Por aplicação analógica do art. 244, § 2º, da CLT, as horas de sobreaviso dos eletricitários são remuneradas à base de 1/3 sobre a totalidade das parcelas de natureza salarial.

Súmula com redação pela Res. 121/2003 do TST.

230. Aviso-prévio. Substituição pelo pagamento das horas reduzidas da jornada de trabalho

É ilegal substituir o período que se reduz da jornada de trabalho, no aviso-prévio, pelo pagamento das horas correspondentes.

231. CANCELADA pela Res. 121/2003 do TST.

Quadro de carreira. Homologação pelo Conselho Nacional de Política Salarial. Eficácia. É eficaz para efeito do art. 461, § 2º, da CLT a homologação de quadro organizado em carreira pelo Conselho Nacional de Política Salarial.

232. CANCELADA (Incorporada à Súmula 102 – Res. 129/2005 do TST, DJU 20.04.2005).

Bancário. Cargo de confiança. Jornada. Horas extras. O bancário sujeito à regra do art. 224, § 2º, da CLT cumpre jornada de trabalho de 8 (oito) horas, sendo extraordinárias as trabalhadas além da oitava.

233. CANCELADA pela Res. 121/2003 do TST.

Bancário. Chefe. O bancário no exercício da função de chefia, que recebe gratificação não inferior a 1/3 (um terço) do salário do cargo efetivo, está inserido na exceção do § 2º do art. 224 da CLT, não fazendo jus ao pagamento das sétima e oitava horas como extras.

234. CANCELADA pela Res. 121/2003 do TST.

Bancário. Subchefe. O bancário no exercício da função de subchefia, que recebe gratificação não inferior a 1/3 (um terço) do salário do cargo efetivo, está inserido na exceção do § 2º do art. 224 da CLT, não fazendo jus ao pagamento das sétima e oitava horas como extras.

235. CANCELADA pela Res. 121/2003 do TST.

Distrito Federal e autarquias. Correção automática dos salários. Inaplicabilidade da Lei 6.708/1979. Aos servidores do Distrito Federal e respectivas autarquias, submetidos ao regime da CLT, não se aplica a Lei 6.708/1979, que determina a correção automática dos salários.

236. CANCELADA pela Res. 121/2003 do TST.

Honorários periciais. Responsabilidade. A responsabilidade pelo pagamento dos honorários periciais é da parte sucumbente na pretensão relativa ao objeto da perícia.

237. CANCELADA pela Res. 121/2003 do TST.

Bancário. Tesoureiro. O bancário investido na função de tesoureiro, que recebe gratificação não inferior a 1/3 (um terço) do salário do cargo efetivo, está inserido na exceção do § 2º do art. 224 da CLT, não fazendo jus ao pagamento das sétima e oitava horas como extras.

238. CANCELADA pela Res. 121/2003 do TST.

Bancário. Subgerente. O bancário no exercício da função de subgerente, que recebe gratificação não inferior a 1/3 (um terço) do salário do cargo efetivo, está inserido na exceção do § 2º do art. 224 da CLT, não fazendo jus ao pagamento das sétima e oitava horas como extras.

239. Bancário. Empregado de empresa de processamento de dados. (Incorporadas as Orientações Jurisprudenciais 64 e 126 da SDII).

É bancário o empregado de empresa de processamento de dados que presta serviço a banco integrante do mesmo grupo econômico, exceto quando a empresa de processamento de dados presta serviços a banco e a empresas não bancárias do mesmo grupo econômico ou a terceiros. (Primeira parte – ex-Súmula 239 – Res. 12/1985, DJ 09.12.1985; segunda parte – ex-OJs 64 – Inserida em 13.09.1994 e 126 – Inserida em 20.04.1998).

► Súmula com redação pela Res. 129/2005 do TST (DJU 20.04.2005).

240. Bancário. Gratificação de função e adicional por tempo de serviço

O adicional por tempo de serviço integra o cálculo da gratificação prevista no art. 224, § 2º, da CLT.

241. Salário-utilidade. Alimentação

O vale para refeição, fornecido por força do contrato de trabalho, tem caráter salarial, integrando a remuneração do empregado, para todos os efeitos legais.

242. Indenização adicional. Valor

A indenização adicional, prevista no art. 9º da Lei 6.708, de 30.10.1979 e no art. 9º da Lei 7.238, de 28.10.1984, corresponde ao salário mensal, no valor devido na data da comunicação do despedimento, integrado pelos adicionais legais ou convencionados, ligados à unidade de tempo mês, não sendo computável a gratificação natalina.

243. Opção pelo regime trabalhista. Supressão das vantagens estatutárias

Exceto na hipótese de previsão contratual ou legal expressa, a opção do funcionário público pelo regime trabalhista implica a renúncia dos direitos inerentes ao sistema estatutário.

244. Gestante. Estabilidade provisória (Redação do item 3 alterada na sessão do Tribunal Pleno realizada em 14.09.2012)

I – O desconhecimento do estado gravídico pelo empregador não afasta o direito ao pagamento da indenização decorrente da estabilidade (art. 10, II, b do ADCT).

II – A garantia de emprego à gestante só autoriza a reintegração se esta se der durante o período de estabilidade. Do contrário, a garantia restringe-se aos salários e demais direitos correspondentes ao período de estabilidade.

III – A empregada gestante tem direito à estabilidade provisória prevista no art. 10, inciso II, alínea b, do Ato das Disposições Constitucionais Transitórias, mesmo na hipótese de admissão mediante contrato por tempo determinado.

◣ Súmula com redação pela Res. 185/2012 do TST (DEJT 25.09.2012).

245. Depósito recursal. Prazo

O depósito recursal deve ser feito e comprovado no prazo alusivo ao recurso. A interposição antecipada deste não prejudica a dilação legal.

246. Ação de cumprimento. Trânsito em julgado da sentença normativa

É dispensável o trânsito em julgado da sentença normativa para propositura da ação de cumprimento.

247. Quebra de caixa. Natureza jurídica

A parcela paga aos bancários sob a denominação "quebra de caixa" possui natureza salarial, integrando o salário do prestador de serviços, para todos os efeitos legais.

248. Adicional de insalubridade. Direito adquirido

A reclassificação ou descaracterização da insalubridade, por ato da autoridade competente, repercute na satisfação do respectivo adicional, sem ofensa a direito adquirido ou ao princípio da irredutibilidade salarial.

249. CANCELADA pela Res. 121/2003 do TST.

Aumento salarial setorizado. Tabela única. Legítima é a concessão de aumento salarial por região do país, desfazendo identidade anterior, baseada em tabela única de âmbito nacional.

250. CANCELADA pela Res. 121/2003 do TST.

Plano de classificação. Parcelas antiguidade e desempenho. Aglutinação ao salário. Lícita é a incorporação ao salário-base das parcelas pagas a título de antiguidade e desempenho, quando não há prejuízo para o empregado.

251. CANCELADA pela Res. 33/1994 do TST.

Participação nos lucros. Natureza salarial. A parcela participação nos lucros da empresa, habitualmente paga, tem natureza salarial, para todos os efeitos legais.

252. CANCELADA pela Res. 121/2003 do TST.

Funcionário público. Cedido. Reajuste salarial. Alteração do Enunciado 116. Os funcionários públicos cedidos à Rede Ferroviária Federal S.A. têm direito ao reajustamento salarial previsto no art. 5º da Lei 4.345/1964, compensável com o deferido pelo art. 1º da Lei 4.564/1964 e observados os padrões de vencimentos, à época dos cargos idênticos ou assemelhados do serviço público, a teor do disposto no art. 20, item I, da Lei 4.345/1964 e nos termos dos acórdãos proferidos no DC 2/1966. O paradigma previsto neste último dispositivo legal será determinado através de perícia, se as partes não o indicarem de comum acordo.

253. Gratificação semestral. Repercussões

A gratificação semestral não repercute no cálculo das horas extras, das férias e do aviso-prévio, ainda que indenizados. Repercute, contudo, pelo seu duodécimo na indenização por antiguidade e na gratificação natalina.

► **Súmula com redação pela Res. 121/2003 do TST.**

254. Salário-família. Termo inicial da obrigação

O termo inicial do direito ao salário-família coincide com a prova da filiação. Se feita em juízo, corresponde à data de ajuizamento do pedido, salvo se comprovado que anteriormente o empregador se recusara a receber a respectiva certidão.

255. CANCELADA pela Res. 121/2003 do TST.

Substituição processual. Desistência. Alteração do Enunciado 180. O substituído processualmente pode, antes da sentença de primeiro grau, desistir da ação.

256. CANCELADA pela Res. 121/2003 do TST.

Contrato de prestação de serviços. Legalidade. Salvo os casos de trabalho temporário e de serviço de vigilância, previstos nas Leis 6.019, de 03.01.1974, e 7.102, de 20.06.1983, é ilegal a contratação de trabalhadores por empresa interposta, formando-se o vínculo empregatício diretamente com o tomador dos serviços.

257. Vigilante

O vigilante, contratado diretamente por banco ou por intermédio de empresas especializadas, não é bancário.

258. Salário-utilidade. Percentuais

Os percentuais fixados em lei relativos ao salário in natura apenas se referem às hipóteses em que o empregado percebe salário mínimo, apurando-se, nas demais, o real valor da utilidade.

► **Súmula com redação pela Res. 121/2003 do TST.**

259. Termo de conciliação. Ação rescisória

Só por ação rescisória é impugnável o termo de conciliação previsto no parágrafo único do art. 831 da CLT.

260. CANCELADA pela Res. 121/2003 do TST.

Salário-maternidade. Contrato de experiência. No contrato de experiência, extinto antes do período de 4 (quatro) semanas que precede ao parto, a empregada não tem direito a receber, do empregador, o salário-maternidade.

261. Férias proporcionais. Pedido de demissão. Contrato vigente há menos de 1 (um) ano

O empregado que se demite antes de completar 12 (doze) meses de serviço tem direito a férias proporcionais.

► **Súmula com redação pela Res. 121/2003 do TST.**

262. Prazo Judicial. Notificação ou intimação em sábado. Recesso forense. (redação do item II alterada na sessão do Tribunal Pleno realizada em 19.05.2014).

I – Intimada ou notificada a parte no sábado, o início do prazo se dará no primeiro dia útil imediato e a contagem, no subsequente.

II – O recesso forense e as férias coletivas dos Ministros do Tribunal Superior do Trabalho suspendem os prazos recursais.

► **Súmula com redação pela Res. 194/2014 do TST – (DEJT 21.05.2014).**

263. Petição Inicial. Indeferimento. Instrução obrigatória deficiente.

Salvo nas hipóteses do art. 330 do CPC de 2015 (art. 295 do CPC de 1973), o indeferimento da petição inicial, por encontrar-se desacompanhada de documento indispensável à propositura da ação ou não preencher outro requisito legal, somente é cabível se, após intimada para suprir a irregularidade em 15 (quinze) dias, mediante indicação precisa do que deve ser corrigido ou completado, a parte não o fizer (art. 321 do CPC de 2015).

▶ **Súmula com redação pela Res. 208/2016 do TST (DEJT 22, 23 e 24.04.2016).**

264. Hora suplementar. Cálculo.

A remuneração do serviço suplementar é composta do valor da hora normal, integrado por parcelas de natureza salarial e acrescido do adicional previsto em lei, contrato, acordo, convenção coletiva ou sentença normativa.

265. Adicional noturno. Alteração de turno de trabalho. Possibilidade de supressão

A transferência para o período diurno de trabalho implica a perda do direito ao adicional noturno.

266. Recurso de revista. Admissibilidade. Execução de sentença

A admissibilidade do recurso de revista interposto de acórdão proferido em agravo de petição, na liquidação de sentença ou em processo incidente na execução, inclusive os embargos de terceiro, depende de demonstração inequívoca de violência direta à Constituição Federal.

267. CANCELADA pela Res. 121/2003 do TST.

Bancário. Valor do salário-hora. Divisor. O bancário sujeito à jornada de 8 (oito) horas (art. 224, § 2º, da CLT) tem salário-hora calculado com base no divisor 240 (duzentos e quarenta) e não 180 (cento e oitenta), que é relativo à jornada de 6 (seis) horas.

268. Prescrição. Interrupção. Ação trabalhista arquivada

A ação trabalhista, ainda que arquivada, interrompe a prescrição somente em relação aos pedidos idênticos.

▶ **Súmula com redação pela Res. 121/2003 do TST.**

269. Diretor eleito. Cômputo do período como tempo de serviço

O empregado eleito para ocupar cargo de diretor tem o respectivo contrato de trabalho suspenso, não se computando o tempo de serviço deste período, salvo se permanecer a subordinação jurídica inerente à relação de emprego.

270. CANCELADA pela Res. 49/1995 do TST.

Representação processual. Mandato expresso. Ausência de firma reconhecida. A ausência de reconhecimento de firma no instrumento de mandato – procuração – torna irregular a representação processual, impossibilitando o conhecimento do recurso, por inexistente.

271. CANCELADA pela Res. 121/2003 do TST.

Substituição processual. Adicionais de insalubridade e de periculosidade. Legítima é a substituição processual dos empregados associados, pelo sindicato que congrega a categoria profissional, na demanda trabalhista cujo objeto seja adicional de insalubridade ou periculosidade.

272. CANCELADA pela Res. 121/2003 do TST.

Agravo de instrumento. Traslado deficiente. Não se conhece do agravo para subida de recurso de revista, quando faltarem no traslado o despacho agravado, a decisão recorrida, a petição de recurso de revista, a procuração subscrita pelo agravante, ou qualquer peça essencial à compreensão da controvérsia.

273. CANCELADA pela Res. 121/2003 do TST.

Constitucionalidade. Decretos-leis 2.012/1983 e 2.045/1983. São constitucionais os Decretos-leis 2.012/1983 e 2.045/1983.

274. CANCELADA. Incorporação à nova redação da Súmula 6 – Res. 129/2005 do TST – (DJU 20.04.2005).

Prescrição parcial. Equiparação salarial. (Res. 121/2003, DJ 21.11.2003). Na ação de equiparação salarial, a prescrição só alcança as diferenças salariais vencidas no período de 5 (cinco) anos que precedeu o ajuizamento.

275. Prescrição. Desvio de função e reenquadramento. (Incorporada a OJ 144 da SDI-I).

I – Na ação que objetive corrigir desvio funcional, a prescrição só alcança as diferenças salariais vencidas no período de 5 (cinco) anos que precedeu o ajuizamento. (ex-Súmula 275 – Res. 121/2003, DJ 21.11.2003)

II – Em se tratando de pedido de reenquadramento, a prescrição é total, contada da data do enquadramento do empregado. (ex-OJ 144 – Inserida em 27.11.1998)

◣ **Súmula com redação pela Res. 129/2005 do TST – (DJU 20.04.2005).**

276. Aviso-prévio. Renúncia pelo empregado

O direito ao aviso-prévio é irrenunciável pelo empregado. O pedido de dispensa de cumprimento não exime o empregador de pagar o valor respectivo, salvo comprovação de haver o prestador dos serviços obtido novo emprego.

277. Convenção coletiva de trabalho ou acordo coletivo de trabalho. Eficácia. Ultratividade (Redação alterada na sessão do Tribunal Pleno realizada em 14.09.2012).

As cláusulas normativas dos acordos coletivos ou convenções coletivas integram os contratos individuais de trabalho e somente poderão ser modificadas ou suprimidas mediante negociação coletiva de trabalho.

◣ **Súmula com redação pela Res. 185/2012 do TST – (DEJT 25.09.2012).**

◣ **O STF, na ADPF 323, por maioria, julgou procedente a ação, de modo a declarar a inconstitucionalidade da Súmula 277 do Tribunal Superior do Trabalho, na versão atribuída pela Resolução 185, de 27 de setembro de 2012, assim como a inconstitucionalidade de interpretações e de decisões judiciais que entendem que o art. 114, parágrafo segundo, da Constituição Federal, na redação dada pela Emenda Constitucional 45/2004, autoriza a aplicação do princípio da ultratividade de normas de acordos e de convenções coletivas, tudo nos termos do voto do Relator. (DOU 03.06.2022)**

278. Embargos de declaração. Omissão no julgado

A natureza da omissão suprida pelo julgamento de embargos declaratórios pode ocasionar efeito modificativo no julgado.

279. Recurso contra sentença normativa. Efeito suspensivo. Cassação

A cassação de efeito suspensivo concedido a recurso interposto contra sentença normativa retroage à data do despacho que o deferiu.

280. CANCELADA pela Res. 2/1990 do TST.

Convenção coletiva. Sociedade de economia mista. Audiência prévia do órgão oficial competente. Convenção coletiva, formalizada sem prévia audição do órgão oficial competente, não obriga sociedade de economia mista.

281. CANCELADA pela Res. 121/2003 do TST.

Piso salarial. Professores. A instituição do Fundo de Participação dos Estados e Municípios não fez surgir, para os professores, direito a piso salarial.

282. Abono de faltas. Serviço médico da empresa

Ao serviço médico da empresa ou ao mantido por esta última mediante convênio compete abonar os primeiros 15 (quinze) dias de ausência ao trabalho.

283. Recurso adesivo. Pertinência no processo do trabalho. Correlação de matérias. (Revisão da Súmula 196)

O recurso adesivo é compatível com o processo do trabalho e cabe, no prazo de 8 (oito) dias, nas hipóteses de interposição de recurso ordinário, de agravo de petição, de revista e de embargos, sendo desnecessário que a matéria nele veiculada esteja relacionada com a do recurso interposto pela parte contrária.

284. CANCELADA pela Res. 121/2003 do TST.

Correção monetária. Empresas em liquidação. Lei 6.024/1974. Revisão do Enunciado 185. Os débitos trabalhistas das empresas em liquidação de que cogita a Lei 6.024/1974 estão sujeitos à correção monetária, observada a vigência do Dec.-lei 2.278/1985, ou seja, a partir de 22.11.1985. (Revisto pelo Enunciado 304.)

285. CANCELADA pela Res. 204/2016 do TST.

Recurso de revista. Admissibilidade parcial pelo Juiz-Presidente do Tribunal Regional do Trabalho. Efeito. O fato de o juízo primeiro de admissibilidade do recurso de revista entendê-lo cabível apenas quanto à parte das matérias veiculadas não impede a apreciação integral pela Turma do Tribunal Superior do Trabalho, sendo imprópria a interposição de agravo de instrumento.

286. Sindicato. Substituição processual. Convenção e acordos coletivos

A legitimidade do sindicato para propor ação de cumprimento estende-se também à observância de acordo ou de convenção coletivos.

► **Súmula com redação pela Res. 98/2000 do TST.**

287. Jornada de trabalho. Gerente bancário

A jornada de trabalho do empregado de banco gerente de agência é regida pelo art. 224, § 2º, da CLT. Quanto ao gerente geral de agência bancária, presume-se o exercício de encargo de gestão, aplicando-se-lhe o art. 62 da CLT.

► **Súmula com redação pela Res. 121/2003 do TST.**

288. Complementação dos proventos da aposentadoria. (nova redação para o item I e acrescidos os itens III e IV em decorrência do julgamento do processo TST-EED-RR-235-20.2010.5.20.0006 pelo Tribunal Pleno em 12.04.2016)

I – A complementação dos proventos de aposentadoria, instituída, regulamentada e paga diretamente pelo empregador, sem vínculo com as entidades de previdência privada fechada, é regida pelas normas em vigor na data de admissão do empregado, ressalvadas as alterações que forem mais benéficas (art. 468 da CLT).

► **Inciso I com redação pela Res. 207/2016 do TST (DEJT 18, 19 e 20.04.2016).**

II – Na hipótese de coexistência de dois regulamentos de planos de previdência complementar, instituídos pelo empregador ou por entidade de previdência privada, a opção do beneficiário por um deles tem efeito jurídico de renúncia às regras do outro.

III – Após a entrada em vigor das Leis Complementares 108 e 109, de 29/05/2001, reger-se-á a complementação dos proventos de aposentadoria pelas normas vigentes na data da implementação dos requisitos para obtenção do benefício, ressalvados o direito adquirido do participante que anteriormente implementara os requisitos para o benefício e o direito acumulado do empregado que até então não preenchera tais requisitos.

► **Inciso III acrescido pela Res. 207/2016 do TST (DEJT 18, 19 e 20.04.2016).**

IV – O entendimento da primeira parte do item III aplica-se aos processos em curso no Tribunal Superior do Trabalho em que, em 12/04/2016, ainda não haja sido proferida decisão de mérito por suas Turmas e Seções.

► **Inciso IV acrescido pela Res. 207/2016 do TST (DEJT 18, 19 e 20.04.2016).**

289. Insalubridade. Adicional. Fornecimento do aparelho de proteção. Efeito

O simples fornecimento do aparelho de proteção pelo empregador não o exime do pagamento do adicional de insalubridade. Cabe-lhe tomar as medidas que conduzam à diminuição ou eliminação da nocividade, entre as quais as relativas ao uso efetivo do equipamento pelo empregado.

290. CANCELADA pela Res. 121/2003 do TST.

Gorjetas. Natureza jurídica. Ausência de distinção quanto à forma de recebimento. As gorjetas, sejam cobradas pelo empregador na nota de serviço ou oferecidas espontaneamente pelos clientes, integram a remuneração do empregado. (Revisto pelo Enunciado 354.)

291. Horas extras. Habitualidade. Supressão. Indenização. (Nova redação em decorrência do julgamento do processo TST-IUJERR 10700-45.2007.5.22.0101).

A supressão total ou parcial, pelo empregador, de serviço suplementar prestado com habitualidade, durante pelo menos 1 (um) ano, assegura ao empregado o direito à indenização correspondente ao valor de 1 (um) mês das horas suprimidas, total ou parcialmente, para cada ano ou fração igual ou superior a 6 (seis) meses de prestação de serviço acima da jornada normal. O cálculo observará a média das horas suplementares nos últimos 12 (doze) meses anteriores à mudança, multiplicada pelo valor da hora extra do dia da supressão.

► **Súmula com redação pela Res. 174/2011 do TST – (DEJT 27.05.2011).**

292. CANCELADA pela Res. 121/2003 do TST.

Adicional de insalubridade. Trabalhador rural. O trabalhador rural tem direito ao adicional de insalubridade, observando-se a necessidade de verificação, na forma da lei, de condições nocivas à saúde.

293. Adicional de insalubridade. Causa de pedir. Agente nocivo diverso do apontado na inicial

A verificação mediante perícia de prestação de serviços em condições nocivas, considerado agente insalubre diverso do apontado na inicial, não prejudica o pedido de adicional de insalubridade.

294. Prescrição. Alteração contratual. Trabalhador urbano

Tratando-se de ação que envolva pedido de prestações sucessivas decorrente de alteração do pactuado, a prescrição é total, exceto quando o direito à parcela esteja também assegurado por preceito de lei.

295. CANCELADA pela Res. 152/2008 do TST.

Aposentadoria espontânea. Depósito do FGTS. Período anterior à opção. A cessação do contrato de trabalho em razão de aposentadoria espontânea do empregado exclui o direito ao recebimento de indenização relativa ao período anterior à opção. A realização de depósito na conta do Fundo de Garantia do Tempo de Serviço, de que trata o § 3º do art. 14 da Lei 8.036, de 11.05.1990, é faculdade atribuída ao empregador.

► **Súmula com redação pela Res. 121/2003 do TST.**

296. Recurso. Divergência jurisprudencial. Especificidade. (Incorporada a OJ 37 da SDI-I).

I – A divergência jurisprudencial ensejadora da admissibilidade, do prosseguimento e do conhecimento do recurso há de ser específica, revelando a existência de teses diversas na interpetração de um mesmo dispositivo legal, embora idênticos os fatos que as ensejaram. (ex-Súmula 296 – Res. 6/1989, DJ 14.04.1989)

II – Não ofende o art. 896 da CLT decisão de Turma que, examinando premissas concretas de especificidade da divergência colacionada no apelo revisional, conclui pelo conhecimento ou desconhecimento do recurso. (ex-OJ 37 – Inserida em 01.02.1995)

► **Súmula com redação pela Res. 129/2005 do TST – (DJU 20.04.2005).**

297. Prequestionamento. Oportunidade. Configuração

1. Diz-se prequestionada a matéria ou questão quando na decisão impugnada haja sido adotada, explicitamente, tese a respeito.

2. Incumbe à parte interessada, desde que a matéria haja sido invocada no recurso principal, opor embargos declaratórios objetivando o pronunciamento sobre o tema, sob pena de preclusão.

3. Considera-se prequestionada a questão jurídica invocada no recurso principal sobre a qual se omite o Tribunal de pronunciar tese, não obstante opostos embargos de declaração.

► **Súmula com redação pela Res. 121/2003 do TST.**

► **OJ 119 da SDI-I do TST.**

298. Ação rescisória. Violação a disposição de Lei. Pronunciamento explícito. (Redação alterada pelo Tribunal Pleno na sessão realizada em 06.02.2012).

I – A conclusão acerca da ocorrência de violação literal a disposição de lei pressupõe pronunciamento explícito, na sentença rescindenda, sobre a matéria veiculada.

II – O pronunciamento explícito exigido em ação rescisória diz respeito à matéria e ao enfoque específico da tese debatida na ação, e não, necessariamente, ao dispositivo legal tido por violado. Basta que o conteúdo da norma reputada violada haja sido abordado na decisão rescindenda para que se considere preenchido o pressuposto.

III – Para efeito de ação rescisória, considera-se pronunciada explicitamente a matéria tratada na sentença quando, examinando remessa de ofício, o Tribunal simplesmente a confirma.

IV – A sentença meramente homologatória, que silencia sobre os motivos de convencimento do juiz, não se mostra rescindível, por ausência de pronunciamento explícito.

V – Não é absoluta a exigência de pronunciamento explícito na ação rescisória, ainda que esta tenha por fundamento violação de dispositivo de lei. Assim, prescindível o pronunciamento explícito quando o vício nasce no próprio julgamento, como se dá com a sentença "extra, citra e ultra petita".

► **Súmula com redação pela Res. 177/2012 do TST – (DJE 13.02.2012).**

299. Ação rescisória. Decisão rescindenda. Trânsito em julgado. Comprovação. Efeitos. (nova redação do item II em decorrência do CPC de 2015)

I – É indispensável ao processamento da ação rescisória a prova do trânsito em julgado da decisão rescindenda. (ex-Súmula 299 – Res 8/1989, DJ 14, 18 e 19.04.1989)

II – Verificando o relator que a parte interessada não juntou à inicial o documento comprobatório, abrirá prazo de 15 (quinze) dias para que o faça (art. 321 do CPC de 2015), sob pena de indeferimento. (ex-Súmula 299 – Res 8/1989, DJ 14, 18 e 19.04.1989)

III – A comprovação do trânsito em julgado da decisão rescindenda é pressuposto processual indispensável ao tempo do ajuizamento da ação rescisória. Eventual trânsito em julgado posterior ao ajuizamento da ação rescisória não reabilita a ação proposta, na medida em que o ordenamento jurídico não contempla a ação rescisória preventiva. (ex-OJ 106 da SBDI-2 – DJ 29.04.2003)

IV – O pretenso vício de intimação, posterior à decisão que se pretende rescindir, se efetivamente ocorrido, não permite a formação da coisa julgada material. Assim, a ação rescisória deve ser julgada extinta, sem julgamento do mérito, por carência de ação, por inexistir decisão transitada em julgado a ser rescindida. (ex-OJ 96 da SBDI-2 – inserida em 27.09.2002).

► **Súmula com redação pela Res. 211/2016 do TST (DEJT 24.08.2016).**

300. Competência da Justiça do Trabalho. Cadastramento no PIS

Compete à Justiça do Trabalho processar e julgar ações ajuizadas por empregados em face de empregadores relativas ao cadastramento no Programa de Integração Social (PIS).

301. Auxiliar de laboratório. Ausência de diploma. Efeitos

O fato de o empregado não possuir diploma de profissionalização de auxiliar de laboratório não afasta a observância das normas da Lei 3.999, de 15.12.1961, uma vez comprovada a prestação de serviços na atividade.

302. CANCELADA pela Res. TST 121/2003.

Processo administrativo. Revisão do Enunciado 40. Não cabe recurso ao Tribunal Superior do Trabalho contra decisão em processo administrativo, proferida por Tribunal Regional do Trabalho, ainda que nele seja interessado magistrado. (Revisto pelo Enunciado 321).

303.Fazenda Pública. Reexame Necessário. (nova redação em decorrência do CPC de 2015)

I – Em dissídio individual, está sujeita ao reexame necessário, mesmo na vigência da Constituição Federal de 1988, decisão contrária à Fazenda Pública, salvo quando a condenação não ultrapassar o valor correspondente a:

a) 1.000 (mil) salários mínimos para a União e as respectivas autarquias e fundações de direito público;

b) 500 (quinhentos) salários mínimos para os Estados, o Distrito Federal, as respectivas autarquias e fundações de direito público e os Municípios que constituam capitais dos Estados;

c) 100 (cem) salários mínimos para todos os demais Municípios e respectivas autarquias e fundações de direito público.

II – Também não se sujeita ao duplo grau de jurisdição a decisão fundada em:

a) súmula ou orientação jurisprudencial do Tribunal Superior do Trabalho;

b) acórdão proferido pelo Supremo Tribunal Federal ou pelo Tribunal Superior do Trabalho em julgamento de recursos repetitivos;

c) entendimento firmado em incidente de resolução de demandas repetitivas ou de assunção de competência;

d) entendimento coincidente com orientação vinculante firmada no âmbito administrativo do próprio ente público, consolidada em manifestação, parecer ou súmula administrativa.

III – Em ação rescisória, a decisão proferida pelo Tribunal Regional do Trabalho está sujeita ao duplo grau de jurisdição obrigatório quando desfavorável ao ente público, exceto nas hipóteses dos incisos anteriores. (ex-OJ 71 da SBDI-1 – inserida em 03.06.1996)

IV – Em mandado de segurança, somente cabe reexame necessário se, na relação processual, figurar pessoa jurídica de direito público como parte prejudicada pela concessão da ordem. Tal situação não ocorre na hipótese de figurar no feito como impetrante e terceiro interessado pessoa de direito privado, ressalvada a hipótese de matéria administrativa. (ex-OJs 72 e 73 da SBDI-1 – inseridas, respectivamente, em 25.11.1996 e 03.06.1996).

▶ Súmula com redação pela Res. 211/2016 do TST (DEJT 24.08.2016).

304. Correção monetária. Empresas em liquidação. Art. 46 do ADCT/CF. (Revisão da Súmula 284).

Os débitos trabalhistas das entidades submetidas aos regimes de intervenção ou liquidação extrajudicial estão sujeitos a correção monetária desde o respectivo vencimento até seu efetivo pagamento, sem interrupção ou suspensão, não incidindo, entretanto, sobre tais débitos, juros de mora.

305. Fundo de Garantia do Tempo de Serviço. Incidência sobre o aviso-prévio

O pagamento relativo ao período de aviso-prévio, trabalhado ou não, está sujeito a contribuição para o FGTS.

306. CANCELADA pela Res. 121/2003 do TST.

Indenização adicional. Pagamento devido com fundamento nos arts. 9º da Lei 6.708/1979 e 9º da Lei 7.238/1984. É devido o pagamento da indenização adicional na hipótese de dispensa injusta do empregado, ocorrida no trintídio que antecede a data base. A legislação posterior não revogou os arts. 9º da Lei 6.708/1979 e 9º da Lei 7.238/1984.

307. Juros. Irretroatividade do Dec.-lei 2.322, de 26.02.1987

A fórmula de cálculo de juros prevista no Dec.-lei 2.322, de 26.02.1987 somente é aplicável a partir de 27.02.1987. Quanto ao período anterior, deve-se observar a legislação então vigente.

308. Prescrição quinquenal (Incorporada a Orientação Jurisprudencial 204 da SDI-I).

I – Respeitado o biênio subsequente à cessação contratual, a prescrição da ação trabalhista concerne às pretensões imediatamente anteriores a cinco anos, contados da data do ajuizamento da reclamação e, não, às anteriores ao quinquênio da data da extinção do contrato. (ex-OJ 204 – SDI-1– Inserida em 08.11.2000)

II – A norma constitucional que ampliou o prazo de prescrição da ação trabalhista para 5 (cinco) anos é de aplicação imediata e não atinge pretensões já alcançadas pela prescrição bienal quando da promulgação da CF/1988. (ex-Súmula 308 – Res. 6/1992, DJ 05.11.1992)

► **Súmula com redação pela Res. 129/2005 do TST – (DJU 20.04.2005).**

309. Vigia portuário. Terminal privativo. Não obrigatoriedade de requisição

Tratando-se de terminais privativos destinados à navegação de cabotagem ou de longo curso, não é obrigatória a requisição de vigia portuário indicado por sindicato.

310. CANCELADA pela Res. 119/2003 do TST.

Substituição processual. Sindicato.

I – O art. 8º, inciso III, da Constituição da República não assegura a substituição processual pelo sindicato.

II – A substituição processual autorizada ao sindicato pelas Leis 6.708, de 30.10.1979, e 7.238, de 29.10.1984, limitada aos associados, restringe-se às demandas que visem aos reajustes salariais previstos em lei, ajuizadas até 03.07.1989, data em que entrou em vigor a Lei 7.788.

III – A Lei 7.788/1989, em seu art. 8º, assegurou, durante sua vigência, a legitimidade do sindicato como substituto processual da categoria.

IV – A substituição processual autorizada pela Lei 8.073, de 30.07.1990, ao sindicato alcança todos os integrantes da categoria e é restrita às demandas que visem à satisfação de reajustes salariais específicos resultantes de disposição prevista em lei de política salarial.

V – Em qualquer ação proposta pelo sindicato como substituto processual, todos os substituídos serão individualizados na petição inicial e, para o início da execução, devidamente identificados pelo número da Carteira de Trabalho e Previdência Social ou de qualquer documento de identidade.

VI – É lícito aos substituídos integrar a lide como assistente litisconsorcial, acordar, transigir e renunciar, independentemente de autorização ou anuência do substituto.

VII – Na liquidação da sentença exequenda, promovida pelo substituto, serão individualizados os valores devidos a cada substituído, cujos depósitos para quitação serão levantados através de guias expedidas em seu nome ou de procurador com poderes especiais para esse fim, inclusive nas ações de cumprimento.

VIII – Quando o sindicato for o autor da ação na condição de substituto processual, não serão devidos honorários advocatícios.

311. Benefício previdenciário a dependente de ex-empregado. Correção monetária. Legislação aplicável

O cálculo da correção monetária incidente sobre débitos relativos a benefícios previdenciários devidos a dependentes de ex-empregado pelo empregador, ou entidade de previdência privada a ele vinculada, será o previsto na Lei 6.899, de 08.04.1981.

312. Constitucionalidade. Alínea b do art. 896 da CLT

É constitucional a alínea b do art. 896 da CLT, com a redação dada pela Lei 7.701, de 21.12.1988.

313. Complementação de aposentadoria. Proporcionalidade. Banespa

A complementação de aposentadoria, prevista no art. 106, e seus parágrafos, do regulamento de pessoal editado em 1965, só é integral para os empregados que tenham 30 (trinta) ou mais anos de serviços prestados exclusivamente ao banco.

314. Indenização adicional. Verbas rescisórias. Salário corrigido

Se ocorrer a rescisão contratual no período de 30 (trinta) dias que antecede à data base, observado o Enunciado 182 do TST, o pagamento das verbas rescisórias com o salário já corrigido não afasta o direito à indenização adicional prevista nas Leis 6.708, de 30.10.1979 e 7.238, de 28.10.1984.

315. IPC de março/1990. Lei 8.030, de 12.04.1990 (Plano Collor). Inexistência de direito adquirido

A partir da vigência da Medida Provisória 154, 15.03.1990, convertida na Lei 8.030, de 12.04.1990, não se aplica o IPC de março de 1990, de 84,32% (oitenta e quatro inteiros e trinta e dois centésimos por cento), para a correção dos salários, porque o direito ainda não se havia incorporado ao patrimônio jurídico dos trabalhadores, inexistindo ofensa ao inciso XXXVI do art. 5º da CF/1988.

316. CANCELADA pela Res. 37/1994 do TST.

IPC de junho/1987. Dec.-lei 2.335/1987 (Plano Bresser). Existência de direito adquirido. É devido o reajuste salarial decorrente da incidência do IPC de junho de 1987, correspondente a 26,06% (vinte e seis inteiros e seis centésimos por cento), porque este direito já se havia incorporado ao patrimônio jurídico dos trabalhadores quando do advento do Dec.-lei 2.335/1987.

317. CANCELADA pela Res. 37/1994 do TST.

URP de fevereiro/1989. Lei 7.730/1989 (Plano Verão). Existência de direito adquirido. A correção salarial da URP de fevereiro de 1989, de 26,05% (vinte e seis inteiros e cinco centésimos por cento), já constituía direito adquirido do trabalhador, quando do advento da Medida Provisória 32/1989, convertida na Lei 7.730/1989, sendo devido o reajuste respectivo.

318. Diárias. Base de cálculo para sua integração no salário

Tratando-se de empregado mensalista, a integração das diárias no salário deve ser feita tomando-se por base o salário mensal por ele percebido, e não o valor do dia de salário, somente sendo devida a referida integração quando o valor das diárias, no mês, for superior à metade do salário mensal.

319. Reajustes salariais ("gatilhos"). Aplicação aos servidores públicos contratados sob a égide da legislação trabalhista

Aplicam-se aos servidores públicos, contratados sob o regime da CLT, os reajustes decorrentes da correção automática dos salários pelo mecanismo denominado "gatilho", de que tratam os Decretos-leis 2.284, de 10.03.1986 e 2.302, de 21.11.1986.

320. Horas in itinere. Obrigatoriedade de cômputo na jornada de trabalho.

O fato de o empregador cobrar, parcialmente ou não, importância pelo transporte fornecido, para local de difícil acesso, ou não servido por transporte regular, não afasta o direito à percepção do pagamento das horas in itinere.

321. CANCELADA pela Res. 135/2005 do TST – (DJU 05.07.2005).

Decisão administrativa. Recurso. (Revisão do Enunciado 302.) Das decisões proferidas pelos Tribunais Regionais do Trabalho, em processo administrativo, cabe recurso para o Tribunal Superior do Trabalho tão somente para exame da legalidade do ato.

322. Diferenças salariais. Planos econômicos. Limite

Os reajustes salariais decorrentes dos chamados "gatilhos" e URPs, previstos legalmente como antecipação, são devidos tão somente até a data base de cada categoria.

323. CANCELADA pela Res. 38/1994 do TST.

URP de abril e maio de 1988. Dec.-lei 2.425/1988. A suspensão do pagamento das URP's de abril e maio de 1988, determinada pelo Dec.-lei 2.425, de 07.04.1988, afronta direito adquirido dos trabalhadores e o princípio constitucional da isonomia.

324. CANCELADA. Incorporação à nova redação da Súmula 90 – Res. TST 129/2005 – DJU 20.04.2005.

Horas in itinere. Enunciado 90. Insuficiência de transporte público. A mera insuficiência de transporte público não enseja o pagamento de horas in itinere.

325. CANCELADA. Incorporação à nova redação da Súmula 90 – Res. TST 129/2005 – DJU 20.04.2005.

Horas in itinere. Enunciado 90. Remuneração em relação a trecho não servido por transporte público. Se houver transporte público regular, em parte do trajeto percorrido em condução da empresa, as horas in itinere remuneradas limitam-se ao trecho não alcançado pelo transporte público.

326. Complementação de aposentadoria. Prescrição total. (Nova redação).

A pretensão à complementação de aposentadoria jamais recebida prescreve em 2 (dois) anos contados da cessação do contrato de trabalho.

► Súmula com redação pela Res. 174/2011 do TST – (DEJT 27.05.2011).

327. Complementação de aposentadoria. Diferenças. Prescrição parcial. (Nova redação).

A pretensão a diferenças de complementação de aposentadoria sujeita-se à prescrição parcial e quinquenal, salvo se o pretenso direito decorrer de verbas não recebidas no curso da relação de emprego e já alcançadas pela prescrição, à época da propositura da ação.

► Súmula com redação pela Res. 174/2011 do TST – (DEJT 27.05.2011).

328. Férias. Terço constitucional

O pagamento das férias, integrais ou proporcionais, gozadas ou não, na vigência da CF/1988, sujeita-se ao acréscimo do terço previsto no respectivo art. 7º, XVII.

329. Honorários advocatícios. Art. 133 da CF/1988

Mesmo após a promulgação da CF/1988, permanece válido o entendimento consubstanciado no Enunciado 219 do Tribunal Superior do Trabalho.

330. Quitação. Validade. (Revisão da Súmula 41).

A quitação passada pelo empregado, com assistência de entidade sindical de sua categoria, ao empregador, com observância dos requisitos exigidos nos parágrafos do art. 477 da CLT, tem eficácia liberatória em relação às parcelas expressamente consignadas no recibo, salvo se oposta ressalva expressa e especificada ao valor dado à parcela ou parcelas impugnadas.

I – A quitação não abrange parcelas não consignadas no recibo de quitação e, consequentemente, seus reflexos em outras parcelas, ainda que essas constem desse recibo.

II – Quanto a direitos que deveriam ter sido satisfeitos durante a vigência do contrato de trabalho, a quitação é válida em relação ao período expressamente consignado no recibo de quitação.

► Súmula com redação pela Res. 108/2001 do TST.

331. Contrato de prestação de serviços. Legalidade. (Nova redação do item IV e inseridos os itens V e VI à redação).

I – A contratação de trabalhadores por empresa interposta é ilegal, formando-se o vínculo diretamente com o tomador dos serviços, salvo no caso de trabalho temporário (Lei 6.019, de 03.01.1974).

II – A contratação irregular de trabalhador, mediante empresa interposta, não gera vínculo de emprego com os órgãos da Administração Pública direta, indireta ou fundacional (art. 37, II, da CF/1988).

III – Não forma vínculo de emprego com o tomador a contratação de serviços de vigilância (Lei 7.102, de 20.06.1983) e de conservação e limpeza, bem como a de serviços especializados ligados à atividade-meio do tomador, desde que inexistente a pessoalidade e a subordinação direta.

IV – O inadimplemento das obrigações trabalhistas, por parte do empregador, implica a responsabilidade subsidiária do tomador dos serviços quanto àquelas obrigações, desde que haja participado da relação processual e conste também do título executivo judicial.

V – Os entes integrantes da Administração Pública direta e indireta respondem subsidiariamente, nas mesmas condições do item IV, caso evidenciada a sua conduta culposa no cumprimento das obrigações da Lei 8.666, de 21.06.1993, especialmente na fiscalização do cumprimento das obrigações contratuais e legais da prestadora de serviço como empregadora. A aludida responsabilidade não decorre de mero inadimplemento das obrigações trabalhistas assumidas pela empresa regularmente contratada.

VI – A responsabilidade subsidiária do tomador de serviços abrange todas as verbas decorrentes da condenação referentes ao período da prestação laboral.

► **Súmula com redação pela Res. 174/2011 do TST – (DEJT 27.05.2011).**

332. Complementação de aposentadoria. Petrobras. Manual de pessoal. Norma programática

As normas relativas à complementação de aposentadoria, inseridas no Manual de Pessoal da Petrobras, têm caráter meramente programático, delas não resultando direito à referida complementação.

333. Recurso de revista. Conhecimento

Não ensejam recurso de revista decisões superadas por iterativa, notória e atual jurisprudência do Tribunal Superior do Trabalho.

► **Súmula com redação pela Res. 155/2009 do TST.**

334. CANCELADA pela Res. 59/1996 do TST.

Competência. Ação de cumprimento. Sindicato. Desconto assistencial. Revisão do Enunciado 224. A Justiça do Trabalho é incompetente para julgar ação na qual o sindicato, em nome próprio, pleiteia o recolhimento de desconto assistencial previsto em convenção ou acordo coletivos.

335. CANCELADA pela Res. 121/2003 do TST.

Embargos para a Seção Especializada em Dissídios Individuais contra decisão em agravo de instrumento oposto a despacho denegatório de recurso de revista. Revisão do Enunciado 183. São incabíveis embargos para a Seção Especializada em Dissídios Individuais contra decisão proferida em agravo de instrumento oposto a despacho denegatório de recurso de revista, salvo quando a controvérsia se referir a pressupostos extrínsecos do próprio agravo. (Revisto pelo Enunciado 353).

336. Constitucionalidade. § 2º do art. 9º, do Dec.-lei 1.971, de 30.11.1982

É constitucional o § 2º do art. 9º, do Dec.-lei 1.971, de 30.11.1982, com a redação dada pelo Dec.-lei 2.100, de 28.12.1983.

337. Comprovação de Divergência Jurisprudencial. Recursos de Revista e de Embargos. (incluído o item V)

I – Para comprovação da divergência justificadora do recurso, é necessário que o recorrente.

a) Junte certidão ou cópia autenticada do acórdão paradigma ou cite a fonte oficial ou o repositório autorizado em que foi publicado; e

b) Transcreva, nas razões recursais, as ementas e/ou trechos dos acórdãos trazidos à configuração do dissídio, demonstrando o conflito de teses que justifique o conhecimento do recurso, ainda que os acórdãos já se encontrem nos autos ou venham a ser juntados com o recurso. (ex-Súmula 337 – alterada pela Res. 121/2003, DJ 21.11.2003).

II – A concessão de registro de publicação como repositório autorizado de jurisprudência do TST torna válidas todas as suas edições anteriores. (ex-OJ 317 da SBDI-I – DJ 11.08.2003).

III – A mera indicação da data de publicação, em fonte oficial, de aresto paradigma é inválida para comprovação de divergência jurisprudencial, nos termos do item I, a, desta súmula, quando a parte pretende demonstrar o conflito de teses mediante a transcrição de trechos que integram a fundamentação do acórdão divergente, uma vez que só se publicam o dispositivo e a ementa dos acórdãos.

IV – É válida para a comprovação da divergência jurisprudencial justificadora do recurso a indicação de aresto extraído de repositório oficial na internet, desde que o recorrente:

a) transcreva o trecho divergente;

b) aponte o sítio de onde foi extraído; e

c) decline o número do processo, o órgão prolator do acórdão e a data da respectiva publicação no Diário Eletrônico da Justiça do Trabalho.

V – A existência do código de autenticidade na cópia, em formato pdf, do inteiro teor do aresto paradigma, juntada aos autos, torna-a equivalente ao documento original e também supre a ausência de indicação da fonte oficial de publicação.

► **Súmula com redação pela Res. 220/2017 do TST (DEJT 21.09.2017)**

338. Jornada de trabalho. Registro. Ônus da prova. (Incorporadas as OJs 234 e 306 da SDI-I).

I – É ônus do empregador que conta com mais de 10 (dez) empregados o registro da jornada de trabalho na forma do art. 74, § 2º, da CLT. A não apresentação injustificada dos controles de frequência gera presunção relativa de veracidade da jornada de trabalho, a qual pode ser elidida por prova em contrário. (ex-Súmula 338 – Res. 121, DJ 21.11.2003).

II – A presunção de veracidade da jornada de trabalho, ainda que prevista em instrumento normativo, pode ser elidida por prova em contrário. (ex-OJ 234 – Inserida em 20.06.2001).

III – Os cartões de ponto que demonstram horários de entrada e saída uniformes são inválidos como meio de prova, invertendo-se o ônus da prova, relativo às horas extras, que passa a ser do empregador, prevalecendo a jornada da inicial se dele não se desincumbir. (ex-OJ 306 – DJ 11.08.2003).

► **Súmula com redação pela Res. 129/2005 do TST – (DJU 20.04.2005).**

339. CIPA. Suplente. Garantia de emprego. CF/1988. (Incorporadas as OJs 25 e 329 da SDI-I).

I – O suplente da CIPA goza da garantia de emprego prevista no art. 10, II, a, do ADCT a partir da promulgação da Constituição Federal de 1988. (ex-Súmula 339 – Res. 39/1994, DJ 20.12.1994 e ex-OJ 25 – Inserida em 29.03.1996)

II – A estabilidade provisória do cipeiro não constitui vantagem pessoal, mas garantia para as atividades dos membros da CIPA, que somente tem razão de ser quando em atividade a empresa. Extinto o estabelecimento, não se verifica a despedida arbitrária, sendo impossível a reintegração e indevida a indenização do período estabilitário. (ex-OJ 329 – DJ 09.12. 2003)

► **Súmula com redação pela Res. 129/2005 do TST – (DJU 20.04.2005).**

340. Comissionista. Horas extras

O empregado, sujeito a controle de horário, remunerado à base de comissões, tem direito ao adicional de, no mínimo, 50% (cinquenta por cento) pelo trabalho em horas extras, calculado sobre o valor-hora das comissões recebidas no mês, considerando-se como divisor o número de horas efetivamente trabalhadas. (Revisão do Enunciado 56)

► **Súmula com redação pela Res. 121/2003 do TST.**

341. Honorários do assistente técnico

A indicação do perito assistente é faculdade da parte, a qual deve responder pelos respectivos honorários, ainda que vencedora no objeto da perícia.

342. Descontos salariais. Art. 462, CLT

Descontos salariais efetuados pelo empregador, com a autorização prévia e por escrito do empregado, para ser integrado em planos de assistência odontológica, médico-hospitalar, de seguro, de previdência privada, ou de entidade cooperativa, cultural ou recreativa associativa dos seus trabalhadores, em seu benefício e dos seus dependentes, não afrontam o disposto no art. 462 da CLT, salvo se ficar demonstrada a existência de coação ou de outro defeito que vicie o ato jurídico.

343. CANCELADA pela Res. 185/2012 do TST – (DEJT 25.09.2012).

Bancário. Hora de salário. O bancário sujeito à jornada de 8 (oito) horas (art. 224, § 2º, da CLT), após a CF/1988, tem salário-hora calculado com base no divisor 220 (duzentos e vinte), não mais 240 (duzentos e quarenta).

344. Salário-família. Trabalhador rural. (Revisão do Súmula 227).

O salário-família é devido aos trabalhadores rurais, somente após a vigência da Lei 8.213, de 24.07.1991.

345. BANDEPE. Regulamento Interno de Pessoal não confere estabilidade aos empregados

O Regulamento Interno de Pessoal (RIP) do Banco do Estado de Pernambuco – BANDEPE, na parte que trata do seu regime disciplinar, não confere estabilidade em favor aos seus empregados.

346. Digitador. Intervalos intrajornada. Aplicação analógica do art. 72, CLT

Os digitadores, por aplicação analógica do art. 72 da CLT, equiparam-se aos trabalhadores nos serviços de mecanografia (datilografia, escrituração ou cálculo), razão pela qual têm direito a intervalos de descanso de 10 (dez) minutos a cada 90 (noventa) de trabalho consecutivo.

347. Horas extras habituais. Apuração. Média física

O cálculo do valor das horas extras habituais, para efeito de reflexos em verbas trabalhistas, observará o número das horas efetivamente prestadas e a ele aplica-se o valor do salário-hora da época do pagamento daquelas verbas.

348. Aviso-prévio. Concessão na fluência da garantia de emprego. Invalidade.

É inválida a concessão do aviso-prévio na fluência da garantia de emprego, ante a incompatibilidade dos dois institutos.

349. CANCELADA pela Res. 174/2011 do TST – (DEJT 27.05.2011).

Acordo de compensação de horário em atividade insalubre, celebrado por acordo coletivo. Validade. A validade de acordo coletivo ou convenção coletiva de compensação de jornada de trabalho em atividade insalubre prescinde da inspeção prévia da autoridade competente em matéria de higiene do trabalho (art. 7º, XIII, da CF/1988; art. 60 da CLT).

350. Prescrição. Termo inicial. Ação de cumprimento. Sentença normativa

O prazo de prescrição com relação à ação de cumprimento de decisão normativa flui apenas da data de seu trânsito em julgado.

351. Professor. Repouso semanal remunerado. Art. 7º, § 2º, da Lei 605, de 05.01.1949 e art. 320 da CLT

O professor que recebe salário mensal à base de hora-aula tem direito ao acréscimo de 1/6 (um sexto) a título de repouso semanal remunerado, considerando-se para esse fim o mês de quatro semanas e meia.

352. CANCELADA pela Res. 114/2002 do TST.

Custas. Prazo para comprovação. O prazo para comprovação do pagamento das custas, sempre a cargo da parte, é de 5 (cinco) dias contados do seu recolhimento (CLT, art. 789, § 4º – CPC, art. 185).

► **Lei 10.537/2002 (Custas e emolumentos na Justiça do Trabalho).**

353. Embargos. Agravo. Cabimento.

Não cabem embargos para a Seção de Dissídios Individuais de decisão de Turma proferida em agravo, salvo:

a) da decisão que não conhece de agravo de instrumento ou de agravo pela ausência de pressupostos extrínsecos;

b) da decisão que nega provimento a agravo contra decisão monocrática do Relator, em que se proclamou a ausência de pressupostos extrínsecos de agravo de instrumento;

c) para revisão dos pressupostos extrínsecos de admissibilidade do recurso de revista, cuja ausência haja sido declarada originariamente pela Turma no julgamento do agravo;

d) para impugnar o conhecimento de agravo de instrumento;

e) para impugnar a imposição de multas previstas nos arts. 1.021, § 4º, do CPC de 2015 ou 1.026, § 2º, do CPC de 2015 (art. 538, parágrafo único, do CPC de 1973, ou art. 557, § 2º, do CPC de 1973).

f) contra decisão de Turma proferida em agravo em recurso de revista, nos termos do art. 894, II, da CLT.

► **Súmula com redação pela Res. 208/2016 do TST (DEJT 22, 23 e 24.04.2016)**

354. Gorjetas. Natureza jurídica. Repercussões. (Revisão da Súmula 290). As gorjetas, cobradas pelo empregador na nota de serviço ou oferecidas espontaneamente pelos clientes, integram a remuneração do empregado, não servindo de base de cálculo para as parcelas de aviso-prévio, adicional noturno, horas extras e repouso semanal remunerado.

355. CONAB. Estabilidade. Aviso DIREH 2, de 12.12.1984

O aviso DIREH 2, de 12.12.1984, que concedia estabilidade aos empregados da CONAB, não tem eficácia, porque não aprovado pelo Ministério ao qual a empresa se subordina.

356. Alçada recursal. Vinculação ao salário mínimo

O art. 2º, § 4º, da Lei 5.584, de 26.06.1970 foi recepcionado pela CF/1988, sendo lícita a fixação do valor da alçada com base no salário mínimo.

357. Testemunha. Ação contra a mesma reclamada. Suspeição

Não torna suspeita a testemunha o simples fato de estar litigando ou de ter litigado contra o mesmo empregador.

358. Radiologista. Salário profissional. Lei 7.394, de 29.10.1985

O salário profissional dos técnicos em radiologia é igual a 2 (dois) salários mínimos e não a 4 (quatro).

359. CANCELADA pela Res. 121/2003 do TST.

Substituição processual. Ação de cumprimento. Art. 872, parágrafo único, da CLT. Federação. Legitimidade. A federação não tem legitimidade para ajuizar a ação de cumprimento prevista no art. 872, parágrafo único, da CLT na qualidade de substituto processual da categoria profissional inorganizada.

360. Turnos ininterruptos de revezamento. Intervalos intrajornada e semanal

A interrupção do trabalho destinada a repouso e alimentação, dentro de cada turno, ou o intervalo para repouso semanal, não descaracteriza o turno de revezamento com jornada de 6 (seis) horas previsto no art. 7º, XIV, da CF/1988.

361. Adicional de periculosidade. Eletricitários. Exposição intermitente

O trabalho exercido em condições perigosas, embora de forma intermitente, dá direito ao empregado a receber o adicional de periculosidade de forma integral, porque a Lei 7.369, de 20.09.1985 não estabeleceu nenhuma proporcionalidade em relação ao seu pagamento.

362. FGTS. PRESCRIÇÃO. (redação alterada na sessão do Tribunal Pleno realizada em 09.06.2015)

I – Para os casos em que a ciência da lesão ocorreu a partir de 13.11.2014, é quinquenal a prescrição do direito de reclamar contra o não recolhimento de contribuição para o FGTS, observado o prazo de dois anos após o término do contrato;

II – Para os casos em que o prazo prescricional já estava em curso em 13.11.2014, aplica-se o prazo prescricional que se consumar primeiro: trinta anos, contados do termo inicial, ou cinco anos, a partir de 13.11.2014.

Súmula com redação pela Res. 198/2015 do TST – (DJET 15.06.2015).

363. Contrato nulo. Efeitos

A contratação de servidor público, após a CF/1988, sem prévia aprovação em concurso público, encontra óbice no respectivo art. 37, II e § 2º, somente lhe conferindo direito ao pagamento da contraprestação pactuada, em relação ao número de horas trabalhadas, respeitado o valor da hora do salário mínimo, e dos valores referentes aos depósitos do FGTS.

Súmula com redação pela Res. 121/2003 do TST.

364. Adicional de periculosidade. Exposição eventual, permanente e intermitente. (inserido o item II)

I – Tem direito ao adicional de periculosidade o empregado exposto permanentemente ou que, de forma intermitente, sujeita-se a condições de risco. Indevido, apenas, quando o contato dá-se de forma eventual, assim considerado o fortuito, ou o que, sendo habitual, dá-se por tempo extremamente reduzido. (ex-OJs da SBDI-1 05 – inserida em 14.03.1994 – e 280 – DJ 11.08.2003).

Inciso I com redação pela Res. 209/2016 do TST (DEJT 01.06.2016).

II – Não é válida a cláusula de acordo ou convenção coletiva de trabalho fixando o adicional de periculosidade em percentual inferior ao estabelecido em lei e proporcional ao tempo de exposição ao risco, pois tal parcela constitui medida de higiene, saúde e segurança do trabalho, garantida por norma de ordem pública (arts. 7º, XXII e XXIII, da CF e 193, §1º, da CLT).

Inciso II acrescido pela Res. 209/2016 do TST (DEJT 01.06.2016).

365. Alçada. Ação rescisória e mandado de segurança. (Conversão das OJs 8 e 10 da SDI-I).

Não se aplica a alçada em ação rescisória e em mandado de segurança. (ex-OJs 8 e 10, ambas inseridas em 01.02.1995).

Súmula acrescida pela Res. 129/2005 do TST – (DJU 20.04.2005).

366. Cartão de Ponto. Registro. Horas Extras. Minutos que antecedem e sucedem a jornada de trabalho. (Conversão das OJs 23 e 326 da SDI-I).

Não serão descontadas nem computadas como jornada extraordinária as variações de horário do registro de ponto não excedentes de cinco minutos, observado o limite máximo de dez minutos diários. Se ultrapassado esse limite, será considerada como extra a totalidade do tempo que exceder a jornada normal, pois configurado tempo à disposição do empregador, não importando as atividades desenvolvidas pelo empregado ao longo do tempo residual (troca de uniforme, lanche, higiene pessoal, etc.).

Súmula com redação pela Res. 197/2015 do TST – (DEJT 14.05.2015).

367. Utilidades in natura. Habitação. Energia elétrica. Veículo. Cigarro. Não integração ao salário. (Conversão das OJs 24, 131 e 246 da SDI-I).

I – A habitação, a energia elétrica e veículo fornecidos pelo empregador ao empregado, quando indispensáveis para a realização do trabalho, não têm natureza salarial, ainda que, no caso de veículo, seja ele utilizado pelo empregado também em atividades particulares. (ex-OJs 131 – Inserida em 20.04.1998 e ratificada pelo Tribunal Pleno em 07.12.2000 e 246 – Inserida em 20.06.2001)

II – O cigarro não se considera salário-utilidade em face de sua nocividade à saúde. (ex-OJ 24 – Inserida em 29.03. 1996)

Súmula acrescida pela Res. 129/2005 do TST – (DJU 20.04.2005).

368. Descontos previdenciários. Imposto de renda. Competência. Responsabilidade pelo recolhimento. Forma de cálculo. Fato gerador. (aglutinada a parte final da orientação jurisprudencial 363 da SBDI-I à redação do item II e incluídos os itens IV, V e VI em sessão do tribunal pleno realizada em 26.06.2017)

I – A Justiça do Trabalho é competente para determinar o recolhimento das contribuições fiscais. A competência da Justiça do Trabalho, quanto à execução das contribuições previdenciárias, limita-se às sentenças condenatórias em pecúnia que proferir e aos valores, objeto de acordo homologado, que integrem o salário de contribuição. (ex-OJ 141 da SBDI-1 – inserida em 27.11.1998).

II – É do empregador a responsabilidade pelo recolhimento das contribuições previdenciárias e fiscais, resultantes de crédito do empregado oriundo de condenação judicial. A culpa do empregador pelo inadimplemento das verbas remuneratórias, contudo, não exime a responsabilidade do empregado pelos pagamentos do imposto de renda devido e da contribuição previdenciária que recaia sobre sua quota-parte. (ex-OJ 363 da SBDI-1, parte final)

III – Os descontos previdenciários relativos à contribuição do empregado, no caso de ações trabalhistas, devem ser calculados mês a mês, de conformidade com o art. 276, § 4º, do Decreto 3.048/1999 que regulamentou a Lei 8.212/1991, aplicando-se as alíquotas previstas no art. 198, observado o limite máximo do salário de contribuição (ex-OJs 32 e 228 da SBDI-1 – inseridas, respectivamente, em 14.03.1994 e 20.06.2001).

IV – Considera-se fato gerador das contribuições previdenciárias decorrentes de créditos trabalhistas reconhecidos ou homologados em juízo, para os serviços prestados até 4.3.2009, inclusive, o efetivo pagamento das verbas, configurando-se a mora a partir do dia dois do mês seguinte ao da liquidação (art. 276, caput, do Decreto 3.048/1999). Eficácia não retroativa da alteração legislativa promovida pela Medida Provisória 449/2008, posteriormente convertida na Lei 11.941/2009, que deu nova redação ao art. 43 da Lei 8.212/91.

V – Para o labor realizado a partir de 5.3.2009, considera-se fato gerador das contribuições previdenciárias decorrentes de créditos trabalhistas reconhecidos ou homologados em juízo a data da efetiva prestação dos serviços. Sobre as contribuições previdenciárias não recolhidas a partir da prestação dos serviços incidem juros de mora e, uma vez apurados os créditos previdenciários, aplica-se multa a partir do exaurimento do prazo de citação para pagamento, se descumprida a obrigação, observado o limite legal de 20% (art. 61, § 2º, da Lei 9.430/96).

VI – O imposto de renda decorrente de crédito do empregado recebido acumuladamente deve ser calculado sobre o montante dos rendimentos pagos, mediante a utilização de tabela progressiva resultante da multiplicação da quantidade de meses a que se refiram os rendimentos pelos valores constantes da tabela progressiva mensal correspondente ao mês do recebimento ou crédito, nos termos do art. 12-A da Lei 7.713, de 22/12/1988, com a redação conferida pela Lei 13.149/2015, observado o procedimento previsto nas Instruções Normativas da Receita Federal do Brasil.

Súmula com redação pela Res. 219/2017 do TST (DJET 28.06.2017).

369. Dirigente sindical. Estabilidade provisória. (Redação do item I alterada na sessão do Tribunal Pleno realizada em 14.09.2012).

I – É assegurada a estabilidade provisória ao empregado dirigente sindical, ainda que a comunicação do registro da candidatura ou da eleição e da posse seja realizada fora do prazo previsto no art. 543, § 5º, da CLT, desde que a ciência ao empregador, por qualquer meio, ocorra na vigência do contrato de trabalho.

II – O art. 522 da CLT foi recepcionado pela Constituição Federal de 1988. Fica limitada, assim, a estabilidade a que alude o art. 543, § 3º, da CLT a 7 (sete) dirigentes sindicais e igual número de suplentes.

III – O empregado de categoria diferenciada eleito dirigente sindical só goza de estabilidade se exercer na empresa atividade pertinente à categoria profissional do sindicato para o qual foi eleito dirigente.

IV – Havendo extinção da atividade empresarial no âmbito da base territorial do sindicato, não há razão para subsistir a estabilidade.

V – O registro da candidatura do empregado a cargo de dirigente sindical durante o período de aviso-prévio, ainda que indenizado, não lhe assegura a estabilidade, visto que inaplicável a regra do § 3º do art. 543 da Consolidação das Leis do Trabalho. (ex-OJ 35 – SBD1-1 – Inserida em 14.03.1994).

Súmula com redação pela Res. 185/2012 do TST – (DEJT 25.09.2012).

370. Médico e engenheiro. Jornada de trabalho. Leis 3.999/1961 e 4.950/1966. (Conversão das OJs 39 e 53 da SDI-I).

Tendo em vista que as Leis 3.999/1961 e 4.950/1966 não estipulam a jornada reduzida, mas apenas estabelecem o salário mínimo da categoria para uma jornada de quatro horas para os médicos e de seis horas para os engenheiros, não há que se falar em horas extras, salvo as excedentes à oitava, desde que seja respeitado o salário mínimo/horário das categorias. (ex-OJs 39 e 53 – Inseridas respectivamente em 07.11.1994 e 29.04.1994)

Súmula acrescida pela Res. 129/2005 do TST – (DJU 20.04.2005).

371. Aviso-prévio indenizado. Efeitos. Superveniência de auxílio-doença no curso deste. (Conversão das OJs 40 e 135 da SDI-I).

A projeção do contrato de trabalho para o futuro, pela concessão do aviso-prévio indenizado, tem efeitos limitados às vantagens econômicas obtidas no período de pré-aviso, ou seja, salários, reflexos e verbas rescisórias. No caso de concessão de auxílio-doença no curso do aviso-prévio, todavia, só se concretizam os efeitos da dispensa depois de expirado o benefício previdenciário. (ex-OJs 40 e 135 – Inseridas respectivamente em 28.11.1995 e 27.11.1998).

Súmula acrescida pela Res. 129/2005 do TST – (DJU 20.04.2005).

372. Gratificação de função. Supressão ou redução. Limites. (Conversão das OJs 45 e 303 da SDI-I).

I – Percebida a gratificação de função por 10 (dez) ou mais anos pelo empregado, se o empregador, sem justo motivo, revertê-lo a seu cargo efetivo, não poderá retirar-lhe a gratificação tendo em vista o princípio da estabilidade financeira. (ex-OJ 45 – Inserida em 25.11.1996)

II – Mantido o empregado no exercício da função comissionada, não pode o empregador reduzir o valor da gratificação. (ex-OJ 303 – DJ 11.08.2003)

Súmula acrescida pela Res. 129/2005 do TST – (DJU 20.04.2005).

373. Gratificação semestral. Congelamento. Prescrição parcial. (Conversão da OJ 46 da SDI-I).

Tratando-se de pedido de diferença de gratificação semestral que teve seu valor congelado, a prescrição aplicável é a parcial. (ex-OJ 46 – Inserida em 29.03.1996).

Súmula acrescida pela Res. 129/2005 do TST – (DJU 20.04.2005).

374. Norma coletiva. Categoria diferenciada. Abrangência. (Conversão da OJ 55 da SDI-I).

Empregado integrante de categoria profissional diferenciada não tem o direito de haver de seu empregador vantagens previstas em instrumento coletivo no qual a empresa não foi representada por órgão de classe de sua categoria. (ex-OJ 55 – Inserida em 25.11.1996).

► **Súmula acrescida pela Res. 129/2005 do TST – (DJU 20.04.2005).**

375. Reajustes salariais previstos em norma coletiva. Prevalência da legislação de política salarial. (Conversão da OJ 69 da SDI-I e da OJ 40 da SDI-2).

Os reajustes salariais previstos em norma coletiva de trabalho não prevalecem frente à legislação superveniente de política salarial. (ex-OJs 69 da SDI-1 – Inserida em 14.03.1994 e 40 da SDI-2 – Inserida em 20.09.2000)

► **Súmula acrescida pela Res. 129/2005 do TST – (DJU 20.04.2005).**

376. Horas extras. Limitação. Art. 59 da CLT. Reflexos. (Conversão das OJs 89 e 117 da SDI-I).

I – A limitação legal da jornada suplementar a 2 (duas) horas diárias não exime o empregador de pagar todas as horas trabalhadas. (ex-OJ 117 – Inserida em 20.11.1997).

II – O valor das horas extras habitualmente prestadas integra o cálculo dos haveres trabalhistas, independentemente da limitação prevista no caput do art. 59 da CLT. (ex-OJ 89 – Inserida em 28.04.1997)

► **Súmula acrescida pela Res. 129/2005 do TST – (DJU 20.04.2005).**

377. Preposto. Exigência da condição de empregado

Exceto quanto à reclamação de empregado doméstico, ou contra micro ou pequeno empresário, o preposto deve ser necessariamente empregado do reclamado. Inteligência do art. 843, § 1º, da CLT e do art. 54 da Lei Complementar 123, de 14 de dezembro de 2006. (ex-OJ 99 – Inserida em 30.05.1997)

► **Súmula com redação pela Res. 146/2008 do TST – (DJU 28.04.2008).**

378. Estabilidade provisória. Acidente de trabalho. Art. 118 da Lei 8.213/1991. (Inserido o item III).

I – É constitucional o artigo 118 da Lei 8.213/1991 que assegura o direito à estabilidade provisória por período de 12 (doze) meses após a cessação do auxílio-doença ao empregado acidentado. (ex-OJ 105 da SDI-1 – Inserida em 01.10.1997).

II – São pressupostos para a concessão da estabilidade o afastamento superior a 15 (quinze) dias e a consequente percepção do auxílio-doença acidentário, salvo se constatada, após a despedida, doença profissional que guarde relação de causalidade com a execução do contrato de emprego. (Primeira parte – ex-OJ 230 da SDI-1 – Inserida em 20.06.2001).

III – O empregado submetido a contrato de trabalho por tempo determinado goza da garantia provisória de emprego, decorrente de acidente de trabalho, prevista no art. 118 da Lei 8.213/1991.

► **Súmula com redação pela Res. 185/2012 do TST – (DEJT 25.09.2012).**

379. Dirigente sindical. Despedida. Falta grave. Inquérito judicial. Necessidade. (Conversão da Orientação Jurisprudencial 114 da SDI-I).

O dirigente sindical somente poderá ser dispensado por falta grave mediante a apuração em inquérito judicial, inteligência dos arts. 494 e 543, § 3º, da CLT. (ex-OJ 114 – Inserida em 20. 11.1997).

► **Súmula acrescida pela Res. 129/2005 do TST – (DJU 20.04.2005).**

380. Aviso-prévio. Início da contagem. Art. 132 do Código Civil de 2002. (Conversão da OJ 122 da SDI-I).

Aplica-se a regra prevista no caput do art. 132 do Código Civil de 2002 à contagem do prazo do aviso-prévio, excluindo-se o dia do começo e incluindo o do vencimento. (ex-OJ 122 – Inserida em 20.04.1998).

► **Súmula acrescida pela Res. 129/2005 do TST – (DJU 20.04.2005).**

381. Correção monetária. Salário. Art. 459 da CLT. (Conversão da OJs 124 da SDI-I).

O pagamento dos salários até o 5º (quinto) dia útil do mês subsequente ao vencido não está sujeito à correção monetária. Se essa data limite for ultrapassada, incidirá o índice da correção monetária do mês subsequente ao da prestação dos serviços, a partir do dia 1º. (ex-OJ 124 – Inserida em 20.04. 1998)

► Súmula acrescida pela Res. 129/2005 do TST – (DJU 20.04.2005).

382. Mudança de regime celetista para estatutário. Extinção do contrato. Prescrição bienal. (Conversão da OJs 128 da SDI-I).

A transferência do regime jurídico de celetista para estatutário implica extinção do contrato de trabalho, fluindo o prazo da prescrição bienal a partir da mudança de regime. (ex-OJ 128 – Inserida em 20.04.1998).

► Súmula acrescida pela Res. 129/2005 do TST – (DJU 20.04.2005).

383. Recurso. Mandato. Irregularidade de Representação. CPC de 2015, arts. 104 e 76, § 2º (nova redação em decorrência do CPC de 2015)

I – É inadmissível recurso firmado por advogado sem procuração juntada aos autos até o momento da sua interposição, salvo mandato tácito. Em caráter excepcional (art. 104 do CPC de 2015), admite-se que o advogado, independentemente de intimação, exiba a procuração no prazo de 5 (cinco) dias após a interposição do recurso, prorrogável por igual período mediante despacho do juiz. Caso não a exiba, considera-se ineficaz o ato praticado e não se conhece do recurso.

II – Verificada a irregularidade de representação da parte em fase recursal, em procuração ou substabelecimento já constante dos autos, o relator ou o órgão competente para julgamento do recurso designará prazo de 5 (cinco) dias para que seja sanado o vício. Descumprida a determinação, o relator não conhecerá do recurso, se a providência couber ao recorrente, ou determinará o desentranhamento das contrarrazões, se a providência couber ao recorrido (art. 76, § 2º, do CPC de 2015).

► Súmula com redação pela Res. 210/2016 do TST (DEJT 01.07.2016).

384. Multa convencional. Cobrança. (Conversão das OJs 150 e 239 da SDI-I).

I – O descumprimento de qualquer cláusula constante de instrumentos normativos diversos não submete o empregado a ajuizar várias ações, pleiteando em cada uma o pagamento da multa referente ao descumprimento de obrigações previstas nas cláusulas respectivas. (ex-OJ 150 – Inserida em 27.11.1998).

II – É aplicável multa prevista em instrumento normativo (sentença normativa, convenção ou acordo coletivo) em caso de descumprimento de obrigação prevista em lei, mesmo que a norma coletiva seja mera repetição de texto legal. (ex-OJ 239 – Inserida em 20.06.2001).

► Súmula acrescida pela Res. 129/2005 do TST – (DJU 20.04.2005).

385. Feriado Local ou Forense. Ausência de Expediente. Prazo Recursal. Prorrogação. Comprovação. Necessidade. (alterada em decorrência do CPC de 2015)

I – Incumbe à parte o ônus de provar, quando da interposição do recurso, a existência de feriado local que autorize a prorrogação do prazo recursal (art. 1.003, § 6º, do CPC de 2015). No caso de o recorrente alegar a existência de feriado local e não o comprovar no momento da interposição do recurso, cumpre ao relator conceder o prazo de 5 (cinco) dias para que seja sanado o vício (art. 932, parágrafo único, do CPC de 2015), sob pena de não conhecimento se da comprovação depender a tempestividade recursal.

II – Na hipótese de feriado forense, incumbirá à autoridade que proferir a decisão de admissibilidade certificar o expediente nos autos.

III – Admite-se a reconsideração da análise da tempestividade do recurso, mediante prova documental superveniente, em agravo de instrumento, agravo interno, agravo regimental, ou embargos de declaração, desde que, em momento anterior, não tenha havido a concessão de prazo para a comprovação da ausência de expediente forense.

Súmula com redação pela Res. 220/2017 do TST (DEJT 21.09.2017)

386. Policial militar. Reconhecimento de vínculo empregatício com empresa privada. (Conversão da OJ 167 da SDI-I).

Preenchidos os requisitos do art. 3º da CLT, é legítimo o reconhecimento de relação de emprego entre policial militar e empresa privada, independentemente do eventual cabimento de penalidade disciplinar prevista no Estatuto do Policial Militar. (ex-OJ 167 – Inserida em 26.03.1999).

Súmula acrescida pela Res. 129/2005 do TST – (DJU 20.04.2005).

387. Recurso. Fac-símile. Lei 9.800/1999.

I – A Lei 9.800, de 26.05.1999, é aplicável somente a recursos interpostos após o início de sua vigência. (ex-OJ 194 da SDI-1 – inserida em 08.11.2000)

II – A contagem do quinquídio para apresentação dos originais de recurso interposto por intermédio de fac-símile começa a fluir do dia subsequente ao término do prazo recursal, nos termos do art. 2º da Lei 9.800, de 26.05.1999, e não do dia seguinte à interposição do recurso, se esta se deu antes do termo final do prazo. (ex-OJ 337 da SDI-1 – primeira parte – DJ 04.05.2004)

III – Não se tratando a juntada dos originais de ato que dependa de notificação, pois a parte, ao interpor o recurso, já tem ciência de seu ônus processual, não se aplica a regra do art. 224 do CPC de 2015 (art. 184 do CPC de 1973) quanto ao "dies a quo", podendo coincidir com sábado, domingo ou feriado. (ex-OJ 337 da SDI-1 – "in fine" – DJ 04.05.2004)

IV – A autorização para utilização do fac-símile, constante do art. 1º da Lei 9.800, de 26.05.1999, somente alcança as hipóteses em que o documento é dirigido diretamente ao órgão jurisdicional, não se aplicando à transmissão ocorrida entre particulares.

Súmula com redação pela Res. 208/2016 do TST (DEJT 22, 23 e 24.04.2016).

388. Massa falida. Arts. 467 e 477 da CLT. Inaplicabilidade. (Conversão das OJs 201 e 314 da SDI-I).

A Massa Falida não se sujeita à penalidade do art. 467 e nem à multa do § 8º do art. 477, ambos da CLT. (ex-OJs 201 – DJ 11.08.2003 e 314 – DJ 08. 11.2000)

Súmula acrescida pela Res. 129/2005 do TST – (DJU 20.04.2005).

389. Seguro-desemprego. Competência da Justiça do Trabalho. Direito à indenização por não liberação de guias. (Conversão das OJs 210 e 211 da SDI-I).

I – Inscreve-se na competência material da Justiça do Trabalho a lide entre empregado e empregador tendo por objeto indenização pelo não fornecimento das guias do seguro-desemprego. (ex-OJ 210 – Inserida em 08. 11.2000)

II – O não fornecimento pelo empregador da guia necessária para o recebimento do seguro-desemprego dá origem ao direito à indenização. (ex-OJ 211 – Inserida em 08.11.2000)

Súmula acrescida pela Res. 129/2005 do TST – (DJU 20.04.2005).

390. Estabilidade. Art. 41 da CF/1988. Celetista. Administração direta, autárquica ou fundacional. Aplicabilidade. Empregado de empresa pública e sociedade de economia mista. Inaplicável. (Conversão das OJs 229 e 265 da SDI-I e da OJ 22 da SDI-II).

I – O servidor público celetista da administração direta, autárquica ou fundacional é beneficiário da estabilidade prevista no art. 41 da CF/1988. (ex-OJ 265 da SDI-1 – Inserida em 27.09.2002 e ex-OJ 22 da SDI-2 –Inserida em 20.09.2000)

II – Ao empregado de empresa pública ou de sociedade de economia mista, ainda que admitido mediante aprovação em concurso público, não é garantida a estabilidade prevista no art. 41 da CF/1988. (ex-OJ 229 - Inserida em 20.06.2001)

Súmula acrescida pela Res. 129/2005 do TST - (DJU 20.04.2005).

391. Petroleiros. Lei 5.811/1972. Turno ininterrupto de revezamento. Horas extras e alteração da jornada para horário fixo. (Conversão das OJs 240 e 333 da SDI-I).

I - A Lei 5.811/1972 foi recepcionada pela CF/88 no que se refere à duração da jornada de trabalho em regime de revezamento dos petroleiros. (ex-OJ 240 - Inserida em 20.06.2001)

II - A previsão contida no art. 10 da Lei 5.811/1972, possibilitando a mudança do regime de revezamento para horário fixo, constitui alteração lícita, não violando os arts. 468 da CLT e 7º, VI, da CF/1988. (ex-OJ 333 - DJ 09.12.2003)

Súmula acrescida pela Res. 129/2005 do TST - (DJU 20.04.2005).

392. Dano moral e material. Relação de trabalho. Competência da justiça do trabalho (Redação alterada na sessão do Tribunal Pleno realizada em 27.10.2015)

Nos termos do art. 114, inc. VI, da Constituição da República, a Justiça do Trabalho é competente para processar e julgar ações de indenização por dano moral e material, decorrentes da relação de trabalho, inclusive as oriundas de acidente de trabalho e doenças a ele equiparadas, ainda que propostas pelos dependentes ou sucessores do trabalhador falecido.

Súmula com redação pela Res. 200/2015 do TST - (DEJT 29.10.2015).

393. Recurso Ordinário. Efeito devolutivo em profundidade. Art. 1.013, § 1º, do CPC de 2015. Art. 515, § 1º, do CPC de 1973

I - O efeito devolutivo em profundidade do recurso ordinário, que se extrai do § 1º do art. 1.013 do CPC de 2015 (art. 515, §1º, do CPC de 1973), transfere ao Tribunal a apreciação dos fundamentos da inicial ou da defesa, não examinados pela sentença, ainda que não renovados em contrarrazões, desde que relativos ao capítulo impugnado.

Inciso I com redação pela Res. 208/2016 do TST (DEJT 22, 23 e 24.04.2016)

II - Se o processo estiver em condições, o tribunal, ao julgar o recurso ordinário, deverá decidir desde logo o mérito da causa, nos termos do § 3º do art. 1.013 do CPC de 2015, inclusive quando constatar a omissão da sentença no exame de um dos pedidos.

Inciso II acrescido pela Res. 208/2016 do TST (DEJT 22, 23 e 24.04.2016)

394. Fato superveniente. Art. 493 do CPC de 2015. Art. 462 do CPC de 1973

O art. 493 do CPC de 2015 (art. 462 do CPC de 1973), que admite a invocação de fato constitutivo, modificativo ou extintivo do direito, superveniente à propositura da ação, é aplicável de ofício aos processos em curso em qualquer instância trabalhista. Cumpre ao juiz ou tribunal ouvir as partes sobre o fato novo antes de decidir.

Súmula com redação pela Res. 208/2016 do TST (DEJT 22, 23 e 24.04.2016).

395. Mandato e substabelecimento. Condições de validade. (nova redação dos itens I e II e acrescido o item V em decorrência do CPC de 2015)

I - Válido é o instrumento de mandato com prazo determinado que contém cláusula estabelecendo a prevalência dos poderes para atuar até o final da demanda (§ 4º do art. 105 do CPC de 2015). (ex-OJ 312 da SBDI-1 - DJ 11.08.2003)

II - Se há previsão, no instrumento de mandato, de prazo para sua juntada, o mandato só tem validade se anexado ao processo o respectivo instrumento no aludido prazo. (ex-OJ 313 da SBDI-1 - DJ 11.08.2003)

III - São válidos os atos praticados pelo substabelecido, ainda que não haja, no mandato, poderes expressos para substabelecer (art. 667, e parágrafos, do Código Civil de

2002). (ex-OJ 108 da SBDI-1 – inserida em 01.10.1997)

IV – Configura-se a irregularidade de representação se o substabelecimento é anterior à outorga passada ao substabelecente. (ex-OJ 330 da SBDI-1 – DJ 09.12.2003)

V – Verificada a irregularidade de representação nas hipóteses dos itens II e IV, deve o juiz suspender o processo e designar prazo razoável para que seja sanado o vício, ainda que em instância recursal (art. 76 do CPC de 2015).

► **Súmula com redação pela Res. 211/2016 do TST (DEJT 24.08.2016).**

396. Estabilidade provisória. Pedido de reintegração. Concessão do salário relativo ao período de estabilidade já exaurido. Inexistência de julgamento "extra petita". (Conversão das OJ 106 e 116 da SDI-I)

I – Exaurido o período de estabilidade, são devidos ao empregado apenas os salários do período compreendido entre a data da despedida e o final do período de estabilidade, não lhe sendo assegurada a reintegração no emprego. (ex-OJ 116 –Inserida em 20.11.1997).

II – Não há nulidade por julgamento extra petita da decisão que deferir salário quando o pedido for de reintegração, dados os termos do art. 496 da CLT (ex-OJ 106 – Inserida em 01. 10.1997)

► **Súmula acrescida pela Res. 129/2005 do TST – (DJU 20.04.2005).**

397. Ação rescisória. Art. 966, IV, do CPC de 2015. Art. 485, IV, do CPC de 1973. Ação de cumprimento. Ofensa à coisa julgada emanada de sentença normativa modificada em grau de recurso. Inviabilidade. Cabimento de mandado de segurança

Não procede ação rescisória calcada em ofensa à coisa julgada perpetrada por decisão proferida em ação de cumprimento, em face de a sentença normativa, na qual se louvava, ter sido modificada em grau de recurso, porque em dissídio coletivo somente se consubstancia coisa julgada formal. Assim, os meios processuais aptos a atacarem a execução da cláusula reformada são a exceção de pré-executividade e o mandado de segurança, no caso de descumprimento do art. 514 do CPC de 2015 (art. 572 do CPC de 1973). (ex-OJ 116 da SDI-2 – DJ 11.08.2003)

► **Súmula com redação pela Res. 208/2016 do TST (DEJT 22,23 e 24.04.2016)**

398. Ação Rescisória. Ausência de Defesa. Inaplicáveis os Efeitos da Revelia. (alterada em decorrência do CPC de 2015)

Na ação rescisória, o que se ataca é a decisão, ato oficial do Estado, acobertado pelo manto da coisa julgada. Assim, e considerando que a coisa julgada envolve questão de ordem pública, a revelia não produz confissão na ação rescisória. (ex-OJ 126 da SBDI-2 – DJ 09.12.2003).

► **Súmula com redação pela Res. 219/2017 do TST (DJET 28.06.2017).**

399. Ação rescisória. Cabimento. Sentença de mérito. Decisão homologatória de adjudicação, de arrematação e de cálculos. (Conversão das OJs 44, 45 e 85, primeira parte, da SDI-II)

I – É incabível ação rescisória para impugnar decisão homologatória de adjudicação ou arrematação. (ex-OJs 44 e 45 – ambas inseridas em 20.09.2000).

II – A decisão homologatória de cálculos apenas comporta rescisão quando enfrentar as questões envolvidas na elaboração da conta de liquidação, quer solvendo a controvérsia das partes quer explicitando, de ofício, os motivos pelos quais acolheu os cálculos oferecidos por uma das partes ou pelo setor de cálculos, e não contestados pela outra. (ex-OJ 85, primeira parte – inserida em 13.03. 2002 e alterada em 26.11.2002).

► **Súmula acrescida pela Res. 137/2005 do TST – (DJU 22.08.2005).**

400. Ação rescisória de ação rescisória. Violação manifesta de norma jurídica. Indicação da mesma norma jurídica apontada na

rescisória primitiva (mesmo dispositivo de lei sob o CPC de 1973)

Em se tratando de rescisória de rescisória, o vício apontado deve nascer na decisão rescindenda, não se admitindo a rediscussão do acerto do julgamento da rescisória anterior. Assim, não procede rescisória calcada no inciso V do art. 966 do CPC de 2015 (art. 485, V, do CPC de 1973) para discussão, por má aplicação da mesma norma jurídica, tida por violada na rescisória anterior, bem como para arguição de questões inerentes à ação rescisória primitiva. (ex-OJ 95 da SDI-2 – inserida em 27.09.2002 e alterada DJ 16.04.2004).

► Súmula com redação pela Res. 208/2016 do TST (DEJT 22, 23 e 24.04.2016).

401. Ação rescisória. Descontos legais. Fase de execução. Sentença exequenda omissa. Inexistência de ofensa à coisa julgada. (Conversão da OJ 81 da SDI-II)

Os descontos previdenciários e fiscais devem ser efetuados pelo juízo executório, ainda que a sentença exequenda tenha sido omissa sobre a questão, dado o caráter de ordem pública ostentado pela norma que os disciplina. A ofensa à coisa julgada somente poderá ser caracterizada na hipótese de o título exequendo, expressamente, afastar a dedução dos valores a título de imposto de renda e de contribuição previdenciária. (ex-OJ 81 – Inserida em 13.03.2002)

► Súmula acrescida pela Res. 137/2005 do TST – (DJU 22.08.2005).

402. Ação rescisória. Prova nova. Dissídio Coletivo. Sentença Normativa (nova redação em decorrência do CPC de 2015).

I – Sob a vigência do CPC de 2015 (art. 966, VII), para efeito de ação rescisória, considera-se prova nova a cronologicamente velha, já existente ao tempo do trânsito em julgado da decisão rescindenda, mas ignorada pelo interessado ou de impossível utilização, à época, no processo.

II – Não é prova nova apta a viabilizar a desconstituição de julgado:

a) sentença normativa proferida ou transitada em julgado posteriormente à sentença rescindenda;

b) sentença normativa preexistente à sentença rescindenda, mas não exibida no processo principal, em virtude de negligência da parte, quando podia e deveria louvar-se de documento já existente e não ignorado quando emitida a decisão rescindenda. (ex-OJ 20 da SBDI-2 – inserida em 20.09.2000).

► Súmula com redação pela Res. 217/2017 do TST – (DEJT 20.04.2017).

403. Ação rescisória. Dolo da parte vencedora em detrimento da vencida. Art. 485, III, do CPC. (Conversão das OJs 111 e 125 da SDI-II)

I – Não caracteriza dolo processual, previsto no art. 485, III, do CPC, o simples fato de a parte vencedora haver silenciado a respeito de fatos contrários a ela, porque o procedimento, por si só, não constitui ardil do qual resulte cerceamento de defesa e, em consequência, desvie o juiz de uma sentença não condizente com a verdade. (ex-OJ 125 – DJ 09.12.2003)

II – Se a decisão rescindenda é homologatória de acordo, não há parte vencedora ou vencida, razão pela qual não é possível a sua desconstituição calcada no inciso III do art. 485 do CPC (dolo da parte vencedora em detrimento da vencida), pois constitui fundamento de rescindibilidade que supõe solução jurisdicional para a lide. (ex-OJ 111 – DJ 29.04.2003)

► Súmula acrescida pela Res. 137/2005 do TST – (DJU 22.08.2005).

404. Ação rescisória. Fundamento para invalidar confissão. Confissão ficta. Inadequação do enquadramento no art. 485, VIII, do CPC de 1973.

O art. 485, VIII, do CPC de 1973, ao tratar do fundamento para invalidar a confissão como hipótese de rescindibilidade da decisão judicial, referia-se à confissão real, fruto de erro, dolo ou coação, e não à confissão ficta resultante de revelia.

Súmula com redação pela Res. 209/2016 do TST (DEJT 01.06.2016).

405. Ação Rescisória. Tutela Provisória.

Em face do que dispõem a MP 1.984-22/2000 e o art. 969 do CPC de 2015, é cabível o pedido de tutela provisória formulado na petição inicial de ação rescisória ou na fase recursal, visando a suspender a execução da decisão rescindenda.

Súmula com redação pela Res. 208/2016 do TST (DEJT 22, 23 e 24.04.2016)

406. Ação rescisória. Litisconsórcio. Necessário no polo passivo e facultativo no ativo. Inexistente quanto aos substituídos pelo sindicato. (Conversão das OJs 82 e 110 da SDI-II)

I – O litisconsórcio, na ação rescisória, é necessário em relação ao polo passivo da demanda, porque supõe uma comunidade de direitos ou de obrigações que não admite solução díspar para os litisconsortes, em face da indivisibilidade do objeto. Já em relação ao polo ativo, o litisconsórcio é facultativo, uma vez que a aglutinação de autores se faz por conveniência e não, pela necessidade decorrente da natureza do litígio, pois não se pode condicionar o exercício do direito individual de um dos litigantes no processo originário à anuência dos demais para retomar a lide. (ex-OJ 82 – Inserida em 13.03.2002)

II – O Sindicato, substituto processual e autor da reclamação trabalhista, em cujos autos fora proferida a decisão rescindenda, possui legitimidade para figurar como réu na ação rescisória, sendo descabida a exigência de citação de todos os empregados substituídos, porquanto inexistente litisconsórcio passivo necessário. (ex-OJ 110 – DJ 29.04.2003).

Súmula acrescida pela Res. 137/2005 do TST – (DJU 22.08.2005).

407. Ação rescisória. Ministério Público. Legitimidade ad causam prevista no art. 967, III, a, b e c do CPC de 2015. Art. 487, III, a e b, do CPC de 1973. Hipóteses meramente exemplificativas

A legitimidade ad causam do Ministério Público para propor ação rescisória, ainda que não tenha sido parte no processo que deu origem à decisão rescindenda, não está limitada às alíneas a, b e c do inciso III do art. 967 do CPC de 2015 (art. 487, III, a e b, do CPC de 1973), uma vez que traduzem hipóteses meramente exemplificativas (ex-OJ 83 da SDI-2 – inserida em 13.03.2002).

Súmula com redação pela Res. 208/2016 do TST (DEJT 22, 23 e 24.04.2016)

408. Ação rescisória. Petição inicial. Causa de pedir. Ausência de capitulação ou capitulação errônea no art. 966 do CPC de 2015. Art. 485 do CPC de 1973. Princípio "iura novit curia". (ex-Ojs 32 e 33 da SDI-2 – inseridas em 20.09.2000)

Não padece de inépcia a petição inicial de ação rescisória apenas porque omite a subsunção do fundamento de rescindibilidade no art. 966 do CPC de 2015 (art. 485 do CPC de 1973) ou o capitula erroneamente em um de seus incisos. Contanto que não se afaste dos fatos e fundamentos invocados como causa de pedir, ao Tribunal é lícito emprestar-lhes a adequada qualificação jurídica ("iura novit curia"). No entanto, fundando-se a ação rescisória no art. 966, inciso V, do CPC de 2015 (art. 485, inciso V, do CPC de 1973), é indispensável expressa indicação, na petição inicial da ação rescisória, da norma jurídica manifestamente violada (dispositivo legal violado sob o CPC de 1973), por se tratar de causa de pedir da rescisória, não se aplicando, no caso, o princípio "iura novit curia".

Súmula com redação pela Res. 208/2016 do TST (DEJT 22, 23 e 24.04.2016)

409. Ação rescisória. Prazo prescricional. Total ou parcial. Violação do art. 7º, XXIX, da

CF/1988. Matéria infraconstitucional. (Conversão da OJ 119 da SDI-II)

Não procede ação rescisória calcada em violação do art. 7º, XXIX, da CF/1988 quando a questão envolve discussão sobre a espécie de prazo prescricional aplicável aos créditos trabalhistas, se total ou parcial, porque a matéria tem índole infraconstitucional, construída, na Justiça do Trabalho, no plano jurisprudencial. (ex-OJ 119 – DJ 11.08.2003)

Súmula acrescida pela Res. 137/2005 do TST – (DJU 22.08.2005).

410. Ação rescisória. Reexame de fatos e provas. Inviabilidade. (Conversão da OJs 109 da SDI-II)

A ação rescisória calcada em violação de lei não admite reexame de fatos e provas do processo que originou a decisão rescindenda. (ex-OJ 109 – DJ 29.04.2003)

Súmula acrescida pela Res. 137/2005 do TST – (DJU 22.08.2005).

411. Ação rescisória. Sentença de mérito. Decisão de Tribunal Regional do Trabalho em agravo regimental confirmando decisão monocrática do relator que, aplicando a Súmula 83 do TST, indeferiu a petição inicial da ação rescisória. Cabimento. (Conversão da OJ 43 da SDI-II)

Se a decisão recorrida, em agravo regimental, aprecia a matéria na fundamentação, sob o enfoque das Súmulas 83 do TST e 343 do STF, constitui sentença de mérito, ainda que haja resultado no indeferimento da petição inicial e na extinção do processo sem julgamento do mérito. Sujeita-se, assim, à reforma pelo TST, a decisão do Tribunal que, invocando controvérsia na interpretação da lei, indefere a petição inicial de ação rescisória. (ex-OJ 43 – Inserida em 20.09. 2000)

Súmula acrescida pela Res. 137/2005 do TST – (DJU 22.08.2005).

412. Ação rescisória. Regência pelo CPC de 1973. Sentença de mérito. Questão processual. (nova redação em decorrência do CPC de 2015).

Sob a égide do CPC de 1973, pode uma questão processual ser objeto de rescisão desde que consista em pressuposto de validade de uma sentença de mérito. (ex-OJ 46 da SBDI-2 – inserida em 20.09.2000).

Súmula com redação pela Res. 217/2017 do TST – (DEJT 20.04.2017).

413. Ação rescisória. Sentença de mérito. Violação do art. 896, "a", da CLT. (nova redação em decorrência do CPC de 2015)

É incabível ação rescisória, por violação do art. 896, "a", da CLT, contra decisão transitada em julgado sob a égide do CPC de 1973 que não conhece de recurso de revista, com base em divergência jurisprudencial, pois não se cuidava de sentença de mérito (art. 485 do CPC de 1973). (ex-OJ 47 da SBDI-2 – inserida em 20.09.2000).

Súmula com redação pela Res. 209/2016 do TST (DEJT 01.06.2016).

414. Mandado de Segurança. Tutela Provisória concedida antes ou na sentença. (nova redação em decorrência do CPC de 2015).

I – A tutela provisória concedida na sentença não comporta impugnação pela via do mandado de segurança, por ser impugnável mediante recurso ordinário. É admissível a obtenção de efeito suspensivo ao recurso ordinário mediante requerimento dirigido ao tribunal, ao relator ou ao presidente ou ao vice-presidente do tribunal recorrido, por aplicação subsidiária ao processo do trabalho do artigo 1.029, § 5º, do CPC de 2015.

II – No caso de a tutela provisória haver sido concedida ou indeferida antes da sentença, cabe mandado de segurança, em face da inexistência de recurso próprio.

III – A superveniência da sentença, nos autos originários, faz perder o objeto do mandado de segurança que impugnava a concessão ou o indeferimento da tutela provisória.

Súmula com redação pela Res. 217/2017 do TST – (DEJT 20.04.2017).

415. Mandado de segurança. Petição inicial. Art. 321 do CPC de 2015. Art. 284 do CPC de 1973. Inaplicabilidade

Exigindo o mandado de segurança prova documental pré-constituída, inaplicável o art. 321 do CPC de 2015 (art. 284 do CPC de 1973) quando verificada, na petição inicial do "mandamus", a ausência de documento indispensável ou de sua autenticação. (ex-OJ 52 da SDI-2 – inserida em 20.09.2000).

► **Súmula com redação pela Res. 208/2016 do TST (DEJT 22, 23 e 24.04.2016)**

416. Mandado de segurança. Execução. Lei 8.432/1992. Art. 897, § 1º, da CLT. Cabimento. (Conversão da OJ 55 da SDI-II)

Devendo o agravo de petição delimitar justificadamente a matéria e os valores objeto de discordância, não fere direito líquido e certo o prosseguimento da execução quanto aos tópicos e valores não especificados no agravo. (ex-OJ 55 – Inserida em 20.09.2000)

► **Súmula acrescida pela Res. 137/2005 do TST – (DJU 22.08.2005).**

417. Mandado de Segurança. Penhora em Dinheiro. (alterado o item I, atualizado o item II e cancelado o item III, modulando-se os efeitos da presente redação de forma a atingir unicamente as penhoras em dinheiro em execução provisória efetivadas a partir de 18.03.2016, data de vigência do CPC de 2015)

I – Não fere direito líquido e certo do impetrante o ato judicial que determina penhora em dinheiro do executado para garantir crédito exequendo, pois é prioritária e obedece à gradação prevista no art. 835 do CPC de 2015 (art. 655 do CPC de 1973).

II – Havendo discordância do credor, em execução definitiva, não tem o executado direito líquido e certo a que os valores penhorados em dinheiro fiquem depositados no próprio banco, ainda que atenda aos requisitos do art. 840, I, do CPC de 2015 (art. 666, I, do CPC de 1973). (ex-OJ 61 da SBDI-2 – inserida em 20.09.2000).

► **Súmula com redação pela Res. 212/2016 do TST (DEJT 20.09.2016).**

418. Mandado de Segurança visando à homologação de acordo. (nova redação em decorrência do CPC de 2015).

A homologação de acordo constitui faculdade do juiz, inexistindo direito líquido e certo tutelável pela via do mandado de segurança.

► **Súmula com redação pela Res. 217/2017 do TST – (DEJT 20.04.2017).**

419. Competência. Embargos de Terceiro. Execução por Carta Precatória. Juízo Deprecado. (alterada em decorrência do CPC de 2015)

Na execução por carta precatória, os embargos de terceiro serão oferecidos no juízo deprecado, salvo se indicado pelo juízo deprecante o bem constrito ou se já devolvida a carta (art. 676, parágrafo único, do CPC de 2015).

► **Súmula com redação pela Res. 212/2016 do TST (DEJT 20.09.2016).**

420. Competência funcional. Conflito negativo. TRT e vara do trabalho de idêntica região. Não configuração. (Conversão da OJ 115 da SDI-II)

Não se configura conflito de competência entre Tribunal Regional do Trabalho e Vara do Trabalho a ele vinculada. (ex-OJ 115 – DJ 11.08.2003)

► **Súmula acrescida pela Res. 137/2005 do TST – (DJU 22.08.2005).**

421. Embargos de declaração. Cabimento. Decisão monocrática do relator calcada no art. 932 do CPC de 2015. Art. 557 do CPC de 1973

► **Ementa com redação pela Res. 208/2016 do TST (DEJT 22, 23 e 24.04.2016)**

I – Cabem embargos de declaração da decisão monocrática do relator prevista no art. 932 do CPC de 2015 (art. 557 do CPC de 1973), se a parte pretende tão somente juízo integrativo retificador da decisão e, não, modificação do julgado.

▶ **Inciso I com redação pela Res. 208/2016 do TST (DEJT 22, 23 e 24.04.2016)**

II – Se a parte postular a revisão no mérito da decisão monocrática, cumpre ao relator converter os embargos de declaração em agravo, em face dos princípios da fungibilidade e celeridade processual, submetendo-o ao pronunciamento do Colegiado, após a intimação do recorrente para, no prazo de 5 (cinco) dias, complementar as razões recursais, de modo a ajustá-las às exigências do art. 1.021, § 1º, do CPC de 2015.

▶ **Inciso II com redação pela Res. 208/2016 do TST (DEJT 22, 23 e 24.04.2016)**

422. Recurso. Fundamento Ausente ou Deficiente. Não Conhecimento. (Redação alterada na sessão do Tribunal Pleno realizada em 09.06.2015, com a inserção dos itens I, II e III)

I – Não se conhece de recurso para o Tribunal Superior do Trabalho se as razões do recorrente não impugnam os fundamentos da decisão recorrida, nos termos em que proferida.

▶ **Inciso I com redação pela Res. 199/2015 do TST; republicado no DEJT 01.07.2015.**

II – o entendimento referido no item anterior não se aplica em relação à motivação secundária e impertinente, consubstanciada em despacho de admissibilidade de recurso ou em decisão monocrática.

▶ **Inciso II acrescido pela Res. 199/2015 do TST.**

III – Inaplicável a exigência do item I relativamente ao recurso ordinário da competência de Tribunal Regional do Trabalho, exceto em caso de recurso cuja motivação é inteiramente dissociada dos fundamentos da sentença.

▶ **Inciso III acrescido pela Res. 199/2015 do TST.**

423. Turno ininterrupto de revezamento. Fixação de jornada de trabalho mediante negociação coletiva. Validade. (Conversão da OJ 169 da SDI-I)

Estabelecida jornada superior a 6 (seis) horas e limitada a 8 (oito) horas por meio de regular negociação coletiva, os empregados submetidos a turnos ininterruptos de revezamento não têm direito ao pagamento da 7ª e 8ª horas como extras.

▶ **Súmula acrescida pela Res. 139/2006 do TST – (DJU 10.10.2006).**

424. Recurso Administrativo. Pressuposto de admissibilidade. Depósito prévio da multa administrativa. Não recepção pela Constituição Federal do § 1º do art. 636 da CLT

O § 1º do art. 636 da CLT, que estabelece a exigência de prova do depósito prévio do valor da multa cominada em razão de autuação administrativa como pressuposto de admissibilidade de recurso administrativo, não foi recepcionado pela Constituição Federal de 1988, ante a sua incompatibilidade com o inciso LV do art. 5º.

▶ **Súmula acrescida pela Res. 160/2009 do TST – (DJE 20.11.2009).**

425. Jus postulandi na Justiça do Trabalho. Alcance

O jus postulandi das partes, estabelecido no art. 791 da CLT, limita-se às Varas do Trabalho e aos Tribunais Regionais do Trabalho, não alcançando a ação rescisória, a ação cautelar, o mandado de segurança e os recursos de competência do Tribunal Superior do Trabalho.

▶ **Súmula acrescida pela Res. 165/2010 do TST – (DJE 30.04.2010).**

426. Depósito recursal. Utilização da Guia GFIP. Obrigatoriedade

Nos dissídios individuais o depósito recursal será efetivado mediante a utilização da Guia de Recolhimento do FGTS e Informações à Previdência Social – GFIP, nos termos dos §§ 4º e 5º do art. 899 da CLT, admitido o depósito judicial, realizado na sede do juízo e à disposição deste, na hipótese de relação de trabalho não submetida ao regime do FGTS.

► **Súmula acrescida pela Res. 174/2011 do TST – (DEJT 27.05.2011).**

427. Intimação. Pluralidade de advogados. Publicação em nome de advogado diverso daquele expressamente indicado. Nulidade

Havendo pedido expresso de que as intimações e publicações sejam realizadas exclusivamente em nome de determinado advogado, a comunicação em nome de outro profissional constituído nos autos é nula, salvo se constatada a inexistência de prejuízo.

► **Súmula acrescida pela Res. 174/2011 do TST – (DEJT 27.05.2011).**

428. Sobreaviso. Aplicação analógica do art. 244, § 2º da CLT (Redação alterada na sessão do Tribunal Pleno realizada em 14.09.2012)

I – O uso de instrumentos telemáticos ou informatizados fornecidos pela empresa ao empregado, por si só, não caracteriza o regime de sobreaviso.

II – Considera-se em sobreaviso o empregado que, à distância e submetido a controle patronal por instrumentos telemáticos ou informatizados, permanecer em regime de plantão ou equivalente, aguardando a qualquer momento o chamado para o serviço durante o período de descanso.

► **Súmula com redação pela Res. 185/2012 do TST – (DEJT 25.09.2012).**

429. Tempo à disposição do empregador. Art. 4º da CLT. Período de deslocamento entre a portaria e o local de trabalho

Considera-se à disposição do empregador, na forma do art. 4º da CLT, o tempo necessário ao deslocamento do trabalhador entre a portaria da empresa e o local de trabalho, desde que supere o limite de 10 (dez) minutos diários.

► **Súmula acrescida pela Res. 174/2011 do TST – (DEJT 27.05.2011).**

430. Administração pública indireta. Contratação. Ausência de concurso público. Nulidade. Ulterior privatização. Convalidação. Insubsistência do vício

Convalidam-se os efeitos do contrato de trabalho que, considerado nulo por ausência de concurso público, quando celebrado originalmente com ente da Administração Pública Indireta, continua a existir após a sua privatização.

► **Súmula acrescida pela Res. 177/2012 do TST – (DEJT 13.02.2012).**

431. Salário-hora. Empregado sujeito ao regime geral de trabalho (art. 58, caput, da CLT). 40 (quarenta) horas semanais. Cálculo. Aplicação do divisor 200 (Redação alterada na sessão do Tribunal Pleno realizada em 14.09.2012)

Para os empregados a que alude o art. 58, caput, da CLT, quando sujeitos a 40 (quarenta) horas semanais de trabalho, aplica-se o divisor 200 (duzentos) para o cálculo do valor do salário-hora.

► **Súmula com redação pela Res. 185/2012 do TST – (DEJT 25.09.2012).**

432. Contribuição sindical rural. Ação de cobrança. Penalidade por atraso no recolhimento. Inaplicabilidade do art. 600 da CLT. Incidência do art. 2º da Lei 8.022/1990

O recolhimento a destempo da contribuição sindical rural não acarreta a aplicação da multa progressiva prevista no art. 600 da CLT, em decorrência da sua revogação tácita pela Lei 8.022, de 12 de abril de 1990.

► **Súmula acrescida pela Res. 177/2012 do TST – (DEJT 13.02.2012).**

433. Embargos. Admissibilidade. Processo em fase de execução. Acórdão de turma publicado na vigência da lei 11.496, de 26.06.2007. Divergência de interpretação de dispositivo constitucional

A admissibilidade do recurso de embargos contra acórdão de Turma em recurso de revista em fase de execução, publicado na vigência da Lei 11.496, de 26.06.2007, condiciona-se à demonstração de divergência jurisprudencial entre Turmas ou destas e a Seção Especializada em Dissídios Individuais do Tribunal Superior do Trabalho em relação à interpretação de dispositivo constitucional.

➤ **Súmula acrescida pela Res. 177/2012 do TST – (DEJT 13.02.2012).**

434. CANCELADA pela Res. 198/2015 do TST.

Recurso. Interposição antes da Publicação do acórdão impugnado. Extemporaneidade.

I) É extemporâneo recurso interposto antes de publicado o acórdão impugnado.

II) A interrupção do prazo recursal em razão da interposição de embargos de declaração pela parte adversa não acarreta qualquer prejuízo àquele que apresentou seu recurso tempestivamente.

435. Decisão monocrática. Relator. Art. 932 do CPC de 2015. Art. 557 do CPC de 1973. Aplicação subsidiária ao processo do trabalho.

Aplica-se subsidiariamente ao processo do trabalho o art. 932 do CPC de 2015 (art. 557 do CPC de 1973).

➤ **Súmula com redação pela Res. 208/2016 do TST (DEJT 22, 23 e 24.04.2016)**

436. Representação processual. Procurador da união, estados, municípios e Distrito Federal, suas autarquias e fundações públicas. Juntada de instrumento de mandato. (Conversão da OJs 52 da SDI-I e inserção do item II à redação)

I – A União, Estados, Municípios e Distrito Federal, suas autarquias e fundações públicas, quando representadas em juízo, ativa e passivamente, por seus procuradores, estão dispensadas da juntada de instrumento de mandato e de comprovação do ato de nomeação.

II – Para os efeitos do item anterior, é essencial que o signatário ao menos declare-se exercente do cargo de procurador, não bastando a indicação do número de inscrição na Ordem dos Advogados do Brasil.

➤ **Súmula acrescida pela Res. 185/2012 do TST – (DEJT 25.09.2012).**

437. Intervalo intrajornada para repouso e alimentação. Aplicação do art. 71 da CLT (Conversão das OJs 307, 342, 354, 380 e 381 da SDI-1)

I – Após a edição da Lei 8.923/1994, a não concessão ou a concessão parcial do intervalo intrajornada mínimo, para repouso e alimentação, a empregados urbanos e rurais, implica o pagamento total do período correspondente, e não apenas daquele suprimido, com acréscimo de, no mínimo, 50% (cinquenta por cento) sobre o valor da remuneração da hora normal de trabalho (art. 71 da CLT), sem prejuízo do cômputo da efetiva jornada de labor para efeito de remuneração.

II – É inválida cláusula de acordo ou convenção coletiva de trabalho contemplando a supressão ou redução do intervalo intrajornada porque este constitui medida de higiene, saúde e segurança do trabalho, garantido por norma de ordem pública (art. 71 da CLT e art. 7º, XXII, da CF/1988), infenso à negociação coletiva.

III – Possui natureza salarial a parcela prevista no art. 71, § 4º, da CLT, com redação introduzida pela Lei 8.923, de 27 de julho de 1994, quando não concedido ou reduzido pelo empregador o intervalo mínimo intrajornada para repouso e alimentação, repercutindo, assim, no cálculo de outras parcelas salariais.

IV – Ultrapassada habitualmente a jornada de 6 (seis) horas de trabalho, é devido o gozo do intervalo intrajornada mínimo de 1 (uma) hora, obrigando o empregador a remunerar o período para descanso e alimentação não usufruído como extra, acrescido do respectivo adicional, na forma prevista no art. 71, caput e § 4º da CLT.

➤ **Súmula acrescida pela Res. 185/2012 do TST – (DEJT 25.09.2012).**

438. Intervalo para recuperação térmica do empregado. Ambiente artificialmente frio. Horas extras. Art. 253 da CLT. Aplicação analógica

O empregado submetido a trabalho contínuo em ambiente artificialmente frio, nos termos do parágrafo único do art. 253 da CLT, ainda que não labore em câmara frigorífica, tem direito ao intervalo intrajornada previsto no caput do art. 253 da CLT.

➤ **Súmula acrescida pela Res. 185/2012 do TST – (DEJT 25.09.2012).**

439. Danos morais. Juros de mora e atualização monetária. Termo inicial

Nas condenações por dano moral, a atualização monetária é devida a partir da data da decisão de arbitramento ou de alteração do valor.

Os juros incidem desde o ajuizamento da ação, nos termos do art. 883 da CLT.

➤ **Súmula acrescida pela Res. 185/2012 do TST – (DEJT 25.09.2012).**

440. Auxílio-doença acidentário. Aposentadoria por invalidez. Suspensão do contrato de trabalho. Reconhecimento do direito à manutenção de plano de saúde ou de assistência médica

Assegura-se o direito à manutenção de plano de saúde ou de assistência médica oferecido pela empresa ao empregado, não obstante suspenso o contrato de trabalho em virtude de auxílio-doença acidentário ou de aposentadoria por invalidez.

➤ **Súmula acrescida pela Res. 185/2012 do TST – (DEJT 25.09.2012).**

441. Aviso-prévio. Proporcionalidade

O direito ao aviso-prévio proporcional ao tempo de serviço somente é assegurado nas rescisões de contrato de trabalho ocorridas a partir da publicação da Lei 12.506, em 13 de outubro de 2011.

➤ **Súmula acrescida pela Res. TST 185/2012 (DEJT 25.09.2012).**

442. Procedimento sumaríssimo. Recurso de revista fundamentado em contrariedade a orientação jurisprudencial. Inadmissibilidade. Art. 896, § 6º, da CLT, acrescentado pela Lei 9.957, de 12.01.2000. (Conversão da OJs 352 da SDI-I)

Nas causas sujeitas ao procedimento sumaríssimo, a admissibilidade de recurso de revista está limitada à demonstração de violação direta a dispositivo da Constituição Federal ou contrariedade a Súmula do Tribunal Superior do Trabalho, não se admitindo o recurso por contrariedade a Orientação Jurisprudencial deste Tribunal (Livro II, Título II, Capítulo III, do RITST), ante a ausência de previsão no art. 896, § 6º, da CLT.

➤ **Súmula acrescida pela Res. 185/2012 do TST – (DEJT 25.09.2012).**

443. Dispensa discriminatória. Presunção. Empregado portador de doença grave. Estigma ou preconceito. Direito à reintegração

Presume-se discriminatória a despedida de empregado portador do vírus HIV ou de outra doença grave que suscite estigma ou preconceito. Inválido o ato, o empregado tem direito à reintegração no emprego.

➤ **Súmula acrescida pela Res. 185/2012 do TST – (DEJT 25.09.2012).**

444. Jornada de trabalho. Norma coletiva. Lei. Escala de 12 (doze) por 36 (trinta e seis). Validade

É válida, em caráter excepcional, a jornada de 12 (doze) horas de trabalho por 36 (trinta e seis) de descanso, prevista em lei ou ajustada exclusivamente mediante acordo coletivo de trabalho ou convenção coletiva de trabalho, assegurada a remuneração em dobro dos feriados trabalhados. O empregado não tem direito ao pagamento de adicional referente ao labor prestado na décima primeira e décima segunda horas.

➤ **Súmula acrescida pela Res. 185/2012 do TST – (DEJT 25.09.2012).**

445. Inadimplemento de verbas trabalhistas. Frutos. Posse de má-fé. Art.1.216 do

Código Civil. Inaplicabilidade ao direito do trabalho

A indenização por frutos percebidos pela posse de má-fé, prevista no art. 1.216 do Código Civil, por tratar-se de regra afeta a direitos reais, mostra-se incompatível com o Direito do Trabalho, não sendo devida no caso de inadimplemento de verbas trabalhistas.

► **Súmula acrescida pela Res. 189/2013 do TST – (DEJT 13.03.2013).**

446. Maquinista ferroviário. Intervalo intrajornada. Supressão parcial ou total. Horas extras devidas. Compatibilidade entre os arts. 71, § 4º, e 238, § 5º, da CLT

A garantia ao intervalo intrajornada, prevista no art. 71 da CLT, por constituir-se em medida de higiene, saúde e segurança do empregado, é aplicável também ao ferroviário maquinista integrante da categoria c (equipagem de trem em geral), não havendo incompatibilidade entre as regras inscritas nos arts. 71, § 4º, e 238, § 5º, da CLT.

► **Súmula acrescida pela Res. 193/2013 do TST – (DEJT 13.12.2013).**

447. Adicional de Periculosidade. Permanência a bordo durante o abastecimento da aeronave. Indevido

Os tripulantes e demais empregados em serviços auxiliares de transporte aéreo que, no momento do abastecimento da aeronave, permanecem a bordo não têm direito ao adicional de periculosidade a que aludem o art. 193 da CLT e o Anexo 2, item 1, c, da NR 16 do MTE.

► **Súmula acrescida pela Res. 193/2013 do TST – (DEJT 13.12.2013).**

448. Atividade insalubre. Caracterização. Previsão na Norma Regulamentadora 15 da Portaria do Ministério do Trabalho 3.214/78. Instalações Sanitárias. (Conversão da Orientação Jurisprudencial 4 da SDI-1 com nova redação do item II)

I – Não basta a constatação da insalubridade por meio de laudo pericial para que o empregado tenha direito ao respectivo adicional, sendo necessária a classificação da atividade insalubre na relação oficial elaborada pelo Ministério do Trabalho.

II – A higienização de instalações sanitárias de uso público ou coletivo de grande circulação, e a respectiva coleta de lixo, por não se equiparar à limpeza em residências e escritórios, enseja o pagamento de adicional de insalubridade em grau máximo, incidindo o disposto no Anexo 14 da NR-15 da Portaria do MTE 3.214/78 quanto à coleta e industrialização de lixo urbano.

► **Súmula acrescida pela Res. 194/2014 do TST – (DEJT 21.05.2014).**

449. Minutos que antecedem e sucedem a jornada de trabalho. Lei 10.243, de 19.06.2001. Norma coletiva. Flexibilização. Impossibilidade. (Conversão da Orientação Jurisprudencial 372 da SDI-1)

A partir da vigência da Lei 10.243, de 19.06.2001, que acrescentou o § 1º ao art. 58 da CLT, não mais prevalece cláusula prevista em convenção ou acordo coletivo que elastece o limite de 5 minutos que antecedem e sucedem a jornada de trabalho para fins de apuração das horas extras.

► **Súmula acrescida pela Res. 194/2014 do TST – (DEJT 21.05.2014).**

450. Férias. Gozo na época própria. Pagamento fora do prazo. Dobra devida. Arts. 137 e 145 da CLT. (Conversão da Orientação Jurisprudencial 386 da SDI-1)

É devido o pagamento em dobro da remuneração de férias, incluído o terço constitucional, com base no art. 137 da CLT, quando, ainda que gozadas na época própria, o empregador tenha descumprido o prazo previsto no art. 145 do mesmo diploma legal.

► **Súmula acrescida pela Res. 194/2014 do TST – (DEJT 21.05.2014).**

451. Participação nos lucros e resultados. Rescisão contratual anterior à data da distribuição dos lucros. Pagamento proporcional aos meses trabalhados. Princípio da

isonomia. (Conversão da Orientação Jurisprudencial 390 da SDI-1)

Fere o princípio da isonomia instituir vantagem mediante acordo coletivo ou norma regulamentar que condiciona a percepção da parcela participação nos lucros e resultados ao fato de estar o contrato de trabalho em vigor na data prevista para a distribuição dos lucros. Assim, inclusive na rescisão contratual antecipada, é devido o pagamento da parcela de forma proporcional aos meses trabalhados, pois o ex-empregado concorreu para os resultados positivos da empresa.

Súmula acrescida pela Res. 194/2014 do TST – (DEJT 21.05.2014).

452. Diferenças salariais. Plano de cargos e salários. Descumprimento. Critérios de promoção não observados. Prescrição parcial. (Conversão da Orientação Jurisprudencial 404 da SDI-1)

Tratando-se de pedido de pagamento de diferenças salariais decorrentes da inobservância dos critérios de promoção estabelecidos em Plano de Cargos e Salários criado pela empresa, a prescrição aplicável é a parcial, pois a lesão é sucessiva e se renova mês a mês.

Súmula acrescida pela Res. 194/2014 do TST – (DEJT 21.05.2014).

453. Adicional de periculosidade. Pagamento espontâneo. Caracterização de fato incontroverso. Desnecessária a perícia de que trata o art. 195 da CLT. (Conversão da Orientação Jurisprudencial 406 da SDI-1)

O pagamento de adicional de periculosidade efetuado por mera liberalidade da empresa, ainda que de forma proporcional ao tempo de exposição ao risco ou em percentual inferior ao máximo legalmente previsto, dispensa a realização da prova técnica exigida pelo art. 195 da CLT, pois torna incontroversa a existência do trabalho em condições perigosas.

Súmula acrescida pela Res. 194/2014 do TST – (DEJT 21.05.2014).

454. Competência da Justiça do Trabalho. Execução de ofício. Contribuição Social referente ao Seguro de Acidente de Trabalho (SAT). Arts. 114, VIII, e 195, I, a, da Constituição da República. (Conversão da Orientação Jurisprudencial 414 da SDI-1)

Compete à Justiça do Trabalho a execução, de ofício, da contribuição referente ao Seguro de Acidente de Trabalho (SAT), que tem natureza de contribuição para a seguridade social (arts. 114, VIII, e 195, I, a, da CF), pois se destina ao financiamento de benefícios relativos à incapacidade do empregado decorrente de infortúnio no trabalho (arts. 11 e 22 da Lei 8.212/1991).

Súmula acrescida pela Res. 194/2014 do TST – (DEJT 21.05.2014).

455. Equiparação salarial. Sociedade de Economia Mista. Art. 37, XIII, da CF/1988. Possibilidade. (conversão da Orientação Jurisprudencial 353 da SDI-1 com nova redação)

À sociedade de economia mista não se aplica a vedação à equiparação prevista no art. 37, XIII, da CF/1988, pois, ao admitir empregados sob o regime da CLT, equipara-se a empregador privado, conforme disposto no art. 173, § 1º, II, da CF/1988.

Súmula acrescida pela Res. 194/2014 do TST – (DEJT 21.05.2014).

456. Representação. Pessoa jurídica. Procuração. Invalidade. Identificação do outorgante e de seu representante. (inseridos os itens II e III em decorrência do CPC de 2015)

I – É inválido o instrumento de mandato firmado em nome de pessoa jurídica que não contenha, pelo menos, o nome do outorgante e do signatário da procuração, pois estes dados constituem elementos que os individualizam.

II – Verificada a irregularidade de representação da parte na instância originária, o juiz designará prazo de 5 (cinco) dias para que seja sanado o vício. Descumprida a determinação, extinguirá o processo, sem resolução de mérito, se a providência couber ao reclamante, ou considerará revel o reclamado, se a providência lhe couber (art. 76, § 1º, do CPC de 2015).

III – Caso a irregularidade de representação da parte seja constatada em fase recursal, o relator designará prazo de 5 (cinco) dias para que seja sanado o vício. Descumprida a determinação, o relator não conhecerá do recurso, se a providência couber ao recorrente, ou determinará o desentranhamento das contrarrazões, se a providência couber ao recorrido (art. 76, § 2º, do CPC de 2015).

► **Súmula com redação pela Res. 211/2016 do TST (DEJT 24.08.2016).**

457. Honorários periciais. Beneficiário da justiça gratuita. Responsabilidade da União pelo pagamento. Resolução 66/2010 do CSJT. Observância. (Conversão da Orientação Jurisprudencial 387 da SDI-1 com nova redação)

A União é responsável pelo pagamento dos honorários de perito quando a parte sucumbente no objeto da perícia for beneficiária da assistência judiciária gratuita, observado o procedimento disposto nos arts. 1º, 2º e 5º da Resolução 66/2010 do Conselho Superior da Justiça do Trabalho – CSJT.

► **Súmula acrescida pela Res. 194/2014 do TST – (DEJT 21.05.2014).**

458. Embargos. Procedimento sumaríssimo. Conhecimento. Recurso interposto após vigência da lei 11.496, de 22.06.2007, que conferiu nova redação ao art. 894, da CLT. (Conversão da Orientação Jurisprudencial 405 da SDI-1 com nova redação)

Em causas sujeitas ao procedimento sumaríssimo, em que pese a limitação imposta no art. 896, § 6º, da CLT à interposição de recurso de revista, admitem-se os embargos interpostos na vigência da Lei 11.496, de 22.06.2007, que conferiu nova redação ao art. 894 da CLT, quando demonstrada a divergência jurisprudencial entre Turmas do TST, fundada em interpretações diversas acerca da aplicação de mesmo dispositivo constitucional ou de matéria sumulada.

► **Súmula acrescida pela Res. 194/2014 do TST – (DEJT 21.05.2014).**

459. Recurso de revista. Nulidade por negativa de prestação jurisdicional. (atualizada em decorrência do CPC de 2015)

O conhecimento do recurso de revista, quanto à preliminar de nulidade, por negativa de prestação jurisdicional, supõe indicação de violação do art. 832 da CLT, do art. 489 do CPC de 2015 (art. 458 do CPC de 1973) ou do art. 93, IX, da CF/1988.

► **Súmula com redação pela Res. 219/2017 do TST (DJET 28.06.2017).**

460. Vale-Transporte. Ônus Da Prova.

É do empregador o ônus de comprovar que o empregado não satisfaz os requisitos indispensáveis para a concessão do vale-transporte ou não pretenda fazer uso do benefício.

► **Súmula acrescida pela Res. 209/2016 do TST – (DEJT 01.06.2016).**

461. FGTS. Diferenças. Recolhimento. Ônus Da Prova.

É do empregador o ônus da prova em relação à regularidade dos depósitos do FGTS, pois o pagamento é fato extintivo do direito do autor (art. 373, II, do CPC de 2015).

► **Súmula acrescida pela Res. 209/2016 do TST – (DEJT 01.06.2016).**

462. Multa do art. 477, § 8º, da CLT. Incidência. Reconhecimento judicial da relação de emprego.

A circunstância de a relação de emprego ter sido reconhecida apenas em juízo não tem o condão de afastar a incidência da multa prevista no art. 477, § 8º, da CLT. A referida multa não será devida apenas quando, comprovadamente, o empregado der causa à mora no pagamento das verbas rescisórias.

► **Súmula acrescida pela Res. 209/2016 do TST – (DEJT 01.06.2016).**

463. Assistência judiciária gratuita. Comprovação (conversão da Orientação Juris-

prudencial 304 da SBDI-I, com alterações decorrentes do CPC de 2015)

I – A partir de 26.06.2017, para a concessão da assistência judiciária gratuita à pessoa natural, basta a declaração de hipossuficiência econômica firmada pela parte ou por seu advogado, desde que munido de procuração com poderes específicos para esse fim (art. 105 do CPC de 2015);

II – No caso de pessoa jurídica, não basta a mera declaração: é necessária a demonstração cabal de impossibilidade de a parte arcar com as despesas do processo.

ORIENTAÇÕES JURISPRUDENCIAIS DO TRIBUNAL PLENO – TST

1. Precatório. Crédito trabalhista. Pequeno valor. Emenda Constitucional 37/2002.

Há dispensa da expedição de precatório, na forma do art. 100, § 3º, da CF/1988, quando a execução contra a Fazenda Pública não exceder os valores definidos, provisoriamente, pela Emenda Constitucional 37/2002, como obrigações de pequeno valor, inexistindo ilegalidade, sob esse prisma, na determinação de sequestro da quantia devida pelo ente público.

2. Precatório. Revisão de cálculos. Limites da competência do Presidente do TRT.

O pedido de revisão dos cálculos, em fase de precatório, previsto no art. 1º-E da Lei 9.494/1997, apenas poderá ser acolhido desde que: a) o requerente aponte e especifique claramente quais são as incorreções existentes nos cálculos, discriminando o montante que seria correto, pois do contrário a incorreção torna-se abstrata; b) o defeito nos cálculos esteja ligado à incorreção material ou à utilização de critério em descompasso com a lei ou com o título executivo judicial; e c) o critério legal aplicável ao débito não tenha sido objeto de debate nem na fase de conhecimento, nem na fase de execução.

3. Precatório. Sequestro. Emenda Constitucional 30/2000. Preterição. ADIn 1662-8. Art. 100, § 2º, da CF/1988.

O sequestro de verbas públicas para satisfação de precatórios trabalhistas só é admitido na hipótese de preterição do direito de precedência do credor, a ela não se equiparando as situações de não inclusão da despesa no orçamento ou de não pagamento do precatório até o final do exercício, quando incluído no orçamento.

4. Mandado de segurança. Decisão de TRT. Incompetência originária do Tribunal Superior do Trabalho.

Ao Tribunal Superior do Trabalho não compete apreciar, originariamente, mandado de segurança impetrado em face de decisão de TRT.

5. Recurso Ordinário. Cabimento. (Conversão da OJ 70 da SDI-1).

Não cabe recurso ordinário contra decisão em agravo regimental interposto em reclamação correicional ou em pedido de providência. (ex-OJ 70 – Inserida em 13.09.1994).

► **OJ acrescida pela Res. 129/2005 do TST (DJU 20.04.2005).**

6. Precatório. Execução. Limitação da condenação imposta pelo título judicial exequendo à data do advento da lei 8.112, de 11.12.1990.

Em sede de precatório, não configura ofensa à coisa julgada a limitação dos efeitos pecuniários da sentença condenatória ao período anterior ao advento da Lei 8.112, de 11.12.1990, em que o exequente submetia-se à legislação trabalhista, salvo disposição expressa em contrário na decisão exequenda.

7. Juros de mora. Condenação da Fazenda Pública.

I – nas condenações impostas à Fazenda Pública, incidem juros de mora segundo os seguintes critérios:

a) 1% (um por cento) ao mês, até agosto de 2001, nos termos do § 1º do art. 39 da Lei 8.177, de 1.03.1991;

b) 0,5% (meio por cento) ao mês, de setembro de 2001 a junho de 2009, conforme determina o art. 1º-F da Lei 9.494, de

10.09.1997, introduzido pela Medida Provisória 2.180-35, de 24.08.2001.

II – a partir de 30 de junho de 2009, atualizam-se os débitos trabalhistas da Fazenda Pública, mediante a incidência dos índices oficiais de remuneração básica e juros aplicados à caderneta de poupança, por força do art. 5º da Lei 11.960, de 29.06.2009.

III – a adequação do montante da condenação deve observar essa limitação legal, ainda que em sede de precatório.

► **OJ com redação pela Res. 175/2011 do TST (DEJT 27.05.2011).**

8. Precatório. Matéria administrativa. Remessa necessária. Não cabimento.

Em sede de precatório, por se tratar de decisão de natureza administrativa, não se aplica o disposto no art. 1º, V, do Decreto-lei 779, de 21.08.1969, em que se determina a remessa necessária em caso de decisão judicial desfavorável a ente público.

9. Precatório. Pequeno valor. Individualização do crédito apurado. Reclamação trabalhista plúrima. Execução direta contra a fazenda pública. Possibilidade.

Tratando-se de reclamações trabalhistas plúrimas, a aferição do que vem a ser obrigação de pequeno valor, para efeito de dispensa de formação de precatório e aplicação do disposto no § 3º do art. 100 da CF/88, deve ser realizada considerando-se os créditos de cada reclamante.

10. Precatório. Processamento e Pagamento. Natureza administrativa. Mandado de Segurança. Cabimento.

É cabível mandado de segurança contra atos praticados pela Presidência dos Tribunais Regionais em precatório em razão de sua natureza administrativa, não se aplicando o disposto no inciso II do art. 5º da Lei 1.533, de 31. 12.1951.

11. Recurso em matéria administrativa. Prazo. Órgão colegiado. Oito dias. Art. 6º da Lei 5.584, de 26.06.1970.

Se não houver norma específica quanto ao prazo para interposição de recurso em matéria administrativa de decisão emanada de órgão Colegiado do Tribunal Regional do Trabalho, aplica-se, por analogia, a regra geral dos prazos adotados na Justiça do Trabalho, ou seja, 8 (oito) dias, conforme estabelecido no art. 6º da Lei 5.584, de 26.06.1970.

O prazo de 10 (dez) dias a que alude o art. 59 da Lei 9.784, de 29.01. 1999, aplica-se somente à interposição de recursos de decisões prolatadas monocraticamente.

12. Precatório. Procedimento de Natureza Administrativa. Incompetência Funcional do Presidente do TRT para Declarar a Inexigibilidade do Título Exequendo.

O Presidente do TRT, em sede de precatório, não tem competência funcional para declarar a inexigibilidade do título judicial exequendo, com fundamento no art. 884, § 5º, da CLT, ante a natureza meramente administrativa do procedimento.

13. Precatório. Quebra da Ordem de Precedência. Não Demonstração da Posição do Exequente na Ordem Cronológica. Sequestro Indevido.

É indevido o sequestro de verbas públicas quando o exequente/requerente não se encontra em primeiro lugar na lista de ordem cronológica para pagamento de precatórios ou quando não demonstrada essa condição.

ORIENTAÇÕES JURISPRUDENCIAIS DA SDI-I – TST

1 – CANCELADA. Convertida na OJ 110 da SDI-2 (DJU 29.04.2003).

Ação rescisória. Réu sindicato. Legitimidade passiva ad causam. Admitida.

2 – CANCELADA pela Res. 148/2008 do TST – (DJU 04.07.2008; rep. 08.07.2008).

Adicional de insalubridade. Base de cálculo. Mesmo na vigência da CF/1988: salário mínimo.

3 – CANCELADA. Convertida na OJ Transitória 33 da SDI-I – Res. 129/2005 do TST – (DJU 20.04.2005).

Adicional de insalubridade. Base de cálculo, na vigência do Decreto-lei 2.351/1987. Piso nacional de salários.

4 – CANCELADA. Convertida na Súmula 448 – Res. 194/2014 do TST – (DEJT 21.05.2014).

Adicional de insalubridade. Lixo urbano. Inserida 25.11.1996 (Nova redação em decorrência da incorporação da OJ 170 da SDI-I) – DJ 20.04.2005.

I – Não basta a constatação da insalubridade por meio de laudo pericial para que o empregado tenha direito ao respectivo adicional, sendo necessária a classificação da atividade insalubre na relação oficial elaborada pelo Ministério do Trabalho.

II – A limpeza em residências e escritórios e a respectiva coleta de lixo não podem ser consideradas atividades insalubres, ainda que constatadas por laudo pericial, porque não se encontram dentre as classificadas como lixo urbano na Portaria do Ministério do Trabalho. (ex-OJ 170 da SDI-1 – inserida em 08.11.00).

► **OJ com redação pela Res. 129/2005 do TST (DJU 20.04.2005).**

5 – CANCELADA. Convertida na Súmula 364 – Res. 129/2005 do TST – (DJU 20.04.2005).

Adicional de periculosidade. Exposição permanente e intermitente. Inflamáveis e/ou explosivos. Direito ao adicional integral. (Inserida em 14.03.94).

6 – CANCELADA. Nova redação da Súmula 60 – Res. 129/2005 do TST – (DJU 20.04.2005).

Adicional noturno. (Inserida em 25.11.96). Prorrogação em horário diurno. Cumprida integralmente a jornada no período noturno e prorrogada esta, devido é também o adicional quanto às horas prorrogadas. Exegese do art. 73, § 5º, da CLT.

7 – Advogado. Atuação fora da seção da OAB onde o advogado está inscrito. Ausência de comunicação (Lei 4.215/1963, § 2º, art. 56). Infração disciplinar. Não Importa nulidade. (Inserida em 29.03.96).

A despeito da norma então prevista no artigo 56, § 2º, da Lei 4.215/1963, a falta de comunicação do advogado à OAB para o exercício profissional em seção diversa daquela na qual tem inscrição não importa nulidade dos atos praticados, constituindo apenas infração disciplinar, que cabe àquela instituição analisar.

► **OJ com redação pela Res. 129/2005 do TST (DJU 20.04.2005).**

8 – CANCELADA. Convertida na Súmula 365 – Res. 129/2005 do TST – (DJU 20.04.2005).

Alçada. Ação rescisória. Não se aplica a alçada em ação rescisória. (Inserida em 01.02.95).

9 – CANCELADA. Nova redação da Súmula 303 – Res. 129/2005 do TST – (DJU 20.04.2005).

Alçada. Decisão contrária à entidade pública. Cabível a remessa de ofício. Decreto-lei 779/1969 e Lei 5.584/1970. (Inserida em 07.11.94). Tratando-se de decisão contrária à entidade pública, cabível a remessa de ofício mesmo de processo de alçada.

10 – CANCELADA. Convertida na Súmula 365 – Res. 129/2005 do TST – (DJU 20.04.2005).

Alçada. Mandado de segurança. (Inserida em 01.02.95). Não se aplica a alçada em Mandado de Segurança.

11 – CANCELADA. Convertida na Súmula 356 – Res. 75/1997 do TST – (DJU 19.12.1997).

Alçada. Vinculação ao salário mínimo. Recorribilidade. O art. 5º, LV, e o art. 7º, IV, da CF/1988 não revogaram o art. 2º, § 4º, da Lei 5.584/1970.

12 – Anistia. Emenda Constitucional 26/85. Efeitos financeiros da promulgação. (Inserida em 03.06.96).

Os efeitos financeiros decorrentes da anistia concedida pela Emenda Constitucional 26/85 contam-se desde a data da sua promulgação.

► **OJ com redação pela Res. 129/2005 do TST (DJU 20.04.2005).**

13 – APPA. Decreto-lei 779, de 21.08.1969. Depósito recursal e custas. Não isenção.

A Administração dos Portos de Paranaguá e Antonina - APPA, vinculada à Administração Pública indireta, não é isenta do recolhimento do depósito recursal e do pagamento das custas processuais por não ser beneficiária dos privilégios previstos no Decreto-lei 779, de 21.08.1969, ante o fato de explorar atividade econômica com fins lucrativos, o que descaracteriza sua natureza jurídica, igualando-a às empresas privadas.

▶ **OJ republicada no DJE 16.11.2010.**

14 - Aviso-prévio cumprido em casa. Verbas rescisórias. Prazo para pagamento. (Art. 477, § 6º, b, da CLT). (Inserida em 25.11.96).

Em caso de aviso-prévio cumprido em casa, o prazo para pagamento das verbas rescisórias é até o 10º (décimo) dia da notificação de despedida.

▶ **OJ com redação pela Res. 129/2005 do TST (DJU 20.04.2005).**

15 - CANCELADA. Nova redação da Súmula 102 - Res. 129/2005 do TST - (DJU 20.04.2005).

Bancário. Gratificação de função superior a 1/3 (um terço) e inferior ao valor constante de norma coletiva. Inexistência de direito às 7ª e 8ª horas. Direito à diferença do adicional, se e quando pleiteada. (Inserida em 14.03.94).

16 - Banco do Brasil. ACP. Adicional de caráter pessoal. Indevido. (Inserida em 13.02.95).

A isonomia de vencimentos entre servidores do Banco Central do Brasil e do Banco do Brasil, decorrente de sentença normativa, alcançou apenas os vencimentos e vantagens de caráter permanente. Dado o caráter personalíssimo do Adicional de Caráter Pessoal - ACP e não integrando a remuneração dos funcionários do Banco do Brasil, não foi ele contemplado na decisão normativa para efeitos de equiparação à tabela de vencimentos do Banco Central do Brasil.

▶ **OJ com redação pela Res. 129/2005 do TST (DJU 20.04.2005).**

17 - Banco do Brasil. AP e ADI.

Os adicionais AP, ADI ou AFR, somados ou considerados isoladamente, sendo equivalentes a 1/3 (um terço) do salário do cargo efetivo (art. 224, § 2º, da CLT), excluem o empregado ocupante de cargo de confiança do Banco do Brasil da jornada de 6 (seis) horas.

18. Complementação de aposentadoria. Banco do Brasil. (Redação do item I alterada em decorrência do julgamento dos processos TST-IUJ E-ED-RR-301900-52.2005.5.09.0661 e ERR 119900-56.1999.5.04.0751).

I - O valor das horas extras integra a remuneração do empregado para o cálculo da complementação de aposentadoria, desde que sobre ele incida a contribuição à Caixa de Previdência dos Funcionários do Banco do Brasil - PREVI, observado o respectivo regulamento no tocante à integração.

II - Os adicionais AP e ADI não integram o cálculo para a apuração do teto da complementação de aposentadoria; (ex-OJ 21 da SDI-1 - inserida em 13.02.1995).

III - No cálculo da complementação de aposentadoria deve-se observar a média trienal; (ex-OJs 19 e 289 ambas da SDI-1 - inseridas respectivamente em 05.06.1995 e 11.08.2003).

IV - A complementação de aposentadoria proporcional aos anos de serviço prestados exclusivamente ao Banco do Brasil somente se verifica a partir da Circular Funci 436/63; (ex-OJ 20 da SDI-1 - inserida em 13.02.1995).

V - O telex DIREC do Banco do Brasil 5003/1987 não assegura a complementação de aposentadoria integral, porque não aprovado pelo órgão competente ao qual a instituição se subordina. (ex-OJ 136 da SDI-1 - inserida em 27.11.1998).

▶ **OJ com redação pela Res. 175/2011 do TST (DEJT 27.05.2011).**

19 - CANCELADA. Incorporação e nova redação à OJ 18 da SDI-I - Res. 129/2005 do TST - (DJU 20.04.2005).

Banco do Brasil. Complementação de aposentadoria. Média trienal. (Inserida em 05.06.95).

20 – CANCELADA. Incorporação e nova redação à OJ 18 da SDI-I – Res. 129/2005 do TST – (DJU 20.04.2005).

Banco do Brasil. Complementação de aposentadoria. Proporcionalidade somente a partir da Circ. FUNCI 436/1963. (Inserida em 13.02.95).

21 – CANCELADA. Incorporação e nova redação à OJ 18 da SDI-I – Res. 129/2005 do TST – (DJU 20.04.2005).

Banco do Brasil. Complementação de aposentadoria. Teto. Cálculo. AP e ADI. Não integração. (Inserida em 13.02.95).

22 – CANCELADA. Convertida na OJ Transitória 34 da SDI-I – Res. 129/2005 do TST – (DJU 20.04.2005).

BRDE. Entidade autárquica de natureza bancária. Lei 4.594/1964, art. 17. Res. BACEN 469/1970, art. 8º. CLT, art. 224, § 2º. CF, art. 173, § 1º. (Inserida em 14.03.94).

23 – CANCELADA. Convertida na Súmula 366 – Res. 129/2005 do TST – (DJU 20.04.2005).

Cartão de ponto. Registro. (Inserida em 03.06.96). Não é devido o pagamento de horas extras relativamente aos dias em que o excesso de jornada não ultrapassa de cinco minutos antes e/ou após a duração normal do trabalho. (Se ultrapassado o referido limite, como extra será considerada a totalidade do tempo que exceder a jornada normal).

24 – CANCELADA. Convertida na Súmula 367 – Res. 129/2005 do TST – (DJU 20.04.2005).

Cigarro não é salário-utilidade. (Inserida em 29.03.96).

25 – CANCELADA. Incorporação e nova redação à Súmula 339 – Res. 129/2005 do TST – (DJU 20.04.2005)

CIPA. Suplente. Antes da CF/1988. Não tem direito à estabilidade. (Inserida em 29.03.96).

26 – Competência da Justiça do Trabalho. Complementação de pensão requerida por viúva de ex-empregado. (Inserida em 01.02.95).

A Justiça do Trabalho é competente para apreciar pedido de complementação de pensão postulada por viúva de ex-empregado, por se tratar de pedido que deriva do contrato de trabalho.

► **OJ com redação pela Res. 129/2005 do TST (DJU 20.04.2005).**

27 – CANCELADA. Convertida na Súmula 355 – Res. 72/1997 do TST (DJU 08.07.1997).

CONAB. Estabilidade concedida por norma interna. Não assegurada. Aviso DIREH 2/84.

28 – Correção monetária sobre as diferenças salariais. Universidades federais. Devida. Lei 7.596/1987. (Inserida em 14.03.94).

Incide correção monetária sobre as diferenças salariais dos servidores das universidades federais, decorrentes da aplicação retroativa dos efeitos financeiros assegurados pela Lei 7.596/87, pois a correção monetária tem como escopo único minimizar a desvalorização da moeda em decorrência da corrosão inflacionária.

► **OJ com redação pela Res. 129/2005 do TST (DJU 20.04.2005).**

29 – CANCELADA. Convertida na OJ 148 da SDI-II – Res. 129/2005 do TST – (DJU 20.04.2005).

Custas. Mandado de segurança. Recurso ordinário. Exigência do pagamento. (Inserida em 03.06.96).

30 – CANCELADA. Convertida no Súmula 352 – Res. 69/1997 do TST – (DJ 30.05.1997).

Custas. Prazo para comprovação.

31 – CANCELADA. Nova redação da Súmula 86 – Res. 129/2005 do TST – (DJU 20.04.2005).

Depósito recursal e custas. Empresa em liquidação extrajudicial. Enunciado 86. Não pertinência. (Inserida em 14.03.94).

32 – CANCELADA. Convertida na Súmula 368 – Res. 129/2005 do TST – (DJU 20.04.2005).

Descontos legais. Sentenças trabalhistas. Contribuição previdenciária e imposto de renda. Devidos. Provimento CGJT 3/1984. (Inserida em 14.03.94).

33 – Deserção. Custas. Carimbo do banco. Validade.

O carimbo do banco recebedor na guia de comprovação do recolhimento das custas supre a ausência de autenticação mecânica.

34 – CANCELADA. Convertida na Súmula 369 – Res. 129/2005 do TST – (DJU 20.04.2005).

Dirigente sindical. Estabilidade provisória. (Inserida em 29.04.94). É indispensável a comunicação, pela entidade sindical, ao empregador, na forma do § 5º, do art. 543, da CLT.

35 – CANCELADA. Convertida na Súmula 369 – Res. 129/2005 do TST – (DJU 20.04.2005).

Dirigente sindical. Registro de candidatura no curso do aviso-prévio. Não tem direito à estabilidade provisória (art. 543, § 3º, CLT). (Inserida em 14.03.94).

36 – Instrumento normativo. Cópia não autenticada. Documento comum às partes. Validade. (Inserida em 25.11.96).

O instrumento normativo em cópia não autenticada possui valor probante, desde que não haja impugnação ao seu conteúdo, eis que se trata de documento comum às partes.

◣ **OJ com redação pela Res. 129/2005 do TST (DJU 20.04.2005).**

37 – CANCELADA. Nova redação da Súmula 296 – Res. 129/2005 do TST – (DJU 20.04.2005).

Embargos. Violação do art. 896 da CLT. (Inserida em 01.02.95). Não ofende o art. 896, da CLT, decisão de turma que, examinando premissas concretas de especificidade da divergência colacionada no apelo revisional, conclui pelo conhecimento ou desconhecimento do recurso.

38 – Empregado que exerce atividade rural. Empresa de reflorestamento. Prescrição própria do rurícola. (Lei 5.889, de 08.06.1973, art. 10, e Decreto 73.626, de 12.02.1974, art. 2º, § 4º).

O empregado que trabalha em empresa de reflorestamento, cuja atividade está diretamente ligada ao manuseio da terra e de matéria-prima, é rurícola e não industriário, nos termos do Decreto 73.626, de 12.02.1974, art. 2º, § 4º, pouco importando que o fruto de seu trabalho seja destinado à indústria. Assim, aplica-se a prescrição própria dos rurícolas aos direitos desses empregados.

◣ **OJ republicada no DJE de 16.11.2010.**

◣ **Dec. 73.626/1974 foi revogado pelo Dec. 10.854/2021.**

39 – CANCELADA. Convertida na Súmula 370 – Res. 129/2005 do TST – (DJU 20.04.2005).

Engenheiro. Jornada de trabalho. Lei 4.950/1966. (Inserida em 07.11.94). A Lei 4.950/1966 não estipula a jornada reduzida para os engenheiros, mas apenas estabelece o salário mínimo da categoria para uma jornada de seis horas. Não há que se falar em horas extras, salvo as excedentes à 8ª, desde que seja respeitado o salário mínimo/horário da categoria.

40 – CANCELADA. Convertida na Súmula 371 – Res. 129/2005 do TST – (DJU 20.04.2005).

Estabilidade. Aquisição no período do aviso-prévio. Não reconhecida. (Inserida em 28.11.95). A projeção do contrato de trabalho para o futuro, pela concessão do aviso-prévio indenizado, tem efeitos limitados às vantagens econômicas obtidas no período de pré-aviso, ou seja, salários, reflexos e verbas rescisórias.

41 – Estabilidade. Instrumento normativo. Vigência. Eficácia.

Preenchidos todos os pressupostos para a aquisição de estabilidade decorrente de acidente ou doença profissional, ainda durante a vigência do instrumento normativo, goza o empregado de estabilidade mesmo após o término da vigência deste.

42 – FGTS. Multa de 40%. Inserida em 25.11.96 (Nova redação em decorrência da incorporação das Orientações Jurisprudenciais 107 e 254 da SDI-I) (DJ 20.04.2005).

I – É devida a multa do FGTS sobre os saques corrigidos monetariamente ocorridos na vigência do contrato de trabalho. Art. 18, § 1º, da Lei 8.036/1990 e art. 9º, § 1º, do Decreto 99.684/1990. (ex-OJ 107 da SDI-I – inserida em 01.10.1997).

II – O cálculo da multa de 40% (quarenta por cento) do FGTS deverá ser feito com base no saldo da conta vinculada na data do efetivo pagamento das verbas rescisórias, desconsiderada a projeção do aviso-prévio indenizado, por ausência de previsão legal. (ex-OJ 254 da SDI-I – inserida em 13.03.2002).

◣ OJ com redação pela Res. 129/2005 do TST (DJU 20.04.2005).

43 – Conversão de salários de cruzeiros para cruzados. Decreto-lei 2.284/1986. (Inserida em 07.11.94)

A conversão de salários de cruzeiros para cruzados, nos termos do Decreto-lei 2.284/1986, não afronta direito adquirido dos empregados.

◣ OJ com redação pela Res. 129/2005 do TST (DJU 20.04.2005).

44 – Gestante. Salário-maternidade.

É devido o salário-maternidade, de 120 (cento e vinte) dias, desde a promulgação da CF/1988, ficando a cargo do empregador o pagamento do período acrescido pela Carta.

45 – CANCELADA. Convertida na Súmula 372 – Res. 129/2005 do TST – (DJU 20.04.2005).

Gratificação de função percebida por dez ou mais anos. Afastamento do cargo de confiança sem justo motivo. Estabilidade financeira. Manutenção do pagamento. (Inserida em 25.11. 96).

46 – CANCELADA. Convertida na Súmula 373 – Res. 129/2005 do TST – (DJU 20.04.2005).

Gratificação semestral. Congelamento. Prescrição parcial. (Inserida em 29.03.96).

47 – Hora extra. Adicional de insalubridade. Base de cálculo.

A base de cálculo da hora extra é o resultado da soma do salário contratual mais o adicional de insalubridade.

◣ OJ com redação pela Res. 148/2008 do TST (DJU 04.07.2008; Republicada do DOU de 08.07.2008).

48 – CANCELADA. Nova redação da Súmula 199 – Res. 129/2005 do TST – (DJU 20.04.2005)

Horas extras pactuadas após a admissão do bancário não configura pré-contratação. Enunciado 199. Inaplicável. (Inserida em 25.11.96).

49 – CANCELADA. Convertida na Súmula 428 do TST – Res.175/2011 do TST – (DEJT 27.05.2011).

Horas extras. Uso do BIP. Não caracterizado o "sobreaviso". (Inserida em 01.02.95). O uso do aparelho BIP pelo empregado, por si só, não caracteriza o regime de sobreaviso, uma vez que o empregado não permanece em sua residência aguardando, a qualquer momento, convocação para o serviço.

50 – CANCELADA. Nova redação da Súmula 90 – Res. 129/2005 do TST – (DJU 20.04.2005).

Horas in itinere. Incompatibilidade de horários. Devidas. Aplicável o Enunciado 90. (Inserida em 01.02.95).

51 – Legislação eleitoral. Empresas públicas e sociedades de economia mista.

Aos empregados das empresas públicas e das sociedades de economia mista regidos pela CLT aplicam-se as vedações dispostas no art. 15 da Lei 7.773, de 08.06.1989.

OJ republicada no DJE de 16.11.2010.

52 – CANCELADA. Convertida na Súmula 436 – Res. 186/2012 do TST – (DEJT 25.09.2012).

Mandato. Procurador da união, estados, municípios e Distrito Federal, suas autarquias e fundações públicas. Dispensável a juntada de procuração. (Lei 9.469, de 10 de julho de 1997) A União, Estados, Municípios e Distrito Federal, suas autarquias e fundações públicas quando representadas em juízo, ativa e passivamente, por seus procuradores, estão dispensadas da juntada de instrumento de mandato.

53 – CANCELADA. Convertida na Súmula 370 – Res. 129/2005 do TST – (DJU 20.04.2005).

Médico. Jornada de trabalho. Lei 3.999/1961. (Inserida em 29.04.94). A Lei 3.999/1961 não estipula a jornada reduzida para os médicos, mas apenas estabelece o salário mínimo da categoria para uma jornada de quatro horas. Não há que se falar em horas extras, salvo as excedentes à 8ª, desde que seja respeitado o salário mínimo/horário da categoria.

54 – Multa. Cláusula penal. Valor superior ao principal. (Inserida em 30.05.94).

O valor da multa estipulada em cláusula penal, ainda que diária, não poderá ser superior à obrigação principal corrigida, em virtude da aplicação do artigo 412 do Código Civil de 2002 (art. 920 do Código Civil de 1916).

OJ com redação pela Res. 129/2005 do TST (DJU 20.04.2005).

55 – CANCELADA. Convertida na Súmula 374 – Res. 129/2005 do TST – (DJU 20.04.2005).

Norma coletiva. Categoria diferenciada. Abrangência. (Inserida em 25.11.96). Empregado integrante de categoria profissional diferenciada não tem o direito de haver de seu empregador vantagens previstas em instrumento coletivo no qual a empresa não foi representada por órgão de classe de sua categoria.

56 – Nossa Caixa Nosso Banco (Caixa Econômica do Estado de São Paulo). Regulamento. Gratificação especial e/ou anuênios.

Direito reconhecido apenas àqueles empregados que tinham 25 (vinte e cinco) anos de efetivo exercício prestados exclusivamente à caixa.

57 – PCCS. Devido o reajuste do adiantamento. Lei 7.686/1988, art. 1º. (Inserida em 14.03.94).

É devido o reajuste da parcela denominada "adiantamento do PCCS", conforme a redação do art. 1º da Lei 7.686/1988.

OJ com redação pela Res. 129/2005 do TST (DJU 20.04.2005).

58 – Plano Bresser. IPC jun/1987. Inexistência de direito adquirido. (Inserida em 10.03.95)

Inexiste direito adquirido ao IPC de junho de 1987 (Plano Bresser), em face da edição do Decreto-lei 2.335/1987.

OJ com redação pela Res. 129/2005 do TST (DJU 20.04.2005).

59 – Plano Verão. URP de fevereiro de 1989. Inexistência de direito adquirido. (Inserida em 13.02.95).

Inexiste direito adquirido à URP de fevereiro de 1989 (Plano Verão), em face da edição da Lei 7.730/1989.

OJ com redação pela Res. 129/2005 do TST (DJU 20.04.2005).

60 – Portuários. Hora noturna. Horas extras. (Lei 4.860/1965, arts. 4º e 7º, § 5º). Inserida em 28.11.95. (Nova redação em decorrência da incorporação da OJ 61 da SDI-I) DJ 20.04.2005.

I – A hora noturna no regime de trabalho no porto, compreendida entre 19 (dezenove) horas e 7 (sete) horas do dia seguinte, é de 60 (sessenta) minutos.

II – Para o cálculo das horas extras prestadas pelos trabalhadores portuários, observar-se-á somente o salário básico percebido, excluídos os adicionais de risco e produtividade.

► **OJ com redação pela Res. 129/2005 do TST (DJU 20.04.2005).**

61 – CANCELADA. Incorporação e nova redação à OJ 60 da SDI-I – Res. 129/2005 do TST – (DJU 20.04.2005).

Portuários. Horas extras. Base de cálculo: ordenado sem o acréscimo dos adicionais de risco e de produtividade. Lei 4.860/1965, art. 7º, § 5º. (Inserida em 14.03.94).

62 – Prequestionamento. Pressuposto de admissibilidade em apelo de natureza extraordinária. Necessidade, ainda que se trate de incompetência absoluta.

É necessário o prequestionamento como pressuposto de admissibilidade em recurso de natureza extraordinária, ainda que se trate de incompetência absoluta.

► **OJ republicada no DJE de 16.11.2010 e 23.11.2010.**

63 – CANCELADA. Nova redação da Súmula 199 – Res. 129/2005 do TST – (DJU 20.04.2005).

Prescrição total. Horas extras. Pré-contratadas e suprimidas. Termo inicial. Data da supressão. (Inserida em 14.03.94).

64 – CANCELADA. Nova redação da Súmula 239 – Res. 129/2005 do TST – (DJU 20.04.2005).

PROBAM. Enunciado 239. Inaplicável. Não são bancários seus empregados. (Inserida em 13.09.94).

65 – Professor adjunto. Ingresso no cargo de professor titular. Exigência de concurso público não afastada pela Constituição Federal de 1988 (CF/1988, arts. 37, II, e 206, V). (Inserida em 30.05.94).

O acesso de professor adjunto ao cargo de professor titular só pode ser efetivado por meio de concurso público, conforme dispõem os arts. 37, inciso II, e 206, inciso V, da CF/88.

► **OJ com redação pela Res. 129/2005 do TST (DJU 20.04.2005).**

66 – CANCELADA. Convertida na Súmula 351 – Res. 68/1997 do TST (DJ 30.05.1997)

Professor. Repouso semanal remunerado. Lei 605/1949, art. 7º, § 2º. No salário do professor percebido com base no valor da hora/aula não está inserido o repouso semanal remunerado.

67 – CANCELADA. Convertida na Súmula 358 – Res. 77/1997 (DJ 19.12.1997)

Radiologista. Salário profissional. O salário profissional dos técnicos em radiologia é igual a dois salários mínimos e não a quatro (Lei 7.394/1985).

68 – CANCELADA. Convertida na OJ Transitória 35 da SDI-I – Res. 129/2005 do TST – (DJU 20.04.2005).

Reajustes salariais. Bimestrais e quadrimestrais (Lei 8.222/1991). Simultaneidade inviável. (Inserida em 28.11.95).

69 – CANCELADA. Convertida na Súmula 375 – Res. 129/2005 do TST – (DJU 20.04.2005).

Reajustes salariais previstos em norma coletiva. Prevalência dos Decretos-leis 2.283/1986 e 2.284/1986. "Plano Cruzado". (Inserida em 14. 03.94).

70 – CANCELADA. Convertida na OJ 5 do Tribunal Pleno – Res. 129/2005 do TST – (DJU 20.04.2005).

Recurso ordinário. Cabimento. (Inserida em 13.09.94). Não cabe recurso ordinário contra decisão de agravo regimental interposto em reclamação correicional.

71 – CANCELADA. Nova redação da Súmula 303 – Res. 129/2005 do TST – (DJU 20.04.2005).

Remessa ex officio. Ação rescisória. Decisões contrárias a entes públicos (art. 1º, inc. V, do Decreto-lei 779/1969 e inc. II, do art. 475, do CPC). Cabível. (Inserida em 03.06.96).

72 – CANCELADA. Nova redação da Súmula 303 – Res. 129/2005 do TST – (DJU 20.04.2005).

Remessa ex officio. Mandado de segurança concedido. Impetrante e terceiro interessado pessoas de direito privado. Incabível, ressalvadas as hipóteses de matéria administrativa, de competência do órgão especial. (Inserida em 25.11.96).

73 – CANCELADA. Nova redação da Súmula 303 – Res. 129/2005 do TST – (DJU 20.04.2005).

Remessa ex officio. Mandado de segurança. Incabível. Decisões proferidas pelo TRT e favoráveis ao impetrante ente público. Inaplicabilidade do art. 12 da Lei 1.533/1951. (Inserida em 03.06.96).

74 – CANCELADA. Nova redação da Súmula 122 – Res. 129/2005 do TST – (DJU 20.04.2005).

Revelia. Ausência da reclamada. Comparecimento de advogado. (Inserida em 25.11.96). A reclamada, ausente à audiência em que deveria apresentar defesa, é revel, ainda que presente seu advogado munido de procuração.

75 – Substabelecimento sem o reconhecimento de firma do substabelecente. Inválido (anterior à Lei 8.952/1994). (Inserida em 01.02.95).

Não produz efeitos jurídicos recurso subscrito por advogado com poderes conferidos em substabelecimento em que não consta o reconhecimento de firma do outorgante. Entendimento aplicável antes do advento da Lei 8.952/1994.

◣ OJ com redação pela Res. 129/2005 do TST (DJU 20.04.2005).

76 – Substituição dos avanços trienais por quinquênios. Alteração do contrato de trabalho. Prescrição total. CEEE. (Inserida em 14.03.94).

A alteração contratual consubstanciada na substituição dos avanços trienais por quinquênios decorre de ato único do empregador, momento em que começa a fluir o prazo fatal de prescrição.

◣ OJ com redação pela Res. 129/2005 do TST (DJU 20.04.2005).

77 – CANCELADA. Convertida na Súmula 357 – Res. 76/1997 do TST – (DJU 19.12.1997).

Testemunha que move ação contra a mesma reclamada e/ou com o mesmo objeto. Não há suspeição.

78 – CANCELADA. Convertida na Súmula 360 – Res. 79/1997 do TST – (DJU 13.01.1998).

Turnos ininterruptos de revezamento. Jornada de seis horas. A interrupção do trabalho dentro de cada turno ou semanalmente não afasta a aplicação do art. 7º, XIV, da CF/1988.

79 – URPs de abril e maio de 1988. Decreto-lei 2.425/1988.

Existência de direito apenas ao reajuste de 7/30 (sete trinta avos) de 16,19% (dezesseis inteiros e dezenove décimos por cento), a ser calculado sobre o salário de março e incidente sobre o salário dos meses de abril e maio, não cumulativamente, corrigidos desde a época própria até a data do efetivo pagamento.

◣ OJ com redação por força da decisão do julgamento do Proc. 573062/1999 – (DJU 14.06.2005).

80 – CANCELADA. Convertida na OJ 110 da SDI-II – (DJU 29.04.2003).

Ação rescisória. Réu sindicato. Substituto processual na ação originária. Inexistência de litisconsórcio passivo necessário. Quando o sindicato é réu na ação rescisória, por ter sido autor, como substituto processual na ação originária, é desnecessária a citação dos substituídos.

81 – CANCELADA. Convertida na Súmula 394 – Res. 129/2005 do TST – (DJU 20.04.2005).

Art. 462, do CPC. Fato superveniente. (Inserida em 28.04.97). É aplicável de ofício aos processos em curso em qualquer instância trabalhista.

82 – Aviso-prévio. Baixa na CTPS.

A data de saída a ser anotada na CTPS deve corresponder à do término do prazo do aviso-prévio, ainda que indenizado.

83 – Aviso-prévio. Indenizado. Prescrição.

A prescrição começa a fluir no final da data do término do aviso-prévio. Art. 487, § 1º, CLT.

84 – CANCELADA pela Res. 186/2012 do TST – (DEJT 25.09.2012).

Aviso prévio. Proporcionalidade. A proporcionalidade do aviso prévio, com base no tempo de serviço, depende da legislação regulamentadora, visto que o art. 7º, inc. XXI, da CF/1988 não é autoaplicável.

85 – CANCELADA. Convertida na Súmula 363 – Res. 97/2000 do TST – (DJU 18.09.2000; rep. 13.10.2000).

Contrato nulo. Efeitos. Devido apenas o equivalente aos salários dos dias trabalhados. A contratação de servidor público, após a CF/1988, sem prévia aprovação em concurso público, encontra óbice no art. 37, II, da CF/1988, sendo nula de pleno direito, não gerando nenhum efeito trabalhista, salvo quanto ao pagamento do equivalente aos salários dos dias efetivamente trabalhados.

86 – CANCELADA. Convertida na Súmula 369 – Res. 129/2005 do TST – (DJU 20.04.2005).

Dirigente sindical. Extinção da atividade empresarial no âmbito da base territorial do sindicato. Insubsistência da estabilidade. (Inserida em 28.04.97).

87 – Entidade Pública. Exploração de Atividade Eminentemente Econômica. Execução. Art. 883 da CLT.

É direta a execução contra a APPA e MINASCAIXA (§1º do art. 173, da CF/88).

◣ OJ com redação pelo TST em 06.04.2004 (DJU 16.04.2004).

88 – CANCELADA. Nova redação da Súmula 244 – Res. 129/2005 do TST – (DJU 20.04.2005).

Gestante. Estabilidade provisória. (Inserida em 28.04.97, alterado DJ 16.04.04 e republicado DJ 04.05.04). O desconhecimento do estado gravídico pelo empregador não afasta o direito ao pagamento da indenização decorrente da estabilidade (art. 10, II, b, ADCT).

89 – CANCELADA. Convertida na Súmula 376 – Res. 129/2005 do TST – (DJU 20.04.2005).

Horas extras. Reflexos. (Inserida em 28.04.97). O valor das horas extras habitualmente prestadas integra o cálculo dos haveres trabalhistas, independentemente da limitação prevista no caput do art. 59 da CLT.

90 – CANCELADA. Nova redação do art. 897 da CLT pela Lei 9.756/98 – Res. 129/2005 do TST – (DJU 20.04.2005).

Agravo de instrumento. Traslado. Não exigência de certidão de publicação do acórdão regional. Res. 52/1996 – Instrução Normativa 6/1996. (Inserida em 30.05.97). Quando o despacho denegatório de processamento de recurso de revista não se fundou na intempestividade deste, não é necessário o traslado da certidão de publicação do acórdão regional.

91 – Anistia. Art. 8º, § 1º, ADCT. Efeitos financeiros. ECT.

Em 19.05.1997, a SDI-Plena decidiu, pelo voto prevalente do Exmo. Sr. Presidente, que os efeitos financeiros da readmissão do empregado anistiado serão contados a partir do momento em que este manifestou o desejo de retornar ao trabalho e, na ausência de prova, da data do ajuizamento da ação.

92 – Desmembramento de municípios. Responsabilidade trabalhista.

Em caso de criação de novo município, por desmembramento, cada uma das novas entidades responsabiliza-se pelos direitos trabalhistas do empregado no período em que figurarem como real empregador.

93 – CANCELADA. Nova redação da Súmula 146 – Res. 121/2003 e Res. 129/2005 do TST – (DJU 21.11. 2003 e 20.04.2005).

Domingos e feriados trabalhados e não compensados. Aplicação do Enunciado 146. (Inserida em 30.05.97). O trabalho prestado em domingos e feriados não compensados deve ser pago em dobro sem prejuízo da remuneração relativa ao repouso semanal.

94 – CANCELADA. Nova redação da Súmula 221 – Res. 129/2005 do TST – (DJU 20.04.2005).

Embargos. Exigência. Indicação expressa do dispositivo legal tido como violado. (Inserida em 30.05.97). Em 19.05.1997, a SDI-Plena decidiu, por maioria, que não se conhece de revista (896, c) e de embargos (894, b) por violação legal ou constitucional quando o recorrente não indica expressamente o dispositivo de lei ou da Constituição tido como violado.

95 – Embargos para SDI. Divergência entre a mesma turma do TST. Inservível.

Em 19.05.1997, a SDI-Plena, por maioria, decidiu que acórdãos oriundos da mesma turma, embora divergentes, não fundamentam divergência jurisprudencial de que trata a alínea b do art. 894 da Consolidação das Leis do Trabalho para embargos à Sessão Especializada em Dissídios Individuais, Subseção I.

96 – CANCELADA. Nova redação da Súmula 159 – Res. 121/2003 e Res. 129/2005 do TST – (DJU 21.11.2003 e 20.04.2005).

Férias. Salário substituição. Devido. Aplicação do Enunciado 159. (Inserida em 30.05.97).

97 – Horas extras. Adicional noturno. Base de cálculo.

O adicional noturno integra a base de cálculo das horas extras prestadas no período noturno.

98 – CANCELADA. Convertida na OJ Transitória 36 da SDI-I – Res. 129/2005 do TST – (DJU 20.04.2005)

Horas in itinere. Tempo gasto entre a portaria da empresa e o local do serviço. Devidas. AÇOMINAS. (Inserida em 30.05.97).

99 – CANCELADA. Convertida na Súmula 377 – Res. 129/2005 do TST – (DJU 20.04.2005).

Preposto. Exigência da condição de empregado. (Inserida em 30.05.97). Exceto quanto à reclamação de empregado doméstico, o preposto deve ser necessariamente empregado do reclamado. Inteligência do art. 843, § 1º, da CLT.

100 – Salário. Reajuste. Entes públicos. (Inserida em 30.05.97).

Os reajustes salariais previstos em legislação federal devem ser observados pelos Estados-membros, suas Autarquias e Fundações Públicas nas relações contratuais trabalhistas que mantiverem com seus empregados.

▶ **OJ com redação pela Res. 129/2005 do TST (DJU 20.04.2005).**

101 – CANCELADA. Nova redação da Súmula 28 – Res. 121/2003 e Res. 129/2005 do TST – (DJU 21.11. 2003 e 20.04.2005).

Reintegração convertida em indenização dobrada. Efeitos. Aplicação do Enunciado 28. (Inserida em 30.05.97). Em 19.05.1997, a SDI-Plena, por maioria, decidiu que o direito à percepção de salários vencidos e vincendos decorrentes da condenação ao pagamento de indenização dobrada é assegurado até a data da primeira decisão que converteu a reintegração em indenização dobrada.

102 – CANCELADA. Nova redação da Súmula 139 – Res. 129/2005 do TST – (DJU 20.04.2005).

Adicional de insalubridade. Integração na remuneração. (Inserida em 01.10.97). Enquanto percebido, o adicional de insalubridade integra a remuneração para todos os efeitos legais.

103 – Adicional de insalubridade. Repouso semanal e feriados. (Inserida em 01.10.97).

O adicional de insalubridade já remunera os dias de repouso semanal e feriados.

▶ **OJ com redação pela Res. 129/2005 do TST (DJU 20.04.2005).**

104 – CANCELADA. Incorporação à redação da Súmula 25 – Res. 197/2015 – (DEJT 14.05.2015)

Custas. Condenação acrescida. Inexistência de deserção quando as custas não são expressamente calculadas e não há intimação da parte para o preparo do recurso, devendo, então, ser as custas pagas ao final.

105 – CANCELADA. Convertida na Súmula 378 – Res. 129/2005 do TST – (DJU 20.04.2005)

Estabilidade provisória. Acidente de trabalho. É constitucional o art. 118, da Lei 8.213/1991. (Inserida em 01.10.97).

106 – CANCELADA. Convertida na Súmula 396 – Res. 129/2005 do TST – (DJU 20.04.2005).

Estabilidade provisória. Pedido de reintegração. Concessão do salário relativo ao período de estabilidade já exaurido. Inexistência de julgamento extra petita. (Inserida em 01.10.97).

107 – CANCELADA. Nova redação e incorporação à OJ 42 da SDI-I – Res. 129/2005 do TST – (DJU 21.11. 2003 e 20.04.2005).

FGTS. Multa de 40%. Saques. Atualização monetária. Incidência. (Inserida em 01.10.97). A multa de 40% (quarenta por cento) a que se refere o art. 9º, § 1º, do Decreto 99.684/1990, incide sobre os saques, corrigidos monetariamente.

108 – CANCELADA. Convertida na Súmula 395 – Res. 129/2005 do TST – (DJU 20.04.2005)

Mandato expresso. Ausência de poderes para substabelecer. Válidos os atos praticados pelo substabelecido. (Art. 1.300, §§ 1º e 2º do CCB). (Inserida em 01.10.97).

▶ O texto refere-se ao CC de 1916.

109 – CANCELADA. Convertida na OJ Transitória 37 da SDI-I – Res. 129/2005 do TST – (DJU 20.04.2005).

MINASCAIXA. Legitimidade passiva ad causam enquanto não concluído o procedimento de liquidação extrajudicial. (Inserida em 01.10.97).

110 – CANCELADA pela Res. 212/2016 do TST (DEJT 20.09.2016).

Representação irregular. Procuração apenas nos autos de agravo de instrumento. A existência de instrumento de mandato apenas nos autos de agravo de instrumento, ainda que em apenso, não legitima a atuação de advogado nos processos de que se originou o agravo.

111 – Recurso de revista. Divergência jurisprudencial. Aresto oriundo do mesmo Tribunal Regional. Lei 9.756/1998. Inservível ao conhecimento.

Não é servível ao conhecimento de recurso de revista aresto oriundo de mesmo Tribunal Regional do Trabalho, salvo se o recurso houver sido interposto anteriormente à vigência da Lei 9.756/1998.

▶ OJ com redação pela Res. 129/2005 do TST (DJU 20.04.2005).

112 – CANCELADA. Nova redação da Súmula 159 – Res. 129/2005 do TST – (DJU 20.04.2005).

Vacância do cargo. Salário do sucessor. Enunciado 159. Inaplicável. (Inserida em 01.10.97). Vago o cargo em definitivo, o empregado que passa a ocupá-lo não tem direito a salário igual ao do antecessor.

113 – Adicional de transferência. Cargo de confiança ou previsão contratual de transferência. Devido. Desde que a transferência seja provisória.

O fato de o empregado exercer cargo de confiança ou a existência de previsão de transferência no contrato de trabalho não exclui o direito ao adicional. O pressuposto legal apto a legitimar a percepção do mencionado adicional é a transferência provisória.

114 – CANCELADA. Convertida na Súmula 379 – Res. 129/2005 do TST – (DJU 20.04.2005).

Dirigente sindical. Despedida. Falta grave. Inquérito judicial. Necessidade. (Inserida em 20.11.97).

115 – CANCELADA. Convertida na Súmula 459 – Res. 197/2005 do TST – (DEJT 14.05.2015).

Recurso de revista. Nulidade por negativa de prestação jurisdicional. (Inserida em 19.04.2012).

116 – CANCELADA. Convertida na Súmula 396 – Res. 129/2005 do TST – (DJU 20.04.2005).

Estabilidade provisória. Período estabilitário exaurido. Reintegração não assegurada. Devidos apenas os salários desde a data da despedida até o final do período estabilitário. (Inserida em 20.11.97).

117 – CANCELADA. Convertida na Súmula 376 – Res. 129/2005 do TST – (DJU 20.04.2005).

Horas extras. Limitação. Art. 59 da CLT. (Inserida em 20.11.97). A limitação legal da jornada suplementar a duas horas diárias não exime o empregador de pagar todas as horas trabalhadas.

118 – Prequestionamento. Tese Explícita. Inteligência da Súmula 297.

Havendo tese explícita sobre a matéria, na decisão recorrida, desnecessário contenha nela referência expressa do dispositivo legal para ter-se como prequestionado este.

119 – Prequestionamento inexigível. Violação nascida na própria decisão recorrida. Súmula 297 do TST. Inaplicável.

É inexigível o prequestionamento quando a violação indicada houver nascido na própria decisão recorrida. Inaplicável a Súmula 297 do TST.

► **OJ republicada no DJE de 16.11.2010.**

120 – Recurso. Assinatura da Petição ou das Razões Recursais. Art. 932, parágrafo único, do CPC de 2015. (alterada em decorrência do CPC de 2015)

I – Verificada a total ausência de assinatura no recurso, o juiz ou o relator concederá prazo de 5 (cinco) dias para que seja sanado o vício. Descumprida a determinação, o recurso será reputado inadmissível (art. 932, parágrafo único, do CPC de 2015).

II – É válido o recurso assinado, ao menos, na petição de apresentação ou nas razões recursais.

► **OJ com redação pela Res. 212/2016 do TST (DEJT 20.09.2016).**

121 – Substituição processual. Diferença do adicional de insalubridade. Legitimidade. (Inserida em 20.11.97).

O sindicato tem legitimidade para atuar na qualidade de substituto processual para pleitear diferença de adicional de insalubridade.

► **OJ com redação pela Res. 129/2005 do TST (DJU 20.04.2005).**

122 – CANCELADA. Convertida na Súmula 380 – Res. 129/2005 do TST – (DJU 20.04.2005)

Aviso-prévio. Início da contagem. Art. 125, Código Civil. (Inserida em 20.04.98). Aplica-se a regra prevista no art. 125, do Código Civil, à contagem do prazo do aviso-prévio.

► **O texto refere-se ao CC de 1916.**

123 – Bancários. Ajuda alimentação.

A ajuda alimentação prevista em norma coletiva em decorrência de prestação de horas extras tem natureza indenizatória e, por isso, não integra o salário do empregado bancário.

124 – CANCELADA. Convertida na Súmula 381 – Res. 129/2005 do TST – (DJU 20.04.2005)

Correção monetária. Salário. Art. 459, CLT. (Inserida em 20.04.98). O pagamento dos salários até o 5º dia útil do mês subsequente ao vencido não está sujeito à correção monetária. Se essa data limite for ultrapassada, incidirá o índice da correção monetária do mês subsequente ao da prestação dos serviços.

125 – Desvio de função. Quadro de carreira.

O simples desvio funcional do empregado não gera direito a novo enquadramento, mas apenas às diferenças salariais respectivas, mesmo que o desvio de função haja iniciado antes da vigência da CF/1988.

► **OJ com redação pelo TST em 13.03.2002.**

126 – CANCELADA. Nova redação da Súmula 239 – Res. 129/2005 do TST – (DJU 20.04.2005).

Enunciado 239. Empresa de processamento de dados. Inaplicável. (Inserida em 20.04.98). É inaplicável o Enunciado 239 quando a empresa de processamento de dados presta serviços a banco e a empresas não bancárias do mesmo grupo econômico ou a terceiros.

127 – Hora noturna reduzida. Subsistência após a CF/1988.

O art. 73, § 1º, da CLT, que prevê a redução da hora noturna, não foi revogado pelo inciso IX do art. 7º da CF/1988.

128 – CANCELADA. Convertida na Súmula 382 – Res. 129/2005 do TST – (DJU 20.04.2005).

Mudança de regime celetista para estatutário. Extinção do contrato. Prescrição bienal. (Inserida em 20.04.98). A transferência do regime jurídico de celetista para estatutário implica extinção do contrato de trabalho, fluindo o prazo da prescrição bienal a partir da mudança de regime.

129 – Prescrição. Complementação da pensão e auxílio-funeral.

A prescrição extintiva para pleitear judicialmente o pagamento da complementação de pensão e do auxílio-funeral é de 2 anos, contados a partir do óbito do empregado.

130 – Prescrição. Ministério Público. Arguição. "Custos Legis". Ilegitimidade. (atualizada em decorrência do CPC de 2015)

Ao exarar o parecer na remessa de ofício, na qualidade de "custos legis", o Ministério Público não tem legitimidade para arguir a prescrição em favor de entidade de direito público, em matéria de direito patrimonial.

▶ **OJ com redação pela Res. 209/2016 do TST (DEJT 01.06.2016).**

131 – CANCELADA. Convertida na Súmula 367 – Res. 129/2005 do TST – (DJU 20.04.2005).

Vantagem in natura. Hipóteses em que não integra o salário. (Inserida em 20.04.98 e ratificada pelo T. Pleno em 07.12.00). A habitação e a energia elétrica fornecidas pelo empregador ao empregado, quando indispensáveis para a realização do trabalho, não têm natureza salarial.

132 – Agravo regimental. Peças essenciais nos autos principais.

Inexistindo lei que exija a tramitação do agravo em autos apartados, tampouco previsão no Regimento Interno do Regional, não pode o agravante ver-se penalizado por não haver colacionado cópia de peças dos autos principais, quando o agravo deveria fazer parte dele.

133 – Ajuda alimentação. PAT. Lei 6.321/1976. Não integração ao salário.

A ajuda alimentação fornecida por empresa participante do programa de alimentação ao trabalhador, instituído pela Lei 6.321/1976, não tem caráter salarial. Portanto, não integra o salário para nenhum efeito legal.

134 – Autenticação. Pessoa jurídica de direito público. Dispensada. Medida Provisória 1.360, de 12.03.1996.

São válidos os documentos apresentados, por pessoa jurídica de direito público, em fotocópia não autenticada, posteriormente à edição da Medida Provisória 1.360/1996 e suas reedições.

▶ **A mencionada MP 1.360/1996 foi convertida na Lei 10.522/2002.**

135 – CANCELADA. Convertida na Súmula 371 – Res. 129/2005 do TST – (DJU 20.04.2005).

Aviso-prévio indenizado. Superveniência de auxílio-doença no curso deste. (Inserida em 27.11.98). Os efeitos da dispensa só se concretizam depois de expirado o benefício previdenciário, sendo irrelevante que tenha sido concedido no período do aviso-prévio já que ainda vigorava o contrato de trabalho.

136 – CANCELADA. Incorporação e nova redação à OJ 18 da SDI-I – Res. 129/2005 do TST – (DJU 20.04.2005).

Banco do Brasil. Complementação de aposentadoria. Telex DIREC 5.003/1987. Não assegurada. O Telex DIREC do Banco do Brasil 5.003/1987 não assegura a complementação de aposentadoria integral, porque não aprovado pelo órgão competente ao qual a instituição se subordina.

137 – CANCELADA. Convertida na OJ Transitória 38 da SDI-I – Res. 129/2005 do TST – (DJU 20.04.2005).

Banco Meridional. Circular 34.046/1989. Dispensa sem justa causa. (Inserida em 27.11.98). A inobservância dos procedimentos disciplinados na Circular 34.046/1989, norma de caráter eminentemente procedimental, não é causa para a nulidade da dispensa sem justa causa.

138 – Competência residual. Regime jurídico único. Limitação da execução. Inserida em 27.11.98. (Nova redação em decorrência da incorporação da OJ 249 da SDI-1) DJ 20.04.2005.

Compete à Justiça do Trabalho julgar pedidos de direitos e vantagens previstos na legislação trabalhista referente a período anterior à Lei 8.112/1990, mesmo que a ação tenha sido ajuizada após a edição da referida lei. A superveniência de regime estatutário em substituição ao celetista, mesmo após a sentença, limita a execução ao período celetista. (1ª parte – ex-OJ 138 da SDI-1 – inserida em 27.11.98; 2ª parte – ex-OJ 249 – inserida em 13.03.02)

➘ OJ com redação pela Res. 129/2005 do TST (DJU 20.04.2005).

139 – CANCELADA. Nova redação da Súmula 128 –Res. 129/2005 do TST – (DJU 20.04.2005).

Depósito recursal. (Inserida em 27.11.98). Complementação devida. Aplicação da Instrução Normativa 3/1993, II. Está a parte recorrente obrigada a efetuar o depósito legal, integralmente, em relação a cada novo recurso interposto, sob pena de deserção. Atingido o valor da condenação, nenhum depósito mais é exigido para qualquer recurso.

140 – Depósito recursal e custas processuais. Recolhimento insuficiente. Deserção (nova redação em decorrência do CPC de 2015).

Em caso de recolhimento insuficiente das custas processuais ou do depósito recursal, somente haverá deserção do recurso se, concedido o prazo de 5 (cinco) dias previsto no § 2º do art. 1.007 do CPC de 2015, o recorrente não complementar e comprovar o valor devido.

➘ OJ com redação pela Res. 217/2017 do TST (DEJT de 20.04.2017).

141 – CANCELADA. Convertida na Súmula 368 – Res. 129/2005 do TST – (DJU 20.04.2005).

Descontos previdenciários e fiscais. Competência da Justiça do Trabalho. (Inserida em 27.11.98)

142 – Embargos de Declaração. Efeito Modificativo. Vista Prévia à Parte Contrária (cancelado o item II em decorrência do CPC de 2015)

É passível de nulidade decisão que acolhe embargos de declaração com efeito modificativo sem que seja concedida oportunidade de manifestação prévia à parte contrária.

➘ OJ com redação pela Res. 215/2016 do TST (DEJT 30.11.2016).

143 – Empresa em liquidação extrajudicial. Execução. Créditos trabalhistas. Lei 6.024/1974.

A execução trabalhista deve prosseguir diretamente na Justiça do Trabalho mesmo após a decretação da liquidação extrajudicial. Lei 6.830/80, arts. 5º e 29, aplicados supletivamente (CLT art. 889 e CF/1988, art. 114).

144 – CANCELADA. Nova redação da Súmula 275 – Res. 129/2005 do TST – (DJU 20.04.2005).

Enquadramento funcional. Prescrição extintiva. (Inserida em 27.11.98).

145 – CANCELADA. Convertida na Súmula 369 – Res. 129/2005 do TST – (DJU 20.04.2005)

Estabilidade. Dirigente sindical. Categoria diferenciada. (Inserida em 27.11.98). O empregado de categoria diferenciada eleito dirigente sindical só goza de estabilidade se exercer na empresa atividade pertinente à categoria profissional do sindicato para o qual foi eleito dirigente.

146 – CANCELADA. Convertida na OJ Transitória 39 da SDI-I – Res. 129/2005 do TST – (DJU 20.04.2005).

FGTS. Opção retroativa. Concordância do empregador. Necessidade. (Inserida em 27.11.98).

147 – Lei estadual, norma coletiva ou norma regulamentar. Conhecimento indevido do recurso de revista por divergência jurisprudencial. (Alínea b do art. 896 da CLT.) Inserida em 27.11.98. (Nova redação em decorrência da incorporação da OJ 309 da SDI-I) DJ 20.04.2005.

I – É inadmissível o recurso de revista fundado tão somente em divergência jurisprudencial, se a parte não comprovar que a lei estadual, a norma coletiva ou o regulamento da empresa extrapolam o âmbito do TRT prolator da decisão recorrida.

II – É imprescindível a arguição de afronta ao art. 896 da CLT para o conhecimento de embargos interpostos em face de acórdão de Turma que conhece indevidamente de recurso de revista, por divergência jurisprudencial, quanto a tema regulado por lei estadual, norma coletiva ou norma regulamentar de âmbito restrito ao TRT prolator da decisão.

► **OJ com redação pela Res. 129/2005 do TST (DJU 20.04.2005).**

148 – Lei 8.880/1994, art. 31. Constitucionalidade. (Inserida em 27.11.98).

É constitucional o art. 31 da Lei 8.880/1994 que prevê a indenização por demissão sem justa causa.

► **OJ com redação pela Res. 129/2005 do TST (DJU 20.04.2005).**

149 – CANCELADA. Convertida na Súmula 383 – Res. 129/2005 do TST – (DJU 20.04.2005).

Mandato. Art. 13 do CPC. Regularização. Fase recursal. Inaplicável. (Inserida em 27.11.98).

150 – CANCELADA. Convertida na Súmula 384 – Res. 129/2005 do TST – (DJU 20.04.2005)

Multa prevista em vários instrumentos normativos. Cumulação de ações. O descumprimento de qualquer cláusula constante de instrumentos normativos diversos não submete o empregado a ajuizar várias ações, pleiteando em cada uma o pagamento da multa referente ao descumprimento de obrigações previstas nas cláusulas respectivas.

151 – Prequestionamento. Decisão regional que adota a sentença. Ausência de prequestionamento.

Decisão regional que simplesmente adota os fundamentos da decisão de primeiro grau não preenche a exigência do prequestionamento, tal como previsto na Súmula 297.

152 – Revelia. Pessoa jurídica de direito público. Aplicável. (Art. 844 da CLT). (Inserida em 27.11.98).

Pessoa jurídica de direito público sujeita-se à revelia prevista no artigo 844 da CLT.

► **OJ com redação pela Res. 129/2005 do TST (DJU 20.04.2005).**

153 – CANCELADA. Convertida na OJ Transitória 57 da SDI-I – Res. 129/2005 do TST – (DJU 20.04.2005).

Adicional de insalubridade. Deficiência de iluminamento. Limitação. (Inserida em 26.03.1999). Somente após 26.02.1991 foram, efetivamente, retiradas do mundo jurídico as normas ensejadoras do direito ao adicional de insalubridade por iluminamento insuficiente no local da prestação de serviço, como previsto na Portaria 3.751/1990 do Ministério do Trabalho.

154 – CANCELADA pela Res. 158/2009 do TST – (DJE 21.10.2009).

Atestado médico – INSS. Exigência prevista em instrumento normativo. (Inserida em 26.03.99). A doença profissional deve ser atestada por médico do INSS, se tal exigência consta de cláusula de instrumento normativo, sob pena de não reconhecimento do direito à estabilidade. (Alterada pela Res. TST 129/2005 - DJU 20.04.2005).

155 - CANCELADA. Convertida na OJ Transitória 40 da SDI-I - Res. 129/2005 do TST - (DJU 20.04.2005).

BANRISUL. Complementação de aposentadoria. (Inserida em 26.03.99). A Resolução 1.600/1964, vigente à época da admissão do empregado, incorporou-se ao contrato de trabalho, pelo que sua alteração não poderá prejudicar o direito adquirido, mesmo em virtude da edição da Lei 6.435/1977. Incidência dos Enunciados 51 e 288.

156 - CANCELADA. Nova redação da Súmula 327 - Res. 175/2011 do TST - (DEJT 27.05.2011)

Complementação de aposentadoria. Diferenças. Prescrição. Ocorre a prescrição total quanto a diferenças de complementação de aposentadoria quando estas decorrem de pretenso direito a verbas não recebidas no curso da relação de emprego e já atingidas pela prescrição, à época da propositura da ação.

157 - CANCELADA. Convertida na OJ Transitória 41 da SDI-I - Res. 129/2005 do TST - (DJU 20.04.2005).

Complementação de aposentadoria. Fundação Clemente de Faria. Banco Real. (Inserida em 26.03.99). É válida a cláusula do Estatuto da Fundação que condicionou o direito à complementação de aposentadoria à existência de recursos financeiros e, também, previa a suspensão, temporária ou definitiva, da referida complementação.

158 - Custas. Comprovação de recolhimento. DARF eletrônico. Validade.

O denominado "DARF Eletrônico" é válido para comprovar o recolhimento de custas por entidades da Administração Pública Federal, emitido conforme a IN SRF 162, de 04.11.1988.

159 - Data de pagamento. Salários. Alteração.

Diante da inexistência de previsão expressa em contrato ou em instrumento normativo, a alteração de data de pagamento pelo empregador não viola o art. 468, desde que observado o parágrafo único do art. 459, ambos da CLT.

160 - Descontos salariais. Autorização no ato da admissão. Validade.

É inválida a presunção de vício de consentimento resultante do fato de ter o empregado anuído expressamente com descontos salariais na oportunidade da admissão. É de se exigir demonstração concreta do vício de vontade.

161 - CANCELADA. Convertida na Súmula 385 - Res. 129/2005 do TST - (DJU 20.04.2005).

Feriado local. Prazo recursal. Prorrogação. Comprovação. Necessidade. (Inserida em 26.03.99). Cabe à parte comprovar, quando da interposição do recurso, a existência de feriado local que justifique a prorrogação do prazo recursal.

162 - Multa. Art. 477 da CLT. Contagem do prazo. Aplicável o art. 132 do Código Civil de 2002. (Inserida em 26.03.99).

A contagem do prazo para quitação das verbas decorrentes da rescisão contratual prevista no artigo 477 da CLT exclui necessariamente o dia da notificação da demissão e inclui o dia do vencimento, em obediência ao disposto no artigo 132 do Código Civil de 2002 (artigo 125 do Código Civil de 1916).

◣ OJ com redação pela Res. 129/2005 do TST (DJU 20.04.2005).

163 - CANCELADA. Nova redação da Súmula 51 - Res. 129/2005 do TST - (DJU 20.04.2005).

Norma regulamentar. Opção pelo novo regulamento. Art. 468 da CLT e Enunciado 51. Inaplicáveis. (Inserida em 26.03.99). Havendo a coexistência de dois regulamentos da empresa, a opção do empregado por um deles tem efeito jurídico de renúncia às regras do sistema do outro.

164 - Oficial de Justiça ad hoc. Inexistência de vínculo empregatício. (Inserida em 26.03.99).

Não se caracteriza o vínculo empregatício na nomeação para o exercício das funções de oficial de justiça ad hoc, ainda que feita de forma reiterada, pois exaure-se a cada cumprimento de mandado.

► OJ com redação pela Res. 129/2005 do TST (DJU 20.04.2005).

165 – Perícia. Engenheiro ou médico. Adicional de insalubridade e periculosidade. Válido. Art. 195 da CLT.

O art. 195 da CLT não faz qualquer distinção entre o médico e o engenheiro para efeito de caracterização e classificação da insalubridade e periculosidade, bastando para a elaboração do laudo seja o profissional devidamente qualificado.

166 – CANCELADA. Convertida na OJ Transitória 42 da SDI-I – Res. 129/2005 do TST – (DJU 20.04.2005).

PETROBRAS. Pensão por morte do empregado assegurada no manual de pessoal. Estabilidade decenal. Opção pelo regime do FGTS. (Inserida em 26.03.99). Tendo o empregado adquirido a estabilidade decenal, antes de optar pelo regime do FGTS, não há como negar-se o direito à pensão, eis que preenchido o requisito exigido pelo Manual de Pessoal.

167 – CANCELADA. Convertida na Súmula 386 – Res. 129/2005 do TST – (DJU 20.04.2005).

Policial militar. Reconhecimento de vínculo empregatício com empresa privada. (Inserida em 26.03.99). Preenchidos os requisitos do art. 3º da CLT, é legítimo o reconhecimento de relação de emprego entre policial militar e empresa privada, independentemente do eventual cabimento de penalidade disciplinar prevista no Estatuto do Policial Militar.

168 – CANCELADA. Convertida na OJ Transitória 43 da SDI-I – Res. 129/2005 do TST – (DJU 20.04.2005).

SUDS. Gratificação. Convênio da União com Estado. Natureza salarial enquanto paga. (Inserida em 26.03.99). A parcela denominada "Complementação SUDS" paga aos servidores em virtude de convênio entre o Estado e a União Federal tem natureza salarial, enquanto paga, pelo que repercute nos demais haveres trabalhistas do empregado.

169 – CANCELADA. Convertida na Súmula 423 – Res. 139/2006 do TST – (DJU 10.10.2006).

Turno ininterrupto de revezamento. Fixação de jornada de trabalho mediante negociação coletiva. Validade. Quando há na empresa o sistema de turno ininterrupto de revezamento, é válida a fixação de jornada superior a 6 (seis) horas mediante a negociação coletiva.

170 – CANCELADA. Incorporação e nova redação à OJ 4 da SDI-I – Res. 129/2005 do TST – (DJU 20.04.2005).

Adicional de insalubridade. Lixo urbano. (Inserida em 08.11.00). A limpeza em residências e escritórios e a respectiva coleta de lixo não podem ser consideradas atividades insalubres, ainda que constatadas por laudo pericial, porque não se encontram dentre as classificadas como lixo urbano, na Portaria do Ministério do Trabalho.

171 – Adicional de insalubridade. Óleos minerais. Sentido do termo "manipulação".

Para efeito de concessão de adicional de insalubridade não há distinção entre fabricação e manuseio de óleos minerais – Portaria 3.214 do Ministério do Trabalho, NR 15, Anexo XIII.

172 – Adicional de insalubridade ou periculosidade. Condenação. Inserção em folha de pagamento.

Condenada ao pagamento do adicional de insalubridade ou periculosidade, a empresa deverá inserir, mês a mês e enquanto o trabalho for executado sob essas condições, o valor correspondente em folha de pagamento.

173 – Adicional de insalubridade. Atividade a céu aberto. Exposição ao sol e ao calor. (Redação alterada na sessão do Tribunal Pleno realizada em 14.09.2012).

I – Ausente previsão legal, indevido o adicional de insalubridade ao trabalhador em atividade a céu aberto, por sujeição à radiação solar (art. 195 da CLT e Anexo 7 da NR 15 da Portaria 3214/1978 do MTE).

II – Tem direito ao adicional de insalubridade o trabalhador que exerce atividade exposto ao calor acima dos limites de tolerância, inclusive em ambiente externo com carga solar, nas condições previstas no Anexo 3 da NR 15 da Portaria 3214/1978 do MTE.

▶ OJ com redação pela Res. 186/2012 do TST (DEJT 25.09.2012).

174 – CANCELADA. Nova redação da Súmula 132 – Res. 129/2005 do TST – (DJU 20.04.2005).

Adicional de periculosidade. Horas de sobreaviso. Indevido. (Inserida em 08.11.00). Durante as horas de sobreaviso, o empregado não se encontra em condições de risco, razão pela qual é incabível a integração do adicional de periculosidade sobre as mencionadas horas.

175 – Comissões. Alteração ou supressão. Prescrição total. (Nova redação em decorrência da incorporação da OJ 248 da SDI-I) DJ 22.11.2005.

A supressão das comissões, ou a alteração quanto à forma ou ao percentual, em prejuízo do empregado, é suscetível de operar a prescrição total da ação, nos termos da Súmula 294 do TST, em virtude de cuidar-se de parcela não assegurada por preceito de lei.

▶ OJ com redação pelo TST em 10.11.2005 (DJU 22.11.2005).

176 – CANCELADA. Convertida na OJ Transitória 44 da SDI-I – Res. 129/2005 do TST – (DJU 20.04.2005).

Anistia. Lei 6.683/79. Tempo de afastamento. Não computável para efeito de indenização e adicional por tempo de serviço, licença-prêmio e promoção. (Inserida em 08.11.00).

177 – CANCELADA pelo Tribunal Pleno em 25.10.2006 – (DJU 30.10.2006).

Aposentadoria espontânea. Efeitos. A aposentadoria espontânea extingue o contrato de trabalho, mesmo quando o empregado continua a trabalhar na empresa após a concessão do benefício previdenciário. Assim sendo, indevida a multa de 40% (quarenta por cento) do FGTS em relação ao período anterior à aposentadoria.

178 – Bancário. Intervalo de 15 minutos. Não computável na jornada de trabalho. (Inserida em 08.11.00).

Não se computa, na jornada do bancário sujeito a 6 (seis) horas diárias de trabalho, o intervalo de quinze minutos para lanche ou descanso.

▶ OJ com redação pela Res. 129/2005 do TST (DJU 20.04.2005).

179 – CANCELADA. Convertida na OJ Transitória 77 da SDI-I– (DJE 16.11.2010).

BNDES. Arts. 224/226, CLT. Aplicável a seus empregados.

180 – CANCELADA. Convertida na OJ Transitória 45 da SDI-I – Res. 129/2005 do TST – (DJU 20.04.2005).

Comissionista puro. Abono. Lei 8.178/1991. Não incorporação. (Inserida em 08.11.00). É indevida a incorporação do abono instituído pela Lei 8.178/1991 aos empregados comissionistas.

181 – Comissões. Correção monetária. Cálculo.

O valor das comissões deve ser corrigido monetariamente para em seguida obter-se a média para efeito de cálculo de férias, 13º salário e verbas rescisórias.

182 – CANCELADA. Nova redação da Súmula 85 – Res. 129/2005 do TST – (DJU 20.04.2005).

Compensação de jornada. Acordo individual. Validade. (Inserida em 08.11.00). É válido o acordo individual para compensação de horas, salvo se houver norma coletiva em sentido contrário.

183 – CANCELADA. Convertida na OJ Transitória 46 da SDI-I – Res. 129/2005 do TST – (DJU 20.04.2005).

Complementação de aposentadoria. Banco Itaú. (Inserida em 08.11.00). O empregado admitido na vigência da Circular BB 05/1966, que passou para a inatividade posteriormente à vigência da RP 40/1974, está sujeito ao implemento da condição "idade mínima de 55 anos".

184 – CANCELADA. Nova redação da Súmula 74 – Res. 129/2005 do TST – (DJU 20.04.2005).

Confissão ficta. Produção de prova posterior. (Inserida em 08.11.00). Somente a prova pré-constituída nos autos é que deve ser levada em conta para confronto com a confissão ficta (art. 400, I, CPC), não implicando cerceamento de defesa o indeferimento de provas posteriores.

185 – Contrato de trabalho com a associação de pais e mestres – APM. Inexistência de responsabilidade solidária ou subsidiária do Estado. (Inserida em 08.11.00).

O Estado-Membro não é responsável subsidiária ou solidariamente com a Associação de Pais e Mestres pelos encargos trabalhistas dos empregados contratados por esta última, que deverão ser suportados integral e exclusivamente pelo real empregador.

► OJ com redação pela Res. 129/2005 do TST (DJU 20.04.2005).

186 – CANCELADA. Incorporação à redação da Súmula 25 – Res. 197/2015 – (DEJT 14.05.2015)

Custas. Inversão do ônus da sucumbência. Deserção. Não ocorrência.

187 – CANCELADA. Convertida na OJ Transitória 47 da SDI-I – Res. 129/2005 do TST – (DJU 20.04.2005).

Décimo terceiro salário. Dedução da 1ª parcela. URV. Lei 8.880/1994. (Inserida em 08.11.00). Ainda que o adiantamento do 13º salário tenha ocorrido anteriormente à edição da Lei 8.880/1994, as deduções deverão ser realizadas considerando o valor da antecipação, em URV, na data do efetivo pagamento, não podendo a 2ª parcela ser inferior à metade do 13º salário, em URV.

188 – Decisão normativa que defere direitos. Falta de interesse de agir para ação individual.

Falta interesse de agir para a ação individual, singular ou plúrima, quando o direito já foi reconhecido através de decisão normativa, cabendo, no caso, ação de cumprimento.

189 – CANCELADA. Nova redação da Súmula 128 – Res. 129/2005 do TST – (DJU 20.04.2005).

Depósito recursal. Agravo de petição. IN TST 3/1993. (Inserida em 08.11. 00). Garantido o juízo, na fase executória, a exigência de depósito para recorrer de qualquer decisão viola os incisos II e LV do art. 5º da CF/1988. Havendo, porém, elevação do valor do débito, exige-se a complementação da garantia do juízo.

190 – CANCELADA. Nova redação da Súmula 128 – Res. 129/2005 do TST – (DJU 20.04.2005).

Depósito recursal. Condenação solidária. (Inserida em 08.11.00). Havendo condenação solidária de duas ou mais empresas, o depósito recursal efetuado por uma delas aproveita as demais, quando a empresa que efetuou o depósito não pleiteia sua exclusão da lide.

191 – Contrato de empreitada. Dono da obra de construção civil. Responsabilidade.

Diante da inexistência de previsão legal específica, o contrato de empreitada de construção civil entre o dono da obra e o empreiteiro não enseja responsabilidade solidária ou subsidiária nas obrigações trabalhistas contraídas pelo empreiteiro, salvo sendo o dono da obra uma empresa construtora ou incorporadora.

► OJ com redação pela Res. 175/2011 do TST (DEJT 27.05.2011).

192 – Embargos declaratórios. Prazo em dobro. Pessoa jurídica de direito público. Decreto-lei 779/69.

É em dobro o prazo para a interposição de embargos declaratórios por pessoa jurídica de direito público.

193 – CANCELADA. Nova redação da Súmula 6 – Res. 104/2000 e Res. 129/2005 do TST – (DJU 18.02.00 e 20.04.2005).

Equiparação salarial. Quadro de carreira. Homologação. Governo estadual. Válido. (Inserida em 08.11.00)

194 – CANCELADA. Convertida na Súmula 387 – Res. 129/2005 do TST – (DJU 20.04.2005).

Fac-símile. Lei 9.800/1999. Aplicável só a recursos interpostos na sua vigência. (Inserida em 08.11.00). A Lei 9.800/1999 é aplicável somente a recursos interpostos após o início de sua vigência.

195 – Férias indenizadas. FGTS. Não incidência. (Inserida em 08.11.00).

Não incide a contribuição para o FGTS sobre as férias indenizadas.

◣ OJ com redação pela Res. 129/2005 do TST (DJU 20.04.2005).

196 – CANCELADA. Nova redação da Súmula 244 – Res. 129/2005 do TST – (DJU 20.04.2005).

Gestante. Contrato de experiência. Estabilidade provisória. Não assegurada. (Inserida em 08.11.00).

197 – CANCELADA. Nova redação da Súmula 253 – Res. 121/2003 e Res. 129/2005 do TST – (DJU 21.11.03 e 20.04.2005).

Gratificação semestral. Repercussão no 13º salário. Enunciado 78 do TST. Aplicável. (Inserida em 08.11.00).

198 – Honorários periciais. Atualização monetária.

Diferentemente da correção aplicada aos débitos trabalhistas, que têm caráter alimentar, a atualização monetária dos honorários periciais é fixada pelo art. 1º da Lei 6.899/81, aplicável a débitos resultantes de decisões judiciais.

199 – Jogo do bicho. Contrato de trabalho. Nulidade. Objeto ilícito.

É nulo o contrato de trabalho celebrado para o desempenho de atividade inerente à prática do jogo do bicho, ante a ilicitude de seu objeto, o que subtrai o requisito de validade para a formação do ato jurídico.

◣ OJ republicada no DJE de 16.11.2010.

200 – Mandato tácito. Substabelecimento inválido. (Inserida em 08.11.00).

É inválido o substabelecimento de advogado investido de mandato tácito.

◣ OJ com redação pela Res. 129/2005 do TST (DJU 20.04.2005).

201 – CANCELADA. Convertida na Súmula 388 – Res. 129/2005 do TST – (DJU 20.04.2005).

Multa. Art. 477 da CLT. Massa falida. Inaplicável. (Inserida em 08.11.00).

202 – CANCELADA. Convertida na OJ Transitória 48 da SDI-I – Res. 129/2005 do TST – (DJU 20.04.2005).

PETROMISA. Sucessão. PETROBRAS. Legitimidade. (Inserida em 08.11.00). Em virtude da decisão tomada em assembleia, a PETROBRÁS é a real sucessora da PETROMISA, considerando que recebeu todos os bens móveis e imóveis da extinta PETROMISA.

203 – CANCELADA. Convertida na OJ Transitória 54 da SDI-I – Res. 129/2005 do TST – (DJU 20.04.2005).

Plano Econômico (Collor). Execução. Correção monetária. Índice de 84,32%. Lei 7.738/1989. Aplicável. (Inserida em 08.11.00).

204 – CANCELADA. Nova redação da Súmula 308 – Res. 129/2005 do TST – (DJU 20.04.2005).

Prescrição. Contagem do prazo. Art. 7º, XXIX, da CF. (Inserida em 08.11. 00). A prescrição quinquenal abrange os cinco anos anteriores ao ajuizamento da reclamatória e não os cinco anos anteriores à data da extinção do contrato.

205 – CANCELADA pela Res. 156/2009 do TST – (DJE 27.04.2009).

Competência material. Justiça do Trabalho. Ente público. Contratação irregular. Regime especial. Desvirtuamento.

I – Inscreve-se na competência material da Justiça do Trabalho dirimir dissídio individual entre trabalhador e ente público se há controvérsia acerca do vínculo empregatício.

II – A simples presença de lei que disciplina a contratação por tempo determinado para atender a necessidade temporária de excepcional interesse público (art. 37, inciso IX, da CF/1988) não é o bastante para deslocar a competência da Justiça do Trabalho se se alega desvirtuamento em tal contratação, mediante a prestação de serviços à Administração para atendimento de necessidade permanente e não para acudir a situação transitória e emergencial.

206 – Professor. Horas extras. Adicional de 50% (cinquenta por cento).

Excedida a jornada máxima (art. 318 da CLT), as horas excedentes devem ser remuneradas com o adicional de, no mínimo, 50% (cinquenta por cento) (art. 7º, XVI, CF/1988).

207 – Programa de incentivo à demissão voluntária. Indenização. Imposto de renda. Não incidência. (Inserida em 08.11.00).

A indenização paga em virtude de adesão a programa de incentivo à demissão voluntária não está sujeita à incidência do imposto de renda.

OJ com redação pela Res. 129/2005 do TST (DJU 20.04.2005).

208 – Radiologista. Gratificação de raios X. Redução. Lei 7.923/1989.

A alteração da gratificação por trabalho com raios X, de 40 (quarenta) para 10% (dez por cento), na forma da Lei 7.923/1989, não causou prejuízo ao trabalhador porque passou a incidir sobre o salário incorporado com todas as demais vantagens.

209 – CANCELADA. Nova redação da Súmula 262– Res. 129/2005 do TST – (DJU 20.04.2005).

Recesso forense. Suspensão dos prazos recursais (arts. 181, I, e 148 do RI/TST). (Inserida em 08.11.00).

210 – CANCELADA. Convertida na Súmula 389 – Res. 129/2005 do TST– (DJU 20.04.2005).

Seguro-desemprego. Competência da Justiça do Trabalho. (Inserida em 08.11.00).

211 – CANCELADA. Convertida na Súmula 389 – Res. 129/2005 do TST – (DJU 20.04.2005).

Seguro-desemprego. Guias. Não liberação. Indenização Substitutiva. (Inserida em 08.11.00). O não fornecimento pelo empregador da guia necessária para o recebimento do seguro-desemprego dá origem ao direito à indenização.

212 – CANCELADA. Convertida na OJ Transitória 54 da SDI-I – Res. 129/2005 do TST – (DJU 20.04.2005).

SERPRO. Norma regulamentar. Reajustes salariais. Superveniência de sentença normativa. Prevalência. (Inserida em 08.11.00). Durante a vigência do instrumento normativo, é lícita ao empregador a obediência à norma coletiva (Dec. 8.948/1990), que alterou as diferenças interníveis previstas no Regulamento de Recursos Humanos.

213 – Telex. Operadores. Art. 227 da CLT. Inaplicável.

O operador de telex de empresa, cuja atividade econômica não se identifica com qualquer uma das previstas no art. 227 da CLT, não se beneficia de jornada reduzida.

214 – CANCELADA. Convertida na OJ Transitória 58 da SDI-I – Res. 129/2005 do TST – (DJU 20.04.2005).

URP's de junho e julho de 1988. Suspensão do pagamento. Data base em maio. Decreto-lei 2.425/1988. Inexistência de violação a direito adquirido. (Inserida em 08.11.2000). O Decreto-lei 2.425, de 07.04.1988, não ofendeu o direito adquirido dos empregados com data base em maio, pelo que não fazem jus às URP's de junho e julho de 1988.

215 – CANCELADA pela Res. 175/2011 do TST – (DEJT 27.05.2011).

Vale-transporte. Ônus da prova. É do empregado o ônus de comprovar que satisfaz os requisitos indispensáveis à obtenção do vale-transporte.

216 – Vale-transporte. Servidor público celetista. Lei 7.418/1985. Devido. (Inserida em 08.11.00).

Aos servidores públicos celetistas é devido o vale-transporte, instituído pela Lei 7.418/1985, de 16 de dezembro de 1985.

► OJ com redação pela Res. 129/2005 do TST (DJU 20.04.2005).

217 – Agravo de instrumento. Traslado. Lei 9.756/1998. Guias de custas e de depósito recursal.

Para a formação do Agravo de instrumento, não é necessária a juntada de comprovantes de recolhimento de custas e de depósito recursal relativamente ao recurso ordinário, desde que não seja objeto de controvérsia no recurso de revista a validade daqueles recolhimentos.

218 – CANCELADA. Incorporação à OJ 241 da SDI-I e Convertida na OJ Transitória 55 da SDI-I – Res. 129/2005 do TST – (DJU 20.04.2005).

Plano Collor. Servidores do GDF. Celetistas. Lei Distrital 38/1989. (Inserida em 02.04.2001). Inexiste direito adquirido às diferenças salariais de 84,32% (oitenta e quatro inteiros e trinta e dois décimos por cento) do IPC de março de 1990 aos servidores celetistas da Administração Direta do Distrito Federal.

219 – Recurso de revista ou de embargos fundamentado em Orientação Jurisprudencial do TST.

É válida, para efeito de conhecimento do recurso de revista ou de embargos, a invocação de orientação jurisprudencial do tribunal superior do trabalho, desde que, das razões recursais, conste o seu número ou conteúdo.

220 – CANCELADA. Nova redação da Súmula 85 – Res. 129/2005 do TST – (DJU 20.04.2005).

Acordo de compensação. Extrapolação da jornada. (Inserida em 20.06.01). A prestação de horas extras habituais descaracteriza o acordo de compensação de horas. Nesta hipótese, as horas que ultrapassarem a jornada semanal normal devem ser pagas como horas extras e, quanto àquelas destinadas à compensação, deve ser pago a mais apenas o adicional por trabalho extraordinário.

221 – CANCELADA. Convertida na OJ Transitória 56 da SDI-I – Res. 129/2005 do TST – (DJU 20.04.2005).

Anistia. Lei 8.878/94. Efeitos financeiros devidos a partir do efetivo retorno à atividade. (Inserida em 20.06.01).

222 – CANCELADA. Nova redação da Súmula 102 – Res. 129/2005 do TST – (DJU 20.04.2005).

Bancário. Advogado. Cargo de confiança. (Inserida em 20.06.01). O advogado empregado de banco, pelo simples exercício da advocacia, não exerce cargo de confiança, não se enquadrando, portanto, na hipótese do § 2º do art. 224 da CLT.

223 – CANCELADA. Nova redação da Súmula 85 – Res. 129/2005 do TST – (DJU 20.04.2005).

Compensação de jornada. Acordo individual tácito. Inválido. (Inserida em 20.06.01).

224 – Complementação de aposentadoria. Reajuste. Lei 9.069, de 29.06.1995.

I – A partir da vigência da Medida Provisória 542, de 30.06.1994, convalidada pela Lei 9.069, de 29.06.1995, o critério de reajuste da complementação de aposentadoria passou a ser anual e não semestral, aplicando-se o princípio rebus sic stantibus diante da nova ordem econômica.

II – A alteração da periodicidade do reajuste da complementação de aposentadoria – de semestral para anual –, não afeta o direito ao resíduo inflacionário apurado nos meses de abril, maio e junho de 1994, que deverá incidir sobre a correção realizada no mês de julho de 1995.

► OJ com redação pelo TST em 14.09.2010 (DJE 16.09.2010).

225 – Contrato de concessão de serviço público. Responsabilidade trabalhista. (Inserida em 20.06.01 e alterada pelo Tribunal Pleno, em 18.04.02 – MA 10.999/02).

Celebrado contrato de concessão de serviço público em que uma empresa (primeira concessionária) outorga a outra (segunda concessionária), no todo ou em parte, mediante arrendamento ou qualquer outra forma contratual, a título transitório, bens de sua propriedade:

I – em caso de rescisão do contrato de trabalho após a entrada em vigor da concessão, a segunda concessionária, na condição de sucessora, responde pelos direitos decorrentes do contrato de trabalho, sem prejuízo da responsabilidade subsidiária da primeira concessionária pelos débitos trabalhistas contraídos até a concessão;

II – no tocante ao contrato de trabalho extinto antes da vigência da concessão, a responsabilidade pelos direitos dos trabalhadores será exclusivamente da antecessora.

► **OJ com redação pela Res. 129/2005 do TST (DJU 20.04.2005).**

226 – Crédito trabalhista. Cédula de crédito rural. Cédula de crédito industrial. Penhorabilidade.

Diferentemente da cédula de crédito industrial garantida por alienação fiduciária, na cédula rural pignoratícia ou hipotecária o bem permanece sob o domínio do devedor (executado), não constituindo óbice à penhora na esfera trabalhista. (Decreto-lei 167/1967, art. 69; CLT, arts. 10 e 30 e Lei 6.830/1980.)

► **OJ com redação pela Res. 129/2005 do TST (DJU 20.04.2005).**

227 – CANCELADA pelo Tribunal Pleno em 10.11.2005 – (DJU 22.11.2005)

Denunciação da lide. Processo do trabalho. Incompatibilidade. (Inserida em 20.06.2001).

228 – CANCELADA. Convertida na Súmula 368 – Res. 129/2005 do TST – (DJU 20.04.2005).

Descontos legais. Sentenças trabalhistas. Lei 8.541/1992, art. 46. Provimento da CGJT 3/1984 e alterações posteriores. (Inserida em 20.06.01). O recolhimento dos descontos legais, resultante dos créditos do trabalhador oriundos de condenação judicial, deve incidir sobre o valor total da condenação e calculado ao final.

229 – CANCELADA. Convertida na Súmula 390 – Res. 129/2005 do TST – (DJU 20.04.2005).

Estabilidade. Art. 41 da CF/1988. Celetista. Empresa pública e sociedade de economia mista. Inaplicável. (Inserida em 20.06.01).

230 – CANCELADA. Convertida na Súmula 378 – Res. 129/2005 do TST – (DJU 20.04.2005).

Estabilidade. Lei 8.213/1991. Art. 118 c/c art. 59. (Inserida em 20.06.01). O afastamento do trabalho por prazo superior a 15 (quinze) dias e a consequente percepção do auxílio-doença acidentário constituem pressupostos para o direito à estabilidade prevista no art. 118 da Lei 8.213/1991, assegurada por período de 12 meses, após a cessação do auxílio-doença.

231 – CANCELADA. Convertida na OJ Transitória 50 da SDI-I – Res. 129/2005 do TST – (DJU 20.04.2005).

Férias. Abono instituído por instrumento normativo e terço constitucional. Simultaneidade inviável. (Inserida em 20.06.01).

232 – FGTS. Incidência. Empregado transferido para o exterior. Remuneração.

O FGTS incide sobre todas as parcelas de natureza salarial pagas ao empregado em virtude de prestação de serviços no exterior.

233 – Horas extras. Comprovação de parte do período alegado.

A decisão que defere horas extras com base em prova oral ou documental não ficará limitada ao tempo por ela abrangido, desde que o julgador fique convencido de que o procedimento questionado superou aquele período.

► **OJ com redação pela Res. 129/2005 do TST (DJU 20.04.2005).**

234 – CANCELADA. Nova redação da Súmula 338 – Res. 129/2005 do TST – (DJU 20.04.2005).

Horas extras. Folha individual de presença (FIP) instituída por norma coletiva. Prova oral. Prevalência. (Inserida em 20.06.01). A presunção de veracidade da jornada de trabalho anotada em folha individual de presença, ainda que prevista em instrumento normativo, pode ser elidida por prova em contrário.

235 – Horas extras. Salário por produção.

O empregado que recebe salário por produção e trabalha em sobrejornada tem direito à percepção apenas do adicional de horas extras, exceto no caso do empregado cortador de cana, a quem é devido o pagamento das horas extras e do adicional respectivo.

► **OJ com redação pela Res. 182/2012 do TST (DJE 19.04.2012).**

236 – CANCELADA. Nova redação da Súmula 90 – Res. 129/2005 do TST – (DJU 20.04.2005).

Horas in itinere. Horas extras. Adicional devido. (Inserida em 20.06.01). Considerando que as horas in itinere são computáveis na jornada de trabalho, o tempo que extrapola a jornada legal é considerado como extraordinário e sobre ele deve incidir o adicional respectivo.

237 – Ministério público do trabalho. Legitimidade para recorrer. Sociedade de economia mista. Empresa pública (incorporada a Orientação Jurisprudencial nº 338 da SBDI-I)

I – O Ministério Público do Trabalho não tem legitimidade para recorrer na defesa de interesse patrimonial privado, ainda que de empresas públicas e sociedades de economia mista.

II – Há legitimidade do Ministério Público do Trabalho para recorrer de decisão que declara a existência de vínculo empregatício com sociedade de economia mista ou empresa pública, após a Constituição Federal de 1988, sem a prévia aprovação em concurso público, pois é matéria de ordem pública.

► **OJ com redação pela Res. 210/2016 do TST (DEJT 01.07.2016).**

238 – Multa. Art. 477 da CLT. Pessoa jurídica de direito público. Aplicável. (Inserida em 20.06.01).

Submete-se à multa do artigo 477 da CLT a pessoa jurídica de direito público que não observa o prazo para pagamento das verbas rescisórias, pois nivela-se a qualquer particular, em direitos e obrigações, despojando-se do jus imperii ao celebrar um contrato de emprego.

► **OJ com redação pela Res. 129/2005 do TST (DJU 20.04.2005).**

239 – CANCELADA. Convertida na Súmula 384 – Res. 129/2005 do TST – (DJU 20.04.2005).

Multa convencional. Horas extras. (Inserida em 20.06.01). Prevista em instrumento normativo (sentença normativa, convenção ou acordo coletivo) determinada obrigação e, consequentemente, multa pelo respectivo descumprimento, esta tem incidência mesmo que aquela obrigação seja mera repetição de texto da CLT.

240 – CANCELADA. Convertida na Súmula 391 – Res. 129/2005 do TST – (DJU 20.04.2005).

Petroleiros. Horas extras. Lei 5.811/1972. Recepcionada pela CF/1988. (Inserida em 20.06.01).

241 – CANCELADA. Convertida na OJ Transitória 55 da SDI-I – Res. 129/2005 do TST – (DJU 20.04.2005).

Plano Collor. Servidores de fundações e autarquias do GDF. Celetistas. Legislação federal. (Inserida em 20.06.01). Inexiste direito adquirido às diferenças salariais de 84,32% (oitenta e quatro inteiros e trinta e dois décimos por cento) do IPC de março de 1990 aos servidores celetistas de Fundações e Autarquias do GDF.

242 – Prescrição total. Horas extras. Adicional. Incorporação.

Embora haja previsão legal para o direito à hora extra, inexiste previsão para a incorporação ao salário do respectivo adicional, razão pela qual deve incidir a prescrição total.

243 – Prescrição total. Planos econômicos.

Aplicável a prescrição total sobre o direito de reclamar diferenças salariais resultantes de planos econômicos.

244 – Professor. Redução da carga horária. Possibilidade.

A redução da carga horária do professor, em virtude da diminuição do número de alunos, não constitui alteração contratual, uma vez que não implica redução do valor da hora-aula.

245 – Revelia. Atraso. Audiência.

Inexiste previsão legal tolerando atraso no horário de comparecimento da parte na audiência.

246 – CANCELADA. Convertida na Súmula 367 – Res. 129 2005 do TST – (DJU 20.04.2005).

Salário-utilidade. Veículo. (Inserida em 20.06.01). A utilização, pelo empregado, em atividades particulares, de veículo que lhe é fornecido para o trabalho da empresa não caracteriza salário-utilidade.

247 – Servidor público. Celetista concursado. Despedida imotivada. Empresa pública ou sociedade de economia mista. Possibilidade.

I – A despedida de empregados de empresa pública e de sociedade de economia mista, mesmo admitidos por concurso público, independe de ato motivado para sua validade.

II – A validade do ato de despedida do empregado da Empresa Brasileira de Correios e Telégrafos (ECT) está condicionada à motivação, por gozar a empresa do mesmo tratamento destinado à Fazenda Pública em relação à imunidade tributária e à execução por precatório, além das prerrogativas de foro, prazos e custas processuais.

OJ com redação pela Res. 143/2007 (DJU 13. 11.2007).

248 – CANCELADA. Incorporação à OJ 175 da SDI-I – (DJU 22.11.2005).

Comissões. Alteração. Prescrição total. Súmula 294. Aplicável. A alteração das comissões caracteriza-se como ato único e positivo do empregador, incidindo a prescrição total, nos termos da Súmula 294 do TST.

249 – CANCELADA. Incorporação e nova redação à OJ 138 da SDI-I – Res. 129/2005 do TST – (DJU 20.04.2005).

Competência residual. Regime Jurídico Único. Lei 8.112/1990. Limitação. A superveniência de regime estatutário em substituição ao celetista, mesmo após a sentença, limita a execução ao período celetista.

250 – CANCELADA. Convertida na OJ Transitória 51 da SDI-I – Res. 129/2005 do TST – (DJU 20.04.2005).

Complementação de aposentadoria. Caixa Econômica Federal. Auxílio-alimentação. Supressão. Enunciados 51 e 288. Aplicáveis. (Inserida em 13.03.02). A determinação de supressão do pagamento de auxílio-alimentação aos aposentados e pensionistas da Caixa Econômica Federal, oriunda do Ministério da Fazenda, não atinge aqueles ex-empregados que já percebiam o benefício.

251 – Descontos. Frentista. Cheques sem fundos.

É lícito o desconto salarial referente à devolução de cheques sem fundos, quando o frentista não observar as recomendações previstas em instrumento coletivo.

252 – CANCELADA. Nova redação da Súmula 6 – Res. 129/2005 do TST – (DJU 20.04.2005).

Equiparação salarial. Mesma localidade. Conceito. Art. 461 da CLT. (Inserida em 13.03.02). O conceito de "mesma localidade" de que trata o art. 461 da CLT refere-se, em princípio, ao mesmo município, ou a municípios distintos que, comprovadamente, pertençam à mesma região metropolitana.

253 – Estabilidade provisória. Cooperativa. Lei 5.764/1971. Conselho fiscal. Suplente. Não assegurada.

O art. 55 da Lei 5.764/1971 assegura a garantia de emprego apenas aos empregados eleitos diretores de Cooperativas, não abrangendo os membros suplentes.

254 – CANCELADA. Incorporação e nova redação à OJ 42 da SDI-I – Res. 129/2005 do TST – (DJU 20.04.2005).

FGTS. Multa de 40% (quarenta por cento). Aviso-prévio indenizado. Atualização monetária. Diferença indevida. O cálculo da multa de 40% (quarenta por cento) do FGTS deverá ser feito com base no saldo da conta vinculada na data do efetivo pagamento das verbas rescisórias, desconsiderada a projeção do aviso-prévio indenizado, por ausência de previsão legal.

255. Mandato. Contrato Social. Desnecessária a Juntada.

O art. 75, inciso VIII, do CPC de 2015 (art. 12, VI, do CPC de 1973) não determina a exibição dos estatutos da empresa em juízo como condição de validade do instrumento de mandato outorgado ao seu procurador, salvo se houver impugnação da parte contrária.

► OJ com redação pela Res. 208/2016 do TST (DEJT 22, 23 e 24.04.2016)

256 – Prequestionamento. Configuração. Tese explícita. Súmula 297.

Para fins do requisito do prequestionamento de que trata o Súmula 297, há necessidade de que haja, no acórdão, de maneira clara, elementos que levem à conclusão de que o Regional adotou uma tese contrária à lei ou a súmula.

257 – Recurso de revista. Fundamentação. Violação de lei. Vocábulo violação. Desnecessidade. (Alterada em decorrência do inciso II do art. 894 da CLT, incluído pela Lei 11.496/2007).

A invocação expressa no recurso de revista dos preceitos legais ou constitucionais tidos como violados não significa exigir da parte a utilização das expressões "contrariar", "ferir", "violar", etc.

► OJ com redação pela Res. 182/2012 do TST (DJE 19.04.2012).

258 – CANCELADA. Convertida na Súmula 364 – Res. 129/2005 do TST – (DJU 20.04.2005).

Adicional de periculosidade. Acordo coletivo ou convenção coletiva. Prevalência. (Inserida em 27.09.02). A fixação do adicional de periculosidade, em percentual inferior ao legal e proporcional ao tempo de exposição ao risco, deve ser respeitada, desde que pactuada em acordos ou convenções coletivos de trabalho (art. 7º, inciso XXVI, da CF/1988).

259 – Adicional noturno. Base de cálculo. Adicional de periculosidade. Integração.

O adicional de periculosidade deve compor a base de cálculo do adicional noturno, já que também neste horário o trabalhador permanece sob as condições de risco.

260 – Agravo de instrumento. Recurso de revista. Procedimento sumaríssimo. Lei 9.957/2000. Processos em curso.

I – É inaplicável o rito sumaríssimo aos processos iniciados antes da vigência da Lei 9.957/2000.

II – No caso de o despacho denegatório de recurso de revista invocar, em processo iniciado antes da Lei 9.957/2000, o § 6º do art. 896 da CLT (rito sumaríssimo), como óbice ao trânsito do apelo calcado em divergência jurisprudencial ou violação de dispositivo infraconstitucional, o Tribunal superará o obstáculo, apreciando o recurso sob esses fundamentos.

261 – Bancos. Sucessão trabalhista.

As obrigações trabalhistas, inclusive as contraídas à época em que os empregados trabalhavam para o banco sucedido, são de responsabilidade do sucessor, uma vez que a este foram transferidos os ativos, as agências, os direitos e deveres contratuais, caracterizando típica sucessão trabalhista.

262 – Coisa julgada. Planos econômicos. Limitação à data base na fase de execução.

Não ofende a coisa julgada a limitação à data base da categoria, na fase executória, da condenação ao pagamento de diferenças salariais decorrentes de planos econômicos, quando a decisão exequenda silenciar sobre a limitação, uma vez que a limitação decorre de norma cogente. Apenas quando a sentença exequenda houver expressamente afastado a limitação à data base é que poderá ocorrer ofensa à coisa julgada.

263 – CANCELADA pelo Tribunal Pleno em 02.09.2004 – (DJU 14.09.2004).

Contrato por prazo determinado. Lei especial (estadual e municipal). Incompetência da Justiça do Trabalho. A relação jurídica que se estabelece entre o Estado ou Município e o servidor contratado para exercer funções temporárias ou de natureza técnica, decorrente de lei especial, é de natureza administrativa, razão pela qual a competência é da justiça comum, até mesmo para apreciar a ocorrência de eventual desvirtuamento do regime especial (CF/1967, art. 106; CF/1988, art. 37, IX).

264 – Depósito recursal. PIS/PASEP. Ausência de indicação na guia de depósito recursal. Validade.

Não é essencial para a validade da comprovação do depósito recursal a indicação do número do PIS/PASEP na guia respectiva.

265 – CANCELADA. Convertida na Súmula 390 – Res. 129/2005 do TST – (DJU 20.04.2005).

Estabilidade. Art. 41 da CF/1988. Celetista. Administração direta, autárquica ou fundacional. Aplicabilidade. (Inserida em 27.09.02). O servidor público celetista da administração direta, autárquica ou fundacional é beneficiário da estabilidade prevista no art. 41 da Constituição Federal.

266 – CANCELADA. Convertida na Súmula 369 – Res. 129/2005 do TST – (DJU 20.04.2005).

Estabilidade. Dirigente sindical. Limitação. Art. 522 da CLT. (Inserida em 27.09.02). O art. 522 da CLT, que limita a sete o número de dirigentes sindicais, foi recepcionado pela Constituição Federal de 1988.

267 – CANCELADA. Nova redação da Súmula 132 – Res. 129/2005 do TST – (DJU 20.04.2005).

Horas extras. Adicional de periculosidade. Base de cálculo. (Inserida em 27.09.02). O adicional de periculosidade integra a base de cálculo das horas extras.

268 – Indenização adicional. Leis 6.708/1979 e 7.238/1984. Aviso-prévio. Projeção. Estabilidade provisória.

Somente após o término do período estabilitário é que se inicia a contagem do prazo do aviso-prévio para efeito das indenizações previstas nos artigos 9º da Lei 6.708/1979 e 9º da Lei 7.238/1984.

269 – Justiça gratuita. Requerimento de isenção de despesas processuais. Momento oportuno (inserido item II em decorrência do CPC de 2015)

I – O benefício da justiça gratuita pode ser requerido em qualquer tempo ou grau de jurisdição, desde que, na fase recursal, seja o requerimento formulado no prazo alusivo ao recurso;

II – Indeferido o requerimento de justiça gratuita formulado na fase recursal, cumpre ao relator fixar prazo para que o recorrente efetue o preparo (art. 99, § 7º, do CPC de 2015).

OJ com redação pela Res. 219/2017 do TST (DJET 28.06.2017).

270 – Programa de Incentivo à Demissão Voluntária. Transação extrajudicial. Parcelas oriundas do extinto contrato de trabalho. Efeitos.

A transação extrajudicial que importa rescisão do contrato de trabalho ante a adesão do empregado a plano de demissão voluntária implica quitação exclusivamente das parcelas e valores constantes do recibo.

271 – Rurícola. Prescrição. Contrato de emprego extinto. Emenda Constitucional

28/2000. Inaplicabilidade. (Inserida em 27.09.2002).

O prazo prescricional da pretensão do rurícola, cujo contrato de emprego já se extinguira ao sobrevir a Emenda Constitucional 28, de 26/05/2000, tenha sido ou não ajuizada a ação trabalhista, prossegue regido pela lei vigente ao tempo da extinção do contrato de emprego.

OJ com redação pelo TST em 10.11.2005 (DJU 22.11.2005).

272 – Salário mínimo. Servidor. Salário-base inferior. Diferenças. Indevidas.

A verificação do respeito ao direito ao salário mínimo não se apura pelo confronto isolado do salário-base com o mínimo legal, mas deste com a soma de todas as parcelas de natureza salarial recebidas pelo empregado diretamente do empregador.

273 – CANCELADA pela Res. 175/2011 do TST – (DEJT 27.05.2011)

"Telemarketing". Operadores. Art. 227 da CLT. Inaplicável. A jornada reduzida de que trata o art. 227 da CLT não é aplicável, por analogia, ao operador de televendas, que não exerce suas atividades exclusivamente como telefonista, pois, naquela função, não opera mesa de transmissão, fazendo uso apenas dos telefones comuns para atender e fazer as ligações exigidas no exercício da função.

274 – Turno ininterrupto de revezamento. Ferroviário. Horas extras. Devidas.

O ferroviário submetido a escalas variadas, com alternância de turnos, faz jus à jornada especial prevista no art. 7º, XIV, da CF/1988.

275 – Turno ininterrupto de revezamento. Horista. Horas extras e adicional. Devidos.

Inexistindo instrumento coletivo fixando jornada diversa, o empregado horista submetido a turno ininterrupto de revezamento faz jus ao pagamento das horas extraordinárias laboradas além da sexta, bem como ao respectivo adicional.

276 – Ação declaratória. Complementação de aposentadoria.

É incabível ação declaratória visando a declarar direito à complementação de aposentadoria, se ainda não atendidos os requisitos necessários à aquisição do direito, seja por via regulamentar, ou por acordo coletivo.

277 – Ação de cumprimento fundada em decisão normativa que sofreu posterior reforma, quando já transitada em julgado a sentença condenatória. Coisa julgada. Não configuração.

A coisa julgada produzida na ação de cumprimento é atípica, pois dependente de condição resolutiva, ou seja, da não modificação da decisão normativa por eventual recurso. Assim, modificada a sentença normativa pelo TST, com a consequente extinção do processo, sem julgamento do mérito, deve-se extinguir a execução em andamento, uma vez que a norma sobre a qual se apoiava o título exequendo deixou de existir no mundo jurídico.

278 – Adicional de insalubridade. Perícia. Local de trabalho desativado.

A realização de perícia é obrigatória para a verificação de insalubridade. Quando não for possível sua realização como em caso de fechamento da empresa, poderá o julgador utilizar-se de outros meios de prova.

279 – CANCELADA pela Res. 215/2016 do TST – (DEJT 30.11.2016)

Adicional de periculosidade. Eletricitários. Base de cálculo. Lei 7.369/1985, art. 1º. Interpretação. O adicional de periculosidade dos eletricitários deverá ser calculado sobre o conjunto de parcelas de natureza salarial.

280 – CANCELADA. Convertida na Súmula 364 – Res. 129/2005 do TST – (DJU 20.04.2005)

Adicional de periculosidade. Exposição eventual. Indevido. (DJ 11.08.03). O contato eventual com o agente perigoso, assim considerado o fortuito, ou o que, sendo habitual, se dá por tempo extremamente reduzido, não dá direito ao empregado a perceber o adicional respectivo.

281 – CANCELADA. Convertida na OJ Transitória 52 da SDI-I – Res. 129/2005 do TST – (DJU 20.04.2005)

Agravo de instrumento. Acórdão do TRT não assinado. Interposto anteriormente à Instrução Normativa 16/1999. (DJ 11.08.03). Nos Agravos de Instrumentos interpostos anteriormente à edição da Instrução Normativa 16/1999, a ausência de assinatura na cópia não a torna inválida, desde que dela conste o carimbo, aposto pelo servidor, certificando que confere com o original.

282 – Agravo de instrumento. Juízo de admissibilidade ad quem.

No julgamento de Agravo de Instrumento ao afastar o óbice apontado pelo TRT para o processamento do recurso de revista, pode o juízo ad quem prosseguir no exame dos demais pressupostos extrínsecos e intrínsecos do recurso de revista, mesmo que não apreciados pelo TRT.

283 – Agravo de instrumento. Peças essenciais. Traslado realizado pelo agravado. Validade.

É válido o traslado de peças essenciais efetuado pelo agravado, pois sua regular formação incumbe às partes e não somente ao agravante.

284 – CANCELADA pela Res. 217/2017 do TST – (DJET 20.04.2017).

A etiqueta adesiva na qual consta a expressão "no prazo" não se presta à aferição de tempestividade do recurso, pois sua finalidade é tão somente servir de controle processual interno do TRT e sequer contém a assinatura do funcionário responsável por sua elaboração.

285 – CANCELADA pela Res. 217/2017 do TST – (DJET 20.04.2017).

O carimbo do protocolo da petição recursal constitui elemento indispensável para aferição da tempestividade do apelo, razão pela qual deverá estar legível, pois um dado ilegível é o mesmo que a inexistência do dado.

286 – Agravo de Instrumento. Traslado. Mandato Tácito. Ata de Audiência. Configuração.

I – A juntada da ata de audiência, em que consignada a presença do advogado, desde que não estivesse atuando com mandato expresso, torna dispensável a procuração deste, porque demonstrada a existência de mandato tácito.

II – Configurada a existência de mandato tácito fica suprida a irregularidade detectada no mandato expresso.

► OJ com redação pela Res. 167/2010 do TST (DJE 30.04.2010).

287 – CANCELADA pela Res. 219/2017 do TST (DJET 28.06.2017).

Autenticação. Documentos distintos. Despacho denegatório do recurso de revista e certidão de publicação (cancelada em decorrência do CPC de 2015). Distintos os documentos contidos no verso e anverso, é necessária a autenticação de ambos os lados da cópia.

288 – CANCELADA. Nova redação da Súmula 102 – Res. 129/2005 do TST – (DJU 20.04.2005).

Bancário. Cargo de confiança. Art. 224, § 2º, CLT. Gratificação. Pagamento a menor. (DJ 11.08.03) Devidas são as 7ª e 8ª horas como extras no período em que se verificou o pagamento a menor da gratificação de 1/3 (um terço).

289 – CANCELADA. Incorporação e nova redação da OJ 18 da SDI-I – Res. 129/2005 do TST – (DJU 20.04.2005).

Banco do Brasil. Complementação de aposentadoria. Média trienal. Valorizada. (DJ 11.08.03)

Nos cálculos da complementação de aposentadoria há de ser observada a média trienal valorizada.

290 – CANCELADA pelo TST (DJU 05.07.2005).

Contribuição sindical patronal. Ação de cumprimento. Incompetência da Justiça do Trabalho. É incompetente a Justiça do Trabalho para apreciar lide entre o sindicato patronal e a respectiva categoria econômica, objetivando cobrar a contribuição assistencial.

291 – CANCELADA. Convertida na OJ Transitória 53 da SDI-I – Res. 129/2005 do TST – (DJU 20.04.2005).

Custas. Embargos de terceiro interpostos anteriormente à Lei 10.537/02. Inexigência de recolhimento. (DJ 11.08.03).

Tratando-se de embargos de terceiro, incidentes em execução, interpostos anteriormente à Lei 10.537/02, incabível o pagamento de custas, por falta de previsão legal.

292 – CANCELADA. Nova redação da Súmula 101 – Res. 129/2005 do TST – (DJU 20.04.2005).

Diárias. Integração ao salário. Art. 457, § 2º, da CLT. (DJ 11.08.03). As diárias de viagem pagas, ainda que superiores a 50% (cinquenta por cento), só integram o salário do empregado enquanto perdurarem as viagens.

293 – CANCELADA pela Res. 171/2010 do TST – (DJE 19.11.2010).

Embargos à SDI contra decisão de turma do TST em agravo do art. 557, § 1º, do CPC. Cabimento. São cabíveis Embargos para a SDI contra decisão de Turma proferida em Agravo interposto de decisão monocrática do relator, baseada no art. 557, § 1º, do CPC.

294 – CANCELADA. Convertida na OJ Transitória 78 da SDI-I – Res. 194/2014 do TST – (DEJT 21.05.2014).

Embargos à SDI contra decisão em recurso de revista não conhecido quanto aos pressupostos intrínsecos. Necessária a indicação expressa de ofensa ao art. 896 da CLT. Para a admissibilidade e conhecimento de embargos, interpostos contra decisão mediante a qual não foi conhecido o recurso de revista pela análise dos pressupostos intrínsecos, necessário que a parte embargante aponte expressamente a violação ao art. 896 da CLT.

295 – CANCELADA. Convertida na OJ Transitória 79 da SDI-I – Res. 194/2014 do TST – (DEJT 21.05.2014).

Embargos. Revista não conhecida por má aplicação de enunciado ou de orientação jurisprudencial. Exame do mérito pela SDI. A SDI, ao conhecer dos Embargos por violação do art. 896 por má aplicação de – enunciado ou de orientação jurisprudencial pela Turma –, julgará desde logo o mérito, caso conclua que a revista merecia conhecimento e que a matéria de fundo se encontra pacificada neste Tribunal.

296 – Equiparação salarial. Atendente e auxiliar de enfermagem. Impossibilidade.

Sendo regulamentada a profissão de auxiliar de enfermagem, cujo exercício pressupõe habilitação técnica, realizada pelo Conselho Regional de Enfermagem, impossível a equiparação salarial do simples atendente com o auxiliar de enfermagem.

297 – Equiparação salarial. Servidor público da administração direta, autárquica e fundacional. Art. 37, XIII, da CF/1988.

O art. 37, inciso XIII, da CF/1988 veda a equiparação de qualquer natureza para o efeito de remuneração do pessoal do serviço público, sendo juridicamente impossível a aplicação da norma infraconstitucional prevista no art. 461 da CLT quando se pleiteia equiparação salarial entre servidores públicos, independentemente de terem sido contratados pela CLT.

298 – CANCELADA. Nova redação da Súmula 6 – Res. 129/2005 do TST – (DJU 20.04.2005).

Equiparação salarial. Trabalho intelectual. Possibilidade (DJ 11.08.03). Desde que atendidos os requisitos do art. 461 da CLT, é possível a equiparação salarial de trabalho intelectual, que pode ser avaliado por sua perfeição técnica, cuja aferição terá critérios objetivos.

299 – CANCELADA. Nova redação da Súmula 98 – Res. 129/2005 do TST – (DJU 20.04.2005).

Estabilidade contratual e FGTS. Compatibilidade (DJ 11.08.03). A estabilidade contratual ou derivada de regulamento de empresa é compatível com o regime do FGTS. Diversamente ocorre com a estabilidade legal (decenal, art. 492, CLT), que é renunciada com a opção pelo FGTS.

300 – Execução trabalhista. Correção monetária. Juros. Lei 8.177/1991, art. 39, e Lei 10.192/2001, art. 15. (DJ 11.08.03)

Não viola norma constitucional (art. 5º, II e XXXVI) a determinação de aplicação da TRD como fator de correção monetária dos débitos trabalhistas, cumulada com juros de mora previstos no artigo 39 da Lei 8.177/1991 e convalidado pelo artigo 15 da Lei 10.192/2001.

➤ OJ com redação pela Res. 129/2005 do TST (DJU 20.04.2005).

301 – CANCELADA pela Res. 175/2011 do TST – (DEJT 27.05.2011).

FGTS. Diferenças. Ônus da prova. Lei 8.036/1990, art. 17. Definido pelo reclamante o período nos quais não houve depósito do FGTS, ou houve em valor inferior, alegado pela reclamada a inexistência de diferença nos recolhimentos de FGTS, atrai para si o ônus da prova, incumbindo-lhe, portanto, apresentar as guias respectivas, a fim de demonstrar o fato extintivo do direito do autor (art. 818 da CLT c/c art. 333, II, do CPC).

302 – FGTS. Índice de correção. Débitos trabalhistas.

Os créditos referentes ao FGTS, decorrentes de condenação judicial, serão corrigidos pelos mesmos índices aplicáveis aos débitos trabalhistas.

303 – CANCELADA. Convertida na Súmula 372 – Res. 129/2005 do TST – (DJU 20.04.2005).

Gratificação. Redução. Impossibilidade. (DJ 11.08.03). Mantido o empregado no exercício da função comissionada, não pode o empregador reduzir o valor da gratificação.

304 – CANCELADA pela Res. 219/2017 do TST (DJET 28.06.2017).

Honorários advocatícios. Assistência judiciária. Declaração de pobreza. Comprovação (cancelada em decorrência da sua aglutinação ao item I da Súmula 463 do TST). Atendidos os requisitos da Lei 5.584/70 (art. 14, § 2º), para a concessão da assistência judiciária, basta a simples afirmação do declarante ou de seu advogado, na petição inicial, para se considerar configurada a sua situação econômica (art. 4º, § 1º, da Lei 7.510/86, que deu nova redação à Lei 1.060/50).

305 – CANCELADA. Incorporação ao item I da Súmula 219 – Res. 197/2015 do TST – (DEJT 14.05.2015).

Honorários advocatícios. Requisitos. Justiça do trabalho.

306 – CANCELADA. Nova redação da Súmula 338 – Res. 129/2005 do TST – (DJU 20.04.2005).

Horas extras. Ônus da prova. Registro invariável (DJ 11.08.03). Os cartões de ponto que demonstram horários de entrada e saída invariáveis são inválidos como meio de prova, invertendo-se o ônus da prova, relativo às horas extras, que passa a ser do empregador, prevalecendo o horário da inicial se dele não se desincumbir.

307 – CANCELADA. Incorporação ao item I da Súmula 437 – Res. 186/2012 do TST – (DEJT 25.09.2012).

Intervalo intrajornada (para repouso e alimentação). Não concessão ou concessão parcial. Lei 8.923/1994 (DJ 11.08.2003). Após a edição da Lei 8.923/1994, a não concessão total ou parcial do intervalo intrajornada mínimo, para repouso e alimentação, implica o pagamento total do período correspondente, com acréscimo de, no mínimo, 50% (cinquenta por cento) sobre o valor da remuneração da hora normal de trabalho (art. 71 da CLT).

308 – Jornada de trabalho. Alteração. Retorno à jornada inicialmente contratada. Servidor público.

O retorno do servidor público (administração direta, autárquica e fundacional) à jornada inicialmente contratada não se insere nas vedações do art. 468 da CLT, sendo a sua jornada definida em lei e no contrato de trabalho firmado entre as partes.

309 – CANCELADA. Incorporação e nova redação da OJ 147 da SDI-1 – Res. 129/2005 do TST – (DJU 20.04.2005).

Lei estadual, norma coletiva ou regulamento de empresa. Interpretação. Art. 896, b, da CLT. (DJ 11.08.03) Viola o art. 896, b, da CLT, o conhecimento de recurso por divergência, caso a parte não comprove que a lei estadual, a norma coletiva ou o regulamento da empresa extrapolam o âmbito do TRT prolator da decisão recorrida.

310 – Litisconsortes. Procuradores distintos. Prazo em dobro. Art. 229, caput e §§ 1º e 2º, do CPC de 2015. Art. 191 do CPC de 1973. Inaplicável ao processo do trabalho.

Inaplicável ao processo do trabalho a norma contida no art. 229, caput e §§ 1º e 2º, do CPC de 2015 (art. 191 do CPC de 1973), em razão de incompatibilidade com a celeridade que lhe é inerente.

► OJ com redação pela Res. 208/2016 do TST (DEJT 22, 23 e 24.04.2016)

311 – CANCELADA. Convertida na Súmula 383 – Res. 129/2005 do TST – (DJU 20.04.2005).

Mandato. Art. 37 do CPC. Inaplicável na fase recursal. (DJ 11.08.03). É inadmissível, em instância recursal, o oferecimento tardio de procuração, ainda que mediante protesto por posterior juntada, já que a interposição de recurso não pode ser reputada como ato urgente.

312 – CANCELADA. Convertida na Súmula 395 – Res. 129/2005 do TST – (DJU 20.04.2005)

Mandato. Cláusula com ressalva de vigência. Prorrogação até o final da demanda. (DJ 11.08.03). Válido é o instrumento de mandato com prazo determinado que contém cláusula estabelecendo a prevalência dos poderes para atuar até o final da demanda.

313 – CANCELADA. Convertida na Súmula 395 – Res. 129/2005 do TST – (DJU 20.04.2005).

Mandato. Cláusula fixando prazo para juntada. (DJ 11.08.03). Diante da existência de previsão, no mandato, fixando termo para sua juntada, o instrumento de mandato só tem validade se anexado ao processo dentro do aludido prazo.

314 – CANCELADA. Convertida na Súmula 388 – Res.129/2005 do TST – (DJU 20.04.2005).

Massa falida. Dobra salarial. Art. 467 da CLT. Inaplicável. (DJ 11.08.03). É indevida a aplicação da dobra salarial, prevista no art. 467 da CLT, nos casos da decretação de falência da empresa, porque a massa falida está impedida de saldar qualquer débito, até mesmo o de natureza trabalhista, fora do Juízo Universal da Falência (Decreto-lei 7.661/1945, art. 23).

315 – CANCELADA pela Res. 200/2015 do TST – (DJE 29.10.2015).

É considerado trabalhador rural o motorista que trabalha no âmbito de empresa cuja atividade é preponderantemente rural, considerando que, de modo geral, não enfrenta o trânsito das estradas e cidades.

316 – Portuários. Adicional de risco. Lei 4.860/1965.

O adicional de risco dos portuários, previsto no art. 14 da Lei 4.860/1965, deve ser proporcional ao tempo efetivo no serviço considerado sob risco e apenas àqueles que prestam serviços na área portuária.

317 – CANCELADA. Nova redação da Súmula 337 – Res. 129/2005 do TST – (DJU 20.04.2005).

Repositório de jurisprudência autorizado após a interposição do recurso. Validade. (DJ 11.08.03) A concessão de registro de publicação como repositório autorizado de jurisprudência do TST torna válidas todas as suas edições anteriores.

318 – Autarquia. Fundação Pública. Legitimidade para Recorrer. Representação Processual. (incluído o item II e alterada em decorrência do CPC de 2015)

I – Os Estados e os Municípios não têm legitimidade para recorrer em nome das autarquias e das fundações públicas.

II – Os procuradores estaduais e municipais podem representar as respectivas autarquias e fundações públicas em juízo somente se designados pela lei da respectiva unidade da federação (art. 75, IV, do CPC de 2015) ou se investidos de instrumento de mandato válido.

➤ OJ com redação pela Res. 220/2017 do TST (DEJT 21.09.2017)

319 – Representação regular. Estagiário. Habilitação posterior.

Válidos são os atos praticados por estagiário se, entre o substabelecimento e a interposição do recurso, sobreveio a habilitação, do então estagiário, para atuar como advogado.

320 – CANCELADA pelo Tribunal Pleno em 02.09.2004 – (DJU 14.09.2004).

Sistema de protocolo integrado. Norma interna. Eficácia limitada a recursos da competência do TRT que a editou. Art. 896, § 2º, da CLT. O sistema de protocolo integrado, criado pelos Tribunais Regionais do Trabalho, que autoriza as Varas localizadas no interior do Estado a receberem e a protocolarem documentos de natureza judiciária ou administrativa, destinados a outras Varas ou ao TRT local, tem aplicação restrita ao âmbito de competência do Tribunal que a editou, não podendo ser considerado válido em relação a recursos de competência do Tribunal Superior do Trabalho.

321 – Vínculo empregatício com a administração pública. Período anterior à CF/1988. (DJ 11.08.03)

Salvo os casos de trabalho temporário e de serviço de vigilância, previstos nas Leis 6.019, de 03.01.1974, e 7.102, de 20.06.1983, é ilegal a contratação de trabalhadores por empresa interposta, formando-se o vínculo empregatício diretamente com o tomador dos serviços, inclusive ente público, em relação ao período anterior à vigência da CF/88.

➤ OJ com redação pela Res. 129/2005 do TST (DJU 20.04.2005).

322 – Acordo coletivo de trabalho. Cláusula de termo aditivo prorrogando o acordo para prazo indeterminado. Inválida. Nos termos do art. 614, § 3º, da CLT, é de 2 (dois) anos o prazo máximo de vigência dos acordos e das convenções coletivas. Assim sendo, é inválida, naquilo que ultrapassa o prazo total de 2 (dois) anos, a cláusula de termo aditivo que prorroga a vigência do instrumento coletivo originário por prazo indeterminado.

323 – Acordo de compensação de jornada. "Semana espanhola". Validade.

É válido o sistema de compensação de horário quando a jornada adotada é a denominada "semana espanhola", que alterna a prestação de 48 (quarenta e oito) horas em uma semana e 40 (quarenta) horas em outra, não violando os arts. 59, § 2º, da CLT e 7º, XIII, da CF/1988 o seu ajuste mediante acordo ou convenção coletiva de trabalho.

324 – Adicional de periculosidade. Sistema elétrico de potência. Decreto 93.412/1986, art. 2º, § 1º.

É assegurado o adicional de periculosidade apenas aos empregados que trabalham em sistema elétrico de potência em condições de risco, ou que o façam com equipamentos e instalações elétricas similares, que ofereçam risco equivalente, ainda que em unidade consumidora de energia elétrica.

325 – Aumento salarial concedido pela empresa. Compensação no ano seguinte em antecipação sem a participação do sindicato profissional. Impossibilidade.

O aumento real, concedido pela empresa a todos os seus empregados, somente pode ser reduzido mediante a participação efetiva do sindicato profissional no ajuste, nos termos do art. 7º, VI, da CF/1988.

326 – CANCELADA. Convertida na Súmula 366 – Res. 129/2005 do TST – (DJU 20.04.2005).

Cartão de ponto. Registro. Horas extras. Minutos que antecedem e sucedem a jornada de trabalho. Tempo utilizado para uniformização, lanche e higiene pessoal. (DJ 09.12.03). O tempo gasto pelo empregado com troca de uniforme, lanche e higiene pessoal, dentro das dependências da empresa, após o registro de entrada e antes do registro de saída, considera-se tempo à disposição do empregador, sendo remunerado como extra o período que ultrapassar, no total, a 10 (dez) minutos da jornada de trabalho diária.

327 – CANCELADA. Convertida na Súmula 392 – Res. 129/2005 do TST – (DJU 20.04.2005).

Dano moral. Competência da Justiça do Trabalho. (DJ 09.12.03). Nos termos do art. 114 da CF/1988, a Justiça do Trabalho é competente para dirimir controvérsias referentes à indenização por dano moral, quando decorrente da relação de trabalho.

328 – CANCELADA. Nova redação da Súmula 6 – Res. 129/2005 do TST – (DJU 20.04.2005).

Equiparação salarial. Cargo com a mesma denominação. Funções diferentes ou similares. Não autorizada a equiparação. (DJ 09.12.03) A equiparação salarial só é possível se o empregado e o paradigma exercerem a mesma função, desempenhando as mesmas tarefas, não importando se os cargos têm, ou não, a mesma denominação.

329 – CANCELADA. Nova redação da Súmula 339 – Res. 129/2005 do TST – (DJU 20.04.2005).

Estabilidade. Cipeiro. Suplente. Extinção do estabelecimento. Indenização indevida. (DJ 09.12.03) A estabilidade provisória do cipeiro não constitui vantagem pessoal, mas garantia para as atividades dos membros da CIPA, que somente tem razão de ser quando em atividade a empresa. Extinto o estabelecimento, não se verifica a despedida arbitrária, sendo impossível a reintegração e indevida a indenização do período estabilitário.

330 – CANCELADA. Convertida na Súmula 395 – Res. 129/2005 do TST – (DJU 20.04.2005).

Irregularidade de representação. Substabelecimento anterior à procuração. (DJ 09.12.03). Configura-se a irregularidade de representação se o substabelecimento é anterior à outorga passada ao substabelecente.

331 – CANCELADA pela Res. 210/2016 do TST (DEJT 01.07.2016).

Justiça gratuita. Declaração de insuficiência econômica. Mandato. Poderes específicos desnecessários. Desnecessária a outorga de poderes especiais ao patrono da causa para firmar declaração de insuficiência econômica, destinada à concessão dos benefícios da justiça gratuita.

332 – Motorista. Horas extras. Atividade externa. Controle de jornada por tacógrafo. Resolução 816/1986 do CONTRAN.

O tacógrafo, por si só, sem a existência de outros elementos, não serve para controlar a jornada de trabalho de empregado que exerce atividade externa.

333 – CANCELADA. Convertida na Súmula 391 – Res. 129/2005 do TST – (DJU 20.04.2005).

Petroleiros. Turno ininterrupto de revezamento. Alteração da jornada para horário fixo. Art. 10 da Lei 5.811/1972 recepcionado pela CF/1988 (DJ 09.12.03). A previsão contida no art. 10 da Lei 5.811/1972, possibilitando a mudança do regime de revezamento para horário fixo, constitui alteração lícita, não violando os arts. 468 da CLT e 7º, VI, da CF/1988.

334 – Remessa ex officio. Recurso de revista. Inexistência de recurso ordinário voluntário de ente público. Incabível.

Incabível recurso de revista de ente público que não interpôs recurso ordinário voluntário da Decisão de primeira instância, ressalvada a hipótese de ter sido agravada, na segunda instância, a condenação imposta.

335 – Contrato nulo. Administração pública. Efeitos. Conhecimento do recurso por violação do art. 37, II e § 2º, da CF/88.

A nulidade da contratação sem concurso público, após a CF/88, bem como a limitação de seus efeitos, somente poderá ser declarada por ofensa ao art. 37, II, se invocado concomitantemente o seu § 2º, todos da CF/88.

336 – Embargos interpostos anteriormente à vigência da Lei 11.496/2007. Recurso não conhecido com base em orientação jurisprudencial. Desnecessário o exame das violações de lei e da Constituição Federal alegadas no recurso de revista. (Redação alterada pelo Tribunal Pleno na sessão realizada em 06.02.2012).

Estando a decisão recorrida em conformidade com orientação jurisprudencial, desnecessário o exame das divergências e das violações de lei e da Constituição alegadas em embargos interpostos antes da vigência da Lei 11.496/2007, salvo nas hipóteses em que a orientação jurisprudencial não fizer qualquer citação do dispositivo constitucional.

◣ OJ com redação pela Res. 178/2012 do TST.

337 – CANCELADA. Convertida na Súmula 387 – Res. 129/2005 do TST – (DJU 20.04.2005).

Fac-símile. Lei 9.800/1999, art. 2º. Prazo. Apresentação dos originais (DJ 04.05.04). A contagem do quinquídio para apresentação dos originais de recurso interposto por intermédio de "fac-símile" começa a fluir do dia subsequente ao término do prazo recursal, nos termos do art. 2º da Lei 9.800/1999, e não do dia seguinte à interposição do recurso, se esta se deu antes do termo final do prazo. Ademais, não se tratando, a juntada dos originais, de ato que dependa de notificação, pois a parte, ao interpor o recurso, já tem ciência de seu ônus processual, não se aplica a regra do art. 184 do CPC quanto ao dies a quo do prazo, podendo coincidir com sábado, domingo ou feriado.

338 – CANCELADA pela Res. 210/2016 do TST (DEJT 01.07.2016).

Ministério Público do Trabalho. Legitimidade para recorrer. Sociedade de economia mista e empresa pública. Contrato nulo. Há interesse do Ministério Público do Trabalho para recorrer contra decisão que declara a existência de vínculo empregatício com sociedade de economia mista, após a CF/88, sem a prévia aprovação em concurso público.

339 – Teto remuneratório. Empresa pública e sociedade de economia mista. Art. 37, XI, da CF/1988 (anterior à Emenda Constitucional 19/1998). (DJ 04.05.04).

As empresas públicas e as sociedades de economia mista estão submetidas à observância do teto remuneratório previsto no inciso XI do art. 37 da CF/1988, sendo aplicável, inclusive, ao período anterior à alteração introduzida pela Emenda Constitucional 19/1998.

◣ OJ com redação pela Res. TST 129/2005 (DJU 20.04.2005).

340 – CANCELADA. Convertida na Súmula 393 – Res. 129/2005 do TST – (DJU 20.04.2005)

Efeito devolutivo. Profundidade. Recurso ordinário. Art. 515, § 1º, do CPC. Aplicação. (DJ 22.06.04). O efeito devolutivo em profundidade do Recurso Ordinário, que se extrai do § 1º do art. 515 do CPC, transfere automaticamente ao Tribunal a apreciação de fundamento da defesa não examinado pela sentença, ainda que não renovado em contrarrazões. Não se aplica, todavia, ao caso de pedido não apreciado na sentença.

341– FGTS. Multa de 40%. Diferenças decorrentes dos expurgos inflacionários. Responsabilidade pelo pagamento.

É de responsabilidade do empregador o pagamento da diferença da multa de 40% (quarenta por cento) sobre os depósitos do FGTS, decorrente da atualização monetária em face dos expurgos inflacionários.

342 – CANCELADA. Convertida no item II da Súmula 437 – Res. 186/2012 do TST – (DEJT 25.09.2012).

Intervalo intrajornada para repouso e alimentação. Não concessão ou redução. Previsão em norma coletiva. Invalidade. Exceção aos condutores de veículos rodoviários, empregados em empresas de transporte coletivo urbano

I – É inválida cláusula de acordo ou convenção coletiva de trabalho contemplando a supressão ou redução do intervalo intrajornada porque este constitui medida de higiene, saúde e segurança do trabalho, garantido por norma de ordem pública (art. 71 da CLT e art. 7º, XXII, da CF/1988), infenso à negociação coletiva.

II – Ante a natureza do serviço e em virtude das condições especiais de trabalho a que são submetidos estritamente os condutores e cobradores de veículos rodoviários, empregados em empresas de transporte público coletivo urbano, é válida cláusula de acordo ou convenção coletiva de trabalho contemplando a redução do intervalo intrajornada, desde que garantida a redução da jornada para, no mínimo, 7 (sete) horas diárias ou 42 (quarenta e duas) semanais, não prorrogada, mantida a mesma remuneração e concedidos intervalos para descanso menores e fracionados ao final de cada viagem, não descontados da jornada.

343 – Penhora. Sucessão. Art. 100 da CF/88. Execução.

É válida a penhora em bens de pessoa jurídica de direito privado, realizada anteriormente à sucessão pela União ou por Estado-membro, não podendo a execução prosseguir mediante precatório. A decisão que a mantém não viola o art. 100 da CF/88.

344 – FGTS. Multa de 40%. Diferenças decorrentes dos expurgos inflacionários. Prescrição. Termo inicial.

O termo inicial do prazo prescricional para o empregado pleitear em juízo diferenças da multa do FGTS, decorrentes dos expurgos inflacionários, deu-se com a vigência da Lei Complementar 110, em 30.06.2001, salvo comprovado trânsito em julgado de decisão proferida em ação proposta anteriormente na Justiça Federal, que reconheça o direito à atualização do saldo da conta vinculada.

► **OJ com redação mantida pela Res. 175/2011 do TST (DEJT 27.05.2011).**

345 – Adicional de periculosidade. Radiação ionizante ou substância radioativa. Devido.

A exposição do empregado à radiação ionizante ou à substância radioativa enseja a percepção do adicional de periculosidade, pois a regulamentação ministerial (Portarias do Ministério do Trabalho 3.393, de 17.12. 1987, e 518, de 07.04.2003), ao reputar perigosa a atividade, reveste-se de plena eficácia, porquanto expedida por força de delegação legislativa contida no art. 200, caput, e inciso VI, da CLT. No período de 12.12. 2002 a 06.04.2003, enquanto vigeu a Portaria 496 do Ministério do Trabalho, o empregado faz jus ao adicional de insalubridade.

346 – Abono previsto em norma coletiva. Natureza indenizatória. Concessão apenas aos empregados em atividade. Extensão aos inativos. Impossibilidade.

A decisão que estende aos inativos a concessão de abono de natureza jurídica indenizatória, previsto em norma coletiva apenas para os empregados em atividade, a ser pago de uma única vez, e confere natureza salarial à parcela, afronta o art. 7º, XXVI, da CF/88.

347 – Adicional de periculosidade. Sistema elétrico de potência. Lei 7.369, de 20.09.1985, regulamentada pelo Decreto 93.412, de 14.10.1986. Extensão do direito aos cabistas, instaladores e reparadores de linhas e aparelhos em empresa de telefonia.

É devido o adicional de periculosidade aos empregados cabistas, instaladores e reparadores de linhas e aparelhos de empresas de telefonia, desde que, no exercício de suas funções, fiquem expostos a condições de risco equivalente ao do trabalho exercido em contato com sistema elétrico de potência.

348 – Honorários advocatícios. Base de cálculo. Valor líquido. Lei 1.060, de 05.02.1950.

Os honorários advocatícios, arbitrados nos termos do art. 11, § 1º, da Lei 1.060, de 05.02.1950, devem incidir sobre o valor líquido da condenação, apurado na fase de liquidação de sentença, sem a dedução dos descontos fiscais e previdenciários.

► **O referido art. 11 da Lei 1.060/1950 foi revogado pela Lei 13.105/2015 (Novo CPC).**

349 – Mandato. Juntada de nova procuração. Ausência de ressalva. Efeitos.

A juntada de nova procuração aos autos, sem ressalva de poderes conferidos ao antigo patrono, implica revogação tácita do mandato anterior.

350 – Ministério Público do Trabalho. Nulidade do contrato de trabalho não suscitada pelo ente público no momento da defesa. Arguição em parecer. Possibilidade.

O Ministério Público do Trabalho pode arguir, em parecer, na primeira vez que tenha de se manifestar no processo, a nulidade do contrato de trabalho em favor de ente público, ainda que a parte não a tenha suscitado, a qual será apreciada, sendo vedada, no entanto, qualquer dilação probatória.

▶ OJ com redação pela Res. 162/2009 do TST (DJE 20.11.2009).

351 – CANCELADA pela Res. 163/2009 do TST – (DJE 20.11.2009).

Multa. Art. 477, § 8º, da CLT. Verbas rescisórias reconhecidas em juízo. Incabível a multa prevista no art. 477, § 8º, da CLT, quando houver fundada controvérsia quanto à existência da obrigação cujo inadimplemento gerou a multa.

352 – CANCELADA. Convertida na Súmula 442 – Res. 186/2012 do TST – (DEJT 25.09.2012).

Procedimento sumaríssimo. Recurso de revista fundamentado em contrariedade a orientação jurisprudencial. Inadmissibilidade. art. 896, § 6º, da CLT, acrescentado pela Lei 9.957, DE 12.01.2000. Nas causas sujeitas ao procedimento sumaríssimo, a admissibilidade de recurso de revista está limitada à demonstração de violação direta a dispositivo da Constituição Federal ou contrariedade a Súmula do Tribunal Superior do Trabalho, não se admitindo o recurso por contrariedade a Orientação Jurisprudencial deste Tribunal (Livro II, Título II, Capítulo III, do RITST), ante a ausência de previsão no art. 896, § 6º, da CLT.

353 – CANCELADA. Convertida na Súmula 455 – Res. 194/2014 do TST – (DEJT 21.05.2014).

Equiparação salarial. Sociedade de economia mista. Art. 37, XIII, da CF/1988. Possibilidade. À sociedade de economia mista não se aplica a vedação à equiparação prevista no art. 37, XIII, da CF/1988, pois, ao contratar empregados sob o regime da CLT, equipara-se a empregador privado, conforme disposto no art. 173, § 1º, II, da CF/1988.

354 – CANCELADA. Convertida no item III da Súmula 437 – Res. 186/2012 do TST – (DEJT 25.09.2012)

Intervalo intrajornada. ART. 71, § 4º, da CLT. Não concessão ou redução. Natureza jurídica salarial (DJ 14.03.2008) Possui natureza salarial a parcela prevista no art. 71, § 4º, da CLT, com redação introduzida pela Lei 8.923, de 27 de julho de 1994, quando não concedido ou reduzido pelo empregador o intervalo mínimo intrajornada para repouso e alimentação, repercutindo, assim, no cálculo de outras parcelas salariais.

355 – Intervalo interjornadas. Inobservância. Horas extras. Período pago como sobrejornada. Art. 66 da CLT. Aplicação analógica do § 4º do art. 71 da CLT.

O desrespeito ao intervalo mínimo interjornadas previsto no art. 66 da CLT acarreta, por analogia, os mesmos efeitos previstos no § 4º do art. 71 da CLT e na Súmula 110 do TST, devendo-se pagar a integralidade das horas que foram subtraídas do intervalo, acrescidas do respectivo adicional.

356 – Programa de incentivo à demissão voluntária (PDV). Créditos trabalhistas reconhecidos em juízo. Compensação. Impossibilidade.

Os créditos tipicamente trabalhistas reconhecidos em juízo não são suscetíveis de compensação com a indenização paga em decorrência de adesão do trabalhador a Programa de Incentivo à Demissão Voluntária (PDV).

357 – CANCELADA. Convertida na Súmula 434 – Res. 178/2012 do TST.

Recurso. Interposição antes da publicação do acórdão impugnado. Extemporaneidade. Não conhecimento. É extemporâneo recurso interposto antes de publicado o acórdão impugnado.

358 – Salário mínimo e piso salarial proporcional à jornada reduzida. Empregado. Servidor público. (Redação alterada pela Res. 202/2016 do TST – DJE 19.02.2016).

I – Havendo contratação para cumprimento de jornada reduzida, inferior à previsão constitucional de oito horas diárias ou quarenta e quatro semanais, é lícito o pagamento do piso salarial ou do salário mínimo proporcional ao tempo trabalhado.

Inciso I com redação pela Res. 202/2016 do TST (DJE 19.02.2016)

II – Na Administração Pública direta, autárquica e fundacional não é válida remuneração de empregado público inferior ao salário mínimo, ainda que cumpra jornada de trabalho reduzida. Precedentes do Supremo Tribunal Federal.

Inciso II acrescido pela Res. 202/2016 do TST (DJE 19.02.2016)

359 – Substituição processual. Sindicato. Legitimidade. Prescrição. Interrupção.

A ação movida por sindicato, na qualidade de substituto processual, interrompe a prescrição, ainda que tenha sido considerado parte ilegítima ad causam.

360 – Turno ininterrupto de revezamento. Dois turnos. Horário diurno e noturno. Caracterização.

Faz jus à jornada especial prevista no art. 7º, XIV, da CF/1988 o trabalhador que exerce suas atividades em sistema de alternância de turnos, ainda que em 2 (dois) turnos de trabalho, que compreendam, no todo ou em parte, o horário diurno e o noturno, pois submetido à alternância de horário prejudicial à saúde, sendo irrelevante que a atividade da empresa se desenvolva de forma ininterrupta.

361 – Aposentadoria espontânea. Unicidade do contrato de trabalho. Multa de 40% do FGTS sobre todo o período.

A aposentadoria espontânea não é causa de extinção do contrato de trabalho se o empregado permanece prestando serviços ao empregador após a jubilação. Assim, por ocasião da sua dispensa imotivada, o empregado tem direito à multa de 40% (quarenta por cento) do FGTS sobre a totalidade dos depósitos efetuados no curso do pacto laboral.

362 – Contrato nulo. Efeitos. FGTS. Medida Provisória 2.164-41, de 24.08.2001, e art. 19-A da Lei 8.036, de 11.05.1990. Irretroatividade.

Não afronta o princípio da irretroatividade da lei a aplicação do art. 19-A da Lei 8.036, de 11.05.1990, aos contratos declarados nulos celebrados antes da vigência da Medida Provisória 2.164-41, de 24.08.2001.

363 – CANCELADA pela Res. 219/2017 do TST (DJET 28.06.2017).

Descontos previdenciários e fiscais. Condenação do empregador em razão do inadimplemento de verbas remuneratórias. Responsabilidade do empregado pelo pagamento. Abrangência (cancelada em decorrência da aglutinação da sua parte final ao item II da Súmula 368 do TST). A responsabilidade pelo recolhimento das contribuições social e fiscal, resultante de condenação judicial referente a verbas remuneratórias, é do empregador e incide sobre o total da condenação. Contudo, a culpa do empregador pelo inadimplemento das verbas remuneratórias não exime a responsabilidade do empregado pelos pagamentos do imposto de renda devido e da contribuição previdenciária que recaia sobre sua quota-parte.

364 – Estabilidade. Art. 19 do ADCT. Servidor público de fundação regido pela CLT.

Fundação instituída por lei e que recebe dotação ou subvenção do Poder Público para realizar atividades de interesse do Estado, ainda que tenha personalidade jurídica de direito privado, ostenta natureza de fundação pública. Assim, seus servidores regidos pela CLT são beneficiários da estabilidade excepcional prevista no art. 19 do ADCT.

365 – Estabilidade Provisória. Membro de Conselho Fiscal de Sindicato. Inexistência.

Membro de conselho fiscal de sindicato não tem direito à estabilidade prevista nos arts. 543, § 3º, da CLT e 8º, VIII, da CF/1988, porquanto não representa ou atua na defesa de direitos da categoria respectiva, tendo sua competência limitada à fiscalização da gestão financeira do sindicato (art. 522, § 2º, da CLT).

366 – Estagiário. Desvirtuamento do contrato de estágio. Reconhecimento do vínculo empregatício com a Administração Pública Direta ou Indireta. Período posterior à Constituição Federal de 1988. Impossibilidade.

Ainda que desvirtuada a finalidade do contrato de estágio celebrado na vigência da Constituição Federal de 1988, é inviável o reconhecimento do vínculo empregatício com ente da Administração Pública direta ou indireta, por força do art. 37, II, da CF/1988, bem como o deferimento de indenização pecuniária, exceto em relação às parcelas previstas na Súmula 363 do TST, se requeridas.

367 – Aviso-prévio de 60 (sessenta) dias. Elastecimento por norma coletiva. Projeção. Reflexos nas parcelas trabalhistas.

O prazo de aviso-prévio de 60 (sessenta) dias, concedido por meio de norma coletiva que silencia sobre alcance de seus efeitos jurídicos, computa-se integralmente como tempo de serviço, nos termos do § 1º do art. 487 da CLT, repercutindo nas verbas rescisórias.

368 – Descontos previdenciários. Acordo homologado em juízo. Inexistência de vínculo empregatício. Parcelas indenizatórias. Ausência de discriminação. Incidência sobre o valor total.

É devida a incidência das contribuições para a Previdência Social sobre o valor total do acordo homologado em juízo, independentemente do reconhecimento de vínculo de emprego, desde que não haja discriminação das parcelas sujeitas à incidência da contribuição previdenciária, conforme parágrafo único do art. 43 da Lei 8.212, de 24.07.1991, e do art. 195, I, a, da CF/1988.

369 – Estabilidade provisória. Delegado sindical. Inaplicável.

O delegado sindical não é beneficiário da estabilidade provisória prevista no art. 8º, VIII, da CF/1988, a qual é dirigida, exclusivamente, àqueles que exerçam ou ocupem cargos de direção nos sindicatos, submetidos a processo eletivo.

370 – FGTS. Multa de 40% (quarenta por cento). Diferenças dos expurgos inflacionários. Prescrição. Interrupção decorrente de protestos judiciais.

O ajuizamento de protesto judicial dentro do biênio posterior à Lei Complementar 110, de 29.06.2001, interrompe a prescrição, sendo irrelevante o transcurso de mais de 2 (dois) anos da propositura de outra medida acautelatória, com o mesmo objetivo, ocorrida antes da vigência da referida lei, pois ainda não iniciado o prazo prescricional, conforme disposto na Orientação Jurisprudencial 344 da SDI-1.

371 – Irregularidade de representação. Substabelecimento não datado. Inaplicabilidade do art. 654, § 1º, do Código Civil.

Não caracteriza a irregularidade de representação a ausência da data da outorga de poderes, pois, no mandato judicial, ao contrário do mandato civil, não é condição de validade do negócio jurídico. Assim, a data a ser considerada é aquela em que o instrumento for juntado aos autos, conforme preceitua o art. 409, IV, do CPC de 2015 (art. 370, IV, do CPC de 1973). Inaplicável o art. 654, § 1º, do Código Civil.

► OJ com redação pela Res. 208/2016 do TST (DEJT 22, 23 e 24.04.2016).

372 – CANCELADA. Convertida na Súmula 449 – Res. 194/2014 do TST – (DEJT 21.05.2014).

Minutos que antecedem e sucedem a jornada de trabalho. Lei 10.243, de 27.06.2001. Norma coletiva. Flexibilização. Impossibilidade. A partir da vigência da Lei 10.243, de 27.06.2001, que acrescentou o § 1º ao art. 58 da CLT, não mais prevalece cláusula prevista em convenção ou acordo coletivo que elastece o limite de 5 minutos que antecedem e sucedem a jornada de trabalho para fins de apuração das horas extras.

373 – CANCELADA. Convertida na Súmula 456 – Res. 194/2014 do TST – (DEJT 21.05.2014).

Representação. Pessoa jurídica. Procuração. Invalidade. Identificação do outorgante e de seu representante. É inválido o instrumento de mandato firmado em nome de pessoa jurídica que não contenha, pelo menos, o nome da entidade outorgante e do signatário da procuração, pois estes dados constituem elementos que os individualizam.

► OJ com redação pela Res. 170/2010 do TST (DJE 19.11.2010).

374 – Agravo de instrumento. Representação processual. Regularidade. Procuração ou substabelecimento com cláusula limitativa de poderes ao âmbito do Tribunal Regional do Trabalho.

É regular a representação processual do subscritor do agravo de instrumento ou do recurso de revista que detém mandato com poderes de representação limitados ao âmbito do Tribunal Regional do Trabalho, pois, embora a apreciação desse recurso seja realizada pelo Tribunal Superior do Trabalho, a sua interposição é ato praticado perante o Tribunal Regional do Trabalho, circunstância que legitima a atuação do advogado no feito.

375 – Auxílio-doença. Aposentadoria por invalidez. Suspensão do contrato de trabalho. Prescrição. Contagem.

A suspensão do contrato de trabalho, em virtude da percepção do auxílio-doença ou da aposentadoria por invalidez, não impede a fluência da prescrição quinquenal, ressalvada a hipótese de absoluta impossibilidade de acesso ao Judiciário.

376 – Contribuição previdenciária. Acordo homologado em juízo após o trânsito em julgado da sentença condenatória. Incidência sobre o valor homologado.

É devida a contribuição previdenciária sobre o valor do acordo celebrado e homologado após o trânsito em julgado de decisão judicial, respeitada a proporcionalidade de valores entre as parcelas de natureza salarial e indenizatória deferidas na decisão condenatória e as parcelas objeto do acordo.

377 – CANCELADA pela Res. 204/2016 do TST – (DEJT 21.03.2016)

Embargos de declaração. Decisão denegatória de recurso de revista exarado por presidente do TRT. Descabimento. Não interrupção do prazo recursal. Não cabem embargos de declaração interpostos contra decisão de admissibilidade do recurso de revista, não tendo o efeito de interromper qualquer prazo recursal.

378 – Embargos. Interposição contra decisão monocrática. Não cabimento.

Não encontra amparo no art. 894 da CLT, quer na redação anterior quer na redação posterior à Lei 11.496, de 22.06.2007, recurso de embargos interposto à decisão monocrática exarada nos moldes do art. 932 do CPC de 2015 (art. 557 do CPC de 1973), pois o comando legal restringe seu cabimento à pretensão de reforma de decisão colegiada proferida por Turma do Tribunal Superior do Trabalho.

► OJ com redação pela Res. 208/2016 do TST (DEJT 22, 23 e 24.04.2016)

379 – Empregado de Cooperativa de Crédito. Bancário. Equiparação. Impossibilidade.

Os empregados de cooperativas de crédito não se equiparam a bancário, para efeito de aplicação do art. 224 da CLT, em razão da inexistência de expressa previsão legal, considerando, ainda, as diferenças estruturais e operacionais entre as instituições financeiras e as cooperativas de crédito. Inteligência das Leis 4.595, de 31.12.1964 e 5.764, de 16.12.1971.

► OJ republicada no DJE de 29.03.2017.

380 – CANCELADA. Convertida no item IV da Súmula 437 – Res. 186/2012 do TST – (DEJT 25.09.2012)

Intervalo intrajornada. Jornada contratual de 6 (seis) horas diárias. Prorrogação habitual. Aplicação do art. 71, caput e § 4º, da CLT (DEJT divulgado em 19, 20 e 22.04.2010). Ultrapassada habitualmente a jornada de seis horas de trabalho, é devido o gozo do intervalo intrajornada mínimo de 1 (uma) hora, obrigando o empregador a remunerar o período para descanso e alimentação não usufruído como extra, acrescido do respectivo adicional, na forma prevista no art. 71, caput e § 4, da CLT.

381 – CANCELADA. Incorporação ao item I da Súmula 437 – Res. 186/2012 do TST – (DEJT 25.09.2012)

Intervalo intrajornada. Rurícola. Lei 5.889, de 08.06.1973. Supressão total ou parcial. Decreto 73.626, de 12.02.1974. Aplicação do art. 71, § 4º, da CLT. (DEJT divulgado em 19, 20 e 22.04.2010). A não concessão total ou parcial do intervalo mínimo intrajornada de uma hora ao trabalhador rural, fixado no Decreto 73.626, de 12.02.1974, que regulamentou a Lei 5.889, de 08.06.1973, acarreta o pagamento do período total, acrescido do respectivo adicional, por aplicação subsidiária do art. 71, § 4º, da CLT.

382 – Juros de mora. Art. 1º-F da Lei 9.494, de 10.09.1997. Inaplicabilidade à Fazenda Pública quando condenada subsidiariamente.

A Fazenda Pública, quando condenada subsidiariamente pelas obrigações trabalhistas devidas pela empregadora principal, não se beneficia da limitação dos juros, prevista no art. 1º-F da Lei 9.494, de 10.09.1997.

383 – Terceirização. Empregados da empresa prestadora de serviços e da tomadora. Isonomia. Art. 12, a, da Lei 6.019, de 03.01.1974. (Mantida).

A contratação irregular de trabalhador, mediante empresa interposta, não gera vínculo de emprego com ente da Administração Pública, não afastando, contudo, pelo princípio da isonomia, o direito dos empregados terceirizados às mesmas verbas trabalhistas legais e normativas asseguradas àqueles contratados pelo tomador dos serviços, desde que presente a igualdade de funções. Aplicação analógica do art. 12, a, da Lei 6.019, de 03.01.1974.

OJ com redação mantida pela Res. 175/2011 do TST (DEJT 27.05.2011).

384 – CANCELADA pela Res. 186/2012 do TST – (DEJT 25.09.2012)

Trabalhador avulso. Prescrição bienal. Termo inicial. É aplicável a prescrição bienal prevista no art. 7º, XXIX, da Constituição de 1988 ao trabalhador avulso, tendo como marco inicial a cessação do trabalho ultimado para cada tomador de serviço.

385 – Adicional de periculosidade. Devido. Armazenamento de líquido inflamável no prédio. Construção vertical.

É devido o pagamento do adicional de periculosidade ao empregado que desenvolve suas atividades em edifício (construção vertical), seja em pavimento igual ou distinto daquele onde estão instalados tanques para armazenamento de líquido inflamável, em quantidade acima do limite legal, considerando-se como área de risco toda a área interna da construção vertical.

386 – CANCELADA. Convertida na Súmula 450 – Res. 194/2014 do TST – (DEJT 21.05.2014).

Férias. Gozo na época própria. Pagamento fora do prazo. Dobra devida. Arts. 137 e 145 da CLT. É devido o pagamento em dobro da remuneração de férias, incluído o terço constitucional, com base no art. 137 da CLT, quando, ainda que gozadas na época própria, o empregador tenha descumprido o prazo previsto no art. 145 do mesmo diploma legal.

387 – CANCELADA. Convertida na Súmula 457 – Res. 194/2014 do TST – (DEJT 21.05.2014).

Honorários periciais. Beneficiário da justiça gratuita. Responsabilidade da União pelo pagamento. Resolução 35/2007 do CSJT. Observância. A União é responsável pelo pagamento dos honorários de perito quando a parte sucumbente no objeto da perícia for beneficiária da assistência judiciária gratuita, observado o procedimento disposto nos arts. 1º, 2º e 5º da Resolução 35/2007 do Conselho Superior da Justiça do Trabalho – CSJT.

388 – Jornada 12x36. Jornada mista que compreenda a totalidade do período noturno. Adicional noturno. Devido.

O empregado submetido à jornada de 12 (doze) horas de trabalho por 36 (trinta e seis) de descanso, que compreenda a totalidade do período noturno, tem direito ao adicional noturno, relativo às horas trabalhadas após as 5 horas da manhã.

389 – Multa Prevista no Art. 1.021, §§ 4º E 5º, do CPC de 2015. Art. 557, § 2º, do CPC de 1973. Recolhimento. Pressuposto Recursal. Beneficiário da Justiça Gratuita e Fazenda Pública. Pagamento ao Final. (nova redação em decorrência do CPC de 2015)

Constitui ônus da parte recorrente, sob pena de deserção, depositar previamente a multa aplicada com fundamento nos §§ 4º e 5º, do art. 1.021, do CPC de 2015 (§ 2º do art. 557 do CPC de 1973), à exceção da Fazenda Pública e do beneficiário de justiça gratuita, que farão o pagamento ao final.

▶ **OJ com redação pela Res. 209/2016 do TST (DEJT 01.06.2016).**

390 – CANCELADA. Convertida na Súmula 451 – Res. 194/2014 do TST – (DEJT 21.05.2014).

Participação nos lucros e resultados. Rescisão contratual anterior à data da distribuição dos lucros. Pagamento proporcional aos meses trabalhados. Princípio da isonomia. Fere o princípio da isonomia instituir vantagem mediante acordo coletivo ou norma regulamentar que condiciona a percepção da parcela participação nos lucros e resultados ao fato de estar o contrato de trabalho em vigor na data prevista para a distribuição dos lucros. Assim, inclusive na rescisão contratual antecipada, é devido o pagamento da parcela de forma proporcional aos meses trabalhados, pois o ex-empregado concorreu para os resultados positivos da empresa.

391 – Portuários. Submissão prévia de demanda a comissão paritária. Lei 8.630, de 25.02.1993. Inexigibilidade.

A submissão prévia de demanda a comissão paritária, constituída nos termos do art. 23 da Lei 8.630, de 25.02.1993 (Lei dos Portos), não é pressuposto de constituição e desenvolvimento válido e regular do processo, ante a ausência de previsão em lei.

392 – Prescrição. Interrupção. Ajuizamento de protesto judicial. Marco Inicial. (atualizada em decorrência do CPC de 2015)

O protesto judicial é medida aplicável no processo do trabalho, por força do art. 769 da CLT e do art. 15 do CPC de 2015. O ajuizamento da ação, por si só, interrompe o prazo prescricional, em razão da inaplicabilidade do § 2º do art. 240 do CPC de 2015 (§ 2º do art. 219 do CPC de 1973), incompatível com o disposto no art. 841 da CLT.

▶ **OJ republicada pela Res. 209/2016 do TST (DEJT 01.06.2016).**

393 – Professor. Jornada de trabalho especial. Art. 318 da CLT. Salário mínimo. Proporcionalidade.

A contraprestação mensal devida ao professor, que trabalha no limite máximo da jornada prevista no art. 318 da CLT, é de um salário mínimo integral, não se cogitando do pagamento proporcional em relação a jornada prevista no art. 7º, XIII, da Constituição Federal.

394 – Repouso semanal remunerado – RSR. Integração das horas extras. Não repercussão no cálculo das férias, do décimo terceiro salário, do aviso-prévio e dos depósitos do FGTS.

A majoração do valor do repouso semanal remunerado, em razão da integração das horas extras habitualmente prestadas, não repercute no cálculo das férias, da gratificação natalina, do aviso-prévio e do FGTS, sob pena de caracterização de bis in idem.

395 – Turno ininterrupto de revezamento. Hora noturna reduzida. Incidência.

O trabalho em regime de turnos ininterruptos de revezamento não retira o direito à hora noturna reduzida, não havendo incompatibilidade entre as disposições contidas nos arts. 73, § 1º, da CLT e 7º, XIV, da Constituição Federal.

396 – Turnos ininterruptos de revezamento. Alteração da jornada de 8 para 6 horas diárias. Empregado horista. Aplicação do divisor 180.

Para o cálculo do salário-hora do empregado horista, submetido a turnos ininterruptos de revezamento, considerando a alteração da jornada de 8 para 6 horas diárias, aplica-se o divisor 180, em observância ao disposto no art. 7º, VI, da Constituição Federal, que assegura a irredutibilidade salarial.

397 – Comissionista misto. Horas extras. Base de cálculo. Aplicação da súmula 340 do TST.

O empregado que recebe remuneração mista, ou seja, uma parte fixa e outra variável, tem direito a horas extras pelo trabalho em sobrejornada. Em relação à parte fixa, são devidas as horas simples acrescidas do adicional de horas extras. Em relação à parte variável, é devido somente o adicional de horas extras, aplicando-se à hipótese o disposto na Súmula 340 do TST.

398 – Contribuição previdenciária. Acordo homologado em juízo sem reconhecimento de vínculo de emprego. Contribuinte individual. Recolhimento da alíquota de 20% (vinte por cento) a cargo do tomador e 11% (onze por cento) a cargo do prestador de serviços.

Nos acordos homologados em juízo em que não haja o reconhecimento de vínculo empregatício, é devido o recolhimento da contribuição previdenciária, mediante a alíquota de 20% (vinte por cento) a cargo do tomador de serviços e de 11% (onze por cento) por parte do prestador de serviços, na qualidade de contribuinte individual, sobre o valor total do acordo, respeitado o teto de contribuição. Inteligência do § 4º do art. 30 e do inciso III do art. 22, todos da Lei 8.212, de 24.07.1991.

399 – Estabilidade Provisória. Ação trabalhista ajuizada após o término do período de garantia no emprego. Abuso do exercício do direito de ação. Não configuração. Indenização devida.

O ajuizamento de ação trabalhista após decorrido o período de garantia de emprego não configura abuso do exercício do direito de ação, pois este está submetido apenas ao prazo prescricional inscrito no art. 7º, XXIX, da CF/1988, sendo devida a indenização desde a dispensa até a data do término do período estabilitário.

400 – Imposto de renda. Base de cálculo. Juros de mora. Não integração. Art. 404 do Código Civil Brasileiro.

Os juros de mora decorrentes do inadimplemento de obrigação de pagamento em dinheiro não integram a base de cálculo do imposto de renda, independentemente da natureza jurídica da obrigação inadimplida, ante o cunho indenizatório conferido pelo art. 404 do Código Civil de 2002 aos juros de mora.

401 – Prescrição. Marco inicial. Ação condenatória. Trânsito em julgado da ação declaratória com mesma causa de pedir remota ajuizada antes da extinção do contrato de trabalho.

O marco inicial da contagem do prazo prescricional para o ajuizamento de ação condenatória, quando advém a dispensa do empregado no curso de ação declaratória que possua a mesma causa de pedir remota, é o trânsito em julgado da decisão proferida na ação declaratória e não a data da extinção do contrato de trabalho.

402 – Adicional de risco. Portuário. Terminal privativo. Arts. 14 e 19 da Lei 4.860, de 26.11.1965. Indevido. (Mantida).

O adicional de risco previsto no artigo 14 da Lei 4.860, de 26.11.1965, aplica-se somente aos portuários que trabalham em portos organizados, não podendo ser conferido aos que operam terminal privativo.

► **OJ com redação mantida pela Res. 175/2011 do TST (DEJT 27.05.2011).**

403 – Advogado empregado. Contratação anterior a Lei 8.906, de 04.07.1994. Jornada de trabalho mantida com o advento da Lei. Dedicação exclusiva. Caracterização.

O advogado empregado contratado para jornada de 40 (quarenta) horas semanais, antes da edição da Lei 8.906, de 04.07.1994, está sujeito ao regime de dedicação exclusiva disposto no art. 20 da referida lei, pelo que não tem direito à jornada de 20 (vinte) horas semanais ou 4 diárias.

404 – CANCELADA. Convertida na Súmula 452 – Res. 194/2014 do TST – (DEJT 21.05.2014).

Diferenças salariais. Plano de cargos e salários. Descumprimento. Critérios de promoção não observados. Prescrição parcial. Tratando-se de pedido de pagamento de diferenças salariais decorrentes da inobservância dos critérios de promoção estabelecidos em Plano de Cargos e Salários criado pela empresa, a prescrição aplicável é a parcial, pois a lesão é sucessiva e se renova mês a mês.

405 – CANCELADA. Convertida na Súmula 458 – Res. 194/2014 do TST – (DEJT 21.05.2014).

Embargos. Procedimento sumaríssimo. Conhecimento. Recurso interposto após vigência da Lei 11.496, de 22.06.2007, que conferiu nova redação ao art. 894, II, da CLT. Em causas sujeitas ao procedimento sumaríssimo, em que pese a limitação imposta no art. 896, § 6º, da CLT à interposição de recurso de revista, admite-se os embargos interpostos na vigência da Lei 11.496, de 22.06.2007, que conferiu nova redação ao art. 894 da CLT, quando demonstrada a divergência jurisprudencial entre Turmas do TST, fundada em interpretações diversas acerca da aplicação de mesmo dispositivo constitucional ou de matéria sumulada.

406 – CANCELADA. Convertida na Súmula 453 – Res. 194/2014 do TST – (DEJT 21.05.2014).

Adicional de periculosidade. Pagamento espontâneo. Caracterização de fato incontroverso. Desnecessária a perícia de que trata o art. 195 da CLT. O pagamento de adicional de periculosidade efetuado por mera liberalidade da empresa, ainda que de forma proporcional ao tempo de exposição ao risco ou em percentual inferior ao máximo legalmente previsto, dispensa a realização da prova técnica exigida pelo art. 195 da CLT, pois torna incontroversa a existência do trabalho em condições perigosas.

407 – Jornalista. Empresa não jornalística. Jornada de trabalho reduzida. Arts. 302 e 303 da CLT.

O jornalista que exerce funções típicas de sua profissão, independentemente do ramo de atividade do empregador, tem direito à jornada reduzida prevista no artigo 303 da CLT.

408 – Juros de mora. Empresa em liquidação extrajudicial. Sucessão trabalhista.

É devida a incidência de juros de mora em relação aos débitos trabalhistas de empresa em liquidação extrajudicial sucedida nos moldes dos arts. 10 e 448 da CLT. O sucessor responde pela obrigação do sucedido, não se beneficiando de qualquer privilégio a este destinado.

409 – Multa por Litigância de Má-Fé. Recolhimento. Pressuposto Recursal. Inexigibilidade. (nova redação em decorrência do CPC de 2015)

O recolhimento do valor da multa imposta como sanção por litigância de má-fé (art. 81 do CPC de 2015 – art. 18 do CPC de 1973) não é pressuposto objetivo para interposição dos recursos de natureza trabalhista.

OJ com redação pela Res. 209/2016 do TST (DEJT 01.06.2016).

410 – Repouso semanal remunerado. Concessão após o sétimo dia consecutivo de trabalho. Art. 7º, XV, da CF. Violação.

Viola o art. 7º, XV, da CF a concessão de repouso semanal remunerado após o 7º (sétimo) dia consecutivo de trabalho, importando no seu pagamento em dobro.

411 – Sucessão trabalhista. Aquisição de empresa pertencente a grupo econômico.

Responsabilidade solidária do sucessor por débitos trabalhistas de empresa não adquirida. Inexistência.

O sucessor não responde solidariamente por débitos trabalhistas de empresa não adquirida, integrante do mesmo grupo econômico da empresa sucedida, quando, à época, a empresa devedora direta era solvente ou idônea economicamente, ressalvada a hipótese de má-fé ou fraude na sucessão.

412 – Agravo Interno ou Agravo Regimental. Interposição em Face de Decisão colegiada. Não Cabimento. Erro Grosseiro. Inaplicabilidade do Princípio da Fungibilidade Recursal (nova redação em decorrência do CPC de 2015)

É incabível agravo interno (art. 1.021 do CPC de 2015, art. 557, §1º, do CPC de 1973) ou agravo regimental (art. 235 do RITST) contra decisão proferida por Órgão colegiado. Tais recursos destinam-se, exclusivamente, a impugnar decisão monocrática nas hipóteses previstas. Inaplicável, no caso, o princípio da fungibilidade ante a configuração de erro grosseiro.

OJ com redação pela Res. 209/2016 do TST (DEJT 01.06.2016).

413 – Auxílio-alimentação. Alteração da natureza jurídica. Norma coletiva ou adesão ao PAT.

A pactuação em norma coletiva conferindo caráter indenizatório à verba "auxílio-alimentação" ou a adesão posterior do empregador ao Programa de Alimentação do Trabalhador – PAT – não altera a natureza salarial da parcela, instituída anteriormente, para aqueles empregados que, habitualmente, já percebiam o benefício, a teor das Súmulas 51, I, e 241 do TST.

414 – CANCELADA. Convertida na Súmula 454 – Res. 194/2014 do TST – (DEJT 21.05.2014).

Competência da justiça do trabalho. Execução de ofício. Contribuição social referente ao seguro de acidente de trabalho (SAT). Arts. 114, VIII, e 195, I, "a", da Constituição da República. Compete à Justiça do Trabalho a execução, de ofício, da contribuição referente ao Seguro de Acidente de Trabalho (SAT), que tem natureza de contribuição para a seguridade social (arts. 114, VIII, e 195, I, a, da CF), pois se destina ao financiamento de benefícios relativos à incapacidade do empregado decorrente de infortúnio no trabalho (arts. 11 e 22 da Lei 8.212/1991).

415 – Horas extras. Reconhecimento em juízo. Critério de dedução/abatimento dos valores comprovadamente pagos no curso do contrato de trabalho.

A dedução das horas extras comprovadamente pagas daquelas reconhecidas em juízo não pode ser limitada ao mês de apuração, devendo ser integral e aferida pelo total das horas extraordinárias quitadas durante o período imprescrito do contrato de trabalho.

416 – Imunidade de jurisdição. Organização ou organismo internacional.

As organizações ou organismos internacionais gozam de imunidade absoluta de jurisdição quando amparados por norma internacional incorporada ao ordenamento jurídico brasileiro, não se lhes aplicando a regra do Direito Consuetudinário relativa à natureza dos atos praticados. Excepcionalmente, prevalecerá a jurisdição brasileira na hipótese de renúncia expressa à cláusula de imunidade jurisdicional.

417 – Prescrição. Rurícola. Emenda constitucional 28, de 26.05.2000. Contrato de trabalho em curso.

Não há prescrição total ou parcial da pretensão do trabalhador rural que reclama direitos relativos a contrato de trabalho que se encontrava em curso à época da promulgação da Emenda Constitucional 28, de 26.05.2000, desde que ajuizada a demanda no prazo de 5 (cinco) anos de sua publicação, observada a prescrição bienal.

418 – Equiparação Salarial. Plano de Cargos e Salários. Aprovação por Instrumento Coletivo. Ausência de Alternância de Critérios de Promoção por Antiguidade e Merecimento.

Não constitui óbice à equiparação salarial a existência de plano de cargos e salários que, referendado por norma coletiva, prevê critério de promoção apenas por merecimento ou antiguidade, não atendendo, portanto, o requisito de alternância dos critérios, previsto no art. 461, § 2º, da CLT.

419 – CANCELADA pela Res. 200/2015 do TST – (DJE 29.10.2015).

Considera-se rurícola empregado que, a despeito da atividade exercida, presta serviços a empregador agroindustrial (art. 3º, § 1º, da Lei 5.889, de 08.06.1973), visto que, neste caso, é a atividade preponderante da empresa que determina o enquadramento.

420 – Turnos ininterruptos de revezamento. Elastecimento da jornada de trabalho. Norma coletiva com eficácia retroativa. Invalidade.

É inválido o instrumento normativo que, regularizando situações pretéritas, estabelece jornada de 8 (oito) horas para o trabalho em turnos ininterruptos de revezamento.

421. Honorários advocatícios. Ação de indenização por danos morais e materiais decorrentes de acidente de trabalho ou de doença profissional. Ajuizamento perante a justiça comum antes da promulgação da emenda constitucional 45/2004. Posterior remessa dos autos à Justiça do Trabalho. Art. 85 do CPC de 2015. Art. 20 do CPC de 1973. Incidência.

A condenação em honorários advocatícios nos autos de ação de indenização por danos morais e materiais decorrentes de acidente de trabalho ou de doença profissional, remetida à Justiça do Trabalho após ajuizamento na Justiça comum, antes da vigência da Emenda Constitucional 45/2004, decorre da mera sucumbência, nos termos do art. 85 do CPC de 2015 (art. 20 do CPC de 1973), não se sujeitando aos requisitos da Lei 5.584/1970.

▶ OJ com redação pela Res. 208/2016 do TST (DEJT 22, 23 e 24.04.2016)

ORIENTAÇÕES JURISPRUDENCIAIS DA SDI-I – TRANSITÓRIA – TST

1. FGTS. Multa de 40%. Complementação. Indevida. (Inserida em 02.10.1997)

A rescisão contratual operada antes da vigência da Constituição Federal de 1988, com o pagamento da multa sobre os depósitos do FGTS no percentual de 10% (dez por cento), é ato jurídico perfeito, não se admitindo retroatividade. Assim, indevido o deferimento da complementação, a título de diferenças de multa do FGTS, do percentual de 30% (trinta por cento), referente ao período do primeiro contrato rescindido e pago de acordo com a norma vigente à época (Lei 5.107/1966, art. 6º).

▶ OJ alterada pela Res. 129/2005 do TST (DJU 20.04.2005).

2. CSN. Licença remunerada.

É devido o valor das horas extras até então habitualmente prestadas.

3. Súmula 337. Inaplicabilidade. (Inserida em 02.10.1997).

A Súmula 337 do TST é inaplicável a recurso de revista interposto anteriormente à sua vigência.

▶ OJ alterada pela Res. 129/2005 do TST (DJU 20.04.2005).

4. CANCELADA pela Res. 175/2011 do TST.

Mineração Morro Velho. Adicional de insalubridade. Base de cálculo. Acordo coletivo. Prevalência. (Inserida em 02.10.1997)

O acordo coletivo estabelecido com a Mineração Morro Velho sobrepõe-se aos comandos da lei, quando as partes, com o propósito de dissipar dúvidas e nos exatos limites de seu regular direito de negociação, livremente acordaram parâmetros para a base de cálculo do adicional de insalubridade.

5. Servita. Bonificação de assiduidade e produtividade paga semanalmente. Repercussão no repouso semanal remunerado. (Inserida em 02.10.1997).

O valor das bonificações de assiduidade e produtividade, pago semanalmente e em caráter permanente pela empresa Servita, visando incentivar o melhor rendimento dos empregados, possui natureza salarial, repercutindo no cálculo do repouso semanal remunerado.

▶ **OJ alterada pela Res. 129/2005 do TST (DJU 20.04.2005).**

6. Adicional de produtividade. Decisão normativa. Vigência. Limitação.

O adicional de produtividade previsto na decisão normativa, proferida nos autos do Dissídio Coletivo DC-TST 6/1979, tem sua eficácia limitada à vigência do respectivo instrumento normativo.

7. BANRISUL. Complementação de aposentadoria. ADI e cheque-rancho. Não integração. Inserida em 19.10.2000 (nova redação em decorrência da incorporação da Orientação Jurisprudencial Transitória 8 da SDI-1).

As parcelas ADI e cheque-rancho não integram a complementação de aposentadoria dos empregados do BANRISUL. (ex-OJ Transitória 8 da SDI-1 - inserida em 19.10.2000).

▶ **OJ alterada pela Res. 129/2005 do TST (DJU 20.04.2005).**

8. CANCELADA. Incorporação à OJ Transitória 7 da SDI-1 - Res. 129/2005 do TST - (DJU 20.04.2005).

BANRISUL. Complementação de aposentadoria. Cheque-rancho. Não Integração. (Inserida em 19.10.2000).

9. BNCC. Garantia de emprego. Não assegurada.

O Regulamento do BNCC não garante a estabilidade ao empregado nos moldes daquela prevista na CLT, mas apenas a garantia no emprego, ou seja, a garantia contra a despedida imotivada.

10. BNCC. Juros. Súmula 304 do TST. Inaplicável.

A extinção do BNCC não foi decretada pelo Banco Central mas por deliberação de seus acionistas. Portanto, inaplicável a Súmula 304 do TST e, em seus débitos trabalhistas, devem incidir os juros de mora.

11. Complementação de aposentadoria. CEAGESP.

Para o empregado se beneficiar da aposentadoria integral, prevista no § 1º do art. 16 do Regulamento Geral 1/1963, da CEAGESP, o empregado deverá contar com 30 anos ou mais de efetivo serviço à CEAGESP.

12. CSN. Adicional de insalubridade e de periculosidade. Salário complessivo. Prevalência do acordo coletivo. (Inserida em 19.10.2000).

O pagamento do adicional de insalubridade e periculosidade embutido no salário contratual dos empregados da CSN não caracteriza a complessividade salarial, uma vez que essa forma de pagamento decorre de acordo coletivo há muitos anos em vigor.

▶ **OJ alterada pela Res. 129/2005 do TST (DJU 20.04.2005).**

13. CSN. Licença remunerada. Aviso-prévio. Concomitância. Possibilidade.

Devido às circunstâncias especialíssimas ocorridas na CSN (Próspera), considera-se válida a concessão de aviso-prévio durante o período da licença remunerada.

14. Defensoria pública. Opção pela carreira.

Servidor investido na função de defensor público até a data em que foi instalada a Assembleia Nacional Constituinte tem direito à opção pela carreira, independentemente de realização de concurso público (celetista ou estatutário), bastando que a opção tenha sido feita até a data supra.

15. ENERGIPE. Participação nos lucros. Incorporação anterior à CF/1988. Natureza salarial.

A parcela participação nos lucros, incorporada ao salário do empregado anteriormente à CF/1988, possui natureza salarial e gera reflexos em todas as verbas salariais.

16. Agravo de instrumento interposto na vigência da Lei 9.756/1998 e anteriormente à edição da IN 16/1999 do TST. Traslado de peças. Obrigatoriedade.

Não há como dizer que a exigência de traslado de peças necessárias ao julgamento de ambos os recursos (o agravo e o recurso principal) somente se tornou obrigatória após a edição da IN 16/1999, pois trata-se apenas de meio destinado à interpretação acerca das novas exigências que se tornaram efetivas a partir da vigência da Lei 9.756/1998.

17. Agravo de instrumento interposto na vigência da Lei 9.756/1998. Embargos declaratórios.

Para comprovar a tempestividade do recurso de revista, basta a juntada da certidão de publicação do acórdão dos embargos declaratórios opostos perante o Regional, se conhecidos.

18. Agravo de instrumento interposto na vigência da Lei 9.756/1998. Peça indispensável. Certidão de publicação do acórdão regional. Necessária a juntada, salvo se nos autos houver elementos que atestem a tempestividade da revista.

A certidão de publicação do acórdão regional é peça essencial para a regularidade do traslado do agravo de instrumento, porque imprescindível para aferir a tempestividade do recurso de revista e para viabilizar, quando provido, seu imediato julgamento, salvo se nos autos houver elementos que atestem a tempestividade da revista.

19. Agravo de instrumento. Interposto na vigência da Lei 9.756/1998. Peças dispensáveis à compreensão da controvérsia. Desnecessária a juntada.

Mesmo na vigência da Lei 9.756/1998, a ausência de peças desnecessárias à compreensão da controvérsia, ainda que relacionadas no inciso I do § 5º do art. 897 da CLT, não implica o não conhecimento do agravo.

20. Agravo de instrumento. Ministério Público. Pressupostos extrínsecos.

Para aferição da tempestividade do AI interposto pelo Ministério Público, desnecessário o traslado da certidão de publicação do despacho agravado, bastando a juntada da cópia da intimação pessoal na qual conste a respectiva data de recebimento (LC 75/1993, art. 84, IV).

21. Agravo de instrumento. Traslado. Certidão. Instrução Normativa 6/1996 do TST.

Certidão do Regional afirmando que o AI está formado de acordo com IN 6/1996 do TST não confere autenticidade às peças.

22. CANCELADA. Convertida na OJ 287 da SDI-1 – (DJU 24.11.2003).

Autenticação. Documentos distintos. Cópia. Verso e anverso. Necessidade.

Distintos os documentos contidos no verso e anverso, é necessária a autenticação de ambos os lados da cópia.

23. Autenticação. Documento único. Cópia. Verso e anverso.

Inexistindo impugnação da parte contrária, bem como o disposto no art. 795 da CLT, é válida a autenticação aposta em uma face da folha que contenha documento que continua no verso, por constituir documento único.

24. Abono. Complementação de aposentadoria. Reajuste. CVRD (VALIA).

A Resolução 7/1989 da CVRD, que instituiu o benefício "abono aposentadoria" (art. 6º), determina que o reajuste seja feito na mesma época e com o mesmo índice aplicado pelo INSS ou observada a variação do IGP ou da OTN, aplicando-se o maior deles.

25. Banco Meridional. Complementação de aposentadoria. Reajustes. Extensão.

Os reajustes salariais concedidos sobre quaisquer parcelas aos empregados ativos devem ser estendidos aos inativos, com exclusão apenas das parcelas ressalvadas expressamente no Regulamento do Banco.

26. BANERJ. Plano Bresser. Acordo Coletivo de Trabalho de 1991. Não é norma programática.

É de eficácia plena e imediata o caput da cláusula 5ª do Acordo Coletivo de Trabalho de 1991/1992 celebrado pelo Banerj contemplando o pagamento de diferenças salariais do Plano Bresser, sendo devido o percentual de 26,06% (vinte e seis vírgula zero seis por cento) nos meses de janeiro a agosto de 1992, inclusive.

27. BANRISUL. Gratificação Jubileu. Prescrição.

A Gratificação Jubileu, instituída pela Resolução 1.761/1967, que foi alterada, reduzindo-se o seu valor, pela Resolução 1.885/1970, era devida a todo empregado que completasse 25, 30, 35 e 40 anos de serviço no Banco. Era vantagem a ser paga de uma única vez, na data da aposentadoria, fluindo desta data o prazo prescricional, sendo inaplicável a Súmula 294 do TST, que é restrito aos casos em que se postulam prestações sucessivas.

28. CDHU. Sucessão trabalhista.

Considerando a moldura fática delineada pelo Regional, conduz-se à ilação de que a CDHU foi a sucessora da CONESP, uma vez que ocupou os imóveis e assumiu os contratos anteriores, dando sequência às obras com o mesmo pessoal.

29. CEEE. Equiparação salarial. Quadro de carreira. Reestruturação em 1991. Válido.

O quadro de carreira implantado na CEEE em 1977 foi homologado pelo Ministério do Trabalho. A reestruturação procedida em 1991, mesmo não homologada, é válida.

30. Cisão parcial de empresa. Responsabilidade solidária. PROFORTE.

É solidária a responsabilidade entre a empresa cindida subsistente e aquelas que absorverem parte do seu patrimônio, quando constatada fraude na cisão parcial.

31. Planos Bresser e Verão. Acordo coletivo autorizando a quitação através da concessão de folgas remuneradas. Conversão em pecúnia após a extinção do contrato de trabalho. Inviabilidade.

Acordo coletivo celebrado entre as partes autorizando a quitação dos valores devidos a título de Planos Bresser e Verão em folgas remuneradas é válido. Incabível a conversão do valor correspondente às folgas remuneradas em pecúnia quando extinto o contrato de trabalho pelo advento de aposentadoria voluntária.

32. Complementação de aposentadoria. Banco do Brasil. Sucumbência. Inversão.

Imposta condenação originária em diferenças de complementação de aposentadoria, por ocasião do julgamento de recurso de revista, imperativo o exame no acórdão, sob pena de negativa de prestação jurisdicional, de postulação aduzida em contestação e/ou em contrarrazões visando à limitação da condenação à média trienal e ao teto, matéria insuscetível de prequestionamento.

33. Adicional de insalubridade. Base de cálculo, na vigência do Decreto-lei 2.351/1987: piso nacional de salários. (Conversão da Orientação Jurisprudencial 3 da SDI-1).

Na vigência do Decreto-lei 2.351/1987, o piso nacional de salários é a base de cálculo para o adicional de insalubridade. (ex-OJ 3 da SDI-1 – inserida em 14.03.1994).

➘ OJ acrescida pela Res. 129/2005 do TST (DJU 20.04.2005).

34. BRDE. Entidade autárquica de natureza bancária. Lei 4.595/1964, art. 17. Res. BACEN 469/1970, art. 8º. CLT, art. 224, § 2º. CF, art. 173, § 1º. (Conversão da Orientação Jurisprudencial 22 da SDI-1).

O Banco Regional de Desenvolvimento do Extremo Sul – BRDE é uma entidade autárquica de natureza bancária, e, como tal, submete-se ao art. 173, § 1º, da Constituição Federal de 1988. Desta forma, sendo a natureza das atividades por ele exercidas similares às de qualquer instituição financeira, seus empregados são bancários, regendo-se pelas normas especiais a eles referentes, inclusive o art. 224 da CLT. (ex-OJ 22 da SDI-1 – inserida em 14.03.1994).

➘ OJ acrescida pela Res. 129/2005 do TST (DJU 20.04.2005).

35. Reajustes salariais. Bimestrais e quadrimestrais (Lei 8.222/1991). Simultaneidade inviável. (Conversão da Orientação Jurisprudencial 68 da SDI-1)

Nova antecipação bimestral, na mesma época do reajuste quadrimestral, constitui verdadeiro bis in idem, pois o bimestre anterior, que servia como base de cálculo, já teve o INPC considerado para fim do reajuste quadrimestral. (ex-OJ 68 da SDI-1 – inserida em 28.11.1995).

▶ **OJ acrescida pela Res. 129/2005 do TST (DJU 20.04.2005).**

36. Hora in itinere. Tempo gasto entre a portaria da empresa e o local do serviço. Devida. Açominas. (Mantida).

Configura-se como hora in itinere o tempo gasto pelo obreiro para alcançar seu local de trabalho a partir da portaria da Açominas. (ex-OJ 98 da SDI-1 – inserida em 30.05.97).

▶ **OJ com redação mantida pela Res. 175/2011 do TST.**

37. Minascaixa. Legitimidade passiva ad causam enquanto não concluído o procedimento de liquidação extrajudicial. (Conversão da Orientação Jurisprudencial 109 da SDI-1).

A Minascaixa tem legitimidade passiva ad causam para figurar nas demandas contra ela ajuizadas enquanto não tiver concluído o processo de liquidação extrajudicial ao qual se encontra submetida. (ex-OJ 109 da SDI-1 – inserida em 01.10. 1997).

▶ **OJ acrescida pela Res. 129/2005 do TST (DJU 20.04.2005).**

38. Banco Meridional. Circular 34046/1989. Dispensa sem justa causa. (Conversão da Orientação Jurisprudencial 137 da SDI-1).

A inobservância dos procedimentos disciplinados na Circular 34046/1989 do Banco Meridional, norma de caráter eminentemente procedimental, não é causa para a nulidade da dispensa sem justa causa. (ex-OJ 137 da SDI-1 – inserida em 27.11.1998).

▶ **OJ acrescida pela Res. 129/2005 do TST (DJU 20.04.2005).**

39. FGTS. Opção retroativa. Concordância do empregador. Necessidade. (Conversão da Orientação Jurisprudencial 146 da SDI-1).

A concordância do empregador é indispensável para que o empregado possa optar retroativamente pelo sistema do Fundo de Garantia por Tempo de Serviço. (ex-OJ 146 da SDI-1 – inserida em 27.11.1998).

▶ **OJ acrescida pela Res. 129/2005 do TST (DJU 20.04.2005).**

40. Banrisul. Complementação de aposentadoria. (Conversão da Orientação Jurisprudencial 155 da SDI-1).

A Resolução 1600/1964, vigente à época da admissão do empregado, incorporou-se ao contrato de trabalho, pelo que sua alteração não poderá prejudicar o direito adquirido, mesmo em virtude da edição da Lei 6.435/1977. Incidência das Súmulas 51 e 288. (ex-OJ 155 da SDI-1 – inserida em 26.03.99).

▶ **OJ acrescida pela Res. 129/2005 do TST (DJU 20.04.2005).**

41. Complementação de Aposentadoria. Fundação Clemente de Faria. Banco Real. (conversão da Orientação Jurisprudencial 157 da SDI-1).

É válida a cláusula do Estatuto da Fundação Clemente de Faria que condicionou o direito à complementação de aposentadoria à existência de recursos financeiros, e também previa a suspensão, temporária ou definitiva, da referida complementação. (ex-OJ 157 da SDI-1 – inserida em 26.03.1999).

▶ **OJ acrescentada pela Res. 129/2005 do TST (DJU 20.04.2005).**

42. Petrobras. Pensão por morte do empregado assegurada no manual de pessoal. Estabilidade decenal. Opção pelo regime do FGTS. (Inserido item II à redação).

I – Tendo o empregado adquirido a estabilidade decenal, antes de optar pelo regime do FGTS, não há como negar-se o direito à pensão, eis que preenchido o requisito exigido pelo Manual de Pessoal. (ex-OJ 166 da SDI-1 – inserida em 26.03.1999)

II – O benefício previsto no manual de pessoal da Petrobras, referente ao pagamento de pensão e auxílio-funeral aos dependentes do empregado que vier a falecer no curso do contrato de trabalho, não se estende à hipótese em que sobrevém o óbito do trabalhador quando já extinto o contrato de trabalho.

► **OJ alterada pela Res. 182/2012 do TST (DJE 19.04.2012).**

43. SUDS. Gratificação. Convênio da União com Estado. Natureza salarial enquanto paga. (Conversão da Orientação Jurisprudencial 168 da SDI-1).

A parcela denominada "Complementação SUDS" paga aos servidores em virtude de convênio entre o Estado e a União Federal tem natureza salarial, enquanto paga, pelo que repercute nos demais créditos trabalhistas do empregado. (ex-OJ 168 da SDI-1 – inserida em 26.03.1999).

► **OJ acrescida pela Res. 129/2005 do TST (DJU 20.04.2005).**

44. Anistia. Lei 6.683/1979. Tempo de afastamento. Não computável para efeito de indenização e adicional por tempo de serviço, licença-prêmio e promoção. (Conversão da Orientação Jurisprudencial 176 da SDI-1).

O tempo de afastamento do anistiado pela Lei 6.683/1979 não é computável para efeito do pagamento de indenização por tempo de serviço, licença-prêmio e promoção. (ex-OJ 176 da SDI-1 – inserida em 08.11. 2000).

► **OJ acrescida pela Res. 129/2005 do TST (DJU 20.04.2005).**

45. Comissionista puro. Abono. Lei 8.178/1991. Não Incorporação. (Conversão da Orientação Jurisprudencial 180 da SDI-1).

É indevida a incorporação do abono instituído pela Lei 8.178/1991 aos empregados comissionistas. (ex-OJ 180 da SDI-1 – inserida em 08.11. 2000).

► **OJ acrescida pela Res. 129/2005 do TST (DJU 20.04.2005).**

46. Complementação de aposentadoria. Banco Itaú. (Conversão da Orientação Jurisprudencial 183 da SDI-1).

O empregado do Banco Itaú admitido na vigência da Circular BB-05/1966, que passou para a inatividade posteriormente à vigência da RP-40/1974, está sujeito ao implemento da condição "idade mínima de 55 anos". (ex-OJ 183 da SDI-1 – inserida em 08.11. 2000).

► **OJ acrescida pela Res. 129/2005 do TST (DJU 20.04.2005).**

47. Décimo terceiro salário. Dedução da 1ª parcela. URV. Lei 8.880/1994. (Conversão da Orientação Jurisprudencial 187 da SDI-1).

Ainda que o adiantamento do 13º salário tenha ocorrido anteriormente à edição da Lei 8.880/1994, as deduções deverão ser realizadas considerando o valor da antecipação, em URV, na data do efetivo pagamento, não podendo a 2ª parcela ser inferior à metade do 13º salário, em URV. (ex-OJ 187 da SDI-1 – inserida em 08.11. 2000).

► **OJ acrescida pela Res. 129/2005 do TST (DJU 20.04.2005).**

48. PETROMISA. Sucessão. PETROBRAS. Legitimidade. (Conversão da Orientação Jurisprudencial 202 da SDI-1).

Em virtude da decisão tomada em assembleia, a PETROBRAS é a real sucessora da PETROMISA, considerando que recebeu todos os bens móveis e imóveis da extinta PETROMISA. (ex-OJ 202 da SDI-1 – inserida em 08.11.2000).

► **OJ acrescida pela Res. 129/2005 do TST (DJU 20.04.2005).**

49. SERPRO. Norma regulamentar. Reajustes salariais. Superveniência de sentença normativa. Prevalência. (Conversão da Orientação Jurisprudencial 212 da SDI-1).

Durante a vigência do instrumento normativo, é lícita ao empregador a obediência à norma coletiva (DC 8948/1990) que alterou as diferenças interníveis previstas no Regulamento de Recursos Humanos. (ex-OJ 212 da SDI-1 – inserida em 08.11.2000).

► **OJ acrescida pela Res. 129/2005 do TST (DJU 20.04.2005).**

50. Férias. Abono instituído por instrumento normativo e terço constitucional. Simultaneidade inviável. (Conversão da Orientação Jurisprudencial 231 da SDI-1).

O abono de férias decorrente de instrumento normativo e o abono de 1/3 (um terço) previsto no art. 7º, XVII, da CF/1988 têm idêntica natureza jurídica, destinação e finalidade, constituindo-se bis in idem seu pagamento simultâneo, sendo legítimo o direito do empregador de obter compensação de valores porventura pagos. (ex-OJ 231 da SDI-1 – inserida em 20.06. 2001).

▶ OJ acrescida pela Res. 129/2005 do TST (DJU 20.04.2005).

51. Complementação de aposentadoria. Caixa Econômica Federal. Auxílio-alimentação. Supressão. Súmulas 51 e 288. (Conversão da Orientação Jurisprudencial 250 da SDI-1).

A determinação de supressão do pagamento de auxílio-alimentação aos aposentados e pensionistas da Caixa Econômica Federal, oriunda do Ministério da Fazenda, não atinge aqueles ex-empregados que já percebiam o benefício. (ex-OJ 250 da SDI-1 – inserida em 13.03.2002).

▶ OJ acrescida pela Res. 129/2005 do TST (DJU 20.04.2005).

52. Agravo de instrumento. Acórdão do TRT não assinado. Interposto anteriormente à Instrução Normativa 16/1999. (Conversão da Orientação Jurisprudencial 281 da SDI-1).

Nos agravos de instrumento interpostos anteriormente à edição da Instrução Normativa 16/1999, a ausência de assinatura na cópia não a torna inválida, desde que conste o carimbo aposto pelo servidor certificando que confere com o original. (ex-OJ 281 da SDI-1 – inserida em 11.08.2003).

▶ OJ acrescida pela Res. 129/2005 do TST (DJU 20.04.2005).

53. Custas. Embargos de terceiro. Interpostos anteriormente à Lei 10.537/2002. Inexigência de recolhimento para a interposição de agravo de petição. (Conversão da Orientação Jurisprudencial 291 da SDI-1).

Tratando-se de embargos de terceiro, incidentes em execução, ajuizados anteriormente à Lei 10.537/2002, incabível a exigência do recolhimento de custas para a interposição de agravo de petição por falta de previsão legal. (ex-OJ 291 da SDI-1 – inserida em 11.08.2003).

▶ OJ acrescida pela Res. 129/2005 do TST (DJU 20.04.2005).

54. Plano econômico (Collor). Execução. Correção monetária. Índice de 84,32%. Lei 7.738/1989. Aplicável. (Conversão da Orientação Jurisprudencial 203 da SDI-1).

Aplica-se o índice de 84,32% (oitenta e quatro inteiros e trinta e dois centésimos por cento), relativo ao IPC de março de 1990, para a correção monetária do débito trabalhista, por ocasião da execução, nos termos da Lei 7.738/1989. (ex-OJ 203 da SDI-1 – inserida em 08.11.2000).

▶ OJ acrescida pela Res. 129/2005 do TST (DJU 20.04.2005).

55. Plano Collor. Servidores celetistas do GDF. Legislação federal. Prevalência. (Conversão da Orientação Jurisprudencial 218 da SDI-1 e incorporada a Orientação Jurisprudencial 241 da SDI-1).

Inexiste direito adquirido às diferenças salariais de 84,32% (oitenta e quatro inteiros e trinta e dois centésimos por cento) do IPC de março de 1990 aos servidores celetistas da Administração Direta, Fundações e Autarquias do Distrito Federal. (ex-OJs 218 e 241 da SDI-1 – inseridas respectivamente em 02.04.2001 e 20. 06.2001)

▶ OJ acrescida pela Res. 129/2005 do TST (DJU 20.04.2005).

56. Anistia. Lei 8.878/1994. Efeitos financeiros devidos a partir do efetivo retorno à atividade. (Conversão da Orientação Jurisprudencial 221 da SDI-1).

Os efeitos financeiros da anistia concedida pela Lei 8.878/1994 somente serão devidos a partir do efetivo retorno à atividade, vedada a remuneração em caráter retroativo. (ex-OJ 221 da SDI-1 – inserida em 20.06.2001).

▶ **OJ acrescida pela Res. 129/2005 do TST (DJU 20.04.2005).**

57. Adicional de insalubridade. Deficiência de iluminamento. Limitação. (Conversão da Orientação Jurisprudencial 153 da SDI-1).

Somente após 26.02.1991 foram, efetivamente, retiradas do mundo jurídico as normas ensejadoras do direito ao adicional de insalubridade por iluminamento insuficiente no local da prestação de serviço, como previsto na Portaria 3751/1990 do Ministério do Trabalho. (ex-OJ 153 da SDI-1 – inserida em 26.03.1999).

▶ **OJ acrescida pela Res. 129/2005 do TST (DJU 20.04.2005).**

58. URP'S de junho e julho de 1988. Suspensão do pagamento. Data base em maio. Decreto-lei 2.425/1988. Inexistência de violação a direito adquirido. (Conversão da Orientação Jurisprudencial 214 da SDI-1).

O Decreto-lei 2.425, de 07.04.1988, não ofendeu o direito adquirido dos empregados com data base em maio, pelo que não fazem jus às URP's de junho e julho de 1988. (ex-OJ 214 da SDI-1 – inserida em 08.11.2000).

▶ **OJ acrescida pela Res. 129/2005 do TST (DJU 20.04.2005).**

59. Interbras. Sucessão. Responsabilidade.

A Petrobrás não pode ser responsabilizada solidária ou subsidiariamente pelas obrigações trabalhistas da extinta Interbras, da qual a união é a real sucessora, nos termos do art. 20 da Lei 8.029, de 12.4.1990 (atual art. 23 em face da renumeração dada pela Lei 8.154, de 28.12.1990).

60. Adicional por tempo de serviço. Base de cálculo. Salário-base. Art. 129 da Constituição do Estado de São Paulo.

O adicional por tempo de serviço – quinquênio –, previsto no art. 129 da Constituição do Estado de São Paulo, tem como base de cálculo o vencimento básico do servidor público estadual, ante o disposto no art. 11 da Lei Complementar do Estado de São Paulo 712, de 12.04.1993.

▶ **OJ republicada no DEJT 11.04.2011.**

61. Auxílio-cesta-alimentação previsto em norma coletiva. CEF. Cláusula que estabelece natureza indenizatória à parcela. Extensão aos aposentados e pensionistas. Impossibilidade.

Havendo previsão em cláusula de norma coletiva de trabalho de pagamento mensal de auxílio-cesta-alimentação somente a empregados em atividade, dando-lhe caráter indenizatório, é indevida a extensão desse benefício aos aposentados e pensionistas. Exegese do art. 7º, XXVI, da Constituição Federal.

62. Petrobras. Complementação de aposentadoria. Avanço de nível. Concessão de parcela por acordo coletivo apenas para os empregados da ativa. Extensão para os inativos. Artigo 41 do regulamento do plano de benefícios da PETROS.

Ante a natureza de aumento geral de salários, estende-se à complementação de aposentadoria dos ex-empregados da Petrobras benefício concedido indistintamente a todos os empregados da ativa e estabelecido em norma coletiva, prevendo a concessão de aumento de nível salarial – "avanço de nível" –, a fim de preservar a paridade entre ativos e inativos assegurada no art. 41 do Regulamento do Plano de Benefícios da Fundação Petrobras de Seguridade Social – PETROS.

63. Petrobras. Complementação de aposentadoria. Integralidade. Condição. Idade Mínima. Lei 6.435, de 15.07.1977.

Os empregados admitidos na vigência do Decreto 81.240, de 20.01.1978, que regulamentou a Lei 6.435, de 15.07.1977, ainda que anteriormente à alteração do Regulamento do Plano de Benefícios da PETROS, sujeitam-se à condição "idade mínima de 55 anos" para percepção dos proventos integrais de complementação de aposentadoria.

64. Petrobras. Parcelas gratificação contingente e participação nos resultados deferidas por norma coletiva a empregados da ativa. Natureza jurídica não salarial. Não integração na complementação de aposentadoria.

As parcelas gratificação contingente e participação nos resultados, concedidas por força de acordo coletivo a empregados da Petrobras em atividade, pagas de uma única vez, não integram a complementação de aposentadoria.

65. Representação judicial da União. Assistente jurídico. Apresentação do ato de designação.

A ausência de juntada aos autos de documento que comprove a designação do assistente jurídico como representante judicial da União (art. 69 da Lei Complementar 73, de 10.02.1993) importa irregularidade de representação.

66. SPTRANS. Responsabilidade subsidiária. Não configuração. Contrato de concessão de serviço público. Transporte coletivo.

A atividade da São Paulo Transportes S/A – SPTRANS de gerenciamento e fiscalização dos serviços prestados pelas concessionárias de transporte público, atividade descentralizada da Administração Pública, não se confunde com a terceirização de mão de obra, não se configurando a responsabilidade subsidiária.

67. TELEMAR. Privatização. Plano de incentivo à rescisão contratual (PIRC). Previsão de pagamento da indenização com redutor de 30% (trinta por cento). Aplicação limitada ao período da reestruturação.

Não é devida a indenização com redutor de 30% (trinta por cento), prevista no Plano de Incentivo à Rescisão Contratual da TELEMAR, ao empregado que, embora atenda ao requisito estabelecido de não haver aderido ao PIRC, foi despedido em data muito posterior ao processo de reestruturação da empresa, e cuja dispensa não teve relação com o plano.

68. Banco do Estado de São Paulo S.A. – BANESPA. Convenção coletiva. Reajuste salarial. Superveniência de acordo em dissídio coletivo. Prevalência.

O acordo homologado no Dissídio Coletivo TST – DC – 810.905/2001.3, que estabeleceu a garantia de emprego aos empregados em atividade do Banco do Estado de São Paulo S.A. – BANESPA e que, portanto, não se aplica aos empregados aposentados, prevalece sobre a fixação do reajuste salarial previsto na convenção coletiva firmada entre a Federação Nacional dos Bancos – FENABAN e os sindicatos dos bancários, ante a consideração do conjunto das cláusulas constantes do acordo e em respeito às disposições dos arts. 5º, XXXVI, e 7º, XXVI, da CF/1988.

69. Banco do Brasil. Complementação de Aposentadoria. Alteração do plano de cargos comissionados. Extensão aos inativos.

As alterações na estrutura do Plano de Cargos Comissionados do Banco do Brasil, introduzidas pelas Cartas-Circulares DIREC/FUNCI 96/0904 e 96/0957, dentre as quais a substituição do Abono de Função e Representação (AFR) pelo Adicional de Função (AF) e pelo Adicional Temporário de Revitalização (ATR), não autorizam o pagamento de diferenças de complementação de aposentadoria aos inativos por só abrangerem os empregados em atividade, bem como em razão de o Plano de Incentivo à Aposentadoria da época do jubilamento não conter previsão de aplicação de eventual alteração na estrutura dos cargos comissionados àqueles que se aposentassem.

70. Caixa Econômica Federal. Bancário. Plano de cargos em comissão. Opção pela jornada de oito horas. Ineficácia. Exercício de funções meramente técnicas. Não caracterização de exercício de função de confiança.

Ausente a fidúcia especial a que alude o art. 224, § 2º, da CLT, é ineficaz a adesão do empregado à jornada de 8 (oito) horas constante do Plano de Cargos em Comissão da

Caixa Econômica Federal, o que importa no retorno à jornada de 6 (seis) horas, sendo devidas como extras a sétima e a oitava horas laboradas. A diferença de gratificação de função recebida em face da adesão ineficaz poderá ser compensada com as horas extraordinárias prestadas.

71. Empresa Brasileira de Correios e Telégrafos – ECT. Plano de cargos e salários. Progressão horizontal por antiguidade. Necessidade de deliberação da diretoria para comprovar o efetivo cumprimento dos requisitos do PCCS. Condição puramente potestativa para a concessão da promoção. Invalidade.

A deliberação da diretoria da Empresa Brasileira de Correios e Telégrafos – ECT, prevista no Plano de Carreira, Cargos e Salários como requisito necessário para a concessão de progressão por antiguidade, por se tratar de condição puramente potestativa, não constitui óbice ao deferimento da progressão horizontal por antiguidade aos empregados, quando preenchidas as demais condições dispostas no aludido plano.

72. Petrobras. Domingos e feriados trabalhados. Regime de turnos ininterruptos de revezamento. Pagamento em dobro concedido por liberalidade do empregador. Incorporação ao contrato de trabalho. Supressão unilateral. Acordo coletivo posterior que valida a supressão. Retroação da norma coletiva. Impossibilidade.

O pagamento em dobro, concedido por liberalidade da empresa, dos domingos e feriados trabalhados de forma habitual pelo empregado da Petrobras submetido ao regime de turnos ininterruptos de revezamento não pode ser suprimido unilateralmente, pois é vantagem incorporada ao contrato de trabalho, nos termos do art. 468 da CLT. Assim, o acordo coletivo, posteriormente firmado, somente opera efeitos a partir da data de sua entrada em vigor, sendo incabível a utilização da norma coletiva para regular situação pretérita.

73. Volkswagen do Brasil Ltda. Participação nos lucros e resultados. Pagamento mensal em decorrência de norma coletiva. Natureza indenizatória.

A despeito da vedação de pagamento em periodicidade inferior a um semestre civil ou mais de duas vezes no ano cível, disposta no art. 3º, § 2º, da Lei 10.101, de 19.12.2000, o parcelamento em prestações mensais da participação nos lucros e resultados de janeiro de 1999 a abril de 2000, fixado no acordo coletivo celebrado entre o Sindicato dos Metalúrgicos do ABC e a Volkswagen do Brasil Ltda., não retira a natureza indenizatória da referida verba (art. 7º, XI, da CF), devendo prevalecer a diretriz constitucional que prestigia a autonomia privada coletiva (art. 7º, XXVI, da CF).

74. Hospital de Clínicas de Porto Alegre. Custas processuais. Recolhimento. Isenção. Art. 15 da Lei 5.604, de 02.09.1970.

A isenção tributária concedida pelo art. 15 da Lei 5.604, de 02.09.1970, ao Hospital de Clínicas de Porto Alegre compreende as custas processuais, por serem estas espécie do gênero tributo.

75. Parcela "sexta parte". Art. 129 da Constituição do Estado de São Paulo. Extensão aos empregados de sociedade de economia mista e empresa pública. Indevida.

A parcela denominada "sexta parte", instituída pelo art. 129 da Constituição do Estado de São Paulo, é devida apenas aos servidores estaduais, celetistas e estatutários da Administração Pública direta, das fundações e das autarquias, conforme disposição contida no art. 124 da Constituição Estadual, não se estendendo aos empregados de sociedade de economia mista e de empresa pública, integrantes da Administração Pública indireta, submetidas ao regime jurídico próprio das empresas privadas, nos termos do art. 173, § 1º, II, da Constituição Federal.

76. Complementação de aposentadoria. Integralidade. Empregado do Estado de São Paulo admitido antes da Lei Estadual 200, de 13.05.1974. Implementação do requisito relativo aos 30 (trinta) anos de serviço efetivo. Incidência da Súmula 288 do TST.

É assegurado o direito à percepção de complementação de aposentadoria integral ao ex-empregado do Estado de São Paulo que, admitido anteriormente ao advento da Lei Estadual 200, de 13.05.1974, implementou 30 (trinta) anos de serviço efetivo, ante a extensão das regras de complementação de aposentadoria previstas na Lei Estadual 1.386, de 19.12.1951. Incidência da Súmula 288 do TST.

77. BNDES. Arts. 224 a 226 da CLT. Aplicável a seus empregados.

Até o advento da Lei 10.556, de 13.11.2002, era aplicável aos empregados do BNDES a jornada de trabalho dos bancários prevista nos arts. 224 a 226 da CLT.

► OJ publicada no DJE 16.11.2010, convertida na OJ 179 da SDI-I.

78. Embargos à SDI contra decisão em recurso de revista não conhecido quanto aos pressupostos intrínsecos. Recurso interposto antes da vigência da Lei 11.496, de 22.06.2007, que conferiu nova redação ao art. 894 da CLT. Necessária a indicação expressa de ofensa ao art. 896 da CLT. (conversão da Orientação Jurisprudencial 294 da SDI-1 com nova redação)

Para a admissibilidade e conhecimento de embargos, interpostos antes da vigência da Lei 11.496/2007, contra decisão mediante a qual não foi conhecido o recurso de revista pela análise dos pressupostos intrínsecos, necessário que a parte embargante aponte expressamente a violação ao art. 896 da CLT.

► OJ acrescida pela Res. 194/2014 do TST - (DEJT 21.05.2014).

79. Embargos. Recurso interposto antes da vigência da Lei 11.496, de 22.06.2007, que conferiu nova redação ao art. 894 da CLT. Revista não conhecida por má aplicação de Súmula ou de Orientação Jurisprudencial. Exame do mérito pela SDI. (conversão da Orientação Jurisprudencial 295 da SDI-1 com nova redação)

A SDI, ao conhecer dos embargos, interpostos antes da vigência da Lei 11.496/2007, por violação do art. 896 – por má aplicação de súmula ou de orientação jurisprudencial pela Turma –, julgará desde logo o mérito, caso conclua que a revista merecia conhecimento e que a matéria de fundo se encontra pacificada neste Tribunal.

► OJ acrescida pela Res. 194/2014 do TST - (DEJT 21.05.2014).

ORIENTAÇÕES JURISPRUDENCIAIS DA SDI-II - TST

1 – CANCELADA. Convertida na Súmula 405 – Res. 137/2005 do TST – (DJU 22.08.2005).

Ação Rescisória. Ação cautelar incidental. Planos econômicos. (Inserida em 20.09.2000). Procede o pedido de cautelar incidental somente se o autor da ação rescisória, fundada no art. 485, inciso V, do CPC, invocar na respectiva petição inicial afronta ao art. 5º, inciso XXXVI, da Constituição Federal de 1988.

2 – Ação rescisória. Adicional de insalubridade. Base de cálculo. Salário mínimo. Cabível.

Viola o art. 192 da CLT decisão que acolhe pedido de adicional de insalubridade com base na remuneração do empregado.

► OJ mantida pela Res. 148/2008 do TST.

3 – CANCELADA. Convertida na Súmula 405 – Res. 137/2005 do TST – (DJU 22.08.2005).

Ação rescisória. Antecipação de tutela de mérito requerida em fase recursal. Recebimento como medida acautelatória. MP 1.906 e reedições. (Inserida em 20.09.2000) Em face do que dispõe a MP 1.906 e reedições, é recebido como medida acautelatória em ação rescisória o pedido de antecipação de tutela formulado por entidade pública em recurso ordinário, visando a suspender a execução até o trânsito em julgado da decisão proferida na ação principal.

4 – Ação rescisória. Banco do Brasil. Adicional de caráter pessoal. ACP.

Procede, por ofensa ao art. 5º, inciso XXXVI, da CF/1988, o pedido de rescisão de julgado que acolheu Adicional de Caráter Pessoal em favor de empregado do Banco do Brasil S.A.

5 – Ação rescisória. Banco do Brasil. AP e ADI. Horas extras. Súmula 83 do TST. Aplicável.

Não se acolhe pedido de rescisão de julgado que deferiu a empregado do Banco do Brasil S.A. Horas extras após a sexta, não obstante o pagamento dos adicionais AP e ADI, ou AFR quando a decisão rescindenda for anterior à Orientação Jurisprudencial 17, da Seção de Dissídios Individuais do TST (7 de novembro de 1994). Incidência das Súmulas 83 do TST e 343 do STF.

6 – Ação rescisória. Cipeiro suplente. Estabilidade. ADCT da CF/1988, art. 10, II, a. Súmula 83 do TST. (Inserida em 20.09.2000).

Rescinde-se o julgado que nega estabilidade a membro suplente de CIPA, representante de empregado, por ofensa ao art. 10, II, a, do ADCT da CF/1988, ainda que se cuide de decisão anterior à Súmula 339 do TST. Incidência da Súmula 83 do TST.

➘ OJ com redação pela Res. 137/2005 do TST (DJU 22.08.2005).

7 – Ação rescisória. Competência. Criação de Tribunal Regional do Trabalho. Na omissão da lei, é fixada pelo art. 678, inc. I, c, item 2, da CLT. (Inserida em 20.09.2000).

A Lei 7.872/1989 que criou o Tribunal Regional do Trabalho da 17ª Região não fixou a sua competência para apreciar as ações rescisórias de decisões oriundas da 1ª Região, o que decorreu do art. 678, I, c, item 2, da CLT.

➘ OJ com redação pela Res. 137/2005 do TST (DJU 22.08.2005).

8 – Ação rescisória. Complementação de aposentadoria. Banespa. Súmula 83 do TST. (Inserida em 20.09.2000).

Não se rescinde julgado que acolheu pedido de complementação de aposentadoria integral em favor de empregado do BANESPA, antes da Súmula 313 do TST, em virtude da notória controvérsia jurisprudencial então reinante. Incidência da Súmula 83 do TST.

➘ OJ com redação pela Res. 137/2005 do TST (DJU 22.08.2005).

9 – Ação rescisória. CONAB. Aviso DIREH 02/1984. Súmula 83 do TST. Aplicável.

Não se rescinde julgado que reconheceu garantia de emprego com base no aviso DIREH 02/1984 da CONAB, antes da Súmula 355 do TST, em virtude da notória controvérsia jurisprudencial então reinante. Incidência da Súmula 83 do TST.

10 – Ação rescisória. Contrato nulo. Administração pública. Efeitos. Art. 37, II e § 2º, da CF/1988.

Somente por ofensa ao art. 37, II e § 2º, da CF/1988, procede o pedido de rescisão de julgado para considerar nula a contratação, sem concurso público, de servidor, após a CF/1988.

11 – Ação rescisória. Correção monetária. Lei 7.596/1987. Universidades federais. Implantação tardia do plano de classificação de cargos. Violação de lei. Súmula 83 do TST. Aplicável.

Não se rescinde julgado que acolhe pedido de correção monetária decorrente da implantação tardia do plano de classificação de cargos de universidade federal previsto na Lei 7.596/1987, à época em que era controvertida tal matéria na jurisprudência. Incidência da Súmula 83 do TST.

12. Ação rescisória. Decadência. Consumação antes ou depois da edição da medida provisória 1.577/97. Ampliação do prazo.

I – A vigência da Medida Provisória 1.577/97 e de suas reedições implicou o elastecimento do prazo decadencial para o ajuizamento da ação rescisória a favor dos entes de direito público, autarquias e fundações públicas. Se o biênio decadencial do art. 495 do CPC de 1973 findou após a entrada em vigor da referida medida provisória e até sua suspensão pelo STF em sede liminar de ação direta de inconstitucionalidade (ADIn 1753-2), tem-se como aplicável o prazo decadencial elastecido à rescisória. (ex-OJ 17 da SDI-2 – inserida em 20.09.2000)

II – A regra ampliativa do prazo decadencial para a propositura de ação rescisória em favor de pessoa jurídica de direito público não se aplica se, ao tempo em que sobreveio a Medida Provisória 1.577/97, já se exaurira o biênio do art. 495 do CPC de 1973. Preservação do direito adquirido da parte à decadência já consumada sob a égide da lei velha. (ex-OJ 12 da SDI-2 – inserida em 20.09.2000).

OJ com redação pela Res. 208/2016 do TST (DEJT 22, 23 e 24.04.2016).

13 – CANCELADA. Nova redação da Súmula 100 – Res. 137/2005 do TST – (DJU 22.08.2005).

Ação rescisória. Decadência. Dies ad quem. Art. 775 da CLT. Aplicável. (Inserida em 20.09.2000). Prorroga-se até o primeiro dia útil imediatamente subsequente o prazo decadencial para ajuizamento de ação rescisória quando expira em férias forenses, feriados, finais de semana ou em dia em que não houver expediente forense. Aplicação do art. 775 da CLT.

14 – CANCELADA. Nova redação do Súmula 100 – Res. 109/2001 do TST – (DJ 18.04.2001).

Ação rescisória. Decadência. Dies a quo. Recurso intempestivo.

15 – CANCELADA. Nova redação do Súmula 100 – Res. 109/2001 do TST – (DJ 18.04.2001).

Ação rescisória. Decadência. Duas decisões rescindendas.

16 – CANCELADA. Nova redação da Súmula 100 – Res. 137/2005 do TST – (DJU 22.08.2005).

Ação rescisória. Decadência. Exceção de incompetência. (Inserida em 20.09.2000). A exceção de incompetência, ainda que oposta no prazo recursal, sem ter sido aviado o recurso próprio, não tem o condão de afastar a consumação da coisa julgada e, assim, postergar o termo inicial do prazo decadencial para a ação rescisória.

17 – CANCELADA. Incorporação e nova redação à OJ 12 da SDI-II – Res. 137/2005 do TST – (DJU 22.08.2005).

Ação rescisória. Decadência. Não consumação antes da edição da MP 1.577/1997. Ampliação do prazo. (Inserida em 20.09.2000). A vigência da MP 1.577/1997 e de suas reedições implicou o elastecimento do prazo decadencial para o ajuizamento da ação rescisória a favor dos entes de direito público, autarquias e fundações públicas. Se o biênio decadencial do art. 495 do CPC findou após a entrada em vigor da referida medida provisória e até sua suspensão pelo STF em sede liminar de ação direta de inconstitucionalidade (ADIN 1753-2), tem-se como aplicável o prazo decadencial elastecido à rescisória.

18 – Ação rescisória. Decadência. União. Lei Complementar 73/1993, art. 67. Lei 8.682/1993, art. 6º.

O art. 67 da Lei Complementar 73/1993 interrompeu todos os prazos, inclusive o de decadência, em favor da União, no período compreendido entre 14 de fevereiro de 1993 e 14 de agosto de 1993.

19 – Ação rescisória. Desligamento incentivado. Imposto de renda. Abono pecuniário. Violação de lei. Súmula 83 do TST. Aplicável. Havendo notória controvérsia jurisprudencial acerca da incidência de imposto de renda sobre parcela paga pelo empregador ("abono pecuniário") a título de "desligamento incentivado", improcede pedido de rescisão do julgado. Incidência da Súmula 83 do TST.

20 – CANCELADA. Convertida na Súmula 402 – Res. 137/2005 do TST – (DJU 22.08.2005).

Ação rescisória. Documento novo. Dissídio coletivo. Sentença normativa. Documento novo é o cronologicamente velho, já existente ao tempo da decisão rescindenda, mas ignorado pelo interessado ou de impossível utilização à época no processo. Não é documento novo apto a viabilizar a desconstituição de julgado:

a) a sentença normativa proferida ou transitada em julgado posteriormente à sentença rescindenda;

b) a sentença normativa preexistente à sentença rescindenda, mas não exibida no processo principal, em virtude de negligência da parte, quando podia e deveria louvar-se de documento já existente e não ignorado quando emitida a decisão rescindenda.

21 – Ação rescisória. Duplo grau de jurisdição. Trânsito em julgado. Inobservância. Decreto-lei 779/1969, art. 1º, V. Incabível. (Inserida em 20.09.2000).

É incabível ação rescisória para a desconstituição de sentença não transitada em julgado porque ainda não submetida ao necessário duplo grau de jurisdição, na forma do Decreto-lei 779/1969. Determina-se que se oficie ao Presidente do TRT para que proceda à avocatória do processo principal para o reexame da sentença rescindenda.

► **OJ com redação pela Res. 137/2005 do TST (DJU 22.08.2005).**

22 – CANCELADA. Convertida na Súmula 390 – Res. 129/2005 do TST – (DJU 20.04.2005).

Ação rescisória. Estabilidade. Art. 41, CF/1988. Celetista. Administração direta, autárquica ou fundacional. Aplicabilidade. (Inserida em 20.09.2000). O servidor público celetista da administração direta, autárquica ou fundacional é beneficiário da estabilidade prevista no art. 41 da Constituição Federal.

23 – Ação rescisória. Estabilidade. Período pré-eleitoral. Violação de lei. Súmula 83 do TST. Aplicável.

Não procede pedido de rescisão de sentença de mérito que assegura ou nega estabilidade pré-eleitoral, quando a decisão rescindenda for anterior à Orientação Jurisprudencial 51, da Seção de Dissídios Individuais do TST (25 de novembro de 1996). Incidência da Súmula 83 do TST.

24 – Ação rescisória. Estabilidade provisória. Reintegração em período posterior. Direito limitado aos salários e consectários do período da estabilidade.

Rescinde-se o julgado que reconhece estabilidade provisória e determina a reintegração de empregado, quando já exaurido o respectivo período de estabilidade. Em juízo rescisório, restringe-se a condenação quanto aos salários e consectários até o termo final da estabilidade.

25 – Ação Rescisória. Regência pelo CPC de 1973. Expressão "Lei" do art. 485, V, do CPC de 1973. Não inclusão do ACT, CCT, Portaria, Regulamento, Súmula e Orientação Jurisprudencial de Tribunal. (atualizada em decorrência do CPC de 2015)

Não procede pedido de rescisão fundado no art. 485, V, do CPC de 1973 quando se aponta contrariedade à norma de convenção coletiva de trabalho, acordo coletivo de trabalho, portaria do Poder Executivo, regulamento de empresa e súmula ou orientação jurisprudencial de tribunal. (ex-OJ 25 da SDI-2, inserida em 20.09.2000 e ex-OJ 118 da SDI-2, DJ 11.08.2003).

► **OJ com redação pela Res. 212/2016 (DEJT 20.09.2016).**

26 – Ação rescisória. Gratificação de nível superior. SUFRAMA.

A extensão da gratificação instituída pela SUFRAMA aos servidores celetistas exercentes de atividade de nível superior não ofende as disposições contidas nos arts. 37, XIII, e 39, § 1º, da CF/1988.

27 – CANCELADA. Nova redação da Súmula 219 – Res. 137/2005 do TST– (DJU 22.08.2005).

Ação rescisória. Honorários advocatícios. (Inserida em 20.09.2000). Incabível condenação em honorários advocatícios em ação rescisória no processo trabalhista, salvo preenchidos os requisitos da Lei 5.584/1970.

28 – CANCELADA pela Res. 149/2008 do TST – (DJE 20.11.2008).

Ação rescisória. Juízo rescisório. Restituição da parcela já recebida. Deve a parte propor ação própria. Inviável em sede de ação rescisória pleitear condenação relativa à devolução dos valores pagos aos empregados quando ultimada a execução da decisão rescindenda, devendo a empresa buscar por meio de procedimento próprio essa devolução.

29 – CANCELADA. Nova redação da Súmula 83 – Res. 121/2003 e Res. 137/2005 do TST– (DJU 21.11.2003 e 22.08.2005).

Ação rescisória. Matéria constitucional. Súmula 83 do TST e Súmula 343 do STF. Inaplicáveis. (Inserida em 20.09.2000). No julgamento de ação rescisória fundada no art. 485, inciso V, do CPC, não se aplica o óbice das Súmulas 83 do TST e 343 do STF, quando se tratar de matéria constitucional.

30 – Ação rescisória. Multa. Art. 920 do Código Civil de 1916 (art. 412 do Código Civil de 2002). (Nova redação em decorrência da incorporação da OJ 31 da SDI-I) – DJ 22.08.2005.

Não se acolhe, por violação do art. 920 do Código Civil de 1916 (art. 412 do Código Civil de 2002), pedido de rescisão de julgado que:

a) em processo de conhecimento, impôs condenação ao pagamento de multa, quando a decisão rescindenda for anterior à Orientação Jurisprudencial 54 da Subseção I Especializada em Dissídios Individuais do TST (30.05.94), incidindo o óbice da Súmula 83 do TST; (ex-OJ 30 da SDI-2 – inserida em 20.09.00);

b) em execução, rejeita-se limitação da condenação ao pagamento de multa, por inexistência de violação literal. (ex-OJ 31 da SDI-2 – inserida em 20.09.00)

► **OJ com redação pela Res. 137/2005 do TST (DJU 22.08.2005).**

31 – CANCELADA. Incorporação à OJ 30 da SDI-II – Res. 137/2005 do TST – (DJU 22.08.2005).

Ação rescisória. Multa. Violação do art. 920 do Código Civil. Decisão rescindenda em execução. (Inserida em 20.09.2000). Não se acolhe, por violação do art. 920 do Código Civil, pedido de rescisão de julgado que, em execução, rejeita limitação da condenação ao pagamento de multa. Inexistência de violação literal.

► **O texto refere-se ao CC de 1916.**

32 – CANCELADA. Convertida na Súmula 408 – Res. 137/2005 do TST – (DJU 22.08.2005).

Ação rescisória. Petição inicial. Causa de pedir. Ausência de capitulação, ou capitulação errônea no art. 485 do CPC. Princípio iura novit curia. (Inserida em 20.09.2000). Não padece de inépcia a petição inicial de ação rescisória apenas porque omite a subsunção do fundamento de rescindibilidade no art. 485 do CPC, ou o capitula erroneamente. Contanto que não se afaste dos fatos e fundamentos invocados como causa de pedir, ao Tribunal é lícito emprestar-lhes a adequada qualificação jurídica. (Iura novit curia).

33 – CANCELADA. Convertida na Súmula 408 – Res. 137/2005 do TST – (DJU 22.08.2005).

Ação rescisória. Petição inicial. Violação literal de lei. Princípio iura novit curia. (Inserida em 20.09.2000). Fundando-se a ação rescisória no art. 485, inciso V, do CPC, é indispensável expressa indicação na petição inicial da ação rescisória do dispositivo legal violado, não se aplicando, no caso, o princípio iura novit curia.

34. Ação rescisória. Planos econômicos.

I – O acolhimento de pedido em ação rescisória de plano econômico, fundada no art. 485, inciso V, do CPC de 1973 pressupõe, necessariamente, expressa invocação na petição inicial de afronta ao art. 5º, inciso XXXVI, da Constituição Federal de 1988. A indicação de ofensa literal a preceito de lei ordinária atrai a incidência da Súmula 83 do TST e Súmula 343 do STF.

II – Se a decisão rescindenda é posterior à Súmula 315 do TST (Res. 07, DJ 22.09.93), inaplicável a Súmula 83 do TST.

OJ com redação pela Res. 208/2016 do TST (DEJT 22, 23 e 24.04.2016).

35 – Ação rescisória. Planos econômicos. Coisa julgada. Limitação à data base na fase de execução.

Não ofende a coisa julgada a limitação à data base da categoria, na fase executória, da condenação ao pagamento de diferenças salariais decorrentes de planos econômicos, quando a decisão exequenda silenciar sobre a limitação, uma vez que a limitação decorre de norma cogente. Apenas quando a sentença exequenda houver expressamente afastado a limitação à data base é que poderá ocorrer ofensa à coisa julgada.

36 – CANCELADA. Nova redação da Súmula 298 – Res. 137/2005 do TST – (DJU 22.08.2005).

Ação rescisória. Prequestionamento. Violação ocorrida na própria decisão rescindenda. Não é absoluta a exigência de prequestionamento na ação rescisória: ainda que a ação rescisória tenha por fundamento violação de dispositivo legal, é prescindível o prequestionamento quando o vício nasce no próprio julgamento, como se dá com a sentença extra, citra e ultra petita.

37 – CANCELADA. Nova redação da Súmula 83 – Res. 121/2003 e Res. 137/2005 do TST– (DJU 21.11.2003 e 22.08.2005).

Ação rescisória. Prescrição quinquenal. Matéria constitucional. Súmula 83 do TST e Súmula 343 do STF. Inaplicáveis. (Inserida em 20.09.2000). No julgamento de ação rescisória fundada no art. 485, inciso V, do CPC, não se aplica o óbice das Súmulas 83 do TST e 343 do STF quando se tratar de prazo prescricional com assento constitucional.

38 – Ação rescisória. Professor-adjunto. Ingresso no cargo de professor-titular. Exigência de concurso público (Lei 7.596/1987, Decreto 94.664/1987 e art. 206, V, CF/1988).

A assunção do professor-adjunto ao cargo de professor titular de universidade pública, sem prévia aprovação em concurso público, viola o art. 206, inciso V, da Constituição Federal. Procedência do pedido de rescisão do julgado.

39 – Ação rescisória. Reajustes bimestrais e quadrimestrais. Lei 8.222/1991. Súmula 83 do TST. Aplicável.

Havendo controvérsia jurisprudencial à época, não se rescinde decisão que aprecia a possibilidade de cumulação das antecipações bimestrais e reajustes quadrimestrais de salário previstos na Lei 8.222/1991. Incidência da Súmula 83 do TST.

40 – CANCELADA. Convertida na Súmula 375 – Res. 129/2005 do TST – (DJU 20.04.2005).

Ação rescisória. Reajustes salariais previstos em norma coletiva. Prevalência da legislação de política salarial quando a norma coletiva é anterior à lei. (Inserida em 20.09.2000). Os reajustes salariais previstos em norma coletiva de trabalho não prevalecem frente à legislação superveniente de política salarial.

41. Ação rescisória. Sentença "citra petita". Cabimento.

Revelando-se a sentença "citra petita", o vício processual vulnera os arts. 141 e 492 do CPC de 2015 (arts. 128 e 460 do CPC de 1973), tornando-a passível de desconstituição, ainda que não interpostos embargos de declaração.

OJ com redação pela Res. 208/2016 do TST (DEJT 22, 23 e 24.04.2016)

42 – CANCELADA. Nova redação da Súmula 192 – Res. 121/2003 e Res. 137/2005 do TST– (DJU 21.11.2003 e 22.08.2005).

Ação rescisória. Sentença de mérito. Competência do TST. Acórdão rescindendo do TST. Não conhecimento de recurso. Enunciado 192. Não aplicação. (Inserida em 20.09.2000). Acórdão rescindendo do TST que não conhece de recurso de embargos ou de revista, seja examinando a arguição de violação de dispositivo de lei, seja decidindo de acordo com súmula de direito material ou em consonância com iterativa, notória e atual jurisprudência de direito material da

SDI (Súmula 333), examina o mérito da causa, comportando ação rescisória da competência do Tribunal Superior do Trabalho.

43 - CANCELADA. Convertida na Súmula 411 - Res. 137/2005 do TST - (DJU 22.08.2005).

Ação rescisória. Sentença de mérito. Decisão de Tribunal Regional do Trabalho em agravo regimental confirmando decisão monocrática do relator que, aplicando a Súmula 83 do TST, indeferiu a petição inicial da ação rescisória. Cabimento. (Inserida em 20.09.2000). Se a decisão recorrida, em agravo regimental, aprecia a matéria na fundamentação, sob o enfoque das Súmulas 83 do TST e 343 do STF, constitui sentença de mérito ainda que haja resultado no indeferimento da petição inicial e na extinção do processo, "sem julgamento do mérito". Sujeita-se, assim, à reforma pelo TST a decisão do Tribunal que, invocando controvérsia na interpretação da lei, indefere a petição inicial de ação rescisória.

44 - CANCELADA. Convertida na Súmula 399 - Res. 137/2005 do TST - (DJU 22.08.2005).

Ação rescisória. Sentença de mérito. Decisão homologatória de adjudicação. Incabível. (Inserida em 20.09.2000). Incabível ação rescisória para impugnar decisão homologatória de adjudicação.

45 - CANCELADA. Convertida na Súmula 399 - Res. 137/2005 do TST - (DJU 22.08.2005).

Ação rescisória. Sentença de mérito. Decisão homologatória de arrematação. Incabível. (Inserida em 20.09. 2000). Incabível ação rescisória para impugnar decisão homologatória de arrematação.

46 - CANCELADA. Convertida na Súmula 412 - Res. 137/2005 do TST - (DJU 22.08.2005).

Ação rescisória. Sentença de mérito. Questão processual. (Inserida em 20.09.2000). Pode uma questão processual ser objeto de rescisão desde que consista em pressuposto de validade de uma sentença de mérito.

47 - CANCELADA. Convertida na Súmula 413 - Res. 137/2005 do TST - (DJU 22.08.2005)

Ação rescisória. Sentença de mérito. Violação do art. 896, a, da CLT. (Inserida em 20.09.2000). Incabível ação rescisória, por violação do art. 896, a, da CLT, contra decisão que não conhece de recurso de revista, com base em divergência jurisprudencial, pois não se cuida de sentença de mérito (art. 485 do CPC).

48 - CANCELADA. Nova redação da Súmula 192 - Res. 137/2005 do TST- (DJU 22.08.2005).

Ação rescisória. Sentença e acórdão. Substituição. (Inserida em 20.09.2000). Em face do disposto no art. 512 do CPC, é juridicamente impossível o pedido explícito de desconstituição de sentença quando substituída por acórdão regional.

49 - CANCELADA. Conversão da tese mais abrangente da OJ 116 na Súmula 397 - Res. 137/2005 do TST- (DJU 22.08.2005).

Mandado de segurança. Ação de cumprimento fundada em decisão normativa que sofreu posterior reforma, quando já transitada em julgado a sentença condenatória proferida na ação de cumprimento. (Inserida em 20.09.2000). É cabível o mandado de segurança para extinguir a execução fundada em sentença proferida em ação de cumprimento, quando excluída da sentença normativa a cláusula que lhe serviu de sustentáculo.

50 - CANCELADA. Convertida na Súmula 414 - Res. 137/2005 do TST - (DJU 22.08.2005).

Mandado de segurança. Antecipação de tutela. Cabimento. (Inserida em 20.09.2000). A tutela antecipada concedida antes da prolação da sentença é impugnável mediante mandado de segurança, por não comportar recurso próprio.

51 - CANCELADA. Convertida na Súmula 414 - Res. 137/2005 do TST - (DJU 22.08.2005).

Mandado de segurança. Antecipação de tutela concedida em sentença. Reintegração. Não cabimento. (Inserida em 20.09.2000). A antecipação da tutela conferida na sentença não comporta impugnação pela via do mandado de segurança, por ser impugnável mediante recurso ordinário. A ação cautelar é o meio próprio para se obter efeito suspensivo a recurso.

52 – CANCELADA. Convertida na Súmula 415 – Res. 137/2005 do TST – (DJU 22.08.2005).

Mandado de segurança. Art. 284, CPC. Aplicabilidade. (Inserida em 20.09.2000). Exigindo o mandado de segurança prova documental pré-constituída, inaplicável se torna o art. 284 do CPC quando verificada na petição inicial do mandamus a ausência de documento indispensável ou sua autenticação.

53 – Mandado de segurança. Cooperativa em liquidação extrajudicial. Lei 5.764/1971, art. 76. Inaplicável. Não suspende a execução.

A liquidação extrajudicial de sociedade cooperativa não suspende a execução dos créditos trabalhistas existentes contra ela.

54 – Mandado de Segurança. Embargos de Terceiro. Cumulação. Penhora. Incabível.

Ajuizados embargos de terceiro (art. 674 do CPC de 2015 – art. 1.046 do CPC de 1973) para pleitear a desconstituição da penhora, é incabível mandado de segurança com a mesma finalidade.

► OJ com redação pela Res. 208/2016 do TST (DEJT 22, 23 e 24.04.2016)

55 – CANCELADA. Convertida na Súmula 416 – Res. 137/2005 do TST – (DJU 22.08.2005).

Mandado de segurança. Execução. Lei 8.432/1992. Art. 897, § 1º, da CLT. Cabimento. (Inserida em 20.09. 2000). Devendo o agravo de petição delimitar justificadamente a matéria e os valores objeto de discordância, não fere direito líquido e certo o prosseguimento da execução quanto aos tópicos e valores não especificados no agravo.

56 – Mandado de segurança. Execução. Pendência de recurso extraordinário.

Não há direito líquido e certo à execução definitiva na pendência de recurso extraordinário, ou de agravo de instrumento visando a destrancá-lo.

57 – Mandado de segurança. INSS. Tempo de serviço. Averbação e/ou reconhecimento.

Conceder-se á mandado de segurança para impugnar ato que determina ao INSS o reconhecimento e/ou averbação de tempo de serviço.

58 – CANCELADA. Convertida na Súmula 414 – Res. 137/2005 do TST – (DJU 22.08.2005).

Mandado de segurança para cassar liminar concedida em ação civil pública. Cabível. (Inserida em 20.09.2000). É cabível o mandado de segurança visando a cassar liminar concedida em ação civil pública.

59 – Mandado de Segurança. Penhora. Carta de Fiança Bancária. Seguro Garantia Judicial (nova redação em decorrência do CPC de 2015)

A carta de fiança bancária e o seguro garantia judicial, desde que em valor não inferior ao do débito em execução, acrescido de trinta por cento, equivalem a dinheiro para efeito da gradação dos bens penhoráveis, estabelecida no art. 835 do CPC de 2015 (art. 655 do CPC de 1973).

► OJ com redação pela Res. 209/2016 do TST (DEJT 01.06.2016).

60 – CANCELADA. Convertida na Súmula 417 – Res. 137/2005 do TST – (DJU 22.08.2005).

Mandado de segurança. Penhora em dinheiro. Banco. (Inserida em 20.09. 2000). Não fere direito líquido e certo do impetrante o ato judicial que determina penhora em dinheiro de banco, em execução definitiva, para garantir crédito exequendo, uma vez que obedece à gradação prevista no art. 655 do CPC.

61 – CANCELADA. Convertida na Súmula 417 – Res. 137/2005 do TST – (DJU 22.08.2005).

Mandado de segurança. Penhora em dinheiro. Execução definitiva. Depósito em banco oficial no Estado. Arts. 612 e 666 do CPC. (Inserida em 20.09.2000). Havendo discordância do credor, em execução definitiva, não tem o executado direito líquido e certo a que os valores penhorados em dinheiro fiquem depositados no próprio banco, ainda que atenda aos requisitos do art. 666, I, do CPC.

62 – CANCELADA. Convertida na Súmula 417 – Res. 137/2005 do TST – (DJU 22.08.2005).

Mandado de segurança. Penhora em dinheiro. Execução provisória. (Inserida em 20.09.2000). Em se tratando de execução provisória, fere direito líquido e certo do impetrante a determinação de penhora em dinheiro, quando nomeados outros bens à penhora, pois o executado tem direito a que a execução se processe da forma que lhe seja menos gravosa, nos termos do art. 620 do CPC.

63 – Mandado de segurança. Reintegração. Ação cautelar.

Comporta a impetração de mandado de segurança o deferimento de reintegração no emprego em ação cautelar.

64 – Mandado de segurança. Reintegração liminarmente concedida.

Não fere direito líquido e certo a concessão de tutela antecipada para reintegração de empregado protegido por estabilidade provisória decorrente de lei ou norma coletiva.

65 – Mandado de segurança. Reintegração liminarmente concedida. Dirigente sindical.

Ressalvada a hipótese do art. 494 da CLT, não fere direito líquido e certo a determinação liminar de reintegração no emprego de dirigente sindical, em face da previsão do inciso X do art. 659 da CLT.

66 – Mandado de Segurança. Sentença Homologatória de Adjudicação. Incabível (atualizado o item I e incluído o item II em decorrência do CPC de 2015)

I – Sob a égide do CPC de 1973 é incabível o mandado de segurança contra sentença homologatória de adjudicação, uma vez que existe meio próprio para impugnar o ato judicial, consistente nos embargos à adjudicação (CPC de 1973, art. 746).

II – Na vigência do CPC de 2015 também não cabe mandado de segurança, pois o ato judicial pode ser impugnado por simples petição, na forma do artigo 877, caput, do CPC de 2015.

◣ OJ com redação pela Res. 212/2016 do TST (DEJT 20.09.2016).

67 – Mandado de segurança. Transferência. Art. 659, IX, da CLT.

Não fere direito líquido e certo a concessão de liminar obstativa de transferência de empregado, em face da previsão do inciso IX do art. 659 da CLT.

68 – Antecipação de tutela. Competência. (Inserida em 20.09.2000).

Nos Tribunais, compete ao relator decidir sobre o pedido de antecipação de tutela, submetendo sua decisão ao Colegiado respectivo, independentemente de pauta, na sessão imediatamente subsequente.

◣ OJ com redação pela Res. 137/2005 do TST (DJU 22.08.2005).

69 – Fungibilidade recursal. Indeferimento liminar de ação rescisória ou mandado de segurança. Recurso para o TST. Recebimento como agravo regimental e devolução dos autos ao TRT.

Recurso ordinário interposto contra despacho monocrático indeferitório da petição inicial de ação rescisória ou de mandado de segurança pode, pelo princípio de fungibilidade recursal, ser recebido como agravo regimental. Hipótese de não conhecimento do recurso pelo TST e devolução dos autos ao TRT, para que aprecie o apelo como agravo regimental.

70 – Ação Rescisória. Regência pelo CPC de 1973. Manifesto e Inescusável Equívoco no Direcionamento. Inépcia da Inicial. Extinção do Processo (atualizada em decorrência do CPC de 2015)

Sob a égide do CPC de 1973, o manifesto equívoco da parte em ajuizar ação rescisória no TST para desconstituir julgado proferido pelo TRT, ou vice-versa, implica a extinção do processo sem julgamento do mérito por inépcia da inicial.

► OJ com redação pela Res. 220/2017 do TST (DEJT 21.09.2017)

71 - Ação rescisória. Salário profissional. Fixação. Múltiplo de salário mínimo. Art. 7º, IV, da CF/1988.

A estipulação do salário profissional em múltiplos do salário mínimo não afronta o art. 7º, inciso IV, da Constituição Federal de 1988, só incorrendo em vulneração do referido preceito constitucional a fixação de correção automática do salário pelo reajuste do salário mínimo.

► OJ com redação pelo TST em 16.11.2004 (DJU 22.11.2004).

72 - CANCELADA. Nova redação da Súmula 298 - Res. 137/2005 do TST- (DJU 22.08.2005).

Ação rescisória. Prequestionamento quanto à matéria e ao conteúdo da norma, não necessariamente do dispositivo legal tido por violado. (Inserida em 08.11.2000). O prequestionamento exigido em ação rescisória diz respeito à matéria e ao enfoque específico da tese debatida na ação e não, necessariamente, ao dispositivo legal tido por violado. Basta que o conteúdo da norma reputada como violada tenha sido abordado na decisão rescindenda para que se considere preenchido o pressuposto do prequestionamento.

73 - CANCELADA. Convertida na Súmula 435 - Res. 186/2012 do TST - (DJE 25.09.2012).

Art. 557 do CPC. Constitucionalidade. Não há como se cogitar da inconstitucionalidade do art. 557 do CPC, meramente pelo fato de a decisão ser exarada pelo Relator, sem a participação do Colegiado, porquanto o princípio da publicidade insculpido no inciso IX do art. 93 da CF/1988 não está jungido ao julgamento pelo Colegiado e sim o acesso ao processo pelas partes, seus advogados ou terceiros interessados, direito preservado pela Lei 9.756/1998, ficando, outrossim, assegurado o acesso ao Colegiado através de agravo.

74 - CANCELADA. Convertida na Súmula 421 - Res. 137/2005 do TST - (DJU 22.08.2005).

Embargos declaratórios contra decisão monocrática do relator, calcada no art. 557 do CPC. Cabimento. (Inserida em 08.11.2000). I - Tendo o despacho monocrático de provimento ou denegação de recurso, previsto no art. 557 do CPC, conteúdo decisório definitivo e conclusivo da lide, comporta ser esclarecido pela via dos embargos declaratórios, em despacho aclaratório, também monocrático, quando se pretende tão somente suprir omissão e não modificação do julgado. II - Postulando o embargante efeito modificativo, os embargos declaratórios deverão ser submetidos ao pronunciamento do colegiado, convertidos em agravo, em face dos princípios da fungibilidade e celeridade processual.

75 - CANCELADA. Nova redação da Súmula 298 - Res. 137/2005 do TST- (DJU 22.08.2005).

Remessa de ofício. Ação rescisória. Prequestionamento. Decisão regional que simplesmente confirma a sentença. (Inserida em 20.04.2001). Para efeito de ação rescisória, considera-se prequestionada a matéria tratada na sentença quando, examinando remessa de ofício, o Tribunal simplesmente a confirma.

76 - Ação Rescisória. Ação Cautelar proposta sob a vigência do CPC de 1973. Suspensão da Execução. Juntada de Documento Indispensável. Possibilidade de Êxito na Rescisão do Julgado (atualizada em decorrência do CPC de 2015)

É indispensável a instrução da ação cautelar proposta sob a vigência do CPC de 1973 com as provas documentais necessárias à aferição da plausibilidade de êxito na rescisão do julgado. Assim sendo, devem vir junto com a inicial da cautelar as cópias da petição inicial da ação rescisória principal, da decisão rescindenda, da certidão do trânsito em julgado da decisão rescindenda e informação do andamento atualizado da execução.

► OJ com redação pela Res. 220/2017 do TST (DEJT 21.09.2017)

77 – CANCELADA. Nova redação da Súmula 83 – Res. 137/2005 do TST– (DJU 22.08.2005).

Ação rescisória. Aplicação da Súmula 83 do TST. Matéria controvertida. Limite temporal. Data de inserção em Orientação Jurisprudencial do TST. (Inserida em 13.03.2002). A data da inclusão da matéria discutida na ação rescisória, na Orientação Jurisprudencial do TST, é o divisor de águas quanto a ser, ou não, controvertida nos Tribunais a interpretação dos dispositivos legais citados na ação rescisória.

78. Ação rescisória. Cumulação sucessiva de pedidos. Rescisão da sentença e do acórdão. Ação única. Art. 326 do CPC de 2015. Art. 289 do CPC de 1973.

É admissível o ajuizamento de uma única ação rescisória contendo mais de um pedido, em ordem sucessiva, de rescisão da sentença e do acórdão. Sendo inviável a tutela jurisdicional de um deles, o julgador está obrigado a apreciar os demais, sob pena de negativa de prestação jurisdicional.

► OJ com redação pela Res. 208/2016 do TST (DEJT 22, 23 e 24.04.2016)

79 – CANCELADA. Nova redação da Súmula 100 – Res. 137/2005 do TST– (DJU 22.08.2005).

Ação rescisória. Decadência afastada. Imediato julgamento do mérito. Inexistência de ofensa ao duplo grau de jurisdição. (Inserida em 13.03.2002). Não ofende o princípio do duplo grau de jurisdição a decisão do TST que, após afastar a decadência em sede de recurso ordinário, aprecia desde logo a lide, se a causa versar questão exclusivamente de direito e estiver em condições de imediato julgamento.

80 – Ação rescisória. Decadência. Dies a quo. Recurso deserto. Súmula 100 do TST.

O não conhecimento do recurso por deserção não antecipa o dies a quo do prazo decadencial para o ajuizamento da ação rescisória, atraindo, na contagem do prazo, a aplicação do Súmula 100 do TST.

81 – CANCELADA. Convertida na Súmula 401 – Res. 137/2005 do TST– (DJU 22.08.2005).

Ação rescisória. Descontos legais. Fase de execução. Sentença exequenda omissa. Inexistência de ofensa à coisa julgada. (Inserida em 13.03.2002). Os descontos previdenciários e fiscais devem ser efetuados pelo juízo executório, ainda que a sentença exequenda tenha sido omissa sobre a questão, dado o caráter de ordem pública ostentado pela norma que os disciplina. A ofensa à coisa julgada somente poderá ser caracterizada na hipótese de o título exequendo, expressamente, afastar a dedução dos valores a título de imposto de renda e de contribuição previdenciária.

82 – CANCELADA. Convertida na Súmula 406 – Res. 137/2005 do TST – (DJU 22.08.2005).

Ação rescisória. Litisconsórcio. Necessário no polo passivo e facultativo no ativo. (Inserido em 13.03.2002). O litisconsórcio, na ação rescisória, é necessário em relação ao polo passivo da demanda, porque supõe uma comunidade de direitos ou de obrigações que não admite solução díspar para os litisconsortes, em face da indivisibilidade do objeto. Já em relação ao polo ativo, o litisconsórcio é facultativo, uma vez que a aglutinação de autores se faz por conveniência, e não pela necessidade decorrente da natureza do litígio, pois não se pode condicionar o exercício do direito individual de um dos litigantes no processo originário à anuência dos demais para retomar a lide.

83 – CANCELADA. Convertida na Súmula 407 – Res. 137/2005 do TST – (DJU 22.08.2005).

Ação rescisória. Ministério Público. Legitimidade ad causam prevista no art. 487, III, a e b, do CPC. As hipóteses são meramente exemplificativas. (Inserida em 13.03.2002). A legitimidade ad causam do Ministério Público para propor ação rescisória, ainda que não tenha sido parte no processo que deu origem à decisão rescindenda, não está limitada às alíneas a e b do inciso III do art. 487 do CPC, uma vez que traduzem hipóteses meramente exemplificativas.

84 – Ação rescisória. Ausência da decisão rescindenda e/ou da certidão de seu trânsito em julgado devidamente autenticadas. Concessão de prazo para complementação da documentação. (alterada em decorrência do CPC de 2015)

São peças essenciais para o julgamento da ação rescisória a decisão rescindenda e/ ou a certidão do seu trânsito em julgado, devidamente autenticadas, à exceção de cópias reprográficas apresentadas por pessoa jurídica de direito público, a teor do art. 24 da Lei 10.522/2002, ou declaradas autênticas pelo advogado na forma do artigo 830 da CLT com a redação dada pela Lei 11.925/2009. Em fase recursal, verificada a ausência de qualquer delas, cumpre ao Relator do recurso ordinário conceder o prazo de 5 (cinco) dias ao recorrente para que seja complementada a documentação exigível, nos termos do art. 932, parágrafo único, do CPC de 2015.

OJ com redação pela Res. 220/2017 do TST (DEJT 21.09.2017)

85 – CANCELADA. Convertida a 1ª parte na Súmula 399 e incorporação da parte final à nova redação da Súmula 298 – Res. 137/2005 do TST – (DJU 22.08.2005).

Ação rescisória. Sentença homologatória de cálculo. Existência de contraditório. Decisão de mérito. Cabimento. (Inserida em 13.03.2002 e alterada em 26.12.2002). A decisão homologatória de cálculos apenas comporta rescisão quando enfrentar as questões envolvidas na elaboração da conta de liquidação, quer solvendo a controvérsia das partes, quer explicitando, de ofício, os motivos pelos quais acolheu os cálculos oferecidos por uma das partes, ou pelo setor de cálculos, e não contestados pela outra. A sentença meramente homologatória, que silencia sobre os motivos de convencimento do juiz, não se mostra rescindível, por ausência de prequestionamento.

86 – CANCELADA. Convertida na Súmula 414 – Res. 137/2005 do TST – (DJU 22.08.2005).

Mandado de segurança. Antecipação de tutela. Sentença superveniente. (Inserida em 13.03. 2002). Perda de objeto. Perde objeto o mandado de segurança que impugna tutela antecipada pelo fato de haver sido proferida sentença de mérito nos autos originários.

87 – CANCELADA pela Res. 137/2005 do TST – (DJU 22.08.2005).

Mandado de segurança. Reintegração em execução provisória. Impossibilidade. (Inserida em 13.03.2002). O art. 899 da CLT, ao impedir a execução definitiva do título executório, enquanto pendente recurso, alcança tanto as execuções por obrigação de pagar quanto as por obrigação de fazer. Assim, tendo a obrigação de reintegrar caráter definitivo, somente pode ser decretada, liminarmente, nas hipóteses legalmente previstas, em sede de tutela antecipada ou tutela específica.

88 – Mandado de segurança. Valor da causa. Custas processuais. Cabimento.

Incabível a impetração de mandado de segurança contra ato judicial que, de ofício, arbitrou novo valor à causa, acarretando a majoração das custas processuais, uma vez que cabia à parte, após recolher as custas, calculadas com base no valor dado à causa na inicial, interpor recurso ordinário e, posteriormente, agravo de instrumento no caso de o recurso ser considerado deserto.

89 – Habeas corpus. Depositário. Termo de depósito não assinado pelo paciente. Necessidade de aceitação do encargo. Impossibilidade de prisão civil.

A investidura no encargo de depositário depende da aceitação do nomeado, que deve assinar termo de compromisso no auto de penhora, sem o que é inadmissível a restrição de seu direito de liberdade.

90 – CANCELADA. Convertida na Súmula 422 – Res. 137/2005 do TST – (DJU 22.08.2005).

Recurso ordinário. Apelo que não ataca os fundamentos da decisão recorrida. Não conhecimento. Art. 514, II, do CPC. (Inserida em 27.05.2002). Não se conhece de recurso ordinário para o TST, pela ausência do requisito de admissibilidade inscrito no art. 514, II, do CPC, quando as razões do recorrente não impugnam os fundamentos da decisão recorrida, nos termos em que fora proposta.

91 – Mandado de segurança. Autenticação de cópias pelas Secretarias dos Tribunais Regionais do Trabalho. Requerimento indeferido. Art. 789, § 9º, da CLT.

Não sendo a parte beneficiária da assistência judiciária gratuita, inexiste direito líquido e certo à autenticação, pelas Secretarias dos Tribunais, de peças extraídas do processo principal, para formação do agravo de instrumento.

92 – Mandado de segurança. Existência de recurso próprio.

Não cabe mandado de segurança contra decisão judicial passível de reforma mediante recurso próprio, ainda que com efeito diferido.

93 – Penhora sobre parte da renda de estabelecimento comercial. Possibilidade. (alterada em decorrência do CPC de 2015)

Nos termos do art. 866 do CPC de 2015, é admissível a penhora sobre a renda mensal ou faturamento de empresa, limitada a percentual, que não comprometa o desenvolvimento regular de suas atividades, desde que não haja outros bens penhoráveis ou, havendo outros bens, eles sejam de difícil alienação ou insuficientes para satisfazer o crédito executado.

▶ OJ com redação pela Res. 220/2017 do TST (DEJT 21.09.2017)

94 – Ação rescisória. Colusão. Fraude à lei. Reclamatória simulada extinta.

A decisão ou acordo judicial subjacente à reclamação trabalhista, cuja tramitação deixa nítida a simulação do litígio para fraudar a lei e prejudicar terceiros, enseja ação rescisória, com lastro em colusão. No juízo rescisório, o processo simulado deve ser extinto.

95 – CANCELADA. Convertida na Súmula 400 – Res. 137/2005 do TST – (DJU 22.08.2005).

Ação Rescisória de Ação Rescisória. Violação de Lei. Indicação dos mesmos dispositivos legais apontados na Rescisória Primitiva. (Inserida em 27.09.2002 e alterada – DJ 16.04.2004). Em se tratando de rescisória de rescisória, o vício apontado deve nascer na decisão rescindenda, não se admitindo a rediscussão do acerto do julgamento da rescisória anterior. Assim, não se admite rescisória calcada no inciso V do art. 485 do CPC para discussão, por má aplicação, dos mesmos dispositivos de lei tidos por violados na rescisória anterior, bem como para arguição de questões inerentes à ação rescisória primitiva.

96 – CANCELADA. Nova redação da Súmula 299 – Res. 137/2005 do TST– (DJU 22.08.2005).

Ação rescisória. Vício de intimação da decisão rescindenda. Ausência da formação da coisa julgada material. Carência de ação. (Inserida em 27.09.2002). O pretenso vício de intimação posterior à decisão que se pretende rescindir, se efetivamente ocorrido, não permite a formação da coisa julgada material. Assim, a ação rescisória deve ser julgada extinta sem julgamento do mérito por carência de ação, por inexistir decisão transitada em julgado a ser rescindida.

97 – Ação rescisória. Violação do art. 5º, II, LIV e LV, da Constituição Federal. Princípios da legalidade, do devido processo legal, do contraditório e da ampla defesa. (Inserida em 27.09.2002 e alterada em 25.04.2003 – DJ 09.05.2003).

Os princípios da legalidade, do devido processo legal, do contraditório e da ampla defesa não servem de fundamento para a desconstituição de decisão judicial transitada em julgado, quando se apresentam sob a forma de pedido genérico e desfundamentado, acompanhando dispositivos legais que tratam especificamente da matéria debatida, estes sim, passíveis de fundamentarem a análise do pleito rescisório.

OJ com redação pela Res. 137/2005 do TST (DJU 22.08.2005).

98 – Mandado de segurança. Cabível para atacar exigência de depósito prévio de honorários periciais. (Inserida em 27.09.2002).

É ilegal a exigência de depósito prévio para custeio dos honorários periciais, dada a incompatibilidade com o processo do trabalho, sendo cabível o mandado de segurança visando à realização da perícia, independentemente do depósito.

OJ com redação pela Res. 137/2005 do TST (DJU 22.08.2005).

99 – Mandado de segurança. Esgotamento de todas as vias processuais disponíveis. Trânsito em julgado formal. Descabimento.

Esgotadas as vias recursais existentes, não cabe mandado de segurança.

100 – Recurso ordinário para o TST. Decisão de TRT proferida em agravo regimental contra liminar em ação cautelar ou em mandado de segurança. Incabível.

Não cabe recurso ordinário para o TST de decisão proferida pelo Tribunal Regional do Trabalho em agravo regimental interposto contra despacho que concede ou não liminar em ação cautelar ou em mandado de segurança, uma vez que o processo ainda pende de decisão definitiva do Tribunal a quo.

101. Ação rescisória. Inciso IV do art. 966 do CPC de 2015. Art. 485, IV, do CPC de 1973. Ofensa à coisa julgada. Necessidade de fixação de tese na decisão rescindenda.

Para viabilizar a desconstituição do julgado pela causa de rescindibilidade do inciso IV do art. 966 do CPC de 2015 (inciso IV do art. 485 do CPC de 1973), é necessário que a decisão rescindenda tenha enfrentado as questões ventiladas na ação rescisória, sob pena de inviabilizar o cotejo com o título executivo judicial tido por desrespeitado, de modo a se poder concluir pela ofensa à coisa julgada.

OJ com redação pela Res. 208/2016 do TST (DEJT 22, 23 e 24.04.2016)

102 – CANCELADA. Nova redação da Súmula 100 – Res. 137/2005 do TST– (DJU 22.08.2005).

Ação rescisória. Certidão de trânsito em julgado. Descompasso com a realidade. Presunção relativa de veracidade. (DJ 29.04.2003). O juízo rescindente não está adstrito à certidão de trânsito em julgado juntada com a ação rescisória, podendo formar sua convicção através de outros elementos dos autos quanto à antecipação ou postergação do dies a quo do prazo decadencial.

103 – Ação rescisória. Contradição entre fundamentação e parte dispositiva do julgado. Cabimento. Erro de fato.

É cabível a rescisória para corrigir contradição entre a parte dispositiva do acórdão rescindendo e a sua fundamentação, por erro de fato na retratação do que foi decidido.

104 – CANCELADA. Nova redação da Súmula 100 – Res. 137/2005 do TST– (DJU 22.08.2005).

Ação rescisória. Decadência. Sentença homologatória de acordo. Momento do trânsito em julgado. (DJ 29.04.2003). O acordo homologado judicialmente tem força de decisão irrecorrível, na forma do art. 831 da CLT. Assim sendo, o termo conciliatório transita em julgado na data da sua homologação judicial.

105 – CANCELADA. Nova redação da Súmula 192 – Res. 137/2005 do TST– (DJU 22.08.2005).

Ação rescisória. Decisão rescindenda. Agravo de instrumento. Não substituição. Impossibilidade jurídica. (DJ 29.04.2003). É manifesta a impossibilidade jurídica do pedido de rescisão de julgado proferido em agravo de instrumento que, limitando-se a aferir o eventual desacerto do juízo negativo de admissibilidade do recurso de revista, não substitui o acórdão regional, na forma do art. 512 do CPC.

106 – CANCELADA. Nova redação da Súmula 299 – Res. 137/2005 do TST– (DJU 22.08.2005).

Ação rescisória. Decisão rescindenda. Ausência de trânsito em julgado. Descabimento de ação rescisória preventiva. (DJ 29.04.2003). A comprovação do trânsito em julgado da decisão rescindenda é pressuposto processual indispensável ao tempo do ajuizamento da ação rescisória. Eventual trânsito em julgado posterior ao ajuizamento da ação rescisória não reabilita a ação proposta, na medida em que o ordenamento jurídico não contempla a ação rescisória preventiva.

107. Ação rescisória. Decisão rescindenda de mérito. Sentença declaratória de extinção de execução. Satisfação da obrigação.

Embora não haja atividade cognitiva, a decisão que declara extinta a execução, nos termos do art. 924, incisos I a IV c/c art. 925 do CPC de 2015 (art. 794 c/c art. 795 do CPC de 1973), extingue a relação processual e a obrigacional, sendo passível de corte rescisório.

► OJ com redação pela Res. 208/2016 do TST (DEJT 22, 23 e 24.04.2016)

108 – CANCELADA. Convertida na Súmula 404 – Res. 137/2005 do TST – (DJU 22.08.2005).

Ação rescisória. Fundamento para invalidar confissão. Confissão ficta. Inadequação do enquadramento no art. 485, VIII, do CPC. (DJ 29.04.2003). O art. 485, VIII, do CPC, ao tratar do fundamento para invalidar a confissão como hipótese de rescindibilidade da decisão judicial, refere-se à confissão real, fruto de erro, dolo ou coação, e não à confissão ficta resultante de revelia.

109 – CANCELADA. Convertida na Súmula 410 – Res. 137/2005 do TST – (DJU 22.08.2005).

Ação rescisória. Reexame de fatos e provas. Inviabilidade. (DJ 29.04. 2003). A ação rescisória calcada em violação de lei não admite reexame de fatos e provas do processo que originou a decisão rescindenda.

110 – CANCELADA. Convertida na Súmula 406 – Res. 137/2005 do TST – (DJU 22.08.2005).

Ação rescisória. Réu sindicato. Substituto processual na ação originária. Legitimidade passiva ad causam. Inexistência de litisconsórcio passivo necessário. (DJ 29.04.2003). O Sindicato, substituto processual e autor da reclamação trabalhista, em cujos autos fora proferida a decisão rescindenda, possui legitimidade para figurar como réu na ação rescisória, sendo descabida a exigência de citação de todos os empregados substituídos, porquanto inexistente litisconsórcio passivo necessário.

111 – CANCELADA. Convertida na Súmula 403 – Res. 137/2005 do TST – (DJU 22.08.2005).

Ação rescisória. Sentença homologatória de acordo. Dolo da parte vencedora em detrimento da vencida. Art. 485, III, do CPC. Inviável. (DJ 29.04. 2003). Se a decisão rescindenda é homologatória de acordo, não há parte vencedora ou vencida, razão pela qual não é possível a sua desconstituição calcada no inciso III do art. 485 do CPC (dolo da parte vencedora em detrimento da vencida), pois constitui fundamento de rescindibilidade que supõe solução jurisdicional para a lide.

112 – Ação rescisória. Violação de lei. Decisão rescindenda por duplo fundamento. Impugnação parcial.

Para que a violação da lei dê causa à rescisão de decisão de mérito alicerçada em duplo fundamento, necessário que o Autor da ação rescisória invoque causas de rescindibilidade que, em tese, possam infirmar a motivação dúplice da decisão rescindenda.

113 – CANCELADA pela Res. 220/2017 do TST (DEJT 21.09.2017)

Ação cautelar. Efeito suspensivo ao recurso ordinário em mandado de segurança. Incabível. Ausência de interesse. Extinção (dj

11.08.2003). (cancelada em decorrência do CPC de 2015). É incabível medida cautelar para imprimir efeito suspensivo a recurso interposto contra decisão proferida em mandado de segurança, pois ambos visam, em última análise, à sustação do ato atacado. Extingue-se, pois, o processo, sem julgamento do mérito, por ausência de interesse de agir, para evitar que decisões judiciais conflitantes e inconciliáveis passem a reger idêntica situação jurídica.

114 – CANCELADA. Convertida na Súmula 419 – Res. 137/2005 do TST – (DJU 22.08.2005).

Competência. Execução por carta. Embargos de terceiro. Juízo deprecante. (DJ 11.08.2003). Na execução por carta precatória, os embargos de terceiro serão oferecidos no juízo deprecante ou no juízo deprecado, mas a competência para julgá-los é do juízo deprecante, salvo se versarem, unicamente, sobre vícios ou irregularidades da penhora, avaliação ou alienação dos bens, praticados pelo juízo deprecado, em que a competência será deste último.

115 – CANCELADA. Convertida na Súmula 420 – Res. 137/2005 do TST – (DJU 22.08.2005).

Competência funcional. Conflito negativo. TRT e Vara do Trabalho de idêntica região. Não configuração. (DJ 11.08.2003). Não se configura conflito de competência entre Tribunal Regional do Trabalho e Vara do Trabalho a ele vinculada.

116 – CANCELADA. Convertida na Súmula 397 – Res. 137/2005 do TST – (DJU 22.08.2005).

Ação rescisória. Art. 485, IV, do CPC. Ação de cumprimento. Ofensa à coisa julgada emanada de sentença normativa modificada em grau de recurso. Inviabilidade. (DJ 11.08.2003). Não procede ação rescisória calcada em ofensa à coisa julgada perpetrada por decisão proferida em ação de cumprimento, em face de a sentença normativa, na qual se louvava, ter sido modificada em grau de recurso, porque em dissídio coletivo somente se consubstancia coisa julgada formal. Assim, os meios processuais, aptos a atacarem a execução da cláusula reformada, são a exceção da pré-executividade e o mandado de segurança, no caso de descumprimento do art. 572 do CPC.

117 – CANCELADA. Nova redação da Súmula 99 – Res. 137/2005 do TST– (DJU 22.08.2005).

Ação rescisória. Depósito recursal. Pedido rescisório procedente. Condenação em pecúnia. IN 3/1993, III. (DJ 11.08.2003). Havendo recurso ordinário em sede de rescisória, o depósito recursal prévio só é exigível quando for julgado procedente o pedido e imposta condenação em pecúnia.

118 – CANCELADA. Incorporação e nova redação da OJ 25 da SDI-II – Res. 137/2005 do TST– (DJU 22.08.2005).

Ação rescisória. Expressão "lei" do art. 485, V, do CPC. Indicação de contrariedade a súmula ou orientação jurisprudencial do TST. Descabimento. (DJ 11.08.2003). Não prospera pedido de rescisão fundado no art. 485, inciso V, do CPC, com indicação de contrariedade a súmula, uma vez que a jurisprudência consolidada dos tribunais não corresponde ao conceito de lei.

119 – CANCELADA. Convertida na Súmula 409 – Res. 137/2005 do TST – (DJU 22.08.2005).

Ação rescisória. Prazo prescricional. Total ou parcial. Violação do art. 7º, XXIX, da CF/1988. Matéria infraconstitucional. (DJ 11.08.2003). Não procede ação rescisória calcada em violação do art. 7º, XXIX, da CF/1988 quando a questão envolve discussão sobre a espécie de prazo prescricional aplicável aos créditos trabalhistas, se total ou parcial, porque a matéria tem índole infraconstitucional, construída, na Justiça do Trabalho, no plano jurisprudencial.

120 – CANCELADA. Convertida na Súmula 418 – Res. 137/2005 do TST – (DJU 22.08.2005).

Mandado de segurança. Recusa à homologação de acordo. Inexistência de direito líquido e certo. (DJ 11. 08.2003). Não comporta mandado de segurança a negativa de homologação de acordo, por inexistir direito líquido e certo à homologação, já que se trata de atividade jurisdicional alicerçada no livre convencimento do juiz.

121 – CANCELADA. Convertida na Súmula 405 – Res. 137/2005 do TST – (DJU 22.08.2005).

Ação rescisória. Pedido de antecipação de tutela. Descabimento. (DJ 11.08.2003). Não se admite tutela antecipada em sede de ação rescisória, na medida em que não se pode desconstituir antecipadamente a coisa julgada, com base em juízo de verossimilhança, dadas as garantias especiais de que se reveste o pronunciamento estatal transitado em julgado.

122 – CANCELADA. Nova redação da Súmula 100 – Res. 137/2005 do TST– (DJU 22.08.2005).

Ação rescisória. Decadência. Ministério Público. Dies a quo do prazo. Contagem. Colusão das partes. (DJ 11. 08.2003). Na hipótese de colusão das partes, o prazo decadencial da ação rescisória somente começa a fluir para o Ministério Público que não interveio no processo principal, a partir do momento em que tem ciência da fraude.

123 – Ação rescisória. Interpretação do sentido e alcance do título executivo. Inexistência de ofensa à coisa julgada. (DJ 11.08.2003)

O acolhimento da ação rescisória calcada em ofensa à coisa julgada supõe dissonância patente entre as decisões exequenda e rescindenda, o que não se verifica quando se faz necessária a interpretação do título executivo judicial para se concluir pela lesão à coisa julgada.

◣ OJ com redação pela Res. 137/2005 do TST (DJU 22.08.2005).

124. Ação rescisória. Art. 966, inciso II, do CPC de 2015. Art. 485, inciso II, do CPC de 1973. Arguição de incompetência absoluta. Prequestionamento inexigível.

Na hipótese em que a ação rescisória tem como causa de rescindibilidade o inciso II do art. 966 do CPC de 2015 (inciso II do art. 485 do CPC de 1973), a arguição de incompetência absoluta prescinde de prequestionamento.

◣ OJ com redação pela Res. 208/2016 do TST (DEJT 22,23, e 24.04.2016)

125 – CANCELADA. Convertida na Súmula 403 – Res. 137/2005 do TST – (DJU 22.08.2005).

Ação rescisória. Art. 485, III, do CPC. Silêncio da parte vencedora acerca de eventual fato que lhe seja desfavorável. Descaracterizado o dolo processual. (DJ 09.12.2003). Não caracteriza dolo processual, previsto no art. 485, III, do CPC, o simples fato de a parte vencedora haver silenciado a respeito de fatos contrários a ela, porque o procedimento, por si só, não constitui ardil do qual resulte cerceamento de defesa e, em consequência, desvie o juiz de uma sentença não condizente com a verdade.

126 – CANCELADA. Convertida na Súmula 398 – Res. 137/2005 do TST – (DJU 22.08.2005).

Ação rescisória. Ausência de defesa. Inaplicáveis os efeitos da revelia. (DJ 09.12.2003). Na ação rescisória, o que se ataca na ação é a sentença, ato oficial do Estado, acobertado pelo manto da coisa julgada. Assim sendo e, considerando que a coisa julgada envolve questão de ordem pública, a revelia não produz confissão na ação rescisória.

127 – Mandado de segurança. Decadência. Contagem. Efetivo ato coator.

Na contagem do prazo decadencial para ajuizamento de mandado de segurança, o efetivo ato coator é o primeiro em que se firmou a tese hostilizada e não aquele que a ratificou.

128 – Ação rescisória. Concurso público anulado posteriormente. Aplicação da Súmula 363 do TST.

O certame público posteriormente anulado equivale à contratação realizada sem a observância da exigência contida no art. 37, II, da Constituição Federal de 1988. Assim sendo, aplicam-se à hipótese os efeitos previstos no Súmula 363 do TST.

129 - Ação anulatória. Competência originária.

Em se tratando de ação anulatória, a competência originária se dá no mesmo juízo em que praticado o ato supostamente eivado de vício.

130 - Ação civil pública. Competência. Local do dano. Lei 7.347/1985, art. 2º. Código de Defesa do Consumidor, art. 93. (Redação alterada na sessão do Tribunal Pleno realizada em 14.09.2012).

I - A competência para a Ação Civil Pública fixa-se pela extensão do dano.

II - Em caso de dano de abrangência regional, que atinja cidades sujeitas à jurisdição de mais de uma Vara do Trabalho, a competência será de qualquer das Varas das localidades atingidas, ainda que vinculadas a Tribunais Regionais do Trabalho distintos.

III - Em caso de dano de abrangência suprarregional ou nacional, há competência concorrente para a Ação Civil Pública das Varas do Trabalho das sedes dos Tribunais Regionais do Trabalho.

IV - Estará prevento o juízo a que a primeira ação houver sido distribuída.

OJ com redação pela Res. 186/2012 do TST (DEJT 25.09.2012).

131 - Ação rescisória. Ação cautelar para suspender execução da decisão rescindenda. Pendência de trânsito em julgado da ação rescisória principal. Efeitos.

A ação cautelar não perde o objeto enquanto ainda estiver pendente o trânsito em julgado da ação rescisória principal, devendo o pedido cautelar ser julgado procedente, mantendo-se os efeitos da liminar eventualmente deferida, no caso de procedência do pedido rescisório ou, por outro lado, improcedente, se o pedido da ação rescisória principal tiver sido julgado improcedente.

132 - Ação rescisória. Acordo homologado. Alcance. Ofensa à coisa julgada.

Acordo celebrado - homologado judicialmente - em que o empregado dá plena e ampla quitação, sem qualquer ressalva, alcança não só o objeto da inicial, como também todas as demais parcelas referentes ao extinto contrato de trabalho, violando a coisa julgada, a propositura de nova reclamação trabalhista.

133 - CANCELADA. Nova redação da Súmula 192 - Res. 137/2005 do TST- (DJU 22.08.2005).

Ação rescisória. Decisão em agravo regimental. Aplicação da Súmula 333. Juízo de mérito. (DJ 04.05.2004). A decisão proferida pela SDI, em sede de agravo regimental, calcada na Súmula 333, substitui acórdão de Turma do TST, porque emite juízo de mérito, comportando, em tese, o corte rescisório.

134 - Ação rescisória. Decisão que declara preclusa a oportunidade de impugnação da sentença de liquidação. Produção de coisa julgada formal. Irrescindibilidade. (alterada em decorrência do CPC de 2015)

A decisão proferida em embargos à execução ou em agravo de petição que apenas declara preclusa a oportunidade de impugnação da sentença de liquidação não é rescindível, em virtude de produzir tão somente coisa julgada formal.

OJ com redação pela Res. 220/2017 do TST (DEJT 21.09.2017)

135 - Ação rescisória. Violação do art. 37, caput, da CF/1988. Necessidade de prequestionamento.

A ação rescisória calcada em violação do artigo 37, caput, da Constituição Federal, por desrespeito ao princípio da legalidade administrativa exige que ao menos o princípio constitucional tenha sido prequestionado na decisão.

136. Ação rescisória. Erro de fato. Caracterização.

A caracterização do erro de fato como causa de rescindibilidade de decisão judicial transitada em julgado supõe a afirmação categórica e indiscutida de um fato, na decisão rescindenda, que não corresponde à realidade dos autos. O fato afirmado pelo julgador, que pode ensejar ação rescisória calcada no inciso VIII do art. 966 do CPC de 2015 (inciso IX do art. 485 do CPC de 1973), é apenas aquele que se coloca como premissa fática indiscutida de um silogismo argumentativo, não aquele que se apresenta ao final desse mesmo silogismo, como conclusão decorrente das premissas que especificaram as provas oferecidas, para se concluir pela existência do fato. Esta última hipótese é afastada pelo § 1º do art. 966 do CPC de 2015 (§ 2º do art. 485 do CPC de 1973), ao exigir que não tenha havido controvérsia sobre o fato e pronunciamento judicial esmiuçando as provas.

► OJ com redação pela Res. 208/2016 do TST (DEJT 22, 23 e 24.04.2016)

137 – Mandado de segurança. Dirigente sindical. Art. 494 da CLT. Aplicável.

Constitui direito líquido e certo do empregador a suspensão do empregado, ainda que detentor de estabilidade sindical, até a decisão final do inquérito em que se apure a falta grave a ele imputada, na forma do art. 494, caput e parágrafo único, da CLT.

138 – CANCELADA pelo TST – (DJU 10.05.2006).

Mandado de segurança. Incompetência da Justiça do Trabalho. Cobrança de honorários advocatícios. Contrato de natureza civil. A Justiça do Trabalho é incompetente para apreciar ação de cobrança de honorários advocatícios, pleiteada na forma do art. 24, §§ 1º e 2º, da Lei 8.906/1994, em face da natureza civil do contrato de honorários.

139 – CANCELADA. Convertida na Súmula 414 – Res. 137/2005 do TST – (DJU 22.08.2005).

Mandado de segurança. Liminar em ação civil pública. Sentença de mérito superveniente. Perda de objeto. (DJ 04.05.2004). Perde objeto o mandado de segurança que impugna liminar em ação civil pública substituída por sentença de mérito superveniente.

140 – Mandado de segurança contra liminar, concedida ou denegada em outra segurança. Incabível. (Art. 8º da Lei 1.533/1951).

Não cabe mandado de segurança para impugnar despacho que acolheu ou indeferiu liminar em outro mandado de segurança.

141 – CANCELADA. Convertida na Súmula 418 – Res. 137/2005 do TST – (DJU 22.08.2005).

Mandado de segurança para conceder liminar denegada em ação cautelar. (DJ 04.05.2004). A concessão de liminar constitui faculdade do juiz, no uso de seu poder discricionário e de cautela, inexistindo direito líquido e certo tutelável pela via do mandado de segurança.

142 – Mandado de segurança. Reintegração liminarmente concedida.

Inexiste direito líquido e certo a ser oposto contra ato de Juiz que, antecipando a tutela jurisdicional, determina a reintegração do empregado até a decisão final do processo, quando demonstrada a razoabilidade do direito subjetivo material, como nos casos de anistiado pela da Lei 8.878/1994, aposentado, integrante de comissão de fábrica, dirigente sindical, portador de doença profissional, portador de vírus HIV ou detentor de estabilidade provisória prevista em norma coletiva.

143 – Habeas corpus. Penhora sobre coisa futura e incerta. Prisão. Depositário infiel

Não se caracteriza a condição de depositário infiel quando a penhora recair sobre coisa futura e incerta, circunstância que, por si só, inviabiliza a materialização do depósito no momento da constituição do paciente em depositário, autorizando-se a concessão de habeas corpus diante da prisão ou ameaça de prisão que sofra.

► OJ com redação pela Res. 151/2008 do TST (DJE 20.11.2008).

144 – Mandado de segurança. Proibição de prática de atos futuros. Sentença genérica. Evento futuro. Incabível. (DJ 22.06.2004).

O mandado de segurança não se presta à obtenção de uma sentença genérica, aplicável a eventos futuros, cuja ocorrência é incerta.

► OJ com redação pela Res. 137/2005 do TST (DJU 22.08.2005).

145 - CANCELADA. Nova redação da Súmula 100 - Res. 137/2005 do TST- (DJU 22.08.2005).

Ação rescisória. Decadência. Não esgotamento das vias recursais. Prazo legal do recurso extraordinário. (DJ 10.11.2004). Conta-se o prazo decadencial da ação rescisória, após o decurso do prazo legal previsto para a interposição do recurso extraordinário, apenas quando esgotadas todas as vias recursais ordinárias.

146. Ação rescisória. Início do prazo para apresentação da contestação. Art. 774 da CLT.

A contestação apresentada em ação rescisória obedece à regra relativa à contagem de prazo constante do art. 774 da CLT, sendo inaplicável o art. 231 do CPC de 2015 (art. 241 do CPC de 1973).

► OJ com redação pela Res. 208/2016 do TST (DEJT 22, 23 e 24.04.2016)

147 - CANCELADA pela Res. 142/2007 do TST - (DJU 10.10.2007).

Ação rescisória. Valor da causa. O valor da causa, na ação rescisória de sentença de mérito advinda de processo de conhecimento, corresponde ao valor da causa fixado no processo originário, corrigido monetariamente. No caso de se pleitear a rescisão de decisão proferida na fase de execução, o valor da causa deve corresponder ao montante da condenação.

148 - Custas. Mandado de segurança. Recurso ordinário. Exigência do pagamento. (Conversão da OJ 29 da SDI-I).

É responsabilidade da parte, para interpor recurso ordinário em mandado de segurança, a comprovação do recolhimento das custas processuais no prazo recursal, sob pena de deserção.

► OJ com redação pela Res. 129/2005 do TST (DJU 20.04.2005).

149 - Conflito de competência. Incompetência territorial. Hipótese do art. 651, § 3º, da CLT. Impossibilidade de declaração de ofício de incompetência relativa.

Não cabe declaração de ofício de incompetência territorial no caso do uso, pelo trabalhador, da faculdade prevista no art. 651, § 3º, da CLT. Nessa hipótese, resolve-se o conflito pelo reconhecimento da competência do juízo do local onde a ação foi proposta.

150 - Ação Rescisória. Regência pelo CPC de 1973. Decisão rescindenda que extingue o processo sem resolução de mérito por acolhimento de coisa julgada. Conteúdo meramente processual. Impossibilidade jurídica do pedido (atualizada em decorrência do CPC de 2015)

Reputa-se juridicamente impossível o pedido de corte rescisório de decisão que, reconhecendo a existência de coisa julgada, nos termos do art. 267, V, do CPC de 1973, extingue o processo sem resolução de mérito, o que, ante o seu conteúdo meramente processual, a torna insuscetível de produzir a coisa julgada material.

► OJ com redação pela Res. 212/2016 (DEJT 20.09.2016).

151 - Ação Rescisória e Mandado de Segurança. Procuração. Poderes específicos para ajuizamento de reclamação trabalhista. Irregularidade de representação processual. Fase recursal. Vício processual sanável. (nova redação em decorrência do CPC de 2015)

A procuração outorgada com poderes específicos para ajuizamento de reclamação trabalhista não autoriza a propositura de ação rescisória e mandado de segurança. Constatado, todavia, o defeito de representação processual na fase recursal, cumpre ao relator ou ao tribunal conceder prazo de 5 (cinco) dias para a regularização, nos termos da Súmula 383, item II, do TST.

OJ com redação pela Res. 211/2016 do TST (DEJT 24.08.2016).

152 – Ação rescisória e mandado de segurança. Recurso de revista de acórdão regional que julga ação rescisória ou mandado de segurança. Princípio da fungibilidade. Inaplicabilidade. Erro grosseiro na interposição do recurso.

A interposição de recurso de revista de decisão definitiva de Tribunal Regional do Trabalho em ação rescisória ou em mandado de segurança, com fundamento em violação legal e divergência jurisprudencial e remissão expressa ao art. 896 da CLT, configura erro grosseiro, insuscetível de autorizar o seu recebimento como recurso ordinário, em face do disposto no art. 895, b, da CLT.

153 – Mandado de segurança. Execução. Ordem de penhora sobre valores existentes em conta salário. Art. 649, IV, do CPC de 1973. Ilegalidade (atualizada em decorrência do CPC de 2015)

Ofende direito líquido e certo decisão que determina o bloqueio de numerário existente em conta salário, para satisfação de crédito trabalhista, ainda que seja limitado a determinado percentual dos valores recebidos ou a valor revertido para fundo de aplicação ou poupança, visto que o art. 649, IV, do CPC de 1973 contém norma imperativa que não admite interpretação ampliativa, sendo a exceção prevista no art. 649, § 2º, do CPC de 1973 espécie e não gênero de crédito de natureza alimentícia, não englobando o crédito trabalhista.

OJ com redação pela Res. 220/2017 do TST (DEJT 21.09.2017)

154 – Ação rescisória. Acordo prévio ao ajuizamento da reclamação. Quitação geral. Lide simulada. Possibilidade de rescisão da sentença homologatória de acordo apenas se verificada a existência de vício de consentimento.

A sentença homologatória de acordo prévio ao ajuizamento de reclamação trabalhista, no qual foi conferida quitação geral do extinto contrato, sujeita-se ao corte rescisório tão somente se verificada a existência de fraude ou vício de consentimento.

155 – CANCELADA pela Res. 206/2016 do TST – (DJe TST 18, 19 e 20.04.2016).

Ação Rescisória e Mandado de Segurança. Valor atribuído à causa na inicial. Majoração de ofício. Atribuído o valor da causa na inicial da ação rescisória ou do mandado de segurança e não havendo impugnação, nos termos do art. 261 do CPC, é defeso ao Juízo majorá-lo de ofício, ante a ausência de amparo legal. Inaplicável, na hipótese, a Orientação Jurisprudencial da SBDI-2 147 e o art. 2º, II, da Instrução Normativa 31 do TST.

156 – Habeas corpus originário no TST. Substitutivo de recurso ordinário em habeas corpus. Cabimento contra decisão definitiva proferida por Tribunal Regional do Trabalho.

É cabível ajuizamento de habeas corpus originário no Tribunal Superior do Trabalho, em substituição de recurso ordinário em habeas corpus, de decisão definitiva proferida por Tribunal Regional do Trabalho, uma vez que o órgão colegiado passa a ser a autoridade coatora no momento em que examina o mérito do habeas corpus impetrado no âmbito da Corte local.

157. Ação rescisória. Decisões proferidas em fases distintas de uma mesma ação. Coisa julgada. Não configuração.

A ofensa à coisa julgada de que trata o inciso IV do art. 966 do CPC de 2015 (inciso IV do art. 485 do CPC de 1973) refere-se apenas a relações processuais distintas. A invocação de desrespeito à coisa julgada formada no processo de conhecimento, na correspondente fase de execução, somente é possível com base na violação do art. 5º, XXXVI, da Constituição da República.

OJ com redação pela Res. 208/2016 do TST (DEJT 22, 23 e 24.04.2016)

158 – Ação Rescisória. Declaração de nulidade de decisão homologatória de acordo em razão de colusão (Art. 485, III, do CPC). Multa por litigância de má-fé. Impossibilidade.

A declaração de nulidade de decisão homologatória de acordo, em razão da colusão entre as partes (art. 485, III, do CPC), é sanção suficiente em relação ao procedimento adotado, não havendo que ser aplicada a multa por litigância de má-fé.

ORIENTAÇÕES JURISPRUDENCIAIS DA SDC – TST

1. CANCELADA. (DJU 22.06.2004).

Acordo coletivo. Descumprimento. Existência de ação própria. Abusividade da greve deflagrada para substituí-la.

O ordenamento legal vigente assegura a via da ação de cumprimento para as hipóteses de inobservância de norma coletiva em vigor, razão pela qual é abusivo o movimento grevista deflagrado em substituição ao meio pacífico próprio para a solução do conflito.

2. Acordo homologado. Extensão a partes não subscreventes. Inviabilidade.

É inviável aplicar condições constantes de acordo homologado nos autos de dissídio coletivo, extensivamente, às partes que não o subscreveram, exceto se observado o procedimento previsto no art. 868 e seguintes, da CLT.

3. Arresto. Apreensão. Depósito. Pretensões insuscetíveis de dedução em sede coletiva.

São incompatíveis com a natureza e finalidade do dissídio coletivo as pretensões de provimento judicial de arresto, apreensão ou depósito.

4. CANCELADA. (DJU 18.10.2006).

Disputa por titularidade de Representação. Incompetência da Justiça do Trabalho.

A disputa intersindical pela representatividade de certa categoria refoge ao âmbito da competência material da Justiça do Trabalho.

5. Dissídio coletivo. Pessoa jurídica de direito público. Possibilidade jurídica. Cláusula de natureza social. (Redação alterada na sessão do Tribunal Pleno realizada em 14.09.2012).

Em face de pessoa jurídica de direito público que mantenha empregados, cabe dissídio coletivo exclusivamente para apreciação de cláusulas de natureza social. Inteligência da Convenção 151 da Organização Internacional do Trabalho, ratificada pelo Decreto Legislativo 206/2010.

► OJ com redação pela Res. 186/2012 do TST (DEJT 25.09.2012).

6. CANCELADA. (DJU 23.03.2001).

Dissídio coletivo. Natureza jurídica. Imprescindibilidade de realização de assembleia de trabalhadores e negociação prévia.

O dissídio coletivo de natureza jurídica não prescinde da autorização da categoria, reunida em assembleia, para legitimar o sindicato próprio, nem da etapa negocial prévia para buscar solução de consenso.

7. Dissídio coletivo. Natureza jurídica. Interpretação de norma de caráter genérico. Inviabilidade.

Não se presta o dissídio coletivo de natureza jurídica à interpretação de normas de caráter genérico, a teor do disposto no art. 313, II, do RITST.

8. Dissídio coletivo. Pauta reivindicatória não registrada em ata. Causa de extinção.

A ata da assembleia de trabalhadores que legitima a atuação da entidade sindical respectiva em favor de seus interesses deve registrar, obrigatoriamente, a pauta reivindicatória, produto da vontade expressa da categoria.

9. Enquadramento sindical. Incompetência material da justiça do trabalho.

O dissídio coletivo não é meio próprio para o Sindicato vir a obter o reconhecimento de que a categoria que representa é diferenciada, pois esta matéria – enquadramento sindical – envolve a interpretação de norma genérica, notadamente do art. 577 da CLT.

10. Greve abusiva não gera efeitos.

É incompatível com a declaração de abusividade de movimento grevista o estabelecimento de quaisquer vantagens ou garantias a seus partícipes, que assumiram os riscos inerentes à utilização do instrumento de pressão máximo.

11. Greve. Imprescindibilidade de tentativa direta e pacífica da solução do conflito. Etapa negocial prévia.

É abusiva a greve levada a efeito sem que as partes hajam tentado, direta e pacificamente, solucionar o conflito que lhe constitui o objeto.

12. CANCELADA. (DJE 30.04.2010).

Greve. Qualificação jurídica. Ilegitimidade ativa ad causam do sindicato profissional que deflagra o movimento.

Não se legitima o Sindicato profissional a requerer judicialmente a qualificação legal de movimento paredista que ele próprio fomentou.

13. CANCELADA. (DJU 24.11.2003).

Legitimação da entidade sindical. Assembleia deliberativa. Quorum de validade. Art. 612 da CLT.

Mesmo após a promulgação da Constituição Federal de 1988, subordina-se a validade da assembleia de trabalhadores que legitima a atuação da entidade sindical respectiva em favor de seus interesses à observância do quorum estabelecido no art. 612 da CLT.

14. CANCELADA. (DJU 02.12.2003).

Sindicato. Base territorial excedente de um Município. Obrigatoriedade da realização de múltiplas assembleias.

Se a base territorial do Sindicato representativo da categoria abrange mais de um Município, a realização de assembleia deliberativa em apenas um deles inviabiliza a manifestação de vontade da totalidade dos trabalhadores envolvidos na controvérsia, pelo que conduz à insuficiência de quorum deliberativo, exceto quando particularizado o conflito.

15. Sindicato. Legitimidade ad processum. Imprescindibilidade do registro no Ministério do Trabalho.

A comprovação da legitimidade ad processum da entidade sindical se faz por seu registro no órgão competente do Ministério do Trabalho, mesmo após a promulgação da Constituição Federal de 1988.

16. Taxa de homologação de rescisão contratual. Ilegalidade.

É contrária ao espírito da lei (art. 477, § 7º, da CLT) e da função precípua do sindicato a cláusula coletiva que estabelece taxa para homologação de rescisão contratual.

17. Contribuições para entidades sindicais. Inconstitucionalidade de sua extensão a não associados.

As cláusulas coletivas que estabeleçam contribuição em favor de entidade sindical, a qualquer título, obrigando trabalhadores não sindicalizados, são ofensivas ao direito de livre associação e sindicalização, constitucionalmente assegurado, e, portanto, nulas, sendo passíveis de devolução, por via própria, os respectivos valores eventualmente descontados.

18. Descontos autorizados no salário pelo trabalhador. Limitação máxima de 70% (setenta por cento) do salário-base.

Os descontos efetuados com base em cláusula de acordo firmado entre as partes não podem ser superiores a 70% (setenta por cento) do salário-base percebido pelo empregado, pois deve-se assegurar um mínimo de salário em espécie ao trabalhador.

19. Dissídio coletivo contra empresa. Legitimação da entidade sindical. Autorização dos trabalhadores diretamente envolvidos no conflito.

A legitimidade da entidade sindical para a instauração da instância contra determinada empresa está condicionada à prévia autorização dos trabalhadores da suscitada diretamente envolvidos no conflito.

OJ republicada no DJE 16.11.2010.

20. Empregados sindicalizados. Admissão preferencial. Condição violadora do art. 8º, V, da CF/1988.

Viola o art. 8º, V, da CF/1988 cláusula de instrumento normativo que estabelece a preferência, na contratação de mão de obra, do trabalhador sindicalizado sobre os demais.

▶ OJ republicada no DJE 16.11.2010.

21. CANCELADA. (DJU 02.12.2003)

Ilegitimidade ad causam do sindicato. Ausência de indicação do total de associados da entidade sindical. Insuficiência de quorum (art. 612 da CLT).

22. Legitimidade ad causam do sindicato. Correspondência entre as atividades exercidas pelos setores profissional e econômico envolvidos no conflito. Necessidade.

É necessária a correspondência entre as atividades exercidas pelos setores profissional e econômico, a fim de legitimar os envolvidos no conflito a ser solucionado pela via do dissídio coletivo.

▶ OJ republicada no DJE 16.11.2010.

23. Legitimidade ad causam. Sindicato representativo de segmento profissional ou patronal. Impossibilidade.

A representação sindical abrange toda a categoria, não comportando separação fundada na maior ou menor dimensão de cada ramo ou empresa.

24. CANCELADA. (DJU 16.04.2004).

Negociação Prévia Insuficiente. Realização de Mesa Redonda perante a DRT. Art. 114, § 2º, da CF/1988. Violação.

25. Salário normativo. Contrato de experiência. Limitação. Tempo de serviço. Possibilidade.

Não fere o princípio da isonomia salarial (art. 7º, XXX, da CF/1988) a previsão de salário normativo tendo em vista o fator tempo de serviço.

26. Salário normativo. Menor empregado. Art. 7º, XXX, da CF/1988. Violação.

Os empregados menores não podem ser discriminados em cláusula que fixa salário mínimo profissional para a categoria.

27. Custas. Ausência de intimação. Deserção. Caracterização.

A deserção se impõe mesmo não tendo havido intimação, pois incumbe à parte, na defesa do próprio interesse, obter os cálculos necessários para efetivar o preparo.

28. Edital de convocação da AGT. Publicação. Base territorial. Validade.

O edital de convocação para a AGT deve ser publicado em jornal que circule em cada um dos municípios componentes da base territorial.

29. Edital de convocação e ata da assembleia geral. Requisitos essenciais para instauração de dissídio coletivo.

O edital de convocação da categoria e a respectiva ata da AGT constituem peças essenciais à instauração do processo de dissídio coletivo.

30. Estabilidade da gestante. Renúncia ou transação de direitos constitucionais. Impossibilidade.

Nos termos do art. 10, II, b, do ADCT, a proteção à maternidade foi erigida à hierarquia constitucional, pois retirou do âmbito do direito potestativo do empregador a possibilidade de despedir arbitrariamente a empregada em estado gravídico. Portanto, a teor do artigo 9º, da CLT, torna-se nula de pleno direito a cláusula que estabelece a possibilidade de renúncia ou transação, pela gestante, das garantias referentes à manutenção do emprego e salário.

▶ OJ republicada no DEJT 19.09.2011.

31. Estabilidade do acidentado. Acordo homologado. Prevalência. Impossibilidade. Violação do art. 118, Lei 8.213/1991.

Não é possível a prevalência de acordo sobre legislação vigente, quando ele é menos benéfico do que a própria lei, porquanto o caráter imperativo dessa última restringe o campo de atuação da vontade das partes.

32. Reivindicações da categoria. Fundamentação das cláusulas. Necessidade. Aplicação do PN 37 do TST.

É pressuposto indispensável à constituição válida e regular da ação coletiva a apresentação em forma clausulada e fundamentada das reivindicações da categoria, conforme orientação do item VI, letra e, da IN 4/93.

33. CANCELADA. (DJU 22.08.2005).

Ação rescisória. Ministério Público. Legitimidade restrita. Hipóteses do art. 487, incisos I e III, do CPC.

A teor do disposto no art. 487, incisos I e III, do CPC, o Ministério Público apenas detém legitimidade para propor ação rescisória nas hipóteses em que tenha sido parte no processo no qual proferida a decisão rescindenda; nas quais deixou de manifestar-se ou intervir na lide, quando por previsão legal expressa deveria tê-lo feito, ou ainda naquelas em que a sentença resultou de colusão das partes, com o intuito de fraudar a lei.

34. Acordo extrajudicial. homologação. Justiça do Trabalho. Prescindibilidade.

É desnecessária a homologação, por Tribunal Trabalhista, do acordo extrajudicialmente celebrado, sendo suficiente, para que surta efeitos, sua formalização perante o Ministério do Trabalho (art. 614 da CLT e art. 7º, inciso XXVI, da Constituição Federal).

35. Edital de convocação da AGT. Disposição estatutária específica. Prazo mínimo entre a publicação e a realização da assembleia. Observância obrigatória.

Se os estatutos da entidade sindical contam com norma específica que estabeleça prazo mínimo entre a data de publicação do edital convocatório e a realização da assembleia correspondente, então a validade desta última depende da observância desse interregno.

36. Empregados de empresa de processamento de dados. Reconhecimento como categoria diferenciada. Impossibilidade.

É por lei e não por decisão judicial, que as categorias diferenciadas são reconhecidas como tais. De outra parte, no que tange aos profissionais da informática, o trabalho que desempenham sofre alterações, de acordo com a atividade econômica exercida pelo empregador.

37. CANCELADA. (DJU 18.10.2006).

Empregados de Entidades Sindicais. Estabelecimento de condições coletivas de trabalho distintas daquelas às quais sujeitas as categorias representadas pelos empregadores. Impossibilidade jurídica. Art. 10 da Lei 4.725/65.

O art. 10 da Lei 4.725/65 assegura, para os empregados de entidades sindicais, as mesmas condições coletivas de trabalho fixadas para os integrantes das categorias que seus empregadores representam. Assim, a previsão legal expressa constitui óbice ao ajuizamento de dissídio coletivo com vistas a estabelecer para aqueles profissionais regramento próprio.

38. Greve. Serviços essenciais. Garantia das necessidades inadiáveis da população usuária. Fator determinante da qualificação jurídica do movimento.

É abusiva a greve que se realiza em setores que a lei define como sendo essenciais à comunidade, se não é assegurado o atendimento básico das necessidades inadiáveis dos usuários do serviço, na forma prevista na Lei 7.783/1989.

SÚMULAS DO SUPREMO TRIBUNAL FEDERAL – STF

11. A vitaliciedade não impede a extinção do cargo, ficando o funcionário em disponibilidade, com todos os vencimentos.

12. A vitaliciedade do professor catedrático não impede o desdobramento da cátedra.

13. A equiparação de extranumerário a funcionário efetivo, determinada pela Lei 2.284, de 9-8-1954, não envolve reestruturação, não compreendendo, portanto, os vencimentos.

► **Lei 2.284/1954 (Estabilidade do pessoal extranumerário mensalista da União e das autarquias).**

15. Dentro do prazo de validade do concurso, o candidato aprovado tem o direito à nomeação, quando o cargo for preenchido sem observância da classificação.

16. Funcionário nomeado por concurso tem o direito à posse.

20. É necessário processo administrativo, com ampla defesa, para demissão de funcionário admitido por concurso.

21. Funcionário em estágio probatório não pode ser exonerado nem demitido sem inquérito ou sem as formalidades legais de apuração de sua capacidade.

22. O estágio probatório não protege o funcionário contra a extinção do cargo.

34. No Estado de São Paulo, funcionário eleito vereador fica licenciado por toda a duração do mandato.

35. Em caso de acidente do trabalho ou de transporte, a concubina tem direito de ser indenizada pela morte do amásio, se entre eles não havia impedimento para o matrimônio.

36. Servidor vitalício está sujeito à aposentadoria compulsória, em razão da idade.

37. Não tem direito de se aposentar pelo Tesouro Nacional o servidor que não satisfizer as condições estabelecidas na legislação do Serviço Público Federal, ainda que aposentado pela respectiva instituição previdenciária, com direito, em tese, a duas aposentadorias.

38. Reclassificação posterior à aposentadoria não aproveita ao servidor aposentado.

39. À falta de lei, funcionário em disponibilidade não pode exigir, judicialmente, o seu aproveitamento, que fica subordinado ao critério de conveniência da administração.

49. A cláusula de inalienabilidade inclui a incomunicabilidade dos bens.

▸ Art. 1.848 do CC.

93. Não está isenta do Imposto de Renda a atividade profissional do arquiteto.

94. É competente a autoridade alfandegária para o desconto, na fonte, do Imposto de Renda correspondente às comissões dos despachantes aduaneiros.

101. O mandado de segurança não substitui a ação popular.

137. A taxa de fiscalização da exportação incide sobre a bonificação cambial concedida ao exportador.

150. Prescreve a execução no mesmo prazo de prescrição da ação.

163. Salvo contra a Fazenda Pública, sendo a obrigação ilíquida, contam-se os juros moratórios desde a citação inicial para a ação.

▸ RE 109.156/SP (DJU 07.08.1987) "A primeira parte da súmula 163 já não subsiste em face da Lei 4.414/64, art. 1º, e de acordo com a jurisprudência".

▸ Súmula 12 da Turma de Uniformização das Decisões das Turmas Recursais dos Juizados Especiais Federais.

188. O segurador tem ação regressiva contra o causador do dano, pelo que efetivamente pagou, até o limite previsto no contrato de seguro.

192. Não se inclui no crédito habilitado em falência a multa fiscal com efeito de pena administrativa.

▸ Art. 83, III, da Lei 11.101/2005 (Recuperação de Empresas e Falências).

▸ Súmula 565 do STF.

194. É competente o Ministro do Trabalho para a especificação das atividades insalubres.

195. Contrato de trabalho para obra certa, ou de prazo determinado, transforma-se em contrato de prazo indeterminado, quando prorrogado por mais de quatro anos.

196. Ainda que exerça atividade rural, o empregado de empresa industrial ou comercial é classificado de acordo com a categoria do empregador.

197. O empregado com representação sindical só pode ser despedido mediante inquérito em que se apure falta grave.

198. As ausências motivadas por acidente do trabalho não são descontáveis do período aquisitivo das férias.

199. O salário das férias do empregado horista corresponde à média do período aquisitivo, não podendo ser inferior ao mínimo.

200. Não é inconstitucional a Lei 1.530, de 26.12.1951, que manda incluir na indenização por despedida injusta parcela correspondente a férias proporcionais.

201. O vendedor pracista, remunerado mediante comissão, não tem direito ao repouso semanal remunerado.

202. Na equiparação de salário, em caso de trabalho igual, toma-se em conta o tempo de serviço na função, e não no emprego.

203. Não está sujeita à vacância de sessenta dias a vigência de novos níveis de salário mínimo.

204. Tem direito o trabalhador substituto, ou de reserva, ao salário mínimo no dia em que fica à disposição do empregador sem ser aproveitado na função específica; se aproveitado, recebe o salário-contratual.

➘ Súmula 159 do TST.

205. Tem direito a salário integral o menor não sujeito à aprendizagem metódica.

207. As gratificações habituais, inclusive a de Natal, consideram-se tacitamente convencionadas, integrando o salário.

209. O salário produção, como outras modalidades de salário prêmio, é devido, desde que verificada a condição a que estiver subordinado, e não pode ser suprimido unilateralmente pelo empregador, quando pago com habitualidade.

212. Tem direito ao adicional de serviço perigoso o empregado de posto de revenda de combustível líquido.

213. É devido o adicional de serviço noturno, ainda que sujeito o empregado ao regime de revezamento.

214. A duração legal da hora de serviço noturno (52 minutos e 30 segundos) constitui vantagem suplementar, que não dispensa o salário adicional.

215. Conta-se a favor de empregado readmitido o tempo de serviço anterior, salvo se houver sido despedido por falta grave ou tiver recebido a indenização legal.

216. Para decretação da absolvição de instância pela paralisação do processo por mais de trinta dias, é necessário que o autor, previamente intimado, não promova o andamento da causa.

217. Tem direito de retornar ao emprego, ou ser indenizado em caso de recusa do empregador, o aposentado que recupera a capacidade de trabalho dentro de cinco anos, a contar da aposentadoria, que se torna definitiva após esse prazo.

219. Para a indenização devida a empregado que tinha direito a ser readmitido, e não foi, levam-se em conta as vantagens advindas à sua categoria no período do afastamento.

220. A indenização devida a empregado estável, que não é readmitido ao cessar sua aposentadoria, deve ser paga em dobro.

221. A transferência de estabelecimento, ou a sua extinção parcial, por motivo que não seja de força maior, não justifica a transferência de empregado estável.

222. O princípio da identidade física do juiz não é aplicável às Juntas de Conciliação e Julgamento da Justiça do Trabalho.

➘ EC 24/1999 (Altera dispositivos da Constituição Federal pertinentes à representação classistas na Justiça do Trabalho).

➘ Súmula 217 do TFR.

223. Concedida isenção de custas ao empregado, por elas não responde o sindicato que o representa em juízo.

224. Os juros da mora, nas reclamações trabalhistas, são contados desde a notificação inicial.

225. Não é absoluto o valor probatório das anotações da Carteira Profissional.

227. A concordata do empregador não impede a execução de crédito nem a reclamação de empregado na Justiça do Trabalho.

➘ Art. 48 da Lei 11.101/2005 (Recuperação de Empresas e Falências).

229. A indenização acidentária não exclui a do direito comum, em caso de dolo ou culpa grave do empregador.

230. A prescrição da ação de acidente do trabalho conta-se do exame pericial que comprovar a enfermidade ou verificar a natureza da incapacidade.

231. O revel, em processo cível, pode produzir provas, desde que compareça em tempo oportuno.

232. Em caso de acidente do trabalho, são devidas diárias até doze meses, as quais não se confundem com a indenização acidentária, nem com o auxílio-enfermidade.

233. Salvo em caso de divergência qualificada (Lei 623, de 1949), não cabe recurso de embargos contra decisão que nega provimento a agravo ou não conhece de recurso extraordinário, ainda que por maioria de votos.

234. São devidos honorários de advogado em ação de acidente do trabalho julgada procedente.

235. SEM EFICÁCIA pelo CC 7.204/MG (DJU 09.12.2005).

É competente para a ação de acidente do trabalho a Justiça Cível Comum, inclusive em segunda instância, ainda que seja parte autarquia seguradora.

► **Arts. 109, I e 114, VI, da CF.**

► **Súmula Vinculante 22 do STF.**

► **Súmula 501 do STF.**

► **Súmula 15 do STJ.**

236. Em ação de acidente do trabalho, a autarquia seguradora não tem isenção de custas.

► **Súmula 445 do STF.**

238. Em caso de acidente do trabalho, a multa pelo retardamento da liquidação é exigível do segurador sub-rogado, ainda que autarquia.

240. O depósito para recorrer, em ação de acidente do trabalho, é exigível do segurador sub-rogado, ainda que autarquia.

241. A contribuição previdenciária incide sobre o abono incorporado ao salário.

247. O relator não admitirá os embargos da Lei 623, de 19.02.1949, nem deles conhecerá o Supremo Tribunal Federal, quando houver jurisprudência firme do plenário no mesmo sentido da decisão embargada.

248. É competente, originariamente, o Supremo Tribunal Federal, para o mandado de segurança contra o ato do Tribunal de Contas da União.

► **Art. 102, I, d, da CF.**

249. É competente o Supremo Tribunal Federal para a ação rescisória, quando, embora não tendo conhecido do recurso extraordinário, ou havendo negado provimento a agravo, tiver apreciado a questão federal controvertida.

► **Súmula 515 do STF.**

251. Responde a Rede Ferroviária Federal S.A. perante o foro comum e não perante o juízo especial da Fazenda Nacional, a menos que a União intervenha na causa.

► **Súmulas 508, 517 e 556 do STF.**

► **Súmula 42 do STJ.**

252. Na ação rescisória, não estão impedidos juízes que participaram do julgamento rescindendo.

253. Nos embargos da Lei 623, de 19.02.1949, no Supremo Tribunal Federal, a divergência somente será acolhida, se tiver sido indicada na petição de recurso extraordinário.

254. Incluem-se os juros moratórios na liquidação, embora omisso o pedido inicial ou a condenação.

256. É dispensável pedido expresso para condenação do réu em honorários, com fundamento nos artigos 63 ou 64 do Código de Processo Civil.

► **Referência ao CPC de 1939.**

► **Art. 20 do CPC.**

257. São cabíveis honorários de advogado na ação regressiva do segurador contra o causador do dano.

258. É admissível reconvenção em ação declaratória.

259. Para produzir efeito em juízo não é necessária a inscrição, no Registro Público,

de documentos de procedência estrangeira, autenticados por via consular.

260. O exame de livros comerciais, em ação judicial, fica limitado às transações entre os litigantes.

262. Não cabe medida possessória liminar para liberação alfandegária de automóvel.

264. Verifica-se a prescrição intercorrente pela paralisação da ação rescisória por mais de cinco anos.

265. Na apuração de haveres, não prevalece o balanço não aprovado pelo sócio falecido, excluído ou que se retirou.

266. Não cabe mandado de segurança contra lei em tese.

267. Não cabe mandado de segurança contra ato judicial passível de recurso ou correição.

► **Art. 5º, II, da Lei 12.016/2009 (Mandado de Segurança).**

268. Não cabe mandado de segurança contra decisão judicial com trânsito em julgado.

► **Art. 5º, III, da Lei 12.016/2009 (Mandado de Segurança).**

269. O mandado de segurança não é substitutivo de ação de cobrança.

► **Súmula 271 do STF.**

270. Não cabe mandado de segurança para impugnar enquadramento da Lei 3.780, de 12-7-1960, que envolva exame de prova ou de situação funcional complexa.

271. Concessão de mandado de segurança não produz efeitos patrimoniais em relação a período pretérito, os quais devem ser reclamados administrativamente ou pela via judicial própria.

► **Súmula 269 do STF.**

272. Não se admite como ordinário recurso extraordinário de decisão denegatória de mandado de segurança.

273. Nos embargos da Lei 623, de 19.02.1949, a divergência sobre questão prejudicial ou preliminar, suscitada após a interposição do recurso extraordinário, ou do agravo, somente será acolhida se o acórdão padrão for anterior à decisão embargada.

► **Art. 546 do CPC.**

► **Súmula 598 do STF.**

277. São cabíveis embargos, em favor da Fazenda Pública, em ação executiva fiscal, não sendo unânime a decisão.

279. Para simples reexame de prova não cabe recurso extraordinário.

► **Art. 102, III, a a d, da CF.**

► **Súmula 7 do STJ.**

280. Por ofensa a direito local não cabe recurso extraordinário.

► **Art. 102, III, a a d, da CF.**

281. É inadmissível o recurso extraordinário, quando couber, na Justiça de origem, recurso ordinário da decisão impugnada.

► **Art. 102, III, a a d, da CF.**

282. É inadmissível o recurso extraordinário, quando não ventilada, na decisão recorrida, a questão federal suscitada.

► **Art. 102, III, a a d, da CF.**

► **Súmula 356 do STF.**

► **Súmula 320 do STJ.**

283. É inadmissível o recurso extraordinário, quando a decisão recorrida assenta em mais de um fundamento suficiente e o recurso não abrange todos eles.

► **Art. 102, III, a a d, da CF.**

284. É inadmissível o recurso extraordinário, quando a deficiência na sua fundamentação não permitir a exata compreensão da controvérsia.

► **Art. 102, III, a a d, da CF.**

285. Não sendo razoável a arguição de inconstitucionalidade, não se conhece do recurso extraordinário fundado na letra c do artigo 101, III, da Constituição Federal.

▶ **Referência à revogada CF de 1946.**

▶ **Art. 102, III, a a d, da CF.**

286. Não se conhece do recurso extraordinário fundado em divergência jurisprudencial, quando a orientação do plenário do Supremo Tribunal Federal já se firmou no mesmo sentido da decisão recorrida.

▶ **Art. 102, III, a a d, da CF.**

▶ **Súmula 83 do STJ.**

287. Nega-se provimento ao agravo, quando a deficiência na sua fundamentação, ou na do recurso extraordinário, não permitir a exata compreensão da controvérsia.

▶ **Art. 102, III, a a d, da CF.**

288. Nega-se provimento a agravo para subida de recurso extraordinário, quando faltar no traslado o despacho agravado, a decisão recorrida, a petição de recurso extraordinário ou qualquer peça essencial à compreensão da controvérsia.

▶ **Art. 102, III, a a d, da CF.**

▶ **Súmula 639 do STF.**

289. O provimento do agravo por uma das Turmas do Supremo Tribunal Federal, ainda que sem ressalva, não prejudica a questão do cabimento do recurso extraordinário.

▶ **Art. 102, III, a a d, da CF.**

▶ **Súmula 300 do STF.**

290. Nos embargos da Lei 623, de 19.02.1949, a prova de divergência far-se-á por certidão, ou mediante indicação do Diário da Justiça ou de repertório de jurisprudência autorizado, que a tenha publicado, com a transcrição do trecho que configure a divergência, mencionadas as circunstâncias que identifiquem ou assemelhem os casos confrontados.

▶ **Art. 546 do CPC.**

291. No recurso extraordinário pela letra d do art. 101, III, da Constituição, a prova do dissídio jurisprudencial far-se-á por certidão, ou mediante indicação do Diário da Justiça ou de repertório de jurisprudência autorizado, com a transcrição do trecho que configure a divergência, mencionadas as circunstâncias que identifiquem ou assemelhem os casos confrontados.

▶ **Referência à CF de 1946.**

▶ **Art. 1.029, § 1º, do CPC.**

292. Interposto o recurso extraordinário por mais de um dos fundamentos indicados no artigo 101, III, da Constituição, a admissão apenas por um deles não prejudica o seu conhecimento por qualquer dos outros.

▶ **Referência à revogada CF de 1946.**

▶ **Art. 102, III, da CF.**

293. São inadmissíveis embargos infringentes contra decisão em matéria constitucional submetida ao plenário dos Tribunais.

▶ **Art. 609, par. ún., do CPP.**

▶ **Arts. 538 a 549 do CPPM.**

▶ **Súmulas 296 e 455 do STF.**

294. São inadmissíveis embargos infringentes contra decisão do Supremo Tribunal Federal em mandado de segurança.

▶ **Art. 25 da Lei 12.016/2009 (Mandado de Segurança).**

▶ **Súmula 597 do STF.**

▶ **Súmula 169 do STJ.**

295. São inadmissíveis embargos infringentes contra decisão unânime do Supremo Tribunal Federal em ação rescisória.

296. São inadmissíveis embargos infringentes sobre matéria não ventilada, pela Turma, do julgamento do recurso extraordinário.

▶ **Súmula 293 do STF.**

▶ **Súmulas 20, 30, 55 e 109 do TFR.**

299. O recurso ordinário e o extraordinário interpostos no mesmo processo de mandado de segurança, ou de habeas corpus, serão julgados conjuntamente pelo Tribunal Pleno.

300. São incabíveis os embargos da Lei 623, de 19.02.1949, contra provimento de agravo para subida de recurso extraordinário.

► **Súmula 289 do STF.**

302. Está isenta da taxa de previdência social a importação de petróleo bruto.

304. Decisão denegatória de mandado de segurança, não fazendo coisa julgada contra o impetrante, não impede o uso da ação própria.

307. É devido o adicional de serviço insalubre, calculado à base do salário mínimo da região, ainda que a remuneração contratual seja superior ao salário mínimo acrescido da taxa de insalubridade.

310. Quando a intimação tiver lugar na sexta-feira, ou a publicação com efeito de intimação for feita nesse dia, o prazo judicial terá início na segunda-feira imediata, salvo se não houver expediente, caso em que começará no primeiro dia útil que se seguir.

► **Art. 798 do CPP.**

► **Art. 110, § 1º, do RISTF.**

311. No típico acidente do trabalho, a existência de ação judicial não exclui a multa pelo retardamento da liquidação.

312. Músico integrante de orquestra da empresa, com atuação permanente e vínculo de subordinação, está sujeito à legislação geral do trabalho, e não à especial dos artistas.

313. Provada a identidade entre o trabalho diurno e o noturno, é devido o adicional, quanto a este, sem a limitação do art. 73, § 3º, da CLT, independentemente da natureza da atividade do empregador.

314. Na composição do dano por acidente do trabalho, ou de transporte, não é contrário à lei tomar para base da indenização o salário do tempo da perícia ou da sentença.

315. Indispensável o traslado das razões da revista, para julgamento, pelo Tribunal Superior do Trabalho, do agravo para sua admissão.

316. A simples adesão à greve não constitui falta grave.

317. São improcedentes os embargos declaratórios, quando não pedida a declaração do julgado anterior, em que se verificou a omissão.

318. É legítima a cobrança, em 1962, pela municipalidade de São Paulo, do Imposto de Indústrias e Profissões, consoante as Leis nos 5.917 e 5.919, de 1961 (aumento anterior à vigência do orçamento e incidência do tributo sobre o movimento econômico do contribuinte).

319. O prazo do recurso ordinário para o Supremo Tribunal Federal, em habeas corpus ou mandado de segurança, é de cinco dias.

► **Art. 102, II, a e b, da CF.**

► **Art. 508 do CPC.**

320. A apelação despachada pelo juiz no prazo legal não fica prejudicada pela demora da juntada, por culpa do cartório.

► **Art. 506 do CPC.**

► **Súmulas 425 e 428 do STF.**

322. Não terá seguimento pedido ou recurso dirigido ao Supremo Tribunal Federal, quando manifestamente incabível, ou apresentado fora do prazo, ou quando for evidente a incompetência do Tribunal.

325. As emendas ao Regimento Interno do Supremo Tribunal Federal, sobre julgamento de questão constitucional, aplicam-se aos pedidos ajuizados e aos recursos interpostos anteriormente a sua aprovação.

327. O direito trabalhista admite a prescrição intercorrente.

330. O Supremo Tribunal Federal não é competente para conhecer de mandado de segurança contra atos dos Tribunais de Justiça dos Estados.

► **Súmula 624 do STF.**

► **Súmula 41 do STJ.**

335. É válida a cláusula de eleição do foro para os processos oriundos do contrato.

337. A controvérsia entre o empregador e o segurador não suspende o pagamento devido ao empregado por acidente do trabalho.

338. Não cabe ação rescisória no âmbito da Justiça do Trabalho.

341. É presumida a culpa do patrão ou comitente pelo ato culposo do empregado ou preposto.

343. Não cabe ação rescisória por ofensa a literal disposição de lei, quando a decisão rescindenda se tiver baseado em texto legal de interpretação controvertida nos tribunais.

349. A prescrição atinge somente as prestações de mais de dois anos, reclamadas com fundamento em decisão normativa da Justiça do Trabalho, ou em convenção coletiva de trabalho, quando não estiver em causa a própria validade de tais atos.

350. O Imposto de Indústrias e Profissões não é exigível de empregado, por falta de autonomia na sua atividade profissional.

353. São incabíveis os embargos da Lei 623, de 19.02.1949, com fundamento em divergência entre decisões da mesma Turma do Supremo Tribunal Federal.

354. Em caso de embargos infringentes parciais, é definitiva a parte da decisão embargada em que não houve divergência na votação.

355. Em caso de embargos infringentes parciais, é tardio o recurso extraordinário interposto após o julgamento dos embargos, quanto à parte da decisão embargada que não fora por eles abrangida.

356. O ponto omisso da decisão, sobre o qual não foram opostos embargos declaratórios, não pode ser objeto de recurso extraordinário, por faltar o requisito do prequestionamento.

- **Art. 102, III, a a d, da CF.**
- **Arts. 382 e 619 do CPP.**
- **Súmula 282 do STF.**
- **Súmula 320 do STJ.**

358. O servidor público em disponibilidade tem direito aos vencimentos integrais do cargo.

359. Ressalvada a revisão prevista em lei, os proventos da inatividade regulam-se pela lei vigente ao tempo em que o militar, ou o servidor civil, reuniu os requisitos necessários.

- **Súmula com redação pelo ERE 72.509/PR.**

360. Não há prazo de decadência para a representação de inconstitucionalidade prevista no artigo 8º, parágrafo único, da Constituição Federal.

- **Referência à revogada CF de 1946.**
- **Art. 34, V e VII, da CF.**

363. A pessoa jurídica de direito privado pode ser demandada no domicílio da agência, ou estabelecimento, em que se praticou o ato.

366. Não é nula a citação por edital que indica o dispositivo da lei penal, embora não transcreva a denúncia ou queixa, ou não resuma os fatos em que se baseia.

- **Art. 365 do CPP.**

368. Não há embargos infringentes no processo de reclamação.

369. Julgados do mesmo tribunal não servem para fundamentar o recurso extraordinário por divergência jurisprudencial.

- **Art. 102, III, a a d, da CF.**

371. Ferroviário, que foi admitido como servidor autárquico, não tem direito a dupla aposentadoria.

372. A Lei 2.752, de 10.04.1956, sobre dupla aposentadoria, aproveita, quando couber, a servidores aposentados antes de sua publicação.

373. Servidor nomeado após aprovação no curso de capacitação policial, instituído na polícia do Distrito Federal, em 1941, preenche o requisito da nomeação por concurso a que se referem as Lei 705, de 16.05.1949, e 1.639, de 14.07.1952.

383. A prescrição em favor da Fazenda Pública recomeça a correr, por dois anos e meio, a partir do ato interruptivo, mas não fica reduzida aquém de cinco anos, embora o titular do direito a interrompa durante a primeira metade do prazo.

384. A demissão de extranumerário do serviço público federal, equiparado a funcionário de provimento efetivo para efeito de estabilidade, é da competência do Presidente da República.

385. Oficial das Forças Armadas só pode ser reformado, em tempo de paz, por decisão de Tribunal Militar permanente, ressalvada a situação especial dos atingidos pelo art. 177 da Constituição de 1937.

386. Pela execução de obra musical por artistas remunerados é devido direito autoral, não exigível quando a orquestra for de amadores.

389. Salvo limite legal, a fixação de honorários de advogado, em complemento da condenação, depende das circunstâncias da causa, não dando lugar a recurso extraordinário.

390. A exibição judicial de livros comerciais pode ser requerida como medida preventiva.

► **Súmula 439 do STF.**

392. O prazo para recorrer de acórdão concessivo de segurança conta-se da publicação oficial de suas conclusões, e não da anterior ciência à autoridade para cumprimento da decisão.

► **Lei 12.016/2009 (Mandado de Segurança).**

399. Não cabe recurso extraordinário por violação de lei federal, quando a ofensa alegada for a regimento de tribunal.

► **Art. 102, III, a a d, da CF.**

400. Decisão que deu razoável interpretação à lei, ainda que não seja a melhor, não autoriza recurso extraordinário pela letra a do artigo 101, III, da Constituição Federal.

► **Referência à CF de 1946.**

► **Art. 102, III, a e b, da CF.**

401. Não se conhece do recurso de revista, nem dos embargos de divergência, do processo trabalhista, quando houver jurisprudência firme do Tribunal Superior do Trabalho no mesmo sentido da decisão impugnada, salvo se houver colisão com a jurisprudência do Supremo Tribunal Federal.

402. Vigia noturno tem direito a salário adicional.

► **Súmula 140 do TST.**

403. É de decadência o prazo de trinta dias para instauração do inquérito judicial, a contar da suspensão, por falta grave, de empregado estável.

405. Denegado o mandado de segurança pela sentença, ou no julgamento do agravo, dela interposto, fica sem efeito a liminar concedida, retroagindo os efeitos da decisão contrária.

424. Transita em julgado o despacho saneador de que não houve recurso, excluídas as questões deixadas, explícita ou implicitamente, para a sentença.

425. O agravo despachado no prazo legal não fica prejudicado pela demora da juntada, por culpa do cartório; nem o agravo entregue em cartório no prazo legal, embora despachado tardiamente.

► **Súmulas 320 e 428 do STF.**

426. A falta do termo específico não prejudica o agravo no auto do processo, quando oportuna a interposição por petição ou no termo da audiência.

428. Não fica prejudicada a apelação entregue em cartório no prazo legal, embora despachada tardiamente.

► **Art. 593 do CPP.**

► **Súmulas 320, 425 e 428 do STF.**

429. A existência de recurso administrativo com efeito suspensivo não impede o uso do mandado de segurança contra omissão da autoridade.

► **Art. 5º, I, da Lei 12.016/2009 (Mandado de Segurança).**

430. Pedido de reconsideração na via administrativa não interrompe o prazo para o mandado de segurança.

432. Não cabe recurso extraordinário com fundamento no artigo 101, III, d, da Constituição Federal, quando a divergência alegada for entre decisões da Justiça do Trabalho.

► **Referência à CF de 1946.**

► **Art. 102, III da CF.**

► **Súmula 505 do STF.**

433. É competente o Tribunal Regional do Trabalho para julgar mandado de segurança contra ato de seu presidente em execução de sentença trabalhista.

► **Súmula 505 do STF.**

434. A controvérsia entre seguradores indicados pelo empregador na ação de acidente do trabalho não suspende o pagamento devido ao acidentado.

439. Estão sujeitos à fiscalização tributária ou previdenciária quaisquer livros comerciais, limitado o exame aos pontos objetos da investigação.

443. A prescrição das prestações anteriores ao período previsto em lei não ocorre, quando não tiver sido negado, antes daquele prazo, o próprio direito reclamado, ou a situação jurídica de que ele resulta.

450. São devidos honorários de advogado sempre que vencedor o beneficiário de justiça gratuita.

454. Simples interpretação de cláusulas contratuais não dá lugar a recurso extraordinário.

► **Súmula 5 do STJ.**

455. Da decisão que se seguir ao julgamento de constitucionalidade pelo Tribunal Pleno, são inadmissíveis embargos infringentes quanto à matéria constitucional.

► **Súmula 293 do STF.**

456. O Supremo Tribunal Federal, conhecendo do recurso extraordinário, julgará a causa, aplicando o direito à espécie.

► **Art. 102, III, a a d, da CF.**

457. O Tribunal Superior do Trabalho, conhecendo da revista, julgará a causa, aplicando o direito à espécie.

458. O processo de execução trabalhista não exclui a remição pelo executado.

459. No cálculo da indenização por despedida injusta, incluem-se os adicionais, ou gratificações que, pela habitualidade, se tenham incorporado ao salário.

460. Para efeito do adicional de insalubridade, a perícia judicial, em reclamação trabalhista, não dispensa o enquadramento da atividade entre as insalubres, que é ato da competência do Ministro do Trabalho e Previdência Social.

461. É duplo, e não triplo, o pagamento de salário nos dias destinados a descanso.

► **Súmula 146 do TST.**

462. No cálculo da indenização por despedida injusta inclui-se, quando devido, o repouso semanal remunerado.

463. Para efeito de indenização e estabilidade, conta-se o tempo em que o empregado esteve afastado, em serviço militar obrigatório, mesmo anteriormente à Lei 4.072, de 1º.06.1962.

► **Mantivemos "01.06.1962", conforme publicação oficial. No lugar desta data leia-se "16.06.1962".**

464. No cálculo da indenização por acidente de trabalho, inclui-se, quando devido, o repouso semanal remunerado.

465. O regime de manutenção de salário, aplicável ao IAPM e ao IAPTEC, exclui a indenização tarifada na lei de acidentes do trabalho, mas não o benefício previdenciário.

466. Não é inconstitucional a inclusão de sócios e administradores de sociedades e titulares de firmas individuais como contribuintes obrigatórios da previdência social.

467. A base do cálculo das contribuições previdenciárias, anteriormente à vigência da Lei Orgânica da Previdência Social, é o salário mínimo mensal, observados os limites da Lei 2.755, de 1956.

471. As empresas aeroviárias não estão isentas do Imposto de Indústrias e Profissões.

474. Não há direito líquido e certo, amparado pelo mandado de segurança, quando se escuda em lei cujos efeitos foram anulados por outra, declarada constitucional pelo Supremo Tribunal Federal.

478. O provimento em cargos de juízes substitutos do trabalho deve ser feito independentemente de lista tríplice, na ordem de classificação dos candidatos.

501. Compete à Justiça ordinária estadual o processo e o julgamento, em ambas as instâncias, das causas de acidente do trabalho, ainda que promovidas contra a União, suas autarquias, empresas públicas ou sociedades de economia mista.

► **Arts. 109, I e 114, I, da CF.**

► **Súmula Vinculante 22 do STF.**

► **Súmula 235 do STF.**

► **Súmula 15 do STF.**

502. Na aplicação do artigo 839, do Código de Processo Civil, com a redação da Lei 4.290, de 05.12.1963, a relação do valor da causa e salário mínimo vigente na capital do estado, ou do território, para o efeito de alçada, deve ser considerada na data do ajuizamento do pedido.

► **Referência ao revogado CPC de 1939.**

► **Arts. 258 a 261 do CPC.**

505. Salvo quando contrariarem a Constituição, não cabe recurso para o Supremo Tribunal Federal, de quaisquer decisões da Justiça do Trabalho, inclusive dos presidentes de seus tribunais.

► **Súmula 432 do STF.**

508. Compete à Justiça Estadual, em ambas as instâncias, processar e julgar as causas que for parte o Banco do Brasil S.A.

► **Súmulas 251, 517 e 566 do STF.**

► **Súmula 42 do STJ.**

510. Praticado o ato por autoridade, no exercício de competência delegada, contra ela cabe o mandado de segurança ou a medida judicial.

511. Compete à Justiça Federal, em ambas as instâncias, processar e julgar as causas entre autarquias federais e entidades públicas locais, inclusive mandados de segurança, ressalvada a ação fiscal, nos termos da Constituição Federal de 1967, artigo 119, § 3º.

► **Art. 109 da CF.**

512. Não cabe condenação em honorários de advogados na ação de mandado de segurança.

► **Art. 25 da Lei 12.016/2009 (Mandado de Segurança).**

► **Súmula 105 do STJ.**

513. A decisão que enseja a interposição de recurso ordinário ou extraordinário, não é a do plenário que resolve o incidente de inconstitucionalidade, mas a do órgão (Câmaras, Grupos ou Turmas) que completa o julgamento do feito.

514. Admite-se ação rescisória contra sentença transitada em julgado, ainda que contra ela não se tenham esgotado todos os recursos.

515. A competência para a ação rescisória não é do Supremo Tribunal Federal, quando a questão federal, apreciada no recurso extraordinário ou no agravo de instrumento, seja diversa da que foi suscitada no pedido rescisório.

► **Súmula 249 do STF.**

517. As sociedades de economia mista só têm foro na Justiça Federal, quando a União intervém como assistente ou opoente.

▶ **Súmulas 251, 508 e 556 do STF.**

▶ **Súmula 42 do STJ.**

518. A intervenção da União, em feito já julgado pela segunda instância e pendente de embargos, não desloca o processo para o Tribunal Federal de Recursos.

▶ **O mencionado Tribunal foi extinto pela CF de 1988.**

519. Aplica-se aos executivos fiscais o princípio da sucumbência a que se refere o art. 64 do Código de Processo Civil.

▶ **Referência ao revogado CPC de 1939**

▶ **Art. 20 do CPC.**

525. A medida de segurança não será aplicada em segunda instância, quando só o réu tenha recorrido.

527. Após a vigência do Ato Institucional 6, que deu nova redação ao art. 114, III, da Constituição Federal de 1967, não cabe recurso extraordinário das decisões do juiz singular.

528. Se a decisão contiver partes autônomas, a admissão parcial, pelo Presidente do Tribunal a quo, de recurso extraordinário que, sobre qualquer delas se manifestar, não limitará a apreciação de todas pelo Supremo Tribunal Federal, independentemente de interposição de agravo de instrumento.

529. Subsiste a responsabilidade do empregador pela indenização decorrente de acidente do trabalho, quando o segurador, por haver entrado em liquidação, ou por outro motivo, não se encontrar em condições financeiras, de efetuar, na forma da lei, o pagamento que o seguro obrigatório visava garantir.

▶ **Art. 114, I, da CF.**

530. Na legislação anterior ao art. 4º da Lei 4.749, de 12.08.1965, a contribuição para a previdência social não estava sujeita ao limite estabelecido no art. 69 da Lei 3.807, de 26.08.1960, sobre o 13º salário a que se refere o art. 3º da Lei 4.281, de 8.11.1963.

▶ **Lei 8.212/1991 (Lei Orgânica da Seguridade Social).**

531. É inconstitucional o Decreto 51.668, de 17.01.1963, que estabeleceu salário profissional para trabalhadores de transportes marítimos, fluviais e lacustres.

556. É competente a Justiça Comum para julgar as causas em que é parte sociedade de economia mista.

557. É competente a Justiça Federal para julgar as causas em que são partes a COBAL e a CIBRAZEM.

567. A Constituição, ao assegurar, no parágrafo 3º, do art. 102, a contagem integral de tempo de serviço público federal, estadual ou municipal para os efeitos de aposentadoria e disponibilidade não proíbe à União, aos Estados e aos Municípios mandarem contar, mediante Lei, para efeito diverso, tempo de serviço prestado a outra pessoa de direito público interno.

▶ **Referência à CF de 1967.**

▶ **Art. 19, III, da CF.**

593. Incide o percentual do Fundo de Garantia do Tempo de Serviço (FGTS) sobre a parcela da remuneração correspondente a horas extraordinárias de trabalho.

597. Não cabem embargos infringentes de acórdão que, em mandado de segurança, decidiu, por maioria de votos, a apelação.

▶ **Art. 25 da Lei 12.016/2009 (Mandado de Segurança).**

▶ **Súmulas 281 e 294 do STF.**

▶ **Súmula 169 do STJ.**

598. Nos embargos de divergência não servem como padrão de discordância os mesmos paradigmas invocados para demonstrá-la, mas repelidos como não dissidentes no julgamento do recurso extraordinário.

600. Cabe ação executiva contra o emitente e seus avalistas, ainda que não apresentado o cheque ao sacado no prazo legal, desde que não prescrita ação cambiária.

613. Os dependentes de trabalhador rural não têm direito a pensão previdenciária, se o óbito ocorreu anteriormente à vigência da Lei Complementar 11/1971.

616. É permitida a cumulação da multa contratual com os honorários de advogado, após o advento do Código de Processo Civil vigente.

617. A base de cálculo dos honorários de advogado em desapropriação é a diferença entre a oferta e a indenização, corrigidas ambas monetariamente.

► **Súmulas 131 e 141 do STJ.**

622. Não cabe agravo regimental contra decisão do relator que concede ou indefere liminar em mandado de segurança.

► **Art. 16 da Lei 12.016/2009 (Mandado de Segurança).**

623. Não gera por si só a competência originária do Supremo Tribunal Federal para conhecer do mandado de segurança com base no art. 102, I, n, da Constituição, dirigir-se o pedido contra deliberação administrativa do tribunal de origem, da qual haja participado a maioria ou a totalidade de seus membros.

624. Não compete ao Supremo Tribunal Federal conhecer originariamente de mandado de segurança contra atos de outros tribunais.

► **Súmula 330 do STF.**

625. Controvérsia sobre matéria de direito não impede concessão de mandado de segurança.

626. A suspensão da liminar em mandado de segurança, salvo determinação em contrário da decisão que a deferir, vigorará até o trânsito em julgado da decisão definitiva de concessão da segurança ou, havendo recurso, até a sua manutenção pelo Supremo Tribunal Federal, desde que o objeto da liminar deferida coincida, total ou parcialmente, com o da impetração.

► **Art. 15 da Lei 12.016/2009 (Mandado de Segurança).**

627. No mandado de segurança contra a nomeação de magistrado da competência do Presidente da República, este é considerado autoridade coatora, ainda que o fundamento da impetração seja nulidade ocorrida em fase anterior do procedimento.

629. A impetração de mandado de segurança coletivo por entidade de classe em favor dos associados independe da autorização destes.

► **Art. 21 da Lei 12.016/2009 (Mandado de Segurança).**

630. A entidade de classe tem legitimação para o mandado de segurança ainda quando a pretensão veiculada interesse apenas a uma parte da respectiva categoria.

► **Art. 21 da Lei 12.016/2009 (Mandado de Segurança).**

631. Extingue-se o processo de mandado de segurança se o impetrante não promove, no prazo assinado, a citação do litisconsorte passivo necessário.

► **Art. 47 do CPC.**

632. É constitucional lei que fixa o prazo de decadência para a impetração de mandado de segurança.

► **Art. 23 da Lei 12.016/2009 (Mandado de Segurança).**

633. É incabível a condenação em verba honorária nos recursos extraordinários interpostos em processo trabalhista, exceto nas hipóteses previstas na Lei 5.584/1970.

634. Não compete ao Supremo Tribunal Federal conceder medida cautelar para dar efeito suspensivo a recurso extraordinário que ainda não foi objeto de juízo de admissibilidade na origem.

635. Cabe ao Presidente do Tribunal de origem decidir o pedido de medida cautelar em recurso extraordinário ainda pendente do seu juízo de admissibilidade.

636. Não cabe recurso extraordinário por contrariedade ao princípio constitucional da legalidade, quando a sua verificação

pressuponha rever a interpretação dada a normas infraconstitucionais pela decisão recorrida.

638. A controvérsia sobre a incidência, ou não, de correção monetária em operações de crédito rural é de natureza infraconstitucional, não viabilizando recurso extraordinário.

639. Aplica-se a Súmula 288 quando não constarem do traslado do agravo de instrumento as cópias das peças necessárias à verificação da tempestividade do recurso extraordinário não admitido pela decisão agravada.

640. É cabível recurso extraordinário contra decisão proferida por juiz de primeiro grau nas causas de alçada, ou por turma recursal de juizado especial cível e criminal.

641. Não se conta em dobro o prazo para recorrer, quando só um dos litisconsortes haja sucumbido.

644. Ao titular do cargo de procurador de autarquia não se exige a apresentação de instrumento de mandato para representá-la em juízo.

► **Súmula alterada no DJU 09.12.2003 e republicada no DJU 10.12.2003 e DJU 11.12.2003.**

655. A exceção prevista no art. 100, caput, da Constituição, em favor dos créditos de natureza alimentícia, não dispensa a expedição de precatório, limitando-se a isentá-los da observância da ordem cronológica dos precatórios decorrentes de condenações de outra natureza.

► **Art. 100, § 1º, da CF.**

► **Res. 92/2009 do CNJ 92/2009 (Gestão de Precatórios no âmbito do Poder Judiciário).**

666. A contribuição confederativa de que trata o art. 8º, IV, da Constituição, só é exigível dos filiados ao sindicato respectivo.

► **Súmula Vinculante 40 do STF**

667. Viola a garantia constitucional de acesso à jurisdição a taxa judiciária calculada sem limite sobre o valor da causa.

► **Arts. 5º, XXXVI, e 145 da CF.**

671. Os servidores públicos e os trabalhadores em geral têm direito, no que concerne à URP de abril/maio de 1988, apenas ao valor correspondente a 7/30 de 16,19% sobre os vencimentos e salários pertinentes aos meses de abril e maio de 1988, não cumulativamente, devidamente corrigido até o efetivo pagamento.

675. Intervalos fixados para descanso e alimentação durante a jornada de seis horas não descaracterizam o sistema de turnos ininterruptos de revezamento para o efeito do art. 7º, XIV, da Constituição.

676. A garantia da estabilidade provisória prevista no art. 10, II, a, do ADCT, também se aplica ao suplente do cargo de direção de Comissões Internas de Prevenção de Acidentes (CIPA).

677. Até que lei venha a dispor a respeito, incumbe ao Ministério do Trabalho proceder ao registro das entidades sindicais e zelar pela observância do princípio da unicidade.

678. São inconstitucionais os incisos I e III do art. 7º da Lei 8.162/1991, que afastam, para efeito de anuênio e de licença-prêmio, a contagem do tempo de serviço regido pela CLT dos servidores que passaram a submeter-se ao regime jurídico único.

679. A fixação de vencimentos dos servidores públicos não pode ser objeto de convenção coletiva.

680. O direito ao auxílio-alimentação não se estende aos servidores inativos.

684. É inconstitucional o veto não motivado à participação de candidato à concurso público.

► **Arts. 5º, XXXVI, e 7º, XXX, da CF.**

► **Art. 27 da Lei 10.741/2003 (Estatuto do Idoso).**

686. Só por lei se pode sujeitar a exame psicotécnico a habilitação de candidato a cargo público.

687. A revisão de que trata o art. 58 do ADCT não se aplica aos benefícios previden-

ciários concedidos após a promulgação da Constituição de 1988.

688. É legítima a incidência da contribuição previdenciária sobre o 13º salário.

► **Art. 195, I, da CF.**

689. O segurado pode ajuizar ação contra a instituição previdenciária perante o juízo federal do seu domicílio ou nas varas federais da Capital do Estado-Membro.

726. Para efeito de aposentadoria especial de professores, não se computa o tempo de serviço prestado fora da sala de aula.

► **Art. 40, § 5º, da CF.**

727. Não pode o magistrado deixar de encaminhar ao Supremo Tribunal Federal o agravo de instrumento interposto da decisão que não admite recurso extraordinário, ainda que referente a causa instaurada no âmbito dos Juizados Especiais.

► **Art. 102, III, a a d, da CF.**

► **Lei 9.099/1995 (Juizados Especiais).**

728. É de três dias o prazo para a interposição de recurso extraordinário contra decisão do Tribunal Superior Eleitoral, contado, quando for o caso, a partir da publicação do acórdão, na própria sessão de julgamento, nos termos do art. 12 da Lei 6.055/1974, que não foi revogado pela Lei 8.950/1994.

► **Art. 508 do CPC.**

729. A decisão na ADECON 4 não se aplica à antecipação de tutela em causa de natureza previdenciária.

► **Art. 89 da Lei 9.099/1995 (Juizados Especiais).**

732. É constitucional a cobrança da contribuição do salário-educação, seja sob a Carta de 1969, seja sob a Constituição Federal de 1988, e no regime da Lei 9.424/1996.

733. Não cabe recurso extraordinário contra decisão proferida no processamento de precatórios.

► **Art. 100, § 2º, da CF.**

734. Não cabe reclamação quando já houver transitado em julgado o ato judicial que se alega tenha desrespeitado decisão do Supremo Tribunal Federal.

► **Art. 156 do RISTF.**

735. Não cabe recurso extraordinário contra acórdão que defere medida liminar.

► **Arts. 5º, XXXVIII, d, e 102, III, a, da CF.**

736. Compete à Justiça do Trabalho julgar as ações que tenham como causa de pedir o descumprimento de normas trabalhistas relativas à segurança, higiene e saúde dos trabalhadores.

► **Art. 114 da CF.**

► **Art. 643 da CLT.**

SÚMULAS DO SUPERIOR TRIBUNAL DE JUSTIÇA – STJ

2. Não cabe habeas data (Constituição Federal, artigo 5º, LXXII, letra a) se não houve recusa de informações por parte da autoridade administrativa.

3. Compete ao Tribunal Regional Federal dirimir conflito de competência verificado, na respectiva região, entre Juiz Federal e Juiz Estadual investido de jurisdição federal.

► **Art. 108, I, e, da CF.**

4. Compete à Justiça Estadual julgar causa decorrente do processo eleitoral sindical.

► **Art. 8º da CF.**

5. A simples interpretação de cláusula contratual não enseja recurso especial.

► **Art. 105, III, da CF.**

► **Súmula 181 do STJ.**

► **Súmula 454 do STF.**

► **Art. 257 do RISTJ.**

7. A pretensão de simples reexame de prova não enseja recurso especial.

► **Art. 105, III, a a c, da CF.**

➤ **Súmula 279 do STF.**

8. Aplica-se a correção monetária aos créditos habilitados em concordata preventiva, salvo durante o período compreendido entre as datas de vigência da Lei 7.274, de 10.12.1984, e do Decreto-Lei 2.283, de 27.02.1986.

➤ **O mencionado Dec.-lei 2.283/1986 foi revogado pelo Dec.-lei 2.284/1986.**

➤ **Lei 11.101/2005 (Recuperação de Empresas e Falências).**

10. Instalada a Junta de Conciliação e Julgamento, cessa a competência do Juiz de Direito em matéria trabalhista, inclusive para a execução das sentenças por ele proferidas.

➤ **EC 24/1999 (Altera dispositivos da Constituição Federal pertinentes à representação classistas na Justiça do Trabalho).**

13. A divergência entre julgados do mesmo Tribunal não enseja recurso especial.

➤ **Art. 105, III, c, da CF.**

➤ **Art. 255 do RISTJ.**

14. Arbitrados os honorários advocatícios em percentual sobre o valor da causa, a correção monetária incide a partir do respectivo ajuizamento.

15. Compete à Justiça Estadual processar e julgar os litígios decorrentes de acidente do trabalho.

➤ **Arts. 109, I, e 114, I e IV, da CF.**

➤ **Súmula Vinculante 22 do STF.**

➤ **Súmulas 235 e 501 do STF.**

19. A fixação do horário bancário, para atendimento ao público, é da competência da União.

➤ **Art. 4º, VIII, da Lei 4.595/1964 (Sistema Financeiro Nacional).**

22. Não há conflito de competência entre o Tribunal de Justiça e Tribunal de Alçada do mesmo Estado-Membro.

➤ **Art. 4º da EC 45/2004 (Reforma do Judiciário).**

23. O Banco Central do Brasil é parte legítima nas ações fundadas na Res. 1.154/1986.

25. Nas ações da Lei de Falências o prazo para a interposição de recurso conta-se da intimação da parte.

➤ **Lei 11.101/2005 (Recuperação de Empresas e Falências).**

27. Pode a execução fundar-se em mais de um título extrajudicial relativos ao mesmo negócio.

➤ **Art. 573 do CPC.**

29. No pagamento em juízo para elidir falência, são devidos correção monetária, juros e honorários de advogado.

➤ **Art. 98, par. ún., da Lei 11.101/2005 (Recuperação de Empresas e Falências).**

32. Compete à Justiça Federal processar justificações judiciais destinadas a instruir pedidos perante entidades que nela têm exclusividade de foro, ressalvada a aplicação do artigo 15, II, da Lei 5.010/1966.

33. A incompetência relativa não pode ser declarada de ofício.

➤ **Art. 112 do CPC.**

37. São cumuláveis as indenizações por dano material e dano moral oriundos do mesmo fato.

41. O Superior Tribunal de Justiça não tem competência para processar e julgar, originariamente, mandado de segurança contra ato de outros tribunais ou dos respectivos órgãos.

➤ **Art. 105, I, b, da CF.**

➤ **Lei 12.016/2009 (Mandado de Segurança).**

➤ **Súmula 330 do STF.**

42. Compete à Justiça Comum Estadual processar e julgar as causas cíveis em que

é parte sociedade de economia mista e os crimes praticados em seu detrimento.

► **Art. 109, I e IV, da CF.**

► **Súmulas 251, 508, 517 e 556 do STF.**

45. No reexame necessário, é defeso, ao Tribunal, agravar a condenação imposta à Fazenda Pública.

► **Art. 475, I, do CPC.**

46. Na execução por carta, os embargos do devedor serão decididos no juízo deprecante, salvo se versarem unicamente vícios ou defeitos da penhora, avaliação ou alienação dos bens.

► **Arts. 658 e 747 do CPC.**

► **Art. 20 da Lei 6.830/1980 (Execuções Fiscais).**

► **Súmula 32 do TFR.**

55. Tribunal Regional Federal não é competente para julgar recurso de decisão proferida por juiz estadual não investido de jurisdição federal.

► **Art. 108, II, da CF.**

56. Na desapropriação para instituir servidão administrativa são devidos os juros compensatórios pela limitação de uso da propriedade.

59. Não há conflito de competência se já existe sentença com trânsito em julgado, proferida por um dos juízos conflitantes.

62. Compete à Justiça Estadual processar e julgar o crime de falsa anotação na Carteira de Trabalho e Previdência Social, atribuído à empresa privada.

66. Compete à Justiça Federal processar e julgar execução fiscal promovida por Conselho de Fiscalização profissional.

► **Art. 109, I, da CF.**

77. A Caixa Econômica Federal é parte ilegítima para figurar no polo passivo das ações relativas às contribuições para o fundo PIS/PASEP.

82. Compete à Justiça Federal, excluídas as reclamações trabalhistas, processar e julgar os feitos relativos a movimentação do FGTS.

83. Não se conhece do recurso especial pela divergência, quando a orientação do Tribunal se firmou no mesmo sentido da decisão recorrida.

► **Art. 105, III, a a c, da CF.**

► **Súmula 286 do STF.**

84. É admissível a oposição de embargos de terceiro fundados em alegação de posse advinda do compromisso de compra e venda de imóvel, ainda que desprovido do registro.

► **Art. 1.046 do CPC.**

► **Súmula 621 do STF.**

85. Nas relações jurídicas de trato sucessivo em que a Fazenda Pública figure como devedora, quando não tiver sido negado o próprio direito reclamado, a prescrição atinge apenas as prestações vencidas antes do quinquênio anterior à propositura da ação.

86. Cabe recurso especial contra acórdão proferido no julgamento de agravo de instrumento.

► **Art. 105, III, a a c, da CF.**

88. São admissíveis embargos infringentes em processo falimentar.

89. A ação acidentária prescinde de exaurimento da via administrativa.

97. Compete à Justiça do Trabalho processar e julgar reclamação de servidor público relativamente a vantagens trabalhistas anteriores à instituição do regime jurídico único.

► **Art. 114 da CF.**

98. Embargos de declaração manifestados com notório propósito de prequestionamento não têm caráter protelatório.

► **Art. 538, par. ún., do CPC.**

99. O Ministério Público tem legitimidade para recorrer no processo em que oficiou

como fiscal da lei, ainda que não haja recurso da parte.

► **Art. 499 do CPC.**

105. Na ação de mandado de segurança não se admite condenação em honorários advocatícios.

► **Art. 25 da Lei 12.016/2009 (Mandado de Segurança).**

► **Súmula 512 do STF.**

106. Proposta a ação no prazo fixado para o seu exercício, a demora na citação, por motivos inerentes ao mecanismo da Justiça, não justifica o acolhimento da arguição de prescrição ou decadência.

110. A isenção do pagamento de honorários advocatícios, nas ações acidentárias, é restrita ao segurado.

► **Art. 129, par. ún., da Lei 8.213/1991 (Planos de Benefícios da Previdência Social).**

111. Os honorários advocatícios, nas ações previdenciárias, não incidem sobre as prestações vencidas após a sentença.

► **Súmula com redação alterada pela 3ª Seção em sessão ordinária do dia 27.09.2006 (DJU 04.10.2006).**

115. Na instância especial é inexistente recurso interposto por advogado sem procuração nos autos.

116. A Fazenda Pública e o Ministério Público têm o prazo em dobro para interpor agravo regimental no Superior Tribunal de Justiça.

► **Art. 188 do CPC.**

► **Arts. 258 e 259 do RISTJ.**

117. A inobservância do prazo de quarenta e oito horas, entre a publicação de pauta e o julgamento sem a presença das partes, acarreta nulidade.

► **Art. 552, § 1º, do CPC.**

118. O agravo de instrumento é o recurso cabível da decisão que homologa a atualização do cálculo da liquidação.

121. Na execução fiscal o devedor deverá ser intimado, pessoalmente, do dia e hora da realização do leilão.

123. A decisão que admite, ou não, o recurso especial deve ser fundamentada, com o exame dos seus pressupostos gerais e constitucionais.

► **Arts. 93, IX, e 105, III, a a c, da CF.**

► **Art. 1.030 do CPC.**

125. O pagamento de férias não gozadas por necessidade do serviço não está sujeito a incidência do imposto de renda.

126. É inadmissível recurso especial, quando o acórdão recorrido assenta em fundamentos constitucional e infraconstitucional, qualquer deles suficiente, por si só, para mantê-lo, e a parte vencida não manifesta recurso extraordinário.

► **Art. 105, III, a a c, da CF.**

128. Na execução fiscal haverá segundo leilão, se o primeiro não houver lanço superior à avaliação.

134. Embora intimado de penhora em imóvel do casal, o cônjuge do executado pode opor embargos de terceiro para defesa de sua meação.

137. Compete à Justiça Comum Estadual processar e julgar ação de servidor público municipal, pleiteando direitos relativos a vínculo estatutário.

144. Os créditos de natureza alimentícia gozam de preferência, desvinculados os precatórios da ordem cronológica dos créditos de natureza diversa.

► **Art. 100 da CF.**

► **Art. 33, par. ún., do ADCT.**

► **Art. 730, I e II, do CPC.**

147. Compete à Justiça Federal processar e julgar os crimes praticados contra funcionário público federal, quando relacionados com o exercício da função.

► **Art. 109, IV, da CF.**

149. A prova exclusivamente testemunhal não basta à comprovação da atividade rurícola, para efeito da obtenção de benefício previdenciário.

150. Compete à Justiça Federal decidir sobre a existência de interesse jurídico, que justifique a presença, no processo, da União, suas autarquias ou empresas públicas.

► **Art. 109 da CF.**

► **Súmula 254 do STJ.**

154. Os optantes pelo FGTS, nos termos da Lei 5.958, de 1973, têm direito à taxa progressiva de juros, na forma do artigo 4º da Lei 5.107, de 1966.

► **A mencionada Lei 5.107/1966 foi revogada pela Lei 7.839/1989.**

► **Lei 8.036/1990 (FGTS).**

► **Súmulas 210 e 398 do STJ.**

158. Não se presta a justificar embargos de divergência o dissídio com acórdão de Turma ou Seção que não mais tenha competência para a matéria neles versada.

► **Art. 546, I, do CPC.**

165. Compete à Justiça Federal processar e julgar crime de falso testemunho cometido no processo trabalhista.

► **Art. 109, IV, da CF.**

168. Não cabem embargos de divergência, quando a jurisprudência do Tribunal se firmou no mesmo sentido do acórdão embargado.

169. São inadmissíveis embargos infringentes no processo de mandado de segurança.

► **Art. 25 da Lei 12.016/2009 (Mandado de Segurança).**

► **Art. 260 do RISTJ.**

► **Súmulas 294 e 597 do STF.**

170. Compete ao juízo onde primeiro for intentada a ação envolvendo acumulação de pedidos, trabalhista e estatuário, decidi-la nos limites da sua jurisdição, sem prejuízo do ajuizamento de nova causa, com o pedido remanescente, no juízo próprio.

173. Compete à Justiça Federal processar e julgar o pedido de reintegração em cargo público federal, ainda que o servidor tenha sido dispensado antes da instituição do Regime Jurídico Único.

► **Art. 109, I, da CF.**

► **Art. 28 da Lei 8.112/1990 (Estatuto dos Servidores Públicos).**

175. Descabe o depósito prévio nas ações rescisórias propostas pelo INSS.

176. É nula a cláusula contratual que sujeita o devedor à taxa de juros divulgada pela ANBID/CETIP.

177. O Superior Tribunal de Justiça é incompetente para processar e julgar, originariamente, mandado de segurança contra ato de órgão colegiado presidido por Ministro de Estado.

► **Art. 105, I, b, da CF.**

180. Na lide trabalhista, compete ao Tribunal Regional do Trabalho dirimir conflito de competência verificado, na respectiva região, entre Juiz Estadual e Junta de Conciliação e Julgamento.

► **EC 24/1999 (Altera dispositivos da Constituição Federal pertinentes à representação classistas na Justiça do Trabalho).**

► **Arts. 668, 803 e 808 da CLT.**

182. É inviável o agravo do artigo 545 do Código de Processo Civil que deixa de atacar especificamente os fundamentos da decisão agravada.

► **Art. 524, II, do CPC.**

187. É deserto o recurso interposto para o Superior Tribunal de Justiça, quando o recorrente não recolhe, na origem, a importância das despesas de remessa e retorno dos autos.

► **Art. 511 do CPC.**

► **Art. 112 do RISTJ.**

189. É desnecessária a intervenção do Ministério Público nas execuções fiscais.

195. Em embargos de terceiro não se anula ato jurídico, por fraude contra credores.

196. Ao executado que, citado por edital ou por hora certa, permanecer revel, será nomeado curador especial, com legitimidade para apresentação de embargos.

► **Art. 5º, LV, da CF.**

► **Arts. 598, 621 e 632 do CPC.**

► **Arts. 69, I, e 70 do CPP.**

201. Os honorários advocatícios não podem ser fixados em salários mínimos.

202. A impetração de segurança por terceiro, contra ato judicial, não se condiciona à interposição de recurso.

► **Art. 499, § 1º, do CPC.**

203. Não cabe recurso especial contra decisão proferida por órgão de segundo grau dos Juizados Especiais.

► **Súmula com redação alterada pela Corte Especial em sessão extraordinária de 23.05.2002 (DJU 03.06.2002).**

205. A Lei 8.009/1990 aplica-se à penhora realizada antes de sua vigência.

206. A existência de vara privativa, instituída por lei estadual, não altera a competência territorial resultante das leis de processo.

► **Art. 99 do CPC.**

207. É inadmissível recurso especial quando cabíveis embargos infringentes contra o acórdão proferido no tribunal de origem.

► **Art. 105, III, da CF.**

► **Art. 530 do CPC.**

210. A ação de cobrança das contribuições para o FGTS prescreve em trinta anos.

► **Súmulas 154 e 398 do STJ.**

► **Súmula 362 do TST.**

211. Inadmissível recurso especial quanto à questão que, a despeito da oposição de embargos declaratórios, não foi apreciada pelo tribunal a quo.

► **Art. 1.022, II, do CPC.**

215. A indenização recebida pela adesão a programa de incentivo à demissão voluntária não está sujeita à incidência do Imposto de Renda.

216. A tempestividade de recurso interposto no Superior Tribunal de Justiça é aferida pelo registro no protocolo da Secretaria e não pela data da entrega na agência do correio.

► **Arts. 374 e 508 do CPC.**

► **Art. 66 do RISTJ.**

219. Os créditos decorrentes de serviços prestados à massa falida, inclusive a remuneração do síndico, gozam dos privilégios próprios dos trabalhistas.

222. Compete à Justiça Comum processar e julgar as ações relativas à contribuição sindical prevista no artigo 578 da CLT.

224. Excluído do feito o ente federal, cuja presença levara o Juiz Estadual a declinar da competência, deve o Juiz Federal restituir os autos e não suscitar conflito.

► **Súmulas 150 e 254 do STJ.**

225. Compete ao Tribunal Regional do Trabalho apreciar recursos contra sentença proferida por órgão de primeiro grau da Justiça Trabalhista, ainda que para declarar-lhe a nulidade em virtude de incompetência.

226. O Ministério Público tem legitimidade para recorrer na ação de acidente do trabalho, ainda que o segurado esteja assistido por advogado.

► **Arts. 82, III, e 499 do CPC.**

232. A Fazenda Pública, quando parte no processo, fica sujeita à exigência do depósito prévio dos honorários do perito.

► **Art. 39 da Lei 6.830/1980 (Execuções Fiscais).**

235. A conexão não determina a reunião dos processos, se um deles já foi julgado.

Arts. 76 a 82 do CPP.

236. Não compete ao Superior Tribunal de Justiça dirimir conflitos de competência entre juízes trabalhistas vinculados a Tribunais Regionais do Trabalho diversos.

240. A extinção do processo, por abandono da causa pelo autor, depende de requerimento do réu.

Art. 267, III, do CPC.

242. Cabe ação declaratória para reconhecimento de tempo de serviço para fins previdenciários.

Art. 4º, I, do CPC.

247. O contrato de abertura de crédito em conta-corrente, acompanhado do demonstrativo de débito, constitui documento hábil para o ajuizamento de ação monitória.

Art. 700 do CPC.

Súmulas 233 e 258 do STJ.

249. A Caixa Econômica Federal tem legitimidade passiva para integrar processo em que se discute correção monetária do FGTS.

Art. 7º da Lei 8.036/1990 (FGTS).

Súmula 445 do STJ.

252. Os saldos das contas do FGTS, pela legislação infraconstitucional, são corrigidos em 42,72% (IPC) quanto às perdas de janeiro de 1989 e 44,80% (IPC) quanto às de abril de 1990, acolhidos pelo STJ os índices de 18,02% (LBC) quanto às perdas de junho de 1987, de 5,38% (BTN) para maio de 1990 e 7,00% (TR) para fevereiro de 1991, de acordo com o entendimento do STF (RE 226.855-7/RS).

253. O art. 557 do CPC, que autoriza o relator a decidir o recurso, alcança o reexame necessário.

254. A decisão do Juízo Federal que exclui da relação processual ente federal não pode ser reexaminada no Juízo Estadual.

Súmula 150 do STJ.

255. Cabem embargos infringentes contra acórdão, proferido por maioria, em agravo retido, quando se tratar de matéria de mérito.

Arts. 522 e 530 do CPC.

270. O protesto pela preferência de crédito, apresentado por ente federal em execução que tramita na Justiça Estadual, não desloca a competência para a Justiça Federal.

Art. 186 do CTN.

272. O trabalhador rural, na condição de segurado especial, sujeito à contribuição obrigatória sobre a produção rural comercializada, somente faz jus à aposentadoria por tempo de serviço, se recolher contribuições facultativas.

Art. 195, § 8º, da CF.

Arts. 11, VII, 39 e 52 da Lei 8.213/1991 (Planos de Benefícios da Previdência Social).

278. O termo inicial do prazo prescricional, na ação de indenização, é a data em que o segurado teve ciência inequívoca da incapacidade laboral.

Súmulas 101 e 229 do STJ.

279. É cabível execução por título extrajudicial contra a Fazenda Pública.

282. Cabe a citação por edital em ação monitória.

Art. 1.102-B do CPC.

289. A restituição das parcelas pagas a plano de previdência privada deve ser objeto de correção plena, por índice que recomponha a efetiva desvalorização da moeda.

290. Nos planos de previdência privada, não cabe ao beneficiário a devolução da contribuição efetuada pelo patrocinador.

291. A ação de cobrança de parcelas de complementação de aposentadoria pela previdência privada prescreve em cinco anos.

Súmula 427 do STJ.

292. A reconvenção é cabível na ação monitória, após a conversão do procedimento em ordinário.

▲ **Art. 1.102-C, § 2º, do CPC.**

297. O Código de Defesa do Consumidor é aplicável às instituições financeiras.

▲ **Art. 3º, § 2º, da Lei 8.078/1990 (Código de Defesa do Consumidor – CDC).**

300. O instrumento de confissão de dívida, ainda que originário de contrato de abertura de crédito, constitui título executivo extrajudicial.

▲ **Art. 585 do CPC.**

306. Os honorários advocatícios devem ser compensados quando houver sucumbência recíproca, assegurado o direito autônomo do advogado à execução do saldo sem excluir a legitimidade da própria parte.

▲ **Art. 23 da Lei 8.906/1994 (Estatuto da Advocacia e da OAB).**

310. O auxílio-creche não integra o salário de contribuição.

▲ **Art. 28 da Lei 8.212/1991 (Lei Orgânica da Seguridade Social).**

313. Em ação de indenização, procedente o pedido, é necessária a constituição de capital ou caução fidejussória para a garantia de pagamento da pensão, independentemente da situação financeira do demandado.

314. Em execução fiscal, não localizados bens penhoráveis, suspende-se o processo por um ano, findo o qual se inicia o prazo da prescrição quinquenal intercorrente.

▲ **Art. 40 da Lei 6.830/1980 (Execuções Fiscais).**

315. Não cabem embargos de divergência no âmbito do agravo de instrumento que não admite recurso especial.

▲ **Art. 544 do CPC.**

▲ **Art. 266 do RISTJ.**

316. Cabem embargos de divergência contra acórdão que, em agravo regimental, decide recurso especial.

▲ **Art. 266 do RISTJ.**

317. É definitiva a execução de título extrajudicial, ainda que pendente apelação contra sentença que julgue improcedentes os embargos.

▲ **Arts. 520, V, e 587 do CPC.**

318. Formulado pedido certo e determinado, somente o autor tem interesse recursal em arguir o vício da sentença ilíquida.

▲ **Art. 459, par. ún., do CPC.**

319. O encargo de depositário de bens penhorados pode ser expressamente recusado.

320. A questão federal somente ventilada no voto vencido não atende ao requisito do prequestionamento.

▲ **Súmulas 282 e 356 do STF.**

325. A remessa oficial devolve ao Tribunal o reexame de todas as parcelas da condenação suportadas pela Fazenda Pública, inclusive dos honorários de advogado.

▲ **Art. 475, II, do CPC.**

328. Na execução contra instituição financeira, é penhorável o numerário disponível, excluídas as reservas bancárias mantidas no Banco Central.

▲ **Art. 655, I, do CPC.**

329. O Ministério Público tem legitimidade para propor ação civil pública em defesa do patrimônio público.

▲ **Art. 129, III, da CF.**

▲ **Lei 7.347/1985 (Ação Civil Pública).**

331. A apelação interposta contra sentença que julga embargos à arrematação tem efeito meramente devolutivo.

▲ **Art. 520, V, do CPC.**

336. A mulher que renunciou aos alimentos na separação judicial tem direito à pensão previdenciária por morte do ex-marido, comprovada a necessidade econômica superveniente.

► **Arts. 201, V, e 226, § 3º, da CF.**

► **Art. 76, §§ 1º e 2º, da Lei 8.213/1991 (Planos de Benefícios da Previdência Social).**

339. É cabível ação monitória contra a Fazenda Pública.

340. A lei aplicável à concessão de pensão previdenciária por morte é aquela vigente na data do óbito do segurado.

► **Súmula 416 do STJ.**

344. A liquidação por forma diversa estabelecida na sentença não ofende a coisa julgada.

345. São devidos honorários advocatícios pela Fazenda Pública nas execuções individuais de sentença proferida em ações coletivas, ainda que não embargadas.

► **Art. 20, § 4º, do CPC.**

► **Art. 1º-D da Lei 9.494/1997 (Aplicação da tutela antecipada contra a Fazenda Pública).**

346. É vedada aos militares temporários, para aquisição de estabilidade, a contagem em dobro de férias e licenças não gozadas.

349. Compete à Justiça Federal ou aos juízes com competência delegada o julgamento das execuções fiscais de contribuições devidas pelo empregador ao FGTS.

► **Art. 2º da Lei 8.844/1994 (Fiscalização, apuração e cobrança judicial as contribuições e multas devidas ao FGTS).**

351. A alíquota de contribuição para o Seguro de Acidente do Trabalho (SAT) é aferida pelo grau de risco desenvolvido em cada empresa, individualizada pelo seu CNPJ, ou pelo grau de risco da atividade preponderante quando houver apenas um registro.

► **Art. 22, II, da Lei 8.212/1991 (Lei Orgânica da Seguridade Social).**

353. As disposições do Código Tributário Nacional não se aplicam às contribuições para o FGTS.

362. A correção monetária do valor da indenização do dano moral incide desde a data do arbitramento.

363. Compete à Justiça estadual processar e julgar a ação de cobrança ajuizada por profissional liberal contra cliente.

364. O conceito de impenhorabilidade de bem de família abrange também o imóvel pertencente a pessoas solteiras, separadas e viúvas.

► **Art. 1º da Lei 8.009/1990 (Impenhorabilidade do Bem de Família).**

367. A competência estabelecida pela EC 45/-2004 não alcança os processos já sentenciados.

373. É ilegítima a exigência de depósito prévio para admissibilidade de recurso administrativo.

► **Art. 5º, XXXIV, a, e LV, da CF.**

► **Art. 151, III, do CTN.**

377. O portador de visão monocular tem direito de concorrer, em concurso público, às vagas reservadas aos deficientes.

► **Art. 37, VIII, da CF.**

378. Reconhecido o desvio de função, o servidor faz jus às diferenças salariais decorrentes.

384. Cabe ação monitória para haver saldo remanescente oriundo de venda extrajudicial de bem alienado fiduciariamente em garantia.

► **Arts. 700 a 702 do CPC.**

386. São isentas de imposto de renda as indenizações de férias proporcionais e o respectivo adicional.

► **Art. 146 da CLT.**

► **Art. 6º, V, da Lei 7.713/1988 (Legislação do imposto de renda).**

► **Súmulas 125 e 136 do STJ.**

387. É lícita a cumulação das indenizações de dano estético e dano moral.

► **Art. 5º, X, da CF.**

390. Nas decisões por maioria, em reexame necessário, não se admitem embargos infringentes.

393. A exceção de pré-executividade é admissível na execução fiscal relativamente às matérias conhecíveis de ofício que não demandem dilação probatória.

396. A Confederação Nacional da Agricultura tem legitimidade ativa para a cobrança da contribuição sindical rural.

► **Art. 8º, IV, da CF.**

► **Art. 578 da CLT.**

398. A prescrição da ação para pleitear os juros progressivos sobre os saldos de conta vinculada do FGTS não atinge o fundo de direito, limitando-se às parcelas vencidas.

► **Súmulas 154 e 210 do STJ.**

401. O prazo decadencial da ação rescisória só se inicia quando não for cabível qualquer recurso do último pronunciamento judicial.

► **Art. 495 do CPC.**

413. O farmacêutico pode acumular a responsabilidade técnica por uma farmácia e uma drogaria ou por duas drogarias.

416. É devida a pensão por morte aos dependentes do segurado que, apesar de ter perdido essa qualidade, preencheu os requisitos legais para a obtenção de aposentadoria até a data do seu óbito.

► **Arts. 15, 26, I, 74 e 102, § 2º, da Lei 8.213/1991 (Planos de Benefícios da Previdência Social).**

► **Súmula 340 do STJ.**

418. CANCELADA pela Corte Especial, na sessão de 1º de julho de 2016.

É inadmissível o recurso especial interposto antes da publicação do acórdão dos embargos de declaração, sem posterior ratificação.

419. Descabe a prisão civil do depositário judicial infiel.

► **Art. 5º, LXVII, da CF.**

► **Art. 652 do CC.**

► **Art. 4º do Dec.-lei 911/1969 (Alienações Fiduciárias).**

► **Súmula Vinculante 25 do STF.**

► **Súmulas 304 e 305 do STJ.**

420. Incabível, em embargos de divergência, discutir o valor de indenização por danos morais.

► **Art. 5º, X, da CF.**

► **Arts. 456 e 496, VIII, do CPC.**

421. Os honorários advocatícios não são devidos à Defensoria Pública quando ela atua contra a pessoa jurídica de direito público à qual pertença.

► **Art. 134, § 1º, da CF.**

► **LC 80/1994 (Defensoria Pública).**

► **Súmula 588 do STF.**

423. A Contribuição para Financiamento da Seguridade Social – COFINS incide sobre as receitas provenientes das operações de locação de bens móveis.

► **Art. 195 da CF.**

► **Art. 2º da LC 70/1991 (Contribuição para financiamento da Seguridade Social).**

► **Art. 1º da Lei 10.833/2003 (Altera a legislação tributária federal).**

► **Arts. 8º, § 14, e 25, par. ún., da Lei 10.865/2004 (Contribuição para os Programas de Integração Social e de Formação do Patrimônio do Servidor Público).**

425. A retenção da contribuição para a seguridade social pelo tomador do serviço não se aplica às empresas optantes pelo SIMPLES.

► **LC 123/2006 (Estatuto Nacional da Microempresa e da Empresa de Pequeno Porte).**

► **Art. 31, § 1º, da Lei 8.212/1991 (Lei Orgânica da Seguridade Social).**

427. A ação de cobrança de diferenças de valores de complementação de aposentadoria prescreve em cinco anos contados da data do pagamento.

► **Art. 75 da LC 109/2001 (Regime de Previdência Complementar).**

► **Art. 103, par. ún., da Lei 8.213/1991 (Planos de Benefícios da Previdência Social).**

► **Súmula 291 do STJ.**

429. A citação postal, quando autorizada por lei, exige o aviso de recebimento.

► **Arts. 223 e 241, I, do CPC.**

► **Art. 8º, I a III, da Lei 6.830/1980 (Execuções Fiscais).**

► **Art. 39, par. ún., da Lei 9.307/1996 (Arbitragem).**

445. As diferenças de correção monetária resultantes de expurgos inflacionários sobre os saldos de FGTS têm como termo inicial a data em que deveriam ter sido creditadas.

► **LC 110/2001 (Contribuições sociais e créditos de complementos de atualização monetária em contas vinculadas do Fundo de Garantia do Tempo de Serviço – FGTS.)**

► **Súmula 249 do STJ.**

► **Lei 8.036/1990 (FGTS).**

► **OJ da SDI-I 341, 344 e 370 do TST.**

449. A vaga de garagem que possui matrícula própria no registro de imóveis não constitui bem de família para efeito de penhora.

451. É legítima a penhora da sede do estabelecimento comercial.

► **Art. 1.142 do CC.**

► **Art. 649, V, do CPC.**

453. Os honorários sucumbenciais, quando omitidos em decisão transitada em julgado, não podem ser cobrados em execução ou em ação própria.

► **Arts. 20, 463 e 535, II, do CPC.**

456. É incabível a correção monetária dos salários de contribuição considerados no cálculo do salário de benefício de auxílio-doença, aposentadoria por invalidez, pensão ou auxílio-reclusão concedidos antes da vigência da CF/1988.

► **Art. 201, § 3º, da CF.**

458. A contribuição previdenciária incide sobre a comissão paga ao corretor de seguros.

► **Art. 11, par. ún., a, da Lei 8.212/1991 (Lei Orgânica da Seguridade Social).**

459. A Taxa Referencial (TR) é o índice aplicável, a título de correção monetária, aos débitos com o FGTS recolhidos pelo empregador mas não repassados ao fundo.

462. Nas ações em que representa o FGTS, a CEF, quando sucumbente, não está isenta de reembolsar as custas antecipadas pela parte vencedora.

► **Lei 8.036/1990 (FGTS).**

463. Incide imposto de renda sobre os valores percebidos a título de indenização por horas extraordinárias trabalhadas, ainda que decorrentes de acordo coletivo.

► **Art. 43, I, do CTN.**

466. O titular da conta vinculada ao FGTS tem o direito de sacar o saldo respectivo quando declarado nulo seu contrato de trabalho por ausência de prévia aprovação em concurso público.

468. A base de cálculo do PIS, até a edição da MP 1.212/1995, era o faturamento ocorrido no sexto mês anterior ao do fato gerador.

481. Faz jus ao benefício da justiça gratuita a pessoa jurídica com ou sem fins lucrativos que demonstrar sua impossibilidade de arcar com os encargos processuais.

➤ **Lei 1.060/1950 (Assistência Judiciária).**

482. A falta de ajuizamento da ação principal no prazo do art. 806 do CPC acarreta a perda da eficácia da liminar deferida e a extinção do processo cautelar.

➤ **Arts. 806 e 808 do CPC.**

483. O INSS não está obrigado a efetuar depósito prévio do preparo por gozar das prerrogativas e privilégios da Fazenda Pública.

484. Admite-se que o preparo seja efetuado no primeiro dia útil subsequente, quando a interposição do recurso ocorrer após o encerramento do expediente bancário.

➤ **Art. 511 do CPC.**

486. É impenhorável o único imóvel residencial do devedor que esteja locado a terceiros, desde que a renda obtida com a locação seja revertida para a subsistência ou a moradia da sua família.

➤ **Arts. 1º e 5º da Lei 8.009/1990 (Impenhorabilidade do Bem de Família).**

487. O parágrafo único do art. 741 do CPC não se aplica às sentenças transitadas em julgado em data anterior à da sua vigência.

➤ **Art. 5º, XXXVI, da CF.**

➤ **Lei 11.232/2005 (Altera Lei 5.869/1973 – CPC).**

488. O § 2º do art. 6º da Lei 9.469/1997, que obriga à repartição dos honorários advocatícios, é inaplicável a acordos ou transações celebrados em data anterior à sua vigência.

489. Reconhecida a continência, devem ser reunidas na Justiça Federal as ações civis públicas propostas nesta e na Justiça estadual.

➤ **Art. 109, I, da CF.**

➤ **Arts. 105 e 115 do CPC.**

➤ **Lei 7.347/1985 (Ação Civil Pública).**

490. A dispensa de reexame necessário, quando o valor da condenação ou do direito controvertido for inferior a sessenta salários mínimos, não se aplica a sentenças ilíquidas.

➤ **Art. 475, § 2º, do CPC.**

497. Os créditos das autarquias federais preferem aos créditos da Fazenda estadual desde que coexistam penhoras sobre o mesmo bem.

➤ **Art. 29, par. ún., da Lei 6.830/1980 (Execuções Fiscais).**

498. Não incide imposto de renda sobre a indenização por danos morais.

505. A competência para processar e julgar as demandas que têm por objeto obrigações decorrentes dos contratos de planos de previdência privada firmados com a Fundação Rede Ferroviária de Seguridade Social – REFER é da Justiça estadual.

507. A acumulação de auxílio-acidente com aposentadoria pressupõe que a lesão incapacitante e a aposentadoria sejam anteriores a 11/11/1997, observado o critério do art. 23 da Lei 8.213/1991 para definição do momento da lesão nos casos de doença profissional ou do trabalho.

514. A CEF é responsável pelo fornecimento dos extratos das contas individualizadas vinculadas ao FGTS dos Trabalhadores participantes do Fundo de Garantia do Tempo de Serviço, inclusive para fins de exibição em juízo, independentemente do período em discussão.

516. A contribuição de intervenção no domínio econômico para o INCRA (Decreto-Lei 1.110/1970), devida por empregadores rurais e urbanos, não foi extinta pelas Leis 7.787/1989, 8.212/1991 e 8.213/1991, não podendo ser compensada com a contribuição ao INSS.

518. Para fins do art. 105, III, a, da Constituição Federal, não é cabível recurso especial fundado em alegada violação de enunciado de súmula.

519. Na hipótese de rejeição da impugnação ao cumprimento de sentença, não são cabíveis honorários advocatícios.

524. No tocante à base de cálculo, o ISSQN incide apenas sobre a taxa de agenciamento quando o serviço prestado por sociedade empresária de trabalho temporário for de intermediação, devendo, entretanto, englobar também os valores dos salários e encargos sociais dos trabalhadores por ela contratados nas hipóteses de fornecimento de mão de obra.

552. O portador de surdez unilateral não se qualifica como pessoa com deficiência para o fim de disputar as vagas reservadas em concursos públicos.

554. Na hipótese de sucessão empresarial, a responsabilidade da sucessora abrange não apenas os tributos devidos pela sucedida, mas também as multas moratórias ou punitivas referentes a fatos geradores ocorridos até a data da sucessão.

556. É indevida a incidência de imposto de renda sobre o valor da complementação de aposentadoria pago por entidade de previdência privada e em relação ao resgate de contribuições recolhidas para referidas entidades patrocinadoras no período de 1º/1/1989 a 31/12/1995, em razão da isenção concedida pelo art. 6º, VII, b, da Lei 7.713/1988, na redação anterior à que lhe foi dada pela Lei 9.250/1995.

557. A renda mensal inicial (RMI) alusiva ao benefício de aposentadoria por invalidez precedido de auxílio-doença será apurada na forma do art. 36, § 7º, do Decreto 3.048/1999, observando-se, porém, os critérios previstos no art. 29, § 5º, da Lei 8.213/1991, quando intercalados períodos de afastamento e de atividade laboral.

558. Em ações de execução fiscal, a petição inicial não pode ser indeferida sob o argumento da falta de indicação do CPF e/ou RG ou CNPJ da parte executada.

559. Em ações de execução fiscal, é desnecessária a instrução da petição inicial com o demonstrativo de cálculo do débito, por tratar-se de requisito não previsto no art. 6º da Lei 6.830/1980.

561. Os Conselhos Regionais de Farmácia possuem atribuição para fiscalizar e autuar as farmácias e drogarias quanto ao cumprimento da exigência de manter profissional legalmente habilitado (farmacêutico) durante todo o período de funcionamento dos respectivos estabelecimentos.

562. É possível a remição de parte do tempo de execução da pena quando o condenado, em regime fechado ou semiaberto, desempenha atividade laborativa, ainda que extramuros.

563. O Código de Defesa do Consumidor é aplicável às entidades abertas de previdência complementar, não incidindo nos contratos previdenciários celebrados com entidades fechadas.

568. O relator, monocraticamente e no Superior Tribunal de Justiça, poderá dar ou negar provimento ao recurso quando houver entendimento dominante acerca do tema.

571. A taxa progressiva de juros não se aplica às contas vinculadas ao FGTS de trabalhadores qualificados como avulsos.

576. Ausente requerimento administrativo no INSS, o termo inicial para a implantação da aposentadoria por invalidez concedida judicialmente será a data da citação válida.

577. É possível reconhecer o tempo de serviço rural anterior ao documento mais antigo apresentado, desde que amparado em convincente prova testemunhal colhida sob o contraditório.

578. Os empregados que laboram no cultivo da cana-de-açúcar para empresa agroindustrial ligada ao setor sucroalcooleiro detêm a qualidade de rurícola, ensejando a isenção do FGTS desde a edição da Lei Complementar 11/1971 até a promulgação da Constituição Federal de 1988.

579. Não é necessário ratificar o recurso especial interposto na pendência do julgamento dos embargos de declaração, quando inalterado o resultado anterior.

583. O arquivamento provisório previsto no art. 20 da Lei 10.522/2002, dirigido aos débitos inscritos como dívida ativa da União pela Procuradoria-Geral da Fazenda Nacional ou por ela cobrados, não se aplica às

execuções fiscais movidas pelos conselhos de fiscalização profissional ou pelas autarquias federais.

584. As sociedades corretoras de seguros, que não se confundem com as sociedades de valores mobiliários ou com os agentes autônomos de seguro privado, estão fora do rol de entidades constantes do art. 22, § 1º, da Lei 8.212/1991, não se sujeitando à majoração da alíquota da Cofins prevista no art. 18 da Lei 10.684/2003.

586. A exigência de acordo entre o credor e o devedor na escolha do agente fiduciário aplica-se, exclusivamente, aos contratos não vinculados ao Sistema Financeiro da Habitação – SFH.

590. Constitui acréscimo patrimonial a atrair a incidência do imposto de renda, em caso de liquidação de entidade de previdência privada, a quantia que couber a cada participante, por rateio do patrimônio, superior ao valor das respectivas contribuições à entidade em liquidação, devidamente atualizadas e corrigidas.

591. É permitida a "prova emprestada" no processo administrativo disciplinar, desde que devidamente autorizada pelo juízo competente e respeitados o contraditório e a ampla defesa.

592. O excesso de prazo para a conclusão do processo administrativo disciplinar só causa nulidade se houver demonstração de prejuízo à defesa.

598. É desnecessária a apresentação de laudo médico oficial para o reconhecimento judicial da isenção do imposto de renda, desde que o magistrado entenda suficientemente demonstrada a doença grave por outros meios de prova.

601. O Ministério Público tem legitimidade ativa para atuar na defesa de direitos difusos, coletivos e individuais homogêneos dos consumidores, ainda que decorrentes da prestação de serviço público.

603. CANCELADA pela Segunda Seção, na sessão de 22 de agosto de 2018, ao julgar o REsp 1.555.722-SP (DJE-STJ 27.08.2018). É vedado ao banco mutuante reter, em qualquer extensão, os salários, vencimentos e/ou proventos de correntista para adimplir o mútuo (comum) contraído, ainda que haja cláusula contratual autorizativa, excluído o empréstimo garantido por margem salarial consignável, com desconto em folha de pagamento, que possui regramento legal específico e admite a retenção de percentual.

608. Aplica-se o Código de Defesa do Consumidor aos contratos de plano de saúde, salvo os administrados por entidades de autogestão.

609. A recusa de cobertura securitária, sob a alegação de doença preexistente, é ilícita se não houve a exigência de exames médicos prévios à contratação ou a demonstração de má-fé do segurado.

616. A indenização securitária é devida quando ausente a comunicação prévia do segurado acerca do atraso no pagamento do prêmio, por constituir requisito essencial para a suspensão ou resolução do contrato de seguro.

627. O contribuinte faz jus à concessão ou à manutenção da isenção do imposto de renda, não se lhe exigindo a demonstração da contemporaneidade dos sintomas da doença nem da recidiva da enfermidade.

628. A teoria da encampação é aplicada no mandado de segurança quando presentes, cumulativamente, os seguintes requisitos: a) existência de vínculo hierárquico entre a autoridade que prestou informações e a que ordenou a prática do ato impugnado; b) manifestação a respeito do mérito nas informações prestadas; e c) ausência de modificação de competência estabelecida na Constituição Federal.

633. A Lei n. 9.784/1999, especialmente no que diz respeito ao prazo decadencial para a revisão de atos administrativos no âmbito da Administração Pública federal, pode ser aplicada, de forma subsidiária, aos estados e municípios, se inexistente norma local e específica que regule a matéria.

► **Lei 9.784/1999.**

634. Ao particular aplica-se o mesmo regime prescricional previsto na Lei de Improbidade Administrativa para o agente público.

► **Arts. 3º e 23, I e II da Lei 8.429/1992.**

635. Os prazos prescricionais previstos no art. 142 da Lei n. 8.112/1990 iniciam-se na data em que a autoridade competente para a abertura do procedimento administrativo toma conhecimento do fato, interrompem-se com o primeiro ato de instauração válido – sindicância de caráter punitivo ou processo disciplinar – e voltam a fluir por inteiro, após decorridos 140 dias desde a interrupção.

► **Arts. 142, 143, 152 e 167 da Lei 8.112/1990.**

642. O direito à indenização por danos morais transmite-se com o falecimento do titular, possuindo os herdeiros da vítima legitimidade ativa para ajuizar ou prosseguir a ação indenizatória.

644. O núcleo de prática jurídica deve apresentar o instrumento de mandato quando constituído pelo réu hipossuficiente, salvo nas hipóteses em que é nomeado pelo juízo.

646. É irrelevante a natureza da verba trabalhista para fins de incidência da contribuição ao FGTS, visto que apenas as verbas elencadas em lei (art. 28, § 9º, da Lei 8.212/1991), em rol taxativo, estão excluídas da sua base de cálculo, por força do disposto no art. 15, § 6º, da Lei 8.036/1990.

► **Art. 15, caput e § 6º, da Lei 8.036/1990.**

► **Art. 28, § 9º, da Lei 8.212/1991.**

► **Súmula 353 do STJ.**

650. A autoridade administrativa não dispõe de discricionariedade para aplicar ao servidor pena diversa de demissão quando caraterizadas as hipóteses previstas no art. 132 da Lei 8.112/1990.

651. Compete à autoridade administrativa aplicar a servidor público a pena de demissão em razão da prática de improbidade administrativa, independentemente de prévia condenação, por autoridade judiciária, à perda da função pública.

► **Arts. 132, IV, 141, I e 167, da Lei 8.112/1990.**

► **Arts. 12, 14 e 15, da Lei 8.429/1992.**

652. A responsabilidade civil da Administração Pública por danos ao meio ambiente, decorrente de sua omissão no dever de fiscalização, é de caráter solidário, mas de execução subsidiária.

► **Arts. 23, VI e VII, 170, VI e 255 da CF.**

653. O pedido de parcelamento fiscal, ainda que indeferido, interrompe o prazo prescricional, pois caracteriza confissão extrajudicial do débito.

EDITORA JusPODIVM
www.editorajuspodivm.com.br

Impresso por:

Docuprint
CNPJ 01.036.332/0001-99

JUS2790